瀋陽年鑑

SHENYANG YEARBOOK

（总第二十八卷）

2012

沈阳市统计局 编

中国统计出版社
China Statistics Press

(京)新登字 041 号

图书在版编目(CIP)数据

沈阳年鉴. 2012 / 沈阳市统计局编 . —北京：中国统计出版社，2012 . 9
ISBN 978-7-5037-6664-0/Z.40

Ⅰ. ①沈…　Ⅱ. ①沈…　Ⅲ. ①沈阳市—2012—年鉴
Ⅳ. ①Z523.11

中国版本图书馆 CIP 数据核字(2012)第 202472 号

沈阳年鉴—2012

作　　者 / 沈阳市统计局
责任编辑 / 陈越月
责任校对 / 梁家平　阎　力
出版发行 / 中国统计出版社
通信地址 / 北京市西城区月坛南街 57 号
邮　　编 / 100826
办公地址 / 北京市丰台区西三环南路甲 6 号
电　　话 / (010)63376907
网　　址 / http://csp.stats.gov.cn
经　　销 / 新华书店
开　　本 / 890 × 1240 毫米　1/16
字　　数 / 1300 千字
印　　张 / 38.5
印　　数 / 1000 册
版　　别 / 2012 年 9 月第 1 版
版　　次 / 2012 年 9 月第 1 次印刷
书　　号 / ISBN 978-7-5037-6664-0/Z·40
定　　价 / 200.00 元

沈阳数字

国土面积	12860	平方公里
户籍人口	722.7	万人
地区生产总值	5915.7	亿元
第一产业增加值	279.1	亿元
第二产业增加值	3026.9	亿元
第三产业增加值	2609.8	亿元
地方财政一般预算收入	620.1	亿元
地方财政一般预算支出	639.3	亿元
固定资产投资额	4560.6	亿元
社会消费品零售总额	2426.9	亿元
外贸进出口总额	106.2	亿美元
新签利用外资项目（合同）	221	个
实际利用外资额	55.0	亿美元
接待国际旅游者	63.5	万人次
城市居民人均可支配收入	23326	元
农村居民人均纯收入	11575	元
城镇非私营单位在岗职工平均工资	45756	元/人

庆祝“五一”劳动节文艺晚会

“9·25”农民工维权日大型文艺晚会

万名女童关爱行动启动仪式

沈阳市首届家庭风筝展演活动

沈阳市第二届残疾人才艺大赛

沈阳地铁二号线新乐遗址站采用韩国新管幕(NTR)工法修建

东二环快速路施工现场

建设中的东一环

环卫机械化

五里河人行通道

胜利大街竣工通车

黄河立交桥竣工通车

新立堡高架桥施工现场

改造后的夏芳园

改造后的科普公园

统计连着你我他 数据准确靠大家

统计数据要重视，做好工作靠法制。
诚信统计为宗旨，虚加水分真可耻。
要是数据不真实，依法处罚悔已迟。

什么是统计？

在实际应用中，人们对统计一词的理解一般有三种涵义：统计工作、统计资料和统计学：

1、统计工作。指利用科学的方法搜集、整理、分析和提供关于社会经济现象数量资料工作的总称，是统计的基础。

2、统计资料。指通过统计工作取得的、用来反映社会经济现象的数据资料的总称。统计工作所取得的各项数字资料及有关文字资料，一般反映在统计表、统计图、统计手册、统计年鉴、统计资料汇编和统计分析报告中。

3、统计科学。指研究如何搜集、整理和分析统计资料的理论与方法。 统计工作、统计资料、统计科学三者之间的关系是：统计工作的成果是统计资料，统计资料和统计科学的基础是统计工作，统计科学既是统计工作经验的理论概括，又是指导统计工作的原理、原则和方法。

统计工作的任务

统计工作的任务体现为统计信息、统计咨询、统计监督三大职能。具体地说统计的基本任务是对经济社会发展情况进行统计调查、统计分析，提供统计资料和统计咨询意见，实行统计监督。

统计工作的过程

统计工作的过程是指统计部门进行统计业务活动的过程。主要分为统计设计、统计调查、统计整理、统计分析四个阶段。

地区生产总值及增长情况

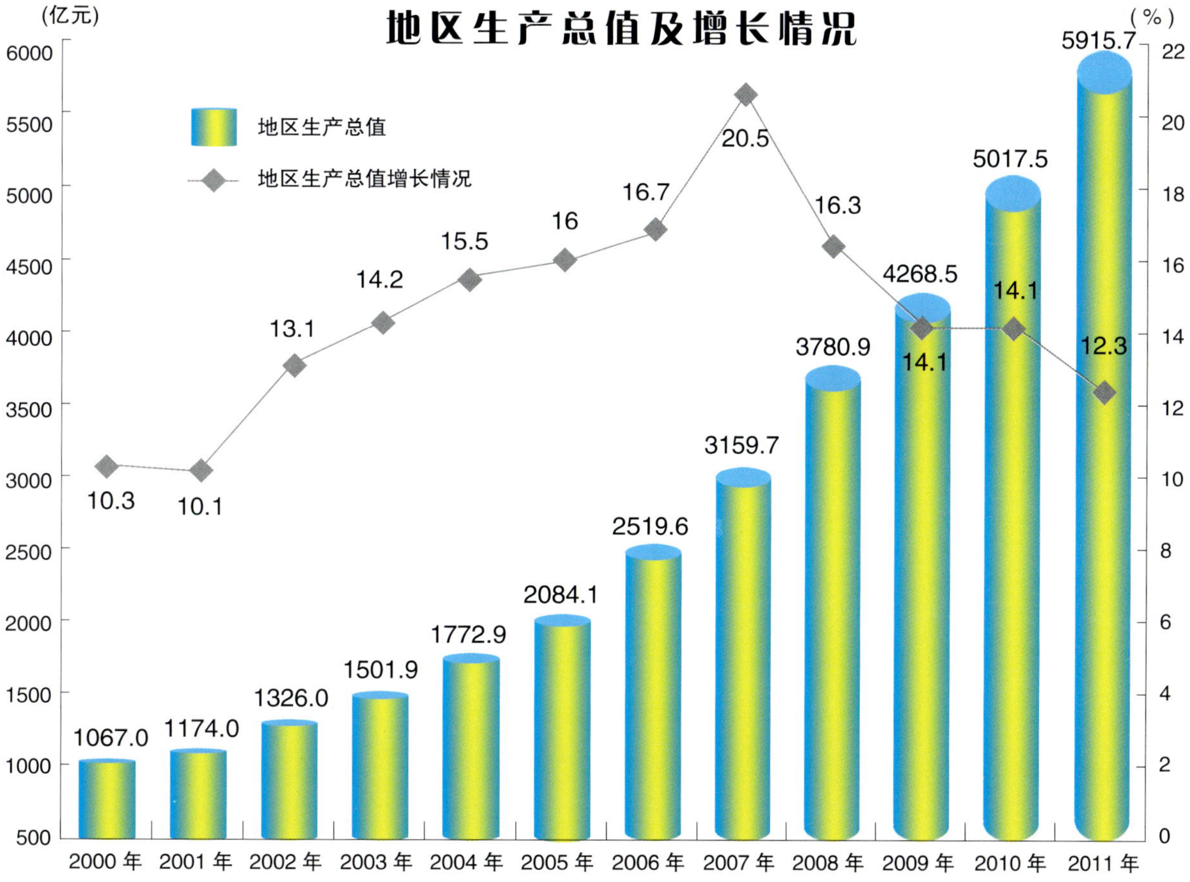

规模以上工业企业增加值及增长情况

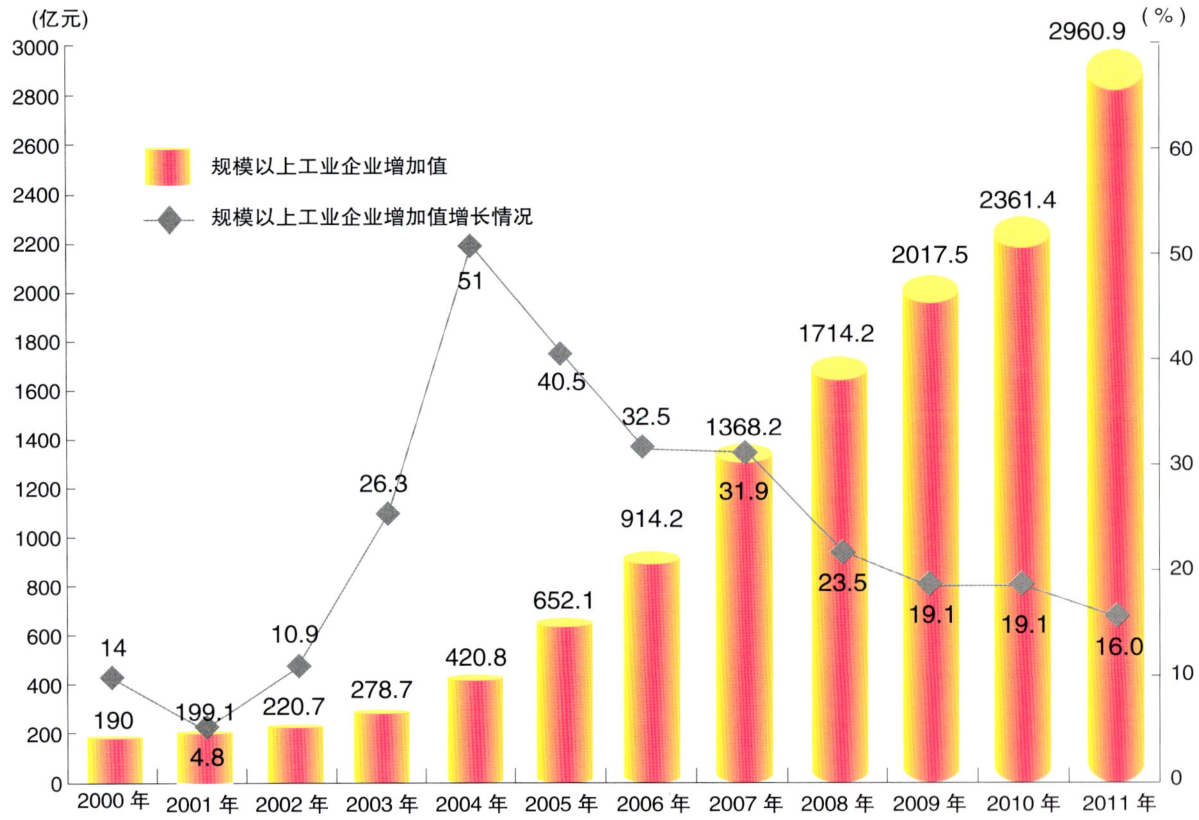

第三产业增加值及增长情况

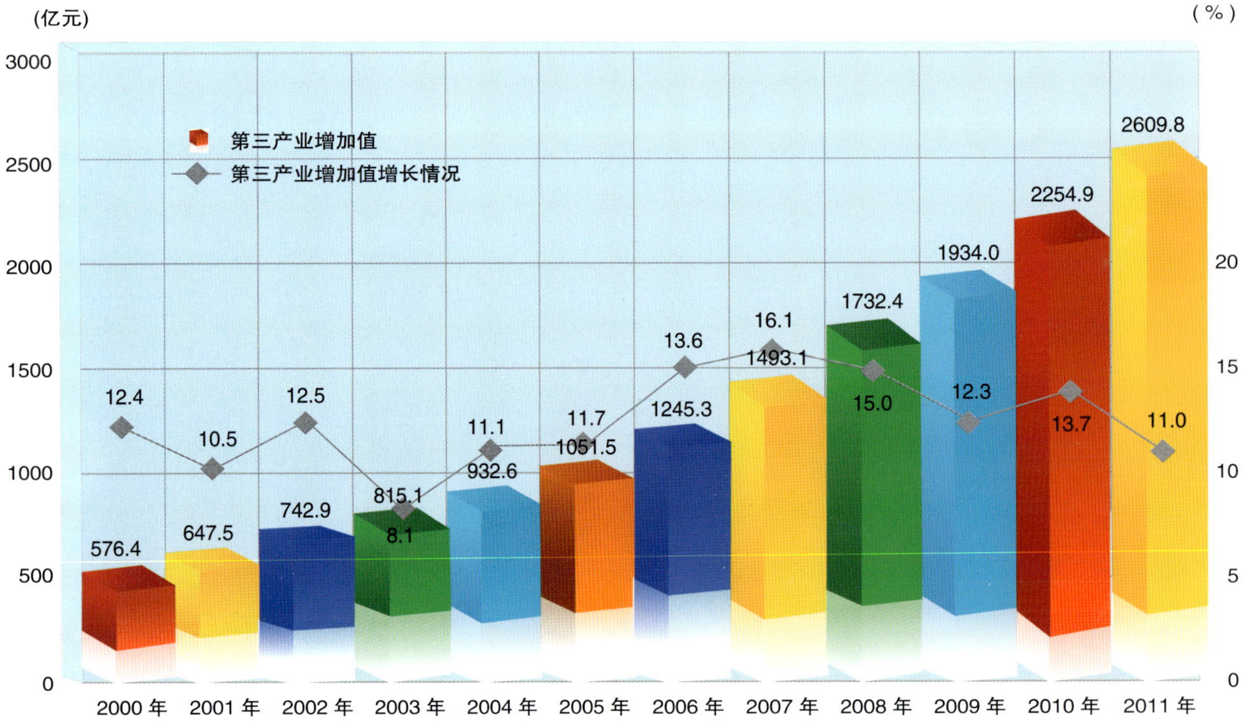

固定资产投资额及增长情况

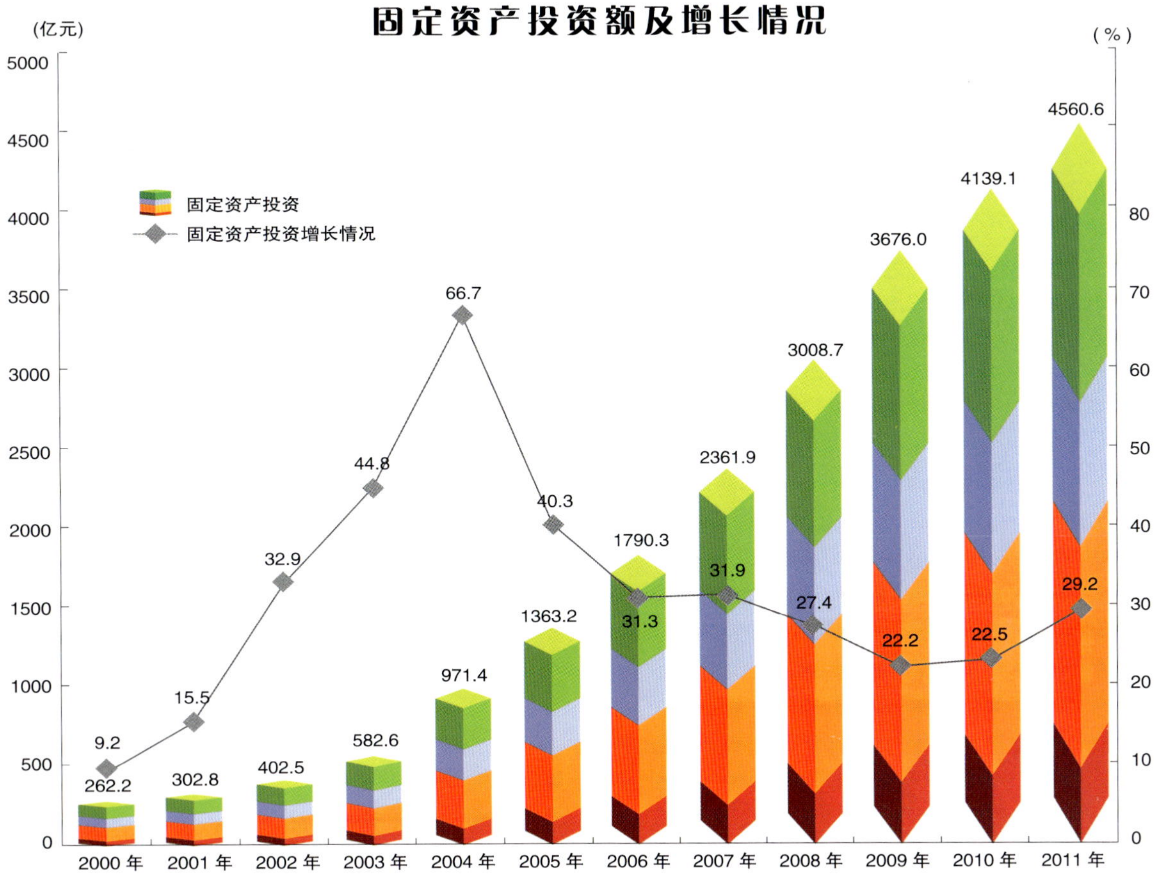

房地产开发投资额及增长情况

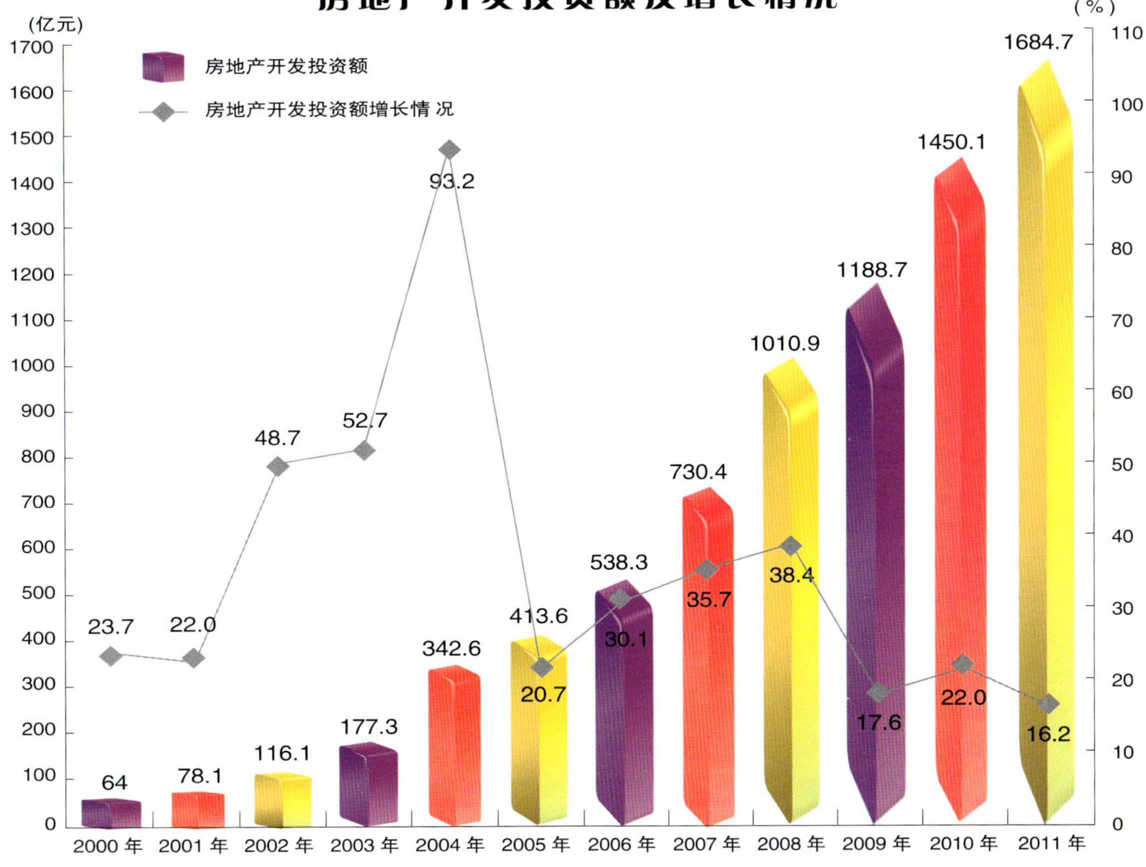

城市居民生活

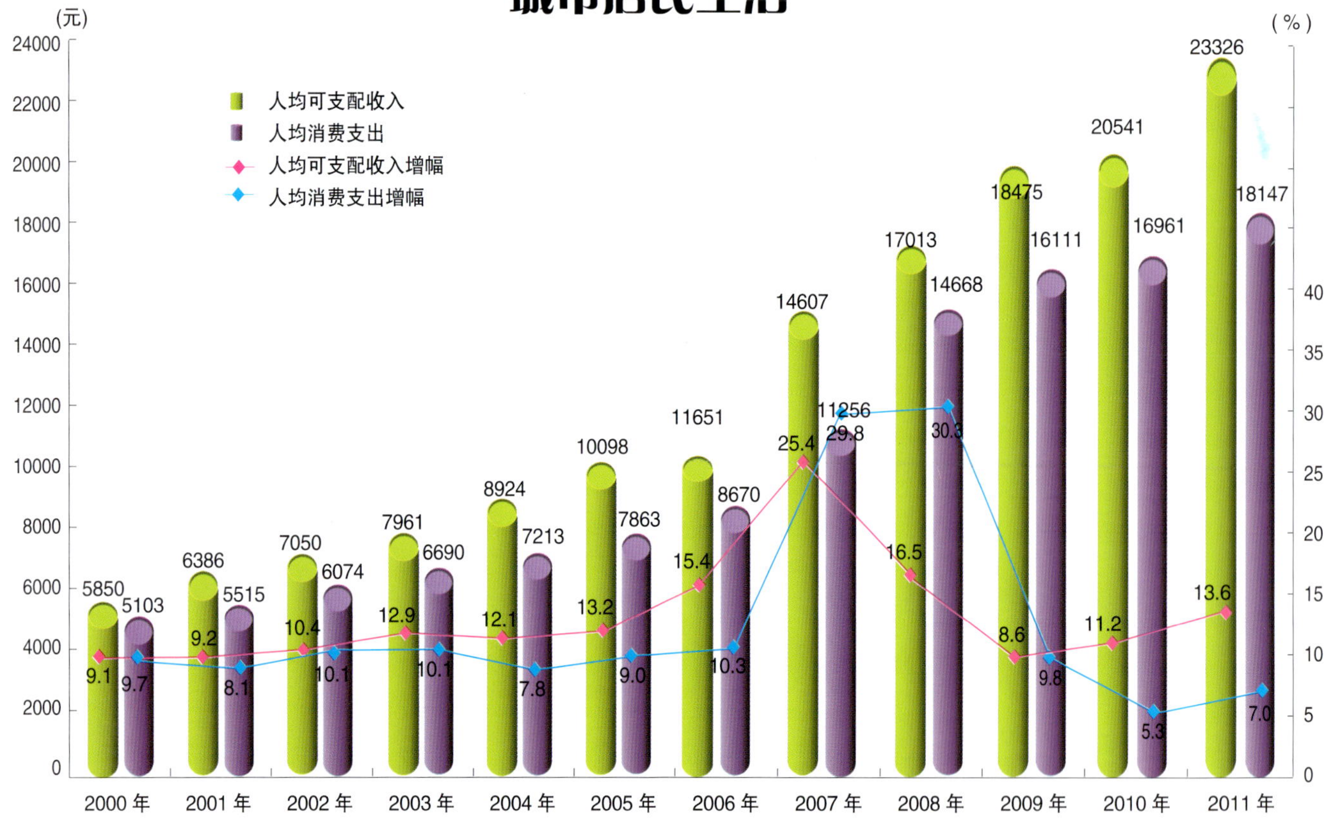

农村居民生活

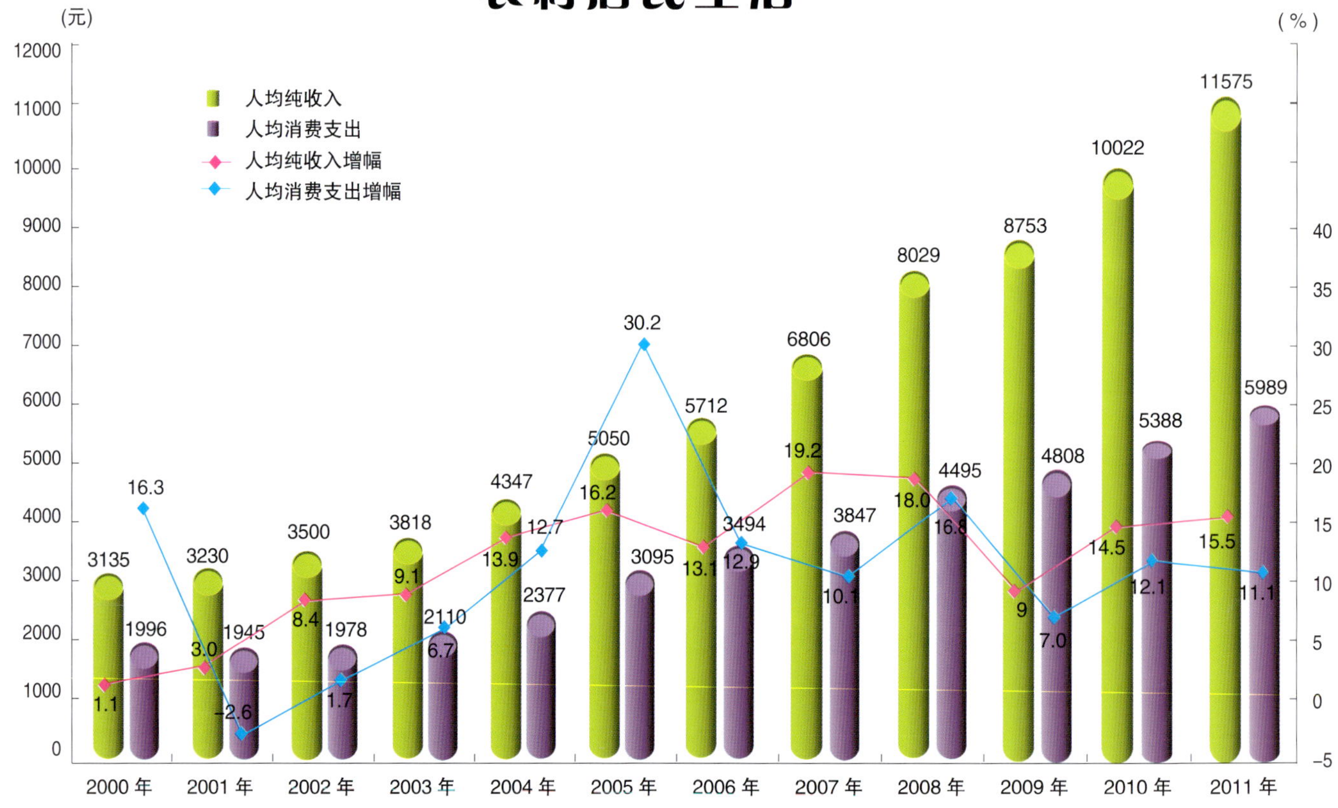

《沈阳年鉴》编纂委员会

主　任： 陈海波（市委副书记、沈阳市人民政府市长）

副主任： 顾春明（市委常委、沈阳市人民政府常务副市长）

马占春（市委常委、市委秘书长）

张　宁（沈阳市人大常委会秘书长）

阎秉哲（沈阳市人民政府秘书长）

徐大地（沈阳市政协秘书长）

肖　枫（沈阳市人民政府办公厅主任）

路玉甫（沈阳市统计局局长）

编　委：（以姓氏笔画为序）

于　波（沈阳市农村经济委员会主任）

于振明（沈阳市城乡建设委员会主任）

王克林（国家统计局沈阳调查队队长）

王洪涛（沈阳市发展和改革委员会主任）

李长斌（沈阳市统计局副局长）

李争时（沈阳市统计局副局长）

苏文捷（沈阳市教育局局长）

宋锡坤（沈阳市科学技术局局长）

陈　勇（沈阳市财政局局长）

陈玉涛（沈阳市统计局副局长）

张宝钥（沈阳市地方税务局巡视员）

明戈晖（沈阳市国家税务局副局长）

徐凤翔（沈阳市经济和信息化委员会主任）

程云伟（沈阳市工商行政管理局局长）

董　玥（辽宁省统计局沈阳调查队队长）

《沈阳年鉴》编辑部

《沈阳年鉴》编辑部
地址：沈阳市沈河区奉天街305号
邮编：110013　电话：(024)22739160
E—mail：nj. sy@163. com

编 辑 说 明

一、《沈阳年鉴》是沈阳市人民政府主办、由沈阳市统计局负责编辑出版的综合性地方年鉴。自1985年创刊以来，已连续出版28卷。是国内外公开发行的集知识、信息、资料为一体的具有公报性、资料性、权威性的工具书。

二、《沈阳年鉴－2012》旨在全面、系统、翔实地记载2011年沈阳市社会经济和社会发展的基本情况和基本资料，为海内外各界人士了解沈阳、研究沈阳和建设沈阳提供翔实的资料和信息，为“让沈阳走向世界，让世界了解沈阳”提供窗口，发挥桥梁作用。

三、《沈阳年鉴－2012》在编纂体例上基本保持了类目的相对稳定。全书共设30个部类：(1)特辑；(2)沈阳概貌；(3)党政机关；(4)群众团体；(5)地方军事；(6)政法；(7)工业；(8)民营经济；(9)交通·邮政；(10)城乡建设；(11)建筑·房地产；(12)国内贸易；(13)旅游；(14)对外经济贸易；(15)农村经济；(16)经济管理；(17)财政·税收；(18)金融；(19)科学技术；(20)教育；(21)文化；(22)卫生·体育；(23)社会·民生；(24)区、县(市)及开发区；(25)人物；(26)光荣榜；(27)统计资料；(28)文献·法规选编；(29)沈阳大事记；(30)附录。

四、《沈阳年鉴》统计资料版采用中英文对照，为海外各界人士了解沈阳经济和社会发展提供方便。

五、《沈阳年鉴》采用分类编辑法，以条目为主体。体例分一、二、三级目。一级目为大类，二级目为分目，三级目为条目，用黑体字加【】号作标题。

六、《沈阳年鉴》采用的稿件均由各有关部门和行业专人撰写，并经撰稿单位领导审定。统计资料由沈阳市统计局提供。因统计口径等原因，有关部门所用的个别数据与“统计资料”中的不尽一致，采用时请予注意。凡涉及沈阳市地区国民经济和社会发展的全局性数据，概以沈阳市统计局提供的资料为准。

七、《沈阳年鉴》的编撰工作得到了沈阳市各级领导和社会各界的大力支持，在此谨表谢意。并恳祈各界人士继续给年鉴工作以更多的支持和帮助，对书中错漏之处给予批评指正，以期不断完善提高。

目 录

特 辑

沈阳概貌

群众团体

·市总工会·

·共青团市委·

·市妇女联合会·

·市科学技术协会·

·市台湾同胞联谊会·

·市华侨联合会·

·市残疾人联合会·

·市黄埔军校同学会·

地方军事

·沈阳警备区·

·陆军预备役部队·

·武警支部·

·人民防空·

政　　法

·政府法制·

·社会治安综合治理·

·公　　安·

·检　　察·

·服务体系建设·

·企业发展及项目建设·

交通·邮政

·铁路运输·

·公路建设·

·道路运输·

·水路运输·

·城市公共交通·

·出租汽车运营·

·航空运输·

·邮　　政·

城乡建设

·综　　述·

·城乡规划·

·城市管理·

·市政建设·

·市容环卫·

·爱国卫生·

·园林绿化·

·地铁建设·

·城管行政执法·

·公用事业·

·环境保护·

建筑·房地产

·建　　筑·

·房 地 产·

国内贸易

·综　　述·

·商品市场·

·畜 牧 业·

·水 产 业·

·水　　利·

·农机化发展·

经济管理

·综　　述·

·国有资产监督管理·

·统　　计·

·审　　计·

·质量技术监督·

·食品药品监督管理·

·安全生产监督管理·

·工商行政管理·

·物价管理·

财政·税收

·财　　政·

·国　　税·

·地　　税·

金　　融

·综　　述·

科学技术

·科学研究与发展

·科学普及

·科技成果

·气　象

·地　震

教　育

·综　述·

·学前教育·

·文化产业·

·文化市场管理·

·档　案·

·新闻出版·

·广播电视·

卫生·体育

·卫　生·

综　述

疾病预防控制和卫生应急

社区卫生

新型农村合作医疗

医　政

中医工作

食品安全综合协调

卫生监督

科教卫生

妇幼卫生

药械管理

·体　　育·

社会·民生

·百姓关注·

·人口与计划生育·

·人力资源管理·

·社会保障·

·民 政·

·民 族·

·宗 教·

区、县(市)及开发区

·和 平 区·

·沈 河 区·

·大 东 区·

·皇 姑 区·

·沈阳金融商贸开发区·

·沈阳棋盘山国际风景旅游开发区·

人 物

·新任副市级领导·

·感动沈阳人物·

·领导人名单·

光 荣 榜

统计资料

·综合平衡·

·人口与就业·

·工业、能源、物资、交通、邮电·

·农村经济·

·固定资产投资·

·国内贸易·

·外经外贸、旅游业·

·财政、金融·

·教育、文化、卫生·

·城市建设、环境保护·

·其他经济指标·

文献·法规选编

·文　献·

·法规·规章·

沈阳大事记(2011 年)

附　　录

CONTENTS

SPECIAL ARTICLES

GENERAL SURVEY OF SHENYANG

POLITICS

SOCIAL ORGANIZATION

LOCAL MILITARY AFFAIRS

LEGAL SYSTEM

INDUSTRY

PRIVATELY MANAGED ECONOMY

TRANSPORTAION AND POSTAL SERVICES

CITY AND VILLAGE CONSTRUCTION

CONSTRUCTION AND REAL ESTATE

DOMESTIC TRADE

TOURISM

FOREIGN ECONOMY TRADE

RURAL ECONOMY

ECONOMY MANAGEMENT

FINANCE AND TAX

BANKING AND INSURANCE

SCIENCE RESEARCH AND COMPREHENSIVE TECHNOLOGY SERVICE

EDUCATION

CULTURE

特　辑

党和国家领导人来沈视察

【温家宝来沈视察】 2011年7月3日至4日，中共中央政治局常委、国务院总理温家宝来到沈阳等地，深入工厂企业、科研院所、农贸市场，来到保障房建设工地、就业服务中心和居民社区，就经济运行有关问题进行调研，并在沈阳主持召开辽宁、江苏、浙江、广东四省经济形势座谈会。

4日上午，温家宝先后来到位于铁西区的沈阳鼓风机集团公司和特变电工沈阳变压器集团公司。沈阳鼓风机集团公司依靠先进的压缩机产品，赢来大批订单。沈阳变压器集团公司近几年参与制定了近百项行业国家标准。回想铁西往日的艰难岁月，对比今天的蓬勃发展，温家宝感慨万千。他说，这些年，我们在结构调整方面做了不少事情。依靠人才可以促进结构调整，结构调整可以增强经济竞争力，造福广大人民。实践证明，坚持改革开放，积极推动兼并重组和调整改造，充分发挥人才和技术的作用，企业就会大踏步前进。铁西将拥有更加灿烂的明天。

沈阳昂立信息产业园是东北地区颇具产业规模和影响力的软件与信息服务业中心，已吸引100余家企业入驻。4日上午，温家宝来到位于产业园里的讴立德（中国）信息技术公司。这是一家日本独资企业，主要从事服务外包。工作间里，几百名工作人员正在紧张地用日文在电脑中录入资料。温家宝俯身认真观看，并详细询问了服务外包的情况。随后，温家宝与10多位企业负责人座谈。温家宝诚恳地说，请你们谈谈当前企业经营有什么困难？企业负责人提出了扶持科技龙头企业、用信息化改造装备制造业、重视中文信息处理资源开发等建议。温家宝认真听取意见，并要求随行的有关部门负责人认真研究。他勉励企业家们，要像战士上战场一样，靠自己的勤奋、智慧和本领赢得未来。

在沈阳地铁二号线旁，一座有5000套公租房的小区丽水新城正在崛起。工程5月底开工，2012年6月完工。建设工地上，工人们正在紧张施工。3日傍晚，温家宝走进设在工地上的样板房，察看了不同户型住房的格局。当听说小区采用整体建筑装配方法施工，实现了“设计标准化、生产工厂化、装配机械化”，温家宝说：“你们用先进的技术建设保障房，使中国建筑业向新标准迈进一大步。”

3日晚，温家宝还来到沈阳市铁西区工人新村二期看望居住在这里的产业工人。从2006年起，铁西区对上世纪50年代建造的住宅进行改造，如今3500余户居民迁入新居。温家宝走访了老劳模李希东和老工人德恒志家，询问他们的生活情况。他说，解决人民群众住房困难问题，是一项“民心工程”，我们一定要办好。

（*鉴　闻*）

【贺国强来沈视察】 2011年4月16日，中共中央政治局常委、中央纪律检查委员会书记贺国强来沈考察。在沈期间考察了省民心网、沈阳市城市规划展示馆、沈阳市信访大厅，慰问全国劳动模范尉凤英，考察沈北新区沈阳新邮通信设备有限公司、沈阳鼓风机（集团）有限公司。4月17日参观张氏帅府、沈阳故宫、北陵公园。在友谊宾馆召开汇报会。

（*吴　洋*）

【刘云山来沈视察】 2011年5月10日，中共中央政治局委员、中央书记处书记、中央宣传部部长刘云山来沈考察。在沈期间，考察了沈阳市城市规划展示馆、辽宁报业传媒集团大楼（视察辽宁中部城市群报纸新闻资源共享平台）、辽宁广播电视台广播大厦（视察广联视通手机播控平台）、嘉环大厦（辽宁东北网络台郭明义微博互动现场）、辽宁广播电视台电视大厦（视察“三台合一”新闻网络平台）、辽宁省图书馆（视察文化信息共享工程），观看话剧《郭明义》。

（*吴　洋*）

【王岐山来沈视察】 2011年12月3日至4日，中共中央政治局委员、国务院副总理王岐山来沈阳考察工作。

王岐山实地考察了沈阳鼓风机集团、北方重工集团、沈阳远大集团、沈阳机床集团等企业。他指出，要充分发挥企业的主体作用，加快技术创新，培育品牌，以更优质的产品和服务持续拓展国际市场。抓住当前时机“走出去”，收购国外的关键设备及零部件制造企业、专利技术和品牌。当了解到企业在融资、信用保险、用汇等方面还有困难时，王岐山要求随行的有关部门和单位负责同志尽快帮助解决。

（*鉴　闻*）

【王刚来沈视察】 2011年9月21日，中共中央政治局委员、全国政协副主席王刚来沈。在沈期间，出席了由中国人民争取和平与裁军协会、中国民间组织国际交流促进会、中国国际交流协会、中国和平发展基金会、以及联合国驻华系统、辽宁省人民政府、中国人民对外友好协会、中国人民外交学会共同主办，由沈阳市人民政府和辽宁省外事办公室承办的，以“让世界听到你的声音——共享和平与发展”为主题的国际和平日纪念活动暨2011东北亚发展论坛活动。

（*鉴　闻*）

【陈至立来沈视察】 2011年8月17日，由全国人大常委会副委员长陈至立带队的全国人大常委会执法检查组，对沈阳市贯彻实施《劳动合同法》的情况进行检查。检查汇报会在沈阳宾馆沈阳厅进行。会议由省人大常委会副主任仲跻权主持，市人大常委会主任赵长义致欢迎词，市政府副市长祁鸣就沈阳市贯彻落实《劳动合同法》的总体情况、主要工作、存在问题及下步打算进行了全面汇报。祁鸣副市长在汇报中强调，沈阳市通过不断健全政策法规、加大监察力度、完善服务手段、努力创造环境等措施办法，使《劳动合同法》在沈阳市得到了有效的贯彻实施。“规范有序、公正合理、互利共赢、和谐稳定”的新型劳动关系基本形成，但在实际工作中还存在企业行业之间发展不平衡，有些中小企业用工不规范，集体合同“重签订轻履行”的情况。陈至立代表检查组对沈阳市贯彻实施《劳动合同法》的做法和取得的成果给予了充分肯定，并对沈阳市工作有主动性、创造性、工作细致、认真，表示非常满意。同时，要求沈阳要再接再厉在以后的工作中不断将《劳动合同法》推向深入。

（胡士俊）

【严隽琪来沈视察】 2011年9月21日，全国人大常委会副委员长、中国人民争取和平与裁军协会副会长严隽琪在沈阳会见了出席国际和平日纪念活动暨东北亚发展论坛的联合国驻华系统协调员罗黛琳。严隽琪说，本届活动在中国东北举办，并邀请东北亚国家各界人士参加，将纪念活动与推动睦邻友好关系结合起来，促进地区和平、发展与合作，很有意义。罗黛琳表示，国际和平日活动在辽宁举办具有特殊意义，也有助于世界更加了解中国。她对中国坚持走和平发展道路的立场表示赞赏。

（胡士俊）

【路甬祥来沈视察】 2011年10月21日，全国人大常委会副委员长路甬祥来沈，就企业技能创新工作进行察看。路甬祥一行前往沈阳黎明航空发动机公司，察看了企业的部分车间，了解了企业在产品研发方面的新进展，听取了公司自主创新建设的介绍。路甬祥对沈阳黎明航空发动机公司增强自主创新意识、加快产品结构调整等方面取得的成就给予肯定，并希望企业进一步在关键技术、重点环节的创新工作中实现新突破。

（胡士俊）

【华建敏来沈视察】 2011年12月22日，全国人大常委会副委员长华建敏来到沈阳华晨汽车集团参观考察。省人大常委会副主任佟志武、市人大常委会主任赵长义、副市长吴汉圣陪同参观考察。华建敏一行先后考察了沈阳华晨汽车集团A级车总装车间、沈阳华晨汽车集团海狮总装车间，参观了公司最新生产的整车样品，深入了解产品生产、销售和目前企业的经营模式以及沈阳市汽车产业发展状况。他指出，开发利用新能源和可再生能源，是面对能源危机、环境污染、气候变化，走可持续发展道路的必然选择。汽车企业要坚定发展信心，进一步提高技术水平，加大研究开发和生产新能源汽车的力度。政府要充分发挥职能作用，加大对新能源产业的政策扶持力度，在重点领域集中力量，加快推进。

（胡士俊）

【郑万通来沈视察】 2011年6月7日，全国政协副主席郑万通就沈阳老工业基地调整改造和先进装备制造业发展等情况，在沈进行了深入考察。郑万通一行先后考察了沈阳机床（集团）有限责任公司、铁西工人村生活馆和沈阳铸造博物馆。

郑万通十分关心沈阳先进装备制造业的发展情况。在沈阳机床集团数控车间，他详细听取了企业几年来通过实施搬迁改造、对外跨国并购、实现跨越发展的工作汇报。他一边参观机床集团生产的数控加工中心等产品，一边询问企业开展自主创新和加强人才培养等方面取得的成果，并鼓励企业不断做强做大、进入世界一流企业行列。

在工人村生活馆和沈阳铸造博物馆，郑万通饶有兴味地参观了一间间展室，观看了一件件展品，认真听取关于沈阳工业经济发展、国有企业调整改造和铁西工人生活变迁历程的讲解。在参观考察中，郑万通对国家实施东北振兴战略以来，沈阳把握机遇，奋发有为，加快推进老工业基地调整改造步伐、实现经济社会又好又快发展的巨大成绩给予充分肯定。

（鉴　闻）

【阿不来提·阿不都热西提来沈调研】 2011年6月15日至16日，全国政协副主席阿不来提·阿不都热西提率全国政协宗教界部分委员来沈，就“发挥宗教界积极作用，促进和谐社会建设”情况进行专题调研。

调研组在沈期间，先后实地考察了基督教东关教堂、天主教小南教堂、道教太清宫、伊斯兰教清真南寺。调研组对沈阳市在发挥宗教界积极作用，促进和谐社会建设方面的工作给予充分肯定，认为沈阳市委、市政府对宗教工作在思想上高度重视，发挥宗教界积极作用措施得力，在贯彻落实党的宗教方针、政策和发挥宗教界建设和谐社会成效明显，今后宗教工作任务思路切合实际。

沈阳市市长陈海波在召开的座谈会上汇报了沈阳市宗教工作情况和经济社会发展情况，并表示沈阳将进一步提高贯彻执行党的宗教工作方针的自觉性，加强对宗教事务的依法管理，依法维护宗教界的合法权益，强化基层宗教工作力量。沈阳市将认真听取调研组的指示，认真贯彻落实党的宗教工作基本方针和《宗教事务条例》，不断探索新时期做好宗教工作的新思路和新途径，努力开创宗教工作新局面。

阿不来提·阿不都热西提在讲话中强调，做好新形势下宗教工作，必须全面正确贯彻党的宗教信仰自由政策，坚持依法管理宗教事务，在保护合法宗教活动的同时，打击非法宗教活动，抵御境外利用宗教进行的渗透。他说，沈阳市委、市政府对新形势下，对宗教工作面临的新情况、新问题有清醒的认识，从思想上重视宗教工作，坚定不移地贯彻和坚持党的宗教工作基本方针，充分发挥宗教界在促进经济社会发展中的积极作用。沈阳市政协围绕中心工作，发挥政治协商作用，积极帮助宗教界解难题、办实事，取得了可喜成绩。希望沈阳市进一步探索研究做好新形势下宗教工作的新思路，引导宗教界人士和信教群众为构建和谐社会作出新贡献。

（朱佳音）

专　文

高举伟大旗帜　推进改革创新　在科学发展道路上　实现沈阳老工业基地全面振兴

——曾维同志在中国共产党沈阳市第十二次代表大会上的报告

（2011年7月5日）

同志们：

现在，我代表中共沈阳市第十一届委员会向大会作报告。

一、过去五年的工作

市第十一次党代会以来的五年，是沈阳发展史上极不平凡的五年，是应对挑战、砥砺奋进的五年，是跨越发展、成果丰硕的五年。五年来，在党中央和省委的正确领导下，市委团结带领全市各级党组织和广大党员、干部、群众，坚持以邓小平理论和“三个代表”重要思想为指导，深入贯彻落实科学发展观，紧紧围绕完成“五大任务”、实现“三大目标”，抢抓机遇、开拓进取，攻坚克难、真抓实干，圆满完成了各项任务，谱写了推动科学发展、加快全面振兴的壮丽篇章。

这五年，科学发展理念更加深入人心。认真贯彻党的十七大精神，自觉用科学发展观武装头脑、指导实践、推动工作。通过扎实开展深入学习实践科学发展观活动，我们对科学发展观的科学内涵、精神实质和根本要求的领会更加深刻、把握更加准确，贯彻落实科学发展观的思想更加统一、步调更加一致，推动科学发展已经成为全市上下的自觉行动。按照科学发展观的要求，进一步深化对市情的认识，明确提出完成“五大任务”、实现“三大目标”的总体思路，制定出台《关于深入贯彻落实党的十七大精神，推动沈阳在科学发展道路上加快全面振兴的意见》和《关于建立健全保障和促进科学发展长效机制的决定》。坚持把科学发展观贯彻落实到经济社会发展的各个方面和各个环节，更加注重以人为本，更加注重全面协调可持续，更加注重统筹兼顾，更加注重保障和改善民生，全市经济社会发展呈现出好字优先、好中求快、又好又快的可喜局面，稳定性、协调性、可持续性明显增强。坚持思路的稳定性和工作的连续性相统一，长远目标与阶段性任务相结合，准确把握形势，确定年度主题，聚焦工作重点，创新突破举措，破解发展难题，不断保持振兴发展的强劲势头。尤为可喜的是，全市广大党员干部思想作风发生了重大变化，工作中少浮躁之气、多务实之心，发展中立足当前、着眼长远，事业心、责任感明显增强，全市上下深入贯彻落实科学发展观的氛围更加浓厚。

这五年，全市综合实力实现大幅提升。坚持以增量推动结构优化，以创新促进产业升级，大力推进发展方式转变，经济发展步入崭新阶段。2010年，全市地区生产总值是2005年的2.1倍，年均增长16.3%；全社会固定资产投资是2005年的3.2倍，年均增长29.7%；地方财政一般预算收入是2005年的2.6倍，年均增长21%，经济发展整体水平大幅提升，沈阳老工业基地振兴取得了重大成果。产业结构进一步优化，工业经济运行质量显著提高，装备制造业支撑作用明显增强，高新技术产业和战略性新兴产业不断壮大，现代建筑产业发展势头强劲，2010年全市规模以上工业总产值比2005年翻两番；服务业特别是现代服务业加快发展，服务业增加值和社会消费品零售总额双双突破2000亿元；县域经济占全市经济总量的比重不断提高，对全市经济增长贡献率持续攀升；非公有制经济蓬勃发展，成为推动沈阳全面振兴的重要力量。科学实施行政区划局部调整，作出“三区”合署办公、全面开发建设大浑南的重大决策，高水平编制了全域科学发展规划，各区域功能定位更加合理，东西南北中各具特色的空间格局基本形成。招商引资成果丰硕，外资结构不断优化，重大项目令人振奋。国有企业和重点领域改革取得重大进展，沈阳经济区改革发展上升为国家战略。城市建设步伐加快，城乡面貌焕然一新，道路、绿化、水系建设力度空前，一批标志性建筑和重大基础设施建成使用，沈阳迈入地铁时代。国家生态市和全国环境建设样板城创建工作扎实推进，“十一五”节能减排目标提前完成，生态建设和环境保护取得重大进展。

这五年，和谐社会建设取得显著成效。坚持把保障和改善民生作为一切工作的出发点和落脚点，切实解决人民群众最关心、最直接、最现实的利益问题，让振兴发展成果越来越多地惠及全市人民。城乡居民收入水平持续提高，2010年城市居民人均可支配收入和农民人均纯收入分别突破2万元和1万元大关，比2005年翻了一番。就业规模持续扩大，五年累计实现实名制就业120万人，劳动关系更加和谐。社会保障体系不断完善，保障标准大幅提高，保障水平稳步提升，各类特困群体得到有效救助，低收入家庭住房困难得到有效缓解。各级各类教育快速协调发展，城乡教育资源实现优化整合，义务教育均衡发展走在全国前列，教育公平迈出重大步伐。基层医疗卫生服务体系逐步健全，基本公共卫生服务均等化深入推进，医药卫生体制改革取得重要阶段性成果。文化体制改革不断深入，文化事业和文化产业全面推进，精品创作生产实现历史性突破，艺术惠民“双百万”工程开辟了公共文化服务体系建设新途径。群众体育和竞技体育成绩斐然，奥足赛沈阳赛区比赛取得圆满成功。群众性精神文明创建活动蓬勃开展，市民文明素质和城市文明程度进一步提高，双拥模范城创建实现“六连冠”。各级人大、政协职能作用不断加强，各民主党派和人民团体作用充分发挥。依法治市工作稳步推进，全社会法制观念明显增强，社会公平和正义得到有效维护。以群众工作统揽信访工作的“沈阳模式”在全国推广，我市实现了从全国信访大市到信访工作先进城市的巨大转变。“平安沈阳”建设成效显著，打击刑事犯罪成果突出，安全生产监管体系日趋完善，人民群众的安全感、幸福感进一步增强。

这五年，党的建设开创崭新局面。坚持以执政能力建设和先进性建设为主线，全面推进党的建设新的伟大工程，党的建设科学化水平不断提高。加强学习型党组织建设，深入开展“双争双创”活动，各级党委中心组理论学习的示范带动作用不断增强，广大党员干部思想政治素质进一步提高。不断深化干部人事制度改革，“四个坚持”的正确用人导向进一步树立，公推比选等干部选拔任用办法大力推行，综合考评体系更加完善，干部调整交流力度进一步加大，区、县（市）和乡镇党委换届圆满完成，一大批政治坚定、有真才实学、实绩突出、群众公认的优秀干部走上领导岗位，各级领导班子和领导干部的执政能力和领导水平不断提升。广泛开展创先争优活动，大规模干部培训特别是基层党组织书记轮训工作全面推开，“两新”组织党建工作走在全国前列，基层党组织的创造力、凝聚力和战斗力进一步增强。深入实施人才强市战略，人才工作和人才队伍建设取得可喜成果。切实加强作风建设，涌现出潘作良等一大批为党分忧、为民解难的先进典型，广大党员干部勇于负责、敢于担当蔚然成风。大力加强反腐倡廉建设,从源头上预防和治理腐败工作力度不断加大,惩治和预防腐败体系日益完善,反腐败斗争成效显著,党风、政风和社会风气进一步好转。

如果说五年前的沈阳,摆脱了"东北现象"的困扰,基本完成了老工业基地的调整改造,那么五年后的今天,沈阳振兴发展已经取得了重大成果,步入了科学发展的轨道,正在向老工业基地全面振兴的目标阔步前进。

同志们,过去五年取得的成绩来之不易。这是党中央和省委正确领导的结果,是全市各级党组织、广大党员干部和群众奋力拼搏的结果,是社会各界大力支持的结果。在此,我代表中共沈阳市第十一届委员会,向全市各族人民,向各民主党派、工商联、无党派人士、各人民团体和各界人士,向港澳台同胞和国际友人,向驻沈部队和武警官兵,向所有为沈阳振兴发展作出贡献的同志们、朋友们,表示衷心的感谢,并致以崇高的敬意!

在充分肯定成绩的同时,还必须清醒地看到存在的矛盾和问题:经济总量还不够大,经济结构还不尽合理,自主创新能力还不够强,资源环境矛盾还较突出,制约科学发展的深层次体制机制障碍还有待进一步消除,城市建设和管理需要进一步加强,人民群众的生活水平还有待进一步提高,维护社会稳定的压力仍然很大,一些党员干部的思想观念和工作作风需要进一步转变。我们一定要以对沈阳振兴发展、对全市人民群众高度负责的精神,切实解决好这些问题。

二、用科学发展观统领未来五年发展

未来五年,我们仍处于大有可为的重要战略机遇期。从国际上看,世界经济结构加快调整,新科技革命迅猛发展,科技创新和产业转型孕育突破,低碳技术、绿色经济已成为新一轮发展的重点,全球正在进入创新集聚爆发和新兴产业加速成长的新时期。从国内来看,发展仍是解决我国所有问题的关键。随着工业化、信息化、城镇化、市场化、国际化的深入推进,发展的有利条件、比较优势和长期向好的趋势没有改变,经济结构转型加快,市场需求潜力巨大,体制活力显著增强,我国已经进入了科学发展、和谐发展、创新发展的新阶段。我们必须科学判断和准确把握发展趋势,紧紧抓住国家振兴东北地区等老工业基地战略深入实施、沈阳经济区改革发展上升为国家战略、第十二届全运会主会场设在沈阳的难得历史机遇,奋力开创沈阳振兴发展的新局面。

面对新形势新变化,沈阳要赢得主动、发挥优势、开创未来,必须坚持以科学发展观为统领。科学发展观开拓了中国特色社会主义理论发展的新境界,续写了马克思主义中国化的新篇章,是我国经济社会发展的重要指导方针,是发展中国特色社会主义必须坚持和贯彻的重大战略思想。当前,高举中国特色社会主义伟大旗帜,要求我们必须切实把科学发展观内化为世界观和方法论,转化为推动科学发展的思路和举措,在实现老工业基地全面振兴的伟大征程中,让科学发展观在沈阳大地上熠熠生辉,放射出更加灿烂夺目的真理光芒。

高举伟大旗帜,最根本的在于把科学发展观与沈阳实际紧密结合起来,形成具有时代特征、沈阳特色的发展思路和工作举措。做优发展空间、做大中心城市、做强县域经济、加强生态建设、着力改善民生这"五大任务",建设国家中心城市、先进装备制造业基地、生态宜居之都这"三大目标",充分体现了科学发展观的本质要求,是科学发展观在沈阳的具体体现和生动实践。我们必须坚持在继承中创新,在创新中发展,不断丰富和完善"五大任务"、"三大目标"的内涵,并切实将其作为沈阳振兴发展的奋斗目标、工作重点和战略举措,毫不动摇、一以贯之地坚持下去,推动老工业基地全面振兴伟业乘风破浪、一往无前。

今后五年的指导思想是:坚持以邓小平理论、"三个代表"重要思想和科学发展观为指导,解放思想,抢抓机遇,以科学发展为主题,以加快转变经济发展方式为主线,以提高人民生活水平为根本出发点,以改革开放和自主创新为动力,围绕实现"三大目标",深入推进"五大任务",大力加强经济、政治、文化、社会、生态文明建设和党的建设,在科学发展道路上实现沈阳老工业基地全面振兴。

全面完成今后五年的任务,是中央和省委的殷切期望,是全市人民的共同心愿,也是时代赋予我们的光荣使命。我们坚信,经过不懈努力,一个经济更加繁荣、体制更加完备、环境更加友好、城市更加文明、社会更加和谐的新沈阳一定会展现在世人面前。我们对沈阳的美好明天充满信心。

三、实现老工业基地全面振兴的主要任务

未来五年,我们必须始终坚持以改革创新为动力,全面落实发展这个第一要务,突出重点,统筹兼顾,推动经济社会全面协调可持续发展,加快建设实力沈阳、活力沈阳、宜居沈阳、文明沈阳、和谐沈阳。

(一)加快结构调整,做大经济总量,建设实力沈阳

优化空间布局、调整经济结构、做大经济总量,是沈阳当前及今后一个时期首要而紧迫的任务。要坚持在做大总量中调整结构、在调整结构中扩大增量,加快转变发展方式,全面提升城市综合实力,力争地区生产总值突破一万亿元,地方财政一般预算收入达到一千亿元。

进一步优化空间布局。严格执行城市总体规划和重点空间建设规划,深入实施主体功能区战略,不断完善区域功能特色,全面提升城市建设水平。东西南北中各重点空间要发挥比较优势,按照功能定位要求加速项目聚集,实现错位发展。积极推进土地高效集约利用和产业集约化发展,提高产业集聚度和单位面积产出率,切实把空间优势转化为产业优势和竞争优势。积极探索沈阳经济区一体化发展模式,充分发挥沈阳核心和引领作用,建立健全区域合作机制,推动沈阳经济区尽快成为带动全省乃至东北老工业基地振兴发展的新的增长点。坚持把沈抚同城化作为重点和突破口,加大工作推进力度,推动沈抚新城率先隆起,使其成为带动沈阳经济区建设的新引擎。

加快构建新型工业体系。坚持走新型工业化道路,大力提高经济运行质量和效益,全面实施工业五项工程,努力形成以战略性新兴产业为先导、先进装备制造业为主体、传统优势产业优化升级的发展新格局。着眼于进一步增强装备

制造业对全市经济发展的支撑作用，依托三大聚集区和两大配套区，积极推进信息化与工业化的深度融合，加快改造提升传统优势产业，大力发展先进装备制造业、汽车及零部件和现代建筑产业，支持一批骨干企业做大做强，加快培育一批千亿元产业集群，切实解决总量不够、单体不大的问题。提升产业层次，延伸产业链条，培育自主品牌和名优产品，增强成套配套能力，基本建成具有国际竞争力的先进装备制造业基地。在加快发展高新技术产业基础上，把培育和发展战略性新兴产业作为促进产业转型升级的重要突破口，大力发展高端装备制造、信息、生物医药、航空、新材料、新能源、节能环保等战略性新兴产业，完善相关政策，加大支持力度，充分发挥中小科技型企业作用，积极培育战略性新兴产业骨干企业和示范基地，努力把战略性新兴产业发展成为沈阳的支柱产业，以此争取经济转型的主动权，抢占未来经济发展的制高点。

不断壮大服务业规模。积极营造有利于服务业发展的政策和体制环境，改造提升传统服务业，大力发展现代服务业，加大“金廊”开发建设力度，加快金融区和其他现代服务业集聚区建设，不断增强沈阳服务业的辐射力和竞争力。积极发展面向装备制造业改造升级的生产性服务业，加快推进金融创新，提升金融业竞争力和服务水平，加快发展第三方物流，提升物流服务的社会化、专业化和信息化水平，大力发展会展业，培育壮大高技术服务业，规范提升商务服务业。优化房地产开发布局，促进房地产业健康发展。积极发展旅游、健身、家政等生活性服务业，推进服务业规模化、品牌化、网络化经营，提高城市服务品质。

进一步提升县域经济实力。积极探索县域工业化、农村城镇化和农业现代化同步推进的有效途径，支持“一市三县”冲刺全国百强县，全面增强县域综合实力，力争主要经济指标五年翻两番。加快县域工业化步伐，高标准推进工业园区建设，做大做强新民包装印刷、辽中机加泵阀、法库陶瓷和康平高新复合材料等一批重点产业集群，积极引导市区工业向县域转移，使县域成为城市产业转移的承接地和城市可持续发展的拓展区。促进农业经济转型升级，加强农村基础设施建设，健全农业社会化服务体系，大力发展“一乡一业”乃至“一县一业”，加强现代农业示范区建设，提升绿色农业、设施农业、高效特色农业发展水平，提高农业综合生产能力。加快城镇化进程，加强县城、中心镇建设，促进人口、资源和产业向县城和园区集聚，推进城乡基本公共服务均等化，加快社会主义新农村建设，走出一条富有沈阳特色的城乡一体化发展新路子。

（二）深化改革开放，推进自主创新，建设活力沈阳

改革开放和自主创新是实现老工业基地全面振兴的强大动力。要进一步解放思想，大胆探索，不断把改革引向深入，努力提高外向型经济发展水平，大力推进自主创新，切实激发经济社会发展的内在活力。

积极推进综合配套改革。紧紧抓住设立沈阳经济区国家新型工业化综合配套改革试验区的重大机遇，创造性地落实国家赋予的先行先试权，勇于趟水探路，敢于破旧立新，深入实施国家新型工业化综合配套改革试验方案，全面建立符合新型工业化要求的体制机制。要树立全局眼光，增强系统思维，努力实现各领域、各环节改革创新的协调联动和系统推进，着力增强改革的配套性。因地制宜搞好“两化”融合、优化金融生态、统筹城乡发展等各种专项改革试验，及时推出具有引领和借鉴意义的重大改革举措，着力增强改革的示范性。坚持渐进式改革和先试点后推广的科学方法，力求在空间布局科学化、园区建设生态化、资源利用集约化上迈出实质性步伐，着力增强改革的实效性。要以重点领域和关键环节的突破带动改革的有序推进、协调推进、整体推进，进一步深化国有企业改革，积极推进股份制改造，实现投资主体和产权主体多元化，加快建立现代企业制度，培育一批具有国际竞争力的企业集团。加大扶持力度，拓宽非公有制经济准入范围和领域，不断提高市场化程度，落实促进发展的政策措施，推动非公有制经济又好又快发展。深化农村综合改革，增强农村发展活力。积极推进行政管理体制改革，创新管理体制，提高行政效率，大力加强软环境建设，努力建设服务型政府和法治政府。积极稳妥地分类推进事业单位改革。

着力构建开放型经济。按照“招大、引强、选优”的要求，坚持内资与外资并重，加强与世界500强和中央所属大型企业对接，争取更多体量大、带动性强、技术水平高、发展后劲足的大项目落户沈阳。积极转变对外贸易增长方式，扩大高技术含量、高附加值、高效益产品出口，加快服务外包产业发展步伐。大力实施“走出去”战略，鼓励有条件的企业开展跨国经营，努力提高沈阳企业和产品的国际竞争力。建立多层次、宽领域的经贸合作交流机制，积极推进区域联合与协作，加强与国外友好城市的经济文化交流，进一步提升城市国际化水平。

加快建设国家创新型城市。坚持把自主创新作为城市发展的主导战略，大力推进原始创新、集成创新和引进消化吸收再创新，突破一批核心技术和关键技术，增强科技对经济发展的支撑能力。强化政策引导，加大投入力度，加快建立以企业为主体、市场为导向、产学研相结合的技术创新体系，支持院士工作站发展，鼓励创新要素向企业聚集，增强企业自主创新的能力。搭建科技创新服务平台，加快建设国家大学科技城，积极支持企业间或企业与高等院校、科研院所建立技术联盟、产业联盟、标准联盟，促进产学研融合发展，鼓励更多的科研成果在本地转化。实施知识产权战略，加大知识产权保护力度。牢固树立人人皆可成才的观念，为各类人才提供广阔的创业平台、发展空间。大力引进高层次人才、紧缺人才和海外研发团队，优化人才结构，激活人才潜能，努力建设一支富有创新精神的人才队伍，使沈阳成为高端创新人才的聚集地。

（三）加强城市建设，办好全运盛会，建设宜居沈阳

城市建设和管理水平代表城市形象。要以承办“十二运”为契机，改造提升老城区，加快建设新城区，努力实现城市功能和品位的新跨越，让沈阳这座城市更加宜居、更具魅力。

全面加强基础设施建设。坚持以城市总体规划为依据，高标准、高起点推进城乡基础设施建设，进一步提升城市的

承载、服务和辐射能力。严格实施《沈阳市综合交通规划》，加快机场改扩建、高铁站新建、地铁工程及轨道交通建设等重点工程进度，抓好城市桥梁、市政道路建设，搞好东一环、二环高架、三环改扩建和四环建设，构建城市快速路系统，推进县乡公路建设，努力构筑以空港、高速铁路、高速公路、城市快速路、轨道交通为重点的科学化、智能化、立体化综合交通体系。全面加强老城区地下管网改造和地下空间开发利用，加快特色街区和方城地区改造步伐，严格保护文物古迹、历史建筑和文化风貌区。在老城改造中，要将保护历史文化遗产和建设一批现代化建筑有机结合起来，切实做到古城风韵和现代特色相得益彰，让沈阳这座历史文化名城焕发新的风采。

高标准推进大浑南开发。按照高新技术和新兴产业聚集区、城市空间和功能完善拓展区、城乡统筹首善区和科学发展示范区的定位，高水平、高标准推进大浑南建设。坚持总体规划、突出重点、有序推进的原则，以浑南新城为核心区，按照“生态、低碳、环保”的理念，切实搞好建设项目的空间设计、环境设计和形象设计，加快建设一批标志性的建筑，切实将浑南新城建设成和谐、绿色、创新之城。以浑南新城为突破口，加快沈阳经济区新城、新市镇和城际连接带建设步伐，不断完善基础设施和配套服务设施，构建与母城以及周边城市畅通便捷的交通网络，促进人流、物流、资金流和信息流加速聚集，推动城市重心南移，不断提高大浑南地区整体开发建设水平，使其在拓展和完善城市功能、建设国家中心城市中发挥更大作用。

提高城市现代化管理水平。坚持建管并重、创新体制、整合资源，构筑数字化、精细化、动态化城市管理网络系统，完善以市级为主导、区级为主体、街道为基础、社区为前沿的大城管格局。加强城市道路等基础设施维护，加大城乡结合部、城市进出口等薄弱环节的改造整治力度，依法拆除违章建筑，不断改善市容市貌。全面落实好为解决交通问题而采取的十大对策，从健全政策法规、完善交通设施和强化交通管理入手，全面实施交通畅通工程，大力发展公共交通，有效解决中心城区停车难和交通拥堵问题。健全综合执法机制，为广大市民提供调控有力、高效优质的城市管理与服务，着力打造通畅、便捷、安全、舒适的生产生活环境。

创建全国环境建设样板城。全面提升城乡绿化水平，大力加强水系建设，全方位提升浑河自然景观，加快蒲河生态化、景观化、城镇化、产业化建设，推进辽河沈阳段生态化治理，加大卧龙湖等湿地保护力度，加强重点生态功能区保护，不断改善城乡生态环境。加强环境综合整治，加大污水处理、垃圾处理等环境保护基础设施建设投入。加快发展循环经济，着力推进节能减排，实行严格的节能降耗和污染物排放目标责任制，建立更加有效的监管机制。提升全社会生态文明理念，积极倡导低碳的生产、生活和消费方式，让沈阳城乡环境更加优美，更加适宜人居和创业，早日进入国家生态市行列。努力探索老工业基地调整改造和生态环境建设同步推进，在全国有示范和引领作用的发展模式，加快向全国环境建设样板城的目标迈进。

举全市之力筹办好全运会。办好2013年全运会，使命光荣，责任重大，任务艰巨。我们必须按照全民全运、文明全运、节俭全运、廉洁全运的要求，凝聚各方智慧，动员一切力量，全力做好各项工作。高质量完成全运会比赛场馆、全运村及配套工程建设，建立健全场馆运行机制。坚持以“办赛会惠民生”为核心理念，全面落实好市区两级全民健身中心以及城乡公共体育设施建设任务，切实把全运工程建成惠民工程、健康工程。以“全民参与、健康生活”为主题，广泛开展“人人都是东道主，我为全运作贡献”教育实践活动，认真做好社会氛围营造、城市环境改造、综合条件创造等工作，全面提升城市整体功能和服务全运水平。精心做好全运会期间的各项工作，安排好各项赛事活动，落实好安保工作的各项措施，组织好志愿者服务，千方百计做好各项接待服务保障工作，为各方来宾提供热情周到的服务。

（四）繁荣文化事业，发展文化产业，建设文明沈阳

文化是一个民族的精神和灵魂，也是沈阳实现全面振兴的强大力量。必须坚持社会主义先进文化前进方向，充分发挥文化引导社会、教育人民、推动发展的功能，不断增强城市的文化软实力，加快建设文化强市，确保进入全国文明城市行列。

提升市民文明素质。扎实推进社会主义核心价值体系建设，倡导爱国守法和敬业诚信，在全社会形成知荣辱、讲正气、尽义务的良好风尚。普及科学知识，加强人文关怀和心理疏导，培育积极健康的社会心态。推进社会公德、职业道德、家庭美德、个人品德建设，净化社会文化环境和网络环境，保护青少年身心健康，提升全市人民思想道德水平。加强群众性精神文明创建，深入推进文明市民教育、文明出行提升等“十大文明行动”，切实提高城市文明程度。

构建特色地域文化。加强历史文化遗产的保护和利用，积极挖掘整理清前文化、近代文化遗存，保护和继承革命文化、工业文化资源，结合时代特点，打造具有关东特色的地域文化，叫响国家历史文化名城品牌。深化文化体制改革，加强专业文艺院团建设，大力扶持原创性文化精品创作，创作一批思想深刻、艺术精湛、群众喜爱的优秀作品，引进和培育一批扎根沈阳、享誉全国的文化名家大师，力争获得更多国家级和世界级奖项。

完善文化服务体系。着眼于增强公共文化产品供给和服务能力，加快建设艺术中心、工业博物馆等标志性大型文化设施，抓好城乡基层文化阵地和公共文化服务网点建设，促进文化资源向农村和基层倾斜，构建全覆盖、普惠型公共文化设施网络体系。深入实施艺术惠民“双百万”工程，广泛开展丰富多彩的群众文化活动，推动文化下乡活动向常态化、长效化发展。积极创新文化服务方式，推动公共文化资源向社会免费开放，引导社会力量参与公益性文化场馆管理，让全市人民享受到更多更好的文化福利。

加快发展文化产业。坚持实施重大文化产业项目带动战略，加快建设国家级文化产业示范区和区域性特色文化产业群，不断优化空间布局，加快培育和引进一批大型文化企业，提高规模化、集约化和专业化水平，推动文化产业成为全市的支柱产业。加强对外文化交流与合

作，着力办好东北文博会等重大活动，探索面向国际市场的文化产业发展新模式，扩大文化产品和服务出口，进一步提升沈阳文化的知名度和影响力。

（五）加强社会建设，保障改善民生，建设和谐沈阳

经济越是快速发展，就越是要大力加强社会建设和管理，加快推进民生工程，不断提高人民群众幸福水平，努力把沈阳建成人民幸福安康、社会安定和谐的一方乐土。

实施就业优先战略。实行更加积极的就业政策，优化创业环境，创造就业机会，强化公共就业服务，提高就业和创业能力，千方百计扩大就业。积极推行工资集体协商，加强劳动保障监察执法，进一步做好农民工工作，依法维护劳动者权益，构建和谐劳动关系。完善提高城乡居民收入水平的政策措施，促进居民收入增长与经济发展同步、劳动报酬增长与劳动生产率提高同步。我们的努力方向就是帮助无业者就业，推动有志者创业，让劳动者体面劳动有尊严生活，让广大人民群众更多地分享改革发展成果。

健全社会保障体系。坚持全覆盖、保基本、多层次、可持续方针，加强城乡社会保障体系建设。推进城乡养老保障制度有效衔接，扩大新型农村社会养老保险覆盖面，健全预防、补偿、康复相结合的工伤保险制度。提高城乡最低生活保障标准，发展残疾人和老龄事业，保护妇女、未成年人合法权益，发展社会救助、社会福利、社会优抚和慈善事业，提高社会保障水平。加强房地产市场调控，加大保障性住房建设力度，解决城镇中低收入家庭住房困难，逐步把符合条件的农民工纳入住房保障范围，满足居民的合理住房需求。进一步做好价格调控监管工作，努力稳定生活必需品市场价格，切实保障群众基本生活。

加快社会事业发展。面向时代要求，统筹推进各级各类教育科学发展，进一步加强教师队伍建设，积极发展学前教育，高水平均衡发展义务教育，大力发展职业教育，支持普通高中办出质量和特色，鼓励和支持在沈高校发展，构建终身教育体系，提高教育现代化水平，加快教育强市建设步伐。深化医药卫生体制改革，认真落实国家医改政策，完善公共卫生和医疗服务体系，健全基本药物保障供应体系，增强医疗卫生服务保障能力。全面做好人口工作，促进人口长期均衡发展。全面发展体育事业，做大做强体育产业，发展竞技体育，开展全民健身运动，提升全市人民的健康水平。

加强和创新社会管理。着眼于有效解决影响社会和谐的突出问题，全面做好国家社会管理创新综合试点工作，努力在全国率先建立中国特色社会主义社会管理体系，最大限度地激发社会活力、最大限度地增加和谐因素、最大限度地减少不和谐因素。建立健全社会管理格局，完善政府社会管理职能，引导人民团体、基层自治组织、行业组织、社会组织和企事业单位共同参与，加强对流动人口、特殊人群的管理和服务。完善用群众工作统揽信访工作的“沈阳模式”，健全群众权益维护机制，统筹协调各方面利益关系，加强社会矛盾源头治理，努力把矛盾化解在基层、消除在萌芽状态。深入贯彻依法治市方略，做好“六五”普法工作，加强和改进地方立法工作，提高依法行政水平，营造良好的法治环境。扩大公民有序的政治参与，保障人民群众的民主权利。深入推进公正廉洁执法，切实维护社会公平正义。深入开展平安沈阳创建活动，完善社会治安防控体系，依法打击各类违法犯罪活动，不断增强人民群众的安全感。加强公共安全体系建设，全面做好防灾减灾工作，健全突发事件应急机制，提高全社会危机管理水平和抗风险能力。严格安全生产管理，全面落实安全生产责任制，保障食品药品安全，提高监管的有效性和公信力，坚持不懈地打击制假、售假等不法行为，确保广大群众都能吃上放心食品、用上放心药品。

四、全面提高新形势下党的建设科学化水平

实现未来五年的宏伟目标，关键在党。必须深入学习贯彻胡锦涛总书记在庆祝中国共产党成立90周年大会上的重要讲话精神，坚持以党的执政能力建设和先进性建设为主线，全面加强党的思想、组织、作风、制度和反腐倡廉建设，不断提高党的执政能力和领导水平，使各级党组织始终成为全市人民的主心骨和振兴大业的坚强领导核心。

（一）不断强化理论武装，提高广大党员干部的党员意识和执政意识。思想理论建设是党的根本建设。必须按照建设学习型政党的要求，扎实推进学习型党组织建设，强化各级党委中心组理论学习，深入开展新一轮大规模干部培训，充分发挥各级党校干部培训主渠道作用，坚持用马克思主义中国化最新成果武装党员干部，不断增强贯彻落实科学发展观的自觉性和坚定性，切实提高广大党员干部运用科学理论解决振兴发展中各种难题的能力。进一步加强理想信念教育和思想道德建设，引导广大党员干部强化党性锻炼和党性修养，增强宗旨意识、组织意识和表率意识，常怀忧党之心、恪尽兴党之责，勇于改革创新、争当时代先锋，真正做到平常时看得出来、关键时站得出来、危难时豁得出来，不断增强维护党的执政地位的责任感和使命感。

（二）切实提高选人用人公信度，建设高素质的领导班子和干部队伍。我们要始终坚持党管干部原则不动摇，坚持德才兼备标准不降低，坚持贯彻干部选拔任用条例不走样，坚持抵制干部选拔任用中的不正之风不妥协，不断深化干部人事制度改革，形成以德修身、以德服众、以德领才、以德润才、德才兼备的用人导向。健全干部选拔任用提名制度、差额选拔干部制度和干部任用民主决策制度，推行公开选拔和公推比选等竞争性选拔干部方式，确保想干事的有机会、能干事的有舞台、干成事的有地位。不断优化领导班子结构，尤其要选好配强“一把手”，增强领导班子整体功能和合力。抓好后备干部队伍建设，加大培养优秀年轻干部力度，注重从基层一线遴选干部和多岗位锻炼干部。认真做好老干部工作，充分发挥老同志的积极作用。加快制定和完善有利于转变经济发展方式、推动科学发展的差异化绩效评价考核体系和具体考核办法，引导各级领导干部牢固树立正确政绩观，在推动沈阳全面振兴中大显身手、建功立业。

（三）认真做好新形势下党的群众工作，保持党同人民群众的血肉联系。人民群众是我们党的力量之源、胜利之本、执政之基。必须深刻认识做好新形

势下群众工作的重要性和紧迫性，不断增强群众工作本领，扎实做好联系群众、宣传群众、组织群众、服务群众、团结群众的工作。坚持以人为本、执政为民理念，牢固树立马克思主义群众观点，自觉贯彻党的群众路线，做到思想上尊重群众、感情上贴近群众、工作上依靠群众，从群众中汲取智慧和力量。始终站稳群众立场，想问题、作决策、干工作都要从群众利益出发，坚持问政于民、问需于民、问计于民，办好顺民意、解民忧、惠民生的实事。不断创新群众工作方法，深入开展"四个一"活动，积极推行基层工作法，增强群众工作的亲和力和感染力，坚持心思向下沉、眼睛向下看、脚步向下走，带着责任、带着感情、带着爱心，千方百计把群众工作做深、做细、做实。健全服务群众和联系群众制度，完善维护群众权益机制，使群众工作更加科学、更有活力、更富实效。我们党最大的政治优势是密切联系群众，党执政后最大的危险是脱离群众。全市每一名党员干部特别是领导干部，必须进一步强化群众观念，增进群众感情，永远和人民群众同呼吸、共命运、心连心。

（四）建立健全惩治和预防腐败体系，深入推进反腐倡廉建设。坚决惩治和有效预防腐败，是我们党必须始终抓好的重大政治任务。要加快完善惩治和预防腐败体系，强化教育的说服力、制度的约束力、监督的制衡力、惩治的威慑力，不断夺取反腐败斗争的新胜利。要坚持把反腐倡廉教育融入干部培养、选拔、管理和使用的全过程，深入开展示范教育、警示教育和岗位廉政教育，认真落实党员干部个人有关事项报告、述职述廉、廉政谈话、经济责任审计制度，筑牢党员干部拒腐防变的思想道德防线。加强反腐倡廉制度建设，逐步建立内容协调、程序严密、配套完备、有效管用的制度体系，努力形成凭制度用权、靠制度办事、用制度管人的工作格局。加强对权力运行的制约和监督，全面推进"五大系统"建设，确保权力在阳光下运作。坚决查办各类违纪违法案件，始终保持惩治腐败的高压态势，对任何腐败分子都必须依法严惩，决不姑息。

（五）切实加强基层党组织建设，夯实党的组织基础和工作基础。必须坚持围绕中心、服务大局、拓宽领域、强化功能，不断创新基层党组织工作，着力扩大覆盖面，增强生机活力，把全市基层党组织建设成为推动发展、服务群众、凝聚人心、促进和谐的坚强战斗堡垒。要坚持把创先争优活动作为一项经常性工作来抓，不断丰富活动内容，突出实践特色，推动基层党组织履职尽责创先进，引导广大党员立足岗位争优秀。把握企业、农村、社区、机关事业单位以及"两新"组织等不同领域基层党组织的职能定位，深入开展"三级联创"、"四进四建"、"三建三送"、"一学三提"等活动，增强工作的创新性和实效性。加强基层党组织带头人队伍建设，切实解决村级党组织负责人基本报酬和社会保障问题。大力加强党员队伍建设，改进发展党员工作，建立健全教育、管理、服务党员的长效机制，推进党务公开，保障党员的民主权利，更好地发挥广大党员的先锋模范作用。全面推行党代表大会代表任期制，积极探索发挥代表作用的途径和形式，保证代表充分行使各项权利。

（六）充分调动方方面面的积极性，形成共谋发展、共促振兴的强大合力。要充分发挥党委总揽全局、协调各方的领导核心作用，团结一切可以团结的力量，最大限度地激发全社会的创造活力，不断巩固和发展民主团结、生动活泼、安定和谐的政治局面。坚持和完善人民代表大会制度，支持人大及其常委会依法履行职能，保证立法和决策更好地体现人民意志。坚持和完善共产党领导的多党合作和政治协商制度，支持人民政协履行政治协商、民主监督、参政议政职能，切实做好新形势下民主党派工作，加强民族宗教工作，不断壮大最广泛的爱国统一战线。做好国防动员和民兵预备役工作。加强和改进党对工会、共青团、妇联等人民团体的领导，支持他们依照法律和各自章程创造性地开展工作，积极参与社会管理和公共服务，实现由一般活动型向综合服务型转变。只要全市上下万众一心、群策群力，就一定能够凝聚起推动全面振兴的强大合力，就一定能够战胜前进道路上的任何艰难险阻，就一定能够开创沈阳更加灿烂美好的明天。

同志们，回顾过去，我们倍感骄傲；展望未来，我们豪情满怀。让我们更加紧密地团结在以胡锦涛同志为总书记的党中央周围，高举中国特色社会主义伟大旗帜，以邓小平理论、"三个代表"重要思想和科学发展观为指导，在省委的坚强领导下，团结带领全市广大党员、干部和群众，锐意进取，奋发图强，为深入推进"五大任务"、加快实现"三大目标"、推动沈阳老工业基地在科学发展道路上实现全面振兴而努力奋斗！

曾维同志在中共沈阳市委十二届一次全会上的讲话

（2011 年 7 月 8 日）

各位委员、同志们：

刚才，市委十二届一次全会选举产生了新一届市委常委会和书记、副书记，通过了市纪委一次全会的选举结果。在此，我代表新当选的各位市委常委，对大家表示衷心的感谢！

从现在起，新一届市委就正式接过十一届市委的"接力棒"，肩负着完成"五大任务"、实现"三大目标"、建设"五个沈阳"的责任和使命，承载着全市各级党组织、广大党员和 810 万人民的希望和重托，全体同志深感使命光荣、任务艰巨、责任重大。我们一定倍加珍惜时代提供的机遇和舞台，倍加珍惜加快发展的良好基础和大好形势，不负重托，不辱使命，团结带领全市广大党员、干部和群众，拼搏进取，扎实工作，坚决完成市第十二次党代会确定的各项任务，向党和人民交上一份满意的答卷。实现未来五年宏伟目标，关键是把市委班子建设成为政治坚定、求真务实、清正廉洁、团结协作的坚强领导集体。下面，结合学习理解胡锦涛总书记在庆祝中国共产党成立 90 周年大会上的重要讲话精神，我着重就加强市委班子及其成员自身建设讲"三句话"，与同志们共勉。

第一句话：学经典

学经典，主要指学习马克思主义经典著作。经典著作包含经典作家丰富的思想理论成果和实践经验成果，体现经典作家攀登科学理论高峰的不懈追求和艰辛历程。学经典，对于领导干部坚定理想信念、提高理论素养、加强个人修养尤为重要。学经典贵在坚持、重在结合。我们一定要把学经典作为必修课，明确学习重点，改进学习方法，注重学习实效，切实提高执政能力和领导水平。

学经典要高度自觉。马克思主义经典著作是我们党的信仰之本、事业之基、理论之源。领导干部只有认真学习经典著作，才能全面把握马克思主义立场观点方法、坚定中国特色社会主义理想信念、提高人文素养和精神境界，才能做到信仰上不动摇、思想上不僵化、作风上不漂浮、方向上不迷失。我们每一位同志都要深刻认识学经典的重要性和必要性，切实把学经典作为一种精神追求，真正做到学以立德、学以增智、学以创业。

学经典要下真功夫。马克思主义经典著作博大精深，要想全面掌握其中的思想精华和深刻内涵，必须全身心投入，必须下真功、用苦功。我们一定要以锲而不舍的精神、常读常新的态度、百读不厌的劲头，原原本本、认认真真地研读马列主义原著和毛泽东同志的重要著作，真正领会理论精髓和基本原理，真正掌握立场观点方法。要坚持集体学习与个人自学相结合，将学经典纳入市委理论中心组学习内容和市委党校培训内容，每一位同志都要发扬挤劲、钻劲和韧劲，拿出更多的时间和精力，刻苦钻研、循序渐进、持之以恒。要把学习马克思主义经典著作与学习邓小平理论、“三个代表”重要思想、科学发展观等重大战略思想紧密结合起来，系统掌握中国特色社会主义理论体系，特别是要深刻认识科学发展观的科学内涵、精神实质和根本要求，提高贯彻落实科学发展观的自觉性和坚定性。

学经典要学以致用。学习的目的在于运用，学习的成效在于解决实际问题。坚持学用结合、学以致用，是我们党始终保持生机与活力的重要源泉。我们要大力弘扬理论联系实际的优良学风，着眼于实现这次党代会确定的宏伟目标，着眼于解决改革发展中的各种难题，着眼于不断提高工作的原则性、系统性、预见性和创造性，切实把学经典的成果转化为谋划振兴发展的正确思路、促进振兴发展的政策措施、领导振兴发展的实际能力。

第二句话：重品行

重品行，就是重视培养高尚的道德和操守。品行是党员领导干部内在素养、道德品质、人格魅力的外在表现。重品行应以修身为本、立德为要。古人讲：“欲治其国者，先齐其家；欲齐其家者，先修其身。”品行的优劣不仅关乎个人形象，更关乎党在群众中的威信。我们党员领导干部要始终以“日日弹尘、天天洗脸”的精神去涵养品德，以“如履薄冰、如临深渊”的心态去规范行为，真正树立起共产党人高尚的从政品行和生活品行。

重品行要常修立身之德。做官先做人，做人德为先。自身修养程度直接关系到领导干部的品德和能力，影响领导干部在百姓中的口碑，并决定其公信力和感召力。我们要带头学习实践社会主义核心价值体系，树立正确的世界观、人生观、价值观，自觉践行社会主义荣辱观，努力培养健康的生活情趣、高尚的精神追求、良好的个人修养和特有的人格魅力，用自己的模范行为和高尚品格感染干部群众、引领社会风尚。

重品行要常怀清廉之心。欲影正者端其表，欲下廉者先之身。清正廉洁是党的执政之要，也是领导干部的为官之本。一个为政清廉、充满浩然正气的领导班子，才有影响力、号召力和凝聚力，才能得民心、处事公、创大业。我们每一位同志都要坚持自重、自省、自警、自励，始终将自己置于党组织、社会各界和人民群众的有效监督之下，永葆共产党人的政治本色。同时按照党风廉政建设责任制的要求，管好配偶、子女、亲属和身边工作人员，抓好分管部门和单位的党风廉政建设。

重品行要常求包容之美。海纳百川，有容乃大。包容是美德、是智慧、是胸怀，是增进团结的润滑剂。一个地方的领导干部包容团结，就会凝心聚力、政通人和、事业兴旺，就会出业绩、出人才、出干部。我们要努力培养容人之长、容人之异的雅量，相互谅解、坦诚相见的气度，闻过则喜、从谏如流的胸襟，切实做到相互信任不相互猜疑、相互谅解不相互埋怨、相互支持不相互拆台、相互帮助不相互冷落，以市委班子的团结和谐带动各级领导班子的团结和谐，进而促进全市人民的团结和谐，形成一心一意谋发展、聚精会神促振兴、群策群力干事业的强大合力。

第三句话：讲奉献

讲奉献，就是甘愿付出、不求回报。讲奉献要坚持国家为大、事业至上，这也应该成为每一名共产党员特别是领导干部的永恒追求。当前沈阳正处于振兴发展的关键时期，需要各级领导干部敢担当、肯付出、多奉献。我们一定要带头弘扬奉献精神，艰苦创业，埋头苦干，淡泊名利，克己奉公，为实现沈阳老工业基地全面振兴作出更大贡献。

讲奉献要恪守事业为重。讲奉献首先必须把党的事业放在最重要的位置。我们要正确处理“小我”与“大我”的关系，自觉地把“小我”融入国家、民族的“大我”之中，把奉献融入自己的生命和振兴大业之中，做到精心谋事、潜心做事、谨慎行事、坦荡处事。要坚持一事当前首先要考虑党的事业、人民的利益，在名利面前不计较、不攀比、不失衡，不为私心所扰、不为名利所累、不为物欲所惑。要有吃苦在前、享受在后的胸襟，有视名利淡如水、看事业重如山的境界，以讲奉献实现人生价值、创造事业辉煌。

讲奉献要践行执政为民。为人民服务是党的宗旨，执政为民是党的生命根基，领导干部讲奉献必须更多地体现在为民上。只有深怀爱民之心、常思为民之策、多办利民之事，才能更好地为党尽职、为民奉献。要坚持问政于民、问计于民、问需于民，经常走近群众、接通“地气”，真诚倾听群众呼声、真情关心群众疾苦、真心集中群众智慧，在同群众朝夕相处中增进对群众的思想感情、增强服务群众的本领。要大力推进以保障和改善民生为重点的社会建设，大力实施各项民生工程，健全群众权益维护机制，完善社会保障体系，让全市人民生活得更加幸福、更有尊严。

讲奉献要坚持实干为本。实干是奉献的重要体现，脱离了实干，讲奉献只能是纸上谈兵。把沈阳未来五年的宏伟蓝图化作美好现实，归根到底在于讲求奉献、真抓实干。我们一定要坚持重实际、讲实话、办实事、求实效，始终保持奋发有为的精神状态、脚踏实地的工作作风和只争朝夕的工作激情，敢于迎难而上、勇于冲锋陷阵、善于攻坚克难,真正把心思用在谋发展上、把精力花在解难题上、把功夫下在抓落实上,坚决摒弃各种形式主义和官僚主义作风,以求真务实的自觉行动和实际成效取信于民。

"学经典、重品行、讲奉献"这三句话,既是新一届市委班子加强自身建设的基本要求,也是我们向全市广大党员、干部和群众的庄严承诺。我们每一位班子成员都要不断提高个人修养和领导水平,切实把沈阳的事情做好,为广大党员领导干部作出表率。作为市委书记和市委一班人的"班长",我一定在今后工作中更加恪尽职守、率先垂范。我也真诚地请大家对我的工作多批评、多帮助、多监督。

同志们,未来五年是沈阳实现全面振兴的关键时期,全市广大党员、干部和群众对新一届市委寄予厚望。我们肩上的担子重、责任大。要牢记历史使命,永远保持谦虚谨慎、不骄不躁的作风,永远保持艰苦奋斗的作风,更加紧密地团结在以胡锦涛同志为总书记的党中央周围,在省委的正确领导下,同心同德,开拓进取,努力实现市第十二次党代会确定的宏伟目标,创造无愧于党、无愧于人民、无愧于时代的崭新业绩!

坚持科学发展 加快振兴步伐 以优异成绩迎接 党的十八大胜利召开

——曾维同志在中共沈阳市委十二届二次全会暨经济工作会议上的报告

(2011年12月19日通过)

各位委员、同志们:

现在,我受市委常委会委托,向全会报告工作。

一、2011年工作的简要回顾

年初以来,在省委的正确领导下,市委团结带领全市广大党员、干部和群众,深入贯彻落实科学发展观,按照市委十一届十次全会和市第十二次党代会的部署,扎实推进"三抓三促"重点工作,圆满完成了年初确定的各项目标和任务,预计今年全市地区生产总值实现5950亿元,比上年增长12.6%;地方财政一般预算收入完成620亿元,增长33.2%,赢得了"十二五"高起点开局,谱写了沈阳老工业基地在科学发展道路上加快全面振兴的新篇章。

1.坚持充分发挥领导核心作用,牢牢把握推动科学发展的主动权。市委坚持总揽全局、协调各方,切实加强对全局工作的领导,推动科学发展的能力和水平进一步提高。积极谋划促进发展的工作思路和重大举措,成功召开了市第十二次党代会,作出了完成"五大任务"、实现"三大目标"、建设"五个沈阳"的战略部署,保持了思路的稳定性、工作的连续性和措施的创新性。继续坚持重点工作推进组和市领导包区县制度,聚焦工作重点,合力攻坚克难,确保重点空间建设、重大项目引进、生态环境改善、社会事业发展都取得了实质性进展。注重加强对经济社会重大事务的统筹协调,强化跟踪调度,定期分析情况,认真解决突出矛盾和问题,有力地推动了经济社会又好又快发展。

2.坚持抓项目促调整,经济发展的速度质量效益全面提升。我们坚持发展项目经济不动摇,在扩大增量中优化结构、在优化结构中做大总量,发展方式转变取得明显成效。重大项目引进实现新突破,一批体量大、科技含量高、牵动力强的重大项目相继开工建设,经济发展后劲持续增强。空间布局进一步优化,发展格局全面拉开,投资强度大幅提升,重点空间已经成为推动经济快速发展的新引擎。沈阳经济区建设快速推进,"024"区号实现三市共享,沈抚连接带建设取得重大进展。产业结构调整步伐加快,工业生产和经济效益同步快速增长,装备制造业支撑作用明显增强,现代建筑产业初具规模,高新技术产业发展迅速,县域经济实现新突破,"一市三县"实现晋位升级,金融、物流、会展等现代服务业加快发展,财税结构和外资结构更趋合理,经济发展的协调性进一步增强。

3.坚持抓环境促提升,全市发展环境发生了可喜变化。我们以承办"十二运"为契机,以前所未有的力度在全市掀起了环境建设的新热潮,政务服务环境和城市建设水平、功能品位得到全面提升。"四个一"活动深入开展,全市上下的环境意识显著增强,服务至上的理念进一步树立,优化发展环境已经成为普遍共识和自觉行动。重大基础设施建设步伐加快,浑南新城建设加速推进,城市出口路改造和道路改扩建力度空前,全运场馆建设进展顺利,地铁二号线实现试运行。城乡环境建设全面展开,生态环境明显改善,全国环境建设样板城创建和国家生态市建设加快推进,蒲河生态廊道建设取得重大阶段性成果。"迎全运文明沈阳行动"深入开展,市民文明素质和城市文明程度进一步提升。

4.坚持抓民生促和谐,社会和谐稳定局面得到进一步巩固。我们始终坚持把保障和改善民生作为党和政府全部工作的出发点和落脚点,深入实施就业优先战略,促进就业和扶持创业工作力度继续加大,以落实集体合同制度为重点的和谐劳动关系加快构建。覆盖城乡的社会保障体系更加完善,保障水平不断提高。保障性安居工程全力推进,弃管住宅区综合改造顺利实施,赢得了人民群众的高度赞扬。教育、文化、卫生、体育等社会事业取得新进步,全市人民更多地享受振兴发展成果。加强和创新社会管理,高度重视食品药品安全监管,强化公共安全管理和防灾减灾工作,积极构建打击犯罪新格局和治安防控新体系,信访工作"沈阳模式"不断完善,人民群众的安全感、幸福感进一步提高。荣获"全国实施妇女儿童发展纲要先进市"、"全国残疾人工作示范城市"称号,高标准实现了双拥模范城市"七连冠"创建目标。

5.坚持全面加强党的建设,执政能力和领导水平不断提高。市委坚持理论中心组学习制度,集中研读马克思主义经典著作和胡锦涛总书记"七一"重要讲话,在全市上下形成了"学经典、重品行、讲奉献"的浓厚氛围。圆满完成市、县、乡三级党委换届,加大竞争性选拔干部工作力度,领导班子和干部队伍建设进一步加强。深入开展创先争优活动,选树了一批先进典型,基层党组织的战斗堡垒作用和党员的先锋模范作用得到充分发挥。大力提高人才队伍建设水平,一批高层次、复合型人才成功引进。

深入开展反腐倡廉工作，“五大系统”建设加快推进，党风廉政建设和反腐败斗争取得明显成效，风清气正的良好环境进一步形成。

在充分肯定成绩的同时，我们也必须清醒地看到存在的差距和不足，主要表现在：制约科学发展的深层次体制机制障碍有待消除，城市建设和管理水平亟待提升，加强和创新社会管理任务仍很繁重，影响社会稳定的热点难点问题依然存在，少数领导干部精神状态和工作作风需要进一步改进。这些问题需要我们在今后工作中认真加以解决。

二、2012年的主要任务

2012年是具有特殊重要意义的一年，必须对面临形势有一个清醒认识和准确把握。首先应该看到，世界经济形势总体上仍将十分严峻复杂，世界经济增长放缓，国际贸易增速回落，一些国家主权债务问题突出，国际金融市场剧烈动荡，各类风险明显增多，复苏的不稳定性不确定性上升；国内经济发展总体态势良好，但发展中不平衡、不协调、不可持续的矛盾和问题仍很突出，经济增长下行压力和物价上涨压力并存，部分企业生产经营困难，节能减排形势严峻，势必给我市经济发展带来影响。同时还必须看到，当前我国发展仍处于重要战略机遇期，沈阳已进入科学发展、创新发展、和谐发展的新阶段，明年将迎来难得的历史机遇，党的十八大召开，将在各地区掀起新一轮的发展热潮，为我市乘势而上、继续保持又好又快发展的强劲势头创造了有利条件；中央振兴东北地区等老工业基地战略深入实施，长期积蓄的政策效应和发展能量逐步释放，为我市发挥优势、建设具有国际竞争力的先进装备制造业基地提供了战略机遇；《沈阳经济区新型工业化综合配套改革试验总体方案》进入全面实施阶段，为我市发挥核心城市作用、加快建设国家中心城市注入了强大动力；筹办“十二运”进入决战决胜阶段，为我市加快城市建设，提升城市功能品位，建设生态宜居之都提供了有利契机。尤为重要的是全市上下政通人和，四大班子和谐、团结、干事，广大党员干部精神振奋、创新务实、勇于攻坚，为完成“五大任务”、实现“三大目标”、建设“五个沈阳”提供了坚强保证。我们既要看到挑战，更要把握机遇，始终保持科学发展激情，坚定全面振兴信心，以更加有力的对策和措施，推动沈阳老工业基地在科学发展道路上加快实现全面振兴。

明年工作总的要求是：全面贯彻党的十七届六中全会、中央经济工作会议和省、市党代会精神，坚持以邓小平理论、“三个代表”重要思想和科学发展观为指导，以科学发展为主题，以加快转变经济发展方式为主线，围绕完成“五大任务”、实现“三大目标”、建设“五个沈阳”，突出做好“深化改革、推进创新、提升文明、改善民生”四项重点工作，继续保持经济社会又好又快发展的良好势头，以优异成绩迎接党的十八大胜利召开。

根据这一总的要求，综合考虑各方面因素，明年全市经济预期增长11%。

（一）深化改革

深化改革是实现沈阳老工业基地全面振兴的强大动力。必须紧紧抓住新型工业化综合配套改革上升为国家战略的重大机遇，统筹推进重点区域和关键环节的各项改革，切实把改革贯穿在项目引进、产业发展、空间建设和结构调整的全过程，加快构建有利于科学发展的新体制新机制，推动经济社会又好又快发展。

1. 深入推进“两化融合”改革试点，在走新型工业化道路上取得突破。全面落实《国家级信息化和工业化融合试验区实施方案》，完善政策措施，健全工作推进体系，大力加强铁西装备制造业、浑南高新技术产业、大东汽车产业、沈北光电信息产业和于洪装备制造配套产业聚集区建设，在加快“两化”深度融合上发挥示范带动作用。着眼于增强自主创新能力，进一步深化科技体制改革，加强科技创新服务平台建设，加快建设国家大学科技城，推动高校、科研院所与企业合作，鼓励科技成果在本地转化，加快发展高新技术产业，培育和壮大战略性新兴产业，推进产业结构转型升级。坚持以增量调结构，建立和完善对外开放新机制，加大招商力度，优化引资结构，着力引进一批科技含量高、牵动作用大、发展后劲足的重大项目。加大工作力度，努力实现对外出口新突破。继续深化国有企业改革，扩大企业自主权，积极促进产品结构调整，加快企业内部的体制机制创新，全面激发企业发展活力。大力支持鼓励中小企业发展。充分发挥沈阳的核心和引领作用，大力推进蒲河新城、沈抚新城、永安新城和泗水科技新城等新城新市镇建设，进一步完善区域协调发展机制，加快沈阳经济区新型工业化进程，为建设东北亚地区重要的经济中心奠定基础。

2. 深入推进金融领域改革，加快服务业优化升级。加强金融商贸开发区和金融街建设，大力推进国家优化金融生态综合试验，深入开展金融创新，积极发展以产业金融等为重点的金融业，加大金融机构总部和区域性金融总部引进力度，培育多层次资本市场，完善金融机构体系，加快建设东北区域金融中心。进一步改善服务业发展的体制环境，加快发展面向装备制造业改造升级的生产性服务业，加强浑南软件动漫产业带、沈阳国际物流港、临空现代物流港、中心城区商贸街区等服务业聚集区建设，大力发展电子商务、会展、总部经济等新型业态，不断壮大现代服务业规模。提升传统服务业发展质量，推进商贸流通业改造升级，稳步发展房地产业，增强服务业的辐射力和竞争力。

3. 深入推进统筹城乡发展综合配套改革，不断壮大县域经济实力。把统筹城乡发展摆在实现全面振兴的战略位置，建立健全以工促农、以城带乡长效机制，加大公共财政向农村倾斜和覆盖力度，推动工业化、城镇化和农业现代化协调发展，形成城乡经济社会发展一体化新格局。充分发挥统筹城乡发展和新型城镇化综合配套改革示范区的引领作用，加快推进城乡发展规划一体化，强化城乡基础设施的有效衔接和互补，切实在打破城乡二元结构、实现城乡基本公共服务均等化上取得新突破。要进一步加快县域工业化步伐，积极引导市区工业企业向县域转移，高标准推进新民包装印刷、辽中机加泵阀、法库陶瓷和康平高新复合材料等重点工业园区建设，做大做强优势特色产业集群，推动“一乡一业”快速发展，培育高效特色主导产业，调整农业产业结构，增加农民收入。加快光辉现代农业示范区和沈康高速公路现代农业示范带建设，不断提升农业的现代化水平，保持县域经济高速发展的强劲势头。进一步深化农村改革，建立健全土地承包经营权流转市场，发展多元农业社会化服务组织，为壮大县域经济创造良好环境。

4. 深入推进文化体制改革，加快建设文化强市。创新文化管理体制和文化产品生产经营机制，壮大文化市场主体，健全现代文化市场体系，增强文化发展活力。以棋盘山国家文化产业示范区和华强文化科技园等产业基地为依托，实施重大文化产业项目带动战略，打造一批具有影响力和竞争力的文化企业集团，做大做强特色文化产业，推动文化产业成为沈阳的支柱性产业。坚持“二为”方向，贯彻“双百”方针，繁荣发展哲学社会科学，加强和改进新闻舆论工作，大力支持专业院团发展，推出更多具有原创力、影响力和震撼力的优秀文艺作品。加强历史文化遗产的保护和利用，加快建设国家一流历史文化名城。加强文化基础设施建设，大力发展公益性文化事业，加快构建统筹城乡的公共文化服务体系，深入实施艺术惠民“双百万”工程，保障人民群众的基本文化权益，为继续解放思想，坚持改革开放，全面振兴沈阳老工业基地提供坚强思想保证、强大精神力量、有力舆论支持和良好文化条件。提交这次全会审议的《实施意见》，对深化我市文化体制改革、促进文化大发展大繁荣作出了全面部署，要认真贯彻落实。

5. 深入推进行政管理体制改革，改善政府服务环境。认真总结推广沈北、浑南的改革经验，进一步优化政府组织结构，减少行政层级，推进政务公开，深化行政审批制度改革，强化政府社会管理和公共服务职能，提高依法行政的能力和水平，为经济发展创造良好环境。进一步理顺事权关系，规范审批权力，科学合理下放区县级的管理权限。各类特色经济区要建立新体制新机制，充分释放发展活力。要健全科学有效的激励约束机制，规范行政问责程序，加大责任追究力度，提高政府执行力和公信力。积极探索公务用车改革和机关内部物业管理等公用服务市场化改革新路径，降低行政成本，提高行政效能。坚持统筹安排、区别对待的原则，分类推进事业单位改革。

(二)推进创新

加强和创新社会管理，是构建和谐沈阳、推进全面振兴的必然要求。要坚持以人为本、创新为要、服务至上、打牢基础、形成合力的工作原则，在全面优质提供社会公共服务的基础上，认真解决影响社会和谐稳定的突出问题，维护人民群众权益，促进社会公平正义，保持社会良好秩序，有效应对社会风险，为沈阳振兴发展营造良好的社会环境。

1. 创新群众工作，化解社会矛盾。要进一步完善用群众工作统揽信访工作的“沈阳模式”，以化解信访积案为重点，深入开展矛盾纠纷“大排查”活动，着力解决房屋征收、土地征用、社会保障等方面存在的突出问题。认真落实社会稳定风险评估机制，完善公共决策社会公示、公众听证及专家咨询论证制度，健全民主决策程序，从源头上预防和减少社会矛盾的发生。整合社会资源，大力加强人民调解、行政调解、司法调解工作，构建各负其责、齐抓共管的“大调解”工作格局。切实加强流动人口和特殊人群服务管理，实施“牵手计划”、“关护计划”和“新生计划”，建立健全特殊人群社会帮扶体系，最大限度地化消极因素为积极因素，促进社会和谐稳定。

2. 创新组织管理，激发社会活力。要把社会组织纳入党委和政府主导的社会管理体系，加快建立信息共享、工作协调的社会管理机制，抓紧制定完善相关政策，大力扶持和引导各类社会组织发展，充分发挥其在社会管理中的积极作用。进一步加强对非公有制经济组织的服务管理，推动建立健全党组织和工会、共青团组织，维护职工群众合法权益，合理调整初次分配关系，使非公有制经济组织更好地承担起社会责任。积极推广沈河区创建“全国社区管理和服务创新实验区”的经验，大力加强城乡社区和村民委员会建设，创新社区管理体制和运行机制，切实把社会管理服务的触角延伸到社会的末梢，提高基层社会管理服务能力。

3. 创新平安建设，强化社会治安。按照“统一规划、统一标准、统一实施”的原则，坚持人防、物防、技防相结合，建立和完善覆盖全市的数字化治安防控网络，构建社会治安大防控体系。加强对公共娱乐场所、人员密集场所的排查整治，切实搞好住宅小区、机关、企事业单位和学校的防范设施建设，提高重点要害部位的防范水平。始终保持高压严打态势，严密防范和依法打击各种刑事犯罪，深入开展突出治安问题专项治理，努力创造良好的社会治安环境，切实增强人民群众安全感。

4. 创新监管方式，确保公共安全。加快推进全国安全生产标准化示范试点城市建设，创新企业安全监管模式，推进消防和交通管理智能化、精细化、规范化、社会化进程，强化危险物品监督管理，及时消除各类安全隐患，防止重特大安全责任事故发生。进一步完善食品药品安全监管体系，建立健全统一、权威、高效的综合协调机制，加大食品药品领域违法犯罪活动打击力度，让沈城百姓吃得放心，用得安心。加快推进全市应急避护场所建设，修订完善公共安全应急预案，加强应急管理的宣传和培训，提高应对突发公共事件的能力。着力促进信息网络健康有序发展，依法打击、有效防范利用或针对信息网络进行的违法犯罪活动，加强对网上舆论监控和舆情引导，确保网络信息传播规范有序，安全运行。

(三)提升文明

城市文明代表一座城市的品位和形象。要以承办第十二届全运会为契机，切实加强生态文明建设，全面提升市民文明素质和城市文明程度，不断增强沈阳科学发展的承载力、竞争力和吸引力，充分展示生态良好、功能完备、文明向上的崭新形象。

1. 改善生态环境，提升生态文明。坚持把生态环境优先的理念贯穿经济社会发展全过程，切实加大生态修复力度，高标准、高质量完成好蒲河生态廊道建设，全面启动卧龙湖生态区保护与建设，抓好浑河、细河、百里环城水系改造提升，推进青山工程和辽河治理保护工作，让全市人民更多地享受生态文明建设成果。深入开展“清洁沈阳”活动，加强重要公共场所、主要街道、城市出入口、城乡结合部等关键部位环境综合整治，加快城乡生活垃圾处理、污水处理和大气污染治理，让我们的城市更加整洁、靓丽、清新。强化节能减排，大力发展循环经济和低碳经济，积极做好国家现代建筑产业化试点工作，加快节能技术产品推广应用，积极推行清洁生产，坚决淘汰落后产能，不断完善激励约束机制，全面完成节能减排目标。巩固和发展国家生态市建设成果，力争涉农区县（市）全部通过国家生态区县验收，在全国副省级城市中率先进入国家生态市行列，加快创建全国环境建设样板城步伐。

2. 完善基础设施，提升城市功能。进一步加快大浑南开发建设步伐，全面推进沈阳南站综合交通枢纽、桃仙机场三期改扩建以及艺术中心等重大项目建设，确保全运会比赛场馆及配套工程的质量和进度。启动地铁一、二号延长线工程，力争年内再开工一条新线路。加快东一环、二环高架和三环高速路、四环快速路建设，推进城区快速路与三环、四环及机场、铁路客运枢纽的衔接，构筑高效顺畅、通行便利、功能完善的综合交通网络。实施公共交通优先发展战略，切实解决管理上存在的遗留问题。加快老城区地下管网等基础设施改造和地下空间开发利用，大力推进方城地区和北市地区综合改造，使城市历史底蕴和现代功能相得益彰。坚持建管并举，进一步创新管理理念，整合管理资源，理顺管理体制，建立健全城市综合管理新机制，努力把城市建设管理工作提升到全国一流水平。

3. 深化文明创建，提升市民素质。把筹办全运会作为提升市民文明素质和城市文明程度的最佳机遇和最好平台，全面深化文明创建工作，努力把城市文明提高到一个新水平，加快向全国文明城市目标迈进。加强公民道德建设，深入开展“迎全运、爱家乡、建沈阳”主题教育实践活动，着力培育文明习惯，讲求文明礼仪，弘扬文明新风。进一步优化服务环境，深入开展“四个一”活动，特别是要针对窗口行业管理和服务中的薄弱环节，进一步完善服务设施，规范服务标准，提升服务技能，创建服务品牌，加强诚信建设，树立沈城人民热情友善、诚实守信、开放包容的良好形象。强化舆论宣传引导，全方位、多角度地开展文明迎全运系列宣传报道，认真组织迎全运志愿服务活动，激发全市人民积极参与、身体力行，努力营造“人人都是东道主、我为全运做贡献”的浓厚氛围。

（四）改善民生

保障和改善民生是实现沈阳全面振兴的根本出发点和落脚点。必须始终坚持“以人为本、执政为民”理念，深入实施以“办实事”为重点的民生工程，下大力量解决好群众最关心、最直接、最现实的利益问题，真正让振兴发展成果更多地惠及沈城人民。

1. 实施积极就业政策，千方百计做好就业促进工作。坚持就业优先战略，不断强化公共就业服务，努力实现充分就业和公平就业。广泛开展以提高就业能力为核心的普惠制就业培训，继续多渠道开发公益性岗位，突出抓好大学生实名制就业，加大就业援助力度，确保就业困难群体稳定就业。加快国家创业型城市建设步伐，鼓励高校毕业生和新生代农民工自主创业，创造更多就业岗位，进一步放大创业带动就业的“倍增效应”，努力营造鼓励脚踏实地、勤劳创业、实业致富的社会氛围。深入开展和谐劳动关系创建活动，推进工资集体协商和企业民主管理，强化劳动关系调处监督机制，拓宽“阳光仲裁”绿色通道，维护包括劳务派遣工在内的广大劳动者合法权益。

2. 完善社会保障体系，进一步提高社会保障水平。加快构建更加完善的社会保障安全网，使全市人民生活有基本保障、无后顾之忧。进一步健全城乡社会保险体系，加大新型农村养老保险、城镇居民基本养老保险、企业职工基本养老保险的扩面力度，增加退休人员养老金待遇，提高新型农村合作医疗筹资标准和住院报销比例，强化国有企业老工伤人员及遗属等纳入工伤保险统筹后的管理和服务，努力实现社会保险制度和工作的全覆盖。健全完善城乡最低生活保障制度，适时调高低保标准，推行城乡低保统筹管理“五统一”模式，探索建立街道、社区两级社会综合救助体系，不断提高城乡贫困群众的救助水平。大力实施“米袋子”、“菜篮子”工程，完善低保标准与物价变动联动机制，切实保障市民的基本生活。全力抓好保障性住房建设、分配和管理，高质量完成弃管住宅区综合改造工程，进一步改善居民群众的居住条件和生活质量。

3. 发展各项社会事业，促进基本公共服务均等化。紧紧围绕建设教育强市的目标，全面深化教育强区县创建活动，抓紧实施百所义务教育学校提升、普通高中标准化建设和校车安全等工程，促进义务教育均衡发展，加快推进幼儿园建设，搞好国家装备制造业职业教育试点工作，积极支持在沈高校发展，加快构建终身教育体系，不断提高各级各类教育的质量和水平。坚持以深化医药卫生体制改革为中心，着力完善城乡医疗服务体系，加快建设市公共卫生服务中心，深入开展“三好一满意”活动，优化医院管理，降低医疗费用，提升服务水平，努力为人民群众提供更加优质、高效、方便、低廉的医疗卫生服务。全面做好人口工作，促进人口长期均衡发展。大力发展老龄事业，积极推进大型养老机构建设，健全养老服务社会化体系。进一步发展残疾人事业。着眼于打造科学健身城，加快推进市区两级全民健身中心、城乡健身广场等公共体育设施建设，认真办好全民健身体育大会，扎实做好全运会筹备工作，推动我市体育事业实现又好又快发展。

三、全面加强党的建设，为完成明年各项工作任务提供坚强保证

完成明年各项任务，关键在党。必须坚持以加强执政能力建设和先进性建设为主线，以密切党群干群关系为核心，全面推进党的建设新的伟大工程，不断提高党的建设科学化水平，切实把党的政治优势和组织优势转化为推动科学发展的强大力量。

1. 进一步强化理论武装。扎实推进学习型党组织建设“排头兵”工程，深入开展“学经典、重品行、讲奉献”活动，不断提高用科学理论武装头脑、指导实践、推动工作的自觉性。要加强和改进各级党委中心组理论学习，引领广大党员干部认真学习马克思主义经典著作和历史知识，深入学习和掌握中国特色社会主义理论特别是科学发展观，提高理论水平，坚定理想信念，不断增强党员意识和执政意识。充分发挥各级党校干校培训主渠道作用，加强对干部的教育培训，引导他们特别是党员领导干部不断提高思想政治素质和业务素质，以思想上的与时俱进引领行动上的锐意进取，以政治上的坚定统一保证工作上的步调一致，切实把理论学习的成果转化为领导科学发展的实际能力和推动全面振兴的实践成效。

2. 坚持正确的选人用人导向。按照德才兼备、以德为先的用人标准，完善干部选拔任用和考核评价机制，扩大干部工作民主，提高选人用人的公信度，切实把那些政治坚定、有真才实学、实绩突出、群众公认的优秀干部选拔到各级领导岗位。从明年开始各级人大、政府、政协陆续换届，我们要按照中央和省委的统一部署，精心组织、周密安排，确保换届工作顺利进行、圆满成功，以此选好配强各级领导班子。要创新人才工作体制机制，积极为各类人才施展才华、创业发展搭建平台，把更多的优秀人才聚集到沈阳振兴大业中来，努力形成人才辈出、人尽其才、才尽其用的生动局面。

3. 深入开展创先争优活动。紧密结合基层单位实际和党员岗位特点，广泛开展"合力促振兴、献礼十八大"主题实践活动，进一步引导基层党组织和广大党员围绕中心创先进、立足岗位争优秀，在推动沈阳振兴发展的火热实践中建功立业。适时召开全市机关党的建设工作会议，推动机关党建工作始终在基层党组织建设中走前头、作表率，以此带动全市创先争优活动的深入开展，切实把创先争优活动打造成为岗位建功工程、助推振兴工程和群众满意工程。进一步总结宣传全市创先争优活动中涌现的先进典型，不断深化工作研究和理论研究，建立健全长效机制，务求取得更加丰硕的实践成果、理论成果和制度成果。

4. 切实抓好反腐倡廉建设。继续坚持标本兼治、综合治理、惩防并举、注重预防的方针，以"五大系统"建设为重点，全面推进惩防体系建设，进一步提高从源头上防治腐败的能力和水平。严格落实廉洁自律的各项规定，通过强化教育和监督，不断增强党员领导干部廉洁从政的自觉性。进一步抓好"软环境"建设，坚决整治和克服党政机关和干部队伍中存在的"庸、懒、散"以及各种形式主义、官僚主义和享乐主义等不良风气，着力解决好反腐倡廉建设中人民群众反映强烈的突出问题。加大查办违纪违法案件的工作力度，继续保持惩治腐败的高压态势。全市各级领导干部都要始终做到自重、自省、自警、自励，讲党性、重品行、作表率，永葆共产党人的浩然正气。

5. 大力改进工作作风。牢固树立马克思主义群众观，大兴密切联系群众之风，大兴求真务实之风，大兴调查研究之风，坚持问政于民、问需于民、问计于民，坚持深入一线、靠前指挥、攻坚克难，始终保持昂扬向上、奋发有为的发展激情，切实把精力用到谋发展上、把心思用到促振兴上、把干劲用到求实效上。坚持民主集中制原则，改进领导方式方法，加大工作抓实力度，切实提高执政能力和领导水平。继续坚持重点工作推进组和市领导包区县制度，支持人大及其常委会依法履行各项职能，支持人民政协充分发挥政治协商、民主监督和参政议政的作用，进一步完善党同各民主党派合作共事机制，充分发挥工青妇等人民团体的桥梁纽带作用，最大限度地调动方方面面的积极性、主动性和创造性，进一步汇聚万众一心谋发展、群策群力促振兴的强大合力。

同志们，做好明年的各项工作，对于加快实现沈阳老工业基地全面振兴至关重要。让我们更加紧密地团结在以胡锦涛同志为总书记的党中央周围，高举中国特色社会主义伟大旗帜，坚持以邓小平理论、"三个代表"重要思想和科学发展观为指导，在省委的正确领导下，团结带领全市广大党员、干部和群众，同心同德，开拓进取，扎实工作，全面完成明年各项任务，以科学发展的新成绩迎接党的十八大胜利召开！

沈阳市人民代表大会常务委员会工作报告

在沈阳市第十四届人民代表大会第五次会议上

（2012年1月7日）

赵长义

各位代表：

我受市人民代表大会常务委员会委托，向大会报告工作，请予审议。

过去一年的主要工作

2011年是实施"十二五"规划的开局之年，也是人大工作深入发展的一年。一年来，在市委的正确领导下，市人大常委会牢牢把握科学发展主题，坚持围绕中心、服务大局，关注民生，依法履职，扎扎实实地开展工作，全面落实市十四届人大四次会议确定的各项任务，为推进我市社会主义民主法制建设、加快沈阳全面振兴作出了新的贡献。

一、注重地方立法的管用有效，在提高立法水平和质量上取得了新成果

常委会坚持科学立法、民主立法，突出地方特色，按照针对问题立法、立法解决问题的工作理念，扎实推进地方立法工作。全年共完成6件立法项目，其中制定5件，修订1件，发挥了地方立法在全市经济社会发展中的规范、引导和保障作用。

为了从立法层面保障和促进城乡规划管理，制定了《沈阳市城乡规划条例》，条例突出规划在调控和引导城乡空间及功能布局中的重要作用，使城乡规划工作有了更加明确的规范；新制定的《沈阳市义务教育条例》，除了在均衡教育资源、经费保障、办学标准方面提出明确规范外，对人民群众普遍关心的校园安全、校车管理等问题也做出规定，在维护教育公平、推动义务教育均衡发展、强化学校管理等方面有了较为全面的制度保证；针对城市供热管理中存在的突出问题，制定了《沈阳市民用建筑供热用热管理条例》，促进我市供热市场的有序发展；为推动资源节约型社会建设，制定了《沈阳市再生资源回收利用管理条例》，条例体现了回收与利用并重，使保障和促进我市循环经济发展的法规更加科学完善。常委会还着眼于规范市容环境管理，推进环境样板城建设，修订了《沈阳市城市市容和环境卫生管理条例》；针对制约我市中小企业发展的突出问题，制定了《沈阳市促进中小企业发展条例》，在创业扶持、技术创新、资金支持、融资担保等方面做出了具体规定，着力为中小企业发展营造良好的法制环境。

在立法工作中，常委会注重把好立法选项关，加强立法调研和论证工作，努力提高立法选项的科学性。注重完善立法工作协调机制，及时解决法规草案起

草过程中的重点、难点问题，保证了立法质量。注重发挥人大各专门委员会以及立法顾问、立法顾问单位、立法咨询委员的作用，扩大公众有序参与，利用多种方式，广泛听取社会各方面的意见，使立法更加符合人民意愿，更加适应经济社会发展要求。注重推进立法工作创新，首次开展了立法后评估试点工作，对《沈阳市城市供水用水管理条例》的实施效果进行了客观评估，为改进立法工作、提高立法质量积累了经验。开展了地方性法规的清理工作，使地方性法规更加与时俱进，不断发展完善。

二、突出依法监督的实效性，在助推我市科学发展、加速全面振兴中体现了新作为

常委会坚持依法监督、注重实效的原则，紧扣振兴发展主题，围绕市委确定的"五大任务"、"三大目标"和"三抓三促"重点工作，把行使重大事项决定权与开展监督工作结合起来，努力推动经济社会又好又快发展。

加强了对全市经济社会发展重大事项、重点工程的监督推进。先后就政府重大投资项目建设、加快装备制造业发展、"十二运"筹备等重大事项，组织了专题调研视察。听取了我市2011年城建计划、综合交通规划、二环快速路和南北二干线规划等情况的汇报，督促政府科学安排计划，高标准推进城建项目的实施。加强了对计划和预算执行情况的审查监督，听取审议了2011年上半年国民经济和社会发展计划执行情况的报告、2010年市本级决算和2011年上半年全市预算执行情况的报告，审查批准了2010年市本级决算。加强了对部门预算的监督，对市本级85个一级预算单位、677个二级预算单位的预算进行了审查。开展了对政府专项资金预算、地方政府性债务举借的审查监督，督促政府加强专项资金管理，积极防范债务风险，提高资金使用效益。听取审议了2010年度市本级预算执行和其他财政收支情况的审计工作报告，对审计提出的问题进行了跟踪督办，听取审议了审计问题整改情况的报告，督促政府从制度和机制上研究落实整改措施。听取审议了我市旅游产业发展情况的报告，建议政府与沈阳经济区八城市联手推动大旅游圈的繁荣发展。听取了我市与国外友好城市交往工作情况汇报，促进政府不断拓展与友城之间交流的深度和广度。

常委会对推进解决"三农"问题倾注了很大努力。针对我市农业社会化、组织化程度不高的突出问题，连续对农民专业合作社法的贯彻实施情况进行了跟踪检查，重点检查了农产品营销、流通体系建设等方面情况，提出大力发展我市农民专业合作社组织的具体意见和建议。听取审议了我市农田水利基础设施建设情况的报告，督促政府集中推进农田水利重点工程建设，加快建立农田水利基础设施管理养护的长效机制。听取了推进农业产业结构调整、加快现代农业发展情况的汇报，促进我市不断提升农业产业化水平，加快农业产业结构的转型升级。视察了我市动物卫生防疫体系建设情况，推动我市进一步提升动物防疫工作水平。

常委会坚持把依法推进生态环境建设作为监督工作的重要内容，听取了生态市建设总体情况的汇报，促进政府加快解决污泥和农村垃圾的无害化处理、加强农村面源污染和综合环境整治、搞好生态环境基础设施建设，确保生态市创建目标的如期实现。结合八城市人大"协同治理水污染，联手保护母亲河"的协调行动，对我市水污染防治工作进行了连续视察检查和跟踪推进，开展了以"治理保护辽河，建设生态辽宁"为主题的环保世纪行宣传活动，为创建国家生态市、打造环境样板城营造了良好氛围。

围绕推动依法行政、公正司法，促进社会和谐稳定，开展了系列监督工作。听取审议了市政府依法行政工作的专项报告，促进我市的法治政府建设。对社会普遍关注、群众反映强烈的"执行难"问题进行了连续监督，听取审议了市法院关于民事执行工作情况的报告，促进其不断提高民事案件实际执结率和执行标的实际到位率。对重点信访事项加强转办督办，督促有关单位依法处理涉法涉诉案件，为化解矛盾、维护稳定发挥了积极作用。加强了规范性文件备案审查工作，对12件规范性文件进行了备案审查。

三、着力推动解决事关人民群众切身利益的问题，在促进民生改善、依法维护民利方面取得了新成效

围绕让人民群众喝上干净水、吃上安全放心食品的问题，常委会连续对水污染防治法和食品安全法的贯彻实施情况进行了执法检查。在对水污染防治法的检查中，重点对城市居民用水水质检测、居民小区二次加压泵站改造、地下水资源保护、东水西调配套工程建设以及农村饮用水安全工程建设等方面进行了检查，对保障城乡百姓的饮用水安全，发挥了重要的促进作用。在对食品安全法的检查中，通过听取汇报、集中检查、明察暗访等形式，重点对农产品生产、食品加工、食品批发等环节开展了实地检查，督促政府加强和改进食品安全监管工作，不断改善我市的食品安全状况。

围绕推动解决医疗、教育、住房等重点民生问题，监督促进我市各项惠民举措的落实。听取了我市学前教育工作情况汇报，促进"入园难"问题的加快解决。听取了启动"新农保"等工作情况的汇报，对7所市属医院建设实施了连续跟踪监督，促进政府为城乡群众提供更好的公共医疗服务。听取了我市发展家庭服务业工作情况的汇报，推进家庭服务业规范有序、健康快速发展。围绕促进和谐沈阳建设，听取了丰富群众文化生活、和谐社区示范创建活动等工作情况的汇报，对我市安全生产工作进行了专项视察，督促相关工作加快推进。围绕百姓关注和期盼的弃管小区综合改造问题，在充分调研的基础上，结合听取审议专项工作报告，首次开展了专题询问，就资金保障、工程质量、后续管理等方面提出了意见和建议，促进政府对弃管小区改造实行了标本兼治，并将小区内道路、上水管网、墙体保温等纳入综合改造工程，确保为广大人民群众所办的好事办好、实事办实。此次专题询问在社会各界产生了良好反响，这也是综合运用人大监督工作方式的一次积极尝试，为专题询问的常态化积累了经验。

四、围绕发挥代表主体作用，在强化服务保障、加强和改进代表工作上取得了新进展

常委会着眼于增强代表工作实效，推进代表"三深入"活动不断深化。集中开展了代表联系人民群众见面日活动，组织1500多名各级人大代表深入基层，体察民情、了解民意，提出了500多件建议。围绕服务"十二五"开局的主

题，组织400多名省、市人大代表开展专题调研，形成了40余篇调研报告，使代表履职更具实效。召开了代表"三深入"活动经验交流会，对拓展活动内涵、增强活动成效，发挥了引导和促进作用。加强对代表闭会期间活动的服务指导，制定了代表视察和专题调研暂行办法，完善了代表履职情况登记制度，推进了"代表之家"建设，使代表小组活动更加活跃。注重发挥代表在常委会工作中的参与和监督作用，全年共有70名省、市人大代表列席常委会会议，800多人次全国、省、市人大代表参与了常委会组织的调研视察、执法检查和建议督办等工作。通过多种形式开展代表履职学习培训，不断提高代表的履职能力和水平。

常委会高度重视代表议案审议、督办和建议办理工作，就市十四届人大四次会议主席团交付的6件议案，分别听取审议了专门委员会议案审议结果和市政府关于议案办理情况的报告，并多次组织调研、视察和专项检查，议案所提出的各项工作任务都得到了积极推进和有效落实。对跨年度办理的关于加强全市公安派出所建设等两件议案，进行了跟踪督办，听取了相关工作情况的汇报，推动派出所建设任务如期完成。对转"一府两院"办理的723件代表建议，常委会采取多种形式加强了督办。在各承办单位的共同努力下，目前有602件代表建议已经解决或基本解决，占83.3%；列入计划解决的92件，占12.7%；因政策或客观条件所限暂不能解决、并已向代表说明的29件，占4%。常委会还制定了代表建议办理工作问责和绩效评估办法，从制度上规范代表建议办理工作，保证代表建议的办理质量。

常委会坚持党管干部和人大依法任免相统一，认真行使人事任免权，全年共任免94名国家机关工作人员，为我市地方国家机关的正常运转提供了组织保证。

五、全面加强常委会自身建设，在提升依法履职能力、推动工作创新上迈出了新步伐

常委会认真贯彻落实市委人大工作会议精神，始终把加强自身建设摆在突出位置。开展专题询问、立法后评估等尝试，推进工作创新，提升了常委会工作的整体效能。加强学习型机关建设，开展了读书活动，根据常委会审议议题的需要，邀请专家学者多次举办经济发展形势、相关法律法规等系列专题讲座，对常委会机关处长进行了专门培训，提高了组成人员、机关干部的理论水平和业务素质。各专门委员会、工作机构发挥各自优势，积极主动开展工作，为常委会行使各项职权提供了有力保证。人大新闻宣传工作不断加强，《沈阳人大》办刊质量进一步提高。结合建党90周年和迎接"十二运"开展了系列文体活动，展现了常委会机关和谐有序、积极有为的精神风貌。

坚持密切与各区、县（市）人大的沟通联系，在立法调研、监督工作、执法检查等方面实施了工作联动，形成共同推进全市人大工作发展的整体合力。首次听取了市总工会的工作情况通报，支持工会建立向同级人大通报工作制度。加强了同兄弟城市人大的工作联系交流，召开沈阳经济区八城市人大常委会主任联席会议，共同推进辽河流域水污染治理工作。发挥人大对外交往优势，不断扩大与外国城市议会的友好交往。

各位代表：常委会过去一年的工作有了新的发展和进步，各项任务已经圆满完成。这些成绩的取得，来自于市委的正确领导，是全体代表、组成人员、各专门委员会以及工作机构共同努力的结果，也得益于"一府两院"的积极配合和各区、县（市）人大常委会的大力支持，得益于广大人民群众和社会各界的关心帮助。在此，我谨代表市人大常委会向大家表示衷心的感谢！

总结过去一年工作，我们也深知距离市委的要求以及广大人民群众和各位代表的期待还有一定差距。如对地方性法规颁布实施后的监督检查力度还应加大；在预算监督中对政府投资的监督还应加强，特别是对政府投资重大项目的监督方面做得还不够；在开展专项工作评议、加强对垂直管理部门的监督上还应加快探索；常委会与人大代表、人民群众的联系渠道还要继续扩展。对此，我们将认真听取各位代表的意见，在新的一年里，要不断改进提高人大常委会的工作。

2012年的主要任务

今年是贯彻落实市第十二次党代会各项战略部署的第一年，是推进新型工业化综合配套改革的启动年，也是筹办"十二运"的决战年，特别是将迎来党的十八大胜利召开，做好今年的工作意义重大。在新的一年里，市人大常委会工作总体要求是：以邓小平理论和"三个代表"重要思想为指导，以科学发展观为统领，认真贯彻党的十七届六中全会精神，全面落实市委十二届二次全会的部署和市十四届人大五次会议的各项决议，坚持党的领导、人民当家作主、依法治国的有机统一，紧密围绕完成"五大任务"、实现"三大目标"、建设"实力沈阳、活力沈阳、宜居沈阳、文明沈阳、和谐沈阳"，认真履行法定职责，为加快沈阳全面振兴创造良好的民主法制环境。

一、进一步做好地方立法工作。今年拟制定和修改地方性法规3件。为了加强我市房屋安全管理，维护公共安全和公众利益，拟制定《沈阳市房屋安全管理条例》。为了加强我市工业热力管理，依法调整供热、用热双方的合法权益，维护工业热力市场秩序，拟制定《沈阳市工业热力管理条例》。为了进一步规范供水用水行为，合理保护和利用水资源，保障城市供水安全，拟修改《沈阳市城市供水用水管理条例》。继续开展地方性法规清理工作。

在立法工作中，要发挥人大的主导作用，加强组织协调，保证立法计划顺利完成。要坚持行之有效的立法工作方式和方法，积极探索多元化的法规草案起草机制。不断拓宽公众有序参与的立法途径，努力构建地方立法的智力支持平台和群众利益诉求的表达平台，使制定的法规更加适应实际需要、体现人民意愿。发挥法制委员会统一审议与各专门委员会专业审议的优势，提高法规审议质量。要在立法后评估试点的基础上，选择若干件事关群众切身利益的法规，适时开展立法质量评估，不断深化发展地方立法工作。

二、进一步增强依法监督的针对性和实效性。加强对经济社会发展重大事项的监督，选择沈阳经济区建设、文化产业发展、重点民生工程建设、城乡生态环境保护、城市交通管理等重大项目和重点工作，适时安排调研和视察活动。听取审议我市在沈阳经济区建设中的工作情况报告，深入推进新型工业化综合配套改革。对装备制造业"三大聚集区和

两大配套区”建设情况开展视察，推进先进装备制造业基地加快建设。听取筹备“十二运”有关工作情况的汇报，促进各项筹备工作顺利实施。听取审议我市城市总体规划修编情况的报告，审议《沈阳市城市总体规划》，支持和督促政府依法编制和修改规划，用科学的规划来引领我市的科学发展。

加强对国民经济和社会发展计划及预算执行的监督，在适时听取审议财政决算报告、预算执行及其他财政收支审计工作报告、计划及预算执行情况报告的同时，促进政府加快将年度投资规模、重大项目计划纳入年度国民经济和社会发展计划草案，提高计划编制的完整性；加强对政府专项资金的审查监督，支持和督促政府开展专项资金使用绩效评估和绩效审计工作，牢固树立“花钱须问效、用钱即问责”的理念，实现预算编制、执行监督、绩效管理的有机统一，不断优化我市公共财政资源的配置和管理。

继续把推进水污染治理作为监督工作的重点，对我市污水处理厂运行管理情况进行视察，促进政府加快污水处理厂及配套设施建设，确保已建成的污水处理厂有效运行。听取开展城乡垃圾分类、农村垃圾无害化处理工作的汇报，促进农村生态环境不断改善。关注“三农”问题解决，听取审议我市加强农业及农村相关工作情况报告，结合督办农业万亩大桥建设议案办理情况，对农田基础设施建设情况进行跟踪检查。听取我市贯彻农民专业合作社法有关情况汇报，推动解决农民专业合作社建设中的突出问题。对我市农产品流通服务体系建设、新城新市镇建设情况进行专题调研。

加强对依法治市工作的监督，听取审议关于“五五”普法工作和“六五”普法启动情况的报告，并作出相关决议。支持法院推广实行“分段集约执行”工作机制，不断推动“执行难”问题的有效解决。适时对《沈阳市养犬管理条例》贯彻实施情况开展调研、视察，促进本法规切实发挥应有的规范效力。加强依法受理公民、法人对“一府两院”及其工作人员的申诉、控告、检举和意见工作，建立有关专门工作机构，使人大信访工作更加规范化、法治化。继续做好规范性文件备案审查工作。

三、进一步推动民生问题的不断解决。要继续把让百姓喝上干净水、让人民群众吃上放心食品作为人大监督工作的重点内容。对居民小区供水二次加压泵站改造进行跟踪问效，听取相关情况汇报，促进改造任务加快完成。对我市贯彻实施食品安全法情况进行连续检查，并选择百姓关心、社会关注的重点问题开展专题询问，促进我市不断完善食品安全责任体系，增强人民群众对食品消费的安全感。听取我市贯彻省清真食品生产经营管理规定情况的汇报，推动政府加强清真食品管理。听取审议弃管小区改造审议意见落实情况的报告，推动这一倍受百姓关注的综合改造任务如期完成。继续对学前教育、职业教育、义务教育、市属医院和养老院建设情况进行跟踪推进。关注文化惠民，推进改善文化民生，让百姓充分享受公共文化服务。

四、进一步加强和改进代表工作。继续开展“三深入”活动，丰富代表联系人民群众见面日的活动内容，巩固“代表之家”建设工作成果。认真落实保障代表知情权的各项举措，邀请更多代表参加常委会及专门委员会的工作，充分发挥代表主体作用。选择人民群众和人大代表普遍关心的问题，积极组织开展代表视察、调研活动。继续加强代表议案建议督办工作，积极推动议案的有效落实。要对本届以来代表建议办理、落实情况进行“回头看”，选择代表反映集中的重点建议，适时开展代表建议办理工作绩效评估，努力把代表建议落到实处。

认真做好人事任免工作，积极探索对依法任命人员进行执法监督和工作监督的有效形式，完善任后监督机制，提高人事任免工作水平。

五、进一步推进常委会的各项建设。今年是本届市人大常委会任期的最后一年，要通过专题研讨、调研座谈等形式，对本届人大工作的经验做法进行认真总结，为全市人大工作的深化发展提供借鉴。继续搞好学习型机关建设，坚持和完善学习制度，开展好有针对性的专题学习教育活动。努力推动工作的探索创新，尝试开展专项工作评议、对垂直管理部门进行有效监督。认真落实市委关于加强和改进调查研究工作的意见，坚持深入基层、深入实际，充分了解社情民意。加强常委会机关干部队伍建设，为常委会依法履职提供服务保障。进一步密切与区、县（市）人大的联系，共同推进全市人大工作的深入发展。加强与沈阳经济区八城市人大的沟通联系，搞好与兄弟城市人大的工作交流。继续做好人大与国外地方议会的交往工作。

六、精心做好人大换届选举的各项工作。今年，市、区县（市）、乡（镇）三级人大代表换届选举将逐步展开。要针对本次换届选举工作的新情况和新变化，加强调查研究，深入学习贯彻新修订的选举法和代表法，始终把坚持党的领导、充分发扬民主、严格依法办事，贯穿于换届选举工作的全过程。要科学划定代表界别、合理确定代表比例，优化人大代表、专门委员会组成人员和常委会组成人员结构。加强对区、县（市）和乡镇人大换届选举工作的指导，为做好全市人大工作奠定基础。加强选举法、地方组织法和代表法等有关法律的宣传，为换届选举工作营造良好的舆论环境。

各位代表：沈阳的振兴发展正处在关键时期，我们肩负的使命光荣而艰巨。在新的一年里，我们要紧密团结在以胡锦涛同志为总书记的党中央周围，在市委的正确领导下，以更加饱满的精神状态和更加务实的工作作风，切实履行好宪法法律赋予的各项职责，为推进我市社会主义民主法制建设，加快沈阳全面振兴作出新的更大贡献！

政府工作报告

在沈阳市第十四届
人民代表大会
第五次会议上
（2012 年 1 月 5 日）
陈海波

各位代表：

现在，我代表市政府向大会报告工作，请予审议，并请市政协各位委员提出意见和建议。

一、2011 年工作回顾

过去一年，在市委的正确领导下，在市人大及其常委会依法监督和市政协民主监督下，市政府团结带领全市人民，深入贯彻落实科学发展观，扎实推进“抓项目促调整,抓环境促提升,抓民生促和谐”等重点工作,全面完成了市十四届人大四次会议确定的各项任务,实现了“十二五”良好开局。

——全市经济平稳较快发展。预计地区生产总值实现5950亿元,比上年增长12.6%;规模以上工业增加值完成2900亿元,增长16%;地方财政一般预算收入完成620亿元,增长33.2%;固定资产投资完成4380亿元,增长24.1%;社会消费品零售总额实现2417亿元,增长17%。

——结构调整步伐不断加快。规模以上装备制造业增加值增长16.8%,快于工业增速0.8个百分点;现代服务业增加值增长11.5%,快于服务业增速0.5个百分点;“一市三县”地区生产总值增长24.8%,快于全市增速12.2个百分点。

——城乡环境面貌持续改善。完成城建投资480亿元,增长20%。道路交通、电力能源、生态环保等一批重大基础设施加快推进,新城建设、老城改造同步提速。铁西区荣获“中国人居环境范例奖”,9个涉农区县(市)、开发区全部通过国家生态区县验收或技术核查。全市单位地区生产总值能耗下降3.77%,化学需氧量、二氧化硫排放总量分别下降2.5%和1.5%。

——人民生活水平稳步提高。教育、社保、医疗等民生支出达到281亿元,增长24.9%。城市居民人均可支配收入达到23320元,增长13.5%;农民人均纯收入达到11575元,增长15.5%。城镇登记失业率为3%,养老保险实现城乡全覆盖,民生工程10件实事全面完成。

一年来,我们主要抓了以下几项工作。

(一)加强空间和项目建设,努力保持强劲发展势头

着力做优发展空间,切实加强项目建设,为经济持续快速增长注入强大动力。

空间建设向纵深推进。行政区划调整的政策效应进一步显现,各个区域竞相发展。浑南新城建设步伐加快,金廊工程全面提速,园区基础设施、配套设施日趋完善,对产业的承载力和项目的吸引力明显增强。沈阳经济区城际连接带建设全面推进,19个新城新市镇成为吸引各方投资的新空间。

项目建设取得新进展。全市开(复)工建设投资3000万元以上项目2206个,完成投资3945.3亿元,分别增长15.3%和69.1%;其中10亿元以上项目332个,完成投资2235.8亿元,分别增长31.7%和88.9%。260个重点项目和60个政府投资类项目进展良好。土地、资金等要素保障有力,一批对结构调整具有较强牵动力的重大项目加快建设,为沈阳当前和长远发展提供了有力支撑。

(二)加大结构调整力度,进一步提升经济综合实力

坚持以增量调整经济结构,以创新促进产业升级,推动经济发展速度、质量、效益同步提升。

增强工业经济实力。深入实施工业“五项工程”,加快装备制造业“三大聚集区”和“两大配套区”建设,规模以上工业总产值迈上万亿元台阶,达到1.16万亿元,增长25.8%。主营业务收入超百亿元企业达到8户,机床集团销售收入跃升为全世界同行业首位。上通北盛(三期)、沃得产业园、海尔工业园、希杰生化等一批重大项目开工建设,米其林轮胎、三一重装综采成套设备等项目加快推进,华晨宝马新工厂、上通北盛商务车升级改造等项目实现投产。完成国内外并购项目17个。汽车及零部件产业集群实现千亿元产出,达到1030亿元。28个重点产业集群完成产值5055亿元,增长30%。

提升服务业发展水平。服务业增加值增长11%。太原街都市商贸中心、北站金融商贸区等5个集聚区营业收入均突破百亿元。方特欢乐世界开园营业,华润万象城、龙之梦亚太城等大型城市综合体投入运营。华汇人寿保险、民生银行获准筹建,沈阳农村商业银行正式营业,全市分行分公司以上金融机构达到110家。沈阳国际物流港、沈北综合物流园、沈西制造业物流园等物流园区加快建设。成功举办制博会、糖酒会、广告节、农博会等各类展会,会展交易额增长12.8%,我市荣获“中国十佳品牌会展城市”称号。温泉旅游成为旅游业新亮点,棋盘山成为省级旅游集聚区,中国沈阳国际旅游节影响力进一步提升,全市旅游总收入达到663.3亿元,增长28.3%,接待国内外游客6200万人次。房地产业平稳健康发展。

推动县域快速发展。认真落实强农惠农政策,促进农业发展、农民增收、农村和谐。农田水利建设投入增长8倍,有力改善了农业生产条件。全市粮食总产量达到40.6亿公斤,再创历史新高。新增设施农业和高效特色农业面积37.7万亩,新增“一乡一业”专业乡镇12个,开工建设规模以上农业产业化项目120个,新增农民专业合作社924个,培育农村产业带头人500名。新民玖龙纸业、辽中铸锻造、法库伊奈建筑、康平碳纤维等重大项目加快推进,县域重点产业集群中有11个产值超百亿元。出台支持县域经济发展政策措施,“一市三县”综合实力明显提升。

积极培育新兴产业。建立物联网、机器人等产业技术创新联盟,新增2家国家重点实验室。IC装备、高档数控机床等重大科技专项实现新突破。沈鼓研制的20兆瓦电驱压缩机填补国内空白。我市成为全国第一个现代建筑产业化试点城市。国家大学科技城、泗水科技城、航高基地、手机产业园等重点园区加快建设,国际特种机床装备城成为国家级高新技术产业化基地,全市高新技术产品增加值完成1201亿元,增长19.3%。

(三)强化城市建设管理,大力改善城乡环境面貌

以建设国家中心城市为目标,抓住筹备全运会契机,全面启动新一轮大规模城市建设。

基础设施建设力度加大。哈大客运专线主体完工,沈阳新南站交通枢纽建设和沈阳桃仙国际机场T3航站楼改扩建进展顺利,地铁2号线通车运营,沈本产业大道、沈彰开发大道(二期)、沈阜开发大道(二期)竣工通车,一、二、三、四环同时改造建设,启动建设跨浑河大桥3座,沈阳立体化交通网络骨架正在形成。辽中500千伏输变电工程加快建设。大伙房水库输水配套工程实现送水。西气东输工程开始向沈阳供气。

全运会筹备工作进展顺利。浑南新城“三村三中心”及各类基础设施和配套设施加快建设,152公里道路具备通行条件,电力、热力、给水等管线铺设工程基本完成,综合管廊已完成17公里工

程建设。各类场馆建设和改造工程顺利推进，市区两级全民健身中心、健身带加快建设。市场开发、安全保障、城市宣传、来宾接待等各项筹备工作有序推进。

生态建设迈出新步伐。辽河沈阳段治理与保护工作取得明显成效，蒲河生态廊道建设取得重大进展，百里环城水系改造加快推进。大力实施三北防护林和城市园林绿化工程，完成146块重点街路绿地景观化改造，全市植树造林59.7万亩。实施重点企业锅炉脱硫改造，建成9座污水处理厂、4座农村生活垃圾处理场。环境建设样板城创建工作扎实推进。

城市管理水平不断提升。完成《沈阳市综合交通规划》编制工作。开展18条城市出口路及铁路沿线等重点区域综合整治，市容环境明显改观。新增和更新公交车辆800台。加大交通管理力度，全市道路交通事故率下降18.7%。实行市政、园林、市容、环卫"四合一"城市综合监管新模式，数字化城管水平进一步提高。

（四）积极推进改革开放，不断增强城市发展活力

抓住综合配套改革启动实施的新机遇，不断拓宽改革领域，提高开放水平，努力创造加快发展的新优势。

继续加大改革力度。编制完成新型工业化综合配套改革试验方案，沈阳成为国家级信息化与工业化融合试验区，沈北新区、于洪区、苏家屯区分别成为省综合配套改革先导区、统筹城乡发展综合配套改革示范区和新型城镇化示范区，沈阳经济区一体化进程不断加快。继续推进国有企业改革，红梅集团完成重组，机床、沈鼓股份制改造进展顺利。支持企业上市融资，远大铝业、罕王控股在香港联交所挂牌，蓝英自动化等3户企业获批上市。土地流转、林权制度等农村改革继续深化。医药卫生体制改革三年目标全面完成。非公有制经济对全市贡献率不断提高，增加值占全市经济总量的65.7%。沈阳市中小企业服务中心成为国家中小企业公共服务示范平台。

不断提高开放水平。加大招商力度，9户世界500强企业在我市新设立企业11家，全市实际利用外商直接投资55亿美元，增长8.9%。沈阳综合保税区封关运行，辉山畜禽加工基地成为国家外贸转型升级示范基地，韩国周、2011国际和平日纪念活动暨东北亚发展论坛等大型涉外活动成功举办。对内招商工作取得新进展，引进投资10亿元以上项目111个，全市调入内资1210亿元，增长33%。外贸出口实现48亿美元，增长17.9%。企业"走出去"步伐加快，新签千万美元以上境外工程承包项目25个。

努力改善发展环境。加大软环境建设工作力度，进一步清理行政审批项目，规范行政处罚自由裁量权和行政执法检查权，推出预约服务等10项新举措，国地税实行联合办税，开通"民声微博"，开展"局长接待日"活动，便企利民服务模式不断完善。

（五）着力保障改善民生，促进社会更加和谐

始终高度关注民生，着力解决关系人民群众切身利益的实际问题，努力创造和谐稳定的良好局面。

积极推进就业和社会保障工作。加大创业扶持和就业培训力度，保持零就业家庭动态为零，全市新增实名制就业21.3万人，转移输出农村劳动力6.7万人。在全市企业普遍建立工资集体协商制度，集体合同签订率达到96%。全面启动新型农村养老保险和城镇居民养老保险，近40万人领取养老金。7.2万名企业老工伤人员纳入工伤保险统筹管理。保险待遇和社会救助水平进一步提高，新农合人均筹资标准由165元提高到230元。养老服务设施建设步伐加快，新建示范性日间照料站100个，新增养老床位9300张。我市荣获"全国实施妇女儿童发展纲要先进市"和"全国残疾人工作示范城市"称号。完成保障性住房5.5万套，其中公共租赁住房3.99万套。综合改造702个弃管住宅区，惠及30万户居民。新建农村饮水安全工程128处，改造213处居民供水二次加压泵站，城乡居民饮水质量得到改善。完成"节能暖房工程"200万平方米，继续实施供暖管网改造和集中供热工程，供暖质量进一步提高。

大力发展社会事业。加快推进教育强市、教育强区县创建工作，完成50所幼儿园改扩建、5所普通高中标准化建设和100余所学校"校安工程"，提前两年完成"双高普九"任务。深入开展贫困助学工作，市民文化素质进一步提高。开工建设市艺术中心，完成舍利塔北广场、锡伯族文化广场等一批公共文化设施改造建设，实施"二战盟军战俘营"和"审判日本战犯特别军事法庭"旧址修复。艺术惠民工程扎实推进，艺术精品生产再创佳绩，文化事业和文化产业加快发展。完成7所市属重点医院改扩建工程，群众就医环境明显改善。增设户外健身器材4000余件，建成健身场地50处，市民拥有了更多的健身设施和休闲空间。

努力提高社会管理水平。积极构建治安防控新体系，打击刑事犯罪成效显著，人民群众安全感不断提高。市公安局被公安部荣记"清网行动"集体一等功。开展打假专项行动，强化食品药品安全监管，有效遏制了滥用食品添加剂等违法行为。加强物价监管，完善应急机制，保障了居民生活必需品市场供应。加大安全隐患排查力度，不断完善信访"沈阳模式"，社会大局和谐稳定。

进一步加强民主法制工作。自觉接受市人大及其常委会的依法监督和市政协的民主监督，人大代表建议、政协提案办复率达到100%。全年提请市人大常委会审议地方性法规草案6件，发布实施政府规章11件。开展行政权力清权确权工作，强化行政执法监督和效能监察，行政权力运行更加规范。

国防动员、人防和民兵预备役建设进一步加强，双拥模范城创建实现"七连冠"。民族团结进步事业不断发展，对口支援工作成效显著。人口与计划生育、国家安全、保密、统计、审计、参事、宗教、侨务、贸促、广播电视、新闻出版、工商行政管理、气象、防灾减灾、档案、修志、文史、红十字会和慈善等工作都取得了新成绩。

各位代表，过去一年沈阳取得的成绩，是省委、省政府和市委正确领导的结果，是全市人民团结一心、奋力拼搏的结果。在此，我代表市政府，向全市各族人民致以崇高的敬意！向人大代表、政协委员，向各民主党派、工商联、无党派人士和各人民团体，向驻沈人民解放军、武警部队官兵和中、省直单位，向所有关心、支持沈阳的港澳台同胞、海外侨胞和国际友人表示衷心感谢！

总结过去的工作,我们也清醒地看到,我市经济社会发展中还存在一些突出的矛盾和问题。主要是经济运行质量和效益还不够高,调结构、转方式的任务繁重;与承办"十二运"特别是建设国家中心城市的要求相比,城市建设和管理水平有待进一步提升;一些关系群众切身利益的问题尚未完全解决,保障改善民生的工作力度需要进一步继续加大;按照建设人民满意的服务型政府要求,政府自身建设还需进一步加强。对此,我们要在今后工作中着力加以解决。

二、2012 年工作安排

今年是我市全面实施综合配套改革的第一年,是筹备"十二运"的关键一年,也是完成本届政府任期目标的最后一年。当前,尽管国内外经济形势严峻复杂,但沈阳仍处于三大机遇叠加期。我们必须抢抓机遇、迎难而上,稳中求进、稳中求快,奋力推动沈阳在科学发展道路上迈出新步伐。

今年政府工作的总体要求是:深入贯彻落实市十二次党代会和市委十二届二次全会精神,以科学发展为主题,以加快转变经济发展方式为主线,紧紧围绕完成"五大任务"、实现"三大目标"、建设"实力沈阳、活力沈阳、宜居沈阳、文明沈阳、和谐沈阳",突出抓好"深化改革、推进创新、提升文明、改善民生"等重点工作,继续保持经济社会又好又快发展,以优异成绩迎接党的十八大胜利召开。

综合考虑分析各方面因素,今年全市经济社会发展的主要预期目标是:地区生产总值增长 11%,固定资产投资增长 15%,地方财政一般预算收入增长 15%,社会消费品零售总额增长 15%,城市居民人均可支配收入增长 11%,农民人均纯收入增长 12%,城镇登记失业率控制在 4% 以内。

今年,我们要着力抓好以下几方面工作。

(一)保持经济平稳健康运行

积极应对形势变化,努力克服各种不利因素影响,及时解决经济运行中遇到的问题,保持经济增长的稳定性、协调性和可持续性。

强化经济运行组织协调。加强经济运行分析和监测,做好煤、电、油、运、水、气等生产要素协调保障,着力解决影响供需平衡的突出矛盾和问题。高度关注企业运行状况,支持优势骨干企业加快发展,重视和关心中小微型企业发展,进一步减轻企业负担,帮助企业解决贷款融资、技术创新、人才引进等方面困难。

加大项目引进建设力度。充分发挥固定资产投资对经济增长的拉动作用,加快重大产业项目、基础设施项目、新城新市镇项目、"十二运"项目、民生和社会事业项目建设,强化土地、资金等要素保障。坚持抢先抓早,围绕项目及时开(复)工,开辟绿色通道,提早做好审批及各项准备工作,确保项目按既定工期投资建设。加强对招商项目的跟踪落实,促进签约项目尽快开工、在谈项目早日落地。

(二)促进产业结构优化升级

坚持在发展中调结构,突出抓好产业集聚、产业提升、品牌塑造,着力打造领军企业,进一步增强经济综合实力。

努力提升制造业发展水平。继续实施工业"五项工程",深入推进"两化"融合,提高工业经济质量和水平,规模以上工业增加值增长 14%。发挥"三大聚集区"和"两大配套区"引领作用,推动装备制造业向高端化、成套化、集群化发展。支持机床、沈鼓、北方重工、远大等一批重点骨干企业加快发展、扩大规模,提高企业核心竞争力,打造世界级企业。全力抓好华晨宝马扩产、上通北盛(三期)、普利司通轮胎等汽车产业项目,加快建设重大型数控机床生产基地、富阳机床、特变电工输变电产业园等装备制造业项目,积极推进 C 系列飞机、Q400 飞机大部件转包等航空产业项目。充分发挥重大项目和骨干企业带动作用,吸引配套企业加快集聚,进一步提高产业的集中度和丰厚度,大力培育千亿元产业集群。促进骨干企业的研发、设计、检验检测和销售集聚发展,建设铁西装备制造业大企业总部基地。大力发展新兴产业,聚焦先进装备制造、航空航天、电子信息、生物医药等重点领域,加快国家大学科技城、浑水科技城、国际特种机床装备城、现代建筑产业园等重点园区及重大项目建设,进一步壮大新兴产业规模。

不断增强县域经济实力。落实各项强农惠农政策,加大"三农"投入,推进县域工业化、城镇化和农业现代化。加快建设法库通航产业基地、康平高性能纤维新材料产业基地等重点园区,力争新民制药、辽中泵阀产业集群产值突破百亿元。加大农田水利等基础设施投入,实施滴灌节水农业工程,加快中低产田改造和粮食高产示范区建设,稳定粮食生产,保障主要农产品有效供给。加快农业产业化步伐,启动沈康高速公路沿线现代农业示范带建设,大力发展设施农业和高效特色农业,新增"一乡一业"专业乡镇 10 个,开工建设 100 个规模以上农业产业化项目。加快"万村千乡市场工程"和"新网工程"建设,打造专业市场和名镇名村。加快县城、新城新市镇和中心镇基础设施建设,突出抓好新民新城、辽中近海新城、法库东湖新城、康平滨湖新城建设,积极发展县域房地产业,加快城中村、城边村改造,不断提高城镇化水平。

加快发展服务业。扎实推进国家现代服务业综合试点,大力发展生产性服务业。支持和促进金融商贸开发区和金融街建设,努力打造东北区域金融中心。加快五洲国际工业博览城、中床国际物流、近海保税物流集中发展区等物流项目建设,促进第三方物流企业发展。继续抓好制博会、汽博会、食博会等品牌展会,引进和创建新的品牌展会。大力发展总部经济。提升生活性服务业发展水平,进一步完善中街、东中街、太原街、长江街、南塔、五爱街等商业街区服务功能。加快金廊沿线重点项目建设进度,确保全运会前金廊呈现整体形象。推进雨润农副产品全球采购中心、五洲建材城、北约克商务区等重大项目建设,新建改造一批便民市场。深度挖掘旅游资源,开发特色旅游,包装推介一批传统美食、购物名店、特色街区,努力打造旅游目的地城市。继续保持房地产业平稳健康发展。

大力发展文化产业。围绕建设文化强市,加快棋盘山国家文化产业示范区建设,发挥华强文化产业基地的龙头带动作用,继续引进重大文化产业项目,扶持本地文化企业做大做强。进一步发挥高校作用,推进文化科技创新,培育发展影视传媒、动漫制作、创意设计等文化产业。以清前文化、近代文化、工业文化和民族文化为重点，加强文化资源开发利用，大力推进方城、北市、西塔和西关等地区综合改造，启动北运河历史观光带建设，力争中国工业博物馆主体完工、部分开馆。

（三）提高城乡环境建设管理水平

把加强城市建设管理与筹备全运会结合起来，努力抓好基础设施和生态环境建设，进一步完善城市功能、改善城市环境、提升城市品位。

加快基础设施建设。围绕建设国家中心城市，着力打造大通道、建设大枢纽、构建大交通。加强沈阳经济区交通走廊建设，沈阜开发大道、沈彰开发大道按计划完工，沈抚2号公路全线竣工通车。新建、改建农村公路500公里。推进沈阳站东、西广场改造，加快沈阳新南站交通枢纽、桃仙国际机场T3航站楼建设，完成北站综合交通枢纽主体改造工程。加快一、二、三、四环改造建设进度，启动建设二、三、四环连接线，改造一批桥梁和主干道，进一步提升路网通行能力。加快地铁1、2号线延长线建设，推进地铁4、9、10号线及市区与各县（市）之间轨道交通建设的前期工作。加速浑南新城现代有轨电车建设。做好中心城区停车场、过街天桥和地下通道建设。进一步完善全市城乡电力设施规划，加快智能电网建设，努力提高电力供应能力。完善金廊配套设施，有序开发利用地下空间。

加强生态环境建设。全面实施“青山工程”，逐步修复山体生态环境。重点实施蒲河绿化、荒山绿化、沈西北阻沙带建设等城乡绿化工程，全市植树造林83.1万亩。实施辽河重度污染“摘帽”总攻行动，实现蒲河生态廊道三年建设目标。启动九龙河、白塔堡河、细河生态环境治理工程和“浑河西峡谷”建设，加快推进浑河两岸生态景观提升。实施百里环城水系改造，全面启动卧龙湖生态区保护与建设。科学规划建设污水处理厂，加快建设雨污分流系统，实施污泥无害化处理。进一步提高农村垃圾处理水平，建设3座垃圾处理厂和28座垃圾转运站。深入推进节能减排工作，积极开展新能源、清洁能源和再生能源开发利用。全市单位地区生产总值能耗下降3.77%，化学需氧量、二氧化硫排放总量分别下降2.5%和1.5%。继续以示范工程推动环境样板城建设，力争生态市建设通过国家技术核查。

提升城市科学化管理水平。加快数字化城市建设步伐，不断提升国土、规划、交通、城管、社会治安、公共服务的信息化水平。实行城市平面、立面和附属设施一体化建设和管理，大力推行公共信息标志标准化，打造一批标准化街路和精品街路。坚持公交优先发展战略，继续更新公交车辆，扩大公交网络覆盖面，密切公交与地铁线路衔接，方便市民换乘。实施机场路、三环、四环等重点街路绿化，改造北陵、南湖等10个公园，继续实施小街小巷整修工程，加大拆除违章建筑力度。大力开展市容环境专项整治，以整洁、清新、优美的城市形象迎接“十二运”。

做好全运会筹备工作。加快浑南新城规划道路等基础设施建设，做好华润电力浑南热电和大唐国际沈抚连接带热电项目前期工作，推进中央公园等一批公共服务设施建设，抓好绿化、水系建设和环境综合整治，确保为“十二运”配套的重点工程按计划完工。加快“三村三中心”建设，高质量完成比赛场馆、训练场馆、备用场馆新建改造工程，超前谋划体育场馆赛后利用，积极发展体育产业。加快市、区全民健身中心和健身带等公共体育设施建设，大力开展全民健身活动。制定完善交通保障、食品安全、气象服务、安全保卫等应急预案，加强实战演练。广泛开展迎全运主题教育实践活动，全面启动全国文明城市创建工作，进一步提高市民文明素质和城市文明程度。

（四）全面推进改革开放

大力推进新型工业化综合配套改革，加快构建全方位、多层次、宽领域的对外开放格局，进一步增强内在动力和发展活力。

努力开创改革新局面。紧紧抓住全面实施综合配套改革的重大机遇，统筹推进重点区域和关键环节的各项改革，加快构建有利于科学发展的新体制、新机制。抓好“两化”融合试点，大力推进铁西等5个试验区建设，围绕重点领域、典型企业和关键环节选取示范项目，用信息技术改造提升企业生产经营全过程，推动工业转型升级。着眼于增强自主创新能力，深入推进科技体制改革，积极发展院士工作站，建立多种形式的产业技术创新联盟，探索高新技术产业“一区多园”发展模式，加快建设国家创新型城市。深化国有企业改革，进一步扩大国有骨干企业经营自主权，积极推进重点企业股份制改造和战略重组。进一步完善区域协调发展机制，以沈抚同城化为重点，加快沈阳经济区一体化进程。

积极推进各项配套改革。建立健全城乡统筹发展长效机制，强化城乡基础设施有效衔接，加快公共服务、社会保障城乡均等化步伐。深入开展金融创新，积极推进国家优化金融生态综合试验，重点发展特色产业金融，促进企业与资本市场对接，加快企业上市步伐。积极探索节约集约利用土地新机制和新模式，开展促进新型工业化发展土地利用管理创新试点工作。继续深化行政管理体制改革，进一步下放行政审批权限，总结推广浑南、沈北行政管理体制机制创新经验。推进公共资源交易体系建设改革试点。推进事业单位分类改革。

提高对外开放水平。进一步加大招商引资力度，全市实际利用外商直接投资增长5%，调入内资增长16%。大力抓好进出口工作，加快出口产品基地建设，扩大机电产品、高新技术产品、农产品出口，积极发展服务外包产业，着力培育新的出口增长点，外贸进出口额增长10%，不断提高沈阳经济外向度。加快实施“走出去”战略，鼓励有实力的企业到国际市场竞争发展。

（五）着力保障改善民生

认真解决城乡群众最关心、最直接、最迫切的民生问题，继续为城乡群众办好事、办实事，让全市人民生活得更加幸福。

千方百计做好就业工作。实施更加积极的就业政策，积极开发和稳定就业岗位，加大普惠制培训力度，鼓励以创业带动就业。强化高校毕业生就业综合服务，确保困难家庭高校毕业生就业率达到100%。深入实施“双合同制”，全面开展工资集体协商，广泛开展劳动关系和谐企业创建活动。

不断提高社会保障水平。继续加大社会保险扩面力度，提高退休人员养老金标准，提高城镇职工和城镇居民医疗保险待遇水平，提高新型农村合作医疗筹资标准和住院报销比例，强化国有企业老工伤人员纳入工伤保险统筹后的管理和服务。完善城乡最低生活保障制度，适时调整低保标准，不断提高城乡贫困群众的救助水平。实施新一轮扶贫攻坚计划。加快市养老服务中心(二期)等大型养老机构及社区老年人日间照料站建设。不断完善残疾人保障和服务体系，提升8个区域性残疾人托养康复中心功能，推动无障碍设施进社区、进家庭。“一市三县”全部建立农村困难家庭常年病人集中康复托管服务中心。加快老旧小区改造，完成413个弃管住宅区综合改造，全面加强后续管理。全力做好住房保障工作，完成保障性住房3.68万套。继续推进集中供热和“节能暖房工程”建设，加快供暖管网改造。继续实施城市供水二次加压泵站改造工程，全面完成国家规划范围内的农村居民饮水安全工程建设。

加快发展社会事业。深入开展教育强市、教育强区县创建活动，推进义务教育均衡发展，新建和改扩建50所普惠制幼儿园，实施百所义务教育学校提升工程，推进普通高中标准化建设和职业教育国家试验区建设，完善终身教育体系。支持在沈高校参与地方经济社会建设。启动校车安全工程，规范农村地区校车管理。大力发展公益性文化事业，进一步完善统筹城乡的公共文化服务体系，加快市艺术中心建设，完善市图书馆、群众艺术馆等文化设施功能，推进乡镇文化站、村文化广场、农家书屋建设，继续开展艺术惠民工程。支持群众性公益服务设施建设。启动新一轮医药卫生体制改革，完善城乡医疗服务体系和公共卫生服务体系，提升县(市)中心医院、乡镇卫生院和村卫生室医疗设备水平。着力构建全民健身公共服务体系，积极开展全民健身活动。支持国防和军队现代化建设，扎实开展双拥模范城“八连冠”创建工作。

加强和创新社会管理。创新社区管理体制和运行机制，加快社区标准化建设，增强基层社会管理和服务能力，提升公众对社会管理的参与度。进一步强化重大事项社会稳定风险评估机制，构建多元化的社会矛盾纠纷排查调处体系，预防和化解社会矛盾。完善公共安全事件监测预警预报和快速响应机制，加强公共突发事件应急管理和设施建设。抓好“六五”普法工作，深入开展“平安沈阳”创建活动，完善社会治安防控体系。依法打击、有效防范网络犯罪，促进信息网络健康发展。强化安全生产监管，提高企业安全生产标准化水平，坚决防止重特大事故发生。进一步完善监管体系，建立健全综合协调机制，依法严厉打击制售假冒伪劣食品药品犯罪活动，保障人民群众身体健康和生命安全。

(六)进一步加强政府自身建设

越是经济形势复杂，越是工作任务繁重，越是要把政府自身建设摆到更加突出位置，抓实抓好。

必须严格坚持依法行政。进一步加强政府立法工作和行政执法监督，加大政务公开力度，坚持依法办事，努力建设法治政府。各级政府要自觉接受人大及其常委会的依法监督和政协的民主监督，坚持向人大报告工作和向政协通报工作制度，认真办理人大代表建议和政协提案，不断提高依法行政水平。

必须增强公信力和执行力。建立健全科学民主决策机制，完善重大公共政策群众参与制度，确保各项决策体现民意、符合实际。各级政府要在信用沈阳建设中发挥示范作用，一旦做出决定、决策，就必须一抓到底、实现目标，以实际行动兑现承诺、取信于民。各级领导干部要继续发扬事不过夜、事无巨细、事必躬亲的作风，把心思花在干事业上、把精力放在谋发展上、把功夫用在解难题上，直面矛盾、勇于担当，顾全大局、真抓实干。

必须加强廉政建设。全面推进“五大系统”建设，增强制度约束力，努力从源头上防治腐败。加强对政府重点投资项目、重点资金支出的监管和跟踪审计，严厉查处违纪违法案件。各级领导干部和全体公务员要克己奉公、廉洁自律、勤勉尽责，做人民满意的公仆。

各位代表，2012年是充满机遇和挑战的一年。让我们在市委的正确领导下，在市人大及其常委会依法监督和市政协民主监督下，满怀科学发展激情，坚定全面振兴信心，迎难而上、开拓奋进，全面完成今年各项工作任务，努力开创沈阳老工业基地全面振兴的新局面!

中国人民政治协商会议沈阳市第十三届委员会常务委员会工作报告

在政协沈阳市第十三届
委员会第五次会议上
(2012年1月4日)
刘雅琴

各位委员：

现在，我代表市政协常委会作工作报告，请予审议。

一、2011年工作回顾

过去的一年，市政协在中共沈阳市委的正确领导下，深入贯彻落实科学发展观，牢牢把握团结和民主两大主题，围绕全市“抓项目促调整、抓环境促提升、抓民生促和谐”三项重点工作，认真履行政治协商、民主监督、参政议政职能，为推进沈阳经济社会又好又快发展作出了新的贡献。

(一)紧扣主题主线，助推科学发展，在服务大局中发挥政协优势。市政协坚持以科学发展为主题，以加快转变经济发展方式为主线，发挥人民政协人才智力优势，组织广大委员积极建言献策。

围绕促进中小企业又好又快发展这一重点议题，市政协联合各民主党派、工商联和区县(市)政协，组织230多名委员深入调研。通过实地考察产业集群，走访中小企业，发放调查问卷，认真分析我市中小企业发展现状，找出制约中小企业发展的障碍与问题，并借鉴外地取得的成功经验，形成了71篇调研报告。在此基础上，市政协常委会议经过协商讨论，向市委、市政府提出五个方面21条建议。市政府主要领导对此给予高度评价，认为这次调研抓住了当前我市经济发展的“短板”，具有很强的针对性和全局性，对于破解我市中小企业发展难题，起到了重要的推动作用。

围绕推动沈阳经济区在重点领域和关键环节上的大胆创新、率先突破，市政协与各兄弟市政协在沈阳经济区政协论坛第八次会议上，对《沈阳经济区新型工业化综合配套改革试验总体方案》的草案开展议政建言，就体制机制创新问题，联合向省委、省政府及经济区各市的市委、市政府提出六个方面25条意见建议，为加快推进沈阳经济区一体化进程作出了贡献。

围绕改善我市发展环境，市政协组织委员通过调研、视察，提出树立文明沈阳、诚信沈阳、法治沈阳良好形象的意见建议，努力形成共同推进软环境建设的强大合力；积极协调解决服务业相关项目落地金廊和工程建设中遇到的一些关键问题，为推进现代服务业发展献计出力。同时，组织委员开展了一系列活动，推动提升和改善生态环境，优化和拓展发展空间，先后实地视察了蒲河生态廊道建设、浑河流域水利设施建设及辽河沈阳段治理情况，建议统筹实施水利、绿化、治污三大工程，大力发展服务业带动两岸产业结构升级。积极关注大浑南的开发，对浑南新城建设项目进展和全运会设施建设情况进行视察，推动新城建设。

（二）着眼重大课题，积极建言立论，在咨政谋策中施展政协作为。市政协选取事关社会发展的重大课题，以更高的站位超前研究，以更新的视角统筹谋划，为党委政府科学决策提供具有前瞻性、可操作性的意见建议。

面对我市提前进入老龄社会的紧迫形势，市政协组织政协委员、专家学者与各民主党派联合，与区县（市）政协联动，围绕“促进老龄工作，应对老龄社会”的课题，采用综合调研与专题调研、听取情况介绍与入户实地调查、市内考察与到外地学习相结合的办法，深入养老院、敬老所、低保户家中了解情况，对全市百余个社区（村屯）的城镇职工、农民工、低保老人等五类人群进行了问卷调查。在掌握大量一手信息资料的基础上，召开常委会议讨论提出了七个方面24条建议，并就完善社会养老保障体系、着力发展养老服务体系等四个方面，形成《关于促进我市老龄事业发展的建议案》报送市委、市政府。市委主要领导同志指出，这次调研非常及时、非常必要，富有前瞻性、具有针对性，市委将认真吸纳意见和建议，努力把我市老龄工作提高到一个新水平。

面对经济转型、产业融合的迫切需要，围绕进一步完善我市旅游产业总体规划及发展新构想，与相关民主党派和部分区县（市）政协联动，邀请高校专家学者就旅游产业与工业、农业、文化、会展、体育、温泉、生态七个方面的产业融合发展情况进行深入研究，组织200多名政协委员开展“我为旅游产业发展献一策”活动，提出“加快旅游产业融合，促进旅游经济发展”等一系列意见建议，为提升传统业态、催生新兴业态，不断拓展旅游业的发展空间，推动旅游产业成为我市现代服务业的支柱产业提供了重要参考。

面对“十二五”开局之年的发展趋势，市政协密切关注工业经济运行、现代农业建设、重大投资在建项目，组织委员通过调研、视察献计出力，推动我市抓住承办“十二运”的重大机遇，加快经济社会发展、创新城市管理水平、树立城市品牌形象、丰富城市文化内涵，不断提升沈阳在区域经济中的核心地位和龙头作用。

（三）围绕社会热点，切实履行职能，在民主监督中彰显政协特色。市政协充分运用议政载体和监督形式，推进社会各界关注的热点问题得到有效解决。

通过组织委员民主评议城市管理工作，推动我市“城市更美好，服务创一流”环境建设主题得到进一步深化。市政协与各民主党派、工商联及部分区政协联动，采取通报情况、明察暗访、座谈剖析等多种形式，重点针对市政设施建设、行政审批改革、管理理念和方式创新等方面的工作，广泛听取意见，进行公正评价、中肯建言，提出六个方面共70多条意见和建议，为提升城市品位，增强服务力和承载力，营造整洁优美的环境作出了积极贡献。

通过组织委员民主评议新型农村合作医疗与农村公共卫生工作，推动完善公共卫生和医疗服务体系。采取专项视察、座谈交流、走访农户等形式，获得了较为翔实的第一手材料。经过客观分析、专项评议，形成一批有针对性、特色鲜明的综合性、专业性评议报告。针对增强农村医疗卫生服务保障能力提出八个方面的评议意见和建议，推动被评议单位积极改进工作，进一步完善我市农村医疗保障体系，推进了新农合制度这项民心工程的建设。

通过创新政协提案工作，进一步增强了民主监督的实效。委员提案更加关注热点，贴近实际，注重质量。市政协在督办提案工作中注重发挥整体优势，采取主席会议重点督办、多方协调全程督办、与区县（市）政协联合督办等多种方式，推动提案办理质量的提升。百名市政协委员针对我市一批不可移动文物亟待抢救的状况，在四次全会上联名提出关于成立文物保护协会，进一步加强文物保护工作的提案，市政协领导高度重视并多次召开座谈会、协调会，听取情况，协调解决相关问题，还组织部分委员视察和赴外地学习考察，提出解决方案，得到相关部门的大力支持，推动了文物保护协会的成立，促进了相关问题的有效解决。委员提案建议我市成立沈阳民营博物馆协会，市委主要领导高度重视，市委宣传部总体协调，并投入专项资金予以扶持。对宗教界委员所反映的宗教房产问题，市政府给予强力支持，经过相关部门的共同努力，使这个历史遗留的老大难问题得到有效解决，在全国宗教系统处理类似问题方面率先取得突破。与此同时，社会各界关注的改善公共交通、缓解停车难、加快公共租赁住房和保障性住房建设、稳定商品物价等提案也都得到及时有效办理，产生了良好的社会效果。

通过发挥民主监督员的作用，进一步推进政风行风建设。市政协通过定期召开工作会议，适时走访聘用单位，认真总结工作经验，深入落实工作细则，为民主监督员更好地发挥作用创造了条件。广大民主监督员以高度的责任感和使命感，认真履行民主监督职责，真诚帮助“窗口”单位改进工作，受到社会的广泛好评。

（四）积极关注民生，促进社会和谐，在履职为民中体现政协责任。市政协坚持从维护人民群众根本利益出发，不断完善工作载体，打造工作品牌，充分发挥委员在维护社会和谐稳定中的作用。

反映社情民意，推动难点热点问题的解决。市政协先后围绕“迎接十二运，丰富文体活动”、“创新社会管理体制”、“市政设施建设与管理”等专题召开政协委员反映社情民意座谈会，广泛听取社会各界声音和解决问题的建议；及时编发《社情民意》专报，进一步畅通了政协委员向党政机关反映社情民意的渠道，得到市委、市政府和相关部门的重视与支持。10 名委员联名反映非法货运市场长期扰民的问题，市政府领导及时批示，公安部门迅速采取措施彻底加以解决。委员关注食品安全，提出建立食品安全责任监督制度，加大经济处罚力度的建议，市政府积极吸纳，加大了从源头治理食品安全的力度，严格查处无证经营和制售假冒伪劣产品等各类违法行为。委员提出完善制度，切实保障新生代农民工合法权益，市委、市政府领导要求相关部门认真采纳，推出了一系列服务农民工的新举措。一年来，市政协编发《社情民意》专报 40 多期，先后有 14 位市领导作出 18 次批示，经有关部门落实后产生了较好的社会效果。

突出界别特色，开展履职为民活动。市政协各专门委员会和开发区工作委员会为各界别委员真实了解民情，广泛集中民智，充分反映民意创造便捷条件。先后组织了完善基本医疗服务体系、做好进城务工经商的少数民族群众服务管理等专题调研；围绕农民增收、知识产权示范城市建设、学前教育、东水西调工程建设、宗教教职人员社保问题、挖掘锡伯族特色文化、清真食品安全、优化交通指挥管理等问题进行专项视察，提出的意见和建议为党委政府决策提供了更加广泛的民意基础和重要参考。

协调各方关系，推动化解社会矛盾。市政协与沈阳广播电视台联办的关注民生直播节目一直深受市民欢迎。一年来，市政协领导和 81 名委员走进电台直播间，接听市民热线电话，围绕小区物业管理、冬季供暖、城区环境等群众反映强烈的问题，走进社区，协调关系，化解矛盾，扶贫济困，为人民群众办实事、办好事，深受百姓欢迎，也树立了人民政协履职为民的崭新形象。

（五）完善工作机制，凝聚各界力量，在提升水平中激发政协活力。市政协把学习贯彻中办发〔2011〕16 号文件精神与进一步深入贯彻落实《中共中央关于加强人民政协工作的意见》结合起来，联系实际工作，加强自身建设，着力提升政协工作科学化水平。

正确把握研究方向，积极推进理论创新。通过成立沈阳市人民政协理论研究会，举办学习研讨会、表奖优秀论文，组织委员和专家学者开展人民政协理论研究工作，着力把握人民政协服务科学发展和实现自身科学发展的规律，十几位委员撰写的论文入选《中国政协年鉴》。

搭建协作交流平台，推进政协工作创新。成功承办了全国副省级市政协第 26 次工作交流会议，研讨交流政协发挥优势、科学履职、助推“十二五”规划实施的经验，推动人民政协事业不断向前发展。加强对区县（市）政协工作指导，召开区县（市）政协工作经验交流会，总结交流在履行职能中创造的新方法、新经验，促进全市政协工作水平不断提高。

调动一切积极因素，广泛联系各界人士。进一步加强同各民主党派、人民团体的联系，通过召开各民主党派、工商联、人民团体负责人座谈会，听取市政府、市法院、市检察院、市总工会及有关职能部门的工作情况通报，使各界人士加深了对市情的了解，也更好地调动了大家参政议政的积极性，提升了建言献策的质量。积极组织开展政协对外交往活动，增进了我市与国际友好城市的交流与合作。走访慰问港澳委员，并积极协调解决他们在沈投资项目运行中遇到的一些实际问题，加强“五侨”联系工作，不断凝聚各方力量，营造团结民主的和谐气氛。

不断丰富学习载体，强化文史宣传工作。举办庆祝建党 90 周年系列活动，组织政协委员认真学习胡锦涛总书记“七一”重要讲话和十七届六中全会精神；邀请国内著名党史专家作专题报告；与相关单位联合举办了“纪念中国共产党成立 90 周年沈阳市美术、书法、摄影、民间工艺作品展”，扩大了政协的社会影响。紧贴政协履职实践，把握重点、聚焦亮点、彰显特点，通过在《沈阳日报》开设专版进行深度报道，全年在各新闻媒体发稿 810 篇（条）。征集“我的艺术追求”、“我与辽宁全面振兴”、“沈阳地名”等史料 130 余万字，编辑出版《沈城纪事》、《沈阳地名 · 法库卷》等文史资料。

做好委员管理工作，加强政协机关建设。通过制定完善委员联系制度、履职考评制度，进一步优化了委员履职环境，拓宽了委员知情明政的渠道。努力增强机关服务委员的水平，促进机关工作协调统一、规范有序运转，为政协有效履行职能提供了有力保障。

各位委员，一年来市政协提出的以科学建言促科学发展、以全面履职促全面振兴的工作理念得到充分体现，开创了政协工作丰富、扎实、活跃、有效的新局面。能够取得这些成绩，得益于市委的高度重视，政府及相关部门的大力支持；得益于各民主党派、工商联、各族各界人士的积极参与；得益于政协委员主体作用的充分发挥和履职水平的不断提高；得益于各区县（市）政协的密切配合，鼎力相助。在此，我代表市政协常委会向所有支持、关心政协工作的领导和同志们表示衷心的感谢！向全体委员表示崇高的敬意！

在肯定成绩的同时，我们也清醒地看到存在的差距与不足，主要表现在：履行民主监督职能的渠道还需进一步拓宽；推动委员意见建议落实的力度还需进一步加大；体现政协界别特色的活动还需进一步丰富。这些问题我们将在今后的工作中认真研究，积极解决。

二、2012 年工作安排

2012 年是具有特殊重要意义的一年。市政协工作的总体要求是：以邓小平理论、“三个代表”重要思想和科学发展观为指导，全面贯彻中共十七届六中全会和市第十二次党代会精神，在中共沈阳市委的正确领导下，围绕我市“深化改革、推进创新、提升文明、改善民生”等重点工作，认真履行职能，继续发挥协调关系、汇聚力量、建言献策、服务大局的作用，为我市完成“五大任务”，实现“三大目标”，建设“实力沈阳”、“活力沈阳”、“宜居沈阳”、“文明沈阳”、“和谐沈阳”作出新贡献。

（一）切实加强学习，进一步筑牢共促振兴的思想基础。学习贯彻中共十七届六中全会精神，是当前和今后一个时期人民政协的一项重要政治任务。要通过加强学习，取得共识，找准工作定位，明确努力方向，把思想和行动统一到中央和省委、市委的决策部署上来，形成各界人士同心谋发展、合力促振兴的社会认同。

要发挥好市政协理论学习中心组的带头作用，组织引导各族各界委员，深入学习贯彻市委十二届二次全会精神，进一步明确我市改革创新和振兴发展的新目标、新任务，以全市工作大局为着眼点，找准政协履行职能的着力点，与党委、政府同心同向，合力推进老工业基地全面振兴。深入学习贯彻中共中央、全国政协关于加强人民政协工作的有关文件精神，进一步落实市委政协工作会议精神，坚持重大问题、重要情况通报制度，让广大委员及时了解市情和政情，为建言献策奠定基础。

要针对经济社会发展中的热点问题，适时举办专题讲座、形势报告会，通过多种渠道和多种形式，搞好形势政策宣传教育。进一步发挥市政协理论研究会的作用，加强人民政协的理论研究，用科学理论武装头脑，指导实践，推动工作，更加自觉地履行好政协职能。

（二）注重发挥优势，进一步为沈阳科学发展提供智力支持。我们要充分发挥人民政协人才荟萃、智力雄厚的优势，集中智慧议大事、谋要事，为完成我市全年工作任务贡献力量。

要进一步完善协商机制、提高协商质量，形成全体会议、常委会议、主席会议和专委会议多层次的协商议政格局。市政协将把推动我市经济社会发展、促进文化繁荣作为履职的重要内容，围绕"推动创建群众文化活动品牌，打造专业艺术院团艺术精品，促进文化发展与繁荣"、"推进我市历史文化名城资源保护与复兴工作，优化城市风貌特色，进一步提升城市总体形象"、"促进农民增收，保障农产品安全"等重点议题，召开专题常委会议、专题主席会议进行协商讨论，提出意见建议。

围绕推动落实国务院批准的《沈阳经济区新型工业化综合配套改革试验总体方案》，承办好沈阳经济区政协论坛第九次会议，联合经济区七城市政协，集中力量，创新形式，针对综合配套改革先行先试中的重大问题，深入调查研究，提高建言献策实效，推进经济区一体化进程。

发挥各专门委员会的优势，组织委员广泛开展协商议政。继续开展立法协商工作，搞好与市人大、市政府法制办的沟通和联系，不断提高立法协商的规范化、制度化。围绕大力发展现代农业、现代服务业和民营经济，推进统筹城乡发展综合配套改革，推进信息化和工业化"两化融合"改革试点，提高我市引进技术与创新能力，创建国家环境建设样板城，促进居民收入增长和拉动文化消费，建设文化强市，满足人民群众的精神文化需求，提升城市文明程度和市民文化素质等方面的工作，选准议题，开展调研，献计献策。要与省政协搞好联动，协助开展对"发展农村社会事业、促进基本公共服务均等化"和"增加城乡居民收入，缩小三个差距方面存在的问题及对策"的调研。

（三）增强履职实效，进一步为建设和谐沈阳凝聚力量。坚持履职为民的理念，把政协履行职能与切实维护好、保障好人民群众的根本利益紧密联系起来，围绕创新社会管理，构建和谐沈阳，积极做好群众工作，化解社会矛盾，完善利益诉求机制，多献惠民之策，协助党委和政府更好地促进民生的改善。

要在总结民主评议工作经验的基础上，组织委员对市公安局社区警务工作进行专项民主评议。进一步发挥政协民主监督员作用，与党政部门协调联动，确保政协委员在行风评议和各项监督活动中履行职责。要精心组织委员视察活动，就社会管理、和谐劳动关系、环境保护、依法行政、保障性住房、公共安全体系建设、台商企业发展等情况开展重点视察。要针对就业、物价、交通、教育、医疗、治安、社保、环保以及老旧住宅小区、城乡结合部整治等事关人民群众切身利益的热点、难点问题，开展专项民主监督，推动相关问题的有效解决。

要组织委员深入基层，体察民生民情，了解民心民愿，畅通舆情渠道，及时反映群众的诉求和愿望，使党委和政府的决策更加民主、更加科学。要进一步加强政协提案工作，注重工作创新，加强督办落实，发挥好提案的监督功能。要继续开好委员反映社情民意座谈会，通过《社情民意》专报及时反映带有倾向性、预警性的民情信息。

积极做好民族宗教工作，围绕少数民族聚居区经济社会和文化发展、创建和谐寺观教堂、关注为"十二运"服务的清真餐饮行业情况、宗教界教职人员的社会保障情况和宗教房产情况，开展专题调研和视察工作，促进民族团结、宗教和睦。积极支持有条件的委员参与各项社会公益活动和慈善事业，针对城乡特困人群，开展各种形式的扶贫济困活动，使发展成果惠及更多群众。

（四）坚持不断创新，进一步提高政协工作科学化水平。人民政协工作的整体成效有赖于全体委员作用的有效发挥。要从工作机制、工作载体和工作保障上，进一步为广大委员发挥主体作用创造更有利的条件，使每一位委员都能在政协舞台上人尽其才、言尽其用。要以完善制度建设为基础，以发挥委员主体作用为重点，积极探索履行职能的新形式、新途径，努力创造政协工作的新亮点、新经验，不断提高全市政协工作的整体水平，推动政协工作取得新进展。

要充分调动各方面的积极性和主动性，广泛凝聚智慧和力量，共同为实现全市的奋斗目标而不懈努力。认真贯彻"长期共存、互相监督、肝胆相照、荣辱与共"的方针，积极搭建平台，努力创造条件，切实加强合作，充分发挥各民主党派、工商联和无党派代表人士在政协工作中的重要作用。

要进一步增强委员履职的新活力，把政协委员队伍建设作为新一年政协工作的重点。结合筹备市政协换届工作，认真总结本届政协履职经验，深入研究发挥委员主体作用的有效办法，提高委员的履职意识，加强委员管理，表彰优秀委员，切实把委员队伍建设好、作用发挥好。要通过建立省、市和区县（市）政协委员联动机制，吸纳更多的委员参与政协各种活动，为委员知情明政创造条件；继续加强同新闻媒体的合作，共同办好专题栏目，进一步激发政协委员的履职热情，提高履职效能。

要不断优化界别活动机制，丰富界别活动内容，积极创新发挥界别作用的方法和途径。进一步加强各专门委员会和开发区工委的基础建设，完善政协专委会与政府对口部门的定期联系制度、协商机制，进一步发挥界别活动在政协履职中的独特作用。

要积极开展人民政协对外交往和海外联络工作，加强与港澳同胞和海外侨胞的联系，扩大与台湾各界人士和民间团体、行业协会的联系交往，积极推进我市与台湾的科技、经贸合作。

要认真搞好文史资料等独具政协特色的工作。积极协助全国政协和省政协做好《我与文化遗产》等史料的征编工作，重点编辑出版《沈阳地名》(各区县卷)和展示名人名家艺术追求的文史资料，为沈阳文化建设作出贡献。

要创新机关建设的新机制，以促进干部学习理论、提高业务水平为重点，深入开展学习型、效能型、廉洁型和服务型机关创建活动，大力加强政协机关的思想、作风、制度和组织建设，不断增强政协机关的综合协调能力。

各位委员，新形势、新任务对人民政协工作提出了新要求、新使命。让我们更加紧密地团结在以胡锦涛同志为总书记的中共中央周围，高举中国特色社会主义伟大旗帜，在中共沈阳市委的正确领导下，锐意进取、开拓创新，凝心聚力、扎实工作，以推动沈阳老工业基地全面振兴的崭新业绩，迎接中国共产党第十八次全国代表大会的胜利召开！

重大活动

【第十届中国国际装备制造业博览会】 由商务部、国家发改委、工业和信息化部、中国贸促会和辽宁省政府主办，沈阳市政府承办的以"高新技术与装备制造"为主题的第十届中国国际装备制造业博览会(简称:制博会)，于2011年9月1－5日在沈阳国际展览中心成功举办。

本届制博会展览面积达到11万平方米，启用了沈阳国际展览中心所有8个室内展馆以及室外展区，展会现场共设置国际机床展区、机床及功能部件展区、工业自动化展区、环保与新能源展区、专用及通用设备等综合展区、工程机械与大型装备展区，共有来自美国、英国、德国、西班牙、意大利、瑞典、瑞士、比利时、日本、韩国和台湾、香港等16个国家和地区，以及国内25个省、市、自治区的960家企业和11个展团参展，展位4260个，其中外商和外商投资企业达到30%。现场签订采购合同303项，合同金额6.7亿元。参观展会的采购商、专业人士及普通观众总数达15.2万人次。

第十届制博会不仅全面展示了国内外最先进的装备制造业产品和技术，而且展会的组织安全有序，参展参会积极，洽谈交易活跃，展会成果显著，是制博会举办以来规模最大、档次最高、服务最好、内容最丰富的一届展会。展会主要呈现以下特点：

工信部出任主办单位。继商务部、国家发改委、中国贸促会、辽宁省政府之后，工信部正式出任制博会的主办单位，极大的提升了制博会在装备制造领域的影响，对提高制博会的权威性和长远发展产生了积极的作用。

国际知名企业踊跃参展。本届制博会吸引了世界机床企业排名前十名的德国通快、日本山崎马扎克、森精机、天田、瑞士阿奇夏米尔、沈阳机床等著名企业参展。此外，还有世界级数控三坐标测量机专业制造厂商瑞典海克斯康、世界著名的传感器龙头企业德国倍加福和世界著名精密光学仪器制造商德国蔡司，以及日本三菱、东芝、三洋、蒂业技凯、德国西门子、韩国斗山和中国五矿等11家世界500强企业在内的68家跨国公司参展，展会的权威性、国际性得到了全面提升。

展会活动主题深刻、丰富多彩。展会期间，举办了制博会"十年辉煌"主题回顾展。重点展示了党和国家四代领导人对装备制造业的关心和重视、展示了国家有关部委及省市政府对制博会的关心和支持、展示了制博会的成长历程和为装备制造业发展做出的贡献；举办了庆祝中国国际装备制造业博览会十周年大型综艺晚会；举办了2011中国装备工业发展高峰论坛、中国国际机器人产业高峰论坛、第十届制博会城市轨道交通技术与产品推介会、2011中国国际装备制造业信息化高峰论坛、制博会采购商大会、装备制造业人才招聘大会和沈阳—日本川崎机器人大赛等。

组委会还举办了颁奖仪式，对参展的展品、企业进行评奖。在机床、自动化与控制、环保能源和工程机械四大类展品中，评出4个金奖，8个银奖，12个铜奖；有20家单位荣获最佳展示奖、10家单位荣获优秀组织奖；还特别对连续十届参展的12家企业颁发了连续参展纪念奖。

吸引了国内外众多媒体的关注。制博会期间，新华社、人民日报、中央人民广播电台、中央电视台、光明日报、中新社、中国日报、经济日报、中国经济导报、中国经济时报、中国产经新闻报、中国工业报、《装备制造》杂志、香港文汇报、大公报、凤凰卫视、东方卫视、辽宁日报、辽宁广播电视台(新闻广播《全省新闻联播》、卫视频道《辽宁新闻》、都市频道《新北方》、对外部)、华商晨报、东北新闻网、新浪、搜狐等94家媒体对制博会进行了全方位、多角度、深层次的报道。沈阳日报在第一版连续五期围绕制博会发展刊登专题文章，沈阳广播电视台在新闻广播和新闻频道的《沈阳新闻》"坚持科学发展，实现全面振兴"专栏下，推出了制博会系列报道。沈阳网、中国沈阳网在首页开辟"第十届中国国际装备制造业博览会"、"办好制博盛会、促进沈阳振兴"等专题栏目进行宣传。参加报道的记者达400余人次，共发表和转载文章近1200篇。

与此同时，还在京沈、京哈、沈大等高速公路旁和国内装备制造业产品主要交易市场设立了27块大型宣传广告牌。

2011年，在中国会展业品牌大奖评选活动中，制博会荣获"中国十大影响力品牌展会"和"中国十佳展会品牌项目"殊荣。

(李颂东　邓广)

【2011中国沈阳韩国周】 由沈阳市人民政府、大韩民国驻沈阳总领事馆共同主办的2011中国沈阳韩国周于7月13日至17日在沈阳举行。在主办、承办各方的积极努力、精诚协作下，韩国周活动获得了圆满成功，并取得了丰硕成果。

一、开幕式隆重热烈，招待酒会热情洋溢

2011中国沈阳韩国周开幕式于7月14日上午在沈阳万鑫酒店万鑫殿举

行。沈阳副市级干部黄凯主持开幕式，辽宁省省长陈政高、韩国国会议员安商守、中国韩国商会会长朴根太、沈阳市市长陈海波致辞。省委常委、沈阳市委书记曾维，副省长邴志刚，市人大常委会主任赵长义，市政协主席刘雅琴等省市领导，韩国国会议员金武星、赵镇衡、朴振、郑玉任、尹相现、安亨焕，韩国驻沈阳总领事馆总领事赵百相等韩国嘉宾共同出席开幕式。陈政高省长对韩国周寄予厚望，希望沈阳韩国周为辽宁与韩国的经贸交流合作作出更大贡献。陈海波市长在致辞中强调指出韩国已在沈阳累计建立独资、合资、合作企业4304家，累计实际利用韩资53.23亿美元，在来沈投资的国家和地区中居第二位，2010年双方贸易额达到7.6亿美元，韩国已经成为沈阳最重要的贸易伙伴。

7月13日晚，沈阳市政府在沈阳万鑫酒店万鑫殿举行招待酒会欢迎参加韩国周的韩国来宾，共有400多名中韩来宾出席酒会，中韩来宾共叙十年结成的友谊，共谋双方未来的发展之路。酒会期间表演的文艺节目受到了来宾的普遍好评。

二、经贸主题突出、内容丰富、成效显著

（一）用十年打造的韩国周品牌，推动沈阳市对外开放工作迈出了坚实的一步。2011年是中国沈阳韩国周连续第十年举办，2011年韩国周特别注重在交流与合作成果上取得突破，截至7月17日，全市共洽谈、推进了57个项目，其中签约合同意向17个项目，签约投资总额6.86亿美元。组织召开项目推介会、投资环境说明会、中韩金融企业座谈会11场，到会韩国嘉宾499人次。全面体现了韩国周在促进沈阳市对韩全方位开放、多层次交流、宽领域合作方面的巨大成绩和广阔前景。

（二）12项经贸交流项目在韩国周开幕当天签约。7月14日，韩国周开幕当天，举行的经贸合作项目签约仪式上，共有韩国国际学校、盾安新一城CGV星星影城、乐天百货（沈阳）有限公司、纳米健康水疗器械生产、金融后台服务中心、韩国产业银行沈阳分行、沈阳曙光高新产业园、LED照明灯智能调控开关生产、韩国新生活集团总部大厦、韩国东一建筑设计院中国总部、沈阳农心食品有限公司第二工厂、中韩语义搜索引擎（海外）研发中心12个项目进行了现场签约，总签约额达3.3亿美元，其中外资额2.16亿美元。

（三）县区经贸活动注重实效，交流踊跃。各区县围绕中韩各行业、企业的需求开展了多项经贸交流与合作活动，如中韩经贸合作交流会、2011中韩优秀商品展览会、和平区现代服务业投资环境说明会、棋盘山泗水科技城国际健康产业园座谈会、韩国金融座谈会、中韩商贸促进周、沈阳汽车城零部件项目推介会、机械金属工业发展座谈会、高新技术项目座谈会、于洪区重点招商项目推介会等。和平区的韩国东一建筑设计院中国总部项目、韩国SK集团CNC系统确定在和平区设立东北区域总部项目和满融国际学校项目，经济技术开发区的韩国AHHA能源风电项目、大周重工预制保温管项目，沈河区的新生活总部大厦项目、韩国产业银行沈阳分行项目，皇姑区乐天百货项目，沈北新区的韩亚银行金佣后台服务中心项目，大东区的中韩语义白手起家搜索引擎（海外）研发中心项目成为县区经贸活动的亮点。

（四）韩国周的举办，再次推进了一批重大项目落实。中国韩商会会长朴根太在与市领导会谈中表示，希杰集团原计划在印尼增产的赖氨酸项目将移至沈阳，将由目前的年产30万吨增至100万吨，旗下的CGV电影院项目将在沈共开设10家，每家投资4000万人民币；韩国乐天百货负责人也表示除了在乐天世界沈阳项目中设立百货店外，希望在沈阳其它地段也投资建设乐天百货店；三星电子相关人士表示，将近期率团访问沈阳，就投资事宜进行考察。

三、韩国商品展吸引了大批沈阳市民参观

2011韩国优秀商品展览会是国内中韩贸易的专业盛会，本次展览会共吸引105家参展企业参展，展出电子电器、环保科技产品、家居建材、医疗器械、健康用品、汽车及汽车用品及韩国食品类产品1000余种，代表了当前中国和韩国同类产品的先进水平。参观展览会的沈阳市民突破4万人次。

四、高端的韩国文化体育交流活动亮相沈城

7月14日至15日，韩国乱打表演在沈阳中华剧场正式公演，该节目不断打破在韩国演出的票房记录，并先后在世界多个国家成功演出，现已成为纽约百老汇公演时间最长的亚洲剧目，沈阳市民有幸在韩国周期间目睹韩国顶级舞台剧的风采。同时，城南艺术团也为沈城人民带来具有韩国传统特色的经典文艺节目，受到了沈城人民的热烈欢迎。中韩网球赛更是吸引了包括中韩政要、嘉宾在内的16个代表队，300名选手参赛。在西塔举办的韩国歌舞表演连续5天观众爆满，韩国美食街活动再次体现了韩国餐饮文化的独特魅力。

五、国内外媒体广泛关注韩国周，沈阳的知名度和影响力进一步提高

在新闻报道方面，新华社、人民日报、中央人民广播电台、中新社、经济日报、中国日报、中国青年报、东方卫视等中央省新闻媒体、凤凰卫视、香港大公报、香港文汇报、香港商报等境外媒体以及辽宁省市主要新闻媒体分会前、会中、会后，采用专栏、专版、专刊、专辑、专页、专访、系列报道等各种形式开展全方位、立体化的宣传。中外媒体共刊播、刊发稿件200余篇，转载千余篇，营造了浓厚的舆论氛围，全面展示了沈阳市良好的城市形象。

（李颂东　邓广）

【第七届中国辽宁（沈阳）国际农业博览会】 2011年9月16日至18日，第七届中国辽宁（沈阳）国际农业博览会在沈阳国际会展中心举行。本届农博会由辽宁省政府主办，沈阳市政府和省农委承办，省内大连等14个市（县）政府及省直有关部门协办，国家农业部为支持单位。展会以“经济与文化、城市与农村、市民与农民”为中心，以“绿色、和谐、创新、发展”为主题，以“统筹城乡发展、扩大经贸交流、创新产业结构、促动县区经济、构建和谐乡村”为宗旨。重点展示改革开放以来辽沈地区农业和农村经济发展取得的巨大成就。

此次展会是近年来辽沈地区规模最大的一次农产品展示交易盛会，同时也是首次在新落成的沈阳国际会展中心举办，展场规模是上届的三倍。展会主要为室内展区，划分为E1、E2和E3三个

展馆,共设标准展位1500个,每个展馆共有500个标准展位,其中E1展馆主要展示沈阳市和其他各市农业发展成果;E2馆为国际展区和国内重点龙头企业展区,主要是展示国内外农业发展的最新成果和名优新特农副产品;E3馆为农业生产资料和农业科技成果展区,主要是展示种子、饲料、农药、化肥、小型农产品加工机械等。

本届农博会组织14个国家(地区)、国内19个省市1230多家著名龙头企业参展。参展企业均是市级以上农业产业化龙头企业,获得无公害农产品、绿色食品或有机农产品证书的企业,农民专业合作社和大中型农产品出口企业,拥有先进技术或知名品牌的农事企业,农业先进装备、机械或生产资料的制造和销售企业,从事农业科技研发的大专院校、科研院所及农业科技企业参展。其中辽宁省内参展企业达846家。本届展会观展人数累计达35万人次,其中专业合作社、龙头企业、种养大户代表、农业技术推广部门人员等专业观众突破5万人次。本届展会签订交易合同98个,合同交易额22.3亿元,现场交易额达9600万元。

为了丰富和扩大农博会的内容及影响力,提高农博会功能性和服务性,组委会安排了丰富多彩的主体活动。9月10日至12日,在于洪区小韩村温泉会所举办农博会嘉年华活动,涵盖观赏采摘、品尝购物、美食厨艺、垂钓比赛、娱乐狂欢、温泉体验等特色活动,深受欢迎,三天累计接待市民约5万人次,购物一条街、美食广场、温泉会所累计销售额突破1000万元。9月15日下午2时,在辽中县养士堡果蔬经济区举行示范区揭匾仪式。由农业部、国家质检总局、省、市领导为国家现代农业示范区、国家出口食品农产品质量安全示范区揭匾第七届中国辽宁(沈阳)国际农业博览会农超对接会于9月17日14时在沈阳国际展览中心新闻发布厅举办。对接会现场签约8个项目,签约额1.6亿元,意向签约项目19个,意向签约额4.2亿元。优质特色农产品评比活动。沈阳榆园酸菜等23个产品荣获"雨润杯"地方特色产品王奖,大连市兴业红富士苹果等50个产品荣获"雨润杯"优质农产品金奖,抚顺市东星牌原汁山葡萄酒等232个产品荣获"雨润杯"优质农产品奖。

(邓　奇)

【2011法库国际陶瓷博览交易会】 2011年9月24至26日,由中国陶瓷工业协会、中国建筑卫生陶瓷协会、沈阳市委宣传部主办,法库县委、县政府承办的"2011法库国际陶瓷博览交易会"在法库国际会展中心隆重举办。

本届展会在形式和内容上较往届都有新的突破。成功举办了开幕式、项目推介会、辽·台陶瓷产业论坛、歌舞和京剧文艺晚会、成果发布会等陶瓷产品展洽、文化交流活动,全面展示了法库陶瓷等主导产业发展的蓬勃生机和充满活力的开放形象,取得了丰硕成果和喜人成绩。

品牌质量进一步提高。本届展会上,日本伊奈、台湾陶瓷、苏泊尔、上海大汉窑、永丰源等世界知名品牌企业,展示了当今国内外陶瓷产业最为先进的技术、工艺和产品。法库县自主研发的70余个陶瓷品牌集体亮相,展示了法库陶瓷发展自主品牌,告别贴牌创品牌的突出成果。这也标志着法库陶瓷产业发展进入了品牌化、国际化的新阶段。

展出规模进一步扩大。本届展会主展区与分展区交相辉映,总面积达10万余平方米。国内外厂家参展踊跃,展会吸引了来自广东、福建、江西、山东、唐山、河北、台湾、日本等国内外陶瓷生产、配套企业80余家,参展陶瓷达13个系列、27个品种。参会国内外嘉宾和客商2000余人,参观者达10余万人次。

陶瓷文化内涵进一步突出。本届展会加强了陶瓷文化的交流,开展了一系列陶艺推广展示活动,特别是成功举办了"辽·台陶瓷产业论坛",就陶瓷生产、创作、传播和创新发展等方面进行了探讨和交流,进一步促进了创意陶瓷文化产业发展,推进了打造陶瓷文化区域品牌进程。

投资交易成果进一步增加。展会期间,法库县与台湾合成卫浴、中国制釉等10余家知名企业达成了投资合作意向;与上海大汉窑、大连中星、江西强联等多家企业签订投资合同7个,投资总额20亿元人民币。展会展销场面热烈,签订销售合同12个,现场交易额和销售意向额22亿元。

对外影响力进一步提升。本届展会得到了省、市领导的高度重视,陈政高省长、陈海波市长等省、市领导亲临展会,并对法库陶瓷产业发展给予高度评价。海内外陶瓷经销商、消费者对法库陶瓷产业发展水平、企业经营管理模式和产品质量等方面也深表满意。通过展会平台,全面展示了法库经济社会发展现状和美好前景,"东北瓷都、北方通航、中国牛县、山水法库"品牌形象深入人心,取得了良好的开放和品牌效应。

(周广东)

【2011年秋季全国糖酒会】 2011年10月10日至13日,由中国糖业酒类集团公司、沈阳市人民政府主办,中糖新世纪国际会展(北京)有限公司承办,沈阳市服务业委员会协办的2011年秋季全国糖酒商品交易会,在沈阳举行。

全国糖酒会是我国食品工业的龙头展会,发展到现在已经成为国内食品行业最具权威的交易平台,具有规模大、影响广、门类全、人气旺、强力拉动城市经济等诸多特点,素有"天下第一会"的美誉。该展会自1955年以来已举办过84届,本届是继2003年后在沈阳第二次举办。展会期间,参会、参展人数累计超过30万人次,参展车辆累计超过1.7万余台次。商品成交总额192.22亿元,其中酒类成交额115.13亿元,糖及糖制品成交额58.3亿元,罐头类成交额16.01亿元,食品机械类成交额2.78亿元。

本届糖酒会具有八大突出特点:

一是各级领导高度重视。中国质量协会会长陈邦柱、中国商业联合会名誉会长何济海、全国政协经济委员会副主任、中国商业联合会会长张志刚、国务院国资委监事会主任禾云、商务部服务贸易司副司长吕继坚、中国华孚贸易发展集团公司总经理谷深、中国糖业酒类集团公司总经理王新国等国家部委及中央企业领导,辽宁省省长陈政高、中共辽宁省委常委、沈阳市委书记曾维、辽宁省副省长邴志刚、沈阳市市长陈海波、沈阳市人大主任赵长义、沈阳市政协主席刘雅琴等省市领导出席开幕式。沈阳市成立了以祁鸣副市长为组长、刘祥副秘书长为副组长,政府37个相关部门为成员单位的会务工作协调小组。沈阳市服务业委员会更是全委总动员，成立十个工作组，所有主任分兵把守，圆满完成了各项协办任务。

二是安全工作保障有力。组委会从多个环节严格审查，坚决拒绝资质审查不符合标准的企业进场参展，同时与所有展商签订承诺书，有效杜绝了假冒伪劣产品进入糖酒会展场。沈阳市政府发布了《关于2011年秋季全国糖酒商品交易会召开期间加强城市管理、消除安全隐患的通告》，市服务业委、公安局、工商局、执法局、城建局、食药监局和卫生局等部门制定和实施了包括展览交易、消防、治安、交通、广告展示、卫生防疫等方面的安保方案，展会期间共检查相关企业900余家。

三是参展企业积极踊跃。本届糖酒会实际展览面积近12万平方米，折合标准展位近6000个，参展企业近3000家，创造了糖酒会在东北地区举办的新纪录，也超过了近年来秋季糖酒会展览规模的平均水平。展品门类涉及传统酒类、食品饮料、调味品、罐头以及食品包装与食品机械等多个领域。为全面展示辽沈地区食品工业近年来的发展成果，组委会还专门开辟了近千平米的辽沈专区。

四是配套服务工作到位。场馆设置了功能齐备的商务活动区，完善清晰的标识导览系统，配备了400名保洁员、1300名保安、公安和交警组成的安全保洁系统。组委会专门开辟4条直达沈阳国际展览中心的专线车，调度400辆大型公交和客车、2000余辆出租车为糖酒会服务。专门规划的餐饮区累计为展会提供近7万份快餐和小吃，巨大的停车场给展商和专业观众提供了方便，门禁管理使现场展商与观众登录检录系统更加顺畅。

五是国际展区亮点突出。本届展会，葡萄酒与国际烈酒馆实际展览面积超过1.4万平方米，突破历届秋季糖酒会的最高水平。法国、西班牙、加拿大、澳大利亚、意大利、智利、美国、阿根廷、罗马尼亚、德国、捷克、南非等国家及我国的台湾、香港地区都有产品参展。

六是广告发布安全有序。本届交易会的户外广告发布区域更集中、布局更规范、设计施工更安全，达到了较往届“更规范、更安全、更美观”的效果。尤其是长度1184米、发布面积1.18万平方米的双面广告围挡，在实现展区封闭的同时，更是创造了糖酒会喷绘类广告的最新纪录。

七是论坛活动丰富多彩。2011中国食品产业成长之星评选活动暨颁奖典礼、“论道中国”进口葡萄酒高峰论坛暨国家级放心酒示范店发布仪式、2011中国酒业千商大会、2011中国食品产业“渠道百强”总评选暨颁奖盛典、中国包装设计界巅峰盛会以及食品行业网络营销专题交流会、第五届葡萄酒及国际烈酒挑战赛、中国白酒东北产业高峰论坛等活动，受到展商和观众的热烈追捧。

八是新闻宣传有声有色。沈阳市有关部门多次召集新闻媒体，周密部署本届糖酒会的新闻宣传工作，组织记者深入糖酒会展场，采访报道参展参会企业。人民网、新华网、中国网络电视台、沈阳广播电视台、食品商务网等媒体在展会现场设立直播间，对糖酒会的交易盛况进行全程直播。全国糖酒会官方网站、全国糖酒会会刊、参会指南、参展商手册、参会手册等，都在不同层面为展商和观众提供服务。

（吕晓波）

【举办国际和平日纪念活动暨2011东北亚发展论坛】 2011年9月21日至24日，以“让世界听到你的声音——共享和平与发展”为主题的国际和平日纪念活动暨2011东北亚发展论坛在沈阳市隆重举行。活动由中联部下属的中国人民争取和平与裁军协会、中国民间组织国际交流促进会、中国国际交流协会、中国和平发展基金会，以及联合国驻华系统、辽宁省人民政府、中国人民对外友好协会、中国人民外交学会共同主办，由沈阳市人民政府和辽宁省外事办公室承办。活动期间，国内外与会嘉宾围绕求和平、谋发展、促合作等方面的议题进行了深入探讨和广泛交流，举办了展览展示、友城交流、经贸洽谈等多项系列活动，活动内容丰富，成效明显，取得了圆满成功。

活动受到国内外有关各方的广泛关注。中共中央政治局委员、全国政协副主席王刚，全国人大常委会副委员长严隽琪，日本前首相村山富市、蒙古前总理巴雅尔、韩国前总理李洪九、联合国驻华系统代表罗黛琳及中共中央对外联络部副部长、中国人民争取和平与裁军协会顾问李进军，中国人民争取和平与裁军协会副会长刘敬钦等重要嘉宾出席。活动期间，共有来自18个国家和地区的国(境)外嘉宾参加了开幕式、“和平公园”揭幕仪式、东北亚发展论坛，以及商品博览会、经贸洽谈会等各项主体活动。此外，还有12个国外(省、州)城市代表团(日本6个、韩国3个、俄罗斯2个、蒙古1个。其中：市长6位、议长1位)，以及包括日本鹿岛建设、积水房屋、伊藤忠商事、三井住友银行、韩国三星和大韩贸易振兴公社，澳大利亚巴达卡集团、澳中友协、新中友协等24个国外企业、商会和社会团体代表团，并有多位著名专家学者出席了活动。新华社、中央电视台、凤凰卫视、新华网、人民网以及辽宁省和沈阳市多家电视、广播、平面和网络新闻媒体对论坛盛况进行了深入、全面的系列报道。通过举办此次活动，进一步扩大了东北亚发展论坛和沈阳市在国内外的知名度和影响力，对促进沈阳市经济社会的又好又快发展，进一步确立和巩固沈阳市东北亚区域中心城市地位发挥了积极作用，达到了预期效果。中联部还特意给市外办发来感谢函，称此活动“创新了中央与地方共同举办活动的方式和方法，保障了活动的圆满成功，实现了这次系列活动高质量、高效率和多成果的预定目标，较好地完成了中央交办的重要任务”。

（何 刚）

【第四届中国东北文化产业博览会】 由文化部、国家广电总局、新闻出版总署和黑龙江省政府、吉林省政府、辽宁省政府共同主办，沈阳市政府承办的第四届中国东北文化产业博览交易会(以下简称“东北文博会”)于2011年8月25日至8月29日在沈阳市辽宁工业展览馆成功举办。为期5天的“东北文博会”受到了海内外各界人士的高度关注，展会辐射到美国、俄罗斯、日本、台湾、香港等国家和地区。纵观本届展会，全面展现了东北地区文化体制改革和文化产业发展的辉煌成果，全面展示“十二五”期间文化产业发展的思路和理念，丰富的文化产业展示、广阔发展前景的文化产业项目签约、精彩的群众文化活动展演，迎来东北文化产业“嘉年华”。

本届展会坚持“政府引导、社会参与、市场运作、规范管理”的原则，以经营文博会，开发文博会，运作文博会为着力点。在招商招展、项目推介和文化活动等方面，以市场化运作为主，以优惠的政策和优质的政府服务吸引企业参与，形成“文化搭台，文化唱戏；政府办展，企业受益”的良好办展机制，使文博会自身活力进一步增强。

本届展会以“繁荣文化事业，发展文化产业”为宗旨，以“文化、融合、创新、发展”为主题，全面展示了东北地区的文化产业行业和门类、历史文化风貌、当代文化发展成就、优秀文化产品、服务和项目。

围绕展会主题，结合东北地区重点产业发展，展会内容设“品牌展示”、“产品交易”、“项目推介”、“文化活动”四大板块，共规划主会场五个展馆和十个分会场。展会期间举办招待酒会、文艺晚会、项目推介会、社区艺术节、电影惠民工程“百万市民看电影”文博会放映周等10项活动。

本届展会主会场设在沈阳市辽宁工业展览馆和辽宁美术馆，共设5大展馆，展览面积达到15万多平方米，近6500个标准展位，共有10余家政府、企业和机构组团参展，下设10个分会场，精心组织了文艺晚会、第二届中国沈阳动漫节、社区艺术节、“百万市民看电影”文博会放映周等10个专项活动和浑南动漫产业基地、沈阳123文化创意产业园等10个分会场活动，参观人数突破200万人次。境外著名参展文化企业达20余家，展示文化产品和文化服务内容有8大门类5万余种，涵盖了广播电视、IT动漫、工艺美术、网络文化、文博旅游、文化用品等方面，创历届之最，为打造沈阳文化名城做出了积极贡献，平台作用日益彰显，成为推动东北地区文化产业发展的重要“引擎”，并被国家主管部委列为全国重点打造的四个综合性文化展会之一。

本届展会推出文化产业投资项目280个，亿元以上项目51项、10亿元以上项目25项，推介会促成8个项目实现了有效对接并签订了合作协议，签约金额达180亿元。其中盘锦志高动漫产业园100亿元、沈北国御温泉度假小镇50亿元等大型项目现场签约。

（*李笑逸*）

【2011中国风险投资论坛】 由民建中央、科技部、辽宁省政府和沈阳市政府共同主办，沈阳市政府、中国风险投资研究院联合承办的“2011（第六届）中国风险投资论坛——振兴东北投资高峰会”于2011年9月7日至9日在沈阳举行。本次峰会以“创新、转型、绿色、和谐”为主题，邀请了39位知名经济学家、政府官员、风险投资行业专家学者、中外投资家、创业企业家及企业高层管理者与会，并就未来世界经济格局的演变以及中国经济的发展趋势进行了深入讨论。2000多名嘉宾、企业、投资机构代表参会，吸引了58家媒体的108位记者参与报道。本届峰会针对精心挑选的28个项目，举行了沈阳泗水科技城融资路演、沈阳高新区科技企业路演、中国沈阳国际特种机床装备城项目路演等5场项目路演。5家风险投资机构与沈阳国家大学科技城进行了合作意向签约。

（*杨竞喆*）

【2011中国沈阳国际旅游节】 2011年8月12日晚，雄洲食品·2011中国沈阳国际旅游节开幕式在辽宁省浑南体育训练基地综合体育馆隆重举行。省委常委、市委书记曾维宣布旅游节开幕。国家旅游局副局长王志发在开幕式上致辞。副省长邴志刚、沈阳市人大常委会主任赵长义、市政协主席刘雅琴及省旅游局局长武虹剑出席开幕式。马来西亚国家旅游部长拿督斯里黄燕燕、韩国济州特别自治道知事禹瑾敏，沈阳市委常委、常务副市长顾春明分别在开幕式上致辞。副市级干部沙波涛主持开幕式。

本届旅游节以“盛京神韵，溢彩之旅”为主题，由辽宁省旅游局和沈阳市政府举办，沈阳经济区八城市联办。本届旅游节安排了国际旅游联展、台湾风味美食节、啤酒美食节、关东民俗文化节、原生态采摘节、沈北新区生态农业旅游观光艺术节、小韩村温泉旅游文化节、浑河花船景观游、浑河之夏啤酒美食节、乡村游等主体活动。

开幕式主题明确，舞台设计新颖。本届旅游节开幕式晚会，紧紧围绕“盛京神韵 溢彩之旅”的主题展开。整台晚会舞台设计为五个花瓣簇拥的形象，写意山水，寓意深远，表达了五个含义：一是五个彩虹拱廊象征着沈阳“十二五”规划的五大发展空间；二是银色的舞台灯带与舞台主屏幕播放的金廊美景视频象征着沈阳的“金廊”、“银带”工程；三是水滴形状的彩幕和变形的“山”字拱廊造型，喻意着本台晚会为山水之间的一台欢乐歌舞盛宴；四是整体花朵的造型象征沈阳市的市花——玫瑰，寓意着“中国沈阳国际旅游节”越办越好，繁花似锦，蒸蒸日上。五是炫彩的灯光将舞台渲染成为一个耀眼的皇冠，寓意着沈阳在“十二五”经济大潮中即将取得的辉煌成就。

旅游节活动形式多样与相关产业相融合。在近一个月的时间里，13项活动相继上演。旅游节以活动为载体，多形式、多渠道塑造品牌、推介资源、拓展市场。国际旅游联展、台湾风味美食节、啤酒美食节、欢乐给力购物节、小韩村温泉旅游文化节、浑河花船景观游等活动充分凸显了旅游“食住行游购娱”六大要素，体现了旅游与文化、经贸、商业等活动的有机结合，旅游业涉及到100多个产业门类，对消费的拉动作用巨大的，涉及了国民经济方方面面。

旅游节国际性、区域性、民族性更加突出，本届旅游节吸引了来自境外美国、加拿大、北欧、意大利、法国、荷兰、日本、埃及、新加坡、纳米比亚、朝鲜、印度尼西亚、香港等22个国家和地区，以及来自北京、四川、云南、贵州、安徽、浙江、内蒙古、河北、山东、黑龙江等国内众多旅游界、少数民族表演团队也前来助兴参加活动。参会国外团体为历届之最。特别是沈阳经济区八城市共同举办旅游景点展出，体现了沈阳经济区旅游一体化的整体优势。因此，本届旅游节国际性、区域性、民族性体现更加突出。

（*梁　凯*）

【2011中国沈阳国际冰雪节】 由沈阳市人民政府、辽宁省旅游局主办，沈阳市旅游局、沈阳市服务业委员会、棋盘山开发区管委会承办，日本札幌雪祭协会协办，沈阳经济区城市（鞍山、抚顺、本溪、营口、阜新、辽阳、铁岭）联办的2011第十四届中国沈阳国际冰雪节，于2011年1月至3月举行，游客数量和旅游收入

稳步增长。

冰雪节充分利用沈阳市冬季冰雪资源的优势,按照“政府主导、市场运作、多方参与、社会支持”的原则,通过整合全市冰雪资源,推出适合不同游客需求的多层次冰雪旅游项目和产品,刺激旅游消费,展示沈阳冰雪旅游文化内涵,提高沈阳国际冰雪节的综合竞争力,打造沈阳冬季冰雪旅游活动品牌,巩固“东北冰雪旅游第一站”的地位,拉动沈阳市旅游快速发展。

冰雪节以“玩冰雪、泡温泉、逛庙会、品美食、看二人转”为主题,设一个主会场,四个分会场。其中:主会场设在棋盘山冰雪大世界,分会场设在东北亚滑雪场、白清寨滑雪场、沈阳怪坡滑雪场、沈阳世博园冰雪活动场。冰雪节期间,举办2011第十四届中国沈阳国际冰雪节开幕式、国际雪雕冰雕展、玩转冰雪大闯关、创吉尼斯纪录涂鸦堆雪人、盛京灯会、关东庙会、挑战自我挑战严寒冬泳表演、沈阳首届冰雪集体婚礼、全民健身日、全国百万青少年上冰雪活动启动仪式、冰雪大竞技(汽车越野挑战赛、滑雪表演赛、冬季钓鱼邀请赛)等大型冰雪活动47项,泡温泉、逛庙会、品风味美食、看二人转、旅游购物等活动200余项。

本届冰雪节具有五大特点,一是创新性,在活动上、项目上、布局上都力求创新;二是节庆性,融入平安夜、元旦、春节、元宵节等节日元素,使整个冰雪节活动高潮迭起、精彩不断、绚丽夺目;三是环保性,将力求精品,减少造雪量、用电量、用水量,从而减少对周围环境的影响和破坏;四是市场性,本届冰雪节将充分利用现有资源,大力开发市场运作模式;五是参与性,活动设计和冰雪旅游活动以大众参与为主,逐步使冰雪节概念深入百姓之心,从而扩大沈阳国际冰雪节的影响。

(佟胜富)

沈城美誉

【沈阳市获国家数字化城市管理信息系统金奖】 在2011年度中国地理信息产业大会上,沈阳市数字化城市管理信息系统荣获“2011年中国GIS(地理信息)优秀工程金奖”。

中国GIS优秀工程奖是我国地理信息行业最高的荣誉奖项之一,获奖工程均具有国内同期一流的技术与管理水平。沈阳市数字化城市管理信息系统于2010年初完成市、区两级平台的建设和联网运行,2010年7月29日通过住建部专家组的验收,成为辽宁省第一个通过国家验收的试点城市。该系统运用网格地图技术和应用地理编码技术,将城市建成区域划分成7818个万米单元网格,覆盖建成区面积259平方公里,实现了城市管理空间的精细化和城市管理对象的准确定位。

(鉴　闻)

【沈阳市荣获双拥工作模范城】 2011年,沈阳市的双拥工作,在两级军区和市委、市政府的领导下,认真贯彻落实党中央、中央军委关于加强军政军民团结的一系列重要指示精神,以加速推动军民融合式发展为根本目标,以拓展双支领域、提高规模化拥军优属效益、支持部队完成多样化军事任务为着眼点,以创建双拥模范城“七连冠”为载体,充分发挥并有效整合区域资源优势,坚持大思路筹划、大资金投入、高起点运作、高标准要求,深入扎实地开展了以政策拥军、社会化拥军为牵引,以全面落实优抚政策,帮助部队办实事、解决重点、难点问题为突破口的双拥创建活动,努力做到领导重视到位、宣传动员到位、政策落实到位、资金投入到位和督促检查到位。

驻沈部队充分利用人力、物力、信息等资源优势,积极参加地方基础设施、生态环境、扶贫帮困、建设社会主义新农村建设、社区建设和维护社会稳定工作。驻沈部队100个团级单位,对口帮扶100个村屯开展军民共建,投入兵力1万余人次,机械、车辆200台次,投入资金500万元,为农村送科技图书5万余册,巡诊、救治群众3000余人次,营造双拥林近33.33公顷,资助贫困学生850名。通过军地双方的共同努力,沈阳市双拥创建工作整体推进、持续发展,取得了可喜成果。实现了省双拥模范城“七连冠”目标。9个区被评为“双拥模范区”,市双拥办被评为“省先进双拥办公室”,市民政局等17个单位被评为“爱国拥军模范单位”,65042部队等13个单位被评为“拥政爱民模范单位”,王洪艳被评为“爱国拥军模范”。沈阳市政府被沈阳军区评为“抢险救灾装备建设先进单位”,被全国双拥办评为一等奖。在省双拥办开展的双拥“四个十佳”活动评选中,沈阳铁路局沈阳站、沈阳铁路局沈阳北站被评为“双拥车站”;沈阳市碧塘公园文化广场被评为“双拥广场”;沈阳市大东区望花街第二小学被评为“双拥学校”;沈阳兴隆大家庭购物中心有限公司被评为“双拥商场”。

2012年2月,在全国双拥工作表彰大会上,沈阳市被评为全国双拥模范城。

(隋福先)

【沈阳市荣获“全国残疾人工作示范城市”】 2009年7月,沈阳市政府与中国残联签订了创建“全国残疾人工作示范城市”任务书。创建伊始,市委、市政府主要领导就明确指出,创建残疾人工作示范城市,是信守承诺的市长工程,是惠及全市残疾人的幸福工程,是城市文明进步的德政工程。沈阳市有信心、有能力确保创建国检一次通过。省委常委、市委书记曾维同志高度重视创建工作,两次专题听取创建工作汇报,并在创建关键时期亲自致信各县区党委一把手,要求确保创建全面达标。市委副书记、市长陈海波亲自担任创建工作领导小组组长,将创建工作写进政府工作报告,纳入目标考核管理体系,要求全市各部门形成联动机制,搞好督办督查,确保“创建”达标。

沈阳市在学习掌握中国残联69条创建指标、11项发展指标和13项硬性指标的同时,召开不同层面人员的座谈会,广泛征求他们对创建的意见和建议;先后组织3批次人员赴外省市学习创建经验。在此基础上,研究确定了市级126条、区县140条的创建指标体系。各区县市层层分解任务,签订责任状,积极落实创建指标。按照“边创边改、边进边改、边整边改”的总体要求,市区两级成立36个创建督导小组,定期深入基层检查指导创建。对照国家和市创建标准,攻坚克难,先后解决了综合服务设施、残联班子配备、残疾人干部进残联等问题,确保创建指标达标。创建以来,市区两级共制发创建文件133份。2011年4月,国家验收组来沈检查验收,对沈阳市创建工作给予了充分肯定和高度认可。沈阳市于2011年6月获得“全国残疾人工作示范城市”和“全国残疾人工作先进单位”两项荣誉称号。

（王 森）

【沈阳市荣获全国林业信息化示范城市】 2011年5月9日，在第二届全国林业信息化工作会议上，沈阳市林业局演示汇报了沈阳林业信息化建设成果，沈阳市林业局局长赵奎礼主持演示汇报。这次演示汇报创新了汇报方式，采用屏幕演示和汇报相结合的方式进行；创新了双屏演示方式，改传统的单屏演示为双屏演示，并分主屏和副屏；创新了以脚本和镜头为基本单元的汇报形式，40个镜头相互映衬，效果明显。会议期间，沈阳市被国家林业局授予全国惟一一家市级林业信息化示范市称号，承担“内网到乡、外网到户”的示范主题。

（邢姗姗）

【沈阳市荣获“友城战略发展奖”】 2011年6月8日至10日，“2011（首届）百城论坛”在北京举办，沈阳市荣获“友城战略发展奖”。该论坛由中国人民对外友好协会主办，每年举办一次，旨在为300多个会员城市提供一个了解城市国际化发展最新动态的平台。与会的各省市领导和专家学者就国际友城发展战略、城市科学发展和城市品牌建设等专题进行了广泛的讨论。沈阳市人大副主任宋铁瑜进行了题为《不断加强国际友好城市交流，开创沈阳对外开放新局面》的演讲，介绍了国际友城工作对推进沈阳市城市建设和装备制造业水平、重点项目合作以及与其它国家全面合作的经验和规划，赢得了与会嘉宾的一致好评。经评议，中国人民对外友好协会和百城论坛组委会特别授予沈阳市“国际友城发展战略奖”，表彰沈阳市在国际城市外交中通过前瞻思维与战略性机制，推动沈阳市与国际友城经济、科技、文化等方面的交流与合作，为振兴沈阳老工业基地、扎实推进以“调结构、优环境、惠民生”为重点的各项工作所做出的成绩。

（何 刚）

【铁西区荣获“中国人居环境范例奖”】 铁西区作为国家重要的老工业基地，在上世纪九十年代，随着体制转轨、社会转型的不断深入，长期计划经济下的结构性、体制性弊端日益显现，大批企业处于停产、半停产状态，大量产业工人待岗失业，棚户区拥挤成片，绝大多数职工居住在建国初期建造的苏式住宅“工人村”内，房屋严重老化，仅联片棚户区就达147处，人均居住面积不足3平方米的就有3000多户。城市和人居环境极差，道路狭窄、建筑破旧、大气质量恶劣、污染水系严重，严重影响区域经济发展和群众生活水平提高。

2002年6月，市委、市政府决定将铁西区与沈阳经济技术开发区合署办公，为老工业区调整改造和全面升级提供了体制机制保障。十年来，铁西区坚持全面、协调、可持续的发展宗旨，坚决贯彻中央振兴东北的宏观战略，按照“一年见形象、三年大变样、五年大发展”的既定目标，坚持高起点规划、高标准建设，创造性地实施“东搬西建”、“状二活三”等发展战略，科学规划城市布局；加快市政基础设施建设，提升城市品位；全面强化城市管理，营造良好发展环境；积极推进旧区拆迁改造，彻底消除连片棚户区，大规模建设政府保障性住房、精品住宅，打造良好人居环境；全面加强绿化亮化，建设宜人城区；坚持回报工人阶级，大力发展社会事业；注重文化传承，弘扬铁西工业文明。成功实现了工业经济凤凰涅槃，城市面貌沧桑巨变，社会事业全面进步，人民群众安居乐业“四大壮举”。

2011年12月2日，由国家住建部举办，经中国人居环境奖工作领导小组办公室初审、现场考察、专家评审和对外公示后，铁西区旧城改造项目正式荣获“中国人居环境范例奖”。

（胡小超）

【新民市获全国粮食生产先进单位】 2011年12月26日，在人民大会堂召开的全国粮食生产表彰奖励大会上，新民市被国务院授予全国粮食生产先进单位称号。

这是新中国成立以来国务院对全国粮食生产进行表彰中，对象最全、规模最大、规格最高的一次，包括种粮大户、科技人员和先进工作者在内的700人受到了表彰，还有200个种粮大县受到奖励。

（鉴 闻）

【沈阳市获得“全国社区中医药工作先进单位”】 2011年12月19—20日，国家中医药管理局医政司许志仁司长率评估专家组，对沈阳市创建全国社区中医药工作先进单位进行了评估。在全国中医药工作会议上举行了首批13个城市“全国基层中医药工作先进单位”授牌仪式，市政府程晓龙副秘书长代表王玲副市长上台接受陈竺部长亲自颁发的“全国社区中医药工作先进单位”牌匾。

在创建先进市的同时，东陵区（浑南）也荣获了“全国社区中医药工作先进区”的荣誉称号，并同时在全国中医药工作会议上接受了牌匾。

（卫生局）

沈 阳 概 貌

自然概况

【位置与地貌】 沈阳位于中国东北地区的南部,辽宁省的中部,在东经122度25分9秒—123度48分24秒、北纬41度11分51秒—43度2分13秒之间。东西长115公里,南北宽205公里。

沈阳市国土总面积为12860平方公里,其中建成区面积430平方公里。沈阳地区以平原为主,地势平坦,平均海拔50米左右,山地丘陵集中在东北、东南部,属辽东丘陵的延伸部分。西部是辽河、浑河冲积平原,地势由东向西缓缓倾斜。全市最高海拔高度为447.2米,在法库县境内;最低海拔高底为5.3米,在辽中县于家房镇。

沈阳市现有林木面积46.8万公顷,林木绿化率为36.1%,水资源总量为20.9亿立方米,地下水资源量为18.20亿立方米,地表水资源量为10.20亿立方米,沈阳的周围有风景秀丽的辉山、天柱山和碧波荡漾的浑河、辽河、北沙河、新开河、南运河等。

(鉴 闻)

【历史沿革】 沈阳市位于浑河北岸,浑河古称沈水,因古代以水北为阳,故称沈阳。沈阳历史悠久,远在7200年前,先民们便在这里农耕渔猎,繁衍生息,创造出新乐文化,经测定属新石器时期。春秋战国时期,秽貊、肃慎、东胡、华夏等各族共同开发着这块土地,据郑家洼子出土的青铜短剑等文物表明,那时沈阳已进入青铜文化时代。公元前300年(燕昭王十二年),燕国名将秦开在此屯兵戍边,设立候城,为沈阳建城之始。秦始皇统一六国后,分天下为36郡,沈阳属辽东郡境。西汉时沈阳是东北的军事重镇,为中部都尉治所,已初具县邑规模。公元前108年(汉武帝元封三年)设玄菟郡。经魏晋至隋唐,沈阳地区部分属辽东郡,部分为玄菟郡所辖。公元668年(唐总章元年)后,隶安东都护府。公元921年(辽神册六年),在沈阳境内设置沈州,筑有土城。1116年金太祖完颜旻攻克沈州后,在境内设驿站多处,扼守交通,并发展了瓷器、铜镜等手工业。13世纪初元金交兵时,沈州土城被毁。1296年(元元贞二年),元改沈州为沈阳路,至此沈阳见于史册,并重筑土城,沈阳已成为关内外交通要冲、商品交易集散地和文化联系纽带,是东北重镇之一。1372年(明洪武五年)明军攻克沈阳,1386年改沈阳路为沈阳中卫。为加强防御,1388年在元代土城基础上新建砖城,设东南西北4门,并在城内修"十"字街通向各门。此时,在沈阳附近有开原、广宁、抚顺3大马市,促进了沈阳商业、手工业发展。1621年(清天命六年),后金汗王努尔哈赤领兵攻占沈阳,1625年把都城从辽阳迁至沈阳,将明代砖城加宽加高,改4门为8门,将城内"十"字街改为"井"字街,并大兴土木,修建了融汉、满、蒙、藏等各族文化艺术特色的宫殿及寺塔。1634年(清天聪八年),皇太极改沈阳为盛京(汉文为天眷盛京、满文音为谋克敦、英译MUKDEN)。1644年(清顺治元年)迁都北京后,清以沈阳为陪都,并于1657年(清顺治十四年)以"奉天承运"之意在沈阳古城区设奉天府,这便是沈阳又名奉天的由来。19世纪中后期,沈阳城内民族手工业和工商业迅速发展,关内外交往规模不断扩大,沈阳逐渐成为关外政治、经济、文化中心。1911年辛亥革命后,沈阳成为奉系军阀首领张作霖统治东北的中心,修铁路、开矿山、办工厂、建银号,使沈阳近代工业得到长足发展。1923年8月,奉天省划沈阳县城区及商埠地一带为市区,正式设立奉天市政公所,沈阳首次出现市的建制。1928年6月3日,张作霖被日军炸死于皇姑屯三洞桥后,张学良执政,于同年12月29日在沈阳宣布"东北易帜",并于1929年4月2日将奉天市改名为沈阳市。1931年日本帝国主义发动"九一八"事变并侵占沈阳,将沈阳市改为奉天市。1945年8月,抗日战争胜利,八路军进驻沈阳,奉天市恢复沈阳市名称。10月10日,沈阳市民主联合政府成立,白希清任市长,焦若愚任副市长。1946年3月,国民党军队进驻沈阳并发起内战。1948年11月2日,沈阳获得解放。11月3日,沈阳特别市政府成立,隶属东北行政委员会,朱其文任市长,焦若愚任副市长兼秘书长。同月20日,市政府决定将市内22个区合并为沈河、大东、北关、北市、南市、铁西、皇姑、和平8个区。1949年5月1日,沈阳特别市政府改为沈阳市人民政府,同年8月沈阳市隶属东北人民政府领导。1953年2月,苏家屯镇改为苏家屯区,沈阳市辖区增至9个。1953年3月12日,沈阳市改为中央直辖市。1954年8月11日,沈阳市改为辽宁省辖市。1955年1月21日,沈阳市人民政府改称沈阳市人民委员会。1959年1月1日,辽宁省人民政府决定将原铁岭地区的铁岭、法库、康平、开原、昌图、西丰和原辽阳专区的沈阳、辽中、新民、台安10个县划归沈阳市领导,沈阳市共辖9个市区、10个县。同年2月24日,市人民委员会撤销北市、南市、北关3个区的建制,并入和平、沈河、大东等区。同年12月31日,撤销沈阳县建制,其所辖地区分别划入市内邻近各区,并设立新城子区。1964年3月16日,中共辽宁省委决定设立沈阳专区,将沈阳市所辖的铁岭、法库、康平、昌图、开原、西丰、新民、辽中、台安9县划归沈阳专区领导。1964年3月24日,市人民委员会决定设立东陵、于洪两个郊区。1968年5月10日,沈阳市革命委员会成立。1969年12月26日、1970年1月1日,辽中县、新民县分别划归沈阳市领导。1980年4月19日,沈阳市革命委员会改为沈阳市人民政府。1993年1月1日经国务院批准,原铁岭市的法库、康平县划归沈阳管辖。同年经国务院批准,新民县撤县设市。至2004年末,沈阳市辖和平、沈河、大东、皇姑、铁西、于洪、苏家屯、东陵、新城子九个市区以及新民、辽中、法库、康平四个县(市)。2006年10月8日,经国务院批准将新城子区和辉山农业高新技术开发区合并,成立沈北新区。

(鉴 闻)

【经济地理位置】 沈阳地处东北地区的南部,辽宁省的中心。她背倚长白山麓,面向渤海之滨,是辽东半岛的腹地。在以沈阳为中心的150公里半径内,有中国著名的钢都鞍山、煤都抚顺、煤铁之城本溪、煤电之城阜新、石油之城盘锦、轻纺之城丹东、化纤之城辽阳和粮食煤炭基地铁岭,这些资源丰富、实力雄厚的辽宁中部工业城市形成了世界上罕见的城市群。沟通世界各大港口的大连港,正在开发的营口新港和锦州港、距沈阳不超过400公里。

沈阳作为中国东北地区最大的经济中心城市和通往中国长城以南地区必经之路,长期的经济发展,形成了密如蛛网的航空、铁路、公路运输网络。

中国南方航空股份有限公司北方分公司(以下简称南航北方分公司)前身系原中国北方航空公司。2004年底,经国家有关部门批准,北方航空公司正式将航空主业资产注入中国南方航空股份公司。作为中国南方航空股份公司在沈阳设立的分支机构,南航北方分公司从2005年1月1日起,正式按照分公司模式运营,该分公司位于沈阳东塔机场,以沈阳桃仙国际机场为基地机场,主要经营沈阳出港至国内外大中城市的航线。2011年底,北方分公司拥有A320系列运输飞机23架,经营沈阳始发航线64条,国际航线连通日本、韩国、新加坡等多个国家。

沈阳的铁路是东北地区最大的铁路枢纽,沈山线、沈吉线、长大线、沈丹线、苏抚线等铁路干线,沟海线、辽溪线、开本线、溪田线、铁法线、丹大线等支线都交汇在沈阳。

沈阳的公路四通八达。不仅农村实现了村村通公路,而且与大连、本溪、抚顺、铁岭、锦州等省内城市全部实现高速公路化,形成了全国少有的高速公路网络。

(鉴 闻)

【气候】 沈阳位于辽宁省中部,以平原为主,山地、丘陵集中在东南部。沈阳属于北温带受季风影响的半湿润大陆性气候,全年气温、降水分布分别由南向东北和由东南向西北方向递减。全年气温变化范围在-29℃—36℃之间,年平均气温为6.2—9.7℃,极端最高气温38.3℃,极端最低气温—33.1℃。全年降水量600—800毫米,全年无霜期150—170天。受季风影响,降水集中,温差较大,四季分明。沈阳地区气候特点是沈阳的冬季漫长;春季回暖快,日照充足;夏季热而多雨,空气湿润;秋季短促,天高云谈,凉爽宜人。冬寒时间较长决定了沈阳人的穿着特点通常是冬棉夏单,在春秋两季穿毛线衣、羊毛衫,夏季着单衣。

无论湿度和风速如何,只要气温在25℃以下,一般全裸人体的体表温度就会降低到32℃以下,从而有了凉的感觉,需要着装。人类着装除了文化因素外,主要功能还是抵御天气变化的保护措施,从这个角度看,着装是人类为了获取舒适的小气候环境,对外界环境偏离舒适水平的一种修正,以获得舒适的体表温度。沈阳市气象局2002年开始开展环境气象指数业务开发和服务工作,对公众媒体发布穿衣指数预报,根据未来环境气象条件的变化做出未来24小时穿衣指数的等级预报,并给出合适的着装建议。

(张 菁)

【人口】 2011年,沈阳市总户数为255.1万户,户籍人口为722.7万人,比2010年分别增加3.8万户和3.1万人。其中市辖区户数为185.6万户,占全市总户数72.8%,人口为519.1万人,占全市总人口的71.8%。在全市13个区、县(市)中,铁西区人口最多,为87.2万人,东陵区人口最少,为26.4万人。

在总人口中,男性人口为359.5万人,占总人口的49.7%,女性人口为363.2万人,占总人口的50.3%,性别比为99.0。出生人口中,男性人口28825人,女性人口26911人,性别比为107.1。全市出生人口55736人,出生率为7.73‰,比上年提高个0.16千分点,死亡人口56625人,死亡率为8.17 7.85‰,比上年下降0.32个千分点,自然增长率为-0.12‰。

全市共迁入人口7.3万人,比上年增加0.3万人。其中,省内迁入人口3.4万人,省外迁入人口3.9万人;迁出人口3.8万人,比上年增加0.1万人。其中,迁往省内人口1.2万人,迁往省外人口2.6万人。全年人口机械增加3.4万人,比上年增加0.1万人。

人口年龄结构,18岁及18岁以下人口90.9万人,比上年减少1.0万人,占总人口的12.6%,比重下降0.2个百分点;19—35岁人口181.5万人,减少0.6万人,占总人口的25.1%,比重下降0.2个百分点;36—60岁人口321.6万人,减少1.3万人,占总人口的44.5%,比重下降0.4个百分点;60岁以上人口128.7万人,比上年增加6.0万人,占总人口的17.8%,比重比上年提高0.7个百分点,人口老龄化程度愈发严重。

(赵艳霞)

【行政区划调整】 2011年1月28日,经辽宁省人民政府批准(辽政[2011]26号),撤销于洪区光辉乡,设立光辉街道办事处,实行街道管村体制。所辖区域和驻地不变。

2011年7月6日,经辽宁省人民政府(辽政[2011]153号)批准,撤销新民市高台子乡、张家屯乡、罗家房乡、三道岗子乡、东蛇山子乡、陶家屯乡、周坨子乡,设立高台子镇、张家屯镇、罗家房镇、三道岗子镇、东蛇山子镇、陶家屯镇、周坨子镇,所辖区域和政府驻地不变。

2011年7月21日,经辽宁省人民政府(辽政[2011]166号)批准,撤销铁西区高花镇、彰驿站镇分别设立高花、彰驿站街道办事处,所辖区域和政府驻地不变。

2011年11月23日，经沈阳市人民政府([沈政2011]114号)批准，铁西区卫工街道办事处更名为昆明湖街道办事处，同时调整昆明湖、工人村和艳粉街道办事处行政管辖范围，将昆明湖街道办事处的西站、泰山、中海和仙女湖社区划入工人村街道办事处，将昆明湖街道办事处沈新东路以南1.2平方公里区域(暂无房源户)划入艳粉街道办事处。

截至到2011年底，沈阳市辖和平区、沈河区、大东区、皇姑区、铁西区、苏家屯区、东陵区、沈北新区、于洪区9个区，辽中县、康平县、法库县、新民市4个县(市)。区、县(市)下设20个乡，57个镇，137个街道办事处。

(刘志明)

【民族】 据2010年第六次全国人口普查，沈阳有52个少数民族成份。即：蒙古族、回族、藏族、维吾尔族、苗族、彝族、壮族、布依族、朝鲜族、满族、侗族、瑶族、白族、土家族、哈尼族、哈萨克族、傣族、黎族、傈僳族、佤族、畲族、高山族、拉祜族、水族、东乡族、纳西族、景颇族、柯尔克孜族、土族、达斡尔族、仫佬族、羌族、布朗族、撒拉族、毛南族、仡佬族、锡伯族、普米族、塔吉克族、怒族、俄罗斯族、鄂温克族、保安族、裕固族、京族、塔塔尔族、独龙族、鄂伦春族、赫哲族、门巴族、珞巴族、基诺族。

全市少数民族人口为76.6万人，占全市总人口的9.45%。其中，满族43.1万人，占全市少数民族总数的56.22%；蒙古族10.8万人，占14.16%；朝鲜族9.2万人，占12.03%；回族7.1万人，占9.32%；锡伯族5.5万人，占7.28%；其他47个少数民族7574人，占少数民族总数的0.99%。

(李国臣)

【宗教】 沈阳市有佛教、道教、伊斯兰教、天主教、基督教5种宗教，7个市级爱国宗教团体，依法登记的宗教活动场所325处，另有2处外国人临时基督教活动点，全市信教群众40.5万人，宗教教职人员442人。

佛教于魏晋时传入沈阳。现有一个市级爱国宗教团体，即沈阳市佛教协会，有寺庙及固定处所55处，宗教教职人员170名，信教群众约15万人。

道教于唐代传入沈阳。现有一个市级爱国宗教团体，即沈阳市道教协会，有宫观及固定处所10处，全真派乾、坤道33人，信教群众约1万人。

伊斯兰教传入沈阳的最早文字记载始于1352年。现有一个市级爱国宗教团体，即沈阳市伊斯兰教协会，有清真寺23座，阿訇35人，全市穆斯林约8万人。

天主教于1696年传入沈阳。现有2个市级爱国宗教团体，即沈阳市天主教爱国会和沈阳市天主教教务委员会，有教堂14处，天主教教职人员22人，信教群众约1.5万人。

基督教于鸦片战争后传入沈阳。现有2个市级爱国宗教团体，即沈阳市基督教协会和沈阳市基督教三自爱国运动委员会，有教堂及活动点223处，基督教教职人员182人，信教群众约15万人。

(李国臣)

国民经济与社会发展

【经济总量】 2011年，沈阳市地区生产总值(GDP)5914.9亿元，按可比价计算，比上年增长12.3%。其中，第一产业增加值279.1亿元，增长6.5%；第二产业增加值3027.6亿元，增长14.0%；第三产业增加值2608.2亿元，增长11.0%。按常住人口计算，人均GDP为72637元，增长11.0%。

“一市三县”实现生产总值1112.6亿元，比上年增长24.0%。实现规模以上工业增加值777.3亿元，增长29.0%；固定资产投资851.1亿元，增长48.0%；社会消费品零售额213.2亿元，增长21.4%；实际利用外商直接投资2.2亿美元，增长11.1%；地方财政一般预算收入70.9亿元，增长68.4%；地方税收收入49.7亿元，增长67.5%。

(赵　红)

【农业】 全年农林牧渔业总产值534.8亿元，比上年增长6.5%。其中，种植业产值204.8亿元，林业产值8.2亿元，畜牧业产值280.3亿元，渔业产值21.9亿元，农林牧渔服务业产值19.6亿元。

全市农作物播种面积67.1万公顷，其中粮食作物播种面积50.7万公顷。粮食总产量406.1万吨，创历史最高水平。水果产量21.2万吨，增长20.3%；蔬菜产量463万吨，增长9.8%；肉类总产量91.7万吨，增长5.9%，其中猪、牛、羊肉分别增长2.1%、14.5%和6.8%；禽蛋产量69.2万吨，增长14.2%；牛奶产量44.7万吨，增长14.0%。农业机械总动力312.79万千瓦，比上年增长6%。农用化肥施用量(折纯)20万吨，地膜覆盖面积5.85万公顷。

全市规模以上农业产业化龙头企业917个，其中省级以上重点龙头企业44个。农民专业合作社达到3341个，带动农户27万户。改造中低产田2.06万公顷；新增设施农业面积1.04万公顷，累计达到11.3万公顷；新增高效特色农业面积1.45万公顷，累计达到21.78万公顷。争取国家级玉米、水稻高产创建示范区65个，比上年增加19个。绿化中心村225个，累计达到1725个。新建农村饮水安全工程184处。到2011年末，48个乡镇达到“一乡一业”标准，“一村一业”专业村发展到920个。

(赵　红)

【工业】 全市规模以上工业增加值2960.9亿元，比上年增长16.0%。其中，重工业增加值2156.7亿元，增长14.9%；轻工业增加值804.2亿元，增长17.3%。装备制造业实现增加值1418.8亿元，增长16.1%，占全市规模以上工业增加值的47.9%。汽车及零部件、建筑产品、农副产品加工、化工产品制造业、钢铁及有色金属冶炼及压延业等五大优势产业实现增加值1509.2亿元，增长17.9%。规模以上工业实现高新技术产品增加值1219.5亿元，增长18.4%。工业出口产品交货值240.1亿元，增长2.4%。

全市规模以上工业企业实现利税总额1038.6亿元，比上年增长41.5%；利润总额692亿元，增长40.4%。工业经济效益综合指数340.73%，比上年提高30.83个百分点；工业产品产销率98.8%，提高0.1个百分点。

(赵　红)

【建筑业及固定资产投资】 全市建筑业增加值 301.1 亿元,比上年增长 13.9%。资质等级以上建筑业企业完成总产值 1411 亿元,增长 33.7%;按建筑业总产值计算的全员劳动生产率 19.8 万元/人,比上年提高26.9%。

全年固定资产投资4560.6亿元,比上年增长29.2%。其中,城镇固定资产投资4412.2亿元,增长29.3%;农村固定资产投资148.4亿元,增长26.0%。从投资主体看,国有经济投资836.4亿元,增长43.1%;外商及港澳台经济投资866.8亿元,增长12.5%;民间投资2857.3亿元,增长31.5%。从产业分布看,第一产业投资73 亿元,增长26.9%;第二产业投资1567.8亿元,增长29.2%,其中工业投资1523.7亿元,增长28.8%;第三产业投资2919.8亿元,增长29.3%。全年新增固定资产2237.8亿元,增长23.8%。

全年计划总投资 3000 万元以上项目完成投资 4055.3 亿元,比上年增长 38.0%,占全市投资的 88.9%,其中 10 亿元以上项目完成投资占 39.6%。"十二运"建设积极推进,全运会运行中心、全运会路网建设一期工程、全运村新建绿城喜来登酒店等项目顺利推进。重点工业项目中,华晨宝马新工厂已实现试生产,东药原料厂区整体搬迁、米其林高性能子午线轮胎环保搬迁改造及扩产等结转项目加快推进;兆寰现代建筑产业园、庞大汽车城等重大项目顺利开工。沈阳成为首个国家现代建筑产业化试点城市。

全年房地产开发投资 1684.7 亿元,比上年增长 16.2%,其中住宅建设投资 1262.8 亿元,增长 25.7%。房屋施工面积 10289.9 万平方米,增长16.3%;房屋竣工面积2017.7万平方米,增长44.8%,其中住宅1637.4万平方米,增长47.8%。商品房销售面积2178.2万平方米,增长24.7%,其中商品住宅销售面积1952.1万平方米,增长28.8%;商品房销售额1281.9亿元,增长35.6%,其中商品住宅销售额 1096 亿元,增长41.5%。

(赵 红)

【国内贸易】 全年社会消费品零售总额2426.9 亿元,比上年增长 17.5%。按地区分,城镇零售额 2374.7 亿元,增长 17.6%;乡村零售额 52.2 亿元,增长 12.2%。

限额以上贸易企业实现零售额 1208.5 亿元,比上年增长 23.7%。其中汽车类零售额 361.2 亿元,增长 19.0%;服装、鞋帽、针纺织品类零售额 173.9 亿元,增长 27.6%;中西药品类零售额 125.3 亿元,增长 28.1%;金银珠宝类零售额 36.1 亿元,增长 40.8%;通讯器材类零售额 28.2 亿元,增长 31.0%;家俱、建筑及装潢材料类零售额 25.4 亿元,增长 74.2%。

限额以上企业中,处于营业状态的 5000 平方米以上大型综合超市、专业店和专卖店 87 家,其中 1 万平方米以上超市 15 家;连锁店铺 2168 个。全年成交额超亿元的商品交易市场 63 个,交易额 1482 亿元。

(赵 红)

【对外经济贸易与旅游】 沈阳综合保税区获国务院批准设立,辉山畜禽加工基地成为国际外贸转型升级示范基地。全年进出口总额 106.2 亿美元,比上年增长 35.2%。其中,进口总额 58 亿美元,增长 53.4%;出口总额 48.3 亿美元,增长 18.4%。

全年新签外商投资合同项目 221 个,合同外资额 54.2 亿美元,实际利用外商直接投资额 55 亿美元,比上年增长 8.9%。全年对外承包工程与劳务合作合同金额 14.7 亿美元,增长 5.1%;实现营业额 7.1 亿美元,增长 15.1%;外派人员 2.3 万人次,增长 17.5%。

开发温泉、湿地、农业、特色旅游。棋盘山开发区被评定为省旅游产业聚集区。举办中国沈阳国际旅游节、冰雪节、首届城市湿地旅游文化节。全国最大的万亩薰衣草公园、稻田画及向日葵花田等现代农业观光项目,方特欢乐世界、辛巴达城堡室内阿拉伯主题乐园等大型旅游项目投入运营。全市旅行社 170 家,星级饭店 103 家,国家 A 级旅游景区 39 家,国家工农业旅游示范点 11 家。全年旅游总收入 663.3 亿元,比上年增长 25.6%。其中,国内旅游收入 633.3 亿元,增长 26.2%;外汇收入 4.6 亿美元,增长 15.0%。接待国内外旅游者人数 6225.5 万人次,增长 8.9%。其中,国内旅游者 6162 万人次,增长 8.8%;入境旅游者 63.5 万人次,增长 15.5%。

(赵 红)

【财政、金融及保险业】 全年地方财政一般预算收入 620.1 亿元,比上年增长 33.3%。地方财政一般预算支出 641.4 亿元,增长 24.1%。其中,城乡社区事务支出增长 51.5%,节能环保支出增长 40.7%,科学技术支出增长 32.3%,教育支出增长 24.2%,医疗卫生支出增长 22.0%。

新增总部金融机构 5 家、分行金融机构 9 家。沈阳农村商业银行正式营业。到 2011 年末,全市银行机构营业网点 1300 余个,金融机构本外币存款余额 9040.7 亿元,比年初增长 9.8%,其中个人储蓄存款余额 3778.3 亿元,比年初增长 11.9%;本外币贷款余额 7040 亿元,比年初增长 16.7%。

全市证券营业部 75 个。全年证券交易额 9992 亿元,比上年下降 16.1%。其中,股票交易额 8358.1 亿元,下降 26.5%;基金交易额 165.5 亿元,增长 24.0%。

全市保险机构及网点 250 余家。全年保费收入 125.5 亿元,比上年下降 14.7%。其中,国内财产险保费收入 45.4 亿元,增长 20.3%;人身险保费收入 77.8 亿元,下降 28.2%。支付各类保险赔款总额 42.4 亿元,增长 28.8%。其中,国内财产险赔款金额 24.2 亿元,增长 49.6%;人身险赔付金额 17.3 亿元,增长 10.5%。

(赵 红)

【交通运输、邮政和信息传输业】 全年货物运输总量1.94亿吨,比上年增长 11.9%。其中,铁路 504.1 万吨,下降 6.3%;公路1.89亿吨,增长12.5%;民用航空4.3万吨,下降0.5%。全年旅客发送量3.16亿人次,增长3.4%。其中,铁路3541.7万人次,下降11.0%;公路2.77亿人次,增长5.5%;民用航空349.4万人次,增长4.2%。

年末全市民用汽车保有量 98.1 万辆,比上年末增长 17.9%。其中,载客汽车 78.9 万辆,载货汽车 16 万辆。年末私人汽车保有量 68.3 万辆,增长 21.5%。

沈阳与国际19个城市、国内53个城市(地区)通航。沈阳机场航线达到119条,其中国际航线20条,国内航线99条。运输飞机起降7.65万架次,比上年增长9.7%;机场旅客吞吐量1023.1万人次,增长18.7%。

全年邮电业务总量112.4亿元(2010年不变价),比上年增长12.5%。其中,邮政业务总量4.7亿元,增长15.7%;电信业务总量107.7亿元,增长12.3%。年末固定电话交换机总容量474.7万门。城乡固定电话用户303.1万户,其中住宅电话用户210.7万户。移动电话交换机总容量1484万户,新增212万户;移动电话用户881.5万户,新增26.2万户。国际互联网络登记注册用户153万户,新增17.1万户,其中宽带接入用户150.5万户,新增18.5万户。固定电话普及率41.9部/百人,移动电话普及率122部/百人。

(赵 红)

【城市建设】 2011年,城建投资480亿元,比上年增长20.0%。地铁2号线通车运营,桃仙机场T3航站楼改扩建、东一环快速路改造、黄河大街北出口改造等项目开工,市府广场地铁配套工程、二环快速路改造、三环路扩建、四环快速路等重点基础设施项目加快建设。地铁4、9、10号线前期工作加快推进。完成702个弃管小区改造工程,改造面积1556万平方米,改造213处居民供水二次加压泵站。

城市公交运营线路205条,其中新开、调整城市公交线路50条;公交运营线路长度达到3741公里;年内新增、更新公交车辆800台,公交标准运营车辆6594标台,比上年增长1.9%;全年公共交通客运总量达到11.76亿人次。地铁1号线运营里程达到1279.2万车公里,客运量7267.63万人次。年末全市出租汽车22174辆,其中市区17353辆。

年末市区铺装道路总长度3002.25公里,总面积6223.46万平方米。路灯21.97万盏,永久性桥梁296座。全年新增供水管网91.8公里,供水管道总长度2906.3公里,供水量5.35亿立方米。供热管网总长度4202公里,新增供热能力9000万平方米,全市供热面积达到2.34亿平方米。天然气供气管道总长度3637.6公里。全年植树553.7万余株,建成区绿化覆盖率42%,城区人均公园绿地面积12.42平方米。

(赵 红)

【环境保护】 2011年,全市关停、搬迁炼焦煤气等31家企业,治理蒲河煤矿等7家企业。整治村屯239个,建设水源地防护设施56个,污水处理设施108个,9座污水处理厂建成投入使用。城市污水处理率84%。年度环境空气优良天数331天。机动车尾气检测率97.0%,水源地水质达标率继续保持100%,危险废物处置利用率100%,医疗废物无害化处置率100%。主要污染物化学需氧量、氨氮、二氧化硫、氮氧化物排放总量分别比2010年削减2.5%、2.8%、1.5%、2.3%。

全市生态市创建达标率达到92%。中心城区全部成为生态城区,于洪区、苏家屯区、辽中县通过国家生态区(县)验收,新民市、康平县、法库县通过国家生态县(市)技术核查,国家要求的涉农区县国家生态区县国家考核通过率达到100%。全市87%的乡镇达到国家环境优美乡镇标准。铁西区荣获“中国人居环境范例奖”。

(赵 红)

【人口与就业】 年末全市户籍人口722.7万人,比上年末增长0.4%。其中,市区人口519.1万人,县(市)人口203.6万人;男性人口359.5万人,女性人口363.2万人。人口出生率7.73‰,比上年提高0.16个千分点,出生人口性别比107.1;人口死亡率7.85‰,比上年下降0.32个千分点。人口自然增长率-0.12‰,比上年回升0.47个千分点。计划生育率92.3%。

全市城镇非私营单位从业人员120.8万人,比上年增长9.4%,其中在岗职工106.1万人,增长2.2%。在岗职工中,国有经济单位60.3万人,增加2.4万人;集体经济单位5.3万人,减少0.2万人;其他经济单位40.6万人,增加0.2万人。在岗职工产业分布,第一产业0.94万人,增加0.46万人;第二产业38.6万人,减少1万人;第三产业66.6万人,增加3.3万人。全年新增实名制就业21.5万人。援助就业困难群体就业1.8万人,农村劳动力转移输出6.7万人。年末,城镇登记失业人员7.63万人,城镇登记失业率3.0%。

(赵 红)

【人民生活和社会保障】 2011年,城市居民人均可支配收入23326元,比上年增长13.6%;人均消费支出18147元,增长7.0%。农民人均纯收入11575元,增长15.5%;人均生活消费支出5989元,增长11.1%。

到2011年末,全市参加城镇基本养老保险307.9万人,其中职工211万人,分别比上年末增加14.9万人和12.7万人;参加城镇职工基本医疗保险339.92万人,增加15.94万人;失业保险126.5万人,增加1.5万人;工伤保险163万人,减少2.4万人;生育保险259.36万人,增加13.74万人。新型农村社会养老保险参保农民100.56万人,增加88.4万人;被征地农民养老保障参保人数14.3万人;新型农村合作医疗参合人数233.7万人,参合率99.17%,人均筹资标准提高到230元。

全年发放最低生活保障金5.6亿元。其中,城市发放最低生活保障金4亿元,6.5万户、11.8万人享受城市居民最低生活保障;农村发放最低生活保障金1.63亿元,5万户、9.4万人享受了农村居民最低生活保障。5752户、1.4万人享受城市低保边缘户救助;4711户、1.1万人享受农村低保边缘户救助。对城乡低保户、农村五保户、在乡优抚对象发放临时物价补贴9088.6万元。

企业离退休人员基本养老金人均每月1404元,比上年提高163元。失业保险金人均支出标准为每月655元,提高18元。职工月最低工资标准:市区和开发区1100元,四县(市)900元。城镇居民最低生活保障标准:各区每人每月380元,四县(市)每人每月310元。农村最低生活保障标准:各区每人每年2600元,四县(市)每人每年2000元。

养老服务设施建设步伐加快,新建示范性日间照料站100个,新增养老床位9342张。到2011年末,全市各类收养性社会福利机构139个,床位2.5万张,收养各类人员1.2万人。全年福利彩票销售14.1亿元,筹集福利彩票公益金4.9亿元。全年共募集慈善资金3174万元。

(赵 红)

【社会事业】 设立新兴产业创业投资基金,国际特种机床装备城成为国家级高新技术产业化基地。2011年,全市拥有市及市以上独立科学研究与技术开发机构106个;省级以上工程(技术)中心193个,其中国家级14个;省级以上重点实验室228个,其中国家级14个。全年市以上登记认定的科技成果289项,其中应用技术成果260项。应用技术成果中,达到国际水平135项(国际领先19项,国际先进116项);达到国内水平125项(国内领先108项,国内先进17项)。软科学成果及基础理论成果29项。各类技贸机构技术贸易成交额81亿元。专利申请11906件,其中发明专利申请4880件;专利授权5456件,其中发明专利授权1302件。

完成新建、改、扩建50所普惠性幼儿园和100所学校的校舍安全改造工程。到2011年末,全市普通高等院校44所(含独立学院10所)。招收本、专科学生10.8万人,在校生37.4万人,本、专科毕业生9.6万人。普通高等院校和科研机构招收研究生1.4万人,在校研究生3.8万人,毕业研究生1.2万人。高等教育毛入学率52%。普通中学324所,在校生29万人;普通中专40所,在校生7.1万人;职业高中46所,在校生2.2万人;技工学校37所,在校生2.4万人。初中毕业生升学率99.8%,高中阶段毛入学率93.8%。小学350所,在校生34.3万人。小学适龄人口净入学率117.6%。全市学前教育幼儿入园率89.8%。

新编历史京剧《将军道》在第六届中国京剧节上摘取金奖。社区文化建设被列为首批创建国家文化服务体系示范项目。全年共组织各级各类群众文化活动2万余场,参加群众达1230万人次;艺术惠民演出受益市民110万人次。百万市民看电影公益放映2.45万场,观众360万人次,被文化部评为"十大文化创新工程"。完成第三次全国文物普查工作,将沈阳地区人类活动史从新乐文化的7200年前推了3万多年,填补了沈阳地区旧石器时代的考古空白。13个项目、8个传承人被列入省级非物质文化遗产保护名录和代表性传承人。

完成7所市属医院改扩建工程。到2011年末,全市卫生机构1814个(不含村级卫生组织)。其中,医院181个;卫生院117个;社区卫生服务机构332个,其中社区卫生服务中心87个、社区卫生服务站245个;疾病预防控制中心(防疫站)18个;妇幼卫生保健机构15个;专科疾病防治机构25个;卫生监督所17个。年末实有病床44634张,各类卫生技术人员54636人,其中执业医师20504人,执业助理医师1498人,注册护士22529人。

第十二届全运会沈阳赛区筹备工作稳步推进;举办2011世界女子9球锦标赛、元旦万人健步跑、百万市民上冰雪等10项大型赛事和活动;参加全国第七届城市运动会,比赛成绩位居前列。沈阳市全民健身中心等建设工程进展顺利;为500个村屯安装3000件健身器材,在城区建设55处户外健身场地、安装1500件健身器材;培训社会体育指导员及体育骨干3000名;开展国民体质监测3.5万人。全年完成体育彩票销售额11.03亿元,创历史新高。

(赵 红)

精神文明建设

【"迎全运、爱家乡、建沈阳"主题教育实践活动】 为深入开展"迎全运文明沈阳行动",提高城市文明程度和市民文明素质,为承办"十二运"创造良好的社会氛围2011年,沈阳市精神文明办公室,在全市组织开展了"迎全运、爱家乡、建沈阳"主题教育实践活动,广大干部群众满怀激情振兴辽宁,热爱家乡建设沈阳,全民参与奉献全运意识明显增强。

4月9日在沈阳市铁西重型文化广场举办"迎全运、爱家乡、建沈阳"主题教育实践活动启动仪式,全面启动"全运宣传"、"文明沈阳"、"环境提升"、"文化惠民"、"礼仪推广"、"文明交通"、"服务保障"、"志愿服务"等"八大文明行动",省委常委、沈阳市委书记曾维、副省长陈超英出席仪式,对活动给予肯定。5月20日在全市范围开展"迎全运、爱家乡、建沈阳"知识竞赛,全市13个区、县(市),33个市直机关、企事业单位参与活动。竞赛分全民答题和现场竞赛两种形式,全市共108万名市民参与答题,全市各地区、各部门、各单位28支代表队参加,决赛、总决赛在沈阳电视台黄金时段向全市播出。知识竞赛活动的举办,展现了广大干部群众心系全运、热爱家乡,建设沈阳的热情,使教育实践活动达到高潮。在《沈阳日报》开设"全运会十二论"专栏,围绕环境建设、文化建设、民生发展等方面,高密度、大体量地推出12篇"沈轩言"署名系列言论,从不同侧面、视角对全运会进行了深入解读和阐述,打造、树立沈阳"十二运"宣传品牌,在全市营造了关心全运、支持全运、参与全运、奉献全运的舆论氛围。

(杨 光)

【第三届沈阳全民读书月】 2011年,沈阳市以"阅读·提升·和谐"为主题,按照"组织推动、社会支持、全民参与、市场运作"的原则,从4月23日至5月23日,成功举办第三届沈阳全民读书月活动,共开展15项重点活动,39项主体活动以及百余项群众读书活动。举办第三届沈阳"全民读书月"启动仪式,向全市市民发出《读书宣言》,由市领导启动读书月"文化闹钟"。出版了展示沈阳历史沿革、人文风情、疆域风貌,文体成果的《品读沈阳》图书,在读书月活动启动仪式上向全市人民发放。开展"春风伴我读好书"全民读书系列活动,在全市各行业广泛组织书香单位、书香校园、书香社区评选活动。策划组织唐宋名篇音乐朗诵会,为市民呈现经典重温的精神盛宴。开办名家讲坛,邀请著名文化学者来沈举办读书讲座,将沈阳名家讲坛活动精心打造成融"大众性、时代性、经典性"为一体的品牌活动。以"生活"和"收获"为主题举办沈阳大型图书联展活动,汇集百家出版社最新、最畅销的7大类约12万种图书,面向广大市民优惠展销。开展"图书进社区"、"好书进万家·书房升级大行动”等系列读书惠民系列活动，举办图书交换大集，免费为市民提供自由交换图书的平台。大力倡导网络阅读、电子阅读、手机阅读等新型读书方式，开展读书微博大赛，推进读书活动的深度和广度。组织全市各地区、各系统、各单位开展全民捐赠图书活动，全市共捐赠图书100多万册，为农家书屋建设做出了重要贡献。

（杨　光）

【2011年度“感动沈阳”人物评选活动】

2011年度“感动沈阳”人物评选活动自2011年10月上旬开始，历时三个月，经过单位推荐或个人自荐、专家评审、特邀评委投票等环节，从数百名获荐者中确定20名候选人。经社会公示、群众投票，收到社会各界有效选票42万余张，最终于川、王洪伟、田志永、辽中风华歌舞团、刘洪江、吴广琴、张万华、杨艳艳、屈长友、铁西供电分公司郭家营业所爱心团队10名个人（集体）脱颖而出，被评选为2011年度“感动沈阳”人物，同时被授予“沈阳市道德模范”称号，参评全省、全国道德模范评选。2011年12月27日下午，在辽宁广播电视台举行了盛大的颁奖晚会。

本次活动引发的社会反响强烈，博得广泛赞誉。广大干部群众普遍认为这次评选活动贴近普通市民，富有真情实感，具有深远教育意义，体现社会道德力量，群众关注度、支持率高，活动时效性和影响力大。

（杨　光）

【迎全运清洁沈阳行动】　为以整洁优美的城市形象迎接第十二届全运会，沈阳市组织全市机关干部、企事业单位职工、学生和广大市民群众积极投身到清洁沈阳志愿服务中来，对全市居民小区、窗口单位、集贸市场、小街小巷、园林绿地等重点部位环境进行清扫，将每周六作为“清洁沈阳日”，分别在全市开展“擦亮地铁”、擦拭交通护栏、候车亭、清理小招贴、捡拾白色垃圾等活动。全市共有200余万人次、9057个单位参加了活动，共对834条街路沿线的交通护栏、路灯杆、候车亭、电话亭、报刊亭等公共设施进行了集中清洁擦洗，共擦洗交通护栏59.5万延长米，清除小街巷路、居民小区内的垃圾残土共5350余吨，清除喷涂广告、小张贴14.6万余个，清洗青年大街等50条主要街路路边石22万延长米，对60余公里的二环沿线绿地进行了整治，清理二环沿线、铁路沿线、街心绿地及住宅小区等绿地1060余万平方米，清除居民小区及街巷路的乱堆乱放杂物7000余处。与市爱卫办、市公安局交警支队、市交通局等部门共同开展“清洁车辆”抄报行动，将每周四定为集中抄报日，重点对车容车貌不洁、随手乱扔垃圾的机动车驾驶员进行抄报。向企事业单位车辆、出租车、私家车车容不整、卫生状况差驾驶人发出“蓝信封”抄报信，对违反相关规定的当事人进行抄报、罚款和曝光。倡导市民养成良好的卫生习惯，取得了良好的成效。

（杨　光）

【窗口行业“迎全运优质文明诚信服务竞赛”活动】　为全面提高窗口单位服务水平和服务质量，沈阳市在全市公共服务、执法执纪、银行服务、客运交通、机场车站、旅游宾馆、卫生医疗和邮政商场等23个窗口行业中开展迎全运优质文明诚信服务竞赛活动。此项活动全市共有1000多家窗口单位，数十万干部职工参与，通过开展文明礼仪普及行动、服务技能提升行动、服务环境整治行动、服务品牌创建行动，全面提升窗口行业服务水平，充分展示了窗口行业服务热情、礼仪规范、诚实守信的文明形象。竞赛活动采取不限名额，单位自愿申报、系统自评、行业互检、社会和媒体监督工作模式，充分调动了参赛单位的积极性和主动性，参赛单位数量创历年之最。为确保竞赛活动的公平公正，专门组成43个暗检组对参赛单位逐一暗访，对不合格单位在全市通报批评，在全市窗口单位产生很大影响。同时，在全市各窗口服务行业一线工作人员中评选一批“文明服务之星”，作为文明服务典型，在媒体宣传推广。12月21日，召开竞赛活动总结表彰大会，对全市626个文明诚信服务窗口单位、105名文明服务之星进行了隆重表彰。通过开展竞赛活动，使全市窗口行业总体服务水平明显提高，全面展示了沈阳市窗口行业文明向上的行业形象。

（杨　光）

【沈阳市获得全国文明城市提名资格】

为迎接全国文明城市测评，全面提升城市的文明水平，沈阳市邀请专业调查机构对全市五区的社区、路口、主要街路、公园、商业大街、公交线路、工地、火车站和长途客车站等重点点位的公共文明指数和全市交通文明指数进行了综合测评，并把各地区得分进行综合排名。通过测评，有效查找全市文明创建工作的问题和不足，为全国文明城市创建工作重点提供详实有效的科学依据。同时，为迎接全国文明城市测评组对沈阳市的检查，沈阳市对全市的各地区、各部门和各单位进行周密部署，认真组织，召开相关部门参加的工作动员大会，成立迎检临时指挥部，依据《全国文明城市测评体系》，全面梳理迎检档案，在很短的时间里，将各地区、各相关部门、单位上报的近万份档案系统整理编册，方便调阅，在时间紧、任务重的情况下，圆满完成各项迎检工作，向测评组全面展示了沈阳创建文明城市工作成果。测评组领导对沈阳市的整体创建工作给予充分肯定，在12月20日召开的全国文明城市表彰大会上，沈阳市获得全国文明城市提名资格，为2014年创建全国文明城市奠定了坚实基础。

（杨　光）

【关爱农民工志愿服务】　截至2011年末，沈阳市有农民工130万人，为全力做好关爱农民工志愿服务工作，7月22日，由中央文明办等八部委主办、市文明办等部门承办的关爱农民工志愿服务活动启动仪式在沈阳举行。全市共设计开展6大类20个志愿服务项目，先后从社会各界募集活动资金和物资120万元，从医疗、就业、维权、培训、子女教育等方面为农民工提供志愿服务。向农民工发放价值60万元的免费体检卡，组织1000名法律志愿者为农民工维权服务，开展技能培训100场，组织农民工及子女免费观影4000余人次，建设农民工流动书屋70多个，提供免费心理咨询600余小时，组织农民工子女参加艺术培训

5000余人次。截至年末,直接受惠的农民工已达5万多人、农民工子女2万多人。10月中旬,在中央文明办召开的全国关爱农民工志愿服务工作会议上,86个与会城市有5个作了经验交流,沈阳市作为5个城市之一在会上作了发言,沈阳市关爱农民工志愿服务工作经验受到与会领导的肯定。中央文明办领导特别指出,与幸福人寿协作为志愿者购买意外伤害保险、与中国移动联合为志愿者手机实施优惠套餐和联系商业网点为志愿者享有打折等措施,走在全国前列,具有示范作用。

(陈　彦)

【建设乡村学校少年宫】　建设乡村学校少年宫是推进农村未成年人思想道德建设的有力抓手。乡村学校少年宫是指依托农村中小学校现有场地、教室和设施,进行修缮并配备必要的设备器材,依靠教师和志愿者进行管理,在课余时间和节假日组织开展普及性课外活动的公益性活动场所。2011年,沈阳市乡村学校少年宫建设在资金和师资力量上取得了突破性进展。在资金上,一方面通过争取中央专项彩票公益金建设首批示范乡村学校少年宫;另一方面,通过与市财政、市教育局沟通协调,争取资金支持,为农村学校装修教室,添置必备的设施器材,如电子琴等。在师资方面,通过培训农村学校有一定特长的教师及聘请"五老"和大学生志愿者担任艺术培训辅导员,逐步解决乡村学校少年宫的师资问题。全市已建成乡村学校少年宫12所,示范乡村学校少年宫3所,已开设了声乐、美术、戏曲表演、快板等10余类28个培训班。接受乡村学校少年宫培训的农村孩子达2万人次,举行汇报演出12场,深受广大农村未成年人和家长的好评。

(陈　彦)

软环境建设

【深入推进软环境建设】　2011年,全市以"环境创最佳、服务争一流"为主题,以打造北方最佳投资环境为目标,以解决企业和群众反映强烈的突出问题为重点,深入推进软环境建设。市委专门印发了《软环境建设实施意见》,明确提出"2011年整体推进、2012年决战攻坚、2013年巩固提高"的三年工作规划和工作目标,并确定了2011年要重点完成5个方面17项工作任务。按照市委的要求部署,市软环境建设办公室组织全市各地区、各部门从深化审批制度改革、规范行政行为、整治乱收费乱罚款乱检查乱摊派乱评比等方面入手,深入推进软环境建设。一是规范审批和执法行为。先后出台了绿色通道、预约服务等方便企业办事的十项审批服务举措,重新梳理基本建设项目审批等较复杂的跨部门审批流程。对全市260个市重点建设项目实行实名制推进,实行现场办公、跟踪服务等"一条龙"服务,在项目审批核准、规划用地、环境评价、银行贷款、财政补贴、建设配套、政策扶持等方面给予优先安排,为企业投资创业创造宽松的环境。出台了《沈阳市规范行政处罚自由裁量权实施办法》,对行政处罚自由裁量权进行全面规范。全市41个具有行政处罚职能的执法部门全部制定了行政处罚自由裁量权指导标准,并在政府网站上公示,有效遏制了滥用自由裁量权问题,实现了环境管理的法治化水平明显提升。二是开展软环境专项整治活动。对涉企乱收费、乱检查、乱摊派、乱评比等问题进行了专项治理,共清理乱收费资金537万元。对庆典、研讨会、论坛活动进行了全面清理和规范,对全市各级党政机关、社会团体拟举办的39项庆典、研讨会、论坛活动进行严格审核,制止和取消了9起不符合规定的活动。开展软环境建设问题的自查自纠,全市各地区、各部门通过深入企业走访、召开座谈会、发放征求意见表等方式,共查找出办事效率、服务态度、公正执法等影响软环境建设方面的问题1093个,制定整改措施1225项,解决各类问题936个,企业反映的突出问题得到有效化解。开通了投诉电话、网站和信箱,公布了"支持企业发展十不准",聘请了一批软环境建设监督员,认真受理企业和市民的诉求,并由市软环境办分类交办、督促落实、限期办复。全市共受理软环境方面的咨询、投诉1025件,76人被追究了相关责任。三是开展"四个一"和创建人民满意单位活动。围绕"争为企业发展服务、争创优秀服务机关、争当服务形象大使"这一主题,深入开展了以实施"一把手"工程、树立"一盘棋"思想、做到"一条龙"服务、开展"一杯茶"活动为主要内容的"四个一"活动,进一步增强服务意识,改进工作作风,提高办事效率,为经济社会发展提供优质服务。市国税局、地税局建立全省首家联合办税服务厅,实现了"进一家门、办两家事",并实行24小时自助办税。市中小企业局在1200户企业设立维权联系点。市房产局、供电公司、水务集团采取设立VIP服务室等方式,为重点项目开辟绿色通道。市外经贸局在全市开展打造"外企之家"活动,为外资企业提供全方位服务,受到了投资者的普遍好评。市城建局提出"出门就上班,下班还工作"的理念,深受群众欢迎。通过开展软环境建设,全市政风行风明显好转,政府部门和窗口单位服务意识明显增强,办事效率明显提高,投资软环境得到明显改善,有力地促进了沈阳经济社会发展和城市竞争力的显著提升。

(吕兴宇)

【"环境创最佳、服务争一流"活动启动仪式暨2011年全市重大项目对接会】　2011年2月18日,市环境建设推进组软环境建设办公室在市委党校举行"环境创最佳、服务争一流"活动启动仪式暨2011年全市重大项目对接会。市及各区、县(市)和市直各单位软环境建设办公室成员、全市260个重点项目单位代表、各区、县(市)和市直各单位负责重点项目的领导和工作人员共720人参加了会议。会上,市发改委主任、软环境建设办公室副主任彭林宣读了支持全市重点项目建设工作意见;市行政审批办主任、软环境建设办公室副主任周勇公布了服务企业十项举措;市纪委副书记、监察局局长、软环境建设办公室主任史文昌宣读了支持企业发展"十不准",公布损害软环境举报电话、网站、信箱;和平区、于洪区、法库县政府领导与负责项目单位代表举行了服务对接签字仪式；铁西区、东陵区（浑南新区）、沈北新区、市规划和国土资源管理局等负责重点项目推进工作的领导和工作人员分别作了表态发言。市委常委、常务副市长、市环境建设推进组副组长顾春明出席会议并讲话。顾春明指出，开展好重大项目对接活动，是进一步提升全市软环境，加快打造北方最佳发展环境的有效载体，是保持经济社会又好又快发展，实现高起点开局的重要支撑，必须精心组织实施，确保取得实效。各区县（市）和市直部门的责任人要按照实名推进制的要求，在三天内到全市260个重大项目单位进行现场对接，及时协调解决问题，加大政策扶持力度，确保提前办完相关手续，加快开工建设。顾春明要求，要以“环境创最佳、服务争一流”为主题，有组织地实施好全年软环境建设的15项重点活动，有力推动全市软环境建设持续升温，并通过每个地区，每个部门服务质量的明显提升，实现全市软环境的整体提升。顾春明强调，要全面落实全市“抓环境促提升”动员大会精神，整体推进五个方面17项重点工作，坚决打好软环境建设攻坚战的每一个战役，加快打造北方最佳发展环境，有力促进全市经济社会又好又快发展，努力为全面完成“五大任务”、加快实现“三大目标”作出新的更大贡献。

（吕兴宇）

【全市软环境建设座谈会】 2011年3月18日，沈阳市召开软环境建设座谈会。省委常委、市委书记曾维出席会议并讲话，他强调，要深入贯彻落实市委十一届十次全会精神，进一步从全局的、战略的高度认识和推进软环境建设，切实以优质高效、顺畅便捷的服务，造福广大群众，助推企业发展。市委常委、常务副市长顾春明主持会议，市委常委、秘书长马占春，副市级巡视员彭林参加会议。2011年以来，按照市委、市政府的决策部署，各方面积极行动，紧密结合实际选准突破口，设计了一系列富有自身特色的活动载体，推出了一系列创新体制机制的有效举措，解决了一批群众和企业反映强烈的突出问题。会上，市软环境建设领导小组办公室、市人社局、市城建局、市食品药品监管局、市公安局、沈阳水务集团、沈阳出入境检验检疫局、市发改委重点项目管理工作办公室、市工商局注册分局、沈阳市铁西区国税局负责人先后发言，汇报了进展情况和具体做法，并纷纷表示要以更大的力度、创新的举措改进服务，不断把改善软环境各项工作推向深入。曾维在认真听取座谈发言后，首先对前段时间全市软环境建设取得的成绩给予充分肯定。他指出，把“抓环境促提升”确定为全市的三项重点工作之一，是市委、市政府着眼实现“十二五”高起点开局、赢得新一轮发展竞争、迎接第十二届全运会举办作出的重要决策。抓环境就是抓发展、抓民生、抓队伍。全市上下一定要从环境建设的重大战略意义出发，切实把软环境建设作为硬任务来抓，认真总结成功做法，广泛借鉴先进经验，坚持不懈地把各项工作引向深入，务求取得实实在在的效果，进一步树立文明沈阳、诚信沈阳、法治沈阳的良好形象。曾维强调，加强软环境建设，重点是抓管理、抓服务，实质是抓干部、抓作风。在这一过程中，主要领导一定要以身作则、率先垂范，高度重视改善环境，带头提高服务质量，更要以思想的感召力、文化的影响力、人格的亲和力抓好班子、带好队伍，使本地区、本部门、本单位加强软环境建设的目标更加清晰、行动更加自觉、氛围更加浓厚。特别是要始终坚持从严教育、从严要求、从严管理，积极引导各级干部牢固树立正确的权力观、利益观、群众观，不断强化“服务至上、效率第一”的理念，真正做到时刻以公仆的情怀为群众办好事、办实事，以亲人的情感为企业发展提供有力支持，充分展示沈阳干部队伍一心为民、亲商爱商的崭新风貌。曾维强调，改善软环境，体制机制创新是关键。要坚持寓管理于服务之中，想企业之所想，急企业之所急，在继续深化行政审批制度改革、规范各类执法行为、一对一完善重点项目建设服务方案等方面下功夫，全力筑牢维护企业和投资者权益的坚强屏障。要积极探索有效途径，加快建立有利于提高办事效率、规范管理体制的工作架构和运行体系，标本兼治地解决影响软环境的突出问题，使沈阳市的发展环境真正步入良性循环的轨道。要在充分发挥软环境建设办公室组织协调、考核监督作用的基础上，坚持市区联动，强化协同作战，进一步形成自上而下协调一致、责任部门衔接紧密、各方力量充分整合、广大群众积极参与的工作格局，构筑共同推进软环境建设的强大合力。

（吕兴宇）

【设立软环境联系点暨聘请软环境监督员仪式】 2011年3月24日，沈阳市举行设立软环境联系点暨聘请软环境监督员仪式，市委常委、常务副市长顾春明出席仪式并讲话。他指出，选择全市各个行业的150家企业作为软环境建设联系点，聘请150名来自企业的人大代表、政协委员和经营管理人员作为软环境建设监督员，是深入贯彻落实全市“抓环境促提升”动员大会和软环境建设工作座谈会的实际步骤与重要举措，表明了沈阳打造北方最佳发展环境的决心和态度，必将有力推动全市软环境建设不断取得新成效。顾春明希望，各联系点和监督员要充分认识软环境建设的重要性和设立联系点、聘请监督员的必要性，切实增强发挥监督作用的责任感。要突出监督重点，提高监督水平，采取明察暗访等多种形式，对行政审批、行政执法、政风行风以及支持企业发展“十不准”执行情况，“乱收费、乱检查、乱摊派、乱评比”专项整治情况，全市各级政府机关、窗口部门、公共服务行业的办事效率、服务态度、政策落实等进行全方位监督，对发现的问题和意见、建议，通过96123举报电话、举报网站、信箱、民声微博等方式及时反映，有力促进全市软环境的提升。顾春明要求，各地区、各部门要高度重视并大力支持联系点和监督员开展工作，自觉接受监督，不断改进工作。要及时收集、汇总联系点和监督员反映的问题、提出的建议，随时交办，抓紧解决，限期整改，切实做到件件有着落、事事有回音。通过政府各部门、各联系点和广大监督员的共同努力，有力推动全市软环境持续提升，有效促进经济社会又好又快发展，努力为“十二五”高起点开局作出更大贡献。

（吕兴宇）

【软环境建设企业家座谈会】 2011年3月24日，沈阳市召开软环境建设企业家座谈会。市委常委、常务副市长顾春明出席会议并讲话，市委常委、市纪委书记徐兴华主持会议并提出要求。顾春明在认真听取了沈阳娃哈哈荣泰食品有限公司、辽宁禾丰牧业股份有限公司等15家企业负责人的发言后，感谢他们对全市软环境建设的关心和提出的意见建议，并现场办公，逐一协调解决企业提出的每个具体问题，要求政府各有关部门和各区、县抓紧解决，及时向企业反馈。顾春明强调，要切实强化措施，不断提升软环境，大力支持企业发展。一要聚焦硬任务，包括重大项目建设、重点民生改善、“十二五”高起点开局，特别是“五大任务”和“三大目标”。二要采取硬措施，进一步集中行政审批权并探索“网上审批”，依法规范行政处罚自由裁量权，坚决整治乱收费、乱摊派、乱检查、乱评比问题，并大力推广“无费区”、行政审批中心和市民服务中心合二为一、国地税联合办税、24小时自助办税等经验，勇于在体制机制创新上先行先试，率先突破。三要夯实硬基础，深入开展基层站所“即时评议”活动，着力提升基层服务水平。四要实行硬约束，严肃查处影响发展环境的问题和责任人，充分发挥警示作用。要通过政府部门和企业的共同努力，加快实现管理型政府向服务型政府的转变，更好地支持企业发展，更有力地推动沈阳发展。徐兴华要求，市直各部门和各区县一定要强化服务意识，扎扎实实为企业办实事，主动为企业排忧解难，并深入开展自查自纠，不断完善各项制度，进一步提高服务质量、服务效率和服务水平。他希望各位企业家及时反映和举报问题，市纪委和监察局一经查实将严肃处理；希望通过全市上下的共同努力，为经济社会发展创造良好的社会环境。

（吕兴宇）

【深入开展“四个一”活动 创建人民满意单位动员大会】 2011年4月11日，沈阳市召开深入开展“四个一”活动、创建人民满意单位动员大会。市城建局、市外经贸局、市公安局、市中小企业局、和平区、沈北新区、水务集团等七个单位在会上作了交流、表态发言。市委常委、秘书长马占春宣读《深入开展“四个一”活动、创建人民满意单位实施方案》。市委常委、常务副市长顾春明讲话。市直机关工委书记齐进主持会议。深入开展“四个一”活动、创建人民满意单位的标准是围绕中心，服务大局；关注民生，贴心群众；简化程序，便捷高效；办事透明，公开公正；求真务实，诚实守信；礼貌待人，文明执法；畅通渠道，接受监督；遵纪守法，廉洁从政。围绕创建活动的八条标准，教育引导广大干部职工进一步改进工作作风，提高工作效率，不断强化责任意识、服务意识、大局意识和法治意识，着力解决影响制约软环境建设的突出问题，加快建立长效机制，大力营造和谐稳定的社会环境、廉洁高效的服务环境、诚实守信的发展环境和公正文明的政务环境，为努力完成“五大任务”、实现“三大目标”提供有力保证。顾春明在讲话中强调，深入开展“四个一”活动、创建人民满意单位是“抓环境促提升”工作的一个重要载体，各地区、各部门、各单位要深入开展自查自纠，从人民群众最不满意的问题改起，找准存在的突出问题，深刻剖析原因，抓紧进行整改，建立长效机制，并自觉接受人民群众监督，真正把评价权交给企业单位和广大群众。要明确创建标准，从人民群众最关心、最期盼的地方抓起，在深化行政审批制度改革，规范行政行为，推进政务公开，开展“一杯茶”活动等方面加大工作力度，不断提高服务质量和效率，努力赢得人民群众的满意，确保创建活动取得明显成效。市直各部门、市级群团组织主管领导，各区县（市）和开发区主管领导，部分公共服务单位和驻沈有关单位主管领导，市软、硬环境建设办公室、综合办公室、打假办公室有关人员参加了会议。

（吕兴宇）

【“96123市民服务热线”暨“民声微博”正式开通】 2011年5月13日，沈阳市举行“96123市民服务热线”升级改版暨“民声微博”开通仪式。省委常委、市委书记曾维出席仪式并讲话。中央纪委纠风室、省纪委有关领导出席仪式。市委常委、常务副市长顾春明宣读《关于表彰96123市民服务热线办理群众诉求工作先进集体和先进个人的决定》，市委常委、市纪委书记徐兴华主持仪式并介绍有关情况。与会领导为受表彰的先进集体和先进个人颁奖。2009年，着眼于及时有效解决事关群众切身利益的热点难点问题，沈阳市在整合300余个群众投诉电话、网站、信箱的基础上，建立了96123市民服务热线。两年来，热线坚持“政府在身边、为民一线牵”的工作理念，共受理群众诉求416万件，办结率达99.94%，受到各方面的广泛好评。2011年，为进一步畅通群众诉求渠道、提高全市软环境建设水平，沈阳市对市民服务热线进行了升级改版，并开办了民声微博网站，形成了新型的了解民情民意、解决群众诉求、加强社会监督的网络公共服务体系。曾维在讲话中指出，在推动沈阳加快全面振兴的过程中，市委、市政府始终坚持把做好群众工作作为基础性、经常性、根本性的工作来抓，特别是着眼于进一步转变工作作风、更好地服务广大群众，开通了市民服务热线，全力解决群众最关心、最直接、最现实的利益问题。一段时间以来，在各个方面、各级干部的共同努力下，市民服务热线以利民惠民的实际成果，日益成为及时反映社情民意的直通车、解决群众所急所盼的高速路、密切党群干群关系的连心桥，为沈阳形成心齐气顺、政通人和的良好局面发挥了重要作用，为沈阳实现科学发展、创新发展、和谐发展提供了有力支撑。曾维强调，开通新版市民服务热线和民声微博，是贯彻落实科学发展观、践行执政为民理念的重要举措，是加强和创新社会管理、做好新形势下群众工作的具体实践，对于进一步凝聚民心、汇聚民力奋战“十二五”、加快沈阳全面振兴进程，具有十分重要的意义。要以此为新的起点，积极推动建立维护群众利益的长效机制，更加注重问政于民、问计于民、问需于民，不断丰富宣传群众、组织群众、服务群众的方式方法，努力把市民服务热线和民声微博打造成为促进社会和谐的诉求化解平台、集中群众智慧的决策支持平台、凝聚发展合力的宣传引导平台、培养造就干部的党性锤炼平台。

（吕兴宇）

【软环境建设汇报会】 2011年5月20日，沈阳市召开软环境建设汇报会，听取部分基层单位软环境建设工作情况汇报。省委常委、市委书记曾维出席会议并讲话，他强调，要进一步增强责任感和使命感，坚持夯实基层基础、更加注重细节、加大创新力度、建设过硬队伍，全力推动软环境建设的深入开展，不断提升沈阳的竞争力和群众的幸福感。市委常委、常务副市长顾春明主持会议，市委常委、秘书长马占春参加会议。

年初以来，按照全市“抓环境促提升”工作的总体部署，沈阳市软环境建设有序展开、扎实推进，有效解决了一批企业和群众反映的突出问题，有力促进了机关工作效率和服务质量的全面提高。会上，市地税局纳税服务处、市房地产交易权属登记中心、市规划设计研究院、沈阳供电公司客户服务中心、市政府办公厅文电处、市食品药品监督所、市经信委汽车零部件处、市公安局交警支队车管所、市财政局非税收入管理处、市环保局审批处和沈河区工商局的负责人先后发言，结合各自工作实际，汇报了推进软环境建设的具体做法，并纷纷表示要进一步增强服务效能，在助推企业发展、保障改善民生中作出更大贡献。在认真听取发言后，曾维首先对全市软环境建设取得的成绩给予充分肯定。他说，现阶段城市之间的竞争，从根本上讲是环境的竞争。这其中，软环境作为一个城市发展水平、文明程度的综合体现，更是尤为重要、尤为突出。一段时间以来，在市环境建设推进组的统一指挥下，经过各个方面的共同努力，沈阳市软环境建设取得了显著成效。特别是广大基层干部积极参与、身先士卒，创造性地贯彻落实市委、市政府的决策部署，为沈阳市软环境建设作出了重要贡献。在此基础上，全市上下要进一步提高思想认识，切实从事关全面振兴、群众福祉、党的形象的高度出发，以更加强烈的责任感和使命感，把软环境建设作为一项战略性、基础性的工作抓住不放、抓紧抓好。曾维强调，基层部门和单位与企业、群众的联系最紧密，是优化软环境的重要环节。在推进软环境建设的过程中，要引导各基层部门和单位，进一步解放思想，切实在认真倾听各方意见、广泛借鉴先进经验的基础上，加快建立管根本、利长远的体制机制，用软环境建设的创新度赢得企业和群众的满意度。进一步抓住细节，及时发现、迅速解决涉及企业和群众利益的各类问题，使“服务一流、从我做起”深入人心、蔚然成风。进一步强化配合，牢固树立“一盘棋”思想，切实构筑自上而下协调一致、各个环节紧密衔接的工作格局，共同铺设企业发展的“快车道”和惠及民生的“连心桥”。曾维强调，加强软环境建设，抓好干部队伍、转变工作作风是关键。要本着出成果、出形象、出人才的原则，以深入开展“四个一”活动为载体，把加强干部队伍建设作为优化软环境的重要内容加以推进。要教育广大干部牢固树立正确的权力观、利益观、群众观，切实用真情服务企业、真心服务群众的实际行动，让企业满意，让群众舒心。要积极选树、大力宣传软环境建设中涌现出的先进典型，进一步营造“以不勤不廉行为为耻、以为企为民服务为荣”的浓厚氛围。要积极为干部面对面与企业和群众沟通交流搭建平台，使大家在实践锻炼中不断提高服务能力、增进群众感情。要进一步树立鲜明的选人用人导向，切实把那些服务群众和企业意识强、办法多、水平高的干部选拔上来，为他们更好地施展作为提供广阔舞台。

（吕兴宇）

【“局长接待日”活动】 2011年6月20日，由沈阳市软环境建设办公室主办的“局长接待日”活动启动仪式暨现场交流活动在沈阳广播电视台演播大厅举行。市委常委、常务副市长顾春明讲话并宣布“局长接待日”正式启动。顾春明在讲话中指出，启动“局长接待日”活动与企业代表和市民代表进行互动交流，这既是加强软环境建设的十五项重点活动之一，也是有力推动全市软环境持续提升的一项重要举措。希望政府各部门和各级政府要很好地参与“局长接待日”这个载体，要虚心听取群众和企业的意见；要着力解决问题，问题的解决率要达到百分之百，问题的答复率要达到百分之百；要建立长效机制，使“局长接待日”活动坚持经常化、规范化，制度化。期间，市卫生局、市人力资源和社会保障局、市地税局、市质监局、市行政执法局、市民政局、市城建局、沈阳水务集团、沈阳供电公司、市工商局、市公安局、市物价局、市药监局、市建委、市规划局、市环保局、市农委、市房产局、市交通局和市教育局领导，先后回答了企业代表和群众代表提出的相关本部门的问题。参加启动仪式暨现场交流活动的有：市软环境建设办公室成员、市政府相关部门和市直属重点单位的主要领导。参加交流活动的现场观众都是来自各行各业的企业家代表，以及市软环境建设的联系点负责人和监督员。“局长接待日”活动启动仪式后，各地区、各部门按照市政府纠风办的统一要求部署，通过媒体发布本地区、本部门“局长接待日”活动的时间地点，认真接待企业和群众关于软环境问题的投诉和意见建议，有力地推动了软环境建设工作的不断深入。

（吕兴宇）

【软环境服务回访活动】 为了贯彻落实全市环境建设推进会精神，广泛听取社会各界的意见建议，深入推进软环境建设工作，从9月初开始，市软环境建设办公室在全市开展软环境建设服务回访活动，组织各级政府部门通过多种形式，深入基层、深入企业、深入群众，进一步倾听企业和群众的意见和建议，切实了解企业和群众对软环境建设工作的真正需求，查找软环境建设中存在的深层次问题和短板，督促各级政府部门继续改进工作作风，提高办事效率，提升服务水平。全市各地区、各部门、各单位根据自身职能特点，结合各项软环境建设工作，通过上门走访、电话回访、深入企业、座谈交流、发放调查问卷等方式，认真听取企业的意见建议，深入解决企业反映的突出问题，受到企业欢迎和好评。市软环境办要求各单位对活动中征集上来的意见和建议认真进行梳理和分析、提出整改意见，并对各单位开展服务回访情况进行检查和抽查。

（吕兴宇）

经济协作

【请进来招商活动】 2011年，市中小企业局组织协调市领导8次赴国内开展重大项目招商活动，洽谈推进项目233个，全年实现引进内资1298.1亿元。首次突破引进内资千亿元大关，同比增长42.6%。

其中，工业项目87个，占项目数的40.8%，落地成功率26.4%；工业项目中，沈阳市五大优势产业项目42个，占工业项目的48.3%，落地成功率为19%。服务业项目118个，占项目数的55.4%，落地成功率36.4%；服务业项目中，城市综合体项目54个，占项目数的45.7%，落地成功率为31.5%。农业项目8个，占项目数的3.8%，落地成功率37.5%。

全年共洽谈、推进投资额在百亿以上的重大项目22个，开工、注册项目12个，落地成功率54.5%。其中工业项目3个，落地成功率66.7%；服务业项目19个，落地成功率52.6%。

（胡 英）

【参加国内展洽会活动】 积极拓展国内区域市场。组织东软集团、北方交通、麦金利食品、新松机器人等30余家沈阳知名企业参加了"第十四届渝洽会"、"第八届中博会"等国内展会。组织市政府领导带队参加第十四届中国（重庆）国际投资暨全球采购会（简称"渝洽会"），沈阳市有3个项目在会上签约，签约额42.2亿元；组织参加第八届中国国际中小企业博览会暨中泰中小企业博览会，沈阳岩弼灵芝种植合作社一次性销售香港客商灵芝系列产品金额达200万元，并达成三年销售灵芝500万元购销协议。

（胡 英）

【东北区域合作】 建立城市间友好合作关系。与四平、通辽签订了经济合作协议。组织参加了哈尔滨市政府主办的"第22届哈洽会"，并先后接待了哈尔滨经济促进局、通辽经合办、葫芦岛经协办等客人来沈的考察活动。双方在加强信息交流，互发邀请参加各自组织的经贸、展洽活动等区域合作事宜方面达成共识。

（胡 英）

【沈阳经济区合作】 与沈阳经济区其他成员市之间合作不断加强，根据省中小企业厅安排，组织了沈阳重工集团、北方交通等20多家企业参加了在阜新市召开的首届中国（阜新）液压装备制造业展览会，受到阜新液压展览会组委会的充分肯定，为两地继续开展经济合作奠定了坚实的合作基础。

（胡 英）

【对口支援】 2011年中小企业局党组以高度的政治责任感、使命感，强烈的大局意识，切实把全局干部职工的思想和行动统一到市委的决策部署上来，不遗余力、不折不扣地做好对口援疆工作。重点援建新疆塔城市的11个项目稳步推进，共安排援建资金5200万元。积极推进产业援疆经济合作模式。塔城市水泥厂异地迁建项目是辽宁省首家运作成功并启动。同时，与塔城市广泛开展经贸交流活动。协助新疆塔城市召开招商项目推介会暨项目签约仪式，共签订10个合作项目，总金额2.15亿元。在塔城召开了"沈阳——塔城经贸洽谈交流会"，沈阳副食集团与塔城市政府签订了农产品交流合作协议，商定引进"储绿"优质面粉进入沈阳市场，首批100吨"储绿"优质面粉已于9月底抵沈销售。教育援疆、科技援疆、人才援疆等都取得了可喜的成绩。同时，积极推进支援三峡忠县和帮扶青海民和县工作，先后落实对口帮扶资金200万元。

（胡 英）

党 政 机 关

中共沈阳市委

【市委十一届十一次全会】 2011年2月10日，中共沈阳市委召开十一届十一次全体会议。市委委员、市委候补委员71人出席了会议。

全会表决通过了《关于召开中国共产党沈阳市第十二次代表大会的决议》全会要求：扎实做好党代会的各项筹备工作，全力打好"十二五"开局起步的攻坚战，为全面完成"五大任务"、加快实现"三大目标"奠定坚实基础

市委副书记、市长陈海波主持会议并宣读《关于召开中国共产党沈阳市第十二次代表大会的决议》（草案），市委副书记苏宏章对《关于召开中国共产党沈阳市第十二次代表大会的决议》（草案）进行了说明，会议表决通过了《关于召开中国共产党沈阳市第十二次代表大会的决议》，省委常委、市委书记曾维就做好党代会筹备工作和全市当前工作作重要讲话。

全会认为，召开市第十二次党代会，是沈阳各级党组织、全体共产党员和广大人民群众政治生活中的一件大事。筹备好党代会、搞好市委换届，是推动科学发展、加快全面振兴的迫切需要，是加强班子建设、提高执政能力的重要契机，是凝聚各方力量、激发昂扬斗志的强大动力，对于顺利实施"十二五"规划、推动沈阳老工业基地在科学发展道路上加快全面振兴，具有十分重要的意义。要从全局和战略的高度，充分认识筹备好党代会、搞好市委换届的重要性，切实把思想统一到中央、省委的要求和部署上来，以强烈的责任感和使命感，把这件关系沈阳振兴发展全局的大事抓紧抓好，确保筹备工作深入细致、积极稳妥、紧张有序，确保换届工作健康、平稳、高效开展。

全会要求，要扎实做好市第十二次党代会的各项筹备工作，努力做到筹备高效率、报告高质量、会务高标准、整个会议高水平。一要起草一个好报告，按照"调查研究要深入、总结谋划要科学、征求意见要广泛"的要求，认真做好党代会报告起草工作，使报告起草过程成为统一思想、形成共识的过程，成为凝聚力量、激发干劲的过程，确保形成一个符合科学发展观要求，符合沈阳实际，真正能引领沈阳未来五年发展的报告。二要选出一批好代表，坚持把政治素质放在第一位，充分发扬民主，充分听取广大党员群众、基层党组织的意见，真正把具有较强议事能力和联系群众能力、带头创先争优的党员推选为党代表，切实增强代表的先进性和广泛性。三要搭建一个好班子，坚持干部队伍"四化"方针和德才兼备、以德为先用人标准，切实把政治上靠得住、工作上有本事、作风上过得硬、人民群众信得过的优秀干部选拔进领导班子，使新一届市委和市纪委成为求真务实、开拓创新、勤政廉政、团结协调、朝气蓬勃、奋发有为的坚强领导集体。四要形成一个好风气，认真落实中纪委、中组部和省委有关严肃换届工作纪律的文件精神，严格执行各项换届工作制度和纪律，切实做好换届中的思想政治工作，确保这次换届风清气正。

全会强调，要切实做好当前工作，以优异的成绩迎接市党代会的胜利召开。要认真做好区县（市）党委换届工作，加强对换届工作的领导，选好、配强区县（市）党委班子，巩固和发展全市政通人和、团结奋进的大好局面。要加大力度，强化责任，切实做好全国"两会"期间的信访稳定、安全生产和消防安全工作。要把全部精力集中到今年"三抓三促"的具体安排上来，抓紧推进各项重点工作，加大招商引资力度，搞好要素储备和供给，进一步优化发展环境，狠抓各项工作的落实，确保一季度"开门红"，上半年"双过半"，开局之年首战告捷。要开展多种形式的主题宣传活动，全面系统地回顾总结市第十一次党代会以来沈阳发生的巨大变化，广泛深入地宣传完成"五大任务"、实现"三大目标"的新思路、新举措和推动科学发展、加快全面振兴的新作为、新成就，继续保持经济社会又好又快发展的强劲势头，努力为党代会的召开营造浓厚氛围、创造良好条件。

全会号召，全市各级党组织一定要不辱使命，不负众望，在省委的正确领导下，切实把党代会筹备这一事关全局和长远的大事抓紧抓好，确保实现开局之年首战必胜，以又好又快发展的崭新业绩，迎接市第十二次党代会的胜利召开。

（*鉴 闻*）

【市委十一届十二次全会】 中国共产党沈阳市第十一届委员会第十二次全体会议于2011年6月27日在沈阳宾馆召开。市委委员、市委候补委员参加了会议，市纪委委员和相关部门负责人列席了会议，省委督导组负责人出席了会议。市委常委会主持会议，省委常委、市委书记曾维作重要讲话。

全会听取了市委副书记苏宏章，市委常委、组织部长姜宏，市委常委、秘书长马占春，市委常委、纪委书记徐兴华分别作的关于市第十二次党代会筹备工作情况的报告，关于十二届市委委员、候补委员、市纪委委员候选人预备人选和沈阳市出席省第十一次党代会代表候选人初步人选名单的说明，关于市第十二次党代会报告（讨论稿）的说明，关于市纪委在市第十二次党代会上工作报告（讨论稿）的说明，以及关于市第十二次党代会安排意见的汇报。全会讨论通过了十一届市委和市纪委向市第十二次党代会提交的工作报告，表决通过了我市出席省第十一次党代会代表候选人预备人选。全会决定市第十二次党代会于7月5日至8日召开。

全会认为，市第十一次党代会以来，在党中央和省委的正确领导下，全市各级党组织团结带领广大党员、干部和群众，坚持以邓小平理论和"三个代表"重要思想为指导，深入贯彻落实科学发展

观,坚持一切从实际出发,以全面振兴为主题,深入推进“五大任务”,加快实现“三大目标”,形成了合力推动沈阳科学发展、和谐发展、创新发展的强大气势,开创了经济、政治、文化、社会和党的建设协调发展的良好局面。经过五年的砥砺奋进、跨越前行,沈阳的综合实力实现大幅跃升,城乡面貌发生巨大变化,人民群众享受更多实惠,社会更加和谐稳定。

全会指出,即将召开的市第十二次党代会,是在沈阳老工业基地全面振兴的关键时期,进一步深化改革开放、加快转变经济发展方式的攻坚时期举行的,是全市各级党组织、全体共产党员和广大人民群众政治生活中的一件大事。成功召开市第十二次党代会,决定着沈阳能否以更加坚强的组织保证,开启推动科学发展的新征程;能否以更加完善的工作举措,夺取全面振兴的新胜利。要充分认识市第十二次党代会召开的重大意义,紧紧抓住国家振兴东北地区等老工业基地战略深入实施、沈阳经济区改革发展上升为国家战略、第十二届全运会主会场设在沈阳的难得历史机遇,切实增强使命感和责任感,把这次党代会开成一次统一思想、凝聚力量的大会,开成一次鼓舞士气、开拓进取的大会,开成一次求真务实、推动发展的大会,开成一次继往开来、与时俱进的大会。

全会要求,精心做好当前各项工作,确保党代会圆满成功。要强化政治意识,站在讲政治、讲大局、讲党性的高度,认真做好会议的筹备工作,把大会组织好。要强化纪律意识,严肃纪律,严格贯彻中纪委、中组部提出的“五个严禁,十七个不准,五个一律”的要求,营造风清气正的换届环境。要强化稳定意识,坚持以人为本、服务为先的理念,认真做好群众工作,维护社会和谐稳定,为党代会圆满成功创造祥和的社会环境。要强化宣传意识,进一步营造政通人和、团结奋进的大好局面,为党代会圆满成功营造浓厚氛围。要强化发展意识,紧紧围绕“三抓三促”加快推进各项重点工作,为确保完成“十二五”开局之年各项任务奠定坚实基础。

全会号召,全市各级党组织和全体共产党员要高举中国特色社会主义伟大旗帜,以邓小平理论和“三个代表”重要思想为指导,深入贯彻落实科学发展观,扎实工作,开拓进取,确保市第十二次党代会圆满成功,为推动沈阳老工业基地在科学发展道路上实现全面振兴而努力奋斗。

(吴　洋)

【市委十二次党代会】　2011年7月5日,全市瞩目的中国共产党沈阳市第十二次代表大会,在辽宁人民会堂隆重开幕。来自全市各条战线的代表,肩负着全市各级党组织和58万名共产党员的重托,精神饱满地步入会场,他们将在这次盛会上,谋划和制定沈阳未来五年发展的大政方针和宏伟蓝图。

开幕大会会场气氛隆重热烈,镰刀斧头组成的党徽悬挂于主席台正中,与两侧鲜艳的红旗交相辉映,显得格外庄严雄伟。主席台正上方悬挂着“中国共产党沈阳市第十二次代表大会”的巨幅会标。主席台前鲜花盛开、绿叶簇拥,尽显勃勃生机。会场二楼的眺台上悬挂着“高举伟大旗帜,推进改革创新,在科学发展道路上实现沈阳老工业基地全面振兴”的巨型横幅。

大会的执行主席是:(按姓氏笔画为序)马占春、王凤波、王翔坤、卞富学、邢凯、邢鹏、任殿喜、刘雅琴(女)、祁鸣(女)、孙家学、苏永强、苏宏章、李柯(女)、李宝权、李继安、吴汉圣、初立生(女)、张秀华(女)、张荣茂、陈海波、赵长义、姜宏、顾春明、徐兴华、徐学东、黄凯、常明、曾维、鞠秀礼。

应邀参加大会的非中共现职副市级领导和各民主党派、工商联负责人及无党派人士代表在主席台就座。特邀列席大会的副市级离退休党内老同志在会场前排就座。省委督导组同志参加了大会。

上午9时,大会在雄壮的《国歌》声中开幕。陈海波主持开幕式。这次代表大会的主要议程是:听取和审查中共沈阳市第十一届委员会的工作报告和市纪律检查委员会的工作报告;选举中共沈阳市第十二届委员会和市纪律检查委员会;选举沈阳市出席中国共产党辽宁省第十一次代表大会的代表。

在热烈的掌声中,曾维同志代表中共沈阳市第十一届委员会,向大会作了题为《高举伟大旗帜,推进改革创新,在科学发展道路上实现沈阳老工业基地全面振兴》的报告。报告共分四个部分:一、过去五年的工作;二、用科学发展观统领未来五年发展;三、实现老工业基地全面振兴的主要任务;四、全面提高新形势下党的建设科学化水平。

徐兴华代表中共沈阳市纪律检查委员会,向大会作了题为《深入推进党风廉政建设和反腐败斗争,为实现沈阳老工业基地全面振兴提供坚强有力的保证》的报告。

曾维在报告中对过去五年的工作进行了回顾。他指出,市第十一次党代会以来,在党中央和省委的正确领导下,全市各级党组织团结带领广大党员、干部和群众,坚持以邓小平理论和“三个代表”重要思想为指导,深入贯彻落实科学发展观,紧紧围绕完成“五大任务”、实现“三大目标”,抢抓机遇、开拓进取,攻坚克难、真抓实干,圆满完成了各项任务,谱写了推动科学发展、加快全面振兴的壮丽篇章。沈阳振兴发展已经取得了重大成果,步入了科学发展的轨道,正在向老工业基地全面振兴的目标阔步前进。报告在充分肯定成绩的同时,实事求是地指出了经济和社会发展中存在的矛盾和问题。

曾维指出,未来五年,我们仍处于大有可为的重要战略机遇期。面对新形势新变化,沈阳要赢得主动、发挥优势、开创未来,必须坚持以科学发展观为统领,把科学发展观与沈阳实际紧密结合起来,形成具有时代特征、沈阳特色的发展思路和工作举措。做优发展空间、做大中心城市、做强县域经济、加强生态建设、着力改善民生这“五大任务”,建设国家中心城市、先进装备制造业基地、生态宜居之都这“三大目标”,充分体现了科学发展观的本质要求,是科学发展观在沈阳的具体体现和生动实践,我们必须毫不动摇、一以贯之地坚持下去,推动老工业基地全面振兴伟业乘风破浪、一往无前。

曾维最后号召,全市各级党组织和全体共产党员要更加紧密地团结在以胡锦涛同志为总书记的党中央周围,高举中国特色社会主义伟大旗帜,以邓小平理论、“三个代表”重要思想和科学发展观为指导,在省委的坚强领导下,团结带领全市广大党员、干部和群众,锐意进取,奋发图强,为深入推进“五大任务”、加快实现“三大目标”、推动沈阳老工业基地在科学发展道路上实现全面振兴而努力奋斗。

(吴　洋)

【市委十二届一次全会】 中共沈阳市第十二届委员会第一次全体会议于2011年7月8日下午在沈阳宾馆举行。新当选的中共沈阳市第十二届委员会全体委员和候补委员出席了会议,市纪律检查委员会全体委员列席了会议。省委督导组同志参加了会议。曾维同志主持会议。

按照本次会议通过的选举办法,全会选举产生了中共沈阳市第十二届委员会常务委员会。十二届市委常委依次为:曾维、陈海波、苏宏章、顾春明、姜宏、邢凯、李继安、常明、马占春、鞠秀礼、徐兴华、徐学东、王凤波。全会选举曾维为市委书记,陈海波、苏宏章为副书记。当选举结果公布时,会场响起长时间热烈的掌声,充分反映出市委委员对新一届市委领导班子的高度信任和殷切期望。

全会通过了市纪委一次全会的选举结果:徐兴华为市纪委书记,史文昌、李林畔、孟凡伟为副书记。

新当选的市委书记曾维在会议结束前作了讲话。他首先代表新一届市委领导班子对全体市委委员的充分信任表示衷心的感谢。曾维说,新一届市委肩负着完成"五大任务"、实现"三大目标"、建设"五个沈阳"的责任和使命,承载着全市各级党组织、广大党员和810万人民的希望和重托,深感使命光荣、任务艰巨、责任重大。我们一定倍加珍惜时代提供的机遇和舞台,倍加珍惜加快发展的良好基础和大好形势,不负重托,不辱使命,团结带领全市广大党员、干部和群众,拼搏进取,扎实工作,坚决完成市第十二次党代会确定的各项任务,向党和人民交上一份满意的答卷。 *(鉴 闻)*

中国共产党沈阳市第十二届委员会委员名单

(共73名,以姓氏笔画为序)

于 波	于沈光	马占春	王 健(沈河)	王 健(大东)	王 镇
王一兵	王开军	王凤波	王学东	王洪涛	王翔坤(回族)
卞富学	邓福林	田东泉	史文昌	冯守权	邢凯
邢鹏	刘雅琴(女)	刘慧鸣	刘澜波	闫 石	关志鸥(满族)
安俊辉	祁 鸣(女)	许文有	苏文捷	苏宏章	李 丰
李宏德	李松林	李宝权	李晓航	李继安	李鹏宇
杨 树	杨亚洲	连茂君	肖 坤(女,满族)	吴汉圣	何淑华(女,满族)
佟晶石	汪涛	沙波涛	宋锡坤(满族)	初立华(女)	张世斌
张东阳	张景辉	张德昌	陈勇	陈佳标	陈海波
林 强	庞洪波	赵长义	赵世宏	赵晓川	姜宏
聂洪升	顾春明	徐兴华	徐学东	高 航	黄 凯
常 明(蒙古族)	阎秉哲	董文秋(女)	曾 波	曾 维	戴贺臣
鞠秀礼					

【市委十二届二次全会暨经济工作会议】 中共沈阳市委十二届二次全会暨经济工作会议于2011年12月19日举行。会议由市委常委会主持。省委常委、市委书记曾维代表市委常委会作了题为《坚持科学发展,加快振兴步伐,以优异成绩迎接党的十八大胜利召开》的工作报告,市委副书记、市长陈海波就明年全市经济工作作出部署。会议审议通过了市委常委会工作报告、《中共沈阳市委、沈阳市人民政府关于贯彻落实〈中共中央关于深化文化体制改革推动社会主义文化大发展大繁荣若干重大问题的决定〉的实施意见》和《关于市委候补委员朱文蔚同志递补为市委委员的决定》。会议期间,曾维代表市委常委会作了《中共沈阳市委2011年度干部选拔任用工作专题报告》,对2011年度干部选拔任用工作和选拔任用的市管正职干部进行了无记名书面民主评议。

会议认为,年初以来,在省委的正确领导下,市委团结带领全市广大党员、干部和群众,深入贯彻落实科学发展观,按照市委十一届十次全会和市第十二次党代会的部署,扎实推进"抓项目促调整、抓环境促提升、抓民生促和谐"三项重点工作,圆满完成了年初确定的各项目标和任务。预计全市地区生产总值实现5950亿元,比上年增长12.6%;地方财政一般预算收入完成620亿元,增长33.2%,赢得了"十二五"高起点开局,谱写了沈阳老工业基地在科学发展道路上加快全面振兴的新篇章。

会议提出,2012年工作总的要求是:全面贯彻党的十七届六中全会、中央经济工作会议和省、市党代会精神,坚持以邓小平理论、"三个代表"重要思想和科学发展观为指导,以科学发展为主题,以加快转变经济发展方式为主线,围绕完成"五大任务"、实现"三大目标"、建设"五个沈阳",突出做好"深化改革、推进创新、提升文明、改善民生"四项重点工作,继续保持经济社会又好又快发展的良好势头,以优异成绩迎接党的十八大胜利召开。

会议强调,深化改革,就是要紧紧抓住新型工业化综合配套改革上升为国家战略的重大机遇,统筹推进重点区域和关键环节的各项改革,着力抓好"两化融合"改革、金融领域改革、统筹城乡发展综合配套改革、文化体制改革和行政管理体制改革,切实把改革贯穿在项目引进、产业发展、空间建设和结构调整的全过程,加快构建有利于科学发展的新体制新机制,推动经济社会又好又快发展。推进创新,就是要加强和创新社会管理,坚持以人为本、创新为要、服务至上、打牢基础、形成合力的工作原则,在全面优质提供社会公共服务的基础上,创新群众工作、组织管理、平安建设和监管方式,认真解决影响社会和谐稳定的突出问题,维护人民群众权益,促进社会公平正义,保持社会良好秩序,有效应对社会风险,为沈阳振兴发展营造良好的社会环境。提升文明，就是要以承办第十二届全运会为契机，着力改善生态环境、完善城市基础设施、深化文明创建，切实加强生态文明建设，全面提升市民文明素质和城市文明程度，不断增强沈阳科学发展的承载力、竞争力和吸引力，充分展示生态良好、功能完备、文明向上的崭新形象。改善民生，就是要始终坚持“以人为本、执政为民”理念，深入实施以“办实事”为重点的民生工程，实施积极就业政策，完善社会保障体系，加快发展各项社会事业，下大力量解决好群众最关心、最直接、最现实的利益问题，真正让振兴发展成果更多地惠及沈城人民。

会议强调，做好2012年全市经济工作，要坚持稳中求进，稳中求快，切实抓好经济运行的协调组织调度，着力解决影响供需平衡的矛盾和问题，为推动经济发展营造良好环境，提供优质服务。要加大固定资产投资力度，突出抢前抓早，切实做好项目启动前的一切准备工作，确保及时全线开复工，按计划工期推进项目实施。要进一步加大“三农”工作力度，深入实施新一轮县域经济三年倍增计划，加快推进农业产业化、县域工业化和农村城镇化，努力实现农业发展、农民增收和农村和谐。要全力推进工业经济发展，实施好工业“五项工程”，加快“两化”融合步伐，大力改造提升传统产业，努力构建新型工业体系。要积极促进服务业加快发展，继续抓好产业集聚、业态提升和品牌塑造等重点工作，加大新兴业态的培育力度。要全面提升城市建设管理水平，加快完善城市基础设施，切实搞好“十二运”比赛场馆和配套设施建设，加强城市管理综合整治，扎实推进国家生态市创建工作。

会议要求，各地区各部门各单位要把贯彻落实好全会精神作为当前一项重要任务，迅速传达学习会议文件，深刻领会和准确把握会议精神实质，切实把全市上下的思想和行动统一到市委对明年工作的总体要求和决策部署上来。当前，要突出抓好三项工作：一是要“开好会”，集中精力开好人大、政协“两会”以及各地区党委全会和经济工作会议，以此进一步统一思想、振奋精神、形成合力。二是要“过好节”，抓好“两节”期间的廉政建设，安排好“两节”期间群众生活，全力做好安全生产工作，切实维护社会稳定，让全市人民过上欢乐祥和的新春佳节。三是要“起好步”，在确保2011年各项目标任务圆满收官的基础上，全力做好2012年开局起步的各项准备工作，重点抓好项目储备、引进和建设，做好土地、资金等生产要素的准备，为实现明年一季度开门红奠定坚实基础。

会议号召，全市各级党组织要更加紧密地团结在以胡锦涛同志为总书记的党中央周围，在省委的正确领导下，团结带领全市广大党员、干部和群众，同心同德，开拓进取，扎实工作，全面完成明年各项任务，以科学发展的新成绩迎接党的十八大胜利召开！

（吴 洋）

·市委常委会议·

【十一届委员会常务委员会第162次会议】 2011年1月18日，省委常委、市委书记曾维主持召开中共沈阳市十一届委员会常务委员会第162次会议，传达全国和全省组织、宣传、统战、政法和对台工作会议精神，听取市直机关工委工作汇报，研究市委工作会议筹备方案；传达中央、省纪委全会精神，研究沈阳市贯彻意见；传达省委常委议军会议和省军区全委扩大会议精神，听取沈阳警备区和预备役高炮一师工作情况汇报。市委常委、组织部长姜宏，市委常委、政法委书记常明，市委常委、宣传部长王凤波，市政协副主席、市委统战部长聂洪升，市委常委、秘书长马占春，市纪委常务副书记鞠保平，市委常委、沈阳警备区政委徐学东，沈阳警备区副司令员杨杰，辽宁预备役高炮一师政委孙汉友先后作了传达和汇报。

（吴 洋）

【十一届委员会常务委员会第163次会议】 2011年1月23日，省委常委、市委书记曾维主持召开中共沈阳市十一届委员会常务委员会第163次会议，听取关于市第十二次党代会筹备工作方案的汇报；研究干部调整任免问题。市委组织部常务副部长安俊辉作了汇报。

（吴 洋）

【十一届委员会常务委员会第165次会议】 2011年2月27日，省委常委、市委书记曾维主持召开中共沈阳市十一届委员会常务委员会第165次会议，审议关于《沈阳市国家新型工业化综合配套改革试验方案》（送审稿）；传达全国和省教育工作会议精神，研究沈阳市贯彻意见；听取关于召开沈阳市农村工作会议有关情况的汇报；听取关于2011年城建计划预安排情况的汇报；听取关于在全市开展向崔嘉林同志学习宣传活动的情况汇报；研究干部调整任免问题。市发改委主任彭林，市教育局局长苏文捷，副市长王翔坤，市委常委、副市长邢凯，市纪委常务副书记鞠保平，市委组织部常务副部长安俊辉先后作了传达和汇报。

（吴 洋）

【十一届委员会常务委员会第167次会议】 2011年3月16日，省委常委、市委书记曾维主持召开中共沈阳市十一届委员会常务委员会第167次会议，传达十一届全国人大四次会议和全国政协十一届四次会议精神，研究沈阳市贯彻意见；听取关于全国两会期间全市信访稳定工作情况及下一步工作打算的汇报；听取关于在全市开展向高光顺、徐占海、石俊英和贾明哲同志学习活动的情况汇报。市人大常委会主任赵长义，市政协主席刘雅琴，市委常委、政法委书记常明，市委宣传部副部长马丽先后作了传达和汇报。

（吴 洋）

【十一届委员会常务委员会第168次会议】 2011年3月26日，省委常委、市委书记曾维主持召开中共沈阳市十一届委员会常务委员会第168次会议，听取关于《沈阳市城市总体规划（2011—2020年）》编制情况的汇报；听取关于《沈阳市综合交通规划》编制情况的汇报；听取关于2011年沈阳市保障性住房建设工作情况的汇报；研究干部调整任免问题。市委常委、副市长邢凯，市规划局副局长严文复，市委组织部常务副部长安俊辉先后作了汇报。

（吴 洋）

【十一届委员会常务委员会第169次会议】 2011年4月7日，省委常委、市委书记曾维主持召开中共沈阳市十一届委员会常务委员会第169次会议，听取关于组建沈阳国家大学科技城管委会和大学科技城规划建设情况汇报;传达中组部关于严肃换届纪律、提高选人用人公信度和加强组织工作满意度民意调查工作有关会议精神,研究沈阳市贯彻意见;研究干部调整任免问题。市委组织部副部长、市编委办主任、市人社局局长冯连旗,副市长杨亚洲,市委组织部常务副部长安俊辉先后作了传达和汇报。

(吴 洋)

【十一届委员会常务委员会第170次会议】 2011年4月18日,省委常委、市委书记曾维主持召开中共沈阳市十一届委员会常务委员会第170次会议,听取关于一季度经济运行情况,推动三项重点工作,确保上半年时间过半完成任务过半的情况汇报;听取关于在全市开展向田志永同志学习活动的情况汇报;审议关于拟报中央表彰的"一先两优"推荐名单;研究干部调整任免问题。市委常委、常务副市长顾春明,各区县(市)、开发区负责同志,市总工会副主席王义清,市委组织部常务副部长安俊辉分别作了汇报。

(吴 洋)

【十一届委员会常务委员会第171次会议】 2011年5月23日,省委常委、市委书记曾维主持召开中共沈阳市十一届委员会常务委员会第171次会议,听取关于县域经济发展推进组工作情况汇报,关于装备制造业发展推进组工作情况汇报,关于现代服务业发展推进组工作情况汇报,关于十二运沈阳赛区筹备工作情况汇报,关于环境建设推进组工作情况汇报;研究干部调整任免问题。副市长王翔坤、吴汉圣、祁鸣,市政府副秘书长程晓龙,市政府副秘书长、市行政执法局局长董文秋,市纪委副书记、市监察局局长史文昌,市委组织部常务副部长安俊辉分别作了汇报。

(吴 洋)

【十一届委员会常务委员会第172次会议】 2011年6月2日,省委常委、市委书记曾维主持召开中共沈阳市十一届委员会常务委员会第172次会议,传达全省市级党委换届工作会议精神,研究沈阳市贯彻意见;听取关于当前社会稳定情况的汇报;听取关于严厉打击危害食品安全犯罪行为的情况汇报。市委常委、组织部部长姜宏,市委常委、政法委书记常明,副市长、市公安局局长许文有分别作了传达和汇报。

(吴 洋)

【十一届委员会常务委员会第173次会议】 2011年6月12日,省委常委、市委书记曾维主持召开中共沈阳市十一届委员会常务委员会第173次会议,审议关于推荐十二届市委委员、候补委员和市纪委委员人选的原则意见;听取关于市委换届考察工作有关情况的汇报。

(吴 洋)

【十一届委员会常务委员会第174次(扩大)会议】 2011年6月13日,省委常委、市委书记曾维主持召开中共沈阳市十一届委员会常务委员会第174次(扩大)会议,与省委考察组、巡视组见面。省委考察组组长、省委组织部副部长陈学华,省委第一巡视组组长、正厅级巡视专员王东昌分别传达中央、省委有关精神,通报市委换届工作的有关政策和考察工作的主要任务及方法步骤,并对做好市委换届考察工作提出明确要求。

(吴 洋)

【十一届委员会常务委员会第178次会议】 2011年6月24日,省委常委、市委书记曾维主持召开中共沈阳市十一届委员会常务委员会第178次会议。听取关于市第十二次党代会筹备工作情况的汇报,讨论关于十一届市委拟在市第十二次党代会上的报告(讨论稿)、市纪委拟在市第十二次党代会上的工作报告(讨论稿);听取关于市委十一届十二次全会、市第十二次党代会和市委、市纪委十二届一次全会会议安排的汇报;听取关于市第十二次党代会有关组织人事安排情况的汇报;听取关于对拟推荐市委表彰"一先两优"有关情况的汇报;听取关于启动新农保和企业老工伤纳入统筹管理有关情况的汇报。市委常委、秘书长马占春,市纪委常务副书记史文昌,市委组织部常务副部长安俊辉,市人社局局长冯连旗先后做了汇报。

(吴 洋)

【十二届委员会常务委员会第2次会议】 2011年7月12日,省委常委、市委书记曾维主持召开中共沈阳市十二届委员会常务委员会第2次会议。听取关于上半年全市经济运行情况及下半年重点工作安排的汇报,传达中国科协第八次全国代表大会会议精神,研究沈阳市贯彻意见。

(吴 洋)

【十二届委员会常务委员会第3次会议】 2011年8月31日,省委常委、市委书记曾维主持召开中共沈阳市十二届委员会常务委员会第3次会议。研究加强和创新社会管理,有效化解社会矛盾,确保社会和谐稳定问题。市委常委、政法委书记常明,市委常委、组织部长姜宏,市委常委、总工会主席鞠秀礼,市委常委、宣传部长王凤波先后作了汇报和发言。

(吴 洋)

【十二届委员会常务委员会第5次会议】 2011年9月22日,省委常委、市委书记曾维主持召开中共沈阳市十二届委员会常务委员会第5次会议。研究干部调整任免问题;传达全国和省构建和谐劳动关系有关会议精神,研究沈阳市贯彻意见;审议《关于加强新时期和谐劳动关系建设的意见》;传达省市人大常委会主任座谈会精神,研究沈阳市贯彻意见;听取关于召开全市推进党的基层组织党务公开座谈会的汇报。市委组织部常务副部长安俊辉,市委常委、市总工会主席鞠秀礼,副市长祁鸣,市人大常委会秘书长张宁,市纪委副书记李林畔先后做了传达和汇报。

(吴 洋)

【十二届委员会常务委员会第6次会议】 2011年10月17日,省委常委、市委书记曾维主持召开中共沈阳市十二届委员会常务委员会第6次会议。传达贯彻省第十一次党代会精神,听取关于前三季度全市经济运行情况及第四季度重点工作安排情况的汇报;听取关于落实中办发[2010]24号文件要求,加强沈阳市互联网信息工作的情况汇报;听取关于进一步规范全市人才奖励工作的情况汇报;研究有关案件处理问题。省委常委、市委书记曾维,市委常委、常务副市长顾春明,市委宣传部副部长梁利人,市人才办主任都向辉,市纪委常务副书记史文昌先后做了传达和汇报。

(吴 洋)

【十二届委员会常务委员会第7次会议】 2011年10月25日，省委常委、市委书记曾维主持召开中共沈阳市十二届委员会常务委员会第7次会议。听取关于沈阳市调查研究工作会议筹备情况的汇报。

（吴 洋）

【十二届委员会常务委员会第8次会议】 2011年11月3日，省委常委、市委书记曾维主持召开中共沈阳市十二届委员会常务委员会第8次会议。听取关于各民主党派2011年换届工作的情况汇报；审议《关于调整部分市管企业干部管理权限的意见》；研究干部调整任免问题。市委统战部常务副部长王晓明、市委组织部常务副部长安俊辉先后做了汇报。

（吴 洋）

【十二届委员会常务委员会第11次会议】 2011年11月18日，省委常委、市委书记曾维主持召开中共沈阳市十二届委员会常务委员会第11次会议。审议关于召开市十四届人大第五次会议和市政协第十三届委员会第五次会议的请示；研究干部调整任免问题。市人大常委会秘书长张宁、市政协办公厅主任鞠保平、市委组织部常务副部长安俊辉先后作了汇报。

（吴 洋）

【十二届委员会常务委员会第15次会议】 2011年12月15日，省委常委、市委书记曾维主持召开中共沈阳市十二届委员会常务委员会第15次会议。学习贯彻中央经济工作会议精神，听取关于市委十二届二次全会暨经济工作会议筹备情况的汇报；审议《关于加强和创新社会管理的实施意见》；学习贯彻全国领导干部接待群众来访工作经验交流现场会精神；听取关于全面启动开展"六五"普法工作的情况汇报；审议《关于贯彻落实国务院<政府参事工作条例>的实施意见》；审议《沈阳市十四届人大五次会议组织机构建议名单》；研究干部调整任免问题。市委副书记邢凯，市委常委、市委政法委书记常明，市委常委、市委秘书长马占春，市政府秘书长阎秉哲，市委组织部常务副部长安俊辉作了传达和汇报。 （吴 洋）

【十二届委员会常务委员会第16次会议】 2011年12月26日，省委常委、市委书记曾维主持召开中共沈阳市十二届委员会常务委员会第16次会议。听取关于召开2012年市"两会"筹备情况的汇报；研究干部调整任免问题。市人大常委会秘书长张宁，市政府秘书长阎秉哲，市政协办公厅主任徐大地，市委常委、组织部长姜宏先后作了汇报。

（吴 洋）

·重要会议·

【市委工作会议】 2011年1月26日，沈阳市召开市委工作会议，认真学习贯彻中央、省委有关会议精神，总结部署全市党委部门工作。省委常委、市委书记曾维出席会议并作重要讲话。他强调，要按照市委十一届十次全会的要求，坚持紧密围绕全市中心工作，有力有效服务振兴大局，为沈阳继续保持又好又快发展、实现"十二五"高起点开局提供坚强保证。市委副书记苏宏章主持会议，市领导姜宏、常明、马占春、王凤波、聂洪升作工作总结部署，市领导卞富学、李丰、张东阳、张景辉、张世斌、王淮延参加会议。

在充分肯定过去一年全市各级党委部门为沈阳振兴发展作出的贡献后，曾维指出，2011年是实施"十二五"规划的开局之年，必须突出做好"抓项目促调整、抓环境促提升、抓民生促和谐"三项重点工作，大力加强党的建设，推动经济社会又好又快发展。全市各级党委部门一定要着眼振兴所期、发展所需、群众所盼，全力施展新作为，积极作出新贡献，在助推沈阳科学发展、创新发展、和谐发展的实践中当先锋、打头阵、作表率。

曾维强调，要切实强化三种意识，以更高的标准谋划推进工作。一要强化大局意识，切实把思想和行动统一到完成"五大任务"、实现"三大目标"的要求部署上来，统一到做好"三抓三促"工作的具体安排上来，特别是注重把上级精神与自身实际有机结合起来，善于找到服务大局的突破口和新抓手，确保各项工作更加富有新气象。二要强化宗旨意识，始终坚持群众路线，牢固树立群众观点，把"为人民服务、让人民满意"作为工作的最高追求，多从群众的角度思考问题，多办群众欢迎受益的事情，切实把广大群众紧紧团结到党的周围、凝聚到加快全面振兴的实践中来。三要强化勤政意识，始终保持强烈的事业心和责任感，满腔热情、满怀激情地推进各项工作，更加主动地想事、谋事，更加积极地干事、成事，不断增强工作的前瞻性、操作性、实效性。

曾维强调，要突出四个重点，以扎实的举措把各项工作落到实处。一要以抓好党委换届为契机，着力引导各级领导班子在强化科学发展理念、提高驾驭全局本领、保持求真务实作风上下功夫，进一步把领导班子建设提高到一个新水平。二要以加强舆论宣传为动力，紧密结合筹备第十二届全运会开展系列精神文明创建活动，抓住关键时点精心组织各类主题宣传活动，做好形势任务教育，抓好典型引路，全面激发干部群众的昂扬斗志。三要以社会管理创新为重点，着力在解决群众关心的公共安全问题上推出一批工作成果和制度成果，积极探索新时期群众工作的新体制新机制新制度，促进社会大局和谐稳定。四要以加快全面振兴为己任，充分发挥统一战线独特优势，积极推动多党合作事业向前发展，切实做好新形势下宗教工作，不断扩大对台交流合作，大力加强机关党的建设，最大程度地把各种积极因素凝聚到振兴大业周围。

曾维强调，要抓好五大建设，以全新的面貌树立党委部门的良好形象。一要加强思想建设，深入开展学习型党组织建设，继续抓好对科学发展观的学习，努力在认识理解科学发展观内涵上达到新境界，在贯彻落实市委决策部署上形成新自觉。二要加强政治建设，更加牢固树立"一盘棋"思想，坚决确保中央和省、市委政令畅通，坚持局部服从全局，努力形成和衷共济、团结奋进的生动政治局面。三要加强队伍建设，结合开展创先争优活动，积极探索行之有效的工作载体、制度措施、激励机制，切实带出一支勤廉兼优的干部队伍。四要加强能力建设，引导广大干部不断丰富知识储备、优化知识结构，积极探索扩大岗位交流等有效途径，努力培养造就适应发展所需、具备一专多能的复合型人才。五要加强作风建设，紧密围绕"城市更美好，服务创一流"的环境建设主题，选准工作突破口，迅速取得新成效，进一步形成重服务、讲效率、比贡献的浓厚氛围。

（吴 洋）

【抓环境促提升动员大会】 2011年2月10日，沈阳市召开抓环境促提升动员大会。省委常委、市委书记曾维作重要讲话。他强调，要认真贯彻落实市委十一届十次全会精神，牢牢把握承办第十二届全运会的重大机遇，围绕"城市更美好，服务创一流"的主题，全市总动员，全民齐动手，全面打响新一轮环境建设攻坚战，使沈阳的整体环境跃上一个新台阶，为奋战"十二五"、实现新跨越提供坚强的环境支撑。市委副书记苏宏章主持会议，市领导顾春明、邢凯、许文有分别就软环境建设、硬环境建设和"打假"工作进行具体部署，市领导徐学东、李松林、张东阳、张景辉参加会议。

沈阳市新一轮环境建设的总体目标要求是，紧扣"城市更美好，服务创一流"的主题，把2011年作为整体推进年、2012年作为决战攻坚年、2013年作为巩固提升年，着力加强软环境和硬环境建设，努力实现"四个显著"的目标，即市容市貌显著改观、管理水平显著提高、服务效能显著增强、市民素质显著提升，使沈阳以崭新风貌迎接第十二届全运会。

曾维在讲话中指出，抓好新一轮环境建设，事关沈阳振兴全局，事关城市未来发展，事关人民群众福祉。在"十二五"开局起步的重要时刻，市委、市政府把"抓环境促提升"作为重点工作加以推进，是在分析市情、研判形势、把握机遇的基础上，立足当前、着眼长远作出的重大决策。全市上下务必强化共识，切实把思想和行动统一到市委、市政府的决策部署上来，紧密围绕"城市更美好，服务创一流"的主题，以强烈的责任感和使命感积极投身"抓环境促提升"的具体实践，努力打好打赢新一轮环境建设攻坚战，力争通过三年努力，使沈阳市的环境发生一个大的变化，切实用良好的环境，促进沈阳多年积累的优势全面放大，各种发展潜能充分释放，步入加快全面振兴的崭新阶段。

曾维强调，新一轮环境建设时间跨度长、涉及领域广，必须抓住关键，创新举措，全力推进。要着力实施硬环境提升工程，在大力整治市容市貌顽症的同时，坚持标本兼治，加快构建具有沈阳特色的城市管理新体制新机制，推动环境建设步入良性发展轨道。要着力实施软环境提升工程，充分发挥各级党政机关的表率作用，全面擦亮与群众日常生活和企业生产经营接触较多的服务"窗口"，让审批畅通快捷、执法公正廉明、办事诚实守信、服务文明热情，成为沈阳最鲜明的城市符号。要着力实施市民素质提升工程，扎实开展形式多样、丰富多彩的精神文明创建活动，精心设计群众喜闻乐见的特色载体，使广大市民在积极参与中进一步强化道德观念、公民意识，让"做文明沈阳人、树文明新形象"成为广大群众的内在追求，让"从身边做起、从点滴做起"成为全市上下的自觉行动。

曾维强调，要全力开好局，奋力起好步，确保新一轮环境建设首战告捷。要强化责任链，坚持"一把手"负总责，各地区、各部门、各单位当好主力军，真正形成一级抓好一级、层层压实责任的工作格局，做到每项工作、每个细节都有人抓、有人管。要选准突破口，紧密联系实际，广泛收集意见建议，切实明确加强环境建设的主攻方向，不断增强工作的针对性和实效性。对工作完成情况，有关部门要加强督促检查，为考核领导班子、领导干部提供重要依据。要下好一盘棋，做到既各负其责、又密切配合，确保各项工作高效率、快节奏推进。要加强舆论引导，充分利用各种媒体宣传环境建设的阶段成果、经验做法、先进典型，并注重加大反面曝光力度，在全市上下营造"人人支持环境建设，人人参与环境建设"的浓厚氛围。

市环境建设推进组成员，市直各部门、市级群团组织主要领导，各区县（市）和开发区主要领导及有关部门负责同志，市属企业、部分民营企业负责人，各乡镇、街道党政主要领导，驻沈有关单位负责人以及环境建设专业队伍代表参加会议。

（吴 洋）

【庆祝中国共产党成立90周年并表彰"一先两优"】 2011年6月29日，沈阳市庆祝中国共产党成立90周年暨"一先两优"表彰大会在辽宁人民会堂隆重召开。省委常委、市委书记曾维出席会议并作重要讲话，他强调，要大力弘扬党的光荣传统，认真学习"一先两优"典型的可贵精神，以更加饱满的热情迎接市第十二次党代会胜利召开，以更加旺盛的斗志推动沈阳在科学发展道路上实现全面振兴。市长陈海波主持会议，市人大常委会主任赵长义、市政协主席刘雅琴，市老领导张荣茂、崔文信、赵金城出席会议。

辽宁人民会堂外彩球飞舞，会场内鲜花锦簇，主席台正前方悬挂着中国共产党党徽，两侧映衬着鲜艳的红旗，二楼眺台上"高举中国特色社会主义伟大旗帜，全面加强党的建设，为实现沈阳老工业基地全面振兴而努力奋斗！"的围标格外醒目，整个会场的气氛庄严而隆重。上午10时，在雄壮的国歌声中，大会正式开始。会上，市委副书记苏宏章宣读了表彰先进基层党组织、优秀共产党员和优秀党务工作者的决定。伴随着热烈的掌声和欢快的乐曲，市领导为获奖单位和个人代表颁奖。沈阳机床集团有限公司党委书记张伟明、市公安局交警支队和平二大队中队长贾明哲、新民市周坨子乡党委书记徐占海先后发言，表示要认真贯彻市委的各项决策部署，立足本职岗位，勇于创先争优，为沈阳科学发展、创新发展、和谐发展作出更大贡献。

曾维在讲话中首先代表市委，向各个历史时期为沈阳发展作出重要贡献的广大党员致以崇高敬意，向受到表彰的先进集体、先进个人表示热烈祝贺。他说，中国共产党成立90年来，用根本改变中国人民前途命运、决定中国历史发展正确方向的伟大实践，铸就了彪炳千秋的巍峨丰碑。事实充分证明，中国共产党无愧为引领中华民族实现伟大复兴的坚强领导核心。回顾沈阳的振兴发展历程,每一份成绩都是在党的领导下取得的。特别是党的十七大以来,沈阳能够发生令人瞩目的变化,最核心的就在于坚持践行党的创新理论,将科学发展观作为实现沈阳全面振兴的重要指导方针;坚持把以人为本、执政为民贯穿各个方面,极大焕发了全市上下共创美好未来的工作激情;坚持抓好基层党组织建设,构筑了坚强的战斗堡垒;坚持强化党性教育,打造了一支素质过硬的干部队伍。

曾维强调,庆祝建党90周年最好的实际行动,就是开好市第十二次党代会并贯彻落实好大会精神,在继承中发展,在发展中创新,不断把各项事业推向前进。要坚持以科学发展观为统领,努力在武装头脑上达到新境界,在指导实践上取得新成效,在推动工作上开创新局面,不断把科学发展观的真理力量转化为推动沈阳又好又快发展的强大动力。要切实肩负起全面振兴的重任,立足坚实基础,抢抓难得机遇,大兴真抓实干之风,大兴开拓创新之风,大兴团结协作之风,努力创造无愧于人民、无愧于历史的优秀业绩,把一个全新的沈阳展现在人们面前。要全力以赴做好群众工作,切实做到深深扎根群众、积极造福群众、充分发动群众,最大限度地激发社会创造活力,最大限度地增加和谐因素,不断巩固和发展政通人和的大好局面。

曾维强调,推动科学发展,实现全面振兴,关键在党。要紧紧抓住党的执政能力建设和先进性建设这条主线,坚持用改革创新精神全面推进党的建设新的伟大工程,以党的建设的新成效开创经济社会发展的新局面。要大力加强思想政治建设,教育引导广大党员干部学好科学理论、增强理论素养,打牢保持政治坚定的思想基础。要着力抓好对各级领导干部特别是"一把手"的教育管理,牢牢坚持正确的选人用人导向,使各级领导班子成为善于领导科学发展的坚强集体,使各级领导干部成为推动沈阳实现全面振兴的骨干中坚。要不断提高基层党组织建设水平,进一步夯实党全部工作和战斗力的基础。要坚持党要管党、从严治党,切实加强党风廉政建设和反腐败工作,为沈阳在科学发展道路上实现全面振兴营造风清气正的良好环境。

市委、市人大常委会、市政府、市政协副市级以上领导,市法院、市检察院主要领导,各区县(市)委常委和人大常委会、政协主要领导,市直各部委办局、市级群团组织、市直企事业单位、市属大专院校和部分中央驻沈单位主要领导,受表彰的先进基层党组织负责同志和优秀共产党员、优秀党务工作者,部分基层党员干部群众代表,共计1500余人参加了大会。

(吴　洋)

【全市调查研究工作会议】 2011年11月1日,沈阳市召开调查研究工作会议。省委常委、市委书记曾维出席会议并讲话。他强调,全市各级党政组织和广大调研工作者,要大力弘扬求真务实精神,大兴调查研究之风,不断研究新情况、解决新问题,为实现沈阳老工业基地全面振兴作出新的更大的贡献。市委常委、常务副市长顾春明宣读关于表彰2009-2010年沈阳市先进调研单位和优秀调研成果的决定,市委常委、秘书长马占春主持会议。市领导连加诚、赵晓川参加会议。市委党校、市发改委、市人社局、和平区等4家单位负责人作经验交流发言。会议印发了《中共沈阳市委、沈阳市人民政府关于进一步加强和改进调查研究工作的意见》。

曾维指出,要充分认识新形势下加强调查研究工作的极端重要性。调查研究是我们党的优良传统和作风,也是我们党的基本领导方式和工作方法。加强调查研究,是贯彻落实科学发展观、实现沈阳老工业基地全面振兴的客观要求,是实现决策科学化民主化、提高执政能力和领导水平的必然选择,是密切联系群众、转变工作作风的有效途径。近年来,各级领导干部和广大调研工作者紧紧围绕全市中心工作和重大部署,抓住振兴发展中具有全局性的重点问题,深入开展调查研究,形成了一大批有价值的调研成果,为市委、市政府决策提供了重要依据,对推动全市经济社会发展作出了突出贡献。当前,沈阳的振兴发展已经进入了一个新阶段。面对新形势、新任务、新要求,我们比以往任何时候都更加需要重视和加强调查研究工作。全市各级领导干部和调研工作者要以强烈的政治责任感和历史使命感,切实加强调查研究工作,加快推进沈阳实现全面振兴。

曾维强调,要围绕全面振兴推动调查研究工作迈上新台阶。当前及今后一个时期,全市调研工作要以振兴发展为主题,突出重点,远近结合,着力搞好四个方面研究。一是围绕实现振兴的方法途径,搞好思路性研究,深入研究全面振兴的主要标志、"三大目标"的目标体系、"五大任务"的实现路径及建设"五个沈阳"的战略步骤和重点任务。二是围绕事关全局的重大问题,搞好战略性研究,积极探索加快经济结构调整、搞好国家新型工业化综合配套改革、建设国家创新型城市、促进文化大发展大繁荣、加强和创新社会管理的具体措施和办法。三是围绕群众关心的热点难点问题,搞好对策性研究,深入到矛盾最突出、群众反映最强烈的地方去,随时了解掌握群众反映的带有普遍性、倾向性、苗头性的问题,不断推出反映民意、惠及民众的务实决策。四是围绕决策措施的贯彻落实,搞好跟踪性研究,本着对沈阳发展和人民群众高度负责的精神,加强对决策执行情况的跟踪研究,掌握决策措施在基层的贯彻落实情况,注重发现和总结典型经验,充分发挥典型的示范带动作用,推动全局工作的开展。

曾维强调,当前调研工作的任务十分繁重,各级党政组织和领导干部要进一步加强对调查研究工作的领导,努力开创调研工作的新局面。领导干部要身体力行,带头搞好调查研究工作,亲自定题目、出思路、抓落实,直接参与具体的调研活动,亲自指导或撰写调研报告,确保调研工作质量。要进一步加强调研队伍建设,努力提高调研干部整体素质,在政治上、思想上、组织上和工作上关心和爱护调研干部,积极为调研干部的成长创造条件。要创新工作方式方法,全方位、宽领域、多层次地开展调研,力求用新眼光看待新问题,用新思维确定新思路,用新理念提出新对策,进一步提高调查研究的科学性和实效性。

市人大常委会、市政府、市政协有关负责同志，市委、市人大常委会、市政府、市政协研究部门的负责同志，市直各部门、各单位和各区县（市）分管调研工作的领导和调研机构负责人，以及部分市咨询委员出席会议。

（吴 洋）

【加强和创新社会管理暨信访稳定工作会议】 2011 年 12 月 30 日，沈阳市加强和创新社会管理暨信访稳定工作会议在辽宁人民会堂召开。省委常委、市委书记曾维作重要讲话，他强调，要认真贯彻落实中央、省委的决策部署，深入研究沈阳市社会管理面临的新形势、新特点、新问题，着力在创新群众工作、强化平安建设、加强流动人口和特殊人群管理、打牢基层基础上取得新突破，努力走出一条符合科学发展观要求、体现时代特征、具有沈阳特色的社会管理新路子。市长陈海波主持会议，市人大常委会主任赵长义、市政协主席刘雅琴出席会议。市委常委、政法委书记常明作《关于加强和创新社会管理意见》的说明。

曾维指出，加强和创新社会管理，是中央深刻分析全面建设小康社会的关键时期和深化改革开放、加快转变经济发展方式的攻坚时期我国经济社会发展要求，从党和国家事业发展全局出发确定的一项重大战略任务，是促进社会和谐稳定、维护群众根本利益、提高党的执政能力和巩固党的执政地位的必然要求。全市各级党政组织和领导干部一定要站在全局和战略的高度，充分认识加强和创新社会管理的极端重要性，以沈阳市被确定为全国社会管理创新综合试点城市为契机，深入研究社会管理面临的新形势、新特点、新问题，以更加有力有效的举措把各项工作抓紧抓好、抓出成效，努力走出一条符合科学发展观要求、体现时代特征、具有沈阳特色的社会管理新路子，为沈阳市继续保持又好又快发展势头创造良好的社会环境。

曾维强调，加强和创新社会管理是一项复杂的系统工程，必须按照最大限度激发社会活力、最大限度增加和谐因素、最大限度减少不和谐因素的要求，抓住重点环节予以突破。要在创新群众工作上取得新突破，坚持以群众工作统揽信访工作，不断健全群众利益协调机制、群众利益保障机制、社会矛盾调处机制、社会稳定风险评估机制，并大力加强以保障改善民生为重点的社会建设，让振兴成果越来越多地惠及广大群众。要在强化平安建设上取得新突破，努力形成立体化的社会治安防控网络，进一步加强社会治安综合整治，积极构建食品药品安全监管体系、安全生产监管体系、应急管理体系、信息网络管理体系，不断增强人民群众的安全感。要在加强流动人口和特殊人群管理上取得新突破，探索建立集管理、服务、教育、帮扶为一体的工作机制，进一步提高社会管理的能力水平。要在打牢基层基础上取得新突破，加强城乡社区建设，完善基层综合管理服务体制，注重充分发挥基层党组织和广大党员的作用，真正把工作触角延伸到社会末梢。

曾维强调，加强领导、狠抓落实，是社会管理工作取得实效的关键所在。要做到领导责任到位，坚持各级“一把手”负总责，将社会管理工作摆在更加突出的位置，亲自研究部署、亲自督促检查、亲自解决突出问题。要做到细化措施到位，按照全市统一部署，组织各地区、各部门、各单位紧密结合实际研究制定具体落实意见，并实行项目制和项目负责制，为各项工作顺利推进奠定坚实基础。要做到协调配合到位，引导各个方面牢固树立“一盘棋”思想，始终做到既各司其职、各尽其责，加强配合、协调联动，形成共同推进社会管理的强大合力。要做到资金保障到位，在不断加大财政投入基础上，积极探索有效方式，吸引更多的社会资金参与社会建设，切实让群众感受到加强和创新社会管理带来的实惠。

（吴 洋）

·组 织·

【规范纪检监察机构领导干部任免审批程序】 为加强全市纪检监察机构干部管理工作，推进干部任免审批工作制度化和规范化，2011 年 4 月，市委组织部会同市纪委、市监察局联合下发《关于印发〈沈阳市区、县（市）和市直部门纪检监察机构领导干部任免审批程序〉的通知》，就区、县（市）纪委监察局、市直部门纪委（纪工委）、纪检组和监察处（室）等领导干部的任免审批程序做出全面规定。其中，对区、县（市）纪委副书记的任免审批权限做出较大调整，规定：区、县（市）纪委副书记的调整，由同级党委提出人选，征得市纪委同意后，报市委组织部，市纪委、市委组织部共同考察，分别经市纪委常委会、市委组织部部务会审议后，由市委组织部报市委审批，市委组织部下发任免文件。干部列市委管理，职级不变。此前区、县（市）纪委副书记的任免审批权限在同级党委。

（贾 佳）

【下放三户市管企业干部管理权限】 为支持市管大型国有企业创新体制机制，着眼于建立健全适应现代企业制度要求的法人治理结构，保证国有资产安全和有效增值，结合沈阳市市管企业实际，市委研究制定了《关于调整部分市管企业干部管理权限的意见》，对沈阳机床（集团）有限责任公司、北方重工集团有限公司、沈阳鼓风机集团股份有限公司干部管理权限进行了调整。明确市委管理的职务为：董事长，党委书记。市委组织部负责对董事长、党委书记进行综合表现等方面的考核和管理。市委授权集团管理职务为：经营管理层，党委副书记，纪委书记，工会主席。经营管理层聘任、管理、解聘等事项按集团有关规定执行，报市委组织部备案；党委副书记，纪委书记，工会主席由集团党委研究报市委组织部审批。集团层面后备干部由集团党委代为选拔、管理，其后备干部队伍建设情况定期向市委组织部汇报、备案。集团班子领导职数按规定执行。如确因工作需要突破职数，需报市委批准。集团班子成员因私护照由集团党委代市委组织部管理，其管理情况每半年向市委组织部报告一次。出国出境前，集团董事长、党委书记向主管市领导请假，班子其他成员向董事长或党委书记请假。市委组织部负责审定集团关于调整权限后的干部管理工作方案和因私护照管理办法。

（贾 佳）

【探索后备干部培养锻炼及选拔工作】 一是继续探索在艰苦地区、复杂环境、关键岗位、重大事件或重大任务中培养锻炼及选拔年轻干部工作新方式、新途径。在继续做好选派优秀年轻后备干部到市信访大厅挂职锻炼工作的同时,围绕十二运筹备工作,积极配合十二运组委会抽调优秀后备干部、年轻干部到十二运筹备工作中挂职锻炼,并根据工作需要,研究出台了《关于派驻第十二届全运会沈阳赛区组委会挂职锻炼市管后备干部管理办法(试行)》,明确了选派驻赛区组委会挂职锻炼干部的资格条件、选派程序、日常管理、年度考核及其他事项,规范了干部的管理与考核使用。二是召开市直机关与县(市)乡镇"双向"互派年轻干部挂职锻炼工作座谈会。在对2009年5月-2011年5月市直机关与县(市)乡镇"双向"互派挂职锻炼的40名优秀年轻干部进行考核的基础上,召开总结大会,4名表现优秀的挂职干部作了典型发言,两个选派单位的领导作了经验交流。截至座谈会召开时已有近一半干部得到提拔或重用。三是做好"三种类别"干部培养选拔工作。按照中央和国家民委等部门的要求,在做好接收安置中组部、中央统战部、国家民委统一选派的新疆塔城和西藏安多县各1名民族干部来沈阳挂职锻炼工作的同时,关心干部工作生活,进行了走访慰问。同时,配合市妇联共同做好两个《规划》实施检查验收工作。根据省委组织部、省妇联的要求,结合工作职责,对十年来培养女干部、发展女党员工作进行了系统总结,并就存在的问题进行了认真分析,并形成了汇报材料。四是配合省委组织部做好选派省直机关干部下派部分区、县(市)挂职锻炼干部的管理与考核工作。配合相关省直机关完成对省委组织部2009年选派来沈阳沈北新区、新民市等区、县(市)挂职锻炼6名干部的日常管理、考核和鉴定等工作。3月底前,配合省委党校完成首批6名挂职锻炼教员的日常管理与考核鉴定工作。10月份,又经部领导同意,接收安置了2名省委党校教员到东陵区和市信访局相关部门的挂职安排工作。

(贾 佳)

【对市直机关和县(市)乡镇互派挂职干部工作进行总结】 2011年6月23日,市委组织部举行市直机关和县(市)乡镇互派挂职干部工作总结会。常务副部长安俊辉同志出席会议并讲话。安俊辉指出,这次互派挂职锻炼干部工作是贯彻省委选派优秀年轻干部挂职锻炼工作座谈会和省委组织部《关于选派优秀年轻干部进行挂职锻炼的实施意见》文件精神的一个重要举措,在各相关单位和挂职干部的共同努力下,取得了良好成效。他强调,要进一步做好年轻干部培养、锻炼、使用工作,着力打造一支德才素质好、业务能力强的优秀年轻干部队伍,为推动沈阳老工业基地在科学发展道路上加快全面振兴提供坚强的组织保障。为此,一要坚持注重多岗位锻炼的导向,做好在实践中锤炼年轻干部工作,要创新载体,多层次、宽领域为年轻干部提供实践锻炼机会,使他们在实践中经风雨、见世面;二要坚持注重在基层培养的导向,做好年轻干部的"育才"工作,要积极为年轻干部搭建工作平台,让他们在基层工作中唱主角、担重任,不断提高应对复杂局面和解决实际问题的能力;三要坚持注重在基层一线选人用人的导向,做好年轻干部的使用工作,要对德才优秀、业绩突出的挂职干部在编制和职数范围内及时提拔使用,要进一步扩大选人用人视野,把有基层工作经验、发展潜力好的优秀基层干部有计划地遴选到上级党政机关来,真正建立来自基层一线的党政干部培养选拔链。安俊辉希望,年轻干部要正确对待个人名利得失,不互相攀比,要把全部精力用在努力工作、做出新贡献、创造新业绩上,满怀发展激情,坚定必胜信心,为全面完成我市"十二五"规划各项任务而努力奋斗。会上,市林业局和辽中县委组织部作为挂派单位代表进行了经验介绍,杨宁、董世颖、徐晓东3名同志作为挂职干部代表交流了心得体会,市委组织部干部一处副处长焦金国同志作挂职锻炼工作总结,对市直机关和县(市)乡镇互派挂职干部工作取得的成效、经验等进行了深刻总结。市直相关单位分管干部人事工作的副局长(主任)、组织(人事)部门负责人;县(市)委组织部分管干部工作的副部长、干部科长以及挂职干部共计80余人参加会议。

(贾 佳)

【完善促进党政领导班子和领导干部考核评价机制】 根据《公务员考核规定(试行)》(中组发[2007]2号)和《关于市委管理的党政领导班子和领导干部年度综合考核评价办法(试行)》(沈委办发[2010]16号),市委组织部组织开展了2010年度市委管理的领导班子和领导干部年度考核工作。按照科学发展观和正确政绩观要求,起草印发了《关于做好市委管理的领导班子和领导干部2010年度考核工作的通知》,对市委管理的领导班子和领导干部履行岗位职责,贯彻中央和省、市委重大决策部署,完成"五大任务"、实现"三大目标"及调结构、优环境、惠民生和加强党的建设等重点工作进行全面考核并作出综合评价。继续抓好《关于在完成重大任务、应对重大事件中加强干部考察工作的意见》的贯彻实施,同时在总结往年工作经验基础上,增加了干部选拔任用工作"一报告两评议"和落实人才工作目标责任制等方面内容。在具体操作环节,通过征求上级意见的方式组织了上级评价,通过绩效评估、民主评议政风行风、维护社会稳定和社会治安综合治理责任目标考核、信访工作年度目标管理、机关党建考核、干部选拔任用工作"一报告两评议"等方式组织了专项评价。经多维考察,完成了对136个市委管理的领导班子和1404名市管干部的年度考核,形成了《关于2010年度考核有关情况的报告》并上报市委领导。根据年度考核结果,适时调整存在问题的班子,结合人大、政府、政协换届和空岗选配推进干部交流,进一步健全完善企业体制机制,加强年度考核的结果运用,有效发挥了年度考核促进科学发展的"指挥棒"作用。

(贾 佳)

【市委组织部增派援疆干部】 根据省委组织部的通知要求,依照职位需求和选派人员条件,2011年7月,市委组织部从公安系统新选派1名干部赴疆工作,援疆干部人才达到18人。

(贾 佳)

【深化干部人事制度改革】 市委组织

部开展领导干部初始提名试点工作。为认真贯彻落实中共中央《2010－2020年深化干部人事制度改革规划纲要》精神，深化干部人事制度改革和组织制度创新，结合沈阳市各区、县（市）及开发区干部队伍建设的实际情况，选择和平区、于洪区和辽中县作为首批规范初始提名权工作试点单位，开展规范干部选任初始提名程序试点工作。围绕如何规范区、县（市）管干部初始提名主体、提名方式、提名程序等内容，对干部初始提名权进行广泛调查研究和深入探索思考。试点工作共分四个阶段：一是调查研究阶段。通过调研和考察，全面了解各区、县（市）及开发区选任干部初始提名环节的现状及存在的问题，并初步提出对策。二是试行完善阶段。建立和形成的制度措施并应用于试点单位的干部选拔任用工作实践，并反复试行和验证。三是建章立制阶段。充分借鉴运用调查研究和试行完善阶段的成果，制定工作细则，健全监督措施，努力探索形成关于规范干部初始提名权的相关规章制度。四是推广应用阶段。根据试行阶段运行情况，对形成的试行办法进行进一步完善，最终形成具有科学性、实践性和可操作性的初始提名办法，同时，对一些比较成功的做法，进行及时总结和推广。在推进初始提名权试点工作过程中，坚持从实际出发，区分轻重缓急，坚持把工作的力度、推进的速度与党员、干部和社会可承受的程度统一起来。充分利用规范初始提名权试点这个平台，探索开展自上而下拉动的和自下而上推动的有机结合，辽中县的“六推三考四公开”模式、和平区的公开选拔模式在广大干部群众中获得了良好的反响，干部选任工作“一报告、两评议”测评满意度连年提高，试点工作取得一定成效。

（贯　佳）

【区、县（市）党委换届工作启动】 按照省委《关于认真做好市、县、乡三级党委换届工作的通知》（辽委发〔2010〕17号）精神，2010年12月30日，正式启动沈阳市区、县（市）党委换届工作，召开换届工作会议、下发通知，明确换届工作的指导思想、政策规定和具体要求，形成区、县（市）委换届人事安排的预装方案。抽调有关人员组建8个市委考察组，并对换届考察工作进行安排和部署，市委考察组在各区、县（市）组织开展民主推荐、民主测评、民主评议和民意调查，确定了换届考察人选，经考察形成了换届人事安排初步方案。各区、县（市）党委就换届人选向市委请示，市委共批复换届人选160人。截至3月31日，全市13个区、县（市）党委换届选举工作结束，所有市委批复候选人均以满票和高票当选，圆满完成了区、县（市）换届选举任务。

（贯　佳）

【调整部分市管企业干部管理权限】 2011年11月3日，为支持大型国有企业创新体制机制，着眼于建立健全适应现代企业制度要求的法人治理结构，保证国有资产安全和有效增值，经市委研究决定，市委组织部下发了《关于调整部分市管企业干部管理权限的意见》（沈组发〔2011〕6号），对沈阳机床（集团）有限责任公司、北方重工集团有限公司、沈阳鼓风机集团股份有限公司干部管理权限进行调整，明确了市委管理职务和市委授权集团管理的职务，对干部聘任程序、后备干部管理、班子职数、班子成员出国审批等事项做出了规定。这是继2008年6月市委调整我市国有及国有控股企业管理体制以来，在国企领导人员管理体制机制上的又一次大胆改革和实践。

（贯　佳）

【加强和改进党性教育模式】 创新实施“五大教育”、“双循环定制培训”。按照市委关于“系统开展信仰教育、忠诚教育、敬畏教育、廉耻教育和智慧教育，不断提高干部教育培训的系统性、科学性和实效性”的要求，市委组织部坚持将党性教育放在首要位置。一方面，坚持面向市管干部实施以“五大教育”为重点的主体班教学改革，构建了新的教学体系和教学模式，创建了多元化管理模式，深化了党性锻炼的内容。截至2011年底，“五大教育”改革培训市管干部858人次。另一方面，高度重视优秀中青年干部的培养和锻炼，以市委党校主体班、著名高校高级研修班为平台，推出“双循环定制培训”。其中，市委党校主体班教学增加了井冈山革命理想教育专题，突显党性教育重点。截至2011年底，市委党校循环轮训任务已培训优秀中青年干部319人次。

（贯　佳）

【召开全市“提高选人用人公信度、营造风清气正换届环境”工作会议】 2011年4月20日，全市“提高选人用人公信度、营造风清气正换届环境”工作会议召开，各区、县（市）、乡镇（街道）、市直机关和企事业单位主要负责人，部分“两代表一委员”及离退休老同志近千名干部参加。市委副书记苏宏章出席会议并讲话，对营造市委风清气正换届环境和进一步提高全市选人用人公信度进行再动员和再部署。会后，向省委组织部进行了报告。省委书记、省人大常委会主任王珉同志作出批示：“沈阳市委对提高选人用人公信度和严肃换届纪律工作抓得实、力度大，希望各地认真学习借鉴，大力营造风清气正的换届环境，进一步提高选人用人公信度。”4月21日，省委组织部下发了《关于印发沈阳市提高选人用人公信度和严肃换届纪律有关做法的通知》，要求全省各市认真传达学习王珉同志重要批示精神，借鉴沈阳市的做法，结合本地实际，采取过硬措施，加大抓实力度，确保换届工作风清气正，促进选人用人公信度大幅度提高。4月25日，曾维书记批示：“王珉书记的重要批示是对我市的鼓励与鞭策，我们要把这两方面工作做得更好”。

（贯　佳）

【组织开展创先争优活动】 紧紧围绕“完成五大任务、加快全面振兴”主题，结合沈阳实际，精心组织开展“与时俱进学雷锋，创先争优促振兴”、“办实事解民忧惠民生”主题实践活动，突出抓好窗口单位和服务行业为民服务创先争优，开展实施“一把手”工程、做到“一条龙”服务、树立“一盘棋”思想、开展“一杯茶”活动为主要内容的“四个一”活动等载体活动。开展建立“创先争优促振兴群英谱”活动，选树了党员群众身边看得见、立得住、叫得响、容易学的党组织先进典型3000余个、党员先进典型1万余人，举办了“沈阳先锋，时代楷模”市级群英谱先进人物事迹报告会30余场，使创先争优成为全市党员群众的共同追求和价值取向。沈阳市的创先争优活动,得到了中央政治局委员、中央组织部部长李源潮和省委书记王岷等领导同志的充分肯定。中央创先争优活动简报刊载沈阳市经验做法14篇,位列全国副省级城市第一名;省委创先争优活动简报刊载沈阳市经验做法27篇,位列全省第一名。

(贾　佳)

【提升非公有制企业党建工作规范化水平】 2011年,市委组织部从市管党费拨出100万元,为100户非公有制企业购买党旗、党史党建工作和企业管理等方面的图书、液晶电视和影碟机、党建电教资料片。全市已累计投入资金1333万元,新建改建党组织活动场所1328个,建立宣传专栏、党报党刊阅览区1309个,帮助1376户企业规范了党建工作制度。全市按照有党组织活动场所、有党员电教设施和学习资料、有党建工作制度、有党建宣传阵地的标准建立党建工作示范点309个。

(贾　佳)

【开展共产党员社区奉献日活动】 2011年4月9日,沈阳市开展了以"清洁沈阳我先行,美化家园优环境"为主题的第12个"共产党员社区奉献日"活动,组织29万余名社区党员和在职党员参加美化社区环境、便民利民服务活动,植树5.2万株,清理垃圾杂物1.9万吨,种植花草平整绿地16万平方米,清除小招贴20余万张。

(贾　佳)

【对社区领导干部进行加强社会管理创新培训】 2011年11月9日至11日,由市委组织部牵头,市民政局、市委党校配合,组织全市180名社区党组织书记、社区居委会主任,在市委党校、围绕"加强社会管理创新,构建区域化党建工作新格局"进行集中培训,并组织部分学员赴广州、深圳等国内街道社区建设先进地区实地参观学习考察,提高街道社区党组织带头人队伍的整体素质。

(贾　佳)

【开展庆祝建党90周年系列活动】 经过积极申报和努力,沈阳机床集团党委、徐强、徐占海分别获得全国先进基层党组织、全国优秀共产党员和全国优秀党务工作者荣誉称号;33个基层党组织、18名优秀共产党员、14名优秀党务工作者获省"一先两优"表彰,为沈阳赢得了荣誉。同时,经逐级推荐评选,全市涌现出的150个先进基层党组织、502名优秀共产党员、101名优秀党务工作者获得市委表彰。6月29日,在辽宁人民会堂召开沈阳市纪念中国共产党成立90周年暨"一先两优"表彰大会,省委常委、市委书记曾维发表重要讲话。6月27日,在奥体中心网球馆举办"党旗下的誓言"——沈阳市纪念中国共产党成立90周年大型晚会,歌颂了党的丰功伟绩,集中展示了近年来全市社会各界党员干部群众在党的领导下加快推进沈阳全面振兴取得的可喜成果,向建党90周年献礼。

(贾　佳)

【"四进四建"活动进一步深化】 为认真贯彻落实党的十七届四中全会提出的"探索建立党员在居住地发挥作用机制"的要求,2010年6月,市委在全市在职党员中启动了以"组织在职党员进社区,建立双向联动机制;进支部,建立双向管理机制;进楼院,建立双向监督机制;进责任区,建立双向服务机制"为内容的"四进四建"活动。"四进四建"活动得到了中央领导的充分肯定和主要媒体的高度关注。中组部部长李源潮同志在辽宁调研期间指出:"'四进四建'活动是党员8小时以外发挥作用的有效途径,沈阳在这方面进行有益探索,值得借鉴"。新华社《国内动态清样》、《人民日报》等媒体对活动给予了充分报道。截至2011年底,全市已有20余万名在职党员参与到"四进四建"活动中来,全市各级党组织和广大党员共为群众办好事、实事10余万件,初步构建起了单位党组织和社区党组织对在职党员的教育、管理、监督、服务的双向互动机制。为进一步深化"四进四建"活动,在充分调研的基础上,2011年11月23日,市委组织部组织召开了全市"四进四建"活动推进会议,展示了城区开展活动取得的成果,市卫生局党委等6家单位和个人做了典型发言,市委常委、组织部长姜宏出席会议并对下步工作提出明确要求,进一步推动了活动向纵深发展。

(贾　佳)

【区、县(市)党委换届选举】 2011年3月5日—3月31日,沈阳市13个区、县(市)相继召开党代表大会,进行了换届选举。本届各区、县(市)设党委委员41名、候补委员8名,常委11名,书记1名,副书记2名。在中央和省、市委的统一部署下,这次区、县(市)委集中换届,充分发扬民主、推进改革、严肃纪律,提高了基层一线代表的比例;大力推进人事制度改革,规范换届人选提名办法;严肃换届纪律,营造了风清气正的换届环境,圆满完成了各项换届任务。

(贾　佳)

【乡镇党委换届选举】 2010年12月至2011年1月,全市80个乡镇党委完成了换届任务,选举产生了新一届党委、纪委领导班子。乡镇党委委员7—9名,设书记1名,副书记2名。乡镇纪委委员3—5名,设书记1名,副书记1名。全部实行由党代表大会代表直接选举书记、副书记。辽中县是中组部的试点县,在中组部巡视员、组织二局副局长曾贤钦同志为组长的驻县工作组的指导下,以"好报告、好方案、好程序、好代表、好班子、好民主、好氛围、好风气"等八个好为目标,并在茨榆坨、养士堡两镇实行公推直选,取得了圆满成功。试点经验得到了中央政治局委员、中组部部长李源潮同志的充分肯定。

(贾　佳)

【社区党组织换届选举】 2011年4月—5月,全市904个社区党组织圆满完成了换届选举任务。这次换届主要采取"两推一选"方式,共选举产生新一届社区党务工作者3958人。期间,通过公开报名、能力测试、考核筛选、推荐竞选和大会直选5道程序,面向社会公开选拔了百名社区党组织书记。中组部《组工信息》和《中国组织人事报》对沈阳市的做法作了专题报道。

(贾　佳)

【完成各级机关(参照公务员法管理单位)考录公务员(工作人员)工作】 按照省委组织部、省人社厅的统一部署,2011年全省各级机关(参照公务员法管理单位)考录公务员(工作人员)笔试于4月24日统一进行。2011年,首次实行"省市合一",即省里不再设考点,省直考场完全设置在沈阳市。为此，沈阳市共设63个考点、1467个考场，共有43955名考生参加考试，其中，报考沈阳市公务员(工作人员)27651名，考录比例为34:1。在市委组织部和市人社局相关处室的精心组织下，全市考录公务员笔试工作顺利完成。7月8日－7月11日，2011年沈阳市考试录用公务员(工作人员)面试在沈阳市委党校进行。全市共设68个考场，1900名考生参加了面试，最终全市公务员机关和参公单位共录用考生1117名。

(贾　佳)

【实施人才工作目标责任制考核】 为落实全市人才工作目标任务，推动人才工作深入开展，2011年初，市委组织部按照中央和省、市委有关部署和要求，首次在市管领导班子年度考核中，实施了人才目标责任制考核。考核采取内部测评的方式进行，测评表共设定了"总体情况"、"领导重视"、"完善机制"、"队伍建设"、"人才引进"、"规划调研"、"基础建设"等七项内容，并针对市管单位性质和职能差异，按区、县(市)、市直单位、市管企业三种类型，确定了具体内容，使之与各单位人才工作实际紧密结合。七项内容所占权重有所不同。其中"总体评价"占40%，其余六项均占10%。每项评价内容均设"好"、"较好"、"一般"、"差"四个等次，并通过统计，计算出"好"的得票率，按区、县(市)、市人才领导小组成员单位、市直单位、市管企业四个系列，分别排队。沈阳市实施人才工作目标责任制考核，得到了中央领导的点名表扬和中央组织部、省委组织部的充分肯定。通过考核，增强了各级领导干部的人才观念和责任意识，推动了"人才强市"战略的实施，为沈阳老工业基地的全面振兴提供了强大的人才保证。

(贾　佳)

【五部党员教育电视片在中组部获奖】 2011年12月，从中组部传来喜讯，沈阳市报送的《精度传奇》、《风劲帆满势如虹》、《在希望的田野上》、《创先争优重在行动》、《战狂澜》等5部党员教育电视片在中组部组织开展的全国党员教育电视片观摩交流活动中分获特别作品、最佳作品、优秀作品、十佳剪辑作品6项殊荣。5部党员教育电视片同时入围、全部获奖，这是沈阳市参加全国党员教育电视片观摩交流活动以来取得的历史最好成绩。

(贾　佳)

【为纪念建党90周年和创先争优活动提供服务】 一是组织全市基层党组织参与省委组织部"党的知识网络竞赛活动"，加深了广大党员、干部、群众和青少年对党的历史、党的知识、党的理论和路线方针的认识。同时，下发了1000套党员教育电视教材《红色足迹》和《时代先锋》。组织参加省委组织部举办的学习贯彻胡锦涛总书记"七一"重要讲话精神网络答题活动。据省远程办统计，这项活动沈阳市注册答题和获奖人数均列全省第一。二是在服务创先争优活动中，积极组织宣传全市先进党组织和优秀共产党员。按照中组部要求，拍摄了全国优秀共产党员沈鼓集团产业工人徐强15分钟的电视专题片《精度传奇》，荣获中组部观摩交流活动特别作品奖，收录在全国优秀共产党员电视系列片《人民的好儿女》中，陆续在中央媒体和各地卫视播出。充分利用党员干部现代远程教育网络，组织发动广大党员干部认真收看杨善洲、李林森同志先进事迹报告会，全市有近20万人次学习收看，在全市迅速掀起了学习杨善洲、李林森同志先进事迹的热潮。在党建电视栏目《七月阳光》中集中展播"创先争优促振兴群英谱"先进典型，宣传了近20个先进典型，在全市营造了学先进、赶先进、当先进浓厚氛围。拍摄制作了沈阳机床集团党建工作专题片《党建新华章》。三是在服务党委换届过程中，通过"沈阳党建"网络平台积极宣传换届纪律，为营造风清气正换届环境提供服务。

(贾　佳)

【现代远程教育】 按照中央和省、市委的部署要求，市远程办把党员干部现代远程教育作为推进党的建设科学化水平的重要内容，紧紧围绕加快老工业基地全面振兴这一中心，提升工作定位，优化工作思路，使远程教育工作呈现出常坚持、见实效、求创新的良好发展态势，保证了健康有序全面发展。为进一步推进学用工作，在全市部署开展了"一创双争三提高"活动和优秀工作成果评选工作，上报优秀工作成果62项。站点使用率显著提高，全市电信模式终端站点开通903个，开通率达到93.7%，各站点每月平均学习时间达到8小时，必修课总学时达到5277小时。远程教育已逐渐被广大党员干部接受和认可，成为党员干部经常性教育的主要载体。在全市部署开展了远程教育终端站点管理使用情况检查评估工作，组成6个检查组抽查了100个站点，对抽查结果进行了认真分析，对存在的问题提出了明确的整改意见。中组部"百村调查"调研组来沈调研，沈阳市远程教育工作情况获得调研组高度评价。8月份，中组部党员教育中心常务副主任李丰同志来沈阳市检查指导远程教育工作，考察了终端站点，对沈阳市远程教育工作给予充分肯定。

(贾　佳)

·宣　传·

【推进学习型党组织建设"排头兵工程"】 2011年，市委中心组集体学习6次，学习内容包括"实施主体功能区战略"、"学习党的十七届六中全会精神"等专题，邀请了国务院发展研究中心李佐军、中科院可持续发展研究中心主任樊杰、中央党校教授穆占劳等专家为中心组作专题报告。8月，市委中心组举行了为期2天的"读经典 学讲话 谋振兴"专题学习(扩大)会，38名与会同志，通过自学、小组讨论、代表发言等形式，进行了深入的学习和交流。汇集与会同志理论学习成果的《读经典 学讲话 谋振兴——中共沈阳市委理论中心组专题学习会文集》编辑出版后，得到了市委主要领导的高度认可和各地区、各部门领导干部的好评。著名社会学家、辽宁社会科学院研究员彭定安特为本书撰写了读后感文章——《实践经验的理论总结与思想升华》。积极选树各类学习型党组织建设"排头兵"。年初召开专门部署会，以市委宣传部文件形式下发了《学习型党组织建设"排头兵工程"工作方案》，编制了《沈阳市学习型党组织建设"排头兵工程"考评依据》、《学习型党组织建设“排头兵工程”新闻宣传方案》，每个示范点带动3-5个辐射点，逐渐扩大了学习型党组织建设工作的覆盖面。在《沈阳日报》设立“学习论坛”，刊发各区、县（市）委书记的学习体会文章，较好地带动了领导干部学习。通过定期督查，发现和挖掘了一些典型单位，并于12月14日召开了学习型党组织建设“排头兵工程”经验交流会。人民网“学习型党组织建设案例展播”为沈阳开辟了专栏：登载署名市委宣传部的文章2篇，沈河区、大东区等典型经验12篇；特别是，法库县成为第一个被人民网理论频道给予整体、系列报道的县级城市。法库县的创建经验还在全国学习型党组织建设理论与实践研讨会上进行了交流。

（洪森焱）

【重要主题宣传】 2011年，市委宣传部紧紧围绕市委、市政府中心工作，组织市属各新闻媒体在重要新闻版面和新闻栏目相继推出了“施展新作为、实现新跨越”、“坚持科学发展，实现全面振兴”、“城市更美好，服务创一流”、“开局之年看沈阳”等主题宣传，通过媒体联动、栏目互动、整体推动的方式，采取大版面、大时段、大篇幅等报道手段，推出了一系列大篇幅、高质量、有特色的新闻佳作，取得了主题鲜明、重点突出、形式多样、引导有力的佳绩，为沈阳老工业基地在科学发展道路上加快全面振兴，实现“十二五”高起点开局，创造了良好的舆论环境。

（隋鸿刚）

【重点会议宣传】 2011年，紧紧围绕全国、全省、全市“两会”、市委十二届一次、二次全会，市第十二次党代会、党的十七届六中全会等重点会议，按照会前、会中、会后三个报道阶段，精心组织编采力量，准确定位报道角度，细致策划报道内容，合理安排版面时段，通过常规报道与创新报道相结合、程序报道与深度报道相结合的方式，强力推出一批专题报道、深度解读和理论文章，营造了浓厚的舆论氛围。特别是市第十二次党代会和全市“两会”宣传，市委宣传部在精心制订宣传报道计划、精心策划系列评论、精心组织各级媒体采访报道的同时，进一步加强对会议宣传的管理，要求各级媒体严格按照此前出台的一系列规章制度进行采访报道，同时明确了一系列新闻宣传的报道口径和纪律要求，实现了党代会和“两会”宣传“零差错、无纰漏、有创新”的目标。

（隋鸿刚）

【重大活动宣传】 2011年，围绕第四届东北文博会、第十届中国国际装备制造业博览会、法库国际陶瓷博览交易会、2011中国沈阳（第三届）动漫电玩博览会、第三届沈阳市全民读书月、第九届东北（沈阳）印包会、“九一八”事变80周年，第七届“振兴杯”全国青年职业技能大赛、艺术惠民“双百万”工程、沈阳市科技活动周等多项重大活动，组织中央、省、市新闻媒体进行宣传采访报道，为各项活动的成功举办营造良好的舆论氛围，为全市经济、社会、文化发展增添了活力。

（隋鸿刚）

【开展“走基层、转作风、改文风”活动】 为贯彻落实中宣部等5部委和省委宣传部关于开展“走基层、转作风、改文风”活动的要求，市委宣传部、市记协于8月30日召开沈阳市新闻战线“走基层、转作风、改文风”活动动员大会，市委常委、宣传部部长王凤波在会上就如何开展好此项活动作了重要讲话。会后，全市新闻战线积极行动起来，全面投入到活动中来。沈阳日报分2条线推进活动，一是派记者下基层，开辟专栏，推出系列报道。二是组织编采人员参加集团《网上半月学习网苑》，学习有关文件精神，在每天的评报会上加强对国情、省情、市情和民情的通报和评论。沈阳广播电视台分三个阶段推动活动向纵深发展，要求各频率、频道要着力在了解群众、服务群众、赢得民心上下功夫，建立编采播人员下基层制度，做到“真下去、真深入、真转变”。电视新闻频道《沈阳新闻》栏目开设了“我在基层”和“一线见闻”专栏，组织记者、编辑、主持人走进社区、村屯，聚焦百姓生活。《看今天》栏目推出“进社区 解难题”等专栏，组织记者、编辑、主持人深入工作一线，镜头对准百姓火热的工作生活。广播新闻频率在《沈阳新闻》、《新闻晚高峰》栏目中开设特别专题，同时开展网台互动。沈阳晚报开辟了“食品产业链全调查”、“新360行体验”、“百姓微博点题”等专栏，并将在全市建立100个社区记者站，加大基层群众生活的报道力度。

为庆祝新中国第十二个记者节，同时将正在全市新闻战线开展的“走基层、转作风、改文风”活动不断引向深入，11月7日，市委宣传部、市记协举办沈阳市庆祝第十二届记者节暨“走基层、转作风、改文风”大型集中采访活动启动仪式。启动仪式上，市委常委、宣传部部长王凤波代表全市向广大新闻工作者表示节日祝贺的同时，希望全市广大新闻工作者要按照中央和省委关于“走基层、转作风、改文风”活动的要求，高举旗帜，围绕大局，深入企业、学校、社区、医院等基层第一线，采写出一批群众喜闻乐见的新闻作品，不断提高新闻宣传服务大局、服务群众的能力和水平。启动仪式后，百名记者分赴不同行业、不同岗位进行为期两天的体验采访。此项活动的开展势必会推动新闻工作者切实将群众观点、群众路线体现在新闻宣传实践中，促进新闻单位深入基层、深入群众进一步制度化、常态化。

（隋鸿刚）

【“城市更美好 服务创一流”主题宣传教育活动】 为全面贯彻落实市委十一届十次会议精神和全市“抓环境促提升”动员大会工作要求，在全市形成“全民总动员、全民齐动手”的浓厚氛围，2月15日，宣传处组织召开“城市更美好，服务创一流”主题宣传教育工作部署会，对全市“抓环境促提升”宣传教育工作作出部署。要求各地区、各部门、各单位充分利用市民讲堂、社区大学和主题报告等形式，广泛开展宣讲活动；充分利用“民声微博”等形式，广泛组织建言献策；充分利用广播、电视、网络、报刊等宣传教育载体，全方位、多层次、多角度地开展宣传，积极营造社会氛围；充分发挥新闻主渠道作用，精心组织和策划，积极开展新闻宣传。2月16日、17日，宣传处两次组织召开“城市更美好，服务创一流”——沈阳市社会各界推动“抓环境促提升”工作座谈会，来自高校、社区、机关、企业、部队、媒体、窗口单位等23名代表热议沈阳开展软硬环境建设的重要意义，积极为沈阳市环境建设建言献策。2月17日、18日《沈阳日报》专版两次刊发了座谈会的发言摘要，使“抓环境促提升”工作得到社会广泛热议,"人人支持环境建设、人人参与环境建设"的浓厚氛围迅速形成。

(黑 涛)

【沈阳市先进典型命名表彰大会】 2011年3月21日,沈阳市先进典型命名表彰大会在辽宁人民会堂隆重举行。省委常委、市委书记曾维出席并讲话,他强调,全市党员干部要向先进典型学习,不断掀起创先争优活动的新热潮,以更加饱满的热情和高昂的斗志投身"十二五"发展,为沈阳加快全面振兴作出更大贡献。市长陈海波宣读了关于授予崔嘉林等5名同志"优秀共产党员"荣誉称号并开展学习活动的决定。会上,市纪委第四纪检监察室主任崔嘉林,铁西区城管局党委书记、副局长高光顺,新民市周坨子乡党委书记徐占海,法库县人民检察院检察员石俊英,市公安局交警支队和平二大队二中队中队长贾明哲等5名同志先后发言,用朴实无华的语言讲述了各自的成长历程、工作体会,展现出人民公仆的良好形象和共产党员的时代风采。

(黑 涛)

【"沈阳先锋,时代楷模"先进典型报告会】 为迎接市第十二次党代会胜利召开,在全市不断掀起学先进、比先进、当先进新热潮,先后推出了沈阳市纪委第四纪检监察室主任崔嘉林,沈阳市铁西区城管局党委书记、副局长高光顺,新民市周坨子乡党委书记徐占海,法库县人民检察院检察员石俊英,沈阳市公安局交警支队和平二大队中队长、一级警司贾明哲,特变电工沈变公司大型项目公司装配班班长田志永,大学生于川等一批重大典型。4月份以来,举办"沈阳先锋,时代楷模"先进典型报告会,全年共举办6场,通过电视实况录播和部分巡讲,在社会中产生了强烈反响,形成了典型宣传品牌,发挥先进典型引领示范作用。

(黑 涛)

【庆祝中国共产党成立90周年大型晚会】 2011年6月27日晚,由市委组织部、市委宣传部主办,沈阳广播电视台承办的沈阳市纪念中国共产党成立90周年大型晚会《党旗下的誓言》在奥体中心网球馆隆重举行。晚会以大型歌舞《旗帜》拉开序幕,讴歌赞颂了伟大的党,抒发了对党的忠诚热爱。随后,来自沈阳机床集团、北方重工集团有限公司、沈阳鼓风机集团股份有限公司的合唱团表演了气势磅礴的大合唱《复兴之路》,唱响了沈阳老工业基地加速全面振兴的强音。晚会上,各区、县(市)、开发区领导,市委政法委、市公安局、市中级人民法院、市检察院、市司法局、市民委和市直机关各部门的干部职工,沈阳大学、市铁西区启工二校等院校的师生,以及沈阳演艺集团等专业演出团体,分别以配乐诗朗诵、歌舞、大合唱、音舞诗画等艺术表现形式,演出了经典节目,全场歌声如潮、掌声雷动。晚会最后,与会领导走上舞台,与全场观众同声高唱《没有共产党就没有新中国》,将晚会推向最高潮。

(黑 涛)

【纪念中国共产党成立90周年主题展览】 2011年6月29日下午,由中共沈阳市委宣传部、市委党史研究室、市档案局共同主办,沈阳军区后勤史馆承办的《光辉的历程 壮丽的画卷》——沈阳市纪念中国共产党成立90周年主题展览在沈阳军区后勤史馆开幕。市委常委、宣传部部长王凤波出席开幕式,与市委党史研究室、市档案局、沈阳军区联勤部领导一同为区县、市直机关、学校、部队和企业代表授予图片展巡展展牌。此次主题展从7月1日起至9月底结束,分机关、企业、学校、部队、区县5条线在全市范围内进行巡展。巡展突出了2个特点:一是在地点设定上,采取社区与商业区、流动巡展与固定展出相结合的方式,吸引固定群体与流动人群的共同关注;二是在活动安排上,采取深入机关、企业、学校、部队、区县的巡展方式,力求达到最广泛的社会关注。巡展以来,全市万余人参观展览,受到了广大市民群众、机关干部、企业职工、部队战士的欢迎。许多市民群众自发参观,各有关部门也积极申请,组织参观。

(黑 涛)

【艺术惠民"双百万"工程首批社区配套设备赠送仪式】 2011年3月21日,艺术惠民"双百万"工程首批社区配套设备赠送仪式在皇姑区华山街道汇宝社区举行,市委常委、宣传部部长王凤波,皇姑区区委、区政府主要领导出席仪式,向50个社区各赠送电子钢琴一台、音箱一组、音乐教学软件一套。为进一步繁荣社区文化,加强社区艺术培训工作,满足广大基层群众的文化艺术需求,双百万工程将分期分批向具备培训条件的社区、村屯配备艺术培训设备。

(梁 源)

【创排大型情景诗话剧《我们走在大路上》】 2011年4月29日,由市委宣传部、市总工会、铁西区委、铁西区政府等单位联合创编制作的大型诗话情景剧《我们走在大路上》首演在辽宁大剧院隆重举行。省委常委、市委书记曾维,市人大主任赵长义,省委宣传部及市领导与劳动模范、职工群众共同观看演出。该剧是一部展现新中国62年沈阳老工业基地发展变迁的工业题材史诗大剧,共分为"奠基的炉火"、"磨砺的铮骨"和"振兴的步伐"三个篇章,全面展示了沈阳从社会主义建设时期、改革开放初期到新世纪以来加快推动全面振兴所经历的辉煌历程,展现了沈阳工人阶级的风貌,讴歌了沈阳工人阶级勤劳质朴、自强不息、奉献祖国的崇高精神。该剧由国家一流舞台剧艺术创作团队为主创,以民营文化企业和大型企业为支撑,特邀了部分老艺术家担纲主演,并由沈阳市艺术惠民"双百万"工程中选拔出来的群众演员作为演出主体,充分展示了文化体制改革和群众文化活动的崭新成果。

(梁 源)

【创排《遥远的察布查尔》并赴新疆演出】 纪念锡伯族"西迁"247周年,为进一步弘扬锡伯族屯垦戍边、保家卫国的西迁精神,5月19日,由市委宣传部策划,沈阳演艺集团创排的大型传奇史诗乐舞剧《遥远的察布查尔》,在察布查尔锡伯自治县举行了盛大首场演出。市委常委、宣传部部长王凤波,副市级调研员张颖率团到锡伯族西迁之地新疆察布查尔县与锡伯族群众一同共庆西迁节,观看演出。大型传奇史诗乐舞剧《遥远的察布查尔》是以沈阳锡伯族同胞西迁新疆屯垦戍边的史实为素材,共分为《家乡入天堂》、《奉召别乡》、《大西迁》、《戈壁开大渠》、《戍边屯垦再创天堂》等五个篇章,融合了音乐、歌剧、舞蹈、杂技等多种艺术形式,以现代舞美表现手段,艺术地再现了清代锡伯族勇士奉诏西迁,从沈阳出发,历时一年零三个月,长途跋涉至新疆伊犁,与当地各民族一起屯垦戍边、发展生产的壮举。

(梁 源)

【强化文艺创作评论培训】 2011年7月12日至14日,由市委宣传部主办,《芒种》杂志社承办的沈阳工业题材创作研讨会在棋盘山举行。市委宣传部副部长唐明,宣传文化系统有关负责同志,省、市著名学者,文艺创作者参加研讨会对沈阳工业题材的传统、现状以及未来发展展开了讨论。12月10日,由中央电视台电影频道、市委宣传部主办的电影《抵抗!抵抗!》研讨会在北京举行。中国电影家协会分党组书记、常务副主席康健民,市委宣传部副部长唐明出席研讨会。电影《抵抗!抵抗!》由市委宣传部、龙江电影制片厂联合摄制,央视电影频道出品。

(梁 源)

【《将军道》获奖表彰大会】 11月18日,由市委宣传部策划,沈阳京剧院创排的大型新编历史京剧《将军道》在第六届中国京剧艺术节上夺得金奖第二名。这是继评剧《我那呼兰河》获得国家级大奖后再次捧回的国家级奖项,是沈阳京剧院建院以来获得的最高奖项。12月1日,市委、市政府召开表彰会,市委常委、宣传部部长王凤波,副市长王玲出席表彰会并讲话。近年来,沈阳市加大对京剧剧目建设的扶持力度、加强对京剧艺术的理论研究和总结、培养京剧艺术人才、探索有利于京剧艺术走向市场的各种演出模式、进一步推动京剧艺术"走出去"对沈阳市京剧艺术的加大保护和扶持。此次获奖,彰显了我市舞台艺术的新成果,对扩大沈阳知名度和美誉度有积极作用。

(梁 源)

【沈阳高校"共享艺术阳光"汇报演出】

2011年12月17日,"艺术惠民'双百万'工程——2011年沈阳高校'共享艺术阳光'汇报演出"在沈阳师范大学举行,高校师生和参加艺术惠民培训的市民同台献艺。省委常委、市委书记曾维,市委副书记邢凯,市委常委、宣传部部长王凤波等市领导及高校师生代表、居民群众等3500余人观看了整场演出。汇报演出前,进行了2011年沈阳高校十大新闻、十大社会服务贡献奖颁奖典礼。

市委宣传部、市委教科工委成立了"沈阳高校艺术惠民培训工作领导小组",制定了详尽的工作方案,在2010年良好开局的基础上,提出"巩固、提高、拓展"的六字方针,进一步创新形式,拓展领域,提高质量,艺术惠民工程呈现出全方位介入、立体式推进的良好发展态势。2011年,东北大学、辽宁大学、沈阳师范大学、沈阳音乐学院、鲁迅美术学院、沈阳大学6所高校秉持"艺术根植生活,文化反哺社会"的宗旨,形成了高起点开局,广角度参与,全方位实施的工作格局。为满足市民多样化学习需求,各高校在校内开设了器乐、舞蹈、声乐、合唱、书画等常规课程培训班,又创新性地开设了"失歌症"辅导、民间舞蹈技巧、数码摄影、服饰手工艺、戏剧化妆等特色培训课程,进一步扩大培训专业覆盖面,吸引广大市民踊跃参与。

为方便市民学习,6所高校坚持"请进来"与"走出去"相结合,深入社区建立"艺术培训服务站",派驻艺术指导员进行跟进式辅导。两年来,各高校共开设培训课程142门,组建市民特色艺术团队165个,举办文艺演出、书画展览、艺术讲座等2600多场,开放琴房、画室、多媒体教室、音乐厅、美术馆等15000次,投入师生5万人次,培训市民150万人次,构建了以校内艺术培训为核心,以社区艺术培训服务站为辐射的工作格局。

(梁 源)

【组织摄制10部沈阳城市形象系列宣传片】 2011年,市委外宣办加强了沈阳城市形象宣传片的制作力度,城市广告取得新突破,先后策划、摄制和配合制作了10部城市形象宣传片,为营造良好的外部舆论环境。一是组织摄制了沈阳招商宣传片,全面展示沈阳振兴发展的新成果,突出介绍沈阳以"十二五"规划为重点的美好发展前景,为市委主要领导出访服务。二是配合摄制了在美国WGN电视台播出的沈阳城市宣传片。三是配合摄制了在美国芝加哥电视台播出的沈阳城市宣传片。四是配合摄制了《情系辽河》17集大型电视系列片(沈阳部分),集中展示辽河流域近23万平方公里土地的旅游资源、人文历史和风土人情,展示中央实施振兴东北等老工业基地战略以来辽河流域经济社会发展取得的新成就。五是配合省委外宣办摄制了在北京天安门广播LED大屏幕播放的辽宁和沈阳对外形象宣传片,集中展示辽宁和沈阳的新形象、新成就。六是组织摄制了《浑南新城》专题宣传片,集中展示浑南新区合属办公一年来取得的新成就。七是组织摄制了《新沈阳新蒲河》专题宣传片。曾维书记亲自为宣传片选定主题曲,翔坤副市长多次开会研究审定,并给予充分肯定。八是组织摄制了《蒲河生态廊道建设巡礼》工作汇报片。九是配合中央外宣办摄制了纪念中日建交40周年大型献礼纪录片《暖流》。十是配合摄制了大型纪实纪录片《沈阳的早晨》,通过一个华侨和同来的外国友人的视角,以沈阳激动人心的晨练和美丽的旅游环境为主线,向观众歌颂了改革开放以来,沈阳发生的翻天覆地的变化。

(徐增军)

【第三届沈阳市中外朋友同乐会】 沈阳市政府新闻办公室、沈阳市对外文化交流协会、沈阳广播电视台于2011年6月3日,举办了"粽香端午 · 幸福沈阳——第三届沈阳市中外朋友同乐会",组织在沈阳市投资、工作、生活、学习的外国友人,共度中国传统端午佳节,密切沈阳市与驻沈外国人的友好关系,做强对外文化交流活动品牌,展示沈阳城市新形象。驻沈阳领事馆总领事、官员和来自朝鲜、美国、韩国、日本、俄罗斯、法国等30个国家和地区的专家学者、留学生、外资企业负责人,共近450人参与"同乐会"。"同乐会"由王玲副市长致欢迎辞。重点邀请在沈外国友人登台献艺,抒发热爱沈阳的情怀,展示沈阳和谐、开放、发展的社会环境。在演出过程中,插播外国朋友在沈阳的生活、工作、学习场景VCR,感动了出席活动的外国友人。中央、省、市20余家新闻媒体进行现场采访报道,全国20余家知名网站对活动进行了网络图片和视频报道,共约60篇图文报道,共链接网络图文、视频报道约150篇。节目由沈阳电视台进行现场录制,并于6

月6日端午节当天以专题形式播放。

(徐增军)

【开展"沈阳城市形象南美行"活动】 2011年9月14日——23日,市委外宣办以沈阳市对外文化交流协会的名义,组织沈阳市宣传文化系统有关单位的文化交流出访团,赴巴西、阿根廷开展"沈阳城市形象南美行"活动。出访团与当地各界进行了广泛地接触与交流,举办了沈阳城市形象摄影展,召开了记者招待会和城市形象推介会,开展新闻媒体交流和新闻合作、文化艺术实地考察等对外文化交流活动,开展沈阳装备制造及沈阳经济区的对外宣传,全方位展示和推介沈阳城市形象,提升沈阳在国外的知名度和影响力。活动在巴西、阿根廷各界产生了较大反响,引起了参观者的浓厚兴趣,留下了对沈阳的美好印象,提升了沈阳在国外的知名度和影响力。《南美华侨报》对活动进行了宣传报道。

(徐增军)

【举办沈阳市对外宣传干部暨新闻发言人培训班】 2011年11月23日——25日,市委外宣办组织举办沈阳市对外宣传干部暨新闻发言人培训班,这是第一次将外宣干部和新闻发言人共同开展的培训;是第一次与中国知名大学——中国传媒大学合作开展的培训;是第一次外宣战线大规模的集中培训。共设置了新闻发言人的基本素质、发布要求和发布技巧、如何开展对外文化交流、微博时代的舆论引导与危机应对、外宣品制作与传播的实践与思考、如何开展对外宣传工作、如何与外国媒体沟通合作等6项课程,聘请中国五洲传播中心、中央传媒大学、中国国际文化艺术中心、新华社、辽宁省委外宣办等单位的6位专家和省级领导担任授课教师。培训人数多,层次高,全市近100家市直部门、区县(市)的党委、政府新闻发言人和外宣工作负责人、80多位副局级以上的领导,共180人参加了培训。

(徐增军)

【创造"两会"新闻宣传新奇迹】 2011年全国"两会"在京召开,按照部领导的要求,沈阳市新闻中心派专人提前进京做好准备工作。协调中央主要媒体大力宣传沈阳和沈阳代表、委员。两会召开期间,在人民日报、经济日报、光明日报分别刊登了人大主任赵长义、市长陈海波、政协主席刘雅琴的专访并配有图片。其中,人民日报刊发了赵长义主任《装备制造业不能出大力赚小钱》的专访;经济日报刊发海波市长《促进信息化和工业化融合》的专访,并刊发陈海波市长参加代表讨论的新闻图片;光明日报刊发了刘雅琴主席《让每位老人都'老有所依'》的专访;特别是中央电视台3月6日"两会焦点访谈"栏目播出的"以人为本 改善民生(四)——让教育更多样 更公平 更高质量"中,报道了沈阳市农民工随迁子女"同城同待遇"的成果,这在沈阳市全国"两会"宣传上尚属首次。仅半个月时间,在国家新闻媒体刊播发稿件82篇(条),省市媒体开辟两会专刊、专栏发送稿件249篇(条),为沈阳营造了和谐稳定的舆论氛围。

(侯月彬)

【利用中央主流媒体的创新栏目宣传沈阳】 中央电视台财经频道《对手》栏目特别策划了《创新中国行》系列节目,旨在为地方政府解决经济发展过程中的问题出谋划策。该节目在国内南、北、西、东4个方向各选择一座最具代表性的城市——深圳、沈阳、重庆、杭州,每月在一个城市录制一期节目,以专家和嘉宾辩论方式为主,深圳作为第一站,节目已于9月30日播出,节目中的辩论议题比较尖锐,直接涉及城市发展环境好坏问题;辩论过程非常激烈,反方观点有理有据,存在负面倾向。第二站央视选择了沈阳,市委宣传部高度重视、把握方向;积极介入,把握核心内容;多方协调、努力做好服务工作。最后2个辩论题目确定为"当前重工业还是沈阳发展的重心吗?"和"沈阳如何成为振兴东北的发动机?",使沈阳这期特别节目的主基调把握与第一期深圳的有本质区别,是一期完全正面宣传沈阳的专题节目。节目播出后,沈阳市政府主管副市长吴汉圣同志批示:感谢中央电视台服务大局,宣传沈阳工业及沈阳的投资环境!沈阳工业靠各方努力支持才有今天的成就。社会各界、基层干部群众对节目播出反响强烈,认为央视以实际行动关注和支持沈阳的发展,出点子、献计策,是一期非常好的节目。

(曲国库)

【与高端媒体合作宣传推介沈阳】 与经济日报驻沈阳记者站密切协作、精心策划在经济日报连续推出了关于沈阳市现代建筑产业的报道,尤其是11月8日在"产经周刊"推出了《沈阳着力打造现代建筑产业》专版报道,为推动沈阳市现代建筑产业深化发展营造了浓厚的舆论氛围。省委常委、市委书记曾维同志批示赞赏。与香港商报驻辽宁办事处沟通,在10月26日香港商报A8和A9两个整版的通版,刊登了以《沈阳风来满眼春——沈阳创建国家中心城市发展报告》为题的专版文章。期间,恰逢陈政高省长带队,辽宁省政府及省内各市在港招商,专版为沈阳市招商引资工作营造了良好氛围。

(曲国库)

【服务媒体工作得到强化】 设计载体,搭建平台,加强交流。12月12日至15日,举办了以"热爱沈阳、宣传沈阳、建设沈阳"为主旨的2011"远大中国杯"沈阳地区新闻战线乒乓球和羽毛球比赛。这是首次开展的沈阳地区新闻媒体全口径、大规模友谊赛事,比赛争取到了"远大中国"的赞助。这是全市新闻战线喜迎全运、践行"全民参与、健康生活"全运主题的一次生动实践,是沈阳地区新闻战线精神风貌的一次集中展示,是沈阳地区新闻战线相互学习、增进友谊的一次深入交流。中央、省、市和境外媒体19支代表队、939余名选手踊跃参加比赛,各媒体好评如潮,副市长王玲出席了开幕式并讲话。

强化协调,有效沟通,消除负面。协调人民日报、东方卫视和华商晨报,消除了市一中运动会学生穿日本鬼子军装入场事件的负面报道;协调中央人民广播电台,消除了对康平县刘坨子村自来水停供事件的报道;协调省委宣传部和内蒙古日报,消弥了对于洪区蒲河廊道生态建设中土地流转问题的负面报道;协调成都日报和凤凰卫视消除了对皇姑区上岗子村拆迁问题的负面报道;协调省委宣传部妥善接待了央视《焦点访谈》关于"土地奶奶"的采访,还有苏家屯区红十字会在小学生中收取会费和捐款的负面新闻协调。

密切协作，做好境外媒体接待服务工作。与市外办等部门，和平区等地区协作，稳妥、圆满地完成了接待“日本媒体工作者代表团”来沈友好交流访问工作。2011 年 12 月 22 日，日本媒体工作者代表团一行 34 人来到沈阳，22 日参观访问了沈阳机床集团、沈阳远大集团，23 日参观访问沈阳城市规划展示馆和辽宁广播电视台。此次日本媒体工作者代表团由日本全国及地方共 22 家媒体的记者组成，是应国务院新闻办公室邀请首次来华交流访问的。

（曲国库）

【第二十三届振兴沈阳好新闻评选活动】 本次评选活动参评稿件主要是 2011 年 1 月 1 日至 12 月 31 日在中央和境外、省报刊、电台、电视台、网站刊播（包括新华社“内参”）或被中央和海外新闻媒体转载、转播的，反映沈阳振兴发展和崭新面貌的新闻作品。经过专家评委严格评审，从 1.1 万篇稿件中评出获奖作品 70 篇，一等奖 15 篇，二等奖 22 篇，三等奖 33 篇，同时 9 人获优秀组织奖。

（曲国库）

【新闻发布工作步入正轨】 认真落实新闻发布制度，坚持新闻发布审批制度，全年累计审批新闻发布会 30 余次。举办新闻发言人培训班，组织全市各部门、各单位近 90 家市直部门、9 个区县（市）的党委、政府新闻发言人和外宣工作负责人、80 多位副局级以上领导参加了培训，提高了全市新闻发言人的素质和面对媒体的业务能力。通过此次培训会，对全市新闻发言人和新闻助理做了一次较为全面的调查，并及时指导各地区和部门完成了新闻发言人和新闻助理的变更工作。

（曲国库）

【举办全国副省级城市互联网宣传交流合作与发展峰会】 2011 年 12 月 7 日，沈阳市网信办举办了 15 个副省级城市互联网宣传交流合作与发展峰会，市委常委、宣传部部长王凤波到会并讲话，15 个副省级城市网络信息部门负责人、网络媒体领导参加会议。会上，15 个副省级城市相互交流互联网发展经验，充分认识到发挥城市互联网联合实力的必要性，探讨共同打造城市网上宣传繁荣局面，共建和谐网络文化，共享网络发展成果的重要性，并共同签署了《全国副省级城市网络协作体协议书》，全国 15 个副省级城市网络协作体在沈阳正式成立。

（孟　醒）

【盛京文化网正式开通】 2011 年 12 月 30 日沈阳网筹建的盛京文化网正式开通，沈阳市委常委、宣传部部长王凤波出席仪式并开通网站。盛京文化网的开通，为民众打造了一个亲民、惠民、乐民的独具地域特色的文化网站，把沈阳艺术惠民“双百万”工程延伸到网上，让更多的市民乐于参与网上艺术惠民的活动，形成百万市民参与的网上艺术惠民热潮。

（孟　醒）

【举办全市国防教育培训班】 2011 年 7 月 28 日至 29 日，市国教办、市政动办在沈阳炮兵学院举办全市国防教育培训班。各区县（市）国防教育办公室主任、新闻中心主任；沈阳警备区、辽宁预备役高炮一师、市委教科工委、市教育局、市民政局、市人防办部门负责同志；沈阳日报时政部、沈阳晚报采访中心、沈阳网、沈阳广播电视台新闻中心的部门负责同志共计 40 人参加了培训。培训班听取了国家安全形势、舆论战和新时期国防教育等专题讲座，进行了轻武器射击，参观了沈阳炮兵学院。

（白云鹏）

【沈阳日报开办《国防之声》专栏】 为更好地宣传沈阳市国防教育、双拥以及民兵预备役等工作成果，在沈阳日报开辟了《国防之声》专栏。该专栏每月最后一周的周五出版，版面为半版，主要反映全市国防教育新做法、双拥工作新成绩、人防工作新进展、民兵武装工作新成果等，是军地方联手合作的一个信息传播平台，推进国防教育的主要宣传阵地，截至到 2011 年底已出版 6 期，反响良好，受到一致好评。

（白云鹏）

【纪念“九一八”事变爆发 80 周年教育活动】 2011 年 9 月 13 日起，省档案局制作的“档案传承历史，国人勿忘国耻”的纪念“九一八”事变 80 周年历史档案图片展，在市委机关、柳条湖社区等地展出。省市新闻媒体报道了柳条湖小学举行的纪念“九一八”事变 80 周年的主题升旗仪式，省档案馆领导、市国教办廉辉主任出席了主题升旗仪式。

9 月 17 日，在沈阳“九一八”历史博物馆组织《纪念“九一八”事变爆发 80 周年——七人行书法展》展出。原辽宁省书法家协会副主席、中国书协理事宋慧莹代表作者向“九一八”历史博物馆捐赠了作品，“九一八”历史博物馆馆长井晓光向宋慧莹颁发了收藏证书。

9 月 18 日是“九一八”事变 80 周年，恰逢第 11 个全民国防教育日。上午 9 时 18 分在沈阳“九一八”历史博物馆残历碑广场举行了东三省勿忘“九一八”主题撞钟鸣警仪式。主题撞钟鸣警仪式由中共辽宁省委、辽宁省人民政府主办，中共沈阳市委、沈阳市人民政府承办，辽宁省委书记、省人大常委会主任王珉作重要讲话，辽宁省委常委、沈阳市委书记曾维主持，中宣部副部长申维辰，沈阳军区、解放军总政治部宣传部及辽宁、吉林、黑龙江三省军区领导侯贺华、李升泉、黄永贤、张林、刘伯和、夏中国，辽宁省及沈阳市领导陈政高、岳福洪、夏德仁、许卫国、周忠轩、张江、王琼、胡晓华、陈海波，黑龙江省领导张效廉，省、市国防教育委员会成员单位负责同志、部分解放军指战员、预备役官兵以及学生代表等共 800 人参加仪式。

（白云鹏）

【省市广播电视台实施战略合作】 2011 年 7 月 12 日，为了贯彻全国文化体制改革工作会议精神，进一步深化媒体改革，探索省市广电领域合作共赢的新路子，本着资源共享、整合共赢原则，对两台除新闻外的频道、频率采编和广告经营实行统一管理，沈阳广播电视台与辽宁广播电视台进行战略合作。市委常委、宣传部部长王凤波就沈阳广播电视台与辽宁广播电视台战略合作实施方案向市委常委会作了专题汇报。

（胡俊源）

【沈阳文化知识产权交易所】 2011 年 9 月 15 日，为了进一步深化沈阳市文化体制改革，充分发挥文化资本推进文化产业发展的引擎作用，辽宁沈阳文化知识产权交易所有限公司，以加快实现做大做强目标，更好地为沈阳市文化产业大发展、快发展服务，与辽宁盛世皇城文化发展有限公司合作，进行股份制改造。市委常委宣传部部长王凤波对实施方案做出批示，“总体可行，对参股企业要深入考察，确保引进战略投资者，推动文化产权交易事业发展”。

（胡俊源）

【“四个一批”人才推荐选拔】 按照《沈阳市宣传思想战线“四个一批”人才培养工作实施意见》，干部处组织开展了2011年度沈阳市宣传思想战线“四个一批”人才推荐选拔工作，在基层申报、资格初审、省级专家组评审、单位内部公示的基础上，经部务会审定，共有41名来自理论、新闻、出版、文艺、经营管理和专门技术等方面的优秀人才被评为2011年度沈阳市宣传文化系统“四个一批”人才。评选结束后，在部领导的大力支持下，于2011年12月5日至12月10日在清华大学举办了沈阳市宣传文化系统高级人才培训班暨2011年度“四个一批”人才表彰大会。

（李春晓）

【2011年度政工职称工作领导小组会议】 2011年，政工职评工作领导小组分别于9月26日、10月9日组织进行了2011年度中、高级政工专业职务任职资格评审工作，经过两次评审会议决议。2011年，全市总计有794名政工干部获得思想政治工作专业职务任职资格，其中，高级政工师210人、政工师311人、助理政工师和政工员273人。

（徐睿达）

·统　　战·

【统战信息】 2011年，市委统战部制定了《中共沈阳市委统一战线工作部关于2011年统战信息工作安排意见》，根据意见安排，进一步完善全市统战信息工作机制，建立统战信息员网络，举办信息员培训班，定期召开信息工作通报会、重点信息研讨会，定期印发信息采集要点。全年及时、准确地向上级报送了沈阳市统一战线成员打造“同心”品牌、纪念建党90周年、回报社会感恩行动、维护社会稳定、服务科学发展与实现自身科学发展方面的重要信息，使之在服务领导决策、交流工作经验、推动工作落实等方面发挥了应有作用。共计上报信息317条，被中央统战部采用10条，《中国统一战线》独立成篇采用3条，省委统战部采用80条，市委办公厅采用10条，省委办公厅采用4条，荣获省委统战部信息工作一等奖，市委办公厅信息工作先进单位。2条信息被中央统战部《零讯》增刊采用。1条信息得到省政协副主席、省委统战部部长高鹏同志的批示。

（刘　钢）

【统战保密】 2011年，市委统战部认真贯彻中央、省、市保密委关于保密工作的有关精神，严格按照保密条例开展工作。部领导对保密工作高度重视，对部内保密工作领导小组成员进行了调整，由市政协副主席、市委统战部部长聂洪升担任组长。年初，在原有部内所有同志签定保密责任状的基础上，制定了《中共沈阳市委统一战线工作部国家秘密和工作秘密（草稿）》，得到市保密局的认可。其中提及市委统战部国家秘密13项，机密级3项，秘密级10项，工作秘密15项。5月，国家保密局检查组来沈检查，对统战部认真落实保密规定、严格保密纪律给予充分认可。在此次检查中，统战部被评为“省保密工作先进单位”。8月，统战部全员参加了市国家保密局开展的保密警示教育展。

（张　莹）

【筑牢“同心”思想基础】 一是认真学习，提高认识。胡锦涛同志在党外人士迎春座谈会上关于“同心”思想的讲话发表后，部领导班子多次组织学习讨论，一致认为，“同心”思想是统一战线存在发展的坚实根基，是统一战线价值追求的核心体现，是统一战线鲜明特色的集中反映，是统一战线作用发挥的重要保障。践行“同心”思想，要围绕市委中心工作和重点任务，充分发挥统一战线整体优势，进一步拓展统一战线服务大局的新领域。二是领导重视，高点推动。市委主要领导高度重视，提出了坚持把推动振兴发展作为着眼点，把保障和改善民生作为出发点，把促进社会和谐作为立足点来践行“同心”思想，全力打造“同心”品牌的要求。以市委办公厅文件名义制定《关于打造“同心”品牌的工作意见》，高起点推动践行“同心”思想的各项“品牌”工程活动的开展。

（刘任飞）

【精心打造“同心”品牌】 市委统战部组成联合调研组，深入基层，广泛宣传践行“同心”思想，打造“同心”品牌的重要意义，认真听取区县、高校和党外人士的意见建议。结合市第十二次党代会确定的五大任务、三大目标和建设“五个沈阳”的重点任务，精心设计了沈阳统一战线打造“同心”品牌的五大工程：一是为建设“实力沈阳”聚智出力的“同心·助推发展工程”；二是为建设“活力沈阳”尽职尽责的“同心·智力支持工程”；三是为建设“宜居沈阳”努力作为的“同心·生态建设工程”；四是为建设“文明沈阳”积极践行的“同心·示范带动工程”；五是为建设“和谐沈阳”贡献才智的“同心·改善民生工程”。

（刘任飞）

【积极践行“同心”思想】 统一思想，部署动员。抓住全市贯彻落实市委十二次党代会精神的契机，及时召开了沈阳统一战线打造“同心”品牌工作会议。市委主要领导在会议上作动员讲话，市各民主党派、统战团体和基层单位负责人做表态发言，会议一致认为，要全面落实中央和省委统战部的部署，围绕中心，积极践行“同心”思想、打造“同心”品牌，发挥新优势、施展新作为，为沈阳实现又好又快发展做出新的更大贡献。

宣传开路，扩大影响。为深刻理解“同心”思想的重要价值和深刻内涵，领会实施“同心”品牌工程的重要意义，邀请中央统战部研究室的领导同志，到沈阳市作了辅导报告。在权威媒体头版介绍了沈阳市打造“同心”品牌的目标和举措；在全市庆祝建党90周年大型演唱会上，统战系统合唱团宣示“同心同德、同心同向、同心同行、振兴沈阳”，扩大“同心”品牌的社会影响，展示统一战线的新风貌。

抓住契机,凝识聚力。结合纪念建党90周年、辛亥革命100周年,党派换届,政治交接,通过举办"同心颂"大型文艺演出,召开党外人士座谈会,在报刊上发表各民主党派、工商联和无党派人士的纪念文章,开展"网上有奖知识竞赛"等系列活动,进一步坚定了统一战线成员自觉接受党的领导、与党同心同德和坚持中国特色社会主义道路、理论体系和制度的信念。

(刘任飞)

【全面开展"同心"行动】 光彩事业"九个一"活动,为贫困地区修路36条,修桥12座,开发项目37个,引进招商项目135个,援建光彩小学9个,帮扶贫困学生和贫困户6876人次,安置下岗职工就业6.1万人次;出资114.73万元,资助了生活较困难的老党员、老革命、老模范。助推"整村推进"项目,为姜家村累计协调资金到位数300余万元。

各区县打造"同心"品牌,各呈特色。东陵区开展的"同心·助推经济"工程,参与引进重大项目10个,完成招商引资额7.5亿元,增加民营资本投入4亿元;皇姑区实施的"同心·改善民生"等工程,建立社区律师工作室,为社区聘请艺术指导,组建医疗服务队进社区义诊。苏家屯区民营企业家为改善百姓出行,投资71万元修建了"同心路"。新民市开展的"同心回报社会"活动,与"五老"和贫困学生结对子68个,民企帮村结对子8个。沈河、和平、大东、铁西、于洪、沈北新区、辽中、康平、法库等区、县也结合实际,实施"同心·解民忧"、"同心·创新成果推广"、"同心·服务台企"等多种形式活动,为改善民生作贡献。

各民主党派、统战团体打造"同心"工程,初显成效。民革的"桔杆反应堆技术推广"项目、民盟的"农村教育烛光行动"、民建的"引辽济湖"工程、民进"传帮带"活动、农工党的"送医送药活动"、致公党的"养老扶贫"活动、九三学社的"科技成果推进"活动以及市台盟、台联、侨联的招商引资等,为沈阳经济和社会发展注入了新的活力。

党外知识分子在"同心"重点项目中发挥积极作用。市知联会组织全市党外知识分子参与"同心"项目50余项,取得了良好的经济效益和社会效益。

(刘任飞)

【统战理论研究】 2011年,全市统战理论研究工作按照已有的工作模式正常开展,并在指导全市面上的统战理论研究活动正常开展的同时,针对全市统战理论研究工作存在的不均衡问题,加大指导力度,先后召开了区县统战理论研究工作务虚会和高校统战理论研究工作座谈会,推广先进经验,督促后进,推动全市统战理论研究工作沿着全面协调可持续的正确轨道发展。为了推进统战理论研究工作规范化制度化建设,制定了《沈阳市统战理论研究工作评比表彰办法》,在总结表彰过程中引入量化考评的方法,以促进总结表彰工作更加公正公平合理、更加科学。针对上报统战理论研究成果中存在少量抄袭现象,继续坚持以往确定的认真核查(包括与单位、作者本人核实)的做法,以倡导诚信,体现公平。积极参与全国、省委统战部重点课题研究和活动。2011年,全市共组织申报全国统战理论研究重点课题6项,省委统战部重点课题39项,其中被省委统战部确定立项课题11项。参加了省委统战部组织的统战理论研究、信息、宣传工作培训班,并在会上进行了经验交流。理论研究成果在数量上及通过评审所反映出的质量上明显好于往年。全年共收到上报论文(含调研报告)140余篇,其中;获中央统战部二等奖一篇(奖次高于2010年)、优秀奖一篇,省委统战部一等奖一篇、二等奖两篇、三等奖两篇。统战部荣获省统战理论研究优秀组织奖。开展了市级优秀成果的评审工作,评出优秀成果65篇,立项课题结项38篇,其中20项课题获得4.5万元经费资助。

(李明国)

【统战调查研究】 2011年,沈阳市统战调查研究工作主要有三项内容:一是承担了市党代会筹备阶段大型调研活动中统一战线方面的调研任务,完成了"发挥统一战线优势促进民主政治发展"调研报告并上报市委。二是围绕创建"同心"品牌实践活动文件的起草和探讨统一战线如何服务社会管理创新工作,召集了一些比较有声望专家学者,召开关于统一战线开展"同心"品牌塑造实践活动和服务社会管理创新工作座谈会,帮助解析课题、分析形势并听取意见建议,处室形成了一份会议纪要供部领导决策参考。三是为部领导及系统各单位领导调研服务。按照市委统一要求,协助有关领导确定了市级和市管调研课题。组织协调市委统战系统申报全市重点调研课题并报送调研成果,全年统战系统共有12项调研课题被确定为市直部门重点调研课题。在全市调研工作会议上,统战部有两项课题获得奖励。

(李明国)

【统战宣传】 深入贯彻落实科学发展观,按照高举旗帜、围绕大局、服务人民、改革创新的总体要求,紧紧抓住纪念中国共产党成立90周年的契机,加大宣传教育活动力度,围绕科学发展和加快经济发展方式转变的主题主线,营造同心同德、同心同向、同心同行的舆论氛围,为巩固壮大最广泛的爱国统一战线提供精神动力、思想保证和舆论支持。

以纪念中国共产党成立90周年和辛亥革命100周年为契机,开展系列纪念活动。参与筹备全市统一战线纪念建党90周年的座谈会,协调发表了纪念文章。6月29日,沈阳日报开辟"沈阳纪念专题"专栏,刊载各民主党派、工商联负责人和无党派代表人士纪念文章。筹办《同心颂》文艺演出,于沈阳电视台新闻频道播出。依托"沈阳同舟网"开展了《我与党同心——纪念中国共产党成立90周年有奖知识问答》,3万余人参加答题活动。开展沈阳统一战线纪念中国共产党成立90周年征文活动,收到各种体裁征文315篇。评选优秀征文予以表奖并出刊专辑。在"沈阳同舟网"和《沈阳统一战线》开辟专题页面,设立专栏。搞好纪念辛亥革命100周年纪念活动。收到纪念辛亥革命100周年文章27篇。组织部机关及党派、统战团体机关干部收看《辛亥革命》

影片。

大力加强统战宣传工作的基础建设。加强宣传阵地建设。加强“沈阳同舟网”建设，通过开展网上答题等活动，扩大网站的社会影响。提高《沈阳统一战线》的办刊质量，开辟新专栏。加强宣传队伍建设。与社院联合举办统战宣传干部培训班。加强宣传工作制度建设。建立健全网络信息上传制度，稿件审查制度。统战部获省统战宣传工作优秀组织奖。

（吕　丹）

【民主党派换届】 召开沈阳市民主党派换届工作会议。起草了《中共沈阳市委统战部关于协助各民主党派做好换届工作的意见》。召开了民主党派换届工作会议，形成了《各民主党派沈阳市委关于市级组织换届工作座谈会纪要》。

民主推荐和沟通协商工作。协助各民主党派进行了两轮民主推荐工作。一是在主委、副主委及部分党派机关干部中进行谈话推荐。二是召开了民主党派市委委员、基层组织负责人和党派机关干部参加的民主推荐会，进行投票推荐。通过民主推荐，广泛听取意见，并与各民主党派省委、市委充分协商，取得了共识，初步确定了沈阳市各民主党派领导班子人选名单，形成了民主党派市级组织领导班子“三方协商”人事方案，经与省委统战部、各民主党派省委再次沟通协商，就此人事方案达成一致意见。

组织考核工作。根据省委关于民主党派换届工作要求和部领导安排，在机关各处室的协助下，对65名主委、副主委人选逐一进行考核，听取所在单位党委的意见。

协助民主党派做好会务筹备工作。规范了各民主党派换届的时间、地点、程序。起草了市委领导在各民主党派换届大会上的讲话，审定了各民主党派代表大会开幕式和闭幕式新闻稿件。

协助各民主党派选举产生了新一届领导班子。会议选举各民主党派市级组织领导班子成员65人，既保持党派的界别特色，又优化班子结构。在领导班子人选中，博士30人，占46%；硕士15人，占23%；专家学者和高校科研院所30人，占46%；政府任职10人，占15%；50年代30人，占46.2%；60年代33人，占50.8%；70年代2人，占3%；女性24人，占37%。在民主党派换届过程中，统战部对各民主党派换届选举的整个过程进行了督察，并将选举结果报送省委统战部。

（赵廷志）

【民主党派工作】 完善和落实多党合作相关制度。起草了《2011年中共沈阳市委同各民主党派、工商联、无党派人士进行民主协商的安排计划》，协助市委召开了党风廉政建设和反腐败工作情况通报会、社会稳定工作情况通报会和市第十二次党代会筹备情况及市委人事安排情况通报会；协助市委召开了征求党外人士对十二次党代会报告的意见和建议的座谈会；协助市委召开党外人士纪念中国共产党建党90周年座谈会。组织召开了2011年各民主党派工作情况交流会。

落实市委常委与民主党派交友制度。协助民主党派开展了邀请市委领导参加一次活动，开展一次谈心，进行一次走访，举行一次座谈活动为主要内容的联系交友工作，进一步密切了政党之间的关系。

落实政府有关部门对口联系民主党派制度。与市政府办公厅联合下发了《关于加强和完善我市政府部门与各民主党派对口联系制度的意见》，使我市23个政府部门与各民主党派建立了对口联系。为推进沈阳市政治协商、民主监督、参政议政的制度化、规范化、程序化建设提供了强有力的政治保证。

协助民主党派加强自身建设。坚持以政治交接为主线，以思想建设为基础，以领导班子建设为重点，以组织建设为保障，不断提高民主党派自身建设水平；支持民主党派深入开展政治交接学教活动，协助民主党派做好组织发展工作；规范完善学习培训制度，按对象、分层次开展系列培训工作。

协助民主党派加强组织建设。积极支持和协助各民主党派严格按照上级文件精神，做好组织发展工作。与各党派共同交流在组织发展中存在的问题，提出解决的办法。

（赵廷志）

【接待工作】 支持管委会组织的各类考察、接待、庆祝活动。5月份，管委会成功举办了第十二届全国部分省（区）市民主党派机关管理工作研讨会，统战部与民主党派机关事务管理处一起负责人员接待和服务引导工作，研讨会的成功举办，展示了沈阳民主党派机关的综合实力和水平，对日后更好地开展党派机关管理工作具有十分重要的意义。完成了接待辽阳统战部负责人对沈阳市沈北新区、浑南新区的参观考察任务。协助省委摄制组完成了《辛亥革命在辽宁》拍摄任务。

（赵廷志）

【城市社区民族工作】 沈阳市共有少数民族52个，人数总计76.6万人。近年来，沈阳市委、市政府高度重视民族工作，一直以“共同团结奋斗，共同繁荣发展”为主题开展民族工作，少数民族的经济、社会生活等取得了飞跃发展。一是注重发挥网络媒体的宣传作用，不断增强全社会民族团结意识。加大典型培养和宣传力度，进一步营造爱护民族团结、争当民族团结模范的浓厚氛围。二是大力开展民族团结进步“五进”活动，加强社区工作平台建设，把外来少数民族人员纳入社区民族工作范围，完善各项服务措施，为他们提供特需服务和贴心帮助。三是加强与少数民族流动人口的联系，通过信息通报、签订区域协作协议等形式，建立两地相互协调、齐抓共管的长效服务管理机制。四是启动沈阳市宗教界牵手少数民族困难群众爱心工程（启动仪式现场宗教界为少数民族困难群众捐赠善款50万元），资助少数民族困难群众。五是举办了沈阳市少数民族庆祝建党90周年文艺晚会。在建党90周年之际，为了表达少数民族人民对党的感激之情，体现少数民族幸福的生活，在沈阳电视台举行了名为《唱支山歌给党听》文艺晚会。

（范世生）

【与宗教界代表人士的联系工作】 召开了市宗教界代表人士迎春座谈会。从2005年开始连续7年举办了全市宗教界上层代表人士迎春座谈会，请市委、市政府主管领导通报市情介绍情况，同时，听取宗教界朋友的意见和建议。

走访慰问宗教团体和宗教界上层代表人士。每逢中国传统节日和圣诞节部领导都亲自到各宗教团体走访慰问宗教界代表人士，问寒问暖，送去慰问金和礼品，充分表达市委、市委统战部对宗教团体和宗教界代表人士的关心和爱护。

定时约谈宗教界上层代表人士。3月中旬，为进一步贯彻中央关于天主教工作会议精神，巩固天主教第八次全国代表大会所得的成果，部主管领导和相关部门：一是约谈中国天主教主教团副主席、辽宁教区裴军民主教，中国天主教爱国会常委、沈阳小南天主教堂本堂邱文庭神甫，中国天主教爱国会委员付晓岩神甫等天主教代表人士，就有关问题友好、坦诚、深入地交换了意见。二是约谈辽宁省天主教修女院碧谨院长等人。部主管领导应辽宁省天主教修女院乐伦修女之约在市委统战部会议室会见了修女院碧谨院长一行，还就碧谨院长关心的问题进行了一一解答，院长一行感谢党和政府多年来对天主教修女院的关心、爱护、理解和帮助，并表示扎实做好修女院工作，为维护社会稳定和谐多做贡献。三是约谈市基督教“两会”会长吴明峰、副会长高良义，就加强自身建设、房产拆迁等问题进行了交流。

“三看”活动扎实展开。1月17日，市政协副主席、市委统战部部长聂洪升，市委统战部副部长李书鲤与全市宗教界上层代表人士一行58人共同参观了沈阳城市规划馆。

（范世生）

【抵御境外敌对势力利用宗教进行的渗透活动和专项治理】 按时完成了中央、省委部署的历时一年半的基督教私设聚会点以及藏传佛教寺庙管理、乱建庙宇和露天宗教造像问题等3个专项治理工作。专题召开了全市依法治理基督教私设聚会点总结表彰大会，表彰了14个先进集体、45名先进个人，同时交流了工作经验。

积极防范提前阻止了非法宗教渗透活动7起。依法取缔了非法宗教渗透活动7起（其中：基督教5起，道教1起，佛教1起）。积极与市委教科工委一起专题研究贯彻落实两办《关于做好抵御境外利用宗教对高校进行渗透和防范校园传教工作的意见》的实施办法和意见。经市委统战部、市委教科工委、共青团沈阳市委、市宗教局研究，决定在全市高校开展宗教政策法规及基础知识网上有奖答题活动，帮助在校大学生了解掌握国家宗教政策、法规及相关基础知识。

（范世生）

【为宗教界团体解决重点、难点问题】 本着为宗教团体服务，着力解决实际困难的求实态度，与相关部门积极沟通协调，化解矛盾，较好地解决了宗教团体面临的问题，排除了可能影响社会和谐的不稳定因素。基督教位于沈河区北中街853平方米房产2010年被强拆，信教群众反应强烈，经多次做工作协调，终没酝成矛盾，此补偿问题正在积极协商中。佛教位于沈河区大城小区内260平方米网点被拆迁，此补偿问题正在积极协商中。天主教位于皇姑区怒江街和步云山路交汇处500平方米网点（2005年拆迁）重新安置已达成协议，正在落实中。辽宁省天主教修女院房产遗留问题即将圆满解决，相关手续正在办理中。天主教位于沈河区小西路22号（3100平方米，2005年拆迁）和十三纬路133号（6504平方米，2011年拆迁）两处房产补偿问题，现已得圆满解决。北塔法轮寺、市文博中心、柳条湖村三家的土地纠纷基本上圆满解决。市委办公厅陈欠市基督教“两会”房租35万正在积极办理中，有望一次还清。

（范世生）

【“两支队伍”培训】 在沈阳大学举办沈阳市宗教界第二期中青教职人员研修班。3月15日，在沈阳大学举办了沈阳市宗教界第二期中青教职人员研修班开班典礼。研修班共有55名学员，平均年龄35岁，由各宗教团体推荐产生。市政府副市级干部沙波涛、省宗教局副局长杨丰陌和相关部门的负责人出席了开班典礼（首期培训的35名学员已顺利完成学业，并在宗教界中发挥着骨干作用）。

在沈阳市社会主义学院举办全市民族宗教干部研讨班。于4月7日在沈阳市社会主义学院举办全市民族宗教干部研讨班。各区、县（市）委统战部，棋盘山开发区党工委统战部以及各重点街道办事处（乡镇）、社区（村）宗教工作主管领导和负责同志，市公安局国保支队、大队宗教工作主管领导和负责同志，各高校党委统战部负责同志共150余人参加了培训。

赴县（区）和高校进行民族宗教工作专题辅导。部主管领导走进县（区）和高校为基层民族宗教干部作题为《新形势下如何加强基层统战和民族宗教工作》的专题辅导讲座。

（范世生）

【对外宣传与沟通、交流】 接待了新疆爱国宗教人士参观团来沈考察。中央统战部组织的第28期新疆爱国宗教人士参观团一行55人，于5月18日至21日在“九一八”纪念馆、故宫、张氏帅府、金融博物馆、世博园、沈北新区锡伯族现代农业示范基地和华晨金杯汽车有限公司等参观考察，参观团一行对近年来沈阳市所发生的翻天覆地变化表示钦佩和赞赏。

接待了中国藏语系高级佛学院“拓然巴”高级学衔班一行来沈参观考察。中央统战部于10月13日至14日组织中国藏语系高级佛学院“拓然巴”高级学衔班一行15人来沈阳市参观考察，考察团一行先后参观了故宫、实胜寺和北塔法轮寺，并与寺庙的僧人进行广泛的沟通交流。

接待了西藏那曲地区宗教界人士参观团来沈阳参观考察。西藏那曲地区宗教界人士参观团一行31人于10月31日至11月1日来沈参观了沈阳故宫、北塔法轮寺、“九一八”历史博物馆、世博园、沈飞航空博览园及华晨宝马汽车有限公司生产线等。

接待了在市委党校轮训的党政干部实地参观考察宗教场所。3月8日，沈阳市委党校、市委统战部组织参加党校轮训的40余名市管党政干部考察了道教太清宫、天主教小南教堂，这是沈阳市第一次组织党政干部走近宗教场所，了解宗教的有关基本情况。

接待了省人大对沈阳市贯彻落实《辽宁省宗教事务条例》情况进行专题调研。6月7日至8日，以省人大常委会副主任佟志武为组长的省人大调研组来沈，调研贯彻落实《辽宁省宗教事务条例》情况。

（范世生）

【港澳台海外统战工作】 圆满完成了沈阳海外联谊会的换届工作。9月22日，沈阳海外联谊会召开第四届理事大会。市委常委、组织部长姜宏代表市委出席大会并讲话，市政协副主席、市统战部部长聂洪升做了工作报告。本次大会，对国内外理事做了重新调整，81位海外和港澳台重点人物担任名誉顾问和名誉理事，103位相关单位的负责人担任了理事，市委、市人大、市政府、市政协的主要领导担任了第四届理事会的名誉会长。会议审议通过了第三届理事会工作报告，选举产生了第四届理事会会长、副会长、常务理事和秘书长。来自港澳台和海外的40多位海外名誉顾问和名誉理事出席大会，并赴沈北新区参观考察和参加了招商项目推介会。

加强了与港澳台海外代表人士的联系交流。一是开展与沈阳市港澳政协委员的联谊活动。年初，统战部领导班子成员与来沈参加市政协十三届四次会议的16名港澳政协委员在新世界会馆进行了联谊活动。二是在9月15日至19日，赴香港参加港区省级政协委员联谊会举办的庆祝中华人民共和国成立62周年暨港区省级政协委员联谊会成立5周年活动，加强了与港区政协委员的联系。三是在春节前邀请在沈的部分港澳台海外代表人士开展座谈和联谊活动。四是向海外和港澳台朋友邮寄了近千封贺卡。通过开展这些活动，交流情况，增进感情，加深了解，进一步争取人心，凝聚力量，更好地服务沈阳的发展。

积极做好港澳台海外代表人士来沈接待工作。8月18日，接待了台湾地区政治受难人互助会中青年参访团。常务副部长王晓明向参访团成员介绍了沈阳的有关情况，并鼓励大家为推动祖国统一大业的早日实现而共同努力。8月22日，市委常委、副市长邢凯会见了以澳娱中国集团有限公司董事、总经理陈伟能先生为团长的香港房地产建筑业协进会访问团，介绍了沈阳房地产市场的发展情况，并欢迎有战略眼光的香港房地产企业积极在沈阳投资发展。通过接待港澳台海外朋友，积极对外宣传和推介沈阳，为促进沈阳经济社会的发展提供服务。全年共接待港澳台海外来宾192人。

做好招商引资引智工作，积极为在沈侨商企业服务。年初，在各区、县（市）和高校广泛征集招商引资引智项目，通过筛选将47个招商引资项目和17个引进人才项目编辑成册，印制了500本《沈阳市招商引资引智项目书》，在接待海外来宾、出访及召开海联会换届大会等重大活动中，对重点招商引资引智项目进行宣传推介。同时，积极做好在沈侨商企业的跟踪服务工作，与于洪区委统战部共同协调于洪区公安分局消防科，为侨商企业沈阳三达房产开发有限公司解决了售楼处消防不达标的问题。

开展了在沈港澳同胞基本情况的调研。按照省委统战部《关于开展在内地工作或生活的港澳同胞情况调研的通知》要求，对长期在沈工作或生活的港澳同胞人员数量进行统计。同时分别召开了各区、县（市）委统战部主管部长和在沈港澳同胞代表座谈会。对长期在沈工作或生活的港澳同胞的生活、工作情况有了全面的了解，并且听取了在沈港澳同胞代表在医疗、子女就学以及城市建设等方面提出的意见建议。在综合各方面情况的基础上形成调研报告报省委统战部。

（池建宇）

【留学人员统战工作】 编制了2011—2015年《沈阳市海外留学人才工作规划》。确定了重点联系的留学人员、社团以及要引进的高层次海外留学人才的数量，并在发挥留学人才作用、落实留学人才有关政策行等方面，制定了相应的保障措施。

加大了培养和宣传力度。积极推荐留学人员史灵芝、孙河川等参加“第三期全国归国留学人员代表人士研讨班”、“服务发展，同心同行”国情培训班等培训活动。征集了李三喜、殷军等留学人员创新创业典型事迹材料，在“中国海外学子创业周”上进行广泛宣传。通过加大培养和宣传工作力度，为留学人员提升能力创造有利条件，也为留学人员的发展营造良好的氛围。

以海创周等大型活动为平台，积极引进高层次海外留学人才。按照省委统战部的要求，在各区、县（市），高校，科研院所和国有大型企业进行了高层次留学人才和技术合作项目的推介，同时，收集有关单位需要的高层次留学人才和技术合作项目67个，及时汇总，反馈给大连基地。通过积极参与海创周和大连基地人才项目推介发布会等活动，为海外留学人才到沈阳市发展创业搭建平台，畅通渠道，提供信息。

（邢　涛）

【党外代表人士教育培训】 2011年，在各级党委、政府的高度重视和大力支持下，市委统战部与市社会主义学院共同努力、积极探索，认真贯彻落实《2010－2020年党外代表人士教育培训改革和发展纲要》（以下简称《纲要》），党外代表人士教育培训工作成效显著。一年来，举办各类培训班16期，培训1220人次，为全市统一战线事业培养和造就了一批高素质党外人才，积累和形成了一些弥足珍贵的经验。一是深入贯彻《纲要》精神。根据市委有关领导的批示要求，通过协调相关单位、召开各区县市委统战部长会议等方式征求意见，并代市委起草《实施意见》，以市委办公厅名义下发，使党外代表人士教育培训工作跃升新层次，不断开创了党外代表人士教育培训工作新局面。二是强化政治共识教育。坚持把政治培训、思想引导作为首要任务，在培训中，主要以坚持中国共产党领导、坚定走中国特色社会主义道路为鲜明主题，以中国特色社会主义理论体系和社会主义核心价值为首要内容，深入学习党的基本理论、基本路线、基本纲领、中共党史、统一战线史和多党合作史教育。三是坚持理论培训和实践锻炼相结合。针对党外代表人士队伍建设的不同特点，结合培养使用的不同阶段，根据培训的不同内容，采取专题研讨、短期培训、小班教学等方式，切实做到“参加一次培训、取得一些收获、迈上一个台阶”。四是发挥主阵地作用。充分发挥社会主义学院是民主党派和无党派人士的联合党校的优势和作用，先后组织市管党外干部、区县市管后备干部57人到中央社会主义学院、省委党校、市社会主义学院进行培训。

（于跃洋　刘朋）

【推动中央16号文件贯彻落实】 为贯彻落实中共中央、国务院《关于加强和改进新形势下工商联工作的意见》（中发16号）和中共辽宁省委、省人民政府《关于加强和改进新形势下工商联工作的实施意见》（辽委发6号）文件精神，市委统战部分别组织召开了各区、县（市）委统战部部长，各区、县（市）工商联主席、部分非公有制经济代表人士，市直各相关单位等3个座谈会，认真传达了中央和省委文件精神，听取了起草《实施意见》的意见和建议。并结合综合评价工作，先后走访企业100余家，广泛听取非公有制经济代表人士对加强和改进工商联工作的意见和建议。对新民市工商联主席安秋等13位市政协委员以提案方式提出的《关于加强和改进新形势下工商联工作，助推全市非公经济快速发展的提案》，认真予以办复，并积极将有价值的意见和建议，纳入沈阳市起草的《实施意见》中。

为切实做好沈阳市《实施意见》的起草工作，市、区两级上下联动，在广泛听取各基层统战部、工商联、部分非公有制经济代表人士意见的基础上，积极与市委组织部、市委宣传部等17家市直有关单位沟通协调，并以市委、市政府名义正式下发了沈阳市《关于加强和改进新形势下工商联工作的实施意见》。市委统战部还作为全省惟一一个市级统战部在全省加强和改进工商联工作会议上作了经验介绍，和平区工商联、新民市委统战部在大会上做了书面交流。

（石春鹰）

【工商联换届】 根据中央和省委的统一部署，市委统战部在摸底调查，分别向市工商联和各区、县（市）工商联了解各地区工商联广泛听取意见的基础上，起草了《中共沈阳市委统战部关于工商联（民间商会）换届工作的意见》，并由市委办公厅转发。截至2011年末，全市工商联换届工作已经圆满结束。主要有以下几个特点：一是规模普遍增加。市工商联执常委由原先的188人增加到320名，兼职副主席由原先的19名增加到30名；各区、县（市）也都结合实际，扩大了执委规模。二是领导班子结构发生新变化。已由原先以非公有制经济代表人士为主体，发展成涵盖非公有制经济代表人士、在沈投资香港工商届人士、民办非企业代表、高级CEO、政府有关部门负责人等多方面人士参加的新型业态组织。三是工商联领导班子中出现了民营企业第二代接班人的身影。

（石春鹰）

【开展非公有制经济代表人士综合评价】 一是成立了指导小组。建立健全了由市委统战部牵头，各有关部门和团体组成的协调联系机制。市委统战部工商处作为开展全市非公有制经济代表人士工作的职能处室，具体负责综合评价工作。二是建立了市、区两级评价体系，具体指导了各部门的评价工作。市委统战部组织召开了沈阳市非公有制经济代表人士综合评价工作协调会，举办了综合评价培训研讨班，具体指导了各评价单位的评价工作，确保了评价工作的有序进行。三是深入开展了业务培训和实地评价工作。全年共培训各区、县（市）委统战部负责综合评价工作的有关人员30余人，培训非公有制经济代表人士及企业相关人员500余人次。全市已有2000多名非公有制经济代表人士参加了综合评价，其中市委统战部评价了290名。

（石春鹰）

【开展非公有制经济组织创先争优活动】 一是积极推动各区、县（市）把纪念建党90周年与学习贯彻中央领导同志关于非公有制经济组织创先争优的重要批示精神结合起来，在非公有制企业开展了“知党情、报党恩、促党建、跟党走”等主题活动，形成了全员学先进、赶先进、促发展的良好氛围。二是及时向各区、县（市）非公有制经济组织创先争优活动指导小组转发了《全国非公有制经济组织创先争优活动2011年工作要点》、《关于搞好服务行业非公有制企业“为民服务创先争优”活动的通知》和《关于开展非公有制经济组织创先争优活动群众评议工作的通知》等文件，推动各基层单位积极开展工作。三是继续抓好典型引路。积极发挥简报和联络点的作用，推动非公有制经济组织创先争优活动向纵深发展。市非公有制经济组织创先争优指导小组先后编发了《让党的旗帜在民营企业闪光》、《坚持五措并举，夯实党建工作根基》等简报，进一步营造了树典型、学先进的浓厚氛围。

（石春鹰）

【引导非公有制经济人士开展感恩行动】 2011年，市委统战部精心组织，注重引导，创新形式，强化宣传，探索建立了一些行之有效的载体和平台，积极推动感恩行动取得实效。

1. 加大宣传，积极引导，努力营造良好氛围。为了更好地在全市非公有制经济人士中开展回报社会感恩行动，市委统战部采取“会议宣传、舆论引导、典型指路”等一系列措施，确保活动的开展。一是从引导非公有制经济人士树立和践行社会主义核心价值体系，巩固共同思想政治基础的战略高度，通过组织召开感恩行动动员会、非公有制经济代表人士座谈会、感恩行动工作推动会等各种会议，加强领导，深入推动。二是采取邀请有一定语言表达能力，思想政治观念端正的老革命、老党员、老模范作报告等形式，教育广大非公有制经济人士回顾历史、感恩社会，进一步增强社会责任感和使命感，从而使感恩行动变被动为主动。2011年，全市有425名企业家参与了此项活动，资助金额达114.73万元。

2. 设计载体，注重“结合”，推动感恩行动取得实效。一是结合打造“同心”品牌，积极开展同心、同行主题教育活动。2011年9月，市委统战部与辽中县委统战部合作，组织开展了以“两个为主,一个为辅”(即服务县域经济发展为主,服务非公有制企业为主,引导非公有制经济人士回报社会为辅)为主题的“同心·辽中行”活动。活动邀请了24位有影响、有实力、有爱心的非公有制经济代表人士与12名贫困户、8名贫困学生、4名“三老”人员现场对接,并举行了捐赠仪式,资助金额达7.2万元。同时,又组织企业家实地考察了近海经济区,此举不仅为促进县域经济发展搭建了平台,也为非公有制经济实现新发展创造了良好契机。二是结合光彩事业“九个一”系列活动,积极引导广大非公有制经济人士致富思源,回报社会。2011年,全市非公有制经济人士为贫困地区修路36条、修桥涵12座、开发项目37个、引进招商项目135个、援建光彩小学9个、帮扶贫困学生和贫困户6876人次、帮扶重点优抚对象602人次,非公有制企业安置下岗职工就业61030人次。

(石春鹰)

【推进党外知识分子联谊会建设】 2011年,市委统战部举办了以学习贯彻落实胡锦涛同志提出的“同心”思想为主题的“同心”理念学习会,深化无党派人士主题教育活动。市知联会和各基层知联分会的30多位会长、副会长、秘书长参加了学习会。7月29日,召开联谊会一届二次会员大会及三次理事会议。审议通过了张振忠会长作的工作报告,增补了32名会员、20名理事、3名副会长,增设了常务理事会并选出了45名常务理事,启动了无党派人士、党外知识分子“同心·献智”品牌活动。期间,举办了庆祝建党90周年无党派人士、党外知识分子先进事迹报告会,4名无党派代表人士分别从参政议政、履职建功,致富思源、科学发展,牢记责任、情系患者,率先触摸太空等不同的侧面作了报告。积极推进党外知识分子联谊会建设,不断扩大工作载体网络。支持和指导辽宁中医药大学、东陵区、苏家屯区统战部成立党外知识分子联谊会。全市有8个区县、5所高校和1家国有企业成立了党外知识分子联谊会。建立会员QQ群,增强了联谊会与会员的联系沟通,为会员之间交流提供了新平台。

(朱立保)

【开展“同心·献智”活动】 贯彻落实胡锦涛总书记“同心”思想和中央统战部打造“同心”品牌的要求,以各级知联会为载体平台,以践行“同心”思想、打造“同心”品牌为主线,组织引导广大会员和党外知识分子开展“同心·献智”活动,发挥优势,助推发展,促进民生,多做贡献。一是实施“同心. 献智”建言建功工程。围绕同心,深入开展以“爱企业、献良策、做贡献”和“建言献策、建功立业”为主题的科技创新、管理创新、征集合理化建议等活动。培养高校、科研院所、企业党外知识分子重大科研攻关、创新项目“牵头人”和“牵头人团队”,促进科技创新项目转化、对接、合作。截至11月末,党外知识分子在各个领域牵头或重点参与、已立项完成或正在进行中的“同心”项目50余项。发挥知联会的集合优势,围绕“十二五”规划实施、建设“五个沈阳”、加强和创新社会管理等开展专题调研、献策建言活动。年初,17个单位上报37个调研课题,确定6个专题、33个重点课题,年中协调推动,年末组织参政咨询委员会的专家对无党派人士、党外知识分子完成调研报告、意见建议32篇,进行了研究论证,择优向有关方面推荐提交并表彰鼓励。二是实施“同心·献智”公益惠民工程。积极探索党外知识分子发挥智慧和优势,积极参与服务社会、服务民生、加强和创新社会管理、促进社会和谐发展,各尽其能,献智出力。组织无党派中医药专家开展“中医乡村行”活动,为康平县北四家子敬老院50多位老人进行了医疗义诊并赠送药品。在部分社区、企业建立知联会“同心”示范基地,引导新的社会阶层自由择业知识分子积极履行社会责任,自觉感恩社会、回馈民生。

(朱立保)

【党建工作】 1月30日,根据《2011年沈阳市扶贫帮困工作实施方案》要求和部领导意见,2011年元旦、春节期间组织部机关党员干部赴辽中县进行走访慰问,继续开展扶贫帮困活动。慰问期间,部领导考察扶贫项目并研究今年对口扶贫工作,坚持把这次走访慰问活动作为实施民生工程、为群众排忧解难的重要载体,密切联系群众、转变工作作风的重要途径。以此为契机,继续推进“万名干部包万户”活动和对口扶贫工作的开展。

5月4日—7月1日,统战系统机关各级党组织开展中国共产党成立90周年系列纪念活动。一是举办“党史知识和党的基本理论知识竞赛”,重温党的知识,加深对党史知识和党的基本理论的理解。二是结合“创先争优”活动,做好表彰先进党组织和优秀共产党员的选推工作。部机关党支部被市直机关工委评为先进党支部;另有1名优秀党务工作者和2名优秀共产党员、1名奉献标兵。三是组织党员干部职工参观城市规划馆、观看电影《建党伟业》、《辛亥革命》等。四是部领导走访慰问老党员老干部,给他们送去慰问金,了解他们的身体生活情况,并祝老党员老干部新春快乐、身体健康!五是组织系统机关200人的统一战线系统合唱团参加沈阳市庆祝建党90周年大型歌会,演唱《团结就是力量》,受到市领导及社会各界的好评。

8月1日—9月3日,组建市委统战系统机关体育代表团,参加2011年度市直机关职工体育运动会,广播体操表演获三等奖,代表团被市直机关工委评为精神文明奖。

(李旭辉)

·政策研究·

【筹备市第十二次党代会】 市第十二次党代会的召开是全市政治生活中的一件大事,做好党代会文稿筹备也是政研室工作的重中之重。市委政研室把起草党代会报告这一光荣而艰巨的任务,作为一项政治待遇和荣誉,以对党的事业负责、对市委负责的精神,超前思考,科学谋划,抽调骨干力量成立了起草小组,攻坚克难、创新突破,团结协作、忘我工作,起草形成了一个得到市委主要领导充分肯定、体现广大党员意志和人民愿望、得到全体代表高度评价的好报告，形成了一大批赢得社会各界广泛赞誉和一致好评的会议文稿，出色地完成了党代会文稿筹备工作，在服务市委决策工作中写下了浓墨重彩的一笔。

（寇令宇）

【重要会议筹备和文稿起草】 市委政研室全力做好市委重要文稿筹备工作，精心组织起草了市委十一届十一次、十二次和十二届一次、二次全会报告和讲话，还先后完成了30余篇领导讲话和重要文件的起草工作，这些文稿不仅准确体现了市委决策意图，有力地推进了事关全局的重点工作，为重大决策出台作出了突出贡献，而且引起了各方面的高度关注，《人民日报》"声音"栏目以《带头学经典重品行讲奉献》和《社会管理重在基层贵在创新》为题，发表了市委主要领导的言论，对于宣传沈阳市创造性地贯彻落实中央精神、展示市委推动科学发展、加快全面振兴的执政理念和实践成果都产生了积极影响。

（寇令宇）

【召开全市调查研究工作会议】 按照市委要求，市委政研室筹备召开了全市调查研究工作会议，引起了全市上下的高度关注，四大班子的领导出席会议，市委主要领导亲自到会并发表重要讲话，强调要充分认识新形势下加强调研工作的极端重要性，开创调研工作新局面。会议还表彰了先进调研单位和优秀调研成果，印发了《中共沈阳市委、沈阳市人民政府关于进一步加强和改进调查研究工作的意见》。全市调查研究工作会议的召开，充分体现了市委、市政府对调查研究工作的高度重视，也极大地激发了广大调研工作者的积极性、主动性和创造性，必将对全市大兴调查研究之风，大力弘扬求真务实精神产生重要的推动作用。

（寇令宇）

【调查研究】 市委政研室充分发挥协调全市调研工作的职能作用，组织开展了筹备市第十二次党代会专题调研活动，组织50个市直有关部门围绕30个事关沈阳未来发展的全局性、战略性、前瞻性重大课题开展深入调研，形成了一大批调研精品，为筹备好党代会奠定了坚实基础。围绕突出做好"三抓三促"重点工作，抓住一些关键领域和重点环节，找准切入点和突破口，深入开展调查研究，形成了25篇调研报告，其中《关于我市住房保障工作情况的调查》、《关于我市地下空间开发建设管理情况的调查》、《关于新民市周坨子乡科学发展的调查》、《关于我市食品安全现状的调查》、《关于我市农产品质量安全情况的调研》、《当前我市CPI、PPI运行特点及对经济社会发展的影响》等11篇，得到市委主要领导批示，实现了调研成果向决策依据的有效转化。

（寇令宇）

【决策咨询】 市委政研室不断完善决策咨询工作机制，积极组织咨询委员紧紧围绕深入推进"三抓三促"重点工作，多建有用之言、多谋发展之计、多献务实之策，使决策咨询工作的针对性和可操作性都有显著提高，为推动科学民主决策作出了积极贡献。全年共编发《决策咨询》28期，其中：《关于弘扬工业文明，建设沈阳工业文化廊道的建议》和《关于蒲河生态廊道建设的几点建议》两期获得了市委主要领导的批示，《关于把沈阳建成全国电动校车试点城市的对策建议》引起市政府主要领导的高度关注，《关于把沈阳建成我国重要通用航空产业基地的思考与建议》等6期获得相关副市长的批示，这是近年来获得副市长批示最多的一年。加大了综合性资料信息的编研工作力度，围绕筹备党代会、实施"十二五"规划以及各地经济社会发展和改善民生等方面的重大举措，形成了信息量大、针对性和实效性强的22篇综合性信息。同时，认真做好资料分析工作，撰写了《小微企业将迎来发展"春天"》、《扭紧政务诚信建设的"牛鼻子"》、《2011年宏观经济形势分析及经济政策取向》等8篇资料分析报告，对全市相关工作的开展起到了借鉴意义。

（寇令宇）

【干部队伍建设】 市委政研室加强学习培训，组织全室同志深入学习科学发展观和相关业务知识，开展教育培训和岗位练兵活动，使干部队伍能力和素质得到提高。强化制度建设，完善了工作成果考评办法和请休假制度，加大了干部选拔任用和输出工作力度，开展了处级领导岗位交流，进一步激发了干部队伍的活力。注重室内文化建设，组织开展了多种形式的文体活动，获得了市直机关职工体育运动会优秀组织奖，大众广播体操比赛二等奖，不仅增强了干部职工的合作意识和团队精神，而且展现了良好的精神风貌和时代风采。关心职工生活，开展了广泛的谈心活动，及时了解和帮助解决干部职工遇到的困难和问题。加强干部作风建设，大力弘扬政研精神，组织广大党员干部比学习、比贡献、比服务、比修养，不断增强党性观念和宗旨意识，充分激发政研干部的工作斗志和发展激情，在全室上下努力营造活力竞相迸发、聪明才智充分涌流的良好环境。

（寇令宇）

·对台工作·

【对台经济】 积极推动沈台经贸合作，促进对台招商引资有新增长。通过市领导带队入岛招商、积极搭建招商平台、结合环境推进项目，加大招商引资力度，逐步推动我市对台引资额不断增长。一是坚持领导带队推进招商。全年先后5次由副市级以上领导率队赴台考察和赴南方招商。2月，由市长陈海波带队随省团入岛开展经贸活动，通过高效务实的座谈、会见及参访，与岛内工商界人士广泛接触，洽谈推进了41个重点项目；10月，由市人大赵长义主任带队的装备制造业考察团，与岛内机床高速拉罩、生产快速换刀、高速主轴、数控旋转工作台的龙头企业深入洽谈，实现了一批项目达成合作意向，取得了丰硕成果。8月，由副市级干部沙波涛带队赴台招商，共洽谈推进项目11个，在岛内签约项目1个；10月，副市级干部沙波涛同志再次带队随省团赴岛开展经贸活动，共洽谈推进项目15个，积极有力地推动了沈台经贸合作；3月，副市级干部沙波涛还带队赴东莞、广州等地开展招商活动，深入考察当地台资企业，洽谈推进了一批重点项目。二是结合产业特色重点招商。组织沈河、沈北、铁西、于洪、棋盘山等 17 个区县团组,结合各自产业特点,采取随市领导赴台、单独组团赴台对接、接待岛内专业团组等方式,开展系列特色招商,洽谈一批项目。通过积极推进,六和汽车零部件生产、台湾润泰东北物流基地、厦门台商协会温泉渡假村等 11 个重点在建项目都有大幅调资、增资。台湾乡林集团、台湾友嘉实业集团、台湾友达集团、台湾东元集团、台湾联诚集团及台湾天福集团等在谈重点项目得到积极推进。三是积极搭建平台扩大招商。以大型活动为依托,不断扩大对台招商平台。6 月,与相关部门共同承办了"2011 辽宁(沈阳)台湾名品博览会",结识了台北世贸中心和众多参展台商,为对台招商、招展奠定了基础。邴志刚副省长专门批示对承办"名品博览会"的相关单位给予工作肯定。9 月,全市举办"第十届辽宁台湾周"活动,邀请了台湾工业总会、台湾工商建研会等 4 个行业团组,洽谈推进了一批重点项目,投资总额达 7.2 亿美元。同月,积极组织台商参与举办"第十届装备制造业博览会",为全市装备制造业发展助力。

(刘宁华)

【台商合法权益保障】 积极维护台商合法权益,营造良好投资环境有新突破。通过深入贯彻落实法规制度,建立健全保障机制,逐年加大协调力度,确保我市台商投诉协调工作依法、有序开展。一是认真贯彻落实"保护法"。为认真落实《台湾同胞投资保护法》,切实保障台商合法权益,更好为台资企业健康快速发展服务,10 月,省委领导带队到沈阳市六合机械等台资企业进行走访调研,根据企业反映的用工、交通、供暖、就医及子女就学等问题,逐项协调解决,台资企业对此非常满意。二是不断加大协调工作力度。深入贯彻落实中央,省、市对台信访投诉工作有关要求,以 10 月在上海召开的"全国涉台信访工作会议"为契机,大力宣传涉台信访投诉相关政策法规,积极协调政法、民政等有关部门,最大限度争取理解和支持,努力营造良好的投资环境,全力做好台商合法权益保障工作。同时,不断加大涉台案件协调力度。5 月和 12 月,市政府分别召开涉台案件专项协调会议,认真研究解决台资企业合理诉求,有力促进了台商投诉协调工作开展。三是完善细化服务保障机制。围绕全市"四个一"主题活动,创造性地开展了 3 项工作。首次组织大规模走访调研活动,省、市、区三级共走访调研台资企业 135 家,现场解决问题 55 件;首次召开台企与媒体座谈会,组织 10 多家主要媒体和 20 多家台资企业负责人参加会议,就加强台企与媒体的交流合作达成了四项共识;首次召开校企用工对接会,组织协调 6 个市直机关部门、10 家台资企业和 13 所职业院校参会,多家校企当场签订用工意向书,实现用工对接 235 人。依此契机,进一步细化了现场办公服务、两级协调服务、绿色通道服务机制。

(刘宁华)

【对台交流交往】 积极促进沈台文化交流,推动沈台交流交往有新发展。以弘扬中华文化为主线,突出开展四个方面工作,促进沈台交流合作向新领域和深层次发展。一是突出文化主线。以两岸文化交流为重点,组织开展了系列交流活动,进一步丰富了对台交流工作的内容和形式。1 月至 5 月间,在台北历史博物馆举办了"大清盛世——沈阳故宫文物展";4 月,在台湾中山纪念馆举办了"沈阳百名书画家作品展";6 月,在沈阳故宫举办了台湾个人收藏珍品展;7 月,"心灵艺术泥画大陆巡回展";8 月,举办了《笔墨春秋》及 e 笔科技书画珍品展;11 月,组织了台湾舞台剧《宝岛一村》首次在沈阳登陆演出;4 月和 8 月,还先后两次组织沈阳市博物馆学会赴台开展考古文化交流。二是突出学生主体。为深入做好台湾学生工作,不断增强青少年的民族认同感,市台办创新开展了沈台两地青年学生交流互访活动。5 月,在沈阳建筑大学举办了由沈阳市科协、福州市科协、台湾中华创意发展协会共同主办的第四届海峡两岸大学生创意设计作品巡回展;7 月,以沈阳市青少年国际文化交流中心为依托,组织了小、初、高各 3 名学生赴岛参加了"两岸青少年书法"活动;同月,沈阳市青年宫赴台参加"2011 两岸民族民间舞观摩交流公演"。三是突出对口交流。近年来,经不懈努力,沈阳两地已逐步搭建起常态化、机制化的交流与合作平台。6 月,组织了张氏帅府博物馆一行 11 人赴台参加第二届"两岸三馆馆长年会",建立了合作、交流、共赢的对口交流制度;5 月和 9 月,市总工会与台中市总工会先后两次进行了常态化对口交流互访活动,从做好台湾人民工作的角度做了积极有效的尝试。四是突出上层联络。全年共 10 位市领导赴台,与台湾各界知名人士广泛交流。特别是陈海波市长随省团赴台,通过策划组织"辽宁老乡联谊会"等活动方式,进一步增进沈台民众的沟通了解;妥善处理连战母亲去世,接待了台"外交"访问团、国民党大陆事务部主任高辉及国民党副主席林丰正率团来访。

(刘宁华)

【对台宣传教育】 积极开展涉台宣传教育,扩大沈阳在岛内又有新影响。通过扎实开展对台宣传教育,积极推进入岛宣传,加强大型涉台活动报道,拓展对台网络宣传空间,使岛内媒体、民众更多关注沈阳。一是扎实开展涉台教育。通过《两岸关系》、《台湾工作通讯》和《沈阳对台工作》刊物的刊发,有力指导全市涉台宣传教育的开展。按照对台教育入耳、入脑、入心的要求,相继开展了涉台教育进机关、进企业、进社区、进学校等活动,全市举办涉台教育活动 60 余场,受教育人数超过 1.5 万人次。进一步营造全社会支持和参与对台工作的良好氛围。二是深入开展入岛宣传。组织台湾中天、东森、TVBS 和《中国时报》、《联合报》、《经济日报》等 10 家岛内主流媒体,对市领导率团赴台进行宣传报道,市领导还考察了台湾中时等媒体集团,进一步奠定了沈台两地媒体交流基础;邀请台湾南部传媒参访团、台湾联合媒体团、台湾《经济日报》记者团等 4 个岛内媒体团 60 余人来沈,对沈阳市的城市发展、历史文化和经济社会发展情况进行专题采访报道;特别是对"2011 年辽宁(沈阳)台湾名品博览会"、"第十届辽宁台湾周”等大型涉台活动进行集中采访报道。通过以台湾媒体宣传视角，实现“借船出海”，入岛宣传。三是灵活开展网络报道。依托华夏经纬网“辽台往来”和完善更新“沈阳与台湾”城市网页，共发稿900余篇次，位居全省前列，全方位宣传沈阳市各领域发展变化。同时，利用“沈阳与台湾”城市网页，为苏家屯等区县开辟网上招商专栏，开展网上招商。四是切实加强新闻管理。妥善处理两起市属有关媒体对台资企业不当报道事件。组织市属相关媒体召开座谈会，分析涉台新闻形势，重申涉台宣传纪律，促进沈台各领域交流合作发展。会同市委宣传部组织召开了市属相关媒体负责人座谈会，就加强新闻媒体管理及台企与媒体交流合作等方面达成了共识，为台企健康发展营造良好的舆论环境。

（刘宁华）

·保　　密·

【保密宣传】　以提高各级领导干部的保密意识为关键，推进保密宣传工作。根据国家、省保密局的文件精神和有关要求，结合沈阳市实际，印发了《中共沈阳市委保密委员会办公室 沈阳市国家保密局“六五”保密法制宣传教育规划（2011－2015年）》。印制作保密警示教育案例系列片150余份发放到全市各单位，对总工会等14个地区和单位进行了保密业务培训，组织开展窃密与反窃密技术演示，通过对窃密手段和泄密渠道直观形象的演示，强化领导干部和涉密人员的保密观念。积极开展《保密工作》杂志通联发行工作，全市共有16个地区和单位的通联工作达到国家标准，沈阳市的通联工作荣获全国副省级城市第一名。

（于　浩）

【保密检查】　以党政机关、重点涉密单位为重点，组织开展了保密检查工作。在全市各单位认真开展自查的基础上，4月15日至5月9日，市国家保密局会同市委办公厅、机要局、经信委组成联合检查组，对市委政研室等单位进行了抽查，下达了《保密检查意见书》。被检单位针对检查出的泄密隐患及违规问题，及时制定整改措施，逐项进行整改落实。按照国家、省保密局《关于加强国家秘密载体印制保密管理的通知》要求，1月10日至3月2日，全市230余家单位对本单位秘密载体印制情况开展了自查，各区、县（市）保密局对本行政区域内印制企业印制国家秘密载体的情况进行了专项检查，市国家保密局对国家秘密载体复制定点单位进行了检查，对大东、沈河等区县的涉密单位进行了抽查。

（于　浩）

【保密教育】　以参加“全国窃密泄密案例警示教育展”活动为契机，加大保密教育工作力度。全市共有190余个地区和单位、1万余名党员领导干部观看了展览，其中副省级领导干部4人，副市级领导干部9人，局级领导干部210人。省委常委、市委书记曾维，市委副书记、市长陈海波，市人大常委会主任赵长义，市政协主席刘雅琴等市领导带头参观了展览。市委办公厅、市政府办公厅等8家单位全体人员观看了展览。充分发挥了党校保密教育主阵地作用，市委党校先后在市管干部、中青年干部培训班等班次，开设保密课100多学时，对2000余名领导干部进行了保密教育培训。大东、铁西、新民等区级党校也把保密教育纳入到党校教学中，全年共举办41期培训班，对近3000名领导干部及相关人员进行了保密知识培训。

（于　浩）

【保密技术】　以推进保密监管平台为核心，强化技防手段。已基本实现了对全市党政机关、涉密单位涉密计算机和内部计算机的有效监管，实现了与省级监管平台的报警联动，有效遏制了涉密（内部）计算机接入互联网、移动存储介质交叉使用等严重违法、违规行为，实现了涉密计算机和内部计算机管理从人防到人防与技防相结合的转变。加大对互联网信息保密检查力度，进一步健全公共信息网络安全监控系统，使“公共信息网络安全监控系统”可监控网页大幅增加，大大提高了我市发现和处理党政机关的门户网站违规发布涉密信息的能力。

（于　浩）

【保密管理】　以强化国家统一考试和军工科研生产单位的保密管理为中心，充分发挥行政职能。市和区（县）、市保密局按工作预案，加强与教育、招考、司法等部门的配合，抓好各类国家统一考试试卷的保密管理，强化试卷命题、印刷、交接、运输、保管等环节的监管。认真做好申请军工认证单位涉密人员的培训，积极提供组织、制度建设、技防保障等方面的咨询、指导与服务。完成了10余家单位的认证审核，配合省军工认证办完成了6家单位的首轮和重新认证的现场审查。组成调研小组，精心筛选出30余家民营企业，对高新技术领域保密管理情况进行调研，并将涉密的民营企业纳入全市保密工作活动组管理，在全国范围内开创了民营企业保密工作管理的先河，填补了全国民营企业无保密管理的空白。

（于　浩）

【重大活动、重大事项保密管理】　以服务重大活动为主线，提高保密管理能力。为做好沈阳市第十二次党代会的保密工作，市国家保密局成立了“党代会”保密工作领导小组，制定了工作方案，印发了保密须知，严抓了报告起草、涉密文件资料、干部选举等事项的保密工作，并会同移动、联通、电信的技术部门，在进行了现场检测的基础上，对会议场地实行手机信号屏蔽。启动了全运会的保密管理，对“十二运”沈阳赛区组委会进行了保密检查，对发现的问题提出了整改意见和建议。同时，成立调研小组赴济南学习全运会保密工作经验，增强了对运动会期间保密管理及组织建设、定密、保密技术防范等方面工作的认识和理解，开始着手起草我市全运会保密工作方案。进一步强化了重大事项保密管理，全市各地区、各单位在重大政治、经济、科技、外事活动中，提前制定保密工作预案，围绕制博会、韩国周等大型活动，抓住关键环节，落实保密责任，切实做到管好涉密人员，管住涉密载体，确保国家秘密的安全。

（于　浩）

·信　访·

【"沈阳模式"进一步完善】 2011年，沈阳市信访工作一是进一步畅通了渠道。在12345和信访大厅一站式接访的基础上，又开通了短信、微博，配备12345现场勘查车，与1.2万名民意代表建立了联系制度。全年市、区、县(市)信访大厅受理各类诉求13万件，办结12.63万件，办结率97%。其中：市信访大厅接待受理来访9191件，调处化解8823件，化解率96%；区县信访大厅接待受理来访6053件，接待调处化解来访5750件，化解率95%；市民诉求专线受理群众来信、网上投诉、手机短信11.5万件，化解11.17万件，化解率97%。二是进一步完善了社会稳定风险评估体系。先后出台了"关于进一步加强各级信访部门组织指导社会风险评估工作的意见、考核办法、报备工作程序"等制度，风险评估工作进一步规范化、科学化。下发了73个"预警通知单"，对50个项目进行备案审批，暂缓叫停8个项目。三是进一步完善了解决问题机制。针对到省访、进京访后续接谈化解和积案化解薄弱环节，组成了到省访调处办公室；在分流中心的基础上，成立了进京访调处办公室；在积案化解上，成立了积案化解办公室。由于京沈联动、省市联动机制进一步完善，进京访、到省访形势越来越好，全年进京访集体访登记为零，进京正常访登记位居省中游。非正常访登记3案3人，比上年同期下降99.9%。到省个体访和集体访(455案、286案)同比2010年(594案、323案)分别下降23%和11%。国家、省、市"两会"、"建党90周年"等敏感时期和重要节点，沈阳"大事没出，小事也没出"。四是进一步加强了基层基础建设。加大了县区指导，推广了大东区信访代理工作经验，总结了沈河区信访"大调解"工作体系和群众投诉受理和权益保障工作"六级网络"，不断引导和建立信访工作从源头做、全程做、大家做的新格局。

（李文录）

【信访积案化解成效显著】 一是上级交办积案按要求时限全部完成。中央交办15件积案落实市、区两级领导包案已全部化解。省交办731积案，化解率95%，息访率73.65%。二是市交办的1097件，化解935件，化解率85%。三是专案专办取得成果。"金信"、"华克寿"、"木兰电子"、"第三电器开关厂"、"裕腾"、"三利和平湾"、"市内五区房管系统"、"沈阳胶管总厂"和"无法办理房证追责组"等专案组，都取得突破性进展。每个专案组象补丁一样，遏制了群体性事件的发生，"一边追责、一边办证"工作组，在房产部门的配合下，为群众办理房产证8662个，追缴资金5338万元，惠及百姓6.34万人。四是进京访骨头案有突破。分流调处中心加大对案件调处力度，化解了10年以上"骨头案"45件。五是救助解决复杂个案成果显著。通过信访救助促进息访罢诉。全年共帮扶救助困难信访人员430人，涉救助资金2822.4万元。其中利用省信访专项资金823.4万元，救助解决了53个疑难信访个案。六是依法终结化解取得成果。着力化解，慎重终结，中央联席办批准我市审核终结384案，使一批老户有序退出。

（李文录）

【团队建设】 一是用一流标准打造团队。深化、细化、实化"工作一流、群众满意"创先争优标准。经过努力市民诉求专线被辽宁省委评为"创先争优"先进基层党组织；市信访局被市直机关工委评为沈阳市十佳学习型单位；2名同志分别被市委评为"创先争优"优秀党务工作者和优秀共产党员；市信访大厅先后有27名同志获得省、市以上其它奖励，副局长张雅书同志荣获了市长特别奖，5名驻厅市管后备干部得到提拔。二是用红歌文化引领团队。高标准成功举办了第三届信访系统红歌大赛。三是加大了舆论宣传力度。有效引导社会舆论，放大主流声音。5月13日，成功承办了全国信访宣传工作座谈会，沈阳介绍了工作经验。信访宣传工作取得了前所未有的标志性成果。在胡锦涛总书记作出向潘作良同志学习批示3周年之际，及时推出了《筑起百姓心中丰碑》长篇通讯和《亲人标准》等100多篇理论文章和新闻稿件，先后在《人民日报》、"新华网"、《人民信访》、《沈阳日报》、《沈阳工作》等报刊媒体上广泛宣传。《新形势下群众权益保障工作的调查与思考》一文获市委2011年度优秀调研文章一等奖。

（李文录）

·老干部工作·

【概况】 2011年，是全市老干部工作继续扎实推进的一年。在市委领导下，全市各级老干部工作部门进一步增强紧迫感和责任意识，深入落实"两个待遇"，着力解决重点、难点问题，取得了新的成绩，实现了新的发展。

截至2011年12月底，全市现有离休干部11568人。在全市老干部中，红军时期参加革命10人，占0.1%；抗日战争时期参加革命824人，占7.1%；解放战争时期参加革命10734人，占92.8%。行政机关2225人，占19.23%；事业单位3104人，占26.83%；企业单位6239人，占53.94%。副省级单项待遇9人，地(厅)级待遇15人，副地(厅)级待遇683人，县(处)级待遇1809人，副县(处)级待遇5093人，正副乡(科)级待遇986人，其它待遇2973人。75-79岁1703人，占14.72%；80-89岁9232人，占79.81%；90岁以上633人，占5.47%。现有离休干部党员8397人，占72.59%。党支部890个，党小组760个。

（林　琳）

【落实老干部政治待遇】 进一步加大离退休干部党支部建设工作力度，以创先争优活动为载体，开展创建"五好支部"活动，并注重总结推广先进经验。沈河区、皇姑区、机床集团离退休干部党支部在省委老干部局主办的"全省离退休干部党建工作创新案例"评选活动中获奖。全市有12个离退休干部党支部和30名老干部分别荣获全省先进离退休干部党支部和老干部先进个人荣誉称号。举办了全市离退休干部党支部书记培训班，百余名支部书记参加了培训，强化了党建工作基础。召开了全市离退休干部党支部建设工作推进会，针对如何做好新形势下党建工作提出了具体要求，取得了新的进展。

坚持落实老干部政治待遇的各项制度，特别是在组织学习、走访慰问、形势报告、参观考察等方面注重改进和创新方式，收到了较好的效果。先后举办了副市级以上老领导和地专级老干部两期读书班，把专题学习和健康疗养有机结合，受到了老同志的普遍欢迎。全市各区县(市)和市直单位老干部工作部门将本地区、本单位组织工作情况和选人用人情况，适时向老干部进行集中传达和通报，提高了老干部对全市组织工作和干部任用情况的知晓率和满意度。先后组织老干部代表参观考察了沈北新区蒲河廊道、浑南新城全运村、市养老服务中心和泗水科技城；组织副市级老领导赴本溪参观考察。协调市财政局、人社局下发了《关于调整离休干部活动经费标准的通知》，将离休干部活动经费标准由原来的700、600、500元分别提高到900、800、700元。

以建党90周年为契机，组织开展了征文、党史知识竞赛、书画展、文艺汇演等一系列主题突出的庆祝活动。“七一”前，举办庆祝建党90周年文艺演出，市领导与近千名老干部欢聚一堂，共同庆祝党的生日。为196名年满90周岁的离休干部赠送彩电。

市老干部活动中心以“庆祝建党90周年”为主线，开展适合老干部特点、符合老干部需求、贴近老干部志趣的各种文体活动。市老干部大学进一步创新办学思路，提升教学质量，推进办学规范化，有效地丰富了老干部的精神文化生活。市老干部疗养院不断拓展思路，为老干部休养和学习提供温馨服务。市干休所积极探索服务新模式，帮助老干部解决生活中的实际困难，深化亲情服务。市关工委以“英雄中队”、“五老说和团”为载体，组织和引导广大老同志在青少年思想道德教育、社会综合治理和社会主义精神文明建设等方面发挥了积极作用。

(林　琳)

【落实离休干部生活待遇】　离休干部“三个机制”运行良好，离休费按时足额发放；医疗统筹应保尽保，医药费季度内报销；财政支持更加有力。大病医疗费垫付周转资金、医药费节约奖励基金、特困老干部帮扶等机制得到进一步巩固和完善。各区县财政共投入1066万元建立帮扶困难离休干部机制，及时解决生活上有困难离休干部的后顾之忧。方便离休干部看病就医和加强管理的措施日趋完善，增加医药目录60多种。在医疗费统筹上，市财政支持6500万元，其中，为131个单位1472名离休干部办理了医疗统筹减免。配合市财政局等有关部门，将市直医疗统筹标准由16000元提高到32000元，从1月开始执行。及时转发《关于提高离休干部生活补贴标准和扩大发放范围的通知》，并已全部落实到位。全年共为1200余名离休干部审批提高护理费标准；为442名离休干部安装了社区服务呼叫“一键通”；为2000余名特困企业离休干部办理了采暖费免缴卡。

推动离休干部住房分配货币化补贴工作进程。市直机关、全额拨款事业单位2058名离休干部住房分配货币化补贴已全部解决到位。全市各区普遍建立了解决这一问题的机制。全市离休干部住房分配货币化补贴已累计解决5607人，占应解决总数17030人的33%。

从制度上规范对易地安置离休干部的服务管理工作。年初，对21户特困企业的22名易地安置离休干部的93.7万元医药费，申请财政补助给予彻底解决。在“七一”前夕，组成慰问小组，走访易地安置离休干部30余名，送去了慰问信、慰问金和家乡的温暖。

(林　琳)

【规范“四就近”工作】　“四就近”作为老干部工作的有益延伸和补充，在解决老干部居家养老方面发挥了积极作用，得到了普遍认可。和平区把2011年作为“四就近”工作规范年，提出了“坚持四贴近和五化”的工作要求，并积极协调有关部门筹建“四就近”工作专项资金。沈河区打造“无围墙养老院”，让老干部“人在家中坐，服务上门来”。铁西区通过一系列制度建设促进了社区老干部管理服务工作的深入开展。大东区启动了“十项服务进家庭”活动，重点解决体弱多病、不能出户活动老干部的服务问题。苏家屯区深入重点社区给予指导、督办，并给予社区一定的资金补贴。有的社区以党支部为核心，邀请老干部到社区参加党支部学习和活动，组织老干部开展读书、读报、棋牌、健身和娱乐等活动，丰富了老干部的精神文化生活；有的社区建立了居家养老服务中心、党员服务中心、老干部服务中心，为老干部提供就近、贴心的服务；有的社区设立“社区养老助理员”，定期到空巢老干部家中为老同志洗衣、做饭、帮助购物等；有的社区组织志愿者为空巢、行动不便和长期患病的老干部提供家政、代购、陪护、管道疏通、电器修理等免费或低偿服务，有效地提高了老干部晚年生活的幸福感。全市已有6033名离休干部在自愿的前提下享受到了利用社区资源所提供的“四就近”服务。沈阳市的经验作法在全国19城市老干部工作会上，进行了大会发言交流。市委老干部局撰写的关于“四就近”工作的调研报告，获中组部优秀调研理论成果二等奖和省委老干部局优秀调研理论成果一等奖。在全省利用社区资源做好离退休干部服务工作经验交流会上，与会同志实地参观考察了和平、沈河、大东3个区的社区典型，得到省内各市的普遍好评。

(林　琳)

【加强促进性工作开展】　充分利用新闻媒体，及时宣传报道全市老干部工作，共刊播全市性老干部工作的稿件50余篇。积极向省委老干部局和市委上报全市老干部工作动态和情况，全市上报信息被省局网站采用121篇，位于全省前列；市局上报信息多次被《沈阳信息》、《沈阳工作》采用。省委组织部《辽宁组工信息》和《中国老年报》均对沈阳市老干部工作情况进行了宣传和报道。

做好信访稳定工作。全市各单位在认真落实信访稳定工作领导责任制和信访接待制度的基础上，进一步畅通信访渠道，规范信访秩序。通过落实责任、主动下访、督查督办、协调有关部门共同办理等措施，及时妥善处理老干部来信来访。全年市局共接待来访682人次，比去年下降6%，来信37封，比上年下降54%。

（林　琳）

【加强老干部工作者队伍建设】 全市各级老干部工作部门坚持把“讲党性、重品行、作表率”与创先争优活动结合起来，通过举办培训班、开展读书和演讲比赛等，强化思想作风建设、能力建设和服务意识，不断提高工作水平，进一步树立了老干部工作者政治强、业务精、作风正的形象。全市有30名老干部工作者荣获全省老干部工作先进个人称号，市局及8家基层单位获得全省老干部工作先进集体称号。全市各级党委注重强化老干部工作部门的领导班子和工作人员队伍建设，选拔了一批政治素质高、工作能力强、热心老干部工作的同志做老干部工作。并积极搭建平台、设立载体，多种形式培养锻炼年轻干部，为新时期老干部工作注入活力。

（林　琳）

纪检监察

【市纪委十一届六次全会】 中共沈阳市第十一届纪律检查委员会第六次全体会议于2011年1月27日举行。全会传达了十七届中央纪委六次全会、省纪委十届六次全会精神，回顾总结了2010年全市党风廉政建设和反腐败工作，对2011年反腐倡廉工作进行了全面部署。全会审议通过了市委常委、市纪委书记徐兴华代表市纪委常委会所作的题为《坚持改革创新，服务科学发展，深入开展党风廉政建设和反腐败斗争》的工作报告。

全会认为，2010年，全市各级纪检监察机关围绕中心、服务大局，坚持标本兼治、综合治理、惩防并举、注重预防的方针，扎实推进惩治和预防腐败体系建设，党风廉政建设和反腐败工作取得了新进展，为全市经济发展和社会稳定提供了有力保证。围绕重大决策部署开展监督检查的力度不断加大，强化了对国家批准沈阳市151个扩大内需投资项目的监督检查，深入开展了工程建设领域突出问题专项治理，着重对节能减排和环境保护、保障性住房建设、安全生产、违法用地等问题开展了专项检查。进一步强化了对党员干部的教育监督，认真落实《中国共产党党员领导干部廉洁从政若干准则》和廉洁自律各项规定，党员干部廉洁从政的自觉性进一步提高。全市因公出国（境）人次数同比下降12%；审批公务用车同比下降23.9%；纠正处理“小金库”问题38个，涉及金额1700万元；448名市管干部向组织报告了个人重大事项，对57名市管干部进行了廉政谈话。查办案件的威慑力进一步加大，全市各级纪检监察机关新立案750件，给予党政纪处分812人，移送司法机关67人，查办大案要案315件，其中涉及市管干部19人，处级干部69人，通过办案挽回经济损失1.04亿元。严重损害群众利益的突出问题进一步得到解决，查处教育乱收费案件70件，给予党政纪处分和其他处理90人；查处制售假劣农资坑农害农案件47件，为农民挽回经济损失1960万元；清查直管住房房改出售工作中的违规行为，收缴违纪违法款2710万元，移送司法机关19人；全市通过省“民心网”、“96123沈阳市民服务热线”等渠道受理群众诉求261万件，制止和纠正违纪违法行为6.2万件，5496人被追究了相关责任。同时，推进体制改革和制度创新，开展了加强行政权力运行监控机制建设，从源头上防治腐败工作进一步深化。

全会提出，2011年全市党风廉政建设和反腐败工作要以邓小平理论和“三个代表”重要思想为指导，以科学发展观为统领，深入贯彻落实以人为本、执政为民理念，坚持标本兼治、综合治理、惩防并举、注重预防的方针，以完善惩防体系为主线，严格规范权力运行，以体制机制制度创新为动力，围绕“抓项目促调整、抓环境促提升、抓民生促和谐”三项重点工作，扎实推进领导干部作风建设，着力解决反腐倡廉建设中群众反映强烈的突出问题，不断提高反腐倡廉建设的科学化水平，为实现沈阳“十二五”良好开局提供坚强的政治保证。

全会要求，各级纪检监察机关要紧紧围绕科学发展这个主题和加快转变经济发展方式这条主线，积极推动中央和省、市重大决策部署的贯彻落实，确保政令畅通。要以贯彻《廉政准则》为重点，进一步强化理想信念教育和党性党风党纪教育，加强对党员干部的监督。要加大查办案件力度，重点查办大案要案、严重损害国家和群众利益的案件，特别是严肃查处在工程建设中规避招标、虚假招标、违法转包分包以及违规审批项目、违规调整规划的案件，中介组织违法违规造成国有资产流失的案件，违纪违规用人及背后的腐败案件，坚决惩处违纪违法行为。要深入推进专项治理工作，深化工程建设领域突出问题专项治理和“小金库”专项治理，认真开展庆典、研讨会、论坛过多过滥问题专项治理和公务用车问题专项治理；深入治理教育、医疗、食品药品安全、涉农利益等群众反映强烈的突出问题；整治各级党政机关和干部队伍中存在的影响软环境建设的机关作风等方面问题。要积极推进“五大系统”建设，深化改革和制度创新，进一步做好预防腐败工作。要大力加强农村、企业、高等学校、城市社区党风廉政建设，促进社会和谐稳定。全会同时提出，要以落实党风廉政建设责任制为重点，建立科学管用的责任体系；要充分发挥纪律检查和行政监察两项职能作用，努力提高反腐倡廉建设科学化水平；要着力加强自身建设，进一步提高纪检监察干部队伍的总体素质。

全会期间，市纪委还对上年全市查处的8起违纪违法典型案件进行了通报。

（吕兴宇）

【全市纪委书记监察局长座谈会】 2011年9月29日，市纪委召开全市纪委书记监察局长座谈会，传达学习中纪委监察部关于惩防体系建设工作会议、华北东北地区查办案件工作座谈会和全省纪委书记监察局长座谈会议精神，总结交流各区县（市）纪检监察工作的经验、做法和成果。市委常委、市纪委书记徐兴华出席会议并作重要讲话，就如何做好第四季度工作、筹划明年工作进行了全面部署。

徐兴华在讲话中充分肯定了各区县（市）工作所取得的成绩。他指出，2011年以来，全市各级纪检监察机关认真贯彻落实中省纪委的要求和部署，紧紧围绕市委提出的“抓项目促调整、抓环境促提升、抓民生促和谐”三项重点任务，坚持标本兼治、综合治理、惩防并举、注重预防的方针，以完善惩防体系为主线，以体制机制创新为动力，以着力解决群众反映强烈的突出问题为重点，扎实推进全市反腐倡廉各项工作，为实现沈阳“十二五”良好开局提供了有力保证。

徐兴华强调，近期全市各级纪检监察机关要着力做好六方面重点工作。一是要抓好对加快转变经济发展方式的监督检查；二是要严肃查办违纪违法案件；三是要继续抓好《廉政准则》的贯彻落实；四是要全面完成专项治理各项任务；五是要进一步抓好“五大系统”建设；六是要扎实推进惩防体系建设。

徐兴华指出，顺利完成年初确定的目标，关键在于狠抓落实。要切实加强组织领导，坚持主要领导负总责，分管领导具体抓，各负其责，确保各项工作顺利推进。要不断提高工作的科学化水平，正确处理好抓长远性、基础性工作与解决当前突出问题的关系、规定动作与自选动作的关系、继承与创新的关系，创造性地开展工作，使各项工作不断上水平、上层次。

会议由市纪委常务副书记史文昌主持。市纪委监察局领导班子成员，各区县（市）纪委书记、监察局长，市纪委监察局各厅室主任、正副局级纪检监察专员出席了会议。

（吕兴宇）

【“作廉洁表率，促和谐发展”主题教育活动】 2011年10月31日，全市领导干部警示教育大会暨“作廉洁表率，促和谐发展”主题教育活动启动仪式在辽宁大剧院隆重举行。省委常委、市委书记曾维出席大会并讲话，他强调，要结合深入贯彻落实党的十七届六中全会精神，扎实开展“作廉洁表率、促和谐发展”主题教育活动，引导各级党政组织全力抓好反腐倡廉各项工作，教育各级领导干部全面筑牢拒腐防变思想防线，进一步营造风清气正的良好环境，助推沈阳在科学发展道路上实现全面振兴。市长陈海波、市政协主席刘雅琴、省纪委副书记孟祥锋出席大会，市委、市人大常委会、市政府、市政协领导，市法院、市检察院、各区县（市）、开发区、市直各部门、市属大型企业和大专院校领导班子成员等1300人参加大会。市委常委、市纪委书记徐兴华主持大会。会上播放了中省纪委制作的《宋勇腐败案警示录》和市纪委与沈阳电视台联合制作的《褪色的夕阳——张海川案件警示录》、《自毁之路——赵爱群案件警示录》3部警示教育片。在为期一个月的教育活动期间，全市各地区、各部门按照市里统一部署，紧密结合自身实际，集中开展了党政主要领导讲党课教育、案例警示教育、廉政法规教育、岗位廉政教育和典型示范教育。市属新闻媒体开辟专栏，对主题教育活动进行了全方位报道。

（吕兴宇）

【“纪念建党90周年反腐倡廉知识竞赛”活动】 根据纪念建党90周年活动的安排部署，市纪委在全市党员干部中组织开展了以学习宣传《廉政准则》为重点的廉政法规知识竞赛活动。竞赛分为区县（市）赛区、市直机关赛区、企业赛区和学校赛区，规定每支参赛代表队的3名队员分别由局级干部、处级干部和普通党员干部组成。对于参赛队没有局级和处级干部参加的代表队在比赛的基础分上扣除相应的分值，对于局级和处级干部主动答题、正确答题的代表队给予加分鼓励。全市各级纪检监察机关以竞赛活动为契机，广泛组织发动，层层竞赛选拔，全市有3万余名党员领导干部参加了廉政法规学习答题，共组织100余场竞赛活动。12月28日，在沈阳电视台演播厅举行了全市廉政法规知识竞赛的总决赛。经激烈角逐，最后市财政局荣获冠军，和平区和市公安局荣获亚军；市地税局、市工商局及市行政执法局荣获季军。沈阳广播电视台荣获竞赛活动特殊贡献奖；沈河区等12支代表队荣获竞赛活动优秀组织奖。

（吕兴宇）

【侵害群众利益问题专项治理】 2011年8月至11月，沈阳市纪委和各区县纪委针对当前侵害群众利益案件高发、涉农信访问题严重的实际情况，从近两年群众信访举报中，共筛选确定122件涉农信访案件，举全市纪检监察机关力量，集中开展了对侵害群众利益问题的专项治理，着力查处在土地征收、动拆迁补偿、强农惠农政策落实、农村集体资产管理、农村基层民主政治建设以及农村党员干部廉洁自律等方面严重侵害群众利益的问题。在市纪委的统一部署和领导下，各相关部门和单位采取领导包案、责任到人的办法，将信访件办理责任层层分解，严格工作要求、工作时限和奖惩措施。对复杂案件，组成由公安、检察院、法院、信访、审计等有关部门人员组成的联合调查组开展调查。截至12月底，122件重点涉农信访件绝大多数按期办理完毕，共立案65件，处分违纪人员93人，移送司法机关45人，收缴赃款赃物价值1500万元，为国家挽回经济损失近亿元。通过这次专项治理，农村中群众反映强烈的突出问题得到有效解决，信访矛盾得到有效化解，侵害群众利益的违纪违法行为受到严肃查处，受到了群众的普遍支持和拥护，收到了良好的政治效果、经济效果和社会效果。

（吕兴宇）

【行政权力制度系统建设】 按照市委关于“五大系统”建设的要求部署，市直31个部门和15个区县（市）、开发区对应部门全面开展了行政权力运行制度系统建设工作。各相关部门通过工作人员申报、业务处室综合、人事机构汇总、法制机构初审的方式，对行政权力事项进行全面清理。全市累计清理申报行政权力31489项，确认29335项，取消、调整、下放和转为一般性管理行为2154项。在此基础上，以法定程序为基准，以重要岗位为结点，以细化标准为要素，对原有权力运行流程进行梳理，保留法定环节，删除附加程序，压缩前置要件，确定关键结点，设置了权力启动条件、具体承办人员、监督控制等环节，进一步细化了权力流经重点岗位的工作规范、质量标准和责任要求，初步实现了行政权力运行路径合法、服务高效便捷、重点环节可控的目标。共编制行政权力运行流程图4469张，累计压缩内部运行环节8045个，减少办事要件652个，平均每项权力运行时间缩短2.6天。行政权力和运行流程确定后，各相关部门按照“共性问题普遍建、个性问题局部建、特殊问题重点建”的原则，集中查找可能造成权力失控的环节和部位，初步梳理出廉政风险点16538个，分类、分项制定廉政风险防范措施2916项。通过行政权力运行制度系统建设，有力地促进了行政权力运行的规范化、制度化、公开化，有效地防止了权力滥用和以权谋私问题的发生。

（吕兴宇）

【加快转变经济发展方式监督检查】 按照中央和全省加快转变经济发展方式监督检查电视电话会议的要求部署，沈阳市成立以市委常委、市纪委书记徐兴华书记任组长，市发改委、市经信委等13个部门为成员单位的监督检查工作领导小组，集中对“十二五”规划实施、重点产业振兴和技术改造、节能减排和环境保护、耕地保护和节约用地、水利改革发展等方面开展监督检查。在监督检查小组的领导下，全市各级纪检监察机关围绕保障性安居工程建设，会同有关部门组成联合调查组对保障性住房资金使用、工程质量和分配使用等环节开展监督检查，检查保障性住房项目21个，发现问题57个，对存在问题督促有关部门进行了整改。对法库县在保障性住房中存在的违规问题进行了调查处理，对4名领导干部追究了责任。围绕“廉洁办全运”，对市级全民健身中心12个项目的建设情况进行专项监督检查，推进了十二运场馆建设顺利实施。围绕保证中央关于扩内需、促增长政策贯彻落实，会同有关部门对全市77个中央投资项目的审批手续、实施进度、资金及“四制”管理情况开展监督检查，下达整改通知书21份。深入开展工程建设领域突出问题专项治理工作，共排查政府投资和使用国有资金项目183个，发现和纠正问题项目73个；排查非政府投资项目539个，发现和纠正问题项目165个；共受理群众举报25件，立案14件，给予党政纪处分17人，移送司法机关2人。

（吕兴宇）

【推进党务公开】 2011年，是沈阳市党务公开工作深入推进的一年。在市委主要领导的高度重视下，重新调整了党务公开工作领导小组，印发《关于在全市党的基层组织全面推进党务公开的实施意见》，明确了党务公开工作的指导思想、原则要求、目标任务和具体措施，并探索建立以领导小组例会制度、公开平台管理制度、规定事项例行公开制度、意见收集办理反馈制度、检查考核及督查督办制度和评议评价及奖惩激励制度等为主要内容的党务公开制度体系，为全面推进党务公开工作提供了强有力的体制和制度保证。各区、县（市）也相应建立了党务公开工作领导小组和组织机构，形成了党委（党组）统一领导、各有关部门齐抓共管、一级抓一级、层层抓落实的工作格局。按照市委的要求和部署，各级党务公开工作领导小组办公室积极组织各地区、各部门以落实党员知情权、参与权、选举权、表达权、监督权为重点，编制《党务公开目录》，把党组织的重大决策、干部人事任免、党风廉政建设以及群众关心关注的问题作为公开的重点内容，通过会议、网络、新闻媒体等形式向党员群众广泛公开。在推进党务公开工作中，市党务公开领导小组办公室先后总结推广了辽宁中医药大学、市食品药品监督管理局、沈阳水务集团、市第五人民医院、沈北新区黄家锡伯族乡等一批基层党务公开经验，充分发挥了先进典型的示范带动作用。同时，选择了一批不同层次、不同类型的单位作为党务公开工作联系点，积极引导和鼓励试点单位适应党务公开工作面临的新形势、新任务、新要求，探索党务公开工作的特点规律，创新工作形式，丰富工作内容。各级党委还把党务公开作为党组织及其负责人年度工作考核和党风廉政建设责任制考核的重要内容，加强监督检查和考核，有力地推动了党务公开的全面落实。通过全市上下的共同努力，截至到12月底，全市8776个基层党组织全部实行了党务公开，有力地保障了党员群众的知情权、参与权和监督权，推动了基层党委权力在阳光下运行。

（吕兴宇）

市人大常委会

【市十四届人大五次会议】 沈阳市第十四届人民代表大会第五次会议于2012年1月5日至1月9日隆重召开。沈阳市第十四届人民代表大会第五次会议实有代表509名，出席开幕大会的有476名。沈阳市委、市政府、市政协领导，市法院和市检察院主要负责人，市委、市人大常委会、市政府有关部门负责人和有关机关、企事业单位、人民团体负责人，市委、市政府决策咨询委员会委员，市政府参事，外地驻沈办事处和有关商会负责人列席了会议。出席政协沈阳市十三届五次会议的全体委员列席了开幕式。30名公民旁听了本次大会的全体会议。这次代表大会的指导思想是：以邓小平理论和“三个代表”重要思想和科学发展观为指导，认真贯彻党的十七届六中全会、市十二次党代会和市委十二届二次全会精神，充分发扬民主，严格依法办事，凝聚全市人民的智慧和力量，依法履行职责，为完成“五大任务”、实现“三大目标”、建设“实力沈阳、活力沈阳、宜居沈阳、文明沈阳、和谐沈阳”，推动沈阳老工业基地在科学发展道路上实现全面振兴而努力奋斗。会议的主要议程是：听取和审议沈阳市人民政府市长陈海波所作的关于沈阳市人民政府工作报告；审查和批准沈阳市2011年国民经济和社会发展计划执行情况与2012年国民经济和社会发展计划（草案）的报告；批准沈阳市2012年国民经济和社会发展计划；审查和批准沈阳市2011年预算执行情况和2012年预算（草案）的报告；批准沈阳市2012年市本级预算；听取和审议沈阳市人大常委会主任赵长义所作的关于沈阳市人民代表大会常务委员会工作报告；听取和审议沈阳市中级人民法院院长卞富学所作的关于沈阳市中级人民法院工作报告；听取和审议沈阳市人民检察院检察长李丰所作的关于沈阳市人民检察院工作报告。

补选沈阳市第十四届人民代表大会常务委员会委员,通过市十四届人大有关专门委员会组成人员人选名单。1月4日下午,召开了党员大会和预备会议,并召开了沈阳市人大代表先进代表小组、履职优秀代表表彰大会。预备会议选举了大会主席团和秘书长,通过了会议议程。正式会议五天,共举行三次全体会议,四次主席团会议,分为三个阶段。第一阶段,听取审议市政府工作报告。1月5日,听取了市长陈海波所作的沈阳市政府工作报告。1月5日、1月6日全团或分组审议政府工作报告、计划报告和预算报告。第二阶段,听取审议市人大常委会、市法院和市检察院工作报告。1月7日,召开第二次全体大会,听取了市人大常委会主任赵长义所作的沈阳市人大常委会工作报告,市中级人民法院院长卞富学所作的市中级人民法院工作报告,市人民检察院检察长李丰所作的市人民检察院工作报告。1月7日、8日全团或分组审议市人大常委会工作报告和"两院"工作报告。第三阶段,1月9日,召开第三次全体大会。会议补选了沈阳市第十四届人民代表大会常务委员会委员,新当选的沈阳市第十四届人民代表大会常务委员会委员与代表见面;通过了市十四届人大有关专门委员会组成人员人选名单。通过了关于《政府工作报告》的决议;通过了关于沈阳市2011年国民经济和社会发展计划执行情况与2012年国民经济和社会发展计划的决议;通过了关于沈阳市2011年预算执行情况和2012年预算的决议;通过了关于《沈阳市人民代表大会常务委员会工作报告》的决议;通过了关于《沈阳市中级人民法院工作报告》的决议;通过了关于《沈阳市人民检察院工作报告》的决议。1月9日上午,沈阳市第十四届人民代表大会第五次会议圆满完成各项议程,在雄壮的国歌声中胜利闭幕。

(胡士俊)

·市人大常委会会议·

【第十四届人民代表大会常务委员会第二十八次会议】 沈阳市第十四届人民代表大会常务委员会第二十八次会议于2011年2月24日举行,会期一天。(一)审议了《沈阳市城市供热管理条例(草案)》(一审)和《沈阳市城乡规划管理条例(草案)》(二审)。常委会组成人员对制定《沈阳市城市供热管理条例(草案)》和《沈阳市城乡规划管理条例(草案)》的必要性和可行性进行了讨论,对法规草案的具体内容、实施范围和处罚条款等提出了意见和建议。(二)审议通过了沈阳市第十四届人大常委会2011年工作要点(草)。常委会组成人员认为,工作要点任务明确、重点突出、具体可行,对主要工作和议题的安排科学合理、符合实际。市人大各专门委员会和工作机构要按照工作要点的总体安排,抓紧对相关工作进行具体分解落实,认真做好工作衔接,确保常委会各项工作有序推进,圆满完成。(三)进行了人事任免事项。任命王黎宁为沈阳市第十四届人民代表大会教育科学文化卫生委员会委员;批准任命田桂娟为沈阳市于洪区人民检察院检察长;批准免去张万军的沈阳市于洪区人民检察院检察长职务;免去田桂娟的沈阳高新技术产业开发区人民检察院副检察长、检察委员会委员、检察员职务,朱洪兴、金明亮、廖旭红的沈阳市人民检察院检察员职务。

(胡士俊)

【第十四届人民代表大会常务委员会第二十九次会议】 沈阳市第十四届人民代表大会常务委员会第二十九次会议于2011年4月27日举行,会期两天。(一)审议通过了《沈阳市城乡规划管理条例》。常委会组成人员认为,城乡规划关系全局,涉及长远,制定和实施城乡规划条例,为加强和改进沈阳市城乡规划工作,提高城乡规划的科学性、严肃性、权威性,提供了法律依据。(二)审议了《沈阳市再生资源回收利用管理条例(草案)》、《沈阳市义务教育条例(草案)》、《沈阳市城市供热管理条例(草案)》。常委会组成人员认为,这三部条例都是以加强和改善民生为重点的立法项目、直接关系到广大人民群众的切身利益,对规范再生资源回收和利用、推动义务教育均衡发展和保障冬季供暖具有十分重要的意义。(三)听取、审议并通过了市人大环境与资源保护城乡建设委员会主任委员宛英作的关于市十四届人大四次会议主席团交付审议的《关于农村垃圾无害化处理的议案》、《关于深入推进整治农村面源污染工作的议案》、《关于加强我市农村生态环境建设和自然环境保护的议案》、《关于加强我市农村环境综合治理,实现农村经济可持续发展的议案》审议结果的报告和《关于加强居民供水二次加压泵站管理,让百姓喝上放心水的议案》、《关于统筹二次加压泵站建设的议案》审议结果的报告。常委会组成人员认为,这些议案事关沈阳经济社会发展、事关民生改善,人大代表和人民群众非常关注。(四)听取审议了市人大常委会副主任连加诚作的关于市十四届人大常委会代表资格审查委员会关于代表变动和补选代表的代表资格审查报告。沈阳市第十四届人民代表大会代表名额为509名,2011年1月召开第四次代表大会时实有代表507名。四次会议以来,张晨、谷玉秋、刘斌、于振明、王淑娥、聂洪生、徐宝华等7名代表辞去职务;谷玉秋的沈阳市第十四届人民代表大会民族华侨外事委员会委员、聂洪生的沈阳市第十四届人民代表大会常务委员会委员职务相应终止。沈河、新民等区、县(市)人大常委会补选了王健、杨国臣、张长柏、杜志刚、安俊辉、李宏德、刘澜波、李晓航等8名沈阳市第十四届人民代表大会代表。会议同意代表资格审查委员会的审查报告,确认上述8人的代表资格有效。沈阳市第十四届人民代表大会实有代表508名。(五)会议同意修俊岩同志辞去沈阳市第十四届人民代表大会常务委员会委员职务,并报沈阳市第十四届人民代表大会第五次会议备案。(六)会议进行了人事任免事项。决定免去:彭林的沈阳市发展和改革委员会主任职务;王洪涛的沈阳市经济和信息化委员会主任职务;林强的沈阳市城市建设管理局局长职务;王一兵的沈阳市卫生局局长职务;姜军的沈阳市政府研究室主任职务。决定任命:王洪涛为沈阳市发展和改革委员会主任;徐风翔为沈阳市经济和信息化委员会主任;于振明为沈阳市城市建设管理局局长;闫石为沈阳市卫生局局长。任命:马凯、葛钧、汤涛、韩鹏、孙玉明、周敢星、吴松、曲世萍、姚军、刘立民、王曌鋆、龙国华、尉增奎、翟玲、王勇、杨瑶为沈阳市中级人民法院审判员。免去：赵钰的沈阳市中级人民法院审判委员会委员、审判员职务；金玉雷、乔鹏喜的沈阳市中级人民法院审判员职务；李国勇的沈阳经济技术开发区人民法院审判委员会委员、审判员、大潘人民法庭庭长职务。

（胡士俊）

【第十四届人民代表大会常务委员会第三十次会议】 沈阳市第十四届人民代表大会常务委员会第三十次会议于2011年6月28日举行，会期两天。（一）审议通过了《沈阳市民用建筑供热用热管理条例》。常委会组成人员认为，供热管理事关人民群众切身利益，社会各界高度关注，许多问题亟待规范，制定和实施供热管理条例，为加强和改进沈阳市城市供热工作提供了法律依据。在本次会议审议过程，组成人员对个别条款的修改完善又提出了一些意见建议，特别是对用户申请暂停供热，需要交纳一定数额的基础热费问题，许多组成人员认为出台这条规定的条件和时机尚不成熟，建议此次不写入条例，这些意见和建议都得到了采纳。（二）审议了《沈阳市促进中小企业发展条例（草案）》（一审）、《沈阳市城市市容和环境卫生管理条例修正案（草案）》（一审）、《沈阳市再生资源回收利用管理条例（草案）》（二审）、《沈阳市义务教育条例（草案）》（二审）。常委会组成人员认为，制定《沈阳市促进中小企业发展条例》，对于有效解决全市中小企业融资困难、市场准入门槛高、服务体系不健全等问题，规范、支持和促进中小企业快速健康发展，加快发展方式转变、扩大就业、推进沈阳全面振兴，都是非常必要的。（三）听取审议并通过了市政府关于落实中央1号文件精神、加快沈阳市农田水利基础设施建设情况的报告。常委会组成人员认为，市政府认真贯彻落实中央1号文件精神，大力推进农田水利基础设施建设，特别是在建设资金筹集、创新管理体制、完善水利发展规划、推进重点水利工程项目建设等方面，做了大量卓有成效的工作，为推动全市县域经济发展、保障农业增效和农民增收发挥了重要作用。（四）审议了市政府关于沈阳市2010年依法行政工作报告。常委会组成人员认为，依法行政是依法治市的核心内容，对于推进沈阳市民主法制建设，具有十分重要的意义。（五）进行了人事任免事项。任命：宣晓萍为沈阳市第十四届人民代表大会民族华侨外事委员会委员。决定任命：赵颖为沈阳市人民政府研究室主任。任命：朴明华为沈阳市人民检察院检察委员会委员；胡珊红为沈阳市人民检察院检察员；郑云松为沈阳经济技术开发区人民检察院检察员。免去：孙义祥的沈阳市中级人民法院副院长、审判委员会委员、审判员职务；张万忠的沈阳市中级人民法院审判委员会委员、审判员职务；王秀沄、林敬先的沈阳市中级人民法院审判员职务；曲新光的沈阳市人民检察院检察委员会委员、检察员职务；魏新春、邵军的沈阳市人民检察院检察员职务。

（胡士俊）

【第十四届人民代表大会常务委员会第三十一次会议】 沈阳市第十四届人民代表大会常务委员会第三十一次会议于2011年7月20日举行。（一）听取审议了市政府关于沈阳市2011年上半年国民经济和社会发展计划执行情况的报告，会议同意这个报告。常委会组成人员认为，上半年，在复杂多变的经济运行环境下，市政府围绕推动科学发展的主题和加快转变经济发展方式的主线，扎实推进"抓项目促调整、抓环境促提升、抓民生促和谐"三项重点工作，全市上半年经济社会发展态势良好，保持了又好又快的发展势头，为实现全年发展目标和"十二五"良好开局奠定了基础。（二）听取审议了市政府关于沈阳市2010年市本级决算和2011年上半年全市预算执行情况的报告，会议同意这个报告。会议结合审议审计工作报告，对《沈阳市2010年市本级决算（草案）》和市本级决算报告进行了审查，同意市人大财政经济委员会提出的《关于2010年市本级决算审查结果的报告》，决定批准《沈阳市2010年市本级决算》。常委会组成人员认为，市政府及财税等部门认真贯彻落实市十四届人大四次会议有关决议，持续加强财源建设，不断优化收入结构，财政收入的规模、增幅和质量都有新的提升，进一步加大对"三农"、教育、社会保障、医疗卫生、食品安全等事业的支持力度，各项法定和重点支出得到有效保证。（三）听取审议了市政府关于2010年度沈阳市本级预算执行和其他财政收支的审计工作报告，会议同意这个报告。常委会组成人员认为，市审计部门认真履行审计监督职责，依法加强对市本级预算执行和其他财政收支的审计监督，较好地完成了2010年市本级预算执行和其他财政收支的审计工作任务，对促进政府依法理财、规范预算管理、防范政府债务风险等方面发挥了积极作用。（四）听取审议了市政府和市法院关于市十四届人大四次会议以来代表建议、批评和意见办理情况的报告。常委会组成人员认为，办理好人大代表建议，既是国家机关的法定职责，也是支持代表依法履职、保证人民当家作主的具体体现。市十四届人大四次会议以来，市政府及其相关部门和市法院对代表建议办理工作高度重视，加强组织领导，严格落实责任，注重沟通协调，强化督查督办，代表建议办理工作质量和效率得到进一步提高，组成人员对此给予肯定，表示满意。

（胡士俊）

【第十四届人民代表大会常务委员会第三十二次会议】 沈阳市第十四届人民代表大会常务委员会第三十二次会议于2011年8月31日举行，会期两天。（一）审议通过了《沈阳市城市市容和环境卫生管理条例（修订）》、《沈阳市再生资源回收利用管理条例》和《沈阳市义务教育条例》。围绕这三部条例的制定和修订，常委会组成人员开展了认真深入的讨论，提出了加强公共厕所管理，严厉处罚乱倒残土行为，增加"保证教育教学需要"和"歧视学生"的表述等意见和建议，并对一些文字作出了修改，会议决定要充分吸纳这些意见建议，对三部条例作进一步修改和完善，按程序提报省人大常委会批准。（二）审议了《沈阳市促进中小企业发展条例（草案）》。在审议过程中，常委会组成人员提出了强化企业经营者社会责任，保护劳动者合法权益，优化发展环境，加强组织领导等修改意见和建议，会议要求，市人大及其常委会有关部门要充分吸纳这些意见和建议，对法规草案进行修改，为常委会再次审议做好准备。（三）听取审议了市人大常委会秘书长张宁作的市人大常委会执法检查组关于检查沈阳市贯彻实施《中华人民共和国食品安全法》（以下简称《食品安全法》）情况的报告。根据市人大常委会工作安排，6月15日、16日，市人大常委会组成执法检查组对全市贯彻实施《食品安全法》情况进行了执法检查。检查组全面检查了食品安全情况，对市政府采取加强组织领导、健全管理机制、加大监管力度、开展专项整治等措施，保证食品安全取得的成绩给予充分肯定。

（胡士俊）

【第十四届人民代表大会常务委员会第三十三次会议】 沈阳市第十四届人民代表大会常务委员会第三十三次会议于2011年10月18日举行，会期两天半。（一）审议通过了《沈阳市促进中小企业发展条例》。本次会议对《沈阳市促进中小企业发展条例》进行了第三次审议，在审议过程中，常委会组成人员对该条例的部分条款提出了进一步修改、完善的意见和建议，会议充分采纳了这些意见和建议。会议要求相关部门要按程序提报省人大常委会批准，并做好条例实施的准备工作。（二）听取审议并通过了市政府党组成员、市城乡建设委员会主任佟晶石作的《关于农村垃圾无害化处理的议案》、《关于深入推进整治农村面源污染工作的议案》、《关于加强我市农村生态环境建设和自然环境保护的议案》、《关于加强我市农村环境综合治理，实现农村经济可持续发展的议案》办理情况的报告。会议认为，市政府及各承办部门对该议案办理的工作高度重视，多次召开专题会议研究部署，做了许多扎实有效的工作，议案所提出的各项工作任务得到了积极推进和有效落实。（三）听取审议并通过了市政府党组成员、市城乡建设委员会主任佟晶石作的《关于加强居民供水二次加压泵站管理，让百姓喝上放心水的议案》、《关于统筹二次加压泵站建设的议案》办理情况的报告。会议认为，市政府及各承办部门高度重视此议案的办理工作，将其作为为群众办实事工程加以推进，做了大量富有成效的工作，二次加压泵站改造取得了阶段性成效。会议同时指出，由于沈阳市二次加压供水遗留问题较多，二次加压泵站改造和维护仍然任重道远。（四）听取审议并通过了市政府副市长邢凯作的关于弃管住宅小区综合改造情况的报告。会议在对市政府专项工作报告进行分组审议的基础上，还首次采用联组审议的形式对弃管住宅小区综合改造工作进行了专题询问。会议认为，实施弃管住宅小区综合改造工程，全面改善市民居住和生活环境，既是广大人民群众的迫切愿望和要求，又是落实“惠民生”要求的重要举措。（五）听取审议并通过了市政府副秘书长陈小平作的关于旅游产业发展情况的报告。常委会组成人员认为，近年来，市政府不断加大旅游资源的开发力度，旅游产业地位得到提升，产业规模迅速扩展，旅游收入成倍增长，旅游区域合作取得明显成效，旅游产业正在成为我市新的经济增长点。（六）听取审议并通过了市法院院长卞富学作的关于民事执行工作情况的报告。组成人员认为，近年来，市法院坚持把解决执行难作为各项工作的重中之重来抓，通过不断创新执行方式、规范执行行为、加大执行力度、集中开展专项清理活动，民事执行工作取得了明显成效，为化解社会矛盾、维护公平正义、促进沈阳振兴发展和社会和谐稳定做出了积极贡献，组成人员对此予以充分肯定。（七）听取审议了市人大常委会秘书长张宁作的市人大常委会执法检查组关于检查贯彻实施《中华人民共和国水污染防治法》情况的报告。根据市人大常委会2011年工作安排，8月17日至18日，市人大常委会组成执法检查组，对贯彻实施《水污染防治法》情况进行了执法检查，全面掌握了贯彻实施《水污染防治法》情况，对市政府在加强饮用水水源保护、完善水质监管体系、加强饮水安全基础设施建设和建设污水处理厂等方面采取的措施和取得的成绩，给予充分肯定，并指出了城乡饮用水安全存在隐患、东水西调迟迟未能启用、城乡垃圾处理不到位以及污水处理厂配套设施建设需要加强等问题。（八）进行了人事任免事项。决定免去：史文昌的沈阳市监察局局长职务。决定任命：李林畔为沈阳市监察局局长。

（胡士俊）

【第十四届人民代表大会常务委员会第三十四次会议】 沈阳市第十四届人民代表大会常务委员会第三十四次会议于2011年12月1日举行，会期一天。（一）审议通过了《沈阳市人民代表大会常务委员会关于召开沈阳市第十四届人民代表大会第五次会议的决定》。会议决定：沈阳市第十四届人民代表大会第五次会议于2012年1月5日召开。建议会议的主要议程是：（1）听取和审议沈阳市人民政府工作报告；（2）审查和批准沈阳市2011年国民经济和社会发展计划执行情况与2012年国民经济和社会发展计划草案的报告，批准沈阳市2012年国民经济和社会发展计划；（3）审查和批准沈阳市2011年预算执行情况和2012年预算草案的报告，批准沈阳市2012年市本级预算；（4）听取和审议沈阳市人民代表大会常务委员会工作报告；（5）听取和审议沈阳市中级人民法院工作报告；（6）听取和审议沈阳市人民检察院工作报告；（7）选举事项；（8）其他。（二）审议并原则通过了市人大常委会向市十四届人大五次会议所作的工作报告（草）。常委会组成人员认为，《工作报告（草）》比较客观、全面地反映了市人大常委会一年来的工作，对2012年工作安排也切实可行。（三）听取审议了市政府关于市十四届人大四次会议以来代表建议、批评和意见办理情况的报告。常委会组成人员认为，市政府及相关承办部门对代表建议办理工作高度重视，强化组织领导，狠抓责任落实，完善办理机制，办理质量和效率有很大提高。对此，组成人员给予充分肯定。（四）审议了市法院关于市十四届人大四次会议以来代表建议、批评和意见办理情况的报告（书面）。常委会组成人员认为，市中级人民法院对代表建议办理工作高度重视，做到了“件件有回音、件件有落实”，代表建议办理工作取得明显成效，得到了代表的认可，组成人员对此给予充分肯定。（五）审议市政府关于《2010年度沈阳市本级预算执行和其他财政收支的审计工作报告》提出问题整政情况的报告(书面),会议同意这个报告。常委会组成人员认为,市政府及相关部门认真落实市十四届人大常委会第三十一次会议对市政府《关于2010年度沈阳市本级预算执行和其他财政收支的审计工作报告》的审议意见,对审计查出的问题高度重视,积极认真进行整改,使审计查出的绝大部分问题得到解决和纠正,相关制度建设得到加强和完善。组成人员对审计报告提出问题的整改情况和审议意见处理结果给予肯定。(六)人事任免。免去:林昌焕的沈阳市中级人民法院审判委员会委员、执行局局长职务;栾福民的沈阳市中级人民法院审判委员会委员、立案一庭庭长职务;朱晓光的沈阳市中级人民法院审判委员会委员、刑事审判第一庭庭长、审判员职务;王世光的沈阳市中级人民法院刑事审判第二庭庭长职务;张青的沈阳市中级人民法院民事审判第一庭副庭长职务;汝亚敏的沈阳市中级人民法院执行一庭庭长、审判员职务;马巍的沈阳市中级人民法院执行二庭庭长、审判员职务;任红军、任庆臣、翟富献、李沛东、赵贺林的沈阳市中级人民法院审判员职务;林万新的沈阳高新技术产业开发区人民法院审判委员会委员、审判员职务;陈卓桃、郑锐、张煜坤、张志方的沈阳经济技术开发区人民法院人民陪审员职务。任命:孔岩为沈阳市中级人民法院执行局局长;巴红岩为沈阳市中级人民法院审判委员会委员、刑事审判第一庭庭长;祝妍、卢刚为沈阳市中级人民法院审判委员会委员;吴波为沈阳市中级人民法院立案一庭庭长;程敏为沈阳市中级人民法院立案一庭副庭长;韩志彤为沈阳市中级人民法院刑事审判第一庭副庭长,免去其沈阳市中级人民法院刑事审判第二庭副庭长职务;王扬东为沈阳市中级人民法院刑事审判第一庭副庭长;张海军为沈阳市中级人民法院刑事审判第二庭庭长,免去其沈阳市中级人民法院未成年人案件综合审判庭庭长职务;秦立为沈阳市中级人民法院刑事审判第二庭副庭长,免去其沈阳市中级人民法院刑事审判第一庭副庭长职务;王庆利为沈阳市中级人民法院民事审判第一庭副庭长,免去其沈阳市中级人民法院执行一庭副庭长职务;孙悦为沈阳市中级人民法院民事审判第一庭副庭长;王卉为沈阳市中级人民法院民事审判第三庭副庭长,免去其沈阳市中级人民法院民事审判第五庭副庭长职务;周啟星为沈阳市中级人民法院民事审判第三庭副庭长;周晓书为沈阳市中级人民法院民事审判第五庭副庭长;张君为沈阳市中级人民法院未成年人案件综合审判庭庭长,免去其沈阳市中级人民法院执行二庭副庭长职务;孔祥来为沈阳市中级人民法院未成年人案件综合审判庭副庭长;丛雁民为沈阳市中级人民法院执行局副局长;付国权为沈阳市中级人民法院执行一庭庭长,免去其沈阳市中级人民法院未成年人案件综合审判庭副庭长职务;姚娜为沈阳市中级人民法院执行一庭副庭长,免去其沈阳市中级人民法院民事审判第一庭副庭长职务;赵吉顺为沈阳市中级人民法院执行二庭庭长,免去其沈阳市中级人民法院民事审判第三庭副庭长职务;孟繁泰为沈阳经济技术开发区人民法院审判员;夏丹阳为沈阳高新技术产业开发区人民法院审判委员会委员;李臣为沈阳高新技术产业开发区人民法院审判委员会委员、执行庭庭长;杨甦为沈阳高新技术产业开发区人民法院审判委员会委员、立案庭庭长;陶爱党为沈阳高新技术产业开发区人民法院立案庭副庭长。

(胡士俊)

【第十四届人民代表大会常务委员会第三十五次会议】 沈阳市第十四届人民代表大会常务委员会第三十五次会议于2011年12月21日举行,会期半天。(一)审议通过了沈阳市第十四届人民代表大会第五次会议议程(草案)和日程(草案)。会议议程(草案):(1)听取和审议沈阳市人民政府市长陈海波关于沈阳市人民政府工作报告;(2)审查和批准沈阳市2011年国民经济和社会发展计划执行情况与2012年国民经济和社会发展计划草案的报告,批准沈阳市2012年国民经济和社会发展计划;(3)审查和批准沈阳市2011年预算执行情况和2012年预算草案的报告,批准沈阳市2012年市本级预算;(4)听取和审议沈阳市人民代表大会常务委员会主任赵长义关于沈阳市人民代表大会常务委员会工作报告;(5)听取和审议沈阳市中级人民法院院长卞富学关于沈阳市中级人民法院工作报告;(6)听取和审议沈阳市人民检察院检察长李丰关于沈阳市人民检察院工作报告;(7)补选沈阳市第十四届人民代表大会常务委员会委员;(8)通过沈阳市第十四届人民代表大会有关专门委员会组成人员人选;(9)其他。根据会议议程(草案),会议日程(草案)对会议各项任务作出了具体时间安排。会议议程(草案)和日程(草案),将按程序提请市十四届人大五次会议预备会议和主席团第一次会议通过。(二)听取了市人大常委会副秘书长、办公厅主任李志伟作的关于沈阳市第十四届人民代表大会第五次会议筹备工作情况的报告。(三)听取审议了市十四届人大常委会代表资格审查委员会关于代表变动和补选代表的代表资格审查报告。沈阳市第十四届人民代表大会代表名额为509名,2011年4月市十四届人大常委会第二十九次会议确认实有代表508名。此次会次后,代表又出缺26名。和平、沈河、新民等区、县(市)人大常委会和沈阳驻军分别补选王柏岩、王冕、李艳萍(女)、李铁、林强、付刚、王澍、史文昌、张春雨、柏野、宫文义、曾波、衣甫、孙良法、杨凯、吕宗英、吴志中(满族)、郑继俊、闵加奇、李涛(女)、陈双伟、银海泉(满族)、王一兵、刘戈、苏文愚、范金、胡德山为沈阳市第十四届人民代表大会代表。会议同意代表资格审查委员会的审查报告,确认王柏岩等27人的代表资格有效。(四)审议通过了沈阳市第十四届人民代表大会第五次会议主席团和秘书长、主席团常务主席、副秘书长及列席人员建议名单,名单是根据有关法律规定和工作需要,参照以往构成情况提出的,并经市委常委会讨论通过,其中主席团和秘书长、主席团常务主席、副秘书长建议名单,将按程序提请市十四届人大五次会议预备会议和主席团第一次会议选举、推选和决定。(五)审议通过了关于接受薄五一等同志辞去沈阳市第十四届人民代表大会常务委员会委员等职务请求的决定。会议接受薄五一同志辞去沈阳市第十四届人民代表大会常务委员会委员、沈阳市第十四届人民代表大会内务司法委员会主任委员职务，田维忠同志辞去沈阳市第十四届人民代表大会常务委员会委员、沈阳市第十四届人民代表大会教育科学文化卫生委员会副主任委员职务，郭凤梅、杜永成同志辞去沈阳市第十四届人民代表大会常务委员会委员、沈阳市第十四届人民代表大会民族华侨外事委员会副主任委员职务，并报沈阳市第十四届人民代表大会第五次会议备案。（六）审议通过了关于接受徐凤翔、史桂茹2名同志辞去辽宁省第十一届人民代表大会代表职务请求的决定。（七）补选王一兵、邢凯、李秀君、高步文4名同志为沈阳市出席辽宁省第十一届人民代表大会代表，选举结果报省人大常委会代表资格审查委员会审查。（八）人事任免。决定任命黄凯为沈阳市人民政府副市长，决定免去邢凯的沈阳市人民政府副市长职务。

（胡士俊）

【提高地方立法质量】 常委会坚持科学立法、民主立法，突出地方特色，按照针对问题立法、立法解决问题的工作理念，扎实推进地方立法工作。全年共完成6件立法项目，其中制定5件，修订1件，发挥了地方立法在全市经济社会发展中的规范、引导和保障作用。为了从立法层面保障和促进城乡规划管理，制定了《沈阳市城乡规划条例》，条例突出规划在调控和引导城乡空间及功能布局中的重要作用，使城乡规划工作有了更加明确的规范；新制定的《沈阳市义务教育条例》，除了在均衡教育资源、经费保障、办学标准方面提出明确规范外，对人民群众普遍关心的校园安全、校车管理等问题也做出规定，在维护教育公平、推动义务教育均衡发展、强化学校管理等方面有了较为全面的制度保证；针对城市供热管理中存在的突出问题，制定了《沈阳市民用建筑供热用热管理条例》，促进供热市场的有序发展；为推动资源节约型社会建设，制定了《沈阳市再生资源回收利用管理条例》，条例体现了回收与利用并重，使保障和促进循环经济发展的法规更加科学完善。常委会还着眼于规范市容环境管理，推进环境样板城建设，修订了《沈阳市城市市容和环境卫生管理条例》；针对制约中小企业发展的突出问题，制定了《沈阳市促进中小企业发展条例》，在创业扶持、技术创新、资金支持、融资担保等方面做出了具体规定，着力为中小企业发展营造良好的法制环境。在立法工作中，常委会注重把好立法选项关，加强立法调研和论证工作，努力提高立法选项的科学性。注重完善立法工作协调机制，及时解决法规草案起草过程中的重点、难点问题，保证了立法质量。注重发挥人大各专门委员会以及立法顾问、立法顾问单位、立法咨询委员的作用，扩大公众有序参与，利用多种方式，广泛听取社会各方面的意见，使立法更加符合人民意愿，更加适应经济社会发展要求。注重推进立法工作创新，首次开展了立法后评估试点工作，对《沈阳市城市供水用水管理条例》的实施效果进行了客观评估，为改进立法工作、提高立法质量积累了经验。开展了地方性法规的清理工作，使地方性法规更加与时俱进，不断发展完善。

（胡士俊）

【增强依法监督实效】 常委会坚持依法监督、注重实效的原则，紧扣振兴发展主题，围绕市委确定的“五大任务”、“三大目标”和“三抓三促”重点工作，把行使重大事项决定权与开展监督工作结合起来，努力推动经济社会又好又快发展。加强了对全市经济社会发展重大事项、重点工程的监督推进。先后就政府重大投资项目建设、加快装备制造业发展、“十二运”筹备等重大事项，组织了专题调研视察。听取了沈阳市2011年城建计划、综合交通规划、二环快速路和南北二干线规划等情况的汇报，督促政府科学安排计划，高标准推进城建项目的实施。加强了对计划和预算执行情况的审查监督，听取审议了2011年上半年国民经济和社会发展计划执行情况的报告、2010年市本级决算和2011年上半年全市预算执行情况的报告，审查批准了2010年市本级决算。加强了对部门预算的监督，对市本级85个一级预算单位、677个二级预算单位的预算进行了审查。开展了对政府专项资金预算、地方政府性债务举借的审查监督，督促政府加强专项资金管理，积极防范债务风险，提高资金使用效益。听取审议了2010年度市本级预算执行和其他财政收支情况的审计工作报告，对审计提出的问题进行了跟踪督办，听取审议了审计问题整改情况的报告，督促政府从制度和机制上研究落实整改措施。听取审议了旅游产业发展情况的报告，建议政府与沈阳经济区八城市联手推动大旅游圈的繁荣发展。听取了与国外友好城市交往工作情况汇报，促进政府不断拓展与友城之间交流的深度和广度。常委会对推进解决“三农”问题倾注了很大努力。针对农业社会化、组织化程度不高的突出问题，连续对农民专业合作社法的贯彻实施情况进行了跟踪检查，重点检查了农产品营销、流通体系建设等方面情况，提出大力发展农民专业合作社组织的具体意见和建议。听取审议了农田水利基础设施建设情况的报告，督促政府集中推进农田水利重点工程建设，加快建立农田水利基础设施管理养护的长效机制。听取了推进农业产业结构调整、加快现代农业发展情况的汇报，促进不断提升农业产业化水平，加快农业产业结构的转型升级。视察了动物卫生防疫体系建设情况，进一步提升动物防疫工作水平。常委会坚持把依法推进生态环境建设作为监督工作的重要内容，听取了生态市建设总体情况的汇报，促进政府加快解决污泥和农村垃圾的无害化处理、加强农村面源污染和综合环境整治、搞好生态环境基础设施建设，确保生态市创建目标的如期实现。结合八城市人大“协同治理水污染，联手保护母亲河”的协调行动，对水污染防治工作进行了连续视察检查和跟踪推进，开展了以“治理保护辽河，建设生态辽宁”为主题的环保世纪行宣传活动，为创建国家生态市、打造环境样板城营造了良好氛围。围绕推动依法行政、公正司法，促进社会和谐稳定，开展了系列监督工作。听取审议了市政府依法行政工作的专项报告，促进法治政府建设。对社会普遍关注、群众反映强烈的“执行难”问题进行了连续监督，听取审议了市法院关于民事执行工作情况的报告，促进其不断提高民事案件实际执结率和执行标的实际到位率。对重点信访事项加强转办督办，督促有关单位依法处理涉法涉诉案件，为化解矛盾、维护稳定发挥了积极作用。加强了规范性文件备案审查工作，对12件规范性文件进行了备案审查。

（胡士俊）

【着力推动民生改善】 围绕让人民群众喝上干净水、吃上安全放心食品的问题，常委会连续对水污染防治法和食品安全法的贯彻实施情况进行了执法检查。在对水污染防治法的检查中，重点对城市居民用水水质检测、居民小区二次加压泵站改造、地下水资源保护、东水西调配套工程建设以及农村饮用水安全工程建设等方面进行了检查，对保障城乡百姓的饮用水安全，发挥了重要的促进作用。在对食品安全法的检查中，通过听取汇报、集中检查、明察暗访等形式，重点对农产品生产、食品加工、食品批发等环节开展了实地检查，督促政府加强和改进食品安全监管工作，不断改善食品安全状况。围绕推动解决医疗、教育、住房等重点民生问题，监督促进各项惠民举措的落实。听取了学前教育工作情况汇报，促进“入园难”问题的加快解决。听取了启动“新农保”等工作情况的汇报，对7所市属医院建设实施了连续跟踪监督，促进政府为城乡群众提供更好的公共医疗服务。听取了发展家庭服务业工作情况的汇报，推进家庭服务业规范有序、健康快速发展。围绕促进和谐沈阳建设，听取了丰富群众文化生活、和谐社区示范创建活动等工作情况的汇报，对安全生产工作进行了专项视察，督促相关工作加快推进。围绕百姓关注和期盼的弃管小区综合改造问题，在充分调研的基础上，结合听取审议专项工作报告，首次开展了专题询问，就资金保障、工程质量、后续管理等方面提出了意见和建议，促进政府对弃管小区改造实行了标本兼治，并将小区内道路、上水管网、墙体保温等纳入综合改造工程，确保为广大人民群众所办的好事办好、实事办实。此次专题询问在社会各界产生了良好反响，这也是综合运用人大监督工作方式的一次积极尝试，为专题询问的常态化积累了经验。

（胡士俊）

【充分发挥人大代表作用】 常委会着眼于增强代表工作实效，推进代表“三深入”活动不断深化。集中开展了代表联系人民群众见面日活动，组织1500多名各级人大代表深入基层，体察民情、了解民意，提出了500多件建议。围绕服务“十二五”开局的主题，组织400多名省、市人大代表开展专题调研，形成了40余篇调研报告，使代表履职更具实效。召开了代表“三深入”活动经验交流会，对拓展活动内涵、增强活动成效，发挥了引导和促进作用。加强对代表闭会期间活动的服务指导，制定了代表视察和专题调研暂行办法，完善了代表履职情况登记制度，推进了“代表之家”建设，使代表小组活动更加活跃。注重发挥代表在常委会工作中的参与和监督作用，全年共有70名省、市人大代表列席常委会会议，800多人次全国、省、市人大代表参与了常委会组织的调研视察、执法检查和建议督办等工作。通过多种形式开展代表履职学习培训，不断提高代表的履职能力和水平。常委会高度重视代表议案审议、督办和建议办理工作，就市十四届人大四次会议主席团交付的6件议案，分别听取审议了专门委员会议案审议结果和市政府关于议案办理情况的报告，并多次组织调研、视察和专项检查，议案所提出的各项工作任务都得到了积极推进和有效落实。对跨年度办理的关于加强全市公安派出所建设等两件议案，进行了跟踪督办，听取了相关工作情况的汇报，推动派出所建设任务如期完成。对转“一府两院”办理的723件代表建议，常委会采取多种形式加强了督办。在各承办单位的共同努力下，有602件代表建议已经解决或基本解决，占83.3%；列入计划解决的92件，占12.7%；因政策或客观条件所限暂不能解决、并已向代表说明的29件，占4%。常委会还制定了代表建议办理工作问责和绩效评估办法，从制度上规范代表建议办理工作，保证代表建议的办理质量。常委会坚持党管干部和人大依法任免相统一，认真行使人事任免权，全年共任免94名国家机关工作人员，为地方国家机关的正常运转提供了组织保证。

（胡士俊）

【加强常委会自身建设】 常委会认真贯彻落实市委人大工作会议精神，始终把加强自身建设摆在突出位置。开展专题询问、立法后评估等尝试，推进工作创新，提升了常委会工作的整体效能。加强学习型机关建设，开展了读书活动，根据常委会审议议题的需要，邀请专家学者多次举办经济发展形势、相关法律法规等系列专题讲座，对常委会机关处长进行了专门培训，提高了组成人员、机关干部的理论水平和业务素质。各专门委员会、工作机构发挥各自优势，积极主动开展工作，为常委会行使各项职权提供了有力保证。人大新闻宣传工作不断加强，《沈阳人大》办刊质量进一步提高。结合建党90周年和迎接“十二运”开展了系列文体活动，展现了常委会机关和谐有序、积极有为的精神风貌。坚持密切与各区、县（市）人大的沟通联系，在立法调研、监督工作、执法检查等方面实施了工作联动，形成共同推进全市人大工作发展的整体合力。首次听取了市总工会的工作情况通报，支持工会建立向同级人大通报工作制度。加强了同兄弟城市人大的工作联系交流，召开沈阳经济区八城市人大常委会主任联席会议，共同推进辽河流域水污染治理工作。发挥人大对外交往优势，不断扩大与外国城市议会的友好交往。

（胡士俊）

【专题询问弃管小区综合改造工作】 2011年10月19日，市十四届人大常委会第三十三次会议在第一次大会听取和审议市政府《关于我市弃管住宅小区综合改造工作情况的报告》、开展分组审议的基础上召开联组会议，就沈阳市弃管小区综合改造开展专题询问。沈阳市弃管住宅小区实施综合改造，是市政府为老百姓办的一件好事、实事，也是一项事关群众切身利益的民生工程、民心工程，广大市民十分关注，市人大常委会组成人员对工程的实施情况也十分关心。经主任会议研究，为支持和推进政府工作，把这项惠民工程办实、办好，决定将这一议题列为本次常委会联组审议专题询问的内容。此前，市人大常委会组成人员对沈阳市弃管小区综合改造工作进行了视察，并通过召开座谈会、走访调研等方式深入了解了工作的进展情况。在询问现场，市人大常委会组成人员及部分人大代表根据调研实际，与市政府及相关单位负责人面对面，针对百姓对弃管住宅小区综合改造及后续管理中最关注的问题进行询问："市政府建立了怎样的质量保证体系，采取哪些措施，保证弃管住宅小区改造工程质量？"、"百姓十分关注的上水管线、修整破损路面和外墙保温等问题，能否列入改造项目？"、"弃管小区改造后如何进行后续管理？"这些问题，市政府及相关部门负责人一一作答："通过严格执行招投标有关规定、实行公示制度等五项措施保证工程质量。"、"市政府准备将上水管线改造列入2012年的改造计划。"、"近期将推出具体措施，逐步引导物业服务企业参与小区后续管理。"在近两个小时的专题询问中，双方一问一答，有来有往，对百姓最关心的"工程质量"、"改造工程增项"、"后续管理"等十方面问题均作出回应，专题询问取得了良好效果。赵长义对询问和应询双方都给予了高度评价。他指出，此次专题询问的选题关乎民生、符合民意，询问的问题具体、深入、实际，切中关键，体现了百姓所想、所盼、所愿。政府相关部门回答认真诚恳，措施具体，对问题不回避，实事求是，可以说这是一次别开生面、生动具体、富有实效的询问活动。赵长义强调，专题询问是市人大常委会依法开展监督工作的一个新亮点，也是依法创新人大常委会监督工作方法的一项新举措。它既有利于加大人大监督工作力度，丰富人大监督工作方式，增强人大监督工作实效，也进一步激发了政府相关部门更好地接受人大监督的自觉性，更有助于增进人民群众与政府的相互沟通、理解和信任，以此来支持和推动政府工作的改进和提高。市政府的相关部门要把此次接受专题询问的过程，作为查找工作不足、改进、完善和巩固成果的重要契机，把专题询问中提出的问题和对人民群众的承诺落到实处，把弃管小区综合改造工程这件好事办好、办实。市人大常委会相关工作委员会和专门工作机构，也不能一问了之，应将这次专题询问提出的有关问题和意见建议加以认真梳理，纳入本次常委会的审议意见，交给市人民政府认真研究处理；要加强专题询问后的跟踪监督，使其更好地发挥实效。市人大常委会也将逐步将专题询问这一监督方式常态化，不断地积累经验，发展、深化其形式与方法，每年选择若干广大人民群众最关心的难点和热点问题，使专题询问开展得更加鲜活，更加富有实效。

（胡士俊）

沈阳市人民政府

【市政府十八届七次全体（扩大）会议】 市政府十八届七次全体（扩大）会议于2011年7月13日召开。会议主要任务是认真贯彻胡锦涛总书记"七一"讲话精神，全面落实第十二次党代会的各项要求，总结上半年工作，部署下半年任务。市长陈海波强调各级政府和政府各部门要进一步增强加快发展的紧迫感和责任感，不断提高政府执行力，切实抓好结构调整、重大项目建设等重点工作，努力提高城市建设水平，着力保障和改善民生，确保完成全年各项工作任务，实现"十二五"高起点开局。市委常委、常务副市长顾春明通报了2011年上半年全市经济运行情况及下半年重点工作。

（赵　斌）

【市政府十八届八次全体（扩大）会议】 市政府十八届八次全体（扩大）会议于2011年12月28日召开。会议讨论通过即将提交市十四届人大五次会议审议的《政府工作报告》。市长陈海波主持会议并就2012年重点工作做出部署。陈海波强调要深入贯彻落实市委十二届二次全会精神，把握科学发展主题、加快转变经济发展方式，突出抓好"深化改革、推进创新、提升文明、改善民生"等重点工作，坚持稳中求进、稳中求快，继续保持全市经济社会发展的良好势头。市委常委、常务副市长顾春明作《关于〈政府工作报告〉的说明》。

（赵　斌）

【市政府常务会议】 2011年，市政府共召开12次常务会议。

第十八届四十六次常务会议，就贯彻落实市十四届人大四次会议和市政协十三届四次会议精神，高质量办理人大代表建议和政协提案，高起点谋划开局工作，确保实现全市经济发展首季"开门红"作出部署。

第十八届四十七次常务会议，讨论研究2011年全市城建计划安排；讨论并原则通过《沈阳市国家新型工业化综合配套改革方案》（送审稿）；研究筹备召开全市教育工作会议，讨论并原则通过《关于加快建设教育强市推进教育科学发展的若干意见》（送审稿）和《沈阳市中长期教育改革和发展规划纲要》（送审稿），审议并原则通过《沈阳市开展教育强区县（市）创建工作实施方案》（送审稿）和《国家装备制造业职业教育沈阳试验区建设实施方案》（送审稿）；研究通过对东北大学等21家产学研合作工作先进单位的表彰决定。

第十八届四十八次常务会议，研究筹备召开全市农村工作会议，审议并原则通过《沈阳市人民政府贯彻〈国务院关于进一步促进中小企业发展若干意见〉的实施意见》，讨论并原则通过《沈阳市城市供热管理条例（草案）》，原则通过《沈阳市人民政府关于调整企业养老保险缴费比例的决定》。

第十八届四十九次常务会议，讨论研究全市国有土地上房屋征收与补偿工作，审议并原则通过2010年度政府绩效考评结果及2011年考评体系调整方案，研究通过对2010年度安全生产先进单位和个人的表彰决定，安排部署近期重点工作。

第十八届五十次常务会议，分析一季度经济形势，通报全市及各地区主要经济指标完成情况，安排部署下一步重点工作；审议并原则通过《沈阳市全面推进依法行政五年规划（2011－2015年）》（审议稿）、《沈阳市2010年度依法行政工作报告》（审议稿）和《沈阳市著名商标认定和保护办法（草案）》，讨论并原则通过《沈阳市义务教育条例（草案）》和《沈阳市再生资源利用管理条例（草案）》，研究推进依法行政工作。

第十八届五十一次常务会议，部署进一步做好全市土地收储工作，通报审计署沈阳特派办对市本级地方政府性债务审计情况并提出整改要求，研究通过对违纪干部解除处分的决定。

第十八届五十二次常务会议，研究部署防汛抗旱工作，讨论并原则通过《沈阳市促进中小企业发展条例（草案）》等两部地方性法规，审议并原则通过《沈阳市科学技术奖励办法（草案）》等三部政府规章。

第十八届五十三次常务会议，分析上半年经济形势，通报全市及各地区主要经济指标完成情况，安排部署下半年重点工作。会议还通报了沈阳市第二步提高津补贴标准申请工作情况。

第十八届五十四次常务会议，研究通过《沈阳市国家级信息化和工业化融合试验区实施方案（2011－2012）》，修改完善《沈阳市烟花爆竹安全管理规定》，审议并原则通过《沈阳市客运出租汽车管理办法（草案）》等三部政府规章以及废止《沈阳市城市房屋拆迁管理办法》等两部政府规章。会议还就进一步严格统计工作作出明确部署。

第十八届五十五次常务会议，分析前三季度经济运行形势，通报全市及各地区主要经济指标完成情况，安排部署四季度重点工作。会议还就贯彻落实全省"青山工程"会议精神，全面加强生态建设进行了部署。

第十八届五十六次常务会议，研究通过赋予沈阳综合保税区部分市级经济管理权限，享受开发区相关政策，原则同意表彰2011年度沈阳市科学技术奖获奖项目和个人，审议并原则通过《沈阳市商品住房交付使用管理办法（草案）》和《沈阳市城市地下空间开发建设管理办法（草案）》，研究通过对违纪干部的处分决定。

第十八届五十七次常务会议，讨论并原则通过即将提请市十四届人大五次会议审议的《政府工作报告》（讨论稿）、《关于沈阳市2011年国民经济和社会发展计划执行情况及2012年国民经济和社会发展计划（草案）的报告》（讨论稿）和《关于我市2011年预算执行情况和2012年预算（草案）的报告》（送审稿），审议并原则通过《关于今年以来人大代表建议政协提案办理工作情况的汇报》、《沈阳市人民政府办理人大代表建议政协提案工作规则》（讨论稿）和《沈阳市人民政府办理人大代表建议政协提案工作流程及考核评比办法》（讨论稿），讨论并原则通过《沈阳市城市房屋安全管理条例（草案）》。

（尹光云）

【政务服务】 2011年，市政府办公厅累计督办市政府确定的重点工作、重要事项和领导批示件900余项，向陈海波市长和有关市政府领导同志报送《督查专报》93期、专题报告8期、市长批示件办理月报9期，向全市有关单位制发《督查通报》10期。市政府办公厅编报《昨日要情》249期、《沈阳政讯》36期、《信息参考》88期、《市领导专报》18期、报送上级机关信息1800余条，总文字量达180余万字，市领导批示65条。办理各类文件10175件，其中，陈海波市长以上领导同志批示件2722件；制发各类文件549件，其中上行文168件，下行文220件。市政府共收到市建议提案1214件，其中，市人大代表建议714件，市政协委员提案500件。从办理结果看，建议提案解决或基本解决的1051件，占86.6%；列入计划解决的117件，占9.6%；暂时不能解决作出说明解释的46件，占3.8%。建议提案办理在见面率、办复率、满意率均达到百分之百的基础上，解决率创历史最好水平。

（尹光云）

【督查工作】 重大举措督查。在督查《政府工作报告》各项任务的落实情况中，结合首季"开门红"、半年"双过半"、年末总收口等各阶段目标要求，对报告涉及的8个方面、204项工作任务以及13项主要经济指标的推进完成情况，开展了4轮全方位督查；为配合下半年冲刺收口工作，从三季度开始，陆续对重点领域工作任务完成情况，区分7个方面进行了专题督办，并及时向市政府报告了相关工作进展。全市204项任务已完成或落实全年进度指标的有200项，占任务总数的98%。在督查重大项目建设过程中，连续对开（复）工率、工程形象与投资进度的跟踪督办。按照市政府会议及有关文件的要求，紧盯项目建设计划执行和保障要素落实等重点环节，对605个城建项目、260个重点项目、60个市政府投资重大项目等开展了系列督查，有效配合了市政府重点工作落实、维护了全市投资计划执行的严肃性。在督查招商项目的签约、开工过程中，区分项目批次和推进阶段，对牵头部门、责任地区等进行了反复督办，全年已开工建设、签约落地及洽谈取得实质性进展的项目占80%以上。在督查市政府会议纪要的贯彻落实中，共督查市政府常务会议和市长办公会议纪要112期，涉及督办事项600余项，有效保证了政令畅通。

办实事督查。办实事确定事项正式发布后，立即组织、指导各责任单位进一步细化量化工作目标，逐一制定工作方案，公示承办责任人及完成时限，实名制加以推进。通过日常巡查、每月通报、季度分析等措施，实时监督实事进展和完成情况；同时，反复深入责任单位和施工现场，会商协调项目实施或工程建设中遇到的困难和问题，逐一督促各单位按照办实事计划落实到位，有效助推了10件实事的圆满完成。

（宣印宽）

【政务信息】 2011年，市政府办公厅完成编报《昨日要情》249期、《沈阳政讯》36期、《信息参考》88期、《市领导专报》18期、报送上级机关信息1800余条，总文字量达180余万字，市领导批示65条。建立健全了300个基层信息直报点，基本形成了上、中、下三级信息报送网络。围绕15个副省级城市重大政策出台、食品安全、招商引资、科技研发、城市建设、企业上市融资、金融业发展、民生等方面内容，创办了《信息参考——副省级城市专版》，为市领导决策提供了有力的外脑支持。围绕软环境建设，组织编辑了《沈阳政讯》专刊。针对日本关东地区发生大地震、日本福岛第一核电站发生核事故，国内部分地区受谣言影响，引发食用盐集中购买现象，第一时间以《市领导专报》形式报送市领导，获得了市长陈海波等市领导的重要批示。2011年沈阳市政府被评为省政府信息工作先进单位。

（梁 咏）

【文电工作】 2011年，市政府办公厅全年共办理各类文件10175件，其中办理陈海波市长以上领导同志批示件2722件；制发各类文件549件，其中上行文168件，下行文220件；登记录入扫描14832件次，整理归档文件116盒，取送文件、信件、刊物38436件次，查阅文件993件次，向文件中心移交文件109件，用印9387枚（次），文件整理12176件次。处理涉密文件、信件、刊物19100份，销毁涉密文件240袋。按照新的档案归档目录和标准，完成了2010年市政府办公厅所有归档文件、材料的立卷归档和录入扫描等工作；投递、发送机要文件10万余件，其中急件4300余件；分装、分发各类文件5万余份，机要安全行车1万余公里。

（宋 扬）

【建议提案办理】 严格落实办理工作责任制。市政府建立健全了“一把手”办理责任制、市领导领办制、分管副秘书长分工负责制和最终办结制等严格的工作责任体系，全市上下形成了市领导亲自领办，分管副秘书长牵头协调，市政府办公厅跟踪督办，各单位具体承办，从市长到承办单位，层层有责任、逐级抓落实的办理工作格局。

建立完善长效办理机制。市政府办公厅重新修订了《建议提案办理工作规则》和《关于办理人大代表建议、政协提案工作流程及考核评比办法》，将近年来的成熟办理经验和做法确定为行政规章；建立办理复核审查机制，制定了建议提案办复件审核标准；建立督办制度，密切与代表委员的经常性联系，承办单位直接与代表委员见面沟通情况，让代表委员充分了解和支持政府工作。

省、市建议提案办理取得显著成效。市政府共承办省建议提案107件，其中：主办85件，协办22件。在主办的85件中，省人大代表建议34件，省政协委员提案51件。办理全国人大代表来信1件，省人大代表来信1件，省政协委员来信3件。从办理结果看，省建议提案解决或基本解决的71件，占83.5%；列入计划解决的9件，占10.6%；暂时不能解决作出说明解释的5件，占5.9%。这是历年来承办省建议提案数量最多、任务最重、办理质量最好的一年。市政府被省政府授予“2010－2011年度省政府系统建议提案办理工作先进单位”荣誉称号，被省政协授予“辽宁省提案办理先进承办单位”荣誉称号；市政府办公厅被省人大常委会授予“辽宁省人大代表建议办理工作先进单位”称号。

市政府共收到市建议提案1214件，其中：市人大代表建议714件，市政协提案500件。从办理结果看，建议提案解决或基本解决的1051件，占86.6%；列入计划解决的117件，占9.6%；暂时不能解决作出说明解释的46件，占3.8%。建议提案办理在见面率、办复率、满意率均达到百分之百的基础上，解决率创历史最好水平，办理工作得到市人大常委会、市政协和广大代表委员的高度肯定和好评。

（陈连华）

【宣传工作】 2011年，市政府办公厅全年在中央和省市各级各类媒体刊播各类新闻稿件400余篇，其中，人民日报、经济日报、光明日报在全国“两会”期间，分别以《确保医改成果惠及农民》、《促进信息化和工业化融合》、《经济越发展越要重视改善民生》为题，刊发了市长专访。全年编发《每日媒体监督摘要》共235期、1305条，解决了大量社会聚焦、媒体关注、百姓关心的民生问题。全年组织策划了重点工作专题新闻报道25次，安排领导政务活动报道近2800余次，拍摄整理市长政务资料照片9300余幅，为政府各项工作顺利推进和各项任务的圆满完成提供了有力的新闻宣传保障。

（梁国军）

【应急管理】 2011年，全市应急管理工作以完善“一案三制”为核心，强化基层基础建设，基本实现应急管理常态化、社会化、科学化和有序化。全市开展安全生产隐患排查，共查出各类隐患35680处，其中：一般隐患35677处，重大事故隐患3处，全部整改完毕。市政府加大应急资金投入，购置消防、防汛、交通、地铁安全等方面的物资和装备4156台（套）。市政府应急办制定下发《沈阳市应急管理建设达标实施细则》，会同市公安局、法制办、安监局、市政府督查室等部门，对全市12个区（县、市）政府及所属24个街道（社区），11个应急管理工作核心部门、4个市属重点企业进行全面检查。审核修订专项预案7件，市政府应急办编辑完成《沈阳市突发公共事件专项应急预案操作手册》。会同市安监局编制《沈阳市重点企业应急预案汇编》。将应急培训纳入市委党校后备干部培训内容，先后10次为市中青年干部培训班、村支部书记培训班作“增强应急管理意识，提高处置突发公共事件能力”专题讲座。与市委组织部联合在德国开展应急管理干部境外培训。围绕突发事件信息报告、处置、预案编制、常态管理等内容，先后18次分别对基层应急管理干部，街道、社区专职人员进行培训。截至2011年末，全市共有综合性应急救援队伍14支，专业应急救援队伍19类1000余支。市政府应急办参与处置各类突发事件180起。其中，万鑫大厦“2·03”火灾、于洪区昆山西路煤气中毒事故、黄河北大街公铁桥积水、沈阳经济技术开发区在建工程塌方等事故得到妥善处理。全市有16个地区和部门建立应急指挥平台。市政府值班室共接报处理各类信息1177件，其中省、市领导批示142件；呈报省政府《沈阳市重要情况报告》25件；呈报市领导《值班要情快告》272件，节日期间呈报《应急专报》15期。

（马仁舜）

【应急指挥平台建设获中国应急管理信息化成果应用奖】 2011年5月14日，由中国信息协会主办的“第二届中国应急管理信息化高峰论坛暨成果评选”在北京举行。国务院应急办、国土资源部、外交部、国家旅游局、民政部、中国地震局、卫生部等国家部委相关负责人出席会议并做主题演讲，部分省、市政府应急办负责人及科研机构共约200多人出席会议。沈阳市政府的《统筹规划，整合资源，构建统一高效的应急指挥平台》参加大会交流和评奖。市政府将应急指挥平台作为“十一五”规划的重点建设项目，统筹规划，充分利用人防战略资源，实现应急信息资源整合、传输与共享。此项成果展示了沈阳市应急指挥平台应用优势和建设理念及系统的全面性、集成性、安全性、综合性，被评为“2011中国应急管理信息化成果应用奖”。

（马仁舜）

【第五届应急管理宣传周】 2011年10月10—16日，沈阳市组织开展第五届应急管理宣传周活动。期间，开展现场咨询、专家讲坛、应急演练、专业培训和参观体验等活动。各级政府、相关部门通过市属新闻媒体共刊播宣传文章8篇，播出宣传节目20多个；向社会免费发送《应急知识手册》等宣传资料3万余册，发放应急求救口哨2万余个；群发宣传短信20万条，悬挂宣传标语条幅700余条，摆放应急知识展板700余延长米；通过1.2万辆出租车LED显示屏滚动播出宣传口号和应急常识，每车每天20余次；开展专题讲座10讲，总计30余学时，培训干部1600余人，推动应急管理社会化宣传活动的开展，提升公众应急避险能力。

（马仁舜）

【公共机构能源管理】 2011年，市政府办公厅指导全市16个区、县（市）和开发区成立公共机构节能工作领导小组。市委、市人大、市政府、市政协机关，市直各部门，各社会团体，民主党派也成立了相应的工作组织，建立了专（兼）职工作队伍。聘请公共机构节能领域专家对全市128个公共机构的联络员、统计员进行业务培训。制定了《沈阳市公共机构能源资源消耗统计制度》，对全市公共机构的基本信息和非高效照明产品更换情况进行了核查统计。向市财政局申请了1000万元的公共机构节能专项资金，用于表彰、奖励和节能改造补贴。公共机构能源数据统计实现了网上报送，全市2011年公共机构综合能耗下降2.1%，超额完成省年度指标任务（省指标为2%）。

（高 翔）

【为城乡群众办10件实事】 2011年，市政府为城乡群众办10件实事工作得到全面落实。

1.改造中心城区二次加压泵站200处，新建117处农村饮水安全工程。年初确定的200处二次加压泵站已全部改造完成，水务集团在实际工作中多安排改造了10处；117处农村饮水安全工程已全部竣工使用，水利部门在实际工作中安排建设了128处农村饮水安全工程，超额完成了11处，受益人口约12万人。

2.切实加强食品安全监管和源头治理，严格实行市场准入、检验制度，让市民吃上放心食品。市政府各相关部门一是针对“问题乳粉”、“三聚氰胺”、“瘦肉精”、“毒豆芽”等社会热点事件，开展了一系列食品安全专项整治行动，有效净化了食品安全环境；二是大力开展日常监管，全年共检查各类食品生产企业14万余户次；抽检各类蔬菜、食品、原料及相关产品10万余批次，合格率均在85%以上，抽检量及抽检覆盖率均比往年增加40%以上；三是不断完善食品生产、检测设施，全年共新建30个标准化蔬菜生产基地、30个专业合作社农产品检测点、2处畜禽产品集中检疫申报点、10个兽药残留检测室及20个标准化畜产品安全示范畜禽生产基地。

3.新建和改造完成55个千平米以上菜市场。市服务业委根据工作实际安排新建和改造了56个菜市场，超额完成1个，并全部竣工投入使用。其中和平8个、沈河6个、铁西11个、皇姑6个、大东10个、于洪6个、浑南3个、沈北3个、苏家屯3个。

4.改造700个弃管住宅小区、30所社区用房。全年计划共改造700个弃管住宅小区、1500万平方米，房产部门实际改造完成702个弃管住宅小区、建筑面积1556万平方米，分别超额2个、56万平方米，计划改造的30所社区用房已全部竣工投入使用。

5.建设浑河等3个沿河健身带，18个公园、广场环形健身带，建成户外运动健身场地55个、配备更新健身器材1500件（套）；在500个行政村，安装运动器材3000件。市体育部门在建设沿河健身带和公园、广场健身带和500个行政村基础上根据实际工作安排建设了各类户外运动健身场地76个，健身器材4744件，并全部投入使用。

6.实施迎全运、促和谐艺术惠民“双百万”工程，免费为百万市民开展艺术培训，为百万群众开展公益演出；举办各类群众文化活动上万场次。市委宣传部、教科工委全年组织沈阳音乐学院、沈阳师范大学、沈阳大学、东北大学、辽宁大学、鲁迅美术学院等6所高校开设各类艺术培训项目140项，累计培训课时5万余学时，培训市民85万人次；依托市群众艺术馆、文联等单位培训市民61万人次；市文广局全年组织开展各类群众文化活动12869场，受益群众1000万人次；组织市艺术学校、京剧院、评剧院、歌舞团、曲艺团、杂技团等专业艺术团体为社会各界群众开展公益演出512场，观众100万人次。

7.新建改造普惠性幼儿园50所，维修改造中小学校舍100所。全年计划新建改造的50所普惠性幼儿园以及维修改造的100所中小学校舍已经全部实现年初预定工作目标。

8.新增养老床位6600张，新建成百个社区示范性日间照料站；完成改造、新建8个区域性残疾人托养、康复中心；对9座公园、200个社区和2000户贫困残疾人家庭实施无障碍改造。全年民政部门共实际建设养老机构床位7942张，均已完成年初预定目标，超额完成了年初制定的工作任务；100个社区示范性日间照料站均已竣工并投入使用；8个区域性残疾人托养、康复中心也已完成建设任务；北陵、东陵、南湖、沈水湾、青年、百鸟、克俭、北塔、沈海9座公园以及200个社区和2000户贫困残疾人家庭的无障碍改造工程年底全部完工并投入使用。

9.实施农村生活垃圾无害化处理，新建4座乡镇垃圾处理场、30座垃圾中转站。全年共新建成4座乡镇垃圾处理场，分别位于法库秀水河、新民公主屯、康平张强、辽中满都户；计划新建的30座垃圾中转站已全部竣工，同时还在辽中、康平、法库各配备一套移动式渗沥液处理设备，提高了垃圾处理场的渗沥液处理水平。

10.在中心商业区和交通枢纽地段新建10处机动车停车场、30处自行车停车场；新建13处行人过街设施。全年共安排建设11处机动车场，其中8处地面停车场已竣工投入使用，3处地面停车场已开工建设，均已完成工作目标；30处自行车停车场已经投入使用；13处行人过街设施中的4处天桥、5处通道已经竣工投入使用，剩余4处通道已经开工建设。

（宣印宽）

【行政审批制度改革】 2011年，全市行政审批系统共受理各类审批事项104万件，办结103万件，办结率高达99%，即办率达88%，审批效率居全国领先水平。

1. 清理审批项目，推动区域发展。在全市开展了第八轮行政审批项目清理，共承接项目10项、取消12项、下放4项，最终保留行政审批服务事项334项，继续保持副省级城市项目数最少的领先优势。重新核定了各区、县的审批事项设置，各区、县实现了项目名称、设定依据、所需要件、工作流程、办理时限、收费标准“六统一”。

2. 改革管理体制，推进“批管分离”。出台了《关于深化“批管分离”工作的实施意见》，将各部门的审批职能和监管职能适当剥离，全市35个审批部门按照“职能集中、事项集中、人员集中”的原则进厅开展工作；在于洪区、蒲河新城、苏家屯区分别成立了“行政审批服务局”，初步实现了以批促管、以管协批的良好局面。

3. 优化工作流程，提高审批效率。以审批提速为出发点，全面优化审批流程和工作环节。市规划局将市场供地类项目的审批时限由19个工作日压缩至15个工作日；市城建局将“市政园林绿化工程施工”审批要件由15项调整为5项；市卫生局将公共场所卫生审批环节有效整合，市行政审批中心各类审批事项的即办水平由66%上升至85%，办结率达到了100%。

4. 推进“网上审批”，创新工作方式。建立了“沈阳市行政审批网上服务中心”，实现了申请人与审批部门之间的远程沟通和业务办理。与此同时，各区、县相继推出一大批创新举措，如铁西区率先实行国地税窗口联合办公，大东区对各类审批事项“集中受理”，沈北新区全力打造“无费区”，浑南新区实行“一表制”等，企业和群众办事变得更加方便。

5. 强化审批服务，加快项目建设。针对全市260个重点项目，市审批办及时出台了方便企业办事的十项服务举措，做到了重大项目特事特办、“绿色通道”快速审批、跨部门项目联合办理，加快推进了项目审批进程。全年市区两级审批中心共完成500万元以上注册企业1480户，注册资本561亿元。

(张俊周)

【政务公开】 1. 全力抓好政府信息公开工作。2011年，市政务公开办组织各地区各部门公开和更新政府信息近8万条，累计公开政务信息及便民信息87万条，政府信息公开率和更新率实现了100%。建立了依申请公开受理联动机制，全市共受理依申请公开政府信息123件，群众对回复结果基本满意。

2. 积极探索行政决策公开和行政权力运行公开。市政务公开办建立了决策规则和程序，对涉及群众切身利益的重大事项，通过新闻发布会、听证会、论证会等方式，广泛听取社会各界意见。开发了行政权力运行公开系统，42个市直单位和15个区县部门的权利运行情况实现了网上公开。

3. 深化基层政务服务工作。一是定期开展政务公开进社区、进农村和进企业活动，帮助群众和企业解决问题百余件；二是开展“5·15政务公开日”活动，为群众解答政策咨询问题千余件，市政务公开办连续五年获得辽宁省“5·15政务公开日”先进单位；三是对便民服务事项进行梳理和规范，印发了《沈阳市基层便民服务指南》，推动了全市基层政务服务工作不断深化。

4. 巩固并创新政务公开载体。继续巩固已有的“政务公开服务网”、日报《民生连线》、电台《连心桥热线》等公开载体，并开发了“114热线”管理系统，创办了电视专题节目；利用《民心网》受理群众政策咨询1200余件，办结率、反馈率、满意率位居全省第一。

(张俊周)

【公共资源交易平台建设】 2011年，沈阳市公共资源交易系统共成交项目3557项，成交额808亿元。其中，政府采购项目1226项，成交额9.4亿元；建设工程招投标项目1232项，成交额179亿元；土地交易708宗，成交额575亿元；产权交易40项，成交额20.7亿元；交通、水利、卫生及其他交易项目共351项，成交额23.8亿元。

1. 完善管理体制。按照辽宁省“五大系统”的建设要求，市公共资源交易办会同市纪委制发了《沈阳市公共资源交易系统建设工作方案》，并组织开展落实。一是成立了公共资源交易管理委员会；二是完善公共资源交易管理办公室的工作职能；三是成立了公共资源交易中心，初步形成了“一委一办一中心”的管理体制。

2. 规范交易行为。完善《评标室管理办法》，制定了专家、代理机构凭证准入制和监管人员值班制，确保评标过程公平、公正。编制了《沈阳市公共资源项目进场交易目录》，对进场交易项目进行梳理和审核，明确了交易范围，规范了交易程序。

3. 提高信息化管理水平。建立了沈阳市公共资源交易网，实现了当日开评标信息的公示。研发了网上发布信息、网上招投标、网上开评标系统，减少了人为因素干扰，有效杜绝了围标、串标等行为发生。其中，网上招投标方式在建设工程领域得到广泛应用，2011年成交项目25项，成交额3.7亿元。

4. 做好基层公共资源交易工作。在辽中县进行公共资源交易改革试点，并按照“一委一办一中心”的模式组建了机构，实现了各类交易项目的业务整合。同时，协助其他区县同步开展工作，经过努力，铁西、浑南、沈北、张士及新民、辽中、康平、法库四个县(市)的公共资源交易平台均已建成，全市统一规范的公共资源交易体系基本形成。

(张俊周)

·外　　事·

【市领导出访】 2011年，市领导先后出访了日本、美国、加拿大、印度、以色列、土耳其、印度尼西亚、马来西亚、澳大利亚、香港等20余个国家和地区，推进重大经贸合作项目，深化了多领域合作。全面深化了与日本川崎市的友好合作关系，加强了与有关国家在先进装备制造业、现代建筑产业领域的合作，吸引了香港一些著名企业对铁西新区、沈北新区、沈河区5大产业集群项目的投资，推进了一大批房地产和电子信息产业合作项目。

(何　刚)

【重要外国团组访沈】 2011年，市级领导出席各类会见、宴请、签字仪式、奠基仪式等外事活动960余批次，共计9750余人次。日本前首相村山富市、蒙古前总理巴雅尔、韩国前总理李洪九等外国前政要访问沈阳，德国前国防部长及美国、德国、英国、法国、日本、朝鲜、赞比亚、芬兰、智利驻华大使等重要团组也先后访沈，推进相关交流合作项目。与沈阳市有重大经贸合作项目的日本鹿岛建设、香港东方银座、法国米其林、美国赛斯纳等世界知名跨国企业，保持了紧密的交流关系，企业来访团组多次受到市领导会见，直接促进了招商引资不断增长。

（何 刚）

【日本前首相村山富市访沈】 2011年9月20日至23日，日本前首相村山富市出席了“国际和平日纪念活动暨东北亚发展论坛”系列活动，参加了国际和平日纪念活动暨东北亚发展论坛开幕式、和平公园揭幕仪式、东北亚发展论坛，并参观了沈阳故宫和“九一八”历史博物馆。中共中央政治局委员、全国政协副主席王刚，全国人大副委员长严隽琪分别会见了村山富市。

村山富市在大会致辞中表示，对发生在80年前的“九一八”事变这一“惨痛的历史教训”再次进行深刻反思，倡议在东北亚地区构建合作机制，并表示愿意同与会的各国代表就此深入探讨。他积极倡导无核化，认为世界无和平，就无发展，希望促进与邻国的关系，共同发展，共同努力。

在与市人大赵长义主任会见时，他表示，时隔6年再访沈阳，感到十分亲切，为这座城市日新月异的发展变化及大规模城市建设感到由衷的喜悦。同时也祝贺此次论坛取得圆满成功。他希望中日两国、各城市能着眼未来、和平共处、互利共赢，为世界和平作出贡献。

在沈期间，他还表示，日本和中国都是东北亚的一部分，只有团结一致共同发展，才能促进东北亚的繁荣富强。中日密不可分，对日本来说，中国是重要邻国。地震后中国对日援助，对日本今后的发展及震后重建起到了积极的推动作用。希望两国年轻人关注历史问题，共同促进中日关系的进一步发展。

（何 刚）

【韩国前总理李洪九访沈】 2011年9月20日至21日，韩国前总理李洪九率团出席“国际和平日纪念活动暨东北亚发展论坛”系列活动，对会议组织接待工作给予高度评价。

李洪九前总理对大会的成功举办表示热烈祝贺，多次对大会接待工作表示赞许，希望还能再来中国，再到沈阳。在与全国人大副委员长严隽琪会见和接受记者采访时，他表示，东北亚地区各国应该不断加强交流与合作，为世界区域合作提供典范。他还希望有关东北亚各方都能参与到区域合作中来。

（何 刚）

【蒙古前总理巴雅尔访沈】 2011年9月20日至23日，蒙古国前总理巴雅尔访问沈阳市，出席了“国际和平日纪念活动暨东北亚发展论坛”系列活动，对大会给予高度评价。随行的中联部有关领导对市外办接待工作给予充分肯定。

巴雅尔高度赞赏沈阳市落实振兴东北老工业基地战略取得的巨大成就，他表示，第一次来到中国东北，沈阳的机床制造、矿山机械设备制造、汽车产业、变电设备生产等领域的发展给他留下了深刻印象，彻底改变了对中国东北地区的看法。他认为双方有很大的合作空间，希望加强经贸领域的合作交流。他表示将借鉴沈阳市城市绿化建设的成功经验，派专人到沈阳进行学习考察，互派专家学者访问，在绿化、农业、畜牧业等方面进行更加深入的合作。他对接待人员的工作非常满意，表示中国人民的热情与友好让他觉得此行心情非常愉悦，希望有机会再次访沈。

中联部充分肯定了市外办接待工作，认为能让巴雅尔总理给予高度评价实属不易，接待人员的工作展现了沈阳外办的工作态度、工作标准，展现了较强的素质。

（何 刚）

【美国驻华大使首次访沈】 2011年11月9日，美国驻华大使骆家辉访沈。骆家辉大使表示，初次来沈，看到沈阳市容整洁，相信随着沈阳未来的发展，将为来沈投资的外资企业提供更加良好的环境。作为华人后裔，他为中国取得的举世瞩目的发展成就感到自豪，对中国政府和地方政府领导人的工作业绩表示赞赏。美国驻华使馆及驻沈总领事馆将致力于促进中美经济文化各领域的交流，为赴美留学人员及商务人士顺利赴美提供便捷高效的服务，以促进更多中国企业赴美开展多样化投资，增进两国人民之间的交往和友谊。

（何 刚）

【九位驻华大使访沈】 2011年，共有九位外国驻华大使先后访问沈阳。他们是英国大使吴思田、日本大使丹羽宇一郎、赞比亚大使穆森阁、朝鲜大使池在龙、芬兰大使岚涛、美国大使骆家辉、德国大使施明贤、智利大使蒙特斯、法国大使白林。

（何 刚）

【举办沈阳市友城工作座谈会】 2011年7月22日，沈阳市友城工作座谈会召开，深入探讨沈阳市友好城市和友好合作关系城市交流工作。市委、市人大、市政府、市政协有关部门和县（市）、区以及有关企业和沈阳市驻外代表处等24个单位40余人参加了会议。

市外办介绍了沈阳市开展友好城市和友好合作关系城市工作情况，向与会单位通报了沈阳友好城市和友好合作关系城市交流资源。会议就如何拓宽国外城市交流渠道、充分利用友城资源服务沈阳市经济和社会发展广泛征集意见和建议，进一步提高了各单位对友城工作重要性的认识，推进了完善友城发展规划、优化友城布局、扩大务实交流、拓展友城交往深度与广度以及加强友城宣传等工作。

（何 刚）

【荣誉市民武部勤访沈】 2011年8月17日至19日，沈阳市荣誉市民、日本国会议员武部勤先生率团访沈，日本丰田房屋株式会社立花贞司会长、三泽房屋株式会社竹中宣雄社长随团访问。

代表团先后考察了沈阳城市规划展示馆和万科金域蓝湾项目、金地檀郡项目，听取了关于沈阳市房地产业的情况介绍，并就开展具体投资合作事宜进行了深入洽谈。

武部勤感谢辽宁省长期以来对在辽日本企业给予的支持和帮助，他表示，作为沈阳市荣誉市民，他将继续致力于促进日本与辽宁在经贸等领域的交流合作，积极推动沈阳乃至辽宁的对日经贸合作关系发展。

(何 刚)

【举办与川崎市结好30周年纪念活动】 2011年8月30日至9月1日,日本川崎市市长阿部孝夫、议长大岛明率川崎市政府、议会、企业、市民等各界代表70余人访问沈阳市,参加了在沈阳市举办的两市建立友好城市关系30周年纪念系列交流活动。市外办按照市领导对川崎交流工作的指示精神,全面落实两市于5月签署的合作备忘录内容,精心安排代表团在沈活动。两市政界、企业界和市民之间开展了全方位的交流活动。川崎市各界代表先后出席了两市建立友好城市关系30周年纪念招待会、制博会开幕式、沈阳川崎经贸合作对接会、机器人交流大赛等活动,参观了开发区重点企业和沈阳音乐学院,进一步深化了两市在经贸、科技、环保、文化、人员往来等领域的务实合作,达到了加深传统友谊、加强务实合作、扩大交流领域的目标,取得了一系列成果。

(何 刚)

【沈阳市与俄罗斯乌法结为友好城市】 2011年9月21日,沈阳市与俄罗斯乌法市结为友好城市。沈阳市友好城市达到12个国家14个城市。俄罗斯乌法市市长卡奇卡耶夫于9月20日至9月23日率团访沈,出席2011国际和平日纪念活动暨东北亚发展论坛,与陈海波市长共同签署了《中国沈阳市与俄罗斯乌法市建立友好城市关系协议书》。

乌法市于1574年建市,是俄罗斯联邦巴什科尔托斯坦共和国首府,位于欧亚分界线的乌拉尔山西部,距莫斯科1519公里。面积754平方公里,人口103万,有100多个民族。俄罗斯百万以上人口城市共有12个,乌法市居全俄第9位。乌法市是俄罗斯重要的工业、科技和文化中心之一,石油、飞机发动机等方面在俄罗斯处于领先地位,有"燃油能源集团"、"机械制造集团"等200多家大中型工业企业,2010年全市实现工业产值120亿美元。

陈海波市长会见卡奇卡耶夫市长时,介绍了沈阳市的基本情况、沈阳与俄罗斯的经贸往来情况,希望通过两市结好推动两市更快更好发展,实现共赢。卡奇卡耶夫市长也向陈海波市长介绍了乌法市的基本情况、两市交往历史。卡奇卡耶夫市长建议为了两市友城关系的加强,希望两市能够互设办事处,并邀请陈海波市长在方便的时候访问乌法市,进一步加强两市的友好交往。

(何 刚)

【沈阳市与韩国巨济市结为友好合作关系城市】 2011年7月12日,市委常委、常务副市长顾春明与韩国巨济市市长权民镐在沈共同签订了两市关于建立友好合作关系城市的协议。

权民镐对沈阳市的快速发展印象深刻,表示将率巨济市企业家团组来沈考察,大力促进双方的合作交流,加大装备制造业领域的合作。

巨济市位于韩国庆尚南道南部,由巨济岛及其附属岛屿组成,面积401平方公里,距离韩国第二大城市釜山市50公里,是韩国前总统金泳三的故乡。巨济市经济发达,是韩国造船产业中心,世界排名第二、第三的三星重工业造船所和大宇造船都位于该市。巨济市也是韩国著名的旅游城市,拥有巨济海金刚等众多著名景点。

(何 刚)

【沈阳市与日本佐世保市结为友好交流城市】 2011年5月31日至6月1日,日本佐世保市市长朝长则男率佐世保市政府代表团访沈,并与沈阳市委常委、常务副市长顾春明共同签署了建立友好交流城市关系协议书,正式建立友好交流城市关系。根据协议,沈阳与日本佐世保将在互利互惠的原则下,建立并推动两市在经贸、旅游、教育、科技、文化和体育领域的交流合作关系,促进两市的共同繁荣发展。

(何 刚)

【举办12次国际友好活动日】 市外办结合外宾团组来访和市领导出访活动,适时举办了12个国际友好活动日,分别是"沈阳—札幌旅游观光合作交流日"、"沈阳—京都现代物流业合作日"、"沈阳—韩国大田合作日暨大田投资洽谈会"、"沈阳—城南友好城市青少年交流日"、"沈阳—春川活动日"、"魁北克—沈阳日暨经贸研讨会"、"都灵—沈阳日暨映像沈阳图片展"、"以色列拉玛特甘—中国沈阳友好日"、"沈阳—菲律宾日"、"华商走进于洪日"、"外商走进沈北"主题日活动和"5·15政务公开日暨侨法宣传日",构筑了对外交流平台,有力地推进了多领域交流与合作。

(何 刚)

【举办首届"沈阳—川崎机器人交流大赛"】 2011年9月1日,沈阳—川崎机器人交流大赛在沈举办。大赛由沈阳市人民政府、日本川崎市政府主办,沈阳市科技局、沈阳市外办和川崎市经济劳动局承办。旨在加强两市在制造业领域的产业交流,培养和挖掘制造业领域优秀人才,为沈阳市制造业领域注入新的血液和活力。

沈阳市副市长王玲、日本川崎市市长阿部孝夫、川崎市议会议长大岛明出席了大赛活动。参加本次比赛的选手分别来自日本川崎市神奈川工科大学、日出制作所株式会社和沈阳航空航天大学。通过举办机器人交流大赛,加深青少年对制造业领域的认识和兴趣,以促进地区制造业及高新技术产业的发展。

日本川崎市每年举办一次机器人竞技赛,至今已有近20年历史。

(何 刚)

【举办"沈阳—京都现代物流业合作日"】 2011年7月14日,以日本京都府商工劳动观光部监事堀田治为团长的日本京都府代表团来沈阳市访问,与沈阳市在经济技术开发区共同举办了"中国沈阳—日本京都现代物流业合作日"。双方就京都府舞鹤港与沈阳市在物流业的合作模式与合作前景进行了深入交流与互动。沈阳机床集团、北方重工集团、安川电机、日本精工、北川机械、积水房屋、中深物流等十余家企业参加了活动。

随着沈阳市经济社会的不断发展,物流产业已成为沈阳市重要的支柱产业之一。根据沈阳市《现代物流产业发展规划》(2008—2012),沈阳市物流产业的发展目标是把沈阳市建设成为立足沈阳经济区、面向东北、服务全国、辐射东北亚,具有国际竞争力的现代物流中心城市。此次与日本国际物流港共同举办"现代物流业合作日"在沈阳市尚属首次,对于了解国际现代物流业供需状况，加强沈阳市装备制造业企业和物流企业与日本国际物流港的交流与合作，实现沈阳市物流产业与国际接轨具有积极意义。

（何 刚）

【举办沈阳—札幌旅游观光合作交流日】 2011年6月2日，日本札幌市市长上田文雄率团访问沈阳市，与沈阳市共同举办了沈阳—札幌旅游观光合作交流日活动。市有关部门和5家国家百强旅行社出席了活动。

上田文雄市长对沈阳给予日本救灾工作的大力支持和援助表示感谢。他还表示，札幌没有受到地震海啸和核辐射的丝毫影响，希望更多的沈阳及东北地区的游客到札幌旅游观光。双方还就尽快恢复航线、扩大观光资源宣传、充实旅游线路等事宜进行了交流。

（何 刚）

【赵百相就任韩国驻沈总领事】 2011年3月28日，赵百相接替辛亨根就任韩国驻沈阳第七任总领事。赵百相生于1956年5月，1982年6月进入韩国外务部开始外交官生涯。先后在韩国驻美国、尼泊尔、中国、日本、越南等国使馆任秘书、参赞、公使等职。2009年2月任韩国国防部国际政策官。韩国驻沈阳总领事馆前总领事辛亨根于3月10日离任。

（何 刚）

【沈阳市与札幌市签署环保合作备忘录】 2011年8月5日，日本札幌市环境局局长若林秀博率团访沈，与沈阳市签署了《沈阳市环境保护局与札幌市环境局关于环境保护的合作备忘录》，为两市在环保领域开展技术人员互访、交流学习经验等活动提供了有利条件。

若林秀博表示，札幌市愿与沈阳在环保领域开展更多的交流合作，并就环保领域的发展现状及未来合作等问题与沈阳市深入交换了意见。代表团还实地考察了沈阳市环境监测中心站和沈阳市环境科学研究院、蒲河新城及蒲河北污水处理厂，为今后开展具体环保合作项目做前期准备。

（何 刚）

【澳大利亚贸易委员会在沈开设办事处】 2011年11月15日，澳大利亚贸易委员会（简称澳贸委）沈阳办事处在卓越大厦挂牌成立。澳大利亚贸易委员会隶属于澳大利亚政府外交贸易部，是澳大利亚政府的贸易和投资发展机构。澳大利亚大使馆驻各国使领馆商务处为其驻外机构。澳贸委在世界55个国家设立了100个办事处和职能机构。在我国，澳贸委已在北京、青岛、西安、上海、武汉、南京、杭州、广州、深圳、昆明、成都、香港、澳门等13个城市设立了办事机构，帮助澳大利亚公司开拓海外业务，推广澳大利亚产品及服务，促进双向投资等。

澳贸委沈阳办事处受澳大利亚政府外交贸易部和北京大使馆的直接领导，负责促进在东北三省所有与澳大利亚相关的经贸投资活动。同时，也担负着联系东北地区政府、企事业单位与北京大使馆的职责。

（何 刚）

【举办外语大赛】 2011年9月至11月，2011沈阳市外语大赛在沈举办。大赛由沈阳市人民对外友好协会与沈阳世贸人才培训中心、日本长崎国际大学和日本长崎短期大学共同举办。

大赛主题是让世界了解沈阳、让沈阳走向世界，宗旨是满足沈阳市日益扩大的国际交往需要，选拔、培养、储备、提供各层次、多语种外语人才，为全市外事和涉外工作服务。

大赛分英语、日语、韩语、俄语等10个语种、9个组别。计有5万多名来自浑南一中、浑南二小等沈阳市中小学校的选手和其它社会各界选手参赛，是沈阳市近年来规模最大、语种最全、人数最多的一次外语盛事。

（何 刚）

【处理涉外事件】 2011年，市外办依据国家有关政策，坚持以人为本，共协调处理各类涉外事件20件。积极协调了韩国国际学校和大韩贸易振兴公社注册登记，协助市有关部门妥善处理了肯尼亚留学生在沈伤人案，协助处理了日本恩锑本公司经济纠纷案等。同时，配合省外办进一步做好非政府组织管理等工作。2011年共安排各类领馆活动135次，其中市领导与领馆官员互访40余次，安排领馆官员参观和出席沈阳市重要活动64次，增进了他们对沈阳市的了解，达到了增进友谊，促进合作的目的。

（何 刚）

【开展民间交流】 2011年，沈阳市友协共向日本派出青少年和教育访问团组4批104人次，接待了日本、瑞典赴沈考察团组8批25人次。加强了与日本九州地区的合作与交流。沈阳市与九州地区佐世保市签署了建立友好交流城市关系协议书，推动了两市在经贸、旅游、教育、科技、文化和体育领域的交流合作关系。2011年，沈阳市先后组织了2批教育和友好交流团组访问九州，与长崎市和佐世保市在修学旅行、经贸、高新技术、农业等领域进行了座谈交流。加强了与国外驻华使馆的联络。推进了与瑞典、捷克、巴西、阿根廷、智利等驻华使馆的工作联系，就开展多领域交流和在沈举办各类国际交流日、创建友好城市关系等开展了协商联络，推进了捷中贸易中心在沈阳设立办事处。

（何 刚）

【加强因公出国（境）管理】 2011年，沈阳市共审核审批各类因公出访团组661批1959人次。从2011年开始，制止公款出国（境）旅游工作建立长效机制，纳入常态化管理。市外办进一步完善了以计划管理、任务管理、经费管理、责任管理以及出国（境）前备案、归国后报告为主要内容的“四项管理”制度体系，加强对因公出国（境）团组的审批管理，一年内共否决不合理团组7批21人次，调整核减团组17个，完成了上级关于党政干部因公出访人次零增长的目标。同时，为确保沈阳市重点开放地区、领域和产业出访团组顺利“走出去”，为重要外宾来沈提供快捷方便的服务，通过加强与国外在华使、领馆的联系，有效地保证了沈阳市送签工作的有序畅通。积极开展了为各类社会组织办理邀请外国人来华手续的工作，共为59个国家的1182人次办理了访华相关手续，为沈阳市对外开放及民营企业开展对外合作交流提供了有效支撑。同时加强来沈外籍人员的管理工作，与公安局建立了协作配合机制，加强了源头管控。

（何 刚）

【市外办荣获“服务国家总体外交突出贡献奖”】 2011年9月22日，在外交部召开的全国地方外办主任会议上，市外办荣获外交部颁发的服务国家总体外交突出贡献奖。

近年来，市外办提高两个服务能力，发挥地方资源优势，全力保障中央交办的接待外国政要及重要外宾任务，妥善处理各类涉外事件，促进了沈阳市与有关国家的友好关系，有力地配合了国家总体外交。近期先后精心接待了朝鲜劳动党总书记金正日、拉脱维亚总统扎特列尔斯、朝鲜内阁总理崔英林、韩国前总理韩升洙等外国政要和前政要来访，圆满保障了外国政要访华行程。协调解决了俄罗斯苏军纪念碑迁移事宜，俄罗斯驻沈阳总领事对此高度评价。德国大使馆对市外办处理德国公民黄燕珊案非常满意，特意发来感谢信，对市外办工作给予高度评价。

（何 刚）

·侨 务·

【国侨办批准在沈阳建立“华文教育基地”】 2011年6月28日，经国务院侨办批准，辽宁省华文教育基地在沈阳师范大学正式挂牌成立。

华文教育基地将通过加强海外华文教育，促进广大海外华裔青少年对祖国的了解，传承中华文化，华文教育基地也是国侨办举办的海外华人“寻根”活动的交流平台。沈阳师范大学在对外汉语教学、中国京剧、民乐、武术、书法等传统文化方面师资力量雄厚，2012年预计在海外23个国家招生300人，开设汉语、经济、软件、旅游、酒店管理、美术、体育、古生物化石等8个专业，培养本科、硕士、博士、博士后各层次人才。

（何 刚）

【开展海外华侨华人交流】 赴港招商取得丰硕成果。市领导率团赴港开展招商活动，会见了一大批香港企业界知名人士，坚定他们在沈投资信心，推进了房地产业、现代服务业和电子信息产品、文化产业等领域的重点项目百余个，数十个项目成功签约。精心接待来访嘉宾。2011年共接待各类侨商、华商来访团组30余个，共计350余人次，其中包括印尼《世界日报》社长熊得龙、印尼芝布特拉集团总裁兰瑞铃、香港建业集团总裁黄建业等。适时开展联络增进感情。日本发生强烈地震后，市侨办第一时间向旅居日本的华侨华人和社团致电，对日本东京华人华侨总会、日本京都华侨会、日本大阪华人会等社团和重点人物进行了问候。积极解决在沈侨企困难，了解他们对沈阳市投资环境的意见和建议，掌握他们的生产现状和经营困难，切实为侨资企业排忧解难。妥善解决涉侨经济纠纷5起，受到当事企业的好评。

（何 刚）

【举办“沈阳—菲律宾活动日”】 2011年5月26日至27日，“沈阳—菲律宾活动日”在沈举办。菲律宾驻华大使馆领事方明易等出席了活动。

此次友好活动日是为纪念中菲建交35周年而举办。菲律宾大使馆向沈阳市浑南二小和朝阳一校赠送了千余册图书，进行了菲律宾知识讲座，介绍了菲律宾的地理位置、风俗习惯、文化传统。沈阳市学生与菲律宾曼努埃尔·奎松小学的学生进行了信件交换。

方明易领事表示，此次文化交流活动促进了中菲之间的交流与沟通，为扩大沈阳与菲律宾奎松市之间的交流合作拓展了渠道。他希望今后能有机会在沈阳选取一所学校与奎松市一所学校结成姊妹学校。方领事还表示，沈阳是个潜力巨大的消费市场，愿意推动轻工、食品工业等方面的合作。

（何 刚）

【举办“中国寻根之旅”夏令营活动】 2011年6月28日，“中国寻根之旅”夏令营活动在沈开幕。夏令营历时一周，95名来自美国、德国、意大利、加拿大等国的华裔少年参加了沈阳师范大学举办的京剧、中国民乐欣赏、茶艺品鉴、清文化讲座及辽宁地域文化之旅等一系列活动。

“中国寻根之旅”夏令营活动从1999年创办至今，每年举行一届，是中国国务院侨务办公室和中国海外交流协会推动华裔青少年华文教育、寻找身份认同的品牌项目之一，旨在使海外华裔及港澳台地区青少年成为中华文化的热情传播者、中华民族文化同世界各国文化交流的积极促进者、世界各国人民同中国人民友好交往的民间使者。

（何 刚）

【维护归侨侨眷合法权益】 2011年，市领导对铁西、皇姑、沈北、新民、辽中等区县（市）的特困归侨侨眷进行了走访慰问，共计走访慰问了148户383人，送去米面、油及慰问金等价值3.2万余元。市侨办妥善办理了“三侨学生”高中考加分手续，办理华侨回沈落户88户108人。妥善处理群众来信来访，共接待侨务信访121人次。组织开展了“5·15政务公开日暨侨法宣传日”活动和侨界医疗专家“送健康进法库”义诊活动。全面开展“侨爱工程”，积极联络美国欣欣教育基金会，为康平、法库的4所希望小学申请了后续基金，改善学校办学条件。

（何 刚）

·机构编制·

【全市各级党政群机关机构编制情况】

截至2011年12月31日，沈阳市、区、县级市、县、街道、乡镇党政群机关机构总数842个，编制总数23572名（国家核拨行政编制21192名，地方自定事业编制929名，机关工勤人员编制1451名），实有在职人数20070人（不含政法系统专项编制和在职人员，以下同）。其中：中共党委机关编制4056名（国家核拨行政编制3704名，机关工勤人员编制353名），实有在职人数3646；人大常委会机关编制537名（国家核拨行政编制437名，机关工勤人员编制100名），实有在职人数535人；人民政府机关编制17614名（国家核拨行政编制16054名，地方自定事业编制695名，机关工勤人员编制865名），实有在职人数14631人；政协机关编制351名（国家核拨行政编制291名，机关工勤人员编制60名），实有在职人数360人；民主党派机关国家核拨行政编制123名，实有在职人数103人；人民团体组织机关编制891名（国家核拨行政编制583名，地方自定事业编制234名，机关工勤人员编制74名),实有在职人数795人。

1. 市级机关机构编制。沈阳市市级党政群机关机构总数117个,其中:中共党委工作机构总数12个(含部门管理机构1个),人大常委会工作机构4个,人民政府工作机构44个(含部门管理机构2个),政府派出机构29个,政协工作机构2个,人民法院机构1个,人民检察院机构1个,民主党派机构8个,人民团体组织16个。

沈阳市市级党政群机关编制总数8247名(国家核拨行政编制6818名,地方自定事业编制634名,机关工勤人员编制795名),实有在职人数为6816人。其中:中共党委机关编制982名(国家核拨行政编制803名,机关工勤人员编制179名),实有在职人数878人;人大常委会机关编制181名(国家核拨行政编制136名,机关工勤人员编制45名),实有在职人数158人;人民政府机关编制6356名(国家核拨行政编制5410名,地方自定事业编制439名,机关工勤人员编制507名),实有在职人数5130人;政协机关编制105名(国家核拨行政编制80名,机关工勤人员编制25名),实有在职人数104人;民主党派机关国家核拨行政编制123名,实有在职人数103人;人民团体组织机关编制500名(国家核拨行政编制266名,地方自定事业编制195名,机关工勤人员编制39名),实有在职人数443人。

2. 区级机关机构编制。沈阳市辖9个区级党政群机关机构总数357个。其中:中共党委工作机构68个,人大常委会工作机构9个,人民政府工作机构203个,政协工作机构9个,人民法院机构9个,人民检察院机构9个,人民团体组织50个。

沈阳市辖9个区级党政群机关编制总数6085名(国家核拨行政编制5404名,地方自定事业编制274名,机关工勤人员编制407名),实有在职人数5392人。其中:中共党委机关编制1183名(国家核拨行政编制1071名,机关工勤人员编制112名),实有在职人数1053人;人大常委会机关编制259名(国家核拨行政编制218名,机关工勤人员编制41名),实有在职人数282人;人民政府机关编制4178名(国家核拨行政编制3731名,地方自定事业编制241名,机关工勤人员编制206名),实有在职人数3604人;政协机关编制178名(国家核拨行政编制153名,机关工勤人员编制25名),实有在职人数189人;人民团体组织机关编制287名(国家核拨行政编制231名,地方自定事业编制33名,机关工勤人员编制23名),实有在职人数264人。

3. 县级市、县级机关机构编制。沈阳市辖1个县级市、3个县级党政群机关机构总数154个。其中:中共党委工作机构29个,人大常委会工作机构4个,人民政府工作机构90个,政协工作机构4个,人民法院机构4个,人民检察院机构4个,人民团体组织19个。

沈阳市辖1个县级市、3个县级党政群机关编制总数2479名(国家核拨行政编制2257名,地方自定事业编制21名,机关工勤人员编制201名),实有在职人数2368人。其中:中共党委机关编制594名(国家核拨行政编制533名,机关工勤人员编制61名),实有在职人数569人;人大常委会机关编制97名(国家核拨行政编制83名,机关工勤人员编制14名),实有在职人数95人;人民政府机关编制1616名(国家核拨行政编制1497名,地方自定事业编制15名,机关工勤人员编制104名),实有在职人数1549人;政协机关编制68名(国家核拨行政编制58名,机关工勤人员编制10名),实有在职人数67人;人民团体组织机关编制104名(国家核拨行政编制86名,地方自定事业编制6名,机关工勤人员编制12名),实有在职人数88人。

4. 沈阳市所辖街道机构编制。沈阳市13个区、县(市)所辖街道147个。沈阳市街道办事处机关编制3905名(国家核拨行政编制3877名,机关工勤人员编制48名),实有在职人数3510人。

5. 沈阳市所辖乡镇机构编制。沈阳市13个区、县(市)所辖乡镇67个。沈阳市乡镇机关国家核拨行政编制2836名,实有在职人数1984人。

(李运涛)

【全市各级事业单位机构编制情况】 截至2011年12月31日,沈阳市、区、县级市、县、街道、乡镇事业单位机构总数4653个(全额拨款事业单位机构2843个,差额补贴事业单位机构543个,经费自理事业单位机构1267个),编制总数194054名(全额拨款事业编制105126名,差额补贴事业编制49262名,经费自理事业编制39666名),实有在职人数162121人(全额拨款在职人数94471人,差额补贴在职人数39834人,经费自理在职人数27816人)。

1. 市级事业单位机构编制。沈阳市市级事业单位机构总数973个(全额拨款事业单位机构498个,差额补贴事业单位机构82个,经费自理事业单位机构393个),编制总数61416名(全额拨款事业编制25917名,差额补贴事业编制19149名,经费自理事业编制16350名),实有在职人数43809人(全额拨款在职人数20442人,差额补贴在职人数15714人,经费自理在职人数7653人)。

2. 区级事业单位机构编制。沈阳市辖9个区级事业单位机构总数1920个(全额拨款事业单位机构1154个,差额补贴事业单位机构297个,经费自理事业单位机构469个),编制总数89429名(全额拨款事业编制52369名,差额补贴事业编制22246名,经费自理事业编制14814名),实有在职人数72258人(全额拨款在职人数47185人,差额补贴在职人数15488人,经费自理在职人数9585人)。

3. 县级市、县级事业单位机构编制。沈阳市辖1个县级市、3个县级事业单位机构总数1121个(全额拨款事业单位机构693个,差额补贴事业单位机构104个,经费自理事业单位机构324个),编制总数38110名(全额拨款事业编制24327名,差额补贴事业编制6652名,经费自理事业编制7131名),实有在职人数41996人(全额拨款在职人数24677人,差额补贴在职人数7607人,经费自理在职人数9712人)。

4. 沈阳市所辖街道事业单位机构编制。沈阳市所辖街道办事处事业单位机构总数246个(全额拨款事业单位机构177个,差额补贴事业单位机构5

个,经费自理事业单位机构64个),编制总数2809名(全额拨款事业编制1268名,差额补贴事业编制201名,经费自理事业编制1340名),实有在职人数2069人(全额拨款在职人数1048人,差额补贴在职人数179人,经费自理在职人数942人)。

5. 沈阳市所辖乡镇事业单位机构编制。沈阳市所辖乡镇事业单位机构总数393个(全额拨款事业单位机构321个,差额补贴事业单位机构55个,经费自理事业单位机构17个),编制总数2290名(全额拨款事业编制1245名,差额补贴事业编制1014名,经费自理事业编制31名),实有在职人数1989人(全额拨款在职人数1119人,差额补贴在职人数846人,经费自理在职人数24人)。

(*李运涛*)

【全市机构编制工作主要成果】 2011年,是全市机构编制工作夯实基础、谋求发展、实现跨越的重要之年。不仅实现了编委办独立运行后的机构、编制、工作和情感的大提升、大发展、大融合,而且机构编制改革、管理和法制化三项建设齐头并进、硕果累累、异彩纷呈。具体体现在:体制机制日臻完善,服务保障更加有力;系统建设日趋成熟,管理工作更加科学;新城新市镇建设初见规模,沈阳经济区发展十分给力;自身建设整体跃升,发展根基更加坚固。总体来讲:基础工作有了立足点,重点工作有了突破点,创新工作有了闪光点,全面工作有了鲜活点。

一是围绕大局抓融入,体制机制保障有力。紧紧围绕"抓环境促提升、抓项目促调整、抓民生促和谐"三项重点工作,自觉把机构编制工作融入到经济社会发展之中,注重从体制机制上为实现建设"五个沈阳",实现老工业基地全面振兴提供保障和支撑。加快推进沈阳经济区新城新市镇建设。按照市长办公会的部署要求,采取合署办公的办法,组建新城管理机构,既保证了管理机构设置的科学合理、切实高效,又防止了盲目增编、因人设岗。与此同时,确定在新民市兴隆堡镇和辽中县辽中镇建立全省经济发达镇行政管理体制改革联系点,积极探索经济发达镇行政管理体制新模式,将新城新市镇管理体制不断引向深入。加快推进沈阳国家大学科技城建设。瞄准国际前沿,借鉴外地经验,兼顾省市对口,坚持"内部合理调编,优化结构组成,分步滚动实施,确保行政效能"的基本思路,提出了成立沈阳国家大学科技城管理委员会的意见,并经市委常委会审议通过。加快推进沈阳经济区沈抚连接带建设。本着"从严控编、确保急需、逐步理顺、渐进达成"的原则,成立了棋盘山开发区泗水科技新城管委会,对沈抚新城管委会的机构设置提出了调整意见,为沈抚同城化建设提供了有力的体制机制保障。继续深入推进"大浑南"新体制建设。成立了沈阳浑南新城管理委员会,理顺了管理体制,特别是坚持政策倾斜,围绕"十二运"场馆及基础设施建设设立办公室和市青年志愿者服务指导中心,为迎接"十二运"搭建了体制机制的基本框架。

二是转变职能抓改革,社会管理不断创新。紧紧围绕政府职能转变,密切关注人民群众最关心、经济发展最直接、社会管理最现实的热点难点问题,努力开阔眼界、不断拓宽思路,积极加强和推进社会管理体制创新。盯住重点领域推进改革。跟进《国有土地上房屋征收与补偿条例》颁布实施,及时提出市、区(县市)国有土地房屋征收与补偿工作机构的调整意见;调整区、县(市)群众投诉受理和权益保障体制;成立沈阳市社会管理创新办公室,大力推进社会管理创新试点工作进程。盯住热点难点问题推进改革。针对全国食品安全出现的严重问题和沈阳"有害豆芽"事件暴露出的食品安全监管机制漏洞,迅速组织召开公安、卫生、食药监、质检等部门联系会议,弄清了食品安全监管的重点、难点和薄弱环节,厘清了各部门的职责分工,提出了规范定点屠宰管理、药品器械管理、食品药品安全等方面的机构改革调整意见,并在全国率先组建了市、区两级公安机关食品药品犯罪侦查机构。针对长期困扰区县森林公安机构不合理、群众反映强烈的"停车难、收费乱"、军转干部安置难、非法集资威胁金融安全稳定等重点难点问题,组织力量采取超常措施进行集中解决,有效缓解了社会矛盾和压力。盯住新农村建设推进乡镇体制改革。通过优化整合乡镇所属的农技、畜牧、水利等事业单位,进一步深化乡镇体制改革。先后对沈北新区、康平镇和于洪区9个撤销乡镇,改设街道事项进行了专题研究,对其机构和278名乡镇行政编制进行了调整,保证了基层工作的连续性。盯住"窗口"推进行政运行机构改革。为提高审批效率,优化全市发展软环境,在全市第8轮行政审批项目清理基础上,全面梳理各部门行政审批服务事项的职责和权限,大力推广实施"批管分离",消除了审批管理过程中腐败滋生的土壤,形成了适应发展需要的行政权力制衡新机制。完成了市发展改革委、市科技局等12个试点部门行政权力运行流程图的审核工作,并在全市31个部门和15个区、县(市)、开发区推广制作了行政权力运行流程图,强化了各级行政部门的职能、细化了部门职责、分解了办事流程,实现了用制度履权、按制度办事、靠制度管人工作格局。此项工作也受到了中编办的肯定和关注。

三是分类改革抓稳慎,事业单位改革扎实推进。按照中央关于分类推进事业单位改革的总体部署和省、市主要领导的指示要求,积极稳妥地推进全市事业单位分类改革。扎实开展清理规范。联系沈阳事业单位建设实际,坚持机构改革与人事、工资、社保、养老等事宜通盘考虑、同步落实,及时修改完善了《关于深化我市事业单位分类改革的实施意见》,下发了《关于对全市事业单位机构编制事项进行清理整顿和规范管理的通知》,分别召开了市、区(县)两级动员部署大会,并组织了"清理规范"专项培训。按期完成了对事业单位机构编制调查摸底的统计汇总工作,制定了事业单位分类目录。继续推进医疗卫生体制改革。完成了基层医疗卫生单位人员编制的核定工作,完成了对公立医院管理体制、运行机制、补偿机制、监管机制等问题的调研,形成了《沈阳市政府办医疗卫生机构设置和编制配备意见》。跟进行政体制改革对部分事业单位进行了调整。将政府机构改革后相关部门所属的事业单位做出相应调整和更名,对保障性住房管理体制进行了调整规范,将公租房、廉租房、经济适用住房的职能由多个部门管理调整为统一由市保障性住房管理办公室管理。优化结构布局,清理规范事业单位。将隶属于市交通局、市煤气总公司、市经信委的3所职业学校全部划入市教育局管理。继续对职责任务弱化或消亡,规模过小的事业单位进行了撤并,收回事业编制27名,处级职数2名。将4家规模较小的事业单位并入沈阳文物古迹博览中心,精简机构4个。

四是健全体系抓管理,行政运行科学规范。坚持和完善机构编制管理制度,严格把握标准尺度,加大监督检查工作力度,大大提高了机构编制管理的科学性、实效性。推进和完善全市党政群机关及事业单位机构编制实名制管理工作。较好完成了机构编制实名制的登记、录入、核查等工作准备,起草了《关于推进和完善全市党政群机关及事业单位机构编制实名制管理工作的通知》。进一步强化机构编制日常管理,从严落实分级管理和"一支笔"审批等制度规定,坚持总量不变、此增彼减的原则,采取置换、调剂等办法,用好用活现有编制,破解机构编制需求的难题。严格加强机构编制核验制度,做好人员编制、领导职数的核验工作。按照中央编办严格控制乡镇机构和人员编制的要求,完成了沈阳市暂控编制冲减任务,确保193名暂控编制冲减到位。加强和规范事业单位登记管理。按照一个政策、一视同仁、一次办结、一个不错的"一把尺子"原则,较好地完成了事业单位年检工作,年检合格率达到98.7%。对于逾期未办理年检的事业单位,严格按照《细则》和《办法》限期整改。先后分8批对860余家市属事业单位具体工作人员进行了网上登记操作程序及相关业务培训。将机构编制管理纳入政府绩效考评体系。制定了《沈阳市政府机构管理工作评估实施办法》,将机构编制管理纳入市政府对区、县(市)政府绩效考评体系,此做法受到了中央编办的肯定,得到了省编委办的推广。严肃认真地办复信访案件。共接到省编办转来的"转办单"6件,接听受理"12310"举报电话10余次,及时纠正了某区超越权限审批机构问题;对上级编委办转办的督查事项,按照相关政策做到了桩桩有办理、件件有答复,得到了省编委办的充分肯定。

五是优化环境抓自身,建设基础不断夯实。大力加强机关党建这个龙头。召开了市编委办机关党员大会,选举产生了中共市编委办公室首届机关党委和机关纪委,并严格落实党委各项制度,机关党的建设更加规范坚强。扭住思想作风建设这个核心。坚持把政治理论学习和勤政廉政教育、监督经常化,思想作风建设成效明显。牢牢抓住提升能力素质这个根本。通过组织干部到清华大学、人民大学及市委党校培训,到井岗山等地进行了红色教育,到其它部门学习锻炼,以及组织全体处长进行专业知识讲座并开展金牌课评比等活动,充实了理论知识,开阔了眼界,提升了理念。注重提升凝聚力这个关键。按照"一学三提"活动的部署和要求,坚持以活动为载体和牵引,通过举办迎新春联欢晚会、参加志愿者服务活动、党建知识竞赛和全市运动会,开展摄影、声乐、心理教育讲座等活动,激发了大家的工作热情,增强了凝聚力,使编委办政通人和的局面更加巩固。

(*李运涛*)

政协沈阳市委员会

【市政协十三届五次全体会议】 中国人民政治协商会议沈阳市第十三届委员会第五次会议,于2012年1月4日至7日举行。会议审议并通过了刘雅琴主席代表常务委员会所作的工作报告和李峰副主席代表常务委员会所作的提案工作情况报告。

会议对陈海波市长所作的政府工作报告、关于沈阳市2011年预算执行情况和2012年预算(草案)的报告、关于沈阳市2011年国民经济和社会发展计划执行情况及2012年国民经济和社会发展计划(草案)的报告、沈阳市中级人民法院工作报告和沈阳市人民检察院工作报告均表示赞同。

会议认为,过去一年,在中共沈阳市委正确领导下,市政协常务委员会组织全体委员,围绕全市重点工作,认真履行政治协商、民主监督、参政议政职能,为推动科学发展、促进社会和谐等方面做出了应有的贡献。会议同意常务委员会提出的2012年工作任务,并对进一步做好政协工作提出了建议,希望常务委员会认真抓好落实。

会议要求,市政协各参加单位和全体委员,在新的一年里,要以邓小平理论、"三个代表"重要思想和科学发展观为指导,全面贯彻中共十七届六中全会和沈阳市第十二次党代会精神,按照市委十二届二次全会的部署,围绕全市"深化改革、推进创新、提升文明、改善民生"等重点工作,认真履行职能,继续发挥协调关系、汇聚力量、建言献策、服务大局的作用,为完成"五大任务",实现"三大目标",建设"实力沈阳"、"活力沈阳"、"宜居沈阳"、"文明沈阳"、"和谐沈阳"作出新贡献。

会议号召,全市各民主党派、工商联、各人民团体、各族各界人士和广大政协委员,要更加紧密地团结在以胡锦涛同志为总书记的中共中央周围,高举中国特色社会主义伟大旗帜,在中共沈阳市委的正确领导下,锐意进取、开拓创新,凝心聚力、扎实工作,为推进沈阳老工业基地在科学发展道路上实现全面振兴而努力奋斗。

(*朱佳音*)

【市政协常委会议】 2011年,市政协先后召开8次常委会议。

2011年1月9日,市政协召开十三届十九次常委会议。会议协商通过了增补市政协委员名单;讨论通过了调整市政协十三届四次会议议程(草案)和日程及对有关事项进行调整的建议。

2011年1月11日,市政协召开十三届二十次常委会议。会议听取了市委组织部关于人事安排的说明;协商增选市政协常委建议名单;协商增选市政协副主席候选人预备人选名单;讨论政协沈阳市第十三届委员会第四次会议选举办法(草案);协商政协沈阳市第十三届委员会第四次会议总监票人、监票人建议名单;讨论政协沈阳市第十三届委员会第四次会议决议(草案)。

2011年1月12日，市政协召开十三届二十一次常委会议。会议听取大会秘书长关于分组讨论综合情况的汇报；协商通过市政协第十三届委员会副主席和常务委员候选人名单；审议通过市政协十三届四次会议选举办法（草案）；协商通过市政协十三届四次会议总监票人、监票人建议名单；审议通过市政协十三届四次会议决议（草案）。

2011年1月13日，市政协召开十三届二十二次常委会议，讨论通过市政协2011年工作要点。

2011年3月15日，市政协召开十三届二十三次常委会议，传达全国政协十一届四次会议精神。

2011年9月14日，市政协召开十三届二十四次常委会议。会议听取优化经济结构，促进中小企业又好又快发展调研情况的汇报，讨论通过《关于我市中小企业发展情况的综合调研报告》。

2011年10月27日，市政协召开十三届二十五次常委会议。会议听取促进老龄工作、应对老龄社会调研情况的汇报，讨论通过《关于促进我市老龄事业发展的建议》。

2011年12月5日，市政协召开十三届二十六次常委会议。会议听取市党群系统、市政府系统关于市政协十三届四次会议以来提案办理工作情况的通报；听取市法院、市检察院关于市政协十三届四次会议以来提案办理工作情况的通报（书面）；协商通过调整增补市政协委员名单、市政协常委会组成人员建议名单、市政协部分专门委员会主任及副主任名单、市政协兼职副秘书长名单；审议通过《政协沈阳市委员会提案工作条例（修订）》；讨论通过市政协十三届五次会议相关事项。

（朱佳音）

【履行职能】 紧密围绕科学发展的主题发挥政协优势。围绕促进中小企业又好又快发展这一重点议题，市政协联合各民主党派、工商联和区、县（市）政协开展深入调研，形成综合调研报告，召开常委会议协商讨论，向市委、市政府提出五个方面21条建议。围绕推动沈阳经济区在重点领域和关键环节上的大胆创新、率先突破，市政协与各兄弟市政协对《沈阳经济区新型工业化综合配套改革试验总体方案》的草案开展议政建言，联合向省委、省政府及经济区各市市委、市政府提出六个方面25条意见建议。围绕改善沈阳市发展环境，市政协组织委员通过调研、视察，提出树立文明沈阳、诚信沈阳、法治沈阳良好形象以及努力形成共同推进软环境建设的强大合力等意见和建议。同时，组织委员先后实地视察蒲河生态廊道建设、浑河流域水利设施建设及辽河沈阳段治理情况，建议统筹实施水利、绿化、治污三大工程，大力发展服务业带动两岸产业结构升级。积极关注大浑南的开发，对浑南新城建设项目进展和全运会设施建设情况进行视察，推动新城建设。

通过积极建言立论充分施展政协作为。市政协组织政协委员、专家学者与各民主党派联合，与区、县（市）政协联动，围绕“促进老龄工作，应对老龄社会”的课题开展综合调研，深入养老院、敬老所、低保户家中了解情况，对全市百余个社区（村屯）的城镇职工、农民工、低保老人等五类人群进行问卷调查。召开常委会议讨论提出了七个方面24条建议，最终形成《关于促进我市老龄事业发展的建议案》报送市委、市政府。围绕进一步完善旅游产业总体规划及发展新构想，与相关民主党派和部分区县（市）政协联动，邀请高校专家学者就沈阳旅游产业融合发展情况进行深入研究，提出“加快旅游产业融合，促进旅游经济发展”等一系列意见建议，为推动旅游产业成为沈阳市现代服务业的支柱产业提供重要参考。抓住承办“十二运”的重大机遇，密切关注工业经济运行、现代农业建设、重大投资在建项目，组织委员通过调研、视察献计出力，推动加快经济社会发展速度、创新城市管理水平、建设城市品牌形象、丰富城市文化内涵。

运用民主监督的实效来彰显政协特色。组织委员民主评议城市管理工作，推动“城市更美好，服务创一流”环境建设主题得到进一步深化。重点针对市政设施建设、行政审批改革、管理理念和方式创新等方面的工作，广泛听取意见，进行公正评价、中肯建言，提出六个方面共70多条意见和建议。组织委员民主评议新型农村合作医疗与农村公共卫生工作，推动完善公共卫生和医疗服务体系。经过客观分析、专项评议，形成一批有针对性、特色鲜明的综合性、专业性评议报告，共提出八个方面的评议意见和建议，推动被评议单位积极改进工作，进一步加强沈阳市农村医疗保障体系建设。持续发挥民主监督员的作用，定期召开工作会议，适时走访聘用单位，认真总结工作经验，深入落实工作细则，为民主监督员更好地发挥作用创造条件。广大民主监督员以高度的责任感和使命感，认真履行民主监督职责，真诚帮助“窗口”单位改进工作。

积极发挥促进社会和谐的作用来体现政协责任。市政协先后围绕“迎接十二运，丰富文体活动”、“创新社会管理体制”、“市政设施建设与管理”等专题召开政协委员反映社情民意座谈会，广泛听取社会各界声音和解决问题的建议；及时编发《社情民意》专报，进一步畅通政协委员向党政机关反映社情民意的渠道。一年来，共编发《社情民意》专报40多期，先后有14位市领导作出18次批示，经有关部门落实后产生了较好的社会效果。先后组织委员开展完善基本医疗服务体系、做好进城务工经商的少数民族群众服务管理等专题调研；围绕农民增收、知识产权示范城市建设、学前教育、东水西调工程建设、宗教教职人员社保等问题进行专项视察，为党委政府科学决策提供了重要参考。坚持与沈阳广播电视台联办关注民生的直播节目，市政协领导和81名委员先后走进电台直播间，接听市民热线电话，围绕群众反映强烈的问题，走进社区，协调关系，化解矛盾，扶贫济困，为人民群众办实事、办好事。

通过进一步完善工作机制来激发政协活力。市政协把学习贯彻中办发[2011]16号文件精神与进一步深入贯彻落实《中共中央关于加强人民政协工作的意见》结合起来，联系实际工作，加强自身建设，着力提升政协工作科学化水平。成立沈阳市人民政协理论研究会，组织委员和专家学者开展人民政协理论研究工作，十几位委员撰写的论文入选《中国政协年鉴》。承办全国副省级市政协第26次工作交流会议,研讨交流政协发挥优势、科学履职、助推"十二五"规划实施的经验。召开区、县(市)政协工作经验交流会,加强对区、县(市)政协工作指导。进一步加强同各民主党派、人民团体的联系,召开负责人座谈会,听取市政府、市法院、市检察院、市总工会及有关职能部门的工作情况通报。制定完善委员联系制度、履职考评制度,进一步优化委员履职环境,拓宽委员知情明政的渠道。努力增强机关服务委员的水平,促进机关工作协调统一、规范有序运转。

(朱佳音)

【学习宣传文史】 认真开展学习工作,为委员学习提供优质服务。紧密结合发展形势和委员履职需要,组织市政协学习中心组成员和广大委员学习胡锦涛同志在庆祝中国共产党成立90周年、纪念辛亥革命100周年讲话精神;学习贯彻省、市委政协工作会议精神。邀请中共中央文献研究室副主任李捷来沈作《中国共产党为什么能》的专题报告。围绕党政中心工作和不同时期的学习重点,全年编发《学习参考资料》6期。为每位中心组成员订购《建党90周年学习读本》、《苦难辉煌》等书籍,为常委订阅《中国政协》和《纵横》杂志,为全体委员订阅《人民政协报》、《友报》。

增强宣传工作活力,努力塑造政协的良好形象,全年共发稿810余篇条。全力做好全会宣传报道工作。会前,在市主要新闻媒体开辟专栏集中宣传政协工作,为政协全会的召开营造良好的舆论氛围;会中,组织39家新闻媒体的170余名记者精心采访,深入报道,围绕会议主题,及时深入地对会议进行全方位、多角度的报道。认真开展日常宣传报道工作。组织新闻单位对市政协常委会议、主席会议、专题协商会议、沈阳经济区政协论坛等重要会议开展宣传;加大对专题调研、民主评议等活动的宣传报道力度,使广大委员履职情况得到及时、充分的反映,也使人民群众加深对委员的了解,对政协的认识。精心打造民主监督和舆论监督的平台。与沈阳日报联办《政协园地》专版15期,实时跟踪并深入挖掘报道政协提案办理和调研、视察进展情况;与沈阳广播电视台联办《委员在线》节目39期,拉近政协委员和人民群众的距离,汇集群众诉求,使委员履行职能更贴近实际、贴近群众。

积极开展文史资料征编出版工作。全年共征集"我的艺术追求"、"我与辽宁全面振兴"、"沈阳地名"等专题史料130余万字,编辑出版《沈城纪事》、《沈阳地名·法库卷》专辑史料82万字;协助全国政协办公厅完成《人民政协光辉历程展》、《人民政协文史资料成就展》的展品征集选送工作,共选送文字资料818.6万字,图片26幅;为省政协"我与辽宁全面振兴"专辑征集稿件23篇、14余万字。

力促沈阳市文物保护协会成立。组织召开专题座谈会,听取文物保护工作情况和各方意见;连续两年积极参与成立文物保护协会的论证、筹备等相关工作;协调解决实际问题,并赴外省市学习考察好的经验和做法;列为市政协重点提案,由副主席牵头进行督办,全力推动落实,确保沈阳市文物保护协会正式挂牌成立。

(朱佳音)

【政协提案】 市政协十三届四次会议以来,共收到提案599件,经审查立案524件。其中委员提案468件,集体提案56件,已全部办复。所提提案已解决或部分解决的475件,列入计划解决的31件,留作有关部门工作参考的18件。在立案办理的提案中,围绕产业结构优化升级、大力发展现代服务业、县域经济和中小企业等提出提案112件;围绕加强生态城市建设步伐、发展现代建筑产业、科学规划和管理土地资源、加快城市公共交通体系建设等提出提案207件;围绕教育、文化、卫生、体育、养老等社会事业提出提案127件;围绕食品安全监管、城市供水供暖、保障性住房建设、加强弃管小区改造、解决宗教房产历史遗留问题等提出提案78件。

创新工作方式,着力提升提案整体质量。一是重视提案线索征集。及时向市委市政府有关部门征集提案线索,并通过《沈阳日报》等媒体公开向市民征集民生热点问题,提前两个月形成提案参考题目,使提案者及时选题,开展调查研究。二是重视发挥民主党派、政协专门委员会提案示范作用。加大调研力度,积极将调研报告、大会发言、社情民意等调研成果转化为提案。三是重视提案的立案审查。全会期间邀请部分民主党派、政协专门委员会和各界别委员代表参加提案审查及论证工作,按照标准,严格把关,对存有疑义的提案进行"一对一"指导。

发挥整体优势,推动提案办理取得实效。市政协常委会高度重视提案督办工作,采取多种形式,促进提案有效落实。一是党政领导批示督办。召开主席会议确定重点提案,推动重点提案的办理落实。二是采取主席会议督办形式,由主席、副主席每人亲自参与重点提案的督办,提升督办层次。三是多方协调全程督办。建立联合督办制度,对涉及面广、办理难度大的提案,采取联合办理、集中办理、现场办理等多种形式,逐件复查提案办理情况,合力推进提案的落实。四是与区县(市)政协联合督办。通过集中听取办理情况通报、调研视察、专题协商等形式,调动市区两级政协委员积极性,探索督办工作新模式。

加强制度建设,促进提案工作更加规范。修订《政协沈阳市委员会提案工作条例》,为做好新形势下提案工作提供了重要的政策依据和制度保障;完善提案工作评价"互推"制度。对通过互推评出的32件优秀提案、19个提案办理先进单位和20名提案办理先进工作者进行表彰。

(朱佳音)

【海外联谊】 创新形式,积极开展港澳台侨联络工作。一是走访慰问港澳台侨朋友。利用召开政协全会、参加港澳地区政协委员联谊以及庆贺春节和中秋等传统节日的机会走访看望港澳委员、顾问和海外老朋友,增强与港澳台侨朋友的联系,介绍沈阳市的经济社会发展情况,送去市政协对海内外朋友的关心关怀,加深了彼此间的友谊。二是召开市领导与港澳委员座谈会。与港澳委员进行面对面的沟通与交流,使委员们对沈阳市情有了进一步的了解,并为沈阳的发展建设提出具有科学性和可操作性的意见建议。三是组织开展参观考察活动。组织港澳委员参观沈阳城市规划展示馆、沈阳城市管理数字化指挥中心，实地考察华晨宝马和华晨金杯生产线。

选准角度，有效开展建言献策活动。市政协与沈河、铁西、苏家屯、新民等区政协联动，组成8个专题调研组，重点围绕旅游产业与文化、工业、农业、会展、体育、温泉、生态等7个方面的产业融合发展情况进行了为期4个月的专题调研。共形成调研材料21份，其中综合调研报告1份，专题报告10份，专题建议10份，累计约9万字。在此基础上，组织召开"加快旅游产业融合，促进旅游经济大发展"专题主席会议，为完善全市的旅游总体规划及发展新构想，推动旅游产业发展提供了重要参考。

拓展领域，加强与兄弟市政协的沟通交流。一是成功承办全省政协港澳台侨外事工作经验交流会。省内14个市政协代表近60人参加会议，交流经验。组织与会代表参观考察沈北新区文化旅游项目。二是积极参加沈阳经济区政协港澳台侨委员会联席会议。并以"选准角度，发挥优势，为沈阳经济又好又快发展献计出力"为题进行经验介绍。会议还就如何开展好海内外联络联谊工作，进行深入的探讨。三是积极参与省、市侨联举办的"侨之心"庆祝中国共产党成立90周年及2011年沈阳侨商年度盛典等活动。

扩大交往，在联络联谊中发挥作用。一是做好对台工作。认真贯彻落实中央对台工作方针，加强与台湾各界人士的联系，组织沈阳市赴台经贸考察团赴台重点考察台湾汽车、食品和服务行业；拜访台湾相关行业协会和在沈投资的台资企业母公司，开展招商引资活动。二是邀请六国驻沈总领事旁听政协会议开幕式。三是做好组团出访及接待工作。协助办理了4个团组、共11人赴境外考察访问，形成考察报告4份。全年共接待海外团组、海外朋友、客商43人次。

（朱佳音）

民主党派和工商联

【中国国民党革命委员会沈阳市委员会】 参政议政。2011年，民革沈阳市委会紧紧围绕市委、市政府"中心工作"，认真履职，积极为推动沈阳市经济社会发展献计出力。市委会集结智慧，发挥优势，积极深入开展议政调研，参政议政的水平和质量有了明显提升。在年初的市政协全会上，市委会提交集体提案9件。大会发言材料5份，反映社情民意信息1份。一年来，市委会领导参加了中共沈阳市委、市政府、市政协召开的各种协商会、座谈会、情况通报会、征求意见会等活动。在修订沈阳市"十二五"规划、中共沈阳市第十二次党代会工作报告等重大征求意见会上提出真知灼见，市委会组织机关有关处室及早进行深入调研，广泛征求党员的意见，发动党员撰写调研报告。在年初的市政协全会上作了题为《提高环境承载力，推进国家中心城市建设》发言，提出的意见和建议得到中共市委、市政府领导的高度重视，有些建议纳入规划和报告中。为了更好的发挥专委作用，把机关处室与专委会工作相结合，紧密结合沈阳市"十二五"规划的重点议题，全面开展议政调研工作。全年共完成了26篇调研报告，内容涉及城市生态环境建设、法制建设、农村经济发展、文化保护等方面，部分调研报告报送给民革省委及沈阳市政协。2011年，向市政协全会提交的《加强我市农村面源污染治理》的集体提案，受到市政协的高度重视，被列为政协主席督办的重点提案，得到常务副市长的批示，并予以落实。为了提升参政议政能力和水平，市委会加大工作力度，划拨专项经费，支持议政课题的调研活动。在市委会积极倡导和推动下，组建了民革辽宁中部城市议政调研联络网，同时举办了首届沈阳经济区发展论坛。联络网的成立得到民革中央的高度重视，民革中央副主席万鄂湘亲自参加揭匾仪式，对沈阳民革创新性地开展议政调研工作给予了充分肯定。

社会服务工作。市委会坚持开展了"支援社会主义新农村建设"、"音乐送教下乡"、"法律咨询服务"等社会服务活动。音乐教育下乡活动是民革沈阳市委社会服务工作的一个品牌。民革沈音支部党员利用自己的寒暑假时间义务送教下乡活动已经连续坚持了11年。民革皇姑区支部在新民市公主屯镇开展的支援新农村建设三下乡扶贫帮困活动，是民革沈阳市委社会服务活动的又一个品牌。每年都为当地村民提供免费义诊咨询医疗，送医送药。提供法律咨询服务是民革沈阳市委常年坚持的一项社会服务活动。推广秸杆生物反应堆技术是民革沈阳市委近年来议政调研和社会服务的主要任务之一。民革中央副主席何丕洁就秸秆生物反应堆技术推广工作来沈阳市进行视察，对沈阳民革在这项工作中所起的积极作用给予了高度评价。2011年，市委会响应民革中央、省委号召，组织党员为贵州省纳雍贫困地区捐款5万余元，为纳雍的经济建设和民生改善尽一己之力。

祖国统一工作。2011年，民革市委会召开了祖统工作委员会工作会议，认真学习了胡锦涛总书记在纪念《告台湾同胞书》发表30周年座谈会上的重要讲话精神和中共中央各项对台方针政策。按照民革中央提出的"四个转变"要求，结合市委会祖统工作实际，制定了祖统工作计划。市委会坚持从自身特点和优势出发，努力加强与涉台部门的联系，拓展工作范围，以做台湾人民工作为重点，加强对台交流交往工作，推进祖统工作有新突破。

组织建设。2011年，是民革市委会换届年。上半年市委会加强与基层支部的工作联系与指导，按照组织程序，顺利完成了全市基层支部的换届工作。使一批政治素质好、工作能力强、作风过得硬、党员信得过的同志进入了基层支部领导班子。使基层支部的政治交接顺利进行，实现了基层支部领导班子的年轻化、知识化。下半年市委会根据民革中央《关于做好民革地市级组织换届工作的通知》精神，按照中共市委统战部关于八个民主党派换届方案的统一部署和要求，成立了换届工作领导小组和相应的筹备机构，多次召开主委会、常委会、全委会、全委扩大会，研究部署换届任务。在民革省委、中共沈阳市委正确领导下，在市委统战部的关心指导下，于2011年11月圆满完成了市委会的换届，顺利选举产生了民革沈阳市第十二届委员会委员和出席民革辽宁省第十三届代表大会代表。通过这次换届，市委会班子知识结构进一步优化，整体素质进一步提高，为顺利实现政治交接，建设高素质参政党，更好地履行职责，打下了坚实的基础。

加强自身建设提高参政党整体素质。(1)市委会按照民革省委和中共市委的统一部署，深入开展了政治交接学习教育活动。结合纪念辛亥革命100周年和中国共产党建党90周年，开展了民革优良传统、"同心同行"等专题教育活动。领导班子率先垂范，带头投入主题教育活动。学习了胡锦涛总书记的"七一"讲话精神；参加了市社会主义学院举办的参政议政研讨培训班；参加了民革省委在省社会主义学院举办的民革机关干部和党员骨干培训班学习等。在"同心同行"专题教育活动中，全市民革党员和机关干部认真学习有关同心思想精神，积极撰写"同心同行"心得体会，引导民革党员学习、继承老一辈民主党派人士坚持中国共产党领导的优良传统，始终与中国共产党在思想上同心同德、目标上同心同向、行动上同心同行，立足岗位，争先创优。市委会的"沈阳民革网站"和《沈阳民革》刊物为此项活动增设了专栏，同时也丰富了改版后的《沈阳民革》内容。沈阳民革"一刊一网"已成为市委会宣传工作的重要窗口。2011年，沈阳民革在《团结报》征订工作中被民革省委评为先进集体。(2)严格程序，规范发展，严把党员"入口"关。全年发展党员44人，平均年龄38岁。其中，女性19人，本科及以上学历43人，具有中高级以上职称19人。市委会十分重视后备干部队伍建设，认真做好后备干部的考察、培养和推荐工作。通过组织培训班学习的方式，通过安排担任基层组织或专委会负责人等方式，提高他们的组织领导能力、合作共事能力，增强基层支部凝聚力、向心力。一年来，市委会深入基层了解情况，加强基层支部工作指导，积极开展做和谐先进支部，创特色品牌活动，推动创先争优工作。如皇姑支部的"扶贫下乡"活动，沈河支部的"与党同心，与文化同行"活动，和平支部的"慈善爱心、情暖百姓"活动，铁西支部的"建言献策大调研"活动，苏家屯支部的"三农"调研活动等，为民革基层工作的开展树立了崭新的良好形象，赢得了荣誉。(3)加强机关干部队伍建设，打造学习型、服务型、创新型机关。市委会加强了机关干部的理论学习和业务培训，加强机关干部的严格管理，重新修订了《民革沈阳市委机关工作制度》和《民革沈阳市委机关各处室职位规范》，进一步提高了机关各项工作水平。

(*蔡金峰*)

【中国民主同盟沈阳市委员会】 思想建设。市盟各级组织在民盟市委的带领下，认真学习中共十七届五中、六中全会、民盟十届五中全会和胡锦涛总书记在中国共产党成立90周年纪念大会上的重要讲话精神，继续深入开展树立和践行社会主义核心价值体系活动，并将社会主义核心价值体系与打造、践行"同心"品牌相结合，将学习活动和广大盟员的政治追求、本职工作相结合，以实际行动诠释社会主义核心价值体系的真谛。盟员的政治责任感和使命感进一步增强。

2011年，中国民主同盟成立70周年，民盟沈阳地方组织成立60周年。民盟市委通过开展征文、召开纪念大会、文艺演出等系列活动，讴歌中国共产党领导的多党合作和政治协商制度。盟主要领导为庆祝中国共产党成立90周年撰写的《中华复兴的领导者 风雨同舟的领路人》，在《沈阳日报》和《沈阳统一战线》上刊登；与民盟辽宁省委共同召开纪念中国民主同盟成立70周年大会，举行了主题为"风雨同舟"的精彩文艺演出；召开纪念民盟沈阳地方组织成立60周年大会，举行"与你同行"大型文艺演出；出版了《中国民主同盟沈阳地方组织六十年大事记》(1951年－2011年)、《传承与发扬—民盟沈阳地方组织60年画册》和《纪念民盟沈阳地方组织成立60周年专题邮票册》，再现珍贵史料，充分展示沈阳市民盟组织在积极发挥参政党作用、自身发展壮大中所取得的成果和盟员风采。各基层组织和专委会因地制宜开展多种纪念活动，丰富和提高了盟员对民盟历史和优良传统的认识，使广大盟员自觉接受中国共产党领导的信念更加坚定。

组织建设。在民盟辽宁省委和中共沈阳市委的正确领导下，在中共市委统战部的指导帮助和全市盟组织的共同努力下，民盟沈阳市第十二次代表大会胜利召开。选举产生了民盟沈阳市第十四届委员会和主委、副主委，圆满完成换届任务。在新一届市委会中，既有富有工作经验和参政能力的老同志继续留任，又充实了年富力强、德才兼备的新同志，顺利实现了新老班子的组织交替，保证了组织和谐、稳定，为进一步履行参政党职能，适应沈阳民盟事业可持续发展的需要，奠定了坚实的组织基础。

基层组织换届以来，活力和凝聚力明显增强。各基层组织通过召开工作会、组织生活会、联谊会、联欢会、考察调研、慰问老盟员、盟史讲座、扶贫帮困、知识竞赛等形式多样的活动，激发盟员的爱盟热情和为沈阳发展做贡献的激情。特别是新成立的综合支部积极召开工作会议，部署工作，组织盟员开展丰富多彩的活动。民盟市委提案、医药卫生、经济、高教、普教、文化委等紧张有序地开展各项工作。妇委会为迎接"三八"国际劳动妇女节，举办了《女性礼仪与形象塑造》讲座，组织盟员参加纪念民盟沈阳地方组织成立60周年大合唱；科技委组织"关爱辽河，宣传辽河，保护母亲河"考察。

组织发展继续坚持"三个为主"的方针，以重点界别为主，适当拓宽领域，呈现出健康有序的良好势头。2011年，共发展新盟员179人，平均年龄37岁。其中硕士以上学历57人，高级职称55人。截至2011年底，全市盟员总数为3112人。民盟市委对后备干部队伍实行动态管理，对110名新任基层干部进行系统的理论知识培训和实践经验传授，全面提升民盟市委基层干部的政策理论水平和工作能力，为后备干部队伍培养和人才储备奠定坚实的基础。

参政议政。民盟市委主要领导积极参与对全市大政方针、重要决策的政治协商。先后参加中共市委、市政府召开的民主协商会、情况通报会、专题座谈会、征求意见会、人事推荐会以及市政协各类会议和考察、视察活动二十余次，在事关沈阳发展的许多战略性、全局性的重要问题上，提出了许多好的意见和建议，得到了中共市委、市政府的重视和采纳。

民盟市委高度重视"两会"上的发言和提案工作，组织专家深入调研、充分论证，为政协大会提交了高质量的提案和大会发言。《强化目标引领 体现刚性要求 全力做好"十二五"规划组织实施工作》被列为大会发言；《关于建设我市保障性住房工作管理体系的建议》被列为主席督办提案，提案建议被市政府采纳落实，决定从2012年起上调经济适用房货币补贴标准。此外，民盟市委加强与市政协专门委员会的联系，与相关专委会联合开展专题调研，向市政协常委会、主席会议提交了《城市建设系统出门就上班工作情况的报告》、《沈阳中小企业发展环境及其趋势》和《发掘民国文化瑰宝打造民国历史文化旅游品牌》3篇调研报告。

社会服务。民盟市委与康平县共建社会主义新农村活动深入开展，特邀农业专家赴康平县沙金台蒙满少数民族乡，举办林果知识培训班，为当地果农做"加强综合管理，提高大扁杏经济与生态效益"的报告，并到示范基地现场指导。结合"农村教育烛光行动"，普教工作委员会分别组织省重点高中和市初中的盟员名师赴康平县高中、第二中学开展高三学生考前辅导讲座和初中课程辅导讲座，向教师和学生展示和交流新的教学理念和教学方法，受到广泛欢迎和赞誉，为提升康平地区的教育水平作出了积极的贡献。

民盟市委结合打造"同心"品牌，组成讲师团，开展"民盟同馨讲坛"活动；民盟辽宁电力中心医院支部为中建局夏宫项目近百名农民工送去健康体检及健康咨询服务，送上爱心药箱和健康宣传材料；民盟浑南新区委员会举办"民盟情系'阳光教室'，嘉华彰显'爱生校园'"暨"爱心工程"活动；民盟综合六支部赴法库县秀水河子镇雅风希望小学进行义诊活动；民盟和平区委走进集贤街道光复里社区，为社区图书室捐赠图书；民盟沈阳建筑大学支部与该校工程训练中心联合发起"大学生励志成才计划"，资助品学兼优，家庭困难的大一学生，受到学校师生的一致好评，产生了较好的社会效应。

全市盟员努力发挥爱岗敬业的积极性、主动性，为沈阳市、辽宁省乃至全国的繁荣和发展付出了辛劳和汗水，在各条战线上取得了丰硕的成果。有的获"科学与技术进步奖"（全国仅有35名）和辽宁省科技功勋奖；有的获国务院政府特殊津贴；有的获国家科技进步二等奖、全国中小学外语教师园丁奖；还有的获霍英东基金、国家教育部颁发的"十一五"高等学校科技管理先进个人和沈阳市劳动模范等。这些盟员充分展示了民盟的良好形象，扩大了民盟的社会影响。

一年来，民盟市委社会服务工作取得丰硕成果。获得辽宁省民主党派"同心"工程"四个一"活动组织奖，并在会议上作经验介绍；获得全国"各民主党派、工商联、无党派人士为全面建设小康社会作贡献先进集体"。民盟沈阳市委成为东北地区惟一两次获此殊荣的市级委员会。

（白艳立）

【中国民主建国会沈阳市委员会】（以下简称"市民建"）市民建第十三次代表大会于2011年11月10－11日召开。大会代表为251人，列席代表120人。会议学习贯彻中共十七届六中全会等会议精神；会议听取审议并通过主委李峰代表第十二届委员会所作工作报告；选举产生第十三届委员会和新一届领导班子，主委李峰，副主委于克力、谷野、范民、顾瑛（女）、张虹（女）、贾淑芳（女）、赵丽娟（女，专职）、周广军，常务委员23名、委员55名。

自身建设。市民建思想建设以主题教育和系列纪念活动为载体，召开了以"同心"为主题"纪念中国共产党成立90周年"纪念大会。同时举办了"书画展"，编演了文艺节目，制作了光碟。向民建中央、省民建、市委统战部报送纪念征文89篇。组织参与了纪念建党90周年有奖知识问答，并获得"优秀组织奖"。市民建对网站和《沈阳民建》进行了多次改版和升级。全年共报送稿件109篇，被民建中央等网站采用70篇；《人民政协报》采用5篇；《沈阳日报》采用8篇；沈阳电视台报道5次；《辽宁民建》采用56篇。市民建获省民建征文活动优秀组织奖；主委李峰等3人的作品获优秀作品奖。在民建中央和统一战线纪念建党90周年征文活动中有5篇作品获二等奖；2篇作品获三等奖；1篇作品获优秀作品奖。

市民建专职副主委赵丽娟及会员撰写的4篇论文分别荣获2011中国（河北）非公有制经济发展论坛征文二等奖。会员论文被民建中央评为"重点理论研究课题优秀成果一等奖"。市民建被省民建评为"理论研究优秀组织奖"。有3篇论文被省民建评为"理论研究优秀论文"。其中《私营企业构建和谐劳动关系问题研究》和《中国特色社会主义统一战线理论研究》作为统战理论研究重点课题被市委统战部批准立项。

年内，发展会员100人。现有会员2021人，大学本科以上学历的会员1252人、企业高级管理人员413人、新阶层人士497人、各级人大代表及政协委员240人。完成了于洪区、苏家屯区、沈北新区、东陵区（浑南新区）基层委员会的组建，对老龄委、市直工委进行了换届，新成立了经济委员会。在基层组织调整中，创新试行了"自荐和民主推荐相结合"、"双向选择"等选人办法。制定了《机关干部联系基层工作制度》。并采取提供活动场地、经费资助等多种形式，支持基层组织开展活动。9月协助市内五区区级委员会，顺利完成了换届工作。7月召开了市、区、支部三级民建组织负责人培训会。工作突出受到上级表彰，民建市直工委十一支部等9个集体和20名会员分别荣获民建辽宁省委2010—2011年度组织建设工作先进集体,优秀会员称号。

参政议政。2011年市民建集体提案3件、大会发言5件。《关于为中小企业提供法律援助的建议》得到了省长陈政高和副省长薛恒的批示;《多途径加快农村民生改善建议》得到了副市长王翔坤的批示。市民建关于加快发展公共租赁住房的建议被采纳列入《沈阳市"十二五"规划》。市民建《关于适当调整廉租住房标准的提案》被沈阳市政府采纳,进而对廉租房政策进行修改并出台。

市民建荣获省民建2011年参政议政工作先进单位一等奖。两件提案被评为市政协2010—2011年度优秀提案。另有14名会员的提案被评为优秀提案,这些提案的内容涉及:教育、新型产业、城市交通、文物保护和工业发展战略等多个领域的热点、难点问题。全年共报送社情民意信息79条,其中1条得到省长陈政高、副省长薛恒批示。市民建荣获省民建反映社情民意工作先进集体一等奖;另有5名会员分别获得优秀撰稿人、优秀组织者和优秀信息员。

社会服务。市民建继续推进"保护地球,守卫家园"社会服务品牌工程。首次启动并参与"引辽(河)济(卧龙)湖"河道造林工程。4月,举行了助力"引辽济湖"工程启动仪式,收到的45万元捐款,全额捐赠给康平县政府,同时组织会员参加了卧龙湖河道植树活动。这些活动《人民政协报》、民建中央网站、《辽宁民建》和市委统战部同舟网等媒体都做了报道。

年内会员为企业招商引资额达1.9亿多元。民建东陵区(浑南新区)基层委员会和5名会员分别荣获民建中央社会服务先进集体、先进个人荣誉称号。市民建、市直工委等10个集体及20名会员分别荣获民建省委"思源工程"、"四个一"先进集体、先进个人称号。副主委贾淑芳荣获中华全国总工会授予"全国五一劳动奖章";还有4名会员获得省部级表彰;3名会员获得市级表彰。

(祁　瑶)

【中国民主促进会沈阳市委员会】 2011年,市委会先后开展了以进一步树立和践行社会主义核心价值体系、庆祝中国共产党成立90周年等为主题的宣传学习教育活动,积极开展"同心"实践,打造"同心"品牌活动,同时针对活动制定了相关系列活动方案,印发学习材料,通过丰富多彩的学习教育形式,取得了良好的宣传效果。

围绕庆祝中国共产党成立90周年开展系列活动。先后举办知识竞赛、举办书画摄影展、举办文艺汇演、积极组织会员撰写心得体会文章,深入推进思想建设。此外还广泛宣传会务工作,巩固思想建设成果。一年来,对会刊《沈阳民进》的栏目和内容不断调整充实,适当增加理论性、指导性强的文章,共出版4期,累计10万余字。充分利用《人民政协报》、《沈阳日报》、《辽宁民进》、《沈阳政协》、《沈阳民进》及民进中央网站、沈阳同舟网等平台,宣传自身建设和履行职能的丰硕成果。截至12月,共发表文章68篇,其中,《人民政协报》8篇、《民主》2篇、《沈阳日报》9篇、《沈阳政协》13篇、民进中央网站7篇、沈阳同舟网29篇。

以市委会换届工作为主线,组织建设健康有序。召开第十二次代表大会,顺利完成换届工作。2011年11月27日至28日,民进沈阳市第十二次代表大会在金城宾馆举行。大会选举产生了民进沈阳市第十三届委员会,王玲(女)当选为主任委员。罗光祥、刘明国、徐爱秋(女)、刘斌(专职)、曲万成、吕方当选为副主任委员。

截至2011年末,全市有会员2260人,中上层人士占79.3%。从界别上看,教育界1743人,占77.13%;文化艺术和出版界123人,占5.44%。

参政议政。2011年初,完成了全市基层组织及会员报送的各类提案素材整理工作,分别提交市政协三届四次会议的大会发言材料7篇,提案5件,转政协委员提案19件,提交民进省委提案素材4件。其中《强化政府责任 推进我市学前教育优质普惠性发展》作为大会现场发言,《关于建立沈阳市中等职业学校专业设置动态调整机制的提案》不仅被列为主席督办重点提案,还被市政协评为优秀提案。

通过向全市基层组织、专委会征集社情民意信息,民进市委共采用和上报信息133件,《人民政协报》采用8件,会中央《民进信息》采用3件,中共省委统战部信息采用10件,《辽宁民进信息》采用25件,市政协《社情民意》采用3件,市委统战部采用3件,市委办公厅信息处采用1件。《关于参与广州亚运资产竞拍的建议》得到王玲副市长的批示,《完善制度,保障权益,切实关注新生代农民工》得到中共市委常委、总工会鞠秀礼主席和祁鸣副市长的批示。全年信息报送工作取得丰硕成果,获得民进省委反映社情民意信息工作一等奖。

"职业教育"和"学前教育"继续为本年度重点调研课题。在阶段调研成果的基础上,抓住侧重点与切入点深入调研,力求在广度与深度上取得更大的成果。特别是"学前教育"调研,请市教育局提供全市学前教育发展情况;在全面掌握资料的基础上,进行城市间横向比较,借鉴省内外先进的经验;在市政协协助下,参观三所不同类型,具有代表性的优质幼儿园;同沈阳师范大学学前教育方面专家、学者座谈交流。通过点、面结合的调研方式,完善了调研报告。

积极参与市政协的"促进老龄工作、应对老龄社会、推动老龄事业全面发展"调研活动,并承担"养老服务体系建设"的第一专题调研组任务。按照市政协调研工作方案,参加了"沈阳市老龄工作情况通报会",落实调研组成员,拟定调研提纲,并已与市民政局取得联系,请其针对"养老服务体系建设工作"提供情况通报。深入两所在建养老院实地考察,并与两所养老院所在区的主管民政工作的领导进行交流,针对养老服务体系建设中存在的问题,提出了科学、合理的建议,最终完成《沈阳市养老服务体系建设研究》调研报告。

发挥民进特色优势,社会服务影响广泛。一年来,市委会始终以服务大局、服务社会为宗旨,努力做好社会服务工作,较好地发挥了民进组织的整体优势和作用。在全年的社会服务工作中，市委会着重强调了各项工作的接续性和长期性，与新民市柳河沟学校举行的“大手牵小手，爱心1+1”活动和与阜新市佛寺镇蒙古族学校举行的“手拉手”助学活动都是连续两年开展；“践行同心行动，资助贫寒学子”捐助活动先后开展两次，捐助金额达56万余元，帮助188名家庭经济困难的高考学生走进大学校园；与知名企业携手向沈阳市儿童福利院和大东区聋校的孩子们捐赠73套童装和学习用品；妇委会连续第5年为两名贫困学生提供学习经费及学习用品。此外，在市委会和全市各级组织的宣传带领下，会员投身社会服务的热情和覆盖面也不断扩大，会员赵飞龙一次就向贫困家庭学生捐赠图书24万册，价值200余万元，受益学生约2万人。以上各项活动均制定了长期的工作计划，确保打造“同心”品牌工程落到实处，取得成效。

紧紧围绕市委、市政府中心工作，市委会积极开展各具特色的社会服务活动，建立招商引资骨干队伍，鼓励广大会员参与招商引资、引智活动。一年来，共引进项目11个，到位资金172亿元人民币和6.2亿美元，为实现市委、市政府“保增长、保民生、保稳定”目标做出重要贡献。

（刘庆国）

【中国农工民主党沈阳市委员会】 2011年，农工党沈阳市委主要领导积极参加中共沈阳市委、市政府、市政协举行的民主协商会、座谈会、情况通报会等，就全市大政方针及重大决策进行讨论协商。在全省民主党派“同心”工程‘四个一’活动总结表彰会上，农工党沈阳市委和农工党沈阳市东陵区（浑南新区）支部、农工党沈阳市医药支部被省委统战部评为“辽宁省民主党派‘同心’工程‘四个一’活动优秀组织奖”；李铁男荣获“调查研究优秀成果奖”称号；邵永新荣获“社会服务先进个人”称号；史霞荣获“爱岗敬业先进个人”荣誉称号。

积极推进新老交替和政治交接，圆满完成中国农工民主党沈阳市第六次代表大会各项工作任务。11月20日至22日，中国农工民主党沈阳市第六次代表大会在沈阳军区金华园宾馆隆重举行。出席这次大会的代表130名，代表全市全体农工党员行使本次代表大会的职权。赵午代表农工党沈阳市第六届委员会向大会作了《同心同德 肝胆相照 在服务科学发展的伟大实践中促进自身科学发展》的工作报告。报告回顾总结了农工党沈阳市第六届委员会五年来的工作，确定今后一个时期工作主要任务。

会议选举产生了中国农工民主党沈阳市第七届委员会33名委员和出席中国农工民主党辽宁省第六次代表大会35名代表。赵午当选为农工党沈阳市第七届委员会主任委员，李铁男、王莉（女，专职）、张麓曾、杨向红（女）、邵永新、赵春杰、郭少武、孟令山当选为副主任委员，决定任命王莉兼任秘书长。

凝聚力量，在人民政协中积极发挥参政党作用。在市政协十三届四次会议上，农工党沈阳市委向大会提交了5件提案，赵午代表农工党沈阳市委作了《完善基本医疗服务体系，发挥中心城市服务功能》的大会发言，还提交了4篇大会书面发言，形成了凝聚着智慧与心血的建言成果。积极参与政协民主评议新农合与农村公共卫生工作，与市政协教科文卫体委员组成评议组，深入了解新型农村合作医疗与公共卫生工作现状，查找存在的问题，采取视察、座谈、发放调查表和满意度问卷等多种方式开展评议活动，共有24名农工党员参加了评议活动。通过一系列民主评议活动，形成了多方面的评议成果，完成了《市政协民主评议我市新型农村合作医疗与农村公共卫生工作情况报告》，并上报给市政府；完成了《民主评议我市新型农村合作医疗工作报告》和《民主评议农村公共卫生工作报告》；出版了《沈阳市农村卫生工作研究—市政协民主评议新农合与农村公共卫生工作文集》，收集了17名参加评议活动的成员促进农村医疗卫生事业健康持续发展的理论文章，其中李铁男、王莉、张麓曾、赵春杰、张迅、李艳艳、张放、陈丽颖、黄春刚等9位参加评议活动的农工党员的征文载入文集，并被评为沈阳市政协农村卫生工作研究优秀论文。李铁男、夏云梅、王嫚林等3名政协委员，被市政协评为“优秀政协委员”。

认真履行职能，积极反映社情民意。2011年，农工党沈阳市委被中共辽宁省委统战部评为“辽宁省基层统战信息工作先进单位”，被中共沈阳市委统战部评为“沈阳市统战信息工作二等奖”。张巍然报送的1条社情民意信息被全国政协采用、2条被农工党中央采用、两条被省政协采用，其本人被农工党中央授予“2011年度全党社情民意信息工作先进个人”。李铁男报送的《关于加快我国“因病托老”服务体系建设的建议》，被省委统战部采用。张麓曾提出的《建议国家广电总局禁止辽宁卫视播放烟草广告》的社情民意信息，被省政协采用。赵春杰提出的《食品安全应引起高度重视》的社情民意信息被市政协采用。

以“重温历史、同心同行”为主题，积极组织参与纪念中国共产党建党90周年活动。一是以纪念中国共产党成立90周年系列活动为载体，制定了《关于开展庆祝中国共产党成立90周年纪念活动方案》，下发了《关于开展庆祝中国共产党成立90周年纪念活动通知》，组织参观中共满洲省委旧址纪念馆，并召开纪念中国共产党成立90周年座谈会。二是赵午主委在中共沈阳市委纪念中国共产党成立90周年座谈会上发言，并撰写了《继往开来谋发展，同心同德促和谐》的纪念文章，在《沈阳日报》上发表。三是在沈阳市人民政协理论研究会成立大会暨庆祝中国共产党成立90周年理论研讨会上，赵午主委作了《论社会主义核心价值体系与中国共产党领导的多党合作和政治协商制度—纪念中国共产党成立90周年》的大会发言。会上，赵午主委、王莉副主委和张麓曾副主委撰写的3篇论文，同时被评为“沈阳市人民政协理论研究二等奖”，姜婉怡撰写的论文被评为优秀奖。四是积极参与并组织观看“同心颂—沈阳市统一战线庆祝中国共产党成立90周年文艺演出”。五是张麓曾副主委和机关干部姜婉怡在沈阳统一战线纪念中国共产党成立90周年征文活动中获得优秀征文一等奖。

切实加强思想建设，宣传思想工作取得了新的成绩。一是依托《前进论坛》、《辽宁农工》、《沈阳同舟网》、《沈阳统一战线》等媒体，在全市开展纪念中国共产党成立90周年征文活动，在有关网站和媒体上交流活动开展情况和党员的心得体会。二是846名党员参加了沈阳同舟网“我与党同心”—沈阳统一战线纪念中国共产党成立90周年网上有奖知识问答活动，参与率占全体党员的60%，农工党沈阳市委被市委统战部授予“优秀组织奖”。三是《前进论坛》征订工作实现了历史性的突破，订阅总数达681本，订阅率达49%。四是在农工党辽宁省委举行的纪念中国共产党成立90周年和辛亥革命100周年有奖知识竞赛现场抽奖活动中，有5名党员分别获得一等奖和二等奖。

加强组织建设，制定《党员活动经费管理办法》。一是在重点做好市委会换届工作的同时，按照党章规定和上级组织的工作部署，高度重视和认真部署基层支部换届的各项工作，较好地完成了大东区等17个支部的换届工作。二是制定下发了《农工党沈阳市委党员活动经费管理办法》，明确了党员经费的使用原则、使用范围和监督管理等。三是规范组织发展程序原则，注重与后备干部队伍相结合，认真做好组织发展工作，全年共发展党员48人。其中：医药卫生界22人，其他界别26人；副高级职称以上11人，中级职称34人。全市共有党员1428人。四是以贯彻落实“同心”思想为动力，推动全市争先创优活动的开展。对2009—2010年度“一先两优”进行表彰，授予中国医科大学附属第一医院等12个支部“先进支部”称号、刘红波等68名个人“优秀党员”称号、郭科军等12名个人授予“优秀党务工作者”称号。

把学习践行“同心”思想与加强学习型、服务型机关建设相结合，不断完善理论学习演讲制度。全年共举行3次理论学习演讲会，特邀沈阳市骨科医院副院长靳波为机关全体同志进行了题为“简单做人，成熟做事”的主题演讲，受到了大家的欢迎。进一步调动机关干部的积极性，完善机关干部的培养管理机制，一名同志被任命为副秘书长，两位同志走上了处级领导岗位。

常抓常新，倾力打造服务科学发展的品牌工程。组织党员医疗专家到农工党定点帮扶乡镇卫生院—东陵区深井子镇中心卫生院开展医疗专家义诊活动，举办常见病预防与治疗知识讲座。同时按照第四届“中国环境与健康宣传周”活动主题—“人居环境与健康”，开展了保护环境和促进健康的宣传活动。举行了第二十三届“国际科学与和平周”活动，组织十余名医疗专家到沈北新区中心养老院举办了一次大型医疗健康服务活动，并向养老院的老人赠送了水果等慰问品。

社会服务工作取得新成绩，受到农工党中央社会服务部领导的肯定。在农工党辽宁省委召开社会服务工作会议上，沈阳市被农工党辽宁省委授予“社会服务先进市级委员会”荣誉称号；辽宁省人民医院支部、医药支部、沈阳市第七人民医院支部和沈河区支部被授予“社会服务先进支部”荣誉称号；孟令山、赵春杰、王玉、史霞、赵柏霖、曾艳、程桂平、高丽岩、刘越阳、王丽娜、张纯刚、高凯、于洪涛等被授予“社会服务突出贡献奖”荣誉称号；李建伟被授予“社会服务先进工作者”荣誉称号。

动员广大会员积极投身沈阳科学发展、创新发展、和谐发展的崭新实践，取得了可喜的成绩。郭书海入选“新世纪百千万人才工程”国家级人选，被授予“辽宁省职工十大创新能手”称号，荣获“辽宁五一奖章”，其主持研究的科研成果“油田含油污泥处理技术与应用”获辽宁省科技进步一等奖。何仲贵教授主持完成的“固定剂量复方抗结核药物”荣获辽宁省科技进步一等奖，这是继2009年何仲贵教授的“环糊精包合技术”获得辽宁省科技进步一等奖后再次获此殊荣。周云川在“首届感动辽宁公益人物”颁奖活动中获得“感动辽宁爱心人士”殊荣。史霞荣获“沈阳五一劳动奖章”。

（*王　勇*）

【中国致公党沈阳市委员会】　参政议政。在市政协十三届四次全会上提出集体提案8件，3件作为大会发言，“关于推进沈阳再制造产业发展的意见与建议”为口头发言，并被列为重点提案，得到市政府分管副市长的批示，本党23名市政协委员提交提案47件。报送致公党辽宁省委提案3件，“关于加快沈阳经济区建议，推动科学发展的建议”作为省政协全会的筛选提案。“关于加强住宅维修资金监管和使用的建议”等5件个人提案被市政协带到全国政协全会上提交。在市十四届人大四次会议上，本党5名人大代表，提交议案、建议共10件，“关于统筹二次加压泵站建设的议案”被大会列为议案。完成市委政研室安排的《关于在新形势下，加快调整我市产业发展战略的建议》的调研课题。

民主监督。市委领导及机关干部4次参加统战部组织的情况通报会，分别听取市纪委、市政府、公安、城建的情况通报。市委主要领导8次出席市委、市政府召开的各类全委会、扩大会、通报会。本党的社会监督员就全市监察工作，提出建立行政机关败诉问责追究机制，构建纪检监察，政府法制办、人民检察院，人民法院“四位一体”的监督监察体制。就食品安全工作，提出要加快沈阳市食品安全条例立法步伐，加强对超市食品销售监管工作，打好餐桌保卫战。就迎全运，全市出租车行业行风建设，提出让优秀和文明成为习惯等意见和建议。

自身建设。全年发展党员29名，平均38.2岁，女党员9人；博士研究生1人，硕士研究生9人；具有高级职称的8人；侨眷(属)13人，留学归国人员2人。截至2011年末，有党员577人，女党员286人，平均43.5岁。完成和平区、铁西区、沈河区、医大、农大、铝镁、生态所、四院等基层支部的换届，基层组织换届工作基本结束。成立致公党于洪区支部。市委按照本党省委、市委统战部关于民主党派换届工作的意见和要求，从9月份开始筹备换届工作，新一届委员会组成人选经过民主测评推荐等程序产生。换届大会暨致公党沈阳市第六次代表大会于11月24日至26日在金城宾馆召开，经无记名等额选举产生由32名委员组成的第六届委员会。经六届一次全委会议选举产生由16名委员组成的第六届常务委员会,选举裴达树为第六届委员会主任委员,刘哲丽(女)、胡筱敏、荣伟东、李幅昌(女)、郑滨(女)为副主任委员,任命尉建新为秘书长。会上还选举产生35名沈阳市出席致公党辽宁省第六次代表大会的代表(另有2名提名代表)。

以专门委员会为主体,丰富组织生活,提高组织凝聚力。参政议政委员会举办2011年度参政议政表彰会暨迎新春联欢会,在兴城举办参政议政经验交流会。妇委会联合辽沈晚报等媒体在省人民医院主办迎"三八"国际妇女节"关注女性心脏健康"大型公益讲座暨健康咨询义诊活动。老年工作委员会组织老党员参观沈阳城市规划展示馆和沈水湾公园。

以纪念中国共产党成立90周年、辛亥革命100周年为契机,以打造同心品牌为主线,营造同心同德、同心同向、同心同行的良好舆论氛围。下发《关于贯彻落实"身边的榜样—树立和践行社会主义核心价值体系先进事迹报告会精神"的通知》。在全市党员中开展学习中国共产党党史和中国致公党党史活动。开展"纪念中国共产党成立90周年"书画征文,出版了《沈阳致公》建党90周年纪念专刊。召开庆祝中国共产党成立90周年大会,基层组织负责人、归侨、侨眷、留学归国人员、新党员等7名代表做大会演讲。组织党员参加本党省委举办的纪念征文,中共市委统战部举办的"同心颂"文艺演出、党史知识网上答题及征文活动,有8篇征文入选,其中一等奖3篇、二等奖1篇、三等奖1篇,裴达树主委代表致公市委在《沈阳日报》和《沈阳统一战线》上发表纪念文章。全年出版《致公简报》23期,《沈阳致公》4期(包括换届专刊、建党90周年征文专刊),报送各类信息建议85件,在《中国致公》、《沈阳日报》、《沈阳政协》、沈阳电视台、中国致公网、辽宁致公网、沈阳同舟网等媒体上发表76件。党员申报省统战理论课题研究3项,《加快转变经济发展方式与统一战线问题研究》被列为重点研究课题;申报沈阳市统战理论研究课题3项,《网络民主的兴起对我国政党制度建设的影响》被立项。

为"三个文明"建设服务。连续第三年组织医大支部专家赴苏家屯区沙岭敬老院开展医疗义诊,免费送医送药。20名党员参加了致公中央在四川毕节县开展的扶贫助学一帮一结对子活动,每年帮扶300元人民币,共计3年。机关干部参加中共沈阳市直属机关工委"两节"扶贫帮困"送温暖、献爱心"捐款活动,捐款1200元。在网站上,建立对外交流互动平台。市委及基层支部和党员接待海外亲友、华人来沈探亲、讲学、商务洽谈、旅游观光50余人次。加强与其它省市致公党组织的工作交流,联合致公鞍山市委赴江西、湖南考察调研,与长沙等地致公组织进行工作交流。

(马 今)

【中国九三学社沈阳市委员会】 参政议政。履行参政议政职能,积极建言献策。一年来,社市委始终坚持把促进发展作为参政议政的第一要务,树立科学发展观,选择市委和市政府重视、人民群众关心、有条件做并且有可能做好的课题,深入开展调查研究,提出意见或建议。

在市政协十三届四次会议上,社市委共提交党派集体提案7篇。精心选题,深入调研,参政议政工作取得新进展。一年来,社市委和基层组织紧紧围绕全市的政治、经济、文化和社会生活中的重大问题以及人民群众普遍关心的热点问题,从不同层面开展了20余次调研活动,深入基层,倾听民声,认真反映社情民意,形成调研报告、提案材料、信息等共计50余篇,最终形成党派集体提案10篇,提交市政协十三届五次全会。

领导重视,制度健全,参政议政工作规范化。每个基层组织都设有负责参政议政(信息)工作的委员,负责开展参政议政(信息)工作。同时,社市委加强了对参政议政(信息)工作的目标管理,对每年完成集体提案的质量和时间等都有明确的规定和要求,对撰写提案(信息)的社员按照社市委的有关规定给予表彰,并将基层组织参政议政(信息)工作的实绩纳入到社市委开展的"一先两优"评选活动中。每篇集体提案草稿完成之后,先由参政议政工作委员会进行初审,最后经由主委会议审议通过,严把质量关,这就进一步保证了提案的质量和水平。

社市委进一步完善了参政议政提案库,将社员每年提交的提案材料储存起来,形成丰富的资料库,便于今后参政议政工作的开展。同时,在社市委的网站上还及时发布社市委在当年市政协会议上提出的优秀提案及社市委在历届政协会议上的集体提案目录,以供广大社员撰写提案时借鉴和参考。

在九三学社中央组织的参政议政工作评选活动中,九三学社沈阳市委副主委依艳丽及社员段玉玺、张艳、温源、许广毅荣获九三学社中央2010—2011年度全国参政议政工作先进个人称号。在九三学社辽宁省委召开的参政议政工作表彰会,在会上以"突出特色 科学发展 开创参政议政工作新局面"为题进行了经验交流,并被九三学社辽宁省委评为2007—2011年度参政议政工作先进集体。社市委副主委依艳丽、原社市委副主委李力及社员段玉玺、张艳、孙科、韩毅、杨丽、温源、杨晓波、王炳德、许广毅、丁晓文被社省委授予参政议政工作先进个人称号。九三学社沈阳市委被评为"2011年度九三学社辽宁省委信息工作二等奖"。社员秦守雍、罗海波、王俭和社市委机关干部王琳被评为"2011年度九三学社辽宁省委信息工作先进个人"。

社会服务。发挥优势,开展社会服务工作。5月19日,组织女社员赴新民市柳河沟学校进行捐资助学活动,向2名受助学生赠送了助学金和书籍。此项活动已连续开展了3年。3月份,九三学社沈阳市委妇女工作委员会向全市女社员发出向偏远贫困地区处在零阅读状态下的农村孩子捐赠图书活动的倡议。得到全市各基层组织的热烈响应,共收到各类图书4000余册,其中一部分是社员购买的新书。在"六一"儿童节前夕,将其捐赠给阜新蒙古自治县雅头营子小学,同时捐赠了2台电脑。与九三学社辽宁省委妇委会和九三学社葫芦岛市委在葫芦岛连山区楼房村共同开展"抚贫救困送寒衣活动"，短短几天时间就发动社员捐赠了1000余件冬衣，分发给贫困农户，让他们过上一个温暖的冬季。

九三学社沈阳市委妇女工作委员会被九三学社辽宁省委评为"2007—2011年度先进集体"。九三学社沈阳市委副主委张颖及社员陈晓平、赵桂芝、张艳、卢磊被评为2007—2011年度九三学社辽宁省"巾帼建功"先进个人。九三学社沈阳市委荣获辽宁省民主党派"同心"工程"四个一"活动优秀组织奖。九三学社沈阳市委委员、沈阳农业大学基层委员会主委段玉玺教授荣获辽宁省民主党派"同心"工程"四个一"活动爱岗敬业先进个人；社员、沈阳农业大学李宝江教授荣获辽宁省民主党派"同心"工程"四个一"活动社会服务先进个人；社员、沈阳市金融开发区总部经济发展局局长戴丽梅荣获辽宁省民主党派"同心"工程"四个一"活动引资引智突出贡献奖。九三学社沈阳市委被九三学社辽宁省委授予2006—2011年度社会服务工作先进集体荣誉称号。沈阳农业大学基层委员会、大东综合支社、铁西综合支社被九三学社辽宁省委授予2006—2011年度社会服务工作先进基层组织荣誉称号。社员李宝江、何莉莉、王莉、王立春和社市委机关专委办主任李大伟被九三学社辽宁省委授予2006—2011年度社会服务工作先进个人。

开展纪念中国共产党成立90周年系列活动。社市委召开主题座谈会，社市委主委、市政协副主席卢柯以及来自基层组织的二十多名社员和全体机关干部参加了座谈会。社市委主委卢柯以"发挥优势跟党走 奉献实力建沈阳"为题，在《沈阳日报》发表纪念文章。在全市社员中开展了纪念中国共产党成立90周年征文活动，并将征集上来的征文、诗歌、字画、摄影作品编辑"纪念中国共产党建立90周年专刊"发往社员手中。在专刊中，卢柯主委撰写了"中国共产党是中华民族复兴的核心力量"的刊首语，以示纪念。从征集上来的征文中精选8篇报中共市委统战部，其中，铁西综合支社社员赵东升撰写的"火红的党旗"，获二等奖；皇姑基层委员会社员刘肃勇撰写的"缅怀先烈瞿秋白"，获三等奖。组织百名博士合唱团，参加中共沈阳市委统战部举办的"同心颂"文艺演出，收到不同凡响。组织全市社员参加了"我与党同心—纪念中国共产党成立90周年网上有奖知识问答"活动。

九三学社沈阳市委被九三学社辽宁省委授予2007—2011年度统战理论研究优秀组织奖。社员李世雁、王旭撰写的《从过程思想的和谐范畴看中国和谐社会》、社员潘海龙撰写的《社会主义核心价值体系中的社会主义荣辱观是对中国传统价值观的继承和发展》、社员乔燕春撰写的《论九三学社树立和践行社会主义核心价值体系的途径》获得2010年度统战理论研究优秀成果三等奖。社员王彩云撰写的《试论新形势下宗教在社会和谐稳定中的作用》、社员李世雁和梁毅撰写的《用"生态纪"思想来解读社会主义核心价值体系》、社员高玉慧撰写的《新兴媒体与统战宣传》、社员王睿撰写的《论九三学社树立和践行社会主义核心价值体系的实践途径》、社员李玉莲撰写的《树立和践行社会主义核心价值体系之我见》、社员李世雁和李华凤撰写的《浅谈九三学社在建设社会主义核心价值体系中的作用》获得2010年度统战理论研究优秀成果奖。

九三学社沈阳市委被中共沈阳市委统战部授予"2011年度沈阳市统战理论研究工作进步奖"；九三学社沈阳市委专委办主任李大伟被中共沈阳市委统战部授予"2011年度沈阳市统战理论研究工作先进个人"。由社员王炳德、李大伟、田艳丰、刘梅、冯军撰写的"论高校统战工作在高校去行政化中的作用"，由社员王彩云、李大伟、王炳德、原忠虎、艾民、张秀丽撰写的"深刻领会'同心'工程精髓 加强民主党派自身建设"被评为"沈阳市2011年度统战理论研究优秀成果三等奖"。

做好宣传报导工作，取得了较好的成绩。以学习贯彻胡锦涛总书记"七一"讲话精神，践行"同心"品牌为主线，撰写约90篇报道分别在中共中央统战部、社中央、社省委、中共沈阳市委统战部有关刊物和网站上刊登。其中，在中共中央统战部网站上刊登12篇；在社中央网站上刊登15篇；在社省委网站上刊登23篇；在省政协主办的刊物上刊登1篇；在中共辽宁省统战部网站上刊登1篇；在社省委主办的社讯上刊登10篇；在中共沈阳市委统战部主办的《沈阳统一战线》上刊登8篇；在中共沈阳市委统战部网站上刊登10余篇。全年共编辑出版社讯4期。

九三学社沈阳市委被中共沈阳市委统战部授予"2011年度统战宣传工作给予表扬单位"。九三学社沈阳市委宣传部邢占文被中共沈阳市委统战部授予"2011年度统战宣传工作先进个人"。

组织工作 。组织工作2011年的重点是换届工作，社市委的主要工作也都是围绕换届进行的。此次换届共调整了23名同志，这些同志是因工作需要不再担任市委委员职务，其中调整5名副主委。

此外，认真做好基层组织的换届工作。和平基层委员会、沈阳化工大学支社、中国医科大学支社和市直属机关支社顺利完成换届；东陵综合支社与浑南综合支社改建为东陵（浑南）基层委员会；新成立了辽宁中医药大学支社、沈阳航空航天大学支社；基层组织结构更加完善，拓宽了社员参政议政的渠道。

按照组织发展原则，全年共发展王晓辉等83名新社员。其中，博士23名、硕士37名，具有高级职称的51人，占61.4%，平均年龄38.4岁。截至2011年底，全市共有社员1778人，8个基层委员会，27个支社。

为推动基层组织活动的开展，积极参加九三学社辽宁省委的"一先两优"评比活动，上报辽宁大学基层委员会、沈阳农业大学基层委员会、皇姑基层委员会、沈阳工业大学基层委员会、沈河综合支社和东陵（浑南新区）基层委员会6个先进集体；上报周实等22名先进个人。

（*邢占文*）

【台盟沈阳市委员会】 参政议政。

2011年,盟市委的主要领导代表盟市委、盟省委参加中共省委、沈阳市委,省、市政府,省、市政协召开的座谈会、协商会、通报会50余次,就其工作报告、政协工作、“十二五规划”等提出意见建议。

参加市政协会议。在市政协十三届四次全会上,台盟市委所作的《关于挖掘沈阳文化底蕴,振兴文化创意产业》的大会发言,其内容被确定为市政协重点提案,获得市政协年度优秀提案。盟市委递交的《关于推行农、超对接,平抑菜粮价格》的提案,受到多家新闻媒体的采访报道。《关于勿忘“九一八”提升青少年爱国情怀》的提案和《关于对我市社区民族工作》的提案以及《关于优化教育资源,破解入园贵、入园难》的提案和《关于禁止公共机构燃放鞭炮的建议》,均得到采纳和落实,获得良好的办复效果。会上,台盟市委共递交提案16件,集体提案5件,委员提案11件,内容涉及医药广告、交通信息与道路改造、生态环境、爱国教育基地、“三小”管理、体育健身等提案,也获得较好的反馈效果。

部署信息工作。召开了2011年台盟沈阳市委参政议政暨信息工作会议,对已有的信息工作《条例》进行修改,使台盟信息工作制度化建设更加规范具体。举办2011年信息工作培训班。通过不断完善制度建设、机制建设和队伍建设,使信息工作完全纳入参政议政工作职能中。全年上报信息22件,其中9件信息被市委统战部采纳,2件被中共市委办公厅采纳。台盟沈阳市委荣获中共沈阳市委统战部颁发信息工作三等奖。

开展专题调研。2011年3月至6月间,盟市委参与了市政协专题调研,围绕沈阳市旅游产业融合发展,展开大规模调研,通过与市旅游局,大专院校专家和旅行社等部门听取通报,了解情况。台盟市委会撰写了《关于发展沈阳旅游产业的建议》,全文刊录在市政协十三届三十八次主席会议材料汇编之中,取得较好反响。

参与民主监督活动。在沈阳市担任各级部门特约监察员和社会监督员的盟员有13人次,分别在监察、医疗、旅游、民政、公安等部门参加各种民主监督活动,就医德医风、科技强警,促进社会稳定等提出意见建议。

抓总结表彰工作。在盟市委“迎新春总结表彰会”上,表彰了2010年度参政议政及盟务活动先进个人28人。

对台工作。两岸交流,促进合作。2011年台盟市委会将打造“同心”品牌活动与争取“台湾民心”工作相结合,选派2批3名优秀盟员和机关干部分别参加台盟中央的赴台经济、农业、文化考察团,入岛进行交流考察;赴台返沈后,向有关部门提出了多条有价值的建议,并分别在盟员学习班上向全体盟员作报告,并在《沈阳台盟》杂志发表赴台体会文章3篇。

宣传沈阳,扩大交流。策划制作《纪念张学良将军诞辰110周年》邮封等方式,加强两岸民众的沟通和了解,最大限度地增进共识、积累共识,努力探索能够体现台盟自身特点的“同心”品牌的创建之路。

自身建设。以深入学习“社会主义核心价值体系”活动为主题,加强学习:首先,坚持以市委会委员和机关中层干部参加的中心组学习制度,紧跟形势,自觉学习;其次,参加省政协、盟省委、市委统战部、市政协举办的报告会、专职干部培训班、中心组学习等,全年召开盟市委(扩大)会6次。2011年11月28日,台盟沈阳市第八次盟员大会顺利召开,选举产生了新一届领导班子,柯英明任台盟沈阳市委主委,赵文江、吴利薇分别任台盟沈阳市委驻会副主委,选举产生市委委员6人,台盟市委会组织面貌焕然一新。

思想建设和组织建设。2011年,先后在全国政协组织的《人民政协报》、台盟中央刊物《台盟》、“台盟中央网站”、《沈阳日报》、沈阳政协组织的《沈阳政协》、《沈阳台盟》等刊物上发表理论文章10余篇。盟市委组宣部全年共报送宣传报道稿件(信息、短讯)22件,其中:《沈阳日报》采用5件、“台盟中央网站”采用10件、盟中央刊物《台盟》采用1件、《人民政协报》采用1件、《沈阳政协》采用3件,在参政议政工作中,盟市委在政协全会上提交的《勿忘“九一八”,提升青少年爱国情怀》的提案,其中提出的将2011年全市“九一八”撞钟鸣警仪式改在上午进行的建议,得到了中共沈阳市委宣传部的积极采纳,《人民政协报》、《沈阳政协》等政协主流媒体进行了报道,取得了较好的社会效果。盟员吴君执笔《七月颂歌—纪念中国共产党建党90周年》刊登在盟中央刊物《台盟》2011年第三期。副主委赵文江参加沈阳人民政协理论学习研讨会—学习中共中央16号文件及做好政协理论研究会工作,会上发表《其兴也勃焉其亡也忽焉》的发言文稿,被入选并刊登在《沈阳政协》2011年第十期杂志。

市委会委员及部分盟员分别参加台盟中央、台盟省委和中共沈阳市委统战部举办的民主党派学习教育活动培训班。市委会还以打造“同心”品牌为契机,全面加强思想建设,制定台盟沈阳市委打造“同心”品牌的实施方案;充分利用9月22日举办的24期盟员培训班的时机,精心安排培训课程:召开纪念中共建党90年“七一”讲话报告会,请中共沈阳市委党校戴文柏教授作《中国特色社会主义政治发展道路》的专题报告;召开打造“同心”品牌报告会,邀请时任中共沈阳市委统战部常务副部长的王晓明为全体与会盟员作打造“同心”品牌的专题报告。盟机关还为盟员订购了《胡锦涛同志在庆祝中国共产党成立90周年大会上的讲话》一书作为培训的辅导教材,为盟员全面、深入学习“七一”讲话精神,领会“同心”思想提供帮助。通过主题教育活动,广大盟员及机关干部进一步提高了历史责任感和使命感,进一步增强了坚持中国共产党领导,坚持走中国特色社会主义政治发展道路的坚定性和自觉性。

2011年组宣部完成《沈阳台盟》4期;《台情参考》12期;《台盟周报》56期。积极组织并参与市委统战部组织的文艺演出、知识竞赛、征文等活动。由盟员吴君作词,施焱红和黄祖光共同演唱的歌曲《跨越海峡的爱》,在全市统战系统纪念建党90周年“同心颂”演出活动中,唱出了两岸“同心”的共同心声，获得了好评。在市委统战部举办的纪念中国共产党成立90周年征文活动中，台盟沈阳市委报送的征文有2篇获一等奖，2篇获二等奖，1篇获三等奖，得到沈阳市委统战部的表扬。

加强组织发展工作。台盟沈阳市委会根据《各民主党派组织发展工作座谈会纪要》精神，在广泛接触青年台胞基础上，放宽视野，做好组织发展工作。2011年，盟市委共发展3名优秀青年台胞加入了台盟组织。

（董　宇）

【沈阳市工商业联合会】　2011年，市工商联认真贯彻《沈阳市非公有制经济人士思想政治工作实施细则》，指导各区、县（市）工商联，市直属商会、行业商会、异地商会，广泛开展了以“争做社会主义合格建设者”为主要内容的思想教育活动，全年共举办各类专题报告、辅导讲座、座谈讨论10余次，“企业家进校园”主题演讲等活动4次，“财金讲坛”2次，培训企业家达500多人次；大力推进了企业文化建设，与市总工会联合开展了“企业关爱员工、员工关爱企业”为主题的“双关爱”活动。紧密结合重大社会政治活动，先后组织开展了“纪念中国共产党建党90周年”和“纪念辛亥革命100周年”等一系列特色文化教育活动；积极配合《人民政协报》、《中华工商时报》、《沈阳日报》等新闻媒体，并充分利用《沈阳商会》杂志、网站等载体，开展深度报道，弘扬先进，树立典型。一年来，一大批优秀非公有制经济人士不断涌现出来，并受到各级党委、政府的表彰。其中，有华铁集团、禾丰集团、振浩集团等六家企业获得了省工商联的表彰，10多名企业家荣获省、市“优秀中国特色社会主义事业建设者”、“三八红旗手”、“五四青年奖章”等称号，有力的展示了企业家的高尚风范，扩大了工商联的社会影响力，进一步引导、激发了广大会员的社会责任感。

参政议政。市工商联围绕全市非公有制经济持续健康发展的热点、难点问题，深入开展调查研究，积极建言献策，及时向党委和政府反映企业的各种诉求和建议。一年来，先后向市政协提供了“关于贯彻落实‘新36条’，进一步鼓励和引导民间投资健康发展的建议”、“加大推进中小企业服务体系建设的力度，促进全市中小企业又好又快发展”、“发挥异地商会作用，促进我市经济快速发展”等多篇大会发言和团体提案材料；参与市政协组织的“关于我市中小企业发展情况的综合调研”，并完成了“建立健全中小企业社会化服务体系，促进中小企业又好又快发展”的调研工作。配合市委督查室就投资环境问题对非公有制企业、异地商会进行了专项调研。此外，市工商联还组织开展了“如何发挥行业商会作用，促进我市经济社会又好又快发展”、“中小企业综合性调查”等调研活动。尤其是在市政协十三届十九次常委会议上所作的“关于建立健全中小企业社会化服务体系的建议”，受到市委、市政府主要领导的好评。全年，全市工商联系统在人大、政协组织中提出建议、提案达300多件。其中，《关于加快发展沈阳市现代物流业建设东北地区物流中心的对策建议》被市统战理论研究会评选为特别奖；《沈阳市总商会异地商会发展报告》、《国务院关于鼓励支持和引导个体私营等非公有制经济发展若干意见落实情况的调研报告》被市统战理论研究会评选为一等奖，较好地发挥了党委、政府的助手作用，为推动全市民营经济又好又快发展做出了贡献。

经济服务。市工商联充分发挥自身优势，不断创新服务载体，继续在政策、融资、维权、商务等多方面为会员企业搭建优质服务平台。在经济服务活动中，积极协调政府相关部门和金融机构，推动银、企对接，为企业提供融资平台。先后组织100多家企业参加银企对接，实地考察了30多家企业，为企业直接融资近5亿元；在与信保公司的合作中，积极向北恒铜业等会员企业宣传出口信用保险的相关政策，帮助10多家会员企业投保签约金额6.7亿元。会同市总工会、人力资源和社会保障局等部门，举办了大学生等专场招聘会5场，组织了180多家企业，共提供就业岗位3000多个。充分利用《沈阳商会》杂志、《会员动态》简报和商会网站等载体，反映会员动态，发布商业信息和政策资讯，及时为会员企业提供信息服务，为中小企业发展发挥了积极作用。在维权服务中，积极协调各方消除不利于企业发展的因素，为企业创造宽松的发展环境。先后在辽中、法库举办了“民营企业防范法律风险讲座”，培训民营企业家300多人；大力开展“送法下乡”活动，组织法律风险宣讲团就刑事、抵押担保、劳动关系等多方面法律风险问题进行详细讲解和现场答疑；积极参与“劳动关系三方五面协调机制”，开展了“民营企业构建和谐劳动关系”、“如何发挥好工商联参与三方协调”等多项调研活动，并在协调劳动关系三方会议上，会同相关部门推动劳动关系协调机制建设，指导帮助非公有制企业依法建立了合理的劳资关系构架；积极帮助企业开展法律维权工作，先后妥善处理了“沈阳新北方建材城被诈骗案”、“沈阳发柏经贸有限公司厂房被强拆案”、“沈阳聚丰祥商贸公司货款被恶意拖欠案”等多起维权案件，均取得了满意的结果，有效地维护了会员企业的合法权益。

组织建设。市工商联按照上级有关要求，积极与市民政局协调，完成了符合规定的11家“异地商会”法人登记工作。大力加强基层商会的指导工作，成立了园林行业商会，认真抓了成立融资服务业商会、礼品行业商会的筹备工作，顺利完成了川渝、宁波、照明等商会的换届工作。大力加强商会制度建设，进一步完善了《沈阳市总商会行业（异地）商会的管理办法》、《组建商会程序》、《市工商联行业商会、异地商会重大事项报告制度》和《关于行业（异地）商会换届工作的意见》等各项管理制度，加大了会员信息管理，初步建立了会员数据库，有效地促进了商会健康发展。

按照全国工商联《章程》规定和市委关于工商联换届工作的要求，市工商联认真抓了换届的筹备工作，成立了换届工作领导小组，严格按照程序和规定，对全市工商联系统推荐的执常委候选人进行了认真细致地考核，并提交到市工商联第十五次会员代表大会上，选举产生了市工商联新一届执行委员会和领导班子。

对外联络。组织会员企业参加了“民营经济发展—天津论坛”、“南澳城市高峰论坛”、“爱荷华州政府访华经贸洽谈会”、“‘中德合作项目’研讨会”、“国际加盟连锁商品展示洽谈会”、“韩国大田市招商会暨项目对接会”等重大对外交流活动；组团出访了澳大利亚、新西兰，访问了澳大利亚、新西兰相关工商会和当地华人商会，并与澳大利亚华人协会和新西兰怀特摩市工商会建立了友好商会关系。接待了美国达拉斯美中商会、中德合作项目、天津市工商联、内蒙锡林格勒盟工商联等商会客人20余人。

招商引资。市工商联充分发挥优势，整合资源，积极搭建招商引资平台。先后组织广东商会、温州商会、宁波商会等异地商会积极配合省、市政府，各区、县(市)开展各类招商引资活动达近百次，参加企业人数近千人次。“温商(国际)商会大厦项目”、“千盛茂国际商业广场项目”、“沈阳国际汽车城”项目、“九龙广场项目”等一批重特大项目又将在沈阳投产。全年市工商联在组织异地商会开展招商引资活动中，引进落地项目达49个，合同金额674.61亿元，到位资金338.61亿元，为促进沈阳经济社会发展发挥了积极作用。

光彩事业。市工商联继续在全市会员企业中组织开展了以创建“就业基地”、“实习基地”、“培训基地”和“创业基地”为主要内容的“民生援助行动”。利用“民生援助行动”这一载体，积极引导企业以发展推动就业，鼓励创业带动就业。基地企业服务人员总数达到2万人(次)，就业人数超过1万人(次)。大力推广“千人复明工程—双走进活动”，在众多会员企业的参与下，全年筹措善款25万元，会同何氏眼科医院走进企业，积极为企业员工检查身体达200多人；走进低保贫困户，为低保贫困户白内障患者免费实施了复明手术达500例，受到企业员工和低保贫困群众的好评。继续坚持以开展光彩事业五项工程活动为载体，扎实开展“九个一”系列活动。全市工商联组织引导非公有制企业对口帮扶村镇修建道路44条、桥梁21座，援建光彩小学14所，共投入资金1972.2万元；开发龙头带动项目50个，投入资金47.3亿元；引进招商项目153个，吸引资金48.36亿元，安置下岗就业人数达6.3万人，发放资金1.4亿元；捐助贫困学生2680名，捐助资金达485.87万元；帮扶困难户5664名，捐助资金1.78亿元；帮扶重点优抚对象716个，投入资金5390.1万元。

（朱小江）

群 众 团 体

市总工会

【振兴竞赛】 2011年,新一轮"当好主力军,奋战'十二五',实现新跨越"振兴竞赛活动开局良好,全市863个单位和企业、2.43万个班组参加竞赛,参赛职工超过80万人。在企业,开展以原始创新竞赛、引进技术二次创新竞赛、科研成果转化竞赛、海外学子创业竞赛、名优产品研发设计竞赛为内容的"五大创新"竞赛活动,立项298项,完成301项,创效益5.7亿元,有力提高了企业创新能力和核心竞争力。在农村,积极组织乡镇企业职工和农事企业开展以乡镇工业化龙头企业创业带头人竞赛、工业集群化企业科技创新竞赛、农业产业化农产品营销竞赛、"一乡一业"竞赛为内容的"三化一业"竞赛,立项255项,完成231项,创效益2.5亿元,有力推动了县域经济的发展。在机关,以承办第十二届全运会为契机,开展以"提升服务力"竞赛、"招商引资"竞赛、"树文明形象"竞赛为内容的"优化服务"竞赛,立项473项,完成415项,促进了机关职工转变工作作风,提升服务质量。

(李靖天)

【职工素质工程】 继续实施"百千万技能人才培育工程"和职工职业技能竞赛活动,共设数控车工、维修电工、起重工(天车)、企业信息管理师、护士、餐厅服务员等34个工种,使一大批非公经济企业职工参与到竞赛活动中来,报名参赛选手达1.03万人,培育产生了"十二五"期间首批技术大王、技术标兵和技术能手,大大提升了广大职工的职业技能水平。

(李靖天)

【职工技协】 职工技协市场化运作机制初见成效,先后全国五一劳动接收了北方建设集团300吨压力机技术改造、特变电工沈阳变压器公司焊接技术改进、沈阳金德管业有限公司进口PVC拉伸模具国产化、沈阳帕卡濑精有限总公司喷漆循环水设备研制等4项攻关项目。跨企业技术攻关活动实现突破,全年征集技术难题50项,并汇编了《沈阳市企事业技术关键课题白皮书》,共攻克了45项技术难题,创效益1.5亿元。

(李靖天)

【劳模评选】 先后评选推荐了"全国五一劳动奖章"10人、"全国五一劳动奖状"2个,"全国工人先锋号"8个;评选推荐"辽宁省五一奖状"5个,"辽宁省五一奖章"33人,"辽宁省职工十大节约环保标兵"2人,"辽宁省职工十大创新能手"2人,"辽宁省职工十大创新成果"3个,"辽宁省优秀班组"12个,"辽宁省优秀班组长"12个,"辽宁省工人先锋号"17个;评选出"沈阳市五一劳动奖章"348人、"沈阳市五一劳动奖状"43个、"沈阳市工人先锋号"50个。在评选中,认真贯彻了面向基层、面向一线的原则,切实体现了一线职工主体性、行业兼顾性和重要岗位激励性。同时,总结选树了田志永这一当代产业工人重大典型,并在全国叫响。

(李靖天)

【和谐劳动关系建设】 推动召开了全市构建和谐劳动关系工作会议,出台《关于加强新时期和谐劳动关系建设的意见》,深入开展"万家企业创和谐"活动。会同13部门制发职代会、厂务公开、职工董事监事等6项工作标准,从法规政策层面为重点工作深化提供了有力保障。建立市区两级工会向同级人大、政协通报工作制度,健全完善劳动关系三方协调机制,并在实体化建设上取得突破。积极推进劳动争议调解体系建设,基层调解组织建制率提高到80.2%,"三道防线"作用得到加强。同时,协调推动市委党校将劳动关系课程纳入教育培训内容,累计培训党政领导干部1500余人,增强了全社会构建和谐劳动关系的共识与合力。

(李靖天)

【集体合同】 工资集体协商、集体合同质量明显提高,签订率、履约率、职工群众满意率分别达到96.5%、96.1%和95.2%,一线职工收入平均增长14.1%,首次超过全市GDP和城市居民可支配收入的增速。推动实施《沈阳市企业工资集体协商办法》,联合8部门下发了《关于进一步推进集体协商集体合同工作的指导意见》。在沈世界500强企业工资集体协商建制率达到100%,推动可口可乐、宜家等企业签订了在中国的首份集体合同。探索创立组织维护劳务派遣工"三位一体"、"两个双向"工作模式,劳务派遣企业建会率、劳务派遣工入会率、会员托管率和集体合同签订率分别达到100%、87.8%、91.6%和92.2%,组织维护劳务派遣工工作经验在全国推广。

(李靖天)

【农民工维权】 从系统维权、综合服务方面入手,完善市、区、街道、社区四级农民工服务网络。在继续扩大建筑行业"1+N"集体合同覆盖面的同时,推动政府将10%的公共租赁住房配租农民工,开辟优秀农民工落户"绿色通道",促进了农民工融入城市。首创"新市民创业互助行动",全市50多名有创业意愿的农民工与创业成功的农民工结成"一帮一"扶持对子。开展"9·25"农民工维权日系列活动,举办大型文艺晚会,评选和表彰"沈阳市十佳新市民"、"沈阳市十大关爱农民工投资经营者"、"沈阳市十大维护农民工权益标兵"。元旦、春节期间,会同市农民工维权中心及政府相关部门集中开展清理整顿拖欠农民工工资专项行动,实现了100%结案、100%息访、100%农民工返乡过年的工作目标,保证了"两节"、省市"两会"期间社会秩序的稳定。 *(李靖天)*

【帮扶救助】 按照“强化即时帮扶、发展项目制帮扶、稳定常规帮扶”的原则，建立意外致困职工快速帮扶机制，为意外致困的57名职工发放救急资金14.6万元。推出破产企业工伤人员医保帮扶项目，合理调整、压缩原有实名制帮扶制规模，将帮扶对象由1.55万人调整为1.19万人，突出了工会帮扶服务重点。职工医疗互助保障活动成效显著，全年参保人数达到8.5万人，参保资金突破600万元。四级帮扶服务联动体系进一步健全完善，全市已有工会帮扶站200个、社区帮扶点636个，工会帮扶志愿者由3717人增加到7543人，全面实现互联网受理、局域网审批，全年发放帮扶资金2204万元，受益职工3.89万人。同时，启动企业职工服务设施标准化建设，使帮扶服务工作由困难职工向全体职工延伸，由生活领域向生产领域延伸。

（李靖天）

【就业再就业】 继续推进培训基地、安置基地和见习基地规范化建设，全年各级工会共培训下岗失业人员、农民工、高校毕业生等1.1万人次，安置1.3万人。群团组织联合开展的“牵手同行”就业创业联合行动取得新成绩，工会组织实名制安置就业2.35万人。开展了困难职工就业需求调查，有针对性地对困难职工及其子女进行安置和就业培训。

（李靖天）

【职工慈善】 继续推进“职工一元捐”、“工会干部百元捐”和“企业万元捐”，全年劝募款物总额1003万元。不断扩展慈善捐助项目，通过“爱心午餐”、“爱心康复行动”、“爱心光明行动”、“爱心大病捐助”等项目，捐助人数近2万人次，捐助金额636万元。启动“爱心助环卫”项目，为一线环卫工办理健康保险、进行健康体检、发放优惠购药卡，使万余名环卫工人从中受益。完善了《沈阳市职工爱心慈善基金会慈善捐赠管理暂行办法》和《沈阳市职工慈善工作目标考核暂行办法》，进一步畅通慈善资金管理使用渠道，推进职工慈善工作健康有序发展。

（李靖天）

【工会组织建设】 进一步促进地方总工会领导班子建设，抓住区、县（市）党委换届的重要时机，推动9个区的工会主席进入同级党委常委班子。着力健全完善源头建会机制，全市新建企业工会5033个，发展会员15.6万人；新建区、县（市）产业工会和区域性行业性工会联合会16个，覆盖职工12.4万人，继续保持了工会组织对各类企业的总体覆盖。街道乡镇工会和基层工会规范化建设取得新进展，在街道乡镇，按照市委和省总的要求，依据《沈阳市六好街道（乡镇）工会考核标准》，深入开展“六好”创建活动，“六好”率达到21.3%。在企事业单位基层工会，继续开展“建家”活动，合格职工之家已达到80.6%，先进职工之家近30%。

（李靖天）

【基层活力建设】 尊重会员主体地位，发挥会员主体作用，推动基层组织直选工会主席。在总结试点经验的基础上，制定下发了《沈阳市国有企业工会分（支）会主席直选工作指导意见》，指导各区、县（市）和产业工会，在企业基层组织深入开展会员大会或会员代表大会直接选举工会主席工作。全市180户国有企业的1602个分（支）会中，主席直选覆盖面已突破50%，全市21户非公企业直选试点工作取得成功。

（李靖天）

【工会干部培训】 继续依托市工会干校培训各级工会干部，通过增加教师调研机会，聘请客座教师等办法，不断丰富教学内容，提高教学质量。与市人社局在中国劳动关系学院共同举办了“沈阳市总工会、人社局构建和谐劳动关系研修班”，对各区、县（市）人社局局长和新任职的工会主席进行了培训。组建劳动关系和工会知识讲师团，强化工会干部培训工作，全年培训各级工会干部8000余人。

（李靖天）

【工会文化建设】 加强职工书屋建设，新建市级职工书屋90个，省级职工书屋示范点5个，全国职工书屋示范点8个，投入30万元为职工书屋配送图书。以职工书屋为载体，组织开展了各种素质提升活动，编印《沈阳市职工文明礼仪手册》，举办“讲文明，知礼仪”读书演讲比赛，普及传统文化及文明礼仪知识；开展职工读书征文活动，提高职工队伍的学习、实践能力。加强职工文联工作，举办了“沈阳市首届职工文化艺术节”，组织开展了职工摄影、美术、征文、演讲比赛等十项主题活动，极大地活跃了全市职工的文化生活。同时，积极指导各地区、产业及大中型企事业单位工会组建职工文联，为丰富职工文化生活奠定坚实的组织基础。

（李靖天）

共青团市委

【“两新”组织团建】 按照团中央的总体部署，团省委结合各市实际，要求沈阳市2011年内完成“两新”组织团建1100家的指标任务。团市委适时向各县区、开发区印发了《关于进一步推进沈阳市非公有制经济组织和新社会组织团建工作的方案》，召开了四次组织工作会议，重点对“两新”组织团建工作进行了全面部署和安排。建立了月调度、半月通报、台帐抽查等制度，发放了《团建工作指导手册》1500本，并分别与市委组织部、市总工会联发了《关于坚持党建带团建，进一步加强和改进非公有制企业团建工作的意见》、《沈阳市总工会、共青团沈阳市委员会关于做好非公有制企业基层团组织建设的通知》，进一步依托党建带团建、工团联建的组织优势和合法平台，统筹推进全市“两新”组织团建工作。市委常委、市总工会主席鞠秀礼同志专门就“两新”团建工作先后做出了五次重要批示。截至12月31日，沈阳市非公企业新录入3293家，吸纳5.85万名青年回到团组织周围，其中团员2.82万名，超额完成了团省委全年工作任务，也创造了沈阳市年内“两新”组织建团的历史新高。

（团市委）

【十四届四次全会】 2月21日，团市委组织委员、团代表、获奖单位代表、市直团干部共计260人在辽宁大厦隆重召开十四届四次全会。市委常委、市总工会主席鞠秀礼同志出席会议并作重要讲话。会议客观总结了过去一年工作，研究部署了2011年工作，审议通过了《关于在全市广大团员青年中广泛开展“建功十二五，青年创新业”主题实践活动的决议》，对沈阳市五四红旗团委、市直团委重点活动项目及特色工作项目进行了表彰，完成了委员的卸免递补。

（团市委）

【杰出青年人物和青年群体评选表彰】

结合《社会责任审查暂行办法》要求，团市委在2011年的评选文件中增添了有关企业候选人及候选单位社会责任审查的内容，于3月21日向市直属单位团委、组委会成员单位印发了“五四”评选文件，并向工会、信访、环保、安监、计生、工商、税务、人力资源和社会保障等单位函发了《关于加强对2011年沈阳市杰出青年人物和青年群体有关企业候选人及候选单位考察工作的函》，将社会责任审查与推报工作一并进行。经过推报、社会责任审查、资格初审、团市委常委（扩大）会议评审，确定最后获奖名单。4月23日，举办了纪念“五四”运动92周年“永远跟党走”红色青春短剧展演活动，表彰了“沈阳市五四荣誉奖章”35名、“沈阳市五四奖章”118名、“沈阳市五四奖状”30个。

（团市委）

【大学生骨干培训】　为发挥大学生骨干培养工作在“青年马克思主义培养工程”中的示范和带动作用，团市委、市学联于2月21—28日、7月25日—8月3日举办了两期大学生骨干培训班。来自全市28所学校的100名大学生骨干参加了培训。在培训期间，学员们不仅接受了系统的理论培训，还实地参观考察了蒲河生态廊道建设、沈阳市城市建设规划展示馆、革命圣地西柏坡及三大战役纪念馆。9月22日，沈阳市大学生骨干培训班结业典礼在沈阳农业大学举行，一、二期学员代表张健飞、范晶晶做大会发言，沈阳农业大学、沈阳师范大学、辽宁林业职业技术学院就本校青年马克思主义者培养工程开展情况做了经验交流。

（团市委）

【“优秀共青团员”、“优秀团干部”评选】　经各区、县（市）、直属中专、中学团委初审，团市委、市教育局、市学联审核，授予沈阳市第20中学郝文慧等9人为辽宁省“优秀团干部”，沈阳市第126中学刘祚廷等21人为辽宁省“优秀团员”，授予沈阳铁路中学葛雨薇等10人为沈阳市“十佳中学团干部”，沈阳市第20中学邱圣杰等60人为沈阳市“中学优秀共青团员”，沈阳市第126中学杨浅等39人为沈阳市“中学优秀团干部”。

（团市委）

【“党史我来讲”主题团日活动创意大赛】　为迎接建党90周年，带领全市青年学生学党史、知党情、跟党走，团市委自3月起在全市高校举办了“党史我来讲”主题团日活动创意大赛。各高校团委积极组织基层团委、团支部参与大赛，共上交作品112份，涌现出一大批优秀的团日活动成果。经过评审，东北大学国防教育学院国防0801班团支部等10个团支部获一等奖，沈阳工业大学管理学院工程管理1001团支部等10个团支部获优秀奖，东北大学团委等8所高校团委获优秀组织奖。

（团市委）

【18岁成人节系列活动】　4月18日，第十二届成人节活动启动仪式在沈阳市共青团实验中学隆重举行，市委常委、市总工会主席鞠秀礼出席仪式并讲话。在系列活动期间，全市2万余名适龄青少年以“成人·成才 树木·树人”为主题，开展了护绿口号和树木保护标志征集、认领树木和建成人林行动、建立树木成长档案、建立树木保护监督机制、建立沈阳青少年学生绿色环保网站等活动，青少年在亲身参与沈阳城市环境建设的社会实践中感悟了18岁成人的真谛。

（团市委）

【红色青春短剧展演活动】　为了迎接建党90周年，纪念“五四”运动92周年，团市委在全市高校中开展了“永远跟党走”红色青春短剧展演活动。东北大学、辽宁大学、沈阳农业大学、沈阳建筑大学、沈阳师范大学、沈阳音乐学院、沈阳大学、中国刑事警察学院等八所高校参与了此次红色短剧的编排，知名导演吕晓禾为话剧总导演。4月29日，“永远跟党走”红色青春短剧在中华剧场展演，市委常委、市总工会主席鞠秀礼及1000余名青年代表观看了演出。

（团市委）

【“十佳大学生社团”评选活动】　5月29日，沈阳市第二届“十佳大学生社团”评选活动暨沈阳市第二届大学生社团峰会在沈阳建筑大学正式启动。各高校大学生社团骨干近200人参加了启动仪式，并召开了沈阳市大学生社团发展研讨会。团市委下发了《关于进一步加强和改进沈阳市大学生社团工作的意见》和《沈阳市大学生社团管理条例》，分类总结和交流了大学生社团建设和管理的先进经验。10月15日、16日，“十佳大学生社团”评选活动分别在东北大学和辽宁中医药大学举行。最终由专家评委和140名大众评审在志愿者类、学术科技类、文艺类、体育类等四类社团中分别评选出“十佳大学生社团”。

（团市委）

【全国青年岗位能手巡讲活动】　为发挥青年岗位能手的典型示范作用，推广青年高技能人才的成长成才经验，团市委按照团中央、人力资源和社会保障部的要求，在辽宁省交通高等专科学校图书馆一楼报告厅开展“全国青年岗位能手巡讲活动”。10月27日，辽宁省交通高等专科学校、辽宁金融职业学院、沈阳农业大学高职学院，沈阳市汽车工程学校、沈阳市信息工程学校、沈阳市化工学校等6所高职、中职400余名学生参加了活动。活动邀请了中航工业西安飞机工业集团高级技师万胜强等四位青年岗位能手，他们的精彩讲授坚定了同学们努力学习本领、提高专业技能的信念。

（团市委）

【大学生典型选树学习活动】　2011年，团市委选树了两个重大青年典型，一位是沈阳工程学院学生于川，他是自强不息、爱老孝亲的青年典型；另一位是沈阳化工大学学生杨艳艳，她是见义勇为、阳光向上的青年典型。团市委、市委教科工委联合下发了《关于开展向于川同学学习活动的决定》，团市委授予杨艳艳优秀共青团员称号。于川、杨艳艳双双荣获“2011年感动沈阳人物”。

（团市委）

【沈阳青年创业腾讯官方微博开通】
2011年12月12日，第三届沈阳青年创业周系列活动之一的沈阳青年创业腾讯官方微博开通仪式在中街恒隆广场隆重举行。仪式全程以“微博上墙”的形式面向全国进行了现场直播。微博的开通使沈阳青年创业工作网络资源平台得到进一步完善，打造了共青团服务联系创业青年的全新载体。

（团市委）

【沈阳青年创业导师俱乐部（协会）年会】　2011年12月14日，第三届沈阳青年创业周系列活动之一的沈阳青年创业导师俱乐部（协会）年会在辽宁大厦隆重举行。会上听取了导师俱乐部（协会）2011年工作报告，选举了新一届的导师俱乐部(协会)班子成员,通过了2012年的发展规划。会后,与会领导及导师共同参加了由YBC全国评估认证委员会主席李裕国主讲的青年创业导师工作经验分享活动。

(团市委)

【第七届“振兴杯”全国青年职业技能大赛决赛】 第七届“振兴杯”全国青年职业技能大赛决赛于2011年10月24—28日在沈阳举办。此次大赛共设车工、计算机程序设计员、工业自动化仪器仪表与装置装配工三个工种,共有来自全国31个代表队的300余名青工参赛。沈阳选手获得了所有三个工种中的两个单项冠军(车工、计算机程序设计员),代表辽宁省第七次赢得“振兴杯”。

(团市委)

【“全国青年文明号”揭牌仪式】 2011年10月26日,沈阳市会计人员服务中心举行“全国青年文明号”揭牌仪式。团中央城市青年工作部副部长鲁亚,市委常委、常务副市长顾春明,团省委副书记陈奇夫等视察文明号工作并为文明号揭牌。

(团市委)

【“红领巾心向党”征文活动】 2011年4月,市少工委面向全市少先队员开展“红领巾心向党”征文活动。本次征文大赛邀请队刊编辑组成评委组,评选出一、二、三等奖,优秀奖及优秀辅导奖等奖项。一批优秀的作品从万余份征文中脱颖而出,许多优秀的作品陆续被队刊杂志刊登。

(团市委)

【少先队员才艺大赛】 2011年5月,共青团沈阳市委、沈阳市少工委、沈阳日报社联合开展了“红领巾心向党”——沈阳市少先队员才艺大赛。大赛于5月21日、22日两天举行,共有1074名少先队员参赛,731个节目同台展示。5月30日,在省青少年宫召开了纪念建党90周年“红领巾心向党”——庆“六一”沈阳市少先队员才艺大赛颁奖典礼暨“红六月”主题文化活动启动仪式。本次大赛的57名获奖者接受颁奖,部分优秀获奖作品在颁奖典礼上向全市少先队员进行展演。

(团市委)

【优秀少先队中队会展示活动】 2011年9月,市少工委在全市少先队组织开展了“红领巾心向党”优秀少先队中队会展示活动。评选活动开展后,得到了各级少先队组织的热烈欢迎和大力支持。一大批优秀作品经过逐级选拔和推荐脱颖而出,经专家评委组集中评审,20个优秀集体分获一、二、三等奖。10月13日,在和平区望湖路小学举办了此次活动的颁奖典礼,两个优秀中队向全市辅导员代表做了现场中队会展示。

(团市委)

【希望工程系列活动】 组织青少年开展了“青少年关爱交警送温暖活动”,活动送出价值2.1万元的“关爱交警暖保贴”1400袋。红塔集团为法库县希望小学送去5万元的冬季取暖费,使孩子们度过一个温暖的冬天。沈阳商贸饭店为法库希望小学捐助扶贫资金3万元,对学校校舍进行了修缮。为加强贫困希望小学教师队伍的师资水平和业务能力,增长贫困地区孩子的才智,希望办组织沈阳市部分希望小学的优秀教师赴北京参加第217期希望工程全国教师培训班暨第19期可口可乐班的培训,并组织贫困希望小学的孩子参加北京夏令营等活动。为积极参与社会管理,努力改善民生,切实解决部分贫困学校学生饮水安全问题,市希望办募集资金,筹措“希望水井”资金30万元。联系社会爱心企业走进校园,为贫困希望小学和农民工子弟学校送去修善资金和捐赠物资。在新学期开学之季,市希望办为善邻二校180名学生下拨9万元免费午餐款。组织鑫迪希望小学的师生开展了“看沈阳爱家乡——沈阳一日游活动”,并为孩子购买了“六一”节礼物。为减轻贫困家庭经济负担、缓解患重病的贫困学生精神压力,市希望办下拨17万元医疗费,为患病学生支付更换人工耳膜费用。为减轻特困大学生求学的经济负担和心里压力,加大了“芙蓉学子”的救助标准,希望办提高了救助力度,共下发“芙蓉学子”救助金10万元,使20名学子圆上大学梦。辽宁省图书馆为新民市实验小学罗佳琳等7名同学捐资助学,捐款3500元。

(团市委)

【关爱农民工子女系列行动】 2011年1月21日,团市委在康平县柳树乡九年一贯制学校开展了“佩戴团徽送温暖、争做明义献爱心”全市统一行动日活动。30名农村留守农民工子女、30名贫困农村青年及30余名志愿者参加了活动。春节期间,全市各级团组织共组织1621名志愿者参与共青团关爱农民工子女志愿服务行动,服务农民工子女2500余人。4月1日,组织爱心企业和各界志愿者深入到法库县偏远的村级小学,开展贫困助学、奉献爱心活动。此次活动,标志着2011年“沈阳一家亲”活动正式启动。开展亲子体验“爱的呼唤”心连心活动,通过参观皇家极地海洋世界、游览植物园、参加亲子互动等方式加深亲子间的联系,服务农民工子女及家长共计1400人,筹集活动专项资金20万元。6月,开展心手相牵——让关爱不留真空,关爱农民工子女志愿服务圆梦行动,通过游戏、照相等方式,在儿童节期间走进农民工子女学校。联合辽宁省高等教育学会继续教育中心,为农村贫困家庭学生开展扶贫助学活动,免费开展职业技能培训和中专学历教育,全面提高沈阳农村地区贫困学生就业质量。实施“爱心公益课堂”项目,组织外籍教师走进农民工子女学校,开展为期一学年的英语课辅导,覆盖市内五区五所农民工子女学校。适时召开“关爱农民工子女志愿服务行动”推进会,推动志愿服务行动深入开展,促进一乡一院(系)对接工作模式,进而实现县校友好合作,资源整合,形成长效接力机制。

(团市委)

【儿童职业体验项目】 团市委联合辽宁酷贝拉文化产业发展有限公司在“中国青少年体验教育基地——走进东北”项目中开发了“为了明天 携手今天”公益儿童职业体验子项目。面向3—15岁孤儿、残疾儿童、低收入家庭儿童,分别举办体验活动8场,3万余人到达活动现场参与体验。

(团市委)

【成立青少年社工站】 下发《关于在全市各街道综治信访维稳中心成立青少年社工站的通知》(市预青办发[2011]2号),要求全市127个街道充分学习借鉴上园街道的成功经验,依托各街道综治信访维稳中心成立街道级青少年社工站。截至2011年12月底,全市各级社工站共接案874件,结案408件。2011年,全市未成年人犯罪人数1015人,比2010年下降9.46%。

(团市委)

【青少年维权月主题实践教育活动】 2011年5月,沈阳市正式启动“轻松备考12355与你同行”暨沈阳市第五个青少年维权服务月主题实践活动。活动期间，重点开展以“依法维权，我们在行动”为主题的演讲比赛、以“讲述我们自己的维权故事”为主题的情景剧比赛及以“树守法新风，传维权之音”为主题的公益广告设计大赛等三项主体活动，覆盖13个区、县（市）500余所大、中、小学，在全市营造了浓厚的青少年维权氛围。活动共上报作品807份，经过预赛、决赛层层筛选，最终产生优秀个人奖65个，优秀组织奖8个。

（团市委）

【心理辅导普及讲座】 2011年11月，团市委自筹资金2万元，精心选择10余位沈阳市资深的心理教育专家，在全市500余所中小学开展心理健康辅导系列讲座40场，普及心理健康知识。

（团市委）

【学习郭明义同志先进事迹研讨会】 3月4日，由市委宣传部、团市委、市文明办、市雷锋精神研究会主办的“弘扬雷锋精神 争当时代先锋”学习郭明义同志先进事迹理论研讨会在东北大学汉卿会堂举行。与会专家全面介绍了郭明义同志的先进事迹，从理论的高度剖析了其精神实质和时代内涵，把一个平凡而伟大的共产党员的光辉形象生动、多角度展现出来，与会同志都深受感动和鼓舞。

（团市委）

【迎全运社会志愿服务年启动仪式】 3月5日，团市委在地铁大厦召开“城市有我更美好 全运有你更精彩”迎全运社会志愿服务年启动仪式。仪式现场，1000余名青年志愿者组成“2013”字样，表达参与全运、服务全运、奉献全运的决心。仪式结束后，全市5000名志愿者在地铁一号线22个站点开展“擦亮地铁”志愿服务行动，全面清洁地铁出站口地徽、出入口罩棚、电扶梯侧壁、楼梯扶手栏杆、车站出入口等地铁设施和周边环境。

（团市委）

【“百首经典红歌 青春唱响百县”传唱活动】 4月26日，团省委联合沈阳团市委在沈阳市铁西区工人会堂共同启动了辽宁省暨沈阳市“百首经典红歌，青春唱响百县”活动，至此拉开了全省红色青春歌曲传唱活动的序幕。高校学生、企业青工、基层团组织近千人参加了此次活动。红歌会分为“青春唱响振兴”、“青春唱响海洋”、“青春唱响大地”三个篇章，沈阳经济区、沿海经济带、辽西北地区分别接受传唱旗帜，陆续在全省开展红色青春歌曲传唱接力。

（团市委）

市妇女联合会

【迎“三八”系列纪念活动】 2011年，全市各级妇联组织以“巾帼建功‘十二五’，文明和谐迎全运”为主题，开展各具特色的纪念活动。3月8日，来自各条战线的女干部代表欢聚一堂，召开座谈会，共同庆祝广大妇女的节日。会议由市委副书记苏宏章主持，省委常委、市委书记曾维出席会议并讲话。与市总工会、市公安局共同开展杰出女警、模范警嫂、优秀警察母亲评选活动，对近年来在维护稳定、打击犯罪、服务群众等方面作出突出贡献的优秀公安女民警，以及对公安事业大力支持、倾情付出、无私奉献的模范警嫂、优秀警察母亲等60名先进典型进行了表彰。“三八”期间，全市各级妇联共表彰“三八”红旗手、“三八”红旗集体、“巾帼建功”标兵、“巾帼文明岗明星”、“巾帼创业就业明星”、“新农村建设女带头人”、“优秀巾帼志愿者”、“巾帼文明岗”等各类优秀女性500余名，优秀女性群体100余个。举办“旗手飘红大学校园”系列讲座。3月7日，启动仪式及首场讲座在沈阳建筑大学举行。会上3名优秀的女性典型为300多名女大学生们作了精彩报告，以自身的示范作用影响带动女大学生们树立正确的世界观、人生观和价值观，为她们走向社会打下良好基础。

（张　爽）

【带动妇女和家庭成员共迎全运】 在城市广大妇女和家庭中“实施三项行动”（迎全运放飞行动、迎全运护绿行动、迎全运健身行动），带领广大妇女和家庭成员参与全运、服务全运、奉献全运。启动迎全运放飞行动，开展沈阳市首届家庭风筝展演活动，宣传科学健身理念、倡导文明出行风尚。组织风筝手工制作培训，依托“无围墙工厂”发展风筝制作项目，扶持妇女创业就业。启动迎全运护绿行动，通过组建社区巾帼护绿队，召开家庭树木养护行动现场推进会，表彰十大杰出养绿护绿志愿者、百名优秀养绿护绿志愿者等具体举措，使广大妇女和家庭成员积极参与到婆媳树、母子树、夫妻树、家庭树等主题认养活动中，为美化绿化社区环境作出了积极贡献。启动迎全运健身行动，与省妇联共同举办“辽宁妇女迎全运、展风采”系列活动启动仪式暨“庆三八、迎全运、百万妇女健身行”活动，沈阳市9个区及市直机关工委、中省直企业工委、国资委、教科工委、政法委等5个委办局的14支代表队、5000余名妇女参与，形成了全民迎全运的浩大声势。指导各级妇联组织依托1880个妇女健身指导站，开展妇女和家庭普遍参与的群众健身活动。

（张　爽）

【扶持女性就业创业】 从信息、示范、培训等方面对妇女就业创业工作进行扶持。实施送信息送岗位关爱女性行动，各级妇联组织发挥“联”字优势，抓实“春风行动”，与工会、团委、人社、各高校等单位联合举办208场次各种类型的专场招聘会，700余家省内外企业提供2万个岗位信息，达成就业意向9710人，签订就业协议5060人，免费发放9万份“春风卡”及各类宣传单，宣传介绍政策、服务项目、务工常识和求职门路。实施女性就业创业理念培训行动，3月3日，成立巾帼就业创业导师团，在沈阳农业大学举行“女企业家牵手女大学生”对接仪式，邀请市金摇篮教育机构董事长夏岩等女企业家以讲座、交流等形式，为女大学生提供就业指导与服务。全年开展3期培训，惠及600人。

（张　爽）

【提高农村妇女致富能力】 全市各级妇联组织采取有效措施，组织农村妇女“学文化、学科技，比发展、比贡献”，促进农村妇女增收致富，推动农村经济发展。开展多层次的农业科技培训，分别与市供销合作社、市农委、市科技局、沈阳农业大学联合开展女经纪人、女致富带头人、“农业专家伴你行”、“女教授牵手农家女”专题培训，组织巾帼科技致富带头人赴山东寿光等农业发达地区学习参与新农村建设先进经验。开展“绿化家园巾帼行动”创建活动，联合市绿化委、市林业局下发《沈阳市“绿化家园巾帼行动”活动方案》，详细规划“十二五”期间农村妇女参与庭院村庄绿化美化植树造林活动，发展“巾帼绿色庭院”

1000户。加强对"双进家"经费的管理，成立联合验收小组，深入12个获得经费支持的区、县(市)妇联进行检查验收，确保经费专款专用。申请两个省级巾帼科技培训项目，每个项目获得省妇联专项经费10万元。

(张　爽)

【完成妇女儿童发展《规划》终期评估】 2011年是沈阳市妇女儿童发展《规划》的终期评估之年，市妇儿工委办公室认真组织开展了妇女儿童发展《规划》终期评估工作。1月6日，召开两个《规划》终期评估检查工作电视电话会议，专题部署全市终期评估检查工作。1月17日至21日，组建五个评估检查组，分别对全市13个区、县(市)两个《规划》实施情况开展终期评估检查，全面验收《规划》实施工作。3月下旬，形成《沈阳市妇女发展规划(2001年—2010年)终期监测评估报告》和《沈阳市儿童发展规划(2001年—2010年)终期监测评估报告》。4月12日至13日，省政府妇儿工委两个《规划》终期评估检查组对沈阳市妇女儿童《规划》实施工作进行终期评估检查，沈阳市涉及《妇女发展规划》62项可量化指标中，有54项达到省级终期目标要求，达标率87.1%。涉及《儿童发展规划》46项可量化指标中，有44项达到省级终期目标要求，达标率95.7%。沈阳市政府荣获辽宁省惟一的全国实施妇女儿童纲要先进集体殊荣。

(张　爽)

【"妇女之家"建设】 围绕"规范、培训、特色"六个字推进"妇女之家"建设，完善落实功能和各项规章制度，为全市基层妇女工作的顺利开展奠定了坚实的组织基础。制定完善"妇女之家"工作宗旨、工作目标、工作任务、工作原则、建设标准、工作制度和组织机构等，通过制度建档、制度上墙等多种方式，保证各项职能和任务落实到位。推广"妇女之家"工作公示板模板，争取财政经费近17万元，为全市农村"妇女之家"统一制作了牌匾和公示板。提升"妇女之家"的吸引力和凝聚力。指导各级妇联组织根据各社区地域和居民实际情况，发挥本地优势，研究地区妇女需求，推动解决实际问题，用"一家一品"的建家办法，做优"家"的服务品牌。在全市选树项目运作有特色、有成果的"妇女之家"，将其经验进行推广和介绍，指导各社区(村)"妇女之家"争取各方资源，使"妇女之家"容纳更多工作和服务功能。

(张　爽)

【女干部培训】 分层次、有针对性地完成了各类女性培训工作，取得良好效果。启动"做魅力女性，展时代芳华"——沈阳市女领导干部素质提升系列活动，每周五以讲座和艺术培训等方式满足女干部提高自身素质、培养高尚情趣的需要。6月，与市委组织部联合在中国人民大学举办优秀妇女干部公共管理高级研修班，63名妇联系统干部、市妇联执委及部分女性人才库中的女干部在中国人民大学参加为期7天的集中培训学习。9月15日至16日，举办沈阳市社区妇联主席示范培训班，采取"请进来与走出去"相结合、"老师讲解与经验交流"相结合的方式，对160名新任职的社区妇联主席进行培训，并指导各区、县(市)妇联对社区妇联主席进行全员培训，帮助其全面提高履职能力。

(张　爽)

【社区妇联换届】 抓住社区居委会换届的时机，指导全市社区妇联按照"三统一"标准成功换届。年初，对社区妇联工作开展系列调研，并下发《关于做好社区妇联换届选举工作的通知》，有针对性地指导换届工作。3月，在部署全市社区妇联换届工作中，明确要求社区妇联按照"三统一"标准换届：一是妇联名称统一，按照全国妇联《章程》规定，统一称社区妇联；二是人员设置统一，由社区女性书记兼任社区妇联主席，由社区妇女计生专职干事兼任社区妇联副主席，具体负责妇联工作；三是选举程序统一，统一召开社区妇女代表大会，选举产生社区妇联执行委员会，由执委会选举产生主席、副主席。全市社区按照文件要求，顺利完成换届工作。组建沈阳市"十佳"社区妇联主席报告团，在各区、县(市)开展巡回报告，明确社区妇联工作的重要意义，鼓励和带动全市社区妇联主席积极进取，提高群众工作能力和水平，听众达近千人次。换届后，全市社区妇联主席进社区两委班子的占99.0%，其中：党员占90.2%，50岁以下的占80%，大专以上学历的占82.9%，体现"一降三增"的特点，即年龄下降，文化程度增高，党员人数增多，群众工作能力强的妇联干部增多，社区妇联战斗力得到显著提高。

(张　爽)

【维护社会稳定】 建设第二批省妇女儿童维权服务暨社会治安综合治理示范工作站，在辽中县的10个村和苏家屯区的4个村、6个社区新建站20个，为妇女儿童提供更全面、更贴近、零距离的维权服务。深化"平安家庭"创建，下发工作要点，与县区妇联签订工作责任状，开展示范区县(市)、示范社区(村)和示范户三级示范创建工作。开展亲情帮教活动，"三八"节在市公安局收容教育所进行爱心帮教，向女学员赠送法律书籍、卫生健康书籍和生活用品。各区、县(市)妇联干部与学员对接，进行面对面的帮教，并组织学员们参观科普大篷车。参与社会治安综合治理工作，先后下发《关于积极参与社会矛盾化解工作的通知》、《沈阳市妇联系统参与禁毒人民战争工作方案》，组织基层妇联干部发挥群众工作优势，深入社区接待来访共1.1万人次，调解群众纠纷3868件次，发挥维护社会稳定的重要作用。

(张　爽)

【法律维权服务】 开展"心系女性——依法维权·关爱女性"系列宣教活动，先后在苏家屯"两癌"检查项目点区大沟街道大范屯村、市联营公司、新风采家政等地举行集中宣传活动。与市法律援助中心联合开展"服务民生，关爱女性——法律援助伴我行"妇女法律援助专项服务活动，市法律援助热线服务团律师为全市妇女儿童提供更加方便、快捷、专业的法律服务，为全市40个妇女儿童维权服务示范站担任法律顾问，联合开展法律知识培训；5月27日，联合在中街举行大型宣传咨询活动，100名律师现场进行法律服务。在沈河区五个社区进行"五项服务进社区，平安和谐千万家"公益服务活动试点，着力满足广大家庭和妇女儿童需求，提升妇女和家庭成员综合素质，促进社会和谐稳定。在大东区北海社区举行省、市妇联系统"12.4"法制宣传活动暨"六五"普法规划启动仪式，巾帼志愿者现场进行宣誓，以文艺节目的形式普及法律知识。

(张　爽)

【为妇女群众办实事】 承接省妇联农村单亲贫困母亲住房援建项目，为法库县30户单亲贫困母亲援建住房，改善农村单亲贫困母亲的住房状况。继续实施农村妇女“两癌”检查项目，完成农村妇女“两癌”救助资金申请、全国“两癌”数据库统计等工作，三年3.5万例宫颈癌、6000例乳腺癌检查工作全部完成。开展关爱女性健康阳光行动，为7.6万沈城妇女提供免费妇科检查。开展“农村留守妇女儿童关爱行动”，调查掌握留守妇女底数，面向留守妇女开展安全防范、心理疏导、婚姻调适等维权服务。开展“大手牵小手”扶贫助学活动。3月，“大手牵小手·爱心1+1”扶贫助学走进辽中县茨榆坨中心小学，为百名贫困女童送去4万元助学款和学习用品。8月，在棋盘山举行的“唱响中国，唱响沈阳暨我要上学”大型公益晚会上，100名贫困儿童得到12万元的助学金及学习用品。全年，各级妇联依靠社会爱心力量共资助1752名贫困儿童，资助金额53.8万元。做好沈阳市群团组织“为健康掌舵，为生命护航”康复营养公益援助活动，500名妇女接受援助用品。开展“走进妇女，在服务妇女中创先争优”主题活动，组织妇联干部和市妇女十二大代表深入妇女群众排忧解困，全市共走访看望妇女群众11万余人，结成帮扶对子2728对，解决问题7427件，协调资金和物资约120余万元。为来访妇女提供法律咨询、避救和法律援助服务，全年共接待来电来信来访千余件次，结案率达99%。筹建12338女性综合服务平台，实现与12345市民求助热线对接，将妇联信访工作纳入全市信访大格局。

（张　爽）

【专题调研】 组成专题调研组，深入到铁西、辽中等5个有代表性的区、县（市），开展妇女需求大调研活动。累计下发问卷四类2000份，不仅理清了妇女群众在就业、健康、维权、扶贫救助及婚姻家庭等方面的主要诉求，也在面对面沟通交流的过程中让群众感受到了妇联组织的关爱之情。针对调研反映出来的问题，市妇联把2011年确定为全市妇联组织的“项目实施年”，明确“加快工作转型、以项目承载服务、以服务凝聚妇女”的总体思路，努力把妇联传统的工作内容和工作方式转化为以项目为核心的管理模式，把项目管理作为妇联参与社会管理的重要手段，推进工作“向实、向深、向下”加速转型，为全市各级妇联组织指明前进方向。

（张　爽）

【抓实服务项目】 采取社会化、品牌化、实事化的运作方式，全力打造惠及不同妇女儿童群体的九个公共服务项目。农村妇女科技培训项目，全年共开办各类农业技能培训班546期，培训农村妇女5万人，其中有100名学员通过考试获得全国农产品经纪人资格证书。巾帼创业项目，通过“牵手同行”、“春风行动”、就业理念培训行动、创业示范指导行动和成立鸢缘工作坊等具体举措，为600名女大学生提供就业创业服务，促进4680人次与企业签订就业合同，138名女性走上创业之路。女性创业小额贷款项目，累计放款662万元，解决81名创业女性的融资困难，在放款金额和放贷人数上实现历史性突破。女性健康直通车项目，借助社会力量，服务女性健康，赢得妇女群众普遍赞誉。“迎全运、巾帼文明行动”项目，依托放飞行动、护绿行动、健身行动，带领广大妇女和家庭成员参与全运、服务全运、奉献全运，营造全民迎全运的浓厚氛围。“让我玩”体育公益项目，将家庭教育工作和留守流动儿童关爱工作相结合，创建“双合格”家庭教育实践基地34个，惠及24所农民工子弟学校的近万名学生，为留守流动儿童健康成长创造条件。新风采家政中心项目，同期容纳女性就业达到600人次，并在培训高端家政服务员、规范家政服务业有序发展方面发挥引领示范作用。沈阳儿童活动中心实验幼儿园项目，为妇联组织引入民间资本，提升自身服务水平做出成功示范，并围绕发展高品质学前教育做出有益探索。《红色儿女——小英雄嘎子》歌舞剧项目，开展公益演出21场，使1.3万名儿童在寓教于乐中受到爱国主义教育。

（张　爽）

市科学技术协会

【第八届沈阳科学学术年会】 2011年10月22日，“第八届沈阳科学学术年会暨中国工程院院士专家沈阳行”活动开幕式在东北大学汉卿会堂隆重召开。本届学术年会由中国工程院、沈阳市委、市政府共同主办，沈阳市科协、市社科联、中国工程院科技合作委员会办公室、东北大学、沈阳市发改委、市经信委共同承办。学术年会主题是：“科技创新与沈阳战略性新兴产业发展”。全国人大常委会副委员长、中国工程院院士、中国科学院院士路甬祥出席开幕式并作题为《提高自主创新能力，转变产业发展方式，实现由制造大国向创造强国的历史跨越》的特邀报告。来自全国各地的45位院士、学部委员和专家，中国工程院有关部门负责人，辽宁省机械工程领域的专家学者，各区县（市）、市直有关部门、群团组织、高等院校、科研院所、重点骨干企业的有关负责同志，以及各协会、学会、研究会、区县（市）科协的负责同志、科技工作者代表共500多人参加开幕式。中国工程院院长周济，省委常委、市委书记曾维，中国科协书记处书记、党组成员徐延豪分别致辞。

开幕式上，钟掘院士团队与沈阳鼓风机集团有限公司就“高精度性能直齿端齿盘设计制造成套技术研究”项目、丁健院士团队与东北制药集团股份有限公司就“创新药物发展战略合作协议”等12项重大技术项目与院士专家签约。

本届年会期间相继举办了沈阳市战略性新兴产业发展院士专家座谈会，院士专家企业行、县区行，以及40余场专题学术交流和10余场系列科普报告等活动，有136位专家学者展开学术交流。

会议共征集来自高等院校、科研院所、企业生产一线科研和管理人员论文485篇，由中国学术期刊电子杂志社编辑出版了《第八届沈阳科学学术年会论文集》。同时，该论文集还编入《中国重要会议论文全文数据库》，该数据库是我国以全文数据库形式连续出版重要会议论文的国家级电子期刊。

学术年会期间召开了科技创新与沈阳战略性新兴产业发展座谈会。会上，市长陈海波为22位院士专家颁发了“沈阳市战略性新兴产业发展咨询顾问”聘书。市委常委、常务副市长顾春明介绍了沈阳市战略性新兴产业发展概况。刘大响、钟掘、丁健等与会院士专家根据各自研究领域和工作实践，结合沈阳经济发展的实际情况，重点围绕七大战略性新兴产业的国内外发展现状和发展趋势、沈阳市七大战略性新兴产业的发展定位、支持沈阳市战略性新兴产业发展的政策措施等方面，提出了大力发展航空发动机产业、组建实质性产业联盟、发展功能基础部件产业、形成先进产业文化、完善"产学研"提升产业链、为企业营造发展空间、发挥特色避免趋同化、发展新兴产业的核心是创新等对策建议，对沈阳市的建设和发展具有重要的意义。

（姜素文）

【沈阳市科学技术协会第八次代表大会】 2011年12月26日，沈阳市科学技术协会第八次代表大会在辽宁人民会堂隆重开幕。由全市层层推选的沈阳市科协第八次代表大会共有正式代表600名。其中：女性代表206名，占代表总数的34.33%；少数民族代表51名，占代表总数的8.5%；民主党派、无党派代表130名，占代表总数的21.67%；45岁以下的代表248名，占代表总数的41.3%。按科协系统属性划分，高等院校、科研院所、学会代表216名，占代表总数的36%；企业代表157名，占代表总数的26.2%；区、县（市）代表190名，占代表总数的31.7%；市科协机关和有关部门等其他代表37名，占代表总数的6.1%。

开幕式上，省委常委、沈阳市委书记曾维发表讲话。省市领导为第六届沈阳市"四尊"优秀领导干部代表颁奖。市科协党组书记、副主席王黎宁代表沈阳市科协第七届委员会作题为《团结带领全市广大科技工作者为沈阳老工业基地在科学发展道路上加快全面振兴而奋斗》的工作报告。

大会经过严格的民主程序，选举产生了沈阳市科学技术协会第八届委员会，常务委员会，主席、副主席。以无记名方式选举产生了由189名委员组成的沈阳市科学技术协会第八届委员会。在市科协第八届委员会第一次会议上，按照《沈阳市科学技术协会第八届委员会主席、副主席、常务委员会委员选举办法》，孙铁珩当选为主席，选举产生王黎宁等28位副主席和79位常务委员。决定任命刘丰为沈阳市科学技术协会秘书长。

26日下午，沈阳市科学技术协会第八次代表大会在辽宁大厦举行闭幕式。全体代表审议通过了《决议》。沈阳市勘察测绘研究院党委副书记、院长刘俊林宣读"八大"代表向全市科技工作者发出的《倡议书》。经市科协八届一次全委会通过，聘请闫凤和、李柏山、倪左、张虹、郭玉福、赵继凯、李晔、徐兴家、马立新为市科协顾问，市委常委、市总工会主席鞠秀礼为市科协顾问颁发聘书。

（姜素文）

【沈阳市被确定为国家级科技思想库第一批试点单位】 2011年2月，沈阳市科协被中国科协确定为国家级科技思想库建设首批试点单位。根据中国科协的统一部署和要求，市科协制定了《沈阳市国家级科技思想库建设的实施方案》，开展了2011年度沈阳市国家级科技思想库决策咨询课题申报立项工作，紧紧围绕全市经济社会发展的重点任务、重大项目和科技发展的重大问题，确定了22个决策咨询课题。市科协瞄准大力发展七大战略性新兴产业这一主题，在科技思想库建设上作足文章，举行了沈阳市战略性新兴产业发展院士专家座谈会，邀请一批高层专家，与市领导面对面直接对话交流，集思广益，建言献策，收到很好效果。市科协会同中南大学钟掘院士研发团队、沈阳工业大学校长李荣德教授研发团队联合组织开展了"沈阳市装备制造业发展战略研究"专项调研，调研成果得到省委常委、市委书记曾维的批示。

加强组织领导，建立健全组织工作体系，成立了科技思想库建设工作领导小组和顾问委员会，按照沈阳市七大战略性新兴产业布局，聘请24位院士专家担任沈阳市战略性新兴产业发展咨询顾问。成立了科技思想库建设工作站点，制定了《沈阳市国家级科技思想库建设工作站点管理办法》，在全市学会、高等学校、科研院所、企业中选择12家单位作为思想库工作站点，调动了基层科技人员的积极性、主动性和创造性。进一步畅通科技工作者建议报送渠道。2011年，报送《决策参考》7期、《沈阳科协信息专报》5期、市领导批示2期，刊载《调研信息》、《专家建言》、《建言献策》9期。

（姜素文）

【院士专家工作站】 2011年，企业"院士专家工作站"工作被列入2011年市政府重点工作。市科协着力深化已建44家"院士专家工作站"建设，推动开展技术合作、项目研发、成果转化等重点项目20多个。沈阳黎明航发集团的国家973计划项目"难加工航空零件的数字化制造基础研究"、沈阳协合集团的国家"十一五"科技重大专项"金黄色葡萄球菌肠毒素C2分子改造及其抗肿瘤候选药物研究"等项目研发取得成效，推动了企业技术升级。

在巩固发展已建"院士专家工作站"的同时，市科协积极推进七大战略性新兴产业"院士专家工作站"的创建工作。会同市经信委在全市开展了拟请院士专家解决的重大技术难题和拟对外合作研发项目的征集工作，征集到沈阳远大、特变电工等32家企业的技术需求、对外合作、人才引进、人员培训等项目150余项，涉及装备制造、生物医药、电子信息、新材料等10多个专业领域。市科协从中选择28个重大攻关项目，重点安排沈鼓集团、东药集团、沈阳思特雷斯纸业公司等10家企业，与相关院士专家及其团队签订合作项目12个。创建东药集团、沈阳新松机器人有限公司等13家院士专家工作站，引进院士专家26人。全市"院士专家工作站"达到57家，引进院士专家197人。建立专家库和科技成果库，专家入库1399人，科技成果入库664项。

2011年5月，市科协与中南大学机电工程学院签署了《沈阳市科学技术协会与中南大学机电工程学院全面合作协议》。中南大学机电工程学院将在先进装备制造、新工艺和节能减排等领域突破关键技术，为沈阳市优化产业结构提供科技支撑；在浑南大学科技城，组建研发中心、工程技术研究中心等公用创新平台，并对有重大产业带动作用的科技成果优先在沈阳市实现转化，建立成果转化基地，建立人才双向交流机制，定期互聘技术人员。

（姜素文）

【第六届"四尊"评选】 2011年，市科协会同市委组织部、市委宣传部、市委教科工委、市委中省直企业工委、市科技局、市财政局、市人社局、市中小企业局等9个部门，在全市范围内开展了第六届沈阳市"尊重劳动、尊重知识、尊重人才、尊重创造"优秀领导干部、先进单位和先进工作者活动。经基层推荐、系统初评、领导小组评审，授予刘廷毅等20名同志为"四尊"优秀领导干部，授予沈阳机床（集团）有限责任公司等10个单位为"四尊"先进单位，授予王英男等53名同志为"四尊"先进工作者。

（姜素文）

【"讲理想、比贡献"活动】 2011年，全市"讲理想、比贡献"活动立项1953项，提合理化建议5467条，创经济效益2.61亿元。黎明公司立项777项，已全部完成；机床集团提合理化建议1700条，创经济价值500余万元。黎明公司的“浮动瓦片的精铸工艺研制部级课题的关键研制项目”是“讲理想、比贡献”的重点项目。该项目包含了新材料工程化应用及新结构工艺的制造成型等多项属国内技术空白的技术。通过制定不同的试验方案，采取自设、自制特殊工装，调整铸件的组合方案、优化浇注工艺参数等多项措施，不仅研制出浮动瓦片铸件，摸索出该类铸件的精铸工艺技术，而且研制的铸件满足了发动机装配的要求，经高空台试车，达到了设计指标。经过小批生产的考核，铸件合格率比研制其间提高了二十个百分点，创造经济效益约108万元。同时，该技术填补了国内精铸领域的技术空白，在国内同行业中处于领先水平。

市科协会同市发改委、市经信委、市科技局授予鼓风、黎明等10家企业沈阳市“讲理想、比贡献”活动先进集体称号，授予屠晓琳等32名同志沈阳市“讲理想、比贡献”活动科技标兵称号，授予姜大任、唐秀梅等10名同志沈阳市“讲理想、比贡献”活动优秀组织者称号。

（姜素文）

【对外科技交流与合作】 4月6日至8日，以色列农业部葡萄种植专家萨瑞格·彼尼博士和维塔·哈雷博士到苏家屯区永乐乡葡萄生产基地，与永乐乡温室葡萄协会的种植户进行了现场技术交流。

5月19日，由沈阳市科学技术协会、福州市科学技术协会、台湾中华创意发展协会、台湾中华创意发展协会共同主办，沈阳建筑大学承办的第四届海峡两岸大学生创意作品巡回展在沈阳建筑大学隆重开幕。巡回展的主题是“创意与生活”。本次巡回展共展出了来自海峡两岸170余所院校的345件优秀品。台湾动漫创意专家赵弘章和杨东岳还分别为师生作了“梦想、觉醒与无限延伸——动画营销策略与方法”“动画制作的流程与方法”的学术讲座。台湾企业代表与建大艺术学院的老师进行了座谈，有关方面进行了业务合作洽谈。

9月5日至6日，应市科协邀请，中国科协海智专家、日本新华侨华人会副会长、日本长崎综合科学大学教授刘震博士来沈进行了合作交流。在市科协的安排下，刘震教授与沈阳市残疾人联合会进行了对接，并做了题为“福祉工程学”的专题报告。

10月25日，应市科协的邀请，美国阿拉斯加州立大学常务副校长丹尼尔·尤利乌斯博士、加拿大国家银行稽核主任、渥太华大学董事会副主席薇罗拉女士、《组织变革》一书的作者、国际著名咨询专家沙利文博士等一行5人，到沈阳鼓风机集团有限公司参加企业行活动，参观了沈鼓集团的定子车间、总装车间生产现场，并围绕上市公司财务管理、人力资源、战略发展等议题进行了深入的探讨。

12月1—2日，由市科协和中国国际科技会议中心主办，以色列国驻华大使馆协办，沈阳辉山乳业有限责任公司承办的“以色列专家奶牛科学喂养与疾病防治”培训班，在沈阳辉山乳业集团牧业后备干部人才培养基地——义县徐三家子牛场隆重开班。以色列驻华大使馆科技和农业处参赞雪山博士、以色列乳业专家莫瑞罗森博士主讲，辉山乳业牧业后备干部班学员及牧业事业部各专业职能部门的管理与技术人员105人参加了培训。

（姜素文）

【自身建设】 加强学会组织建设，开展形式多样的活动。沈阳大学举办的“生态系统健康国际研讨会”，东北大学举办的“第十届国际真空冶金与表面工程学术会议”，沈阳市教育专家协会联合全国生本教育研究中心、辽宁省教师奖励基金会召开“全国生本教育促进区域教育均衡发展研讨会”，沈阳航空航天大学组织的“中国航空学会2011年学术年会暨庆祝新中国航空工业建立60周年学术报告会”等学术交流活动，开展学术交流活动237余场，参与人数达3.5万人。

沈阳市气象学会开展了“5.12防灾减灾日”主题宣传咨询活动，沈阳市水利学会在第十八届“世界水日”和第二十三届“中国水周”开展了宣传活动，沈阳市心理学会举行心理咨询服务方面讲座6场。沈阳市环境科学学会在受理沈阳医学院奉天医院的扩建项目过程中，发现该项目违反《建设项目环境影响评价分类管理名录》的相关规定，应该编制环境影响报告书而编制成了环境影响报告表。沈阳市林果学会组成8个春季林果生产服务小分队和林果科技讲师团，分赴沙区、碱区、山区、流域沿线，指导春季造林和果业生产。沈阳市医学会共开展医学继续教育培训活动300场，培训人员6万人。

全年百家学会开展技术合作180余项，开展咨询论证328项；项目评估356项，技术鉴定436例；科技培训1600余场次，培训人数12万人次；主持和参与制定国家级行业标准15项，制定市级行业规范和技术标准135项；专家建言39项；推广实用技术126项；开展科普宣传150场，受众人数20余万人。

继续深入开展党群共建创先争优活动，大力开展“新要求、新期盼、新作为”大讨论活动，加快推进科协工作由一般活动型向综合服务型转变。按照市直机关工委的要求，深入开展“四个一”活动，创建人民满意单位。大力开展新闻宣传工作，宣传科技、科普、科协工作的新动态、新思路、新举措，营造科教兴市氛围。会同市级五家群团组织，联合开展“牵手同行”就业创业联合行动、纪念建党90周年文艺汇演、“永远跟党走”百万群众唱百首红歌竞赛活动。在科协机关中组织收听收看胡锦涛“七一”重要讲话，开展了公文写作培训和公文竞赛活动，加强革命历史教育，走访慰问老学员、老干部，开展送温暖、献爱心活动，加强机关工作秩序管理和干部队伍目标考核，科协机关的凝聚力和战斗力不断增强。开展辽宁省“建家创优工程”、“创新创优工程”沈阳科协系统推荐工作，沈阳鼓风机集团科协等8家单位获省科协先进单位。

全年完成《沈阳科协》杂志6期编辑出版工作，第八届沈阳科学学术年会和市科协第八次代表大会出了专刊。发挥《沈阳科协》杂志的传播作用，杂志开设“特别关注”、“调查研究”、“科学殿堂”、“咨询论证”、“工作动态”、“科技人物”、“科普画廊”栏目。

大力开展电视科普宣传工作。市科协将近五年的影像资料梳理归类、剪辑制作，与相关部门联动，制作了《沈阳市科协“七大”以来科协事业五年发展回顾》。该片首期刻碟800张，与八大会议材料一同发放到与会代表手中，同时在会场大屏幕滚动播放。市科协制作的《寒富苹果第一人》获得了由国家广电总局、新闻出版总署、中国科教影视协会联合颁发的“科蕾奖”优秀奖。

（姜素文）

市台湾同胞联谊会

【中国共产党沈阳市台湾省籍党员大会召开】 2011年12月30日，中国共产党沈阳市台湾省籍党员大会召开。会议选举产生了沈阳市出席辽宁省台湾省籍党员代表会议的代表20名，推荐省出席全国台湾省籍党员代表会议代表候选人初步人选4名。

（蔡鸿文）

【庆祝中国共产党成立90周年】 2011年，市台联为庆祝中国共产党成立90周年，举办了系列活动。5月20—21日，市台联开展了“重温入党誓词，为党旗争光辉”主题党日活动。在职党员参观中共中央旧址和西柏坡纪念馆，在党的七届二中全会旧址前，举行了党员宣誓仪式和支部专题会议。在党支部会议上，党员们结合中国共产党的发展历史，回顾个人的成长经历和工作实际，分别谈了自己的感想和体会。通过这次活动，使每位党员都受到一次爱国主义和革命传统教育。

6月28日，市台联召开以“抒爱党情怀，促祖国统一”为主题的在沈台胞座谈会。台胞们结合自己的亲身经历，讴歌了党的丰功伟绩，展望了祖国统一的美好前景，表达了对党无限热爱的深厚感情。台胞一致表示：没有共产党就没有新中国，没有共产党也没有在沈台胞的今天。作为定居在祖国大陆的台胞，要坚决响应市委、市政府的号召，积极投身沈阳的改革开放和各项建设事业中去，在本职工作岗位上，努力工作，建功立业，为完成沈阳市“十二五”规划，完成沈阳的“五大任务”和实现“三大目标”，贡献自己的一份力量。要为扩大两岸民间的交流交往，促进和巩固两岸关系的和平发展，为加速祖国和平统一的进程做出应有的贡献。七一前夕，市台联在全市台胞中开展了“纪念建党90周年”征文活动，并出专刊一期。

9月22日，沈阳市台联、台盟沈阳市委联合召开“中共建党90周年‘七一’讲话报告会”，邀请市委党校戴文柏教授就中国特色政治发展道路等相关问题作了专题辅导。通过学习，使全市台胞思想政治素质有了进一步的提高。

6月，市台联积极响应市委号召，组织机关工作人员参加了沈阳市庆祝中国共产党成立90周年大型歌会。市台联还积极参与市委统战部“我与党同心”纪念中国共产党成立90周年网上有奖知识问答活动。

（蔡鸿文）

【服务定居台胞】 市台联牢固树立“以人为本，情系台胞”的工作理念，热情为台胞服务。认真了解台胞诉求，积极解决实际问题。通过丰富多彩的联谊活动，努力办好台胞之家。

1. 加强对台胞、特别是生活困难台胞情况的了解。坚持对老台胞、患病台胞、生活困难台胞和台胞遗属的走访慰问。市台联共走访慰问台胞及遗属86户，发放慰问品慰问金1万余元，发放老台胞生活补助费3.6万元。坚持为80岁以上老台胞祝寿，并送去慰问金，使老台胞感受到了台联大家庭的温暖。通过走访及时了解掌握台胞的工作、学习和生活状况，认真听取台胞对台联工作的意见和建议，为进一步做好台胞服务工作奠定了基础。

2. 热心为台胞办实事。2011年，市台联先后为台胞协调办理台胞动回迁、住房分配、台胞子女就学、特病医疗保险、为台籍考生出具证明等各类实事33件次。中央六部委文件的落实工作也在扎实推进，在前期工作的基础上，积极征求台胞意见，认真调整工作思路，进一步理顺与相关部门的关系，并对全市生活困难台胞的状况进行了认真仔细的调查摸底，分别到相关部门核实缴交“二险”情况。同时，还与15个具有代表性的副省级城市和计划单列市的台联组织取得联系，了解六部委文件的落实情况，学习借鉴经验，为落实文件精神提供政策依据。在此基础上制定了初步方案，与有关部门进行积极协调。此外，为进一步做好为台胞服务工作，更好地帮助台胞解决实际问题，市台联还与部分县、区统战部建立了密切联系，初步形成了工作协调机制。

3. 加强台胞队伍建设。一是加强中青年台胞队伍建设，将中青年台胞的培养工作形成制度化、机制化。5月，市台联在市委党校举办了“第一期中青年台胞培训班”，32名中青年台胞参加了培训班学习。系统地学习了统一战线基本理论、新时期党的对台方针政策、台联组织的性质、工作范围和基本任务，进一步提高了中青年台胞思想政治素质和政治理论水平。二是加强了台胞队伍的政治理论学习。市台联结合纪念建党90周年、纪念辛亥革命100周年、全国台联成立30周年等重大活动，召开在沈台胞座谈会、报告会等，还组织台胞观看大型历史影片《辛亥革命》，通过学习使全市台胞的思想政治素质有了进一步的提高。

4. 开展丰富多彩的联谊活动，办好台胞之家。一是结合春节、端午节、中秋节等传统节日举办了“迎新春 话团圆 盼统一 促和谐”春节联欢会、“度中华传统节日 促两岸和平发展”在沈台胞、台商、台生端午节联欢会、“中秋话团圆 同心促统一”中秋节联欢会。二是组织全市台胞及家属以“看沈阳发展变化 振台胞奉献精神”为主题的参观活动。三是针对不同群体的台胞特点，分别组织女性台胞及家属进行健康体检、老台胞及遗属参观抚顺海洋极地乐园等活动。四是组织台联理事及名誉会长、副会长和机关工作人员，观看台湾舞台剧《宝岛一村》。通过一系列的活动，进一步增强了台联组织的凝聚力和向心力。全年共开展联谊活动7次。

（蔡鸿文）

【争取台湾民心】 2011年，市台联充分发挥自身独特的作用和优势，切实做好常住台胞的联谊和服务工作。

1. 走访台资企业，为台商排忧解难。先后走访沈阳龙泰食品有限公司、沈阳自然美公司、沈阳大千汽车销售公司、沈阳台美亚商贸有限公司、东北花卉大世界艺术种子公司、沈阳荣兴房产开发有限公司、沈阳展讯网络科技有限公司、永大制药有限公司、沈阳翰皇商务会馆、沈阳金夫人婚纱摄影有限公司、沈阳尚威塑料制品有限公司等台资企业12家。接待在沈台资企业来访11人次。帮助台资企业协调解决股权转让、增加经营项目、土地纠纷、酒类销售、报送产品样本及为台湾客人查找遗失物品等各类实事9件次。通过走访台资企业,接待来访台商和为台商办实事,使市台联与在沈部分台商建立了密切的联系。

2. 打造"同心"品牌,开展在沈部分台商助学帮困活动。与康平县北四家子乡九年一贯制学校取得联系,先后两次到该校进行实地考察,了解该校困难学生的实际状况,并看望部分困难学生。组织召开在沈部分台商座谈会,多次征求台商对助学帮困活动的意见和建议。8名在沈台商与该校8名贫困学生建立助学帮困的对口联系,并制定了具体的实施方案。

3. 广交朋友,做好联络接待。一是先后接待台湾大盛车辆科技股份有限公司、台湾蔬果花卉产业科技发展协会、台湾和平船舶有限公司、台湾台松汽车工业股份有限公司、台湾制酒生技股份有限公司、台湾政治受难人互助会等来沈团组9个、54人次。二是应邀出席台湾舞台剧《宝岛一村》在沈演出的新闻发布会。三是应邀参加台商参与合作的"献力沈城,服务全运"广汽日野和宾城汽车旅游公司交车仪式。四是接待台湾大学生夏令营、冬令营200余人,组织营员参观沈阳故宫博物院、张氏帅府等。

4. 利用资源,为招商引资牵线搭桥。一是参与"第二届中国(沈阳)老年人残疾人用品博览会"的招商参展工作,向岛内发出邀请函20封。二是积极与台湾农特产品推广中心和台南县农会联系,帮助沈阳副食集团赴台考察洽谈有关农产品加工、销售等农业项目。此次考察结束后,台湾蔬果花卉产业科技发展协会应邀来沈阳进行了回访和项目考察,取得了良好的效果。三是邀请台湾台松汽车股份有限公司和台湾大盛汽车科技股份有限公司分别来沈考察,并与沈阳际华特种装备有限公司洽谈合作生产和购买特种车辆业务。四是积极引进台湾制酒生技股份有限公司在沈投资,该企业是台湾第一大民营企业,经过两次来沈实地考察,决定在沈阳设立销售公司。五是利用参加"三省一区"台联系统协作工作会议的机会,向与会人员宣传台湾酒类产品。六是积极协助北京大成律师事务所代理的台湾房地产企业与大连相关企业的房地产项目进行洽谈。

5. 利用中华民族的传统节日,开展与在沈就学台生的联谊活动。市台联在端午节前夕,积极与中国医科大学、辽宁中医药大学等台生就学比较集中的院校取得联系,共同举办了"度中华传统节日,促两岸和平发展"在沈台胞端午节联欢会,部分在沈台商、台湾大学生代表等40余人参加了活动,使他们深切地感受到了"台胞之家"的温暖和两岸同胞浓浓的亲情。

(蔡鸿文)

【参政议政】 2011年,市台联紧紧围绕贯彻落实"十二五"规划,振兴沈阳老工业基地,围绕贯彻党的十七届六中全会精神,围绕市委市政府的中心工作,围绕社会热点难点问题,认真开展调查研究,积极建言献策。一是组织台联理事、部分老台胞及机关工作人员,召开市台联参政议政工作会议,认真听取他们的意见和建议。充分发挥政协委员和台联理事的积极性和作用,经过归纳和整理,在市政协第十三届委员会第五次会议上,提交台联界别团体提案7件,委员个人提案4件。其中《关于进一步深化沈、台两地文化交流合作》和《以"文化下乡"为载体 大力推进农村文化建设》等团体提案,被录入政协大会发言专集。二是结合台联工作实际,完成了《提高认识 发挥优势 努力做好常住祖国大陆台胞工作》和《两岸经济交流合作的发展变化及对两岸关系的影响》等2篇论文,分别上报全国台联和市委统战部,其中《两岸经济交流合作的发展变化及对两岸关系的影响》论文,荣获"沈阳市2011年度统战理论研究优秀成果"二等奖。三是积极参加省台联组织的调研活动,分别到营口市、大连市走访台资企业和召开台资企业座谈会,了解台资企业在生产和经营中存在的问题,为辽宁省的台资企业发展献计献策。

(蔡鸿文)

市华侨联合会

【侨界群众活动】 各基层侨联和侨界社团积极搭建平台,开展内容丰富的侨界活动,有效提升了侨联组织的凝聚力和影响力。一是开展市、区、校、企侨联工作互动活动,辽宁大学、沈飞集团侨联组织委员到法库县,与县侨联进行联谊交流,参观了沈飞集团民用飞机制造基地和浩松陶瓷城等侨商企业。和平区侨联组织侨商考察满融经济开发区,新民市侨联举办纪念辛亥革命100周年画展,沈阳农业大学组织归侨侨眷考察新农村建设,沈阳师范大学组织留学生参加全国"汉语桥"汉语大赛。二是市侨商会举办了2011"爱的回航"天玺之夜·沈阳侨商年度盛典,"爱在慈铭——我健康,我美丽,情暖三八节"健康体检、"沈阳侨商拥抱春天,走进洛斐尔"等联谊活动,与法库县侨联共同举行了海内外朋友迎中秋联谊会,参加了省侨联创业中国铸就辉煌——海内外侨商聚焦辽宁"系列活动"侨界精英财智论坛",组团参加了在新加坡召开的第十一届世界华商大会和世界华商社团领袖交流会暨中国投资项目说明会。三是市侨青会开展了"走进沈师大国际教育学院"中外青年联谊交流和庆祝市侨青会成立一周年暨纪念"五四"青年派对等活动。四是市老归侨联谊会召开纪念辛亥革命100周年座谈会和举办图片展,组织赴湖南、江西等地开展红色之旅活动。五是市华侨文学艺术家协会推选《月是故乡明》杂技节目,参加了中国侨联和中央电视台主办的"亲情中华"春节晚会,并组团参加了"亲情中华"春节晚会的现场录制。

(傅晨松)

【助推沈阳区域经济发展】 积极搭建政府与侨商沟通的平台，发挥侨商会独特的桥梁纽带作用。一是市侨联、市侨商会与法库县委、县政府共同举办了“聚焦辽宁——海内外侨商走进法库”活动。侨商企业开宝庆福集团向法库高中和福清市海口中学捐款30万元，投资1.2亿元开发法库农贸批发市场。二是组织近50名侨商开展了“沈阳侨商走进康平”考察联谊活动。举办了康平县招商投资项目推介会，介绍了康平县经济发展情况和相关政策，参观考察了康平新城和康平经济开发区，侨商与县有关部门进行了项目咨询和对接洽谈。三是市侨联与沈北新区区委、区政府共同举办了“沈阳侨商走进沈北——东北总部基地行”暨沈阳市新侨创业基地启动仪式。20家成功新侨企业被授予“沈阳市新侨创业基地”称号。

（傅晨松）

【庆祝建党90周年】 为纪念建党90周年，市侨联精心组织开展了主题突出、特色鲜明、形式多样的庆祝活动。一是省侨联和市侨联、沈阳音乐学院侨联、沈阳华侨艺术团联合举办了“侨之心”辽宁省暨沈阳市侨联庆祝中国共产党成立90周年主题文艺晚会。晚会上，省市侨联举行了“表侨心、献爱心”党日送温暖扶贫捐助仪式，向5名热心扶助贫困归侨眷的侨商企业家颁发了荣誉证书，向全省各市侨联发放扶贫款30多万元。二是市侨联组织全市各基层侨联开展了庆祝建党90周年征文活动，归侨侨眷和侨联干部撰写散文、诗歌和纪念文章48篇，回顾党的丰功伟绩，抒发侨界群众对党的热爱之情，5个最佳组织奖单位和24名最佳征文、优秀征文奖个人受到表彰。三是市老归侨联谊会开展了红色之旅活动，组织部分归侨侨眷赴韶山、井冈山、庐山和南昌等革命圣地进行学习参观。四是组织机关党员干部开展了参观沈阳城市建设规划馆、永乐乡新农村建设考察、观看电影《建党伟业》等党日活动，参加了“我与党同心——纪念中国共产党成立90周年网上有奖知识竞赛活动，参加市统战系统合唱团在“党旗下的誓言”沈阳市纪念中国共产党成立90周年大型主题晚会上演出。

（傅晨松）

【“送温暖、献爱心”活动】 春节期间，市委统战部、市侨办和市侨联共同走访慰问了老归侨和特困归侨侨眷，市老归侨联谊会和各基层侨联组织开展了走访慰问活动，送去慰问金和慰问品，表达了党和政府对侨界群众的关心和爱护。省、市侨联向32户归侨侨眷发放扶贫款1万元。“七一”期间，市委统战部和市侨联领导走访慰问了老归侨党员，省、市侨联向铁西区、苏家屯区、新民市的6户特困归侨侨眷发放了扶贫款2万元。市侨联和辽中县侨联为特困美国侨眷孙文克子女上大学捐资1万元，并协调有关部门帮助解决助学基金和无息助学贷款。

（傅晨松）

【自身建设】 为贯彻落实中共辽宁省委办公厅《关于进一步加强侨联工作的意见》精神，市侨联开展调研工作，以市委办公厅、市政府办公厅文件印发《关于进一步加强新形势下侨联工作的意见》，为推进全市侨联组织建设和工作开展奠定了坚实基础。大力推进侨联基层组织建设，先后成立了法库县、苏家屯区、新民市侨联，成立了沈阳市第一家中直企业沈飞集团公司侨联，成立了苏家屯区侨商会。加强新一届侨联委员会的制度建设，制定了《沈阳市侨联工作细则》、《沈阳市侨联委员守则》，组建了市侨联经济科技、组织建设、文化宣传、联谊维权四个工作委员会。市侨商联合会增补了65名理事和12名常务理事；市侨联青年委员会增补了32名委员、17名常委和3名副秘书长；市华侨文学艺术家协会增补了18名理事，为侨联社团各项工作有效开展提供组织保障。

（傅晨松）

市残疾人联合会

【残疾人就业】 2011年，全市实名制安置残疾人就业2424人，完成省任务指标的121%；实名制培训残疾人5494人，完成省任务指标的178%；落实中残联“长江新里程高科技助残就业培训项目”，完成高科技培训1067人次，取得职业资格证书845人，取得全省执行市第一名的成绩；在全市范围内开展了“五统一”残疾人就业服务机构规范化建设，实现了残疾人就业服务全覆盖；全市287家盲人按摩院所实现统一挂牌，星级盲人按摩评选活动共评出108家星级盲人按摩院所，带动327名盲人实现稳定就业；与有关单位联合举办了39场专场招聘会，组织136家企业提供就业岗位1049个，460名残疾人与企业达成就业意向，帮助182名残疾人实现就业；共组织4916名残疾人参加失业登记；扶持8家残疾人就业基地、28名残疾人创业带头人和166名残疾人个体灵活就业者进行设备扶持，实现新增安置275名残疾人就业；实施残疾人就业三项社保补贴政策，超比例安置残疾人就业单位多安置95名残疾人就业，215名残疾人在福利企业稳定就业，44名在非正规劳动组织就业的残疾人享受“社保补贴”优惠政策；全市共完成对5.1万家单位保障金年审工作任务，入库额为2.08亿元；完成41名应届残疾人大学生就业，实现应届残疾人大学生100%就业，被沈阳市就业（创业）与社会保障工作领导小组办公室授予2011年沈阳市高校毕业生就业创业工作先进单位。残疾人就业服务工作被省残工委授予全省残疾人工作先进单位和2011年辽宁省残疾人就业服务年先进单位。

（王　森）

【残疾人康复】 2011年，全市残疾人康复工作紧紧围绕残疾人“人人享有康复服务”目标，以8个域性残疾人托养康复中心建设为重点，加大对贫困残疾人医疗康复保障和救助力度，全面完成了康复工作的各项任务目标，是近年来残疾人康复救助受益最多的一年。在全省领先完成全市13个区、县（市）的社区康复达标验收检查工作；完成了2010年度国家贫困残疾儿童抢救性康复项目救助工作，救助肢体残疾儿童20名，智力残疾儿童15名，孤独症儿童10名，聋儿24名。同时，沈阳市继续通过“慈爱儿康行动”实施扩大救助，为497名肢体残疾人提供了社区、家庭康复训练，为161名智力残疾人提供了社区、家庭康复训练；7名贫困儿童接受了省贫困残疾儿童肢体矫治手术救助；为贫困聋人配备了80部助听器，为13名贫困聋儿实施了人工耳蜗项目救助；为贫困精神病患者免费投药5700余例，救助贫困重症精神病患者免费住院40余例；完成了《百万贫困白内障患者复明工程》筛查任务，配合卫生系统筛查、救助了1000名贫困白内障患者实施复明手术，通过了国家白内障检查组对辽宁省创建“全国白内障无障碍省”的检查验收，救助贫困白内障患者实施复明手术1803例；完成助视器验配184例；为各类残疾人免费配发辅助器具1285件，为贫困缺肢者免费装配大小腿假肢100例，装配功能补偿性矫形器13件，完成了国家残疾人康复需求调查任务，被省残联确定为残疾人辅助器具适配评估试点市。

（王　森）

【残疾人教育】 2011年，全市共有20名残疾人学生考取普通或者特殊高校，上线录取率100%。对62名残疾人及残疾人子女大学生给予资助，资助金8.78万元。沈阳电大残疾人学院春秋两季共招生78人，在校人数达411人，2011年有47名学生学成毕业。对电大166名学员给予了学费补助，补助金16.77万元。开办6期手语培训班，培训230多人；开办盲文及盲人计算机培训班，培训64人。

（王　森）

【残疾人救助服务】 市区两级残联给予全市68名贫困残疾人及残疾人子女大学生15.85万元的资助；对20名残疾人学生给予了每人500元、总计1万元的就学资助。对残疾人居家托养服务给予补贴。对新民市、辽中县、康平县、法库县共计752人给予了每人600元的居家托养服务补贴，总资金45.12万元。2011年元旦春节期间，全市走访贫困残疾人1.9万户、2.2万人，慰问金和物品折合人民币993.81万元。市残联积极与省残联协调，给康平县争取到残疾人专项扶贫资金10万元，以2000—4000元不等的标准发给残疾户，扶持了39户贫困残疾人发展养殖种植业。

（王　森）

【残疾人文化体育】 参加全国第八届残疾人运动会，沈阳选手取得19.5枚金牌，金牌总数位居全省第一，获得省政府颁发的“残疾人体育工作先进集体”荣誉称号；选送的舞蹈参加第六届全国特教学校学生艺术汇演获得特等奖；成功举办了第三届残疾人文化艺术节、第二届残疾人才艺大赛、第五届残疾人趣味竞技体育比赛进社区活动、第二届特奥运动会、全国特奥足球周，近5万人次参加了各项活动，活跃和丰富了残疾人文化体育生活；残疾人五项文化活动被评为沈阳市第五届“市民最喜爱的百项社会文化活动”；培育了大东区合作社区全国残疾人文化试点社区，中国残联常务副理事长王乃坤视察并给予高度评价和充分肯定；全年残疾人事业媒体宣传报道多达1000余篇条，特别是创建活动宣传形成了强大的舆论环境。

（王　森）

【残疾人信访维权】 坚持发挥残疾人法律救助工作协调小组、市法律援助中心残疾人联络部、残疾人法律救助工作站、11名义务法律顾问和聘请的常年法律顾问、50个法律维权示范岗等法律救助工作组织网络、服务网络的作用，积极维护残疾人合法权益。全年为残疾人提供法律援助135案件。市残联被沈阳市司法局评为“沈阳市法律援助先进集体”。为做好残疾人信访信访工作，建立“一把手”责任制，主管领导具体抓，一岗双责；建立信访具体工作责任制；建立完善信访突发事件预警机制；畅通信访渠道，坚持做好矛盾排查与化解工作；执行《信访条例》有关规定，规范信访秩序。通过了解残疾人关注的热点和诉求，努力提高服务质量，积极有效地为残疾人排忧解难，为政府部门制定政策提供依据。全年共接待个人访1569人次，息访率98%。积极办理省、市人大代表、政协委员有关残疾人工作的建议和提案。被沈阳市政府授予“沈阳市人大政协建议提案办理先进单位”荣誉称号。沈阳市已有264名肢体残疾人顺利通过考试，办理了汽C5驾照。

（王　森）

【无障碍建设】 完成了200个社区和2000户贫困残疾人家庭无障碍改造。成立了沈阳市无障碍促进会，开展无障碍义务监督工作。协调地铁、城建、交通、医院等相关部门完善无障碍设施及改造。沈阳地铁、沈阳市残疾人驾驶技术培训基地（沈阳市交通经济汽校）成为无障碍环境建设的示范点。2011年，国家住房城乡建设部、民政部、中国残联、全国老龄办等四部委联合授予沈阳市“全国无障碍建设先进城市”称号。

（王　森）

【基础建设】 全市各区、县（市）残疾人综合服务设施建筑面积均在800平方米以上，并且配备了能开展康复、培训等基本服务项目的设备，有一定数量的服务管理人员和专业技术人才。定期开展了多种培训、训练活动，提高了服务效能。全市建立了8个区域托养中心，建设总面积近5.9万平方米，为1300名精神、智力、肢体等重度残疾人提供托养服务。

（王　森）

【残疾人福利基金会】 2011年，沈阳市残疾人福利基金会共募集慈善助残捐款277.97万元。继续开展扶残助残项目，2011年，联合美国世界轮椅基金会共同向沈阳市贫困残疾人捐赠了1000辆轮椅车，解决贫困残疾人出行难问题。爱心企业辽宁广发科技服务有限公司向基金会捐赠价值65万元的“365易”mini流动营业厅70套及相关产品30套。辽宁中广移动传播有限公司向残疾人捐赠总价值32万元的移动新产品。举办“2012年爱心助残新年综艺晚会”，邀请中国残疾人艺术团来沈演出。

（王　森）

【残疾人专门协会】 为加强对残疾人机动三轮车管理，市肢协配合政府部门为1000多名肢残人机动车更换新标识，化解矛盾，稳定大局。举办“肢残人驾驶人知识讲座暨沈阳市C5俱乐部车友联谊会”，参加中国肢协“8.11肢残人活动日”网络视频交流活动。市盲协策划了“我的生活我做主”盲人厨艺大赛，中国盲协主席李伟红莅临比赛现场指导并给予高度评价。市聋协举办“国际聋人节知识竞赛”及各种培训，为老年聋人购买《老年人健康手册》等。市智协针对智力残疾人及亲友开展社会调查并提出合理化建议，重点走访慰问智力残疾儿童家庭。市精协针对精神残疾人及亲友开展家庭护理知识讲座，特别是对监护人进行培训；开展“与心灵相约，与健康同行"大型义诊、心理咨询活动,为促进精神健康做贡献。

(王　森)

市黄埔军校同学会

【自身建设】　一是加强学习型机关建设。倡导终身学习的理念,把不断学习作为党员干部提高个人素质、加强干部个人修养的长期任务。学习了胡锦涛总书记纪念中国共产党成立90周年和纪念辛亥革命100周年大会上的讲话精神,深入学习了中国共产党十七届六中全会精神,并联系同学会的工作实际加以运用。在学习中注意引导把思想统一到中央的精神上来,与党的现行方针政策相统一,激发全体黄埔同学老有所为、奋发向上的热情,倡导生命不息、奋斗不止的精神。二是加强队伍建设,保持黄埔同学会整体战斗力。为不断适应统战工作的总体要求,始终把全市黄埔同学的政治理论学习放在重要位置来抓,根据形势发展和上级要求,及时制定学习计划,在不同阶段确定不同的学习内容。在建党90周年、辛亥革命100周年以及国庆节、抗日战争胜利纪念日到来之前,分别准备了党史、辛亥革命史和研究抗战史实的有关资料书籍组织学习活动。

(颜　飞)

【交流交往】　宣传党的方针政策,宣传改革开放和经济建设成就,联系海内外黄埔同学及其亲友,促进两岸沟通交流。2011年共发出信件、电话等联络信息160余件次,接待国内外黄埔同学及亲友30余人次。充分发挥内部刊物《沈阳黄埔》的作用,在联系同学感情、扩大政治影响、推动学习交流等方面取得了一定成效。参加了北方六省市黄埔工作会议,与多个兄弟城市同学会进行了期刊交流。在联系过程中沟通了情况,掌握动了动态,增进了感情,发挥了同学会联系海内外黄埔同学的桥梁纽带作用。

(颜　飞)

【纪念活动】　一是召开黄埔军校建校87周年纪念大会 。市委统战部领导、海内外黄埔同学和黄埔子女、亲友160余人参加了纪念大会。各区黄埔联络组也先后组织黄埔后代开展了弘扬黄埔精神,纪念建校87周年纪念活动,产生了良好的社会效果。二是举办纪念抗日战争胜利66周年系列活动。市同学会组织黄埔同学认真撰写文章,参加全国黄埔同学会举办的征文活动;组织召开报告会、座谈会,听取参加过抗日战争的同学讲述亲身经历及国共两党合作抗日历程;走访慰问抗日黄埔同学等,宣传纪念中华民族这一重大历史事件。三是举办迎国庆度重阳座谈会。中华人民共和国成立62周年前夕,黄埔同学会以迎国庆、话发展、促和谐、讲奉献为主题召开座谈会。四是开展创建同心品牌学习讨论。按照市委统战部关于打造"同心"品牌的意见要求,联系同学会实际,开展了以"同心同行六十年"为主题的学习讨论活动,黄埔同学纷纷以各自的亲身经历,讲述了六十余年来与中国共产党风雨同舟的峥嵘岁月,探讨现阶段在统一战线中开展同心品牌建设的重要意义,坚定与中国共产党同心同向同行的信念。五是举办中秋茶话会。在中华民族传统节日中秋节来临前,组织召开了"话中秋,盼统一"主题茶话会。参加活动的黄埔同学,倾述了切盼台湾早日回归的心愿。市同学会还走访了徐述、成浩、王学桐、黄捷耀等8位90岁以上高龄的同学,为他们送去慰问金和营养品。六是开展纪念辛亥革命100周年纪念活动。先后举办三场研讨会,立足时代发展的新视角,就辛亥革命的历史地位、现实意义、在促进祖国和平统一事业中的作用等广泛的话题进行了深入探讨和热烈讨论。在此期间开展了"继承中山先生遗志、促进祖国早日统一"的主题书画艺术展览,选出优秀作品参加全国黄埔举办的书画艺术作品展,选送的三件参展作品全部获奖并被收入纪念册。

(颜　飞)

【走访慰问】　在重要节日走访慰问困难同学。市同学会认真体察困难同学疾苦,积极争取上级领导和有关部门的支持,发动各区联络组共同努力,以各种办法帮助困难同学解决生活困难。分别于春节、五一、十一等重大节日走访慰问生活困难和高龄黄埔同学。全年共走访慰问生活困难和患病同学76人次,共筹集发放慰问品和慰问金总值5万余元,使部分生活遇到困难的黄埔同学得到一定的补助,一些收入较低的抗日黄埔同学生活条件得到改善,缓解了部分病困同学生活中的燃眉之急,维护了家庭和睦,增进了黄埔同学及家属与党和政府感情。

(颜　飞)

地 方 军 事

沈阳警备区

【部队建设】 2011年,沈阳警备区大力开展"岗位大练兵、行业大比武"活动,参加基础理论、基础知识、基本技能集训,在省军区组织的13次考核比武中,取得前三名34个,其中个人第一名8个,集体第一名5个,被省军区表彰的"习武精兵"数量居全省之首。高标准完成总部赋予的民兵军事训练等级评定试点任务,组织6支民兵分队,共计461人次参加了28个课目的评定考核,总评成绩优秀。制作了《民兵军事训练等级评定组织与实施》教学录像片,形成了3类36项试点成果,试点工作要讯被中央军委办公厅摘报。总部在警备区召开全国民兵军事训练等级评定成果观摩会,警备区成为沈阳军区首个"民兵军事训练优秀单位"。

兵员征集任务圆满完成。不断创新征兵宣传手段,广泛借助报刊、广播、电视、户外LED和地铁广告等媒介加大宣传力度,制作了"四片两册"宣传资料,多次被中央和省市媒体播发,取得良好社会效果。协调地方有关部门大幅提高优待金标准,农村籍士兵每年增加70%。城镇籍和大学生士兵达到沈阳在岗职工平均工资的1.5倍。落实退役士兵报考公务员和事业单位、自主择业创业、职业技能培训等优待政策,调动了适龄青年参军入伍的积极性。圆满完成了男兵和直招士官的征集任务,其中在校大学生入伍首次突破千人,得到上级的充分肯定。

安全稳定形势持续巩固。坚持开展"三法"系列活动,编印学习资料400余册,撰写研讨文章20余篇,在省军区组织的条令知识考核中取得第三名。结合警备区机关搬迁,规范机关正规化秩序,拓展深化人武部正规化建设成果,召开了基层武装部正规化建设现场观摩会,取得较好效果。深入开展"三险"教育实践活动,认真组织安全隐患排查专项整治,集中开展安全风险评估会审,对重点部位和重要岗位加大巡查督导力度,促进了安全管理规章制度的有效落实。

后勤保障改革深入推进。着眼建设现代后勤,抓好军人保障卡的推广应用,成立了专门办公室,统计核对大量数据,顺利实现了保障卡"单轨制"运行和"一站式"转接。加强物资集中采购规范管理,采购范围扩大到105种商品,形成一套行之有效的管理办法,仅采购新营区办公家具一项就节约经费80余万元,警备区后勤部被省政府和省军区评为"十一五"期间军队社会化保障先进单位。

双拥共建工作成果突出。努力完成军区党委提出的为部队办好"十件实事"相关任务,协调出台了《随军家属就业安置意见》,制定了多措并举的安置渠道和相关政策,尽心解决涉军维权问题,协调为部队赠送电脑146台。积极推动建设70余万平方米驻军保障住房,减免配套费1300余万元,帮助120名军官子女解决就学难,处理了16件涉军信访问题。经过上下共同努力,警备区3名病退干部和7名退休干部顺利移交地方。组织驻沈部队和民兵万余人次参与植树造林和"清洁沈阳"活动。沈阳市获得全国双拥模范城"七连冠"的殊荣。

(隋福先)

【开展"岗位大练兵、行业大比武"】 2011年3月1日,警备区与市政府共同组织召开了全市"岗位大练兵、行业大比武"动员部署大会,省军区副司令员张兵、市政府副市长祁鸣、各区、县(市)分管领导以及所属现役、专武干部和民兵代表共计500余人参加了会议。通过会议召开,进一步统一思想、激发练兵比武热情,为练兵比武活动的扎实推进和有序开展打下了坚实基础。二是树立了鲜明导向。警备区注重从打牢基础抓起、从长远建设抓起,按照"现役带头、强化两率、重在三方面下功夫"的思路,将现役军官由以往的组训者变为受训者和参考者,以现役军官训练带动专武干部和民兵训练;在练兵比武中强化现役军官、专武干部、"四会"教练员和重点专业技术分队的参训率、参考率,做到"全员参训、逢训必考";不搞个别磨尖子,重在普遍训练、全面提高方面下功夫,不训花哨科目,重在掌握应知必会内容方面下功夫,不搞训练单打一,重在通过练兵比武,聚集精力、树立导向、牵动部队全面建设方面下功夫。三是加大了经费投入。警备区组织训练和考核比武活动,特别是在保障全省预备役部队和军分区系统现役军官军事基础课目比武活动中,改善教导队住宿和生活条件,受到省军区首长机关的高度评价。各人武部也都安排了专项经费,对于保障大练兵、大比武活动的深入开展发挥了有力的保障作用。

领导率先垂范亲自实践,活动成果显著。在组织集训和迎考过程中,袁昭司令员、徐学东政委都亲自组织、亲自参加、亲自动员,多次深入到训练现场,并以不同的形式进行慰问鼓舞参训人员;王虎强副司令员和初庆华参谋长始终坚持一线组织、跟班作业;组织所属人员参训备考;参训的7名人武部主官,能妥善安排人武部工作,正确对待工学矛盾,扑下身子、放下架子,不搞特殊化,模范表率作用强,给其他同志做出了很好榜样。警备区除正常参加省军区练兵比武活动外,还受领了总部赋予的民兵军事训练等级评定试点任务,两项活动相互交织、任务相互重叠。参加军区试点考核的广大专武干部,克服了年龄较大、地方兼职任务较多,有的还面临子女入学高考等各种实际困难,在军区考核组两次推迟考核时间情况下，始终保持着昂扬的精神状态和严格的自我要求，真正体现了“舍小家、顾大家”“高姿态对待工作，高标准完成任务”的政治觉悟。专武干部考核军事理论平均分达到了99.4分，识图用图平均成绩达到93.75分，手枪射击成绩合格率80%；分队考核均取得全优成绩，受到两级军区考核组的高度评价。

组织计划周密，训练针对性强。一是加强辅导，注重“结合”。警备区在各项集训和考核准备中，充分发挥警备区的地域优势，分别从武警指挥学院、军区速滑队等多家单位邀请专家教授进行辅导教学，经过这些专家的精心辅导和讲授，重点难点课目上有了较大提高和突破，在组织现役军官军事基础课目集训和比武考核中，既注重正规施教，加强授课辅导和自学自训，又注重灵活组织，适当调整训练计划，合理把握考核节奏。有效提高集训辅导质量。把现地示范教学和示教作业相结合，室内理论教学与多媒体辅导相结合，机上练习与手工作业相结合，作业展评与体会交流相结合，方法灵活多样，取得全省现役军官军事基础课目比武第三名。二是抓住短板，固强补弱。在组织专武干部集训考核中，针对专武干部来源成分复杂、素质参差不齐的实际，注重打牢基础，紧贴任务和工作实际，采取了分类指导、分组实施、因人施教等方法进行，取得省军区基层专武干部比武考核第三名。三是突出重点，循序渐进。警备区把现役军官、专武干部训练作为重点，带动民兵分队训练。重点突出了民兵高炮分队训练，在抓现役军官和专武干部的高炮分队组织指挥训练的同时，按照“理论辅导、讲解示范、分组练习、全程跟踪、阶段考核”的方法，组织民兵高炮专业集中授课、体会练习和阶段考核，训练中重点主要放在高炮实际操作上，突出实际操作能力，在省军区组织对全省18支高炮分队基础课目巡考中，沈北新区高炮连获全省第一名，大东区高炮连获第六名，东陵区高炮连获第七名。

机关各部通力合作，保障工作细致到位。警备区专门成立计划协调、集训考核和综合保障三个小组，按照各自职责分工，认真抓好落实。在保障省军区现役军官军事基础课目比武期间，司、政、后各部门专门抽调1名同志到教导队帮助工作；司令部精心筹划，细心准备，加班加点，全力以赴，确保了集训和比武活动的顺利圆满。为改善参考人员住宿条件，警备区投入近40万元对教导队宿舍楼进行了全面翻新改造，更换了房门和床板，购置了物品柜；在饮食保障上，严把食品采购关，科学制定食谱，确保参训参考人员吃得卫生、吃得放心；在保障省军区现役军官军事基础课目比武考核场地设置上，在教导队完全不具备局域网条件、又要满足174名参考人员能够一次性参考的情况下，购置了90张课桌，对射击馆二楼和阶梯教室的电源和网络线路进行重新布设，专门增加2台发电车用作备用电源，严格按照手枪射击规范，设置各种标牌、靶位和考核场地。多次受到省军区首长机关和兄弟单位一致好评。

（隋福先）

【民兵军事训练等级评定试点】　筹划部署。警备区成立了由市政府主要领导和警备区首长挂帅，军地相关部门领导及所属县（市、区）人武部部长参加的试点工作领导小组，全面负责试点工作的指导、方案制定和组织协调与实施等工作。研究攻关。把《民兵军事训练考核大纲》和《民兵军事训练指导法》作为根本依据，围绕《民兵军事训练等级评定规定（稿）》总体框架，进一步完善细化了《民兵军事训练等级评定实施细则》，为做好民兵军事训练等级评定工作提供了基本依据。组织实施。参照《民兵军事训练等级评定实施细则》的评定原则，结合年度训练任务和人武部类型，在全部参加考核的基础上，确定以警备区机关和大东区、于洪区和法库县3个人武部为重点试点单位，先后组织30名现役干部、60名专武干部参加了军区组织的现役和专武干部考核，组织民兵应急值班分队共计461人次参加了28个课目的评定考核。成果梳理。警备区组织机关和所属人武部，集中开展了等级评定工作理论研讨，汇总整理36篇理论文章，并将组织民兵军事训练等级评定试点工作期间的各类工作文书、训练资料、训练教案和理论研讨文章等整理形成一套四册的汇编资料；同时，以规范评定程序方法为重点，制作完成了一部《民兵军事训练等级评定组织与实施》教学录像片，初步探索了一条符合军分区、县（市、区）人武部军事训练等级评定的方法路子。

12月20日，沈阳军区对沈阳警备区担负的总部民兵军事训练等级评定试点任务进行了验收。警备区被沈阳军区评为民兵军事训练优秀单位。

（隋福先）

【开展当代革命军人核心价值观主题教育活动】　抓好教育引导，夯实理论基础。坚持用好警备区主课堂，首长与各区、县（市）人武部主官按照主题教育设置的4个专题和年度教育要点，各有侧重进行备课。司令员袁昭为省军区全体官兵进行了授课，副司令员王虎强、政治部主任周政材、后勤部长周育军和6个人武部主官也走上讲台，为全区官兵进行了授课辅导。结合建设学习型党组织和常委中心组理论学习，深入学习党的三代领导核心关于培育革命军人核心价值观的重要论述，利用“读书学习”活动发动广大官兵搞好个人自学，打牢学习培育的理论基础。

整合教育资源，开展实践活动。贯彻“深入持久”要求，把主题教育融入各项学习教育活动。利用“岗位大练兵、行业大比武”活动，开展创先争优、比武竞赛，培育崇尚荣誉、献身使命的价值观念；结合学习贯彻胡主席“七一”重要讲话，持续抓好理论学习、专题辅导、研讨交流等活动，坚定理想信念、转变思想作风；以建党90周年庆祝活动为契机，开展“学党章、过党日、知党史、上党课、交党费”活动。组织了警备区“红诗红歌咏唱晚会”，参加省军区“红诗红歌唱响军营”汇报演出，不断铸牢军魂意识；组织官兵参与沈阳市“迎全运、爱家乡、建沈阳”主题实践活动，参与市区环境整治。还先后组织参观沈阳市城市建设规划馆、雨润集团、辉山集团，开阔视野，增强建设和保卫强大祖国信心。

（隋福先）

【沈阳警备区机关进驻新营区办公】
经军委总部批复同意，中国人民解放军

辽宁省沈阳警备区机关营区，采取与地方政府整体置换方式，于2008年5月，由原址沈阳市沈河区青年大街113号调整至浑南新区金阳街36号，并于2010年5月26日开工建设新营区。警备区认真贯彻军委总部关于加快推进建设现代营房的指导精神，确立集成建设、集约保障理念，瞄准“全国副省级城市一流军事机关”目标，着力打造功能完备、安全防护、信息智能、生态节约、文化特色鲜明的现代军营。经过一年半的紧张施工，新营区于2011年11月11日正式落成，12月19日入驻启用。通过置换新建，警备区机关基础设施条件得到根本改观，面貌焕然一新，为部队全面建设奠定了坚实基础，赢得了发展机遇。

（隋福先）

【征兵工作】 征兵氛围上取得突破。在宣传模式上，将征兵宣传纳入全民国防基础教育体系，建立政府宣传部门、兵役机关、人防、预备役、教育和民政系统“六位一体”互动宣传模式，形成以国教系统为“轴”，区、县（市）兵役机关为“干”，街道社区和高校为“枝”的征兵宣传联动格局。在宣传内容上，突出《国防法》、《兵役法》和国家、省、市制定出台的征兵优惠政策宣传，重点开展“四片两册一会”活动，策划制作了《征兵宣传公益广告片》、《人民军队钢铁长城》、《沈阳青年在军营》、《沈阳市征兵政策》4部宣传片，在电视台巡回播放；印制《征兵工作手册》、《预征青年读本》手册5000余册，发到预征青年手中；成立“优秀军人先进事迹报告团”深入各区、县（市）和高校作巡回宣传。在宣传手段上，挖掘新闻媒介潜力，借助报刊、广播、电视、LED和户外广告等平台进行征兵宣传滚动播报；广泛开展致信活动，印制适龄青年、大学毕业生和在校大学生公开信共计30万份；制作2000个征兵宣传条幅，悬挂在各高校和社会人员比较集中的广场、过街天桥等场所；组织征兵宣传车、大篷车百余台，走街串巷，宣传征兵，营造氛围；利用各高校组织新生军训时机，对全市30万在校大学生进行国防教育，实现征兵宣传网络化、信息化、全民化、形成立体覆盖氛围舆论强势，让广大适龄青年和家长时时被感染，处处受教育。全市知晓征兵信息人数为历史最高。国防部转发了沈阳警备区征兵宣传做法，中央电视台军事频道播发了沈阳市征兵宣传录像片。

优待标准上取得突破。一是农村义务兵优待金由最低每人每年10000元提高到最低每人每年17000元。二是市安置办每年拿出1400个经济效益较好的企事业单位安置指标安排退役士兵就业。对自谋职业的城镇退役士兵，给予一次性经济补助金6.3万元，对在校大学生服义务兵期满退出现役后选择复学的，给予一次性经济补助金6.3万元，分别比去年增加了2.3万元。全市新增优待安置金约8000万元，为历史最高。三是全日制高等院校毕业生退役后，参加面向社会报考沈阳市事业单位的，笔试总成绩加5分（单科加2.5分）；报考沈阳市公安、监狱劳教系统基层一线岗位公务员（人民警察）的，按照招收员额30%的比例安排专招；全市各级机关考试录用公务员，拿出一定比例的县（市、区）、乡（镇）机关公务员考录计划，面向退役大学生士兵定向考录；中小学在招聘教师时，优先录用师范类、具备教师资格的退役大学生士兵；各地每年公开招聘事业单位岗位时，安排一定数量定向招聘退役大学生士兵。四是加强退役士兵职业教育和技能培训。由市、区（县、市）统一组织退役士兵参加免费职业教育和技能培训，并增加技工培训种类，使其取得相应学历证书和职业资格证书；建立就业培训档案，依托各类就业服务机关，加强就业对接，通过定向培养、举办专场招聘会等形式，帮助退役士兵实现就业。

改变兵员素质结构上取得突破。一是制定量化指标。规定大学生报名上站数量不低于各院校毕业生和在校大学生数量的2%，同时，根据各院校男生数量比例，确定征集任务为1600人，其中毕业生600人、在校大学生1000人，将任务层层分解到各院校，做到目标明确，责任明确。二是实行“五个优先”征集。通过优先预征对象、优先报名、优先政审体验、优先审批定兵、优先办理入伍手续等方式，为大学生入伍开辟了“绿色通道”。三是建立协调机制。对在校大学生征集，市、区两级征兵办与市委教科工委、各院校保持密切联系，在政策、业务和方法上给予指导，帮助排忧解难；各院校武、保、学生、宣传、教务、财务等部门发挥职能作用，相互配合，保证各个环节顺利进行。对应届毕业生征集，兵役机关与高校及教育部门通过合作，共同做好预征对象后续报名、体检、政审和学费补偿手续工作，准确掌握每名大学生预征对象的基本信息和联系方式，主动开展沟通联系，确保不落一人，各高校负责提醒预征对象将户口迁回入学前户籍所在地，按时参加应征，形成了抓征兵工作的整体合力。四是为鼓励高校多送兵、选好兵，确定每送一名大学生奖励所在学校300元，为促进大学生征集工作落实奠定了坚实的基础。

（隋福先）

【民兵整组】 警备区注重与预备役部队、市人防办联手合作，树立“一盘棋”思想，把整组工作作为一、二季度的中心工作，列入议事日程，加强组织领导，形成军地合力，保证了整组工作的顺利进行。“三方”在工作程序上做到思想合拍、机构合建、行动合力，创建了“五联”三步走工作机制即：联合制定方案、联合召开会议、联合下发指示、联合组织实施、联合组织点验。整组中，自上而下建立了党委统揽、主官主抓、常委分片包干的整组领导责任制。按照工作节点全程跟踪问效，全面检查验收，有力地推动了整组工作落实。各人武部、预备役团和人防办及企事业、街道乡镇都在“联”字上下功夫，认真研究解决问题，促进了整组质量不断提高。

在整组检查验收这个环节上，建立检查验收“三结合”的模式，采取“三步走”的方法，加大检查督导力度。第一步是普遍点。各人武部协调地方政府、主管领导及有关部门于4月底前，完成了对所有民兵部（分）队逐个点验，做到心中有数。第二步是重点查。紧紧抓住重点分队建设，由警备区常委带队分片包干，深入各区、县（市）有针对性地搞好抽查，确保作战、应急分队人员编实精干，素质较高。三是联合验。由警备区和预备役部队及市人防办三方按照就近就便的原则，组成联合检查组，分区域同时对基干民兵、预备役部队及人防专业队整组情况进行集中点验。点验结束后，三方共同签定《整组点验确认书》，解决了交叉编组、一兵多职问题。警备区在整组检查验收前，还专门制定下发了点验具体量化标准，把7条验收标准具体划分为10项，做到有据可循，对个别没有达到标准的做了“回炉”处理，确保了整组质量。

（隋福先）

【警备区司令部被军区评为国防动员先进单位】 警备区司令部始终把军事斗争准备摆在突出位置，将提高应对多种安全威胁、完成多样化任务能力作为中心任务。坚持按纲施训，采取警备区“大集中”训练为主、人武部自训为辅的模式分类指导、分层训练，利用多媒体、网络和实物展台实施模拟化训练演练，提高民兵训练层次水平。按照“现役带头、全员参训、逢训必考、全员提高”的目标要求，扎扎实实地组织开展了“岗位大练兵、行业大比武”活动，形成了强力大抓的态势。在省军区组织的13次考核比武中，共取得11个第一名，25个前三名的好成绩。警备区获省军区军事训练先进单位。加强基层武装机构建设，出台《沈阳市关于进一步加强基层武装工作的意见》，对队伍建设、基本职责、基本制度、基本设施、基本装备进行严格规范；组织专武干部素质考核认证，锻炼提高专武干部能力素质；加强战备管理建设，统一“三室两库”建设标准，规范战备、训练、工作、生活秩序；大胆探索向非公有制企业拓展编兵，在非公有制企业组建各应急勤务分队，兵员素质得到较大提高。

抓民兵训练基地建设，按照“合力建设、资源共享、长期规划、长效收益”的军地合建原则，协调军地同投资，依托警备区教导队，建成了集民兵军事训练、学生军训和党委政府一日兵活动保障功能为一体的民兵训练基地既国防教育基地。抓民兵装备仓库建设，配强了素质过硬的警保队伍，完成警勤楼建设、库内环境整治、装备保管库房迷彩伪装，配套了组织指挥自动化、安防监控可视化、仓库管理智能化系统，实现由人力警卫向信息化管控的转变，经验做法被全省推广。

积极适应军队信息化建设新要求、征兵主体调整新形势、征集办法改革新特点，发挥政府主导作用，坚持政策拉动吸引，圆满完成征兵任务的同时，征集的各级各类院校毕业生占85%，较好实现征兵主体转移的目标要求。认真组织从非军事部门征集士官活动，征集数质量均在全省及至东北地区之首。积极进行女兵征集改革，首创面向社会公开征集女兵新模式，通过系统身份识别、仪器测试体检、临时评委面试、“双网”政审核查、网上公开录取、“电脑派位”分配等措施，面向社会公开征集女兵并取得显著成效，经验做法被军报内参刊发，“沈阳模式”被总部推广到全国。2009年，沈阳市被国防部评为“全国征兵工作先进单位”。

（隋福先）

【民兵武器装备仓库管理】 2011年5月，沈阳军区下发通知决定在全区开展“民兵武器装备仓库规范化达标创先”活动，为确保在此项活动中取得优异成绩，警备区司令部专门制定了评先活动实施方案，并成立达标创先活动领导小组，从基础设施建设、人员管理、制度落实、物资安全管理、安防设施建设等方面入手，依据军区评比细则，逐项逐条进行落实和整改。首先是继续对武器库的基础设施进行改造。在上年对基础设施改造的基础上，警备区党委研究决定，又投资金用于仓库的基础设施建设。对技术区内站台、消防水池进行了维修，修缮了两条紧急通道，同时在原有信息化监控设施的基础上对8个库房新安装了探测装置，进一步提高了技防能力；购置了篮球架、羽毛球架以及部分健身器材，丰富了官兵业余文化生活，进一步创造了栓心留人的环境。二是狠抓人员管理，不断提高综合素质。借开展“岗位大练兵、行业大比武”时机，着重对仓库干部、保管员和警卫骨干进行岗位大练兵，以考促训，不断提高全体人员的综合素质，进而为仓库的安全管理和规范化管理奠定了基础。三是狠抓库存物资管理，不断提高科学化管理水平。借倒库翻垛等时机，不断优化组合，分类分库存放保管，定期进行擦拭维护保养，确保武器装备处于良好的技术状态。为警备区圆满完成训练任务和处置突发事件提供强有力的保障。2011年12月30日，被沈阳军区评为“先进武器库达标单位”。

（隋福先）

【拓展非公有制企业编兵新渠道】 面对当前困扰民兵组织建设阵地少、模式单、资源乏、结构杂等难题和矛盾，警备区各级以问题为牵引，认真研究、探索和创新工作方法，在巩固国有企业编兵主体地位的同时，积极将编兵视角投入非公有制企业这个“空白点”，进一步拓展编兵范围，搞活整组这盘棋，从根本上走出沈阳特色组织建设路子。2011年整组中，警备区规定在非公有制企业编兵数量。在普遍抓好在非公有制企业拓展编兵渠道的同时，警备区注重运用树立典型引领，以点带面，推进全市整体拓展编兵的发展，取得明显效果。警备区在沈北新区组织召开了沈阳市非公有制企业民兵组织建设现场观摩活动，通过参观雨润集团、中纺集团、中捷集团等非公有制企业生产和编兵情况，回答和证明了非公有制企业中加强民兵组织建设，拓展编兵渠道，既是必要的，也是可行的，不仅能建起来，而且也能建得很好的问题，树立起非公有制企业编兵的信心，促进了这项工作的落实。

（隋福先）

【基层武装部基础设施建设规范化】 针对沈阳市部分基层武装部硬件设施陈旧不配套，软件资料内容不齐全，登记统计不规范，影响了武装工作质量的实际。警备区要求各人武部在狠抓专武干部素质训练及考核比武的同时，把抓好基层武装部基础设施规范化建设作为基层工作的重点，军政一把手亲自抓好，把规范化建设挂在“心”上、抓在“手”上、落在“实”上。首先，将规范化建设与新农村建设紧密结合起来，纳入总体规划、统一部署、统筹安排、同步实施。在建设过程中，制定下发了《全市基层武装部基础设施规范化建设标准》，通过市抓区县，区县抓街道乡镇，逐级抓好落实；其次，以试点经验促基层武装部基础设施规范化建设落到实处。2011年4月，警备区指导沈北新区进行了基层武装部基础设施规范化建设试点，并组织“沈阳市基层武装部规范化建设观摩活动”，规范了基层武装部办公室、登记统计、请示汇报、清销假、物资管理、检查评比、战备等制度，做到资料完整、要素齐全、数据准确、分类存放、保管有序、安全保密。解决了基层武装部建设低标准表面化、重硬件轻软件的问题，促进了基层武装部基础设施规范化建设的落实；第三，制定措施落实经费，保障基层武装部规范化建设落到实处。沈阳市规定：由各人武部统一为每个基层单位投入5000元，不足部分由各乡镇（街道）自筹弥补。各人武部将建设经费列入2012年度预算，经费由各乡镇（街道）先行垫支，经各人武部检查验收合格后，将经费拨付给达标单位。全市有80%的基层武装部达到了规范化建设标准，整体水平提高到了一个新的高度。

（隋福先）

陆军预备役部队

【冬季适应性训练】 2011年1月5日至20日，按年度工作计划，辽宁陆军预备役高射炮兵第一师在沈阳地区组织完成了师、团两级现役和部分预任官兵参加的冬季适应性训练任务。先后进行了理论授课、徒步行军、摩托化行军、基础战术、新装备检验、轻武器射击及非战争军事行动演练等科目的训练。通过训练，全面锻炼提高了部队在严寒条件下走、打、吃、住、藏、通、管、保的能力。沈阳军区司令部动员部、辽宁省军区司令部动员处等领导和机关先后对冬季适应性训练情况进行了检查和指导，并给予了充分肯定。

（丁立平　王晗赛男）

【召开一届十五次全委扩大会议】 2011年2月15日，辽宁陆军预备役高射炮兵第一师师党委召开一届十五次全委扩大会议，传达学习省军区十二届三次全委扩大会议精神，总结2010年度工作，部署2011年度任务。党委书记孙汉友同志代表师党委常委作了题为《适应形势任务把握特点规律在新的起点上推进部队建设科学发展》的工作报告。师纪委书记于秋阳同志代表师纪委作了纪委工作报告。副政委、沈阳市委常委、组织部长姜宏同志宣读了2010年度表彰通令。各团第一政委进行述职。省委常委、沈阳市委书记、师第一政委曾维同志到会并作重要讲话。预任党委委员窦明洋、徐铁南、李继安、祁鸣、杨亚洲、张景辉、喻国伟、于大力，现役党委委员胡德山、艾民、陈勇、李忠山、邵恩祥等32名同志出席了会议。各编兵区的主要领导、后勤部和装备部预任副部长、师机关科长、各团部门领导列席了会议。

（丁立平　王晗赛男）

【开展“岗位大练兵，行业大比武”活动】 为贯彻落实胡主席关于“大抓军事训练”的重要指示精神和沈阳军区关于重视基础训练的要求，按照省军区统一部署，2011年师广泛开展了“岗位大练兵、行业大比武”活动。此次比武活动，主要以《军事训练与考核大纲》为依据，以最基本、最基础、最常用、最实用的内容为重点，以首长机关和现役军官为主要对象，按照“全员练兵、融入工作、层级组织、贯穿全年”的原则组织实施。为切实把开展“岗位大练兵、行业大比武”活动落到实处，师成立了以胡德山师长、孙汉友政委负总责，以艾民参谋长为组长、以机关有关人员为组员的练兵比武指导组，具体负责练兵比武的组织指导和检查工作。通过比武，先后有3个单位、14名个人被省军区评为“优胜集体和优胜个人”。

（丁立平　王晗赛男）

【开展“端正思想作风、有效履行使命”思想作风集中教育整顿活动】 2011年3月28日至4月6日，辽宁陆军预备役高射炮兵第一师师团党委机关同步开展了“端正思想作风、有效履行使命”集中教育整顿活动。这次教育整顿，紧紧围绕推动部队建设科学发展主题和加快转变战斗力生成模式主线，按照“深入调研、找准问题”，“动员辅导、典型引路”，“学习理论、专题辅导”，“党性分析、搞好三评”和“体会交流、总结提高”五个阶段实施，突出抓了选人用人、财权物权、训练作风、艰苦奋斗、服务基层、交往情趣6个方面的专项整治，重点解决了“理想信念坚定、树立正确政绩观、精神状态振奋、自觉服务指导基层、严于律己、严格遵规守矩”六个方面的问题。沈阳军区、省军区政治部首长机关到高炮一师检查了思想作风教育活动展开情况，并给予较高评价。

（丁立平　王晗赛男）

【完成年度整组工作点验】 2011年5月4日至5日，辽宁陆军预备役高射炮兵第一师与沈阳警备区、市人防办联合组织，采取“联合点、普遍点、重点点”相结合的办法，对沈阳市内9个区的后备力量建设情况进行了统一点验。5月中旬，自行组织对辽中县、新民市、法库县、康平县、抚顺市和师应急分队进行了点验。高炮一师复转率、专业对口率、党团员和预任军官具有大专以上学历比例均达到上级要求。

（丁立平　王晗赛男）

【选举产生出席中共沈阳市第十二次代表大会代表】 根据沈阳市委通知精神，2011年5月13日，辽宁陆军预备役高射炮兵第一师召开了党员代表会议，选举出席中共沈阳市第十二次代表大会代表。经过选举，师政委孙汉友、三团政委鲁世联同志当选中共沈阳市第十二次代表大会代表。

（丁立平　王晗赛男）

【开展后勤专业比武活动】 为进一步落实按纲施训，根据省军区开展“岗位大练兵、行业大比武”的指示要求和师年度训练工作安排，2011年5月16日至18日，辽宁陆军预备役高射炮兵第一师在四团组织了后勤专业比武竞赛活动。先后对战勤、财务、军需、卫生、运输、营房六个理论专业及后勤“四会”教练员进行了考核。5月18日，组织了专业比武现场观摩会，观摩了野战财务作业箱展开与撤收、野战炊事车使用、战地卫勤救护、汽车驾驶与野战抢修等四项技能展示。邀请沈阳市急救中心医护人员进行了战地救治科目演示。省军区后勤部姜克军副部长，抚顺市赵乐韬副市长等军地领导和机关莅临现场指导。通过活动，提高了后勤官兵的业务技能，促进了军事斗争后勤准备工作落实，达到了较好的训练效果。省军区转发了高炮一师经验做法。

（丁立平　王晗赛男）

【组织沈阳要地防空联训区高炮(防空)团首长机关训练】 2011年6月18日至23日,辽宁陆军预备役高射炮兵第一师在训练基地牵头组织沈阳要地防空联训区各高炮(防空)团首长机关训练。此次集训,以《辽宁省预备役部队、民兵防空力量联合训练规定》为依据,以提升高炮、防空团首长机关的指挥技能水平和组织指挥能力为中心,按照理论研究、作战地域勘察、集中培训三个阶段进行,采取理论学习、学练结合、示范教学和研讨交流等方法,重点完成了作战文书拟制、战术标图、指挥所侦察勤务、防空兵通信联络组织、现地勘察组织与实施等课目。沈阳要地所属各预备役高炮、民兵防空团首长机关100余人参加了训练。

(丁立平　王晗赛男)

【组织参加"省军区装备系统集中比武竞赛活动"】 2011年8月23日至26日,省军区装备部在辽宁陆军预备役高射炮兵第一师四团举办了"2011年省军区装备系统集中比武竞赛活动"。高炮一师代表队取得了集体科目火炮班组第一名成绩。省军区李广平副司令员,装备部徐辉部长、柴洪恩副部长及师孙汉友政委等领导观摩了比武竞赛活动。

(丁立平　王晗赛男)

【沈阳军区侯贺华副政委来师检查工作】 2011年9月19日,沈阳军区侯贺华副政委在政治部干部部曹建国部长、保卫部李向明部长等陪同下,到辽宁陆军预备役高射炮兵第一师就部队全面建设情况进行调研,并重点了解了部队风气建设和部队安全稳定情况。工作组观看了反映高炮一师全面建设情况录像片,听取了师孙汉友政委工作汇报,参观了师史馆。侯副政委认为,高炮一师工作很实在,能够运用辩证思维抓部队建设,抓末端落实的信号非常强,特别是师的建设目标定位比较高,反映了师党委班子抓部队建设的标准。辽宁省委常委、省军区张林政委,政治部丁春副主任陪同检查调研。

(丁立平　王晗赛男)

【认真抓好强化干部队伍教育管理试点任务】 2011年9月,省军区确定高炮一师为强化干部教育管理试点单位。受领任务后,师党委高度重视,积极创新措施办法、破解矛盾问题、探索特点规律,取得了理论成果、工作成果和实践效果。一是认真抓好筹划部署。师两次召开常委会,深入学习军区和省军区首长讲话精神。3次召开座谈会,分析形势,拟制了师强化干部队伍教育管理实施方案。成立了干部教育管理领导小组,制定了定期汇报、定期检查和坚持问责"三项制度"。二是组织开展系列教育。师领导分别围绕依法用权、遵规守纪、人品官德、敬业精业四个专题进行辅导授课;组织全师现役干部先后到辽宁省博物馆、辽宁省反腐倡廉警示教育基地进行窃密泄密案例和警示教育;邀请沈阳市精神卫生中心医院专家进行心理辅导授课;组织全师现役干部参观了军区后勤史馆进行党史军史教育;召开了先进典型事迹报告会进行典型示范教育。三是加强政策法规学习。组织全师干部开展了"法规学习周"活动,认真学习了省军区《干部教育管理政策法规文件汇编》,组织进行政策法规知识考试。四是纯洁净化"三圈"活动。在全师干部中深入开展了干部述"三圈"、官兵评"三圈、组织查"三圈"活动。五是落实组织生活制度。分别召开了党小组会、支部会,每名党员干部主动向组织汇报了精神状态、履职尽责、遵规守纪、家庭状况等方面的真实情况。围绕师党委提出的"五查五看"人人写出了自查报告,开展了"晒短板、触痛处、拉袖子"谈心交心活动。试点期间,先后有4篇经验做法被军区《要讯》、《通讯》转发,5篇报道被《前进报》刊发,9篇典型材料在省军区活动《简报》刊载。《注重发挥组织功能努力提高党管干部成效》还在省军区介绍了经验。

(丁立平　王晗赛男)

【沈阳市慰问团慰问官兵】 2011年10月14日,沈阳市政府祁鸣副市长率慰问团代表市委、市政府到辽宁陆军预备役高射炮兵第一师训练基地看望了赴大连参加全省民兵预备役高炮分队实弹射击暨基础训练考核官兵,并赠送了10万元慰问金。胡德山师长代表全师官兵做了表态发言,慰问仪式由孙汉友政委主持。

(丁立平　王晗赛男)

【参加全省预备役高炮分队实弹射击暨基础训练考核】 2011年10月17日至19日,辽宁陆军预备役高射炮兵第一师参加了全省预备役高炮分队实弹射击暨基础训练考核,安全、顺利地完成了任务。此次演练,全面检验了首长机关和参演分队的综合素质,锻炼提高了高炮分队基础训练水平,较好地实现了师提出的"打得好、考得好、安全好"的目标。

(丁立平　王晗赛男)

【组织07式预备役军服换装仪式】 2011年10月28日,辽宁陆军预备役高射炮兵第一师组织了07式预备役军服换装仪式。省委常委、沈阳市委书记、师第一政委曾维,师长胡德山、政委孙汉友,副师长窦明洋、徐铁南、顾春明为预备役军官代表授发服装。曾维在仪式上作了重要讲话。一团副政委、铁西区区委常委、政法委书记侯绍立代表800余名预备役军官发言。师副政委姜宏、李继安、喻国伟,师副参谋长王德佳、汪涛、陈弘,政治部副主任马涛、张东阳、张晨、庞洪波、陈勇、薛赤兵、韩俨、廉辉及二团第一政委刘慧鸣、三团第一政委王开军参加仪式。

(丁立平　王晗赛男)

【沈阳军区王晓军副司令员来师检查指导工作】 2011年11月1日,军区王晓军副司令员、周汉江副参谋长带军区机关工作组来辽宁陆军预备役高射炮兵第一师检查指导工作。在听取胡德山师长关于高炮一师部队全面建设情况汇报基础上,观看了高炮一师近年来部队建设情况录像片,与师常委进行了集体谈话。王副司令员对高炮一师全面建设给予充分肯定:一是积极主动求作为,建设部队想了很多办法;二是部队全面建设很规范,不亚于现役作战部队;三是各项工作有创新有新意,国务委员、国防部长梁光烈的评价名副其实。省军区鲍铁印司令员陪同。

(丁立平　王晗赛男)

【沈阳军区政治部高建国主任来师调研】 2011年11月12日,沈阳军区政治部高建国主任带机关工作组来辽宁陆军预备役高射炮兵第一师就思想作风教育整顿完成情况、干部教育管理试点情况、年度工作任务完成情况进行了检查指导，并就当前影响和制约部队建设发展的矛盾问题征求了意见、建议。辽宁省委常委、省军区张林政委陪同检查。

（丁立平　王晗赛男）

武警支队

【思想政治建设】 2011 年，武警沈阳支队坚持向创新要效益，出台《加强和改进思想政治教育的意见》，分解任务、整合资源，减负增效成效明显。突出法纪教育，开展“送法到基层”活动，与市中法结成共建对子。重视心理服务，经验做法被总部推广。精心开展经常性思想工作和深知兵真爱兵活动，倡导“取消干部餐桌、替战士上哨、干部包班”三项活动，密切了内部关系。苏家屯区中队指导员刘明超被总队表彰为第二届“十大深知兵真爱兵”模范。深入开展“五红”活动，举办歌咏大会，组建威风锣鼓队，在总队歌咏比赛中获得三等奖。重视新闻宣传，在省级以上媒体刊稿 30 余篇，总队局域网转载支队工作信息 940 篇，支队被总队评为网络信息“优胜单位”。

（高继阳）

【遂行任务能力】 严格勤务管控，保证了执勤制度落实。加强执勤研究，出台了《押解押运勤务组织与实施细则》等文件，有效解决组勤难点问题，提高了执勤质量。推进“四防一体化”建设，12 个“两看”目标建成 AB 门，43 处执勤隐患得到治理，提高了目标安全系数。着眼形势任务变化，修订各类预案，充实战备物资，扎实做好敏感期战备，积极参加“卫士－11”演习，部队战备水平和机动能力得到综合检验。坚持贴近任务抓训练，圆满完成新兵拉练和总部、总队两项演示任务，参加总队千人大考，取得第三名。年初以来，成功处置危及目标安全险情 9 起，圆满完成以省市“两会”、党代会安保、处置大连 8.14 事件跨区增援、达沃斯年会安保为代表的临时任务 731 次，执勤连续 7 年安全无事故。

（高继阳）

【基层建设】 集中出台“六个规范性文件”，健全了依法按纲抓建的制度机制。推行“四优先一下放”政策，完善基层干部串休规定，用好“双争”载体，坚持季度考评，调动了基层自主抓建的积极性。扎实搞好挂钩帮建，认真开展月课教育，推行函授作业等四项措施，提高了按纲抓建的能力。狠抓风气建设，公平公正处理敏感问题，大力宣扬先进典型，强力纠治倾向性问题，弘扬了新风正气。十八中队指导员郭太涛当选总部党代会代表，被总部表彰为优秀党员；一大队大队长郭春杰被总部表彰为“学习成才标兵”。二、五大队和十九中队分别被总队表彰为先进大队、标兵中队，13 个中队被表彰为先进中队；31 个单位、108 名个人受到总部总队通报表彰。

（高继阳）

【综合保障能力】 完成新立堡干部住房建设和 15 个中队营房扩建装修工程，训练馆主体建设完工，指挥中心扩建已启动。坚持党委集体理财，严管“四类经费”，率先实现“零现金”支付，经费保障能力显著提高。严格落实审计制度，全年完成离任审计 24 人次，审计率达到 100%。出台《配菜公司管理细则》，坚持定期讲评伙食管理情况，官兵伙食满意率超过 90%。注重加强队伍建设，制定了《士官司务长管理细则》，落实集体办公制度，开展岗位练兵，建立“专业兵人才库”，组织集训和比武竞赛，提高了专业水平。支队军需仓库被总部后勤部表彰为“先进队属仓库”。

（高继阳）

【核心领导作用】 科学确定“六抓”思路，为部队建设提供了基本遵循。集中开展“加强党性修养，锤炼思想作风”教育整顿，有效纠治了六种不良风气；狠抓七个方面突出问题治理，收回外借车牌，为新民、杨士两块土地办理了产权证。狠抓民主集中制学习，贯彻总队“三个规范性文件”，提高了党委决策水平。加大对干部选拔任用、物资采购、重大工程建设、大项经费开支的监督力度，严肃查处违纪问题，提高了党委威信。全年共有 19 份经验做法被上级转发，4 次作会议经验交流。

（高继阳）

人民防空

【人防工程建设与维护】 2011 年，沈阳市人防工程建设坚持“以建为主，应建必建，应收尽收”政策的落实。办理人防建设面积复核和集中建设意见 126 件。各独立审批区、县（市）创新审批服务方式，建立并联审批、网上预审方案图、短信即时告知等制度，提高了工作效率和服务质量。把人防建设项目审批与施工许可审批、住宅小区竣工验收、土地规划审批相结合，确保人防权益的全面实现。太原街、中街、民主路等 11 条街路地下人防工程及兼顾人防要求的辽宁展览馆地下空间项目相继开工，兼顾人防要求的中华路地下空间项目已列入城建计划。北站人防工程改扩建项目、沈河区和新民市基本指挥所、和平区预备指挥所、法库县望宝山洞库改造项目全面铺开；新民市中街地下商城、乾坤中央财富公馆等项目均开工建设；铁西广场人防停车场项目竣工验收，市领导多次视察，充分肯定，经验在市人防系统转发。在服务社会民生方面，青年大街和医大过街道项目开工建设。在专项治理工作方面，基本完成了沈河区 90 中学、和平区 101 中学、皇姑区 12 中学、于洪区钢材市场和滂江街 35 号等险危人防工程的专项治理。同时，加大了对太原街、中街、辽宁展览馆项目和各指挥所等单建工程共计 20 余万平方米的质量监督力度，确保了工程建设质量。在行业管理方面，统一全市易地建设费收缴标准，召开全系统结建审批工作现场会，深入研究解决区、县（市）结建工作面临的难题与矛盾，指导具有审批业务的区、县（市）开展结建审批工作，规范工程建设管理程序。会上，浑南新区和沈北新区结合工作实际，介绍了情况，为全市结建审批工作的效能提高和服务规范探索了路子，提供了经验。

（许建磊）

【人防准军事化机关建设】 2011 年，沈阳市人防系统狠抓“准军事化”建设，机关建设取得了突出成绩，涌现出一大批先进单位和个人。市人防办被评为“全国人民防空综合防护体系建设和管理先进单位”、“东北地区人民防空先进单位”、“《中国人民防空》杂志通讯报道先进单位”、“辽宁省全民国防教育先进单位”、“沈阳市安全生产先进单位”；和平区、沈北新区被评为“省人防工作先进单位”；薄跃奎、董继英同志被评为“东北人民防空工作先进个人”。为紧紧围绕“一学三提”、“创先争优”、“四个一”活动，开展比学习、比贡献、比服务、比修养，不断提高干部队伍的素质能力。制定了学习日、周例会、现场办公、岗位锻炼等制度，认真开展业务知识学习，集体讨论解决疑难问题，有力地促进了工作开展。积极参加省、市的各种培训，鼓励干部职工参加各类函授学习和学历教育，培养了一批专业型人才、复合型通才。机关活力持续增强。为纪念建党90周年，开展了丰富多彩的革命传统教育和纪念活动，如重温入党誓词、“红歌赛”、文艺汇演、摄影展等活动，党员理想信念进一步增强。结合全运会和全民健身活动，举行了运动会、学做广播体操、乒乓球比赛、羽毛球比赛等体育活动，增强了机关的凝聚力和战斗力。积极开展扶贫捐款、送温暖和“党员奉献日”活动，树立了良好的人防形象。通过开展上述活动，极大地丰富了干部职工业余文化生活，增加了人防文化的内涵。党风廉政建设不断加强。市区两级人防部门落实了党风廉政建设“一岗双责”，党组反腐倡廉工作分工明确。通过组织党员干部观看廉政教育录像片、参观预防犯罪巡回展和开展廉政征文等活动，使党员干部进一步增强了廉政观念。落实日常廉政谈话、民主生活会述廉、领导干部廉政授课等制度，党员干部自我约束意识明显增强。还重点查找了在项目建设、工程招投标、人事任免、大额资金使用上的廉政风险点，建立了相应的配套制度，从源头上遏制了腐败现象的发生。

(许建磊)

【人防指挥通信】 在指挥平台信息化建设方面，沈阳市人防办完成了视频会议系统、保密网络系统和全市模拟及数字集群网建设，各要素互联互通，互为备份。制定了区、县(市)人防指挥所信息化建设标准和实施细则，并结合指挥所建设付诸实践，前瞻性强。加速推进固定和机动指挥平台的信息化建设，应急指挥保障能力明显提升。在通信警报建设方面，按照布局合理、持续鸣放、全面覆盖的思路加强建设，全面完成了上级赋予的各项任务。加强了警报器的日常管理和机动警报车的维护保养，并做到试鸣前彻底检查，消除隐患。在“4.27”、“9.18”警报试鸣中，鸣响率均达到100%，尤其是“9.18”试鸣中，首次参与东北三省联合鸣放、首次与中央电视台合作直播、首次昼间鸣放，取得了良好的效果。在防空预案修订和人口疏散体系建设方面，按照要求，有针对性地推进了防空预案修订，操作性和实用性有较大增强。在统一筹划和合理部署下，人口疏散体系建设进展较快，成绩明显。沈阳市各区、县(市)人口疏散对接方案有表格、有地图，条理清晰；防空袭人口应急疏散预案模板，只要将相关要素输入，就能生成本社区的人口疏散预案，方便快捷实用。在专业队伍建设方面，2011年市人防办组织各区和有关部门，完成了9类人防专业队伍的整组工作，会同沈阳警备区、预备役高炮一师对预备役、民兵及人防专业队伍进行联合点验，编制体制健全，专业年龄合理，复转军人率达到相关要求。

(许建磊)

政　法

政府法制

【推进依法行政】 为贯彻落实国务院《全面推进依法行政实施纲要》(以下简称《纲要》)、《关于加强市县政府依法行政的决定》、《关于加强法治政府建设的意见》和《辽宁省人民政府关于加强法治政府建设的实施意见》,推进全市法治政府建设,市政府法制办代市政府起草并以市政府文件形式下发了《沈阳市全面推进依法行政五年规划(2011－2015年)》和《沈阳市人民政府关于印发加强法治政府建设任务分解表的通知》,对未来五年全市依法行政工作进行了整体规划。2011年,市政府法制办结合全市法治政府建设的实际,组织东北大学、辽宁大学等高校的专家学者就"沈阳市法治政府建设指标体系"课题进行了深入研究和解题,为沈阳市依法行政和法治政府建设提供了理论支撑。

贯彻行政强制法,进一步增强各级依法行政意识。《中华人民共和国行政强制法》于2012年1月1日起正式施行。这是继行政处罚法、行政复议法、行政许可法之后又一部规范政府共同行为的重要行政法律。按照《国务院关于贯彻实施〈中华人民共和国行政强制法〉的通知》精神,市政府法制办代市政府起草并以市政府文件形式下发了《沈阳市人民政府关于贯彻实施〈中华人民共和国行政强制法〉的通知》,组织了全市贯彻实施《行政强制法》专题辅导讲座,邀请国内法学专家主讲,各区、县(市)政府和市政府部门、执法单位分管领导、法制机构负责人600余人参加了讲座。通过学习,进一步增强了各级依法行政的意识。

纳入绩效考评,有效推进全市依法行政进程。为明确全市各级行政机关特别是主要领导的依法行政责任,市政府将依法行政工作纳入全市绩效考评,科学设定考评指标,严格组织实施。2011年12月,市全面推进依法行政工作领导小组成员单位人员组成4个考评组,采取集中时间、集中地点、集中人员、集中审查、集中评分的"五集中"方式对各区、县(市)及开发区和68个市直部门进行了考评,有效推进了全市依法行政的进程。

(*张春权*)

【政府立法】 2011年,市政府法制办共向市人大提报了《沈阳市再生资源回收利用管理条例》、《沈阳市促进中小企业发展条例》、《沈阳市城市供热管理条例》、《沈阳市义务教育条例》、《沈阳市城市市容和环境卫生条例》和《沈阳市城市房屋安全管理条例》等6件地方性法规草案;发布实施了《沈阳市著名商标认定和保护办法》、《沈阳市科学技术奖励办法》、《沈阳市政府投资建设项目审计监督办法》、《沈阳市规范行政处罚自由裁量权实施办法》、《沈阳市城市地下空间开发建设管理办法》、《沈阳市人民政府关于调整企业养老保险缴费比例的决定》、《沈阳市烟花爆竹安全管理规定(修改)》、《沈阳市企业工资集体协商办法》、《沈阳市商品房交付使用管理办法》、《沈阳市公共信息标志标准化管理办法》和《沈阳市客运出租汽车管理办法》等11件政府规章;发布实施了10件政府通告。

认真开展制度建设清理工作。根据国务院办公厅《关于开展征地拆迁制度规定落实情况专项检查的通知》和《辽宁省人民政府办公厅关于做好行政强制规定专项清理工作的通知》要求,组织区、县(市)政府和市政府部门对现行有效的地方性法规、政府规章和规范性文件进行了专项清理。作出了《沈阳市人民政府关于废止〈沈阳市城市房屋拆迁管理办法〉和〈沈阳市城市房屋拆迁行政委托管理的若干规定〉的决定》,同时,废止《辽中县城镇房屋拆迁补偿补助规定》等规范性文件18件,修改《关于印发三、四环路建设项目拆迁补偿实施方案的通知》等规范性文件6件。全市现行有效的地方性法规51件,政府规章130件。

严格规范性文件制发程序。2011年,市政府制定的11件政府规章均及时报国务院、省政府、省人大和市人大备案,无被提出修改意见或者撤销的情况发生。为确保规范性文件制发质量,沈阳市在认真做好事先审查和事后备案的同时,下发了《关于加强规范性文件管理工作的通知》,建立了规范性文件按照计划发文制度,努力做到规范性文件"制定依据有效性、内容准确性、文字精炼性、格式规范性、出台必要性",克服"部门权力利益化、审批程序复杂化和职能交叉、权利与责任脱钩"等问题的发生,使规范性文件审查备案工作进一步规范化。对区、县(市)政府和市政府部门送审的32件规范性文件均进行了严格审查和备案。

(*张春权*)

【行政执法监督】 按照全省统一部署,在2010年开展试点的基础上,完成了对市政府所属31个部门和14个区、县(市)及开发区的清权确权工作。共梳理735部现行有效的法律、法规、规章和规范性文件,确认市直31个部门行政权力4448项,14个区、县(市)及开发区行政权力24887项,进一步理清了行政职权,明确了行政权力事项,为规范权力运行,深化惩防体系建设,优化全市软环境奠定了坚实基础。

进一步规范行政处罚自由裁量权。为规范行政处罚行为,优化发展环境,市政府以政府规章形式发布了《沈阳市规范行政处罚自由裁量权实施办法》(以下简称《实施办法》),先后组织举办了全市规范行政处罚自由裁量权经验交流会和贯彻实施《实施办法》宣传系列活动。同时,将全市41个具有行政处罚职能执法部门的《行政处罚自由裁量权指导标准》在政府法制网站上进行了集中公示。

创新规范行政检查权工作。按照全市2011年软环境建设工作方案要求，为实行“一事不再查”制度，规范执法检查行为，全市率先就行政机关实施行政检查行为开展制度创新，市政府法制办与市监察局联合制定并下发了《沈阳市行政检查规定》和《沈阳市2011年行政执法专项检查工作方案》，组织人员对28个市直部门和14个区、县（市）及开发区的部分执法部门实施行政检查行为和行政处罚裁量行为开展了联合执法检查，调取查阅840余件处罚和检查案卷。

全面推进相对集中行政处罚权。按照省绩效考核标准“各市开展相对集中行政处罚权工作的县达到100%”的要求，2011年，全市推进了辽中、法库、康平三个县开展相对集中行政处罚权工作，并在9月得到了省政府的正式批复。全市所有区县都完成了相对集中行政处罚权工作，走在了全省前列。

全面推进行政执法责任制。为强化政府层级监督，沈阳市下发了《沈阳市2011年进一步推进乡镇（街道）行政执法责任制实施方案》。各乡镇（街道）高度重视，积极行动，逐步明确了执法依据、界定了执法职权、分解了执法职责、明晰了执法程序、建立健全了相关制度。9月，全市对各区县开展了检查验收工作，实现了行政执法责任制“纵向到底，横向到边”的工作目标，使推进行政执法责任制向乡镇（街道）延伸达到100%，较好地完成了省政府对市政府工作目标绩效考评任务。

严格行政执法主体和行政执法人员管理。全市严格依法开展行政执法主体清理、确认、公告工作，完善行政执法人员培训、考试和持证上岗制度，建立了行政执法人员数据库。2011年，共确认市本级171个行政执法机构的执法主体资格，向社会发布了5期公告。全年共组织7期行政执法人员培训班，培训执法人员3183人。

（张春权）

【行政复议应诉工作】 2011年，以沈阳市政府文件形式下发了《关于加强行政复议工作的通知》，加强了对全市行政复议工作的指导，全市行政复议工作上了新台阶，在2011年12月15日召开的全国行政复议工作会议上，沈阳市政府法制办被授予“全国行政复议工作先进单位”。2011年，全市各级行政复议机关共受理行政复议案件4520件，比上一年增加873件，增幅23.94%。其中，市政府本级受理行政复议申请145件，比上一年增加83件，增幅133.87%。在审结的113件行政复议案件中，协调处理34件，占审结案件的30.09%。在具体工作中，全市各级行政复议机关自觉树立复议为民的思想，畅通行政复议案件受理渠道，充分运用调解、和解审理方式，提高行政复议在化解行政争议方面的能力，达到了案结事了的目的，收到了良好的社会效果。2011年，全市发生行政应诉案件607件，比上一年增加72件，增幅13.46%。一审结案542件。其中，确认违法或无效13件、撤销11件、履行法定职责2件，占一审结案数4.8%，比上一年减少18件。市政府作为被告的行政应诉案件6件，比上一年减少16件，下降72.73%。经法院审结的5件行政应诉案件，市政府未发生败诉案件。

（张春权）

【发布政府规章】 2011年，沈阳市发布实施了《沈阳市著名商标认定和保护办法》、《沈阳市科学技术奖励办法》、《沈阳市政府投资建设项目审计监督办法》、《沈阳市规范行政处罚自由裁量权实施办法》、《沈阳市城市地下空间开发建设管理办法》、《沈阳市人民政府关于调整企业养老保险缴费比例的决定》、《沈阳市烟花爆竹安全管理规定（修改）》、《沈阳市企业工资集体协商办法》、《沈阳市商品房交付使用管理办法》、《沈阳市公共信息标志标准化管理办法》和《沈阳市客运出租汽车管理办法》等11件政府规章。

（张春权）

社会治安综合治理

【概况】 2011年，沈阳市政法委全面加强综治基层基础建设，各区、县（市）综治办内设机构统一设置为两科一办，并配备6名以上的工作人员。街道（乡镇）全部建立了综治委、综治办，街道（乡镇）综治信访维稳工作中心建设达到了100%，社区（村）综治工作站建设达到100%，规模以上企业综治工作站建设达到了75%以上。市、区县（市）、街道（乡镇）综治专项经费分别按照0.5元、1元、2元标准纳入市、区县（市）财政预算。有效整合了保安员、治安巡防队、治安信息员、治安中心户长、治安楼栋长等方面力量，群防群治队伍实现了“实名制登记，档案化管理”。围绕“遏制命案高发”这一目标，开展命案专项整治，全市命案发案和死亡人数连续6年保持下降，2011年，全市命案发案和死亡数同比分别下降16.58%和17.29%，命案破案率93.98%。对城乡结合部、老旧居民小区、农贸市场、车站及餐饮娱乐等五类重点场所和存在的多发性侵财犯罪、黄赌毒、安全事故隐患、涉众性矛盾纠纷、非正常上访、群体性事件等六大类问题，排查确定了54个重点地区，进行了全面系统的整治，市级31个重点地区全部整治完毕，其中，五爱、北站以及沈阳农业大学、南塔鞋城等地区整治效果明显。继续开展“无刑事案件、无治安灾害事故、无群体性事件、无邪教活动、无传销活动、无黄、无赌、无毒”的“八无”社区（村）创建活动，全市有383个社区（占38.5%）、770个村（占57.2%）达到标准。结合老旧小区改造工程，推进“平安楼道”创建活动，共建设小区大门530个，建设门卫室330平方米（约48个），安装“电子眼”338个，安装单元门9522扇，安装一二楼楼梯间窗户2.1万扇，维修自行车棚9.7万平方米，建设围墙1.1万米。按照500∶1的标准配齐了学校专职保安人员，配备了金属检测仪等必要装备，学校、幼儿园重点部位全部安装视频监控设备；开展了两次校园周边治安秩序集中整治行动，解决了739个问题；强化了校车管理，治理“黑车”营运取得明显效果。加大了护路联防工作力度，对哈大高铁3处治安隐患采取了强制性措施进行整改，清除建筑垃圾1.5万立方米；对沈北新区沈北街道新南村和苏家屯区十里河街道柳沟村两处桥涵积水问题进行了有效解决。以实施“县域治安工程”为重点，大力推进农村“治安保险”续保工作，全市农村治安保险续保保额达到551万元，参保率达到54%，覆盖面达到100%。积极推进社区（村）人民调解委员会的建立和完善，并在矛盾纠纷较为突出的行业和领域，重点推进了专业性、行业性调解组织建设。全市共有各类调处组织

4200余个，专兼职调解人员2.5万余人。2011年，全市排查各类矛盾纠纷5000件，调解成功4908件，调处成功率达98.16%。

（任延军　马强）

【治安防范】　沈阳市委、市政府把治安防控新体系建设作为一项全局性、战略性工作来抓，坚持“党政领导、综治协调、专群结合、多方参与”的总体思路，建立了大防控指挥体系、协调体系、配合体系、网络体系，形成了由覆盖全市的数字化监控网、全警参与的社会面巡逻网、群防群治的社区（村）防控网、单位内部的安全保卫网和虚拟社会的舆情监测网等组成的立体化的社会治安防控网络。完成了“三级指挥平台”和“四级网络”建设，全市安装视频监控探头50万个，重要单位和要害部位视频监控设施覆盖率达到100%；全市“实名制登记”的群防群治队伍10.67万人，其中，社防队伍8775人，物业保安队伍1.79万人，专职治安联防队伍5198人（含农村专兼职治保主任1597人），铁路护路联防队伍1585人，平安志愿者7.33万人；发展了1092名网络评论员队伍，全面推进“虚拟警察”网上公开巡查，构建了社会治安“大防控”格局。坚持打防管控结合、点线面结合、人防物防技防结合、网上网下结合，切实加强治安防控、社会面防控、政治防控和经济防控。强化社会治安防控体制机制创新，建立了“社会动员”机制、“信息研判”机制、“精细管控”机制、“即时响应”机制、“投入保障”机制。不断探索社会治安防控新举措和新方法，对重点单位采取“守望式”防控，在全市201家省市级重点单位全部设立了警务工作站，1186家县区级治安保卫单位设立了警务工作室和警企联络员，全市中小学校按照500:1的标准配齐了专职保安人员；对重要路段采取“巡线式”防控，全市配备638台巡逻车、32台流动警务车，全部安装了车载无线视频图传系统，建设了93个应急堵卡点，11个警务工作站，对主要干道、国省公路、高速公路划分巡段，实行加强性巡逻；对重点地区采取“定点式”防控，形成了单位内部自防、单位之间联防和警企互动联防的三防模式，商业街区、医院、火车站和长途汽车站、昼夜营业场所等重点地区和场所全部配备专职保安，设立警务室和治安岗亭，沿街商业网点及餐饮娱乐场所，每5至10个商业网点组成一个联勤小组，佩戴袖标开展治安巡逻守望；对重点人员采取“帮教式”防控，实施了流动人口服务管理“牵手计划”，在社区设立“一站式”服务等便民利民措施，实施了刑释解教人员安置帮教“新生计划”，实现了出狱出所的“无缝衔接”，实施了预防青少年违法犯罪“关护计划”，强化了对社会闲散青少年的临界预防和对“罪错”青少年的多元化帮教工作；对弃管小区采取“自助式”防控，将弃管小区改造列入全市民生工程20件实事之一，对全市2818个弃管小区启动实施了以修复和完善楼道单元对讲门、缓步台窗口、楼道灯等物防设施为重点的“平安楼道”创建活动，充分发挥社区等基层组织作用，引导鼓励居民自治自管。2011年群众安全感满意率达到97.2%。

（任延军　马强）

【预防青少年违法犯罪】　沈阳市委、市政府对预防青少年违法犯罪工作高度重视，成立了市预防青少年违法犯罪工作领导小组，制定并实施了预防青少年违法犯罪“关护计划”，以青少年社工站为依托，认真做好重点青少年群体的教育、管理、服务工作。团市委牵头成立了市青少年社工工作中心，负责掌握全市重点青少年群体的基本情况和全市实施“关护计划”日常协调调度工作；在各地区建立了青少年社工工作分中心，负责掌握本地区重点青少年群体基本情况和本地区实施“关护计划”日常协调调度工作；在全市各街道（乡镇）综治信访维稳中心设立青少年社工站，全面掌握本辖区重点青少年群体的具体情况，负责落实“关护计划”各项具体工作措施。全市217个乡镇（街道）基本建立了社工站。针对社会闲散青少年群体，各级团组织和教育主管部门，采取有效措施，积极防止义务教育阶段学生失学或流失，定期组织排查，做好学生复学说服教育工作；对于已经失学和流失的学生，建立了沟通协作制度，由各级团组织和青少年社工做好复学的说服教育工作；建立了未升学初中毕业学生跟踪教育管理机制，组织协调有关部门做好接续教育和培训工作，工作覆盖青少年2000余人。针对有轻微违法行为的青少年群体，公安机关在对其进行训诫、警告时，通知该青少年居住地的青少年社工站派人了解案情，做好衔接帮教工作；针对审查不予起诉的青少年群体，检察机关在宣布不起诉决定前，通知青少年社工站派人到检察机关掌握相关案情，做好接续帮教工作。社工全面掌握其家庭和本人的具体情况，经本人或监护人同意，与其本人或监护人签订《青少年社工帮教协议》，青少年社工站对该青少年开展为期一年的帮教活动，建立帮教档案，并定期与相关机关沟通帮教情况。针对判处非监禁刑的青少年群体，审判机关对检察机关提起公诉的青少年犯罪案件，通知青少年社工站介入庭前社会调查和庭审帮教等工作，落实跟进帮教措施，并责令犯罪青少年与社工站签订《青少年社工帮教协议》。针对刑释解教和社区矫正的青少年群体，落实安置帮教措施，对无亲可投、无业可就、无经济来源的刑释解教“三无”青少年，逐个解决居住、就业和经济来源问题。通过加强预防青少年违法犯罪工作体系建设和实施“关护计划”，有效地减少了青少年违法犯罪。2011年，全市未成年人犯罪1015人，同比下降9.46%。

（任延军　马强）

公　安

【社会矛盾纠纷排查调处】　2011年，沈阳市公安机关牢固树立“四主理念”（即筑牢维稳主业观念，强化公安机关主力军作用，突出主动作为，明确主要领导负主责）和“捡、揽、抢、担”的责任意识，运用法治的思维和法律的手段，积极开展社会矛盾纠纷排查调处工作，确保了社会大局的持续稳定。一是全面摸底排查。以“大走访”活动为载体，对影响全市社会稳定的矛盾纠纷和热点问题进行“地毯式”和滚动式排查，全部登记造册，主动开展工作。二是源头化解矛盾。按照“案结事了、息诉罢访”的要求，积极协调有关单位认真研究解决，力争实现诉求全部合理的全部解决、部分合理的部分解决。三是开展专项行动。组织开展“优化环境，化解积案”百日攻坚行动，落实了领导包案制度，加大了接访的力度和密度。四是组织风险评估。成立了社会稳定风险评估工作组，起草了《公安机关社会稳定风险评估办法》，将关系群众切身利益的重大政策、重大改革、重大项目和社会保障、企业改革、房屋拆迁、土地征用等敏感问题而可能引发的不稳定因素进行科学分析论证，有效预防和减少影响社会稳定的重大信访问题和群体事件的发生。

（李鸿美）

【开展道路交通安全整治】 2011年，沈阳市公安局充分发挥交通整治战役指挥部和市道路交通管理委员会办公室的职能作用，形成了党委政府统一领导、相关部门积极配合、社会各界广泛参与的交通管理新格局，交通安全形势持续好转，全市道路交通件、死、伤、损四项指标同比分别下降11.56%、4.86%、6.34%、25.50%，2011年比2008年少死亡510人。坚持常态化整治工作，组织开展了预防重特大道路交通事故春季行动等一系列整治活动，对酒后驾驶等严重交通违法行为保持高压严管态势，共处罚各类机动车交通违法行为237.8万件；组织开展了91次夜间集中整治行动，查处各类交通违法行为8万余件。先后对十一纬路等4条街路实施了单改双工作，对医大一院等10余处重点区域周边道路和30余处重点路口路段进行了重新规划。推行"公交优先"政策，对文化路等10余条公交专用车道专用时间和12条公交线路站位进行了调整。全市道路通行效率大幅提升，在全市机动车交通流量增长20%的情况下，车速普遍提高了30%，公交运营速度提高了17.5%，交通高峰时间平均缩短了15至20分钟。切实提高缓堵保畅能力，实行了全员"三定"实名制勤务管理模式，通过重点街路固定执守和警务区动态巡逻相结合，有效提高了路面见警率。按照"警力跟着流量走"的原则，指定专人利用全市300多个视频监控设备，实时监控路面交通状况，有效把握了交通疏导的主动权。针对全市道路大范围整修改造的实际，采取定期召开工作调度会，组织施工前模拟演练，逐路制定疏导调流方案，增设交通调流设施等措施，实现了道路大修之年无大堵。按照"严、深、细、实"的原则，分三批对全市道路交通安全隐患进行了不间断、滚动式排查，对排查出的190处交通安全隐患点段全部进行了建档备案，并督促相关责任地区和部门逐一整改到位，整改率达100%。加速推进交通设施建设，启动了沈阳市道路交通智能管理控制中心建设工程，在全市主干道设置了274块倒计时显示屏，新增24处信号灯岗，一环路内主要道路信号灯岗全部纳入系统管理。新建电子警察891个，新建和改造电视监控151处。施划交通标线220万平方米，安装交通标志360块，交通护栏3.7万延长米，有效地提高了道路通行能力。大力强化静态交通环境建设，依靠党委政府和社会力量，共同清理、取缔小街小路"六乱"违法行为，全市301条重点整治的小街小路已全部整改完成，整改率达100%，有效打通了交通微循环。对110个公共停车场进行了规范化改造，建立了95处规范化路内临时停车场，新增停车泊位近4万个、取缔违法停车场879个，查处违法停车行为16.58万件次。广泛进行交通安全宣传，全面开展了"文明交通、畅通沈阳"交通安全百日宣传活动，开通了"沈阳公安交警"微博平台，市民交通安全常识普及率达95%以上，中小学生交通安全常识普及率达100%，专业客运（旅游）车辆驾驶人交通安全教育率达100%。

（侯锦鹏）

【推进消防工作社会化进程】 2011年，沈阳市公安机关制定下发了《沈阳市开展"消防安全年"活动工作实施方案》，确定"十大目标"，采取"百项措施"，积极开展"十大工程"。以市政府名义，制发了《沈阳市消防安全工作责任制规定》，规范了各地区、各部门消防工作责任；建立了消防安全工作定期例会制度，召开全市大会和工作调度会14次，解决了一大批老大难问题。各地区、各部门按照市政府统一部署，统筹推进各项工作，累计召开研判、调度和联席会议150余次，研究解决工作中遇到的各类难题230余件，在全市自上而下建立以块为主、条块结合、纵横交错的消防工作网格式责任体系，形成了一级抓一级、层层抓落实的良好局面。与此同时，公安、安监、工商、文化、建设、教育、民政、卫生、旅游等部门建立了"定期巡查、联合执法、及时抄告、协调统一"的联动工作机制，公安部门消防、治安、保安、内保、社区警务、巡警等警种联合办公，定期开展联合执法。成立了沈阳市火灾隐患举报投诉受理中心，建立了举报投诉工作机制和整治流程，确保举报件件有人管、件件有回音。加强"防火墙"工程建设，开展了"回头看"、"双送"和消防安全培训等活动，有力提升了社会单位消防安全"四个能力"。全市火灾死、伤人数同比分别下降达36.8%和90%，最大限度地维护了人民群众生命和财产安全。

（侯锦鹏）

【创新户籍"双实"管理】 2011年，沈阳市公安机关紧紧抓住加强和创新社会管理的有利契机，以提高实有人口和实有房屋管理为突破口，从人、房、证、车、职等方面开展探索和实践，夯实了公安基层基础工作，取得了显著成效。一是实行"以证管人"工作模式。增加居住证社会化功能，建立"一证通"制度，即引导流动人口主动登记，自觉接受管理、享受服务；同时，掌握流动人口底数和动态，确保各类信息登记及时、准确。二是实行"以房管人"工作模式。突出现住地管理，对居民区内出租房屋全面开展入户走访，实现底数清、情况明、管得准。三是实行"以业管人"工作模式。加强与辖区内企事业单位、商服娱乐网点、宾馆、工地等单位和部门的协调配合，建立"单位主动申报，派出所统一登记办证，派出所抽查复核"的工作模式，全面落实用人单位治安管理责任。四是实行"以车管人"工作模式。对机动车信息库和驾驶员信息库定期更新维护，对居民区内停放机动车辆相关信息进行实时动态登记，实现"人车一致"的精确定位管理。

（侯锦鹏）

【加强"十二运"安保筹备】 2011年，沈阳市公安机关立足2013年"十二运"安保工作，明确了"不出大事、少出小事，有事能够迅速、稳妥处置"的"平安全运"总目标，坚持提早介入，严密部署，全力推进沈阳赛区筹备阶段各项安保工作落实。着力构筑科学的安保组织体系，沈阳市公安局成立了以许文有副市长为组长的安保工作领导小组，制定下发了《十二运会沈阳赛区组委会安保部组织构架及工作职责体系》，落实了"纵向到底、横向到边"的责任体系，实行了定期例会、工作督导检查、信息报送、考核等多项工作制度。先后两次召开"十二运"安保筹备工作动员部署会议，推动了安保筹备工作全面升温提速。积极推进场馆安保配套系统建设，精心编制了一系列《指导意见》和《工作规范》，组建了25个场馆（馆群）安保团队，实行“一个场馆（馆群）一个安保团队”工作模式。深入开展安保科技系统规划设计，编制了《第十二届全运会安保科技系统建设项目经费预算报告》和《第十二届全国运动会沈阳赛区安保科技系统项目建议书》，并于12月10日，以市政府名义与航天科工集团公司正式签署了《战略合作协议》，实现了安保工作的重大突破。全力开展安保重点专项工作，制定了《第十二届全国运动会沈阳赛区安全保卫工作方案》和《沈阳市公安局第十二届全国运动会安全保卫工作方案》，梳理确定了31项安保重点专项工作，明确了180项安保工作任务，同时，采取了“四个一”运行模式，即“一项重点工作、一名责任人、一个团队、一个方案”，确保了重点专项工作有人管、有人干，按时限、高标准完成。

（侯锦鹏）

【“打四黑除四害”专项行动】 2011年8月22日，沈阳市公安局保持对涉假犯罪的严打高压态势，先后组织了涉及食品、药品、农资等领域打假“七大战役”，开展了6次专项行动；在“十一”、中秋节、糖酒会等特殊时间节点，开展阶段性排查打击；针对地沟油、瘦肉精、有害豆芽、食品添加剂、黑心棉等突出问题，以及地下仓库、水发食品集散地等重点区域，组织实施了15次专项打击。成功破获了“6.15特大制售假军车牌照案”等7起部督和10起省督案件；破获的“王某等人销售盗版图书案”被公安部评为“亮剑”行动十大之“最”案例；破获的“有害豆芽”案，有力推动了市“绿色”豆芽基地的建设，确保了沈城百姓吃上放心豆芽、安全豆芽。积极创新涉案产品销毁模式，组织开展了4次大规模集中销毁专项行动，现场展示及销毁产品共涉及21个领域、56个品种，重达215吨，案值3000余万元，特别是11月6日的集中销毁行动，作为全国三个宣传点之一，参与了中央电视台的现场直播。积极营造全民参与的浓厚氛围，创造性地开展了“无假社区”创建活动，在11月21日全省电视电话会议上，工作经验被省公安厅领导赞誉为“一项伟大的创举”。向社会公布了“打四黑除四害”公开举报电话，开通了网上公安机关、局长信箱等多种举报途径，全年共接受群众举报线索979条。设立了专项奖励基金，向147名群众兑现举报奖励25.5万元。通过深入开展专项整治行动，共破获制假售假刑事案件1159起，刑事拘留1201人，捣毁各类涉假窝点2055个，涉案金额高达3.46亿。

（侯锦鹏）

【推出优环境、促提升、保平安百项承诺】 2011年，沈阳市公安局制定出台了《优环境、促提升、保平安百项承诺》。新“百项承诺”，包括打击犯罪、安全防范、交通管理、消防管理、行政审批、服务经济和群众监督等7个方面、100项措施，使四年来累计承诺条款已达432项。特别是新“百项承诺”在交通、户政、消防等多个行政审批事项上，实行“一站式”、“一卡式”服务，前移服务端口，缩短办事时限，简化审批程序，最大限度地提高了服务质量和服务效率，受到了各级领导的高度评价和人民群众的热烈欢迎。为切实将《百项承诺》工作落到实处，全市各级公安机关把《百项承诺》作为“一把手”工程来抓，实行“一把手”负责制，强化工作考核，层层落实责任，对工作落实不到位的，坚决进行责任倒查，有力地确保了各项惠民措施的有效落实；全市广大公安民警言出必行、信守承诺，深入持久地为群众办好事、做实事、解难事，打造了平安、稳定、文明、畅通的城市新形象，赢得了群众爱戴，收获了一片民心，夺得了百姓口碑榜金榜行业第一名。

（侯锦鹏）

【加强执法规范化建设】 2011年，为实现“确保全省第一、争创全国一流”，沈阳市公安局制定了软件、硬件一起抓，典型引领，“软硬兼施”的快速发展策略。精准梳理和确定了规范执法办案场所设置、建立涉案财物管理中心、提高信息化执法应用水平、深入推行网上执法办案和网上执法监督、深入推行“阳光执法”和加强重点执法环节制约等6个重点建设项目，从不同层面分别选建了14个样板标杆单位，成为全局执法规范化建设的“标尺”。召开了沈北分局道义派出所规范办案场所设置现场推介会、经济技术开发区涉案财物管理现场会、铁西分局监管大队观摩会等会议，及时总结推广了样板创建单位的经验做法。深入开展执法规范化示范单位创建活动，评选了大东分局等6个分局（警种）和21个基层所队为市局执法示范单位，发挥了执法示范单位的典型示范作用。完善了执法制度体系建设，制定出台了《关于执法办案场所设置与管理的指导意见》等一系列指导性文件，为执法规范化建设提供了有力的支撑。组织全市1.55万余名公安民警集中参加了公安机关人民警察基本级执法资格等级考试，平均分达到90分以上，民警的执法素质得到进一步增强。在2011年8月全省公安机关执法规范化建设阶段性考核中，市公安局总成绩名列全省第一，7个分、县（市）局考核结果进入了优秀行列；有3个单位被省厅命名为全省公安机关执法示范单位；有2个派出所被公安部命名为全国公安机关执法示范单位。在10月公安部组织的全国公安机关执法规范化建设阶段性考核中，市公安局作为全省惟一一个地市级公安机关接受了公安部考核组的检查，为全省在此次考核中名列全国前茅做出了应有的贡献，受到了省公安厅的充分肯定。

（侯锦鹏）

【加强公安队伍建设】 2011年，沈阳市公安局共有457个集体、4060名同志立功授奖，有77个集体和363名个人获得市级以上荣誉称号，先后涌现出了庞程、贾明哲等一批重大先进典型。大力加强各级班子建设，坚持“以政绩论英雄、凭实绩选干部”，把实战作为检验和选拔任用干部的“试金石”，构建了副局级、正处级、副处级三级适配岗位人才数据库，使全局各级领导班子得到全面加强。稳步实施人事制度改革，制定出台了《实施警务改革工作意见》，从市、区两级机关下沉2148名警力，连同全年招录的1635名文职人员、1289名辅警，全部充实到基层一线，进一步缓解了基层警力不足的问题。强力推进比武练兵活动，组织开展了“大练兵、大比武”活动，全面提升全警实战应用能力。全年，共举办各类培训班249期，组织考试考核113次，涉及民警24731人次。在11月省公安厅组织的“大练兵、大比武”综合考评中，有7个警种获得了团体总分第一名。市公安局特警支队在全国公安特警大练兵汇报演练中表现优异，得到了公安部领导的一致好评。组织召开各层面警民恳谈会3.92万次，走访各界群众113余人次，捐款捐物达1700余万元，全市人民群众对沈阳社会治安状况认可度达到97.25%的历史新高。着力改善民警队伍外在形象，充分借助中央、省、市新闻媒体和网络媒体，大张旗鼓地宣传公安工作丰硕成果。全年，共开展系列宣传活动516次，刊(播)发各类新闻稿件5752篇，及时处置涉警舆情40余起；网上公安机关得到了较大发展，解答群众咨询38万余件，发表微博2000余篇，拥有"粉丝"100余万人。认真落实各项优待抚恤措施，制定出台了《从优待警9条26项措施》，畅通民警就医"绿色通道"，努力解除民警的后顾之忧。先后举办了《永远跟党走》大型红歌汇、《光荣属于党和人民》主题颁奖晚会等活动，弘扬了沈阳公安精神，进一步增强了广大民警的归属感和职业认同感。

(侯锦鹏)

【深化公安警务改革】 2011年9月28日至12月28日，历时三个月时间，圆满完成了全市警务改革工作。坚持超前谋划部署，先后组成8个考察组，分批到北京、上海等地学习考察，深入76个分、县(市)局和派出所开展实地调查研究，摸清了全局警务状况和岗位需求，理清了警务改革的总体思路。积极赢得市委、市政府和省公安厅的理解和支持，着力解决了人员接收、保留干部职数、公用经费保障等问题。在广泛征求意见的基础上，制定出台了《沈阳市公安局实施警务改革工作的意见》，并配套制定了5个具体实施方案，确保了各项改革措施符合相关法规政策、符合上级部署要求、符合沈阳公安实际。坚持精心组织实施，遵循警务改革"十项原则"，突出沈阳公安特色，立足实际工作需要，积极稳妥地推进警务改革工作。一是改革勤务模式。在全市城区公安派出所实行"三队一室"的模式，普遍设立刑侦中队、治安中队、社区警务中队和综合室，着力强化警务区维护稳定、打击犯罪、保障平安、服务群众的重要职能，进一步夯实基层基础警务工作。二是完善防控体系。进一步健全巡防工作机制，推动巡防工作向实战型、主动型、集约型、科技型发展，真正做到打击有重点、防范有目标，努力提高驾驭动态治安局势的能力。三是创新严打机制。探索建立市公安局刑警支队、分局刑警大队和派出所刑侦中队"三级"刑侦管理体系，进一步明确"三级"刑侦部门的各自职能，进一步提高整体破案攻坚能力。四是规范机构设置。在确保干部职数不增、不减、不超的情况下，采取合署办公的方式，对存在"一街两所"、"一街多所"的51个公安派出所进行整合，在全市撤并了19个治安派出所，进一步理顺公安管理体制。五是推动警力下沉。市、区两级机关的综合部门按照30%的比例，执法勤务部门分别按照15%、10%比例进行精简，下沉的2148名警力全部充实到基层派出所工作2年，努力实现"警力无增长改善"的目标。

(侯锦鹏)

【依法解决拖欠农民工工薪问题】 2011年，沈阳市公安机关将依法解决拖欠农民工工薪问题作为打造民意警务、服务经济发展的重要内容，先后3次召开全市性的专门部署会议，连续第四年开展了专项整治行动，实现了沈阳有农民工问题，但没有没解决的农民工问题。一是建立了多角度、立体化的长效排查机制，以重大敏感节点、冬季农民工返乡时段为重点，深入辖区、深入工地、深入建筑企业开展排查工作，并对用工数量、工资发放、工程进度等情况进行登记造册，定期复查。二是与劳动保障部门和农民工维权中心建立了长效沟通联动机制，对排查出的欠薪问题，会同劳动保障、农民工维权中心和信访等部门及时与欠薪单位沟通协调解决，将不稳定因素消除在萌芽状态。三是营造了解决欠薪问题的良好社会宣传氛围，制作了法制宣传栏、社区宣传板，深入工地分别向开发商、建筑商、农民工发放《一封信》3万余份。四是依据《刑法修正案(八)》的相关规定，制定出台了《关于依法查处拖欠农民工工资行为中违法犯罪行为使用法律的指导意见》，依法加大对恶意拖欠农民工工薪违法犯罪行为的查处力度。五是建立了解决拖欠农民工工薪问题长效机制，定期与劳动和社会保障、农民工维权中心、信访和人社等相关职能部门召开专项联席会议，完善了工地农民工工资保障金制度，最大限度地确保了沈阳市不发生因拖欠农民工工薪问题而引发涉稳事件。

(李鸿美)

【强化公安信访工作】 2011年，沈阳市公安机关组织开展了为期6个月的"集中整治公安越级访问题"专项活动，将上级机关交办的案件一并纳入专项治理，投入信访补偿、救助资金742.54万元，稳定、息访了一大批涉公安访人员。全局各级领导共接待信访群众1749人次，登门走访632人次，特别是在春节期间统一组织开展了信访群众集中走访周活动，走访慰问信访群众211人次。强化了公安信访长效机制建设，制定出台了《沈阳市公安局信访督查专员工作暂行办法》、《沈阳市公安局信访事项交办督办工作程序规定》，全面提高了信访案件办理效率和质量。加强信访法规政策宣传，积极倡导"依法、平和、有序"的信访理念，实现了敏感节点期间公安信访秩序平稳。全市涉公安进京、到省非正常访登记为零；到公安部正常访登记数量同比下降57.1%；到省公安厅正常访登记数量同比下降77.8%。截至年底，中央政法委交办的102起重点案件，化解101起；省市政法委交办的10件疑难信访案件，全部办结；市信访局交办的14件疑难信访案件，全部办结；自身排查交办的235起信访案件全部办结，其中息访181件；排查化解其他信访积案452件，其中息访396件。市公安局公安信访工作综合成绩在全省各地市排名中名列第一。

(李鸿美)

【打击刑事犯罪活动】 2011年，沈阳市公安机关立刑事案件数量同比下降11.79%，刑事案件破案率同比提高13.2%。一是命案侦破水平进一步提升。牢固树立"命案必破"理念，坚持领导一线指挥，强化快速反应，完善多警联动，确保第一时间破获案件。全市立命案数量同比下降16.58%，现案破案率达93.98%；破获积案62起，侦破比值达131.33%，同比少死亡37人，特别是成功破获了大东区"3.14"特大杀人案，新民市、东陵(浑南)新区两起爆炸杀人案等一批有影响的大案、要案。二是打击侵财犯罪实现新突破。始终将直接影响群众安全感和满意度的多发性侵财犯罪作为打击工作的重点，组织开展了一系列专项打击行动，有力地打击了侵财犯罪分子的嚣张气焰。全市立五类侵财案件数量同比下降15.29%，破案率同比上升14.8%。三是深入推进打黑除恶专项工作。通过不断完善涉黑涉恶工作体制，逐层落实打黑除恶工作责任，全面推进打黑除恶专项斗争向纵深发展，打黑成果取得了历史性突破。四是刑侦缉毒工作成果显著。以"破大案、打团伙、摧网络、抓毒枭、缴毒品"为目标，进一步提高了全市刑侦缉毒工作质量。全市刑侦系统共缴获毒品折合海洛因约6千克,刑侦缉毒工作始终在全省排名前列。五是深入开展防范电信诈骗宣传活动。针对电信诈骗案件高发的实际,组织开展了防范电信诈骗宣传活动,有效提高了群众自我防范能力。全市共设置宣传展板1000余块,张贴宣传海报3万余份,发放宣传手册、宣传单200万张,电信诈骗发案同比大幅下降。六是打拐工作全省领先。深入开展了多次专项行动,严厉打击拐卖妇女儿童犯罪。全年共解救被拐妇女21名,成功破获了公安部督办142号案件,"打拐"工作综合成绩在全省排名第一。

（李鸿美）

【开展网上追逃专项督察"清网行动"】 2011年5月26日,公安部部署开展全国网上追逃专项督察"清网行动"后,沈阳市公安机关以对党、对国家、对人民、对法律的绝对忠诚,坚持为人民利益而战,为人民警察的荣誉和尊严而战,全警动员,全力以赴,确定了十大清网目标,创新了十大追逃战法,完善了十大保障措施,向网上在逃人员发起了摧枯拉朽的攻势。截至12月15日"清网行动"全部结束,全市抓获全国行动前网上逃犯比值突破151.7%;抓获本市行动前网上逃犯下降率突破96.96%;抓获公安部A级逃犯3名、B级逃犯10名,部督捕逃犯3名,抓获比值突破145.5%;追逃战果始终保持干干净净,违法违纪零发生。夺取了全国36个大城市"清网行动"综合成绩第一名和全省第一名的优异战绩。公安部孟建柱部长、刘金国副部长和省、市领导曾维书记、薛恒副省长、陈海波市长先后73次作出重要批示,市公安局成为全国公安机关"清网行动"中惟一两次被公安部通令嘉奖,并被公安部荣记集体一等功的大城市公安机关。一是狠抓组织领导,健全工作机制。市公安局成立了由副市长、党委书记、局长许文有任组长,其他党委委员任副组长的"清网行动"领导小组。先后召开誓师大会5次,党委专题会议36次,清网调度会177次,推进工作进度,狠抓责任落实。同时,组建了市、区两级"清网办",3名党委委员坐镇"清网办",直接指挥调度全局"清网"工作。9月22日进入百日决战阶段,市公安局党委委员全部进入分管单位驻区指导;11月20日进入总决战阶段,市公安局5名党委委员亲自带队赴外省、区抓捕本网逃犯,各级指挥员、战斗员24小时坚守阵地。二是狠抓工作措施,明晰战略思路。确立了"立足沈阳抓全国逃犯,面向全国抓本地逃犯"的作战思想,组建了市、区两级追逃突击队;发出《致全市在逃人员家属的一封信》,召开逃犯家属座谈会560次,成功敦促一批逃犯投案自首。三是狠抓奖惩激励,强化典型拉动。将"清网行动"战果与记功表奖、干部提拔使用相挂钩,建立了多类别、分层次的奖励机制。市公安局先后有64个集体被授予荣誉称号,5名同志荣立个人一等功,36名领导和民警被提拔重用。四是狠抓责任落实,层级跟进督导。全面落实"一把手包干、班子成员包片、领导干部包人、全体民警包追"的"四包"措施。对全部本网逃犯,全面落实抓捕责任;对重点逃犯,逐级落实包追责任。五是狠抓宣传发动,强化全民参与。行动中,通过群众举报抓获逃犯305名,奖励人民币260万元。六是狠抓逮捕起诉,维护法律权威。市公安局党委从忠于法律,维护法律尊严的高度出发,将撤网逃犯的移送起诉工作作为"清网行动"的一项重要内容,纳入"清网行动"整体考核,网上逃犯移送逮捕起诉率达到100%。

（李鸿美）

【严厉打击涉众型经济犯罪】 2011年,沈阳市公安机关全年共侦办涉众型经济犯罪案件60起,取缔传销窝点258个。特别是成功侦破了涉及集资金额最高、涉案人员最多的公安部批示案件"沈阳颐和轩房地产开发公司涉嫌非法吸收公众存款案"以及"辽宁富诚创业投资有限公司非法吸收公众存款案"等多起重特大案件,得到了省委、省政府,市委、市政府领导的充分肯定和高度评价,公安部副部长刘金国还专门发来贺电表示祝贺。

（李鸿美）

【开展"禁毒人民战争"】 2011年,沈阳市公安机关破获毒品犯罪案件同比前三年平均值提高31%,占全省总量的57.65%;抓获毒品犯罪嫌疑人员同比前三年平均值提高54%,占全省总量的55.32%;缴获毒品27780.5克海洛因当量,打掉外省市制毒加工厂点3个,先后破获了部督"1.27"、"1.29",省督"11.23"、"301"、"1.11"等一批跨国、跨区域毒品源头大要案件。与此同时,坚持"打防并举,标本兼治"的基本方针,综合运用流动宣传、阵地宣传、媒体宣传、集中宣传等手段,大力开展禁毒预防宣传活动,发放各类宣传资料20余万份,受教育群众总人数达100余万人,做到了社会面禁毒宣传全覆盖,充分调动了人民群众自觉参与禁毒的积极性和主动性。深入推进"无毒社区"创建活动,建立健全了对吸毒人员的管控帮教体系,为吸毒人员告别毒品、融入社会创造了良好的社会氛围。全年收治帮教吸毒人员同比提高51%;新增吸毒人员同比前三年平均值下降18%,占全市常住人口比例不到万分之0.8(全国同类城市为万分之3),始终处于全国领先水平。

（李鸿美）

【社会治安防控体系建设】 2011年,沈阳市公安机关组建了专职巡逻辅警队伍,面向社会招录专职巡逻辅警力量,组建了巡逻辅警中队,组织和带领辅警开展巡逻,使全市社会面常态化专业巡逻力量达到7500余人,其中,巡逻民警1600余人,专职巡逻辅警900人,社防队员巡逻力量5000余人。改进社会治安防控模式,建立了巡逻勤务动态响应机制,实施动态布警,根据警情指导动态调整警力投入。在常态巡逻警务模式,全市每天投入专业巡逻警力950余人和辅警力量900人,在城市主干路、重点场所、繁华商业街区等警情和案件高发部位巡逻;全市每天投入260台110巡逻车在辖区内开展巡逻和接处警;每天夜间投入126台专职巡逻车,部署在城区主要交通路口或主要道路沿线、治安复杂部位,开展警灯闪烁巡逻;全市5000余名社防队员重点加强弃管小区、案件高发区等部位的安全防范工作,同时组织2000辆警用自行车重点开展社区夜间灯闪巡逻;全市100个派出所共配发100条警犬,在重要时间节点和重大安保工作期间由民警带领开展加强性巡逻。在动态巡逻警务模式,每月组织全市范围的巡查行动和区域性巡查和卡口查缉堵控,围绕重点发案区域开展集中盘查,围绕特定时间和区域开展集中巡查;以公路为依托,在现有的9个警务工作站和国省道、高速公路62个堵卡点开展公路堵控拦截,同时加强街面、重点繁华区域的常态化巡查布警。通过实施常态化和集中巡查堵截，给犯罪分子形成强大震慑力，增强了人民群众安全感。全市刑事警情连续四年保持大幅下降，2011年同比下降32.54%。

（*李鸿美*）

【整治社会治安热点问题】　2011年，沈阳市公安机关全面深化“黄赌毒”社会治安热点问题纵深整治工作，进一步拓宽整治范围，强化整治深度，加大整治力度，确保高压严打态势不减。同时，强化了热点问题变化规律、特点的分析研判，采取综合整治策略，实施多重打击防范，最大限度挤压“黄赌毒”问题的生存空间。一是坚持源头治理。把“鸡头、赌头、彩头”作为主攻方向，先后组织开展了多次专项行动，深挖幕后组织者、经营者，铲除涉黄赌毒“黑窝点”，巩固住了文明城市形象。二是坚持打早打小。对“黄赌毒”问题，做到早发现、早处置、早见效，特别是针对部分超市、麻将社等场所分散投放赌博机问题，组织开展了全面清剿行动，有效遏制了这一新兴违法犯罪的发展蔓延势头。三是坚持从严惩处。始终把握“严管、严查、严惩、严处”的工作原则，对顶风作案、肆意践踏法律的违规经营场所，做到发现一处、查处一处、关停一处。四是坚持纵深打击。针对涉丑违法犯罪活动向城乡结合部、出租房屋、街道广场和互联网络转移的实际，及时出台了纵深打击“黄赌毒”违法犯罪活动三十条工作意见。以站街招嫖、舞厅招嫖、网络招嫖为重点，全方位开展打击整治行动。全年共查处“黄赌毒”案件1502起，先后破获了和平远洋府、铁西艳粉街、大东和睦路等多起开设“二八杠”地下赌场案件；查处了铁西区“鑫润丰”、皇姑区“百汇龙宫”、“毕豪斯”等大型娱乐场所内涉丑违法犯罪活动；打掉了隐藏在皇城万豪宾馆、荣富饭店内的卖淫嫖娼团伙。在开展“六合彩”、“私彩”等社会治安热点问题整治工作中，构建了党委领导、政府负责、社会协同、公众参与的整治新格局，社区街道、村委会等基层组织作用得到充分发挥，公安、工商、民政、文化等部门协调作战能力显著增强，切实形成整治工作合力。全年共侦破“六合彩”赌博案件175起，抓获违法犯罪人员438人，特别是成功打掉了以郑春发为首、遍布沈河、东陵、浑南等多个地区的特大“六合彩”赌博团伙，当场抓获犯罪嫌疑人64名，涉案金额高达千万余元。

（*李鸿美*）

【2011年十大刑事案件】　一、“3.15”新民爆炸杀人案。2011年3月15日23时40分，新民市法哈牛镇孙家套村发生一起爆炸案，村书记胡宝峰（男，52岁）被炸死、其子胡志强（男，27岁）被炸伤。案件发生后，省委书记王珉作出重要批示，要求公安机关尽快侦破此案。市公安局立即抽调精干力量组成专案组，全力开展案件侦破工作。经侦查，专案组发现该村村民许士辉（男，66岁，新民市法哈牛镇人）曾因土地纠纷与被害人胡宝峰产生矛盾。专案组组织精干力量对其进行突审，迫使其交待了2009年因土地承包问题与时任法哈牛镇孙家套村村书记胡宝峰产生矛盾，一直怀恨在心。2011年春节期间，用买来的50个“二踢脚”拆解黑火药制作成炸药包，并于案发当日携自制炸药包潜入被害人胡宝峰家院内，实施了爆炸犯罪。

二、“1.17”大东系列纵火案。2011年1月5日至1月17日，沈阳市大东区相继发生8起汽车被烧案件，经刑侦部门认定系人为纵火。此案发生在辽宁省“两会”召开前期，引起了市公安局领导的高度关注，迅速抽调精干警力开展侦破工作。专案组通过调取案发现场周围视频监控录像，确定了一名可疑的青年男子有作案嫌疑，并将其居住区域锁定在大东区如意五路附近。1月20日18时许，专案组将犯罪嫌疑人胡蒙蒙（男，21岁，山东省曹县人）抓获。据犯罪嫌疑人交代，因女朋友和其分手，产生仇视社会心理，遂以故意纵火烧毁他人汽车来发泄自己的不满。自2011年1月5日以来，犯罪嫌疑人胡蒙蒙以相同手段，纵火作案8起。

三、“5.14”系列强奸、抢劫案。2011年5月14日晚，鲁迅美术学院连续发生两起抢劫、强奸案件。此案以大学生为侵害对象，社会影响极其恶劣，副省长、省公安厅厅长薛恒做出重要批示，要求尽快侦破案件；市委常委、政法委书记常明专门听取了案件汇报。市公安局立即组成专案组，全力开展专案攻坚。与此同时，鲁迅美术学院保卫部门根据专案组的要求，进一步加大了校区巡逻工作。2011年5月24日16时，保卫人员在校园内巡逻过程中，发现一名可疑男子与本案犯罪嫌疑人相近，在秘密监控的同时，立即向专案组汇报。专案组第一时间赶到现场，将犯罪嫌疑人秦秀岩（男，26岁，沈阳市大东区人）抓获，缴获作案用的尖刀、口罩、避孕套。经突审，秦秀岩对5月14日在鲁迅美术学院实施抢劫、强奸的犯罪事实供认不讳。同时，还交待了自2008年刑满释放后，先后窜至鲁迅美术学院、辽宁大学等大学校园，以女大学生为侵害对象，实施抢劫、强奸犯罪。

四、“7.3”抢劫杀人案。2011年7月3日凌晨2时许，和平区抚顺路19号6单元内发生一起楼道抢劫、杀人案，被害人孔连荣（女，64岁）被人杀死。市公安局抽调精干力量，组成专案组，全力开展专案攻坚。经查看视频资料，专案组锁定了一名在案发前后出入现场的可疑人员，并成功串并5起抢劫案件。专案组以此为突破口，于7月10日22时许，在西塔地区延边街宝石洗浴门前将犯罪嫌疑人郑永男（男，36岁，朝鲜民主主义人民共和国人）抓获。经审讯，郑永男交待了于2011年6月16日由吉林省集安市非法入境，17日到达沈阳，在和平西塔地区连续抢劫作案，7月3日凌晨因抢劫孔连荣遇其反抗，持刀将其杀害的犯罪事实。

五、“10.26”劫夺监狱服刑犯案。2011年10月26日14时18分，辽宁省沈阳第二监狱在押人员朴永君在沈阳市242医院看病期间，四男一女袭击看押民警，公然暴力劫夺在押犯人朴永君，使其脱逃。市公安局迅速成立了由许文有局长任组长，省司法厅副厅长张凡、副局长张振铎任副组长的“10.26”专案指挥部，抽调精干警力组成联合专案组，全力开展侦破工作。专案组迅速调取了现场视频资料，确定参与此案的女子系朴永君女友金春香（女，33岁，朝鲜族人，辽宁省大洼县人）。专案组立即开展侦查，于案发当日，将蒋志鹏（男，23岁）等四名从犯抓获。鉴于案情重大，朴永君、金春香被立为公安部A级逃犯。11月7日21时许，专案组经过艰苦细致的调查，获悉朴永君、金春香二人可能潜逃到吉林省。专案组立即连夜赶赴吉林市开展抓捕。11月9日凌晨3时30分，抓捕组在当地警方的配合下，抓获了窝藏朴永君的金永哲（男，42岁，系朴永君表弟），通过突审查明朴永君、金春香藏匿地点。9日早7时50分，抓捕组将金春香、朴永君抓获，一举成功侦破了这起劫夺监狱服刑犯案件。

六、“8.10”故意杀人案。2006年8月10日，薛金成与同村村民宋祥亮因承包土地问题发生口角，薛金成用随身携带的尖刀将宋祥亮扎死后潜逃，被列为网上逃犯。同年8月16日，法库县局民警在沈阳市于洪区沙岭镇对其进行抓捕时，薛将侦查员吴金山扎成重伤后再次潜逃，被公安部列为B级逃犯进行通缉抓捕。2006年以来，市公安局始终没有间断过对薛金成的抓捕工作，先后组织人员到黑龙江七台河、桦川、庆安、大连、赤峰、河北任丘等地，但始终抓捕未果。2011年“清网行动”中，市公安局将薛金成列为重点抓捕对象，抽调精干力量组成联合抓捕组，全力缉捕薛金成。抓捕组通过对其家属反复宣讲政策，得到了家属的理解和支持。9月22日，薛金成亲属反映其可能在内蒙古通辽藏匿，专案组迅速赶赴通辽开展侦查，经过连续29个小时的连夜奋战，终于查明薛金成藏匿在内蒙古克里木盟扎鲁特旗北乡镇一种植甜菜的山沟中。抓捕组兵分四路，对薛的居住地点进行合围，成功将薛金成抓获。

七、“2.26”公安部督办特大生产销售假冒图书案。2011年2月19日，在公安部、省公安厅开展的“亮剑”行动中，市公安局获取一条利用货运形式非法出售盗版书籍的重要线索，立即抽调精干警力，全力侦办此案。经查，该犯罪团伙系由李某、乔某、王某等人组成的较为固定且分工明确的犯罪团伙。该团伙以设在河南省新乡市的“永盛书店”为依托，大规模从事盗版中小学教辅图书批发的违法犯罪活动，2008年以来，该团伙共批发盗版教辅图书达1000余万册，涉案金额近亿元。3月7日，在省公安厅的统一指挥下，通过点滴线索，不断追根溯源，参战人员南下北上，直至将位于新乡市的特大非法销售盗版图书的窝点成功打掉，相继在河南省新乡市、辽宁沈阳市、本溪等地抓获犯罪嫌疑人12名，查获盗版图书210余万册，销售账目200余本，彻底捣毁了遍及全国24个省（市）、自治区，近50个城市400个销售网点的特大销售网络。此案因涉及面最广（销售网络达全国24个省份）、涉及金额最大（近1亿元），被公安部评为“亮剑”行动十大之最案件。

八、“1.27”公安部督办特大制造、运输、贩卖毒品案。2011年6月27日，在公安部和省公安厅的协调指导下，在大连、抚顺、铁岭、锦州、盘锦及广东、四川等地公安部门的配合下，市公安局实行多地区、多警种协同作战，经过近5个月的艰苦侦查，转战三省八市，行程数万里，成功破获了一起代号为“1.27”的特大制造、运输、贩卖毒品案件。打掉了一个长期潜伏、结构完整且又联系紧密的贩毒集团，摧毁了由四川通过广东及辽宁省大连市制造、运输毒品到沈阳的一条跨省贩毒通道。此案共抓获包括主犯夏军、陈明、洪星、孙洪明和张佼佼在内的违法犯罪嫌疑人82名；现案缴获毒品冰毒2396余克、冰毒片1200余克、K粉500余克，海洛因150余克、新型毒品开心水400余克；扣押涉案车辆1台，缴获毒资20余万元，打掉制毒工厂一处，收缴制毒设备及毒品原料一批；同时，还缴获自制手枪1把及子弹10发，彻底摧毁了这一组织严密、毒品交易量大的特大制造、运输、贩卖毒品犯罪网络。

九、制售“有害豆芽”案。2011年4月17日凌晨2时，市打假办经过前期秘密侦查，组织市公安局及市质监局、农委等单位联合作战，及时捣毁了位于和平区浑河站乡下河湾村的制售“有害豆芽”黑窝点，现场查获使用有害非食品添加剂制成的豆芽2吨，半成品8吨，对蹇明志等4人（均为锦州北宁市人）以涉嫌销售有毒、有害食品罪刑事拘留。为全面清剿“有害豆芽”，确保沈城百姓健康，从4月18日至21日，集中组织对全市所有豆芽销售网点进行全面排查。经缜密侦查，循线追击，4月19日19时许，在苏家屯区林盛堡附近，将此案非法提供并出售非食用发豆芽药剂的犯罪嫌疑人张显君成功抓获。当场在其驾驶的辽K15808五菱微型面包车内，缴获9编织袋、5铁桶、1纸壳箱非食用的发豆芽药剂，约有10余个品种。经查，张显君于2005年10月开始，非法向吉林、黑龙江等地，以及省内沈阳、辽阳、盘锦、鞍山等地200余个业户出售非食用发豆芽药剂，作为加工豆芽原料。经工作，该案共刑事拘留犯罪嫌疑人26名，缴获“有害豆芽”和非法添加剂60余吨，全部进行了无害化处理。该案受到了中央、省、市和公安部领导的充分肯定，并做出专门批示。中央电视台“今日说法”栏目等中央及媒体先后予以正面宣传报道。

十、公安部督办特大网络销售“曲美”假药案。2011年8月2日，市公安局通过国家食品药品监督局稽查局，及时获取一网络销售假药案件线索。经初查，本市居民宋某某在互联网上销售“曲美”药品，其爱人关某以其名义在淘宝网上销售“曲美”药品，宋、关两人销售该种药品行为均涉嫌犯罪。鉴于案情重大，公安部对此案指定管辖，由沈阳市公安局负责侦办，并列为公安部督办案件。8月8日，办案人员在皇姑区塔湾家乐福附近，将正在销售假药的关某现行抓获，当场查获正在销售的盐酸西布曲明胶囊15袋，在其家中又及时缴获42袋。经查，关某先后从四川、广东、江苏、上海、安徽、重庆等地，多次购进大量盐酸西布曲明，通过网络交易平台销往全国各地，销售网络庞大复杂，并导致一名食用者（已死亡）家属多次到国家食药监局上访。经深入浙江、四川、广州、北京、上海等10余各省、市调查深挖，及时查封20余家通过网络非法营销的“淘宝商户”，抓获犯罪嫌疑人5名（已被逮捕）。此案的成功侦破，公安部专门发来贺电，并被列为“全国2011年打击制售假药犯罪10起典型案例”

（张 磊）

检 察

【审查逮捕和审查起诉】 2011年，沈阳市两级检察院始终把维护沈阳市稳定摆在首要位置，进一步加强审查逮捕和审查起诉工作。对严重危害社会治安秩序、侵犯公民生命财产安全等重大有影响的案件，适时介入，引导侦查取证，依法从严从快审查逮捕和提起公诉。2011年共受理审查逮捕案件1.07万件1.38万人，受理审查起诉案件1.18万件1.56万人。批准逮捕7791件9840人，提起公诉1.07万件1.42万人。其中，批准逮捕黑恶势力犯罪、严重暴力犯罪、毒品犯罪、多发性侵财犯罪的犯罪嫌疑人4947人，提起公诉5794人。着力惩治危害食品安全、侵犯知识产权，以及危害道路交通安全等侵害民生民利的犯罪，批准逮捕生产销售有毒有害食品、侵犯商业秘密、假冒注册商标等犯罪嫌疑人986人，提起公诉1332人，对危险驾驶犯罪嫌疑人提起公诉153人。依法批捕、起诉了李黎明以恶劣方法报复杀人、荆伟振等人使用有毒原料制售牛板筋等有影响的案件，有力保障了沈阳市稳定和经济发展。

深入贯彻宽严相济的刑事政策，加强未成年犯罪嫌疑人审查逮捕、审查起诉一体化工作。对轻微刑事犯罪，特别是其中的初犯、偶犯、过失犯罪和未成年人犯罪，依法适用轻缓刑事政策。严格执行逮捕条件证明制度，对涉嫌犯罪但无逮捕必要的，依法不批准逮捕1914人；对犯罪情节轻微、社会危害较小的，依法不起诉416人。加强检察环节社会治安综合治理，开展未成年人犯罪预防调查研究，向有关部门发出检察建议，对未成年犯罪嫌疑人落实帮教措施285人。继续深入学校、社区和农村，举办法律咨询和法制宣传教育470余次，受教育人数近13万人。

（冯茉莉）

【查办和预防职务犯罪】 进一步强化职务犯罪侦查工作，完善侦查一体化工作体系，不断规范侦查行为。认真落实中共中央《关于加大惩治和预防渎职侵权违法犯罪工作的若干意见》，将查办渎职侵权犯罪案件摆在重要位置，积极提升办案质量和效率。共立案查办职务犯罪案件261件323人。其中，贪污贿赂犯罪案件185件236人，渎职侵权犯罪案件76件87人。重点查处犯罪数额巨大、危害严重的职务犯罪案件，立案查办贪污贿赂犯罪数额超过5万元、挪用公款犯罪数额超过10万元，滥用职权造成直接经济损失超过50万元、玩忽职守造成直接经济损失超过100万元等大案153件；立案查办副处级以上干部犯罪的要案60件。立案查办发生在工程建设、矿产资源开发、国有资产管理经营、金融等重点领域的职务犯罪案件40件45人，发生在征地拆迁、医疗卫生、社会保障、环境保护、安全生产等民生领域的职务犯罪案件51件61人，发生在司法领域的职务犯罪案件30件32人。坚持打击与保护并重，注重办案方式、方法，及时追缴赃款赃物，通过办案为国家和企业挽回直接经济损失8837万元。

积极做好预防职务犯罪工作，努力提升预防实效。一是深化专项预防工作。继续为沈阳市地铁工程、全运会场馆建设、城区改造等重点工程和民生工程开展专项职务犯罪预防工作，组织“送法进工地”等活动，增强有关人员的廉洁自律意识和防范能力。二是推动社会化预防职务犯罪网络建设。会同有关部门召开联席会议，制定实施《沈阳市人民检察院推动行政执法部门加强职务犯罪预防工作实施意见》，建立与行政执法部门案件线索移送制度。三是进一步加强预防调查、咨询和行贿犯罪档案查询工作。深入有关行业和单位，积极发现案件线索和管理漏洞，发出有针对性的检察建议133份，开展预防咨询78次、行贿犯罪档案查询2311次。紧密结合所查办的职务犯罪案件，加强类案预防和前瞻性研究，形成《2010年度沈阳市职务犯罪研究报告》，报送市委、市人大、市政协。四是做好预防宣传警示教育工作。举办全国检察机关惩治和预防渎职侵权犯罪沈阳巡展，沈阳市人大代表、政协委员和市直机关、国有企事业单位人员近7000人参观展览。深入党政机关、国企和高校开展警示教育宣讲215次，受教育人数达52000人。

（冯茉莉）

【依法开展诉讼监督】 继续深入落实《辽宁省人民代表大会常务委员会关于加强人民检察院对诉讼活动的法律监督工作的决议》，不断强化监督意识，深入开展各项诉讼监督工作。

依法开展立案监督和侦查活动监督。进一步完善监督机制，规范监督行为。对应当立案而未立案的，督促侦查机关立案88件；对应当逮捕而未提请逮捕、应当起诉而未移送起诉的，决定追加逮捕280人，追加起诉258人，防止有案不立、有罪不究。对不应当立案而立案的，督促侦查机关及时撤销案件41件。对不应当追究刑事责任和证据不足的，决定不批准逮捕1794人，不起诉35人。依法监督纠正侦查机关违法取证、滥用强制措施及逮捕后随意变更强制措施等违法行为126件。加强对技术性证据的文证审查，发现并纠正中介鉴定机构的错误鉴定和瑕疵鉴定17件。

依法开展审判监督。沈阳市两级检察院检察长列席审判委员会会议72次，派员出庭支持公诉和出席民事行政再审法庭4648件次。加强刑事审判监督。推进量刑建议制度改革，对3660件公诉案件开展量刑建议工作。对毒品犯罪等类案开展调研，与审判机关共同采取有效措施，避免沈阳市各地区出现量刑差异。对符合抗诉条件的刑事判决、裁定，依法支持抗诉16件。推进民事审判和行政诉讼监督。强化对劳动、土地纠纷等民生领域案件的监督，坚决打击虚假诉讼，支持有关单位、当事人对侵害国家利益和公共利益的案件提起民事行政诉讼。对认为确有错误的民事行政判决、裁定，依法抗诉21件，提请辽宁省人民检察院抗诉45件，提出再审检察建议9件。

依法开展刑罚执行和监管活动监督。坚持以办案促监督，立案查处刑罚执行和监管活动中的职务犯罪案件8件10人。开展对假释的专项监督和保外就医检查活动，监督执行机关将不符合或已经丧失保外就医条件的20名罪犯重新收监。对监外执行罪犯的社区矫正工作开展监督试点，促进社会管理创新。开展与看守所交付监狱服刑人员和刑满释放人员回访谈话682人次，对发现的违法违规问题，发出检察建议46份，及时监督纠正。推进驻看守所检察室规范化建设，为沈阳市看守所全部监室统一制作在押人员权利义务告知板，依法监督纠正械具和禁闭室使用中存在的问题，进一步加强对在押人员合法权益的保护。城郊地区检察院荣获“全国检察机关监所检察工作先进集体”称号。

依法开展涉检信访化解工作。坚持首办责任制和责任倒查制，依法受理人民群众的控告、申诉和举报1483件，其中直接审查、办理和答复1234件，按管辖权限移送其他机关248件。坚持检察长接待制度，沈阳市两级检察院正副检察长接待来访486人次，批办案件228件，已办结178件。坚持重点涉检信访案件领导包案制度，积极化解涉检信访积案。坚持开展“文明接待室”创建活动，沈阳市两级检察院有8个单位荣获全国检察机关“文明接待示范窗口”、“文明接待室”等称号。建立执法办案风险评估预警制度，从源头上减少涉检信访案件的发生。

（冯茉莉）

【检察队伍基础建设】 一是加强思想政治和职业道德建设。落实沈阳市委和上级检察院部署，开展“发扬传统、坚定信念、执法为民”争做雷锋式的检察官主题教育实践活动。发挥先进典型的示范带动作用，开展向法库县检察院检察官石俊英同志学习活动，努力提升检察人员的职业道德素养。二是加强廉政建设。认真学习贯彻《中国共产党领导干部廉洁从政若干准则》和《检察机关领导干部廉洁从检若干规定》，开展"维护人民群众合法权益、解决反映强烈突出问题"专项检查活动，完善岗位廉政风险防控体系，强化对重点岗位和环节的监督。加强警示教育，严格执行领导干部廉政谈话制度。坚持对全市两级检察院纪律作风情况进行经常性检查，切实规范检察执法行为。三是加强专业化建设。对检察工作中的重要问题和复杂疑难案件，全市两级检察院召开检察委员会集体研究556件次，不断提高工作决策的科学性。强化岗位练兵，以诉讼监督能力和职务犯罪侦查能力为重点，组织岗位练兵和培训活动1652人次，努力营造钻研业务的良好氛围。在全省公诉人论辩赛中，沈阳市检察院参赛选手荣获第一名。四是加强基层检察院建设。深入推进基层检察院班子和干部队伍建设。与有关方面协调，加快基层检察院基础建设，有3个基层检察院的办公、办案用房建设顺利进行。争取中央政法专项资金，为全市基层检察院改善了部分办案装备。和平区检察院被最高人民检察院授予"全国先进基层检察院"称号。

（冯茉莉）

【自觉接受监督】 沈阳市两级检察院更加自觉主动地接受监督。一是更加主动地接受人大及其常委会和人大代表监督。专题研究落实市人民代表大会及其常委会对检察工作的要求，积极办理人大常委会督办案件，2件督办案件已全部办结。邀请代表视察检察工作，专题汇报反渎职侵权工作情况，并根据代表的建议和意见，不断改进工作。二是更加自觉地接受政协民主监督、人民群众和新闻舆论监督。认真向市政协通报工作，主动邀请政协委员视察和监督检察机关重大活动，积极听取、采纳政协委员及社会各界人士的建议、批评和意见，2件委员提案已办结。推进检务公开，主动发布检察工作进展情况，在主要媒体播发检察工作新闻稿件596件，不断增加检察工作的透明度。三是更加全面地接受人民监督员监督。按上级检察院部署，进一步规范工作程序，健全人民监督员的意见、建议办理机制。全市两级检察院立案侦查的职务犯罪案件中，符合最高人民检察院有关规定的案件25件，全部接受了人民监督员的评议监督。

（冯茉莉）

审　判

【概述】 2011年，全沈阳市两级人民法院共受理各类案件14.52万件，审结13.63万件，同比分别上升3.7%和3.6%，结案率93.9%。其中市中级法院共受理各类案件1.82万件，审结1.69万件，结案率92.9%。全市法院工作得到了各级组织的肯定和表彰，共有66个集体和131名个人被授予全国、省、市先进集体和先进个人的光荣称号。市法院被评为全国法院司法宣传工作先进单位，市法院立案一庭诉讼服务中心、和平法院被评为全国法院立案信访窗口先进集体，市法院民四庭被评为全国法院破产工作先进集体。法库法院、沈河法院被评为全省优秀法院。苏家屯法院林盛堡法庭庭长黄丹凤被评为辽宁省"三八"红旗手，市法院刑二庭审判长沈莹、行政庭副庭长高子丁、执行三庭助审员史永成、和平法院立案庭庭长安萍、开发区法院大潘法庭副庭长杨松被评为辽宁省"雷锋式政法干警"，市法院民二庭副庭长陈林、大东法院民二庭庭长刘鹏被评为全省优秀法官。

（贾俊兴）

【刑事审判】 沈阳市中级法院充分认识当前刑事犯罪高发的严峻态势，积极参与打击侵犯知识产权和制售假冒伪劣商品的专项治理活动，继续推进量刑规范化工作，严格执行刑事证据规则，确保每一起案件都经得起法律和历史的检验。筹备召开了市公检法机关分管领导参加的联席会议，与会人员就刑事案件证据的收集、固定、审查中遇到的难点和争议较大的问题进行了研讨，统一了办案要求和标准，达成了共识，促进了刑事案件办案质量的提高。平稳有序宣判了蚁力神集团王某某等55名被告人合同诈骗案，查封扣押近亿元涉案财产。依法稳妥审理了原朝阳市人大主任李某某、原朝阳市委常委、凌原市委书记宋某某受贿案、从快审理了首批20起危险驾驶犯罪案和危害人民群众生命健康的生产、销售"毒豆芽"案等一批有重大社会影响的刑事案件，有力打击了违法犯罪行为，维护了社会稳定。2011年，全市两级人民法院共受理刑事案件1.21万件，审结1.18万件；其中市中级法院受理1121件，审结1036件。

（贾俊兴）

【民事审判】 沈阳市中级法院在民事案件审判中，依法积极审理劳动就业、人身损害赔偿、住房以及金融保险、商贸物流等方面的纠纷，稳妥处理企业破产和公司清算案件，进一步加强对自主创新品牌、核心关键技术和文化创意产业知识产权的司法保护，努力为保障民生和提高国家核心竞争力做出积极贡献。继续坚持能动司法，积极深入企业走访调研，及时了解、全面把握社会各方面对司法的需求，为企业发展和社会进步提供法律服务，创造法制环境。高度重视民生案件的审理工作，成功调解了高龄老人持夕阳卡乘坐公交车摔伤赔偿案、苏家屯一农民因其女输液死亡诉某医院赔偿案等人大代表关注或有严重上访倾向的疑难复杂案件。针对群体性案件增加的趋势，强化主审法官、审判长、庭长、院长四级联动调解机制，圆满调撤了34件业主诉中乾公司商品房销售合同纠纷案、26件业主诉丰大公司逾期交房办证纠纷案，取得了良好的社会效果。在坚持依法公平公正审理、正确适用法律的同时，高度重视法律效果和社会效果的有机统一，创新能动司法形式，在市知识产权局、市版权局、市工商局举办的培训班和研讨会上，应邀授课或进行主题发言，促进了全市品牌经济的健康发展。充分发挥金融审判庭的职能作用，积极为金融企业提供政策咨询和法律服务，对金融案件做到快审、快判，最大限度地保护了国有金融债权，有力地维护了金融安全。继续加强破产清算案件的审判工作，加强了破产管理人队伍的培训和管理。成功调处了涉及沈阳木兰电子公司千余名职工安置和股民利益的朝阳木兰大厦权属争议案、国台办和社会各界关注的英属华菱投资公司诉辽宁新锐汽车公司借款合同案，充分保护了当事人的合法权益。2011年，全市两级人民法院共受理民事案件9.73万件，审结9.08万件；其中市中级法院共受理1.04万件，审结9544件。

（贾俊兴）

【行政审判】 沈阳市中级法院在行政案件审判中,继续在强化协调和解上下功夫,积极开展“进机关”能动司法活动,推进行政机关负责人出庭应诉,最大限度地化解行政纠纷,促进社会和谐。在和平、沈河、苏家屯法院开展行政诉讼简易程序试点工作,缩短了结案时间,减少了诉讼成本。完善行政审判例会制度,加强对基层法院的业务指导和案例指导,提高了行政审判质量和效率。紧紧围绕市委、市政府的重点工作,认真研究贯彻《国有土地上房屋征收与补偿条例》,依法保护被动迁人的合法权益,有力地支持和推动政府依法行政。2011年,全市两级法院共受理行政案件1526件,审结1446件;其中市法院共受理964件,审结941件。

(贾俊兴)

【未成年案件审判】 沈阳市中级法院在未成年案件审判中,积极推进审判方式探索和改革,尽最大力度教育和挽救失足未成年人。继续深化“法官进校园”活动,选派377名优秀法官担任371所中小学校法制副校长、辅导员,举办校园法制讲座、模拟法庭等485次,受教育面达17万余人次。与沈阳广播电视台联办“天天说法—托起明天的太阳”栏目12期,社会工作者站对55名被判处缓刑的未成年罪犯进行了热诚帮教,帮助34人找到新的工作,15人重新复学。自2009年以来,全市法院开展的“法官进校园”活动,有效地遏制了青少年违法犯罪数量连年攀升的态势,在校学生犯罪数量呈现出平稳下降的良好趋势,2011年青少年犯罪数量比2008年下降了12.2%。

(贾俊兴)

【案件执行】 沈阳市中级法院在执行工作中,进一步规范执行程序,继续推进分段集约执行试点工作,细化执行联动和威慑机制,及时穷尽措施调查被执行人财产,在时限内完成评估、拍卖工作,不断完善保障顺利执行的长效工作机制,整合审判资源,提高执行效率。积极开展反规避执行专项活动,对规避执行行为采取了罚款、拘留、限制出境以及依法判处拒执罪等多种反制措施,与金融、工商、城建、土地、房产等部门建立协作关系,重拳打击有履行能力而规避执行的被执行人,对366名“赖账者”在新闻媒体上进行曝光,对141人次采取限制出境、限制开发立项、限制贷款消费等反制措施,依法实施拘留433人次,判处拒执罪11人,执结规避执行案件277件,有效地推动执行工作向纵深发展。全市法院共受理执行案件2.89万件,执结2.69万件,实际执行率66.7%,同比上升了9.2个百分点。

(贾俊兴)

【审判监督】 沈阳市中级法院创新监督纠错机制,统一改判标准,探索建立科学的改判程序,改判案件时加强与原审判庭和办案人的沟通,确保再审裁判质量,提高对再审改判案件的理解和认同。申诉复查工作继续提高案件审理的透明度,确保案件提审标准正确、驳回理由充分。继续加大信访案件息访化解力度,实现了在最高法院程序访、越级访“减量退位”的工作目标,化解中政委交办的“进京重复访”案件633件,化解率99.2%,申报终结访案件163件,省法院予以确认终结154件,通过率94.5%。市法院通过充实审判力量、加强协调调度等多种措施清结再审积压案件102件,同比提高467%。进一步强化接受监督意识,有力推进了司法公开和民主。更加重视督办案件的办理,加大了管理调度力度,共办结领导机关交办案件和代表委员建议、提案208件,期限内办结率85%,办复率100%。接待人大代表、政协委员来信来访450余件次,市法院被省人大授予“代表建议办理先进单位”荣誉称号。创新接受监督方式,组织邀请了70名人大代表对7个基层法院开展了异地交叉视察活动,强化了监督效果。继续开展邀请人大代表、政协委员旁听庭审活动,共组织代表、委员1013人次旁听了100件案件的庭审和听证。积极开展“群众评议法院、群众评议法官”活动,发放调查问卷3000份,回访当事人4560案次。市法院先后就人才培养工作、构建大调解工作格局、开展反规避执行专项活动等重点工作召开新闻发布会12次,在互联网上公开裁判文书2104份,基层法院邀请人民陪审员参审案件1.83万件,一审案件陪审率达60.6%,同比上升23.5个百分点,切实增强了法院工作的公开度和透明度。充分发挥审判监督职能,市法院共审结再审案件282件,其中改判57件,发回重审92件,改发率52.8%,及时纠正了错误裁判。

(贾俊兴)

【审判管理】 2011年,全沈阳市法院以开展审判质量监督管理年活动为契机,进一步完善审判管理机制,加大审判管理力度。市法院先后修订了《审判质量和工作业绩考评办法》、《案件质量评查办法》,制定了《关于规范院长、庭长监督指导办案的意见》的实施细则,并先后编发司法统计通报、流程通报、改判案件评查、常规案件评查、审委会通报、审判管理通报等分析通报31份,7次召开两级法院审判工作例会,及时调度全市法院审判工作运行情况。各基层法院在完善审判管理机制的基础上,通过加大质量评查力度、落实改发案件责任、强化审判流程管理等多种方式加大了审判管理力度。

(贾俊兴)

【纪检监察】 为进一步提升司法公信力,树立司法权威,沈阳市中级法院坚持从教育预防、从源头治理入手抓好反腐倡廉建设,着力强化任职前教育、重点岗位教育和节日等重点时段教育,邀请最高法院纪检组领导做反腐倡廉教育报告,提高了全体干警抵御诱惑、加强自律的意识和能力。认真贯彻最高法院《关于对配偶子女从事律师职业的法院领导干部和审判执行岗位法官实行任职回避的规定》,将两级法院应当任职回避的法官调离了审判执行岗位。建立廉政建设联席会议制度,及时发现并妥善解决苗头性、倾向性问题。继续加大错案责任追究和违法违纪案件查处力度,两级法院对2009年以来的7件错案责任人进行了追究,查处了8名违法违纪干警,有效警示了干部队伍廉洁执法。积极开展整治庭审不规范行为专项活动,加大对纪律作风的检查、整治力度,《辽宁法治内参》记者和省法院先后三次对我市法院进行了暗访,暗访通报中对沈阳法院的立案接待、庭审活动以及工作作风等给予了全面肯定和积极表扬。组织人大代表、政协委员为主体的作风形象监督员和廉政建设监督员,对全市法院廉政建设、审判执行、纪律作风等进行全方位、全过程的明察暗访,促进司法公正、廉洁司法,使队伍整体形象得到有效改善。

(贾俊兴)

司法行政

【律师工作】 一是"五个顾问团"作用充分发挥。全市律师以老工业基地、民营经济、涉外经济、县域经济和政府法律顾问等"五个法律顾问团"为平台,深入开展"千名律师服务千家企业"活动,为50个省市级重点建设项目和63家"百强企业"、1600余家企业担任法律顾问,提供专业法律服务,涉及标的额500多亿元,避免经济损失20多亿元。积极参与涉法涉诉信访,全市律师累计参加信访值班2653人次,累计接待上访群众1.75万批次,其中集体访306件次,参与疑难案件论证会168次。

二是律师执业能力不断增强。组织律师开展法律体检、风险评估、职工培训、法制讲座等针对性较强的服务,全市已有50%的律师所在机械制造、能源、金融、国际贸易、知识产权和社会服务领域中占据法律服务主导地位。全市律师所已发展到196家,有执业律师2677人,服务领域已拓展至机械制造、能源、金融、国际贸易、知识产权和社会服务等诸多行业,全年代理各类案件1.7万件,其中刑事案件代理7135件、民事案件8762件、行政案件632件,办理非诉讼法律事务8012件。

(姜虹羽)

【公证工作】 一是公证服务领域进一步拓展。公证工作不断加大质量监管力度,以信息化促进规范化,为重点领域、重点工程、重点项目服务,积极探索公证主动参与预防、化解矛盾纠纷的方式方法,切实履行现场监督、证据保全等职责,办理土地挂牌出让、企业维权的现场监督和保全证据公证;积极为城市发展、新农村建设、城乡居民置产创业、财产处置、对外经济交往等提供周到细致的公证服务,维护合法权益;为种子、农药、化肥等农业生产资料的买卖合同和农村基层组织选举提供公证法律服务。优先办理企业融资、兼并重组、招投标、劳务合同等公证事项,加强质量管理,发挥信息平台的规范和监督作用,实现了以质量促公信。全市共有公证机构15家,公证员81人,其中公证一处公证员14人,公证二处公证员19人。全市公证系统连续五年实现无错证、无假证和无不合格卷的"三无"工作目标。

二是便民措施进一步强化。落实便民利民服务措施,免费发放业务资料6万余份。积极为老年人、残疾人申请办理的公证事项提供上门服务,开展公证法律援助工作,开辟绿色通道,为弱势群体减免公证服务费用。全市共办理各项公证近10.22万件,收费3164.4万元。其中,办理国内民事公证5.39万件,办理国内经济公证6430件,办理涉外公证4.14万件,办理港澳台公证422件。提供上门服务910件次,公证法律援助678件,全市公证减免服务收费200余万元。

(姜虹羽)

【监狱、劳教】 一是全面落实"首要任务"。认真执行和落实市局各项管理制度和规定,不断完善"五项机制"和以人防为主的"四道防线"。深入开展"百日排查"活动,制定并下发《安全稳定工作例会制度》,强化狱侦和信息工作,准确研判分析狱情所情,有针对性地完善相关措施,及时消除安全隐患。康家山监狱、东陵监狱和沈新、张士劳教所已分别连续16年、15年和9年实现安全稳定的"四无"工作目标。

二是认真贯彻"首要标准"。严格执行《教育改造工作规程》,全面完成了各项教育计划,突出"三心"教育,罪犯、劳教人员心理测试率不断提升;教育改造评估工作积累宝贵经验,开展个别教育能手和标兵评选活动,干警管理教育能力进一步提升。

三是深入推进依法治监(所)。不断加大狱(所)务公开力度,以确保重要执法环节的公平公正为重点,坚持严格、公正、廉洁执法。

四是扎实推进强制隔离戒毒工作。沈新劳教所成立了强制隔离戒毒大队,在软硬件建设和业务培训等方面做了大量前期准备工作,已具备收治能力。

(姜虹羽)

【基层法律服务】 一是司法所建设更加规范。全市共有司法所200家,工作人员641人,其中司法专项编386人。其中街道司法所119个,乡镇司法所81个,达到省级规范化标准的司法所162个,占司法所总数的81%。全市司法所硬件建设和规范化建设取得显著成果,市司法局被评为"全国司法所建设先进单位"。

二是扎实推进"双联"服务。已为2159个基层单位担任法律顾问,现场服务5666次,业务联系2万余次,解答群众法律咨询4.8万次,代理诉讼和非诉讼案件1853件,协助处理信访案件878件,受理法律援助案件463件。双联工作在全市律师和司法所的共同努力下取得了实实在在的成果。

三是扎实推进社区矫正试点工作。承担首批试点任务的和平、于洪两区区委和政府高度重视,两区司法局大胆实践,在实现"六个落实"等方面积累丰富经验,第二批53个乡镇(街道)社区矫正试点工作积极跟进。各区县(市)均已成立社区矫正工作领导小组和机构,落实工作经费。全市招录社区矫正助理员207人。圆满完成了试点工作和推进工作。

四是司法鉴定工作取得积极进展。市属司法鉴定机构28家,执业司法鉴定人229人,加强了司法鉴定标准化建设和规范化管理,全市鉴定机构共办理各类业务1.3万件,司法鉴定质量、规范化管理水平进一步提高。

五是圆满完成2011年度国家第十次司法考试沈阳考区的考务工作。沈阳考区参考人数7727人，沈阳考区考生总数占全省总数的56%，考务工作实现了“四严四最”工作目标。

（姜虹羽）

【基层人民调解】 一是加强行业性、专业性人民调解组织建设。全市共有各类人民调解组织2741个。深入贯彻实现《人民调解法》，不断强化人民调解组织网络建设，建立劳动人事争议纠纷窗口101个，开展交通纠纷调解试点，在八个重点商业区设立纠纷调解组织。

二是强化人民调解员队伍建设。以开展矛盾纠纷排查化解为重点，认真组织广大基层人民调解组织和人民调解员，有人民调解员1.83万人，其中专职3913人，兼职1.44万人。积极开展“抓源头、固防线，化解矛盾在基层”专项活动。全市普遍开展了人民调解员等级评定工作，极大地调动人民调解员的积极性。开展了形式多样的学习宣传《人民调解法》活动，队伍整体素质不断提高。

三是认真开展矛盾纠纷排查化解。深入开展“人民调解进万家，化解矛盾在基层”专项活动，全市共排查调处各类矛盾纠纷2.07万件，调解成功率达96%，为维护全市的社会稳定作出了积极的贡献。

（姜虹羽）

【安置帮教】 一是进一步建立健全安置帮教组织机构。强化沈阳市安置帮教工作领导小组成员单位的职责，巩固区县、乡街两级安置帮教工作机构，完善工作制度，充实工作力量，健全信息管理系统，提高社会化管理水平，认真落实“两个纳入”政策，积极推进经费纳入各级财政预算、过渡性安置基地建设和刑释解教人员衔接管控等措施的落实。

二是加强释解人员的安置和帮扶。切实履行市刑释解教安置帮教工作领导小组办公室职能，积极抓好安置帮教机构与监狱、劳教所、看守所的工作衔接，实施教育改造与安置帮教“一体化”工程，形成全社会共同参与、联动管理的新格局，避免刑释解教人员出监所后没有同家庭和基层组织衔接就直接流入社会，成为人口管理的盲区。

三是开展对全市在教人员信息核查工作。对服刑在押在教人员基本信息进行了认真核查，进一步建立完善刑释解教人员信息库，建立监所与区县司法局、司法所沟通互动的信息反馈机制。

（姜虹羽）

【普法教育】 2011年，沈阳市继“四五”普法之后，再次荣获“全国法制宣传教育先进城市”荣誉称号，实现了“两连冠”。

在此基础上，一方面，全力做好“六五”普法的启动工作。制发《关于在公民中开展法制宣传教育的第六个五年规划》，市委召开了全市“六五”普法工作会议，安排和部署了全市法制宣传教育工作。

另一方面，一是继续扎实推进“法律六进”。深入开展多层次、多领域的法治创建活动，苏家屯区被评为“全国法制宣传教育先进城区”；免费发放市民、农民《最关心的法律问题解答》10万册，累计已达160余万册。全年开展专项法制宣传260余次，举办法制讲座2000余场。二是精心组织“12.4法制宣传日”系列活动，发放各类普法资料40余万份，解答群众咨询5000余人次。三是创新普法载体，在全市主要街路和商业区，利用电子大屏幕播放法制宣传公益片，中国沈阳普法网和中国沈阳法律服务网开设《‘六五’普法在沈阳》、《社区矫正》和《人民调解法》等专题栏目。

（姜虹羽）

【法律援助】 一是积极服务民生。深入开展“服务民生、促进和谐，法律援助在行动”主题活动，扩大法律援助范围，提高服务质量，全市共办理法律援助案件7105件，同比增长46%；市法援中心办理案件1421件，同比增长51%。“12348律师服务团”接听群众电话咨询3万余次，非诉讼业务同比增长120%，全年共受理案件7393件。

二是开展便民活动。继续推行“三个一”服务模式和落实十项便民措施。组织关爱农民工等活动3次，累计咨询5715人次，发放材料1万余份，受理案件31件，挽回经济损失10.4万元。开展“六心”服务，受理电话申请121件，预约上门服务20次，回复民心网群众法律咨询45件。打造“10分钟法律援助服务圈”，实行网上申请等服务举措。出台为大中专毕业生和军官、士官在沈直系亲属及义务兵提供法律援助的优惠政策。

（姜虹羽）

工　　业

综　述

【工业经济保持平稳较快发展】　2011年,沈阳市工业经济总量实现历史性突破,经济效益和质量大幅度提高,实现了"十二五"的良好开局。

1. 工业总产值首次突破万亿元大关,工业对全市经济增长的贡献进一步加大。2011年,全市规模以上工业完成产值1.17万亿元,首次突破万亿元,比上年增长23.1%;完成工业增加值2960.9亿元,增长16%,分别比全国和全省平均增幅高出2.1和1.1个百分点。在全国15个副省级城市中,沈阳市规模以上工业增加值总量居第4位,增幅居第5位。工业对全市经济增长的贡献率达到51.7%,比上年提高2.3个百分点。

从行业看,装备制造业有力支撑全市工业发展。全市大口径装备制造业完成产值5829.6亿元,占全市49.9%,增长21.5%;完成工业增加值1418.7亿元,占全市47.9%,增长16.1%,超过全市平均增幅0.1个百分点。其中,机械装备制造业完成产值4035.9亿元,增长22.1%;汽车制造业完成产值1249.2亿元,增长25.8%;IT产品制造业完成产值361.8亿元,增长21.3%。此外,医药化工制造业和农副产品加工业生产也保持快速增长,产值分别增长25%和26.3%。金属切削机床、交流电动机、变压器、输送机械、泵、减速机、金属冶炼设备、工业锅炉、汽车、汽车发动机、电光源、彩色电视机等主要产品产量均有不同程度的增长。

从经济类型看,全市非公有制工业完成产值8539亿元,占全市总量的73.1%,比重比上年提高0.7个百分点,产值增长25.5%,超过全市平均增幅2.4个百分点。股份制、私营、外商投资、集体企业生产保持快速增长,产值分别增长22.8%、33.2%、24.1%和19.8%。

从轻、重工业看,轻工业生产快于重工业。全市轻工业完成产值3094亿元,增长26%;重工业完成产值8585亿元,增长22.1%。轻、重工业的比例为26.5:73.5,轻工业比重比上年提高0.7个百分点。

2. 工业经济发展方式继续向好的方向转变,主要工业经济效益指标大幅提高。2011年,全市规模以上工业经济效益综合指数达到340.7%,比上年提高30.8个百分点;产品销售率为98.8%,比上年提高0.1个百分点;实现主营业务收入1.14万亿元,增长23.9%;实现利税1038.6亿元,增长41.5%;实现利润692亿元,增长40.4%。主营业务收入、利税总额、利润总额增幅分别比工业总产值高出0.8、18.4和17.3个百分点。

从产业看,各主要产业盈利水平均保持较高幅度的增长,其中,机械装备制造业实现利润222.1亿元,增长41.6%;汽车及零部件制造业实现利润94.2亿元,增长42.1%;农副产品加工业实现利润142.4亿元,增长53.2%;电子信息产品制造业实现利润16.2亿元,增长49.3%;化工产品制造业实现利润24.9亿元,增长26.2%;钢铁及有色金属冶炼及压延业实现利润10.6亿元,增长24.9%。全市大口径装备制造业实现利润339.4亿元,占全市规模以上工业的49%,比上年增长40.1%。

3."企业提升工程"扎实推进,企业经济规模稳步提升。2011年,按照辽宁省政府的工作部署,全市工业战线扎实开展"企业提升工程",积极投身"抓环境、促提升"的具体实践,建立健全提升企业的监测和分析机制,及时解决企业生产经营中遇到的各种问题。截至年底,全市主营业务收入超过10亿元的企业达到151户,比上年净增37户。其中,主营业务收入超百亿元的企业达到9户,分别是:沈阳机床(集团)有限责任公司、北方重工集团有限公司、沈阳远大铝业集团有限公司、华晨宝马汽车有限公司、上海通用(沈阳)北盛汽车有限公司、沈阳飞机工业(集团)有限公司、沈阳化工集团有限公司、东北电网有限公司和沈阳煤业(集团)有限责任公司。

4. 生产要素供应平稳,有效保障了工业发展。2011年,全市积极开展软环境建设,努力优化企业发展的外部环境,进一步强化生产要素协调保障工作,保证了企业对煤电油水汽运等生产要素的基本需求,确保了工业经济平稳较快发展。

全市工业用电量138.7亿千瓦时,增长9%。其中,通用及专用设备制造、金属制品、黑色和有色金属冶炼及压延加工、非金属矿物制品、化工原料及化学制品、农副产品加工、食品饮料制造等行业用电量增长超过10%。成品油销售量142万吨,增长9.1%。非生活用天然气销售量1.75亿立方米,增长26.5%。货运总量1.94亿吨,增长11.9%。其中,公路运输1.89亿吨,增长12.5%;铁路运输504万吨,下降6.3%。

(李日松)

【新开工千万元以上项目突破700个】　2011年,全市完成工业固定资产投资1523.7亿元,同比增长28.8%,占全市投资比重为33.4%。一是工业投资向四大工业发展空间集聚,体现区域经济发展重点。2011年,四大工业发展空间完成工业固定资产投资1453.6亿元,占全市工业固定资产投资的95.4%。具体情况是:铁西区、于洪区、新民市、辽中县等西部区县累计完成工业固定资产投资684.2亿元,占全市的44.9%;皇姑区、沈北新区、法库县、康平县等北部区县完成419亿元,占27.5%;东陵区(浑南新区)、苏家屯区等南部区县完成195亿元,占12.8%;大东区、棋盘山开发区等东部区县完成155.4亿元,占10.2%。和平区、沈河区等中部城区在发展都市工业方面也做出很大贡献,累计完成工业固定资产投资70.1亿元,占全市的4.6%。二是装备制造业投资比重占绝对优势,体现产业发展方向。2011年,在全市工业投资中,装备制造业完成738.7亿元,占全市工业投资的48.4%。其中,机械制造业完成606.2亿元,占39.8%;汽车及零部件业完成81.5亿元,占5.3%;电子信息业完成41.6亿元,占2.7%;航空制造业完成9.4亿元,占0.6%。其它行业的情况是:医药化工业完成101.6亿元,占6.7%;农产品深加工业完成222.7亿元,占14.6%;冶金行业完成38.7亿元,占2.6%;纺织建材、能源及其它行业完成422亿元,占27.7%。

投资千万元以上工业新开工项目超过700个。按照省"项目工程"计划的总体要求,为确保完成"十二五"期间"4611"计划目标,2011年,全市千万元以上工业新开工项目计划为700个,其中,投资亿元以上项目120个,十亿元项目10个以上。

2011年,全市新开工千万元以上项目707个,计划总投资1043.2亿元,单个项目平均投资额为1.48亿元。其中,新开工投资亿元以上项目143个,投资10亿元以上项目15个。

在707个项目中,装备制造业项目347个,总投资648.2亿元,分别占全市的49%和62.1%。其中,机械制造业277个,计划总投资306.8亿元;汽车及零部件业32个,计划总投资140.3亿元;电子信息业30个,计划总投资149.2亿元;航空制造业8个,计划总投资51.8亿元;医化36个,总投资14.8亿元;冶金34个,总投资56.1亿元;轻工195个,总投资144.2亿元;纺织建材60个,总投资67.7亿元;其它35个,总投资112.2亿元。

85个市重点工业项目开复工率达到100%。2011年,全市260个重点建设项目计划中,工业项目85个,计划总投资1784亿元,单个项目平均投资额为21亿元。其中,41个续建项目于7月底前全部复工,44个新开工项目也全部启动建设,开复工率达到100%。主要有以下三个特点:

一是装备项目引领投资方向。在85个项目中,大口径装备制造业项目48个,计划总投资1018亿元,分别占全部项目的56.5%和57.7%。包括总投资100亿元的国际特种机床装备城、总投资70亿元的上通北盛三期、总投资56亿元的华晨宝马新工厂、总投资36.8亿元的沈飞C系列等项目。

二是重大项目拉动作用明显。在85个项目中,10亿元以上项目69个,计划总投资1685.4亿元。其中:30亿元以上项目15个,计划总投资947.3亿元;50亿元以上项目11个,计划总投资805.5亿元;100亿元以上项目4个,计划总投资410亿元。

三是县域项目投资强劲。在85个项目中,县域项目57个,计划总投资1076亿元,分别占全部项目的67.1%和60.3%。其中,郊区项目44个,计划总投资808亿元;县(市)项目13个,计划总投资268亿元。县域项目比重呈日益上升的趋势。

(闫学莹)

【产业集群发展】 2011年,沈阳市产业集群总量规模迅速扩大,实现了"十二五"开门红。

一、主要经济指标完成情况

2011年28个产业集群完成工业总产值5093亿元,同比增长35%,上缴税金198亿元,入驻企业2060家,从业人员达到33万人。完成工业总产值超过百亿元的产业集群17个。全市汽车产业集群完成工业总产值1058亿元。

二、主要特点

(一)产业集群总量规模迅速扩大。28个产业集群完成工业总产值5093亿元,平均每个集群完成181亿元,同比增加53亿元。东陵(浑南)软件及电子信息、新民包装印刷、辽中机械加工3个产业集群迈入百亿元行列,使沈阳市工业总产值超百亿的集群达到17个;超200亿的11个,全市汽车产业集群突破千亿元大关。从企业入驻情况看,全市产业集群现有企业2060户,产值过亿元的企业有768户,比上年增加102户,超10亿元的有84户,比上年增加16户,百亿元以上的企业已有6户。

(二)对工业的拉动作用强劲。28个产业集群完成工业总产值5093亿元,占全市规模以上工业总产值的43.5%。尤其是全市汽车产业集群完成工业总产值占全市汽车及零部件总产值比重超过80%,装备制造、软件及电子信息、医药化工等重点产业集群产值也都分别占各自产业总产值的一半以上。

(三)成为税收增长的重要支撑。28个产业集群上缴税金近200亿元,同比增长50%,占全市规模以上工业企业上缴税金的60%。其中大东汽车一家上缴税金就超过120亿元,铁西电气及医药化工2个产业集群年上缴税金超过10亿元;铁西现代建筑、机床及功能部件、汽车及零部件和法库陶瓷4个产业集群上缴税金年底超过6亿元。特别是县域产业集群表现尤为突出,"一市三县"的11个产业集群上缴税金达到15亿元,同比增长50%以上。其中,法库陶瓷产业集群税收已占该县全部税收的40%以上。产业集群为全市税收增长做出重要贡献。

(四)有力促进了产业结构优化升级。随着产业集群中高端装备制造、高新技术及战略性新兴产业的迅速成长,传统优势产业和一批新兴产业得到快速发展,有力推进了全市工业结构调整,进一步提升了产业竞争力。铁西产业集聚区和浑南电子信息产业集聚区被命名为全国新型工业化产业示范基地;沈阳机床及功能部件产业集群已经成长为全国第一、世界第二大机床产业集群;沈北手机(光电信息)等3个产业集群入选省新型工业化产业示范基地。高端装备制造、高新技术和新兴产业产值占产业集群总产值比重已达53%。

三、主要工作情况

(一)抓规划。按照"布局合理、规划科学、特色鲜明、用地集约、生态环保"的原则。进一步深化细化全市产业集群发展规划,明确28个产业集群发展定位,大力发展西部装备制造、南部高新技术、东部汽车和北部手机(光电信息)等重点产业集群。着眼于提升装备制造业配套能力,整合资源,新规划了占地10平方公里的于洪装备零部件及特种机床产业集群。为做大沈北手机产业集群,新规划了占地5平方公里的手机产业园,形成了集整机制造与销售、配件生产、软件开发等功能于一体的手机产业基地。

(二)抓基础设施。全力推进28个产业集群的基础设施建设,不断完善服务功能,提升项目承载力。2011年投入产业集群基础设施建设资金达到40亿元。浑南结合新城建设,加大浑南软件及电子信息产业集群基础设施投入,投资15.4亿元建成了一批道路及配套管网;于洪和辽中结合装备制造业配套区建设,投资6亿元改造了于洪特种机床、辽中铸锻两大配套区电力、热力及排污工程;为加快推进民用航空产业集群发展,先后投入4亿元改造了浑南航高基地、法库通航基地路网及电力设施,有力提升了产业集群基础设施配套水平。

(三)抓项目建设。开展"产业链招商"、"以商招商"、"一对一定点招商"等招商活动。瞄准世界500强、知名跨国公司和行业龙头骨干企业,加大招商引资力度,引导中小企业集聚发展,壮大龙头骨干企业,提高集群内的企业协作水平。2011年,28个产业集群共举办招商和项目对接活动40多次,全年引进千万元以上项目300个,总投资额约800亿元。其中,雨润农产品全球采购中心、玖龙纸业、沈阳维润数码识别数字园等项目投资超百亿元。另外,宝马二期、通用北盛三期等一批重大项目也正在加快建设中。由于上述项目的有力牵动,一批产业链延伸项目主动追随而来,集聚效应更加明显。北盛三期扩产项目,预计有20余家零部件企业随之入驻,英瑞杰、上海贝洱等6户企业已确定入驻园区。

(四)抓平台建设。扎实推进公共服务平台建设。浑南新区围绕软件与电子信息产业集群打造集成电路装备研发、软件公共检测等5个公共服务平台;沈北新区建设手机检测、肉类加工与安全等5个平台;法库陶瓷提出包括研发监测、培训学校在内的12个平台。全市已规划建设的公共服务平台有40个。除了研发、检测、技术服务、法律维权和金融服务等公共服务平台外,还有培训学校、产品展示、市场营销等公共服务功能施设。

(五)抓服务保障。进一步强化对产业集群和重大项目的跟踪服务。与建设银行、工商银行、浦发银行及省市中小企业担保公司等部门合作,积极开展银企对接,解决企业融资问题;建立人才招聘长效机制,定期举办人才招聘会,解决企业用工难问题。指导帮助集群和企业积极争取国家和省、市的政策资金支持,2011年沈阳市示范类产业集群和公共服务平台获得国家和省专项资金支持4000多万元。市工业发展专项资金用于产业集群,工业园区基础设施投入补助超过1亿元,

(郭振宇)

【两化融合工作】 2011年,沈阳市大力推进信息化和工业化融合(以下简称两化融合)工作,把这项工作当作沈阳工业由大变强,走新型工业化道路的必由之路。市经信委围绕"规划布局、重点突破、分类推进、打好基础"为核心,以申报国家级两化融合试验区为重点,充分发挥政府引导和服务作用,全市两化融合工作取得了阶段性成果。

1.成功获批国家级两化融合试验区,筹备召开了授牌仪式暨全市两化融合工作推进会议。在工信部启动的第二批国家级两化融合试验区审批过程中,经过多轮评审,沈阳市依靠市领导的高度重视、沈阳工业的雄厚基础以及准备工作的充分扎实,最终获批国家级两化融合试验区。在试验区授牌仪式暨全市两化融合工作推进会议上,杨学山副部长向陈海波市长授予国家级信息化和工业化融合试验区牌匾。在沈阳格微软件及沈鼓集团等企业的调研过程中,工信部领导对沈阳市两化融合工作给予高度评价,并表示对这两个项目在明年国家重大专项上给予重点支持。

2.全市两化融合工作体系初步形成,为工作的全面开展提供机制保障。一是成立了以陈海波市长为组长,顾春明、吴汉圣副市长为副组长的沈阳市国家级两化融合试验区工作领导小组。市经信委成立了相应的组织领导机构,还开创全国先河专门成立工业信息化处,具体负责组织推进全市两化融合工作。二是以市政府名义出台了《沈阳市国家级信息化和工业化融合试验区实施方案》,并经市政府常务会议批准同意设立了5000万元两化融合专项资金。三是根据沈阳市工业总体布局,经各区、县(市)申请,确定了东陵(浑南新区)、大东区、沈北新区、铁西区、于洪区为市级两化融合试验区。四是构建了以沈阳国际软件园为核心的"沈阳市两化融合企业联盟"、"沈阳云计算产业联盟"和"沈阳物联网产业联盟",提供所需的信息资源及各种专业技术咨询,充分发挥桥梁和纽带作用。五是建立了两化融合评价体系。组织相关专家针对不同产业、不同行业的特点,制订了四级评价指标,完善了评价体系,为科学分析、评价两化融合对沈阳市工业经济发展作用和贡献奠定良好基础。六是初步建成格微软件即沈阳市两化融合发展促进中心平台、中小企业服务平台、电子商务平台、工业设计平台、软件公共服务平台、信息技术服务标准平台等6个平台建设项目,提升了融合服务水平。

3.强力推进各类重点项目,引导示范作用开始显现。一是申报国家级重点项目。在工信部组织的首批两化融合重点推进项目评审中,沈阳市三一重装集团、东北制药集团、沈鼓集团、沈飞集团和沈阳机床集团等5家企业被评为"首批100个两化融合促进安全生产重点推进项目"单位;东药集团被评为国家"首批80个两化融合促进节能减排重点项目"单位。二是开展市级两化融合重点项目试点工作。在市政府常务会议确定设立5000万元两化融合专项资金之前,在原有软件服务专项中确定了一批两化融合试点项目,市财政支持资金共计1420万元,引导企业投入5000多万元。三是整合资源,向两化融合项目倾斜。在信息产业专项资金中共支持两化融合项目64个,市财政补助资金达6150万元,引导企业投入3.8亿元。

(江 山)

【工业节能】 一、突出重点领域,着力抓好重点企业的节能工作。为进一步加强对重点企业和重点行业的节能管理,2011年印发了《关于进一步加强重点用能企业节能管理工作的意见》、《关于进一步加强高耗能行业节能降耗工作的意见》;对高耗能的159户供暖企业和13户火力发电企业进行拉网式专项节能监察,提出整改意见和建议520余条;对全市262户中有单位产品能耗标准的169户重点用能企业单位产品能耗限额标准执行情况进行了监督检查,促进企业能源利用效率的提高;针对没有单位产品能耗限额标准的93户重点用能企业,组织编制重点用能企业单位产品综合能耗限额标准,进一步完善沈阳市节能标准体系。

二、加大力度,把淘汰落后产能和高耗能落后机电设备工作落到实处。按照《沈阳市人民政府关于做好淘汰落后产能工作的实施意见》和《2011年淘汰高耗能落后机电设备的计划》,2011年全面完成了造纸、玻璃、酒精行业11户淘汰落后产能任务,完成淘汰高耗能落后机电设备161台套。

三、积极组织实施节能重点工程,大力推广应用节能技术与产品。2011年,

全年共组织实施53项重点节能工程，推广应用22项节能新技术、新产品，实现节能35余万吨标准煤。积极推进法库陶瓷工业园"清洁粉煤气化项目"等重点节能工程建设，该项目预计总投资7亿元，由马鞍山科达洁能有限公司和沈阳燃气有限公司合资建设，采用清洁粉煤气化技术，以集中供气的方式，替代陶瓷生产企业固定床煤气发生炉分散供气的方式，达到产业升级，节能减排的效果。该项目工程分两期进行，目前一期已完成。

四、充分发挥节能服务公司作用，为沈阳市节能工作服务。大力培育、支持沈阳市节能服务公司快速健康发展，鼓励节能服务公司为沈阳市节能工作服务。2011年组织开展了"百家企业节能义务诊断服务活动"，通过组织节能服务公司对企业节能管理状况进行全面评估诊断，提出整改措施100余条，促进企业的能源利用效率大幅度提高。

五、规范执法程序，加大节能监察及执法力度。2011年完成书面节能监察企业262户，现场监察企业246户，提出意见和建议700多条，有效的规范了企业用能行为；从规范行政执法权、自由裁量权入手，规范行政执法行为，加强权力运行监督，依法推进节能监察工作。

（*李庆涛*）

【制造业概况】 沈阳市制造业门类齐全，基础雄厚，为沈阳市工业的主导产业。在国民经济行业分类30个制造行业大类中，沈阳市工业涉足了29个大类行业，行业覆盖面达96.7%。截至到2011年底，沈阳市规模以上制造业企业户数为4046户。按登记注册类型分，内资企业3598户，占制造业企业总数的88.9%。其中：国有企业72户，占制造业企业总数的1.8%；集体企业172户，占4.3%；有限责任公司459户，占11.3%；股份有限公司95户，占2.3%；私营企业2682户，占66.3%。港澳台及外商独资企业448户，占11.1%。按企业规模分，大型工业企业58户，占制造业企业总数的1.4%；中型企业225户，占5.6%；小微型企业3763户，占93.0%。

2011年，沈阳市制造业共实现主营业务收入1.03万亿元，比上年增长15.4%；拥有资产5841.3亿元，增长10.4%；从业人员年平均人数为76.3万人，下降4.3%。

2011年，沈阳市制造业全年共完成工业总产值1.04万亿元，比上年增长13.2%。其中，轻工业完成2847.0亿元，增长13.8%；重工业完成7528.4亿元，增长13.0%。全年实现销售产值1.02万亿元，增长13.2%，工业产品产销率为98.6%。现有的29个大类行业中21个行业全年产值超百亿元，覆盖面达到72.4%，其中，交通运输设备制造业(1523.4亿元)、通用设备制造业(1345.1亿元)、农副食品加工业(1115.5亿元)，3个大类行业全年产值超过千亿元。全年共实现利润总额671.3亿元，增长4.4%；实现利税989.7亿元，增长5.0%。收入利润率为6.5%，较上年下降0.7个百分点。

2011年，沈阳市装备制造业完成工业总产值5486.2亿元，比上年增长11.6%，低于制造业平均增幅1.6个百分点，比重占到制造业总量的52.9%。装备制造业所涵盖的七个大类行业中，除仪器仪表及文化、办公用机械制造业实现产值低于百亿元外，其他六个行业实现产值均达到百亿元以上。其中交通运输设备制造业实现产值最多，达到1523.4亿元，居制造业行业榜首，比重占制造业的14.7%；其次是通用设备制造业，实现产值1345.1亿元，占制造业的13.0%；电气机械及器材制造业实现产值919.2亿元，占制造业的8.9%；专用设备制造业实现产值669.8亿元，占制造业的6.5%；金属制品业实现产值613.9亿元，占制造业的5.9%；通信设备、计算机及其他电子设备制造业实现产值352.6亿元，占制造业的3.4%。

2011年，沈阳市制造业实现出口交货值240.4亿元，比上年增长2.5%，出口交货值占销售产值的比重为2.4%，下降0.2个百分点。分行业看，出口主要集中在7个行业中：通信设备、计算机及其他电子设备制造业出口42.4亿元、交通运输设备制造业出口38.7亿元、金属制品业出口36.3亿元、专用设备制造业出口30.6亿元、通用设备制造业出口24.5亿元、电气机械及器材制造业出口24.0亿元、医药制造业出口10.5亿元。以上7个行业全年共实现出口交货值206.9亿元，占制造业出口总量的86.1%。

2011年，沈阳市制造业主要工业产品产量：汽车比上年增长7.4%、汽车发动机增长20.9%、金属切削机床增长4.4%、变压器增长2.0%、输送机械增长8.7%、泵增长1.3%、风机下降1.5%、采矿专用设备下降4.4%、电力电缆增长19.7%、光缆增长40.7%、铅酸蓄电池增长9.3%、维生素C下降24.6%、化学药品原药下降17.6%、食用植物油下降4.3%、乳制品增长3.3%、白酒增长15.4%、家具增长14.4%、纸制品增长13.9%、服装增长28.9%。

（*姚 铁*）

电子信息产业

【概况】 2011年，沈阳市电子信息制造业拥有企业超过160家，其中规模以上企业126家。电子信息制造业规模以上企业实现主营业务收入502.5亿元，同比增长31.4%；利润19亿元，同比增长26.6%；出口创汇8.1亿美元，同比增长3.8%。电子信息制造业规模以上企业的从业人员近5万人。

沈阳市电子信息制造业主要产品有电视机、手机、数字医疗设备等。电视机的主要生产企业是LG电子(沈阳)有限公司和沈阳同方多媒体科技有限公司，其中LG电子(沈阳)有限公司2011年生产电视194.5万台，沈阳同方多媒体科技有限公司2011年生产电视136.7万台。手机的主要生产企业有德信无线通讯科技(沈阳)有限公司、晨讯科技有限公司和沈阳新邮通信设备有限公司，其中德信无线通讯科技(沈阳)有限公司2011年生产手机200万部，晨讯科技有限公司2011年生产手机210万部，沈阳新邮通信设备有限公司2011年生产手机68万部。数字医疗设备的主要生产企业是东软飞利浦医疗设备系统有限责任公司，2011年生产X射线计算机断层扫描装置(CT机)444台。

经过多年发展，沈阳市电子信息产品制造业形成了浑南、沈北两大产业集聚区和五大产业集群，其中，浑南新区主要建设IC装备制造集群、家用视听设备制造集群、数字医疗设备制造集群、工业自动化产品制造集群。IC装备制造集群以中科仪、芯源半导体、中科博微和新松机器人等企业为核心成立了经科技部认定的国内惟一的沈阳国家集成电路装备高新技术产业化基地，基地内拥有专业从事IC装备企业孵化的国家级孵化器及国内首个面向集成电路装备企业提供集约式公共技术服务的国家级中小企业服务示范平台；数字医疗设备制造集群以东软数字医疗有限公司、东软飞利浦有限公司为核心，拥有国内惟一能够生产四大医学影像设备的专业基地，产业发展水平居全国领先地位；家用视听设备制造集群以LG电子（沈阳）有限公司和沈阳同方多媒体科技有限公司为核心，周边拥有10余家专业为其生产机壳、遥控器、电源以及进行贴片服务的配套企业，产业总体规模居东北领先地位；工业自动化产品制造集群以沈阳高精数控有限公司、沈阳新松机器人有限公司为核心，在先进制造领域处于国内领先。沈北新区主要以手机等通信设备的手机产业集群建设为主。手机产业集群已经成为沈北新区工业经济发展的主要支柱，并被辽宁省批准为“辽宁省通信产业基地”。基地中以晨讯、新邮通、德信为重点企业的手机产业园已经成为东北最大的移动终端制造中心；沈阳手机产业园总规划面积5平方公里，位于沈北新区的沈阳大学城内，是沈阳高新技术产业带的核心园区。园区主要围绕手机整机，打造集手机制造与生产、手机配件生产、手机软件开发与产品设计、手机芯片制造于一体的千亿元手机产业集群。园区预计利用3－5年左右的时间，引进手机及配套企业300家以上，实现年产手机1亿部，形成集手机研发设计、生产制造、零部件配套、芯片制造、软件开发于一体的手机产业集群，实现年产值1000亿元，成为中国重要的手机产业基地。

为更好地促进市手机产业发展，由工业和信息化部支持，中国通信工业协会和辽宁省人民政府主办，沈阳市人民政府承办，市经信委和沈北新区具体执行的“2011中国（沈阳）国际手机博览会”在9月份成功举办。博览会共吸引近200家企业参展，总交易额达10.3亿元，参展观众突破8万人次。此次展会得到了省市领导的高度评价。

（房　超）

【重点项目】　1.晨讯科技有限公司晨讯科技园项目。晨讯科技集团是国内领先的移动通讯企业。该集团以手机、移动手持终端、无线通讯模块解决方案为主营业务，现有员工2500余人，集团总部位于上海。该公司落户于沈北手机产业园，计划投资10亿元，占地面积13.33公顷，分三期建设。一期投资2.1亿元，建筑面积2万平方米，主要生产无线通讯模块；二期投资2亿元，建筑面积近4万平方米，主要建设通讯产品的精密注塑（手机外壳、键盘）及电容式触摸屏等，建成年产上千万套手机壳生产线及月产300k产能的电容式触摸屏前道切模钢化生产线；三期投资5.9亿元，建筑面积7万平方米，建设整机生产及手机设计研发项目，生产手机电视、3G手机等，形成高端手机研发、生产基地。

2.博尼斯（沈阳）硅业有限公司半导体级多晶硅项目。博尼斯（沈阳）硅业有限公司（以下简称公司）成立于2009年9月，是一家专门从事半导体级多晶硅产品制造及技术咨询服务的中外合资公司。半导体级多晶硅项目经沈阳经济技术开发区批准，坐落于沈阳经济技术开发区化学工业园。项目规划总设计年产半导体级多晶硅3000吨。总投资21亿元人民币。该项目填补了辽宁省在多晶硅市场的空白。

3.沈阳硅基科技有限公司8－12英寸SOI绝缘硅晶圆产业化项目。该项目由美国联合晶园股份有限公司、大连欣宏天实业有限公司和沈阳同达房产物业有限公司共同投资成立。一期投资2.98亿元，年产4－6－8英寸晶圆20万片。二期投资7.32亿元，三期投资30.3亿元。全部建成后，形成20条8－12英寸SOI生产线，年产晶圆200万片。2011年底前一期工程建设已基本完成，客户开始对生产出来的样片进行测试。

4.沈阳拓荆科技有限公司12英寸PECVD项目。沈阳拓荆科技有限公司是由中科院沈阳科仪公司同海外专家团队于2010年4月28日注册成立的高新技术企业，注册资本1000万元，现有员工84人，其中美籍专兼职技术专家8人。该项目是2008年9月首批启动的国家“十一五”重大专项中最大单体项目之一，是沈阳首批落实的惟一的项目，也是迄今为止辽宁省落实的最大的02专项国家级科研项目，项目总投资达3.5亿元。2011年10月首台国产12英寸PECVD设备样机顺利出厂。

（房　超）

【通信设备、计算机制造业】　通信设备、计算机及其他电子设备制造业作为沈阳市支柱产业之一，该行业主要由通信设备制造业、广播电视设备制造业、电子计算机制造业、电子器件制造业、电子元件制造业、家用视听设备制造业和其他电子设备制造业7个中类行业组成。

沈阳市拥有长白计算机集团（沈阳）、沈阳东软软件股份有限公司、沈阳同方多媒体科技有限公司等众多的国内外知名的大企业集团公司。截至2011年末，该行业拥有规模以上工业企业90户，较去年减少29户。从企业规模看，大型企业3户，中型企业8户，小型企业75户，微型企业4户；从登记注册类型来看，内资企业62户，港、澳、台商投资企业9户，外商投资企业19户。

2011年，全行业拥有资产总额186.9亿元，比上年增长3.3%。其中固定资产37.1亿元，与上年持平；流动资产101.4亿元，增长3.8%；负债82.7亿元，增长9.2%；所有者权益103.5亿元，下降0.2%；从业人员2.5万人，下降8.5%。

2011年，该行业中完成工业总产值过亿元的企业达到57户，占全行业企业户数的63.3%。全年全行业累计完成工业总产值352.6亿元，增长17.8%；实现工业销售产值347.2亿元，增长17.5%，实现出口交货值42.4亿元，增长3.3%，实现产销率98.5%；实现主营业务收入345.6亿元，增长18.9%；实现利润总额17.0亿元，下降14.6%。

（姚　铁）

【电子政务】　1.市党政信息网核心平台。2011年，市党政信息网核心平台三期工程顺利建设完成，主要建成了政务信息共享目录体系和电子政务应用安全支撑平台。全市各党政机关内网和外网的接入工作得到不断完善，市党政信息网核心平台的各项公共业务应用得到广泛推广。截至2011年底，市党政信息网核心平台先后为市民政局、市行政审批大厅、市行政执法局、市统计局、市发改委大项目办、市公安局、市食药监局和市水利局等相关部门，分别提供了OA协同办公系统、地理信息共享、领导辅助决策支持、数据交换等服务，同时，开通了全市党政内网邮箱系统，充分发挥了党政信息网核心平台在电子政务发展中的基础作用，有效促进了电子政务信息深层次的整合，提高了政务信息资源共享能力与业务应用系统的安全保障能力。

2. 电子政务项目技术审核。按照《关于加强我市电子政务建设项目管理的意见》精神，电政办本着‘统一规划、需求主导、资源共享、业务协同、科学实施’的原则，先后组织了专家论证会20余次，完成建设项目的技术审核55个，累计审核预算资金近1.4亿元，为财政节省资金近3200万元，占总投资的22.8%。

3. 市级重点业务信息系统。建成沈阳市工程建设领域项目信息和信用信息公开共享专栏。集中公开工程建设领域项目信息和信用信息，建立守信激励和失信惩戒制度，各区县(市)和市级行业主管部门建立了相应的信用档案，全面公开工程建设领域中从业单位和从业人员的不良行为信息，初步实现全市范围内工程建设项目信息和信用信息的互联互通和互认共享，信息公开的渠道不断拓宽，公开的内容不断丰富。

开展全市社会信息资源整合。依托市党政信息网核心平台网络与基础软件系统的支撑，有效整合全市教育、民政、司法、五险、行政执法、交通、水利、林业等各行业和领域的信息资源，有力提升城市数字化、信息化、动态化管理水平，助推经济又快又好发展。

建成沈阳市旅游公共服务信息平台，开通了旅游热线96233。该平台集政府管理、企业宣传、公众服务于一体，陆续开通了旅行社执法检查、电子合同管理、旅行社诚信和能力评价、旅游信息报送、旅行社信誉档案、旅游信息统计直报、旅游点评和投诉等子系统，旅游信息化得到快速推进。同时，重点推进市政务公开公众服务平台、沈阳信用数据中心、市政府核心业务信息协同系统等业务系统建设，有效提高了政府管理和服务水平。

(任　阳)

【社会信息化】 1. 沈抚铁共享024区号。2011年8月28日零时，沈阳、抚顺、铁岭三市升位并网共用‘024’正式开通，开启了辽沈大地通信新纪元。按照省通信管理局的统一部署，沈阳市通过认真组织实施三次联合预演和加大宣传力度等工作，圆满地完成了024升位并网的各项任务。沈阳、抚顺、铁岭升位并网共享024是一项加快推进沈阳经济区一体化发展进程、有力促进区域内各城市的精诚合作与资源共享、使改革发展成果更好地惠及人民的重要举措，必将对沈阳经济区建设产生积极的推动作用和深远的影响。

2. 无线城市。2011年以来，沈阳市重点开展无线城市项目建设，不断完善2G+3G+WIFI为架构的无线通信网络基础设施，建成并启用"数字无线城市"公共服务平台，该平台已经与公安、交通、城建、环保等18个部门实现联网，囊括十大类百余项业务，可以为市民提供行政审批、水电煤气、教育、医疗、影视、团购、地图查询、路况查询、手机导航、出行问路等多种服务和行业信息，市民可以通过手机、掌上电脑等终端设备享受到无线信息技术带来的生活便利。

3. 三网融合。12月末，经过前期的走访调研、组织申报等大量工作，沈阳市顺利获批为国家三网融合第二批试点城市。市经信委初步制定了总体实施方案，以加强互联网、电信网、数字电视网等基础设施建设和完善，积极推动广播电视与电信业务的双向进入，加快三网融合的技术创新和应用创新，带动相关产业发展，努力将沈阳建成国家三网融合试点的先进城市。

(任　阳)

【无线电管理】 沈阳市无线电管理坚持以"大力强化软环境建设，全面提升无线电管理水平"为工作目标，不断完善无线电管理体系，使无线电管理和无线电技术设备建设工作取得了显著成绩。沈阳市无线电管理委员会办公室被市总工会授予"五一先锋号"称号，被沈阳市招生考试委员会授予"沈阳市2011年中高考工作先进单位"称号，被中共沈阳市直机关工委评为"先进党支部"。

2011年，行政审批办结率达到了100%。行政许可全部在市行政审批大厅内受理，共受理了11个单位的设台申请，全部在规定的时间内完成，其中批准设置基地台15部，移动台336部；双工频率12对，单工频率2个、小调频2个；全年无线电监测系统累计监测8438小时，其中移动监测车外出监测960小时，监测时间超过上年度10%，年监测时间创造了新的纪录。

为保证2013年第十二届全运会无线电通信的安全畅通，无线电管理工作人员提前进入工作状态，通过对其他全运会举办城市无线电保障工作情况的调研，并结合本届全运会无线电需求的具体情况，在充分研究的基础上完成了《第十二届全国运动会无线电安全保障风险预测与研究》的软课题报告。

无线电基础设施建设又取得新突破，塔湾无线电监测分站建成并投入运行，弥补了沈阳西北部地区无线电监测的空白，在全市已形成了以市无线电监控中心为核心、遥控6个固定监测分站，3个移动监测分站和5个固定屏蔽分站，1个移动屏蔽分站组成的无线电监控网。

(郝维仁)

【无线电宣传】 为纪念《中华人民共和国无线电管理条例》颁布十八周年活动，2011年9月，在全市开展了为期一个月的"依法使用无线电频谱资源，共同维护空中电波秩序"无线电管理宣传月活动。通过广播电视、报刊、网络、室外大型广告屏、手机短信以及进广场、进市场、进企业、进机关、进社区、进工地、进郊区县、进出租车公司等宣传方式，在全市宣传无线电管理法律、法规，普及无线电科普知识。宣传月期间，先后在2个广场、1个通讯市场、7个设台企业、2个政府机关集中办公场所、5个居民社区、17个建筑工地、新民县、辽中县进行了现场宣传，同时针对3000多名出租车司机和部分业余无线电爱好者进行了专项宣传。期间共发放宣传手册1.4万余册，宣传品1万余个，出动人员100多人/次，出动车辆50多辆/次，行程600多公里。沈阳广播电台交通台、沈阳电视台、沈阳日报以及部分网站等都对宣传活动进行了报道。通过市政府广场大型LED屏进行了专题宣传、并发送了20万条手机短信，丰富多彩的宣传方式为宣传月活动增添了热烈气氛。

(郝维仁)

【无线电保障】 勇于承担社会责任，为考生营造公平公正的考试环境。2011年，共对沈阳地区的高考、中考、司法考试、公务员考试、研究生考试、英语四、六级考试以及各种资格考试进行了保障。考试期间，市无线电监控中心远程控制5个监测分站及4台移动监车和5套便携式无线电设备，在沈阳地区组成了无线电信号监测网络，对考场及周边地区进行了严密的无线电监测。同时开启5个固定干扰站、出动4台移动干扰车，及时应对可能出现的考试作弊信号，打击和震慑了企图利用无线电设备进行考试作弊的行为。2011年共为20余万名考生进行了无线电保障,维护了公平公正的考试环境,受到了考生和考生家长的欢迎,为全市重要考试工作的公平、公正、安全、顺利进行做出了重要贡献。

(郝维仁)

【用户服务】 对全市重大项目设置无线电台站的申请增设了台站审批绿色通道,采取大力扶持政策,主动热情地为企业提供优质、高效服务。2011年7月,某重点汽车生产企业在扩大生产规模,规划设计新生产线中急需预申请8对无线电频率,作为生产指挥、调度、工序流转、衔接的通信工具。为满足企业的特殊需要,促进沈阳经济发展,打破固有的审批程序,第一时间安排人员进入企业,进行无线频率电测和技术分析,在频率资源紧张的情况下,想方设法选出了8对适合企业需要的频率,保证了新生产线的设计需要,受到了企业的高度评价。2011年,共为市委领导视察全市硬环境建设进展情况现场会议、市人大常委会领导视察重大建设项目现场会议、市政府"新城、新市镇建设"经验交流会、县市拉练互检活动会议、市政协委员视察沈北新区现场会议等7次会议提供了同声传译服务工作,同声传译畅通率100%。

(郝维仁)

【中国移动通信集团辽宁有限公司沈阳分公司】 中国移动通信集团辽宁有限公司沈阳分公司主要负责中国移动通信集团在沈阳地区的移动通信网络建设、业务受理和综合管理。作为沈阳地区的移动通信运营商,主要经营移动话音、数据、IP电话和多媒体业务,拥有"全球通"、"神州行"、"动感地带"三大著名服务品牌,移动电话用户537万户,综合移动通信网络覆盖范围广、通信质量高、业务品种丰富、服务水平一流,国际漫游业务通达五大洲、200多家移动通信运营公司。

公司始终秉承中国移动通信集团"正德厚生、臻于至善"的企业核心价值观、"追求客户满意服务"的企业宗旨和"沟通从心开始"的服务理念,以诚信为本,依法经营,向社会和客户提供高质量的移动通信服务,践行企业社会责任,创造和谐社会。2011年,公司坚持以发展为中心,努力扩大客户规模,实现移动通信业务总量58亿元。

全面建设无线城市。无线城市是指利用多种无线接入技术,为整个城市提供随时随地随需的无线网络接入,并建设与政府工作、企业运行、群众生活密切相关的丰富的无线信息化应用,为政府、企业、市民提供安全、方便、快捷、高效的无线应用服务,打造与沈阳政治、经济、文化地位相适应的一流无线城市。

无线城市门户网站则是一张融合了互联网、移动互联网和物联网的信息应用平台,通过融合大量信息内容和应用,为市民的购物、出行、学习、教育、保健等方面提供便利,为企业的销售、宣传、管理等方面提供有力工具,为政府的政务公开、监督等方面提供有益帮助。围绕"数字民生、无线政务、网络文化、信息兴业"四大方向,沈阳无线城市门户网站已开发完成涉及到政府政务、便民生活、交通出行等8大类73项应用。便民类服务应用:燃气费查询、公积金查询、实时路况查询、交通违章/驾驶员积分查询等。企业应用类应用:企业办事、商家促销等。政府政务类应用:政府门户等。

全年开通WLAN热点6800余处,对高校、机场、火车站、商场、酒店、写字间等重点区域优先实现覆盖,为沈阳无线城市建设奠定了坚实的网络基础。截至2011年底,沈阳无线城市门户网站活跃用户159880户。

推进沈阳、抚顺、铁岭升位并网工作。根据中国移动通信集团辽宁有限公司关于沈阳、抚顺、铁岭本地网并网调整共用"024"长途区号的指导建议,沈阳分公司成立了沈抚铁升位并网领导小组和工作小组,落实了工作责任,并指定专人负责日常联系工作。

完成沈抚铁升位并网的总体思路及固定号码使用平台并网调整方案,技术人员面向用户紧急制定了宣传内容,客户经理及技术人员分成几组在半个月内完成了对35家用户交换机及7家短号码平台的全部走访及宣传工作,帮助用户制定接入设备升级改造方案,以满足升位并网需求。针对设备产权为移动公司的24家用户接入单位及短号平台,安排设备厂家在8月27日正式升位当晚现场技术支持。

8月28日零时,沈阳、抚顺、铁岭三地市升位并网共用区号"024"正式割接,沈阳分公司顺利完成所属部分的割接工作。

深入开展"为民服务创先争优"活动。紧扣"推动科学发展、促进社会和谐、服务人民群众、加强基层组织"的要求,按照"三亮三比三创三评"的具体内容,深入开展"为民服务创先争优"活动。创新载体活动,在和平区集贤街道湖畔社区举行了"为民服务创先争优社会活动日"启动仪式,现场氛围浓厚,群众参与热情高涨,纷纷就科普通信知识、咨询业务、要求帮助设计经适套餐等进行咨询,受到了普遍欢迎。

以营销单位和各大型营业厅为主,建立了72个"为民服务小分队"和32个"青年志愿者小分队",走进社区、商场、企业、学校等,现场开展便民、利民、惠民活动,深入推进"三亮,三比,三创,三评",以真心实意、优质服务赢得广大群众的支持和信任。共开展现场活动1080场次;员工总计参加7994人次;向群众发放征求意见单总计2.49万份;向群众宣传科普通信知识2.88万人次;为群众设计经适套餐总计4090人次,现场办理业务总计3190人次,结对帮扶总计82对;上门为特殊家庭服务总计1792人次,真正把为民服务打造成服务广大群众的阵地、联系群众的桥梁、展示党员形象的窗口、实践创先争优的舞台,为沈城广大群众营造了更加满意的消费环境。

举办庆祝建党90周年十大系列活动。为庆祝中国共产党成立90周年,以"深入开展创先争优,唱响时代主旋律"为主题,公司党委组织了十大庆祝活动,各基层党支部也以不同方式共同庆祝党的生日,公司上下洋溢着欢乐祥和的喜庆气氛,抒发了广大党员干部和全体员工对党的由衷热爱和深情祝福,表达了在党的领导下推进企业持续健康稳定发展的坚定信念。

一是开辟党史专栏。二是下发党史资料。三是举办党史知识竞赛。四是发送党史手机短信。五是走访离休老党员和困难党员。六是组织红色经典—岁月之歌大奖赛。七是组织党支部书记、组委等党建知识培训。八是举办"我身边的共产党员"征文和演讲比赛。九是召开"忆峥嵘岁月、促科学发展"党员代表座谈会。十是树典型、召开庆祝建党90周年暨创先争优表彰大会。

广大党员通过唱响红歌,回忆红色

经典;通过“我身边的共产党员”征文及演讲比赛,感受先进、学习先进;通过学习企业文化网站和移动通信杂志上开辟的建党90周年专栏、党建知识短信、参加党史知识竞赛、品读《苦难辉煌》党史材料、收听党史报告会、观看《建党伟业》电影等,接受红色教育;通过参加公司组织的党支部书记、组织委员培训,加强党支部基础建设;通过参加“忆峥嵘岁月、促科学发展”党员代表座谈会,提高使命感。七一之前,公司领导还带队走访慰问建国前离休老党员和困难党员代表,关爱员工;组织召开纪念建党90周年暨“两先两优”活动表彰大会,树立典型,弘扬典型。通过一系列活动,进一步增强了干部员工铭记历史、传承辉煌的责任感和使命感,更加坚定为企业发展、为祖国富强而不畏艰苦、拼搏奉献的理想和信念。

开展关键岗位廉洁从业风险管理,拓宽源头预防新领域。沈阳分公司作为全省关键岗位廉洁从业风险防范管理的试点单位,对关键岗位廉洁从业风险管理进行了积极的探索和实践。在积极拓展源头预防腐败新领域的同时,有效建立和完善岗位风险防范的长效机制。一是制定工作实施方案,界定关键岗位的内涵、类型及风险等级,确定关键岗位,形成关键岗位风险评价体系。二是收集关键岗位人员信息,形成关键岗位人员信息库,对关键岗位人员信息进行动态维护和管理。三是开展关键岗位廉洁承诺及廉洁谈话专项活动,公司对各单位廉洁教育活动情况进行动态跟踪。四是明确教育、日常管理、责任追究等方面,形成《沈阳分公司关键岗位廉洁从业风险防范管理办法》,在全省率先启动关键岗位风险管理项目。

扎实推进企业文化建设,举办首届企业文化艺术节。践行“卓于心越于行”的企业文化行动体系,创建了企业文化达标和示范点标准,各基层单位基本形成了具有自身特色的基层企业文化创建模式。创新文化管理,丰富活动载体,举办了首届企业文化艺术节活动,围绕“奋进篇”、“风采篇”和“爱企篇”三个版块,通过“演、赛、展、评”等方式,开展了“品牌在我 服务一流”文明窗口创建、企业文化案例征集、综合知识竞赛、“魅力达人”员工才艺展示大赛、“律动青春炫舞飞扬”健美操大赛、“我的空间我做主”企业文化网站班组空间设计大赛、“品牌在我服务文化我谏言”主题征文活动和“美丽瞬间”书法绘画摄影大赛共八大主题活动。

12个营业厅、5名一线员工分别荣获沈阳市“文明诚信服务窗口”和“文明服务之星”。综合知识竞赛公司员工答题参与率96.5%,准确率97%。150人参加“魅力达人”比赛,140人组建了10支健美操代表队。共征集优秀摄影作品200多幅,书画作品30余幅。共评选出优秀企业文化案例83个、优秀谏言服务文化征文77篇。以班组和营业厅为单位开展班组空间设计大赛,内容包括博客版块、相册版块、装扮版块和整体效果等,共设计创建了50多个风采各异、富有个性的班组空间。

(李静妮)

轻 工 业

【概况】 截至2011年末,沈阳市共有规模以上轻工业企业1233户,比上年减少356户,占全市规模以上工业企业总数的29.6%。按国民经济行业划分标准,沈阳市规模以上轻工业企业共涉足农副食品加工业、食品制造业、饮料制造业、烟草制品业、纺织业、纺织服装鞋帽制造业、皮革毛皮羽毛(绒)及其制品业、木材加工及木、竹、藤、棕、草制品业、家具制造业、造纸及纸制品业、印刷业和记录媒介的复制、文教体育用品制造业和医药制造业等27个大类行业。轻工业企业主要集中在农副食品加工业、食品制造业、纺织服装鞋帽制造业、家具制造业、医药制造业、造纸及纸制品业六大行业中。以上六大行业共聚集了756户企业,占轻工业企业总数的61.3%。

从登记注册类型看:60%以上的轻工业企业为私营企业。到2011年底,私营企业812户,占全行业的65.9%;其次是:有限责任公司130户,占10.5%;外商投资企业116户,占9.4%;港、澳、台商投资企业49户,占4.0%;股份有限公司32户,占2.6%;集体企业33户,占2.5%;国有企业29户,占2.4%;股份合作企业18户,占1.5%。从企业规模看:绝大多数企业为小型企业,共有1113户,占全行业的90.3%;中型企业58户,占4.7%;微型企业43户,占3.5%;大型企业19户,占1.5%。

2011年末,沈阳市轻工业企业共拥有资产1386.9亿元,比上年增长21.6%,其中:流动资产611.2亿元,占全部资产的44.1%;固定资产613.8亿元,占44.3%。全部负债总额为421.1亿元,比上年增长4.3%,其中流动负债324.9亿元,占全部负债的77.2%,非流动负债57亿元,占13.5%。资产负债率为30.4%,比上年下降5.0个百分点。所有者权益为960.4亿元,比上年增长32.1%。全部从业人员年平均人数20.5万人,比上年减少2.7万人,下降11.5%。

全年共完成工业总产值2855.2亿元,比上年增长13.7%,占全部规模以上工业的比重为26.2%,比重较上年略有上升,上升0.1个百分点。实现销售产值2812.2亿元,增长13.3%,工业产品产销率为98.5%。全年实现主营业务收入2850.8亿元,增长13.6%,实现利润总额208.4亿元,下降4.4%;实现利税总额279.2亿元,下降3.5%。

在27个轻工大类行业中,有8个行业实现产值超百亿元:农副食品加工业实现产值1115.5亿元,居轻工行业榜首,占全部轻工业的39.1%;食品制造业实现产值277.2亿元,占9.7%;医药制造业实现产值226.8亿元,占7.9%;饮料制造业实现产值196.0亿元,占6.9%;家具制造业实现产值128.4亿元,占4.5%;造纸及纸制品业实现产值118.1亿元,占4.1%;纺织服装、鞋、帽制造业实现产值117.3亿元,占4.1%;电气机械及器材制造业实现产值117.3亿元,占4.1%。以上8大行业实现产值占全部轻工业的80.4%。

全年共有51户企业生产经营呈亏损状况,亏损面为4.1%,较上年下降1.8个百分点;亏损企业的亏损额为3.2亿元,较上年减少2.1亿元,下降39.6%。

(贺彦飞)

【食品制造业】 2011年,沈阳市食品制造业规模以上企业共有85家。从登记注册类型分组看,内资企业67家,比上年减少21家,其中:国有企业1家;集体企业1家;有限责任公司11家;股份有限公司5家;私营企业49家;港澳台商投资企业7家;外商投资企业11家,比上年增加1家。从行业分组看,焙烤食品制造业17家,比上年减少2家;糖果、巧克力及蜜饯制造业6家,比上年减少4家;方便面食品制造业14家,比上年减少5家;液体乳及乳制品制造业4家;罐头制造业6家;调味品、发酵制品制造业18家,比上年减少2家;其他食品制造业20家,比上年减少7家。从企业规模上看,大型企业4家,比上年增加3家;中型企业6家,比上年减少3家;小型企业71家;微型企业4家。

该行业年末资产总计达114.8亿元,其中:流动资产合计49.7亿元,固定资产净值75.5亿元;从业人员年平均人数达2.1万人。全年完成工业总产值277.2亿元,增长19.9%;工业销售产值275.1亿元,增长19.5%;实现主营业务收入达278.9亿元,增长20.9%;实现利润23.7亿元,下降3.3%。

2011年,内资企业在本行业占绝对优势,内资企业单位数占本行业的78.8%,完成工业总产值201.1亿元,所占比重高达72.5%,工业销售产值198.5亿元,比重达72.2%,实现主营业务收入达200.0亿元,比重达71.7%,实现利润18.5亿元,比重达78.1%,实现利税22.9亿元,比重达73.9%。

该行业中,液体乳及乳制品制造业全年实现工业总产值100.0亿元,排在第一位;其次为方便食品制造业,工业总产值45.8亿元;再次为焙烤食品制造业,工业总产值为40.8亿元。创造利税方面,第一位为液体乳及乳制品制造业,实现利税达8.6亿元;第二位为焙烤食品制造业,利税为6.5亿元;第三位为方便食品制造业,利税为5.6亿元。

(毛英杰)

【饮料制造业】 饮料制造业是沈阳优势产业中农产品深加工业的一个重要组成部分,包括酒精制造业、酒的制造业、软饮料制造业、精制茶加工等4个行业中类和13个行业小类,主要产品为白酒、啤酒、碳酸饮料、茶饮料和瓶(罐)装饮用水等。

2011年末,行业共有规模以上工业企业64户,资产95.9亿元,比上年增长17.8%;其中固定资产48.8亿元,比上年增长11.9%;从业人员年平均人数为1.5万人,与上年持平。全年实现工业总产值196.0亿元,同比增长27.9%。产值在全市37个行业大类中排名第17位,比上年上升2位。全行业经济效益良好,2011年,实现主营业务收入175.4亿元,同比增长24.6%;利税总额22.7亿元;利润总额15.8亿元。

在饮料制造业中,从事酒的制造的企业有34户,共实现产值101.9亿元,同比增长37.5%,占行业52.0%。实现主营业务收入90.8亿元,同比增长35.7%;利税总额13.6亿元,同比增长7.9%;利润总额9.4亿元。在酒的制造行业中类中,白酒制造企业数目最多,产值最大,2011年共有29户;啤酒制造是本行业中类中产值第二、产品知名度最高的行业小类,共有3户企业,即华润雪花啤酒(辽宁)有限公司、沈阳燕京啤酒有限公司和哈尔滨啤酒(沈阳)有限公司,其中沈阳华润雪花啤酒有限公司生产的雪花牌啤酒,为中国名牌产品,“雪花”商标为辽宁省著名商标。

2011年,从事软饮料制造的企业有28户,共实现产值90.8亿元,同比增长17.3%,占行业46.3%。实现主营业务收入81.3亿元,同比增长12.6%;实现利税总额9.0亿元;利润总额6.4亿元。软饮料制造业汇集多个国际和本地区知名品牌,如生产碳酸饮料的沈阳可口可乐、沈阳百事可乐和沈阳八王寺实业有限公司等;生产瓶(罐)装饮用水的乐百氏(广东)桶装水、沈阳娃哈哈饮料、乐百氏(沈阳)食品饮料等;生产果菜汁及果菜汁饮料的辽宁新大地食品饮料和沈阳麦金利食品有限公司等;生产含乳饮料和植物蛋白饮料的辽宁黑牛食品等;还有生产茶饮料及其他软饮料的康师傅(沈阳)饮品有限公司等。

(张 晔)

【家用电力器具制造业】 以空调器制造业为主体的沈阳市日用电器制造业,到2011年底共有沈阳华润三洋压缩机有限公司、沈阳三洋空调有限公司、沈阳龙泉空调制冷设备有限公司等11户规模以上企业。从企业规模看,大型企业1户,中型企业1户,小型企业7户,微型企业2户;从登记注册类型来看,内资企业7户,外商投资企业4户。

2011年末,该行业全部资产总计36.1亿元,下降5.5%。其中固定资产11.7亿元,下降5.6%,流动资产23.4亿元,下降2.1%;负债12.5亿元,下降21.9%;所有者权益23.6亿元,增长6.8%。从业人员年平均人数为4797人,比上年减少700人。

2011年,沈阳市日用电力器具制造业稳中有降。全年全行业共完成工业总产值40.0亿元,下降5.9%;实现销售产值40.2亿元,下降12.4%,产销率为100.5%;完成出口交货值2.9亿元,下降23.7%;实现主营业务收入43.6亿元,下降4.6%;实现利润3.8亿元;实现利税4.7亿元。

(姚 铁)

【纺织工业】 沈阳市纺织工业由棉、化纤纺织及印染精加工,毛纺织和染整精加工,纺织制成品制造,针织品、编织品及其制品制造,丝绢纺织及精加工5个中类行业,13个小类行业组成。

2011年,沈阳市纺织行业共有规模以上工业企业47户,比上年减少了22户。按登记注册类型分:内资企业41户,比上年减少了16户,其中集体企业5户,有限责任公司9户,私营企业26户,其他类型企业1户;港澳台商投资企业1户;外商投资企业5户。按经济组织类型分:独资企业18户,合作、合伙企业1户,有限责任公司28户。

全年共完成工业总产值55.5亿元,比上年降低了10.9%;实现销售产值55.5亿元,比上年降低了7.7%。工业产品产销率为100%,较上年上升了3.5个百分点。实现出口交货值2.7亿元,比上年增长了42.1%。纺织行业的全部资产总值20.9亿元,比上年降低了1.4%。其中流动资产7.2亿元,占全部资产的34.4%;固定资产12.5亿元,占全部资产的59.8%。全部负债总额为7.2亿元,比上年下降了5.3%。实现主营业务收入55.1亿元,比上年降低了8.2%;主营业务成本为48.3亿元,比上年降低了6.4%;盈亏相抵后全行业共实现盈利3.2亿元,比上年降低了8.6%;实现利税总额4.3亿元,比上年降低了14%。其中应交增值税0.9亿元,比上年降低了25%。全行业从业人员年平均人数为0.63万人,比上年下降了28.4%。

全年共有2户企业生产经营呈现亏损状态,亏损面为4.3%,与上年持平。亏损企业的亏损额为0.12亿元。

(孙侠飞)

【印刷业】 沈阳市印刷业包括印刷和装订及其他印刷服务2个行业中类,其中,印刷中类中又含有书、报、刊印刷、本册印制和包装装潢及其他印刷等3个行业小类。

2011年末,沈阳印刷业共有规模以上工业企业58户,其中大中型企业有4户;资产总额29.2亿元,其中固定资产16.0亿元,比上年增长11.1%;全部从业人员年平均人数为0.6万人。沈阳印刷业主要由内资企业组成,港澳台商及外商投资企业仅有2户。

2011年,印刷业实现工业总产值58.2亿元,同比增长15.2%;实现主营业务收入59.7亿元,同比增长15.7%;利润总额5.0亿元,同比增长66.7%;利税总额6.1亿元,同比增长41.9%。印刷业在沈阳属于较小行业,企业数量在全市规模以上工业中的覆盖率仅为1.4%,产值占0.5%。

2011年,在印刷业全行业中,产值超亿元企业有11户,比上年增加2户;利税总额超过千万有13户,比上年增加2户;利润总额超千万的企业有11户,比上年增加1户。沈阳诚信印铁制罐实业有限公司、沈阳港丰印业有限公司、沈阳新林安塑料彩印制品有限公司、新民市裕达旺纸制品包装厂、辽宁神州印业有限公司、沈阳市学院印刷厂、辽宁新闻印刷集团有限公司等骨干企业为行业的发展和兴旺做出了重要的贡献。

(张　晔)

装备制造业

【概况】 沈阳市装备制造业包括金属制品业,通用设备制造业,专用设备制造业,交通运输设备制造业,电气机械及器材制造业,通信设备、计算机及其他电子设备制造业,仪器仪表及文化、办公用机械制造业七个大类行业。

2011年末,沈阳市装备制造业共有规模以上工业企业1887户,其中:大型企业有36户,中型企业有103户。按登记注册类型看,装备制造业有内资企业1675户,其中:国有企业38户,集体企业93户,股份合作企业38户,联营企业4户,有限责任公司240户,股份有限公司48户,私营企业1202户;港澳台商投资企业55户,外商投资企业157户。资产总额3743.2亿元,比上年增长7.0%,负债合计2165.9亿元,比上年增长3.7%。全部从业人员年平均人数为41.3万人。

实现工业总产值5486.2亿元,比上年增长11.6%;实现销售产值5396.5亿元,增长11.5%。产销率为98.4%。实现主营业务收入5426.0亿元,比上年增长14.9%;利润总额335.7亿元,增长8.7%;利税总额525.9亿元,增长10.3%。在装备制造业企业中,1780户企业实现盈利。利润总额超10亿的企业为华晨宝马汽车有限公司、上海通用(沈阳)北盛汽车有限公司。主营业务收入超百亿的为华晨宝马汽车有限公司、上海通用(沈阳)北盛汽车有限公司、沈阳飞机工业(集团)有限公司、沈阳远大铝业集团有限公司、沈阳机床(集团)有限责任公司、北方重工集团有限公司。

(贺彦飞)

【有色金属冶炼及压延加工业】 沈阳市有色金属冶炼及压延加工业由常用有色金属冶炼、稀有稀土金属冶炼、有色金属合金制造、有色金属压延加工4个中类行业,8个小类行业组成。

2011年,沈阳市有色金属冶炼及压延加工行业共有规模以上工业企业75户,比上年减少了24户。按登记注册类型分:内资企业62户,比上年减少了23户,其中国有企业1户,集体企业4户,股份合作企业1户,有限责任公司4户,私营企业52户;外商投资企业10户;港、澳、台商投资企业3户。按经济组织类型分:独资企业25户,合作、合伙企业2户,股份有限公司2户,有限责任公司46户。

2011年,沈阳市有色金属冶炼及压延加工行业生产较上一年有所降低。全年共完成工业总产值195.7亿元,比上年降低了0.8%;实现销售产值194.3亿元,比上年降低了0.5%。工业产品产销率为99.3%,比上年增长了0.3个百分点。实现出口交货值1.0亿元,比上年增长了100%。

2011年,沈阳市有色金属冶炼及压延加工行业的资产总额78.1亿元,比上年增长了4.4%。其中:流动资产29.1亿元,占全部资产的37.3%;固定资产40.6亿元,占52%。负债总额为32.9亿元,比上年降低了0.6%。实现主营业务收入194.4亿元,比上年增长了0.3%。主营业务成本为168.1亿元,比上年降低了2.6%。盈亏相抵后全行业共实现盈利10.3亿元,比上年降低了17.6%。实现利税总额13.5亿元,比上年降低了15.1%。应交增值税2.5亿元,比上年增长了13.6%。全行业从业人员年平均人数为0.95万人,比上年降低了12.8%。

2011年,沈阳市有色金属冶炼及压延加工行业共有6户企业生产经营呈现亏损状态,亏损面为8%,较上年下降了4.1%。亏损企业的亏损额为0.58亿元,比上年增长了152.2%。

有色金属压延加工业为沈阳市有色金属冶炼及压延加工业的主导产业。2011年,有色金属压延加工业完成工业总产值145.2亿元,占全行业的74.2%;实现主营业务收入144.7亿元,占全行业的74.4%;实现利税10.5亿元,占全行业的77.8%。

(孙侠飞)

【黑色金属冶炼及压延加工业】 沈阳市黑色金属冶炼及压延加工业是沈阳市的优势产业之一,主要由炼铁业、炼钢业、钢压延加工业、铁合金冶炼业4个中类行业组成。

2011年,沈阳市黑色金属冶炼及压延加工行业共有规模以上工业企业60户,比上年减少了23户。按登记注册类型分:内资企业54户,比上年减少了22户,其中集体企业3户,联营企业1户,有限责任公司10户,私营企业38户,其他企业2户;外商投资企业6户,比上年减少了1户。按经济组织类型分:独资企业19户,合作、合伙企业4户,有限责任公司37户。

2011年,沈阳市黑色金属冶炼及压延加工行业,由于沈阳老工业产业的转型与国家节能减排的要求,行业生产较去年有所回落。全年共完成工业总产值228.2亿元,比上年下降了8.3%;实现销售产值230.8亿元,比上年下降了4.8%。工业产品产销率为101.1%,较上年增长了3.7个百分点。实现出口交货值0.1亿元。

2011年,沈阳市黑色金属冶炼及压延加工行业的资产总计99.8亿元,比上年增长了0.1%。其中流动资产64.9亿元,占全部资产的65.0%;固定资产22.1亿元,占22.1%。负债总额76.2亿元,比上年增长了14.2%。实现主营业务收入256.1亿元,比上年增长了5.2%;主营业务成本232.3亿元,比上年增长5.8%。盈亏相抵后全行业共实现盈利2.7亿元,比上年降低了55.7%。实现利税总额4.3亿元,比上年降低了62.9%。其中应交增值税1.1亿元,比上年降低了77.6%。全行业从业人员年平均人数为0.69万人,比上年下降了16.9%。

2011年,沈阳市黑色金属冶炼及压延加工行业共有7户企业生产经营呈现亏损状态,亏损面为11.7%,较上年增长了2.1%。亏损企业的亏损额为2.1亿元,比上年增长了425%。

钢压延加工业为沈阳市黑色金属冶炼及压延加工业的主导产业。2011年,钢压延加工业完成工业总产值222.3亿元,占全行业的97.4%;实现主营业务收入249.9亿元,占全行业的97.6%;实现利税3.8亿元,占全行业的88.4%。

（孙侠飞）

【通用设备制造业】 通用设备制造业是沈阳市传统支柱行业,是装备制造业的重要组成部分。在全市36个行业大类中,通用设备制造业是企业户数最多,生产规模最大,吸纳就业人数最多的行业。

通用设备制造业具有良好的行业基础和较为完备的行业和产品体系,全部拥有该行业的9个行业中类;并拥有全部33个行业小类中的32个。行业的主要产品为金属切削机床、内燃机、风机、泵、制冷空调设备和工业锅炉等。

2011年末,全市规模以上通用设备制造企业为657户,其中大中型企业30户,比上年增加5户;资产807.9亿元,同比增长16.1%;全部从业人员年平均人数11.1万人,比上年增加0.1万人。全年实现工业总产值1345.1亿元,同比增长11.8%;实现主营业务收入1322.5亿元,同比增长16.1%;利润总额80.1亿元,同比增长28.0%;利税总额109.3亿元,同比增长15.9%。

沈阳通用设备制造业知名企业云集,沈阳机床(集团)有限责任公司、沈阳鼓风机集团有限公司、通用电气能源(沈阳)有限公司、沈阳三洋电梯有限公司和沈阳博林特电梯有限公司等企业享誉国内外。全行业年产值超亿元企业共有297户,比上年增加52户,其中13户企业超过10亿元,2户企业超过100亿元。利税上千万企业197户,其中12户企业利税超过1亿元,比上年增加7户;利润上千万企业164户,其中9户企业利润超过1亿元,比上年增加5户。

2011年,通用制造业企业在全市工业的覆盖率为15.8%,同比下降0.1个百分点;产值占全市12.4%,同比下降0.1个百分点。

（张　晔）

【专用设备制造业】 2011年,沈阳市专用设备制造业规模以上企业共有266家,比上年减少79家。从登记注册类型分组看,内资企业242家,比上年减少63家,其中:国有企业8家,比上年减少5家;集体企业10家,比上年减少8家;股份合作企业3家,比上年减少2家;联营企业2家;有限责任公司37家,比上年减少6家;股份有限公司4家;私营企业178家,比上年减少42家;港澳台商投资企业5家,比上年减少2家;外商投资企业19家,比上年减少14家。从行业分布来看,矿山、冶金、建筑专用设备制造98家,化工、木材、非金属加工专用设备制造48家,环保、社会公共安全及其他专用设备制造34家,医疗仪器设备及器械制造14家,印刷、制药、日化生产专用设备制造10家,食品、饮料、烟草及饲料生产专用设备制造11家,电子和电工机械专用设备制造23家,农、林、牧、渔专用机械制造20家,纺织、服装和皮革工业专用设备制造8家。从工业企业大中小微型分组看,大型企业5家,中型企业10家,小型企业240家,微型企业11家。

2011年,该行业全部资产总计年末达569.1亿元,流动资产年合计达348.1亿元,固定资产净值达92.4亿元;从业人员年平均人数为6.13万人。全年,该行业共完成工业总产值669.8亿元,比上年增长15.0%;工业销售产值655.5亿元,增长12.4%;实现主营业务收入647.8亿元,增长15.5%;实现利润为39.8亿元,下降8.7%。

2011年,该行业中矿山、冶金、建筑专用设备制造业保持良好发展态势,并占绝对优势,共实现工业总产值达366.7亿元,所占比重高达54.8%;销售产值为354.7亿元,比重为54.1%;资产总计达379.5亿元,比重为66.7%;主营业务收入达330.9亿元,比重为51.1%;实现利税达33.2亿元,比重为58.1%;实现利润达22.5亿元,比重为56.4%。

（毛英杰）

【汽车制造业】 沈阳市汽车制造业主要由汽车整车制造、改装汽车制造、汽车车身、挂车的制造、汽车零部件及配件制造四个小类行业组成。其中汽车整车制造、汽车零部件及配件制造为主导产业。2011年,汽车整车制造和汽车零部件及配件制造业企业单位数和实现工业总产值分别占到全行业的94.2%和95.2%。

沈阳市共有规模以上汽车制造企业172户。其中汽车整车制造11户,改装汽车制造9户,汽车车身、挂车的制造1户,汽车零部件及配件制造151户。从企业规模看,大中型企业35户,比上年增加10户。截至到2011年末,沈阳市汽车制造业拥有资产954.5亿元,比上年增长21.8%,全部从业人员年平均人数5.8万人,比上年增长13.7%。

全行业共完成工业总产值1249.2亿元,较上年增长23.2%;实现销售产值1236.8亿元,增长24.1%。全年共生产汽车71.5万辆,比上年增长7.4%,其中生产轿车44.4万辆,比上年增长6.4%,轿车产量占到汽车总量的62.1%;多功能乘用车(MPV)8.9万辆,同比增长24.1%;公路客车8.6万辆,同比增长11.8%;载货汽车9.5万辆,同比下降5.0%。本年新增车型:运动型多用途乘用车(SUV),产量为0.1万辆。全年共生产汽车发动机4395万千瓦,同比增长20.9%。

2011年,沈阳市汽车制造业实现主营业务收入1308.9亿元,比上年增长25.1%。实现利税207.7亿元,同比增长41.4%。实现利润100.4亿元,同比增长36.2%。

汽车制造业是沈阳市大力发展的支柱产业,在沈阳市工业中占有举足轻重的地位。2011年,沈阳市汽车制造业完成工业总产值、实现主营业务收入、利税和利润总额分别占沈阳市规模以上工业的11.5%、12.1%、19.6%和14.1%。2011年,全行业有15户企业实现工业总产值超10亿元,其中上海通用(沈阳)北盛汽车有限公司和华晨宝马汽车有限公司为行业龙头企业。上海通用(沈阳)北盛汽车有限公司和华晨宝马汽车有限公司实现产值均超过300亿元,总量占到全行业的53.5%。

（张　晔）

【电气机械及器材制造业】 沈阳市电气机械及器材制造业主要由电机制造,

输配电及控制设备制造,电线、电缆、光缆及电工器材制造,电池制造,家用电力器具制造,非电力家用器具制造,照明器具制造和其他电气机械及器材制造8个中类行业和28个小类行业。

截至2011年底,全行业共有规模以上工业企业351户,比上年减少112户。其中:大中型企业24户,比上年减少1户。从行业构成上看,电机制造30户,输配电及控制设备制造167户,电线、电缆、光缆及电工器材制造96户,电池制造6户,家用电力器具制造11户,非电力家用器具制造8户,照明器具制造29户,其他电气机械及器材制造4户。从经济类型分组看,内资企业319户,其中:国有企业4户,集体企业17户,股份合作企业12户,有限责任企业51户(国有独资公司1户,其他有限责任公司50户),股份有限公司13户,私营企业219户;港澳台投资企业8户;外资企业11户。

2011年,电气机械及器材制造业全行业实现工业总产值919.2亿元,下降5.9%;实现工业销售产值910.3亿元,下降5.2%;实现利润总额48.1亿元,增长0.8%,人均创利润7.77万元。

全行业资产总计517.4亿元,下降12.6%;固定资产178.1亿元,下降4.6%;固定资产原值399.4亿元,下降11.3%;负债合计244.9亿元,下降19.1%;全部从业人员年平均人数6.2万人,下降18.4%。

(贺彦飞)

医药制造业

【概况】 医药制造业是沈阳市的优势产业之一,主要由化学药品原药制造、化学药品制剂制造、中药饮片加工、中成药制造、兽用药品制造、生物、生化制品的制造和卫生材料及医药用品制造等7个中类行业组成。

2011年,医药制造业全行业拥有规模以上工业企业77户,比上年减少21户。按登记注册类型分:内资企业58户,比上年减少了13户,其中国有企业2户,集体企业1户,股份合作制企业1户,有限责任公司11户,股份有限公司5户,私营企业37户,其他类型企业1户;港、澳、台商投资企业8户,外商投资企业11户。按经济组织类型分:独资企业17户,合作、合伙企业4户,股份有限公司9户,有限责任公司47户。

全年共完成工业总产值226.8亿元,比上年增长了11.4%;实现销售产值214.5亿元,比上年增长了8.4%。工业产品产销率为94.6%,比上年下降了2.6个百分点。实现出口交货值10.5亿元,比上年下降了31.8%。

全行业资产总额200.0亿元,比上年增长了1.7%。其中:流动资产105.2亿元,占全部资产的52.6%;固定资产65.2亿元,占32.6%。负债总额94.5亿元,比上年下降了5.6%。实现主营业务收入260.9亿元,比上年增长了2.0%。主营业务成本200.4亿元,比上年增长了3.1%。实现利税总额33.2亿元,比上年增长了13.3%。应交增值税7.6亿元,与上年持平。全行业从业人员年平均人数为2.3万人,比上年下降了4.2%。

全年共有8户企业生产经营呈现亏损状态,亏损面为10.4%,较上年下降了1.8%。亏损企业的亏损额为0.3亿元,比上年下降了25.0%。

(孙侠飞)

【东北制药集团有限责任公司】 2011年,东北制药集团有限责任公司实现销售收入81.12亿元;工业总产值29.75亿元;工业增加值5.64亿元。实现纳税额1.5亿元,被评为沈阳纳税百强企业。连续第六年进入中国制造业企业500强。

坚持观念创新,反思激活,全面启动二次创业。2011年,公司面临异常严峻的生产经营形势,先后部署了“创先争优,解放思想,实现二次创业”学习实践活动,确定了“激活状态,多措并举,突破瓶颈,践行二次创业”的工作主题,同时,“在状态、见成果”,成为考察各级领导班子、党员骨干的执行力、工作能力、业务水平的重要指标。生产单位深挖潜能,提升产能、质量,降低成本;管理部室深入反思,补齐短板,优质服务;医药商业直面问题,突破瓶颈,实施变革;制剂板块每周产销衔接,实现大协调、大统一;采购克服粮食、贵金属等基础原材料价格屡创新高的不利影响,成本上升势头得到有效控制;VC国内市场实现逆势增长,销量与市场份额双增;产品开发国际市场取得突破,5个原料药、7个制剂品种首次出口;东瑞公司、施德药业、百万公司等超额完成计划指标。

坚持体制机制创新,市场导向,增强企业运行活力。2011年,公司成立了8个产品的模拟公司和2个模拟事业部,在提高经济运行质量和高效协调供产销等方面取得了可喜成果,全年实现毛利7885.25万元,同比增长77.54%。股份公司本部用时7个月,对产品生产、管理流程重新梳理,优化配置人力资源,在岗人员薪酬人均增加502元,增长24.99%,企业年增支出4500万元。供销公司实施快批事业部改革,毛利额同比增长35%;人力资源变革项目,管理岗位人员优化18%,总体优化7%,工作效率提升;东北大药房变革全面启动。销售公司医院事业部全新模式运行;推进营销模式转型,完善销售运营系统,人员结构优化调整,管理部门人员优化30%,渠道人员优化40%,全员聚焦终端。围绕体制机制改革进行的资本运作、合资合作也取得进展。非公开发行获得无条件通过;与赞比亚、巴西的交流为开展国际深度合作奠定了基础。

坚持产品创新,立体布局,集聚企业发展后劲。在“十二五”产品发展规划和三个子规划的指引下,技术投入、产品升级、科研项目等方面取得了实质性进展。2011年,技改项目投资1872.2万元,推广四新技术5项,创效1716.9万元。依托企业技术中心,建立了三级创新架构;搭建产学研战略联盟、成立院士专家工作站,开展项目及人才培养计划。原料药科研项目完成17个小试,2个中试;制剂项目完成14个;临床药理项目完成5个;药品申报、注册批复9项;新获授权专利1项,新申请专利11项。新产品转化工作顺利开展。支撑产品未来发展的异地改造工程项目,按预定计划扎实推进。

坚持管理创新,对标先进,提升企业竞争资本。2011年,公司大力推进管理升级,搭建适应竞争的全新运营模式,先后实现财务统管、招标统管、信息化统管。财务优化信贷结构,建立效益管控良性机制,实现管控常态化管理;招标项目完成132项,招标总额2990万元,实现创效700万元;信息化建设由单组织管理向集团管控型发展,财务管控上线运行、HR系统实施、内控二期与OA系统开始筹备、第一制药公司全面预算及供销公司财务业务一体化上线运行。实现质量管理升级，全面通过国内外 GMP 及体系认证 13 个，FDA、BRC、SMETA 等一系列高端认证接连突破。6S 现场管理立体式推进。项目管理拉开了公司集中优势资源、克难攻坚的序幕。在品牌建设上，先后参加了中美经贸合作论坛、中国·中东欧国家经贸论坛；继“东北”牌后，“复美欣”被认定为中国驰名商标，整肠生、德维喜、安婷荣获“店员推荐率最高品牌”；东北制药被国家科技部认定为“2011 国家火炬计划重点高新技术企业”，获评“AAA 级信用企业”。

（范明岩）

化学工业

【化学原料及化学制品制造业】　2011 年，沈阳市化学原料及化学制品制造业规模以上企业共有 224 家，比上年减少 49 家。从登记注册类型分组看，内资企业 203 家，比上年减少 38 家，其中：国有企业 6 家；集体企业 18 家；股份合作企业 4 家，比上年减少 1 家；有限责任公司 34 家；股份有限公司 5 家；私营企业 133 家，比上年减少 28 家。港澳台商投资企业 5 家。外商投资企业 16 家。从行业分布来看，基础化学原料制造 36 家，专用化学产品制造 76 家，涂料、油墨、颜料及类似产品制造 51 家，肥料制造 27 家，日用化学产品制造 12 家，农药制造 9 家，合成材料制造 13 家。从工业企业大中小微型分组看，大型企业 1 家，中型企业 1 家，小型企业 208 家，微型企业 14 家。

2011 年，该行业全部资产总计年末达 119.3 亿元，流动资产合计达 48.9 亿元，固定资产 60.8 亿元；从业人员年平均人数为 2.32 万人。全年完成工业总产值 333.2 亿元，比上年增长 20.3%；工业销售产值 331.0 亿元，增长 20.8%；实现主营业务收入 329.4 亿元，增长 20.7%；实现利润为 18.5 亿元，增长 2.2%。

2011 年，该行业中专用化学产品制造业保持良好发展态势，并占绝对优势。专用化学产品制造业实现工业总产值达 93.6 亿元，所占比重高达 28.1%；销售产值为 93.3 亿元，比重为 28.2%；资产总计达 37.6 亿元，比重为 31.5%；主营业务收入达 94.2 亿元，比重为 28.6%；实现利税达 6.5 亿元，比重为 27.3%；实现利润达 4.9 亿元，比重为 26.5%。

2011 年，该行业中，专用化学产品制造业全年实现工业总产值 93.6 亿元，排在第一位；其次为涂料、油墨、颜料及类似产品制造业，工业总产值 72.5 亿元；再次为肥料制造，工业总产值为 46.3 亿元。创造利税方面，第一位为专用化学产品制造业，实现利税达 6.5 亿元；第二位为涂料、油墨、颜料及类似产品制造业，利税为 6.0 亿元；第三位为肥料制造，利税为 4.0 亿元。

2011 年，沈阳市的化学原料及化学制品制造业生产的主要产品产量：合成洗涤剂 6.3 万吨，增长 33.3%；烧碱 18.4 万吨，下降 0.3%；涂料 25.2 万吨，增长 12.2%；化学农药原药 3277 吨，增长 9.7%；盐酸 8.4 万吨，下降 12.9%；化学肥料 0.9 万吨，下降 5.8%。

（毛英杰）

【橡胶制品业】　2011 年，沈阳市橡胶制品业规模以上企业共有 61 家，比上年减少 23 家。从登记注册类型分组看，内资企业 53 家，比上年减少 20 家，其中：国有企业 3 家；股份合作企业 5 家；有限责任公司 6 家；股份有限公司 1 家；私营企业 38 家，比上年减少 11 家。港澳台商投资企业 2 家。外商投资企业 6 家。从行业分布来看，轮胎制造业 7 家，橡胶板管带制造业 24 家，橡胶零件制造业 17 家，再生橡胶制造业 1 家，橡胶靴鞋制造业 3 家，日用及医用橡胶制品业 1 家，其他橡胶制品业 8 家。从企业规模看，大型企业 3 家，中型企业 8 家，小型企业 48 家，微型企业 2 家。

2011 年，该行业全部资产总计年末达 122.5 亿元，流动资产合计达 57.8 亿元，固定资产净值达 25.6 亿元；从业人员年平均人数为 1.56 万人。完成工业总产值 125.3 亿元，工业销售产值 121.4 亿元，实现主营业务收入 123.6 亿元，实现利润为 7.2 亿元，实现利税为 10.5 亿元。

在该行业中，轮胎制造业排在第一位，工业总产值达 54.6 亿元；其次为橡胶板管带制造业，工业总产值为 32.6 亿元；再次为橡胶零件制造业，工业总产值为 14.7 亿元。从创造利润情况上看，第一位为橡胶板管带制造业，实现利润达 3.7 亿元；第二位为轮胎制造业，利润为 1.7 亿元；第三位为橡胶零件制造业，利润为 0.9 亿元。

2011 年，仅占该行业单位数 18.0% 的大中型橡胶制品企业实现工业总产值达 62.3 亿元，所占比重高达 49.8%，销售产值为 58.9 亿元，比重为 48.5%；实现主营业务收入达 61.0 亿元，比重为 49.4%；资产总计达 103.2 亿元，比重为 84.2%；实现利税达 5.1 亿元，比重为 48.4%；实现利润达 3.0 亿元，比重为 41.6%。

（毛英杰）

建材工业

【概况】　沈阳市非金属矿物制品业主要包括水泥、石灰和石膏的制造，水泥及石膏制品制造，砖瓦、石材及其他建筑材料制造，玻璃及玻璃制品制造，陶瓷制品制造，耐火材料制品制造，石墨及其他非金属矿物制品制造 7 个中类行业及 31 个小类行业。

2011 年，沈阳市共有规模以上非金属矿物制品业工业企业 314 户，比上年减少 70 户，其中大型企业 4 户，中型企业 47 户，小微型企业 263 户。该行业共有 167 户企业全年主营业务收入过亿元，其中主营业收入超十亿的分别是：沈阳冀东水泥有限公司、沈阳精品石材市场有限责任公司、辽宁金地阳陶瓷有限公司、沈阳博士盖陶瓷有限公司、沈阳浩松陶瓷有限公司、沈阳天和混凝土有限公司、沈阳新东方陶瓷有限公司、沈阳索坤日用玻璃有限公司。167 户企业共实现主营业务收入 617.1 亿元，占全行业的 87.8%。

从登记注册类型看：内资企业 292 户，占 93.0%，其中：国有企业 2 户，比上年减少 3 户；港澳台商投资企业 10 户，比上年减少 2 户；外商投资企业 12 户，比上年减少 18 户。从行业构成上看，水泥、石灰和石膏的制造 13 户，水泥及石膏制品制造 87 户，砖瓦、石材及其他建筑材料制造 131 户，玻璃及玻璃制品制造 47 户，陶瓷制品制造 4 户，耐火材料制品制造 16 户，石墨及其他非金属矿物制品制造 16 户。

2011年,该行业有10户亏损企业,比上年减少16户;但亏损企业的亏损额由2010年的3170万元增加到9480万元,增长199.1%。实现利润总额63.9亿元,增长29.9%;实现利税总额91.0亿元,增长22.0%。

该行业拥有资产230.8亿元,比上年增长6.8%,其中:固定资产原值282.1亿元,增长19.9%;负债合计71.7亿元,比上年下降11.7%,其中流动负债57.2亿元,下降6.3%;所有者权益合计156.5亿元,比上年增长18.4%。全部从业人员年平均人数为5.6万人,比上年减少0.1万人。

2011年,沈阳市的非金属矿物制品业全年实现工业总产值702.8亿元,比上年增长25.2%;实现销售产值697.5亿元,比上年增长25.1%;实现主营业务收入702.7亿元,增长27.4%。其中:砖瓦、石材及其他建筑材料制造为主导产业,实现工业总产值399.4亿元,占全行业全部产值的56.8%;实现主营业务收入399.3亿元,占全行业的56.8%。另外水泥及石膏制品制造实现工业总产值132.6亿元,占全行业的18.9%;实现主营业务收入132.3亿元,占全行业的18.8%。

(贺彦飞)

煤 炭 业

【沈阳煤业(集团)有限责任公司】 沈阳煤业(集团)有限责任公司是2001年由原沈阳矿务局改制而成。集团公司成立十年来,始终坚持以科学发展观为指导,解放思想,抢抓机遇,勇于创新,攻坚克难,使一个以煤炭生产为主的国有独资公司,迅速成长为集煤炭、电力、建材、多元经营、物流贸易和房地产开发为一体的多元化、多所有制、跨地区、跨行业的大型煤炭企业集团。沈煤集团下设7个分公司,27个子公司,企业资产总额300亿元,职工4.8万人,企业年经营总收入超过240亿元,在中国企业500强中位列378名,居全国煤炭行业第28位。

2011年是"十二五"开局之年,也是沈煤集团成立十周年。一年来,集团公司在总结提炼十年发展经验的同时,紧紧围绕"十二五"既定的"558"目标(即到"十二五"期末企业营业收入突破500亿元;煤炭主业产能达到5000万吨;职工人均年收入突破8万元),应对挑战,团结奋进,科学发展,超额完成了全年各项目标任务,实现了"十二五"的良好开局。

1. 坚持安全发展原则,企业安全生产保持稳定局面。始终坚持"以人为本、生命至上、安全第一"的理念,把安全工作视为发展之基、效益之本。持续加大安全投入,不断提高了安全生产设施和装备水平。加快实施瓦斯治理、通风系统改造、安全避险"六大系统"及质量标准化等安全工程建设,进一步改善了安全生产条件。高度重视"一通三防"工作,坚持狠抓严管不放松,沈阳矿区实现了矿井不突出、不发火、瓦斯不超限和煤尘不超标,为集团公司杜绝较大事故发生奠定了重要基础。坚持以人为本,全面开展质量标准化建设、安全班组建设、手指口述、安全确认等系列安全活动,不断提升员工队伍的安全素质,有效地规范了员工的操作行为。先进的技术装备,刚性的制度要求,柔性的文化管理,使沈煤集团2011年轻伤事故率降至1‰以下,实现了沈阳矿区死亡事故为零的目标。

2. 做大做强煤炭主业,煤炭生产保持稳产高效态势。强化科技引领作用,并联支架综合机械化采煤工艺、矸石回填工艺、大采高功阻支架采煤工艺以及井下供电、排水、运输等系统的自动化控制技术,相继得到成功应用,使集团公司煤炭生产始终保持了稳产高效的良好态势。加快发展域外矿区,在保证黑龙江矿区产能充分释放的同时,积极推进内蒙矿区的开发和建设,内蒙矿区蒙西煤矿已经具备日产万吨的生产能力,呼盛煤矿改扩建已经完成,即将投产创效。深入实施"精煤战略",集团公司煤炭洗选加工能力已经达到1930万吨/年以上,极大地提高了煤炭产品附加值,促进了企业效益的增长。

3. 加快产业结构调整,可持续发展能力明显增强。为了进一步优化产业结构,不断增强企业的可持续发展能力,2011年,沈煤集团累计投入9.5亿元资金,用于新项目建设。鞍山盛盟煤气化项目已经投产运营;环保纸项目正在抓紧进行设备安装;辽阳文东石膏矿项目正在抓紧办理各项手续,即将开工建设。与此同时,全面加快公司现有非煤产业的发展步伐,建材产业、电力产业以及焦炭、机械制造、物流、房地产等多元化经营产业呈现出齐头并进的良好发展态势。2011年,沈煤集团非煤产业累计完成产值140亿元,充分证明了近几年公司加快产业结构调整的效果已经开始显现。

4. 强化管理创效作用,企业逐步走上高效管理之路。2011年,沈煤集团在保证现有产业科学发展的基础上,大打"管理创新牌",坚持从管理中要效益。通过开展"深化改革、双控双提"活动、实行全面预算管理、对标管理以及岗位价值精细化管理等有效手段,企业管理水平和创效能力明显提升。通过加大"三项制度"改革力度,实行定岗定员、管理人员竞聘上岗以及重新修订员工薪酬管理办法,企业能上能下的用人机制、能进能出的用工机制、员工收入能增能减的分配机制基本建立。通过加快推进企业信息化建设,安全生产技术综合管理信息系统、人力资源管理信息系统、成本预算管理信息系统相继实现成功开发和推广应用,使企业逐步迈入信息化管理轨道。正是得益于企业经营管理水平的不断提升,2011年沈煤集团实现经营总收入240亿元,实现利润18.2亿元,创出历史最好水平。

5. 强势推进主业上市,企业体制机制改革取得重大突破。一年来,沈煤集团从产权关系、组织体系、生产要素等方面入手,对企业体制机制进行全面统筹整合。以煤炭主业重组上市为目标,完善法人治理结构,搭建规范运作平台,沈阳焦煤有限责任公司正式独立运行,股份制改造全面推进,为下一步登陆资本市场做好了充分准备。进一步完善国有资本有进有退、合理流动的机制,理顺产权股权关系,扶持优势产业,淘汰落后产能,确保了国有资产保值增值。按照扁平化管理的原则,调整管理架构,压缩中间环节,减少职能交叉和重叠,优化人财物、产供销等环节的组织体系,建立权责明晰、设置科学的管理体系,形成了精简高效、规范有序的工作格局。以集团公司为战略决策、投融资管理和资本运营中心,以子(分)公司为经营管理和利润实现中心,以基层矿厂为安全生产和成本控制中心的现代母子公司管理体制已经形成，为企业做大做强奠定了坚实基础。

（付佩亮）

航空航天器制造业

【概况】 2011年，沈阳市航空航天器制造业共有沈阳飞机工业（集团）有限公司、沈阳黎明航空发动机（集团）有限公司和沈阳兴华电器有限制造公司等11家企业，比上年减少2户。从企业规模看，大型企业3户，中型企业2户，小型企业6户；从登记注册类型来看，内资企业10户，港、澳、台商投资企业1户。

2011年末，全行业资产总额297.1亿元，比上年下降8.9%。其中：固定资产56.3亿元，下降13.3%，流动资产176.6亿元，比上年下降18.1%；负债198.5亿元，比上年下降14.6%；所有者权益98.6亿元，增长5.5%；从业人员3.3万人，比上年增加1451人。

2011年，沈阳市的航空航天器制造业生产形势有所回落。全年全行业实现工业总产值182.5亿元，比上年下降14.4%；实现销售产值182.0亿元，下降14.8%，产销率达到99.7%；出口交货值为20.3亿元，增长48.2%；实现主营业务收入188.4亿元，下降0.8%；实现利润总额7.1亿元，下降19.3%。

该行业发展变化的走势主要由沈阳飞机工业（集团）有限公司、沈阳黎明航空发动机（集团）有限公司两户大型企业来左右，2011年这两户大型企业共实现产值161.3亿元，占全行业的比重为88.4%；实现销售产值161.1亿元，占88.5%。

（姚　铁）

【产业布局】 近年来，沈阳市航空制造业迅猛发展，已初步形成以浑南民用航空产业园区、沈北航空产业园区、法库通航产业园区为依托，优势互补、资源共享、差异化有序发展的“三位一体”格局。

浑南民用航空产业园区先期建设了2平方公里的沈飞民机工业园，同时在沈抚新城划定约16平方公里的航空产业发展用地，用于承接航空制造业项目。沈飞民机工业园以沈飞民机、沈飞国际等航空制造企业为主体，与世界8个国家，包括波音、空客、庞巴迪三大航空业巨头在内的14家世界著名航空企业建立了稳定的国际合作关系，产品涉及多种型号的民用飞机大部件转包及机身对接生产，合作范围由单纯的产品制造逐步拓展到了产品的设计、试验、适航取证、售后服务等领域。浑南民用航空产业园以发展民用飞机、发动机大部件转包及整机生产为主，目前支线飞机大部件生产已初具规模。

沈北航空产业园区集聚了国泰航空、西子航空、沈飞铝业等近30家生产航空零部件企业。其中，西子航空是国内惟一民营企业成功竞标成为大飞机C919机体结构供应商之一，并引进沈飞集团塞斯纳L162部装生产线，成为沈飞集团重要的民营供应商；国泰航空为意大利阿莱尼亚生产ATR42/72登机门、服务门等配套设备，成为我国第一家为国外航空企业配套的民营企业。新区与沈飞集团、辽宁通航研究院等多家航空企事业单位、科研院所建立了信息共享、共同建设沈北通航产业园的长期合作关系，引进了一大批航空研发、制造项目，相关航空产业配套项目也陆续集聚。该园区发展方向以航空零部件生产、航空产品研发，以及公务出行、应急救援为主。

正在建设的法库通航产业园区总体规划面积68平方公里，建设面积25平方公里。该园区建成后，将充分利用周边自然环境、空域条件等优势，拟以塞斯纳—沈飞L162项目为先导，逐步发展成轻型通用飞机总装、调试、试飞、维修和运营基地。目前，该机场空域已被国家空管委列为首批低空开放试验区。

（安积平）

【重点项目】 1. Q400飞机总装项目。是沈飞民机与加拿大庞巴迪飞机公司合作项目，由沈飞民机转包生产Q400飞机的前机身、后机身和尾段共三个工作包的制造、装配和售后服务等工作。2011年底，累计实现出口交付额超过3亿美元，成为庞巴迪公司该机型机身的惟一供应商。2011年12月16日，首架Q400机身成功对接并交付使用。

2. C系列飞机项目。是沈飞公司与庞巴迪公司共同研发项目，总投资36.78亿元，2008年3月起至今，陆续完成了C系列中机身、尾锥、舱门和中央翼盒等工作包的联合概念设计（JCDP）、联合设计（JDP）及其出口评审工作，和世界上首个大型的铝锂合金机身段桶段试验件。预计2012年底将交付首架份后桶段。

3. 沈飞L162项目。沈飞公司与赛斯纳公司2007年开始合作L162飞机项目，沈飞公司作为该项目的惟一整机供应商，全年累计生产L162飞机共201架，交付157架。

4. 法库通航基地项目。累计投入资金近2亿元。起降场长800米、宽30米的跑道等主体工程已经完成并通过验收，航站楼、塔台、机库、气象站等设施正在建设。计划于2012年8月前完成建设并具备试飞条件。

5. 西子航空通用飞机零部件生产基地项目。主要生产塞斯纳L162运动飞机机身结构件等机加件和复材零部件、C919舱门零件试验件等。2011年交付零部件价值人民币1200万元。

6. 新光集团无人机项目。新光集团自行研制TF系列无人机，主要用于气象探测、航拍、矿产监测等，2011年销售80余套无人机。

7. SAC－10轻型运动飞机项目。沈飞集团具有自主知识产权的SAC－10轻型运动飞机已经完成了20%的TC（型号）取证工作量，有望2013年生产首架飞机。

（安积平）

【主要航空航天制造企业】 1. 沈阳飞机工业（集团）有限公司：我国最大的歼击机研制生产基地，先后研制生产了20多个机型、数千架歼击机，被誉为“中国歼击机的摇篮”。主要产品是以军机、民用飞机零部件为代表的航空系列产品。2011年，完成工业总产值109亿元，出口交货值11.7亿元。

2. 沈阳黎明航空发动机（集团）有限责任公司：我国第一个航空涡轮喷气发动机制造企业，中国大、中型航空喷气式发动机科研生产基地。主要产品是航空发动机研制、批生产和大修，航空零部件转包生产，微、轻、重型等多个燃气轮机成套设备的研制、批生产等。2011年，完成工业总产值54亿元，出口交货值5.3亿元。

3. 中航沈飞民用飞机有限责任公司：2007年成立，主要生产ARJ21飞机尾段、发动机吊挂、电气部件和全机电缆，Q400飞机机身段，B737飞机尾段及其结构组件、B787飞机垂尾前缘、A320

机翼前缘、各种型号飞机系列舱门及波音系列飞机客机改货机配套结构组件等项目。2011 年,完成工业总产值 5.98 亿元,出口产品销售收入 2.94 亿元。

4. 沈阳兴华航空电器有限责任公司:隶属中航工业集团,其产品包括 110 多个系列、3 万余种型谱的军用电连接器、微特电机、自动保护开关和工业电器产品,广泛用于航空航天、船舶、兵器、铁路、通讯、机床等领域。2011 年,完成工业总产值 3.95 亿元。

5. 沈阳航天新光集团有限公司:隶属于中国航天科工集团,我国著名航空航天发动机研制生产商,主要民品有无人化装备、汽油机、压力容器、电镀原器件、铸造件等。2011 年,完成工业总产值 2.6 亿元。

6. 沈阳航天新乐有限责任公司:是中国航天科工集团公司所属骨干企业,产品包括飞行器总体、红外光学、自动控制、非标设备、精密加工等机加、光电仪器的制造。2011 年,完成工业总产值 3.3亿元。

7. 沈阳西子航空产业有限公司:是中国 500 强企业—西子联合控股有限公司旗下的通用小飞机零部件制造企业。2009 年在沈阳沈北新区注册成立,为沈飞公司生产塞斯纳 L162 运动飞机机身结构件等机加件和复材零部件、C919 舱门零件试验件等,2011 年交付 1200 万元的零部件。

8. 沈阳国泰飞机制造有限公司:以航空零部件制造为核心,专业从事国际国内航空零部件转包生产等业务,是我国第一家拥有国际民用飞机特种工艺生产线的民营航空制造企业。2011 年,完成工业总产值 5715 万元。

(安积平)

【沈阳飞机工业(集团)有限公司】 2011 年,中航工业沈飞主要计划经济指标全面超额完成。完成营业收入是年计划的 100.4%;工业总产值是年计划的 103.9%;工业增加值是年计划的 107.65%;出口额完成1.71亿美元,是年计划的 114.3%;利润实现年计划的 100.8%。EVA 实现年计划的 100%。

军机科研生产成绩显著,全面完成了预定任务。特别是在产品的研制过程中,强化责任意识,突出项目和生产计划精细化、执行严格化,保证了项目研制各个阶段都处于有效管控状态下高速运行,确保了按计划首飞。服务保障工作进一步巩固和加强,特别是外场服务保障有力,有效满足了部队的需求。

民机产业快速发展。一是加速推进了 C 系列飞机研制。中航工业沈飞承担的详细设计工作顺利进行,首架研制工艺准备取得重要进展,零件生产按计划实现开工。二是通用飞机项目实现了批产。全年生产交付 L162 飞机 166 架,累计交付 257 架,满足了客户需求。三是波音、空客、庞巴迪等国际转包项目按计划交付。部分项目生产合同进行了续签和延期,且提升了价格,实现了持续稳定增长。四是 ARJ21 产品提前完成交付计划,全年交付吊挂 3 架份、尾段 1 架份、无线电架、全机电缆和电源中心各 2 架份。C919 项目与民机公司签订了框架协议,研制批零件实现首件开工。

非航产业收入再创新高,实现营业收入 10.49 亿元,同比增长 51.9%。其中沈阳沈飞民品工业有限公司、沈阳沈飞建设置业有限公司、沈阳二四二医院营业收入超过亿元。

技术创新能力建设。一是进一步完善技术创新体系。以沈阳新机快速试制中心的成立为标志,积极探索新机研制的新模式,并初步成功应用在新型号工程实践中。产学研开放体系作用明显,开展了与多家高等院校的深入合作,推动了技术能力的提升,公司获沈阳市产学研合作先进单位(示范基地)荣誉称号。二是科技创新成果不断扩大。通过新机研制,公司在钛合金及复合材料制造领域中取得了重大突破,整体技术水平国内领先。全年完成 10 项大型科研课题和 7 项重点技术攻关项目,争取外部资金支持 1.05 亿元。建立了"国家地方联合工程实验室",拥有了公司重大科研建设平台。全年申请专利 144 项,获授权专利 92 项,授权率 64%。公司荣获"十一五"两化融合典范企业称号。三是信息化建设推动了企业技术进步。随着数字化工程应用,加快了产品研制进度;在部分单位实施 MES 管理系统,提高了工作效率。制订了《"十二五"信息化发展规划》,提出了以建设"智慧沈飞"为目标的发展思路。四是型号研制带动基础能力建设,提升了制造能力。2011 年,相继建设了 786 号技术中心大楼、881 号总装厂房等多项工程,并实现封顶。C 系列装配厂房实现交付。沈北部装厂房已完成主体钢结构安装。全年完成设备更新改造 2090 台/套。

全年开展了管理"四化"(严格化、精细化、规范化、标准化)活动,提升了管理水平。一是中航工业沈飞开展的管理"四化"活动以"四化"为纲,把立足点放在提升整体管理水平上,把切入点选择在基础管理上,把着眼点聚焦在完善程序上,牵引各项工作的有效开展,收到了纲举目张的效果,有力促进了全年科研生产任务的完成。二是基础管理得到加强。初步建立了基础管理及班组建设达标晋级机制,启动了达标晋级评估并纳入绩效考核。发布了《基础管理的一般规定》、《公司基础管理年度综合评价》等制度文件,建立健全了规章制度。6S 管理建立了三级管理体系,实施厂区物业化管理,创新了管理模式和方法,顺利通过中航工业达标复评。结合公司创建 60 周年,新建修缮了"群英林"、飞机景点等多处景观,改造绿地 7 万余平方米,厂区环境大为改观。三是不断推进管理创新。按照"十二五"确定的"实现精益企业建设新突破"的目标,突出狠抓了"系统改进"和"现场改进",确立的 4 个系统改进项目按节点完成,在生产单位组织的 13 个方面、116 个现场改进活动取得成效。精益六西格玛文化节由公司统一组织改变为"统一领导,两级组织",精益文化平台建设不断完善。在信息化建设、条码管理、供应商管理等方面,确定了 86 项管理创新课题并全面完成。公司顺利通过集团市场建设管理体系试点单位达标验收。四是深入推进全面预算管理。健全了预算标准、规范了资金支付管理,完善了全面预算管理的流程,强化预算执行监督,严格控制了各项间接费用的发生。通过产品定价、应收账款及存货清理处置和开展"成本点滴行动",强化了成本意识。全年在管理费用、生产保障费用、外协费用、生产准备费用等方面压缩了 3.4 亿元支出,提高了公司经济运行质量。五是启动全面风险管理,强化内控工作。建立了风险管理机构,成立了风险管理领导小组,着手编制各项基本制度,开展了风险管理系统培训,收集风险管理初始信息并开始对风险点评估,基础工作稳步展开。以审计管理为代表的内控工作得到加强,全年共审计管理类项目 4 个,财务类项目 17 个。完成工程建设项目审计126项，审减金额570万元。强化了法律顾问体系建设，从源头上控制了法律风险。六是质量管理体系持续改进。以落实“三谁”责任机制为核心，开展了以质量目标管理和关重要素控制为重点的质量管理体系建设，顺利通过了新时代认证中心的换版审核、总装备部对公司航空装备承制资格审查、中航工业质量管理体系达标评价等多项检查。民机全年通过22次二、三方质量审核，质量体系和工艺过程控制更加完善。通过开展型号质量专项审核、技术质量攻关、引入“红黄牌”警示机制等工作，促进了实物质量的提高。

保密工作顺利通过国家认证。为迎接保密资格审核、认证，重点抓了以下工作：一是对新《标准》进行分解，落实了保密责任，初步建立了保密管理体系。二是梳理了涉密项目、岗位和人员，加强了保密监督管理。三是进一步完善了保密制度。四是狠抓了计算机网络安全措施建设，提升了计算机网络体系的安全水平。五是普及保密知识教育，提升了全员保密意识。六是固化成果，保密管理日趋常态化。最终以484分的优异成绩通过国家一级保密资格认证。

安全生产、保卫保障得到加强。重点抓了“三谁”机制落实、反违章和隐患治理、班组安全生产建设、全员和专业系统培训、推进企业安全生产标准化等工作，修订、健全了39项企业安全技术标准，安全生产长效机制更加完善。

企业文化建设。文化建设再上新台阶，成为引领公司快速发展的有力支撑。通过大力宣贯中航工业集团文化，贯彻落实中航工业集团文化要素“六统一”，推进文化落地。“航空报国、强军富民”的宗旨和“敬业诚信、创新超越”的理念深入人心。编制下发了《员工行为规范》，规范引导员工行为。强化品牌建设，“沈飞”商标被认定为中国驰名商标。设立“群英林”、“文化石”和“星光大道”，增强了文化感染力。

公司在取得科学发展的同时，更加注重员工生活质量的改善。通过增设领导干部责任津贴、班组长津贴、员工交通补贴，增加效益奖、奖励性工资投入，增发一个月工资、发放厂庆奖等，使在岗员工人均年收入增长15%。改善独身职工居住条件，投资1000多万元对独身宿舍进行了整体改造。不断提高员工福利待遇，增加了员工体检频次，全年有6869名员工进行了健康体检，2050名员工进行了短期疗养，2368名女员工进行了健康检查。累计发放救助金、助学金等231万元。协助政府改善三台子地区供水，解决了部分职工家庭用水难的问题。结合公司创建60周年，开展了“双60功勋员工”评选、60对新人集体婚礼等系列活动，并不断丰富广大职工的业余文化生活，有效激发了广大员工爱航空、爱沈飞的热情。

中航工业沈飞荣获了全国实施卓越绩效模式先进企业特别奖、全国质量管理小组活动优秀企业、全国企业文化建设优秀单位、全国安全文化建设示范企业、全国模范劳动关系和谐企业、全国十佳企业管理案例企业、中央企业法制宣传教育先进单位、全国统战工作实践创新成果奖、第六届“振兴杯”全国青年职业技能大赛决赛承办工作突出贡献奖等荣誉称号。

（吴加舜）

【中航工业沈阳黎明航空发动机（集团）有限责任公司】 2011年，黎明公司全年实现销售收入121.12亿元，随着收益大幅增长，黎明公司在岗职工年人均收入（含福利）比上年增长10.7%。黎明公司获得“全国模范劳动关系和谐企业”、“全国企业文化建设优秀单位”荣誉称号，某项目团队获“狼团队奖”、“首批中航工业集团文化建设示范单位”、“中航工业先进基层党组织”、市场开拓奖、“十一五”期间国际化开拓工作先进集体、中航工业某产品设计定型集体功等多项荣誉。黎明公司董事长兼总经理孟军荣获中国航空工业集团公司“优秀领导干部”称号。

全面完成发动机批产和研制任务。黎明公司面临严峻的生产任务形势，发动机交付数量之多，组织难度之大，协调工作之复杂，达到前所未有的程度。面对困难，黎明公司广大干部员工不退缩、不回避、迎难而上，通力合作，以科学求实的精神顽强拼搏，克服各种不利因素，最终全面实现型号交付，并在奋战过程中总结出大量宝贵经验。

黎明公司立足长远发展，积极实施资本化运作，推进多元化发展，优化产业结构，军品、非航、现代服务业“三足鼎立”的发展格局进一步稳固，企业发展后劲持续增强，前期努力成果在黎明公司发展中不断显现。

国际业务稳步提升。黎明公司国际业务系统克服欧美经济复苏缓慢等不利因素，积极开展商务运作，拓展欧美市场，重点运作和发展零件向部件和组装件转变的合作业务，全年实现销售收入8691万美元。

非航产业捷报频传。燃机产品研发及市场化取得重大突破，R0110重型燃机首台示范电站选址和论证工作取得实质性进展；QD128燃机十年磨一剑，成功打入国际市场，签约伊拉克发电项目，非航空产业完成销售收入27.78亿元。

“两岛”企业发展迅猛，成为推动黎明公司全面发展、做大做强的不可或缺力量。黎航化机全年实现销售收入13亿元，新产品开发取得显著成效，自主研发的百万吨级蒸汽回转干燥机通过中国机械联合会的科技成果鉴定，填补了国内空白。青岛黎明云路实现销售收入12.3亿元，非晶带材新产品开发与生产线建设齐头并进，产品研发达到了相应技术等级标准，具备一定生产能力。黎明公司物流产业在国家金融整车紧缩的宏观形势下，逆势而上，经营规模快速发展，实现销售收入33亿元，为黎明公司营业收入的平稳、快速增长做出突出贡献。

关注基础管理，推动管理创新工作。黎明公司在快速发展进程中，既关注基础管理，又积极推动管理创新工作，走出一条“聚焦价值、追求精益、不断改进、持续创新”具有黎明特色的发展之路。从制度流程入手，积极完善制度管理体系。探索IBSC的深度应用，优化、做实平衡计分卡各项考核指标，建立平衡计分卡指标设计质量评估制度，重新对各系统项目进行优化调整，使黎明精益制造管理系统建设扎实推进。开展与中航工业动力所基于成熟度和IPT的协同平台建设，实现某产品基于MBD技术的设计制造协同工程应用；推进PDM系统全面工程应用，加强BOM管理、流水管理及结构化工艺编制在军品型号应用的深度和广度。

节俭增效提升价值。“关注价值”是企业实现持续、健康、科学发展的重要命题。黎明公司深入推进设备全寿命周期管理，设备利用率达到76%以上；严格控制工装刀具成本，工装利用率提升至90%；全面控制工装派工数量，利用现有库存刀具资源，采取调拨再利用、重磨修复等措施，使刀具采购费控制效果明显。倡导“节约从我做起”，组织学习《盈在节俭》和《管理者要善于砍成本》两本书，黎明公司的勤俭节约良好风尚进一步增强。《提升大型军工企业战略执行力的综合平衡计分卡管理》项目获国防科技工业企业管理创新一等奖，《构建设备维护维修的精益化管理》成果获2011年沈阳市企业现代化管理创新一等奖。

大力推动质量振兴。黎明公司制定出台《“十二五”质量振兴计划》，拉开向质量要效益、靠质量求发展的帷幕，通过艰苦扎实的工作，使黎明公司的质量水平实现系统提升。2011年，黎明公司荣获“全国质量管理小组活动优秀企业”和辽宁省“质量信得过单位”等称号。

积极创建“技术黎明”。着眼于公司当前和未来型号发展，结合某工程和国家振兴航空发动机重大专项规划，黎明公司提出创建“技术黎明”，制定发动机重大专项建设规划。为有效解决公司科研与批产混线问题，揭牌成立科研试制快速反应中心。梳理关键技术，单晶叶片制造成熟度大幅提高，10项科技成果获国防、集团科学技术奖，公司发明专利数量位列集团公司第二位、国家级企业技术中心排名跃升全国第三十三位。创建“技术黎明”的诸多举措，为黎明公司持续发展积蓄了内在潜能。

企业核心能力、核心竞争力进一步增强。高素质的干部队伍、专家骨干队伍、优秀的员工队伍是黎明公司的核心能力，富有航空人精神和黎明特色的企业文化是黎明公司的核心竞争力。针对干部、专家、员工队伍各类人员能力提升，采取有针对性地措施。升级公司干部管理制度体系，干部管理制度的科学性和约束力进一步增强。加强干部队伍建设，调配、交流领导干部409人次；对45个科级干部岗位实施公开竞聘，418人参加竞聘，44人竞聘成功走上科级领导岗位，干部队伍更趋于专业化、知识化、年轻化；以培训带动能力提升，组织21个班次、830人次各级领导参加的干校培训。抓好专家队伍建设，完善专家管理制度，建立技术专家储备库；新聘技术、技能专家316人。鼓励各级技术、技能专家成名成家，建功立业。重视人才的培养和储备工作，鼓励“追星”、“造星”，最终形成“群星璀璨”的人才队伍建设新局面。深入推进员工岗位测评和职业生涯规划工作。优化人力资源需求分析与引进模式，与245名应届大学生签订就业协议，“211工程”院校大学生所占比例同比增长13.5%，硕士生比例同比增长20.3%，企业吸引力明显增强。组织完成专家和员工培训项目2127项，培训11万余人次。

文化建设向纵深发展。黎明公司坚持企业文化在传承中创新，在创新中发展，实现文化管理。在践行企业“三观十九条”文化理念的同时，积极倡导“追求精品”管理思想，强化员工的精品意识。召开千人大会，公司总经理作专题文化报告，宣讲培养干部员工对产品和工作的爱、恋、依，以对航空发动机的热爱和投入铸就精品。围绕建党90周年、航空工业创建60周年等重大活动开展宣传工作，借助广播、电视、报刊、网络等媒体的导向作用，营造积极向上的宣传舆论氛围。探索性地开展文化测评工作，取得较好效果。公司电视专题片《黎明风》获中航工业集团公司优秀电视作品评比一等奖。

党组织政治核心作用充分彰显。黎明公司党委积极贯彻党管干部的原则，两级班子的领导力、影响力和干部队伍的思想组织作用不断增强。以制度建设为重点，坚持惩防并举，企业廉政建设不断深入。围绕公司生产经营中心工作，服务大局，以“创先争优强党建，促进航空大发展”为主题，深入开展创先争优活动。坚持“把支部建在连上”，开展基层党支部负责人“公推直选”，16家单位、37个支部完成“公推直选”工作。公司各级党组织围绕生产经营中的“急、难、险、重”任务，组织党员攻坚克难，献计献策。黎明公司第三次党代会的胜利召开，全面总结了公司第二次党代会以来六年的工作成果和经验，明确了公司党委今后五年的工作任务和奋斗目标，表达了全体党员和职工群众的共同愿望，彰显了党组织的凝聚力和向心力。

和谐共赢凝聚发展合力。黎明公司党委和群团组织，持续组织开展文化演讲、班组建设达标、“双自”立功竞赛、青年职业生涯导航、拜师学艺、建党90周年合唱比赛、文体竞赛等多项活动。举办第五届职工职业技能运动会，创下“参与层面最广、工种最多、报名及获奖人数最多、成绩最优、获奖额度最高”五项之最。在“第七届”全国振兴杯青年职业技能大赛中，公司青年员工洪家光获得车工组冠军，该同志还荣获中航工业年度“十大风云人物”称号。黎明公司国际事业部电火花班荣获全国“五一巾帼标兵岗”、全国“五一巾帼奖状”和“工人先锋号”等3项殊荣。开展扶贫送温暖、为困难职工子女捐资助学、医疗扶贫等系列活动，救助困难职工6113人次，发放救助金463.5万元，让所有员工共享企业发展成果。2011年，黎明公司第三次荣获“全国模范职工之家”称号。

（高　菁）

民营经济

综述

【非公有制经济发展】 2011年,沈阳市中小企业局紧紧围绕“抓项目促调整、抓环境促提升、抓民生促和谐”三项重点工作,全面贯彻落实全市非公有制经济工作大会精神,圆满完成了各项工作任务,实现了“十二五”高起点开局。

非公有制经济完成地区生产总值3909亿元,比上年增长13%,占全市的65.7%。其中规模以上工业增加值2122亿元,增长18%,占全市的73.2%。固定资产投资3350亿元,增长24.1%,占全市的76.5%;社会消费品零售总额2204亿元,增长17.3%,占全市的91.2%;出口产值35.2亿美元,增长18.2%,占全市的73.5%;实现地方级税收收入409亿元,增长35.1%,占全市的83.3%。中小企业从业人员占全市从业人员总数的75.5%,新增就业岗位的90%来自中小企业;非公经济对沈阳市实现“十二五”时期高起点开局起到了引擎作用。

中小企业发展环境得到了有效优化。2011年,市委、市政府召开了全市非公有制经济工作大会,表彰了百户非公企业,命名10位企业家为功勋企业家称号。市委出台了《关于进一步优化发展环境的若干意见》;市人大出台了《沈阳市促进中小企业发展条例》;市政府下发了《贯彻国务院关于进一步促进中小企业发展若干意见的实施意见》(沈政发〔2011〕11号);市政协把“优化经济结构,促进中小企业又好又快发展”列为政协常委会议重点协商议题,形成了调研报告。曾维书记、陈海波市长、顾春明常务副市长多次召开中小企业家座谈会,率领各有关部门到中小企业现场办公,专题解决企业发展难题,为中小企业发展营造了良好的发展环境。

中小企业融资难得到有效缓解。市政府非常重视解决中小企业存在的融资难问题,强化担保机构建设,开展了“信心2011·银企对接大会”等一系列银政担企对接活动,有效帮助中小企业融资,截至2011年底,中小企业贷款余额达2035亿元,同比增长22%;全年新增中小企业贷款646亿元,同比增长8.5%。17家担保机构共为2198家中小企业和个体工商户提供贷款担保,完成担保总额98.1亿元,其中新增中小企业贷款担保1223家,新增担保额60亿元,同比增长93.4%。

中小企业的财税扶持力度得到进一步加强。近三年来,市财政采取贴息、资本金注入、风险补偿等多种方式支持中小企业发展支出约30亿元,年均约10亿元。其中,2010年设立了中小企业发展专项资金4000万元,2010、2011连续两年给予融资担保风险补偿资金每年超过1000万元。2008、2009年连续两年对543户纳税有困难的中小企业减征税额1亿元。2010年对认定符合条件的5331户小型微利企业,减征税款1355多万元;为190多户中小企业减免房产税、城镇土地使用税,减征税额4300多万元。

中小企业技术进步得到积极推进。2011年沈阳市共认定中小企业“专精特新”产品107项,开展了500户成长型中小企业认定工作。为55个项目争取省及国家专项资金1735万元。市中小企业发展专项资金给予59个“专精特新”项目扶持资金2548万元。中小企业拥有市级名牌产品104个,占全市名牌产品的68.9%;拥有省级名牌产品54个,占全市省级名牌产品的51.9%;拥有国家驰名商标10件,占全市国家驰名商标的32.3%;拥有辽宁省著名商标187件,占全市省著名商标的84.6%;拥有市著名商标279件,占全市著名商标的86.1%。全市中小企业共拥有省级企业技术中心61家,占全市的70%;市级企业技术中心80家,占全市的96.4%。已建设10个中小企业公共技术研发服务平台和50个市级以上企业技术中心,开展10大类23大项327个参数的服务和检测。

中小企业服务水平得到进一步提升。加大公共服务平台建设,市中小企业服务中心和沈阳市先进制造技术产业有限公司被国家工信部认定为首批国家级中小企业公共服务示范平台。全市有7个区、县(市)已设立,年内13个区、县(市)都将设立中小企业服务中心,通过发挥1个市级、13个区级中小企业服务中心的引领作用,形成信息畅通,功能完善、供需对接便捷的公共服务平台协同系统。2011年,沈阳市中小企业服务中心共举办58期各类培训班,累计培训企业人员7000人次;举办38期中小企业人才招聘会,达成录用意向5400人;中小企业沈阳网年点击率达到800万次,国际排名70万位,网上展示企业达到1.2万户,7000余种产品。市政府认定中小企业示范服务机构75家,中小企业创业基地和创业园6家,场地总面积8万平方米,孵化中小企业近300户。同时,还组织开展了“政府与企业心贴心”、中小企业“专家行”和“维权行”活动。

(胡　英)

【非公有制经济大会】 2011年1月17日,沈阳市非公有制经济工作大会在辽宁人民大会堂隆重召开。省委常委、市委书记曾维出席会议并讲话。市长陈海波主持会议,并就贯彻落实会议精神提出要求。市人大常委会主任赵长义、市政协主席刘雅琴出席会议。市委副书记苏宏章宣读表彰决定,市领导顾春明、李继安、马占春、杨亚洲,副市级干部黄凯、李松林、张东阳、张景辉参加会议。

会议表彰了2009－2010年度沈阳市发展非公有制经济先进单位和个人,铁西区等6个区县被授予先进区县称号,沈阳远大企业集团等10家企业被授予百强标兵企业称号,沈阳新世界百货有限公司等90家企业被授予百强企业称号,康宝华等10位企业家被授予突出贡献奖,刘运广等90位企业家被授予贡献奖。沈阳宏发企业集团有限公司、辽宁禾丰牧业股份有限公司、铁西区政府、沈北新区政府四家单位作了表态发言。

（胡　英）

【出台《贯彻国务院关于促进中小企业发展若干意见的实施意见》】 2011年2月28日,由沈阳市中小企业局起草的《沈阳市人民政府贯彻国务院关于进一步促进中小企业发展若干意见的实施意见》(沈政发〔2011〕11号)(以下简称《实施意见》)正式下发。

为了起草好《实施意见》,市中小企业局先后召开区、县(市)有关部门和中小企业座谈会,组织人员开展深入调研。在广泛调研的基础上,起草了实施意见的初稿,并组织了有关专家学者对实施意见内容进行逐条论证、修改,形成了《实施意见》(征求意见稿),送市直有关部门征求意见。在征求意见的基础上,市中小企业局主管秘书长组织召开了市直18个部门领导参加的征求意见会,市中小企业局按照各部门提出的修改意见形成了《实施意见》(会签稿),分别送市发改委等20个部门会签,并会同市政府办公厅完成了文件的会签审核工作,最终经市政府常务会议讨论通过。

《实施意见》在结合了沈阳市具体情况的同时,参考了外省市制定的实施意见,从进一步营造有利于中小企业发展的良好环境、切实缓解中小企业融资困难、加大对中小企业财税扶持力度、加快中小企业技术进步与结构调整、支持中小企业开拓市场、努力改进对中小企业的服务、提高中小企业经营管理水平七个方面对国务院《若干意见》进行了深入而透彻的诠释,切实加强了其可操作性。《实施意见》的颁布实施有效地推动了沈阳市促进中小企业发展工作领导小组的正式成立和《国务院关于进一步促进中小企业发展的若干意见》(国发〔2009〕36号)的贯彻落实。

（胡　英）

【《沈阳市促进中小企业发展条例》颁布】 《沈阳市促进中小企业发展条例》由市十四届人大常委会第三十三次会议10月20日通过。经辽宁省十一届人代会常委会第二十六次会议于11月24日批准,自2012年1月1日起实行。这部条例的出台,为解决中小企业发展中税收负担过重、创业门槛过高、服务体系不健全等问题,创造更加开放、公平、公正的良好发展环境提供了强有力的法制保障。

融资难是制约中小企业发展的最突出问题。此次颁布的"条例"对此作出一些具体规定:如:"市和区、县政府要在本级财政预算中,安排扶持中小企业发展专项资金,并根据财政增长适当增加";"政府财政用于扶持企业发展的专项资金,应对中小企业按同等条件的办理"。

在融资担保方面,"鼓励小额贷款公司、金融租赁公司等,为中小企业提供融资服务";"建立中小企业信用担保风险补偿制度。政府财政每年在预算中安排专项资金,对中小企业提供贷款担保的信用机构给予风险补偿"。

在创业扶持方面,"在本市自主创业或合伙经营者,均可向户籍所在地的区、县就业服务机构申请小额担保贷款;对于从事微利项目的,由政府按规定给予贴息支持"。

（胡　英）

【成立促进中小企业发展工作领导小组】 为加强中小企业发展工作的组织领导,2011年6月10日,沈阳市政府印发《关于成立沈阳市促进中小企业发展工作领导小组的通知》(沈政发[2011]25号)。主要职责是:贯彻落实党和国家关于鼓励和促进中小企业发展的方针、政策;负责全市各类中小企业工作的统筹规划、组织领导和政策协调;研究中小企业总体发展战略,讨论决定中小企业重要工作部署;协调市直有关部门与区、县(市)的工作关系。其组长由市委副书记、市政府市长陈海波担任,副组长由副市长黄凯担任。

成员单位有市政府办公厅、市发展改革委、市经济和信息化委、市科技局、市监察局、市财政局、市人力资源社会保障局、市规划国土局、市环保局、市中小企业局、市服务业委、市外经贸局、市质监局、市统计局、市金融办、市法制办、市物价局、市审批办、市工商局、市国税局、市地税局、市工商联主要领导。

领导小组下设办公室,设在市中小企业局,负责日常工作,办公室主任由市中小企业局主要领导兼任。

12月27日,沈阳市促进中小企业发展工作领导小组召开第一次会议,领导小组组长、市长陈海波出席会议并讲话,副组长、副市长黄凯主持会议,市政协副主席李卓然出席会议。沈阳市中小企业局局长陈弘同志代表领导小组办公室做了题为《加大工作力度形成工作合力全面推动中小企业健康快速发展》的工作汇报。

针对当前中小企业存在的突出问题,市长陈海波强调,要采取五项重点措施,推进中小企业快速健康发展。一是要切实解决中小企业融资难问题。二是要努力为中小企业搭建服务平台。三是要进一步加大政府扶持力度。四是要充分发挥中小企业在产业集群发展中的促进作用。五是要加大对"乱收费、乱摊派、乱检查、乱评比"现象的监察检查力度。会议制定了《2012年促进我市中小企业加快发展的工作要点》。

（胡　英）

服务体系建设

【完善信用担保体系】 2011年,按照市委市政府建设"信用沈阳"的总体部署,沈阳市中小企业局积极构建政府公共服务与中介机构社会化服务相结合的中小企业信用服务体系,积极探索破解中小企业融资难题,在以下几个方面取得了突破性的进展。

在诚信宣传环节取得了突破。针对中小企业对信用体系建设普遍认识不足的问题,开展了多种形式的诚信教育。全年,共举办"让信用走进中小企业"培训活动18期,累计培训2000余人次。在中小企业沈阳网建立了"信用工作动态、信用政策、信用评估、信用风险防范"4个专栏,发布信用信息800多条。同时,充分利用新闻媒介广泛宣传,倡导商业道德,树立诚信形象。广大中小企业者"诚信为本,操守为重"的观念逐渐增强。

在信用信息征集环节取得了突破。建立了中小企业信用信息征集管理系统,截至年底,数据库已汇集1万多户中小企业基本信用信息。经市发改委审定,有5000户企业被纳入沈阳市诚信企业信用体系,为诚信企业的发展奠定了基础。

缓解了一批中小企业的融资难问题。以全市成长型中小企业为重点对象,通过征信、评级等信用服务,把有一定资信等级、有市场、有效益的中小企业筛选出来,列为融资试点企业,结合政策性担保,获得银行贷款的支持。截至年底,全市17家担保机构共为2198家中小企业和个体工商户提供贷款担保,完成担保总额98.1亿元,其中新增中小企业贷款担保1223家,新增担保额60亿元,同比增长93.4%;中小企业贷款余额达2035亿元,同比增长22%。

(胡　英)

【召开政府企业心贴心活动】 2012年10月16日,“政府企业心贴心”活动启动仪式在市中小企业服务中心举行。年初以来,市中小企业局以政府企业心贴心为主题,深化服务意识,开展了一系列服务企业的活动。在全市设立1200户企业维权联络点,为每户企业发放了《缴费明白卡》;开展了中小企业“维权行”活动,为企业提供法律援助;开展了中小企业“专家行”活动,为企业进行健康体验;开展了中小企业管理提升工程,推广精细化管理;开展了送政策到基层活动,进行政策宣传和解读;开展了中小企业融资及信用担保活动,组织各种类型银企和银担进行对接。

(胡　英)

【设立维权联络点】 为了更好地维护中小企业的合法权益,落实市委、市政府的工作部署,2011年,沈阳市中小企业局会同市法制办、市纠风办在全市联合下发了《关于确定沈阳市维护中小企业合法权益联络点的通知》,确定了1200家企业作为维权联络点,积极构建维护中小企业合法权益的工作网络。

为确保中小企业维权联络点的设立科学有效,市中小企业局专门进行了认真的谋划,联络点企业涵盖了全市16个区县(市)和开发区,还在异地商会中选择近百户企业作为联络点。在联络点的选择上充分考虑到各个领域、各个行业,规模选择上有大有小,力争能反映全市中小企业的真实现状、代表性和特点。中小企业维权联络点设立工作在各区县及相关单位得到了认真的贯彻落实,有的地区专门召开会议进行部署,《企业接受检查缴付费登记卡》下发率达到百分之百,成为维权联络点的企业都确定了1名软环境监测员,负责《企业接受检查缴付费登记卡》的登记填写工作。为确保工作效果,对全市中小企业维权联络点情况进行了调研。调研采取抽查方式对各区县联络点企业进行走访,针对中小企业维权联络点的设立情况、《企业接受检查缴付费登记卡》下发情况、以及企业的反馈情况等方面进行了调研,通过实地走访和召开座谈会的方式,向各企业详细说明了“登记卡”的具体填报事项,希望企业能够认真填写“登记卡”内容,保存好“登记卡”的各类记录,自觉拿起法律武器维护合法权益。

(胡　英)

【开展中小企业专题调研】 市政协把“优化经济结构,促进中小企业又好又快发展”列为政协常委会议重点协商议题。在市中小企业局大力配合下,历时5个月,形成了《关于沈阳市中小企业发展情况的综合调研报告》,报告全面反映了沈阳市中小企业的发展现状和取得的成果,抓住了当前沈阳市经济发展的“短板”和“软肋”,所提建议对于破解中小企业发展难题,促进中小企业又好又快发展起到了重要的推动作用。在调研过程中,综合法规处撰写了3篇专题调研报告,被收录到《市政协十三届二十四次常委会议协商讨论文集》中。同时,市中小企业局会同市统计局、市经信委、市工商局及14个区、县(市)开发区等相关部门,对全市2.03万户规模以下工业企业中的1229户进行了抽样调查,形成了《关于沈阳市规模以下工业企业抽样调查情况的报告》,分析了规模以下企业存在的突出问题,提出了切实可行的建议。

(胡　英)

企业发展及项目建设

【品牌建设】 2011年,沈阳市中小企业拥有市级名牌产品104个,占全市名牌产品的68.9%;拥有省级名牌产品54个,占全市省级名牌产品的51.9%。拥有省级企业技术中心61家,占全市的70%;市级企业技术中心80家,占全市的96.4%。拥有国家驰名商标10件,占全市国家驰名商标的32.3%;拥有省著名商标187件,占全市省著名商标的84.6%;拥有市著名商标279件,占全市著名商标的86.1%。中小企业品牌意识的加强和技术中心的建立,加快了沈阳市中小企业产品的更新换代速度,提升了产品的档次,促进中小企业走“专精特新”的发展道路。全年获得辽宁省认定的“专精特新”产品(技术)项目104个,沈阳市认定的“专精特新”产品(技术)项目92个。其中53个市“专精特新”产品(技术)项目享受补助资金额2405万元,比2010年增加1倍。

(胡　英)

【认定非公有制经济百强企业】 2009年以来,全市非公有制经济按照“立足新起点,谋求新发展,实现新跨越”的要求,奋力拼搏,开拓进取,取得了突出成绩,经沈阳市非公有制企业申请,按税务部门核定企业纳税(两年累计数据),企业所在区经发局认定企业就业人数和销售收入,由区县主管领导签字确认。再按5∶3∶2加权的方法,计算分数进行大排名,筛选出非公有制百强入围企业。经征求市总工会、国税局、地税局、公安局、外经贸局、人社局等部门意见,确定非公有制百强企业名单,最终报请市委、市政府。经研究决定:授予沈阳市远大企业集团、特变电工沈阳变压器有限公司、九星控股集团有限公司等10户企业为沈阳市非公有制经济百强标兵企业;授予沈阳新世界百货有限公司、沈阳延锋江森座椅有限责任公司、辽宁成大生物股份有限公司等90户企业为沈阳市非公有制经济百强企业。

(胡　英)

【认定508户成长型中小企业】 为贯彻落实《国务院进一步促进中小企业发展的若干意见》,促进沈阳市非公有制经济发展。经市政府研究决定,在全市范围内遴选一批基础较好和具有发展潜力的中小企业,命名为“沈阳市成长型中小企业”,给予必要的扶持和服务,力争在三年内实现管理进步、自主创新、产值倍增的发展目标,为沈阳经济发展增加新的活力。

市中小企业局负责组织沈阳市成长型中小企业的认定工作。通过企业自主申报;由各区、县(市)中小企业工作部门推荐企业;组织专家对企业进行评审和实地考察后,确定入选企业名单;报市政府审定。2011年,以市政府名义授予“沈阳市成长型中小企业”共计508户。

(胡　英)

·小资料·

2009－2010年度沈阳市非公有制经济百强企业名单

沈阳新世界百货有限公司
沈阳延锋江森座椅有限责任公司
辽宁成大生物股份有限公司
沈阳北方建设股份有限公司
沈阳新元建设集团有限公司
恒大地产集团(沈阳)置业有限公司
可口可乐辽宁(北)饮料有限公司
乐金电子(中国)有限公司沈阳分公司
沈阳三生制药有限责任公司
乐金电子(沈阳)有限公司
通用电气能源(沈阳)有限公司
三星(中国)投资有限公司沈阳分公司
贝卡尔特沈阳钢帘线有限公司
德科斯米尔(沈阳)汽车配件有限公司
辽宁世代企业集团
蒙牛乳业(沈阳)有限责任公司
沈阳三洋重工集团有限公司
安斯泰来制药(中国)有限公司
沈阳华锐置业有限公司
沈阳万科永达房地产开发有限公司
新世界(沈阳)房地产开发有限公司
新生活集团(中国)有限公司
沈阳百事可乐饮料有限公司
沈阳李尔汽车座椅内饰系统有限公司
沈阳铁西百货大楼有限公司
沈阳双鼎制药有限公司
沈阳银基发展股份有限公司
采埃孚伦福德汽车系统(沈阳)有限公司
传奇电气(沈阳)有限公司
东芝电梯(沈阳)有限公司
沈阳东和有机化工有限公司
沈阳荟华楼金店
沈阳华美畜禽有限公司
沈阳娃哈哈食品有限公司
沈阳桃李面包股份有限公司
沈阳新湖房地产开发有限公司
哈尔滨啤酒(沈阳)有限公司
沈阳华凯房地产开发有限公司
沈阳娃哈哈荣泰食品有限公司
辽宁汇丰炉料有限公司
太平洋制罐(沈阳)有限公司
沈阳富禹房屋开发有限公司
沈阳永盛房屋开发有限公司
沈阳天地建设发展有限公司
沈阳亨通光通信有限公司
辽宁伊利乳业有限责任公司
沈阳红药制药有限公司
沈阳振浩企业集团
沈阳皇朝万鑫房屋开发有限公司
辽宁诺康生物制药有限责任公司
沈阳辽冶重工机械制造有限公司
沈阳千盛购物中心
沈阳易讯科技股份有限公司
沈阳红星美凯龙世博家居广场置业有限公司
沈阳乐购超市有限公司
辽中县炼油厂有限公司
辽宁建华管桩有限公司
沈阳友星电子有限公司
沈阳远大压缩机制造有限公司
沈阳萃华金银珠宝股份有限公司
龙士达控股集团有限公司
沈阳市艾克电缆厂
沈阳格林豪森世华房地产开发有限公司
沈阳捷通消防车有限公司
沈阳天江老龙口酿造有限公司
沈阳商贸饭店有限公司
沈阳东方钛业有限公司
辽宁依生生物制药有限公司
辽宁鑫荣昌高性能混凝土有限公司
辽宁省新民市农业机械有限公司
沈阳和世泰通用钛业有限公司
沈阳帕卡濑精有限总公司
沈阳防锈包装材料有限责任公司
沈阳东北大学冶金技术研究所有限公司
沈阳海为电力设备有限公司
天安保险股份有限公司沈阳中心支公司
辽宁泰吉房产开发有限公司康平项目部
沈阳市蓝光自动化技术有限公司
沈阳锦农机械销售有限公司
沈阳市鹏宇体育用品有限公司

SEW－传动设备(沈阳)有限公司
辽宁华鹏广源玻璃有限公司
沈阳新邮通信设备有限公司
沈阳中富瓶胚有限公司
沈阳辽沈铝业有限公司
沈阳大陆企业集团有限公司
沈阳红旗制药有限公司
沈阳蓝英工业自动化装备股份有限公司
沈阳方迪房地产发展有限公司
沈阳市斯沃电器有限公司

沈阳市第二批成长型中小企业名单(508户)

沈阳全密封变压器股份有限公司
沈阳长城电缆实业有限公司
沈阳宏远电磁线有限公司
沈阳冶重减速机制造有限公司
沈阳市艾克线缆有限公司
沈阳沈缆银环集团
沈阳屏蔽特缆有限公司
沈阳鼎盛机械制造有限公司
沈阳亿金机械有限公司
沈阳异型阀门制造有限公司
沈阳铠龙锻压有限公司
沈阳博众重型机械制造有限公司
沈阳市胶带输送机厂
沈阳晟威机床有限公司
沈阳大吉实业有限公司
沈阳圣鸿机械有限公司
沈阳市工业泵厂(有限公司)
沈阳人和机械制造有限公司
沈阳辽沈锻压厂
沈阳银捷锻铸有限公司
沈阳博林特电梯有限公司
沈阳鑫庞大饲料有限公司
沈阳新城石油机械厂
沈阳黎明增压器制造有限公司
新民市华星机械工业有限公司
沈阳工大重型设备制造有限公司
沈阳远大环境工程有限公司
沈阳东亿机械制造有限公司
沈阳派司钛设备有限公司
沈阳北方空气压缩机有限公司
沈阳腾跃机械有限公司
沈阳双环泵业有限公司
沈阳沈水机械设备有限公司
沈阳毅昌科技有限公司
沈阳欧泰－凯达扭矩技术有限公司
沈阳东盛基汽车部件制造有限公司
沈阳博龙汽车部件制造有限公司
沈阳市通用塑料厂
沈阳创新合金有限公司
沈阳防腐蚀机械技术开发公司
沈阳耐蚀合金泵股份有限公司
沈阳市通风机有限公司
沈阳格兰德挤塑板厂
沈阳海泉潜水电泵有限公司
沈阳市创奇游乐设备有限公司
沈阳水泵制造有限责任公司
沈阳豪耐思石化装备有限公司
沈阳格泰水电设备有限公司
沈阳诚伟机械制造有限公司
沈阳飞研航空设备有限公司
辽宁万运达钢构有限公司
沈阳市金鑫冷暖设备制造安装有限公司
沈阳利丰达粮油有限公司
沈阳第一工业泵厂
沈阳启源工业泵制造有限公司
沈阳陆正重工集团有限公司
沈阳汇成电缆集团有限公司
沈阳新北洗食品有限公司
沈阳防爆电器制造有限公司
沈阳波音饲料有限公司
沈阳中基能源工程有限公司
沈阳市煤机配件厂
沈阳华铭特种混凝土工程有限公司
辽宁东鹰电器有限公司
沈阳平和实业有限公司
沈阳可可琳纳食品有限公司
沈阳绿环环保设备有限公司
辽宁中金模具钢有限公司
沈阳平通高新技术有限公司
沈阳航发泵业制造有限公司

沈阳铭辰汽车有限公司
沈阳金晨伟业科技有限公司
沈阳中科超硬磨具磨削研究所
沈阳航空锻造厂(有限公司)
辽宁科英耐火材料有限公司
沈阳中捷机械有限公司
沈阳锦德机械厂
沈阳市振兴电线厂
沈阳凯必盛自动门技术有限公司
沈阳中北通磁科技有限公司
沈阳斯林达安科新技术有限公司
沈阳盛隆冷弯型钢有限公司
沈阳恒星水泥机械有限公司
沈阳市世发铸件有限公司
沈阳天荣电缆材料有限公司
沈阳太宇机电设备有限公司
沈阳新纪元电气设备制造有限公司
沈阳新龙源电表仪器有限公司
沈阳－汀普莱斯电器有限公司
沈阳东牧电器制造有限公司
沈阳三丰电气有限公司
沈阳慧宇真空技术有限公司
沈阳华美变压器制造有限公司
沈阳通成电力设备厂
沈阳光大鲍迪克照明电器有限公司
沈阳威尔特控制及仪器有限公司
沈阳北方防爆电器有限公司
沈阳华光精密仪器有限公司
沈阳市互感器有限责任公司
沈阳斯沃电器有限公司
沈阳中之杰机电设备制造有限公司
沈阳合兴机械电子有限公司
沈阳海为电力设备有限公司
沈阳市电工防爆器材厂有限公司
沈阳华兴防爆器材有限公司
沈阳科通塑胶有限公司
沈阳林氏工具制造有限公司
沈阳北方制药厂
沈阳金杯汽车模具制造有限公司
沈阳卡斯汀模具有限公司
沈阳日丰成控电气制造有限公司
沈阳深井潜水泵有限公司
沈阳北阳氟塑料有限公司
沈阳丰禾包装有限公司
沈阳科金特种材料有限公司
辽宁银盛水泥集团混凝土有限公司
沈阳德兴钛业有限公司
沈阳达亿超硬材料制品有限公司
沈阳兴工铜业有限公司
沈阳科友真空技术有限公司
沈阳风电设备发展有限责任公司
沈阳市兴胜机械厂
辽宁珍琦食用菌开发有限公司
沈阳大强砂轮有限责任公司
辽宁津享逸实业有限公司
沈阳凌云科技有限公司
沈阳东大富龙矿物材料研发有限公司
沈阳浪潮系统集成工程有限公司
沈阳市北方建筑外加剂有限公司
沈阳易讯科技股份有限公司
沈阳瀚邦机床有限公司
辽宁海帝升机械有限公司
沈阳塞特维工业装备有限公司
沈阳通用软件有限公司
中铁沈阳铁道装备有限公司
沈阳海洋轻型软管有限公司
沈阳市新鸿顺达油脂有限公司
沈阳宝鼎农产品加工有限公司
沈阳长顺电缆制造有限责任公司
沈阳市辽河特种玻璃厂
沈阳华利能源设备制造有限公司
沈阳高压成套开关股份有限公司
沈阳双益照明电器有限公司
沈阳天通电气设备有限公司
沈阳汽车暖风机厂
辽宁太阳能研究应用有限公司
沈阳天维天气设备制造有限公司
沈阳新星实业有限公司
沈阳新华恒彩色包装有限公司
沈阳海慧科技投资有限公司
沈阳洪生气体有限公司
沈阳润达化工有限公司
沈阳长城润滑油制造有限公司
沈阳东进环保有限公司
沈阳嘉禾生物化学有限公司
沈阳新纪化学有限公司
沈阳第四橡胶有限公司
沈阳金飞马制漆有限公司
沈阳普天科技有限公司
沈阳帕卡濑精有限公司
沈阳中旭石油化工有限公司
沈阳新奇日化有限责任公司

沈阳大川玻璃钢有限公司
沈阳捷通消防车有限公司
沈阳华铁异型材有限公司
沈阳天地建设发展有限公司
辽宁华鹏广源玻璃有限公司
沈阳宝石金卡信息技术股份有限公司
沈阳创思达自动化系统有限公司
沈阳防锈包装材料有限责任公司
沈阳市小北制线厂
沈阳东大自动化有限公司
沈阳康力门业有限公司
沈阳惠好家私有限公司
沈阳市康阳纸箱厂
沈阳瑞邦纺织有限公司
沈阳艺新实业发展有限公司
沈阳市长桥橡胶机带厂
沈阳圣达龙化工有限公司
沈阳华宇环保设备有限公司
辽中县城北铸造厂
沈阳鑫圆纺织有限公司
沈阳市腾兴铸造有限公司
沈阳市荣信电力线缆厂
沈阳市克达饲料有限公司
沈阳星源化工有限公司
辽中县炼油厂有限公司
沈阳金龟减速机厂有限公司
沈阳四兄弟肥业有限公司
沈阳龙盛制米有限公司
沈阳市曙天热力设备制造有限公司
沈阳秋实农牧机械制造有限公司
沈阳市精密铸造厂
沈阳市大都饲料有限公司
沈阳中油辽健石油有限公司
沈阳丰硕牧业饲料有限公司
沈阳捷瑞德机械有限公司
沈阳东升电器厂
沈阳庆丰机械制造有限公司
沈阳光明架线器材厂
沈阳市鑫禾米业有限公司
沈阳爱心实业有限公司
沈阳海泰泵业有限公司
沈阳华宝机械有限公司
沈阳金时创机械制造有限公司
沈阳丰泰重型机械制造公司
沈阳长城阀门管件有限公司
沈阳水泵配件有限公司
沈阳鑫大德机械制造有限公司
沈阳世润重工有限公司
沈阳东焰高花工业炉窑有限公司
沈阳世纪星纺织数码科技有限公司
沈阳世晨铸造机械有限公司
辽宁嘉政冶金机械备件制造有限公司
沈阳摩云防盗门有限公司
辽宁天久信息科技产业有限公司
沈阳鸿翔增塑剂制造有限公司
沈阳时代塑编有限公司
沈阳昌昊玻璃制品有限公司
沈阳丹森木业有限公司
沈阳和光系统集成有限公司
沈阳东和有机化工有限公司
沈阳亿万饲料科技有限公司
沈阳东软波谱磁共振技术有限公司
沈阳西奥电梯制造有限公司
沈阳圣运肉禽食品有限公司
沈阳蓝英工业自动化装备有限公司
沈阳阿美莉卡食品工业有限公司
沈阳冬冬食品有限公司
沈阳好利来食品有限公司
沈阳爱新觉罗祖家坊酒业有限公司
通威股份有限公司沈阳分公司
沈阳蒲兴禽业集团有限公司
沈阳福来食品实业有限公司
沈阳绿丰食品有限公司
沈阳惠成调料有限公司
沈阳麦金利食品制造有限公司
沈阳康平憨馥土特产品有限公司
沈阳澳丰牧业有限公司
辽宁新大地实业发展集团有限公司
沈阳新辉肉禽有限公司
沈阳中街冰点城食品有限公司
沈阳万顺达集团有限公司
沈阳正成牧业有限公司
沈阳蓝光自动化技术有限公司
沈阳东宇信息技术股份有限公司
辽宁汇丰炉料有限公司
沈阳科硕营养科技有限公司
沈阳新民醛圣化工有限公司
沈阳天江老龙口酿造有限公司
沈阳市兴齐制药有限责任公司
沈阳诚利达机床部件有限公司
沈阳昊成生物能源有限公司
沈阳市裕来架线器材厂

沈阳市天晴电线电缆厂
辽宁新加源环保科技有限公司
沈阳市黎明机械构件制造厂
沈阳市吉祥食品机械有限公司
沈阳博美达化学有限公司
辽宁百隆生物工程有限公司
沈阳昌泰医疗科技有限公司
沈阳市憨哥食品有限公司
辽宁真龙真空设备制造有限公司
沈阳汽车内饰件有限公司
辽宁金山阀门有限公司
沈阳隆迪粮食制品有限公司
沈阳佳誉真空科技有限公司
沈阳新阳光机电科技有限公司
沈阳火炬北泰数码有限公司
辽宁中稻股份有限公司
辽宁中医学院药业有限公司
沈阳禾丰生物技术有限公司
沈阳万洪锻造厂
上海振华重工集团沈阳电梯有限公司
辽宁泰丰铝业装饰工程有限公司
沈阳三江电器设备有限公司
沈阳变压器厂一分厂
辽宁华达牧业有限公司
沈阳铭城包装有限公司
沈阳市新达有色熔铸厂
沈阳方驰农业生产资料有限公司
沈阳恒丰源肉业有限公司
新民市顺旺动物药业有限公司
沈阳恒兴自动化设备制造有限公司
沈阳市森德木业有限公司
沈阳顺正农业科技发展有限公司
沈阳恩邦电气控制系统有限公司
沈阳兴农物米业有限公司
辽宁美联复合材料有限公司
沈阳诺亚荣康生物制药技术有限责任公司
辽宁昆仑科贸有限公司
沈阳大陆激光有限公司
沈阳高精数控技术有限公司
沈阳成大生物技术有限公司
沈阳东陵药业股份有限公司
沈阳诺康生物技术有限公司
沈阳索普互感器有限公司
沈阳三生制药有限责任公司
沈阳红旗制药有限公司
沈阳东源吉福农牧有限公司
辽宁依生生物制药有限公司
沈阳绿洲制药有限责任公司
沈阳东新药业有限公司
沈阳吉泰电子有限公司
沈阳星河铜业有限公司
沈阳张明化工有限公司
沈阳东北大学冶金技术研究所有限公司
沈阳兴达钛业有限公司
辽宁龙士达钢结构有限公司
沈阳精密无缝钢管有限责任公司
沈阳特种无缝钢管有限公司
沈阳东明无缝钢管有限公司
沈阳中辰钢结构工程有限公司
沈阳澳利无缝钢管有限公司
沈阳冶金螺纹钢有限公司
沈阳市辽东铸造厂
沈阳爱华冶金机械设备制造有限公司
辽宁华迅安防运营服务有限公司
中科院沈阳科学仪器研制中心有限公司
沈阳华岩电力技术有限公司
沈阳鹭岛通风净化设备有限责任公司
沈阳市辽冶重工机械制造有限公司
沈阳鑫火铸造有限公司
沈阳望花铸铁厂
沈阳西子航空产业有限公司
沈阳三兴电控设备成套制造有限公司
沈阳东顺饲料有限公司
沈阳强峰机械制造有限公司
沈阳方正农牧科技有限公司
沈阳市向阳橡胶厂
沈阳市新民国富化工有限责任公司
沈阳金海隆兴农牧科技有限公司
伊利乳业沈阳有限公司
沈阳沈研真空技术有限公司
沈阳环宇涤纶排管有限公司
沈阳二一三电器有限公司
辽宁海利德金属制品有限公司
沈阳米开郎彩色印刷有限公司
沈阳汽车紧固件有限公司
沈阳新光华晟汽车泵业制造有限公司
沈阳市城建路桥材料有限公司
沈阳天地乳胶有限公司
沈阳科翔汽车零部件有限公司
沈阳大明电机有限公司
沈阳新鹏机械制造有限公司
沈阳黎明新叶服装有限公司

沈阳春蒙服装服饰有限公司
沈阳北方重矿机器制造有限公司
沈阳龙泉空调制冷设备有限公司
沈阳吉盛仪表有限公司
沈阳市贺章工艺制品厂
沈阳德氏冷饮食品有限公司
辽宁勤诚环保科技有限公司
沈阳新光通用机械制造有限公司
沈阳科丰牧业科技有限公司
沈阳飞捷激光科技有限公司
沈阳中亚兽药业有限公司
沈阳都来尝米业有限公司
沈阳能源技术开发研究所
沈阳金博新技术产业有限公司
沈阳木本实业有限公司
沈阳佛莱斯木业有限公司
沈阳新松机器人自动化股份有限公司
沈阳双鼎制药有限公司
沈阳亨通光通信有限公司
沈阳北辰高新技术系统控制有限责任公司
辽宁高科能源集团有限公司
沈阳飞驰电气设备有限公司
沈阳聚德视频技术有限公司
沈阳神龙集团神龙药业有限公司
沈阳博宇科技有限责任公司
沈阳东方钛业有限公司
沈阳友星电子有限公司
沈阳亿灵医药科技有限公司
沈阳时尚实业有限公司
沈阳新松医疗科技股份有限公司
辽宁黑牛食品工业有限公司
沈阳超力钢筋有限公司
沈阳友联电子装备有限公司
沈阳中科博微自动化技术有限公司
沈阳奥拓福高压水射流技术有限公司
沈阳圣达金卡科技有限公司
辽宁嘉联科技有限公司
辽宁建华管桩有限公司
沈阳蓝光驱动技术有限公司
沈阳西信科技有限责任公司
沈阳华科技贸有限责任公司
沈阳春宸新型建筑材料制造有限公司
沈阳华晨动力机械有限公司
辽宁宝林集团节能科技有限公司
沈阳经济技术开发区创新数控设备有限公司
沈阳金杯恒隆汽车转向系统有限公司
沈阳金利达电线电缆制造有限公司
沈阳北方交通重工有限公司
沈阳昊诚电器股份有限公司
辽宁广联机械科技有限公司
沈阳施博达仪器仪表有限公司
沈阳远大机电装备有限公司
沈阳耀福施封锁有限公司
辽宁峰阁钛业集团有限公司
沈阳天安矿山机械科技有限公司
辽宁塞沃斯节能技术有限公司
沈阳荟华楼金店
沈阳菲特精密机械设备有限公司
沈阳康普利德生物科技有限公司
沈阳康荣塑料编织厂
沈阳惠杉塑业有限公司
沈阳瑞光塑料编织袋厂
辽宁凌勃防腐科技有限公司
沈阳恒裕丰泰科技有限责任公司
康平福润禽类加工有限公司
沈阳德力嘉汽车零部件有限公司
沈阳千鹤野禽肉类有限公司
沈阳佳康塑编厂
沈阳兴发塑编厂
沈阳辽滨饲料有限公司
沈阳华泰塑业有限公司
沈阳和鑫塑编有限公司
沈阳国大塑业有限公司
沈阳恒昌塑料制品厂
沈阳绿环塑编有限公司
沈阳康环脱硫石膏综合利用有限公司
沈阳友谊塑业有限公司
沈阳睿辰塑编厂
博宇金属股份有限公司
沈阳电科电器制造厂
沈阳重工电器制造有限公司
辽宁省节能技术发展有限责任公司
辽宁能发伟业汽车仪表有限公司
辽宁东大能发伟业节能技术工程研究院有限公司
圣罗娜国际木业(沈阳)有限公司
辽宁乌钢金属销售有限公司
沈阳市欣明电缆有限公司
沈阳君威新能科技有限公司
沈阳大清水业有限公司
辽宁奇辉电子系统工程有限公司
辽宁虎驰广告印刷有限公司

沈阳兴大通仪器仪表有限公司
沈阳阿凡提信息中介有限公司
太平洋制罐(沈阳)有限公司
沈阳北星仪表制造有限公司
沈阳瑞博精密部件有限公司
沈阳华泰模具有限公司
沈阳金都铝业装饰工程有限公司
沈阳金都新能源发展有限公司
沈阳晓通智能交通设施有限公司
沈阳新天品视觉技术有限公司
沈阳鑫勃森侵渍纸有限公司
沈阳华创风能有限公司
泰豪沈阳电机有限公司
沈阳瑞丰科技有限公司
沈阳通运电力设备工程有限公司
沈阳气体压缩机制造有限公司
沈阳东益聚氨酯有限公司
沈阳中捷轻型摇钻厂
沈阳晟达远生物科技有限公司
沈阳恒星实业有限公司
沈阳市航达科技有限责任公司
沈阳盛杰蜡业有限公司
沈阳泰成服装有限公司
沈阳榆园食品工业有限公司
沈阳雄州食品工业有限公司
沈阳锦达精密模具制造有限公司
沈阳优乐餐饮管理有限公司
辽宁时代金属材料有限公司
辽宁国储金属材料有限公司
沈阳市航宇星仪表有限责任公司
沈阳爱特杰牧业有限公司
沈阳普越实业有限公司
沈阳新东方陶瓷有限公司
辽宁昌泰矿业机械制造有限公司
沈阳市新宇添华合金有限公司
沈阳铅材厂
沈阳普泰汽车配件厂
沈阳重锻液压机制造有限公司
航空航天工业部第六0一研究所机械厂
沈阳粒粒香农产品有限公司
沈阳万龙伟业机械制造有限公司
沈阳万孚润滑油有限公司
沈阳红澳食品有限公司
沈阳蕊兴科技发展有限公司
沈阳垄盛陶瓷有限公司
辽宁金地阳陶瓷有限公司
沈阳浩松陶瓷有限公司
沈阳兴和铸造机械有限公司
沈阳鑫凯陶瓷有限公司
沈阳彤光木业有限公司
沈阳中迪色素科技有限公司
沈阳鑫雅图农牧发展有限公司
沈阳建宝丽新型建材有限公司
沈阳恒星机械有限公司
沈阳协创商用软件有限公司
沈阳北江麻业发展有限公司
沈阳奥博电器机械有限公司
沈阳中科微电子有限公司
沈阳市传感技术研究所
沈阳海乐斯生物科技有限公司
沈阳福昌泵业有限公司
沈阳睿智起重机械制造有限公司
沈阳中瑞汽车零部件有限公司
沈阳威斯达树莓有限公司
辽宁通通网络科技有限公司
沈阳正益装饰材料有限公司
睿能太宇(沈阳)能源技术有限公司
沈阳中金瑞迪科技有限公司
法库县包家乡沸石矿
沈阳新溢丰玉米芯加工厂
沈阳祥和人造板有限公司

交 通 · 邮 政

铁路运输

【铁路概况】 2011年,沈阳铁路局管辖线路延展长度2.03万公里(含合资铁路572.0公里、地方铁路763.72公里)。全局国铁线路延展长度1.9万公里,其中:正线1.32万公里,站线4669.8公里,段管线619.74公里,岔线480.65公里,特殊用途线65.23公里。

管内干支线68条,大型铁路枢纽7个(沈阳、锦州、吉林、长春、本溪、大连、通辽)。全局配属机车2111台,其中:内燃机车1444台,电力机车667台。

全局配属客车4477辆,其中:硬座车1854辆,硬卧车1791辆,软座车60辆,软卧车343辆,餐车219辆,发电车105辆,其它车105辆,CRH5型动车组50组。

全局共有车站(按作业量大小分)691个:其中国铁车站645个,包括特等站5个(长春、沈阳、苏家屯、沈阳西、山海关),一等站8个,二等站50个,三等站113个,四等站438个,五等站21个,线路所9个,待定1个;合资和多经车站46个,其中:三等站2个,四等站29个,五等7个,待定8个。

2011年末,全局固定资产原价1591.91亿元,累计折旧497.77亿元,固定资产净值1049.14亿元。

全局管内有运输单位76个,其中:独立车站13个,车务段15个,客运段5个,机务段8个,工务段16个,电务段6个,供电段5个,车辆段6个,通信段1个,动车段1个。

2011年末,全局职工总人数为26.79万人,其中在岗职工25.27万人。2011年,全局运输业从业人员劳动生产率23.59万元/人,比上年增长17.4%。

(崔志刚)

【货物运输】 2011年,全局有货运办理站419个,其中:特等站3个,一等站6个,二等站46个,三等站105个,四等站259个。全局有货检站26个,其中:路网性货检站7个,区域性货检站19个。全局有专用线1100条,办理货物运输品类主要为煤炭、金属矿、非金属矿、钢铁、石油、矿建、粮食等。

2011年,全局货物发送量完成4.03亿吨,较上年增运3494万吨,增长9.1%。其中:煤炭发送量完成1.9亿吨,增运3461万吨;石油发送量完成2107万吨,增运189万吨;钢材发送量完成4218万吨,增运265万吨;非金属发送量完成2051万吨,增运217万吨。

全年实现货运收入232.77亿元,增收28.8亿元。日均装车完成1.81万车,增幅为8.6%;日均卸车完成2.06万车,增幅7.7%。运输收入累计完成415.17亿元,较上年增收55.15亿元,增幅为15.3%。货车静载重完成61.0吨/车,较上年提高0.4吨/车。

(崔志刚)

【旅客运输】 2011年,沈阳局担当基本图旅客列车221对,其中:直通77对,管内144对。全年完成客运收入108.7亿元,增长15.7亿元;全年完成旅客发送量1.97亿人,比上年下降3.6%。

春节旅客运输。春运40天,全局对沈阳北—深圳T188/7次、大连—汉口K369/70次等36对直通列车和大连—沈阳K7335/6次、大连—乌兰浩特K7305/6次等32对管内列车进行加挂扩编,共加挂客车2916辆次;对K7318/7次、K7357/8次、4215次、K7320次等22趟列车硬卧代用硬座2320辆次;在高峰时段,对沈阳北—成都K388/5次、长春—上海K518/7次、大连—吉林K7375/6次等41对列车甩行李车换挂硬卧(座)车347辆次,缓解春运客流高峰压力。组织车体套用,根据客流需要及时启动临客开行。春运期间,全局共启动开行临客38对988列次,其中:直通临客13对261列次,管内临客25对727列次。节前开行的10对直通临客中套用车体占5对,20对管内临客中套用车体开行占16对;节后开行的13对直通临客中套用车体5对,25对管内临客中套用车体开行占21对。实施动车组重联开行,满足旅客对动车需求。高峰时段,对沈阳北—太原D194/3次、沈阳北—哈尔滨D173/4次(套用沈阳北—长春D5051/2次)、吉林—北京D74/3次、沈阳北—济南D164/3次、沈阳北—北京D12/D1次等7对动车进行重联开行,重联开行124列次。

暑期旅客运输。全局于6月下旬开始重点列车恢复图定编组,在此基础上安排对沈阳北—温州K346/5次等22对直通列车和大连—延吉K7333/4次等31对管内列车扩编加挂载客车辆8160辆次,硬卧代硬座3660辆次,甩行李车换挂载客车辆356辆次,缓解了高峰客流压力;同时启动开行直通临客9对288列次,并安排对沈阳北—哈尔滨D173/4次等2对动车进行重联,共计重联139列次。全局日均发送旅客达到63.9万人,较日历进度计划日均多发送4.8万人,超计划8.1%。

"十一"黄金周运输。全局以沈阳、长春和大连枢纽为中心,坚持以客车加挂为主,以开行临客为辅的原则,共开行沈阳北—上海1984/5 1986/3次、长春—北京2918/7次、开行白城—北京北L770/69次、通辽—北京北L134/3次等直通临客7对36列次;以套用车体为主要手段,开行长春—松原K7445/6次等管内临客10对136列次。在加开临客的基础上,还安排对69对重点列车扩编加挂客车1438辆次,对管内20趟列车硬卧代用硬座790辆次,对19趟重点列车甩行李车换挂硬座(卧)车辆载客车辆118辆次,有效地扩大了运能,为满足旅客出行和增运增收创造了条件。节日期间(9月28日—10月7日),全局共发送旅客702.2万人,日均完成70.2万人;其中直通旅客发送量完成126.1万人,日均12.6万人。

清明、"五一"和端午假期旅客运输。假期共加挂客车3038辆次,安排硬卧代用硬座942辆次;加开临客13对108列次,并对D12次、D173次、D194次、D198次和长吉城际动车实行重联运行。三个小长假日均完成发送70.7万人。

(崔志刚)

【旅客列车运行图调整】 2011年1月11日,全局增开通辽—北京北K1016/5次、丹东—满州里2686/5次、吉林—北京D74/3次、吉林－哈尔滨D112/1次、沈阳北—北京D14/3次,沈阳北—上海K190/87、K188/9次延长至丹东站始发终到,营口—漠河县2667/8次延长至金州站始发终到,锦州—哈尔滨2195/6次延长至山海关站始发终到;乌兰浩特—北京2190/89次提等改为K1190/89次。

自4月4日起,增开沈阳北—昌图K7561次、昌图—大连K7562次、大连—沈阳北K7563次列车、白城—长春K7310/09次、白城—乌兰浩特K7313次、周水子—特钢厂(登沙河)6381/2、6383/4、6385/6次、沈阳北—阿尔山K7565/6次、沈阳—抚顺北4311/2次等8对管内旅客列车。长吉城际动车由2011年1月11日开行时的16对增加到8月28日运行图调整后的29对。

自5月1日起,先后对吉林—北京D74/3次、沈阳北—太原D194/3次2对直通动车组进行重联运行。

自4月25日起,先后对通化—青岛1408/5 1406/7次、丹东—青岛1208/5 1206/7次、沈阳—齐齐哈尔2509/10次、沈阳北—金华西1036/5次等4对直通客车,丹东—长甸6372/3 6374/1次、田师府—鞍山—南芬6318/9次、大连—霍林郭勒4211/4/1 4212/3/2次等3对管内客车提高列车等级。

自12月14日18:00起开始启用赤峰、通化、图们客整所。通辽—北京北K1016/5次、赤峰—北京北2560/59次调整套用交路,分别单独开行。12月15日起通化—青岛K972/69 K970/71次取消与K430/29次等车底套用关系,车底交路为K972/69—K970/71次。通化—北京K430/29次、通化—白山市K7525/6次、通化—白山市K7429/30次、通化—大连K7386/5次列车套用4组车底开行,车底交路:K7525—K7430—K430—K429—K7429—K7526—K7386—K7385。2011年12月15日起通化—沈阳北K7516次停运。

(崔志刚)

【沈阳市辖内铁路概况】 沈阳市辖内共有铁路局直属单位16个,其中:独立车站4个(沈阳、苏家屯、沈阳北、沈阳西),车务段1个(沈阳),机务段2个(沈阳、苏家屯),工务段1个(沈阳)、工务机械段1个(沈阳),客运段1个(沈阳),供电段1个(沈阳),电务段1个(沈阳),车辆段2个(沈阳、苏家屯),新成立动车段1个(沈阳),通信段1个(沈阳)。

沈阳站、沈阳北站主要担当客运列车的接发及旅客的乘降工作。苏家屯站主要负责沈阳辖区内货物运输和旅客运输工作;沈阳西站主要承担沈阳枢纽货物列车的编组和解体任务;沈阳车务段主要负责沈阳市辖内15个车站(沈阳、沈阳北、苏家屯、沈阳西站除外)的客货运输以及铁岭、抚顺市辖内部份铁路的货运和客运任务。沈阳、苏家屯机务段主要负责客货列车的牵引运输和机车的维修和管理任务。沈阳工务段、沈阳工务机械段负责管内铁路线路的维修保养任务。沈阳客运段负责旅客列车的乘降服务任务。沈阳供电段负责铁路运输的供电和维护任务。沈阳电务段负责铁路信号、道岔等电气联锁的维修管理工作。沈阳车辆段负责全局大部分客车车辆的维修和管理任务,苏家屯车辆段承担货车车辆的维修和管理任务。沈阳动车段主要负责管理维护动车组工作。沈阳通信段主要担负铁路通信信息工作。

(崔志刚)

【沈阳市铁路旅客运输】 2011年,沈阳市辖内19个承担客运任务的铁路车站,发送旅客3540.31万人,其中沈阳市内两大站(沈阳站、沈阳北站)发送旅客3210.3万人,占全市旅客发送人数的90.6%。

负责担当沈阳、丹东、本溪至北京、广州、上海、深圳、福州、金华西、成都、青岛、佳木斯、哈尔滨、齐齐哈尔、绥芬河、漠河、大连、阿尔山等方向61对旅客列车的乘务工作。其中:动车组列车14.0对,跨局特快列车4.0对,跨局快速列车6.0对,跨局普快列车7.0对,管内快速列车7.0对,管内普通快速列车11.0对,管内普通慢车10.0对。日均输送旅客26.4万人,高峰时达到40.8万人。运用车底91组,车辆1156辆。

2011年完成149对临客、1万辆次加挂的任务;全年输送旅客9637万人次,收入完成1.9亿元。

(崔志刚)

【沈阳市铁路货物运输】 2011年,沈阳市辖内14个承担货物发送任务的车站,装车10.69万车,发送货物504.33万吨;卸车39.24万车。

(崔志刚)

【铁路车站】 沈阳市辖内共有铁路车站33个,按铁路客货运量分:特等站3个(沈阳、沈阳西、苏家屯);一等站2个(沈阳北、大成);二等站1个(沈阳东);三等站9个(浑河、孤家子、文官屯、虎石台、于洪、皇姑屯、新城子、林盛堡、新民);四等站17个(榆树台、东陵、旧站、马三家、深井子、揽军屯、田义屯、吴家屯、陈相屯、姚千户、辽中、姚堡、小梁山、大红旗、高台山、兴隆店、三台),其中揽军屯、田义屯、姚堡、小梁山站不办理客货运业务;五等站1个(转弯桥站、不办理运输业务)。特、一等站为独立铁路单位(大成站归沈阳车务段),二至五等站分别归沈阳、锦州、本溪车务段和大官屯站管辖。

(崔志刚)

【沈阳站哈大铁路客专改造工程】 2011年,沈阳站哈大铁路客运专线改造工程完成6—10站台,其中6站台为旅客进出站通道;开通普速场11—19道接触网及线路。客车整备所和机务段开通。6站台至10站台间两侧12米宽的地道作为旅客进出站通道开通使用。6—10站台地道至站台间的自动扶梯开通使用。修建完成6—10站台间的行包地道,在站台北部设立平交道口。新建一座进站天桥和一座出站天桥。建设完成6—10站台的风雨棚;建设完成西站房主体结构和6—10站台高架候车室的主体结构。开通使用第三候车室,车站共有三个候车室和两个售票厅等。2011年,哈大客专配套工程沈阳站工程完成路内投资4.2亿元。

2011年新建高、普速车场共10台19线,其中:高速车场5.5台10线,普速车场4.5台9线(含1条中线)。新建西站房及高架候车室,面积4.96万平方米,新建和改造4个售票厅,面积4568平方米,设置售票窗口60个。设计能力日均发送旅客11万人。

2011年日均办理旅客列车178列，日均到发旅客7.6万人，日均运输收入197万元，日均办理行包3200余件。年完成旅客发送1500.5万人，完成计划的100%。完成客运收入7.19亿元，完成计划的116.9%。

（崔志刚）

【沈阳北站哈大铁路客专改造工程】截至2011年12月31日，车站共有临时候车室1个，面积为7134.06平方米，售票处面积5896平方米，售票窗口56个，旅客站台4个，八站台为基本站台，长538米、宽12米，总面积为6456平方米，五至七站台长均为538米、宽11.5米，每个站台面积为6187平方米。2011年沈阳北站完成哈大铁路客专投资3.0亿元。

因车站施工改造，变更为6条到发线，3条正线，其中2条正线兼到发线。日均办理旅客列车182列，其中：始发35列，终到35列，中转122列，通过51列。

全年发送旅客1709.8万人，日均乘降旅客9.5万人，最高峰达16.9万人。

（崔志刚）

【铁路机车】 铁路机车按运输性质分客运机车和货运机车，按机车性质分内燃机车和电力机车。2011年，沈阳铁路地区共配属机车961台，其中：电力机车500台，内燃机车461台。沈阳市辖内铁路机车运用管理及维修工作由沈阳机务段和苏家屯机务段承担。

——沈阳机务段

以客运为主，乘务交路以沈阳为中心，辐射北京、天津、哈尔滨、长春、吉林、山海关、大连、白城、丹东、抚顺北，主要担当282对旅客列车牵引任务。此外，还承担秦沈救援，沈阳站、沈阳北站调车任务。

2011年生产经营指标完成情况：机车牵引总重完成72.41万亿吨公里，机车总走行完成92029.3千机公里，日车完成931公里/台日，日产量完成73.3万吨公里/台日，平均牵引总重完成819吨，万吨公里单耗完成35.30公斤，运输总支出完成15.68亿元。

——苏家屯机务段

以货运为主，主要担当沈大、京哈、溪辽、沈丹等线的236对货运列车、12.5对客运列车，3对行包列车，共计251.5对列车牵引任务。

全段配属机车646台，其中：电力机车310台、内燃机车336台；全段机车检修设备309台，机车检修有10个中修台位，小辅修台位11个。固定资产93.21亿元。

2011年，全段完成总重吨公里1463.68万万吨公里，技术速度46.4公里/小时，日车公里579公里/台日，日产量192.7万/台日，技术节油7201吨，技术节电3.73万千千瓦小时。

（崔志刚）

【铁路车辆】 铁路车辆分客车车辆和货车车辆，客车车辆为全路配属制，货车车辆为全路周转制（特种车除外）。车辆的管理和维修统一归车辆段负责。沈阳市辖内有沈阳车辆段和苏家屯车辆段。

——沈阳车辆段

沈阳车辆段是沈阳铁路局惟一的客车、动车段。作业场所分为沈阳、沈阳北，大连、赤峰4个客整所，沈阳北、沈阳、大连、山海关、丹东5个客列检所及1个动车运用所。

段有动车39组（其中：CRH5型动车36组，长白山号2组，中华之星1组），配属普通客车2914辆（含空调车1788辆，其中：沈阳北1140辆、沈阳63辆、大连585辆），其中：硬座车1218辆，硬卧车1065辆，软座车38辆，软卧车213辆，发电车60辆，餐车132辆，特种车61辆，待管行李车124辆。客车段修修车台位30个，空调车中修修车台位3个。

全段有主要机械动力设备（固资）保有量745台，固定资产原值为902.04万元。其中：金属切削机床69台，锻压剪冲设备48台，动力设备113台，电器设备105台，起重运输设备189台，工作炉、金属处理设备16台，木工、铸工设备33台，试验设备108台，工程机械2台，其它设备62台。2011年末，全段固定资产总值131.65亿元。

——苏家屯车辆段

苏家屯车辆段是货车检修段。事故调查区段2617.62公里；负责35条线路的货物列车运用及检修和运行安全；安全保证区段8693公里。

全段设有苏家屯货车段修检修车间，计30个段修台位；设有货车站修所6个，计104个检修台位；设有洗罐站1个，计5个检修台位。全段共有设备1525台，其中：列检行车设备238台（套），红外线及5T设备189台，机械动力设备1290台。固定资产总计5.31亿元。

主要生产指标：路用车入段厂修完成180辆，段修完成27500辆，辅修完成374辆，临修完成24802辆。自备车入段厂修完成1221辆，段修完成2887辆，辅修完成116辆，K2改造完成1008辆。

2011年主要经营指标完成运输总支出10.31亿元，其中：货车清算收入完成7.72亿元，实际支出7.72亿元，经营运输利润17万元。

（崔志刚）

公路建设

【概况】 2011年是沈阳公路建设史上完成投资最多、工作任务最重的一年。全年新建、续建、改造公路里程达2004公里，竣工通车1418公里，比上年增长66.8%。

（陈千城）

【四环快速路】 四环快速路是沈阳市交通局承建的“迎全运”重要交通基础设施项目。在国家整顿政府融资平台、银行贷款大幅收紧、项目审批难度加大等不利条件下，市交通局主动创新，首次在全市基础设施建设领域引入BT投资模式，解决了近70亿元的建设资金；首次将地方道路建设项目列入国家重点工程，在交通运输部的全力支持下解决了用地指标；首次采取“并联”方式办理前期手续，半年时间办结了8大类、112项、涉及58家单位、200多个部门的前期手续。2011年，四环快速路项目边拆迁、边建设，完成施工产值22.3亿元，完成路基工程80%、桥梁桩基95%、桥梁下部工程72%。

（陈千城）

【沈阳经济区路网】 沈本产业大道、沈彰开发大道二期、沈阜开发大道二期、沈抚二号公路一期等沈阳经济区公路项目，以及蒲河流域道路延长线等新城、新市镇公路项目，经过建设者昼夜奋战均顺利通车，有力地提升了城市间公路通行能力，为推进区域协调发展、调整地区产业布局创造了良好条件。

（陈千城）

【普通公路】 全年实施公路大中修855.7公里,为年初计划的252%;完成病险桥梁改造71座,为年初计划的203%;完成农村公路新建、改造806.3公里;实施公路绿化473.2公里;创建干线公路标准化养护示范路和县级公路畅通顺洁路各100公里。在交通运输部全国干线公路养护管理检查中,沈阳市参检的占全省五分之一的项目成绩优异,为辽宁取得历史最好名次全国第3名做出了重要贡献。

(陈千城)

【高速公路与铁路项目】 积极协调省交通厅和各级政府,顺利启动三环高速公路改扩建项目,完成东、南环路基土方73%、桥涵下部71%、梁板预制76%;辽宁中部环线高速公路新铁段主线拆迁工作全面完成;加快铁路项目征地拆迁工作,沈丹客运专线沈阳段拆迁在沿线三个城市中率先完成。

(陈千城)

【公路质量监督】 加大政府监督力度,强化建设市场信誉考评和质量安全预控,扩大质量和安全监督覆盖面,确保了公路建设质量和安全受控有序、稳步提高;积极推广使用新材料、新工艺、新技术,收到了良好效果,公路建设质量指标有了进一步提升。全年竣工验收项目优良率达74.5%,较上年提升了29%。

(陈千城)

道路运输

【概况】 2011年,沈阳市共完成旅客发送量8940万人次,平均每日24.5万人次,完成旅客周转量76万万人公里,且未发生重大运输安全事故。全市新增及更新客运车辆768台,新开调整客运线路66条。

共完成货运量1.9亿吨,完成周转量290亿吨公里。全市货运车辆保有量为12.2万台。全市共新增货车2.68万台。在新增货车中厢式货车8557台,占新增总数的31.9%;8吨以上的重型车7988台,占新增总数的29.8%;多轴重载货车1459台,占新增总数的5.4%。

驾培行业累计开班登记学员21万人,新增、更新教练车1000台。共新办从业资格证考试436场,报考3.29万人次,核发从业资格证2.5万个,从业人员诚信考核10.2万人。

(陈千城)

【道路客运】 SK客运站正式启动,实现南站地区长途客运车辆进站经营。3月30日,原南站客运站和南三客运站所有运营车辆进入沈阳站汽车客运枢纽站运营,运营五十余年的南站长途客运站及南三客运站正式关闭。共有运营车辆238台,线路67条,每日旅客发送量近8000人次,最高峰时每日可达2万人次。新客运站的启用为旅客出行提供了更优质的出行服务,有效地改善了南站地区的交通运营秩序,为迎接2013年全运会召开及推进沈阳经济区的建设提供了保证。

开通沈抚城际商务班线,提升了行业服务品质。9月30日,沈抚城际班线开通,共投放车辆20台,车型为别克GL8,7座商务车,日均客量300余人。

增设沈抚城际班车龙之梦站点,进一步推进城际客运的发展。为全方位地满足沈抚两地旅客出行的需要,沈抚城际客运班车1、2、3号线增设龙之梦站点,首末车时间6:00和22:00,运行车隔10至20分钟,运营班次48至96个。

完成沈抚城际4、5号线公交化改造工作。将南塔、五爱—抚顺线路确定为沈抚城际4、5号线路,实施公交化运营,共配车43台,沈阳段中途设站九处。全线设立统一的调度指挥系统,安装GPS装置,建立大型电子终端指挥平台,实现全程监控。

启动北站临时长途客运站运营,全力配合北站地区的综合改造。北站东西广场的车辆已全部进入北站临时客运站,全力配合北站地区的迎全运改造,进站车辆运营秩序良好。

(陈千城)

【旅游包车】 解决了省际运力短缺的问题。出台实施了沈阳市2011年客运包车企业省、市际包车运力分配方案,解决了三年来一直没有发展省际运力,新车不能参与省、市际运营的问题,制订方案将原有的1200台县际车辆中的300台转为省际资质,运力的分配依据企业的经营状况、安全管理情况、质量信誉考核情况等内容进行评分,确定企业发展运力数量,整个过程平稳有序,未发生行业矛盾。

清理整顿包车客运市场,强化市场监管手段。对45户省市际包车客运企业的经营资质、车辆、从业人员情况进行核查,并换发了《道路运输经营许可证》。通过换证核查工作,企业进一步对自身的运营管理工作进行了全面梳理,经营管理水平得到了较大提升。

(陈千城)

【货运市场】 开展货运行业调研工作,提出沈阳市货运行业健康发展的建议。通过走访、召开座谈会、发放调查问卷等方式,在市内5区召开了货运经营业户代表座谈会,共同探讨货运市场存在的问题。完成了《加快发展方式转变,推进货运行业健康发展》的调研报告,报告中对行业现状和存在的问题进行了详细的分析,提出了推进行业健康发展的相关建议。

开展危货车辆集中年审。对全市1869台从事道路危险货物运输的车辆进行了集中年度审验。通过外观检视、现场审核材料、当场办结年审事项的一站式工作方式,保证了危货车辆年度审验的顺利进行,其中有1688台车辆实现了一次性年审办结。

(陈千城)

【农村校车监管】 强化校车安全监管手段。对全市每台农村专营校车安装GPS卫星定位监控设备,在区县农村校车管理部门建立GPS卫星定位监控平台,设备、平台于2011年9月1日农村中小学开学前正式运行。农村校车运营实现GPS卫星定位监控后,进一步加强了对农村校车行驶路线、行驶速度等情况的动态监管,确保农村校车运营定线路、定站点、定乘员,能够有效预防因校车超员、超速、道路通行条件等因素导致的交通事故,切实保障乘车学生安全。

采取有效措施,积极调整运力结构。采取规范校车准入条件,鼓励经营者更新大型、专用校车,严厉打击非法校车、超员违法违章行为等有效措施,进一步调整校车运力结构,促使校车车型由小旧、非专用向大型、新型、专用车辆转变,校车整体数量下降,但车座数上升,既满足学生乘车需求,又保证了校车的安全性、舒适性,校车整体运力结构趋于合理。全年共更新、新增农村校车359台。

按照农村校车从业人员考核通报制度的规定,将各区县统计的农村校车从业人员信息向市交警支队进行通报,经市交警支队核查,将农村校车从业人员本年度内违法违章情况通报给各区县，并依法对发生重大以上交通事故且负主要责任、驾驶证记满12分、超员20%、超速50%、违章行为未处理的88名从业人员予以吊销从业资格证、离岗培训考核等处罚，进一步规范了农村校车从业人员的驾驶行为。

（陈千城）

【驾培行业】 以驾培机构信誉考核工作为契机，全面提升驾培机构教练员队伍素质，加强教练员管理，提高服务水平。通过信誉考核，督促企业落实驾培机构公示教练员教学质量排行，促进教练员业务技能和服务水平的提高，推进教练员队伍整体素质提高。强化了教练员教学质量信誉考核工作，对2010年度教练员教学质量信誉考核结果在教练员证上进行登记和档案跟踪管理，共有2000余名教练员通过了考核。

为强化驾培机构资质管理，把握各驾培机构培训能力，规范驾培机构经营行为，切实提高培训质量，组织开展了驾培机构资格条件登记，进一步加强驾培机构资格条件动态监管，督促驾校完善资质条件。同时，积极与公安交警部门协调，建立教学车辆审批与培训能力协调机制。

（陈千城）

【维修行业】 2011年1月1日起，全市调整了道路运输车辆的二级维护周期。为了确保调整工作的顺利开展和维护质量，对二级维护企业的许可证件、从业人员、班组设置等情况进行了核查，对持证上岗人员不足、班组设置不合理等情况进行了清理和调整，取消了6家企业的二级维护资格，为166家企业换发了新版的《二级维护管理手册》。考虑到周期调整后实际维护次数会减少，实施了分批发放、分步考核。在第二、四季度，控制二维贴发放数量，对保养出租汽车的根据需求一次发放，对维护其余车辆的控制数量，并做好宣传解释工作，实现二级维护周期调整平稳过渡。

（陈千城）

【机动车检测】 完善综合性能检测合格证的发放。根据各检测站的能力按月发放综合性能检测合格证，把握检测进度，避免超能力检测行为。做好检测中心拆迁综检分流工作，检测公司对未按照分流时间去检测的车辆随时检测，实现了平稳分流过渡。

为提高道路应急保障能力和车辆救援服务质量，2011年对车辆救援行业进行了规范管理，出台了《沈阳市车辆救援管理办法》。依托沈阳市汽车维修救援中心96122呼叫平台，设立了拥有分布全市各辖区、各品牌车辆4S店及专业救援拖运单位42家、保有救援和吊装车辆73台的全天候拖运、维修、补给救援一体的全市96122车辆救援网络平台。

（陈千城）

【从业人员管理】 全年共新办从业资格证考试436场，报考32923人次，核发从业资格证24985个，在岗培训考试3.6万人次。开展道路运输从业人员诚信考核工作，指导各区（县）行业管理窗口对所辖区从业人员从业等级评定，截至到年底，诚信考核道路运输从业人员10.2万人。进一步完善道路运输从业人员信息社会公示服务平台，协调运政网络管理部门，增加信息查询功能，特别是从业人员违章信息查询内容。积极采取为企业上门办理在岗培训考试、为各县区上门办理从业资格考试等措施，为企业和从业人员提供方便。

（陈千城）

水路运输

【概况】 开展水运企业核查，规范企业经营行为。经过核查，全市6家水运企业全部合格。

开展船舶检查，继续实行短期定期签证制度。全市投入运营的73艘船舶均通过船检，1185个客位都配备救生衣，足额保取客座险。

开展船员再教育。要求各水运企业对船员进行岗前培训，学习安全规程和服务规程。全年共培训渡工16人，新船员12人，换发证书培训98人。

（陈千城）

【安全专项整治】 在全市水域组织开展以旅游船舶为重点的水上交通安全专项整治活动，督促水运企业进一步健全各项安全管理责任制，建立并完善突发事故应急预案，确保各项安全制度落实到位。在“五一”、“十一”等重点时间、重点水域开展专项安全执法活动，采取固定人员，严看死守方式，加密巡航次数，发现并整改安全隐患2处，下达停航通知书共计7份，发现并终止船舶航行1处，确保水上交通安全形式稳定。沈阳市连续12年无水上安全责任事故发生。

（陈千城）

【五里河公园海事监督站建设】 为加强水上运输安全监管，在五里河公园内游船码头建立了海事监督站，在各码头增设视频监控设备，实现水上运行安全的实时监控。同时，配备新的海事监督艇满足水面执法和救助的需求。五里河海事监督站是辽宁省内陆8城市首个监督站。

（陈千城）

【交通安全整治】 制订了道路运输行业百日整治方案，成立了安全整治工作领导小组，召开了客、货、修、驾全行业500人参加的动员大会。组织各区、县（市）交通分局、运管处对辖区内的客运企业、货运企业和场站进行了整治检查，共检查客运车辆3300台次，查处违章车辆420台次，滞留车辆28台次；检查重点货运企业890户，检查车辆1.62万台，对全市驾培机构开展了逐户检查。对在检查中发现问题的13户下达了整改通知，责令在规定期限内完成整改；对部分存在严重违章行为的10家驾培机构进行了处罚；针对部分资质条件不达标，无法保证学员按照教学大纲开展培训的驾培机构采取了控制开班人数等措施，督促企业尽快完善资格条件。以百日整治结果为基础搭建驾培管理网站，实现驾培信息电子化，方便学员选择驾校和维护权益。

沈阳市是标准化试点城市，道路客运行业是沈阳市安全生产标准化的试点行业，借鉴南方客运行业安全标准化工作较为先进省份的经验，组织编写了安全标准化文本，逐步推进道路旅客运输行业安全标准化文本的起草和推广工作。客运企业、客运安全管理标准、考核标准已完成编制工作，并通过市安监部门审核，正在制定具体的实施方案。

按照交通运输部《关于开展卧铺客车隐患集中整治工作的通知》以及省交通厅《全省道路交通安全集中整治方案》要求和部署，从9月下旬开始在全市范围内开展了卧铺客车安全集中整治行动。一是全面排查卧铺客车安全隐患，重点检查卧铺客车的安全性能、卧铺设置、卫星定位系统和视频监控装置的安装与使用以及安全器材配备等。二是严格落实凌晨2时至5时停车休息措施,要求各客运企业合理制定停车休息方案,建立并落实驾驶员休息制度。三是通过车载卫星定位和视频监控装置强化对车辆的动态监控。

(陈千城)

【企业信誉考核】 市、区两级运管部门在2010年度道路运输企业经营信誉监督考核工作中,共评定AAA级道路运输经营业户113户,其中:客运企业15户,客运站2户,危险货物运输企业8户,普货运输企业42户,驾培机构11家、机动车维修企业35家。在信誉考核的基础上,经过企业申报、综合考评,在AAA级驾培机构和机动车维修经营者中,评选出了10家诚信驾培机构和20家诚信维修企业。

(陈千城)

【行政执法】 以打击出租汽车违章行为为重点,加强"两站一场"等重要区域的监管力度。建立执法快速反应机制,设立出租汽车流动投诉站,24小时不间断执法,及时处理违章案件;联合公安部门查处非法营运黑车485台,依法销毁"黑出租"64台;开展全市性专项执法整治行动10次,道路客货运输、驾驶员培训等市场经营行为得到进一步规范;新组建的北站交通分局,集中执法力量对北站地区出租汽车实施24小时监管,严查拒载、并客、索要高价等违章行为,北站地区出租汽车运营秩序实现根本好转;积极推行交通行政执法处罚预警制,严格执法程序,规范执法行为,交通执法文明水平得到进一步提升。

(陈千城)

【行政审批】 围绕"行政审批、执法行为、行业管理、窗口服务、工作态度、办事效率"六个方面开展了自查自纠和整改活动;创建"四个一"人民满意单位,加强基层站所和服务窗口考评;简化审批程序,精简审批要件,开设"绿色通道",提高办事效率,实现了"一个窗口受理、一站式办结、一条龙服务",全年共发布政务公开信息240条,受理交通行政审批事项4.6万件,规定时限办结率100%;组织开展交通行政权力清权确权工作,增加权力运行透明度,方便市民办事和监督;积极拓展市民诉求渠道,完善省民心网和市民服务热线办理机制,加强业务骨干培训,开展诉求回复质量考核评比,群众诉求办理效率进一步提高,全年受理群众各类咨询、投诉案件10.2万件,按期办结率100%;交通法规建设取得重大进展,出台了《沈阳市客运出租汽车管理办法》,制定并实施了《沈阳市交通局行政处罚自由裁量实施标准》,行政复议案件比上年下降60%。

(陈千城)

城市公共交通

【概况】 2011年,公交行业共获得政府公益人群补贴8915万元,比上年增长30%。市财政补贴购车资金1亿元,新增、更新车辆800台,其中新能源车辆140台;新开公交线路12条,调整38条,增加线路里程107公里,填补公交空白34.2公里;新增公交专用道34.4公里,公交专用道达到99.4公里;全市60条公交线路推行延时服务,增加车次544班次,累计延时8540分钟,市民满意率达95%以上。

(陈千城)

【车辆与线路】 2011年,全市共新开12条公交线路,调整公交线路38条,增加线路里程107公里,填补公交空白34.2公里。新开、调整线路进一步加大了向二、三环之间新建开发区产业带的拓展延伸,解决了17个住宅小区及辽宁广告学院等院校近10万居民、学生的出行难问题。加强了地铁一、二号线沿线各公交线路的优化调整,实现了公交与地铁的无缝衔接及零距离换乘。同时,全面推进公交线路延时,全市60条公交线路累计延时8540分钟,增加车次544次,增加路程1.01万公里。延时线路覆盖了中心城区的主要街路、居民小区、商业街和火车站,为市民夜间出行创造了便利的条件。

积极发挥公交运力优势,组织开展了全运会启动仪式、糖酒会、台博会等11项全市性重大活动的服务工作,共发专线车辆2880余台次,运送乘客10余万人次。针对市民节假日出行特点,先后制定了春节、盛京灯会、清明节、"十一"黄金周、平安夜等一系列节假日期间出行保障方案,并安排执法人员全员下沉到一线,现场指挥调度,保证了重大节日期间市民的平安顺畅出行。为应对286条道路施工改造给公交运营带来的不利影响,先后制定了公交调流方案27个,涉及公交线路178条次、车辆4952台次、站位926处,确保道路施工改造期间公交线路的有序运营。

2011年,全市计划新增、更新公交车辆800台,其中新增300台,更新500台。到位52台,余下748辆已经通过公开招标的形式确定购买品牌及厂家。新增、更新车辆全部选用欧Ⅲ以上排放标准的节能环保公交车,其中:混合动力公交车140台,有40台先期到位并投放到179路、209路等线路开展试运营;18米长的大运力铰接公交车20台,计划投放到市内核心区重点线路。新增、更新公交车辆到位后,公交欧Ⅲ排放比例将由42%上升到46%,210路、247路、267路等22条线路的老旧车辆将得到更新,车辆老旧、冒黑烟等问题将明显改善。

为配合沈阳市主要街路改造,提高公交站务设施档次及服务功能,新建"一体式"候车廊10处、灯箱式公交站牌26个、排队护栏300余处。"一体式"候车廊将传统的站牌与候车廊整合设计在一起,并采用搪瓷工艺,美观耐用,易于维护;灯箱式公交站牌增加了夜间亮化功能,并采用大版面的人性化设计,新式排队护栏增加了LED夜间显示功能,便于市民夜间候车和查看线路信息。同时,进一步加大老旧站务设施的更新改造力度,积极引进数字化城管系统,确保破损站务设施及时发现、及时处理。全年共更新破损公交线路板2000余块、站箱1200余个。

(陈千城)

【集中整治】 自2011年6月起,在公交行业开展了为期100天的"百日会战集中整治活动",重点整治市民最关心、企业最突出的车辆卫生、车体广告、行车安全、行车秩序等十个方面的问题。经过100天的集中整治,公交行业的整体面貌明显提升。

全市所有公交车辆全部配备了垃圾箱,按照"一圈一清扫、两天一清洗、三天一消毒"的要求,实施车箱内外保洁;出台了《公交车辆广告及服务标识设置管理规定》,车辆广告逐步规范,不雅广告得到有效清除;加强了破损车体维修和车辆检修,车辆带病运营问题得到有效解决。

(陈千城)

【文明服务】 积极引导全行业采取多项举措,提升车厢文化和服务水平。通过深入开展共党员示范岗活动,带动线路整体服务水平不断提升;通过打造精品线路,大力畅导文明行车、热情服务,配备便民袋、座椅凉垫,以及强化车厢环境卫生建设,积极为市民营造温馨舒适的乘车环境。

深入开展公交出行日活动,认真查找车辆运营过程中存在的问题和驾驶员行车不规范的行为,了解群众对公交出行的需求和意见,并制定相应整改措施。整治期间,共发现和整改问题3000余件,野蛮行车、压车超速、停车不规范、服务不文明等问题得到较好解决。

(陈千城)

【强化管理】 制定下发了《沈阳市公共交通车辆广告及服务标识设置管理办法》(沈交发〔2011〕129号);起草了《沈阳市公共交通车辆维护与保养管理规范》和《沈阳市公共交通企业安全生产管理标准》。其中沈阳市公共交通车辆广告及服务标识设置管理办法》已由市政府法制办备案,《沈阳市公共交通车辆维护与保养管理规范》已通过市安监局认定。

积极开展运营方案执法检查、有偿线路执法检查、公交服务以及私自包车等方面的执法检查,纠正查处各类违章行为3000余件,下发整改通知书180余份,立案查处130余件,处罚涉及15家公交企业,86条公交线路。同时,进一步加大从业人员培训、轮训工作,完成了1800名驾驶员、60名乘务员从业资格培训和264名安全管理干部的岗位培训。通过不断强化执法监管和从业人员培训,公交行业的运营秩序得到进一步改善。

起草制定了轨道交通运营安全专项整治工作方案,组织企业开展地铁一号线安全专项检查整治活动,查找安全隐患。同时,完成地铁二号线试运营准备专项验收,为地铁二号线如期开通提供支持。

制定下发了《关于在全市公共交通行业推广应用GPS指挥调度系统的通知》、《沈阳市公共交通智能指挥调度系统设备功能技术要求》,对各公交企业推广应用GPS指挥调度系统工作进行明确安排。

(陈千城)

出租汽车运营

【概况】 2011年,沈阳市出租汽车行业紧紧围绕"抓环境促提升五大工程"建设和"百日会战"集中整治的工作安排,以"打造一流队伍、提供一流服务、树立一流形象"为目标,采取积极有效措施,重点开展了车容车貌专项整治、强化从业人员培训教育、严厉打击违法违章经营行为、规范市场经营秩序、行业精神文明创建等工作。在市委、市政府领导的高度重视下,在全行业广大经营者、从业人员和行业管理人员的共同努力下,全市出租汽车行业整体形象发生了明显变化,车容车貌整洁亮丽,服务质量逐步提高,运营秩序明显好转,行业凝聚力进一步增强,

(陈千城)

【车辆管理】 一是加快车辆更新步伐,完成出租汽车更新3510台,超额完成年计划17%,其中发展中华及新能源车辆665台,超额完成全年计划的11%。二是规范出租汽车营运标识,统一坐垫套标准、统一更换顶灯、统一车辆门标样式、统一从业人员着装、逐步规范车身颜色,完成了黑色出租车改色工作。三是开展车容车貌专项整治活动,制定下发了《沈阳市出租汽车车容车貌达标标准》,开展了出租汽车车容车貌定点集中检查和路检路查,全市出租汽车外观形象发生了根本性的变化,车辆卫生合格率达到98%以上。

(陈千城)

【培训教育】 一是加强从业人员资格培训教育和考试管理,严把从业人员准入关,完成从业考试1.5万人次。二是全面开展从业人员岗位轮训,制定下发了驾驶员岗位轮训教学大纲,组织企业完成从业人员岗位轮训5万多人。三是开展违章从业人员培训教育,完成违章从业人员培训1230人。四是全面开展从业人员服务质量信誉考核,并定期通过手机短信平台、电台广播、GPS显示屏对从业人员进行文明服务宣传教育,促进了全行业从业人员素质的提高。

(陈千城)

【企业监督】 一是全面开展出租汽车企业服务质量信誉考核,对全市所有的企业逐一进行检查考核。二是积极引导出租汽车企业规模化、集约化经营,尤其是引导20台车辆以下的出租汽车企业进行整合、挂靠、委托经营;按经营管理主体统计,全市出租汽车企业已减少到100家以内。三是强化企业管理主体责任,健全企业各项管理制度,加强企业培训教育、投诉处理力度。并定期在全行业通报企业投诉率排名和违章案件处理情况。

(陈千城)

【经营秩序】 一方面加大出租汽车的执法检查密度和频率,在"两站一场"、重点街路和人流密集地区、违章案件高发区设置30个出租汽车固定检查点和流动投诉受理站,组织执法人员在早晚高峰时段进行值守,规范市场经营秩序,强化执法监督和服务工作。另外一方面,建立北站地区特殊时段出租汽车企业组织运力保障客流疏散的机制,取得了明显效果,为北站地区出租汽车运营秩序的好转发挥了关键性作用。

(陈千城)

【法规建设】 全市出租汽车行业在法律法规体系建设上实现了历史性突破,制定出台了《沈阳市客运出租汽车管理办法》,并制定了《沈阳市出租汽车技术管理规定》、《沈阳市出租汽车企业质量信誉考核管理办法》、《沈阳市出租汽车驾驶员服务质量信誉考核管理办法》等配套的规范性文件,为沈阳市出租汽车行业依法行政、依法经营提供了法律依据。

(陈千城)

【信息化建设】 完成了沈阳市出租汽车行业网站建设,方便了广大市民了解和查询行业办事程序、行业信息,同时也为出租汽车企业提供了一套完整的管理系统;完成了沈阳市出租汽车管理信息系统和从业人员考试信息系统建设,进一步规范了行业管理基础工作;完成了出租汽车电子防伪标签系统建设,为有效地打击了克隆、套牌出租汽车提供了技术支持。加快推广应用GPS车载设备,市区内出租汽车GPS设备安装率达到90%以上;积极开发应用具有刷卡消费、驾驶员身份识别、远程控制功能的新型计价器,为强化行业管理和科学决策提供了技术手段和依据。

(陈千城)

【行业文明建设】 一是开展了行业文明创建活动,制定《沈阳市模范出租汽

车管理办法》和《沈阳市星级驾驶员管理办法》，充分发挥星级驾驶员和模范出租汽车两大先进群体的引领作用。二是实施行业文化创建工程，完成出租汽车行业行徽、行歌的征集和审定工作，创刊发行了出租汽车行业杂志《沈阳TAXI》，开展出租汽车驾驶员"空中课堂"栏目。三是成功举办了中国·沈阳首届"的士节"，充分展示出租汽车行业良好的精神风貌和文明健康、积极向上的行业风气。

（陈千城）

【经营环境】 一是开展了出租汽车综合服务区、港湾站和乘降站等行业基础设施的建设，完成了6处的士港湾站建设，200处乘降站选址。二是组织开展了燃油附加费收取工作，有效地缓解出租汽车行业因油价上涨而带来的经营成本压力。三是组织实施了出租汽车行业国家燃油补贴数据采集和分发工作，全年两次组织发放补贴资金共计2.13亿元。通过优化行业经营环境，提高驾驶员收入水平和经营条件，维护了行业稳定的良好形势。

（陈千城）

航空运输

【概况】 中国南方航空股份有限公司北方分公司（以下简称南航北方分公司）前身系原中国北方航空公司。2004年底，经国家有关部门批准，北方航空公司正式将航空主业资产注入中国南方航空股份公司。南航北方分公司作为中国南方航空股份公司在沈阳设立的分支机构，从2005年1月1日起，正式按照分公司模式运营，该分公司位于沈阳东塔机场，以沈阳桃仙国际机场为基地机场，主要经营沈阳出港至国内外大中城市的航线。截至2011年底，北方分公司拥有A320系列运输飞机23架，经营沈阳始发航线64条（不含包机），国际航线连通日本、韩国、新加坡等多个国家。

（李小伶）

【航空客货邮运输】 2011年，南航北方分公司在运力投入比上年减少7.9%的情况下，完成运输总周转量6.23亿吨公里，同比下降11.0%；旅客运输量349.4万人次，同比下降11.2%；货邮运输量4.3万吨，比上年下降22.5%；平均客座率82.9%，比上年提高2.4个百分点；平均载运率69.5%，比上年下降2.6个百分点。全年南航出港航班正常率86.4%，比上年提高1个百分点。实现运输收入42.97亿元，比上年减少0.29%；实现经营盈利1.39亿元，增盈3400万元。

（李小伶）

【航线网络建设】 2011年，南航北方分公司以战略发展为目标优化航班结构，落实了南航与辽宁机场集团战略合作协议，有效整合了航线资源，优化航线结构，并积极协调兄弟公司代飞部分航班，提高有限运力的运营效率。在全年整体运力投入下降的情况下，四大枢纽航线运力增长18%，航线竞争力持续增强。为沈阳桃仙国际机场实现年旅客运输量突破1000万目标做出了突出贡献。同时，分公司以渠道管控为突破推进枢纽中转。分公司主要领导亲自带队走访渠道客户，注重产品创新，加强销售引导，中转散客和团队销售同步增长。国际中转销售收入增长112%，其中：澳洲增长122%，东南亚增长94%，中西亚增长165%，欧洲增长336%，美洲增长293%；国内中转销售增长220%。

（李小伶）

【优化飞机布局】 2011年，南航北方分公司根据南航总体发展战略部署，结合沈阳航空运输市场变化情况及自身的飞行运营保障能力，逐步对机队结构进行优化调整。全年出售13架MD90飞机和4架A300飞机，并引进9架A320飞机，将机型全部统一为A320系列。截至2011年底，北方分公司拥有A320系列飞机23架。其中：A321飞机7架，A320飞机10架，A319飞机6架。

（李小伶）

【市场营销体系】 2011年，南航北方分公司营销能力持续提升，枢纽中转取得突出成绩，中转业绩在南航名列前茅。在客运方面，一是以价格调控为手段提高收益水平，紧紧把握市场需求，密切监控航班销售动态，持续开展运价协调，保持运价稳定。二是以强化直销为重点提升销售能力。同步推进直属售票处、95539、大客户、常旅客发展和销售工作。分公司领导带队走访省市以及周边主要地区政府班子，宣传产品，征询意见，取得良好效果。全年直销收入比上年增长22%，高于整体销售增幅4.4个百分点。在货运方面，以考核为导向，全面攻坚货运营销。推行多等级舱位精细化管理，积极开展市场走访，加强高端营销和网络营销，密切监控航班和货源，保持在市场竞争中的优势地位。全年产投比达到102%，比上年提高2个百分点；网络运输收入增长15.3%。分公司被评为股份公司2011年货运高端产品先进单位。

（李小伶）

【航空安全】 2011年，南航北方分公司安全运行平稳有序。面对9架MD90飞机和4架A300飞机集中置换的复杂情况，分公司科学制定改装、带飞、放飞计划，从严从紧组织机型改装；开展新改装人员技术研讨，加强技术培训；强化机组资源管理，明确了A320系列飞机操纵五条限制措施，有效保证了13架飞机集中安全置换。同时，深入推进SMS体系建设，做好CRM管理，兼顾机组技术搭配和个人飞行时间，节省机组资源，缓解人员紧张局面；始终坚持在安全目标不变、标准不降前提下，科学调减航班，实现效益最大化。此外，围绕"四个责任"，层层签订安全责任书，严格落实检查和责任追究制度，做到奖罚分明。通过开展"四好飞行部"建设、"安全生产月"等活动营造和谐安全文化氛围，有效培养了认真严谨扎实的安全工作作风，充分调动了飞行人员的工作积极性，获得股份公司的高度评价。

2011年，南航北方分公司完成飞行7.4万小时，杜绝了飞行和航空地面一般差错及以上问题，发生人为责任原因空防严重差错1起，在飞行安全上连续102个月未发生严重差错及以上问题，连续216个月保证了空防安全。

（李小伶）

【品牌服务】 2011年，南航北方分公司贯彻落实"品牌服务创新年"工作要求，以全面推行SKYTRAX四星对标为重点，将服务工作纳入经营绩效考核体系中。一是全面组织SKYTRAX对标。通过开展动员和组织培训，有效提升了员工的服务意识和技能，使其掌握了对标工作要求、重点和进度。各服务单位逐条落实标准，认真查找差异环节，坚持定期自查，严格考核并开展内部评比，实现对标工作常态化。二是以高端服务带动服务升级。通过加强CBD系统应用，做好对两舱旅客、金银卡旅客、高端经济舱旅客和大客户的差异化服务。通过上门走访，了解高端旅客需求，宣传两舱产品，收到良好成效。三是加强营销和航延服务。将直销服务流程化、制度化，有效降低业务差错率；开展营销服务培训，提高一线销售人员业务和沟通能力；对地面服务流程进行优化调整，提升地面服务效率和应急处置能力；优质高效完成了航延和备降航班服务保障工作。四是强化航班正常性工作。有针对性加强气象、应急预案等培训，提升运行及保障人员对恶劣天气及航班延误的处置能力；根据实际运行情况对航班时刻进行梳理调整，坚持本场及外站提前关舱门制度，加强延误分析，对重点机场、重点航班加强监控和协调，减少航班延误。

2011年，南航北方分公司杜绝了服务质量有效投诉事件，在股份公司考评中获服务排名第二，客舱部排名第一的好成绩。

（李小伶）

【新开通航线】 2011年，南航北方公司根据市场需求，进一步优化航线网络，开辟了沈阳－常州－三亚等4条沈阳始发航线（详见附表）。

（李小伶）

附表：

2011年新开航线（不含包机）

序号	航线名称	开航时间	班次
1	沈阳－常州—三亚	2011年11月1日	52
2	沈阳－包头—乌鲁木齐	2011年10月11日	9
3	沈阳—济南—贵阳	2011年6月12日	77
4	沈阳—常州—温州	2011年6月11日	17

（李小伶）

邮　　政

【概况】 截至2011年末，沈阳市邮政局从业人员3965人，局所208处，投递网点180处；信筒（箱）1007个，城区局所服务半径720米，车辆296台，邮路总长度5497公里，城乡投递段道1065条；设置二级单位（部门）33个，其中：通信业31个，多种经营企业2个。

（张明霞）

【业务发展】 以实物流、信息流、资金流“三流合一”的网络为依托，以推进传统产业向现代服务业转型为方向，邮务类、代理速递物流类、代理金融类三大板块业务焕发新生机。

在邮务类业务发展上，函件业务牢固树立媒体经营理念，重点发展账单、封卡片、数据库商函等业务，成功开发了消防知识宣传明信片、建党九十周年册、《祥龙传世》等一系列公益、礼品化产品，银行、政府及公用事业类账单业务规模不断壮大，实现函件业务商业化、多元化发展。报刊发行业务发挥邮政主渠道作用，优先发展品牌畅销报刊、第三方订阅、期刊文化礼盒等业务，实现一次性订阅流转额1.245亿元；在巩固订阅市场的基础上，加快多元化零售终端建设，开发超市终端18处，校园市场3处。集邮业务成功举办《中国古代书法——草书》特种邮票首发式暨辽宁省第十届集邮展览，活动现场共发行首日封、首发封等9种产品，并邀请该套邮票设计师——王虎鸣到现场举办签售活动，深受广大集邮爱好者的喜爱。以“建党90周年”和《草书》、《关公》邮票发行为契机，积极推动个性化邮票、形象化年册、礼品化邮品等业务发展，为沈河区多福社区设计制作了“多福八景”社区个性化邮票4000版，开创了社区为主题个性化邮票先河，受到省市媒体的高度关注；为全市广大党员制作了建党题材个性化邮票17158版。发挥集邮专卖店的渠道平台营销优势，搭载产品50种以上，为广大集邮爱好者提供便利服务。代理和信息类业务发挥邮政网点资源优势，扩大业务规模、丰富代理品种，在代收水费、电费、电话费等传统业务的基础上，开办公交IC卡充值、代售长途客票、火车票、航空客票、彩票等新业务，并倾力打造11185信息平台、183网站和邮乐网等服务平台，开办网上订报、网上集邮和网上购物等电子信息类业务，实现业务领域的新突破。分销业务积极响应国家服务“三农”号召，利用邮政网点和直营店分销农资产品、消费品、日化产品，共经营24个品牌百余种产品，同时发挥邮政网络资源优势，将北乡米品、乡韵土特产等具有地方特色的农产品引进城市，深得农户以及沈城市民的好评。

在代理速递物流类业务发展上，坚持“珍惜每一刻，用心每一步”服务理念，以专业化经营为主线，借助遍及全国、通达全球的速递网络，不断加强资源整合、提升运营质量，为社会各界客户提供方便快捷、安全可靠的速递物流服务。2011年，市邮政局代收寄各类速递邮件144.51万件，其中：国内特快129.29万件，国际特快2.75万件，快递包裹9.33万件，国际包裹3.14万件。

在代理金融类业务发展上，把余额增长放在首位，发挥理财、保险等中间业务扩量增收能力，大力推进ATM、商易通、绿卡通的普及应用，2011年余额规模达到140.11亿元，新增绿卡30万户、绿卡通18.8万户，建设理财专柜22处，实现代理规模保费2.47亿元；全面推进以“建设进档、管理进级、服务进优、经营进位”为重点的“四进工程”，促进邮政储蓄网点竞争能力和经营实力的全面提升，147 处邮政储蓄网点(不含邮政储蓄银行网点)、170 台 ATM 机遍布城乡各处，有效满足市民对邮储业务的需求。

(张明霞)

【能力建设】 以“发展现代化邮政，满足社会需要”为己任，突出能力建设，注重素质提高，企业整体实力得到全面提升。

在基础能力建设上，基础建设投资3039 万元，购置局所 3 处，10 处网点实现迁址经营，完成 6 处空白乡镇局所选址，实施维修、改造项目 146 项，更新车辆 37 台、自行车 570 辆，新增 ATM 机 35 台、LED 显示屏 15 个、摄像头 120 个，增加台席设备 78 套，更新设备 1142 台，商函处理中心通过 ISO9001 和信息安全双认证，为用户提供更加便捷的用邮条件；邮运网络进一步优化，推进邮件全程时限达标，规范运行排单管理，网上清单及时准确率提高 4 个百分点，趟车运行准点率达到 98%，校园包裹拉运加车达 320 台次；投递质量明显提升，试点使用 RFID 系统，对领取邮件处理等六项作业标准进行重新规范；商函投递网实行银企账单全流程监控，满足用户个性化投递需求；普邮投递网整合城区投递部 8 处，重新组划投递段道 474 条。

在营销能力上，按照公司化运作体系要求，积极探索“以市场为导向、以客户为中心、以效益为目标”的新型企业运营模式，深入推进营销体系建设，建立专业指导、职能支撑、现业实施的项目运作机制，实行优势互补、上下联动，有效推动各项业务发展；逐步完善营销体系建设，聘任专职营销岗位人员 119 人、理财经理 22 人、直邮团队 15 人，细分市场和客户群，及时掌握用户用邮需求，实施差异化服务，企业对外服务营销水平得到明显提高；在全省率先组建了劳模和党员营销团队，使劳模和党员身份成为经营工作的不竭动力。

(张明霞)

【对外服务】 以“人民邮政为人民”为服务宗旨，积极拓展服务领域，不断丰富服务内涵，忠实履行普遍服务义务，为用户提供优质便捷的邮政服务，赢得社会普遍赞誉。一方面开展以“用户是亲人”为主题，以“三亮三比三评”为重点的“为民服务创先争优”活动，制定了《邮政营业(储蓄)服务规范标准》以及“十要十不准十严禁”服务纪律，签订了“对外承诺服务书”，推动邮政对外服务再上新台阶。另一方面完善用户诉求处理机制，引入体验理念，倡导换位思考，逐步建立起以用户投诉接入端为核心的协调机制；强化用户投诉受理人员行为与言语规范，打造邮政窗口对外服务优良品牌，树立企业良好形象。市邮政局客服中心受理用户来电来函、咨询、批评投诉，做到了件件有回音，事事有着落，用户满意率达 100%，收到用户各种方式表扬 111 件，锦旗 7 面。不断加强示范窗口与服务典型的宣传与推广工作，在全局邮政对外服务员工中强化培育“一封信两颗心”的服务意识与责任观念，选树了六年如一日照顾伤残用户的投递员吴莉红为代表的一批优秀员工，在全局上下营造崇尚先进、学习先进、争当先进的良好氛围，有效推动了全局对外服务水平迈上新的台阶。全局共有省级示范窗口 58 处，星级服务人员 180 名，用户综合满意率连续保持在 90% 以上。市局被授予省用户满意服务单位、市民服务热线诉求办理工作先进集体、市政务公开、基层先进党组织和职工素质建设优秀单位等荣誉称号，11185 客服中心被评为全国巾帼文明岗，建设大路支局被评为全国工人先锋号。

(张明霞)

城 乡 建 设

综 述

【城乡建设概述】 2011年,沈阳市城乡建设工作紧紧围绕"三抓三促"重点工作,强力推进基础设施建设,扎实开展民生工程,不断优化城市发展环境,统筹安排,科学谋划,建管并重,全面实施,促进了城乡建设和管理工作再上新台阶,为完成"五大任务"、实现"三大目标"、建设"五个沈阳"做出积极贡献。全年完成城建投资484亿元,同比增长20%;完成房地产投资1684.7亿元,同比增长16.2%;实现建筑业总产值1411亿元,同比增长33.7%。

1. 围绕国家中心城市,加强重大基础设施建设。地铁一号线荣获全国建设工程质量最高荣誉"鲁班奖",地铁二号线提前通车试运行,与地铁一号线形成地下交通空间的"大十字"格局;一环、二环路改造和三环、四环路建设全面实施;沈阳北站综合交通枢纽改造陆续启动,沈阳西站综合交通枢纽工程完成主体工程;完成沈抚城际铁路设备安装,沈铁城际铁路建设进展顺利;沈本公路竣工通车,沈阜、沈彰开发大道部分路段完工通车,全年新建、续建公路里程1632公里,竣工通车1418公里;沈阳艺术中心、国际会展中心、行政中心等大型公共设施项目加快实施。

2. 加快生态宜居城市建设,加大环境建设和整治力度。辽河治理与保护完成干流生态恢复2.09万公顷,退耕还河1.99万公顷;全长180公里的蒲河生态廊道建设取得显著成效,蒲河沿线"生态化、景观化、城镇化、产业化"建设初具规模;百里环城水系及沿线公园改造全面实施;完成了25条重点街路绿化和146块城区重点绿地景观提升;南部污水处理厂建设进展顺利,西部污水处理厂扩建工程启动;完成了城市中心区道路整修工程122项;实施了黄河大街三环出口路排水系统改造,同步对新建道路实施雨污分流改造工程;18条城市出口路综合整治和哈大、沈山、沈吉等铁路沿线环境整治以及拆除违章建筑等工作取得较大进展。

3. 深入推进硬环境建设,城市管理水平不断提高。坚持建管并重、创新体制、整合资源,以构筑数字化、精细化、动态化城市管理网络系统为目标,进一步完善城市管理运行机制,不断提高城市管理水平。重点实施了标准化街路管理,编制《沈阳市标准化街路管理操作手册》,对建筑景观、公共设施、园林绿化、广告标志、城市道路、街路秩序六个方面设置了28项日常管理维护标准,并逐条街路建立档案。加强环境卫生管理,试点推开平面和立面一体化保洁作业,基本实现全覆盖、规范化、长效化保洁。深入开展"绿化、美化、净化、亮化"活动,对占道经营、乱贴乱画、乱堆乱放等违法违规行为进行全面清理整治;连续开展街道及社区固定噪声源排查和建筑施工噪声专项整治;对建成区48个公园内存在的侵绿毁绿、环境卫生等方面问题进行集中治理;对503所中小学周边占道商亭、商贩和违章建筑进行整治;对各类"城市尾巴"进行了清理。同时,数字化城管系统建设和应用取得实质进展,已完成市级中心平台及8个区级平台的建设,覆盖全市建成区259平方公里范围,实现了市区联网运行,提高了城市管理工作效率,初步形成了全域全时精细化管理机制。

(吕岩 赵萍萍)

【村镇建设】 2011年,沈阳市城乡建设委员会加快村镇基础设施建设步伐,加强农村垃圾无害化处理设施建设,在一市三县建设了4座农村生活垃圾处理场、32座乡镇垃圾中转站、配套建设了4套移动式垃圾渗滤液处理设施,为43个乡镇和105个试点村庄配备了垃圾收运机械设备,农村垃圾无害化处理能力达到1925吨/日,占生活垃圾产量的84%,30%以上村庄基本具备了垃圾收、运管理能力;蒲河沿线6个村庄整体改造试点进展迅速;完成农村公路新建、改造500余公里;启动实施了5个中心镇道路、排水、路灯等基础设施建设项目;农村饮水安全工程加快实施;完成了323座村级居民休闲文化广场建设任务。

1. 开展重点村镇环境基础设施建设。一是蒲河沿线村庄整体改造。蒲河沿线村庄整体改造试点是蒲河生态廊道建设的工作任务之一,由相关区县具体组织实施。新民市后大河泡村农民新村新建的8栋住宅楼主体工程竣工,东升堡村开展新村规划设计等前期工作;辽中县年家屯村新村配套设施改造提升工程全部完成,郭家窑村开展招商准备工作;于洪区郭大桥村完成拆迁工作,集体村完成项目规划设计和拆迁摸底工作,计划拆迁完成后启动6万平方米农民安置住宅建设。二是中心镇建设。启动实施了5个中心镇基础设施建设项目。完成了前当堡镇明渠改造和污水截流工程,辽中县茨榆坨镇西环路排水工程,法库县秀水河镇镇内道路排水工程和沈北新区兴隆台镇兴学路道路工程。三是村级广场建设。配合市委组织部和相关区、县(市)在全市五区和一市三县共完成了323座村级广场建设任务。

2. 组织推进城镇化工作。成立沈阳市城镇化工作领导小组,领导小组办公室设在市建委。制订下发《沈阳市推进城镇化工作方案》,开展了全市城镇化基本情况和基础数据摸底调查,组织编制了《沈阳市推进城镇化实施规划(2011-2015年)》,在全市选取了16个城镇化工作重点城镇,编制了《城镇化实施规划》，组织召开沈阳市推进城镇化工作会议。2011年，沈阳市城镇化水平达到79%，较上年增长2个百分点，超额完成省下达的较上年增长1.5个百分点的绩效考评任务。共完成城中村、城边村拆迁5.42万户，全市、县(市)区新增绿地面积4.54平方公里，城区集中供热率达到91.2%，农村生活垃圾处理能力提高到84%。

(吕岩　赵萍萍)

【金廊建设】 2011年，沈阳市城乡建设委员会重点推进机场路浑南三环交界处至北陵公园正门即金廊核心区段的重点在建项目。该区段全长约15公里，涉及浑南新区、和平区、沈河区、皇姑区4个区(开发区)，共有临街重点在建项目29个，占地面积233.3万平方米，建筑面积1584.5万平方米，投资总额约1112.9亿元，其中，外资876亿元，占78.7%。金廊核心区段29个重点项目中，SR新城、东北大厦、东北传媒等8个项目竣工或基本完工；华润万象城、茂业百货、华润大厦等项目单体交付使用或开业运营；华府新天地等21个项目在建。号称“金廊线”的地铁二号线于2011年底开通试运行，在方便市民出行的同时，极大地集聚了人气，给金廊项目带来了商机。在此基础上，抓好金廊沿线和区域的市政基础设施配套建设。营盘、怀远、花园、展览4个变电所在建；热力配套划分南北供热区域，由惠天热电和新北热电从“源”到“网”、由“外”至“内”负责建设和保障；给水、排水、燃气等配套着手制定规划和实施方案，满足金廊项目建设的市政基础设施配套需求。

(吕岩　赵萍萍)

【十二运比赛场馆建设】 2011年，“十二运”各类场馆建设全面启动，涉及新建场馆18个、改造场馆22个。沈阳航空航天大学体育馆竣工，辽宁大学体育馆、柏叶基地射击馆、射箭场、自行车馆等4个项目基本完工，沈阳农业大学体育馆等6个项目开工建设，市级全民健身中心项目完成基础工程，8个区级全民健身中心项目陆续开工建设，全民健身带建设进行设备和器材安装。全运村规划用地面积90.8万平方米，建筑面积82.2万平方米，包括运动员村等10项建设工程全面展开，2011年完成总建设任务的30%。

(吕岩　赵萍萍)

城乡规划

【规划编制和管理】 随着一个个规划成果的编制完成，沈阳市的规划体系的逐渐完善，为进一步做大、做优、做强城市发展空间奠定了坚实的基础，为城市建设发展指明了方向。

1. 编制完成一批重点专项规划。编制完成了《沈阳城市总体规划纲要(2011—2020年)》、《沈阳市综合交通规划》、《土地利用总体规划》编制取得新进展。全年组织编制完成了《沈抚新城连接带总体规划深化与完善》、《金廊沿线景观、交通、市政设施规划》、《北站综合交通枢纽规划》、《城市出口路地区综合改造规划》、《一、二、三、四环之间联络通道规划》、《沈阳市派出所布局规划》、《沈阳市加油加气站布局规划》等专项规划10余项，有力推进了民生工程建设，为全运会顺利召开提供技术保障。《沈阳市历史文化名城保护与复兴规划》、《沈阳市地下空间利用开发规划》、《康平卧龙湖地区保护规划》、《东北部、北部绿楔调整规划》、《沈阳市城市中小学布局规划》、《沈阳市城市学前教育设施布局规划》等专项规划正在完善。

2. 土地利用总体规划编制完成国家部委意见修改工作。针对国务院发改委、林业部、交通部等10部委意见完成了规划成果修改工作，正在履行上报国务院报批程序。

3. 规划的规范管理立法体系取得了新成效。《沈阳市城乡规划委员会章程》正式实施。《沈阳市规划条例》已经市人大审查，省人大批准实施。

4. 规划审批管理不断加强。全年共核发建筑扩初审定140余件，核发《建设项目选址意见书》47件，《建设用地规划许可证》95件，《建设工程规划许可证》(包括变更)160余件。完成《市政工程规划设计方案审定》247件，《建设工程规划许可证(市政)》335件，市政工程《建设项目选址意见书》29件，市政工程《建设用地规划许可证》8件。

东塔机场的北侧净空区基本上放开，金廊核心段的重点项目超高建筑基本上全部获批，破解了金廊建设的瓶颈。出台了《沈阳市建筑物配建停车设施设置标准规定》、《沈阳市酒店式公寓规划审批管理规定》等相关规划审批管理规章制度，实现用规章、制度约束审批行为。

(刘　洋)

【城市规划展示馆】 2011年，沈阳市城市规划展示馆不断升级改造。展陈改造方面，完成对总体规划、沈阳经济区、行政区域规划、环境样板城、塔城、安多等展区的内容更新；增加世界之窗和沈阳友好城市展示内容，增加文化产业及设施展区；完成交通体验舱、基础设施展区、多点触摸桌、交通时政交互式展台、未来城市生活体验区和数字沈阳的改造方案。影片改造方面，完成对4D影院、数字沙盘影院、180度弧幕影院中影片的升级改造，修正失效数据，提升了影片的播放效果，增加大浑南相关内容。展示馆总接待量突破18万人次，其中接待国际政要、国家、省市以及国内外各行业重要团体2100余个。晚场展示接待量突破1.2万人次，受到广大市民的一致好评。

(刘　洋)

【东塔机场搬迁】 为加快实施空军东塔机场搬迁，军地双方成立空军东塔机场搬迁工作领导小组，并进行了工作对接。7月20日，沈阳市人民政府与空军工程设计研究局签订新机场选址技术服务合同[机场迁建工程选址、预可行性研究、可行性研究(含空域分析、飞行程序设计)]。空军工程设计研究局两次来沈对新机场选址区域进行了实地踏勘，并根据新机场选址相关资料、技术要求、空域分析及地面等情况，最终推荐新民市西高台子地区、秦家房地区为新机场选址区域，法库县登仕堡地区为备选区域，沈阳军区空军原则同意空军工程设计研究局选址意见。现空军工程设计研究局形成了《空军东塔机场迁建工程选址报告》。

(刘　洋)

【测绘勘察管理】 2011年，沈阳市规划和国土资源管理局加强了城市测量、基础测绘工作。有针对性地加大对基础测绘工作人力、财力和物力的投入，完善各种比例尺数字化地形图的修测更新工作，提高了地图的现势性，全市的基础地理信息数据得到了及时的更新和维护，保证了政府和建设单位的需要。

岩土工程业务取得较好成效。完成沈阳二环快速路改造项目、一环路高架桥勘察、沈吉铁路立交桥、长安桥水上勘察等勘察工作。全年共提交报告145份，完成岩土工程勘察项目116项，钻孔数2919个，总进尺6.44千米；地质灾害（压覆）评估17项；完成桩基检测2项，静载试验5组，低应变试验105根；完成地质灾害防治规划编制4项；完成土地预审报批项目1件。

数字沈阳地理空间框架项目建设启动。该项目建成后，其详细、精确、权威、科学地理空间数据平台，将为政府在城建工作、重大事件应急处理、城市公共管理、公共服务方面提供决策支持。

完善地理信息数据库建设。在广泛运用“3S”技术，开发和应用“4D”产品，地理信息中心不断完善现有产品，开发新产品。沈阳市基础地理信息平台持续升级，开发沈阳市城镇土地使用税地理信息管理系统、部件内业处理程序等，扩大地理信息系统社会共享应用平台。同时引入三维建模技术，拟推出可视性强、可量算、具有演示等功能的三维地图产品。GPS连续运行参考站系统运行良好，该系统实现了沈阳市现代化、高精度、高动态、统一的测绘基准，实时向用户提供标准的数据，可满足城市规划、国土测绘、地籍管理、城乡建设、环境监测、防灾减灾、交通监控等多种现代信息化管理的社会需求。

（刘　洋）

【用地审批】 2011年，沈阳市规划和国土资源管理局争取新增建设用地指标42.14平方公里，保证了全运会场馆及配套工程、高力汽车博览城、通用北盛汽车（二期）、沈北手机园、浑南大学科技城等一大批重点项目用地。

同时，在国土部、交通部、辽宁省国土厅、辽宁省交通厅的特殊支持和帮助下，沈阳市四环路用地指标11平方公里已经单独列入国家计划。土地指标获得二次报批，共获批指标9.63平方公里。

制定并下发了《沈阳市城乡建设用地增减挂钩试点和农村土地整治清理检查工作方案》。对2009年以来全市城乡建设用地增减挂钩进行全面清理检查，同时，积极组织在挂钩工作开展较好的新民市大民屯镇方巾牛村召开挂钩工作现场会，增减挂钩经验在全市范围内推广。申报增减挂钩项目39项，获辽宁省国土厅批准8.57平方公里周转指标。

编制完成了《沈阳市2011年度国有建设用地使用权供应计划》。组织开展了全市新增建设用地批后供应利用专项清理工作。制定并以市政府办公厅名义印发了《关于开展城市建设用地批后供应专项治理工作的实施方案》，清理出土地25宗，对234公顷闲置土地也分类依法进行了处置。

“三类”用地普查和“三旧”建设用地调查取得实效。制订了《关于开展全市废弃地低效利用地和未利用地普查工作方案》，并初步普查出“三类”用地共计193.8平方公里，沈北新区和经济技术开发区荣获国家节约集约用地模范县（市）称号。沈阳市被国土资源部授予“双保工程”行动模范城市。

（刘　洋）

【土地调查成果通过验收】 2011年，沈阳市规划和国土资源管理局圆满完成了市县两级各项调查任务，于8月10日以优异成绩通过辽宁省验收，调查成果居省内领先水平。全市共形成了市县两级文字成果、数据成果、图件成果、数据库成果、专项核查成果等23类共534项，其中15个县（市）区（开发区）共形成县级调查成果7类442项，市级成果16类92项。

通过调查，查清了全市土地资源类型、数量、分布和权属状况，对土地利用分布特征、结构特点、变化规律、利用方向等，进行了科学的分析与评价，建立了市县两级数据库及管理系统。

（刘　洋）

【土地市场建设】 2011年，沈阳市规划和国土资源管理局签订协议地块115宗，面积1369公顷，投入土地储备资金296.8亿元。

在房地产调控日趋严紧，土地出让量大幅减少的情况下，提高单位面积土地收益率，保持了土地综合收益的稳步增长，全市净地出让面积3183.31公顷，同比增长83.7%，在全国主要城市中列第二位。土地成交总价款575.54亿元，同比增长116.7%。实现土地出让收益308.55亿元，同比增长110%。市本级实现土地综合收益86.02亿元，同比增长5%，其中土地出让收益70.07亿元，同比增长7.16%，存量补办收益2.44亿元，收缴配套费13.51亿元，同比增长12.5%。

（刘　洋）

【土地资源保护】 2011年，沈阳市规划和国土资源管理局共核发国有土地使用证162本，发证面积756.4万平方米。共办理抵押登记184件，抵押注销登记80件，涉及贷款融资总额426亿元。

顺利通过国务院、辽宁省政府对沈阳市2006－2010年度耕地保护责任目标履行情况考核。设立基本农田保护标志牌178块，同时保留原有标志牌129块，全市共有基本农田保护标志牌307块。

完成耕地开垦任务30平方公里，验收占补平衡项目38个，新增耕地面积2356公顷。利用2007年度有偿费实施项目共20个，已验收8个。2008年度国家、省级有偿费项目共10个，已通过市财政局的资金审核。

顺利完成2010年度土地矿产卫片执法检查工作。2010年度违法用地图斑1811个，涉及宗地数668宗，面积为3587.79公顷，耕地面积2179.95公顷。经核查，其中合法用地474宗，违法用地57宗，实地伪变化135宗，临时用地2宗。违法占用耕地占新增建设用地占用耕地的比例为1.0%。57宗违法用地已全部立案并结案，共处罚没款636万元，拆除建筑物7.50万平方米，没收建筑物1.70万平方米；其中移送公安机关追究刑事责任1人，移交监察机关提出党政纪处分建议8人，申请法院强制执行45件。顺利通过了国土部验收。

现场核实矿产卫片图斑点16个，确属违法2个。违法的2个图斑均已立案查处并结案，共收缴罚没款8万元。

（刘　洋）

【矿产资源管理】 全年市本级有偿处置矿业权7件，仅与沈阳煤业签订采矿权出让合同成交价款就达到4.86亿元，按分成比例，缴入市财政1.94亿元，沈阳市征收采矿权价款首次突破亿元。开展了矿山安全生产隐患排查治理,制订了《集中开展矿山安全生产隐患排查治理严厉打击矿产资源违法行为工作方案》,编制了《沈阳市2011年度地质灾害防治方案》,做好了全市汛期地质灾害防治的各项准备工作。同时,加大矿山地质环境保护与治理恢复保证金制度实施力度,全年市级收取矿山地质环境保护与治理恢复保证金5517万元,保证金收缴取得新突破。

(刘　洋)

城市管理

【迎全运、创一流】　2011年,沈阳市城市建设管理局紧紧围绕“抓环境促提升”新一轮环境建设和“便民、整洁、特色、文化”的工作理念,全系统开展了“迎全运、创一流”工作。市、区两级都建立了主要领导亲自抓、主管领导具体抓、全员参与的组织领导体系,设立了办公室,负责协调和组织工作。建立实施了周例会、月调度、专报交流、督查督办等工作制度,编制了《创一流工作方案汇编》和《月工作任务分解表》,保证了“迎全运、创一流”各项工作进展有序。全年,共组织各行业部门、各区局、局属各单位等3个层面召开专题工作调度会议6次,组织创一流亮点工作推广现场会2次,组织各行业、各区局专兼职联络员周例会10次。加强市、区两级的信息沟通,积极向市委督查室、市硬环境建设推进组报送信息14篇,接收区局报送信息31篇。同时,编制发行内部专报9期。充分利用报纸、电视、电台、网络等媒体陆续发表城市建设管理的稿件累计362篇。其中,头版报道38篇,专栏稿件55篇,系列报道11篇。与《沈阳日报》、《沈阳晚报》合作开辟了“搞好城建迎全运、打造品牌创一流”专栏,共计发稿13篇。

提升一流管理水平。市政设施管理完成了6条道路大修工程和13座桥梁改造工程。园林绿化管理完成了25条重点街路绿化全覆盖、146块城区重点绿地景观提升等,完成投资1942万元。完成了市属北陵、东陵、南湖、科普等4座公园以及运河沿线的夏芳园、和睦园、枫露园、黎明园等4个游园提升改造工程的设计方案、立项、环评、招标等前期准备工作。市容景观管理对南五马路、文化路开展了标准化景观示范路建设。环境卫生管理在街路规范化、标准化保洁作业基础上,加强了22条重点街路平面、立面一体化保洁作业。

打造一流建设项目。市城市建设管理局承担了东一环和二环快速路改造、新立堡跨浑河桥建设等全市重点项目建设任务。东一环快速路改造工程完成了黑龙江街至联合路段高架桥499根桩基础、80座承台及80个桥墩施工。二环快速路改造工程完成了新立堡立交桥至黄河大街段高架桥2007根桩、340座承台及340个桥墩施工,以及南环5处人行地下通道工程、天坛一街及和平大街立交桥箱涵顶进工程、大堤路立交桥桩基础工程。新立堡跨浑河桥工程完成了回填土方筑岛围堰、主引桥桩基础160根,已建成浑河北岸、南岸钢筋加工场地。黄河大街北出口综合改造公铁桥工程完成了公铁桥便线便桥施工。

创新一流管理体制。整合市城市建设管理局局属市政设施、园林绿化等行业现有资源,全面提升城市管理综合监督、应急保障、综合考评工作,将应急性、突击整治转变为常态化、长效化管理,实现了单一行业监管到综合性监管。

推进一流精品管理。全面推行了“五横五纵”精品街路建设,并召开现场观摩会在全市范围内推广。

加强综合考核力度。成立综合考核组,采取行业杯赛、日常考核和创一流工作相结合的方式,对各区市政设施、园林绿化、市容景观、环境卫生等工作进行综合考核。考核结果由各区互检、台账记录、随机抽查、社会监督员检查、媒体正面负面报道、领导指示落实等方面的综合评价,按得分高低对各区进行奖惩,有效调动了各区的工作积极性。

(王　东)

【精品街路建设】　2011年,沈阳市城市建设管理局会同市城市管理行政执法局、交通局、公安局交警支队、民政局、路灯局等沿街公共设施权属单位,以“便民、整洁、特色、文化”为理念,率先在和平区文化路、南五马路开展了精品街路示范路段的建设工作。

市政设施方面。共整修文化路、南五马路、大西路、南顺城路、玉屏路、陵东街以及胜利大街等7条干道,总长度13.1公里、道路面积54.18万平方米,工程总投资9759万元。其中,南五马路、文化路作为首批示范街路。这次整修有七个特点,一是道路盖被增厚2厘米,延长了路面的使用寿命。二是人行道由普通荷兰砖改为花岗岩火烧板,不仅增加了强度和耐久性,还提高了档次。三是快车道两侧增设了侧平石,利于排水且路边不易破损。四是对道路两侧雨水收水口全部进行了更新。五是建筑物门前改为铺设黑色路面,不仅解决了停车问题。还解决了方砖路面经常停车易破损的问题;六是对旧边石进行调换和打磨再利用,节约了建设资金。七是对绿化带及树池进行了围挡装饰。

园林绿化方面。市城市建设管理局组织和平区城管局以文化路、南五马路为切入点,率先实施了景墙、护栏工程。通过精心设计,结合文化路、南五马路的特点,因地制宜地在街边绿地、行道树池、环岛绿地通过砌筑景墙、安装小护栏等形式,提高标准化街路绿化景观效果。和平区在南五马路、文化路、市府大路、和平北大街、民主路、十一纬路共安装护栏2.3万延长米。同时,和平区、沈河区、大东区、皇姑区、于洪区及铁西区主要街路及街路节点绿地景墙、护栏工程进展迅速,已砌筑景墙4.7万延长米,安装护栏6.6万延长米。

市容景观方面。一是牌匾标识整理工程。对示范路沿线超高超大、设置档次低劣、陈旧破损等不符合规划要求的34幢建筑物的227块、4166平方米牌匾进行了拆除,重新规划设置了规格、材质统一、具有亮化效果的高档次牌匾194块、2438平方米,并将临街店铺门面卷帘门结构设置于牌匾后面进行隐蔽处理。根据路段、建筑物特点,不同建筑采取不同颜色的底板,店铺间采取白钢方管予以间隔,整体提升沿街牌匾标识可视度和美观度。二是建筑立面美化工程。重点对示范路沿线的东北建筑设计院宿舍等15栋外观陈旧的建筑物进行外墙粉饰,特别是对居民楼一层开网点的楼体，统一将店铺两侧陈旧破损、不规范的各类外墙装饰全部拆除后，尽可能使用原来墙面色彩重新进行粉饰，达到沿街建筑色彩杂而不乱、多而有序的整体效果。三是招贴喷涂净化工程。对示范路两侧未重新粉饰的建(构)筑物、公共设施及地面上招贴喷涂进行清理覆盖，达到街路两侧无招贴喷涂、原色覆盖的标准。四是建筑立面整治工程。重点对临街店铺门面乱贴乱挂、乱悬乱挂和堆放、吊挂有碍市容观瞻物品等现象进行全面整治，拆除未经批准擅自设置的违规户外广告设施30处；对街边小商小贩进行整治和管理，做到沿街建筑立面整洁，进一步提升道路视觉和景观效果。五是街设公共设施提升工程。市城市建设管理局根据街路及弃管小区周边环境，分别设置5种不同形式的便民信息栏，方便了市民发布便民信息，市路灯局对全线239杆路灯杆及箱变等电力设施进行油饰美化；市民政局重新规划设置了20杆单立柱设置形式的地名牌，取代了原有的广告灯箱形式；市交通局对候车廊进行了多次修改设计，增加了适用功能，减少了广告占用量；市公安局交警支队按照市城市建设管理局的规划意见，对出租车乘降站进行重新调整。经过改造提升，各类新设置的街设家具全部采用了国内最新样式，应用了不锈钢静电喷塑、铝板反光膜、LED电光源等材质制作，充分体现简洁、现代、安全、大气的特点，充分体现了多元化且具有文化内涵的街路特色。

环境卫生方面。南五马路、文化路作为景观示范街路，总清扫保洁面积31.87万平方米、机扫面积19.08万平方米，配备了大型机扫车4台、洗地车2台、垃圾收集车5辆、保洁员38人。为保证该路段保洁质量，实行了每日机械化清扫、辅助机械化巡回保洁和人工保洁的作业模式，并每周进行一次刷洗地面作业。其中，机械化作业每日晚22时至次日早5时对路面进行机械化清扫、早9时至16时进行不间断巡回保洁，4至10月每日洒水降尘3次；人工作业每班次8000平方米/人，实行14小时清扫，保洁1.5班工作制，每日至6:30时，对人行道及街路机械化清扫车清扫盲区进行清扫，对草坪、绿地、隔离带进行清理，对街路两侧摆放果皮箱进行清理、擦洗，早9时至晚21时，进行不间断保洁。同时，投资13万元在南五马路和文化路设置了90个果皮箱，使该路段的环境卫生设施达到了国家部颁标准。作为沈阳市专业化除雪街路，配备了6台推雪机械，降雪期间将采取机械除雪和人工辅助除雪的作业方式，确保达到“雪停路畅”的除雪目标。

10月23日，由市城市建设管理局牵头组织召开全市标准化街路建设现场会，提出了打造全市“五横五纵”精品街路建设的工作目标，“五横”即：文化路(南五马路)、十一纬路(大西路、沈洲路、南顺城路)、市府大路(北顺城路、津桥路)、北站路、崇山路(北京街、北陵大街)；“五纵”即：青年大街(北京街、北陵大街)、黄河大街(南京街)、胜利大街、和平大街、五爱街(风雨坛街、西顺城街、广宜街、小北关街、望花南街)。

(王　东)

【“一站式”综合监管】 2011年11月16日，沈阳市城市建设管理局在局院内广场举行了沈阳市城市管理综合监管工作启动仪式。启动仪式由市城市建设管理局局长于振明主持。市委常委、副市长邢凯出席启动仪式并作重要讲话。参加仪式的领导视察了综合监管队伍并向和平区、沈河区、铁西区、皇姑区、大东区、东陵区(浑南)、于洪区等7个城区城市管理综合监管中心授旗。

“一站式”综合监管工作的启动，是为了全面提高城市管理效能，加快城市管理“精细化、规范化、长效化”进程，建立“全面覆盖、无缝衔接”的城市管理体系，实现城市管理效能最大化的工作目标，尽快使沈阳市城市管理工作达到全国一流水平。新成立的7个城区城市管理综合监管中心，是对城市管理出现的各类问题进行监察与管理的责任部门，主要负责对市容市貌、环境卫生、市政设施、绿化美化等城市管理工作的落实情况进行“一站式”综合监管，“属地管理为主体、行业权属部门主责、业务部门指导、监管中心综合监管”的城市管理运行机制的建设，促进责任单位及时解决问题，增强相关责任部门的主动性，解决城市管理部门之间条块分割、各自为政、互相推诿等问题，进而提高城市管理各类问题的处置效率。

(姜海涛)

【应急管理】 2011年，沈阳市城市建设管理局指挥中心每天坚持应急值守呼叫点名，使用数字集群电话对局属市政、绿化、市容、环卫监管单位和维修养护单位进行呼叫点名，保证通讯畅通。组织实施综合监管，成立了7个城区城市管理综合监管中心，开展全方位“一站式”的综合监管，真正实现网格化的精细管理。加强特殊时期强化应急值守工作，在重大节日前，专门下发通知，加强值班值宿工作。组织相关部门开展专项检查，妥善处理了各类突发问题103件。结合反恐防范及安全保卫工作，充实应急值守内容，确保关键时段不发生敏感事件。

完善应急组织体系和预案体系。加强应急管理机构建设。重新梳理城市建设管理系统应急管理组织指挥体系，基层单位应急管理机构、人员得到有效落实。应急管理有人抓、有人管并完善各类应急预案。修订了《沈阳市城市建设管理系统突发事件应急预案》，增加了市政桥梁突发事件的相关内容。在处置文化路立交桥挡土墙倾斜、工农路桥下火灾等突发问题过程中，新预案发挥了积极作用。

坚持监测预警和风险隐患排查。完善预警机制，在城市防汛、除雪工作中，主汛期前和冬季做好降雨、降雪趋势分析，提早做好防范准备。把预警信息和防御要求及时通过新闻媒体进行公开发布。健全隐患排查制度，针对地铁施工沿线路面塌陷等问题，要求施工单位开展风险隐患排查，掌握隐患的种类、数量和状况，督促相关单位及时采取处置措施，排除隐患。

应急演练、提高应急保障能力。按照各行业主管部门提报的预案演练计划，市城市建设管理局所属各单位采取多种形式进行模拟或实战演练。市城市建设管理局应急管理办公室对各单位应急演练工作进行指导，评估演练效果，针对演习中暴露出的问题，采取有效措施，切实提高应急保障能力。

(姜海涛)

【综合保障】 2011年，沈阳市城市建设管理局共完成各类政务活动环境综合保障指挥、调度99次。在重大活动前期，制订政务活动市容环境综合保障专项工作方案,遇有重要政务活动组织召开调度会,领导带队进行集中巡线,对存在问题登记造册,跟踪整改落实,逐个销号,圆满完成了保障任务。特别是针对外国政要、国家各部委领导、外省市代表团来沈阳市参加会议、考察及省市领导在沈阳市举办的各式政务等活动,对行车线路、重点部位进行了综合环境保障的指挥调度。同时,还完成了应急指挥中心的改造升级工作,指挥、调度、协调硬实力得到了提升。

(姜海涛)

【行政审批】 沈阳市城市建设管理局行政审批办公室严格规范审批,主动服务,建立和完善了领导带班坐班、首问负责、日办结检查、周例会、以及意见征询等项工作制度,确保各项工作规范化运行。认真梳理行政权力,简化运行程序,最大限度地删减影响办事效率的审批要件,提高审批效能。原来规定3个工作日的审批事项,缩短为即办;原来规定15个工作日的审批事项,缩短为1个工作日。公开了市城市建设管理局服务热线"96766"和审批办负责人手机号码,24小时接受咨询、监督和投诉,2011年共受理各类诉求4.8万件。编制了行政审批法规汇编,方便办事人员查阅。对大项目审批踏勘等现场服务,实行免登记电话预约,拓展服务内容。开展"一句话、一杯水、一件事"活动。抓好"四必"落实工作,即:"有问必答、有求必应、有事必办、有诉必复",热情为市民服务。

(姜海涛)

【《市容和环卫管理条例》报批】 《沈阳市城市市容和环境卫生管理条例》由沈阳市人大常委会于2011年9月1日修订,经辽宁省人大常委会于2011年9月29日批准,自2012年1月1日起施行。

原《条例》是于2005年1月1日起施行的地方性法规。实施以来,对规范沈阳市城市市容和环境卫生的管理发挥了积极作用。但是经过多年来的实践和情况的不断变化,沈阳市在城市市容和环境卫生管理中还存在着一些需要依法解决的问题:一是对建筑物、构筑物的容貌缺乏具体的标准规定,需要补充。二是城市道路及其设施的容貌标准未达到现有国家规定,需要调整。三是从事经营性生活卫生作业的服务企业未经许可从事卫生作业,其资质达不到国家规定标准,应当强化。四是新建、扩建的环卫设施未经环境卫生行政主管部门组织验收就交付使用,导致不合格设施投入使用,需要法规规定。五是环卫设施城市建设和改造中缺乏保障,几年来不增反减。此外,2013年全运会将在沈阳市召开,为迎接"十二运",沈阳应以最佳的城市环境迎接各方宾客,需要通过更加严格的地方性法规来规范市容环境管理工作,全面提升城市市容和环境卫生水平,修订《条例》是十分必要的。

为了做好《条例》的修改工作,市城市建设管理局、市人大法制委员会分别以书面形式征求了市政府有关部门、各区、县(市)人大常委会、常委会立法顾问和立法顾问单位的意见。市人大法制委员会还召开座谈会,分别听取了市城市建设管理局、城市管理行政执法局的意见,并听取了辽宁省人大法制委员会的指导意见。

新修订的《条例》共6章75条。主要依据国务院《城市市容和环境卫生管理条例》修改的条款,并从沈阳市现阶段城市市容和环境卫生管理的实际出发,借鉴同类城市管理的经验,为适应举办十二运的高标准、严要求,做了必要的修改。删除的条款,主要是相关法律法规已有具体规定,或是属于行政机关内部工作规范的内容。

(关 颖)

市政建设

【概况】 2011年,沈阳市共完成道路维修108万平方米,人行道维护40万平方米,调补边石269公里,灌缝28.7公里。加大排水设施改造和井盖监管,保证了城市安全度汛。排水设施维修共清扫管渠1900公里,处理水患620处。桥梁设施维修524座次,桥梁水洗86.6万平方米,桥梁粉饰8.5万平方米,桥面维修2.2万平方米。

(杨 萍)

【市政设施维护管理】 沈阳市城市建设管理局制定并下发了《2011年市政设施维护及建设管理实施方案》,于4月6日、9月20日分别召开市政行业春季、秋季集中维护工作会议,安排部署维护工作。根据沈阳市季节特点,积极组织市区道路维护部门,分阶段地开展了冬季设施抢修、春季集中维护、夏季跟踪维护及秋季预防性维护工作。同时根据沈阳市道路设施存在的集中问题,组织开展了人行道专项整治及裸露地面综合治理,有效保证了市政设施的完好水平。开展了市政设施建设与管理"争创一流"工作。一是以精致管理、精心养护为原则,全力打造城市道路三要、三无。"三要"即:面要平、坡要顺、沿要齐,"三无"即:无坑洼、无破损、无沉陷及城市桥梁完好、安全、美观的工作目标。对城市道路养护实行了分级管理,即:快速路、主干路实行一级精细管理,次干路实行二级标准管理,支路及街巷路实行达标管理,落实巡视管理责任及维护管理责任,明确维护时限及维护标准,确保一级管理综合完好率达到98%;二级管理综合完好率达到97%;三级管理综合完好率达到95%。二是狠抓桥梁安全管理。制定《沈阳市城市桥梁桥下空间使用管理规定》,对桥下占用情况进行排查,并会同相关部门对桥下占用进行清理、整治和规范。桥梁检测依据国家规范,要求制定桥梁检测计划,按计划完成140座桥梁的检测,并完成检测报告的编制及桥梁档案的更新,全面掌握桥梁运行状况,确保安全运行。三是规范挖掘管理。全面规范挖掘现场的文明施工管理、管沟回填及路面恢复质量管理、道路恢复时限管理,确保挖掘现场标准有序,道路恢复高质及时。重新制定、修订并下发了《沈阳市城市道路挖掘管理规定》、《沈阳市城市道路挖掘及恢复技术规定》、《沈阳市市政工程施工过程质量检测管理细则》、《沈阳市市政工程材料使用登记备案管理细则》、《沈阳市市政工程施工作业现场文明施工及安全围挡设置管理暂行规定》、《沈阳市城市桥梁桥下空间使用管理规定》等市政行业相关标准、规定。四是完成沈阳市人大、政协代表走访。完成13件人大、政协代表提案回复走访工作;完成省市民心网、民生微博、市政行风热线等投诉案件共计1500件,五星率达90%以上。五是组织市城市建设管理局所属的市政院、市管处等施工单位,完成桥梁防撞墙防腐试验段建设。六是现场协调处理胜利大街延长线新加坡城南侧小路破损、大东区圣淘沙小区和彤利紫竹茗郡小区之间道路破损等问题8件。七是完成春运及政务活动道路设施保障工作。

（杨 萍）

【城市防汛】 2011年的气象意义上的汛期于6月26日开始至8月23日结束,共持续59天,较常年少2天。进入汛期以来,沈阳市城区共降雨24次,城区接连遭遇8次强降雨过程,其中:6月26日降雨15.6毫米,7月20日降雨50.2毫米,7月25日降雨28.4毫米,7月30日降雨20毫米,8月8日降雨35.7毫米,8月15日降雨12.4毫米,8月21日降水11.3毫米,8月27日降水64.4毫米。市城市建设管理局城市防汛指挥部共发布防汛预警令6次,其中2级4次、3级2次,下发(转发)防汛文件10件。沈阳市党政主要领导对防汛工作作重要指示,市委常委、副市长、市城防总指挥邢凯先后5次到城防指挥部指挥调度。8月7日,第9号强热带风暴"梅花"携强风暴雨逼近沈阳,市委常委、副市长、市城防总指挥邢凯召开防汛指挥调度会,明确分工,落实责任,会商雨情,部署调度。各城防单位按要求集中时间、集中力量积极响应,采取一切有效措施,提前做好防内涝、防大风等防御准备。强台风至8月9日结束,完成了抵御台风的工作。

为保障城市运行和人民群众生命财产的安全,市城防办认真贯彻落实省、市防汛会议精神和市委、市政府对城市防汛的要求,坚持以人为本,把保障人民生命安全放在首位,坚持"安全第一、常备不懈、预防为主、全力抢险"的方针,未雨绸缪,审时度势,结合城市防汛涉及的范围广、部门多、专业性强的实际,研究制定防汛方案和预案,并组织开展汛前检查、防汛应急演练、处理防洪排涝设施隐患、提前做好城市防汛各项准备。5月20日召开城市防汛工作会议,制订了《2011年沈阳市城市防汛工作方案》和《2011年城市灾害性天气防汛抢险工作预案》,明确城市防汛工作目标、工作任务和责任分工。组织开展对各成员单位的城防办主任暨防汛业务培训班,提高专业人员技术水平。为保证城市排水设施在汛期能够充分发挥作用,从3月初开始,协调沈阳水务集团和各区城管局开展了城市排水管渠疏通和设施维护工作。对低洼易涝地区及易堵塞的排水管渠进行重点清扫疏通,对街路雨水井进行一次全面清掏,汛前完成清扫管渠412公里;开展泵站、闸门等设施设备的维修和泵站集水池的清淤工作,清运出泥量10万立方米;对防汛抢险所需的车辆、机泵、发电机组等进行了检修,保持抢险设备随时处于最佳状态。完善城市防汛指挥系统,做好防汛物资储备。汛前,市城防部门检查并完善了城市防汛指挥系统,及时维护防汛指挥设备,为市区各相关部门添置无线对讲手台19部,确保指挥调度高效灵活。按照属地管理的原则,指导各区、各部门和单位确定了防汛机构、主管领导和责任人,分别组建抢险队伍并储备防汛物资。全市共计储备水泵304台、运输车744台、起重吊车62台、挖掘机54台、发电机组87台套、冲锋舟6艘、移动式泵站车5台、编织袋21万条及铁锹、铁锤、照明灯具等抢险物资和器材。开展防汛演习和防汛安全工作检查。6月28日,市城防指挥部组织各区防汛指挥部,会同公安、地铁、水务集团等成员单位,开展了城区防汛演习,全面检验了市区城防部门的指挥调度、部门联动、应急处置能力,共演习应急排涝、闸门启闭等4项科目,参加演习人员270人、车辆23台。市城防办公室在降雨来临前,协调相关单位加大泵站抽升,城市泵站的前池、排水管渠尽可能低水位运行,全部塌落运河上的橡胶坝,按要求启闭河道的闸门,水库空库运行,降低城市运河水位,发挥排水设施功能。指导各成员单位落实建筑工地、危险房屋、通讯设施等重点部位、重要场所的安全措施。在降雨过程中,还密切关注雨情变化,采用卫星定位、视频监控、电子网络等科技手段,及时发布防汛指令信息,调度各相关单位快速排除积水。

（杨 萍）

【道路整修】 沈阳市城市建设管理局坚持高标准设计、高质量施工,打造精品街路为目标,强化设计、施工及验收管理,建设结构科学可靠耐用,盲道、港湾车站、路口渠化等设施齐全完善的标准化街路。道路整修工程从6月24日开工,到11月5日结束,共完成文化路、南五马路、大西路、陵东街、南顺城路、胜利大街(一标段)、玉屏路等6条道路整修,改造面积58.1万平方米。为保证道路整修质量,采取了一系列措施,包括采用新工艺、新材料、改进设计方案等。在南五马路整修中,按样板路标准组织施工,其施工方法是:一是增加沥青面层厚度,由7厘米增厚为9厘米,提高路面的平整度和耐磨度。二是增设侧平石,提高路面外观形象,增强路面收水功能,便于路面施工。三是人行道改铺火烧板,提高道路等级,增强抗压效果。四是路口渠化,防止转角边石损坏。五是新建港湾车站,满足公交车运行。六是更换树池挡边石,防止泥土进入行车道。七是雨水管采用PVC管,抗腐蚀抗老化。八是设热熔盲道。九是道路两侧划统一停车线,规范道路停车行为。由于南五马路全面实施了有利于提高道路整修质量的措施,工程竣工后,经过检测试验,达到了样板路标准。市人大、市政协、市民代表两次到现场视察,充分肯定了道路整修组织有力,施工办法值得推广。

（杨 萍）

【危旧桥梁改造】 为加强对危旧桥梁的改造,市城市建设管理局成立了桥梁改造工程管理项目部,具体负责施工组织管理。把管理的重点放在保证工期、保证质量、保证安全、保证文明施工上。负责危旧桥梁施工的沈阳市政工程修建公司,指派有较强施工能力的施工队负责施工。针对桥梁出现的病害,采取有针对性的措施实施危旧桥梁改造,于8月10日开工,到11月10日结束。完成新华立交桥、上木场桥、民航北桥、南湖天桥等4座天桥、砂阳地道桥等6座地道桥共计13座桥梁的加固改造。在桥墩和桥面板加固中,使用了碳纤维和新型涂料,保证了加固强度和外观形象,为危旧桥的改造摸索出一套适用的施工方法和施工工艺。

（杨 萍）

【东一环和二环快速路改造工程】　东一环和二环快速路改造工程，是在原路段上建设分段式的高架桥，是2011年迎全运市政建设重点工程，也是近年来建设规模最大、资金投入最多的市政工程项目，分两期组织施工。工期从2011年5月28日起至2012年10月中旬止。总投资32亿元。2011年完成第一期工程，完成投资9.71亿元。改造工程竣工通车后，将大大缓减北部和东部的交通压力，为市民创造更加便捷，畅通的出行环境。

1. 东一环和二环快速路改造主体工程。克服工程量大、交通压力大、施工难度大的难点，创省优质工程。高标准文明施工，抓住工程质量、工程进度、文明施工三大重点。东一环快速路改造第一期工程，长3.3公里。从崇山东路黑龙江街起至北海立交桥止，分为两个标段。一标段从崇山东路黑龙江街起至柳条湖立交桥止，全长2.1公里，由中铁九局施工。二标段从柳条湖立交桥起至北海街吉祥一街止，全长1.1公里，由中铁九局施工。于5月28日开工，到11月15日，集中力量完成了高架桥下部桩基础和墩身施工。

东一环快速路改造第二期工程，延至2012年完成高架桥上部飞燕式连续梁结构施工。高架桥桥面宽23米，设6车道，桥下设8车道。开工时间计划为2012年3月16日，竣工时间为2012年10月中旬。

2. 二环快速路改造第一期工程，总长12.6公里。从新立堡东街起，经高官台街、观泉路、黄河大街止。分7个标段。一、二标段从新立堡立交桥至沈吉铁路线，全长3.4公里，由中铁一局施工；三、四标段从工农路至望花立交桥，全长4.4公里，由中铁八局施工；五、六标段从望花立交桥至黄河大街，全长4.8公里，由沈阳市政集团施工；七标段从沈吉线节点至高官台，由中铁九局施工。于5月28日开工，到11月15日，集中力量完成了高架桥下部桩基础和墩身的施工。

二环快速路改造第二期工程，延至2012年完成高架桥上部飞燕式连续梁结构施工。高架桥桥面宽23.5米，设6车道，桥下设6－8车道。开工时间计划为2012年3月16日，竣工时间为2012年10月中旬。

（杨　萍）

市容环卫

【市容卫生管理】　市容景观管理以实现精细城管为目标，本着统一规划、分级建设、突出重点、以点带面及高起点规划、高标准建设、高水平管理的原则，市、区联动，圆满完成了标准化景观示范路建设、牌匾改造提升建设、夜景灯饰设施整理、招贴喷涂清理整治、户外广告市场化运作及监管等各项市容景观建设、管理工作。按照路面、人行道、沿街绿化、街设家俱和广告牌匾统一规划、同步实施的思路，全面启动了"五横五纵"精品路一体化建设，南五马路、文化路率先改造为全市精品示范路，全面提升了道路视觉和景观效果。

全市推行环卫规范化作业管理，所有街路实行分类保洁作业。按照一、二、三类保洁标准进行。在青年大街等22条一类作业街路开展精品保洁街路创建；在二三环地区的33个棚户区实行了环境卫生一体化保洁作业；在86条街路临街单位实行垃圾定时定点上门收集；在18个城市出口路全部按二类保洁街路标准实行了规范化作业；在全市248个生活垃圾集中倒运点设专人管理，实行规范化运行。全面规范城市垃圾收集人员的作业流程，实行小车倒运、大车转运的收运模式，做到收集、倒运、直运的有效衔接，做到垃圾不落地。开展环境卫生竞赛考核工作，对街道办事处环境卫生实行"十佳十差" 排名和"十佳街道、百优社区"评选活动，在全市的环境卫生保洁员中开展了"星级保洁员"评选活动，评选结果在新闻媒体上进行公布。完成132座环保公厕的采购、安装和投入使用。投入1.2亿元，为全市环卫系统配备多功能除雪车、50推雪机、湿式多功能洗路车、小型扫道车等环卫设施设备385台（个），夯实环卫设施基础。制定印发了《关于规范沈阳市建筑垃圾排放管理的实施意见》，加强对运输车辆管理，提供临时建筑垃圾排放场，成立市、区、街专业清运队伍，明确无主残土和居民装修垃圾的清理责任，解决建筑垃圾、工程残土和居民装修垃圾乱排乱卸问题。

（蓝　飞）

【市容景观建设管理】　市城市建设管理局组织市直部门及各相关单位开展标准化景观示范路建设。其中对南五马路、文化路（文化路立交桥至胜利大街段）开展迎全运创一流标准化景观示范路建设。

组织开展景观化便民信息栏建设。组织各区强化街路两侧各类建（构）筑物、公共设施及道路上各类招贴喷涂的清理整治工作，提高清除及时率，全年累计清理整治各类招贴喷涂143.6万处。同时，按照疏堵结合的原侧，为方便市民发布各类便民信息，在《辽沈晚报》等主流新闻媒体以新闻形式发布了《沈阳市便民信息栏设计方案征集公告》，经组织专家进行评审后，确定5款不同档次景观化便民信息栏样式，并组织市内7区市容管理部门完成1000个景观化便民信息栏设置地点现场勘察及生产、安装工作。

组织开展节日景观建设。一是春节期间，组织市直及各区在金廊沿线、和平大街等街路悬挂灯笼1600盏、亚克力中国结30个，在和平广场、市委绿地等处设置满天星灯饰1万串、大型亮化灯饰树8个、流星雨灯饰500套，在东西快速干道等3处桥体设置"祝沈城人民新春快乐"亮化景观大字，并在金廊沿线设置新春快乐路灯杆旗标360杆。二是"五一"期间组织市直部门首次在金廊沿线设置80个亚克力LED中国结，在北京街至友谊宾馆沿线设置300面国旗，在青年大街沿线设置200面宣传标语。三是"十一"期间在金廊沿线设置了800面国旗，在北陵大街、泰山路、黄河北大街部分路段悬挂LED灯笼及中国结，并对金廊沿线20块绿地进行了景观亮化建设，丰富了全市节日景观效果。

（杜学智）

【户外广告牌匾管理】　2011年，沈阳市城市建设管理局加强户外广告牌管理，特制文牌匾的设置及户外广告的管理。牌匾设置管理。一是督促各区严格按照《沈阳市牌匾标志设置管理规范》进行审批、管理,以亚克力、LED为主要材质,达到牌匾设置规范化、样式多样化、材质高档化。二是加强牌匾的日常巡视监管工作力度,及时发现和解决牌匾破损、亮化牌匾缺字断条等问题,全年累计整改、维修亮化牌匾864块。三是组织和平区、大东区、于洪区开展南马五路、文化路、北顺城路、津桥路、珠林路、大什字街、小什字街、广业西路等8条街路牌匾改造提升工程建设,共改造建设高标准、高档次牌匾2028块。

户外广告管理。一是继续推进户外广告市场化运作工作,开创商家自用类户外广告管理新局面,完成17处楼体广告点位和17处户外电子显示屏点位设置使用权市场化运作,共收缴出让金2144.6万元,上缴市财政1101万元,完成年度任务目标;二是加强对户外广告资源的储备,对中街、太原街、南塔鞋城和陶瓷城等商业区商家自用类户外广告设置情况进行普查,完成《沈阳市户外广告设置专项规划》、《沈阳市商业区户外广告设置专项规划》、《沈阳市户外电子显示屏设置专项规划》等3个户外广告专项规划的制订;三是加大市场化运作户外广告设施监管力度,针对季节性风干物燥、暴雨冰雹等天气,“两节两会”、重要政务保障等进行了55次安全检查,督促各市场化运作点位设置单位对户外广告设施进行安全检测和日常维护;四是加大对违规设置户外广告设施的监管,分5次将违规设置户外广告点位明细函告市执法局要求拆除;五是加强了户外公益性广告宣传管理,完成全市防灾减灾、省党代会等20次公益活动电子显示屏宣传及全民读书月等34次重要大型活动的公益性旗标广告宣传保障任务。

(*杜学智*)

【城市亮化管理】 市城市建设管理局以沈阳市市政府办公厅名义下发了《沈阳市人民政府办公厅关于转发市城建局等部门沈阳市夜景灯饰建设与建筑工程项目建设“三同时”管理规定的通知》(沈政办发[2011]43号),将景观照明建设作为新建建(构)筑物的附属工程纳入正常建管审批流程,做到亮化工程建设与建筑工程项目建设同时设计、同时施工、同时验收,确保金廊沿线整体夜景观亮化效果。高水平编制完成文化路立交桥等18座桥梁的桥体照明设计方案并通过由中国照明学会副秘书长刘世平等7名国内知名亮化专家、学者组成的专家评审会审定;完成抚近门、怀远门、市府大路角楼景观亮化方案设计、预算编制及审定,标志着全市迎“十二运”景观照明建设改造提升工作正式拉开序幕。

在夜景灯饰维护、巡管中,组织市直及各区管理部门对金廊沿线夜景灯饰设施实施整理,保留原有亮化效果、部分设施拆除。对金廊沿线夜景灯饰设施重新进行核查,并完成市政府办公楼等104个点位的维护更新工作,确保金廊沿线整体夜景观效果。强化金廊沿线日常巡视维护,共进行夜间巡视256次,累计维修各类灯具8744盏,确保金廊沿线夜景灯饰设施维修及时率、巡视到位率、设施完好率、整体亮灯率达到98%以上。

(*杜学智*)

【平面立面一体化保洁作业】 2011年,沈阳市城市建设管理局开展了青年大街、北京街、北陵大街、泰山路、黄河大街、市府路、和平大街、津桥路、黄海路、保工北街、北一东路、十一纬路、十三纬路、北海街、崇山路、德增街、南三马路、南京街、卫工街、沈大路、南三经街、浑河大街等22条街路平面立面一体化保洁作业。22条街路上有中心护栏及边栏80公里,候车廊381个,其他立面设施1.47万个。

从3月10日开始,组织一类保洁街路的477名保洁人员,通过配备240套必要的立面清洁工具,先期利用保洁作业空隙,对道路护栏及边栏、隔离锥、候车廊、广告栏,阅报栏、路灯杆、电线杆、邮筒、果皮箱、供水栓、指示牌、电控箱等13大类公用设施进行人工立面保洁。第三季度末完成了7台护栏清洗车、9台高温饱和蒸汽清洗车、35台污渍清洗机的招标采购工作。各区环卫部门成立专门的机械化立面保洁队伍,对街路上的各种沿街立体设施设备2.2米以下部位实行机械擦洗、清除与人工擦洗相结合作业方式,提高立面保洁作业质量和频率。立面保洁作业视天气或设施的污染程度进行每周1-2次立面保洁作业,及时对地面和立面小广告、喷涂、油污进行巡回清除、覆盖和清洗。达到果皮箱清洁无臭味、无满溢,周边无散倒垃圾、积水,沿街无乱张贴、喷涂。地面、立面设施及建筑物随时产生的小广告、喷涂在8小时内清除。同时加强对一体化保洁作业街路的监督考核,以市城市建设管理局的7个城建综合监管中心为主,实行全覆盖的监管考核,根据考核标准实行日检查制度,定期通报检查结果,与以奖代拨资金挂钩。通过立面保洁作业,改变以往多家管理、分类作业、多项标准、无人负责的局面。进行劳动资源整合后,街路整体保洁责任明晰、管理规范,街路的整体形象得到了全面提升。

(*蓝　飞*)

【棚户区保洁作业】 2011年,沈阳市有棚户区38个,其中和平区5个、沈河区2个、大东区7个、皇姑区3个、东陵区(浑南)13个、于洪区8个。市委、市政府提出了“加强对棚户区等薄弱环节的环境卫生整治”工作。从年初开始以“清洁月”活动为契机,组织各区城管局和街道办事处对越冬垃圾,残冰、残雪进行了彻底清理。按照国家有关劳动定额标准,在核查棚户区环卫作业量的基础上,按每5000平方米配备了1名清扫保洁员,每300户配1名垃圾收集员的要求,在38个棚户区配备专门保洁员和垃圾收集员500名。按照三类作业标准实行保洁作业,在主要街路、路口实行不间断保洁。在棚户区定点设置垃圾压缩车,配合棚户区垃圾收集员实行不间断的巡回收集和不间断的集中倒运,做到了棚户区垃圾无散堆、散倒,垃圾容器周边无乱堆乱放等现象,棚户区的环境卫生质量得到改善。

(*蓝　飞*)

【固体废弃物管理所】 2011年,沈阳市有固体废弃物管理所4个,均为沈阳市环境卫生管理处下属单位,均系参照公务员法管理的独立法人单位。按照区划分别负责本区域内固体废弃物排放和收费管理,以及区域内环境卫生的网格化监管巡查工作，及时处理突发环境卫生问题。4个管理所共有管理人员140人，分别将监管区域进行细化，分成6个责任区，每个责任区由3名监管员巡视监管，形成30个监管区域。重点对施工现场、城市垃圾运输车、各种造成污染的工程、居民装修垃圾、冬季除运雪的全方位、全覆盖的监督检查。同时，以所在单位，建立由5人组成的快速反应队伍，日常配备巡视车1台、对讲机1部、铁锹5把、扫帚3把、铲车和运输车各1辆。在接到处理环境卫生问题后，第一时间到达现场，2小时内将问题处理完毕. 全年共处理突发环境卫生问题110个，清理生活垃圾、建筑垃圾350吨。10月，按照沈阳市市政府整合监管资源的要求，对4个固体废弃物管理所与园林、绿化、市政监管中心进行了整合。沈阳市的4个固体废弃物管理所退出沈阳城建的历史舞台。

（蓝　飞）

【垃圾无害化处理】　2011年，沈阳市建成区面积430平方公里，平均日产生活垃圾6262吨。沈阳市建立健全了垃圾集中倒运体系和生活垃圾无害化处理、资源化利用体系，人居环境质量得到提升。沈阳市现有老虎冲和大辛两座生活垃圾场，负责全市生活垃圾的无害化处理，覆盖和平区、沈河区、铁西区、皇姑区、大东区、于洪区、东陵区（浑南新区）、苏家屯区、沈北新区、浦河新城、张士开发区、棋盘山管委会12个区，满足了全市城市生活垃圾无害化处理需要。为打造全国一流的垃圾场，除在规范垃圾场运行管理的同时，委托沈阳市城市环境卫生监测站对处理场的各项运行参数进行监控，确保垃圾场稳定运行，各项参数指标达到国家规定标准。全年共处理无害化生活垃圾210万吨。同时加强垃圾场场区建设，对垃圾场填埋区及时进行覆盖和绿化建设。除上述两座垃圾场外，沈阳市还分别在新民市、辽中县、康平县、法库县建成了生活垃圾卫生填埋场，实现了中心城区和郊县中心区生活垃圾100%无害化处理目标，并逐步向农村地区发展，初步形成全覆盖的生活垃圾处理格局。推进沈阳市生活垃圾资源化处理进程，两座垃圾场分别建成沼气发电项目，已累计上网发电1259万千瓦时。

2011年，沈阳市成为辽宁省首批城镇生活垃圾分类收集和减量化资源化工作试点城市。在此基础上，开展了居民生活垃圾分类试点。初步完成试点的立项和选址，在全市4个行政区的19个街道办事处中的57个社区（涉及5.43万户居民）进行垃圾分类收集试点，在每个小区单元门附近设置1组地埋式分类垃圾桶（可回收、不可回收），在指定地点设置1处有害垃圾收集桶和1处其他装修垃圾收集点。在6个行政区的21条重点街路实行生活垃圾分类试点，在每条重点街路按每50米设置1组分类果皮箱标准摆放果皮箱。在8个住宅小区配置分类垃圾箱、手推车、垃圾房和有机垃圾处理等设备。实行分类试点的同时，对试点居民产生的餐厨垃圾进行有机处理，制造有机肥料，用于小区绿化。现正积极推进南部老虎冲餐厨垃圾处理场和东部赵家沟餐厨垃圾处理场建设，实现沈阳市餐饮企业和企事业单位食堂餐厨垃圾的单独收集、统一运输、集中处理的资源化管理，推进全市生活垃圾的资源化进程。

（蓝　飞）

【除运雪管理】　2011年，沈阳市城市建设管理局坚持“政府组织、分级管理、区域负责、全民参与”的除运雪原则，继续采取社会化、专业化、市场化相结合的除雪方式，将全市的专业化除雪街路增加到170条、桥梁57座（专业化除雪总面积1400万平方米）。严格控制融雪剂的抛洒范围，确定56条主要街路、57座桥梁为允许使用融雪剂范围。融雪剂使用严格实行机械限量抛撒原则，其它专业化除雪街路一律禁止使用融雪剂，全部采取机械推雪、滚刷扫雪及人工清理的组合作业模式。全市创建了五爱街、黑龙江街、西塔街等14条绿色专业除雪精品示范街路，标准达到与56条街路一致的除雪质量和速度。继续深化社会化除运雪的组织动员工作，坚持“以雪为令、雪停即除、门前自扫，以人定量，属地管理、责任到位”的社会除雪原则。为提高社会化除雪参与率，从2011年起对部队、学校、机关及非盈利性事业单位一律不得收取代除费，全部就近就便落实除雪任务。对无除雪能力的企业、经营性事业单位和个体工商户，自愿以费代工的，由区除雪管理部门统一招标确定市场化有偿代除单位，环卫专业队伍不得承担收费雪段的除雪任务。

为全面做好冬季除雪工作，市除雪指挥部结合沈阳市冬季除雪实际情况，制定2011年冬季除运雪“十大举措”，即打造五爱街、黑龙江街、西塔街等14条绿色除雪街路。全市16座人行过街天桥和12座人行过街通道优先除雪，纳入专业化除雪范围保证行人的通行方便。对部队、学校、机关及非营利性事业单位一律不得收取代除费，不断提高社会化除雪参与率。市、区两级政府投资1820万元，新增多功能除雪车、除雪板、击振式推雪机械设备95台（件），进一步提高全市机械化除雪能力。选定44处堆雪场，用于存放含有融雪剂的积雪，设置整洁规范的围挡，确保两场大雪储存容量。制定采购标准，含量要求，通过资质审核、抽样检测确定参与竞标企业，实行融雪剂市场准入制。设置绿化带GPS定位采样点80个，道路融雪剂撒布量GPS定位采样点150个，做到采购融雪剂每批次一抽查，每场雪一检验、一排名、一通报。对所有高架桥防撞墙加装规范统一、整洁美观的有机防护挡板；对使用融雪剂的街路行道树和绿篱加装迷彩密闭防护罩。实行除雪工作“三不准”，即：不准将带有融雪剂的积雪堆放在绿化带；不准将积雪排入下水井；不准除雪机械作业损害路边石、收水井箅等市政设施。对不按规定时限完成除雪任务的，或因跑水结冰造成责任推诿的路段，由行政执法部门委托城管部门实行“代整治”，严禁以罚代除，对情节严重的要予以媒体曝光，为广大市民创造了一个干净、整洁、安全的冬季出行环境。

（蓝　飞）

爱国卫生

【概况】　2011年，沈阳市的爱国卫生工作以提升城市形象、优化发展环境、促进改善民生、迎接十二运为目标,紧紧抓住迎接省卫生城市复核这一工作重点,全面开展了各项爱国卫生工作。创新开展了"清洁沈阳"15项整治活动及爱国卫生执法工作,并取得显著成效,得到了省爱卫办等上级部门的高度评价。全市共集中开展了春季灭鼠等6次四害消杀活动,四害密度得到有效控制,经省疾控中心监测数据显示,沈阳市城区鼠密度0%,农村鼠密度0.38%,均明显低于国家规定标准。完成了国家农村改厕项目1万座无害化卫生厕所的建设任务;全年新增95家省、市级各类卫生先进单位;新增10家省级健康街道建设先进单位;沈阳市顺利通过了省级卫生城市复核,继续保持省卫生城市荣誉称号;和平区、于洪区顺利通过省级卫生城区复核,继续保持省卫生城区荣誉称号;沈河区、铁西区、大东区、皇姑区通过了省级灭鼠、灭蚊蝇先进市复查验收。

(白俊珊)

【"清洁沈阳"活动】 3月14日,市爱卫办起草并以沈阳市市委办公厅、市政府办公厅名义联合下发了《深入开展"清洁沈阳"活动实施方案》,针对当前环境卫生存在的突出问题,组织全市开展了居民区、集贸市场等15项整治工作。市爱卫办作为"清洁沈阳"活动领导小组办公室,多次组织召开调度会议,调度、协调、督促各区、县(市)、开发区及市直部门,按照职责分工,积极开展"清洁沈阳"活动。从3月份开始,组织发动全市各级机关、企事业、部队等单位的干部、职工、官兵、市民、志愿者,利用周六时间,共集中开展了10次主题鲜明的"清洁沈阳日"活动。活动中,全市党政机关领导率先垂范,中共沈阳市委、市人大、市政府、市政协四大班子领导带头参加了3月20日的全民义务劳动。在10次"清洁沈阳日"活动中,全市共1.94万个(次)单位、283万人(次)参加了义务劳动,累计擦洗交通护栏84万延长米,清除垃圾残土1.17万吨、招贴喷涂21.4万处,清洗街路边石22万延长米,清理三堆杂物1.52万处、绿地1109万平方米。在3月至6月的集中整治阶段中,市爱卫办组织市城市建设管理局、房产局、城市管理行政执法局、建委、交通局、服务业委、公安局等8个牵头部门,在全市开展了15项专项整治活动。在集中整治和巩固提高阶段,全市将"清洁沈阳"活动与爱国卫生月活动及迎接省卫生城市复检有机结合,通过落实定期例会制度、监督检查等制度,有效推动了"清洁沈阳"活动扎实开展。为强化督导,促进"清洁沈阳"活动深入开展,市爱卫办坚持每项工作有部署、有检查、有通报。在整治活动中,共组织开展了4次集中检查活动,抽查二环、运河沿岸、街头绿地、居民住宅区、城市出口路等900个点位,对检查中发现的80处"卫生脏点",全部督促各责任单位进行了整改,为"清洁沈阳"活动的扎实推进奠定了基础。自"清洁沈阳"活动开始,全市共设立16部市民投诉电话,集中解决市民反映的卫生脏点问题。共收到群众投诉问题142件,整改率达96%。为进一步扩大和巩固城市环境整治成果,市爱卫办在全市开展了"清洁沈阳"爱卫执法活动,通过实行爱国卫生执法日报告、周汇总、月通报制度及定期下发《爱国卫生执法专报》,有力促进了全市爱国卫生执法工作的顺利开展。为整治乱吐乱扔现象,4月份,市爱卫办联合市文明办、公安局交警支队、交通局在全市范围内开展了"清洁沈阳"抄报行动,共开展了6次集中抄报日活动。截至2011年年底,市内七区共处理1416起市民乱吐乱扔等违规行为,处罚金额达23万元。

(白俊珊)

【省级卫生城市复检】 2011年为沈阳市省级卫生城市复检年。4月27日,市爱卫办以沈阳市市政府名义召开了迎接省级卫生城市复检工作会议。为加强统一领导,沈阳市成立了市迎检工作领导小组,共召开11次工作调度会。市爱卫办做为总牵头部门,按照"条块结合、以块为主"的原则,组织全市各城区及各相关委办局开展了市容环境卫生、食品卫生等10大专项整治工作。针对集贸市场、"五小行业"等困扰城市卫生的老大难问题,市迎检领导小组办公室召开专门协调调度会,研究解决办法,制定治本措施,6月份,沈阳市专门下发了《沈阳市街路市场摊区环境卫生管理规定》,并开展了专项集中整治活动。按照辽宁省卫生城市复检程序要求,7月至8月,市爱卫办针对省爱卫会暗检反馈的街巷路、集贸市场、占道经营、市容秩序混乱等问题进行了认真的梳理,及时召开调度会,并举一反三,落实责任单位,经过逐一督办、验收,在8月底,问题全部得到了整改。8月17至23日,市爱卫办组织市建委、房产局、卫生局、城市管理行政执法局等10个市直部门,分成市容环境卫生组、单位居民区卫生组等共6个小组,对市内六城区进行了集中检查,将检查结果汇总排名,并在8月26日市政府召开的全市迎省检调度会上予以通报,经过督办,确保了问题在最短时间内全部整改达标。在迎省检的倒计时阶段,全市通过开展模拟检查及各行业、各地区自查达标活动,对现存问题进行了认真的梳理,重点开展了低档物业小区、集贸市场、占道经营等城市卫生管理薄弱环节的强化整治活动,沈阳市城市卫生管理达最佳状态。9月5日至8日,辽宁省爱卫会按照《辽宁省卫生城市标准》,从10个方面对沈阳市进行了全面考核,现场实地检查了160个点位,按照百分制计分标准,实得分96.83分,以全省最高分的成绩通过省级卫生城市考核,继续保持省卫生城市荣誉称号。

(白俊珊)

【病媒生物治理】 为确保科学开展四害消杀活动,3月2日,沈阳市爱卫办召开了消杀药品专家评审会,对全市近几年四害消杀用药进行了论证,明确了当年四害消杀药品的剂型和成份。坚持综合防治的方针,开展四害孳生地综合治理工作,全年以爱国卫生月、"清洁沈阳日"活动为契机,组织各地区以居民小区、垃圾箱(房)、绿地、积水容器(废旧轮胎、缸、罐、瓶)等孳生场所为重点,开展了四害孳生地综合治理工作。全年市、区两级财政共投入消杀经费200万元,共组织开展了春秋两季熏杀越冬蚊、灭鼠及夏季灭蚊蝇灭蟑6次大型消杀活动,全市公共地段共投放消杀药品80吨,真正做到了投药覆盖面广,药量饱和的标准,收到了良好的效果。全年共举办了两期病媒生物防治消杀单位(PCO公司)从业人员培训班,对13家PCO公司的111名从业人员颁发了“病媒生物防治培训合格证”,保证了PCO公司从业人员持证上岗。此外,市爱卫办指导沈河区、铁西区、大东区、皇姑区四城区顺利通过了省级灭鼠、灭蚊蝇先进市复查验收。

（白俊珊）

【农村改厕】 按照国家改厕项目及沈阳市医改实施方案要求,沈阳市爱卫办申请市财政改厕配套资金900万元,组织相关区、县(市)完成了1万座无害化卫生厕所的建设任务。进一步修改完善了农村改厕技术指标,提高了卫生厕具的适用性能,受到了广大农民的充分认可。为科学指导改厕工作,市爱卫办举办了一期农村改厕专业知识培训班,对相关区、县(市)爱卫办及农村改厕项目村负责人进行了专业技术培训。为高标准完成农村改厕工作,市爱卫办聘请监理公司加大了农村改厕工程的监理力度,对项目村逐一督导、验收。此外,组织涉农区、县(市)修整完善卫生厕所2.96万座,农村卫生厕所普及率提高到90%,较2010年度增长5个百分点。

（白俊珊）

【卫生创建】 2011年,沈阳市新增省卫生模范单位6家、省卫生村12家、市级各类卫生先进单位77家。按照沈阳市各类卫生先进单位管理要求,对40家市级先进单位进行了重新命名,对未达标的28家市级先进单位撤销了荣誉称号。

（白俊珊）

【无烟环境教育】 2011年上半年,全市以系统为单位,分别召开医疗卫生机构、教育机构、交通工具等“四类场所”无烟环境的创建启动大会,全面启动并实施了“四类场所”无烟环境创建工作。全年,市无烟环境创建工作领导小组共召开两次无烟环境创建工作会议。5月25日,市爱卫办与市健康教育中心、市内五区爱卫办组成联合督查组,以区为单位对“四类场所”无烟环境创建工作进行了督导,对存在的问题进行现场指导。组织开展了第24个世界无烟日活动。5月31日,在皇姑区碧塘公园广场,市爱卫办会同市科技局、卫生局联合主办了“烟草致命如水火无情,控烟履约可挽救生命”主题系列宣传活动启动仪式。全市的公共场所禁烟立法工作取得新进展,在充分借鉴哈尔滨等城市控烟立法经验的基础上,完成了《沈阳市公共场所禁止吸烟管理条例(草案)》的起草工作,该条例被列入2011年沈阳市人大立法调研项目。

（白俊珊）

园林绿化

【绿地景观提升】 2011年,沈阳市城市建设管理局协调完成146块街路绿地景观提升的方案设计,组织实施25块中心城区沿街重点绿地提升工作。一是在原有的植物的基础上,调整现有绿化配置,进一步丰富植物品种,增加层次和季相变化,体现层次美、季相美。二是栽植像枫杨、五角枫、卫矛、山杏、蒙古栎等抗性强、树态优美的北方景观树种以及多种可观花、可观果。三是在选择植物种类时,精心搭配,注意增加景观的色彩变化,通过采取花灌木群植、草本花卉混播等形式提高景观的观赏性。主要分为三种类型:面积在5000平方米以上,通过多层次的植物配置,形成稳定的复合生态结构,最大限度地发挥城市绿地的生态功能;面积在2000—5000平方米之间的绿地,以人为本,适当增加林下空间,发挥城市绿地传承历史文脉的作用,提升城市文化品位;面积在2000平方米以下的绿地,利用植物的观赏特点进行合理搭配,并适当点缀能够反映城市风貌特色的园林小品,展现现代城市的景观艺术。共完成投资1500万元,栽植乔灌木5411株,栽植模纹花卉等地被2.71万平方米,铺植草坪5.15万平方米。安装高边石4974延长米,景墙1392延长米,护栏3376延长米,道路铺装5025平方米,坐凳、围树椅等设施安装124套,文化路立交桥景观护坡3900平方米,艺术地坪7500平方米。

（关庆伍）

【绿化覆盖】 为解决行道树树池、树带裸露现状,沈阳市实施了街路行道树树池、树带全覆盖工程,对全市主次干道行道树树池及绿化带进行全覆盖,完成投资1942万元。市城建局实施的青年大街、北京街、北陵大街、泰山路、南京南街等11条街路的全覆盖工程全部竣工,共投资622万元。铺设井字植草砖9131平方米,复合材料树池蓖7473平方米,花岗岩边石1.23万延长米,通体砖1.73万平方米,白色卵石6999平方米。

（关庆伍）

【景墙、护栏建设】 为提升街路绿地景观效果,结合城市街路绿地特点,本着因地制宜,特色、文化、便民和实用的原则,以一环、三横、三纵为依托,沈阳市在主要街路绿地实施了景墙、护栏工程。改善以往街边绿地与人行步道没有隔栏,造成绿地与人行步道踩踏而斑秃裸露的现状,既保护了绿地,又提高了街路绿地的景观效果,同时为游人提供了茶余饭后的休憩场所,成为街路上的又一靓丽景观。在实施过程中,考虑不同街路绿地的现状,因地制宜,采取不同的拦护风格。共完成410块绿地、10万延长米的景墙和护栏的砌筑、安装。砌筑景观墙4.61万延长米,安装景观护栏5.86万延长米。

（关庆伍）

【技术指导】 2011年,沈阳市城市建设管理局组织全市园林绿化专业管理人员、技术人员,绿化施工企业技术人员,进行业务培训,强化专业技能,并针对新建改造绿地、新植树木,尤其是大规格树木保成活问题,拟制了《沈阳市城市行道树保成活管理办法》和《今冬明春新植树木“保成活”实施方案》。首次在全市大规模对新植树木推广使用树动力、根动力、施它活药剂、愈伤涂膜剂等措施,提高了树木成活率。同时,对146块街路绿地景观提升的设计方案,组织专家进行多次论证、修改,确保了街路绿化景观效果的全面提升。

（关庆伍）

【绿地系统录入】 2011年,沈阳市城市建设管理局组织全市建成区的绿化管理部门,对全市绿地系统数据进行重新普查。经过5个月的绿地系统数据的采集、汇总、录入、校准、核对等工作,掌握了建成区园林绿地面积、绿化覆盖面积等准确数据,为国家园林城市复查工作提供了精准的技术数据。

（关庆伍）

【义务植树】 市城市建设管理局承担了2011年植树日的组织实施工作。4月8日是全市全民义务植树活动日，沈阳市委、市人大、市政府、市政协的领导，沈阳军区、沈空、96101部队、省军区和省武警总队的首长、官兵与省直机关、市直机关部分干部共500人，在东陵区（浑南新区）莫子山体育公园内参加全民义务植树活动。共栽植云杉、油松、白桦、山桃、馒头柳、稠李、五角枫等树种2650株。

全民义务植树日当天，和平、沈河、铁西、皇姑、大东、于洪、东陵（浑南新区）、棋盘山开发区、沈北新区、苏家屯等各区也积极组织本区四大班子及驻区单位和市公安局、工商局、农垦总公司等市直各部门，在沈水湾公园、大佛寺绿地、般若寺绿地、二环路沿线绿化带、森林公园、北塔公园、陵园街绿地、东望街出入口西侧、蒲河生态廊道、东陵路、办公园区、农场土地、畜牧场等地参加了全民义务植树活动。当天市区参加义务植树人数达到7.84万人，共完成植树18.37万株。

（关庆伍）

【花卉装饰】 喜迎建国62周年和第十一次辽宁省党代会的胜利召开，市城市建设管理局组织全市各区和局属单位在重点公园、街路广场、重要节点绿地等处大量栽摆花卉，确保重点部位的花卉美化效果。共栽种和摆放各式鲜花180万株（盆），通过花钵、花盆、花篮、花槽、花柱、花塔、花球、花拱、花墙等形式，营造喜庆、祥和、热烈的节日氛围。和平区在情人岛栽摆景观花带，中山公园、八一公园、中山广场、和平广场摆放了多种造型的花带，和谐园绿地及南五马路摆放了8组大型的花柱；皇姑区在省党代会会场周边点位设置树木花卉组合造型，在北陵大街沿线，摆放串红围绕金心也门铁、外围塑钢矮围栅的花卉组合，在黄河大街沿线，摆放串红、矮牵牛立体花钵，在崇山路沿线，分车岛内栽植串红、鸡冠花、孔雀草、矮牵牛花带，在金剑大厦、工会大厦、辽宁大厦、沈阳宾馆及北陵大街纪念广场摆放由棕榈、铁树及各色花卉组成的组合造型；北陵公园在正门广场设置120平方米的喷泉两处，使水法造景融入花卉装饰之中，达到花水相映的迷人效果。

（关庆伍）

【外埠展园建设】 第八届中国（重庆）国际园林博览会由住房和城乡建设部与重庆市人民政府主办，于2011年11月至2012年5月在重庆园博园（北部新区龙景湖）举行。该届园博会以“园林，让城市更加美好”为主题，以引导社会对未来和谐人居环境的关注和追求为办会目标。市城市建设管理局代表市政府参加该届盛会，顺利完成室外展园建设和室内展园的布展工作，全面宣传展示沈阳市科学发展和园林绿化建设的新成就。

第九届中国（北京）国际园林博览会由住房和城乡建设部与北京市人民政府主办，将于2013年4月至10月在北京市丰台区永定河园博园举行。该届园博会以“绿色交响、盛世园林”为主题，以将园博园建设成为展示当代园林建设最高科技水平和艺术成就的示范区、具有国际水准的低碳绿色生态试验区为目标。市城市建设管理局代表市政府参加该届盛会，已完成室外展园的选址工作，正在积极进行工程施工建设。

2013中国·锦州世界园林博览会将于2013年5月至10月在锦州举办，锦州世园会以“城市与海、和谐未来”为主题。沈阳展园占地3650平方米，位于辽宁城市展园区A1地块，投资1000万元。沈阳园的建设将充分借鉴国内外先进的造园理念和手法，挖掘水体、玫瑰、建筑等景观元素，全面展示沈阳古老的历史文明，苍劲的文化脉络，辉煌的城市印迹，崭新的城市风貌，全力打造成为本届世园会的标志性室外展园。市城市建设管理局代表市政府参加该届盛会，正在积极进行工程施工建设。

（关庆伍）

地铁建设

【概况】 2011年，沈阳地铁完成投资43.14亿元，为年计划的104.6%。地铁二号线顺利实现通车试运营。地铁一号线年客运量突破7000万人次。沈阳地铁集团有限公司成立，地铁建设、运营及多种经营同步发展的格局基本形成。地铁一号线荣获中国建筑业最高荣誉——中国建设工程鲁班奖（国家优质工程）。党群工作开拓新局面，集团公司党委成立。群众性体育活动蓬勃开展，沈阳地铁代表队在全国和全市有关体育竞赛中均取得优异成绩。

（王　刚）

【工程建设】 2011年，沈阳地铁扎实推进二号线工程建设。采取领导负责重点项目、处级干部包站、加强指挥调度和协调配合等措施，集中解决了一批制约工程建设的重点、难点问题，按期实现“洞通”、“轨通”、“电通”、“车通”，保证试运行工作顺利实施。全面推进新线、新项目工程建设。沈铁城际铁路工程完成两座车站主体结构施工。市府广场地铁配套工程二号线车站工程全部完成，商业配套部分完成主体结构总量的50%。沈阳大学地下通道工程如期交付使用。

（王　刚）

【工程管理】 2011年，沈阳地铁加强工程质量管理。地铁一号线荣获“鲁班奖”。这是全国第一条首次开工即全线获此殊荣的地铁工程。二号线新乐遗址站获得“哈长沈”三市优质观摩工程金杯奖，14座车站、14个区间获得“沈阳市优良工程结构奖”。加强安全管理。先后通过了国家发改委等三部委城市轨道交通安全检查、住建部在建城市轨道交通工程质量安全督察等多次检查，并荣获市安委会颁发的安全生产特殊嘉奖令。对56家参建单位进行安全生产信誉等级评价，并将评价结果作为参建单位参与沈阳地铁工程建设的重要参考依据。推进新线报批工作，《沈阳市快速轨道交通建设规划（2011－2018）》相继通过国家发改委、环保部、住建部组织的评估、评审。

（王　刚）

【运营管理】 2011年，地铁一号线运营里程213万列公里，列车正点率99.97%，运行图兑现率99.98%，客运总量7261万人次。采取主要措施有：加强行车组织。两次延长运营时间并缩短行车间隔，提高运输效率，满足市民出行需求。强化客运组织。专门制订了重要节假日运营组织方案。日均客运量由运营初期的14万人次提升至22.23万人次；单日客运量最高达42万人次。注重安全管理。签订安全责任状，组织开展安全教育近3000人次，进行列车区间火灾处置、公交接驳、突发大客流等各类实作和桌面演练共计1587项，调查处理各类安全事件54件，组织各类检查20余次，整改问题和安全隐患百余项，确保全线安全平稳运营。规范服务标准。组织司乘人员进行业务培训和心理辅导，以“民航标准”服务于民，切实提高运营服务质量，市文明办授予16座车站“文明诚信服务窗口”、5名同志“文明服务之星”称号。乘客对一号线运营满意度达94.76%。加强与市民沟通。全年受理服务热线近4万件，受理率和回复率均达到100%。专门召开乘客代表座谈会，了解市民需求，提高服务水平。

（王　刚）

【多种经营】 2011年，沈阳地铁房地产开发公司加快推进公租房建设，先后承建丽水新城一期、凤凰新城、安图小区等多个项目。丽水新城一期工程完成主体结构2235套；安图小区装饰装修工程竣工，320套公租房已具备进住条件。以地铁公租房建设为代表的沈阳市公租房项目建设得到了国家领导人的充分肯定。国际展览中心利用现有资源，做大做强会展产业，承办“制博会”、“糖酒会”等16个大型展会，得到了社会各界的赞誉。物业公司采用劳务派遣方式，面向社会招聘工作人员，已签订劳务派遣合同1366人次，先后开展业务培训5674人次。完成一号线安检各项准备工作。

（王　刚）

【党建工作】 2011年，沈阳地铁建立健全党的组织体系，成立集团公司党委，健全各直属公司党群组织体系。深入开展“创先争优”活动，申报了36个“共产党员工程”项目，开展了共产党员签订公开承诺书活动。运营分公司党委与中铁电气化局城铁公司党委联合开展“党建共建”活动，通过党建共建促进工程共建。注重青年干部培养，先后组织两期井冈山青年干部培训班。加强党风廉政建设，建立干部廉政档案；组织干部旁听贪污案件庭审；组织全员参加廉政警示教育活动；参观辽宁省反腐倡廉警示教育基地。完善信访工作机制，调整规范信访工作流程。全年共受理政风行风热线292条，按期办结息访率100%；受理“12319”服务热线40余件、民心网30件，办结率100%；民生微博信息回复463条；接待上访、到访62件224人次。做好宣传工作，全年组织9次大型采访，各级媒体报道沈阳地铁文章1000余篇；制作《起航—沈阳地铁二号线工程回顾》纪录片。扎实开展农民工工作，组织召开农民工工资发放会议；为全体建设者配发血型安全帽；共向116名特困农民工发放了15.9万元救助金，沈阳地铁农民工工作得到了国务院农民工工作督查组的充分肯定。

（王　刚）

【地铁二号线建成通车】 沈阳地铁二号线北起三台子站，南至全运路站，全长21.86公里，全部为地下线路。设车站19座（在青年大街站与地铁一号线换乘），停车场1座，主变电所1座，运营控制中心与一号线合用，工程总投资94.99亿元，于2006年11月18日开工建设。地铁二号线采用明挖、暗挖、盾构等工法修建。先后穿越了白山路立交桥、崇山路立交桥、东西快速干道、文化路立交桥、南二环、三环等桥梁，4次穿越新开河、南运河，成功下穿沈阳北站16股道站场、浑河和沈丹高速公路，安全生产难度大、施工技术要求高。在工程建设过程中，成功应用多项新工法、新工艺，新乐遗址站率先在国内引进新管幕工法，取得良好效果；工文、五奥区间联络通道采用冷冻法施工，五里河站、工业展览站主体围护结构采用地下连续墙，下穿浑河使用泥水平衡盾构机，都是在东北地区首次使用；PBA工法使用逆向引水机、带水作业施工内衬管等新发明、新工艺都获得了国家发明专利。2011年2月23日沈阳地铁二号线实现全线“洞通”，2011年6月12日全线车站主体完工，2011年6月14日实现全线“轨通”，2011年7月实现全线“电通”，2011年7月30日实现“车通”。2011年9月27日沈阳地铁二号线开始试运行，2011年12月30日通车试运营。

（王　刚）

【地铁一号线荣获中国建设工程鲁班奖】 2011年11月7日，沈阳地铁一号线荣膺中国建筑业最高荣誉——中国建设工程鲁班奖（国家优质工程）。鲁班奖作为我国建筑行业工程质量的最高荣誉，已经成为社会公认的质量品牌标志。2011年，共有96项工程获此殊荣。地铁一号线工程于2011年5月申报鲁班奖，6月通过中国建筑业协会初审，7月通过中国建筑业协会专家组现场复查，9月通过评审委员会评审，10月通过国家住建部审批及网上公示，11月7日荣获鲁班奖。地铁一号线能够获得鲁班奖，主要凭借在工程建设方面拥有12个方面的优势。优势一，国内开创性地引入安全监理管理模式，创建地铁建设控制系统，保证了地铁施工安全。优势二，针对冬期长的特点，采用暖棚法、蓄热法等措施，保证了工程质量和施工进度；采用热风幕、暖风机组、电加热扶梯、座椅加热装置等保证了冬季设备的正常运行及乘客舒适度。优势三，在富水、高渗透性的砂砾地层中，采用“区域群井”降水和多方法综合动态控制措施，实现了施工过程无水作业。优势四，采用“洞桩法”结合小导管注固砂剂超前加固技术，解决了富水砂砾地层中浅埋暗挖大跨车站的施工难题，建成青年大街站、沈阳站站和中街站。优势五，通过有限元模拟计算分析和研究，攻克保铁区间群洞结构的施工技术难题，实现了在4种暗挖工法和9种断面之间的频繁转换。优势六，东中街站至滂江街站区间盾构机在大粒径砾石含量超40%的砂砾层中连续掘进1526米不换刀，创造了国内最高纪录。优势七，国内首次实现盾构机在风井内组装、始发和接收及在暗挖车站内调头，避免了对城市主干道交通的干扰；盾构连续穿越沈阳站40多股轨道站场、沈山动车线和地下商业街，这些工法的开发丰富了我国盾构施工技术。优势八，车辆和机电设备综合国产化率达到76.6%。优势九，国内首次将车辆组装厂与检修库整合修建，功能兼顾其他线网需求。优势十，车辆段设中水处理系统,实现生产废水回收再利用。优势十一,国内第一条在站厅层和站台层同时设有卫生间;并设置无障碍通道、盲文触点扶手等。优势十二,车站装修将城市文化与辉煌历史相融合,一站一风格,展现了沈阳人民"紫气又东来"的宏伟愿景。

(王 刚)

城管行政执法

【硬环境建设组织协调】 2011年,沈阳市行政执法局承担全市硬环境建设办公室、"十二运"环境整治指挥部和市城市"四化"竞赛活动办公室3项牵头工作,围绕道路交通、市容市貌、生态宜居、重点区域环境等5方面46项任务,整合力量,制定措施,全面推进工作。以市委、市政府办公厅文件形式,及时制发《沈阳市硬环境建设工作方案》,细化分解具体任务133项。先后召开调度会、现场办公会50余次,实行工作巡查、重点问题督办制度,建立完善散流体及垃圾残土乱排乱卸联合治理等管理新机制,在铁西区组织召开了全市硬环境建设现场会,组织新闻报道800多篇次。同时,认真组织参加辽宁省"四化"竞赛活动,使沈阳市成绩名列全省第一名。

(谢子夫)

【开展标准化街路创建活动】 2011年,沈阳市行政执法局会同城建、公安、房产、民政、环保等10多个职能部门,就建设标准、管理制度、监管措施等方面标准深入展开调研活动。按照国家、省、市对城市容貌标准的总体要求,编制了《沈阳市标准化街路建设和管理操作手册》,涵盖建筑景观、公共设施、园林绿化、广告标志、城市道路、市容秩序等6大项目、74项内容,使标准化街路建设工作有章可循。在制定标准的基础上,以铁西区建设大路、兴华街为典型,采取调整道路边石、更新交通边栏、提升绿化品质、粉饰建筑立面、高标准保洁等一系列措施,对街路环境进行全面整治,以此打造高标准样板街路。同时,对首批625条街路进行标准化建设试点工作。同时,在《沈阳日报》、沈阳电视台等媒体开辟市容环境问题曝光台,全年已发布60多期报道,曝光问题点位324处,极大地促进了市容环境难点问题的解决。

(谢子夫)

【推进城市出入口地区综合整治】 2011年,沈阳市行政执法局按照突出重点,分步实施的原则,以实施土地收储、拓展城市发展空间为主线,结合绿化、美化工作,大力组织开展综合整治,全年实际完成收储地块37宗,土地面积917.9公顷。在实施土地收储的同时,着力推进城市出入口地区绿化和市容整治工作。对出口路沿线进行大规模绿化。对暂时不能收储的区域,采取拆违、治乱,对街路两侧破旧房屋、破损道路进行修补、美化等措施,进行综合整治。全年新增绿地39万平方米,植树36万株;拆除各类建筑物、构筑物239.4万平方米;拆除违规牌匾、条幅6000余块、户外广告4000余块;清运垃圾1.4万吨;治理小招贴及乱涂乱画3万余处。城市出入口地区环境发生巨大变化。

(谢子夫)

【健全勤务区管理模式】 2011年,沈阳市行政执法局按照"重心下移、力量下沉、属地管理、贴近民生"的原则,对应街道办事处辖区范围,在全市设立了120个行政执法勤务区,将14个方面的全部执法职能、70%的执法力量及所有行政执法协勤人员下放到勤务区,实行网格化责任制管理,执法范围覆盖全市各区域。将各项任务、指标落实到每个勤务区,并建立了日常调度制度、工作进展每周统计报告制度和执法巡查制度,促进了勤务区办案水平的显著提高。勤务区办案量已占案件总量的95%以上。勤务区主动与街道办事处、公安派出所、数字化监督中心实行联动,初步形成了"四位一体"的基层管理模式,切实强化了日常执法和管理工作。进一步加强勤务区的日常考核,考核内容涵盖了全面履职、执法共建、文化建设、内务管理、统一建设等内容,继续实行星级勤务区评比活动,坚持评比升降级原则。全年全市共建立五星级勤务区19个,四星级勤务区31个,三星级勤务区25个。

(谢子夫)

【数字化城市管理工作】 2011年,沈阳市行政执法局采取"两手抓"的方式开展工作。一手抓完善功能。对系统应用软件进行修改完善,市级平台与22个市级专业部门、区级平台与200余个区级责任部门互联互通。同时完成了沈河区、皇姑区区划调整区域数字化城管系统的覆盖工作,增加网格面积5.97平方公里。一手抓系统运行。建立健全日常运行机制和监督考核机制,全面提高系统立案率和结案率,在完成硬环境建设任务以及解决城市管理难点问题等方面发挥了突出作用。全年共立案21.7万件,结案18.3万件,立案率、结案率均达到80%以上。先后荣获沈阳市科技进步三等奖、辽宁省"绿叶杯"竞赛活动城市管理创新单项优胜奖、中国GIS优秀工程金奖。

(谢子夫)

【开展综合执法活动】 2011年,沈阳市行政执法局召开建设市场执法工作会议和查处违规售房专项会议,建立测绘小组和建设市场案卷档案室,建立建设项目规划条件档案及项目问题台账,实行存在问题销号制,提高案件办理精细化程度。继续强化项目负责人、项目重点环节监管制度的落实,日常监管做到"四个不漏",即不漏项目、不漏问题、不漏程序、不漏处罚。与全市965个在建项目签订共建协议,围绕260个重点项目实施全程伴随式执法服务,为建设施工单位提供执法服务1100余次,开展"五个一"活动,帮助建设项目解决问题400余件。在实行"三进一访"制度基础上,全力推行"三反馈"制度,实现了执法服务双方主体的有机互动。全年查处规划、施工、招投标类案件170件,严重违反规划案件基本杜绝。积极参与征收工作。建立"预防、查处、监管"三位一体的长效工作机制,有效地遏制了项目用地上违法抢建抢栽行为。按照"拆违促征收,征收促建设"思路,积极参与国有土地征收工作,全年共参与237个落地项目,8260.7万平方米项目用地的拆违控违工作;拆除城区及城乡结合部违章建筑和抢建房屋147.62万平方米,清除温室大棚等构筑物113.39万平方米,拔除抢种抢栽树苗183.48万株,减少了项目落地成本,促进了项目落地和开工建设。

拆除违章建筑和违规户外广告牌匾。结合硬环境建设任务，组织全系统开展了“两拆除”工作，对街路两侧、浑河滩地和住宅小区内违章建筑物、构筑物以及户外广告牌匾进行集中整治。采取连续打响整治战役的方式，集中突破整治难点，在日常拆违不间断的情况下，拆违工作持续保持升温态势，使和平区北二路72号院内82处违建、南塔地区2000平方米违规库房等一大批历史难点问题得到集中解决。全年共拆除各类违章建筑3908处、95.4万平方米，拆除违规广告牌匾1.2万处、18.2万平方米，有效解决了私搭乱建、违规设置户外广告问题，城市面貌显著改善。

（谢子夫）

【清理整治各类占道经营行为】 2011年，沈阳市行政执法局为有效解决违规占道经营问题，从建立健全管理机制入手，确保整治工作取得实效。调整工作作息时间，重点对夜间露天烧烤进行清理整治，一般区域工作到22时，重点区域工作到24时，对经常反弹的区域昼夜进行巡查值守。采取“日通报”、“周排名”的方式，对各分局市容环境执法工作进行监督考核。将检查中发现的问题，建立市容问题台账，对问题点位以调度单的形式下发各分局进行查处，根据类别和期限进行复核、销号。经过全系统上下的努力，清理整治违章占道工作取得明显成效，全年共清理露天烧烤1.2万处，清理沿街摆卖、店外经营等13万处，规范修车点、修鞋点、报刊点等“三点”3592处，取缔严重影响市容环境“三点”207个。经过整治全市主要街路市容情况良好，小街小巷的市容情况也大为改观。

（谢子夫）

【清理整治乱贴乱画、乱堆乱挂行为】 2011年，沈阳市行政执法局对乱贴、乱画、乱堆、乱挂行为开展了多次专项整治活动，先后下发了《市行政执法局清理整治乱贴乱画乱堆乱放行为专项行动实施方案》、《市行政执法局开展市容环境集中清理月活动实施方案》，调动全系统力量加大日常巡查力度，及时清理商家内挂广告、不干胶贴字以及沿街乱堆的杂物，坚决取缔违规设置的条幅布幔、落地灯箱、拱门等。同时，采取封停违规电话号码、责令当事人限期清除、实施行政处罚等措施，严厉打击小招贴及乱涂乱画行为，城市牛皮癣得到有效治理。全年，共清理临街堆放杂物4.7万处，清除违规设置的条幅、布幔4.3万处，封停违规电话号9214个，对1337个小招贴案件实施了行政处罚，市容环境显著提升。

（谢子夫）

【清理整治沿街乞讨、派发宣传品及兜售物品行为】 2011年，沈阳市行政执法局与公安、民政部门实行联动，对沿街乞讨和派发小广告行为进行全面清理整治。在整治期间，行政执法部门与公安部门分别抽调精干人员，重点对主次干道沿线、路口、旅游场所等区域的沿街乞讨、拦车乞讨、派发小广告行为进行全天不间断的巡查整治。市行政执法局和市公安局派专人长驻市救助站，协助民政部门开展对乞讨人员救助工作。对强行拦车、强行讨要或者以滋扰他人方式乞讨的人员，由公安部门进行警告、行政拘留直至追究刑事责任。对其他乞讨人员，立即送交市救助站进行救助和组织返乡。对本地乞讨人员，积极协调街道办事处、社区，做好教育安置工作。全年共救助流浪乞讨人员243人次、劝离2000多人次，清理派发宣传品人员5600人次、暂扣违规宣传品3万份。

（谢子夫）

【有效遏制乱排乱卸垃圾残土行为】 2011年，沈阳市行政执法局结合硬环境建设任务，在全系统组织开展了乱排乱卸垃圾残土专项执法活动。在调查摸底的基础上，按照属地管理原则，对全市正在进行基础施工、运输残土的建筑工地以及拆迁工地逐一进行排查，并建立了管理台帐，发现违规行为立即进行查处，从源头上遏制污染环境现象。根据违法行为多发生在夜间及城乡结合部的特点，将执法工作重点时段设定在夜间，将重点范围放在二、三环路和城市出口路沿线，并安排专门执法力量进行不间断执法检查。同时，制定了《市民参与整治乱排乱卸垃圾残土奖励办法》，市、区两级执法局设立多部24小时举报电话，对提供照片和录像等证据，配合执法人员查获违规车辆的举报人实行每次500元的奖励，以此调动市民参与整治活动的积极性，形成了全社会共同关注、广泛参与的工作态势。全年共检查散流体运输车辆3000余台次，查处违规运输散流体车辆1376台次，乱排乱卸垃圾残土行为得到有效遏制。

（谢子夫）

【整治和规范街路市场】 2011年，沈阳市行政执法局为改善城市环境，适应市民需求，按照取缔违规市场，规范备案市场的思路开展街路市场整治工作。一方面，在全面调查摸底基础上，对滨河路花市、东辽街早市等11处违规街路市场进行了彻底清理整治。同时，采取倒班工作制和定点值守制，加强日常执法检查，有效地杜绝了反弹现象。另一方面，按照“不扰民、不扰校、不扰交通”的要求，对各区申报且具备开办条件的街路市场实施备案管理，建立管理台账，并与市场主管单位签订“两书”，即《规范管理责任书》和《规范管理保证书》。对已备案的市场，采取明查暗访的方式进行监督检查，不符合管理标准的实行黄牌警告、督促整改，整改不到位的予以取缔。全年共组织检查活动70余次，下发通报10期，下发《黄牌警告通知单》5份，有力促进了备案街路市场的规范管理。

（谢子夫）

【加强施工现场和拆迁工地的管理】 2011年，沈阳市行政执法局强化建设项目负责人制度，以项目围挡为界，在围挡内实现了包括整治露天堆放散流体物料、围挡破损、出入现场车辆夹带泥沙行为在内的综合执法，用执法督促建设单位、施工单位实施工地出入口硬化处理，设置洗车槽和冲洗设备，进一步加强工地内的日常管理，有效规范了工地现场的环境秩序。同时，为进一步加强对施工工地、拆除现场环境监管，主动与施工现场行政主管部门建立了工作联系机制，积极开展针对工地现场管理的专项整治行动20余次，规范工地现场围挡破损、违规设置广告、侵绿毁绿、散流体物料扬尘、出入现场车辆夹带泥沙等违规行为3000余起。

（谢子夫）

【整治全运会比赛场馆周边环境】 为迎接第十二届全运会，市行政执法局对全市涉及十二运比赛、训练场馆和全民健身项目周边地区的市容环境主要开展了4个方面的整治行动。开展清理整治露天烧烤、沿街摆卖等违章占道经营行为行动,共清理违规占道经营点位3000余处,清理流动商贩8000余人次;开展拆除街路两侧违章搭建行动,累计拆除门斗、棚厦1200平方米;开展乱贴乱画、乱堆乱挂整治行动,对97家存在违规行为的店铺进行了查处;开展对场馆周边违规广告牌匾整治活动,拆除违规广告牌匾105块。通过整治,场馆周边环境面貌明显提升。

(谢子夫)

【开展校园周边市容整治活动】 市行政执法局始终将校园周边环境综合整治工作作为一项重点工作来抓,着力解决校园周边市容环境问题,创造和谐有序教学环境。全系统对全市503所学校周边环境逐一进行排查,建立管理台账,采取问题销号方式开展整治活动。发挥行政执法勤务区基础优势,与全市各类学校全部签订《共建协议》,建立了勤务区包区域内学校,执法队员包定点学校的责任体系,形成了学校与执法部门联动的工作态式,强化了日常管理工作。同时,集中力量做好2011年沈阳市中、高考期间校园周边环境保障工作,制发《关于开展2011年中考期间校园周边执法服务的通知》,采取定点、定时值守,设立"双考"服务站等措施,调动全系统执法力量全力开展执法服务和执法保障工作,为沈阳市中、高考的顺利进行,创造了良好的市容和出行环境。

(谢子夫)

【规范殡葬服务行业秩序】 2011年,沈阳市行政执法局采用"三抓三入手"执法方式,从深挖封建迷信用品生产源头和放货"黑窝点"入手,破获新鸿易造纸厂生产封建迷信用品等大案要案。联合市文明办、市民政局等相关部门开展文明祭祀宣传,以沈辽路宁官段、东北大马路陶瓷城段为重点,大力整治人民群众反映强烈的封建迷信用品集散地,殡葬服务市场混乱状况得到有效整治。全年共查处贩卖烧纸等封建迷信用品店铺170余家,教育违规人员2000余人次。

(谢子夫)

【开展煤炭市场执法工作】 2011年,沈阳市行政执法局会同市服务委、市工商局等部门制发《关于禁止非法经营煤炭的通告》,进一步加强煤炭市场监管力度,维护煤炭市场经营秩序,保护经营者和消费者合法权益。清理三环内经营储煤场,建立煤炭经营企业执法监管台账,定期走访相关企业,宣传防治大气污染相关政策。完成了三环以内20余家煤场的迁移工作,责令220余家混凝土搅拌站、砖厂、砂场完善防止扬尘污染软覆盖设备。

(谢子夫)

【开展冬季供暖执法活动】 2011年,沈阳市行政执法局与全市707个供热单位签订了共建协议,明确双方管理和执法责任。全面查处擅自拆改供热管线、挂网窃热案件,对供热单位不按时供热、供热不达标、煤炭搀杂使假、煤堆渣堆扬尘污染环境等问题及时责令整改和处罚,为市民温暖过冬提供执法保障。

(谢子夫)

【开展社会化除雪执法活动】 按照市政府关于"早部署、早安排"的要求,沈阳市行政执法局提前制订工作方案。降雪后,全系统执法力量分片包段深入辖区进行除雪执法检查,对未按照规定除雪的单位和个人下达责令改正通知,拒不整改的实施行政处罚。全年共对222家单位下达了责任整改通知,对40家违规单位进行了立案查处,有力推动了社会化除雪工作的开展。

(谢子夫)

【查处燃气自来水方面的违法违规行为】 2011年,沈阳市行政执法局联合市燃气办、市煤气总公司等部门对燃气施工工程手续进行检查,查处违规企业30余家。定期走访液化气运输企业,督促其按规定时间办理车辆注册登记手续,消除安全隐患。以打击窃水和恶意浪费水资源为重点,对特业用水行业是否使用节水设备进行检查,责令整改违规企业10余家。

(谢子夫)

【强化园林绿化和市政设施执法】 市行政执法局以城市主要街路,二、三环两侧和浑河、运河沿线的绿化带、精品绿地为重点,对擅自毁绿占绿、砍伐树木、小开荒、放养牲畜、乱排乱卸垃圾残土等行为进行了集中清理整治。特别是加强对老旧小区内侵绿行为的查处。共查处各类侵绿行为500余起,拆除绿地内临时搭建350余处,为沈阳市绿化工作提供了有力的执法保障。

(谢子夫)

【全面实施准军事化建设】 2011年,沈阳市行政执法局制发了行为规范手册,对着装、行为举止、纪律作风、内务管理和车辆使用情况进行全面检查。加强执法队伍准军事化训练,大力开展实用公文写作、执法文书制作能力培训,组织了新颁布法律法规的专业培训,全面推动全民终身学习活动。同时,以贯彻落实"三在先"、"三不准"为重点,在全系统有针对性地实施了军事技能、法律法规和执法实务系列考核,进一步提高了执法人员的综合素质。

(谢子夫)

【扎实开展软环境建设】 2011年,沈阳市行政执法局严格实行软环境建设"一把手"负责制,切实把"人人、事事、处处都是发展环境"的理念落到实处。出台了《行政执法自由裁量适用标准》和《行政权力职权目录》,制定了《权力运行流程图》,将427项行政处罚的权力运行环节全部减少为6个,取消手续1个,案件的办理时限平均减少7个工作日。同时,认真开展"四个一"、"回头看"和自查自纠活动,在全局组织开展了《廉政准则》知识竞赛。

(谢子夫)

【做好群众诉求办理】 全年共接待各类信访投诉1.88万件,处理投诉1.5万件,接待来访1300余人,办复率为100%,办结率为98.9%,完成了"四个为零"的工作指标。提高"政风行风热线"和"民心网"投诉案件办理水平,有效解决群众诉求450余件,办结率达到了100%,在行风评议中取得较好成绩。

(谢子夫)

公用事业

【燃气供应】 沈阳燃气市场由4家多元化的企业共同经营。其中,沈阳燃气有限公司是集燃气生产、输配、销售、燃气管网建设与管理、燃气客户服务为一体的核心主导企业,在沈阳城市基础设施建设和公用事业中占据重要地位。沈阳燃气有限公司设立了6家营业公司，经营市内5区的燃气市场；下设输配分公司、储配分公司、燃气网络监管中心、气源管理中心、工程安装公司等单位。此外，沈阳新北燃气有限公司、沈阳沈西燃气有限公司和沈阳沈南燃气有限公司经营沈阳周边地区的燃气市场。

沈阳市气源供应分为天然气、浅层煤成气、人工煤气、发生炉气、液化和压缩天然气、矿井瓦斯气、液化石油气、蜡化厂尾气等8种。沈阳是全国气源种类最多的城市。

2011年，沈阳燃气有限公司与中石油签订了30年供给沈阳市陕京天然气的战略合同。沈阳燃气有限公司拥有2500立方米液化天然气储罐一座，一次可储存150万立方米天然气。大青燃气储罐站项目使沈阳市储气能力达到500万立方米。

2011年，沈阳燃气有限公司累计新建管线160公里。其中高压、次高压管线129公里，包括天然气门站高压管线、曹台至58中学气源线、大浑南天然气管线等。这些工程在保证市内燃气供应的同时，为周边城市的燃气供应提供保证。同时，为满足大浑南发展的需要，沈阳燃气有限公司在浑南地区燃气基础设施建设中，集中国内外同行业先进标准，高起点、高规格的规划，供气方式、气源引进、管网布局、燃气设施等方面突出超前性，在上年“四横四纵”为主干线的基础上，形成了以“八横八纵”为主干线，以高、中、低压科学合理配置，以多种气源灵活供气的新格局，确保满足“十二运”场馆和全运村的用气需求，为实现浑南地区“供气超市化”奠定了基础。

（赵　謇）

【燃气重点项目】　为彻底解决沈阳市气源严重短缺的历史，2011年7月7日，陕京二线天然气由秦沈输气管道正式进入沈阳，彻底结束了沈阳市燃气短缺的历史，为全市的工业生产和人民生活的用气提供更有力的保障。沈阳燃气有限公司与中石油签订了20年天然气供应合同，年供气量最高可达20亿立方米。该项目对彻底解决沈阳市燃气短缺，大力发展天然气应用新领域，实现节能减排，发展低碳经济，创建国家环保生态城市都有重大意义，中石油陕京天然气已供应沈阳市1亿立方米天然气。燃气事业发展进入一个新的里程碑。

（赵　謇）

【燃气服务】　自2011年10月1日起，沈阳燃气有限公司决定每年投入3000万元资金，为全市特殊群体用户提供常态化的燃气安全隐患免费整改服务。此项工作以“爱心平安”为主题，旨在开拓燃气服务新思路，为独居老人、低保户、病人、残疾人、老干部、老红军等特殊群体用户进行全面的燃气安全检查，并免费为用户提供隐患整改服务，消除了燃气胶管、火嘴、管线的安全隐患，确保了用户安全。截至年底，沈阳燃气有限公司累计为5000余用户提供了隐患免费整改服务。

（赵　謇）

【自来水供应】　2011年，沈阳水务集团有限公司（简称水务集团）完成供水量4.98亿立方米，日均供水量136.5万立方米，同比下降0.1%。完成售水量3.29亿立方米，同比增长4.4%。主城区产销差率完成27.27%，同比下降2.57个百分点。完成综合收入9.7亿元，同比增加5800万元，增长6.3%。完成泵站抽升量4.4亿立方米。完成水务基础设施投资6.33亿元。成功发行短期债券实现对外融资5亿元。市街管网总长度3352.2公里，市街管网改造工程完成15.86公里。装水表209万块，完成水表改造4.4万块。供水人口500万人，用水户201万户。运行给水二次加压泵站1611处。承担城区57条主要干道排水和防汛工作。开展星级给水二次加压供水泵站创建工作，创建五星级泵站200处、四星级泵站200处、三星级泵站100处，累计投资596万元，使泵站环境、基础管理、供水设施及节能降耗等方面全面改善，泵站软、硬环境建设全面提高。提升职工素质，突出抓好学习型企业建设和职工终身教育工作，全年培训职工2.8万人次，完成总课时34.11万小时。企业管理以目标管理模式实施对各基层单位及部门的绩效管理，实现管理的全责任；进一步扎实有效开展“创优强管理，夺标增效益”活动；通过降差增效工作等重点指标的考核，全面提升企业精细化管理水平。2011年，水务集团实现安全生产6个为“零”，被沈阳市政府评为“沈阳市安全生产标兵单位”，同时荣获“中国企业文化建设十大杰出贡献单位”、“全国企业文化建设优秀单位”、“辽宁省学习型组织标兵单位”、“辽宁五一奖状”、“沈阳市政务公开先进单位”等荣誉称号。

（王惠贤）

【供水二次加压泵站改造工程】　按照2011年沈阳市十四届人大第四次会议提出的《关于加强居民供水二次加压泵站管理，让百姓喝上放心水的议案》要求，根据沈阳市政府工作部署，由沈阳市城乡建设委员会负责，沈阳水务集团组织实施，计划用2年时间对沈阳市行政管辖内的社会自管泵站、弃管泵站和水务集团负责管理且存在问题的泵站进行全面维修改造。2011年4月，完成二次加压泵站的全面调查工作，共调查583处泵站和33处自备井供水泵站，涉及8个行政区。截至2011年12月，共完成改造居民供水二次加压泵站213处，超额完成年初确定的200处改造任务。完成投资7966万元。改造受益人口65万人。其中有10处泵站采取箱泵一体式的供水方式，该技术的采用，实现了水箱的自动清洗，水质在线监测，有效地解决噪音扰民和防止水质二次污染等问题。

（王惠贤）

【大伙房水库输水工程】　2011年1月18日，沈阳市大伙房水库输水工程一期（简称“一期工程”）东部输水系统实施调试运行。初期日运行水量为5万立方米，截至年底，日供水量约16万立方米，可置换地下取水井38眼，主要缓解城市北部皇姑地区供水不足问题。一期工程西部输水系统于2011年3月5日实施调试运行，初期日运行水量为6.5万立方米，截至年底，日供水量约19万立方米，可置换地下取水井48眼，主要改善城市西部铁西地区水质问题。

（王惠贤）

【建院街污雨水管线工程】　建院街（青年公园南运河—文化路）污雨水管线工程由沈阳市排水规划设计所设计，沈阳市排水管理处施工，分为雨水和污水两个部分。2011年8月1日开工，9月29日竣工。雨水部分沿建院街由南向北新建直径800—1200毫米雨水干线管道，同时沿学苑巷新建直径600毫米对排雨水支线管道。污水部分将建院街污水干线管道由南向北翻建后仍接入文艺路直径1200毫米合流排水管道，同时沿学苑巷新建直径500毫米对排污水管道。工程共铺设管道3098米，总投资1796万元。工程施工严格按照施工标准要求进行，此项工程解决了这一地区雨季积水问题，同时也进行了雨水和污水的分流。

（王惠贤）

【供水服务】 2011年，沈阳水务集团采用科学调度，根据季节性管网压力变化，进行最低压力控制，实现最大限度降低供水量的目的；采取多项有效措施，为高峰供水提供保障；合理安排，降低生产运行成本；层层分解指标，降低投诉率，实现投诉率比2010年下降30.6%；全年共受理服务热线电话20.45万个，比上年增加4.11万个；反映各类问题4009件，比上年减少1517件；用户反映率0.21%，比上年下降低0.09个百分点；加强热点问题督办与媒体信息收集，下达《督办单》64件，对109个问题进行督办，收集媒体信息707件。增强服务意识，开展"红马夹便民服务队进社区"、"助残日献爱心"、"管网抢修、热点问题解决不过夜"等系列服务措施，管网维修及时率平均达到98.5%，比计划提高1.5个百分点，全年完成漏水维修3887件。开展"大排查、大走访、大解决"专项活动，参加排查8500余人次，走访居民户18.95万户，非居民户4.03万户，征得意见和建议481条，消除隐患问题472个。大力开展市街管网普查工作，共普查管线1240公里，普查管网附属设施5576座。

（王惠贤）

【开展水务应急演练】 2011年7月16日，沈阳水务集团在沈阳市人民政府应急管理办公室、沈阳市城市防汛指挥部办公室指导下，在辽宁陆军预备役高射炮兵第一师协助下，于沈阳汉卿体育场（原沈阳体育学院体育场）举办"沈阳2011水务应急演练"。国家及沈阳市有关领导、全国城镇供水协会代表、以及省、市新闻媒体记者一同观摩演练。大会由沈阳市政府副秘书长陈荣礼主持，市委常委、副市长邢凯出席大会并发表重要讲话。水务集团2000余职工观摩此次大型综合演练。演练项目包括1000人应急抢险队伍及44辆供、排水应急抢险先进装备展示；3个抢险项目演练及抢险现场连线等科目，通过演练，提高水务集团职工应急处置能力，确保城市安全度汛。

（王惠贤）

【编制沈阳城市供水发展"十二五"规划】 2011年7月，受沈阳市政府委托，沈阳水务集团负责编制的《沈阳城市供水发展"十二五"规划》（简称《规划》），历时近两年的时间完成《规划》初稿的编制工作。本《规划》围绕《沈阳市国民经济和社会发展第十二个五年规划纲要》，在总结城市供水过去五年发展历程的基础上，坚持以城市总体规划和远期发展战略相结合的原则，从水源及配水厂建设、管网建设与改造、二次供水规划、水质达标提升、水资源保护、节水管理等方面进行了科学规划，合理布局，提出了"十二五"期间城市供水发展的战略目标和发展重点。本《规划》的实施对于科学、合理开发利用水资源、保证沈阳市经济建设和可持续发展，满足城市供水需求、完善管网建设、保障供水安全、提升供水水质，提高供水服务具有十分重要意义。

（王惠贤）

【电力供应】 沈阳供电公司承担着沈阳地区9区1市3县和2个国家级开发区1.3万平方公里范围内的供电任务。共有营业户数378万户，历史最大日供电量为8092万千瓦时，最大小时电力419万千瓦。实现售电量225.1亿千瓦，同比增长8.57%。平均单价完成656.25元/千千瓦时，可比口径上升3.52元/千千瓦时。上缴电费完成率100%。综合线损率7.91%，同比下降0.33个百分点。城网供电可靠率99.98%，同比提高0.0118个百分点；综合供电电压合格率99.86%，同比提高0.06个百分点。农网供电可靠率99.78%，比年度考核指标提高0.03个百分点；农网综合供电电压合格率97.08%，比年度考核指标提高1.08个百分点。

沈阳地区现有500千伏变电站3座，变压器容量6258兆伏安；500千伏线路16条、741.59公里。拥有220千伏变电站21座，变压器容量7080兆伏安；220千伏线路86条，架空线路1567.71公里，电缆线路43.19公里。拥有66千伏公用变电站168座，变压器容量8332兆伏安；66千伏公用线路230条，架空线路2325.91公里，电缆线路250.89公里。

公司获全国文明单位、全国可靠性金牌企业、国家电网公司文明单位、辽宁省用户满意企业、辽宁省先进基层党组织、沈阳市中省直企业工委先进单位、省公司标兵单位、党建工作先进单位等荣誉称号。沈北新区分公司获全国文明单位、国网公司农电综合管理标杆单位。铁西郭家营业所爱心团队被评为十大"感动沈阳"人物。

（刘　静）

【电网建设】 2011年，沈阳供电公司新增变电容量140.04万千伏安，输电线路214.22公里。

根据电网的需求，先后对220千伏张官变电站一号主变、祁家变电站一、二号主变、高台变电站一、二号主变、法库变电站二号主变增容改造，解决了上述变电站所代地区用电负荷紧张的问题。实施了66千伏陵东、郑家等变电站改造工程，确保陵东、郑家变电站在不间断供电的方式下完成改造任务。对66千伏和平、南湖变电站进行了扩建，增加了三号变压器，解决了和平、南湖地区用户负荷发展受限问题。CDM项目受到国网公司表扬，累计更换10千伏高损耗变压器185台，代表辽宁公司接受CDM项目的检查，查核数据准确率达到100%。

与各区、县政府签订了《电网建设项目前期和征地拆迁工作委托协议》，由政府作为主体落实征地拆迁责任。通过转变电网建设项目立项方式、发布电网建设工作月报和供电负荷预警等措施，确保了规划的有效执行。

建立了公司级工程项目储备库，进一步规范电网建设项目立项内审工作流程，提升了工程项目集约化、精益化管理水平。开展"三抓一巩固"和"三强化三提升"专项活动，加强基建工程安全与质量管理。全面完成年度里程碑开工投产计划，实现了"有序开工、均衡投产"目标。66千伏工程达标投产率100%。

加快智能电网建设步伐，修订《沈

阳地区电网"十二五"智能化规划》,分别与国网信通公司和电信公司签订智能电网建设战略合作协议。电力光纤到户智能小区试点项目进入竣工验收阶段。优质完成电网 GIS 平台推广实施工作。智能电网调度技术支持系统正式投入运行。完成了 100 个电动汽车充电桩和三座充电站的建设选址、设计评审及相关招标工作。

(刘 静)

【电网安全生产】 2011 年,沈阳供电公司突出安全生产人性化管理,创新实施反违章"四级谈话"和安全生产正向激励机制,"保安全、促发展"理念深入人心。以"安全风险管控年"为载体,以"两抓一建"(抓过程、抓执行、建机制)为主线,不断强化"六个关键环节"的安全管控。创新应用带电作业绝缘遮蔽程序票,有效规避作业安全风险。抓住电气化铁路保电、电网安全性评价等工作契机,全方位开展安全隐患排查治理,消除了太原街时尚广场电缆安全隐患等多项遗留多年的重大隐患。创新应急预案实战应用,四级预警、响应的发布实现自动生成。现场处置预案作为典型模板在国网公司系统推广,以沈阳公司为蓝本的国家电网公司应急能力评估标准填补了国内空白。经过公司全体干部职工的共同努力,公司实现了安全年目标。

(刘 静)

【电力营销】 2011 年,沈阳供电公司积极开展标准化供电营业所创建工作,创新实施营销内部同业对标,农电单位 SG186 营销系统成功上线,有序推进营销稽查监控中心建设。电费回收月清月结,月均预收电费余额突破 2 亿元。大力实施用电信息采集系统建设与智能电表推广应用,全年检定安装智能电表 71.4 万只,占全省总量 21%。

增供增收取得实效。提升电网经济运行水平,整合作业计划,合理安排运行方式,全年增供电量 595.3 万千瓦时。线损精细化管理系统上线运行,深入开展高损线路和台区综合整治工作,消灭了损失率在 15% 以上的高损台区。进一步规范用电市场秩序,集中开展宣传与打击相结合的反窃电专项治理活动,全年追缴电费及违约金 3784 万元。

(刘 静)

【电力科技进步】 2011 年,沈阳供电公司强化科技创新,全年取得专利授权 33 项。依托公司产业优势,争取到国网科技项目 2 项。开展群众性创新工作,通过政策扶持激发公司整体创新活力。获省公司优秀科技成果 10 项。"碳纤维复合芯架空导线研制与应用"被省总工会评为辽宁省职工十大创新成果。自上而下完善信息化管理体系,将公司现有网络延伸到 8 个县(区)分公司,扩展了业务应用系统覆盖面。

(刘 静)

【路灯建设】 2011 年,沈阳供电公司路灯局实现连续安全生产 2267 天,年内实现 3 个百日安全周期,实现了安全年。实现年度平均亮灯率 99.02%。完成新建和改造路灯工程 188 项。组立金属灯杆 2178 基、立水泥杆 502 基、敷设地埋电缆线 92.58 公里、架设绝缘导线 32.45 公里、安装路灯 3599 盏、安装箱变 1 台、安装变压器架空台 20 处、安装地埋变压器 4 处。完成了西城处基地(滑翔基地)的改造工作,逐步建成全市合理的办公、生产基地布局。建立并在全国率先启用路灯 GIS 综合管理系统平台,逐步实现路灯数字化管理。

主要工程完成情况。完成了塔湾街等 61 项市重点路灯新建及改建的工程;完成了佛山路小区等 13 项小区配套工程;浑南新区新隆街等 17 项工程;长白岛长白四街等 6 项路灯工程;白龙江街等 26 项路灯维护工程;北一马路等 35 项区属路灯工程;壮工社区等 29 项老旧社区路灯安装工程。

(刘 静)

环境保护

【概况】 2011 年,沈阳市环境保护局以科学发展观为指导,紧密围绕市委、市政府关于环境保护工作决策和部署,扎实推进全国环境建设样板城和国家生态市创建工作,全面加强生态环境保护与治理,积极采取多项措施完成年度污染减排工作目标,切实有效开展蒲河流域综合整治,进一步改善城乡环境质量,解决民生环境问题,推进生态文明建设,有力地保障了沈阳经济社会协调快速发展。年度主要环境指标稳中有所好转,整体环境质量好于上年。沈阳市城区环境空气质量优良天数达到 331 天,PM10 首次达到二级年标准,沈阳市环境空气质量趋于稳定;辽河沈阳段化学需氧量浓度值首次达到国家地表水三类水质标准;浑河沈阳段主要污染指标达到国家地表水四类水质标准;城市集中式饮用水源地水质达标率达到 100%;城市区域环境噪声、道路交通噪声稳定达标。

(刘 冰)

【环境建设样板城创建】 2011 年,沈阳市环境样板城创建科学发展规划已形成,重点工程建设成效显著,绿色环保产业蓬勃兴起,城乡环境质量持续改善,生态文明理念深入人心,各项创建指标明显提升。一是环保产业基地建设工作进展顺利。基地配套基础设施建设工程不断完善,辽宁沈阳进口可利用废物再生示范园已初具规模,环保产业基地招商引资工作取得阶段性成果,基地落户项目达到 50 余个,产值能力可达 100 亿元。二是国家级生态工业园区正式启动。沈阳经济技术开发区和沈阳高新技术产业开发区着手创建国家级生态工业园区,其中沈阳经济技术开发区制定了详细的创建方案并委托沈阳环科院开展生态工业园区规划编制工作;沈阳高新技术产业开发区委托中国环境科学研究院编制生态工业园区规划,已完成规划大纲编制,同时启动东陵区(浑南新区)生态文明示范区规划编制工作,并组织开展了全园区 ISO14000 认证和园区规划环评工作。三是样板城示范项目工作进展顺利。沈阳大学召开绿色大学建设经验推广会议,对首批样板示范工程宣传推介,组织开展第二批 30 个示范项目建设。四是强化国际交流与合作。在全国 3 个试点城市中,率先开展中法生态园区经贸合作对接,全市 38 个环保类项目与法方代表进行了洽谈沟通,

(刘 冰)

【生态城市建设】 2011 年,在生态市创建工作领导小组的领导下,全市各相关区县、部门全面深入开展生态市创建的各项工作,切实提高城市宜居水平,取得了阶段性成果。于洪区、辽中县、苏家屯区通过国家生态区(县)考核验收,新

民市、康平县、法库县通过国家生态县(市)技术核查,至此,沈阳市在全国副省级城市中首个100%的涉农区县通过国家生态区县考核,6个中心城区全部成为生态城区。87%的乡镇达到国家环境优美乡镇标准,全市生态市创建指标达标率达到92%,比创建前的2007年提高了42个百分点,生态环境质量持续改善。农村城镇污水处理能力和垃圾处理率均达到80%以上,绿色社区比例达到60%以上,50%的中小学成为绿色学校,城乡环境综合整治成效明显,生态环境大为改观。积极落实《沈阳市农村环境综合整治目标责任制工作实施方案》,农村环保管理工作机制和目标责任制逐步建立,农村环境连片整治与环境综合整治目标责任制试点工作通过环保部验收。完成了390个村的环境综合整治,建成108个村污水处理设施。完成农村环境连片整治示范项目。已整治村屯239个,建设水源地防护设施56个,修建集中式污水处理设施2处、配套管网4700公里,建设分散式污水处理设施51个,修建垃圾转运站51个,购置垃圾箱5400个、垃圾收集转运车697辆,建设畜禽养殖分户处理设施838个。

(刘 冰)

【污染减排】 2011年,沈阳市通过强化组织领导,落实责任目标,完善政策机制,实施重点工程,加强监督管理等一系列措施,全面推进污染减排的各项工作,圆满完成污染减排任务。一是强化减排目标责任制。根据辽宁省下达的“十二五”规划及2011年减排目标,下达了各地区年度减排控制指标,根据沈阳市具体实际情况,通过挖潜工程,确定了年度减排重点工程,同时有效控制煤炭增量,对全市燃煤电厂及各区级政府下达了煤炭控制任务指标,全年非电煤炭增量争取控制零增长,并将全市污染减排任务纳入绩效考核。二是落实污染减排重点工程。推进日处理25万吨西部污水处理厂扩建工程和日处理60万吨南部污水处理厂建设工程;落实责任,确保蒲河新城道义污水处理厂等9座污水处理厂建成并投入正常运行,达到既定减排能力;完成沈阳矿业有限责任公司蒲河煤矿等7家工业企业治理工作和沈阳石蜡化工有限公司、沈阳新北热电有限公司等3家企业锅炉以及沈阳鸿圣基供暖有限公司等17台非电燃煤锅炉脱硫改造工程;实行结构调整,关停了沈阳炼焦煤气有限公司3座炼焦炉和2台蒸汽炉、沈阳有色金属加工厂3台小发电锅炉、沈阳金山热电4台小发电锅炉。

(刘 冰)

【辽河、蒲河流域污染综合整治】 2011年,沈阳市全面推进水环境综合治理工作,以蒲河生态廊道建设、大浑南“一横四纵”水系建设为重点,开展辽河主要支流河南小河等小流域治理工作,综合改善和提升全市地表水环境质量。通过一系列卓有成效举措的实施,沈阳市水环境质量持续改善。浑河沈阳段主要污染指标达到国家地表水四类水质标准;辽河沈阳段化学需氧量浓度值首次达到国家地表水三类水质标准;城市污水处理率达到80%,城市污水再生利用率达到20%以上,六成以上工业用水得到重复利用。深入开展蒲河生态廊道建设治污工程。重点建设辽中近海等9座污水处理厂及配套管网工程项目,其中于洪区沙岭污水处理厂已经完工,棋盘山泗水、蒲河新城道义二期等6座污水处理厂已开工,大东南小河和于洪马三家子等2座污水处理厂正在开展前期工作;加快推进已建成的8座污水厂配套管网的建设工作;完成37家重点污染源治理工作。开展白塔堡河以及细河污染整治。白塔堡河全段的清淤工作已经完成,开始进行堤桥建设和两岸绿化。开展细河城区段30公里景观化建设,使细河水质得到明显改善,沿岸生态环境得到恢复。启动辽河沈阳段干流及支流河污染治理工作。制订了辽河沈阳段干流及支流河污染治理工作方案,并经市政府原则通过。

(刘 冰)

【大气环境综合整治】 2011年,沈阳市环境保护局印发了《沈阳市人民政府关于划定高污染燃料禁燃区和基本禁燃区的通知》,划定了沈阳市高污染燃料禁燃区的范围,并明确了建成时限和部门责任,相关创建工作已陆续展开。组织实施高速和哈大客专沿线两侧1000米大气污染源调查及环境综合整治工作,治理和拆除小锅炉50余台;开展望花木材干燥窑污染大气环境整治工作,对望花仅存的6家干燥窑实施了停产。开展了全市燃煤锅炉的摸底调查工作,对在用的燃煤锅炉和配套的污染净化设施全面实施排查,共调查锅炉近4000余台,进行了分类汇总,形成最新的锅炉信息台账。编制完成了沈阳市大气污染联防联控工作方案。联合市硬环境建设办公室等部门推动相关职能部门对道路、建筑施工等扬尘污染进行集中整治。机动车年检近50万辆,合格率保持在90%以上,与交警联合路检车辆1.06万台。全年空气质量优良天数达到331天,PM10首次达到二级年标准。

(刘 冰)

【环境污染防治与管理】 2011年,沈阳市建立了健全的环境保护行政执法监督机制、规范企业环境行为评价办法,完善征信体系建设,促进行政处罚工作的规范化。印发了《沈阳市企业环境信用等级评价管理办法》(以下简称《办法》),将企业环境信用等级用绿、蓝、黄、红、黑5种颜色标注5个信用等级,通过政策手段,提高环境守信企业效益,增加环境失信企业成本。作为强制评价对象,沈阳市45家国控、284家市控重点污染源企业被首批纳入企业环境信用评价体系。协调推进全市污水处理厂污泥处置项目实施;沈阳市30万吨堆存铬渣无害化处理项目累计处理铬渣22.28万吨;开展原沈阳机车车辆厂旧址、沈阳炼焦煤气有限公司原污染场地治理修复工作;完成1081家企业固废申报登记,固废规范化管理工作取得新进展。累计调处群众环境投诉案件4247件,结案息访率达到95%,“12345”市民诉求专线案件到期办结率连续36个月全市排名第一;综合整治建筑施工噪声污染,排查邻近居民住宅固定噪声源2500余家,彻底解决215家重点固定噪声源扰民问题。

(刘 冰)

【环境执法】 2011年,沈阳市环境保护局狠抓“3×6+1”环境执法新模式推进工作,全市环境监察系统为保障沈城的环境质量和人民群众的环境安全,开展了春、夏、秋三大战役,先后开展了重金属企业整治、蒲河流域以及噪声监察执法等18大专项行动,出动2.27万人次,检查企业1.12万家,停产涉铅企业8

家，处罚违法排污26家，对松下蓄电池等8家涉铅企业责令停产。妥善地处置了新民市东蛇山乡小塔子村等环境污染事件。加强了危险废物日常监管工作，开展全市危险废物产生单位专项检查工作。在市内9区范围内，集中开展建筑施工噪声整治“百日攻坚行动”，实施严格的执法督查和信访督查，实行建筑施工违法案件日报和周报制度，加强市、区信息沟通，联合行动，及时有效解决违法夜间施工扰民问题。深入开展居民区固定噪声源排查工作，集中整治问题突出的固定设备重点噪声源215家，对风险源和危险源进行动态监管，及时督促安全送贮废源，消除辐射隐患。迅速妥善监测和处置突发性环境污染事件9起，安全处置全市废弃剧毒化学品17.78公斤，安全送贮4家单位共10枚放射性废源，环境应急能力建设试点工作全面启动，市环境应急救援队成为全国环境保护与公安消防应急联动机制建设工作典型。

（刘　冰）

【环境科研】　2011年，沈阳市环境保护局完成了国家、省、市环境科研项目16项，获得省部级奖项1项，市级奖项5项；积极推进“十二五”国家科技重大专项课题在沈阳启动，实现在承担国家重大专项方面的重大突破；全年评估规划及建设项目379个，完成了30余项环保工程设计。深入开展了污染场地治理和修复技术研究工作，提出了污染场地中相关联的的重金属现值指标，开发了污染场地风险评估模型。开发完成了危险废物突发环境事件应急决策软件及模块式环境污染现场处理处置装备。市环境监测中心站全国惟一的国家环境保护大气有机污染物监测分析重点实验室以及国家公益性行业专项资金项目《环境监测数据质量控制框架体系研究》通过环保部验收；《产业积聚区域大气污染综合预报及评估技术研究》、国家水体污染控制与治理科技重大专项子课题研究工作已进入尾声。依托于国家公益性项目《产业积聚地区域大气污染综合预报及评估技术研究》，建成了东北三省区域大气污染预报平台。

（刘　冰）

【环境监测与监控】　2011年，沈阳市环境监测工作获取数据2.87万个，报出各类报告近千份。掌握全市环境质量状况变化情况和污染物排放情况；建成大气环境质量预警体系，为全运会区域性大气联防联控奠定基础；稳步开展了全市范围内115个水环境监测断面、12个大气自动监测点位以及48条干线、135个点位的交通噪声、240个区域噪声环境监测点位、7个点位的功能区噪声、19家国控重点源、10个污水处理厂的例行监测工作；开展了辽宁省政府跨界断面考核、辽河流域污染治理预警监测，自动监控设备数据比对等临时性监测和应急监测工作；开展了环境统计、污染源动态更新、城考等例行工作，为沈阳市环保决策提供有力的数据支撑。全年完成28套自动监控设备的安装、调试及联网工作，全市189套废气、废水自动监控设备实现数据联网并稳定运行。

（刘　冰）

【环境国际合作】　2011年，沈阳市环境保护局协助组织召开中日沈阳—川崎环境友好型城市研讨会，并参加在川崎举办的“第七届亚太地区生态产业论坛”及“2011川崎国际环境技术展”，搭建日本节能环保技术引进服务平台；与日本札幌市环境局签署了环境保护深化合作备忘录，构建更完善的支持沈阳市环境样板城创建的合作平台；进一步推进与德国、捷克等国家水处理方面的交流与合作；向日本、新加坡、法国等国家派遣进修人员49名。

（刘　冰）

【环境宣传教育】　2011年，沈阳市环保局围绕全市环境样板城创建、国家生态市和污染减排工作，以及推广“3×6+1”环境执法新模式等环境保护工作，结合田洪光同志先进事迹、“六·五”世界环境日等进行了大量宣传报道。承办了环保部的“千名青年环境友好使者行动”、“酷中国—全民低碳行动计划”、“低碳45分钟绿色课堂讲义征集大赛”、“送三精蓝瓶回家大型环保公益活动”、“远洋社区环保公益奖活动”、“‘低碳，绿色未来’环保英文征文比赛”6项环保公益宣传活动，与市直机关工委、市文明办共同主办了沈阳市纪念“六·五”世界环境日主题活动——“绿色文明出行”；联合世界500强企业——可口可乐有限公司，开展一系列的创意活动，全面推进“沈阳市中小学绿色成长计划”。与可口可乐公司、辽宁电视台、沈阳网、市城建局、华商晨报等单位共同开展了“地球一小时”倡议活动，以及“沈城熄灯一小时”活动。以“中小学环保节”为载体，稳步实施“沈阳市绿色成长计划”，多福小区等6个社区获全国首届“远洋社区环保公益奖”。

（刘　冰）

建 筑 · 房 地 产

建 筑

【概述】 2011年,沈阳市建筑业总产值为1411亿元,同比增长33.7%,其中:外埠(省外)产值280.2亿元,占总产值的19.8%,同比增长11.6%。全市现有建筑业企业2138家,其中:施工总承包资质企业324家、专业承包资质企业1565家、劳务分包资质企业249家。施工总承包特级资质企业3家、一级资质企业37家、二级资质企业65家;专业承包资质企业一级企业98家、二级资质企业223家。本地骨干企业竞争实力增强。远大集团、中铁九局集团年产值突破100亿元,中铁十三局集团第三工程有限公司年产值突破54亿元,东北金城、北方建设等企业年产值已突破30亿元。优势企业和产品加快发展,远大集团等领军型企业在建筑幕墙、膜结构等方面,专业生产水平和施工能力达到国际水平。电梯、盾构机、大型建筑塔吊、高空作业设备等产品具有较高的国内市场占有率。

(吕岩 赵萍萍)

【建筑市场规范与整顿】 2011年,沈阳市围绕对工程建设领域突出问题的专项治理和建筑市场诚信体系建设两条主线,一是组织了建筑市场的执法检查工作。召开"2011年建筑市场执法检查动员会议",公布了《沈阳市2011年建筑市场执法检查实施方案》,对全市开展建筑市场执法检查工作做出部署。对和平、铁西、康平、法库、沈北、蒲河、苏家屯等区县的建筑市场进行了执法检查。组织有关单位、各区、县(市)、开发区建设行政主管部门收听收看了全国整顿建筑市场电视电话会议。举办建筑市场执法检查培训班。二是组织了工程建设领域突出问题的专项治理工作。排查新建和改、扩建工程项目375项,排查出各种问题123项,督促补办相关要件60项。三是抓好建筑市场信用体系建设。搜集、整理建筑市场信用信息182条,其中不良信息128条,良好信息54条,并通过沈阳建设工程信息网对外进行了公布,为招标人和其他建筑市场管理提供参考。配合做好"信用沈阳"建设工作。制定下发《沈阳市建设市场诚信行为激励和惩戒规定》,进一步建立完善"诚信激励、失信惩戒"的机制。

(吕岩 赵萍萍)

【工程质量管理】 2011年,沈阳市共监督在建工程1.13万项,总面积8047万平方米,比上年增加约7%。其中:住宅工程8012项,面积4730万平方米;公用安装工程804项,装饰装修工程166项。下发工程质量整改通知单455份,停工通知单16份,监督检测通知单68份,制作现场调查(询问)笔录15份。在工程创优方面,有1项工程获国家鲁班奖;16项工程获沈、长、哈三市优质工程观摩金银杯奖;1个小区获省世纪杯奖;65项工程获辽宁省优质主体结构工程;评选出市优质主体工程310项、市优质工程94项、市精品工程16项。

制定下发《关于加强外门窗、屋面防水工程质量监督管理的通知》、《关于加强沈阳市地铁地下防水工程施工质量管理的通知》、《关于贯彻落实〈辽宁省建设工程质量与建筑市场联动管理办法〉的通知》等一系列质量管理文件,切实落实工程建设参建各方质量责任,着力解决工程施工质量存在的突出问题。开展全市工程质量大检查,重点检查政府投资的建设项目、金廊工程、地铁工程、保障性住房和经济适用住房、回迁房、学校、冬施项目,全市在建工程质量始终处于有效受监状态。

抓好"四项治理",严格落实工程参建各方主体质量责任。主要开展了节能工程专项治理、使用功能专项治理、检测机构专项治理、建材专项治理。突出"三个重点",一是加强保障性住房工程质量监督;二是加强重点工程项目质量监督;三是加强地铁工程质量监督管理。顺利通过全国地铁工程质量检查,在辽宁省住建厅组织的沈阳、大连地铁工程质量互检活动中,沈阳市获得好评。

(吕岩 赵萍萍)

【工程安全生产管理】 2011年,沈阳市建筑安全生产形势基本稳定,监管水平不断提高,企业安全意识逐渐增强。全市共有1816个建筑施工现场,施工面积达8000万平方米;拆除现场80余个、拆除面积220万平方米;地铁施工2号线16个标段全长22公里。全年,全市共发生建筑安全生产死亡责任事故5起,死亡8人,事故数与上年持平,死亡人数同比下降20%,其中:较大事故1起,与上年同比下降50%,地铁施工实现零死亡事故,百亿元死亡人数0.66人,在辽宁省、沈阳市控制指标范围内。

2011年,共对全市1636个施工现场进行了全覆盖的安全隐患排查,并按照隐患整改期限进行了复查。沈阳市各行政区域建设安全监管部门累计检查建设施工现场4172次,下发《责令整改通知书》2833份,下发《责令停止违法行为通知书》917份,排查建设施工安全生产一般隐患2.17万项,重大生产安全隐患120项,对施工现场存在的隐患问题要求施工企业进行整改,整改合格率达到98%,其中,重大生产安全隐患整改合格率达到100%。对存在重大隐患或整改不合格的企业进行相应处罚。

(吕岩 赵萍萍)

【建筑节能管理】 2011年,沈阳市制定了绿色建筑评价标准、评审办法及相关技术标准,发布《关于征集沈阳市绿色建筑示范工程和低能耗建筑示范工程的通知》,启动绿色建筑和低能耗建筑的建设工作。积极开展示范工程建设工作。组织"丽水新城"、"公租房"、"万科春河"等项目成功申报为沈阳市环境样板城建设示范工程项目。组织建设了"辽宁省人民检察院综合业务楼"、"万科城6期"、"新民市大民屯镇农村发展服务中心综合楼”等多项示范工程。制定下发《关于开展建筑节能专项检查的通知》、《关于开展沈阳市建筑施工现场建筑材料专项检查的通知》等建筑节能相关文件，明确检查内容，对严重违法违规行为进行处罚。全年，共检查工程项目182项，其中：民用建筑项目171项，公共建筑11项，总计建筑面积1271.2万平方米。下达责令整改通知书8份，责令停止违法行为通知书19份，有效保障建筑节能工程质量，促进建筑节能事业健康发展。审批地源热泵技术应用项目87项、建筑面积1313.85万平方米，其中，确认应用项目33项，建筑面积141万平方米。实现新增太阳能光热推广应用建筑面积80万平方米。

开展新技术引进和新产品推广应用工作。以“四新”技术应用为重点，大力推广新技术、新材料，促进绿色节能建材工程应用。组织召开“索乐图日光照明技术研讨会”和“FBF防火保温板应用研讨会”、沈阳华新联美置业有限公司河畔新城六期外墙装饰砖论证会、青岛科瑞STP保温板在沈阳泰盈地产项目外保温论证会、华润凯旋门20号楼外墙饰面论证会、沥青混合料添加剂技术论证推广会等。依据国家住建部和辽宁省住建厅文件规定，先后对沈阳金凯厦建材科技有限公司生产的KS阻燃型建筑保温材料、沈阳市炬园建材有限公司生产的SBS改性沥青防水卷材、沈阳沈飞集团铝业幕墙工程有限公司生产的双波彩铝外翻窗等27个单位的产品及材料予以推广。

（吕岩　赵萍萍）

【勘察设计管理】 2011年，沈阳市对在沈注册的266家勘察设计单位开展资质动态核查工作，257家符合国家有关资质标准要求，9家未达到资质标准要求，对整改后仍不合格的4家单位，予以撤回资质。通过了国家住建部、辽宁省住建厅对沈阳市建筑节能专项检查及工程勘察质量专项检查。开展了2011年度优秀工程勘察设计评选活动，有31个项目获优秀工程勘察设计一等奖，20个项目获二等奖，20个项目获三等奖。在辽宁省住建厅组织的2011年度辽宁省优秀工程勘察设计评选工作中，沈阳市推荐工程项目获建筑工程类一等奖4项，二等奖4项，三等奖3项；获市政工程类一等奖6项，二等奖6项，三等奖6项。

组织开展沈阳市注册建筑师执业资格和注册结构工程师资格考试的审核工作。全市72家勘察设计单位的711人通过了注册建筑师执业考试资格的审核；104家勘察设计单位的1055人通过了注册结构工程师考试资格的审核。完成了《沈阳市十二五无障碍设施建设发展规划》的编制工作，该规划对沈阳市未来五年无障碍设施设计和建设提出了工作目标和保障措施，规划的实施将惠及全市38.4万残疾人、老年人等行动不便人群。

（吕岩　赵萍萍）

【外埠施工企业管理】 2011年，沈阳市受理外埠进沈建筑企业登记1100件，其中：省外企业备案584件，省内企业备案516件。加强外埠施工企业日常监管，积极推广《外地进沈建筑施工企业诚信管理手册》，使之成为外埠施工企业“身份证”。《诚信手册》记录了工程质量、安全生产、税费交纳、劳动用工等方面的违法、违规行为和企业获得的各种表彰、荣誉。外埠施工企业在沈承揽工程进行备案的同时，必须按照《诚信手册》填报有关工程信息。全年对外埠企业发放《诚信手册》145本。

（吕岩　赵萍萍）

【现代建筑产业化试点城市】 2011年，沈阳市现代建筑产业化工作取得了显著成果。积极引进国内外先进企业和技术，日本鹿岛骊住、日本积水、长沙远大、长春亚泰等一批建筑构件生产企业陆续在沈阳市投资建厂，规模化生产能力逐步形成。创新完善技术标准体系，编制实施了《预制混凝土构件制作与验收规程》、《装配整体式混凝土结构技术规程》等六部省、市技术标准。现代建筑产业化示范项目相继启动，以地铁丽水新城公租房项目、万科春河里项目、环保大厦项目等为代表的133万平方米装配式建筑工程开工建设。现代建筑产业化的加快推进，有力促进了全市建筑业发展。全年建筑业签订合同额2906.3亿元，同比增长35.3%。

2011年1月，经国家住建部正式批准，沈阳市成为全国第一个现代建筑产业化试点城市。沈阳市成立推进现代建筑产业化发展工作领导小组，市建委专门组建了沈阳市现代建筑产业化管理办公室，全力开展现代建筑产业化试点城市建设相关工作。

1. 推进产业园区建设。依托沈阳市铁西区装备制造业基础，规划建设50平方公里的现代建筑产业园。重点发展现代建筑装备、现代建筑部件和现代建筑服务业，做大做强沈阳市现代建筑产业基地，该园区位于沈阳西部工业走廊东端，距离周边城市平均100公里，逐步形成1小时交通辐射圈。

2. 启动试点工程项目建设。全年陆续启动建设一批现代建筑产业化工程项目，包括丽水新城、万科春河里、金域蓝湾等11个工程项目，面积为152万平方米。全市1.18万套保障性公租房建设任务中，有9800套采用装配式建筑技术建设。

3. 提高构件生产能力。全年，在沈阳市已形成规模PC构件生产能力的企业主要有：沈阳骊住公司、长沙远大住工公司、亚泰集团沈阳公司、辽宁建设构件商品混凝土有限公司等，为沈阳市2011年开工的装配式项目供应PC构件。

4. 制定激励扶持政策。制定下发《关于加快推进现代建筑产业化发展的实施意见》和《沈阳市推进装配式建筑工程建设暂行办法》两个激励扶持政策。

5. 加强科研技术攻关。组织开展《无线射频（RFID）技术在装配式建筑中的应用研究》、《可装配式关键部品集成的连接技术研究》、《预制复合保温外墙板关键技术研究》、《预制混凝土管桩抗剪承载力研究》等课题研究工作。开展现代建筑产业化发展规划研究工作，编制《沈阳市现代建筑产业化十二五发展规划》及开展系列软课题研究工作。

（吕岩　赵萍萍）

房地产

【概述】 2011年，沈阳市加大房地产市场政策引导，加强房地产行业管理和服务，实现了房地产市场平稳运行。房地产开发投资稳步增长，全年累计完成投资1684.7亿元，同比增长16.2%，其中：商品住宅完成投资1262.8亿元，同比增长25.7%，占全部房地产投资的74.96%。商品房开发建设形势良好，全年累计施工面积1.03亿平方米，首次超过1亿平方米大关，其中：住宅施工面积

7705.6万平方米;商品房竣工面积2017.7万平方米,同比增长44.8%,其中:住宅竣工面积1637.4万平方米,同比增长47.8%。

全面实施保障性安居工程建设,建立了以廉租住房、经济适用住房、公共租赁住房为主要保障方式的住房保障体系,全面完成2011年各项保障性安居工程任务。

1. 廉租住房保障。采取发放租赁补贴方式,解决低保户和低保边缘户家庭住房困难问题。完成新增廉租住房保障4150户,发放补贴2.39万户、约8700万元。

2. 经济适用住房保障。采取"建、补"结合方式,落实经济适用住房保障任务。完成经济适用住房7710套(户)。其中:皇姑屯等3个经济适用住房建设项目共计3554套,2011年基础和主体开始施工。

3. 公共租赁住房保障。通过新建、回购、自建、长期租赁社会房源等多种渠道,完成3.99万套公共租赁住房任务。其中:市政府投资新建项目1.1万套;市政府回购安图小区320套;各区、县(市)政府和开发区管委会组织辖区内单位进行自建和长期租赁社会房源2.86万套。制定下发《沈阳市公共租赁住房装修标准(试行)》、《沈阳市企事业单位自建公共租赁住房意见》。

4. 中央下放地方煤矿棚户区改造项目。中央下放地方煤矿棚户区改造项目3300套,集中选址在沈北新区清水台地区。该项目已开工74栋楼,共7609套。辽宁省下达的3300套任务主体已全部完工。

5. 垦区危房改造项目。计划改造295户,集中安置,主体已全部完工。

(*吕岩　赵萍萍*)

【房地产市场发展】 2011年,沈阳市房地产管理工作紧紧围绕全市重点工作,坚持市场调控不放松,坚持服务质量不放松,坚持民生工程不放松,通过一系列措施,确保各项工作目标顺利完成。

1. 房地产市场。根据国家有关政策,从沈阳实际出发,确定了新建住房二环以内的限购范围。2011年全市商品房销售面积1677万平方米、19万余套、金额1042亿元,分别比上年增长1%、4%和17%,成交量在19个主要城市中排名第三。成功举办四季房交会。加快个人住房信息系统建设,提前实现了全市联网并率先与住建部对接。存量房交易资金监管实现12个市辖区全覆盖,实时资金监管率超过70%。全年办理房产登记67万余件,受益重点项目建设单位8个,服务规模144万平方米;提供上门服务1952次,便民服务车行驶5.4万公里,受惠百姓5800人次。自筹资金成立大浑南房地产交易权属登记分中心,进驻测绘分队,全面实现大浑南企业群众"办事不过河"。

2. 住房保障。完成保障性住房建设5.54万套,辽宁省保障性安居工程督察组给予通报表彰。更新货币化系统,简化审核流程,分配资金5.47亿元。

3. 物业管理。改造弃管住宅区702个,涉及面积1556万平方米,惠及百姓近30万户、约65万人,提前、超额完成全年任务,1091个已改造弃管住宅区全部落实了后续管理,主流媒体报道127篇,被百姓评为"十大城变"第三名。

4. 城市供暖。落实42处供热重点整改区域,10万余户居民从中受益。全年"三修"总投资11.54亿元,共改造管网600公里,拆除锅炉房50座,联网面积200万平方米,新、改、扩建20个热源项目,新增供热能力3000万平方米。成为辽宁省申报国家"节能暖房"重点市,全年实施"暖房子"工程200万平方米。

5. 城市房屋征收。出台了《关于做好国有土地上房屋征收与补偿工作的通知》,在全国率先确定了征收新体制和管理模式。全年共完成拆迁(征收)居民2.29万户,单位566家,其中金廊共完成居民1.43万户,占居民总户数的91.9%;完成项目征收(拆迁)补偿安置资金审核106项,额度近556亿元。

(*董玲玲*)

【房地产市场管理】 按照"国八条"调控政策的规定及市政府办公厅《关于进一步做好房地产市场调控工作的通知》要求,沈阳市房产局出台了《关于住房限购有关问题的通知》,于2011年3月8日平稳有序地开展了住房限购工作。住房限购实施以来,房地产市场保持了健康发展的良好态势,得到了各方的认可。继续推行"优环境、惠民生"服务举措,成立大浑南房地产交易权属登记中心,开展"解难题、促转变、优环境"主题实践活动。服务开发企业重点项目8个,服务总规模144万平方米;十台便民服务车为百姓提供上门服务1952次,行驶5.4万公里。

10月出台了《关于加强房地产经纪管理规范经纪机构执业行为的通知》(沈房发〔2011〕86号)。在全市实行房地产经纪机构执业资质等级管理制度,设定了各个资质等级的执业范围,明确分支机构管理,实行经纪人员执业印章制度,明确规定了经纪机构和经纪人执业守则及禁止性行为。进一步加强对房地产经纪行业的管理,规范房地产经纪行为,建立主体诚信、行为规范、监管有力的房地产经纪市场秩序,维护当事人的合法权益,促进商品房及其它房屋出售、出租业务。

为进一步培育健康有序的房屋租赁市场,市房产局以深入开展"创一流"活动为载体,制定了相关政策法规,探索房屋租赁管理新模式,重点开展了市场动态监测分析,加快推进沈阳市房屋租赁管理信息系统建设,进一步完善社会综合协管体系,全面加强区县管理工作,全力抓实房屋租赁备案管理,全市共办理非住宅登记备案面积381.78万平方米,占计划指标的127.26%,超额完成全年非住宅房屋租赁登记备案面积300万平方米的工作目标,为实现房屋租赁规范化管理奠定了基础。

(*佟盛林*)

【住房改革】 2011年,全市共分配、审核、发放住房分配货币化补贴资金5.47亿元;出售自管公有住房31.9万平方米,5761户,归集房改资金3999万元;审批支取房改资金2890万元,用于货币化补贴1863万元,用于房屋维修1027万元。一是货币化补贴资金有新突破。全年共落实市本级货币化补贴资金4.5亿元。完成了货币化补贴系统升级工作,建立了客户服务终端,审核效率明显提高。二是公有住房出售政策有新突破。制定出台了《关于出售公有住房有关问题的补充规定》,允许非本地户籍居民参加房改,打破了房改户籍限制。三是房改资金使用管理更加规范。通过建立自管房房改资金管理信息系统以及加强对需维修房屋现场检查并完善审核要件,加强了对房改资金使用的监督和管理。

(*郭丽秀*)

【住房保障】 2011年,全国计划新建各类保障性住房1000万套,辽宁省任务指标为33.79万套。省政府下达沈阳市保障性安居工程任务4.94万套(户),其中:新增廉租住房租赁补贴2000户;经济适用住房7000套;公共租赁住房3.68万套;中央下放地方煤矿棚户区改造3300户;国有垦区危房改造295套。年内实际完成保障性安居工程任务5.54万套(户),超额完成辽宁省下达的任务指标。

1.廉租住房保障。采取发放租赁补贴的方式,解决低保户和低保边缘户家庭住房困难问题。完成新增廉租住房保障4150户,全年共发放补贴2.39万户、8800万元。

2.经济适用住房保障。采取"建、补"结合方式,完成经济适用住房7710套(户)。其中,皇姑屯等3个经济适用住房建设项目共计3554套,年内正进行基础和主体施工;经适房货币补贴备案4156户。

3.公共租赁住房保障。主要通过新建、回购、自建、长期租赁社会房源等多种渠道,落实公共租赁住房3.99万套。其中,市政府投资新建1.1万套;市政府收购安图小区320套;各区、县(市)政府和开发区管委会组织辖区内单位自建、回购及长期租赁社会房源等方式完成2.86万套。

4.中央下放地方煤矿棚户区改造项目。计划改造3300套,集中选址在沈北新区清水台地区,主体已全部完工。

5.垦区危房改造项目。计划改造295户,集中安置。实际完成339户,已全部竣工。

(孙荣华)

【住宅区物业管理】 2011年,沈阳市房产局印发《关于业主大会解聘选聘物业服务企业的指导意见》。根据《业主大会和业主委员会指导规则》和《沈阳市物业管理条例》,规范业主大会解聘、选聘物业服务企业行为,解决了由于决策主体错位导致业主委员会越权操作的问题;维护物业管理市场秩序,解决了由于程序漏洞导致随意解聘选聘物业公司的问题;保障广大业主和物业服务企业的合法权益,解决了由于相关法律文书不规范导致表决结果"失真"的问题。

成功组织沈阳市首例弃管住宅区物业服务招投标活动。为防止弃管小区改造后重新回到弃管状态,市房产局积极指导铁西区政府为兴华园小区引入物业管理的准备工作,指导兴华园社区代行业主委员会职责,深入居民征求意见,制定选聘方案。招投标会议于5月17日开标,共有5家物业服务企业投标。最终,辽宁天阳物业管理有限公司以每月每平方米0.55元的价格中标。兴华园小区成为沈阳市历史上首例通过招投标选聘物业服务企业的弃管小区。

(陶 然)

【产权产籍管理】 2011年,沈阳市房产局先后组织召开了县域房屋交易登记业务会议、全市房地产交易权属登记工作会议、全市房屋交易登记机构负责人季度例会,充分交流沟通,研讨房屋登记中存在的问题。

10月,出台了《关于印发〈沈阳市房屋登记技术规范〉的通知》,统一规定了全市交易、登记机构的登记要件、工作流程与工作时限,于2011年12月1日正式施行。《沈阳市房屋登记技术规范》的出台实施,将解决绝大部分市区交易登记机构存量房、商品房办证过程中的标准不一致问题,推进房屋交易与登记规范化管理。

12月,出台了《关于进一步明确市内五区区域级存量房交易核准与登记发证工作职责的通知》,《通知》明确规定了各部门工作程序、工作职责,统一了制式表格,配合沈阳市房屋登记技术规范,调整了工作时限。

全年为97中学教师公寓、红田美林居、三利和平湾、地利苑等项目下发解疑文件,解决了759户业主办证问题。

(佟盛林)

【房屋交易资金监管】 按照市政府《关于进一步做好房地产市场调控工作的通知》精神,沈阳市房产局出台了《关于全面实施二手房交易资金监管工作的通知》,5月16日起在全市全面实施二手房交易资金监管。沈阳市的二手房交易资金监管坚持四个原则:一是无偿原则。对所有监管业务实行免费服务并支付利息;二是便捷原则。将资金监管环节嵌入整个二手房交易环节中,实行"一站式"服务;三是安全原则。建立"受理-监管-发证-划款"严谨的审查机制和风险防范制度,确保群众的资金安全;四是实际原则。考虑到亲属之间交易等特殊情形,设计了减免监管制度。截至2011年底,监管资金已达到70亿元,3.5万余户购房者受益。基本达到应管尽管目标,初步形成了"政府主导、全面监管、专业服务"为特色的存量房交易资金监管体系。

(佟盛林)

【国有土地房屋征收管理】 2011年,全市新启动房屋征收(拆迁)项目共42项,涉及居民2.96万户,单位795家,征收面积214.5万平方米,已完成居民1.95万户,单位403家,项目实现晾地10项;完成项目征收补偿安置资金审核106项,审核征收面积约419.8万平方米,审核资金额度近555.7亿元;全年接待群众来访214人次,来信4件,来电3163次,参与调解228件,调解成功52件,全年未发生大规模集体访事件。

2011年1月21日,《国有土地上房屋征收与补偿条例》(国务院令第590号)颁布实施,拆迁政策、体制及管理模式发生重大变化。2月28日,经市政府第49次常务会议同意,颁发了《沈阳市人民政府办公厅关于做好国有土地上房屋征收与补偿工作的通知》,明确了征收机构组建、市、区职责分工、工作程序、补偿补助标准、拆迁项目收尾、征收项目实施等工作。

为贯彻市委、市政府惠及民生,把房屋征收改造过程,转变为广大群众生活水平,居住条件进一步改善过程的总体要求,实物安置采取就近就地安置,按被拆迁房屋建筑面积10%-20%给予改善面积;实施货币补偿的,补偿标准在被拆迁房屋市场评估价格基础上上浮20%-30%。另外,奖励费、搬家费、过渡期补助等也有大幅度提高

(杨耀光)

【暖房子工程】 2011年,沈阳市成为申报国家节能暖房工程重点市,并全面组织实施节能暖房工程。共实施"节能暖房"工程300万平方米,涉及老旧小区居民3.6万户,工程总投资3.02亿元,其中国家奖励资金1.32亿元,市政府城建计划安排资金1.5亿元,供热企业投资2000万元。

"节能暖房"工程主要是对墙体维护结构进行改造,具体包括外墙保温、屋面保温防水、楼梯间门窗更换、楼梯间保温等,同时对供热系统进行节能改造。

实施改造后的房屋三个明显变化:一是屋子变暖了,从冬季供热情况看,实施"节能暖房"工程的小区用户室内温暖平均提高4至5度;二是能耗变少了,

由于房屋外墙加装了保温板、重新更换了门窗,热损失大幅度降低,实施“暖房子”工程的小区锅炉房能耗下降40%以上,供热单位节能、减排的效果日益明显;三是房子变美了,由于“节能暖房”工程对外墙、内墙及门窗的材料、色调等进行了科学设计,既体现了新变化,又保持了原有的风格特点,焕然一新的面貌与周边环境谐调一致,有力促进了宜居沈阳的建设。

(丁 丽)

【弃管住宅区综合改造】 2011年,沈阳市弃管住宅区综合改造工程被确定为市政府为城乡群众办的十件实事之一,计划改造弃管住宅区700个,建筑面积1500万平方米,实际改造弃管住宅区702个,建筑面积1556.27万平方米,重点解决屋面漏雨、电线老化、室内下水堵塞和化粪池、窨井疏通不畅导致的污物外溢等影响群众生活的房屋维修问题。全年完成投资4.6亿元,惠及居民近30万户,人口65万人。

市房产局注重工程质量,主要采取公示制、监理制、抽检制、“三级验收制”和“四级监督”等制度,同时,在市区两级监管体系的基础上,每个点位配备一名群众监督员。另外,市房产局组织167名干部,开展包保巡查,为工程质量再添保险。工程开展期间,曾维书记、陈海波市长和赵长义主任多次视察工程现场,对工作进展均给予充分肯定,市人大常委会就此项工作进行了专题询。年末,弃管住宅区改造工程被评选为“沈阳十大城变”第三名,成为沈城百姓心目中民生工程的亮点。

市房产局在精心组织好改造工程的同时,高度重视后续管理工作,始终坚持“管理与改造并举”的指导思想,按照“管理与改造同步”的原则,采用“同步研究、同步部署、同步落实”的三同步做法,在各区因地制宜地推广了物业管理模式、社区服务模式、业主自助模式和聘用物业经理人管理模式等四种管理模式。全年,对改造完的1091个弃管住宅区全部落实了管理单位,并签订了责任书。其中实行物业管理的127个,占11.6%;实行社区托管的958个,占87.8%;实行业主自治的6个,占0.6%。

(李本鑫)

【房屋租赁管理研讨会】 2011年9月20日,由沈阳市房产局主办的全国部分城市房屋租赁管理研讨会在辽宁大厦召开,全国43个城市、百余位房屋租赁管理部门负责人参加会议。

会上,广州、南京、郑州、青岛、武汉和沈阳六个城市做了经验交流,沈阳市代表做了《盘活存量住房,繁荣租赁市场》发言。另外,在住建部房地产市场监管司指导下,经全国部分城市房屋租赁管理研讨会讨论通过,成立了“全国部分城市房屋租赁规范化管理课题组”,课题组秘书处设在沈阳市房产局,共有成员单位40余个。课题组的成立旨在促进房屋租赁规范化管理和发展,进一步加强各城市间房屋租赁管理的交流与学习,增进住建部与各城市的了解和沟通,通过课题组密切与各城市的联系,充分发挥其服务、协调和纽带的作用,共同研究和解决房屋租赁难点热点问题,总结推广房屋租赁管理经验做法,切实提升各地房屋租赁管理水平,共同促进房屋租赁市场健康发展。

(牛丹丹)

【房交会】 2011年4月30日至5月4日,“中国·沈阳2011春季房地产展示交易会”在沈阳国际展览中心隆重举办。35家开发企业的40余座楼盘参加本届展会,可销售商品住宅7800套,参展商品房面积74.5万平方米,中小户型房源比例超过60%。展会期间观展人数达到13万人次。本届展会推出了“一房一价信息公示”、“限购令政策解读”、“保障性住房政策咨询”、“二手房网上交易流程解答”和“百姓购房大课堂”等活动,受到了广大观展市民热烈欢迎。5月3日成功举办了“沈阳市全面实施存量房交易资金监管暨存量房网上交易启动仪式”,促进了沈阳市房产交易市场秩序规范化进程。

2011年7月6日至10日,“2011中国·沈阳大浑南房地产展示交易会暨沈阳市夏季百姓购房节”在沈阳奥体中心隆重举办。32家开发企业48座楼盘参加本届展会,可销售商品住宅1万套,参展商品房面积67万平方米。本届展会首次以区域市场为主题,专门设置了“大浑南房地产项目主题展区”,“大浑南”区域内楼盘成为沈城楼市新热点。并首次创新推出了“百姓购房团购中心”、“一房一价房源参展模式”、“参展开发商让利楼盘购房晚会”三大创新模式,以“展会+晚会”节庆式活动,着重凸显了“购房节日”的办会宗旨,以展销新模式、购房新模式、服务新模式打造了一场沈城百姓夏季购房的盛宴。

2011年9月15日至18日,“2011中国·沈阳秋季房地产展示交易会暨商品住宅专项交易会”在沈阳科学宫会展中心隆重举办。41家房地产开发企业的51座楼盘参加本届展会,可销售商品房1.3万套,可销售面积118万平方米,全部为商品住宅项目。本届房交会首次推行“有组织观展”模式,即所有观展市民均需凭票入场观展,获得参展企业和观展市民的一致好评。展会延续夏季房交会模式,继续开展“百姓购房网团购中心”活动,推出500余套的特价房源,向购房市民让利销售。在展会前和展会期间,举办了秋季房交会参展楼盘“百姓眼中好房子”评选,14家楼盘获得“百姓眼中好房子”称号。

2011年11月11日至13日,“中国·沈阳中、小户型房地产展示交易会暨沈阳市婚房展销会”在沈阳科学宫会展中心隆重举行。38家开发企业的52座楼盘参加了本届展会,可销售商品房1万套,可销售面积70万平方米,全部为中小户型商品住宅项目。本届展会主要满足对中、小户型商品住宅有刚性需求的购房群体,包括适龄未婚青年、大学毕业生、在沈工作首次购房的外地人口以及其他改善性的购房群体。在展会前开展了进企业、进校园、进社区预展活动,走进沈阳11家大型企业,10所高校以及3个居民小区为有购房需求的市民送展会门票、展会特刊。展会期间组委会整合建材、洁具、家具等相关行业知名品牌,为购房百姓提供买房置业延伸优惠服务,并开展了“2011年度沈阳市百姓眼中好房子总评榜”活动。

(刘 健)

【第九届全国住房置业担保论坛】 2011年8月27日,由沈阳市房产局承办的“第九届全国住房置业担保论坛”在沈阳隆重召开。国家部委、辽宁省、沈阳市领导及来自北京、上海、天津、重庆等26个省份59个城市60多家企业的180名全国住房置业担保行业的同仁参加会议。

会上,各位代表围绕“置业担保共同议程与全新战略”主题,交流行业经验,探讨住房置业担保的未来发展之路。

住建部住房公积金监管司司长张其光、住建部房地产市场监管司司长沈建忠和中国房地产业协会秘书长苗乐如分别进行了重要讲话，中国房地产学会副会长、北京大学教授陈国强做了题为《调控常态下未来行业走向》的主题演讲。上海、天津、包头、沈阳等4城市代表结合各自发展的特点，针对中国住房制度体系建设带给置业担保行业的机遇与挑战，做了相关论述。沈阳市代表做了《实施沈阳经济区公积金住房置业担保服务体系的战略研究》发言。与会人员就加强区域实质性合作，打破地域限制，实现利益共享，风险共担进行了讨论，以实现置业担保行业的规模化发展。

第九届全国住房置业担保论坛博采众长，进一步推进了住房置业担保行业间的合作，达成了相关共识，以期惠及民生。

（贾宁宁）

【东北片区物业管理工作座谈会】 2011年7月19日至20日，由国家住房和城乡建设部房地产市场监管司主办，沈阳市房产局承办的东北片区物业管理工作座谈会暨培训会在沈阳瑞心国际酒店召开。住建部房地产市场监管司司长沈建忠、副司长王玉平、物业处处长陈伟，沈阳市政府副秘书长陈荣礼，沈阳市房产局副局长范民，辽宁、吉林、黑龙江三省有关物业管理工作者和企业经理出席会议，与会代表共计400余人。

会上，沈阳、长春、哈尔滨、大连、吉林、大庆、通化等城市代表分别作大会发言。沈阳市代表做了《以便民利民为民安民为主旨 加强旧住宅区综合改造和管理》发言。住建部房地产市场监管司物业管理处处长陈伟，结合住建部《物业承接查验办法》和《业主大会和业主委员会指导规则》两个文件为与会同志作业务培训。

这次会议交流了新经验、解读了新知识、认识了新问题，会议通过交流和培训互动、现场与观摩互动，政府和企业互动，打破了常规，取得了大家认同的效果。

（陶　然）

【城市供热管理】 2011年，沈阳市供热面积达2.34亿平方米，其中：住宅1.77亿平方米，占全市供热总面积的76%；非住宅为5700万平方米，占全市供热总面积的24%。集中供热率90.5%，集中供热面积2.12亿平方米，热用户245万户。锅炉供热面积为1.57亿平方米，占全市供热总面积的66.9%；热电联产供热面积为6500万平方米，占全市供热总面积的27.8%；其它能源供热面积为1240万平方米，占全市供热总面积的5.3%。

全市有燃煤热源1082座，其中10吨/小时以下（不含10吨/小时）锅炉房543座，换热站1361座，供热管网长度8300公里，其中：15年以上旧有管网长度490公里（1996年以前旧有管网长度388公里）。

全市供热经营单位303家，其中：国有性质的单位94家，供热面积为1.15亿平方米，占全市总供热面积的49%；非国有性质的单位209家，供热面积为1.20亿平方米，占全市总供热面积的51%。

1. 供热准备工作。2011年，全市供热“三修”总投资11.54亿元，同比增加5.05亿元；完成供热重点区域整改42处，组织改造供热旧管网704公里，总投资7.62亿元；共拆除小、破、旧锅炉房69座，联网面积217万平方米，城市集中供热率达90.5%，总投资1.6亿元；同时，实施热源新、改、扩建项目20项，企业投资15.2亿元，新增供热能力3000万平方米；共实施“节能暖房”工程300万平方米，工程总投资3.02亿元。11月1日，热源开栓率达到100%，开栓后运行平稳，截至2011年12月31日，全市供热三修完成率达到100%，综合收费率达到100%，储煤率达到96%。

2. 出台《沈阳市民用建筑供热用热管理条例》。《沈阳市民用建筑供热用热管理条例》经辽宁省第十一届人民代表大会常务委员会第二十四次会议于2011年7月29日批准，2011年11月1日起正式施行，并在征求市人大法工委等多方意见后，出台了《沈阳市民用建筑供热用热管理条例释义》。

3. 加大督查力度。一是建立了联合督查制度。开栓以来，市委督查室、市政府督查室和市房产局多次对各区、供热单位的供热情况进行督查；二是首次开通了沈阳市供热诉求服务中心网站，通过网络快速办理市民对供热运行及服务方面的咨询、建议、投诉；三是完善了对热源运行参数和部分用户室温的在线监测系统；四是完善了对供热企业信用信息登记、信誉等级评定和资质年检等制度；五是畅通了受诉渠道，各区设立了监督电话，供热单位设立了公开电话，锅炉房（换热站）设立了公示板，集中发放了便民服务卡。

组织开展了“三查四访、保两节、送温暖”活动和供热“回头看”活动，及时发现问题，采取有效措施，保证供热效果，提高服务质量，全年共召开座谈会280余次，走访用户3.6万户，为提高冬季供热效果奠定了基础。

4. 夯实供热保障工作。本采暖期，沈阳市继续对低保户、低保边缘户和特殊困难企业职工的采暖费实施补贴，继续实行供热价格补贴政策（2.7元/平方米）。本采暖期供热保障资金达3.1亿元，其中：低保户3.1万户、低保边缘户4400户，补贴资金4500万元；困难企业220家，8.8万户职工，补贴资金7200万元；供热价格补贴资金1.9亿元。

5. 完善供热应急预案，提高供热应急保障能力。2011年，进一步完善了《沈阳市冬季供热应急预案》，组建了22支供热应急队伍，储备发电机、电焊机等主要应急设备221台，备用移动锅炉房4台。与辽宁省气象局合作，完善了供热指数服务内容，继续与公安、行政执法、信访、供水、供电等相关部门建立了协调联动机制。

（丁　丽）

国 内 贸 易

综 述

【消费品市场发展】 2011年，全市共实现社会消费品零售额2426.9亿元，同比增长17.5%（扣除物价因素，实际增长11.7%）。增速比全国高出0.4个百分点，完成年度必保目标的102.1%、力争目标的100.4%。

1. 消费品市场整体走势平稳、稳中趋升。全年每季消费品零售总额大体保持在600亿元左右。增速大体保持在17%－19%的区间内。一季度，受元旦、春节、情人节、元宵节等节假日消费集中的拉动，消费品市场开局良好，社会消费品零售总额总量达581.4亿元，增长17.0%，同比上升0.1个百分点。二季度，随着旅游旺季的到来，旅游消费给沈阳市消费市场带来了新的活力，进一步促进了贸易、餐饮业的发展，期间恰逢四、五月婚庆活动高峰时间，当季社会消费品零售额实现573.2亿元，同比增长17.4%。三季度，商家促销力度加大，长假前市场消费开始升温，社会消费品零售总额总量达606.6亿元，增长17.1%。四季度，大型会展的举办，吸引众多的厂家及外地游客来到沈城；同时众商家利用国庆、圣诞节等节日，开展了诸如购物节、周年庆、开业庆等一系列密集的购物优惠促销活动，激发消费者的购物欲望，推动消费品市场稳中趋升。社会消费品零售总额总量达到665.6亿元，增幅18.3%。

2. 各行业协调发展，批发和零售业占主导地位。全年实现消费品零售额2118.2亿元，同比增长16.5%，对全市消费品零售总额增长贡献率达83.0%，拉动全市消费品零售总额增长14.5个百分点。其中，批发业实现消费品零售额167.6亿元，同比增长2.0%；零售业实现消费品零售额1950.6亿元，同比增长17.9%。

住宿和餐饮业继续保持快速发展势头，全年实现消费品零售总额308.6亿元，同比增长24.9%，拉动全市社会消费品零售总额增长3.0个百分点。其中，住宿业实现消费品零售额17.9亿元，同比增长9.8%；餐饮业实现消费品零售额290.7亿元，同比增长26.0%。

3. 限额以上单位增势强劲，成为繁荣消费品市场的主力军。随着经济的发展，限额以上单位充分发挥推动经济增长和繁荣消费品市场的主力军作用。2011年末，全市共有限额以上单位2247户，比2010年增加了359户。全年累计实现限额以上社会消费品零售额1330.7亿元，同比增长23.7%，占全部社会消费品零售总额的比重达到54.8%，比上年提高了5.0个百分点，对全市消费品市场的推动作用愈加显著。从行业上看，限额以上批发业实现社会消费品零售总额103.1亿元，增长9.2%；零售业实现社会消费品零售总额1105.3亿元，增长25.2%；住宿业实现社会消费品零售总额17.0亿元，增长9.5%；餐饮业实现社会消费品零售总额105.2亿元，增长26.5%。限额以上单位总量、增幅的强劲增长有力支撑了沈阳市消费品市场的繁荣发展。

4. 消费结构进一步升级，热点消费持续升温。随着城乡居民收入稳定增长以及扩大内需促进消费政策的持续作用，消费结构进一步升级，热点消费持续升温。一是建筑及装潢材料类、家具类等商品持续热销。近年来，沈阳市商品房销售保持稳定增长以及廉租房的建设使用及法库陶瓷产业的不断壮大，带动相关的建筑及装潢材料类、家具类等装饰、装修商品持续热销。全年限额以上批发零售业建筑及装潢材料类实现零售额18.6亿元，同比增长90.5%；家具类实现零售额6.8亿元，同比增长41.4%；五金、电料类实现零售额11.8亿元，同比增长32.1%；通讯器材类实现零售额28.2亿元，同比增长31.0%。二是部分商品价格持续上涨，助推零售额强劲增长。受国际黄金及原油价格大幅上涨因素推动，相关商品零售额强劲增长。其中：限额以上批发零售企业金银珠宝类商品实现零售额36.1亿元，增长40.8%；石油及制品类商品实现137.6亿元，增长36.1%。三是汽车销售增速呈放缓趋势。汽车小排量优惠政策取消及前两年消费潜力的集中释放，加之燃油价格不断上涨、交通状况吃紧等因素制约了消费者购车热情，导致汽车销售增速呈放缓趋势。全市限额以上批发零售业汽车类零售额各季累计增速分别为31.3%、22.5%、16.4%、19.0%。

（吴 浩）

【沈阳服务业集聚区】 2011年，沈阳市服务业发展“十二五”规划按照“突出主体特色、突出主导产业、突出服务功能、突出资源优势”的原则，适应全市经济社会发展的新需要，聚焦商务、生产和生活性三大服务业领域，在原有的18个市级服务业集聚区的基础上，进行了系统调整和补充、完善，扩大到31个，在市、区两级政府的积极推动下，集聚区发展格局不断优化，建设步伐进一步加快。

一是空间布局不断优化。集聚区建设进一步向县域拓展，新一轮规划增设了新民兴隆温泉旅游休闲度假、法库生产性服务业和康平新城服务业集聚区，实现了全市13个区县（市）市级服务业集聚区布点全覆盖，初步形成了全市服务业发展“主导区”、“先导区”、“提升区”和“拓展区”的空间梯次架构雏形。为推进我市服务产业有序、高效、集约发展，引进和培育大产业、大项目、大企业提供了空间载体。

二是产业业态和商业模式不断提升。新兴服务业发展方兴未艾。本轮规划新增添的沈北文化科技商务区、棋盘山泗水科技城、沈河农业科技生态和浑河商务城物流会展集聚区等一批以新兴服务业产业为主体的市级服务业集聚区，在全市集聚区格局中脱颖而出，初具形象。泗水科技城随着眼业集团、医疗设备质量检测机构等重点项目投入运营，已吸引了众多先进医疗器械和健康医疗产业等相关配套企业入住，国家生物技术产业基地建设初具规模；投资20亿元，精心打造的东北地区规模最大的第四代主题公园，沈北文化科技商务区的华强文化科技产业基地主体项目—方特欢乐世界，已于2011年十月份盛装开业，成为集聚区发展中新亮点。以科技、文化、信息、商务和会展等新兴服务业为主体的市级服务业集聚区约占总数的40%，集聚区新兴服务业比重不断提高。

新兴商业模式不断涌现。伴随老商圈改造升级和新商圈崛起，现代商业模式和服务理念也不断引入。改建后的中兴和商业城在优化购物环境、增加国际一线品牌商品的同时，还引入了“定制式采购”等现代经营模式，增强市场竞争力；随着大中街板块中的龙之梦、九龙港和金廊购物带上的万象城、茂业百货、沈阳天地等一大批集购物、休闲、娱乐等多业态于一体的现代大型商业综合体项目的陆续建成和投入运营，使沈阳市的商业模式元素更具多元化、时尚化、国际化，特别是龙之梦涵盖大型专卖场、游乐中心、商务会展、公交枢纽等多业态、多功能模式和正在建设中的九龙港零售兼批发、沈阳天地餐饮、娱乐占比达85%的业态组合模式，将改变沈阳市商业模式格局，国际化大都市的复合型商业形态出现端倪。

三是集聚辐射效应进一步显现。集聚效应凸显。31个集聚区，集聚了近80%的市级服务业重点项目，2011年共引进项目510个，占全市服务业的一半以上，成为沈阳市招商引资的“金字招牌”和重要平台。辐射带动强劲。大中街、太原街等著名商圈的消费者近30%来至周边城市；五爱市场、南塔鞋城等大型市场销往外阜的销售额占年销售总额的80%以上；北一路钢材市场服务半径辐射全国；盛京银行在省内外已开业和获批筹建的分行数量达10家，综合经营实力位居全国城商行前列；对区域发展的带动作用显著增强。规模与效益同步增长。2011年，全市已有9个集聚区进入省级现代服务业集聚区行列，数量居全省首位，其中太原街、大中街、北站金融商贸区、和平金融街、北一路钢材物流带营业收入总额已突破100亿元，2011年31个集聚区上缴税金155.4亿元，占全市服务业上缴税金总额的63.7%；固定资产投资633.3亿元，占全市服务业总量比重26.3%；主营业务收入实现2802.21亿元，同比增长19.1%；吸纳就业人数49.6万人，占服务业总量比重22.4%；实际利用外资5.13亿美元，占服务业总量比重17.7%。

（韩振清）

【沈阳市被国家确定为现代服务业综合试点市】 国家振兴东北老工业基地战略实施以来，沈阳市坚持走新型工业化道路，以装备制造业为重点，拉长产业链条，增强配套能力。与此同时，以生产性服务业为核心标志的现代服务业呈现快速发展态势，对第二产业的支撑能力明显增强。2011年，沈阳市被国家财政、商务部确定为现代服务业发展综合试点市，按照“以城市为依托、以电子商务、物流等服务业聚集区为抓手”的试点思路和“政府试点、顶层设计、纵向推进、全国领先”的试点要求，根据国家、省关于现代服务业发展试点工作的总体部署及沈阳市服务业发展“十二五”规划，沈阳市将以建设国家中心城市为目标，加快构建布局合理、功能齐全、运作高效、服务经济，与产业结构相适应的现代服务业体系，紧紧抓住沈阳经济区新型工业化综合配套改革和两化融合的难得机遇，结合产业结构特点，确定了现代服务业综合试点方向，以生产性服务业为核心，以现代物流、会展业为重点，以点拓面，推动全市现代服务业短时间内取得突破，进而在未来三年内在工业企业主辅分离、生产性服务业集聚区、公共服务平台建设等方面成功推进，带动沈阳市的现代服务业更好、更快的发展。

（王宝东）

【行政权力运行制度系统建设】 为切实加大监督制约力度，实现行政权力运行规范透明，根据全省推进“五大系统”建设的总体部署和《沈阳市推进行政权力运行制度系统建设工作方案》，沈阳市服务业委结合实际，从4月末开始启动了行政权力运行制度系统建设工作，在清理确认行政权力过程中工作细致效果明显。

为进一步摸清底数，清理确认行政权力。按照“谁行使、谁清理”的原则，市服务业委对行使的所有行政权力进行了全面清理，结合行政审批制度改革，自上而下和自下而上进行双向排查，清理确认出本部门所有的行政权力事项，宁多勿少，既包括根据法律、法规、规章、本单位“三定”方案以及上级文件规定的权力，也包括本部门根据工作需要自行设定的权力，确保各项行政权力无遗漏。通过清理确认共上报行政权力120余项，经委领导小组研究认定，按照转变政府职能和审批制度改革精神要求，该取消的取消、该调整的调整，经过多次清理审核，确认市服务业委的行政权力58项。在清权确权工作中，围绕行政许可、行政审批、行政处罚、行政强制、行政征收、行政给付、行政奖励、行政确认、行政裁决、其它权力等开展全面清理确认各项权力。市服务业委结合行政权力运行制度系统建设对各项审批类事项进行了调研摸底和审批制度改革，在10项非审批类事项进厅的基础上，将典当初审事项和8项非审批事项的年审一并集中进厅办理，使全委全部审批事项全部进厅审批服务，实现“应进必进”，做到了行政审批“一站式”服务，切实解决“两头办理、体外循环”的问题。

同时，在全部审批事项进厅集中办理后，市服务业委严格按照市行政审批办“一个窗口办理，一个处室审核，一个领导审批、一个公章办结”的原则要求，实行了大厅封闭运行。全委行政审批职能由行政审批办承担，其他处室不再承担行政审批职能，市级审批权限的事项由主管审批领导审批，上级审批权限的事项由委主要领导审批，确保审批权限授权到位，服务到位，避免了多重审批、责任不清现象发生。

（吴广田）

【服务业固定资产投资和重点项目】 2011年，全市服务业完成固定资产投资2919.9亿元，同比增长29.3%，占全市4560.6亿元的64%（工业完成固定资产投资1523.7亿元，同比增长28.8%，占全市4560.6亿元的33.4%）。

全市投资3000万以上的服务业在建项目1135个，完成固定资产投资2330.1亿元。其中，续建项目250个，完成投资1058.1亿元；新建项目410个，完成投资762.5亿元；竣工项目475个，完成投资509.5亿元。

在全市260个重点项目中，服务业重点项目99个，项目数量占全市的38.1%。99个服务业重点项目全年完成固定资产投资777.7亿元，占260个重点项目完成固投1650.8亿元的47.1%（工业项目88个，占260个重点项目数量的33%，完成投资506.9亿元，占全市260个重点项目完成固投1650.8亿元的30.7%）。

投资260亿元的龙之梦亚太中心项目中，红星美凯龙家居广场、雅仕百货、公交枢纽陆续投入运营；总投资200亿元的泗水科技城项目中，中国眼产业基地生物医药孵化器、何氏视觉科学学院一期已建成并投入使用；投资180亿元的东北总部基地项目，5月18日召开入驻企业签约仪式，机电、电子、物流、文化科技等56家企业入驻；总投资100亿的华强文化主题公园项目，一期方特世界已向游客开放。总投资50亿的五洲国际建材城项目建材展贸中心主体建筑封顶；总投资50亿元华润中心项目，华润中心一期（购物中心、写字楼）投入使用。

（张　展）

【家庭服务业】 沈阳市家政服务业从1995年开始起步，家政服务业的发展得到了市委、市政府高度重视，将家政服务业纳入我市再就业工程考核体系，作为拓宽就业渠道，安置下岗失业人员的一个重要措施。全市家政服务业先后安置17.37万人次就业，为下岗失业人员提供了近20万个就业岗位，打造了管婆家政、华夏中青家政、新风采家政、金牌家政等一大批具有代表性的家政企业品牌，发挥了家政服务业在满足居民家庭需求，扩展就业渠道，推动经济增长和创建和谐社会的重要作用。

2011年，全市家政服务企业达1874家，从业人员9.25万人，主要从事家务保姆、看护老人、看护婴幼儿、看护病人、家庭烹饪、家庭教育、护理孕妇与产妇、家居保洁、婚介婚庆和搬家等10个方面的服务工作。在现有从业人员中，农民工占30%以上，对缓解城市就业压力，推动农村富余劳动力向城镇转移，为城市发展提供人力资源支撑等方面发挥了显著作用。

由于家政服务业总体上处于初级发展阶段，规模化、专业化、品牌化的家政服务产业尚未形成，组织化程度低，所能提供的服务产品种类还比较初级，工作中还存在着一些问题。

1.总量性矛盾突出。据调查统计显示，全市对家政服务员的需求大约有4万多个空缺。特别是60岁以上老年人总数已经达到129万人，空巢老人家庭约有20万个，其护理需求急剧上升，在数量上远远不能满足需求。近年来，随着人民物质文化水平的不断提高，市场需求进一步加大，造成家政服务市场供不应求。

2.结构性矛盾明显。家政服务人员大多是城市下岗失业人员和农村进城务工人员，文化程度较低，绝大多数是初中或高中毕业，缺少系统培训，技能素质不高，所提供的服务还停留在做家务、看孩子、看护老人、搬家、家教等低层次的基础性家政服务阶段。居民对家政服务的要求越来越细、越来越高，90%以上的家庭要求家政服务人员具有一定的学历水平、接受过系统的技能培训，而知识技能全面的家政服务人员相对较少，特别是衣食住行指导性服务和投资理财及生产经营、教育顾问等高层次的家政服务远远没有开发出来，造成高端家政服务严重短缺。

3.市场有待规范。家政服务业目前缺乏统一的行业服务规范和管理监督体系，市场鱼龙混杂，特别是一些家庭服务中介机构运作不规范，乱收费，缺乏后续服务，在介绍人员服务质量方面没有保证。非法中介机构损害用户和服务人员权益现象时有发生，影响家政服务健康开展。

4.权益保障机制不够完善。由于家政服务市场发展还不够规范，使家政从业人员权益受侵害的现象时有发生。主要体现在“两低”，一是劳务协议签订率较低。二是社会保险参保率低。

5.旧观念影响不可忽视。家政服务业作为从传统“保姆”发展起来的新行业，尚未得到全社会的普遍认同，从事家政服务行业，受“侍候人”、“低人一等”等旧观念的影响，被社会上一些人看不起，没有得到用人家庭应有的尊重。一些劳动者本人感到自卑，不愿去从事家政服务。

（崔　爽）

商品市场

【家电以旧换新】 为进一步促进扩大消费需求，提高资源能源利用效率，减少环境污染，促进节能减排和循环经济发展，根据《商务部财政部环境保护部关于印发家电以旧换新推广工作方案的函》，家电以旧换新政策推广实施期定为2010年6月1日至2011年12月31日。“家电以旧换新”是指消费者交售旧家电并购买新家电的行为。家电以旧换新工作遵循“手续简便、直接补贴、安全高效、节能环保”的原则。以旧换新补贴家电产品范围：电视机、电冰箱（含冰柜）、洗衣机、空调、电脑。补贴标准为：按新家电销售价格的10%给予补贴，补贴上限为：电视机400元/台，电冰箱（含冰柜）300元/台，洗衣机250元/台，空调350元/台，电脑400元/台。为切实做好家电以旧换新工作，市服务业委通过召开座谈会、走访企业、电话寻访、网络交流等方式，对企业在家电以旧换新实施过程中存在的问题，予以解答和帮助，特别是对各县、市商务主管部门及相关销售网点，派专人通过各种方式进行相关政策解答、业务咨询，对相关企业在实施工作中存在的问题及时解决和纠正。沈阳市家电以旧换新呈现了"商品趋于高端，销售集中城区"的态势，市内五区的销售量占到了全部销量的93%。从销售品种看，电视最受欢迎；家电以旧换新政策带动就业作用明显，在销售、回收、拆解等企业增加了就业人员，其中70%以上是农民工和城市下岗人员。全市共销售家电以旧换新产品90.2万台，销售额34.4亿元；家电以旧换新产品的销售量、销售金额等指标均为全省第一。

(田甲男)

【家电下乡】 "家电下乡"是深入贯彻落实科学发展观，应对金融危机，保增长、扩内需、调结构的重要举措，也是国家为推进新农村建设、激活农民购买能力、加快农村消费升级、扩大农村消费而出台的一项惠民政策，对拉动内需、扩大农村消费、加快农村消费升级和改善农村生活具有重要意义。按照国家统一部署，沈阳市从2008年12月1日起在全市范围内开展家电下乡工作。通过层层建立组织，沈阳市已经全面构建起了纵向到底、横向到边的家电下乡组织体系，形成了上下联动、齐抓共管的局面，确保了家电下乡工作顺利实施，取得了政府满意、群众受益、社会称赞的良好效果。截至2011年末，全市销售家电下乡产品64.8万台，销售额14.0亿元，直接拉动沈阳市农村消费品零售总额增长近5个百分点。百户农民购买量88台，全市近90%的农户享受到了家电下乡政策，直接受益1.3亿元。沈阳市家电下乡产品的销售量、销售金额、补贴量、补贴金额等指标均为全省第一。

(田甲男)

【节日市场】 在做好节日供应、保障市场供给方面，以新年、春节、"五一"、"十一"、平安、圣诞等主要节日为重点，做好节日市场安排，保障市场供给。一是根据节日期间的消费特点，重点组织好肉类、蔬菜、食用油、禽蛋、水产品等副食品以及名优日用品、节日喜庆商品货源，及时投放市场，满足人民群众多层次、多元化消费需求。二是引领商家开展个性鲜明、主题突出、富有文化品味的营销活动。2011年，各商业企业开展各种主题营销活动140余次，极大地烘托了节日气氛，活跃了节日市场。

在市场保障方面完善了四项工作：一是不断完善了《沈阳市重要生活必需品保障工作责任体系》，对市场调控载体企业进行必要的充实和调整（调整：如双利得已退出生猪屠宰，副食集团没有猪肉储备；新增：如龙之梦、乐天玛特等新建大型超市，绿生源等豆制品生产企业）。二是建立了沈阳市蔬菜动态储备。结合消费需求、季节变化、市场供应及承储企业的实际能力等情况，确定沈阳市蔬菜动态储备量为5000吨；储备品种为：土豆、洋葱、冬瓜、大白菜、大萝卜等耐储存蔬菜，储备比例为2:2:2:2:1；储备时间为当年的9月1日至次年的3月1日，计6个月。承储企业为盛发果蔬批发有限公司和沈阳副食集团，其中：盛发果蔬批发有限公司4000吨，沈阳副食集团1000吨。三是及时调整和测算11种"沈阳市重要生活必需品日均消费量"，为政府制定有关政策提供科学依据。四是做好节假日等市场重要时段供应和保障工作。

(田甲男)

【商业街区建设】 2011年，沈阳市坚持"高起点规划、高标准建设、高效率服务"，积极推进商业街区建设，提升商业街区的知名度和美誉度，引导商业街建设向品牌化、特色化发展。全市已形成规模较大的商业街30余条，总长近2万延长米，其经营商品涉及装备制造、电子通讯、金融贸易、日用消费、文体休闲、餐饮娱乐等行业。

组织符合条件的商业街区参评"中国著名(特色)商业街"、"中国商业名城(区、县、镇)"和"沈阳市特色商业街"。东中街商业区被中国步行商业街工作委员会命名为"中国著名商业街"；新民市大民屯镇、法库县秀水河子镇被命名为"中国商业名镇"；太原街商圈被中国城市商业网点建设管理联合会命名为"中国重点示范都市商圈"；和平区民主路体育文化街、沈河区沈阳路清文化街、大东区工农路不锈钢专业街、大东区联合路工程机械专业街、苏家屯区T街、沈北新区人和金融时尚街、于洪区黄海路文体餐饮街、新民市工人街农机专业街、辽中县近海商业街、康平县种子街等10条商业街被命名为"沈阳市特色商业街"。这些品牌商街以其巨大的内聚力和辐射力，有效地集聚了城市资源，激发了市场活力，已成为城市经济发展的洼地。成为沈阳对外开放的亮丽名片和市民休闲消费的城市客厅。

引导特色商业街发展。立足区域经济社会发展优势和产业特色、经营特色和文化特色，突出独特性和差异性，引导商业街走特色发展之路。北市民俗特色街区已把北市场锡伯族家庙大文化综合改造项目列入北市整体规划中，明成新北市项目正在加紧建设，北市三、四期开发地块土地征收工作已接近尾声，北市地区发展民俗和特色商业街区的序幕已经拉开；西塔韩国风情街区现已正式启动西塔一期A地块的房屋土地征收工作，西塔一期B、C地块均已列入市土地储备用地计划。招商工作已全面铺开。中山路欧式风情街、沈阳路清文化街改造建设已全面启动。

(杨　江)

【商品专业市场建设】 随着沈阳城市功能的拓展和商贸大流通格局的形成，专业市场从少到多，由小到大逐渐发展壮大。2011年，全市拥有亿元以上专业市场85个，建筑面积579万平方米，经营业户6.9万人，年实现交易额1982亿元。其中，日用工业品市场27个，建筑面积243.4万平方米，交易额840.7亿元，占亿元以上专业市场销售总额的42.4%；农产品市场20个，建筑面积57.8万平方米，交易额232.3亿元，占亿元以上专业市场销售总额的11.7%；生产资料市场38个，建筑面积277.8万平方米，交易额909亿元，占亿元以上专业市场销售总额的45.9%。

集群化发展态势初步形成。在政府宏观规划指导和政策扶持下，全市初步形成6个专业市场集群。即：以沈阳地利农副产品交易中心为核心的东部农产品市场群；以中国鞋城、东北日用杂品批发市场为核心的东南部日用工业品市场群;以东北陶瓷城、国瑞汽车汽配博览中心为核心的东北部生产资料市场群;以东软电脑城、百脑汇为核心的南部日用工业品市场群;以沈阳钢材中心批发市场、辽宁钨钢市场为核心的西部生产资料市场群;以东北机动车配件市场、沈阳废旧金属市场为核心的西北部生产资料市场群。此外,大东区八家子地区、苏家屯区机场路地区、法库县经济开发区、新民市铁北和胡台地区正在规划建设以经营果蔬、建材、小商品主为的市场园区。

规范化发展趋势日益突出。为应对日益激烈的市场竞争,沈阳专业市场着眼企业长远发展需要,通过改造调整,开始步入规范发展期,其组织形式、营销方式、管理手段以及综合功能进一步升级。沈阳地利农副产品交易中心、沈阳国际木材交易中心等一批专业市场运用现代企业管理模式,实现了投资主体多元化,市场营销管理规范化;沈阳二手车交易市场新增了综合交易办公大厅,将车管所、交通征稽、税务、保险超市、邮政、银行、公安等相关部门引入市场办公,为客户提供规范的"一站式"服务;沈阳炉料市场开设内部银行,成立法律事务处,开展电子商务,建设中国炉料信息网;沈阳水产批发市场、沈阳粮食批发市场、沈阳十二线蔬菜中心批发市场等多数农副产品市场健全了企业管理制度,并按标准增设检验检测、安全监控设施,建立了质量安全可追溯系统。

(杨　江)

【城区菜市场建设改造】 2011年,全市新建、改造共计56个项目,超额完成项目1个,完成率为102%。其中,新建项目18个。按照市政府提出的"推进社区服务网点建设,每1.5平方公里、1万人应当建设一个1000平方米菜市场"的工作部署,市服务业委党组高度重视,超前谋划,精心组织,深入调查研究,积极挖掘潜力,扎实推进建设工作。工作呈现出组织保障严密,政策落实到位,制度措施有力等特点。

市服务业委在调研考察基础上,结合城区菜市场发展实际,提出了从2011年起3年工作任务目标:一是在城区9个地区新建121个菜市场。其中,2011年新建18个,2012－2013年新建103个。二是分期分批升级改造城区122个菜市场。其中,2011年改造37个,2012－2013年改造85个。三是扩大大中型综合超市的生鲜食品经营面积,鼓励大型超市等综合连锁购物企业新建社区生鲜连锁便利店。到2013年沈阳市购菜场所将达到400家以上,实现市民10分钟就近买菜。上述三项工作目标,得到市政府领导的充分肯定,其中2011年建设改造55个菜市场的工作目标,被列入2011年市政府为市民办理10件实事工程。

(王清林)

【农超对接】 2011年,市服务业委通过采取组织产地对接、异地对接、品牌对接等对接活动,不断为产销双方搭建对接平台。一是组织产地对接。9月2日,市服务业委联合法库县政府在法库当地组织了以参观、洽谈为形式的"农超对接"活动。全市22家超市(涵盖123家门店),2大蔬菜批发市场(盛发、十二线)与法库19个乡镇30个农产品生产基地和农村合作组织进行了对接,对接农产品种类达到20余种。17家超市与农产品生产基地达成了对接意向,意向对接金额近亿元。二是拓展异地对接。9月中旬,市服务业委组织10家大型超市,参加了"辽阳市第三届地产名优商品展销会";10月初,又组织有关企业参加了"第七届辽宁国际农业博览会",有效地丰富了沈阳农产品市场的货源和种类。三是探索品牌对接。10月中旬,消费促进处与生活服务处共同组织全市20家超市和37家大型酒店宾馆参加了"济宁市微山湖系列渔业品牌推介会",微山湖乌鳢、微山湖蟹、微山湖四鼻鲤鱼、鱼台龙虾等20多种系列名优产品得到我市企业高度的认可,多家超市、酒店与主办方达成了采购意向。

家乐福、沃尔玛、乐购、兴隆大家庭、大润发、华润万家、北京联华、中兴等22家超市,涵盖123家门店普遍实现了"农超对接",平均农产品对接比重达到23%左右,对接种类覆盖肉、蛋、菜、果等20多个品种;其中家乐福、兴隆大家庭、大润发等部分大型超市对接比重已接近30%。

(田甲男)

【6家企业被认定为"沈阳老字号"】 按照《"沈阳老字号"认定规范》的要求,沈阳市服务业委员会组织开展了第四批"沈阳老字号"的评审工作。经相关专家审核和评议,申报的6家企业符合"沈阳老字号"认定规范的要求,市服务业委员会在沈阳市政务公开服务网站进行了公示,并下发文件《关于认定"沈阳老字号"的通知》(沈服发[2011]号),沈阳市第二百货商店、沈阳市五一商场有限公司、沈阳市化工原料公司同德分公司、沈阳市十里香酿酒厂、沈阳沈河明远堂中医眼科诊所、沈阳孔氏正骨研究所中医骨伤诊所6家企业被认定为"沈阳老字号"。至此,沈阳市共有50家沈阳老字号企业。

市服务业委将进一步支持和扶持"沈阳老字号"的发展,积极挖掘、培育老字号品牌并使其不断发展壮大;密切关注企业发展动态,研究制定有效的政策措施,努力营造有利的外部环境;指导企业深入挖掘优秀传统文化,加快创新发展,创造更多的社会、经济和文化价值,进一步发挥老字号企业在经济和社会发展中的积极作用。

(韩振清)

【沈阳物资集团】 2011年,是沈阳物资集团实施四轮经济目标责任制的起步之年,集团紧紧围绕启动四轮经济目标责任制这条主线,精心部署,超前谋划,坚持以市场为导向,以效益为中心,突出重点,着力抓好骨干企业,大力发展建筑租赁业务,稳步推进传统经营。在重点骨干企业的有力拉动下,集团的经济工作始终保持着稳步上升的态势,经过集团上下不懈的努力,有效地扭转了销售下滑的被动局面,油品、煤炭等传统品种经营显著回升,销售收入大幅增长,效益水平稳步提高。集团全年实现利润1547万元,比上年同期增长6%,实现销售收入5.8亿元,比上年同期增长61%。全集团提前一个月完成了全年任务,实现了四轮经济目标责任制的高起点开局。做为支撑集团发展的重点骨干企业,沈阳钢材中心批发市场和沈阳钢材配送中心努力克服来自周边环境的各种不利影响,强化服务,深入挖潜,扩大仓储,全年实现钢材销售量280万吨,比上年同期增长6%,实现销售额110亿元,比上年同期增长7%,实现吞吐量260万吨,比上年同期增长15%。大连旭阳公司面对油品市场下滑的不利局面,积极调整经营策略,在重点抓好油品新品种研发的同时,又努力开展煤炭经营,全年销售煤炭20万吨,水煤浆1.3万吨,实现销售额2.9亿元,比上年同期增长20%。

2011年,集团抓住近年来沈阳建筑租赁市场需求较旺的有利时机,组织各公司先后投入3000多万元,购入升降机、塔吊和钢管等租赁设备,截至年底全集团已拥有升降机163台,塔吊19台,整体租赁规模和市场竞争力有了显著提升。在集团的统一组织下,建通、联兴、租赁总公司、北宏、运销和燃料有限等以建筑租赁业务为主的企业,狠抓服务,开发用户,抢占市场,租赁设备出租率达100%,全年实现租赁收入1600万元,比上年同期增长40%。

2011年,集团把开展"企业规范化管理年"活动做为全面加强企业管理的有效载体,紧密结合各企业实际,首先从集团机关自身抓起,经过两个多月的努力,集团机关9个处室建立了涵盖集团全方位管理的基础信息数据库,集团所属18个单位从实际出发,认真查找管理上存在的问题,梳理完善制度,制定措施,堵塞漏洞,修改完善原有制度434项,新建制度139项,并全部建立起了反映企业实际情况的基础信息数据库,推动全集团在规范化管理上又上了一个新台阶。

(李宝俊)

供销社商业

【概况】 2011年,沈阳市供销社下辖2个事业单位,8个全资企业,9个控股企业,8个区县(市)供销社,38个县属公司和113个基层供销社。主要职能是:负责全市供销合作社的行业规划与管理,指导推进区、县(市)供销社的改革与发展,搞活农村市场流通;行使本级社有资产出资人代表职能,监督管理和运营社有资产,确保社有资产保值增值;引领农民合作经济组织发展,协调合作经济组织成员与政府有关部门的关系,维护成员的合法权益;承担政府委托的工作任务,行使政府授权的管理职能,负责全市的再生资源日常管理工作。现有企业经营范围既有传统的化肥、农药的农业生产资料,棉制品、茶叶、果蔬等农副产品,炊具、烟花鞭炮等日用消费品,又有种苗培育、奶牛养殖及胚胎繁育、农副产品加工,再生资源回收利用等项目。同时还有酒店餐饮、农产品市场、物流、物业等行业。2011年全系统销售额实现35.30亿元,增长60%;市场交易额实现52.50亿元,增长15%;利润实现3020万元,增长32%;新增固定资产投资额实现10.60亿元;供销社服务网络带动农产品销售80亿元;"新网工程"拉动农村消费40亿元。连续第七年荣获全国副省级城市供销社综合业绩考核一等奖。

(李长久)

【合作经济组织建设】 一是农村专业协会和经纪人队伍稳步发展。截至2011年底,累计推动、规范发展各类协会552个,农产品经纪人规范发展到4.3万人,其中年经营额超千万元的农产品经纪人280人。经初审、复审、网上公示,新民市经纪人协会荣获全国优秀农产品经纪人协会二等奖,东陵区寒富苹果协会会长刘涛、新民市立兴蔬菜生产专业合作社理事长何立兴、康平县肉鸡饲养协会会长李俭、新民市新星公主蛋鸡饲养专业合作社理事长雷明和被评为全国百强农产品经纪人。二是农民专业合作社规范化建设水平不断提高。截至2011年底,累计指导、领办农民专业合作社550个,入社成员2万户,带动非成员12万户,发展标准化生产基地面积1.33万公顷,取得质量认证合作社38个。有1家领办的专业合作社被全国总社评为2011年农民专业合作社示范社,有13家领办的专业合作社被省供销社评为省级示范社,有18家领办的专业合作社被市农委评定为"3A"级示范社,有2家专业合作社的品牌被评为2011年全国供销合作社标准化农产品品牌。有62家农民专业合作社作为沈阳市首批"农超对接"重点推进单位。三是搭建平台,推动农产品产销对接。2011年沈阳市供销社组织70家会员参加农博会、农超对接会、农业嘉年华购物一条街展销、辽宁省农村合作经济组织名优农产品展销会和中国国际热带农产品冬季交易会等各类展会6次,参展品种达200余种,累计签约金额3亿元,共有79个会员产品荣获"农博会地方特色农产品王奖、优质农产品金奖、优质农产品奖和省名优产品奖"等奖项,有150种产品与超市、机关、医院、企业、学校和社区实现对接,对接金额1.3亿元。四是"供销大篷车"走进社区。截至2011年底,"供销大篷车"已进20个社区,销售农产品总量200吨,会员带动农民实现农产品销售额达80亿元,带动27万农户。

(李长久)

【网络建设】 截至2011年底,全系统已建成各类经营服务网点2395个,覆盖了全市各个乡镇和1/3以上的行政村;区域性配送中心29个,全年现代流通网络营销额达30亿元。一是农产品销售网络,全系统通过企业带动、协会推动、市场拉动、城乡联动,构造了"农销对接"新体系,全年实现农产品销售额16亿元。同时积极探索农村"菜园子"与城市"菜篮子"直接对接的新模式,启动了农产品大篷车进社区服务,已建成20个移动式社区菜亭,配送运营车辆14台。二是农资服务网络,金秋实农资公司投资800万元在法库建立了配送中心,新增储备能力3万吨,仓储面积1万平方米。新民新职农资公司积极组织货源,开展测土施肥、庄稼医院等科技服务。2011年全系统共销售各类优质化肥25万吨,农药5000吨。三是日用消费品网络建设,沈阳供销超市连锁公司已拥有配送点165个,配送品种3200个,配送额8500万元,比2010年增加2000万元。苏家屯红菱综合市场已建成并投入使用,年营业额达1.5亿元。瑞福临超市的主体已经竣工,正在进行内部装修,预计2012年10月投入运营。四是再生资源网络建设,秋实再生资源集团与法库县供销社共同投资2000多万元，在法库县新建了2万平方米的分拣中心，当年实现销售额1.6亿元，上缴税费2200多万元。

（李长久）

【再生资源回收利用】　2011年9月，辽宁省人大常委会批准了《沈阳市再生资源回收利用管理条例》，《条例》不仅依法确立了沈阳市供销合作社的主管部门地位，而且为全市再生资源回收利用管理工作有法可依，依法行政奠定了坚实基础。全年取缔无证违法经营废旧物收购站点147个，规范整治达标326个，迁移45个，有67个标准化回收站点考核达标，提升了全市再生资源行业业态的整体形象。

（李长久）

【项目建设】　2011年，全系统建设项目完成投资总额11.3亿元。沈阳地利农产品物流园项目，占地4万平方米、建筑面积11万平方米，是将原江南果品市场整体买入后并成功改造成地利农副产品贸易中心。全年农副产品交易量50万吨，交易额13亿元，增长63%，确立了行业龙头地位。沈阳再生资源生态产业园项目已引进辽宁省废弃电子产品回收、拆解及资源化利用、废旧塑料清理加工、报废汽车拆解等8个项目，废旧轮胎再制造项目也即将落户园区。沈阳供销产业园已与沈北新区签订了31.33公顷用地协议，其中的沈阳北方农资交易中心项目作为首个签约合作项目已与辽宁军翔房地产公司签订了整体合作的框架协议。秋实牧业公司被评为沈阳市引进国外智力成果示范推广基地，所聘请的外籍专家荣获2011年国家友谊奖。新民市、法库县社认真抓项目，加快了企业发展，提升了规模与实力。截至2011年底，全系统社有企业资产总额已达20.6亿元，培育出6个省级龙头企业。

（李长久）

粮食市场

【社会粮食流通】　沈阳市粮食局按时完成社会粮食供需平衡调查任务，对全市的农户存粮、城镇居民存粮、国有和非国有粮食企业库存、转化企业库存及外省粮食购销情况进行认真统计并及时上报统计结果。2011年共报送《统计月报表》12期，《沈阳粮食批发市场库存量周报表》132期，《全市市储粮、县储粮、商品粮库存情况统计表》12期，《成品粮油应急储备月报表》12期，《秋粮收购进度统计报表》20期。在全市建立粮油价格直报监测点30个，形成了覆盖全市的粮食收购、存储、加工、批发和零售价格监测体系，及时、全面地掌握全市粮食市场动态和价格走势。

（关荣金）

【沈阳国家粮食交易中心】　2011年11月，经国家粮食局批准，沈阳粮食物流中心成为“沈阳国家粮食交易中心”，这是全国第25家国家级粮食交易中心。该交易中心的建立将在促进粮食产销衔接和粮食省际间顺畅流动，服务国家宏观调控等方面发挥积极作用。市粮食局已经建立了沈阳国家粮食交易中心组织架构，各项工作正在有序运行。

（关荣金）

【仓储建设】　2011年，沈阳市有效仓容在1000吨以上的粮油仓储企业183个，其中：国有企业74个，非国有企业109个。占地面积864.1万平方米，其中：国有企业549.5万平方米，非国有企业314.6万平方米。有效仓容222.6万吨，其中：国有企业110万吨，非国有企业112.6万吨。总罐容4.2万吨，其中：国有企业3.9万吨，非国有企业3000万吨。2011年度进行基础投资建设的企业共21个，其中：国有企业13个，非国有企业8个；基础建设投资总额1.36亿元，其中：中央财政投资835万元，地方财政投资210万元，企业自筹1.1亿元，其他投资1516.33万元；完成项目38个。

（关荣金）

【农户储粮】　沈阳市粮食局制订《沈阳市农户科学储粮专项工作实施方案》，对农民储粮做好宣传、培训和指导，同时争取政策资金支持，确保储粮仓的质量和数量。2011年全市共建造新型储粮仓3500个，其中东陵区300个，沈北新区180个，康平县3020个，累计完成投资1050万元。其中，康平县西关乡大辛屯村被列为“农户科学储粮示范村”，获得2011年康平县十大惠民工程之一。储粮仓单仓造价为3000元，其中国家投资900元，省投资450元，市或区、县（市）投资450元，农户自筹1200元，投资比例依次为30∶15∶15∶40。

（关荣金）

【粮食设备】　2011年沈阳市有效仓容在1000吨以上的粮油仓储企业拥有输送机1560台、清理设备118台、移动式机械设备134台、地中衡191台、运粮车辆158台、通风机械设备218台、检验设备2242台、烘干设备131台、烘干能力1502吨/小时，其中：国有企业烘干能力878吨/小时。2011年度实际烘干粮食135万吨，装配了环流熏蒸系统的仓容量为40万吨，安装粮情电子检测系统仓容量73万吨，实现机械通风仓容量76万吨。

（关荣金）

【粮油保管】　积极开展粮油仓储企业规范化管理活动。经综合考评，沈阳市第一粮库、沈阳市第三粮库、沈阳南方谷物实业公司被评为“全省粮油规范化管理先进企业”，市直属粮食储备库、辽宁中稻股份有限公司被国家粮食局授予“全国粮油仓储规范化管理先进企业”称号。直属粮油仓储企业认真落实“三检一化”制度，“一符四无”工作实现预期目标，安全生产实现“四个为零”工作目标。2011年，市粮食局、市第一粮库、市直属粮食储备库被市政府评为安全生产先进单位。

（关荣金）

【粮油科技】　沈阳市粮油食品科学研究所申报了《小麦麸皮生产戊聚糖关键技术研究》、《玉米蛋白发泡粉的研究与推广》、《麦胚抗氧化肽提取工艺的研究》、《改性玉米芯对废水中重金属离子吸附性能的研究》、《新型农村储粮装备系列化研究与推广》、《植物喷施丰产剂系列产品的研究与推广应用》、《小麦加工副产品提取活性肽生产技术的研究》7个项目；完成了中央补助地方科技基础条件专项资金项目“粮食储藏工程实验室建设”申报工作；完成了《玉米秸秆生物饲料生产技术的开发》、《树莓速溶粉生产关键技术研究》2个项目的试验研究和检测工作，并已通过验收。

（关荣金）

【加工企业】 2011年，沈阳市在统粮油加工企业248家，比上年增加51家。其中，按所有制划分，国有企业11家，比上年增加2家；外商及港澳台商投资企业15家，与上年相同。按行业类别划分，大米加工业121家，比上年增加10家；小麦粉加工业1家，与上年相同；食用植物油加工业2家，与上年相同；玉米加工业5家，与上年相同；粮食食品加工业6家，与上年相同；杂粮及薯类加工企业1家，与上年相同；饲料生产企业74家，比上年增加3家。沈阳市共有国家粮食局和中国农业发展银行重点支持的粮油产业化龙头企业3家，省级龙头企业19家，市级龙头企业18家。粮油名牌产品12个，其中国家级2个，省级3个，市级7个；驰（著）名商标12个，其中国家级1个，省级8个，市级3个。

（关荣金）

【生产能力】 2011年，全市大米加工业年生产能力为317.5万吨，比上年增加28万吨；小麦粉加工业年生产能力为23.8万吨，与上年相同；食用植物油加工业年油料处理能力为95万吨，比上年增加2.1万吨；精炼能力15万吨，与上年相同；玉米加工业年生产能力为48.2万吨，比上年减少12.1万吨；粮食食品加工企业年生产能力为14.8万吨，比上年增加5.6万吨；杂粮及薯类加工企业年生产能力为1250吨，比上年增加250吨；饲料生产企业年生产能力535.2万吨，比上年增加83.9万吨。

（关荣金）

【粮油产量】 2011年，全市大米产量54.7万吨，比上年减少4.2万吨，减幅7.2%；小麦粉产量20.3万吨，比上年增加6631吨，增幅3.4%；食用植物油产量7.6万吨，比上年减少4.7万吨，减幅38.1%；玉米加工制品总量25.2万吨，比上年减少10.1万吨，减幅28.6%；粮油食品产量15.6万吨，比上年增加1.9万吨，增幅13.7%；杂粮及薯类产量1800吨，比上年增加1300吨，增幅260%；饲料产量350万吨，比上年增加116.8万吨，增幅50.1%。

（关荣金）

【行政许可】 沈阳市粮食局制定《沈阳市粮食行政审批服务工作暂行标准》，保证粮食行政审批工作做到“六统一”。2011年，全市共新批审粮食收购资格企业18家，发放《粮食收购许证》18份，办理《粮食收购许可证》变更35份，全年接受咨询60余次。全市参加年检企业522家，符合规定条件通过年检企业478家，对已不具备条件或拒不执行年检的44家粮食收购企业，取消其《粮食收购许可证》，《粮食收购许可证》年检率达到100%。全市共有粮食收购企业507家。

（关荣金）

【监督检查】 沈阳市粮食局组织开展粮食收购市场专项检查、粮食库存专项检查、食用植物油库存检查和统计制度执行情况专项检查工作，全市本年度共检查粮食经营企业982户（次），对粮食经营户检查达到100%。加强粮食行政执法制度建设，印发《2011年全市粮食流通监督检查工作要点》，修订《沈阳市粮食局行政处罚自由裁量权实施暂行办法》，规范行政执法行为，提高依法行政水平。以《粮食流通管理条例》颁布七周年为契机，以“维护市场秩序，放心消费粮食”为主题，采用多种形式向社会广泛宣传。各区、县（市）粮食局所在地设立宣传基地，悬挂宣传横幅，设立咨询台，相关人员现场答题，着重宣传粮食依法行政的相关政策、法规、科学储粮及食品安全等相关知识，增强沈城百姓和全系统广大干部职工的政策法规意识，营造依法管粮的良好社会环境。

（关荣金）

【检测机构与人员培训】 沈阳市粮食局开展全市粮油质检机构“四个提升”工作（提升实验室环境标准、提升仪器设备档次、提升基础工作水平、提升人员素质）。市粮油检测计量所利用省级财政专项资金，采购了世界领先的美国PE公司生产的原子吸收分光光度计和德国产的酶标仪，填补了市检测计量所不能用酶联免疫法检测真菌毒素的空白。县级质检站全部购置了储粮杀虫熏蒸剂，磷化物残留量检测所需仪器和化学试剂，扩展了机构的检测能力。2011年，康平县粮油检测站被省农委授予“辽宁省粮食质量监测站”资格。全市共有104名新上岗检验员进行了粮油检验基础知识及基本技能培训，并取得了检验员资格证书。为全市持粮油检验员证的824名检验员完成了年审验证工作，推动了全市粮油检验技术水平的提升。

（关荣金）

【粮食品质测报与原粮卫生调查】 2011年，全市共出动技术人员248人次，深入到72个乡（镇）、279个村，1570个农户的1667个地块，扦取初级样品1667份，进行质量调查、品质测报和原粮卫生调查，整理混合成质量调查样品344份，代表数量1.97万吨；品质测报样品130份；代表数量2.75万吨；会检样品41份，收购环节粮食质量安全监测样品126份，代表数量8.18万吨。编制了《2011年度收获粮食质量调查、品质测报和原粮卫生专项调查报告》。

（关荣金）

【粮食质量监测】 2011年，市粮食局对市级储备粮进行了5次大规模的抽样检测，对市级储备粮卫生质量进行了监测，增加了军供小麦粉中过氧化苯甲酰的检测，对批发市场粮油产品质量进行了四次抽查检验，经检验，质量合格，卫生达标，确保了全市粮食安全。

（关荣金）

烟草专卖

【营销管理】 2011年，沈阳市烟草专卖局（公司）按照在发展中积累资源向运用资源提高发展质量转变的工作思路，以大力培育“532”、“461”知名品牌为主线，放眼于品牌发展新定位、市场营销新模式、网络运行新标准，切实抓好“135工作法”和“网上订货”两个推广，努力探索零售终端建设。调整卷烟结构，提高服务质量，发挥市场资源优势，扎扎实实地落实沈阳烟草“十二五”发展规划，加强分析与调控，卷烟经营保持了良好的发展态势。一是经济效益大幅增长。全年实现卷烟销售收入74.4亿元，同比增长26.7%；实现利润9.75亿元，同比增长39.43%；实现利税16.36亿元，同比增长33.89%，高于行业平均水平(21.36%)12.53个百分点。二是卷烟销量稳步增长。全年实现卷烟销售35.53万箱，同比增长3.29%，高于行业平均水平(3.14%)0.15个百分点。其中，一、二、三类卷烟销量比重分别增长了3.78、2.98和12.97个百分点。销售低档卷烟2.85万箱，占总销比重的8.1%，同比下降48.09%。三是卷烟结构大幅提升。全年实现卷烟单箱销售收入20768元，同比增加3818元，高于行业平均增加值(2844元)974元，增长22.52%，高于行业平均增速(15.56%)6.96个百分点。四是重点品牌加快发展。重点品牌实现销售25.27万箱，占总销比重71.38%，同比提高12.3个百分点，比重高于行业平均水平(66.93%)4.45个百分点。大品牌发展格局基本形成，一些知名品牌增长较快，中华销售5935箱，同比增长147.6%，黄金叶销售7803箱，同比增长4719.2%。五是低焦油、低危害卷烟销量快速增长。8毫克(含)以下卷烟实现销售5.88万箱，同比增长38.63%；占总销比重16.62%，同比提高4.25个百分点，比重高于行业平均水平(6.82%)9.8个百分点。其中，长白山低焦油系列销售1329箱，同比增长65.74%；中南海系列销售1.02万箱，同比增长0.2%。六是三项费用率继续下降。全年三项费用率为5.08%，同比下降0.56百分点。

(孟令波)

【销售网络建设】 沈阳市烟草专卖局(公司)坚持把品牌发展新定位作为主攻方向，把市场营销新模式作为重要支撑，把网络运行新标准作为主要着力点，以"两对、两提"新目标，建设"发展同向、工作同心、服务同步、利益同体"的新型终端，推进"卷烟上水平"。一是立足品牌发展新定位，培育品牌成果显著。紧紧围绕国家局"532"、"461"品牌发展战略，建立品牌发展动态调整机制，对本地区发展规划、品牌布局、培育方向进行调整，使品牌培育工作更有针对性和有效性，提高防范市场风险能力。完善品牌引入和退出机制，进一步提高全国重点品牌在沈阳市场的集中度。完善品类管理机制，按照国家局"做大规模、降低危害、提升价值"的要求，准确把握发展趋势，进一步提高对低焦油、低危害品牌的调控能力。构建重点品牌市场分析评价体系，与19家工业企业对工商协同营销进行评价，工商协同、共育品牌，提升工业企业的满意度。品牌培育实现新突破，16个品牌销售收入超亿元，其中，4个品牌超过5亿元，分别为玉溪9.28亿元，中华6.76亿元，七匹狼6.55亿元，红塔山5.71亿元；5个品牌超过3亿元，分别为长白山4.35亿元，黄鹤楼4.02亿元，云烟3.67亿元，利群3.44亿元，红河3.18亿元；7个品牌超过1亿元，分别为白沙2.95亿元，黄金叶1.87亿元，黄山1.79亿元，中南海1.69亿元，芙蓉王1.45亿元，南京1.39亿元，苏烟1.21亿元。二是建立市场营销新模式，"三网"作用逐步显现。首先，网上订货全面展开。市局(公司)以扎实推进、稳步提升、全面推广为工作方针，成立了网上订货工作领导小组，分别就系统研发、客户培训和实施推广等方面开展了扎实有效的工作。2011年，网上订货率达到97%以上，网上订货成功率稳定在90%以上。其次，网上配货运转顺畅。应用辽宁省烟草网上配货平台与工业企业开展网上货源衔接，有效推动了工商企业实现信息的互动与交流。第三，电子结算持续巩固。2011年全市电子结算率始终保持在98%以上，成功率保持在90%以上的较好水平。第四，研发并运用135工作平台服务客户，按流程和标准开展客户服务和品牌营销工作，取得了良好效果。三是现代物流平稳运行，支撑网建发展的基础作用明显。继续推进7S现场管理，完善标准化建设，现场管理水平和精细化管理手段促进了现代物流的发展。综合利用动态线路优化、车载GPS导航、GPS跟踪监控等现代物流配送管理技术，科学优化配送线路，提高送货效率，提升客户满意度，2011年全地区车辆搭载率为86.25%，其中城网为96.15%，农网为80.52%，与上年同期持平。以"配送、仓储、管理"费用为重点，采取多种措施控制物流成本。上年沈阳地区单箱成本200元；单条成本0.80元。组织设计RFID技术应用卷烟仓储工作，被省局(公司)评为2011年科技创新项目。上年还建设了异形烟分拣线和提升机，现代物流整体工作效率得到了提升。

(孟令波)

【专卖管理】 2011年全市各级专卖管理部门坚持"守土有责，守土尽责"，紧紧围绕建立和维护规范有序的卷烟经营秩序，不断提高专卖管理工作水平。一是严格规范，扎实开展内部监管。坚持运用信息化手段，认真落实日常监管，加强对偏差率、品牌、数量和三类重点户异常数据信息的查询分析。进一步强化内管核实，明确了需求预测、卷烟入库、货源分配、卷烟出库、终端销售、卷烟促销等重点环节。2011年，全局共调取销售数据12.99万笔；发现异常数据1.79万笔，经过对比分析，立案调查420笔；监听电访录音2.97万笔；共下发《质询函》144份，有效的规范了卷烟经营工作。二是深入开展打假打网工作。借助市委、市政府在全市范围内开展"优环境、促提升"打假工作的有利契机，深入开展了严厉打击制售假冒伪劣卷烟违法行为战役，以"打源头、端窝点、断渠道、破网络、抓主犯"为工作重点，由市打假办公室牵头，加强与公、检、法部门的沟通协作，进一步加大对主犯、要犯的抓捕追刑力度。2011年，共查处涉烟案件1532起，其中假烟案件817起，真烟案件715起；查获假冒卷烟2367.73件，真品卷烟2409件，走私卷烟691件；打掉窝点34个，逮捕17人，判刑16人。全市共破获国家级假烟网络案件四起，其中省局督办案件一起，进一步巩固了沈阳市卷烟打假和市场治理成果，维护了良好经营秩序。三是切实强化市场监管工作。签订了《辖区市场净化率责任状》，确保各单位真正做到守土有责。通过日常检查与集中整治相结合，明查与暗访相结合，自查与互检相结合，有效提高了监管效率。采取有效措施切断假烟运输分销途径；摧毁制售贩藏假烟窝点；加大对机场、铁路、货运站、城乡结合部、与外省市交界地带、繁华街面、娱乐场所、烟酒专营店等重点部位、重点环节和重点户的监管力度。全市平均市场净化率基本稳定96%以上。四是全面推进县级局创优达标。围绕省局《2011年县级局职能建设工作的实施意见》，制定实施方案、细化创建标准、通过完善制度、规范流程、加强管理，推进了县级局工作的制度化、规范化、流程化，带动了管理效率和管理水平的提升。同时，加大县级局职能建设的投入力度，改善硬件设施，更新执法装备，满足县级局专卖管理工作需要。新民市局、康平县局被评为辽宁省县级烟草专卖局标兵单位。特别是针对县级局职能建设"求实效"方面，以康平县局作为试点，对原有的职能建设办公软件进行升级改造，积极申报创新立项，并被省局（公司）确定为2011年度省局（公司）科技计划推荐项目。升级改造后的软件，对各项工作的过程和质量进行控制，及时纠正偏差，提升工作质量和工作效率，确保职能建设见实效。

（孟令波）

会展业

【会展业发展】 2011年，全市会展产业发展呈加速度态势，行业运行质量较高。全年共举办各类会展活动252项，同比增长11%，其中专业展会143项，大型论坛和学术会议4项，节庆活动8项。全年展览总面积达到220万平方米，同比增长33.3%，全年举办5万平方米以上的大型展会16项。

沈阳市举办的会展活动涉及的行业几乎涵盖国民经济和社会发展的各个领域，主要分为四类：一是国际性和国家级大型会展活动。第10届中国国际装备制造业博览会、第18届中国国际广告节、2011年秋季全国糖酒会、第41届全国制药机械博览会、第69届全国汽车配件交易会、第12届中国美食节、第29届中国国际体育用品博览会等，这类展会规模大、影响广、拉动城市经济作用明显。二是国家级或区域性品牌展会。辽宁（沈阳）台湾名品博览会、第4届中国东北文化产业博览会、第10届中国沈阳国际汽车工业博览会、第7届中国（沈阳）国际农业博览会、2011中国沈阳国际珠宝展、第5届中国东北亚（沈阳）进出口商品博览会等，这类展会对促进相关产业发展、引导转变消费理念起到了推动作用。三是节事活动。2011中国沈阳韩国周、2011中国沈阳国际冰雪节、2011中国（沈阳）国际旅游节，以及文化艺术节、元宵灯会、啤酒节等，这类主题活动丰富了百姓生活，传承了文化内涵。四是各类中小型专业展会。2011年中国沈阳动漫电玩博览会、第3届中国（沈阳）自行车展览会、2011中国（沈阳）食品博览会、第2届中国（沈阳）手机博览会、2011中国沈阳时尚家具博览会等，这类展会专业性强，是沈阳市重点培育和打造的品牌展会。

2011年，沈阳市还荣获"2010全国会展业'金五星'优秀会展城市奖"、"2011年中国会展业年度十佳品牌会展城市"，"2011年中国十大影响力会展城市"等殊荣。同时，沈阳国际展览中心荣获"2011年中国会展业年度十佳品牌会展中心"荣誉称号；2011第10届制博会荣获"2011年中国会展业年度十佳展会品牌项目"荣誉称号。会展业已成为沈阳市现代服务业的重要组成部分。

国家级会展活动数量显著增多。全国可申办的国家级流动性展会约30余项。成功申办、举办全国糖酒会、中国广告节等7项国家级可申办流动性展会，数量位居全国第一。截至年底，沈阳市举办全国性行业龙头展会和与国家部委、协会联合举办的国家级展会共51个，占全部会展活动的20.2%；展览面积140万平方米，占全部会展活动的63.6%；国家级展会虽然项目数量不多，但规模大、档次高，成为全市会展业的主导力量，发挥着展览市场的引领作用。

会展经济拉动效应突出。全市各类展会共吸引国内外4.3万家企业参展参会，吸引国内外专业观众超过50万人次，普通观众超过750万人次，较上年同期大幅增长。会展业的快速发展直接拉动了餐饮、住宿、旅游、广告、娱乐、交通、物流、信息通讯等服务业的发展，平均拉动消费增长23%。通过会展平台，加强了相关产业与国际、国内各大厂商的沟通交流，达成了诸多合作意向，完善和增强了会展产业链竞争力，推动了城市经济发展，打造了沈阳的城市名片。

（吕晓波）

【汽车展会】 为拉动内需，促进汽车消费，扩展沈阳市中心城市地位，展示沈阳汽车流通业规模和形象，推动沈阳市经济又好又快发展，2011年，共举办五次汽车展会，分别为5月13－18日、10月12－16日举办的第五届、第六届中国沈阳汽车交易博览会；7月1－6日举办第十届中国沈阳国际汽车工业博览会；4月23－27日、9月24－28日举办第四、五届中国（东北）二手车交易博览会。五展展会共销售新车7936辆，销售额34.54亿元，其中40%销往外埠。销售二手车11373辆，销售额9.2亿元，占全年二手车销售的10.1%。

1. 全力把国际汽车工业博览会办成国家顶级展会，进入国内同类展会第一军团。第十届沈阳国际汽车工业博览会由沈阳市人民政府与中国机械工业集团有限公司主办，沈阳市服务业委与中国汽车工业国际合作总公司承办。通过采取强有力措施，加大对世界知名顶级、高端国际品牌的招展力度，全力引进全球汽车发展潮流的概念车、世界顶级品牌车、高端品牌车辆参展，提升了本届展会的规模，展览面积15万平方米，参观人流超过45万人次，销售车辆5600台，意向订购8000台，金额达30亿元。

2. 创新汽车交易博览会内容，提升档次和规模。第五届汽车交易博览会创新了组织方式和活动内容，加强协同联动，加速沈阳经济区一体化进程。一是与沈阳经济区七城市政府共同承办，设置沈阳经济区八城市汽车贸易形象展示窗口，组织七城市市民来沈观展购车，扩大了展会影响力；二是开展政府采购活动，设置沈阳经济区八城区政府采购订货洽谈区，把展会与政府车辆采购有效结合，增加了展会功能；三是设立了专用车展馆，展示消防车、垃圾车、清洗车、清障车、自卸车、运输车、加油车等专用车，吸引了近千名专业观众前来参观。展会期间参展观众8万人次，销售车辆1445辆，成交额3.2亿元，其中政府采购签约金额达1.18亿元，成为了展会一大亮点。

第六届汽车交易博览会以“汽车盛会、百姓节日”为主题，以“服务社会、服务政府、服务厂家、服务会员”为宗旨，以促进汽车消费推动经济发展为目的，搭建汽车交易展示的平台。通过开展汽车团购活动、汽车信贷推动消费活动、设立特价车展区内容，使展会贴近百姓、贴近市场、贴近生活，办成了一场惠民、促销、互利的汽车展会，共销售车辆891辆，成交金额1.34亿元，参展观众4.5万人次。

3.三省联动开展二手车交易博览会取得佳绩。第四届和第五届二手车交易博览会立足东北，沈阳做为主展场，长春、哈尔滨做为分会场，实现辽、吉、黑三省联动、同时展示。

北京花乡旧机动车市场携北京60多家优质、资深的二手车企业、200余辆二手车来沈参加了第四届二手车交易博览会，为展会带来耳目一新的服务理念与经营模式，给沈阳的二手车行业注入了一股新的发展力量，不仅壮大了展会规模，更使展会提升了档次，扩大了影响，也为沈阳市二手车市场与北京二手车市场（我国最活跃的二手车市场）的融合发展进行了大胆的偿试。两届二手车展会共销售车辆11639辆。其中二手车交易量11373辆，交易金额9.2亿元；销售新车266辆，销售金额1025.5万元。这两届二手车交易博览会取得了丰硕成果，振奋了沈阳市二手车市场信心。

（崔轶平）

【国家级自行车展会】　2011年，第三届中国（沈阳）自行车展览会于8月13日在辽宁工业展览馆成功举办。本届展会在规模、档次、形象、影响力和群众参与度上都超过了上届。有两个主要特点：

一是自行车档次高。如闻名世界美国第一品牌崔克的新品车、获得吉尼斯世界纪录认证的大行折叠车、欧洲环法比赛冠军车美利达自行车、获2011年中国自行车产品创新奖的骓驰碳纤维小轮车、首次来沈的美国芭比童车及台湾瑞姆儿童车、台湾复古锐骑自行车及深圳骑达公司生产的以竹子为材料的自行车。还有日本富士、台湾欧亚马、怀特、法国凯路仕、意大利库塔、潘那维罗、德罗萨、威廉以及金轮、狼图自行车等。最高价格的自行车达12万元。

二是首次引进了户外用品及“4+2”骑行装备。国际知名的瑞典拓乐行李架、自行车架和韩国骑行台及骑行服，特别是与法拉利、宝时捷、悍马、路虎、兰博基尼、宝马等豪华汽车配套的自行车更是光彩夺目，倡导和引领了“4+2”新生活新理念。为近距离地亲近自行车、感受自行车，还特别设置品牌自行车试骑区，为儿童提供了童车和瑞姆乐园休闲车试骑区，让市民充分体验自行车的概念知识和实用功能。本届展会规模为1万平方米，历时三天，到场观众人数10万多人，其中，发烧友7万人，专业观众5000余人；参展企业83余家，100多个品牌亮相展会，现场销售500万元，店面销售500万，市内四条街分会场销售200万，交易额达到1200万元，比上年增长了一倍；6万元以上的自行车销售了22台；现场共签约8300万元，比上年增长10%。

（田甲男）

【第二届中国（沈阳）老年人残疾人用品展览会】　由中国百货商业协会和沈阳市人民政府共同主办的第二届中国（沈阳）老年人残疾人用品展览会于7月15日至18日在辽宁工业展览馆举行。国内外103家企业参展，国际标准展位315个，约5.5万人次观展，洽谈合作项目1020个。展会划分衣、食、住、行四大方面，首次推出“养老地产”产品。全国90%以上的重点辅具生产企业参加了本届展会，外商及港澳台参展企业超过参展企业20%。加拿大柯凡特升降设备公司，台湾康扬公司，日本丰田通商株式会社，以及广东、江苏、天津等一批国内外知名辅具厂商的高端产品成为亮点。展会期间，举办了“沈阳市残疾人事业现状及残疾人辅具市场”论坛；组织了日本参展团等外资企业对沈阳市养老服务机构的考察和合作交流活动。

（刘　顺）

行业监管

【煤炭市场监管】　为规范全市煤炭流通业发展，按照合理布局、市场规范、结构优化、功能提升的原则，沈阳市制定了《沈阳市煤炭经营行业十二五规划》。为强化对全市煤炭市场的监管，市服务业委会同市行政执法局、质监局、工商局等部门联合开展了打击非法经营煤炭专项行动，严厉查处“无证、无照”、掺杂使假、以次充好、缺斤少两和经营劣质煤炭等违法违规行为及整治三环内经营性储煤场所。查处违规案件23件，取缔无证经营业户12户、型煤加工点2处。同时，完善了全市煤炭经营企业档案，较全面的掌握了市煤炭经营企业的状况，为日常监管工作提供有力保障，使煤炭市场监管实现了电子化、信息化、规范化。截至2011年末，全市共有320户煤炭经营企业，批发企业81、零售企业227家、型煤加工企业12家。全年共新建煤炭经营企业34户，变更煤炭经营资格登记事项12户。煤炭经营企业全年实现销售煤炭2400万吨，同比增长18%。

（崔轶平）

【成品油市场监管】　截至2011年末，全市共有成品油经营企业529户，其中，批发企业17户、零售加油企业（加油站）495户、加气企业（加气站）12户、油气混合企业（油气混合站）5户。2011年，全市新建加油站2座，新建油气合建站1座，迁建加油站1座，迁建油气合建站1座，迁建油库1个，原地改造加油站17座，全年销售成品油216万吨，同比增长9.4%。为加强成品油市场监管，市服务业委会同市工商、质检局等部门，加大对成品油市场的监督管理力度，并形成常态机制，规范了成品油市场秩序。同时，建立重大事件信息直报机制和资源预警机制，针对年内成品油市场出现柴油资源“吃紧”迹象，及时启动了重大事件信息直报机制，对中石油、中石化两大集团驻沈企业等重点成品油经营企业的资源供应开展了日监测报告制度。并及时启动成品油市场资源供应应急预案，协调两大集团驻沈企业向上级公司争取增加资源配额，确保了全市重点项目用油和成品油市场稳定供应。

（崔轶平）

【报废车市场监管】　认真贯彻国家、省相关部门关于报废汽车回收管理法律、法规和相关文件，强化对报废汽车行业的监督管理，坚持“四个结合”即：市场调研与专项整治结合、日常拆解监督与市场动态监管结合、建立部门联动机制与推进汽车以旧换新结合、抓企业升级改造与建立回收网络结合。引导报废汽车回收拆解企业诚实守信、合法经营，积极承担沈阳军区退役报废装备转交地方处置，接收退役报废车辆，为军地开拓新模式。全年共报废车辆6542辆，其中接受军队退役车辆1707辆，受国家汽车以旧换新政策终止的影响，汽车报废量同比下降19%。

积极引导老旧汽车报废更新，市服务业委会同市财政局研究制定《沈阳市老旧汽车报废更新资金补贴实施方案》，并联合在沈阳秋实报废汽车回收有限公司设立老旧汽车报废更新一站式服务窗口，为老旧汽车车主办理报废更新手续提供一站式快捷服务，促进全市老旧汽车报废更新工作深入开展。从2011年8月1日至年末（国家规定办理期限），全市共办理符合老旧汽车更新改造标准的各类车辆211台，其中重型载货汽车119台，城市公交汽车35台，农村客运汽车57台，共发放补贴资金339.9万元，多项指标均列全省之首。

（崔轶平）

【二手车市场】　在汽车市场回归理性增长的大环境下，沈阳市二手车市场持续健康发展，交易规模持续增长，结构继续优化，消费者理性消费观念的逐步加强。第四、五届中国（东北）二手车交易博览会的成功举办，进一步促进了二手车市场的规范化、专业化、规模化发展。新兴的以诚信经营为核心，集整车销售、质量保修、保险理赔、专业评估等为主要内容的二手车4S销售模式初露端倪。全年共交易二手车12万辆，交易额达59亿元，同比分别增长20%、11%。

（崔轶平）

【“保知打假”专项行动】　按照国务院和辽宁省政府的部署，沈阳市紧紧围绕关系人民群众切身利益、社会危害较大的农资、商标、专利、出版物、食品药品、烟酒、畜禽屠宰、产品违法生产等领域存在的突出问题，集中开展了打击侵犯知识产权和制售假冒伪劣商品专项行动。截至6月末，全市共查处各类涉假案件3351件，涉案金额3.3亿元，依法追究涉假犯罪嫌疑人刑事责任677人，捣毁窝点2007个，罚没物品50.3万件。

实施专项行动以来，沈阳市委、市政府高度重视，将其作为维护公平有序的市场环境，促进经济社会又好又快发展的重要举措，强力推进。

强化组织领导。组建了由分管副市长挂帅，市直24个部门参加的“保知打假”专项行动领导小组；市直相关执法部门也成立了专项行动工作领导小组；为加强行政执法和刑事司法的有效衔接，成立了以公安部门为牵头单位的市打假工作办公室，抽调专人组成专门办公室集中办公；根据实际需要，在全国率先组建了市、区两级公安部门食品药品犯罪侦查机构，为有效打击侵权和制假售假行为提供了保障。

强力推进实施。下发《沈阳市打击侵犯知识产权和制售假冒伪劣商品专项行动工作方案》，以“抓环境、促提升”为主题，将“保知打假”专项行动作为环境建设和民生工程的重要内容进行全面部署。各地区、各部门结合实际，发挥职能作用，迅速行动，整体联动，合力推进，形成了信息报送、线索转递、联合作战、宣传发动、考评奖励、综合保障和责任追究等“七大机制”，提升了“保知打假”工作的整体效能。

营造舆论氛围。发挥新闻舆论导向作用，专项行动期间，全市共召开8次新闻发布会，及时曝光典型案例，报道打击战果，震慑违法犯罪；在“3·15”国际消费者权益日、“4·26”全国知识产权宣传周、“5·15”全国打击和防范经济犯罪宣传日期间，组织了2次大规模集中销毁行动，在人员密集地区和商业中心区域开展了集中宣传，发放宣传画册17.7万套，制作展板407个，提供各类咨询服务近12万次；在各类媒体上播发报道2700余次，形成了浓厚的“保知打假”氛围。

突破大案要案。专项行动以来，先后破获了公安部、国家食品药品监督局督办的“2·17”制售假药案；“2·19”特大非法经营出版物案；“3·13”新民市非法生产销售劣质酸菜案；“4·01”特大生产销售假冒伪劣钢材案；“4·08”辽中县非法销售伪劣化肥案等一批在社会反响强烈的案件，有力地震慑了违法犯罪分子。

坚持追根溯源。以食品安全领域为重点，以侵权涉假个案为线索，以根除涉案产品来源渠道为目标，寻“上线”、追源头，彻底铲除滋生侵权涉假产品的窝点和渠道，全面摧毁其产销网络。在“4·17”制售问题豆芽案件中，公安部门通过循线追查，成功抓获了向黑加工点出售非食用药剂的犯罪嫌疑人，彻底摧毁了遍布在河北、吉林、内蒙以及省内一些市地的销售网络和产业链条。同时，对为制假售假违法犯罪行为提供场所、运输等便利条件的人员，也依法予以打击，以共犯论处。

推进软件正版化。贯彻《国务院办公厅关于进一步做好政府机关使用正版软件工作的通知》要求，从3月1日起，集中开展了政府机关使用正版化软件专项检查和整改工作，现已完成对全市67个委办局，15个区、县（市），4.7万台计算机，1705台服务器的自查摸底工作。同时，启动了网吧行业软件正版化工作，全市已有100多家网吧安装了1000余套正版软件。

（林跃年）

【畜禽屠宰管理】　2011年，市服务业委针对全市畜禽定点屠宰企业数量多、分布广的实际情况，在监管体系上由过去的市里直管、区、（县、市）协管，调整为市、区(县、市)两级主管,乡(镇)协管的监管体系,延伸了监管触角,增强了监管力度。同时,细化了监管工作目标,将法律赋予我们的监管职能细化为3项工作效果指标、4项工作质量指标。在此基础上,通过签订工作目标责任书的形式,将畜禽屠宰监管责任层层落实到相关区、县(市)和乡(镇、街道),并按照《沈阳市畜禽屠宰监管工作责任书》的工作责任目标,建立健全了畜禽屠宰监管工作责任追究制,采取平时抽查与总结验收考核相结合、动态考核和静态考核相结合的办法,进行综合评定。

在全市畜禽屠宰企业开展了"回头看"工作,对全市2010年确定的生猪、牛、羊、鸡定点屠宰企业的生产资格逐户进行了重新审核。通过逐户现场查验,首先对金氏源清真牛羊屠宰场等19家不具备A类屠宰生产条件的企业,经报请省服务业委和市政府批准,降级为B类企业管理,责成其生产的肉品只能在本地销售,不得跨区域销售。在此基础上,对查出已经不具备屠宰条件或存在违法违规行为的"金氏源"、"新鸿"2家牛羊屠宰企业、"志英"1家鸡屠宰企业和"翰博"、"宏林"、"陵东"3家生猪屠宰企业做出了取缔屠宰资格的处理。经过重新审核认定,全市A类生猪屠宰企业只保留了5家,B类为44家;A类牛羊屠宰企业保留了7家,B类为10家;A类鸡屠宰企业保留了25家,B类为2家。

根据辽宁省政府《关于严禁非法制售和使用"瘦肉精"等有害物质的通告》和省服务业委《关于全面检查生猪定点屠宰企业落实质量安全管理制度情况的紧急通知》精神,采取5项措施:一是立刻组织全市各区、县(市)主管畜禽屠宰工作的副局长和科长开会,观看中央电视台录象,并转发了省服务业委《紧急通知》,提高认识,增强责任意识和紧迫感。二是主动与市畜牧兽医部门沟通,落实省政府《通告》精神,进一步明确了"瘦肉精"的检验主体和监管部门责任、检测内容、实施时限、操作方法等相关具体问题。三是召开全市所有畜禽屠宰企业负责人和肉品品质检验人员会议,就落实《通告》精神与屠宰企业进行了集体约谈,结合查处沈阳志英肉禽有限公司屠宰病死鸡问题,对畜禽定点屠宰企业的肉品质量安全管理提出了具体要求。四是邀请市兽药饲料检查所检验室主任,现场讲解了"瘦肉精"检测方式、方法和相关要求,对企业肉品品质检验人员进行了集中培训。同时主动与生产"瘦肉精"检测试纸的杭州市生产厂家联系,代企业购买了6万个"盐酸克伦克罗"检测试纸,解决了全国购买时间集中,企业一时买不到试纸的困难,也使全市畜禽屠宰企业"瘦肉精"自检工作得以迅速展开。五是统一设计、制作《"瘦肉精"检测检验记录》,以备存查。自此,我市没有发生一起屠宰含有"瘦肉精"畜禽的案例。

进一步加大了打击私屠滥宰等违法活动的力度。一是根据省服务业委转发的国家商务部办公厅《关于强化屠宰环节肉品质量安全监管严厉打击制售病害肉注水肉等违法行为的通知》和国家商务部等六部委《关于深入开展打击私屠滥宰保证肉品质量安全专项治理行动的通知》精神,结合沈阳市软环境建设推进组开展的"剿假围猎"行动,牵头在全市范围开展了以"打击私屠滥宰、确保肉品质量安全"为主要内容的专项治理活动。二是与市卫生局、畜牧兽医局和公安局等相关部门建立了联合执法的协作机制。多次与相关部门协同作战、密切配合,有效地形成了打击私屠滥宰违法活动的无缝隙监管链条。苏家屯区城郊街道季某某和张士开发区高某某两个向生猪注水案等,被公安部门刑事拘留,开创了沈阳市因为向畜禽注水违法行为,被追究刑事责任的先河,有效地震慑了向畜禽注水注胶不法行为的气焰。三是在元旦、春节即将来临之即,由于居民消费相对集中,对食品安全关注度较高,重点强化了节日期间监管,建立了节日期间的值班制度,确保一旦屠宰环节发生畜禽肉品质量安全事故,能第一时间做出反应,并进行妥善处理。

全年,共检查畜禽屠宰企业2008家次,对12家经营不规范的企业下达了责令整改通知书,取缔违法违规定点屠宰企业6家,取缔私屠滥宰屠宰场(点)28个,查处向生猪注水黑窝点4个,罚款10万元。

(杨振江)

商品交易市场

【沈阳东北机动车配件市场】 沈阳东北机动车配件批发市场是沈阳市重点市场,是于洪区政府2000年建设的大型市场项目之一,投资总额近1亿元人民币。市场占地面积约9.2万平方米,总建筑面积7.7万平方米,市场位于皇姑区昆山西路与大二环的交界处,毗邻东北旧机动车交易市场(塔湾车行)。

汽配市场共有商住门店37栋,全部二层独立的商住两用高档门店可以满足24小时经营,市场的格局和其他硬件设施在全国的汽配市场中也是一流的。宽敞便捷的人流通道及超大面积停车场,为商家及客户创造了舒适便捷的交易环境。市场有近650户经营商户,经营国内外名优汽车配件、辅料、汽车精品、汽保工具等产品,并有数家大型修理企业为广大用户提供服务,是集人流、物流、资金流、信息流为一体的大型现代化市场。与沈阳东北机动车配件批发市场相邻的沈阳国际汽配城正在建设中,计划投资80亿元人民币,规划用地96万平方米,建筑面积200万平方米,首期交易区18万平方米,计划年底开业。

为了更好的服务、方便广大商户,根据商户的要求和意见引相应的职能部门进场。如:工商管理所、国税、地税、银行、治安工作站等等。同时起到了宣传法制,树立法律威严,强调了市场依法管理的原则。

沈阳东北机动车配件批发市场有限公司成立十年来,在各级政府、主管部门及行业协会的大力支持下,取得了一定的成绩,在业界和消费者中树立了品牌,赢得了良好的口碑。2009年沈阳东北机动车配件批发市场被评为辽宁省文明市场,被沈阳市市场协会评为"理事单位”，被全国汽配市场联合会评为“副理事长单位”，被中华全国工商联合会汽车摩托车配件用品商会确定为“全国重点培育市场”，先后被省、市两级工商管理机关评为“重合同守信用”单位。2010年被市综治办评为“平安市场”，被市工商局评为“诚信市场”。2011年被评为“平安诚信示范市场”。

（工商局）

【沈阳皮革鞋材商厦】 沈阳皮革鞋材商厦隶属于沈阳广宜皮革鞋材经营管理有限公司，位于沈阳市大东区广宜街25、27号，地处繁华中街的北侧，交通十分便利，是东北地区惟一的皮革鞋材专业批发市场。商厦分为五层，占地面积5500平方米，建筑面积2.5万平方米，商厦内设有经营摊位800余个。商厦设备完善配套，设有客、货电梯，4000平方米仓储库房，3000平方米机动车、非机动车停车场。

商厦主要经营品种有皮、革、鞋面料、五金件、鞋底、鞋跟等三四十个品种。产品辐射地区有日本、俄罗斯、韩国、朝鲜、蒙古、哈萨克斯坦、辽宁、吉林、黑龙江、北京、天津、内蒙古、山西、山东等地。

商厦内硬件设施完善，经营格局科学、合理、规范，全新的设施设备，商场化的经营模式，宽敞的购物通道，明亮的购物空间，先进的空调系统，便利的停车环境为经营者和消费者提供了优越的经营购物环境。聘请的专业物业管理团队，高质量的物业管理水平，创造了市场每天良好的经营环境，及时的维修维护确保了经营者和消费者的正常经营购物，24小时的物业管理，不但保证了商厦开行期间的正常经营购物，也确保了下行后经营者与国家的生命及财产安全。商厦内现有业户400余户，业户的年销售额呈逐年递增的态势，大部分业户的销售额达到了翻倍增长，在全国同类市场中排名第四。商厦解决社会就业3000余人，真正达到了经济效益和社会效益双丰收。并连续多年获得省、市“文明市场”称号。

（工商局）

【沈阳金龙装璜材料城】 沈阳金龙装璜材料城是一个集家具装饰材料销售为一体的综合性建材市场，地处繁华的北行商圈—皇姑区长江南街168号。市场建筑面积2万平方米，入场经营商家278户，从业人员1000余人，经营着家具、灯具、壁纸、窗帘、卫浴挂件、工艺美术、板材、型材、地板、门窗、五金、洁具、厨房用品、水暖配件、油漆、玻璃、石材、建材等二十大类上万个品种的商品。

金龙装璜材料城自1996年开业以来，始终坚持规范化管理，注重企业文化建设，奉行“以德求兴、以优求存、以信求名、以新求效”的企业精神，恪守“诚信经营、顾客至上”的经营理念，大力开展平安诚信市场建设，企业核心竞争能力不断增强。

金龙市场以其货真价实的商品、周到热情的服务、诚实守信的理念赢得了社会各界的信任与称赞，获得了全国标准化建材家具市场、全国三星级建材市场、国家规范化管理市场、辽宁省文明诚信市场、辽宁省平安诚信示范市场、沈阳市文明单位、沈阳市文明窗口标兵单位、沈阳市文明市场、沈阳市开展反违章活动先进单位、皇姑区安全生产工作标兵单位等殊荣。

（崔恩樸）

【沈阳香江家居公司】 沈阳香江家居曾先后获得“沈阳最具影响力家居卖场”、“年度推动力企业”、“十年商业贡献企业”、“辽宁家具行业自律市场规范活动先进单位和个人”等众多荣誉称号，并受到了业界的肯定与关注。

2011年公司秉承“办好实业、回报社会”的集团企业宗旨，制定了年度工作计划，将工作指标分解到各部门，责任落实到人头。采取了多种形式和手段，深入细致地开展了工作。年初，香江家居在沈阳首次提出“名品建材家具工厂批发城”的概念，一改传统家居卖场模式。北方家居迈向新跨越，必须要整合有效的资源。此次重大转变，从根本上开源节流，减少中间环节，直接与工厂交易，降低物流运输等成本费用，平抑市场物价，着实提高沈城市民的居家幸福指数。

（工商局）

旅　　游

规划发展

【旅游导示系统建设】　2011年，沈阳市新建旅游导示牌5块。分别是：于洪区委和谐广场、铁西广场、东陵区亿丰时代广场、大东区“龙之梦”广场、沈河区五爱市场购物旅游区。重新对6个2009年建设沈阳旅游景区导示图进行了修改完善，增加了2011年新评A级景区和新建温泉、娱乐景区。对6个2009年建设的旅游景区导示牌版面进行了更新。

（卢立祥）

【温泉旅游开发】　高标准编制并实施温泉旅游专项规划，加大投入力度，积极招商引资，温泉发展成效显著。

根据资源情况，先后编制《沈阳市温泉旅游发展专项规划》、《蒲河温泉新市镇专项规划》和《新民兴隆堡温泉小城专项规划》，其中《蒲河温泉新市镇专项规划》已通过专家评审。

沈北新区成立了建设省级温泉旅游聚集区工作领导小组，专门设立了温泉管理办公室。沈北温泉旅游聚集区规划面积364平方公里，项目总投资196亿元。已入住6家企业，规划区域内有4A级景区1家，即怪坡风景区，另有沈阳华强文化科技产业基地项目筹备申报国家5A级旅游区，沈阳酷贝拉青少年体验基地正在按照国家5A级旅游区的标准进行建设，建成后计划年接待游客200万人次，年营业收入达到10亿元。

于洪区成立了温泉旅游领导小组，规划温泉旅游聚集区面积34.6平方公里，项目总投资143.14亿元，现已入住3家企业。规划区域内的小韩村温泉会所（蔬菜工厂）筹备评定4星酒店和4A景区，实现年接待游客12万人次，年营业收入约6000万元。小韩村特色名镇项目已签约97.14亿元。于洪区小韩村温泉会所基础建设项目获得国家、省旅游专项资金补助275万元，沈阳市配套补贴75万元。

新民市成立了沈阳兴隆温泉城党工委和管委会，为政府派出机构。兴隆温泉城近期规划面积10平方公里，已入住企业19家。规划区域内除已建成的世界温泉部落一期美国郡、丽景宾馆、隆源宾馆外，规划建设的皇冠假日酒店、华美达酒店、四季酒店、利兹酒店均为四星的标准酒店。已建成项目实现年接待游客21万人次，年营业收入3500万元。

沈阳市具备温泉旅游开发条件的区、县（市）有6个（于洪区、沈北新区、棋盘山开发区、苏家屯区、新民市和辽中县），已打成温泉井17眼（10眼权属政府），探明储量70亿吨，日出水量2.20万吨。其中于洪区3眼（1眼权属政府），储量10亿吨，日出水量2500吨，平均水温59℃，平均井深2108米；沈北新区4眼（3眼权属政府），储量30亿吨，日出水量4256吨，平均水温59℃，平均井深2489米；新民市9眼（5眼权属政府），储量30亿吨，日出水量1.07万吨，平均水温62℃，平均井深1977米；棋盘山开发区1眼，权属政府，日出水量1000吨，水温70℃，井深2200米；辽中储量估计达5亿吨，日出水量3500吨，水温61.5℃，井深2500米。苏家屯区和辽中县正在资源勘探中，实际的分布及储量情况待定。

沈阳市已建成温泉旅游项目4个，投资10.5亿元，分别是于洪区的小韩村温泉会所，新民市的世界温泉部落一期美国郡、丽景宾馆、隆源宾馆，全年营业收入7788.8万元，接待人数45万人次；已开工在建温泉旅游项目4个，投资62亿元，分别是沈北新区的永盛七星九龙湾温泉，新民市的世界温泉部落加拿大郡、修正一品·汤城、巴厘岛国际温泉生活示范区；已签约项目25个，签约投资433.14亿元，其中：于洪区4个，沈北新区3个，新民市15个，辽中2个。以上32个建成、在建和签约项目总投资为505.64亿元，其中单项投资超10亿元的有19个。

（卢立祥）

【旅游项目建设】　调查沈阳市“一日游”情况，对省际、市际一日游的线路、价格、发车时间、地点进行了调查，其中省际游33条，市际游14条，为集散中心建设提供了便利。起草完成《关于进一步加强我市旅游集散中心建设的意见》。

收集了2011年沈阳市景区建设资金需求情况，全市有30个景区（点），总投资20.8亿元。征集了沈阳旅游景区路标设置地点方案。共征集180个，按每个3万元计算，需投资540万元。征集并上报了沈阳4A以上旅游景区、工农业示范点、温泉、冰雪旅游新业态在高速公路两旁设置标识牌地点方案，共116处。

调研沈阳市旅游景点基础设施和保障能力。全市共有A级景区和待评景区（点）41个。其中沈河区8个，和平区2个、铁西区3个、皇姑区3个，于洪区1个，大东区2个、东陵区2个，苏家屯区6个，沈北新区2个，棋盘山开发区4个，新民市4个，辽中县1个，法库县2个，康平县1个。41个景区（点）共有经营面积326.5平方公里，其中有30个景区（点）拟在2013年8月前进行改扩建，计划总投资达19.9亿余元，停车场停车保有量为1.47万台，日最大接待量为155.81万人次。

举办了旅游项目申报工作培训班，收集了各区、县（市）上报的旅游专项资金申报材料13份，上报省项目3个，其中于洪区小韩村基础建设项目获得国家、省旅游专项资金补助275万元，沈阳市配套补贴75万元。市旅游专项资金还对沈北辽河万泉湿地钢坝闸、法库五龙山旅游风景区服务中心、辽中蒲河湿地景观桥、新民辽滨塔历史文化名胜景区停车场等乡村、生态、文化旅游建设项目给予补助各50万元。

（卢立祥）

【假日黄金周】　2011年2月2日至8日(除夕至初六),全市共接待旅游者101.07万人次,比上年增长16.2%,其中:过夜旅游者45.49万人次,一日游游客55.58万人次;全市旅游总收入7.62亿元人民币,比上年增长20.4%。10月1日至7日,全市共接待旅游者308.3万人次,比上年增长24.5%,其中:过夜旅游者61.6万人次,比上年增长26.0%;一日游游客246.7万人次,比上年增长24.1%。全市旅游总收入21.6亿元人民币,比上年增长38.7%。

春节假日的旅游客流和市民的过节消费对沈阳商饮服务业的拉动作用非常明显。中兴大厦销售额超过6000万元,比上年增幅近1成;5星级的沈阳凯宾斯基饭店、黎明国际酒店、中山皇冠假日酒店等销售额比上年增加都在两位数以上,凯宾斯基饭店收入超百万,比上年增加近四成。国庆节假日期间,中兴大厦营业额首次突破1亿元,比上年增长15%以上;沈阳商业城国庆节假日期间销售突破7000万元,比上年增加近60%。

国庆节假日期间,"主题公园游"、"休闲度假游"受到游客青睐。以龙之梦亚太城的"辛巴达欢乐城堡",沈阳华强"方特欢乐世界"为代表的"主题公园游"极为火爆。沈阳薰衣草庄园、沈阳怪坡东北虎林园、小韩村温泉会所的接待量也屡创新高。

交通客流量大幅增长。通过民航、铁路、公路等交通渠道抵达沈阳的客流量超过480万人次,比上年增长17.1%,其中:沈阳桃仙机场抵达客流量11.9万人次,增长43.3%;公路抵达客流量373.12万人次,增长21.2%;铁路抵达客流量95.51万人次。

(刘洪波)

【96233旅游服务热线试运行】　为加强政府公共服务职能,进一步优化旅游环境,更好地满足国内外游客的需求,沈阳市旅游局于2011年10月开通了96233旅游服务热线。通过中、英、日三种语言,提供旅游问讯、旅游投诉、旅游提示以及其他旅游信息等服务。

(杨　芳)

【旅游信息化建设】　为贯彻落实《中国旅游业"十二五"发展规划信息化专项规划》、《沈阳市旅游业发展"十二五"规划》关于旅游信息化建设的具体要求,切实提高旅游公共信息服务水平和旅游在线营销能力,2011年市旅游局围绕提升旅游信息化水平开展了多项工作。

1.确立了力争用三年左右的时间,努力实现全市旅游信息化建设的三大目标。旅游公共信息服务设施基本健全,信息服务能力显著加强。官方旅游资讯网站、旅游服务热线、旅游咨询中心、旅游移动门户等标准化旅游信息服务设施基本建立,游客对旅游目的地信息的基础需求得到有效保障。行业监管的精细化。旅游电子政务网络进一步完善,市旅游管理部门的办公自动化水平得到有效提升,各类旅游业务管理系统功能和架构得到进一步优化。旅游景区的实时监控和应急调度能力得到全面加强。市场运行的现代化。在线营销成为旅游营销的重要手段,在线预订成为旅游者出行的主要消费方式;旅游电子商务实现交易流程规范化和电子合同标准化。

2.在原有政务网站基础上,夯实基础,拓展功能,完成旅游行业监管平台以及公共服务平台整体框架的搭建工作。一是加强旅游基础信息资源建设。建立市级旅游基础信息资源数据库,为旅游行业信息资源开发以及产品服务创新提供重要的数据基础。重点规划完善旅行社基本信息库、导游员基本信息库、星级饭店基本信息库、旅游点基本信息库。二是加快建设旅游政务服务类系统。进一步推进旅游电子政务建设,优化行业管理信息系统功能和架构,完善公众旅游投诉和评价反馈渠道,提升对旅游市场主体的服务和管理能力。加强对旅游市场的运行监测,依托旅游电子政务网和信息资源共享平台丰富监测数据的采集渠道,提高数据采集的时效性。重点建设沈阳旅游政务信息门户、旅行社信誉档案系统、导游员信誉档案系统、旅游信息统计直报系统、旅游投诉系统、旅游电子合同管理系统等应用系统。三是构建旅游目的地评价与监督系统。重点建设旅行社委托系统、旅行社诚信和能力评价系统、旅行社执法检查系统、旅行社信息报送系统等。四是优化旅游电子商务环境。以激发企业利用信息化进行综合创新的主体意识,发挥其主体作用为目标,推进旅游企业信息化,引导在线预订与线下服务的融合发展。重点建设沈阳旅游电子商务信息门户、旅游网论坛系统、网上点评系统、旅游产品团购系统、旅游目的地评价与监管系统、旅游产品网上展示系统、旅游产品营销服务系统。

3.主动争取市政府有关部门的资金和技术支持,推动旅游信息化快速发展。通过了市经信委、市财政局等部门的严格评审,首次争取到市政府信息化发展的专项资金122万余元。

(杨　芳)

【《旅游"十二五"规划》发布】　2011年11月,沈阳市发展改革委员会与沈阳市旅游局联合印发通知,正式发布了《沈阳市旅游业发展"十二五"规划》,标志着沈阳旅游业"十二五"规划进入了实施阶段。

"十二五"期间,沈阳市旅游业将深入贯彻落实科学发展观,以《国务院关于加快发展旅游业的意见》为指导,结合沈阳经济区上升为国家战略后的发展新格局,围绕建设东北亚旅游、休闲中心城市,加大旅游集聚区、精品景区建设,推出精品旅游线路,形成旅游品牌效应;加快新兴旅游业态开发建设,大力发展乡村旅游、生态旅游、冰雪旅游;充分发挥国家装备制造业基地作用,大力发展旅游制造业。

旅游经济目标。到"十二五"末,确保接待国内外游客7360万人次,旅游总收入实现931亿元人民币,年均分别递增5%、12%;力争达到接待国内外游客8078万人次,旅游总收入实现1314亿元人民币,年均分别递增7%、20%。

主要完成十大任务:(1)深入贯彻《国务院关于加快发展旅游业的意见》,加快推进大旅游发展方式转变。(2)打造旅游新业态,优化旅游业结构,加速转型升级。(3)大力推进行业融合,积极发展旅游消费新热点。(4)加强旅游精品建设,打造旅游品牌。(5)深化完善行业监管机制,大力提升旅游服务质量。(6)继续强化"活力之都中国沈阳"形象品牌,高效开发国内国际两个市场。(7)积极实施"节能减排"工程,大力发展低碳旅游。(8)加强旅游行风建设和教育培训工作,建设高素质旅游人才队伍。(9)加强旅游信息化建设。(10)加强区域旅游合作,继续推进沈阳经济区旅游一体化。

规划要求,各级政府要从六方面制定促进旅游业发展的政策措施。一是要加大政策扶持、资金投入力度。二是要实施优惠政策和措施，加强对重点项目的扶持。三是要促进行业融合发展，合理开发旅游资源。四是要大力扶持旅游商品研发生产。五是要实行业绩奖励制度。六是要创新突破，促进旅游一体化建设。

（杨　芳）

【景区开发建设】 重点推进生态旅游，打造休闲旅游新品牌。5月5日，市领导沙波涛带队调研了辽中县生态旅游发展情况，实地调研养士堡农业生态旅游点、珍珠湖项目建设、近海绿洲项目建设情况等。大型满族神话舞剧《珍珠湖》5月18日在辽宁大剧院举行了首场演出，这是辽中县为了深挖地区文化内涵，做大地方文化产业，结合当地满族乡镇特点，与辽宁演艺集团联手投资近千万元创排的。该剧采用了大量先进的舞台技术手段，将在沈阳近海珍珠湖东方威尼斯水城项目建成后，在珍珠湖进行实景演出。

为促进沈阳北部旅游资源开发，增加沈阳旅游新亮点，并促进县域经济的发展，9月7日，市旅游局柳秀芝局长带队调研康平卧龙湖，研究确定了市旅游局下一阶段组织编制卧龙湖建设湿地公园、旅游发展专项规划的相关工作，实地查看了卧龙湖资源现状，研究了旅游资源开发项目选择等情况，积极推进康平卧龙湖—万亩松林—金沙滩与法库财湖—五龙山—绿色食品基地等生态旅游项目的联手发展。

沈北新区投资建设的全长33.2公里沈北蒲河生态廊道工程于2011年10月底全面完工。沈北新区还购置了3个热气球、3艘游艇，开展特色旅游项目。沈北新区华强文化科技产业基地的一期项目—方特欢乐世界、大东区龙之梦室内游乐园已经完工。

以“浪漫丁香湖　东方梦之都”为理念，于洪区丁香湖已经成为全国内陆城市中面积最大、生态环境最好的人工湖，湖区占地面积4.1平方公里，水域面积3.1平方公里，近年来连续承办全国帆板排名赛。于洪区将继续拓展水面面积至少1.2平方公里，以丁香湖为核心，规划建设丁香湖新城，按照“五瓣丁香”理念，实施丁香湖水域拓展工程，全力打造商业商务会议、购物休闲娱乐、文化游乐、国际社区和企业服务五大组团。

市旅游局多次与棋盘山管委会、棋盘山文化集团沟通，推进特色文化旅游相关项目、活动的进展。双方在各个节庆活动期间，都推出民俗、生态、文化旅游活动，满足旅游者需要。大型实景演出《棋盘山》的策划方案已经完成，演出公司已经组建，演出场地建设正在进行中，2012年下半年与市民和国内外旅游者见面。

（田　毅）

【景区评定】 市旅游局收集整理了历年A级景区评定情况、旅游接待保障能力等相关资料，2010年景区建设投资情况，2011年项目改造和资金需求，拟评定A级景区的名单、景区路标设置地点方案等，送省旅游局、市政府相关部门争取实施改造建设。市旅游局使用旅游发展专项资金对沈北新区、法库县、辽中县、新民市、康平县等乡村的生态文化旅游项目给予补助，促进县域旅游发展，打造新增长点。

市旅游局组织各区、县（市）旅游局，按照辖区范围落实相关景区，按照国家旅游景区等级评定标准，创建国家A级景区或晋升更高等级，共有18个景区陆续提出申请。

市旅游局和相关区、县（市）旅游局严格执行景区评定工作标准，通过比照标准完善景区服务设施和功能，提升景区品质和接待服务水平，带动旅游知名度和游客量的双重扩大，实现多赢的局面。经过各方的共同努力，年内有7家景区通过A级评定，其中：3A级6家：沈阳国家森林公园、沈阳爱新觉罗祖家坊酒业有限公司（皇家博物院）、蒙牛乳业（沈阳）有限责任公司、沈阳华夏饮食文化博物馆、沈阳市鸟岛公园、沈阳朝阳山旅游资源开发有限公司（朝阳山景区）；2A级1家：沈阳市沈河区文化旅游发展中心（沈阳中心庙），使全市A级景区达到39家。11月4日，举行了新评A级景区授牌仪式。

（田　毅）

【辽宁省乡村旅游会议在沈阳召开】 2011年10月17—18日，由辽宁省人民政府主办，辽宁省旅游局、沈阳市人民政府承办的全省乡村旅游现场会在沈阳市于洪区小韩村召开。市领导刘兴烈代表沈阳市做经验介绍，小韩村农业专业合作社董事长王心智做典型企业发言。会议总结了近年来乡村旅游发展情况，实地考察了小韩村、沈北新区等地的乡村旅游资源。会上还表彰了先进单位和个人：沈北新区被评为“全省乡村旅游工作先进县区”；沈北新区马刚街道、苏家屯区姚千街道、法库县丁家房镇、辽中县刘二堡镇被评为“全省乡村旅游优秀特色乡镇”；沈北新区马刚乡中寺村、棋盘山国际风景旅游开发区满堂街道二道社区、苏家屯区姚千街道办事处马耳山村、新民市大民屯镇方巾牛村被评为“乡村旅游优秀专业村”；紫烟薰衣草旅游开发有限公司（紫烟薰衣草庄园）、小韩村农业专业合作社、新民市三农博览园、满堂满族民俗风情村五福阁被评为“乡村旅游优秀示范点”。郭维华、刘柏勋、邹学军、褚军、何贵军、支和伟、柴静祥等七位同志被授与“2011年全省乡村旅游工作先进个人”称号。

（田　毅）

【推进乡村旅游开发】 召开全市旅游规划发展工作会议，发布了《2011年沈阳市乡村旅游发展工作方案》，明确了总体目标和组织领导，部署了7项工作要求，开展了10个相关区、县（市）的46个乡村旅游景点普查和11个乡村旅游节庆活动。

根据普查的结果，沈阳市旅游局编制了新的乡村旅游线路，并组织实地考察经营所需的服务接待环节、流程和价格等主要内容。最终确定了10大精品线路，以“生态采摘，农家风情”为主题，推进沈阳乡村体验之旅，纳入全市32条主要旅游推荐线路，印制了宣传折页，在沈阳旅游网上予以公布，并以沈旅发〔2011〕88号文件的形式印发全市旅行社推广。具体线路是：（1）苏家屯杨城寨采摘、马耳山农家院一日游；（2）东陵区李相绿色生态园、朝阳山生态文化旅游区、田间休闲农庄一日游；（3）法库五龙山、财湖生态旅游区一日游；（4）和平区满融农乐庄园一日游；（5）铁西区鹭岛湖生态休闲庄园一日游；（6）沈北新区中寺村农家乐、怪坡一日游；（7）辽中县冷子堡农家乐旅游区、养士堡果蔬经济区、珍珠湖湿地体验公园一日游；（8）新民市三农博览园、仙子湖旅游度假区、马家套农家院一日游；（9）沈北新区生态道路、蒲河新城水系、辉山乳业、蒙牛乳业、千喜鹤食品、中粮集团、南京雨润（可任意组合三家）一日游；（10）沈北新区马泉薰衣草基地—马刚乡马泉及邱家沟林果基地—新城子乡五五花卉基地—

二台子向日葵及五味子基地—兴隆台艺术水稻基地一日游。

在雄洲食品·2011中国沈阳国际旅游节期间，市旅游局在位于铁西区的沈阳旅游集散中心门前广场举行全市乡村旅游启动仪式。

（田　毅）

【工业旅游】 5月18日"国际博物馆日"，铁西铸造博物馆改造、升级为中国沈阳工业博物馆的工程奠基开工，面向全国的工业文物征集工作同步全面展开。全国人大财政经济委员会副主任委员闻世震，国家文物局局长单霁翔，省委常委、沈阳市委书记曾维，副省长滕卫平出席仪式。改造、扩建后的展馆预计总建筑面积4万平方米，博物馆拟设置机床馆、金属馆、矿山采掘馆、四大发明及世界工业文明等26个主题展馆。

5月28日，铁西区主办的"美丽铁西　金运之旅"—房车主题游·金谷文化行暨铁西房车展活动启动。此项活动是邀请市民群众和社会各界走进铁西、看铁西变化、体验铁西发展的免费游活动。

6月28日，沈飞航空博览园举行了更新改造竣工剪彩仪式。改造后的展馆占地2.5万平方米，主展馆4600平方米，共分三层，一层为科普馆，主要介绍航空科普知识；二层为厂史馆，翔实地记载了沈飞公司历史沿革和发展成就；三层为保密馆。

（田　毅）

【推进红色旅游建设】 沈阳市旅游局组织开展了红色旅游资源普查，摸清红色旅游景区现状，并召开了相关部门和景区负责人座谈会，为编制规划和促进未来发展奠定基础。于2011年7月份编制完成了《2011—2015沈阳市红色旅游发展工作方案》，明确了发展红色旅游的重要意义，指出了沈阳市红色旅游发展现状及存在的问题，提出了推进沈阳市红色旅游的总体设想、主要任务和保障措施。

2011年4月—5月，沈阳市旅游局将全市的红色旅游资源进行了整合，推出了新的"勿忘国耻，牢记历史—红色经典之旅"精品线路：沈阳"九一八"历史博物馆、沈阳抗美援朝烈士陵园一日游，东北陆军讲武堂、周恩来少年读书旧址、中共满洲省委旧址、沈南第一党支部一日游等。

2011年9月—10月，根据全国红色旅游协调小组办公室和辽宁省旅游局要求，沈阳市旅游局在全市开展红色旅游健康发展专项检查，在景区自查，各区、县（市）旅游局逐一排查基础上，沈阳市旅游局复核并形成专项检查报告上交辽宁省旅游局，确保沈阳市红色旅游的健康发展。

（田　毅）

【参与全国最佳旅游线路评选活动】 为扩大中国旅游日活动的影响，宣传推广2011文化旅游年，自5月19日开始，国家旅游局与乐途旅游网等网络媒体一起开展了"选最爱旅游书目、评最佳旅游线路"投票活动。在沈阳，活动得到了区县旅游局、各大旅行社和出版社的积极参与和协助，沈阳六条精品旅游线路入围。其中：盛京沈阳经典一日游入围文化历史游线路，沈阳抗战历史一日游入围红色旅游线路，沈阳苏家屯杨城寨采摘一日游入围和谐亲子游线路，沈阳三农博览园一日游入围低碳环保游线路，沈阳棋盘山—世博园一日游线路、沈阳小韩村一日游入围健康环保游线路。此外，由沈阳各大旅行社推荐的抚顺皇家极地游、盘锦红海滩一日游、锦州辽沈战役纪念馆游、辽宁冰峪沟+步云山温泉两日游等线路也进入了推选名单。

入围线路中所包含的主要景区分别为：1.盛京沈阳经典一日游：沈阳故宫—张氏帅府—清昭陵（沈阳北陵公园）；2.沈阳一日游："九一八"历史博物馆—和平广场—沈阳抗美援朝烈士陵园；3.沈阳苏家屯杨城寨采摘一日游：苏家屯草莓采摘园；4.沈阳三农博览园一日游：沈阳三农博览园展馆区、景观区、农业实践区服务区；5.沈阳棋盘山—世博园一日游：沈阳棋盘山风景区、沈阳市植物园（沈阳世博园）；6.沈阳小韩村一日游：沈阳于洪区小韩村室内外温泉、绿色采摘基地。

活动最终推出的100条国内旅游精品线路中，沈阳上述线路中的各景区被分别纳入了辽宁获奖线路—高山海滨度假之旅、红色征途之旅和半岛边境之旅。

（杨　芳）

【调研"五古"旅游资源】 按照省旅游局相关文件要求，市旅游局对全市各区县的古城、古镇、古街区、古村落、古民宅情况（以下简称"五古"）进行了摸底，实地考察了沈阳方城地区和沈阳路民俗特色街。在众多的文物保护单位中，除去墓葬类、寺庙类的资源，对其中具有代表性的古建筑、古遗址资源进行了梳理。

按照已收集上来的情况，沈阳的古城古镇既有汉代（东陵区上伯官村）、高句丽时期（石台子山城），辽代（新民辽滨塔、康平祺州）古城遗址，也有代表明清时期的古城，尤以沈河区的沈阳方城为代表。沈河区方城地区是指东、西、南、北顺城路以内的区域，面积约169公顷。该地区从战国时期开始有城市建设至今，是清前期的都城和中后期陪都建设的重点区域，沈阳历史文化名城的核心区域，完整记录了清前与奉系军阀时期的标志性历史事件。具有"十字街"、"井字街"两种道路格局和"宫城居中、前朝后市"的传统都城格局与特征鲜明的宫殿建筑群、多种近代建筑风格的帅府建筑群，对研究清、民国时期历史和中国传统建筑、近代建筑以及城市发展都具有重要的价值。

满都户镇是沈阳最具特色的古镇，位于辽中县西北部，距县城18公里。100年前满都户曾是辽宁地区仅次于沈阳、辽阳的经济文化中心。镇内的兴隆寺曾号称"关外第一名刹"。

新乐遗址是新石器时代古村落文化遗址，位于沈阳市皇姑区黄河大街新开河北岸黄土高台之上，1973年首次发掘。这是一处原始社会母系氏族公社繁荣时期的村落遗址，占地面积17.8万平方米，集居地约2.5万平方米。1984年建了新乐遗址博物馆。新乐遗址2001年被确定为全国重点文物保护单位。

古民宅资源中，以民国名人公馆系列为主。包括杨宇霆公馆、赵尔巽公馆、常荫槐公馆、汤玉麟公馆、孙烈臣公馆、万福麟公馆、吴俊升公馆、王明宇公馆等。此外，还有韩俭事大院旧址，位于法库县孟家乡孟家村，距法库县城4公里，1928年所建，是典型的北方四合院式建筑，保存完好。

古街区主要有四类。一是沈阳路民俗特色街，位于沈阳市沈河区皇城街道。街区始建于后金天聪五年（1631年），当时称为宫前路，于1957年更名为沈阳路。1998年，沈阳市对沈阳路进行大规模改造，对道路两侧建筑进行仿清风格改造，形成今日之规模。沈阳路西起怀远门，东至抚近门，全长1137米，现有经营业户280家，年客流量10万人次，年营业额7亿元,上缴税收2000余万元。二是中山路地区,指西至长大铁路、东至和平大街、中山路沿线南北各一个街区以内及沈阳站、中山广场周边地区,面积约80公顷,包括8处文物。该地区是近代满铁附属地的重要节点及空间轴线、沈阳民国时期建筑遗产分布最集中的区域。三是慈恩寺地区,是指南至富教巷和般若寺巷、北至龙凤寺巷、东至大佛寺巷和慈恩寺东巷、西至大南街以内的区域,面积约7公顷,包括1处省级文物保护单位和3处市级文物保护单位。四是铁西工人村,指东至肇工街、南至南十一西路、西至重工街、北至南十西路,面积约9公顷,包括2处建国初期的历史建筑院落、共32栋建筑,体现了当时工人居住区景观风貌的典型区域、沈阳工业文化的重要组成部分,其中部分建筑已被改造成为工人村生活馆。

(杨 芳)

【参与全国旅游服装服饰博览会】 国家旅游局于2011年4月下旬,在苏州举办了首届全国旅游服装服饰博览会和旅游服装创意大赛。市旅游局组织故宫、帅府等符合相关条件、服装有突出地域特色的景区参与活动,将景区工作人员穿着相关服装、在景区内的工作照片提交组委会,在苏州旅游局的官方网站相关专栏内公开展示。最终,张氏帅府的旅游工作服装在景区类网络评选中,得票23.3万张,获得全国总排名第12名、全国4A级景区第四名、东北地区景区第一名的成绩。

(田 毅)

【全国旅游商品博览会暨旅游商品大赛】 2011年6月23—27日,由国家旅游局和浙江省政府主办,中国旅游协会、浙江省旅游局、义乌市政府承办,2011中国国际旅游商品博览会在浙江省义乌市国际博览中心举办。

本届博览会以“交易盛会 潮流风向 合作共赢”为主题。博览会共设国际标准展位2200多个,共有来自国内外的1500多家企业参展。全国31个省(市、区)和新疆建设兵团全员参会,全国各地的特色旅游商品、民族工艺品、户外休闲用品、老字号等知名品牌纷纷亮相。美国、日本、韩国、土耳其、菲律宾、越南、马来西亚和香港、台湾等30多个国家和地区的131家境外参展企业在本届博览会上展示各自的特色旅游商品。

博览会期间还举办了2011年户外休闲旅游商品流行趋势发布会、景区饭店参展商采购商对接会、2011中国旅游商品大赛及开发研讨会活动、购物旅游节、最新旅游商品研发成果展、工艺美术大师作品展、中韩文化交流和啤酒节等活动。

沈阳新民市辽河油田广源集团工艺品厂的高凝油塑作品黑嘴鸭和吉祥金兔参加了全国旅游商品大赛,获得了参赛荣誉证书。

(卢立祥)

【全国旅游产业节】 2011年9月1—4日,由国家旅游局和天津市政府共同主办,联合国世界旅游组织特别支持的2011中国旅游产业节在天津市梅江会展中心举行。沈阳市旅游局组织部分区县旅游局及旅游景区、企业的负责人共23人参加了产业节活动。

本届活动展览面积5万平方米,设标准展位3000个。参展商品有大型旅游装备产品、景区设施设备、旅游户外用品、旅游节能环保设备、旅游电子信息设备、宾馆饭店专业产品、名特优旅游商品和工艺品、旅游项目和旅游线路、水上游乐设施、国外特色旅游商品等共十大类、上千种。旅游产业博览会按照展示内容分为旅游装备与科技展区,北方旅游交易会展区,日本特色旅游商品展区,名家书画作品展区,名特优旅游商品纪念品展区,游艇、水上设施和旅游项目展区,涉外生活服务体验展区,旅游景区设施设备展区等8大展区。

活动期间还举办了“9+10”区域旅游合作会议、第十六届中国北方旅游交易会、天津市政府与联合国世界旅游组织合作备忘录签署仪式、旅游产业发展专题研讨会、中国旅游拍客大赛、第二届旅游纪念品大赛、天津旅游活动嘉年华和台湾之夜等活动。

沈阳亚德船艇制造有限公司生产的YD-18英尺运动型快艇参加了展出,并同哈尔滨一家企业签订了3条游艇、总额为28万元的销售协议,实现了沈阳旅游装备制造方面的新突破。

(卢立祥)

【参与全省十大乡村旅游商品评选】 市旅游局组织相关区、县(市)旅游局征集了乡村旅游特色小商品共12类参与评选,分别是:三山梅花鹿产品(于洪)、金钟山笨鸡蛋(苏家屯)、新民血肠(新民)、新星公主鸡蛋(新民)、杨城寨草莓(苏家屯)、五龙山葡萄(法库)、寒富苹果(东陵)、梁山西瓜(新民)、老北味系列白酒(法库)、爱新觉罗祖家坊系列酒(法库)、“六必居”产品礼盒(包括酱油、醋、杂粮、速食米等,法库)、灵芝孢子粉(新民)等。

经过辽宁省旅游网网上投票和评委评选,于洪区选送的三山梅花鹿产品被评为辽宁省“十佳”乡村旅游商品,法库县选送的爱新觉罗祖家坊系列酒被评为辽宁省“优秀”乡村旅游商品。

(卢立祥)

宣传促销

【加大旅游宣传力度】 2011年,沈阳市旅游局大力整合旅游资源,加大对沈阳旅游的宣传力度。一是整合区域旅游资源,与沈阳经济区和东北“4+1”城市旅游联合体共同宣传促销,加快推进沈阳经济区旅游一体化进程。二是与市委外宣办签订《关于开展沈阳城市形象宣传推广的合作框架协议》,与市委外宣办、市新闻工作者协会联合开展沈阳旅游好新闻评选活动,组织媒体开展采风、座谈,服务企业,营造全社会关注旅游、参与旅游、支持旅游的良好舆论氛围,推动行业发展。三是参加省旅游局组织的在中央电视台、辽宁电视台开展的广告宣传,进一步提高沈阳旅游资源和旅游产品的知名度和影响力。四是通过省旅游局《自助游手册》、冰雪温泉旅游图、宣传册和市交通局《沈阳taxi》杂志、《全球贸易方志》免费宣传沈阳旅游资源。五是精心设计、印制沈阳旅游宣传品,在全市四星级、五星级旅游饭店等“服务窗口”摆放,对游客免费赠阅,及时、准确地传递最新旅游资讯。六是在全市四星级、五星级饭店的近万间客房摆放《印象沈阳》画册,展示旅游资源和旅游设施,推出精品旅游线路,提升沈阳市对外形象和知名度。七是充分利用电视台、电台、报纸、网站等新闻媒体,积极进行旅游宣传。八是利用其它城市来沈促销推介的时机,借势开展宣传促销工作,实现双向互动促销。

(佟胜富)

【旅游宣传工作会议】 沈阳市旅游宣

传工作会议于2011年3月25日召开,会议总结了2010年旅游宣传工作情况,安排部署了2011年的旅游宣传重点工作。对棋盘山开发区旅游局等28个旅游市场宣传工作先进单位,对董燕清等11名旅游市场工作先进个人,对王时勤等14名媒体先进个人进行表彰。

(佟胜富)

【"中国旅游日"主题宣传活动】 5月19日,由沈阳市人民政府、辽宁省旅游局主办,沈阳市旅游局承办的2011"中国旅游日"辽宁(沈阳)主会场主题宣传活动启动仪式在沈阳植物园百合塔广场隆重举行。沈阳百家旅游企业、新闻媒体、劳模先进人物代表、现场观众等数千人参加了启动仪式。

此次活动的主题为"旅游,让辽宁人民生活更美好"。市旅游局组织了百家旅游企业(旅行社60家、景区20家、星级饭店20家)在活动现场开展宣传咨询活动,穿插旅游知识有奖问答互动环节,重点推出"辽宁、沈阳旅游"精品新线路、新产品,倾力推介以沈阳避暑温泉为代表的生态旅游,以铁西工业为代表的红色旅游,以故宫、帅府为代表的历史旅游,以"满韵清风"为代表的民族民俗旅游,以绿色农业为代表的乡村旅游,加强诚信经营的监督管理等,并向广大市民和八方游客提供出游引导和咨询服务。沈阳棋盘山开发区向游客推出惠民举措,在"中国旅游日"当天对区内各旅游景点实施调低票价或免票入园。

市旅游局与市文明办、市教育局、市体育局、市民委等单位联合下发《关于组织开展"中国旅游日"活动的通知》,共同开展公益惠民活动。倡导公共博物馆、纪念馆、全国爱国主义教育示范基地、体育场馆免费或优惠向公众开放;倡导旅游景区景点、宾馆饭店、旅行社等旅游企业推出优惠措施,吸引更多人群参与旅游活动;开展针对贫困家庭、残疾人等弱势群体的资助、免费或优惠的公益性旅游活动。进一步落实旅游景区对老年人、学生等特殊人群的门票优惠政策。

(佟胜富)

【旅游好新闻评选活动】 由沈阳市旅游局、沈阳市委宣传部、沈阳市新闻工作者协会共同举办的2011年度《沈阳旅游好新闻评选活动》,得到了中央驻辽、沈新闻机构,省直新闻、网络媒体,市属新闻、网络媒体的大力支持和积极响应。共收到30家媒体的1003篇作品(含文字、音频、图片、视频作品)。其中:中央驻辽、沈媒体113篇,省级媒体531篇,市级媒体352篇,境外媒体7篇。

评选委员会共评选出获奖作品38篇,其中:一等奖3篇,二等奖5篇,三等奖10篇,优秀奖20篇(包含视频、音频、图片、文字、网络等多种形式)。

本届宣传旅游好新闻参评作品有以下几个特点:一是报道体裁更为广泛、特色更加鲜明,充分展示了一年来全市旅游工作所取得的新进展和丰硕成果。二是注重文化旅游背景的深度挖掘,凸显节庆活动"贴近百姓"、"百姓的节日"的特色。三是角度新颖,对社会各界关注的旅游热点、难点问题的报道力度加大。四是对典型事件、典型人物的报道,事迹比较突出,人物比较丰满,富有较强的感染力。

(梁 凯)

【沈阳十大旅游新闻】 1."十二五"开局之年旅游业实现开门红。沈阳市围绕建设东北亚旅游、休闲中心城市的目标,以旅游聚集区建设为中心,以扩展旅游新业态、完善公共服务设施为基本点,以宣传推介、区域协作、规范市场、旅游节会为手段,规划产业布局,整合优势资源,积极打造精品,全市旅游业开局良好。全年接待国内外旅游者6222.3万人次,实现旅游总收入663.3亿元,分别比上年增长8.8%和28.3%。

2.市政府、市人大、市政协高度重视旅游业发展。市政府召开全市旅游工作会议,明确产业地位,提出发展思路和目标。积极发展工业旅游、乡村旅游、温泉旅游和湿地旅游,引进建设旅游大项目。市人大常委会会议专门听取市政府关于全市旅游业发展情况的汇报并提出意见,组织省、市两级人大代表视察旅游业。市政协开展了由主席、副主席及所有专门委员会参加的旅游大调研活动,提出融合发展旅游业的建议。

3.以旅游节为龙头,沈阳节会异彩纷呈。旅游节会形成规模,产品形成系列,全市共有各类节会百余个,举办的中国沈阳国际旅游节、"中国旅游日"辽宁(沈阳)主会场主题宣传活动、国际旅游联展、新民荷花节、辽中城市湿地旅游文化节、原生态采摘节、台湾风味美食节、啤酒美食节、百万市民看沈北、看于洪等旅游节会活动,吸引了来自韩国、马来西亚、日本等20余个国家、地区和国内10余个省30余个城市旅游机构、旅游企业代表参与,充分展示了沈阳旅游产业和经济社会发展成果。

4.聚集区建设取得突破性进展。积极推进旅游聚集区建设,棋盘山开发区通过做规划、保生态、强基础、转体制、创品牌,实现旅游资源、产品、项目集聚,取得了跨越式发展,成为省级"旅游聚集区"。于洪区小韩村、新民兴隆堡镇等地区积极参与全省温泉旅游聚集区建设。铁西区、大东区大力推进旅游制造业聚集区的建设,沈阳旅游装备制造在中国国际旅游产业节上崭露头角。

5.温泉旅游成为沈阳市旅游产业新引擎。编制全市温泉专项规划,修订《关于加快温泉旅游开发的若干政策意见》,组织招商引资,向国家、省申请专项资金扶持我市温泉开发,引导区县发展温泉旅游。全市打成温泉井17眼,探明储量70亿吨;已建成温泉旅游项目4个,投资10.5亿元,年直接收入超亿元;已开工温泉旅游项目4个,投资62亿元;已签约项目25个,签约投资近500亿元,温泉开发初具规模。

6.乡村旅游蓬勃发展,促就业惠农民。制定全市乡村旅游发展方案,新编10大乡村游精品线路,举办乡村旅游启动仪式,乡村旅游产品通过媒体及旅行社面向社会推广,乡村游成效显著。乐农庄园、三农博览园分别入选全国休闲农业与乡村旅游示范点、5星级示范园区。全市农家乐达到489户,特色旅游乡镇达到16个,旅游专业村达到27个,乡村旅游蒸蒸日上。省政府还在沈阳市召开了全省乡村旅游工作现场会,推广沈阳市等地区的乡村旅游发展经验。

7.旅游景区项目开发建设取得重大突破。蒲河两岸建成滨河生态景观,辽中建成湿地公园,华强文化科技产业园一期—方特欢乐世界、龙之梦亚太城(辛巴达欢乐城堡、龙悦冰城)等城市综合体项目投入运营。紫烟薰衣草庄园、向日葵花田、稻田画等现代农业观光景区增添新亮点。中国沈阳工业博物馆、沈阳酷贝拉青少年体验基地等新项目建设进展顺利。

8.冬季冰雪旅游异常火爆。通过整合全市冰雪温泉旅游资源,举办冰雪节、灯会、庙会、冰(雪)雕展,高山滑雪、冰雪娱乐等活动,推出适合不同游客需求的冰雪旅游项目和产品，进一步拉长了旅游旺季的时间，吸引了大量海内外游客，巩固了“东北冰雪旅游第一站”的地位，拉动了旅游业快速发展。沈阳冰雪节已连续举办十四届，成为在国内外具有重要影响的冬季旅游品牌。

9. 旅游行业服务水平显著提升。深入开展的旅游服务质量提升活动取得显著成效，沈阳市旅游行业服务水平得到明显提高。有4家旅行社进入全国百强旅行社行列，有1家进入全国入境接待十强旅行社。近几年，在全国50城市游客满意度调查中，沈阳市始终处于领先地位。

10. 城市宣传初具形象，影响力不断扩大。在中央电视台《朝闻天下》、《第一时间》等黄金栏目播出城市形象宣传片；在网络、报纸、杂志等媒体上宣传沈阳，总宣传条数达百余万条(篇)。赴西安、昆明、天津、日本、美国、台湾等境内外客源市场参加旅交会、开展宣传促销活动；举办假日旅游宣传活动；开展“沈阳旅游好新闻评选活动”；在星级饭店等窗口单位摆放《印象沈阳》画册、旅游展架。有效打造了城市品牌，进一步增强了沈阳国际影响力和知名度。

（佟胜富）

【展会宣传促销】　沈阳市旅游局积极利用展会平台，借势开展宣传促销。一是组织旅游企业参加国内旅交会、北方旅交会、东博会，展会期间发放沈阳旅游指南、沈阳旅游图、旅游经营单位宣传画册、宣传折页、宣传招贴画、冰雪宣传册等一系列旅游宣传品，积极推介沈阳特色旅游产品，进一步加深了国内旅游界对沈阳旅游资源的了解。二是参加省旅游局组织的赴甘肃、陕西客源市场开展宣传促销，突出“活力之都、中国沈阳”特点，充分展示了沈阳市的“金色之旅”、“白色之旅”、“红色之旅”、“绿色之旅”、“快乐之旅”产品特色。三是组织旅游企业参加第六届海峡两岸台北旅展。在台中、高雄召开以“冬季到沈阳来玩雪”为主题的推介会，受到当地旅游机构、旅游企业及新闻媒体的高度重视，台湾十余家新闻媒体对推介会也作了充分宣传报道。将促销团乘坐的大巴车用沈阳旅游资源图片进行包装，形成流动的广告宣传，收到良好效果。

（佟胜富）

行业管理

【星级饭店评定新标准实施】　新版国家标准《饭店星级的划分与评定》(GB/T14308－2010)经国家质检总局、国家标准化管理委员会批准，于2010年10月18日正式发布，于2011年1月1日正式实施。为配合新标准的实施，国家旅游局于11月19日发布“《旅游饭店星级的划分与评定》(GB/T14308－2010)实施办法”。

2010版星级标准由前言与总则、必备项目检查表、设备设施评分表、运营质量评价表等四部分组成。本版标准有以下六大特点：一是强调必备项目。二是强调核心产品。三是强调绿色环保，一至五星级饭店均要求制订相应的节能减排方案并付诸实施，取消了对牙膏、牙刷、拖鞋、沐浴液、洗发液等客用品的硬性要求。四是强调应急管理。五是强调软件服务。六是强调特色经营。鼓励企业按类别集中选项，引导星级饭店特色化、差异化发展。

（张　珣）

【旅游星级饭店复核】　沈阳市星评委办公室认真贯彻实施《旅游星级饭店的划分与评定》(GB/T14308－2010)新版国家标准，结合沈阳市星级饭店实际情况，制定下发了《关于开展2011年度旅游星级饭店复核工作的通知》(沈旅星评字〔2011〕1号)，对全市一至三星级饭店进行了评定性复核，并按照省星评委计划安排，对五星级和四星级饭店进行了复核检查和整改情况的监督指导。

依照中华人民共和国国家标准《旅游饭店星级的划分与评定》(GB/T14308－2010)和《星级饭店访查规范》(LB/T006－2006)的要求，对星级饭店的外部环境、前厅、客房、餐厅及吧室、厨房、会议和康体设施、公共区域、安全设施、员工设施等进行检查；对前厅服务、客房服务、餐饮服务、会议服务等服务项目进行访查；对管理制度、服务标准、操作规范进行查阅。

在全市107家星级饭店中，一至三星级饭店共79家，参加复核70家，58家通过相应星级复核，取消星级饭店8家，限期整改4家；四星级饭店23家，根据省星评委通知安排，参加复核6家，均通过省级复核检查；五星级5家，根据全国星评委通知安排，参加复核2家，均通过国家级复核检查。至此，全市星级饭店为五星5家，四星23家，三星53家，二星14家，一星4家，共99家。

（张　珣）

【旅行社管理】　完善市场准入和退出机制，规范行政审批。全年审批设立、确认备案各类旅行社业务经营许可证38家，注销、吊销各类旅行社业务经营许可证44家，确认备案旅行社门市部228家，确认变更旅行社经营事项26家，审批确认旅行社委托备案146家，旅行社及服务网点验点65家，共涉及全市旅行社482家次。

营造公平竞争环境，催缴责险保险。共有172家旅行社投保，沈阳新世纪国际旅行社因未按时投保，被辽宁省旅游局吊销了旅游业务经营许可证。

保护消费者合法权益，催缴质量保证金。147家旅行社按时按规定足额缴纳了旅行社质量保证金，沈阳园林旅行社、沈阳迎宾旅行社等3家旅行社，因未按时足额缴纳旅行社质量保证金，被省旅游局吊销旅游业务经营许可证。

规范市场秩序，开展旅游市场治理整顿。为切实解决当前旅行社市场存在的突出问题，增强旅行社诚信意识，规范旅行社及导游员的经营行为，全年开展了清理整顿“零负团费”、规范服务网点经营行为、整顿旅游接待市场经营秩序、贯彻服务标准、强化旅游交通安全、强化旅游合同管理、树立诚信经营理念等工作。

搭建沟通平台，推行旅行社联席会议制度。市旅游局定期召开旅行社联席会议，对旅行社关心的旅行社奖励政策、市场治理整顿、旅行社考评办法、旅行社融资等问题进行了深入探讨。

培育诚信经营理念，开展旅行社能力与诚信考评活动。积极探索建设诚信旅游监管的长效机制，以保护游客知情权、强化社会监督和加快诚信品牌建设为重点，以推动诚信考评体系建设为手段，进一步优化旅游市场环境，引导优质旅行社做大做强，促进旅游市场规范有序发展。

（傅 强）

【出境游管理】 制订并下发了《关于办理出境旅游领队证有关事项的通知》，并制作了相应的申领领队证流程表，公布在沈阳旅游网上。完成了出境审验专用章的制作和备案，并上报国家旅游局。制定并下发了《关于出境游旅行社分社开展出境旅游业务有关事项的通知》。全年共更换、新办出境游领队证783张。通过与沈阳边防检查站的积极沟通，与沈阳边防检查站签订了沈阳国际旅游业发展战略合作协议，为今后沈阳国际旅游业的发展提供了更广阔的平台。

（李 锐）

【导游员管理】 2011年，共制发导游证460张，其中：专职导游人员61人，社会导游人员399人。全市共有导游人员5506人，其中：旅行社导游员1195人，社会导游人员、服务中心导游员1483人，待处理（无合同单位）导游员2431人，挂失处理导游员397人。研究生的44人，本科学历的2198人，大专学历的2203人，中专433人；英语203人，日语66人，朝鲜语37人，俄语21人；中级导游101人，高级导游9人。办理停职调转外地的共有56人，未办理导游证转外地导游人员223人。年审共通过的导游员2416人，其中：旅行社导游员1022人，社会导游人员、服务中心导游员1394人。

对导游证已上缴、与原服务单位合同已到期或解除合同、又没有新的合同单位，按“待处理导游人员”未年审处理，共计67人，累计2431人。2011年度导游证年审当中无一次性扣6分以上或累计扣分达10分的导游员，被扣6分以下的导游员本次年审予以核销被扣分数。

（李 锐）

教育培训

【导游员资格考试】 2011年，沈阳市参加全国导游资格考试报名人数达到了3000余人，占全省报名参考总数的三分之一。经过现场口试和笔试，最终1225人取得了全国导游员资格证书。

（张世达）

【导游人员岗前培训班】 3月21日—4月22日，分四期在沈阳市旅游翻译学校，进行了导游员岗前培训教育考核。培训班聘请法律硕士、明星导游员分别讲授导游人员管理实施办法、新《旅行社条例》、旅行社业务知识、导游员业务知识等课程，并进行了专业论文和理论知识的考核。报名申领导游员IC卡的422名导游员参加了岗前培训。

（黄 伟）

【旅行社经理培训班】 为进一步提高旅行社管理人员的综合素质，市旅游局于2011年9月13—16日举办了沈阳市旅行社经理培训班。来自市内各旅行社的62名经理参加了培训班。培训班聘请来自省内高等院校教授、旅游系主任为授课教师。主要讲授“关于温泉文化旅游产品的开发及市场的培育”、“解读《国务院关于加快发展旅游业的意见》、《旅行社条例》”、“旅行社如何进行创新经营”等内容。对考试合格的经理，颁发了《中华人民共和国旅游行业管理人员岗位职务培训证书》。 （黄 伟）

·小资料·

沈阳旅游景区一览

景区名	电话	地址	营业时间
5A级旅游景区			
1. 沈阳植物园	88038035	棋盘山开发区双园路301号	9:00－16:00（夏季夜场除外）
4A级旅游景区			
1. 沈阳故宫	24841998	沈河区沈阳路117号	8:30－17:30（冬9:00－16:00）
2. 沈阳棋盘山风景区	88050345	棋盘山开发区满堂乡	8:30－16:30（冰雪节夜场除外）
3. 沈阳“九一八”历史博物馆	88338981	大东区望花街46号	9:00－16:00（周一休息 冬9:00－15:30）
4. 沈阳怪坡风景区	89758143	沈北新区清水台镇	8:00－18:00（冬8:30－17:00）
5. 张氏帅府博物馆	24842454	沈河区朝阳街少帅府巷	8:30－17:00（冬8:30－16:30）
6. 沈飞航空博览园	86599069	皇姑区陵北街1号	8:30－17:00
7. 沈阳三农博览园	87518990	新民市大柳屯镇长岗子村	8:30－16:30
8. 沈阳科学宫	23978049	沈河区青年大街201号	9:00－16:00（周一休息）
9. 沈阳冰川动物乐园	88050808	沈阳棋盘山风景区内	8:30－17:00（冬9:00－16:30）
10. 清昭陵（北陵公园）	86896294	皇姑区泰山路12号	8:30－17:00

景　区　名	电　话	地　址	营业时间
11. 清福陵（东陵公园）	88031748	棋盘山开发区东陵路210号	7:30－17:30（冬8:30－17:00）
12. 沈阳五爱市场购物旅游区	62569963	沈河区热闹路65号	5:30－15:30
3A级旅游景区			
1. 沈阳新乐遗址博物馆	86130755	皇姑区龙山路1号	8:30－16:00
2. 沈阳仙子湖风景旅游度假区	87633188	新民市前当铺镇	8:30－16:30
3. 沈阳老龙口酒博物馆	88726714	大东区株林路1号	8:30－17:00
4. 沈阳铸造博物馆	25822077	铁西区卫工北街14号	8:30－16:30
5. 沈阳兴隆大家庭室内公园	24865142	沈河区中街路115号	9:30－21:00
6. 中华寺风景区	24756666	东陵（浑南新）区王滨乡中华寺村	8:00－17:00
7. 沈阳南关天主教堂	24129687－602	沈河区南乐郊路40号	5:00－18:00
8. 沈阳市慈恩寺	24130182	沈河区大南街慈恩寺巷	7:00－15:00
9. 沈阳白清寨滑雪场	89552877	苏家屯区白清寨乡	8:00－17:00
10. 沈阳财湖旅游度假区	87054918	法库县生态旅游经济区内	8:00—17:00
11. 沈阳爱新觉罗祖家坊酒业	87031111	法库县大孤家子镇半拉山村	8:00－17:00
12. 蒙牛乳业（沈阳）有限责任公司	89713144	沈北新区沈北路121号	8:30－17:00
13. 沈阳国家森林公园	89778001	沈北新区马刚乡老寺沟	8:00－17:00
14. 沈阳市鸟岛公园	88033882	棋盘山开发区东陵路195号	8:00－16:30
15. 沈阳华夏饮食文化博物馆	88048266	棋盘山开发区观音阁村	9:00－18:00
16. 沈阳朝阳山风景区	24769276	东陵（浑南新）区祝家街道办事处朝阳山风景区	8:00－18:00
2A级旅游景区			
1. 沈阳五龙山风景区	87165666	法库县丁家房镇	8:00－15:00
2. 沈阳古陨石科普基地	24740283	东陵（浑南新）李相镇	9:00－16:00
3. 沈阳太清宫	22738175	沈河区西顺城街16号	8:00－16:30
4. 沈阳实胜寺	22531709	和平区皇寺路206号	8:00－17:00
5. 沈阳水洞风景区	89551424	苏家屯区白清寨乡	8:00－17:00
6. 沈阳一铁西工人村生活馆	85729401	铁西区赞工街34号	8:30－16:30
7. 沈阳七星山旅游风景区	89686138	沈北新区石佛寺乡	8:00－16:30
8. 沈阳三利生态农业观光园	81363150	棋盘山旅游风景区内	8:30－16:30
9. 沈阳蓬瀛宫	24513455	沈河区南塔街	7:30－14:00
10. 沈阳中心庙	31005641	沈河区沈阳路	9:00－15:00
工业旅游示范点			
1. 沈飞航空博物馆（博览园）	86899069	皇姑区陵北街1号	08:30—16:30
2. 沈阳老龙口酒博物馆	88726714	大东区株林路1号	08:30—17:00
3. 沈阳可口可乐有限公司	25818707	沈阳经济技术开发区七号街8甲1号	08:00—17:00
4. 沈阳妙味食品厂	89426878	苏家屯区瑰乡北街9号	08:30—16:30

景　区　名	电　话	地　址	营业时间
5. 沈阳中顺汽车有限公司	31489006	苏家屯区白松路22号	08:30—16:30
6. 沈阳乳业有限责任公司	88081665	沈阳农业高新技术开发区辉山街20号	08:00—17:00
农业旅游示范点			
1 沈阳三农博览园	87518990	新民大柳屯镇长岗子村	08:30—16:30
2. 沈阳三山梅花鹿养殖基地	89286633	于洪区平罗镇北三台子村	08:00—16:00
3. 沈阳樱桃谷农业庄园	89546788	苏家屯区姚千镇樱桃谷	08:30—16:30
4. 沈阳五龙山万亩葡萄长廊	87164036	法库县丁家房镇	08:30—16:30
5. 沈阳乐农庄园	23711488	和平区满融村	09:00—22:00
新建景区			
1. 沈阳龙之梦亚太城	24330000	大东区滂江街22号	8:00—21:00(购物中心、辛巴达欢乐城堡、公交枢纽站)
2. 小韩村温泉会所	89269555	于洪区光辉乡双树村	24小时
3. 沈阳兴隆温泉城	87463999	新民市兴隆堡镇	9:00—21:00
4. 沈阳方特欢乐世界		沈北新区盛京大街55号	平日9:30—17:30 周末9:00—18:00 节假日9:00—18:00
5. 沈阳紫烟薰衣草庄园	88555521 85858521	沈北新区马刚乡马泉沟	每年七月中旬至十月中旬 平日9:00—18:00 周末8:00—19:00

（田　毅）

对外经济贸易

对外贸易

【利用外资】 2011年，沈阳市新批外商投资企业221家，合同外资额54.2亿美元，实际利用外资55.0亿美元。一是外资结构更趋优化。全年制造业利用外资16.9亿美元，同比增长38.1%，占全市总量的30.7%。商业综合体项目实际利用外资18.9亿美元，同比增长95.3%，占房地产业利用外资比重由上年的45.7%升至62.0%。二是利用外资方式更加灵活多样。长峰龙之梦项目上市返投、辉山乳业境外私募返投、远大铝业跨境人民币出资等实现调资9.2亿美元。与此同时，永旺小额贷款公司已开始营业，亚联财小额贷款公司实现调资1552万美元。三是世界500强企业看好沈阳。韩国爱思开实业、日本积水、鹿岛建设、伊藤忠、东芝、永旺、住友商事和美国李尔、通用电气、法国万喜、迪卡侬11户世界500强相继在沈阳市设立了14家企业。截至2011年底，共有60户世界500强在沈阳市投资设立109家外商投资企业。四是重大项目不断涌入。2011年，沈阳市调资超千万美元以上项目60个，调资额39.1亿美元，同比增长32.1%，占全市总量的71.1%。其中，调资超亿美元项目12个，调资额达23亿美元，同比增长1.9倍，占全市总量的41.8%，特别是长峰龙之梦项目调资5.3亿美元，创下沈阳市单体项目一次调资最高纪录。

（马　慧）

【招商引资】 2011年，沈阳市主要领导出访招商12次，共推进项目239个。截至2011年底，已开工项目53个，已注册项目18个，两项占总项目数的29.7%（落地成功率）；在谈项目143个，占59.8%；已实现注册和开工的71个落地项目注册外资总额为27.4亿美元。其中，注册外资额1亿美元以上项目7个，注册外资额16.88亿美元。

按照项目来源国家和地区分类：日本项目23个，韩国项目3个，欧洲项目22个，美洲项目24个，香港项目110个，台湾项目29个，东南亚项目28个。

（马　慧）

【外贸进出口】 2011年，沈阳市外贸进出口累计完成106.2亿美元，同比增长35.28%。其中，出口48.3亿美元，同比增长18.53%；进口57.9亿美元，同比增长53.35%。一是全面推进出口基地申报工作。成功申报了“辉山国家农业科技园区畜禽肉出口示范基地”，这是辽宁省唯一的“国家外贸转型升级示范基地”。二是充分发挥政策促进作用。组织落实沈阳市外经贸产业发展专项资金，积极争取国家和省外贸公共平台建设、国际市场开拓和出口信用保险等政策资金，并与中国信保公司、进出口银行等单位开展合作，有力推动了全市机电产品、高新技术产品和大宗产品出口。全市机电产品和高新技术产品出口分别为32.34亿美元和8.73亿美元，分别增长21.52%和9.01%。其中机电及音像设备，贱金属及其制品，化学工业制品，纺织原料及纺织制品，车辆、航空器、船舶及相关运输设备，动物产品，光学仪器，塑料和橡胶，杂项制品等9大类产品出口超过1亿美元。三是充分发挥市外经贸联席会议作用。加快“大通关”建设，开展政策培训，并联合商检、海关、外汇等部门，帮助重点出口企业协调解决了20多个问题。全市五十户重点企业出口27.14亿美元，占全市出口比重的56.21%；出口额超过5000万美元的企业有19家，比2010年增加3家。四是积极实施市场多元化战略。认真组织企业参加广交会以及泰国、哈萨克斯坦等国家的展会，积极开拓新兴市场。2011年，沈阳市对传统市场国家出口继续保持较快增长，对美出口增长50.49%，对日出口增长22.09%，对韩出口增长11.97%；对新兴市场出口实现大幅增长。对巴西出口增长94.46%，对独联体出口增长32.22%，对拉美出口增长28.95%。

（马　慧）

【机电产品出口】 2011年，沈阳市机电产品进口和出口均保持较大幅度增长。机电产品出口32.34亿美元，同比增长21.52%，高于全市外贸出口增幅3个百分点；在外贸出口中的比重上升到67.00%，同比提高1.7个百分点；出口净增额5.73亿美元，占出口增量的75.89%，拉动全市外贸出口增长14.06个百分点。电器及电子产品、机械设备、金属制品等出口快速增长，带动出口结构优化。一般贸易实现较快发展，出口18.39亿美元，同比增长19.51%。国有和民营企业出口增长较快，分别增长50.62%和30.82%。国有和民营企业出口份额稳步提升，达到16.47亿美元，占出口总额的50.92%，超过了外商投资企业的出口规模。对亚洲出口稳定增长，实现出口14.97亿美元，为沈阳市第一大出口市场，其中对印度出口首次超过韩国。对北美、拉美和欧洲出口增长强劲。

（马　慧）

【对外经济技术合作】 2011年，沈阳市紧紧抓住欧美债务危机、人民币汇率坚挺和国外企业资产贬值的机遇，加强指导，落实政策，强化服务，鼓励有实力的企业赴境外开展跨国经营，并取得了良好效果。全市新签对外投资项目42个，协议投资额2.45亿美元，同比增长131.9%，其中中方投资额1.62亿美元，同比增长60.6%。新签对外承包工程项目与劳务合作项目共150个，合同额14.7亿美元，同比增长5.1%。完成营业额7.14亿美元，同比增长15.1%；其中承包工程完成营业额为6.74亿美元，同比增长14.3%；劳务合作完成营业额4018万美元，同比增长29.9%。外派劳务人员2.32万人，同比增长17.5%，期末在外人数为2.27万人。

（马　慧）

【改善外商投资环境】 2011年,沈阳市外经贸局深入开展“做外企之友、解外企之忧、架外企之桥、铸外企之盾”四大行动,努力打造“外企之家”,促进了软环境建设明显提升。

“两个全力”推动外商投诉和执法监督工作落实。完善市、区县两级受理外商投诉工作机制,建立外资企业投诉“直通车”和重大案件通报制度,编发《外资企业投诉专报》,全年受理外商投诉案件62件,协调解决60件,结案率97%;全力抓好行政执法会签工作,全年会签104件,较好地维护了外资企业的合法权益。

“三层次对话机制”,推动企业重大问题的解决。建立了外商与市领导、外商与有关部门领导和外商与外经贸部门领导对话机制,及时协调解决了企业提出的环保、劳动、交通、电力等36个问题。

“四项服务”推动重大外资项目落地。通过实行“专案”服务、“应急”服务、“攻关”服务和“特保”服务,成功解决了50个重大项目遇到的问题,确保项目调资和开工建设。

(马 慧)

口 岸

【沈阳桃仙国际机场跨入全国大型机场行列】 2011年12月21日,沈阳桃仙国际机场旅客吞吐量首次突破1000万人次,标志着沈阳桃仙国际机场跨入全国大型机场行列。

沈阳桃仙国际机场于1989年启用,2006年旅客吞吐量首次突破500万人次,进入我国中型机场行列。2008年后,桃仙国际机场年旅客吞吐量迈了三大步,先后达到680万、750万和862万人次。2011年,桃仙国际机场年旅客吞吐量增幅达到21%,是中国民航机场平均增幅的2倍多。

沈阳桃仙国际机场运营航线达119条,通航城市77座,航线网络覆盖国内各主要城市,通达亚、欧、美、澳四洲。与此同时,机场T3航站楼正按计划推进,将于2013年6月竣工,机场第二跑道工程也将于2012年开工。预计2020年,沈阳桃仙国际机场年旅客吞吐量将达到2500万人次、货邮吞吐量将达到42万吨,飞行区等级将提升至4F,满足A380客机起降。

(何 刚)

【桃仙机场在全日航空机场评比中获中国第一】 沈阳桃仙机场获2010年度全日航空机场评比中国第一。沈阳桃仙国际机场在日本全日空航空公司全球机场地面服务保障综合评比中综合评分获得888分,在中国的9个机场中名列第一,在全世界32个机场中排名第六,仅以2分之差位于排名第五的新加坡机场之后。日本全日空航空公司每年在全世界范围内,对飞往世界各地的全日空航班进行综合排名。作为机场综合评价的一部分,每年进行两次《旅客服务问卷调查》,考核评价体系比较苛刻,且均为日方人员操作。此次获得的殊荣,反映了沈阳桃仙国际机场整体服务保障水平有了全面提升。

(何 刚)

【开辟和培育国际航线】 2011年7月8日,德国汉莎航空公司、青岛机场集团与辽宁机场集团签署了青岛—沈阳—法兰克福航线战略合作框架协议,航线于2012年3月开通。美国大陆航空公司开通了沈阳至关岛包机航线、台湾立荣航空开通了沈阳—台北航线。

(何 刚)

【南方航空与辽宁省机场管理集团签署战略合作协议】 2011年2月26日,辽宁省机场管理集团与中国南方航空签署了战略合作协议。双方就“十二五”期间有关战略合作、沈阳枢纽机场建设、沈阳机场T3航站楼建设和使用、南航作为沈阳机场中枢承运方等重大问题达成共识。

根据协议,南航确立了“全力支持东北,重点放在沈阳”的工作思路,将通过进一步开发和完善沈阳东北亚中转联程产品、增加航班、密集航线、扩大国际航线网络、推进国际货运业务等方式全力支持沈阳机场2011年旅客吞吐量实现千万级。

(何 刚)

【台湾立荣航空开通沈阳—台湾航线】

经国家民航总局批准,台湾立荣航空公司于12月14日开通沈阳—台湾航线,每周3班,执飞机型为空客A330－200。至此,沈阳—台湾航线周航班量已达11班。

立荣航空公司是继南航北方分公司、深圳航空公司、台湾华信航空公司之后,第四个开通沈阳—台湾航线的航空公司。

(何 刚)

【沈阳地区进出口企业全部纳入诚信系统监管】 截至2011年四月底,沈阳市出入境检验检疫局已将有出口记录的643家进出口企业全部纳入诚信系统管理范围,共采集进出口企业诚信信息103条,监管信息67条,申报与签证信息36条。

沈阳出入境检验检疫局为提高检验检疫监管效能,建立了“进出口企业检验检疫诚信管理系统平台”,建立进出口企业诚信档案,积极推行进出口企业守信奖励、失信惩戒制度。根据进出口企业的失信行为记录和失信行为轻重,分别采取“批批检验”、“增加监管频次”等后续监管措施。

通过诚信系统监管,提高了企业诚信自律意识,有效防范和控制了企业虚报、漏报的行为,有效降低了企业进出口货物的风险,提高了沈阳地区进出口企业的国际声誉。

(何 刚)

出入境检验检疫

【概况】 2011年,沈阳出入境检验检疫局(以下简称沈阳检验检疫局)共受理出入境货物报检3.08万批次、货值31.54亿美元,较上年同期分别增长12%、34%;签发产地证1.11万份,签证金额7.8亿美元,较上年同期增长32%;签发各种出入境检验检疫证单3.29万份;检验检疫进境集装箱重箱2906批次,1.45万箱;查验进出境邮包9.48万件;检验样品3065批次、1.82万项次;检疫出入境飞机9142架次,飞机预防性消毒3108架次,检疫出入境人员89万人次;出入境人员体检1.49万人次,预防接种1.88万人次,签发健康证明书1.13万册;出具3C免办证明310份。

检出不合格货物145批,货值1230万美元;检出不合格样品122批次、170项次;对入境集装箱进行卫生除害处理233个标准箱;截获国家禁止邮寄和不符合规定要求的进境邮寄物35批次;从入境旅客携带物中查获并处理3191批次的禁止携带入境物；从出入境人员中检出传染性疾病1096人次。受理报检进口退运货物71批、货值432万美元；对外索赔152批、891万美元。

（李颖娟）

【质量管理】 沈阳检验检疫局把抓质量作为2011年工作的重要平台，坚持内外兼顾，不断提高服务把关能力和质量安全水平。年初用文件形式把调研工作常态化，督促相关处室实施应用，宝马进口3C免办和机电产品源头把关的调研成果在企业实施并取得成效，结合沈阳经济区建设进行大量走访调研工作，全年完成14项调研题目，提高了服务针对性和质量水平。在2010年创立业务综合数据信息库的基础上，完成了业务数据信息库的完善和验收工作，组织了信息数据库的现场演示，信息数据库建设实现了网络化管理，提升了业务管理质量。

组织工作质量自查、专项稽查、“三率”通报、签证印章清查工作，对内部工作质量问题进行综合分析，提出了解决措施及建议，有效推动内部工作质量提升，实现全年工作无事故。在窗口单位加大窗口标准化建设力度，开展文明礼仪培训，推行客户评阅机制，收集客户满意度反馈信息，定期在窗口单位通报，窗口建设质量有显著提升。扎实开展“质量月”活动，深入社会各领域宣传质量，发放宣传材料300余份，组织沈阳地区进出口企业开展“质量诚信承诺”活动和百家进出口企业质量管理经验交流现场会，落实企业质量安全主体责任，邀请百余名小记者等社会公众参观实验室，营造全社会抓质量的良好氛围。

（李颖娟）

【监管职能】 2011年，沈阳检验检疫局不断加大监管把关力度，加强法制宣传和执法力度，全年办结14起行政处罚、强制案件，所有案件实现零复议、零诉讼。扎实开展“双打”活动，清查企业212家，出动执法人员178人次，集中销毁假冒伪劣产品218公斤，震慑了违法行为，维护了市场秩序。为沈阳举办台博、制博、农博三大国际性展会，对敏感展品进行全程监管，严防塑化剂等问题产品进入，封存产品406箱，销毁产品120箱，高效便捷的服务把关工作获得台北世贸机构和地方政府上门称赞。完善电子监管和诚信管理，有出口记录企业已实现100%维护，在企业诚信系统内录入辖区内企业违规行为226次，提高了企业的诚信意识。

配合地方政府规范进口食品市场秩序，先后对沈阳24家大型商场的143种进口食品和空港口岸夏季卫生情况进行执法突击检查，6种食品被依法进行处理，严查食品添加剂非法使用情况，确保重大会事、节日期间的食品安全。注重机场口岸疫情防控，加强日本核辐射进境旅客检测，与航空部门建立联防联控机制，实行检疫鼓励机制，提高了检出率，截获进境有害生物25批次，确保了口岸卫生安全，口岸反恐防范工作获总局检查组肯定。

（李颖娟）

【助推地方经济增长】 2011年，沈阳检验检疫局围绕地方经济发展，确定提出“十大服务工程”，项项工程落实工作责任制，服务地方经济发展目标化、具体化。服务沈阳经济区建设发展，先行展开调研，承办沈阳经济区检验检疫八局研讨会，为辽宁局服务沈阳经济区检验检疫一体化的战略部署提供基础准备工作。

紧紧抓住沈阳“装备制造业”优势不放，保障大项目引进，引导企业走品牌、高端市场，扩大农产品安全示范区建设，帮扶轻工企业完成战备转型升级。探索成套设备进口监管新思路，保障50亿宝马二期项目和76亿北盛二、三期项目顺利取得进展；扶助汽车企业开扩国际新市场，汽车出口达万辆；实施绿色通道和推进出口免验，帮扶沈阳机床进军国际高端数控机床市场，使沈阳机床出口增幅度达到30%；辽中县果蔬基地被国家质检总局授予“出口水果蔬菜质量安全示范区”荣誉称号，出口果蔬基地面积增至4.2万公顷，帮扶亚洲最大无土栽培蔬菜企业，打破沈阳保鲜蔬菜间接出口历史，全市果蔬等农产品出口产值达到13亿元；与沈阳市畜牧兽医局签署协议筹建沈北出口禽肉质量安全示范区，禽肉出口达到6000吨，带动沈阳6.7万农户融入农产品出口加工产业链；帮扶本钢集团加快产品质量升级，270万吨19亿美元的年出口总量，连续第二年居全国同行业首位，帮助本钢完成产品出口由“跟随者”向“领跑者”转变，推动本溪“药都”建设，促进招商引资和中药材出口；帮助沈阳工艺品出口产值突破3亿元，拉动近万人的社会劳动力再就业，沈阳、本溪地区重工、农业、轻工出口产业结构呈协调发展态势，对沈阳、本溪地区外贸经济的长期平衡发展奠定了基础。

（李颖娟）

【自身建设】 沈阳检验检疫局把“科技兴局”战略作为强质检的基础，全年科研项目申报44项，申报国家局科研项目20项，同比增长25%；科研项目获得立项13项，国家局项目3项，辽宁局项目8项，立项率达到40%；科研项目验收鉴定14项，7项达到国际先进水平，3项达到国内领先水平；科研项目获奖32项，其中获得地方科技奖项19项，科技成果转化应用取得了实效。强化技术保障能力建设，技术中心通过认可委“三合一”评审，检测领域增至36大类、476个项目，还被认监委确定为首批食品复检机构，在植物转基因项目上成为沈阳地区唯一一个复检检测机构。

开设“市民热线”、“局长接待日”畅通为民服务渠道，强化工作作风和行风建设，实现了“零投诉、无举报、企业满意”的行风建设目标，企业满意率达到100%，干部职工廉洁自律意识得到增强，保证了主体工作的顺利完成。科学合理地分配预算资金，压缩一般性经费支出，控制“三公”经费支出，将有限资金保障检验检疫业务工作，预算执行工作接受国家质检总局、辽宁检验检疫局4次考核都达到了序时进度，受到辽宁局的通报表扬。及时适时组织通报社会发生的典型案例，有效排查了安全隐患，全年实现安全工作零事故的目标。

（李颖娟）

【深化创先争优】 沈阳检验检疫局杨志明同志被全国质检系统树为先进典型后，投入财力物力筹建杨志明事迹展室，先后迎接国家质检总局、辽宁检验检疫局、及地方政府等系统内外20多个单位300多人前来参观交流，受到高度评价。开展建党90周年“两先”评选等十多项主题活动，18个党支部和152名党员新一轮承诺357项，叫响“我的岗位我负责，我的工作请放心”口号，再次掀起了创先争优新热潮。受领国家质检总局、辽宁检验检疫局任务迎接中组部调研组检查，总局创先争优示范岗督导组检查，均得到充分肯定，争得了荣誉。

为使创先争优意识植根于群众思想中，沈阳检验检疫局把创先争优活动与精神文明建设进行紧密结合，每逢“七一”、“十一”都组织歌唱党、歌颂祖国红歌演唱会，激发干部职工爱党、爱国的热情。组建59人志愿者服务队伍，38人文明行车志愿者队伍，参加社会义务协勤、“爱我家乡，清洁沈阳”、“共产党员社区奉献日”活动，全年参加人员达738人次，健康向上的团队精神迅速凝聚。同时，重视创先争优活动宣传报道，全年编发创先争优简报、快报148期，宣传报道工作全年突破“百篇”目标，在《国门时报》、《辽宁日报》、《沈阳日报》、辽宁电视台、沈阳电视台省级以上媒体刊（播）稿件109篇，全方位、多视角、大纵深地宣传沈阳检验检疫局创先争优服务地方经济发展和做法，扩大了沈阳检验检疫创先争优的社会影响力。

在学先进、赶先进、当先进的浓厚氛围下，2011年沈阳检验检疫局“双打”工作、“五五普法”工作均被国家质检总局评为先进单位，局机关党委被评为全国质检系统“先进基层党组织”，获市政府“食品安全事故应急演练”协作奖，机电处被评为市直机关优质服务“百优处室”，本溪工作站连续五年获地方政府“招商引资服务奖”，检务处签证科被市委授予“沈阳市青年突击队”荣誉称号，促进了沈阳检验检疫局精神文明建设的提升。

（李颖娟）

海　　关

【概况】　2011年，沈阳海关贯彻落实“把好国门，做好服务，防好风险，带好队伍”海关工作的总体要求，深化“文化兴关，内涵发展”治关理念，求真务实、扎实工作，不断优化海关监管和服务，全面推进队伍建设、业务建设和党风廉政建设，整体工作保持了健康有序、稳步推进的良好发展势头。

通关水平和实际监管能力进一步提高，全年共监管进出口货物748万吨，同比增长4.7%；货物总值82.5亿美元，增长16.8%；监管运输工具11793辆（艘）；监管进出境人员99.6万人次；监管进出境邮、快递总数121.3万件。坚持量质并举、以质为先，税收再创历史新高，累计入库税款61.64亿元，增长27.78%。着力加强监测预警和分析研究工作，积极开展调研，为领导决策提供辅助依据，得到地方党委政府主要领导的肯定。打击走私成效显著，刑事行政案件查发数量进一步提升，打击走私合力进一步增强，重点组织开展了打击武器弹药、毒品、镁砂、成品油走私等专项行动，先后查获4起象牙走私案，2起入境仿真手枪走私案件，1起毒品走私案件，全年行政立案319起，案值2.35亿元；刑事立案5起，案值2662.8万元。分类通关改革、审单作业改革、“三查合一”等业务改革整合深入推进，通关监管效能不断提升。稽查企业135家，稽查有效率43.7%，移交缉私局走私违规案件30起，案值1.2亿元，涉及税款2304万元，稽查补税94.19万元。通过风险处置单系统为稽查部门提供专项稽查指令33条，查发率达50%以上；向缉私部门移交案件线索4条，涉及金额3600余万美元。加大海关知识产权保护力度，“双打”行动成效显著。共查获20起涉嫌侵犯知识产权案件，查获侵权物品1670件，案值14.2万元。

（范志军）

【通关监管】　2011年7月1日正式启动进口分类通关试点改革工作，并在关区范围内全面开通出口转关分类通关。运行以来，关区出口分类通关海关平均作业时间为0.88小时，查验率5.62%，查获率6.48%，查验效果与全国平均水平相近；试点海关进口分类通关海关平均作业时间为3.23小时，基本实现优化监管与提高效能的总体目标。全年，共监管进出口货物748万吨，同比增长4.7%，其中，进口522.2万吨，增长12%，出口225.8万吨，下降9.1%。货物总值82.5亿美元，增长16.8%，进口54.6亿美元，增长13.5%，出口27.9亿美元，增长24%。审核进出口报关单7.6万张，增长4.3%。监管运输工具1.2万辆（艘）；监管进出境人员99.6万人次；监管进出境邮、快递总数121.3万件。

（范志军）

【税款征收】　按照海关总署部署，调整关区减免税工作管理制度。加强税收工作运行质量控制，提高审价、归类能力和水平。全年，累计入库税款61.64亿元人民币，同比增长27.78%，其中关税12.55亿元人民币，增长38.98%，进口环节税49.09亿元人民币，增长25.23%。加工贸易合同备案75.15亿美元，增长4.8%。审批减免税货值9.22亿美元，审批减免税款8.61亿美元；经批准内销征税2.95亿元，减少20%。估价补税260宗，补征税款8574.17万元，为2010年的2.15倍；归类纠错757宗，补税796万元，增长175%。实现税收征管“量质并举”、“颗粒归仓”的工作目标。

（范志军）

【打击走私】　强化打私职能，维护辽宁口岸良好进出口环境。全年，受理走私犯罪嫌疑案件6起，立案5起，案值2662.8万元，涉税405.2万元；立案查办行政违法案件319起，案值2.35亿元，结案270起，案值2.06亿元；罚没收入缴库1114.04万元，实现案件补税650.69万元。深入开展“打击侵犯知识产权和制售假冒伪劣商品专项行动”，严厉打击进出口环节侵犯知识产权行为。共查获20起涉嫌侵犯知识产权案件，查获侵权物品1670件，案值14.16万元。有效推动知识产权海关保护工作。保持了打击侵权不法行为的高压态势，净化了口岸环境，保护了知识产权权利人合法权益。

（范志军）

【统计监测】　运用H2000贸易统计系统定期对关区贸易统计数据入库及时性和完整性进行监控，充分利用海关统计资源，着力加强监测预警和分析研究工作，积极开展调研，为领导决策提供辅助依据。全年，撰写14篇执法评估报告，被海关总署执法评估网站采用7篇，被海关总署《统计工作与研究》杂志采用1篇；撰写编辑并上报统计分析文章85篇/次，被海关总署《海关要情》采用13篇/次，被地方政府采用44篇/次，其中，辽宁省委书记王珉同志在沈阳海关报送的《沈阳海关统计快报》（第53期）上作出重要批示。

（范志军）

农村经济

综述

【农村经济发展】 2011年，沈阳市认真贯彻落实中央、省、市农村工作会议精神，以中央、省1号文件统揽全市农业和农村工作全局，以促进农业增效、农民增收为重点，加大农业投入，扎实推进各项工作，农业农村呈现出持续向好、加速发展的强劲势头，实现了“十二五”开局之年的首战告捷。粮食总产量达到406万吨，蔬菜产量463万吨，肉产量91.7万吨，蛋产量69.2万吨，奶产量44.9万吨，水产品产量17.7万吨，实现持续稳定增长；农民人均纯收入达到11575元，农民人均纯收入增长15.5%，高于城市居民人均可支配收入增幅；县域地区生产总值实现2639.5亿元，增长17.7%，对全市经济增长的贡献率达到58.4%。

1.以科技为支撑，促进粮食持续增产丰收。一是大力实施粮食高产创建示范工程。以确保粮食安全为重点，稳定粮食作物播种面积50.74万公顷。落实玉米、水稻万亩高产创建示范片65个，总面积超过5万公顷，项目区玉米、水稻平均亩产分别达到867公斤和724公斤。二是加大病虫害防治力度。密切关注病虫害发生动态，市县两级财政共补贴经费300万元，开展飞防、机防等作业，促进了粮食产量增加。三是积极推行机械化生产。机耕面积56万公顷，机播面积39.53万公顷，机收面积18.87万公顷，农业综合机械化水平达到75.2%。

2.巩固结构调整成果，促进现代农业发展。一是继续加大高效特色种植业发展力度，推动设施农业建设向贫困地区延伸发展。新增和改造设施农业1.07万公顷，其中法库新增面积超过6666.7公顷。改造中低产田2万公顷，累计完成4.67万公顷；新增各类特色农业1.45万公顷，总量达到21.78万公顷。全市设施农业总量达到11.33万公顷，居全省首位，日光温室面积居全国副省级城市第一位；二是扶持养殖业稳步发展，不断提高规模化程度。新建和改造畜禽养殖小区102个，累计达到3200个；新建800万元以上的大型规模饲养场12个，累计达到50个；新建水产养殖小区50个，总量达到436个，省级水产健康养殖示范区达到180个单元。三是大力发展精品农业，工厂化农业典范项目逐步成熟。小韩村蔬菜工厂正式面向市民开放并成功承办农博会嘉年华活动。四是深化林权改革，因地制宜推动以寒富苹果、葡萄为主导的林果业健康发展。完成森林保险面积11.07万公顷，林权抵押贷款总额达1.72亿元；新增经济林6000公顷，经济林总量达3.8万公顷。五是稳步推进110个农村乡镇发展“一乡一业”。全市新增一乡一业专业乡镇12个，总量达到48个，占涉农乡镇的43.6%。

3.多措并举，提高农业产业化经营水平。一是加大扶持力度，外引内育牵动力强的重大项目。全市新上500万元以上农业产业化项目120个，规模以上龙头企业累计达920家。全市开工建设10亿元以上项目9个，总投资达134.8亿元，完成投资38.3亿元。二是进一步完善农户与企业的利益联结机制，加快农产品标准化生产基地建设。全市市级以上龙头企业建设的现代农业示范基地达到102个，农产品出口基地注册面积达5.33万公顷，辽中县荣获东北首家国家农产品出口质量示范区。三是加快农民专业合作社发展步伐，进一步提高合作社的规范化程度。全市在工商部门登记注册的农民专业合作社居全省第一位，总量达3341家，带动农户26.7万。其中：省级重点社5家，省级示范社33家，市A级以上社255家，50个合作社已经实现“农超对接”。

4.加强监管体系建设，提升农产品质量安全水平。一是以蔬菜为重点，积极推进标准化生产，在30个蔬菜生产基地实行产品准出制度，在30个农民专业合作社新建检测点。二是加强饲料兽药监管。全市重新备案饲料、添加剂生产企业287家，取消备案资格8家，认证兽药经营企业780家。三是加强流通环节质量检测，实现了大型批发市场和超市的全覆盖。累计抽取蔬菜样品11万个、果品样品536个、水产品样品185个、生鲜乳2334批次，综合抽检合格率达99.7%，在农业部对全国137个大中城市农产品质量例行监测中始终位于前列。四是严把药源、养殖、出栏、屠宰、出境等“五道关口”，加大打击制售使用“瘦肉精”等违禁药品工作力度，约谈规模养殖企业2.65万家、牲畜定点屠宰企业110家、兽药饲料生产经营企业1533家，并与相关企业签订“承诺书”。投资413.18万元改造了市畜产品安全监测中心，购置了“瘦肉精”检测确证设备。投资180万元在涉农区县增设了兽药残留检测室，发放了仪器设备，全市药残快速检测能力进一步提高。五是以市政府办公厅名义下发了芽菜质量安全监管工作意见，建立了生产基地，实现了芽菜生产的规模化、标准化和质量安全可控。

5.以大项目为抓手，强化产业集群和县城建设对县域经济发展的支撑作用。一是实行了重大项目责任制和市长、副市长调度制度，县域3000万以上项目达到1077个，其中10亿元以上的185个，完成投资1353.4亿元，分别占全市比重的53.1%和49.1%，126个市级重点建设项目全部开（复）工建设。二是制定了工业园区、产业集群招商计划，完善了基础设施建设贴息政策，县域当年完成基础设施投资16亿元，总产值超百亿元的产业集群达到11个，全年产业集群可实现总产值3100亿元，上缴税金50亿元。三是加快新城、新市镇建设步伐，新增建成区面积比上年扩大17平方公里。实施重点建设项目605个，完成投资668.9亿元，其中房地产开发项目153个，施工面积达到2652.6万平方米。

6. 加强基础设施建设，着力改善民生。一是落实中央1号文件，加大农田水利建设资金投入。组织实施了灌溉、治涝、万亩桥改造、排水站养护及灌区续建配套与节水改造等工程近300项，累计完成投资48.6亿元。二是开展滴灌节水农业工程建设。落实滴灌节水建设任务1万公顷，投资1.3亿元建设完成5733.3公顷。三是把农村饮水安全作为市政府为民办实事项目之一。新建饮水安全工程111处，受益人口10万人。四是落实了农村能源建设项目计划，新建户用沼气池9000处、服务网点54处、大中型沼气工程2处。五是继续推进村级公益事业"一事一议"财政奖补工作，实施村级道路、公共绿化等基础设施建设项目790个。六是实施以"一户一策"为主要措施的5000贫困户脱贫工程，户均落实财政补助资金2177元，5000贫困户人均纯收入可达2850元；贫困地区农民人均纯收入可达6680元，比上年增长16.8%。

7. 以蒲河、辽河治理为依托，改善县域生态环境。一是继续推进蒲河生态廊道建设。市及区、县(市)两级政府筹措资金16亿元，沈北新区基本完成全域治理，于洪区完成6.9公里城市段治理，新民、辽中基本实现全域生态化，全流域消灭劣五类水质，初步实现了"水清、水连、岸绿、路通、景美"的规划目标。二是实施辽河生态治理工作。市及区、县(市)两级财政筹措资金近3亿元，辽河干流生态恢复总面积2.33万公顷，退耕还河面积2.01万公顷，完成岸坎修复166公里，建设生态阻隔带188公里，大面积绿化和植被恢复成为辽河治理与保护的突出亮点。三是投入资金23.9亿元，加大了造林工作力度。完成沈西北边界防风阻沙带等人工造林面积3.98公顷，是上年的1.4倍。四是加快国家生态区县和乡镇建设，全市8个区县百分之百通过国家生态区县验收或技术核查，生态乡镇通过率达到87%，为沈阳创建生态市奠定了基础。

（邓　奇）

【县域经济】 2011年，沈阳市涉农区县(市)对全市经济增长的贡献率达到58.4%。地区生产总值实现2639.5亿元，增长17.7%；公共财政预算收入完成230.3亿元，增长44.6%；固定资产投资完成2365.8亿元，增长40.3%；地区生产总值突破千亿元大关，实现1112.6亿元，增长24%；公共财政预算收入完成70.9亿元，增长68.4%；固定资产投资完成851亿元，增长48%。

出台强力政策，扶持县域经济发展。下发了鼓励区县(市)晋位升级的5条实施意见，并在2011年和2012年农村工作会上拿出3670万元对县域晋位升级单位进行表彰。出台了贯彻落实《中共中央国务院关于加大统筹城乡发展力度进一步夯实农业农村发展基础的若干意见》的实施意见和2010年扶持现代农业发展、促进农民增收的35条政策措施；制定了《关于推动新民市和辽中县加快冲刺全国百强县的若干政策措施》，包括加强组织领导、优化融资环境、优先土地要素供给、支持基础设施建设和扶持产业发展等五个方面20条措施，并提前给两县(市)拨付发展资金各1亿元；同时成立推进组定期对市直部门扶持政策落实情况督察督办，通过不懈的努力，20条政策基本得到落实，强力助推了两县(市)经济大发展。

强化调度，助推县域经济发展。市里成立推进组，实施月调度、周协调，对县域经济发展全年任务和推进冲刺全国百强县等工作进行部署和调度。重点推进3000万元以上项目、列入市政府重点建设项目和超10亿元重大项目。在对特别重大项目支持方面实行"一事一议"，超10亿元的农业产业化项目省、市补助提高到10%。

（邓　奇）

【产业集群建设】 2011年，沈阳市县域19个产业集群实现总产值2813.7亿元，增长36%，平均规模突破150亿元；实现利税33.2亿元，增长45.5%。沈北农产品深加工集群实现产值491亿元、光电集群突破300亿元，于洪家具五金、东陵软件、辽中铸锻造机加、法库陶瓷等5个集群突破200亿元，苏家屯电力电气和钢管两个集群突破150亿元，新民包装印刷、康平塑编两个集群超百亿元。辽中近海中小企业创业辅导基地和法库陶瓷研发中心等5个公共服务平台投入使用，法库陶瓷集群被评为省示范产业集群，康平塑编成为东北规模最大的塑编基地。随着工业园区加快建设，产业集群不断发展壮大，全市涉农地区工业化率由65%提高到69.5%，"一市三县"工业化率由67.5%提高到70%。

1. 抓规划。按照"布局合理、规划科学、特色鲜明、用地集约、生态环保"的原则，进一步深化、细化全市产业集群发展规划，明确28个产业集群发展定位。大力发展西部装备制造、南部高新技术、东部汽车和北部手机(光电信息)等重点产业集群，并规划了40个公共服务平台。着眼于提升装备制造业配套能力，整合资源，新规划了占地10平方公里的于洪装备零部件及特种机床产业集群，重点发展数控机床整机、功能部件、精密铸件、机泵阀、传动件和密封件等。为做大沈北手机产业集群，新规划了占地5平方公里的手机产业园，形成了集整机制造与销售、配件生产、软件开发等功能于一体的手机产业基地。

2. 抓基础设施。全力推进21个产业集群的基础设施建设，不断完善服务功能，提升项目承载力。全年投入产业集群基础设施建设资金达到25亿元。浑南结合新城建设，加大软件及电子信息产业集群基础设施投入，投资15.4亿元建成了一批道路及配套管网；于洪和辽中结合装备制造业配套区建设，投资6亿元改造了于洪装备零部件及特种机床、辽中机械加工两大配套区电力、热力及排污工程；为加快推进民用航空产业集群发展，先后投入4亿元改造了浑南航高基地、法库通航基地路网及电力设施，有力提升了产业集群基础设施配套水平。

3. 抓项目建设。沈阳市积极推进集群(园区)开展和参与"产业链招商"、"以商招商"、"一对一定点招商"等招商活动。主要瞄准世界500强、知名跨国公司和行业龙头骨干企业，加大招商引资力度，引导中小企业集聚发展，壮大龙头骨干企业，提高集群内的企业协作水平。全年21个产业集群共举办招商和项目对接活动30多次，签约项目150多个，总投资额2000多亿元。引进千万元以上项目260个，总投资额约600亿元。其中雨润农产品全球采购中心、玖龙纸业、沈阳维润数码识别数字园等3个投资超百亿元的项目都在县域。

4. 抓平台建设。全市已规划建设的公共服务平台有40个。除了研发、检测、技术服务、信息咨询、法律维权和金融服务等公共服务平台外，还有培训学校、产品展示、市场营销等公共服务功能施设。东陵(浑南)软件及电子信息集成电路公共研发平台、软件公共研发平台,辽中近海中小企业创业辅导基地,法库陶瓷产业集群研发中心,法库陶瓷培训学校等5个公共服务平台已建成使用。沈北手机检测平台、浑南大半导体技术创新公共研发平台、辽中泵业检测平台、新民中药标准化提取物质量控制技术服务平台、康平塑编纺织研发检测平台等主体工程已完工,正在进行设备安装,即将投入使用。沈北肉类安全检测平台、浑南开放式计量检测实验室、辽中国家级环保示范基地科技城、新民包印综合服务大厦等正在规划建设中。

5. 抓服务。沈阳市进一步强化对产业集群和重大项目的跟踪服务,市政府组织人员全年下基层服务40多次,走访企业及核查项目200多个。同时,开展银企对接,解决企业融资问题。与市中小企业服务中心合作,建立人才招聘长效机制,定期举办人才招聘会,解决企业用工难问题。帮助集群和企业积极争取国家和省、市的政策资金支持,全年获得国家和省的专项资金3000多万元。市工业发展资金对县域产业集群(工业园区)基础设施建设投入的补助资金近1亿元,其中:法库4000万元,康平2800万元,新民、辽中各1000万元。

(邓　奇)

【新农村建设】 2011年,沈阳市的新农村建设按照市委市、政府的总体要求和部署,优先发展农业经济区建设,不断完善和强化农村的基础设施建设,农业和农村经济得到了迅速的发展。

1. 扩大了农业经济区产业发展规模。按照规划和政策引导,经济区积极推动主导产业向规模集约发展,加快农业经济区产业发展步伐。13个农业经济区已新发展树莓193.33公顷、温室葡萄133.33公顷、万寿菊2000公顷、辣椒3333.33公顷、花生3.33万公顷、果蔬2500公顷、蛋鸡20万只、肉牛5万头、白鹅500万只。

2. 开展新农村示范村申报工作。通过层层推荐、筛选和初检,8个郊区、县(市)现已申报新农村示范村63个,经实地考核、检查、验收,评选认定市级新农村示范村56个,其中35个村被省评为新农村建设典型村。

3. 启动了省百强乡镇创建活动。根据辽宁省百强乡镇创建活动精神,沈阳市开展了创建活动,并下发了《关于开展省百强乡镇创建评选工作的通知》,四县(市)已将申报名单及材料上报省农办。

4. 推进农业经济区体制机制创新工作。市编委下发了《关于成立沈阳永乐农业经济区管理委员会的通知》(沈编办发〔2011〕24号),成立沈阳农业经济区管理委员会,为区政府派出机构,管委会主任由区政府主管领导兼任,设常务副主任1名(正处级),管委会与永乐街道办事处合署办公。苏家屯区正按通知精神组建沈阳永乐农业经济区管理委员会。

5. 启动了村企共建新农村工作。以"村企共建新农村"、"万侨助万村"活动为契机,切实采取有效措施,进一步动员和引导全市重点龙头企业、侨商参与农业经济区建设,推动村企之间资源共享,优势互补,共同发展,逐步形成以工促农的长效发展机制。13个农业经济区共有32家企业与村签订共建协议。开展共建活动,实现企业与农民的互利共赢。

6. 加大了农业经济区招商引资力度。以产业为依托,通过政府引导和服务,大力开展招商引资工作。13个农业经济区共引进企业33家,投资额达到112亿元,带动农户11.7万户,解决农民就业2.19万人。

(邓　奇)

【农业信息化建设】 2011年,沈阳市农业信息化建设工作结合全省"大金农"服务平台建设,建立农业资源基础数据库,支持农民专业合作社和企业、大户进行信息化建设,加强农业科技成果在线推广,深入实施信息化乡村建设工程。

1. 加强农业信息服务平台建设。对沈阳市农业信息网进行了多次改版,分头完成网站的前期基础数据的录入工作和后期网站新闻更新、数据维护工作。通过农业信息网站,实现对全行业的动态管理,并面向全市农民、农业系统、涉农企事业单位提供包括信息服务、网站建设、软件开发等在内的全方位服务。

2. 农村综合信息服务体系建设卓有成效。沈阳市信息员队伍人数达到1000人,通过培训提高了农业信息人才的素质。通过"百万农民上网"工程、沈阳市农业信息服务示范站、核心站等项目建设,沈阳市初步形成了以示范站、核心站为主,覆盖市、县、乡三级农业信息工作的服务平台,以村级信息服务站为附的农村信息服务网络。

3. 创新了农业信息服务方式。沈阳市农经委信息中心与中国移动通信集团辽宁有限公司沈阳分公司联合签订了《推动农业信息化建设加速县域经济发展》协议,共同搭建农业信息电子政务信息平台,合作推出了以农事、农资价格等相关要素为信息主体,针对全市农民的公益性服务短信。

(邓　奇)

【设施农业发展】 2011年全市设施农业建设面积1.04万公顷(温室7313.3公顷,冷棚3060公顷),其中:三县一市完成1.01万公顷,近郊区完成333.3公顷;特别是法库县完成了7133.3公顷,占全市新增面积的70.8%。截至2011年底,全市设施农业总面积达11.33万公顷,其中温室6.67万公顷,冷棚4.67万公顷。

1. 政策、金融扶持力度加大。2011年,沈阳市投入市级资金1.25亿元用于设施农业小区建设补助。市政府继续采取补助资金预拨制度。按照全年计划落实的50%,市财政分两批预拨了1.09亿元。其中法库县4300万元,新民市2425万元,辽中县2395万元,康平县1560万元,苏家屯区90万元,沈北新区和东陵区(浑南新区)各45万元,于洪区和经济技术开发区各15万元。

在政策扶持的基础上,各级农村金融机构也加大了对设施农业的支持。农信联社、邮储银行、农业银行等金融部门共发放设施农业贷款2.2亿元,其中:法库县6500万元,辽中县1946万元,新民市5491万元,其它近郊区8154万元。新民市投放的5491万元当中,包括4011万元的结转额度,实际新增1480万元。

2. 规模发展速度加快。截至2011年底,全市设施农业总面积达11.33万公顷,其中:温室6.67万公顷,冷棚4.67万公顷。全市5000亩以上规模大区就有65个,涌现出了像新民周坨子、法库秀水河子和双台子、康平两家子、辽中大黑等设施农业"一乡一业"新典型。法库县发展势头不减,新增设施农业6666.67公顷以上,总量达2万公顷,成为继新民、辽中之后又一个设施农业大县。

3. 区域特征逐渐形成。沈阳市设施

种植品种不断增加,不但有叶菜、果菜等传统蔬菜,还增加了花卉、食用菌、西甜瓜、水果、小浆果、山野菜等新品种,并且形成了梁山西瓜、六间房花卉、永乐葡萄、红旗台虫草、高花草莓、双台子甜瓜等一大批具有地域品牌效应的特色种植品种。随着近郊区上档次、辽中新民成规模,康平法库强势跟进,沈阳市设施农业的区域特点逐渐显现,呈现出"一乡一品"的发展趋势。新民大民屯、辽中养士堡等25个乡镇达到"一乡一品"标准,苏家屯永乐乡还被国家命名为"全国温室葡萄第一乡"。

4. 经济和社会效益显著提高。设施农业总产值90亿元,占种植业总产值的一半以上,平均亩效益7000元。2011年,设施农业收入占农民人均纯收入的20%以上。

(邓　奇)

【农民专业合作社建设】 2011年,沈阳市各级农业行政主管部门结合农村市场经济不断发展变化的实际,认真抓好协调指导和依法行政工作,大力发展和规范农民专业合作社,合作社发展由"边发展边规范"逐步走向"边规范边发展",广大农民自愿办社、依法办社的积极性得到提高,农民专业合作社的运行质量不断提升。截至2011年底,全市注册的农民专业合作社3300多家,注册资金46.33亿元,服务带动27万农户,占农户总数的近30%。全市农民专业合作社经营收入为19.1亿元,实现盈余4.6亿元,提留公积金4600万元,通过盈余分配向成员返还盈余3.5亿元,合作社成员年平均收入1.29万元。农民专业合作社广泛分布在种植、畜牧、农机、渔业、林业等各个产业,通过组建农户间的利益共同体,在带动农户发展农业专业化、规模化生产,实现"一乡一业、一村一业"和参与市场竞争等方面发挥了重要的组织载体作用。有4家农民专业合作社被评为省级重点社,有19家农民专业合作社被评为省级示范社;有5家农民专业合作社被评为市"AAA"级示范社,有24家农民专业合作社被评为市"AA"级示范社,57家农民专业合作社被评为市"A"级示范社。

1. 政府牵头,为农民专业合作社参加"农超对接、农批对接"创造条件。由市农经委、沈阳副食集团共同举办的"城市假日大集暨农民专业合作社产品直销活动"仪式在北行·塔湾农贸批发市场启动,有55家"A"级以上农民专业合作社示范社参加了此次活动,双方签定了《关于支持农民专业合作社产品进入集团所属农贸市场(超市)的合作协议》,推动了沈阳市农超对接、农批对接"的开展。

2. 认真抓好"3A"级农民专业合作社创建活动,推动合作社快速发展。创建活动的开展,加强了合作社间的交流,开阔了视野,促进了全市农民专业合作社又好又快发展。通过连续两年的"3A"级农民专业合作社创建活动,沈阳市涌现出一批荣获省重点社、省示范社及沈阳市"3A"级农民专业合作社示范社的典型。

3. 及时修改完善示范社建设标准及检查验收相关内容。为提高合作社运行质量,创建大社、强社,结合两年来示范社评选申报、检查验收的实际,对市级示范建设标准进行了修改完善,突出合作社"管理规范化、生产标准化、经营品牌化"等重点。为更好实现专业合作社规范化管理,全市统一印制专业合作社成员账户记录本和成员证。在检查验收内容上,突出强调合作社建设发展要和"一乡一业"相结合,要和当地主导产业相结合。

(邓　奇)

【一乡一业】 2011年,沈阳市政府确定的60个重点乡镇中有48个达到一乡一业标准。实现农业总产值293亿元,其中主导产业产值199亿元,主导产业产值占农业总产值的67.9%,48个达标乡镇农民人均收入中来自于主导产业的收入达到6900元,占农民人均收入的60%以上。

1. 抓规划实施。市政府确定的60个重点乡镇均形成主导产业鲜明、发展目标明确、实施方案可行、推进措施得力的产业规划。

2. 抓龙头带动。围绕主导产业,培育了以农产品加工为主的农事龙头企业15家以上。各区、县(市)特别是一市三县创建国家或省级农业产业化示范区,每个专业乡镇平均依托2个龙头企业发展主导产业。市直有关部门组织了100户市级以上龙头企业与一乡一业乡镇实现对接,大力培育和发展专业合作社及产业带头人,发挥其带动作用。

3. 抓项目建设。以专业乡镇和农业经济区为核心,通过外引内育,新上投资额500万元农事项目20个以上,引进2个具有全局影响力的重大项目,形成产加销一体化的产业积聚区和产业集群。重点推进设施园艺小区、规模化养殖场、科技示范园区、农产品加工、储运、物流等农事项目建设,特别是在果蔬、花卉、树莓等主产区,大力发展冷藏、保鲜、包装等冷链物流项目,提高果蔬产品的仓储能力。

4. 抓品牌创建。在发展壮大优势主导产业的基础上,推进跨乡镇、跨地域统一创建产业品牌。打造出2个具有地方特色和国家地理标志原产地认证的产业品牌。

5. 抓科技支撑。各区、县(市)和乡镇围绕培育主导产业,大力引进、推广和应用农业新品种、新技术,推进科技对接,确保专业乡镇和农业经济区至少有1个科技依托单位。市直有关部门积极搭建科技推广和技术服务平台,组织农业技术推广部门深入产业基地开展"科地对接"、"科地共建"活动,培养一批"种田能手"和"科技带头人"。

6. 抓产销对接。通过举办经贸洽谈、产品展销等活动,推进"农超对接"、"农企对接"、"农商对接",专业乡镇和农业经济区农产品订单经营达到70%以上。加强与满洲里等口岸城市经贸交流与合作,把更多的农产品打入国外市场。

(邓　奇)

【农村经济管理】 2011年,沈阳市有涉农乡、镇(街道)154个,农村集体经济组织1989个,村民小组11016个,农户85.42万户,农村人口271.48万人。全市集体所有农用地面积69.8万公顷,其中:耕地57.4万公顷,林地面积8.2万公顷,水面9333.3公顷,园地8000公顷,草地2666.67公顷,其他农用地2.2万公顷。农村劳动力148.94万人,其中:从事家庭经营的劳动力96.18万人(从事第一产业劳动力67.71万人),外出务工劳动力44.89万人,常年外出务工劳动力34.45万人(乡外县内18.47万人,县外省内12.05万人,省外3.93万人)。

一、农民人均收入增长情况

2011年沈阳市农民人均收入达1.16万元,增幅15.5%。其中:农民工资性纯收入4035元,占纯收入比重

34.86%;家庭经营性纯收入达到6477元,占纯收入比重55.96%;财产性纯收入达到390元,占纯收入比重3.37%;转移性纯收入达到672元,占纯收入比重5.81%。

二、农村土地承包经营及管理情况

2011年,沈阳市续继完善农村土地承包经营权确权颁证工作,稳定农村土地承包关系,维护农户承包权益,推进土地有序流转,优化配置土地资源,发挥土地资源效益,促进农村经济发展。

1. 稳定土地承包关系,维护农户承包权益。2011年末,家庭承包经营的耕地面积54.65万公顷,家庭承包经营的农户数70.05万户,家庭承包合同份数67.77万份,确权后新颁发土地承包经营权证65.21万份。

2. 流转平台开展服务,土地流转有序推进。开展土地流转信息发布、合同签订、政策咨询、价格评估、纠纷调处等服务工作,推动土地有序流转。全年,全市共累计流转土地4.6万公顷。其中:出租1.17万公顷,转包2.87万公顷,转让116公顷,互换530.8公顷,股份合作2403.3公顷。

3. 土地集中规模经营,现代农业效益突显。2011年,土地经营流转入种植大户2.83万公顷,流转入专业合作社1807.73公顷,流转入农业企业5381.93公顷,流转入其他主体1.08万公顷。

4. 调处土地承包纠纷,维护土地承包权益。健全完善农村承包土地经营纠纷仲裁机构体系,开展农村土地承包经营纠纷调解仲裁工作,妥善处置土地承包经营纠纷,稳定农村社会。全市有"农村土地承包经营纠纷仲裁委员会"13个,仲裁委员会人数211人。2011年,受理土地承包和流转纠纷980件,调处纠纷842件。

三、农民专业合作社情况

2011年,全市农民专业合作社总数达2904个,比上年增加495个,增幅21%。其中:经工商登记的2901个,被农业主管部门认定为示范社的130个,建立党支部的106个。合作社农民成员7.01万户,带动非成员农户16.59万户。拥有注册商标的合作社283个,通过农产品质量认证的合作社达到96个。农民专业合作社统一组织销售农产品总值21.93亿元,统一组织购买农业生产投入品总值9.73亿元,培训合作社成员11.39万人次。

四、村集体经济组织收益分配与资产负债情况

2011年,村集体实现总收入8.17亿元。其中:经营收入7140.01万元,发包及上交收入3.21亿元,投资收益4267.93万元,补助收入1.94亿元,其他收入1.88亿元。村集体总支出7.92亿元。其中:经营支出4999.61万元,管理费用3.81亿元,其他支出3.61亿元。村集体实现总收益2503.14万元。

截至2011年底,全市农村集体资产总额为128亿元,其中:货币资金29.7亿元,占总资产23%;固定资产39.6亿元,占总资产31%;长期投资12亿元,占总资产的9%;应收款项34.1亿元,占总资产27%。负债及所有者权益128亿元,其中:所有者权益95.2亿元,负债33.9亿元。

五、农经机构队伍情况

农经部门承担着农业承包合同管理及农村土地承包纠纷仲裁、农民专业合作组织建设、农民负担监督管理、农业社会化服务体系建设、农村集体资产与财务管理、农村审计监督管理等多项职能。

2011年末,全市实有农经人数670人。其中:乡镇(街)565人(村会计委托代理聘用人数332人),区县(市)级90人。县乡在编人员素质状况:中专以上学历人数357人(大专及其以上297人),有专业技术职称人数150人(高级职称17人,中级职称94人)。

(邓 奇)

【农村集体"三资"管理】 2011年,沈阳市加强对农村集体"三资"管理的指导、监督和服务,明晰集体资产所有权、建立健全各项管理制度,强化民主管理和民主监督,积极推进改革创新,增强集体经济组织发展的活力和为农户服务的能力。截至2011年底,全市农村集体资产总额为128亿元,其中:货币资金29.7亿元,占总资产23%;固定资产39.6亿元,占总资产31%;长期投资12亿元,占总资产的9%;应收款项34.1亿元,占总资产27%。负债及所有者权益128亿元,其中:所有者权益95.2亿元,负债33.9亿元。

1. 成立专门的管理机构,建立健全"三资"管理组织框架。为加强"三资"管理工作的领导,市政府成立由市政府分管领导任组长,市监察局、农经委、市财政局、编委办、规划国土局、民政局、林业局、水利局等部门分管领导为成员的"三资"管理工作领导小组,负责"三资"管理的组织领导工作。领导小组办公室设在市农经委,负责日常管理和具体协调、指导工作。各地区也成立了相应的组织机构,负责本地区的组织领导工作。

建立乡级"三资"管理机构,由乡级农经站承担"三资"委托代理服务职能。未设农经站的,由乡级财政管理办公室或经济管理办公室承担。各地区要在现有村会计委托代理办的基础上,整合现有资源,在农经站(乡镇财政管理办公室或乡镇经济管理办公室)增挂农村"三资"委托代理服务中心牌子。机构建设应达到设施齐全,管理规范,监督有力。

2. 全面推行"三资"管理委托代理服务制度。推行"三资"委托代理服务,须经村民会议或经村民会议授权的村民代表会议讨论决定等民主决策程序进行。在坚持"三资"所有权、使用权、审批权和收益权不变的前提下,村与乡级委托代理服务中心(简称服务中心)签署委托代理协议,由服务中心对"三资"实行统一管理。规范"三资"处理权限。由各村召开村民会议或村民代表会议确定村资金支出权限,由服务中心审核、备案。村集体投资项目要采取公开竞价、招投标等方式进行。集体资产、资源的处置,应经村民会议或村民代表会议审议通过后方可实施。

3. 认真做好"三资"清查工作。各地区全面摸清"三资"底数,以村为单位进行登记、审核、造册(一式三份)、备案。"三资"清查结果经村民代表会议审定并在全村公开后,移交到本乡镇服务中心建立台帐;对有异议的要认真核实后,再移交建账。

4. 建立健全"三资"管理制度。一是健全完善农村集体资金管理制度,重点完善票据管理制度;二是健全完善农村集体资产经营管理制度;三是健全完善集体资源收益分配制度;四是健全完善民主管理、监督制度;五是积极推进村级集体产权制度改革。

5. 推进农村集体资产股份制改革。继续推进以股份合作为主要形式,以清产核资、资产量化、股权设置、股权界定、股权管理为主要内容的农村集体经济组织产权制度改革,建立"归属清晰、权责

明确、利益共享、保护严格、流转规范、监管有力”的农村集体经济组织产权制度，明确农村集体经济组织的管理决策机制、收益分配机制，健全保护农村集体经济组织和成员利益的长效机制，构建完善的农村集体经济组织现代产权运行体制。截至2011年底，完成股份制改革的村已达46个，量化资产总额19.5亿元，入股股东达6.12万人，实施股份制改革后，实现累计股金分红4.62亿元，其中当年股金分红总额2627万元。沈阳市另有6个村正在组织实施集体资产产权制度改革。

6.进一步完善村会计委托代理制度。沈阳市实行“村会计委托代理制”的有1926个村，占全市总村数的96.8%，涉及142个乡、镇(街)，占涉农乡镇街总数的92.2%；履行“委托代理”手续的有1923个村，履行率100%。

(邓　奇)

【农村能源】 2011年，沈阳市结合创建生态市、环境建设样板城及农村环境综合整治工作、新农村建设和农村新能源建设规划，确定了年度重点建设项目，进一步扩展了示范项目，主要包括户用沼气、大中型沼气工程、乡村沼气服务网点、太阳能亮化示范村等项目。此外，还完成了农村能源综合示范村建设年度计划和生物质气化站技改年度计划，启动了生物质成型燃料炊事采暖示范村建设和沼气综合利用试点示范。

全市开工建设户用沼气模式9000处、乡村沼气服务网点54处、大中型沼气能源环境示范工程2处、太阳能(路灯)亮化示范村2处，完善农村能源综合示范村2处，完成5个生物质气化站技改试点项目，完成了年度建设计划。继续开展生物质成型燃料、节能炕灶等农村新能源试点示范，在农村能源综合示范村安装太阳能路灯、太阳能热水器、建节能炕灶、生物质成型燃料加工厂和生物质成型燃料应用示范户。围绕“一乡一业”发展集中推进沼气综合利用，重点启动了以大中型沼气工程、农村能源示范基地和沼气服务网点为核心的沼气综合利用试点示范，利用沼肥生产水稻、水果、蔬菜等绿色农产品，更好地发挥了农村能源建设的综合效益，促进循环农业发展。

1.积极申报国家、省相关项目计划。为确保项目落实和顺利实施，市政府研究制定了财政配套补贴政策。对中央投资农村户用沼气建设项目每户补贴由上年的1200元增加到1500元；对大中型沼气工程提供了1∶1配套补贴；对乡村沼气服务网点建设补贴每个点由上年的1万元增加到2.5万元，也实行了1∶1配套补贴。2011年，全市农村能源建设得到各级财政农村能源项目补贴资金总额达2468万元，其中，国家项目补贴资金1310万元，省级项目补贴资金88万元，市财政补贴资金1070万元。部分区县也对农村能源建设给予补贴支持。

2.加强项目建设管理工作。制定了项目建设工作要点、项目建设实施方案，严格按照国家沼气项目建设管理和相关项目管理办法要求组织工程设计、工程招标、器材招标采购、工程监理等工作。严格执行沼气建设从业准入制度，根据户用沼气项目建设需要，组织了沈阳市第九期农村能源职业技能培训班，使沈阳市持证人数超过690人，为完成项目建设打下了基础。

3.推进农村能源服务体系建设工作。扩大农村能源管理与服务“110热线”网络，推进乡村沼气服务网点建设，扩大农村能源服务网络覆盖面，为农户提供便利、及时的技术服务，为保证农村能源设施正常运转，农民长期受益打下了基础。

4.抓好安全生产。制定下发了《2011年农村能源安全工作要点》，开展生物质质气化工程安全技术改造试点、年度检审、雨季施工安全检查、各节假日及两会期间安全检查、沼气用户安全检查及安全宣教等农村能源安全工作，督促落实安全生产规章制度，为全年项目建设和能源设施运行安全提供了保障。2011年，开始对大中型沼气工程进行安全评价试点，当年选择3个不同结构的大型沼气工程进行了安评试点，为提高大中型沼气工程安全水平提供依据。

5.加强农村能源科普和宣传工作，为农村能源发展创造良好的发展环境。通过开展“农村节能宣传周”活动、编发《沈阳农村能源信息》、借助新闻媒体宣传等方式，扩大农村能源新技术影响。

(邓、奇)

【扶贫开发】 2011年，沈阳市认真贯彻落实中央和省扶贫开发的方针政策，以实施“确保3.5万贫困人口脱贫”为重点，以“新增5000贫困户脱贫工程”为突破口，以“助农减贫增收，提高发展能力”为目标，强化政策措施，加大资金投入，扎实推进各项工作开展，扶贫开发成效显著。

1.圆满完成“5000贫困户”脱贫工程。通过对年人均纯收入1500元以下贫困户实施“一户一策”扶贫攻坚，扶持发展庭院养殖、地膜覆盖、寒富苹果、设施农业等四类项目，贫困户的收入水平大幅提高。仅此一项，新增财政资金870万元，户均项目补助2105元。扶持“5000贫困户”新增养猪1.9万头，养牛3232头，养羊4712只，地膜覆盖143.6公顷，寒富苹果188.13公顷，发展设施农业251.93公顷。“5000贫困户”总增收1643万元，人均增收1350元，达到2850元，实现基本脱贫。

2.贫困地区发展能力显著提升。贫困地区新上扶贫开发项目790个，其中51个整村推进村项目104个。新建温室1733.3公顷，高效作物3866.67公顷，各类畜牧养殖122万头(只)，转移培训贫困劳动力1133人。受益人口16.2万人。25个贫困乡镇人均纯收入由5720元增加到6680元，增长16.8%，高于全市平均增幅1.3个百分点。

3.生产生活环境明显改善。完成移民扶贫70户。新修通村公路和田间道路42公里，桥涵105处，打井215眼，办电6000延长米。新建和维修村部12个，建文化广场4000平米。

4.定点扶贫有效开展。为增强扶贫攻坚力量，全市新增了8家近郊区党委、政府定点扶贫单位，定点扶贫单位总数达到了123家。工作队定点帮扶162个贫困村，并对“5000贫困户”实行“一对一”结对帮扶。总计投入定点帮扶项目资金1595万元，仅新增的8个定点扶贫单位就投入资金560万元，平均达到70万元。这些资金主要用于直接带动农民增收的种养业生产项目，为贫困地区改变落后面貌、增加农民收入发挥了重要作用。

(邓　奇)

【减轻农民负担】 沈阳市的减轻农民负担工作，以党的十七大精神为指导，深入贯彻落实科学发展观，按照中央关于农业农村工作的总体部署，以维护农民合法权益为重点，针对当前存在的突出问题，深入开展专项治理，扎实推进农村综合改革，着力加强制度建设，进一步强化监督管理，切实防止农民负担反弹。

1. 建立健全农民负担监管制度。一是实行领导负责制，切实将减轻农民负担工作落到实处。二是严格执行农民负担监督管理“五项制度”。即涉及农民负担收费文件“审核制”；涉农价格和收费“公示制”；农村公费订阅报刊“限额制”；农民负担“监督卡制”；涉及农民负担案件“责任追究制”。沈阳市已经杜绝涉及农民负担案件的发生。三是实行农民负担信访案件举报制度。对关系农民切身利益的强农、惠农政策在政府相关网站上进行信息发布，同时公开咨询举报电话。

2. 有针对性地开展农民负担专项治理工作。一是做好强农惠农资金发放，提供医疗和社会保障等公共服务，维护农民合法权益。2011 年，市减负领导小组先后两次组织专项清理检查，进一步规范各类补贴的发放。全市共发放粮食综合直补资金 6.17 亿元，其中粮食直补资金 1.35 亿元；发放良种补贴 9678 万元，惠及农户 67 万户；发放农机补贴1.1 亿元，购置农机2.2万台，惠及农户 1 万户；补贴农村新能源建设2376.9万元。全面开展新型农村合作医疗和新型农村社会养老保险。各项惠农强农政策深入人心，群众满意率逐年上升，达到 99.8%。二是开展向村级组织和农民摊派资金为重点的行业自查自纠工作。开展了以交通部门为主的通乡通村公路自查，以教育部门为主的农村中小学校舍建设自查，以计划生育部门为主的社会抚养费征收自查工作。经自查，在农村公路建设上，沈阳市在 2006 年已经完成了通乡通村的路网建设，没有发现向村级组织和农民摊派资金的情况。在农村教育上，沈阳市投入 14 亿元资金建设 107 所农村九年一贯制学校，并全部完成质量再提升工程。同时，按照省政府要求完成了中小学校校舍安全排查、检测及 30% 的维修任务，所需投入资金全部由市、区县（市）财政安排。在社会抚养费征收方面，沈阳市办理的 356 例违法生育案件无一例进行行政复议和行政诉讼。

3. 防范加重农民专业合作社负担。从 2009 年开始，市政府每年安排 500 万元专项资金，每年组织“三 A”级社的评选，对当选的农民专业合作社给予不同数量的资金扶持。为了加强对农民专业合作社扶持资金的监管，市农经委适时出台了《关于加强财政扶持农民专业合作社专项资金管理的意见》（沈农经发〔2010〕1 号），明确专项扶持资金必须专款专用，任何单位和个人不得侵占、挪用、截留、私分和代扣；任何单位和个人不准借工作之便到农民专业合作社报销单据、接受吃请和索要回扣。违者将依法依规严肃查处；对弄虚作假骗取财政资金以及侵犯农民专业合作社合法权益的，哪级部门出问题哪级负责，情节严重的，要依照有关规定，追究责任。通过自查，未发现有向农民专业合作社及其成员乱收费、乱摊派的现象。

4. 建立从源头防范农民负担的机制。沈阳市从 2009 年开始，建立以村集体经济组织的资金、资产、资源为主要内容的农经网络管理监测系统。2010 年初开始全面试运行，2011 年全部实现数据联网汇总。该系统建立了全面覆盖市、区县（市）、乡镇（街道）、村四级的农经专网，搭建了全市 161 个信息专网结点，将全市 1930 个村集体经济组织的资金、资产、资源三资管理纳入信息化网络。通过对村级资产、债务、土地承包合同、村级公益事业建设一事一议项目等同农民权益息息相关的事项纳入刚性监管范围后，沈阳市从源头防范了加重农民负担案件的发生，实现了沈阳市加重农民负担“零案件”。

5. 确保一事一议财政奖补工作规范管理。一是加强对一事一议审批程序管理。在审核审批“一事一议”筹资筹劳过程中，坚持“自下而上、先批后建、先建后补”的原则，严格按照村申请、乡镇初审、县农民负担监督部门审批的程序办理。对超出村内公益事业建设范围的议事项目一律不审批；对提高筹资筹劳标准和举债兴办村级公益事业的一律不审批；对未经民主议事和民主议事未获通过的项目一律不审批；对明确规定由财政支农资金覆盖的项目一律不审批。二是用网络版软件加强对一事一议筹资筹劳的监管。从 2010 年开始，沈阳市自主设计、开发了网络版村级公益事业一事一议财政奖补项目申报管理系统。村在录入项目名称、资金来源、项目建设简单情况等原始数据时，系统对资金来源数额进行自动校验，需财政奖补金额按照筹资筹劳额自动生成。同时，该系统可显示各村的人口数和劳动力数，便于各级审定是否超出农民负担限额，做到市、区县（市）、乡镇三级实时监管每个一事一议项目，监管每个项目农民筹资筹劳数额。三是全市统一确定了一事一议筹资筹劳上限标准。为规范管理筹资筹劳、筹劳折资和以资代劳标准，市减负领导小组办公室根据市统计局公布的上年人均纯收入水平，统一制定了各区县（市）筹资筹劳上限标准。各区县（市）在实际操作中，本着同当地实际相结合的原则，采取筹资数额略低于上限标准筹资，筹劳根据实际情况但决不超过 10 个标准工日，确保筹资筹劳不超标，坚决不加重农民负担。四是开具筹资筹劳收据，监管农民负担。从开展一事一议财政奖补工作开始，市减负办每年统一印制一事一议筹资筹劳专用收据。全市共印制了 210 万份筹资筹劳收据，要求村向农民筹资筹劳，必须开具筹资筹劳专用收据，避免在向农民筹资筹劳时乱摊派、乱加码，确保农民的合法权益。

（*邓　奇*）

【控制、化解村级债务】 沈阳市各级政府和农经部门严格按照国务院关于“制止新债、摸清旧债、明确责任、分类处理、逐步化解”的要求，积极稳妥地开展化解乡村债务工作，取得了一定成效。自 2004 年初至 2010 年末，全市共化解村级债务 11.3 亿元，占 2004 年初债务总额 32.8 亿元的 34.5%。村均负债由 2004 年初的 165 万元下降到 108 万元，村均负债下降 57 万元。

1. 坚决制止新债发生，2007 年，市农委、市委组织部、市监察局、市民政局联合下发了《沈阳市制止新增村级债务工作实施意见》（沈农经发［2007］36 号），坚决锁定旧债，杜绝新债的发生。明确要求各村不得随意增加非经常性支出；严格执行“一事一议”制度。凡违反规定发生新债的，一经查实，按照“谁签字、谁负责偿还”的原则，追究当事人的责任。

2. 依托农经网络系统，动态监测全市村级债权债务变动情况，指导各地区制定符合实际、切实可行的化解乡村债务方案。积极探索化解乡村债务的有效途径。通过清收债权、盘活资产、债权债务相抵、缩减开支等多种方式化解债务。建立切实可行的目标考核责任制，把制止新债、化解旧债作为考核乡村干部任期目标和工作实绩的重要内容。

3.积极争取国家和省在化解村级债务上的政策支持。根据《辽宁省人民政府办公厅转发省农村综合改革领导小组关于化解农村义务教育债务实施方案的通知》精神,2010年,中央及省级财政专项安排化解农村义务教育债务补助资金,市、县两级配套补助资金,用于偿还农村义务教育债务。沈阳市经认定农村义务教育债务总额为2.39亿元,其中:中央及省补助1.59亿元,市级财政补助4645.4万元,区、县(市)自筹3405.6万元。2011年上半年,沈阳市化解农村义务教育债务工作已全部完成。

(邓 奇)

【土地承包管理】 2011年,沈阳市的土地承包管理工作以解决二轮延包遗留问题为重点,以打牢土地承包经营权证发放工作为基础。在二轮延包时因受各种因素影响造成部分农户没有落实土地承包权,重点解决了婚嫁妇女户口迁移造成的“两头无地”问题,纠正了因独生子女鼓励政策和迁出迁入获得“双份”承包地问题。全年共解决和纠正215件此类问题,较好的解决了突出问题,化解了社会矛盾。

全年共有1447个行政村完成了延包完善工作,占应有延包任务村总数的99.7%。完成延包的土地面积为51.64万公顷,已占应落实延包土地总面积的99.8%;发放土地承包经营权证68.9万册,占应发农户总数的99.6%(其中新证67.7万册,占应发总数的98%)。

(邓 奇)

【土地承包经营权纠纷调解仲裁】 从2006年开始,沈阳市逐步建立和完善土地承包仲裁机构,截至2011年底,全市13个涉农区、县(市)都建立了农村土地承包纠纷仲裁委员会,乡(镇、街道)依托原有司法调解机构和农经站,普遍建立了土地承包纠纷调解部门。

经沈阳市编委批准,设立了沈阳市农村土地承包仲裁工作办公室,负责全市农村土地承包纠纷仲裁工作指导任务,从而使沈阳市农村土地承包调解仲裁工作形成了市、县(区)及乡(镇)三级完备的工作网络。全市共聘任专(兼)职仲裁员300余名。

截至2011年底,全市各级农村土地承包纠纷仲裁机构共累计受理土地承包纠纷案件1240件,其中:调解936件,仲裁284件,充分发挥了土地承包仲裁机构的职能作用,使一批多年遗留的老大难信访问题得到迅速解决,把大量的土地承包纠纷化解在基层,减轻了政府信访工作的压力。

(邓 奇)

【农村土地承包经营权流转】 2011年,沈阳市共完成土地流转面积4.48万公顷,占家庭承包经营耕地面积的9%;全市实现农村剩余劳动力转移25万人,占劳力总数的15.2%;全市农村全家外出务工经商农户达1.8万户,约占农户总数的2%。在流转形式上,以转包、出租为主要形式的流转分别达到2.82万公顷和1.14万公顷,分别占流转总面积的62.82%和25.49%。其他形式主要是农户之间的互换、转让,约有2000公顷,占流转总面积的4.48%,入股方式的流转约2786.67公顷。在8个涉农区、县(市),43个乡镇开展了建立土地承包经营权流转市场试点工作。清理不规范流转土地面积7366.67公顷,建立规范流转合同3.1万份。

1.认真做好土地二轮延包后续工作。为了深入摸清全市土地承包管理的底数,切实夯实家庭承包的基础,在全市农村开展了二轮土地延包完善工作的“回头看”活动,对全市耕地及家庭承包落实情况进行认真检查和清查,农村土地承包管理逐步走上规范化轨道,土地权属更明晰了,农民作为土地流转的主体地位更进一步明确了。全年清理不规范流转土地面积2000公顷,建立规范流转合同近万份。

2.建立县、乡、村土地承包经营权流转市场体系。为了推进土地流转服务中心建设,市县财政都投入一定的专项资金用于购置办公设施,市、县、乡三级为建立土地流转市场已投入资金累计310多万元。为了解决流转市场人员问题,各乡镇以农经管理部门为主体,安排业务较高素质的机关、事业人员进大厅,负责流转工作,既要保证人员的数量,也要保证人员的质量。村级设立流转信息服务站,由村里的财务报帐员兼任。有条件的村设立公开服务窗口。全市试点乡镇土地流转服务中心基本上建立,并已经开始工作。

3.建立规则和程序,规范土地承包经营权流转行为。在建立土地承包经营权流转市场的同时,以实施流转合同制和备案制为重点,建立健全规范的流转工作制度和规程,签订规范的流转合同,严格履行流转程序,认真做好土地流转登记和鉴证工作。已清理不规范流转土地面积4000公顷,建立规范流转合同4.3万份。

4.调处土地流转引发的纠纷。全市形成了乡镇仲裁办以调解矛盾纠纷为主区县仲裁办以裁决为主、市级仲裁工作办公室具体指导的三级仲裁工作网络。2011年,全市共受理1559件土地承包和土地流转纠纷案件,已经结案1273件。

(邓 奇)

【农业综合执法】 沈阳市综合执法工作开展的较早,8个农村区县(市)农业综合执法已经全面覆盖,各级农业综合执法机构全面履行法定职责,创新体制机制,加大执法力度,严厉打击假冒伪劣农资产品和违法违规农资经营行为,不断规范农资市场经营行为,成果显著。

1.攻克组建难题,健全执法体系。2011年8月,市农经委会同市政府督查室、市编制办公室对康平等区、县(市)落实市政府文件情况进行督办。通过部门联动,合力攻坚,攻克了执法和检测编制难、经费难这两个难题,最终圆满解决了康平县、沈北新区队伍组建难的问题。沈阳市已组建1个市级农业行政执法支队和8个区县(市)农业行政综合执法大队,落实了编制和人员,确保了工作经费和人员工资纳入本级财政预算。沈阳市除于洪区外,已基本实现农业部提出的“农业县(市、区)全部实行综合执法”的目标。

2.推进制度建设,规范综合执法。2011年,沈阳市农业综合执法工作面临着新成员加入、新机构组建、新领域执法任务的新形势。全市各级农业执法机构开展多种形式的业务培训和学习,提高人员业务能力。同时,各级农业行政部门坚持用制度管权、管事、管人,先后制定了农业行政执法责任制、错案和执法过错责任追究制等制度,规范了行政执法、处罚、复议等程序,建立了行政执法公示和承诺、报告与备案、罚没物及档案管理等制度,实行了案件评查、人员考核和法律培训等办法,基本健全和完善了各项规章制度,为严格执法、公正执法、文明执法、人性化执法打下了良好基础。

3.充分发挥职能,执法成果显著。经过几年的努力,沈阳市已打造出一支能执法、敢执法、会执法的农业综合执法队伍,在农资市场监管、农产品质量安全监管等领域发挥了“主力军”的作用。在农产品监管方面,推行检打联动,实行检测与案件查处的有机衔接,及时纠正和制裁违法行为。在社会广泛关注的“毒豆芽”事件中,市农经委勇担重任,迅速展开联合执法,彻底扫清芽菜市场,全市违规芽菜作坊均被强制关闭。

(邓　奇)

【农业法制】 2011年,沈阳市的农业法制工作以推进依法行政,加大法制宣传和进一步规范农业行政执法行为,提高办案质量,严格执行《行政许可法》作为全市法制工作的重点,取得了较为显著的成绩。

1. 推进依法行政。沈阳市通过加强监督检查、组织法制培训、拓展政务公开、清理行政强制权等措施统一思想、不断夯实法制基础,进一步规范了行政权力,基本达到了行政权力“权限法定化、职责明晰化、程序合法化、行为规范化”的总体要求,全面提升了沈阳市农业法制服务工作水平。

2. 开展清权确权。在沈阳市推进行政权力运行制度系统建设中,市农经委圆满完成了清理确认行政权力、编制行政职权目录、制作行政权力运行流程图的任务。按照“谁行使、谁清理”和双向排查的原则,经过积极沟通、多次研讨、逐项审核、反复甄别,在筛选了大量的法律文件后,市农经委共确认144项行政权力,进一步摸清了行政职权底数,明确了权力行使的法律依据,基本做到了权力不遗漏,权力要合法、表述要规范、划分要科学。按照领导小组的要求,市农经委对144项行政权力制作了行政权力运行流程图,突出了监督制约环节,使权力运行过程一目了然,为查找廉政风险点、制定廉政风险防范措施奠定了坚实的基础。

3. 组织法制培训。积极组织全市各级农业执法机构开展多种形式的法制培训和业务学习,并通过执法实践训练,提高了法律意识,增强了业务能力,加快了知识更新,锻炼了执法队伍。一是开展岗位学法活动。二是组织法制培训。全年共组织各种形式的培训和学习活动11次,参加者达到900余人次。三是组织模拟农业执法现场大赛,贯彻依法行政理念,检验岗位学法和业务培训的效果。

4. 拓展政务公开。为增强农业行政执法的透明度,沈阳市以深化政务公开工作为切入点,强化行政权力的监督,不断推动行政权力在阳光下运行。一是完善政务公开制度。二是公开市农经委行政职权目录。《沈阳市农委行政权力公示表(暂行)》在沈阳市农业信息网上公开,标明行政职权的名称、类别、实施依据、公开形式、公开范围、收费依据和标准、承办处室等内容。

(邓　奇)

【农业远程科技培训】 沈阳市的农业远程科技培训,适应农业新阶段、新形势和产业结构调整的迫切需求,广泛开展农村人才培训,大面积提高了沈阳市农村劳动者的素质。

1. “三农”栏目《庄稼院》。2011年,《庄稼院》栏目,不断创新节目形态,丰富栏目内容,共生产专题节目365期,总播出时间达90多小时;推出树立农民种植、养殖、经纪人等各类致富典型达200多个,推广先进实用农业技术近百项,发布“三农”免费服务信息近千条。

2. 完善“农业110”科技服务体系。一是拓展了咨询服务电话服务范围。沈阳市在原有9台热线电话(市站一台,八个县区农技推广中心各一台)服务基础上,逐步扩展到11个乡(镇)区域性农技推广站,成立“农业110”咨询服务电话网络,配备科普咨询相关设备,扩大了专家服务的框架,促进科技普及。实现通过一条电话热线公开对外,20个电话联手;多个科技部门和百名农业技术人员配合;以电话答疑为主,专家坐堂,现场指导,专家会诊为辅,全面热诚的为农民服务。2011年共接听咨询电话2000多个,为农民解答疑难问题100多个。二是建立健全了各项管理制度。各项目参加单位均建立了《日常农业科普咨询服务制度》、《来访来电登记制度》、《科技人员分工负责制度》、《接访首问责任制度》。利用宣传媒体公布“农业110”咨询服务电话号码及科技人员的联系电话,让广大农民持有择优服务与监督的权利,规范各种服务行为。

(邓　奇)

【培植农村产业带头人】 2011年,沈阳市共有504人被评为2011年度沈阳市农村产业带头人,至此,全市农村产业带头人已达1450人,取得了较好的社会效益。为保持政策连续性,有针对性地对2009、2010两年中评选出的农村产业带头人在技术培训、专家入户指导等方面进行了倾斜,先后有40余名产业带头人被定为技术重点扶持对象,由省、市农科院专家定期入户技术指导,并不断向周边辐射,受到农户普遍欢迎。

1. 提供培训服务。沈阳市根据农村产业带头人的不同类别和特点,整合了各部门的各种培训资源,开展了农业产业化培训、农民专业合作社培训、农村实用人才培训等,结合农民的自身需求有针对性地开展各种培训。通过培训,提高产业带头人的科技水平、政策水平、道德素质和经营能力。

2. 信贷扶持政策。市农村信用社、沈阳恒信担保服务有限公司为500名产业带头人发展生产和经营提供信贷支持。产业带头人凭《沈阳市农村产业带头人证书》和沈阳恒信担保公司提供担保,到当地农村信用社申请5万元以内的一次性贷款,并享受一般农户贷款利率下浮20%的优惠政策。对符合农业银行贷款条件的农村产业带头人,按评级标准在沈阳市可获得5—30万元的信用额度。信贷扶持政策,为农村产业带头人创业发展提供了资金支持。

3. 设立专项资金。市政府设立了农村产业带头人创业发展专项资金,用于全市农村产业带头人开展生产经营活动的贷款贴息,极大地提高了产业带头人发展产业带动农民致富的积极性。

4. 优先评定农民职称。对符合农民职称评定条件的产业带头人,沈阳市优先为其评审农民技术职称。

5. 网络信息扶持。为农村产业带头人在沈阳电视台的《庄稼院》栏目、《沈阳市农业信息网》建立信息平台,定期发布相关信息。

6. 表彰奖励。市政府每年对有突出贡献的产业带头人授予“十大产业带头人”称号,并进行物资奖励。并成立了沈阳市培植农村产业带头人评审领导小组及办公室。

(邓　奇)

【设施农业科技培训工程】 设施农业培训工程,紧紧围绕发展设施农业,依托培训机构,以行政村为基本单元,按照从事设施农业生产和经营的农民需求,适应生产周期和农时的要求,采取农业科技推广人员进村集中培训和现场指导相结合的方式开展培训。

为促进沈阳市设施农业健康发展和农民增收，提高农民的科技素质和生产经营水平，加快现代农业建设，沈阳市新民市、辽中县、康平县被列为实施2011年省设施农业科技培训工程重点县，共计培训55个村，培训农民2750人，其中：辽中县20个村，培训农民1000人；新民市20个村，培训农民1000人；康平县15个村，培训农民750人。

三个项目实施县（市）根据当地设施农业的实际情况，编制设施农业培训教材，免费给参训农民发放各种培训教材9000余册、各种科技光盘1万余个，对每个项目村实施进村集中培训5天，入棚现场指导20次。通过培训和指导，使受训农民掌握了从事设施农业生产的技术要领及其相关知识，进而辐射带动其他农民生产技能有明显提高，促进了当地设施农业健康发展。

为更好地推动设施农业科技培训的开展，省农委利用有关农业院校及科研院所，对设施农业农民科技带头人进行系统培训，为设施农业发展培养"土专家"，为培训工程注入新的内涵，沈阳市先后有110名设施农业农民科技带头人，分别参加了蔬菜、果树、花卉、食用菌4个专业类别的培训。

（邓　奇）

【农产品安全生产】 2011年，沈阳市加强了农产品安全生产管理。通过蔬菜生产合作社的经营管理模式，实行蔬菜产地采收前质量检测检验，对蔬菜生产基地实行产地编码管理，加强了蔬菜产品生产质量监管。2011年，全市无公害农产品认证284个，实物产量687万吨，认证面积35.87万公顷，生产单位174家；绿色食品117个，生产面积5.59万公顷，生产单位47家；有机食品认证4个，生产面积333.33公顷，生产单位4家。绿色原料生产基地4个，生产面积2.67万公顷，分别是沈阳北新区全国绿色食品原料（水稻）标准化生产基地、沈北新区全国绿色食品原料（玉米）标准化生产基地、辽中县全国绿色食品原料（水稻）标准化生产基地、辽中县全国绿色食品原料（玉米）标准化生产基地。总认证面积44.16万公顷，无公害农产品、绿色食品、有机食品生产面积占全市耕地果园面积65%。小梁山西瓜被评为国家农产品地理标志产品。

1. 确定基地和合作社。选择生产规模在333.33公顷以上蔬菜生产基地作为标准化蔬菜生产基地和具备一定实力能带动农户进行标准化生产的蔬菜专业合作社。落实标准化生产基地30个，其中辽中10个、新民10个、苏家屯5个、沈北2个、法库2个、康平1个。专业合作社30个，其中：辽中、新民各10个，苏家屯5个，沈北、法库各2个，康平1个。这些基地涉及30个乡镇273个行政村和30个专业合作社，蔬菜生产面积达到4.33万公顷，占全市蔬菜生产面积25%左右，为农产品生产全面实行市场准入制度探索新的监管模式。

2. 开展蔬菜准出制度培训。召开蔬菜产品准出制度培训会议，对30个蔬菜生产基地和30个专业合作社共计60名基地负责人和合作社理事长进行了技术培训。同时：将市农经委印制统一格式的产地证明和质量合格证明分发到各生产基地和专业合作社。召开全市农产品质量安全办实事暨蔬菜产品准出制度工作部署会，30个蔬菜生产基地和30个农民专业合作社负责人参加了会议，并聘请了农药残留速测专家对上述人员进行了系统培训。经过培训，30个合作社均具备了开展检测和开具产地证明等相关业务能力。全市建在乡镇（区域农技推广中心）、村（蔬菜生产基地）农产品检测点已经达到了147个，满足了开展蔬菜产品准出工作的需要。

3. 加大投入。沈阳市是辽宁省惟一实现市场准入和产品准出双保险的城市，沈阳市全年投入资金100多万元，印制了产地证明和质量合格证明各5040本，宣传挂图2000张，新型农药残留速测仪45套，电脑15台，产地证明3万张，农产品生产管理档案3万册。通过产地证明的编码，可以准确查找到生产者、承运者的基本信息，对造成农产品质量安全事故的生产者起到强大的威慑作用。

4. 严格考核。市农经委代表政府与各区、县（市）农业行政主管部门签订了2011年农产品质量安全目标责任考核书，确定了其工作职责和完成监管工作的目标。为检验各区、县（市）农产品质量安全监管工作和办实事目标，市农经委与各区、县（市）农业主管部门制定了《农产品质量安全责任书》。年底对各区、县（市）进行考核打分，按照分数高底进行排名，作为年终评先选优依据。

（邓　奇）

【农资打假】 2011年，沈阳市加大农业知识产权保护力度，规范农资市场经营秩序，开创了农资打假工作的崭新局面。

1. 加大执法力度。沈阳市按照"标本兼治、着力治本、打防结合、综合治理"的原则，加强农资市场监管，严格落实农资监管责任制，狠抓生产和流通环节监管，严厉打击制售假劣农资的行为，推动了农资市场秩序的持续好转。全年共出动执法人员5300余人次，检查农资生产经营企业2600余家，立案查处各种违法案件698件，涉案价值共计122万元，挽回群众直接经济损失692万元，追缴违法所得6.3万元；查获违规种子1.06万公斤，肥料1.33万公斤，农药53件，共计311起，货值金额63.37万元。

2. 强化部门配合。沈阳市各有关部门间加强协调与合作，建立了分工明确、密切配合的工作机制，充分发挥整体联动优势，增强打假合力。市与区县（市）农业行政执法部门之间上下衔接，统一思想、统一标准、统一行动，形成执法合力。同时，充分发挥农资质量检验机构的作用，为其他部门打击制售假劣农资坑农害农案件提供准确依据。对构成犯罪的，坚决移交司法机关追究刑事责任，并利用新闻媒体曝光。积极会同公安部门开展联合执法。主动与市公安局经侦支队进行通力合作，组成联合执法队伍，对农资市场进行检查，形成纵向联动、横向联合、齐抓共管的良好局面。与市公安局经侦支队开展的联合执法，确保了打假护农保春耕行动的顺利进行。

3. 开展信用建设。沈阳市通过开展信用农业建设，构建并运行农资信用管理平台，制定农资企业信用评价体系和管理办法，逐步推行分类管理，推进了农资市场的信用监管。2011年，农资信用平台初步完成并进入试运行阶段。该平台是发布农业系统执法监管和行业信用服务信息的综合性诚信网站，包括信用公示、失信曝光、信用查询、信用动态等七个专栏。截至年底，收录全市范围内农资生产经营企业1800余家，发布农业信用动态41条，公示诚信经营企业27家，曝光违规企业19家，展示优质农资产品13种。

（邓　奇）

【农产品质量安全监管】 2011年，沈阳市通过构建“产地准出，市场准入，标识溯源，实时监控”的高效监管运行模式，实现环境产品两头监测，生产过程全程监管。全年在流通和生产环节抽检样品11.04万个。其中：蔬菜10.95个，合格率99.93%；水果样品646个，合格率99.85%；水产品样品260个，合格率100%。在农业部四次例行监测中，沈阳市实现了历史性突破，全年合格率达到97.5%，较2007年提高了12个百分点。全年销毁不合格蔬菜1.02万公斤，无害化处理1.64万公斤。

1.强化了监管体系建设。沈阳市抓住市硬环境建设的契机，加强了对县级监管体系的建设。沈阳市已有市、县两级执法队伍，构建了市、县、乡、村四级检测网络，为更好地开展农产品质量安全监管工作提供了强大的保障。全市9个涉农区、县(市)均组建了独立的农产品质量安全检测站(中心)和农业行政执法大队，落实了编制和工作经费。全市县级执法机构编制78名，检测编制60名。形成了以市中心为技术依托、以县站为骨干重点，以乡站为补充，以村检测点为基础的检测布局，架构了上下联动、点面结合的检测网络。区域中心推广站已经配备速测仪49台套，30个专业合作社配备38台套，原有60个速测点，基本涵盖了规模以上蔬菜生产基地。

2.体制机制更加健全。全市围绕深入实施《中华人民共和国农产品质量安全法》，先后出台了《沈阳市农产品质量安全管理办法》、《关于部分农产品实施市场准入制度的实施意见》、《关于加强农产品质量安全监管服务体系建设的意见》、《关于实施蔬菜产品准出制度的意见》等一系列规范性文件，建立完善了市场准入、基地准出、机构建设、检测规程以及信息发布等涉及农产品质量安全各个方面的制度体系，逐步形成了市场准入、基地准出、机构建设、检测规程、执法程序、信息发布等方面的制度，形成了独具沈阳特色的针对批发市场、农贸市场、超市、生产基地等不同管理对象的监管模式。

3.安全水平显著提高。为把住蔬菜批发环节控制外埠调入蔬菜的质量问题，沈阳市实行了市场准入制度，首批列入监管范围的是盛发、十二线、森宝、大东门、北行、九路、南五等7大批发市场，这7个市场占全市每日蔬菜流通量的80%以上。加强了对35家大型超市的规范化管理，实行政府监管与企业自律相结合的监管模式，即批发环节由政府监管。通过在七大批发市场由市农业检测中心设立检测站，对进场交易的蔬菜开展抽样检测，严格控制其入口。零售环节实行企业自律，超市自设检测室，对其销售的蔬菜实行自检，将每日的检测结果予以公布，市农业行政主管部门每半月进行抽样检测和执行农产品市场准入制度情况进行监督。

4.加强产品准出监管。2011年，沈阳市加强了对蔬菜生产基地的监管制度建设。全年投入了资金100多万元，印制了产地证明和质量合格证明各5040本，宣传挂图2000张，统一发放新型农药残留速测仪45套，电脑15台，产地证明3万张，农产品生产管理档案3万册。市农业行政执法支队会同各区、县(市)农业执大队每月检查各生产基地落实蔬菜产品准出制度实施效果，查验产地证明和农产品质量合格证明使用情况，对生产管理档案记载情况进行检查。

5.加强督察督办。为了尽快落实农产品质量安全监管体系建设工作，沈阳市组成由市农经委、市政府督查室、市编办的联合督查组对各区、县(市)政府进行督查督办，并通过各种会议和文件将落实结果向全市通报，表扬落实好的单位，批评落实缓慢和等待观望、拖着不办的区县，并制定了各级监管服务体系建设验收标准，对达到标准的，由市财政通过以奖代补的形式给予一定的建立补助。

(邓　奇)

【农药监管】 2011年，沈阳市的农药监管工作以加大农药质量抽检为手段，以甲胺磷等禁限用高毒农药监管为重点，以农药连锁经营、网络监管的试点建设为突破口，以确保农业生产安全、农产品质量安全、农业生态环境安全和农民用药安全为目标，进一步规范了沈阳市的农药市场经营秩序。

1.试行农药连锁经营，保障农药质量安全。为有效加强农药监管，沈阳市积极探索农资连锁经营，将农资连锁作为农资监管长效机制建设的突破口。辽中县已建立县级配送中心2家，镇级专营店3家，对全县216个农药经销点实行统一采购、统一配送、统一标识、统一定价、统一服务的“五统一”连锁经营，统一配送覆盖率达到近50%，从源头上保障了农药产品质量。

2.探索网络监督管理，提升农资监管水平。沈阳市利用信息化建设的优势，探索农资网络监管，积极创新监管方式，进一步提升农资监管水平和效率。辽中县农经局与中国联通合作，对农药经营点实行网络监管，已有23个经营点安装了摄像头，县农业执法大队设立总控台，全程监控农药经销情况；在农产品出口基地的27栋大棚安装远程监控系统，建立农药投入追溯制度，监管设备还可充当绿色“120”，进行专家远程植物病情诊断、配方用药，一举多得。

3.开展农药专项整治，规范市场经营秩序。2011年，沈阳市对农业投入品批发市场、经营门市以杀虫剂、杀菌剂和种子包衣剂为重点，进行了集中专项检查，重点打击生产经营和使用禁用高毒农药、在混配农药中添加高毒隐性成分等违法行为，严厉查处生产经营假劣农药、无证生产经营、一证多用、假冒或伪造农药登记证、标签不合格等违法行为。全年检查农药企业254家，出动执法人员700余人次，查获违规农药53件，共24起。

4.开展农药质量抽检，加大源头治理力度。按照辽宁省农药检定站《关于开展杀虫烟剂专项整治活动通知》的文件要求，沈阳市各级农业行政执法部门在全市范围内开展抽取烟剂农药样品工作，全市共抽取烟剂样品45份，印发各种宣传资料1000余份。

(邓　奇)

【芽菜类监管】 2011年4月18日，沈阳市公安局在“利剑”行动中查获大量有质量问题的豆芽，此事经媒体曝光后，引起广泛关注，市政府对此高度重视。为尽快恢复豆芽产品供应，整顿市场秩序，满足广大消费者的需求，市政府多次召开专门会议研究部署豆芽问题，尽快把监管工作落实到位，整顿、恢复豆芽生产。从解决市民吃到放心豆芽为出发点，从规范生产企业行为入手，堵疏结合，从根源上解决了生产上存在的小、散、杂、乱等现象。

1.请专家咨询，为行业把脉。邀请食品专家理清豆芽生产中非法添加食用和非食用添加剂、生长助剂对食用芽菜产品可能造成的危害，对公安局先期扣押的豆芽进行了风险评估论证。

2. 制定政策，实施监管。6 月 24 日，市政府办公厅下发了《关于加强芽菜类蔬菜质量安全监管工作的实施意见》(沈政办发[2011]58 号)文件，明确了监管部门的主体和配合部门的职责范围，规定了芽类蔬菜生产实行审批制度，生产企业要执行准出制度和市场准出制度。解决了多年来芽类蔬菜存在的监管部门不清，部门之间职能划分不细的问题。

3. 制定豆芽地方标准，规范企业行为。自 5 月初开始，沈阳市开始通过查阅和借鉴外地做法，编制沈阳市豆芽标准，辽宁省卫生厅建议沈阳市豆芽标准上升到省标准，作为全省豆芽强制标准。为此，沈阳市数次请食品生产专家和农产品检测专家就检测指标和限量值进行论证，并多次赴绿生源豆芽企业，征求建议和意见。10 月 22 日，省卫生厅组织了多名省内专家对沈阳市豆芽标准进行最后一次评审，专家通过了沈阳市豆芽地方标准。按照程序修改后报到省卫生厅颁布实施，使芽类蔬菜质量监管工作有了重要依据，企业生产也将有标准可遵循。

4. 筹建工厂化豆芽生产基地，保障市场供应。通过考察和调研宁波市、成都市两地的成功经验，沈阳市确定实施建设规范化豆芽生产工厂的办法，满足市民吃到安全放心豆芽的迫切需求。6 月 24 日，由绿生源农业产品有限公司投资建设的沈阳市芽菜生产基地在苏家屯区姚千镇举行了隆重的开工典礼，该基地占地面积 3.33 公顷，建筑面积 3.05 万平方米，总投资 1.4 亿元。一期车间已达到生产标准，并开始正式投产，日产量可达到 180 吨，将成为全国最大的芽菜工厂化生产基地，基本可满足沈城及周边其他城市的芽菜供应。绿生源豆芽已经在 16 家农贸市场试销售。沈阳市市民已吃上便宜、安全、可口的放心豆芽。

(邓　奇)

【农业技术推广普及】　沈阳市的农业科教兴农战略以加速农业科技成果转化，完善农业科技服务体系，提高农民科技素质为主线，坚持狠抓自主创新和技术推广，为农业增效和农民增收提供了强有力的科技支撑，取得了良好的经济和社会效益。

1. 积极探索科技成果转化新途径。为有效引导农业科技资源向生产一线合理流动，加速科技成果转化步伐，在市农科院以及各区、县(市)项目承担单位共同努力下，科技共建得以扎实推进。围绕东陵区树莓、于洪区食用菌、苏家屯区优质水稻和设施葡萄、沈北新区花卉、新民市设施蔬菜和番茄、法库县蔬菜及干椒、康平县果蔬、玉米及花生；光辉现代农业示范区燕麦等 14 个项目开展技术攻关及示范推广。为进一步规范项目运行，制定了《市院科技共建项目考核办法》，对专家服务团和项目基地设置了 23 项考核指标，由专家评审组对各项目进行综合打分，并根据得分评定考核等次，有效调动了项目实施单位的工作积极性。全年共建立核心试验区 220 公顷，产业示范区 8.51 万公顷，引进新品种 88 个，推广适栽品种 38 个，推广适用技术 68 项，培训农民 2.91 万人，发放技术资料 6.02 万份，新增经济效益近 2 亿元。

2. 强化新品种、新技术推广及创新。全市引进农业新品种共计 207 个，推广实用技术 60 余项。建立示范基地 42 个，技术推广覆盖率达到 90% 以上。全市植保系统设置测报点 23 个，疫情监测点 60 个，防治农作物病虫草鼠害面积 191.52 万公顷次。市土肥站免费为 53 万户农户提供测土配方施肥技术服务，测土配方施肥技术覆盖全市耕地，施用配方肥耕地面积达 80% 以上。3 个农业新品种通过审定，12 项科技成果通过鉴定。市农科院“广适型玉米新品种沈玉 21 选育及应用研究”获辽宁省科技进步二等奖；“苏家屯区温室白鸡心葡萄一年双收丰产技术”获辽宁省农业科技贡献二等奖，市农业检测中心“玉米新品种法玉 3 号选育及应用”等 4 个成果获辽宁省农业科技贡献三等奖。市农科院“沈茄系列杂交种的选育及应用”获沈阳市科技振兴奖。另有 7 项成果分获市科技进步奖、科技推广奖。

(邓　奇)

【农业科技服务体系建设】　沈阳市各级政府高度重视农业科技服务体系建设工作，把农业科技体现建设工作作为实施科教兴农战略的支撑点，推动了沈阳市农业科技服务体系建设工作不断向前发展。

1. 加大政策、资金投入力度。以市政府办公厅名义印发了《关于加快农业社会化服务体系建设的意见》，明确了对农业科技服务体系建设的扶持政策。市农经委、财政局、编委办等部门又联合下发了《沈阳市 2010 年基层农业技术推广机构建设实施意见》，为建立覆盖全域的基层农技推广体系奠定了基础。市政府全年安排市本级农业科技资金 1.6 亿元，比上年增长 11%。其中：用于农业科技项目 9162 万元，占资金总额的 57.4%；农业技术研究与开发资金 4380 万元，占资金总额的 27.5%；其他农业科技投入 2408 万元，占资金总额的 15.1%。

2. 构建新型农民培训体系。整合各类教育资源，完善了市、县、乡、村四级农民教育培训网络，初步形成了以科研院所为龙头、各类职业技能培训机构为骨干、乡镇农科教中心和村级教学点为基础，农民专业合作组织和农村科技致富带头人为补充的新型农民教育体系。全市承担农民培训工作的初、中、高级培训机构 230 余个，各种培训点、培训基地 1000 余个。两年共举办各类科技培训班 4389 场次，累计培训农民 50 万人次。其中，选拔优秀青年农民到高等院校进行一年制、非学历技能培训每年 300 名，参加劳动力转移培训阳光工程 1.3 万人，参加全省农民创业培训 196 人。同时，在 3 个示范县(市)范围内遴选培养农民科技示范户 3000 户，在苏家屯区、新民市、辽中县、康平县扶植设施农业示范户 6000 户。

3. 建立农业科技创新、示范和成果转化体系。沈阳市的农业科技服务体系承担部省级以上项目 1380 项，开展市级项目 340 个，审定农作物新品种 276 个，获得植物新品种权 28 项，获得专利授权 252 项，287 个项目获得市级以上奖励，超级粳稻等成果达到国内外领先水平。实施科技特派员示范工程，全市选派科技特派员 646 人次，组织实施科技示范项目 496 项，引进动植物新品种 582 个，引进先进适用农业新技术 567 项，建立科技示范基地 146 个，示范面积达 4466.7 公顷，累计新增经济效益 17.2 亿元。开展院地科技共建，建立科技示范区 50 个，总面积 1333.3 公顷，辐射 2.67万公顷。据实收和测产结果，亩效益增加 15－40%，新增经济效益1.3亿元。规划启动了 22 平方公里的光辉现代农业示范区项目，占地27.67公顷的农业良种示范展示基地已投入使用。

（邓　奇）

【农村劳动力培训阳光工程】 2011年，沈阳市的农村劳动力培训阳光工程在市、县各级政府的高度重视和相关部门的大力支持下，从加强领导、强化措施入手，精心部署、周密安排，面向农业产前、产中和产后服务和农村社会管理领域的从业人员开展短期技能培训，推动支持农业创业培训，加快培育专业化的现代农业产业劳动者队伍，拓宽农民增收渠道，为沈阳现代农业发展和新农村建设提供了人才支撑。

2011年，全市共认定阳光工程培训基地定17个，共承担阳光工程职业技能培训任务7070人，其中：苏家屯区1250人、于洪区1070人、沈北新区300人、新民市1100人、辽中县1200、法库县1150人、康平县1000人。

通过实施技能培训，共培训水稻机插手1765人、设施果菜生产工1200人、病虫专业防治员55人、蔬菜园艺工1100人、花卉园艺工150人、果桑茶园艺工500人、菌类园艺工450人、畜禽繁殖员100人、村级动物防疫员100人、农机驾驶及维修人员500人、专业合作社经营管理人员200人、沼气工250人、乡村旅游服务员200人、农村经纪人200人。组织实施阳光工程农民创业培训82人。

（邓　奇）

【农民科技培训】 2011年，全市共举办各种类型的科技培训班约4500场次，累计培训农民40.38万人次；发放各种科技书籍3.9万册、科技资料27.7万份，各种科技光盘2.36万个；组织各类科技大集18次，现场为农民咨询答疑5000余人次；放映科教影片及科教录像476场次，观看人数达5.3万人次；市县两级与电视台合作，制作农村科普节目540余期；“农业‘110’咨询电话”、“金农热线”、“科技服务线”等，为农民提供农业生产咨询服务电话千余个。

（邓　奇）

【农产品加工业】 2011年，沈阳市（年主营业务收入2000万元以上）农产品加工企业实现工业总产值2499.1亿元，实现工业增加值681.1亿元，沈阳市农产品加工业总产值占全市工业总产值的比重由上年的20.4%提高到21.4%。农产品加工业是沈阳市县域经济增长的生力军，县域农产品加工业实现工业总产值1907.9亿元，比全市工业生产增速高3.1个百分点，拉动全市工业总产值4.9个百分点。县域农产品加工总产值占全市工业总产值的比重提高到16.3%。实现主营业务收入2404.7亿元。

沈阳市围绕农业主导产业和优势产品，有针对性地开展专业招商活动，连续3年新上投资500万元以上以农产品加工为重点的农事项目100个以上，有力地推动了农产品加工业发展。全市各类年销售额2000万元以上的农产品加工企业已达1100多家，涉及粮食、果蔬、畜禽、乳品等十多个行业，农产品综合加工率达50%以上。在加速发展新项目的同时，通过体制改革、机制创新和政策扶持，促进企业合资合作、资产重组、技术改造、扩大规模，使其迅速发展壮大起来，形成较强的带动力和竞争力，成为引领农业发展的龙头。

（邓　奇）

【农业产业化】 2011年，沈阳市规模以上农业产业化企业达到917家，销售收入实现770亿元，利税70亿元；拥有市级以上各类名牌农产品40个，中国驰名商标8个；一乡一业达标乡镇45个；建成省级现代农业示范基地44个，总面积4.67万公顷，全市50%以上的种植户和70%以上的养殖户进入产业化经营轨道。实现主营业务收入2404.7亿元，比上年增长26.3%。实现出口交货值16.1亿元，比上年增长27%。

1.龙头企业数量持续增加。截至2011年底，规模以上产业化企业由2008年的616户发展到917户，年均增加100户，年销售额由2008年的517亿元增加到770亿元。

2.骨干企业不断发展壮大。全市年销售额亿元以上农事龙头企业由2008年60户发展到2011年90户。农产品加工业主营业务收入超过10亿元企业发展到35户，超过30亿元企业6户，超过50亿元以上企业3户。经国家和省、市认定的重点龙头企业241户，其中：省级35户，国家级9户。

3.企业竞争能力逐步增强。通过国家或国际产品质量认证的重点龙头企业占到86%，获得省以上名牌产品称号的企业达到30户，驰名商标企业8户。农产品出口交易额近1亿美元。

4.龙头企业带动作用日臻凸显。全市龙头企业带动农户达50万户，有50%以上的种植面积和70%以上的养殖业进入了农业产业化经营的轨道，农民收入的三分之一以上来自于产业化经营。

（邓　奇）

种植业

【生产概况】 2011年，沈阳市紧紧围绕发展现代农业这一工作主线，突出抓好粮食高产创建和农业结构优化两大工程，努力提高粮食综合生产能力，大力推进种植业结构调整，全市粮食总产再创历史新高，设施和特色农业迅速发展，现代农业建设扎实推进，各项工作均取得了显著成效。

1.主要农产品生产喜获丰收。完成粮食作物播种50.74万公顷，总产量406万吨，比上年增加81万吨，连续8年超过300万吨。全年完成蔬菜播种面积8.45万公顷，产量463万吨，充分保证了“菜篮子”产品稳定供应。

2.粮食高产创建取得新的突破。争取和落实国、省级玉米、水稻万亩高产创建示范片65个，总面积5万公顷，占两大作物播种面积的10.6%。建设市级玉米吨产和水稻超高产千亩示范片各3个，经省级专家测产，新民市公主屯镇黄家山村93.33公顷玉米吨产示范片平均亩产达1069公斤，苏家屯区红菱街道北红村100公顷水稻超高产示范片平均亩产超过830公斤。

3.种植业结构布局进一步优化。组织实施中低产田改造2.06万公顷，累计完成中低产田改造面积4.67万公顷。新增各类特色农业种植1.45万公顷，全市高效特色农业面积稳定在20万公顷以上。新增设施农业1.04万公顷，全市设施农业总面积达到11.33万公顷。继新民市和辽中县之后，法库县的设施农业总面积突破2万公顷，成为又一个果蔬生产大县。

4.现代农业建设扎实推进。全年完成政策性农业保险25.33万公顷，占参保作物种植面积的43.4%，保费总额达到1.07亿元，受益农户29.6万户。发放农作物良种补贴9678.3万元，争取和落实国家和省市农业生产扶持资金3.14

亿元。组织实施1万公顷滴灌节水农业工程建设，聘请专家编制沈康高速现代农业示范带建设总体规划，扎实推进沈阳市农业现代化进程。

（邓　奇）

【粮食产量】 2011年，沈阳市共完成粮食作物播种50.74万公顷，总产量406万吨，比上年增加81万吨，并连续8年超过300万吨。玉米播种面积34.75万公顷，产量280万吨；水稻插秧面积12.39万公顷，产量108万吨。玉米、水稻两大作物占全部粮食产量的95.6%。

一是加快良种推广和更新换代。结合良种补贴和高产创建工作，向农民重点推荐增产潜力大、优质多抗的辽星20、沈农9816等水稻品种和良玉88、沈玉21等玉米品种，高产多抗优良品种覆盖率超过99%。二是促进农机农艺有效结合。落实水稻大棚硬盘育秧示范区13个，育秧面积20公顷，为全市近30%水田提供了高素质机插秧苗。充分发挥农机作业抢时、节本、增效的作用，做到“不种五月田、不插六月秧”，保证了粮食作物全部播种在丰产期。三是努力构建丰产群体。通过推广玉米大垅双行、精量播种和水稻机械插秧、精确定量栽培等高产耐密栽培技术，使玉米亩均种植密度超过4000株，水稻亩有效穗数超过28万穗，全市高产田块的比例达到60%。四是对测土配方施肥、缓控施肥、抗旱保墒、病虫害综合防控等技术进行系统整合，制定玉米、水稻高产栽培技术规范模式图，根据不同品种和生育期，提出具体的创高产技术措施。五是继续组织防病虫促早熟统一作业。针对6月份气温偏低、水稻发育略迟和稻瘟病发生较重的实际情况，市县两级财政出资290多万元，在7月中下旬集中开展了水稻防病虫、促早熟飞防和机防统一作业。

（邓　奇）

【种植业保险】 2011年，沈阳市农业保险工作紧紧围绕提高农业抵御自然灾害能力及农民灾后恢复生产能力为工作重点，积极按省、市有关文件精神和部署，在各区、县(市)和承保公司的大力配合下，沈阳市的农业政策性保险工作取得了一定的进展。

1. 参保面积情况。完成玉米、水稻、大豆、花生、小麦等粮油作物参保面积25.22万公顷，占粮油作物总播种面积的44.45%，比上年增加了9.81万公顷。其中：人保公司完成参保面积14.76万公顷，安华保险公司完成参保面积10.46万公顷。粮油作物保险覆盖了126个乡镇、1040村，参保农户28.52万户，占全市70万农户的40.74%。

2. 保费收取情况。全市粮油作物保险实现总保额20.32亿元，收缴保费9883.75万元，其中：人保公司5746.71万元，安华保险公司4137.04万元。在收缴保费中争取国家配套资金3459.31万元，省配套资金2470.94万元；市、县两级配套资金分别为988.37万元，农民上缴保费1976.75万元。

（邓　奇）

【粮食直补】 2011年，沈阳市积极组织县、乡农经工作人员配合财政部门做好对补贴农民基本信息的采集、统计、核实、公示等工作。同时，公开粮补政策咨询电话，并对各区、县(市)粮补发放工作进行监督检查。全市无违反补贴政策，截留、挪用和套取补贴资金等问题的发生，确保了粮食综合补贴资金的安全发放。

此次粮食直补分四个阶段：第一个阶段，2011年1月1日－5日各乡镇核对基础数据。第二个阶段，2011年1月5日－15日对调整后的基础信息按程序进行村级公示，接受群众监督。第三个阶段，2011年3月5日前补贴资金拨付到各区、县农信社开设的“粮食综合补贴资金”专户。第四个阶段，2011年3月25日前补贴完毕。

全市粮食补贴资金规模为6.17亿元（其中，粮食直补规模1.35亿元，农资综合直补规模4.82亿元），补贴面积55.4万公顷，补贴对象涉及156个乡镇、1726个村、103.83万户、229.86万人。亩均补贴74.24元，户均补贴594.22元，人均补贴268.42元。

（邓　奇）

【农作物良种补贴】 2011年，沈阳市共发放良种补贴资金9678.31万元，面积57.95万公顷，与年初预拨资金9802.5万元相比，节余资金约124.2万元。其中：玉米44.13万公顷，资金6619.54万元；水稻13.16万公顷，资金2959.83万元；大豆4606.67公顷，资金69.06万元；小麦1986.67公顷，资金29.82万元；棉花2.87公顷，资金645元。

落实花生良种生产补贴面积1.67万公顷，其中：康平县1万公顷，法库县6666.67公顷，资金额250万元；良种繁育补贴面积1000公顷，其中：康平县600公顷，法库县400公顷，资金额75万元。花生良种补贴总计资金额325万元。此项资金落实在沈阳市两个花生种植面积较大的县，大大提高了两县发展花生产业的积极性，增加了农民收入。

（邓　奇）

【种子管理】 2011年，沈阳市各级种子管理部门，坚持从生产经营入手，加大管理工作力度，进一步整顿和规范市场经营秩序，切实解决种子管理工作中存在的一些实际问题，全市的种子生产、经营和管理工作好于往年。

1. 组织开展农资打假启动仪式和放心种子下乡进村宣传周活动。2011年3月15日，沈阳市组织开展以“规范农资市场，维护农民权益”为主题的“2011年辽宁省暨沈阳市农资打假启动仪式”，共3000余人参加了启动仪式。在放心种子下乡进村宣传周活动中，市农经委共组织现场咨询会29场次，发放各类宣传材料4.5万份，参加咨询的科技人员达到318人次，咨询群众达到2.8万余人次。

2. 开展市场专项治理行动和种子质量抽检。沈阳市通过多种形式开展种子打假专项治理工作，重点查处生产经营假劣种子、套牌侵权、无证生产经营、未审先推、包装标签不规范等违法行为。同时，全年配合国家、省种子管理部门抽检3次，抽取样品45个；组织市农业检测中心等单位抽检2次，抽取样品30个，并将抽检样品送海南进行种植鉴定，为落实种子质量管理发挥了积极的作用。

3. 组织许可新办法培训，检查种子企业生产经营资质。沈阳市对158家种子许可企业资质情况进行了全面检查，重点对种子企业生产经营情况进行记录，对房屋产权、设备产权、技术人员等进行核查确认，发现问题及时整改，对不具备种子生产经营条件的32家企业的经营许可证予以注销，全面净化了种子生产经营秩序。为贯彻落实新颁布的《农作物种子生产经营许可管理办法》和新修订的《中华人民共和国国家标准》(农作物种子部分)，沈阳市组织召开了种子生产经营许可及质量标准培训班，全市种子企业负责人共230余人参加了培训，通过专家全面系统的解读和对相关问题的详细解答，收到了良好的效果。

4.妥善处理种子纠纷，组织专家田间现场技术鉴定。沈阳市认真受理群众举报投诉，全面落实行政投诉工作。全年组织省、市农业专家田间现场技术鉴定12次，为有效解决用种纠纷公平、公正的确定事故原因和损失程度提供了依据。2011年6月，就法库县村民在民心网上反映购买假化肥致玉米苗枯死的问题，市农经委迅速组织人员进行调查、处理，此事被辽宁省政府纠风办评五星。全年，沈阳市共接到行政投诉和咨询电话137个，接待上访和咨询28人次，这些案件全部得到妥善解决。

5.继续开展诚信承诺活动。2011年，沈阳市召开了2010－2011年度沈阳市农资企业"诚信单位"表彰大会，授予全市52家种子企业为"诚信单位"。通过开展诚信活动，发扬诚实守信作风，强化行业自律，提升了沈阳市种子行业整体诚信水平。

6.开展玉米种子田花期质量检查工作。2011年8月，沈阳市对苏家屯等区县的3家制种企业进行了检查，检查种子生产基地5块，玉米种子田286.67公顷。总体上看，玉米制种田母本去雄和父、母本除杂情况明显好于上年，为从源头上控制假劣种子流入市场发挥了积极作用。

7.开展农作物新品种展示示范工作。2011年，沈阳市在苏家屯区、法库县、沈北新区、市农科院等地安排了玉米、水稻等主要农作物新品种展示项目，全市新品种展示点达到10余个。特别是9月在沈北新区和苏家屯区举行的农作物新品种展示现场会，得到了全市种子企业的高度关注，加快了优良新品种的推广步伐，取得了良好的社会反响。

（邓　奇）

【农作物病虫害防治测报】 2011年，沈阳市的测报工作在省农委植保站等业务部门的指导下，在全市测报人员的共同努力下，圆满完成了各项测报任务，全年共进行农作物病虫害田间调查5054次，发布"病虫情报"75期，制作可视化专题片46期，其中市植保站站发布"病虫情报"12期，制作可视化专题片1期，病虫测报准确率在95%以上、可视化预报覆盖率在80%以上，为沈阳市农业安全生产起到了保驾护航作用。

1.进一步稳定测报队伍。年初，市植保站根据去年测报员实际工作情况，结合沈阳市农作物品种布局，对测报人员又进行了补充和部分调整，确保了全市测报队伍的相对稳定。全市病虫害测报员由上年21人扩充到23人，其中：旱粮病虫测报点12人，水田病虫测报点8人，菜田病虫测报点3人。形成了以沈阳地区农作物病虫害预测预报网络体系，负责全市水、旱和菜田的19种主要病虫害的测报任务和10种类病虫害的监测任务。

2.细化监测任务。年初，市植保站与测报员签定聘用合同时，根据测报员实际情况，从全市农作物病虫害测报与监测任务总体布局出发，双方共同签定测报对象及监测对象，测报员按照合同约定不得随意变更测报对象，不得自行删减监测内容。并按市植保站制作的电子版测报表格填报，不允许不填、漏填，更不允许弄虚作假，如果有缺项市站将对此份报表视为无效，年终不予以计酬，超过三次取消该测报员当年评优资格。通过采取这些措施，提升了测报工作的规范化程度。

3.加强技能培训。为进一步做好2011年沈阳市农作物病虫测报工作，市植保站于3月下旬在新民市召开了全市植保测报工作会议。表彰上一年度工作成绩突出的5名优秀测报员，请省植保站测防科张万民副科长讲解沈阳市主要病虫害测报方法及注意事项，市植保站根据2010年全市测报调查及侧报表填报实例进行规范调查与数据的正确填报。

4.积极开展可视化预报。随着国家区域预警站建设项目的落成，县区农作物病虫的预警工作和病虫信息发布可视化的工作逐步走向完善，可视预报工作更贴近农业生产，更贴近百姓生活，各县区制作的可视化预报更加及时准确，全年全市共制作可视化预报46期，其中：市植保站制作发布了1期，县区植保站制作并发布了45期，播出时间全部在当地有线黄金时间，深受农民朋友欢迎。

（邓　奇）

【农作物病虫害防治】 2011年农作物病虫害中等发生，全市防治农作物病虫草鼠害面积191.52万公顷次，占发生总面积的95.64%，挽回粮食损失24.6万吨；挽回蔬菜损失59.2万吨。玉米地下害虫发生面积15.34万公顷，中等偏轻；玉米螟发生面积（一代、二代合计）51.26万公顷，中等偏重；水稻二化螟发生面积（一代、二代合计）22.99万公顷，中等；稻水象甲发生面积6.8万公顷，中等；稻瘟病发生面积5.88万公顷，中等偏轻；纹枯病发生面积8.31万公顷，中等偏轻；稻曲病发生面积2.31万公顷，中等；稻飞虱发生面积2.43万公顷，轻；花生叶斑病发生面积2.77万公顷，中等；花生地下害虫发生面积1.68万公顷，中等偏轻。迁入性害虫二代粘虫、草地螟、甜菜夜蛾等轻发生。

1.重大病虫害的防控。年初，依据各测报点的调查数据，结合气象资料分析，发布了2011年农作物病虫发生趋势预报，并针对沈阳市2010年稻瘟病大发生的情况，把工作重点放在组织统一防治水稻重大病虫害上。申请了财政专项资金79.05万元，通过定点监测，及时发现病情，制作可视化节目广泛宣传；通过培训农民，使其掌握防控的知识，做到有效控制。同时，组织利用农用飞机和专业化防治队伍进行重点防控。利用飞机对辽中县和苏家屯区的水稻实施综合防控病虫害2万公顷，利用专业化防治组织防治面积达到3.27万公顷，避免了稻瘟病、二化螟等重大病虫的暴发为害。

2.植物检疫。市场检疫。2月下旬至4月中旬期间，在全市范围内开展了种子市场植物检疫专项执法检查。通过对全市749家种子生产、经营单位993个种子品种标签或包装物的检疫证明编号和植物检疫证书的专项检查，不合格的为20个，占总受检标签或包装物的2.01%。不合格率比2010年下降了6.5个百分点。受检单位覆盖率达100%。对检查中发现违反《植物检疫条例》等法规行为的3家种子经营业户给予处罚。产地检疫。全市共完成6000公顷产地检疫任务，包括玉米、大豆、蔬菜等主要作物及果树苗木。市站全年共开具植物检疫证书139份，调运玉米种子104.52万公斤，大豆种子12.45万公斤，蔬菜种子1.09万公斤。

重大植物疫情阻截和检疫性有害生物普查。全市设置60个疫情监测点，其中部级监测点30个，省级监测点20个，市级监测点10个。主要设置在水稻、蔬菜、西瓜、花生、薯类等作物主产区以及果园、种苗基地、交通要道、集贸市场等地。在全市范围内开展了检疫性有害生物分布普查，发生在沈阳市的全国检疫性有害生物有4种：美国白蛾、稻水象甲、黄瓜黑星病和黄瓜绿斑驳花叶病毒病；辽宁省补充检疫性有害生物有2种：苹果小吉丁虫、水稻干尖线虫。

3. 专业化防治体系的建设。全市共建有专业防治队39个，从业人员323名，拥有机械938台（套），完成防治面积3.27万公顷。运行模式有农民专业合作社，农业技术推广站，农药经销商，种粮大户等。

（邓　奇）

【沃土工程】　2011年的沃土工程把改土培肥作为中心工作目标，有针对性的采用综合措施，采取有机肥改土与化学改土相结合的技术模式，并推广生物有机肥和复合肥，减少化肥施用量，起到了改土培肥作用，提高了经济效益、社会效益和生态效益。

沃土工程项目主要分布在沈阳市辽中县、苏家屯区、沈北新区等8个重点涉农区、县（市），分别布置提升土壤有机质、玉米深施肥、平衡施肥、深耕等新技术示范区和以生物菌肥、有机无机复混肥等为主的新型肥料示范区，面积达到近1333.33公顷。在示范区内主要开展农家肥堆沤还田、秸秆催腐还田、增施商品有机肥、肥料深施、新型肥料施用等技术示范和技术推广工作，同时，制作科学施肥、科学用地养地宣传片，在全市8个县（市）、区电视台播放；制作各类宣传材料，宣传推广《沈阳市耕地保养条例》。项目辐射带动全市主要大田作物产区近6.67万公顷实施科学施肥、增施有机肥、秸秆还田等提升地力的科学施肥模式。

由于沈阳市沃土工程项目实施为沈阳市耕地改土培肥工作打下了良好基础，沈阳市获得农业部、辽宁省土壤有机质提升补贴项目资金166万元，累计实施增施商品有机肥3533.33公顷（辽中县），实施秸秆催腐还田项目2000公顷（新民市）。

（邓　奇）

【测土配方施肥】　2011年，沈阳市进一步推动测土配方工作在内涵上的深化和外延上的扩展，在完成"测土、配方"阶段性任务的同时，大力开展施肥指导服务。将测土配方施肥工作重心由室内（化验室）转向室外（田间）、由项目实施转向生产指导、由试点示范转向"整建制"推进。以服务生产服务农民、深入推进科学施肥为中心任务，以技术推广普及为重点，加快测土配方施肥技术成果转化和应用。

2011年，沈阳市测土配方施肥项目共争取部、省级项目资金221万元，全市免费为53万户农户提供测土配方施肥技术服务，测土配方施肥技术覆盖全市耕地，施用配方肥耕地面积达80%以上，施用量达15万吨（折纯）。全市16个乡镇达到整乡镇推进测土配方施肥，541个村达到整村推进测土配方施肥，整村技术覆盖率达到40%。

1. 土样采集、检测。全年共采集土样3700个，获取检测数据2.87万个。同时，开展个性化测土服务，免费接受农民主动送样测试，满足农民个性化测土服务需求。

2. 田间试验。落实肥料利用率校正试验18个，施肥指标体系校验试验22个，其他肥料效应试验16个，涉及水稻、玉米、番茄、黄瓜、花生、大豆等多种作物。

3. 配方设计。组织有关专家，汇总分析土壤测试和田间试验数据结果，利用测土配方施肥软件，根据不同作物、不同区域，提出合理、经济的肥料配方83个，技术推广区施肥卡入户率达100%。

4. 扩大宣传，加强培训。结合春季备耕生产和测土配方施肥技术推广，开展冬季、春季培训班，举办市县级、乡级、村级培训班388次，发放宣传材料25万份。培训农业技术人员、肥料配方师1553人次，培训农民4.7万人次。

5. 开展数字化、智能化配肥供肥服务。在主要涉农县区（市）的农业技术推广区域站和配方肥定点经销商配备触摸查询打印一体机，市级16台，县级29台；把全市土壤检测数据输入到触摸屏中，根据地块土壤信息，以及农民种植作物的品种、产量提供施肥配方。为农民选肥购肥提供科学依据，引导农民施用掺混式配方肥，指导农民按方施肥。

6. 进一步提高指定经销商的服务能力。为提高测土配方施肥指定经销商的服务能力和水平，沈阳市争取农业部资金30万元，在辽中县满都户镇满丰农资经销部建立沈阳市第一家配肥站。农技人员根据土壤测试结果，提供施肥配方，依托配肥站给农民提供放心肥料，提高了测土配方施肥入户率。此配肥站辐射到河西的大黑、老大房、满都户、牛心坨四乡镇，年生产配方肥3000吨，为广大农民提供配方肥。同时，全市的108家测土配方施肥指定经销点每家拥有1名初级肥料配方师，肥料配方师持证上岗、挂牌经营，经销合格的测土配方专用肥，使农民真正用到放心的肥料。

（邓　奇）

林　业

【造林绿化】　2011年，全市掀起了新一轮城乡大规模造林绿化热潮，完成人工造林4.97万公顷，是计划任务的126%，被评为2011年度全省造林绿化先进市。沈西北边界防风阻沙带工程新建79公里，造林1.55万公顷，植树2613万株。蒲河生态廊道建设绿化工程新增造林面积1800公顷，植树348.6万株。荒山荒地绿化工程6733.33公顷，植树1715万株。绿色通道工程，以县级以上公路铁路为重点，建设510公里，造林2066.67公顷，植树331万株。新建、续建和改造残次林网2066.67公顷，植树556万株。以辽河水系为主的33条中小河流滩地和湖库周围绿化新增造林面积5266.67公顷，植树1860万株。新增经济林6066.67公顷，植树990万株。营造防风固沙林7266.67公顷。发展榛子林2000公顷。城乡结合部、铁路及公路沿线绿化400公顷，植树46万株。对2003年退耕还林进行了全面自查，兑现资金7012万元、4.38万公顷，保存率、成林率100%，通过国家验收。完成育苗生产1400公顷，生产造林绿化苗木6913.9万株，完成550万杯容器育苗任务。

（邢姗姗）

【国家林业局贾治邦局长在沈视察】　2011年5月9日，国家林业局局长贾治邦在沈阳市市长陈海波、副市长王翔坤、省林业厅厅长曹元、沈阳市林业局局长赵奎礼、康平县委书记王一兵、县长李晓航的陪同下，来到康平县海州乡育林村，参加了康平县义务植树活动并视察了康平县造林绿化暨防风阻沙林带工程。康平县位于沈阳市最北端，与内蒙古科左后旗接壤，地处科尔沁沙地南缘，是风沙危害较严重的地区。2008年以来,平均每年义务植树50万株,累计植树150万株,全县有林地面积9.53万公顷,林木覆盖率达43.8%。

(邢姗姗)

【林政管理】 2011年沈阳市林业局林政管理部门积极协调辽宁省林业厅资源处预下达50%采伐限额,满足了广大林农春季营林需求,并加大了林木采伐管理力度。积极协调省、市森防部门对新民市、辽中县、铁西新区2266.67公顷中幼林病死杨树进行了现场勘查鉴定,并向省林业厅资源处申请采伐限额9.1万立方米,不但为林农挽回了损失,也为2012年更新造林、保持森林覆被率打下了良好的基础。根据国家林业局和辽宁省林业厅要求,为科学利用林地,保护林地不流失,沈阳市开展了林地保护利用规划的编制工作。编制完成沈阳市林地保护利用规划并报省林业厅审核。完成了沈阳市三环路改扩建工程、沈阳四环路快速路、辽宁省国际会议中心建设项目的征占用林地的组卷报批工作,保证了这些重点项目按时施工。加强了国有林场管理,完成森林资源变档、经营方案编制、公益林检查验收等工作。对全市矿山(场)情况、“小开荒”情况、封山禁牧情况进行了本底调查,涉及86个矿场200公顷林地,小开荒7081公顷,封山禁牧6540.9公顷。召开全市青山工程工作会议,陈海波市长亲自动员部署,下达青山工程任务书,迅速启动青山工程。加大行政审批管理力度,严格落实首问负责制、一次告知制、限时办结制、责任追究制,审批程序突出“简”、服务内容力求“全”、工作节奏强调“快”、服务质量体现“优”,赢得了群众信任和社会赞誉。完成行政审批1.97万件,日均办理89件,收费65.3万元。

(邢姗姗)

【国家林业局工作检查】 2011年8月21日,按照《国家林业局森林资源监督管理办公室关于开展检查的通知》要求,国家林业局驻长春专员办傅俊卿副专员、李旭处长等一行10人对沈阳市苏家屯区2011年度保护发展森林资源目标责任制开展情况及林业工作进行了检查。省林业厅有关领导、市林业局尚明铸副局长和王志丰处长陪同检查。检查组听取了苏家屯区政府关于保护发展森林资源的工作汇报,采取内业资料全面审查、外业现场抽查的方式,对苏家屯区保护发展森林资源目标责任制建立和执行情况、采伐限额管理、林地管理、专项资金使用等方面进行为期9天的全面检查。

(邢姗姗)

【用信息化手段创新林政管理新模式】

2011年,沈阳市林业信息化建设不断推进,地理信息系统的开发作为核心平台建设的重中之重取得重大突破。该系统包括大量的具有空间信息的林业专业数据,具有浏览查询、统计、辅助分析等功能,宏观上可对全市的森林资源状况一目了然,微观上可通过地理坐标(经纬度)定位查询指定的小班、山头地块,实现了全市森林资源,生态状况等数据的存贮、管理、处理、分析表达及信息交换与分发,为林业资源管理部门提供森林资源监督方法和决策支撑。

(邢姗姗)

【青山工程工作会议】 2011年11月29日,沈阳市召开了青山工程工作会议。市政府副秘书长公维伦,市青山工程领导小组成员单位,各区、县(市)政府、开发区管委会政府主要领导、分管领导参加了会议。会议由王翔坤副市长主持,市青山工程领导小组办公室主任、市林业局局长赵奎礼部署了青山工程工作任务,会议还下达了2012年及今后5年青山工程任务书。市政府决定用5年时间全面完成清理小开荒、清理超坡度种植、整治非法小矿场、修复损坏山体、实施工程封育和治理整顿墓地坟地等工作。

(邢姗姗)

【林区治安和野生动植物保护】 2011年,沈阳市先后组织开展“冬季攻势”、“候鸟行动”、“查处野外用火专项行动”、“打击非法占用和破坏林地专项行动”、“查处非法运输木材专项行动”等严打专项斗争,保护森林和野生动物资源。成立“东部山区保护森林资源巡查小组”,有效遏制了破坏林地资源违法犯罪行为。成立“保护退耕还林成果联合小组”,有效解决新民市小塔子村退林还耕事件。为加强浑南、铁西地区资源保护工作,经辽宁省公安厅批准,成立沈阳市森林公安局浑南森林公安派出所和铁西新区森林公安派出所。经市编委批准,各区县(市)森林公安机关负责人高配一级。破获涉林案件302起,行政罚款82万元。开展野生动植物资源保护管理等各项工作,开展执法24次,销毁捕鸟网具20余个、打笼20余个,解救或放生各类野生动物1600余只(头),查缴非法出售的蟒蛇皮二胡50只,查处非法倒卖象牙及其制品的案件2起,出具野生动物《鉴定报告》21份。坚持依法监管野生动物驯养繁殖工作,抽查全市养殖场所17家,审批《国家重点保护野生动物驯养繁殖许可证》90份,救护各类野生动物570余只(头、条)。开展“爱鸟周”宣传活动,提升公众生态保护意识,承办辽宁省第30届“爱鸟周”活动启动仪式,取缔万柳塘鸟市行动被华商晨报等媒体报道。4月22日,沈阳市野生动植物保护管理站被国家林业局授予保护森林和野生动植物资源先进集体称号。如期完成野生动植物标本馆的设计、招标、建设工作。积极推进和完善全市自然保护区、湿地建设,完成《沈阳仙子湖自然保护区总体规划》编写工作并通过专家论证,湿地调查成果通过国家林业局林业规划设计院和辽宁省湿地中心检查验收。

(邢姗姗)

【市森林公安局在2011年全省森林公安执法规范化检查中荣获第一名】 2011年11月1日至12月末,辽宁省森林公安局对沈阳市9个区、县(市)基层森林公安机关执法情况进行了全面检查。省森林公安局采取自查与复查相结合、专项检查与调研相结合等多种形式,通过对各区、县(市)基层森林公安机关执法卷宗、基层公安机关业务台账填写、信访案件查处等日常执法情况的检查,对沈阳市森林公安局加大执法监督检查力度,强化服务指导,抓基层,打基础,全面推进执法工作规范化建设,提升基层执法办案单位执法水平和执法质量的工作情况给予较高评价。在这次全省范围内的森林公安执法规范化检查中,沈阳市森林公安局荣获全省第一名。

(邢姗姗)

【森林病虫害防治】 2011年,沈阳市加强春季苗木检疫工作,检查苗圃72个,检查育苗面积800公顷,种苗产地检疫率100%,检出疫苗5200万株,疫苗率0.5‰。调运检疫开具出省检疫要求书30余份,调运检疫出省苗木20多万株。完成月报6次,对美国白蛾、松毛虫、杨干象、杨树病害发布预报、警报6次,在沈阳电视台做病虫情预报节目2次。设立4处监测点开展美国白蛾性诱；设立3处松褐天牛性诱监测松材线虫。组织鉴定辽中、新民、铁西、苏家屯等地水涝灾害死亡杨树。完成病虫害防治总面积3.34万公顷，是计划任务的100.2%。其中：病害防治面积3666.67公顷，虫害防治面积2.97万公顷。沈阳市首次采取超低量飞防技术，完成美国白蛾飞防总面积6666.67公顷；其它防治面积2.67万公顷。防治率96%，无公害防治率99.3%，生物防治率35%。获辽宁省林业有害生物防治一等奖、松材线虫监控一等奖。8月28日，成功接待朝鲜国土环境保护省副相金耿俊一行6人来沈阳市参观学习生物防治技术，收到较好效果。

（邢姗姗）

【森林防火】 2011年，沈阳市森林防火指挥部与市委宣传部联合制定《沈阳市森林防火宣教方案》，沈阳电视台多个栏目以滚动字幕形式播放森林火险等级预报、宣传森林防火口号。制作宣传横幅500条、宣传旗2000面，印制5万份《关于严禁野外用火、上坟烧纸、烧荒、烧秸秆的紧急通告》，发送到林区农户。将全市森林防火区域分成10片，实行分片包干，市、区县（市）、乡镇、村、户层层签订《森林防火责任状》，保证山有人管、林有人护、责有人担。召开青蒿现场会，清除林缘蒿草1266.67公顷，清荒2万公顷，消除了火灾隐患。在入山口增设临时检查站511处，出动2.6万余人次，没收烧纸1178捆，劝阻野外用火22起，行政拘留98人，有效遏制野外用火行为。春季防火高危期，实行"以风为号，以火为令"分级响应应急机制，6支专业、20支半专业森林消防队伍全部集结待命，武警沈阳市支队森林扑火突击队300人和辽宁省陆军预备役高炮一师200人随时处于临战状态，做到快速反应。

（邢姗姗）

【森林防火"三清"制作成功】 2011年，市林业局、市防火办联合沈阳电视台，制作完成了沈阳市森林防火"三清"工作纪实。"三清"是春夏之交的清荒（清除林内开荒）、夏秋之交的清蒿（清除林边蒿草）和秋冬之交的清柴（清除林边秸秆）。该片以航拍、实地拍摄等多个角度展示了"三清"工作的具体方法和步骤。实践证明，"三清"是让火灾远离森林的治本之策、创新之举。下一步沈阳市要继续努力，总结经验，把"三清"工作同信息化防火结合起来，同林农致富结合起来，推进数字化防火，让火灾远离森林，让城乡绿色伴随沈阳老工业基地全面振兴。

（邢姗姗）

【直属森林防火物资储备库建成并投入使用】 为了使沈阳市森林防火基础设施建设更加完善，防火物资、器材管护的更加合理，沈阳市在沈北新区马刚林场建立了2398平方米的市直属森林防火物资储备库暨市森林防火前线指挥部。该前线指挥部可作为沈阳市森林防火指挥部的第二办公地点，防火关键时期市森林防火指挥部领导可在该前线指挥部近距离监控火警火情，随时应对突发情况，实现早发现、早处置。

（邢姗姗）

【林权改革】 2011年，沈阳市林业局开展林改"回头看"活动，对各乡（镇）、村林改程序、林改档案、林改合同及登记发证情况进行了梳理。通过有线电视、致林农一封信等形式，广泛宣传森林保险相关政策，增强林权所有者风险意识，林农参保率达60%，在全省位列前茅。2011年沈阳市森林保险计划面积10.93万公顷，实际完成11.07万公顷。与市农委等四部门联合下发《沈阳市2011年扶持现代农业发展促进农民增收若干政策》，不断推进林业合作经济组织发展，新成立20家林业专业合作组织，全市累计发展135个，"三场一户"（家庭合作林场、股份制林场、示范林场、林业经营大户）规模达到500余个。各级林业部门积极为抵押贷款当事人做好抵押贷款服务工作，林权抵押贷款总额达1.74亿元，2011年新增904万元，为林业发展提供了资金保障。

（邢姗姗）

【林业信息化】 坚持把加强林业信息化建设作为提高行政管理能力和公共服务能力的有效途径来抓，举全局之力、聚全局之智，阶段性地完成了林业信息化建设任务。5月9日，沈阳市在第二届全国林业信息化工作会议上现场演示汇报了林业信息化建设成果，被国家林业局确定为唯一一家"全国林业信息化示范市"，国家林业局贾治邦局长在陈海波市长和王翔坤副市长的陪同下视察了沈阳市林业局林业信息化工作并予以充分肯定，先后接待10余次兄弟省市参观学习。召开2次门户网站改版升级专家论证会，完成第一次改版，正在推进第二次改版。以门户网站服务林农果农为核心，设8大栏目，20个具体版块，为林农、企业、社会提供全面信息服务，发挥宣传林业知识，提供公共服务、政策咨询平台的功能。3大黄金栏目、3个特色子网、2个特色子站是门户网站的亮点。在全市林业系统普及推广OA办公系统实际操作和应用，收发文310余份，归类各种文档1242份，办理采伐证、运输证、林权证1717件，受理林农咨询2100件。公文处理及运转周期，由3个周缩短为1周。持续开发营林造林、森林防火、资源管护、服务林农等应用系统，满足了林农果农致富需求、林业部门业务需求、领导科学决策需求。地理信息系统实现了资源共享，数据存贮、管理、编辑、发布实现了网络化。召开林业信息化基层基础工作现场会，深化"三级建站、四级联网"，推进综合服务大厅建设，实现网络下延，终端连接采用"4县+1区"模式，即康平、法库、新民、辽中县和沈北新区，上接省厅，下连11个乡镇，直通100个林业大户，让林农足不出户就能办理林权流转、贷款、采伐审批、保险、查询、咨询等业务。成立市林业局信息中心，编制《林业信息化示范市建设实施方案》，承办全省林业信息化工作会议，建设2个林业信息化示范县、11个示范乡，组织人员赴浙江、福建等地考察，开展信息化建设专业培训200余人次，召开全市林业系统"学网、建网、用网"经验交流会，不断推动林业信息化示范市建设向广度和深度发展。召开沈阳市林业信息化三期工程专家论证会，以"补项、拓展、提高"为主要内容，扎实推进三期工程建设。

（邢姗姗）

【林业产业】 争取辽宁省"一县一业"林地经济奖励资金，向省财政上报林地经济项目9个，其中5个项目有望获得批准。对全市2010年获得省级以上名牌林产品奖励的8家企业所获得的省财政奖励资金160万元使用情况进行了核查，上报5家企业名牌林产品为2011年省财政奖励对象，上报5家龙头企业申报材料。对于洪区、铁西区家具集散中心的企业数量、规模、经营状况进行调查，跟踪了解新民玖龙纸业建设情况和企业需求，随时掌握运行动态。帮助3家企业联系辽宁省林业厅、辽宁省外事部门，组织参加了中俄林产品交易展览会。帮助天峰生物制药引进国外红豆杉，使该企业成为全省第一家国外药用树种引进企业。协调盛唐等5家木门企业参加在北京召开的"世界木门大会"，其中盛唐、三峰、3D等被推选为中国木门产业功勋企业。开发林下种植、养殖经济2000公顷。实现林业总产值102.9亿元。召开全市寒富苹果产业经验交流现场会，部署今后5年寒富苹果产业发展工作。康平县张强镇、辽中县牛心坨镇、新民市周坨子乡被省评为寒富苹果之乡。

（邢姗姗）

畜牧业

【概述】 2011年，沈阳市围绕实施现代畜牧业发展计划，全面提升畜牧业综合生产能力、重大动物疫病防控能力和畜产品安全监管能力，狠抓重大动物疫病防控和畜品安全监管等重点工作，保障了畜产品安全有效供给，促进了全市畜牧业经济又好又快发展。生猪饲养量达到880.5万头，家禽饲养量达到2.67亿只，肉牛饲养量达到211.2万头，羊饲养量达到169.9万只；肉类总产量达到91.7万吨，蛋类产量达到69.2万吨，奶产量达到44.9万吨；畜牧业产值达到280亿元，占农业总产值的比重达到52.4%。没有发生重大动物疫情和重大畜产品安全事件；在农业部无公害食品行动计划抽检中，畜产品抽检合格率连续在被检城市中排名前列；无规定动物疫病区评估认证工作通过农业部专家组验收。

（张　波）

【政策扶持】 2011年，沈阳市继续执行标准化畜牧小区（大场）建设、外引畜禽良种、奶牛改良、黄牛改良、秸秆综合利用、养殖场环境治理、畜产品加工企业建设、农民专业合作组织建设、出口养殖基地建设、企业出口创汇奖励和"一乡一业"建设等扶持政策。在辽宁省取消对沈阳市的标准化畜牧小区建设扶持政策后，为调动养殖户兴建标准化畜牧小区的积极性，沈阳市及时调整现行扶持政策，提高补贴标准，保持了标准化畜牧小区建设扶持政策的延续性。

（张　波）

【畜牧项目建设】 2011年，沈阳市新建标准化畜牧小区104个；新建固定资产投资超过800万元以上的规模饲养场9个；实施畜禽污染治理项目14个；改造生猪、奶牛标准化规模养殖场28个；争取中央投资生猪、奶牛标准化规模养殖场改造项目28个，其中：生猪改造项目24个，奶牛改造项目4个；超辽宁省制定的猪氟烷敏感基因阳性抽检10%的标准，完成了19家养殖场1.47万头种猪氟烷敏感基因检测工作；组织落实生猪、奶牛、肉牛改良，向养殖户发放生猪精液8万剂、奶牛精液10万剂、肉牛精液2万剂，共引进祖代鸡2.50万套、奶牛性控胚胎5000枚、种猪1560头；根据国家和辽宁省对能繁母猪进行补贴的有关要求，按照每头能繁母猪补贴100元的标准，对核定的33.5万头能繁母猪进行了补贴。

（张　波）

【重大动物疫病防控】 2011年，沈阳市做好重大动物疫病强制免疫工作，开展防控督察，确保免疫密度达到100%，免疫抗体合格率达到70%以上。牲畜口蹄疫免疫猪381.4万头、牛121.6万头、羊80.1万只，奶牛A型口蹄疫免疫28万头；高致病性禽流感免疫鸡5481.2万只、鸭122.4万只、鹅96万只；高致病性猪蓝耳病免疫277.4万头；猪瘟免疫360.5万头；鸡新城疫免疫3200.2万只。强化动物屠宰检疫工作，建立大型屠宰企业监管机制，做好沈阳千喜鹤食品有限公司和沈阳福润肉类加工有限公司生猪屠宰检疫监管工作。建立外埠畜产品入沈申报制度，积极推进外埠动物及动物产品报验点建设工作，落实资金与人员，重点加强检查和检测力度，办理分销检疫证明，进行"瘦肉精"抽检。开展防控高致病性猪蓝耳病"百日会战"活动，做好疫情排查、免疫、消毒、监测等工作。共排查生猪养殖场（户）4.5万个，排查生猪45万头，免疫生猪80.9万头，应免免疫率达到100%，累计消毒面积104.6万平方米，使用消毒药品8440公斤。做好炭疽防控工作，落实排查、消毒、免疫、日报告制度等各项防控措施。累计排查饲养场（户）7498个，调查家畜31.2万头（只），累计消毒面积30万平方米，使用消毒药品8000公斤。

（张　波）

【无规定动物疫病区评估认证】 2011年，沈阳市通过成立组织机构、召开专题会议、积极筹措资金、开展分级培训、强化检查指导等一系列行之有效的措施，扎实推进无规定动物疫病区评估认证工作。通过省级预验收后，又比照现场评审提纲内容，再次对软件进行梳理，对存在的问题进行整改，全面做好评估认证的各项工作，无规定动物疫病区评估认证工作一次性通过农业部专家组验收。

（张　波）

【畜产品安全监管】 2011年，沈阳市加强饲料、兽药等投入品生产经营管理，按照"提高门槛，减少数量"的原则，对饲料兽药生产经营企业进行规范，共备案饲料生产企业287家、取消备案资格39家，通过GSP认证（辽宁省兽药经营企业质量管理规范认证）767家，吊销不符合GSP认证的兽药经营场所300家。生鲜乳管理更加规范，通过与质监部门和乳品企业建立联动机制，抓住生产、收购和运输环节，加大对三聚氰胺、β－内酰胺酶等违法添加物的监测力度，共监测生鲜乳2334余批次，合格率达到了100%。流通领域畜产品安全监管全面展开，重点加强销售环节监管，对农贸市场、超市等经营场所，采取"区域网格监管与分级监管"相结合的方式，定期进行药残检测，查证验物。畜产品检验监测能力大幅度提高，投资690万元改造市畜产品安全监测中心，购置"瘦肉精"检测确证设备，拓展检验项目，增加检验批次，提升检验监测能力和水平，共完成各类检测8897批次。加强区级兽药残留检测能力建设，在涉农区动物疫病控制中心增设兽药残留检测室，投资180万元发放快速检测仪器设备，各地初步具备开展药残快速检测能力。

（张　波）

【动物卫生执法】 2011年，沈阳市畜牧兽医局按照"着力治本、标本兼治、打防结合、综合治理"的原则，重点开展"肉类、饲料、兽药、奶站、医政"专项整治行动，共查处各类违法案件322件，涉案金额730万元，打掉制造、销售等窝点90个，公安机关拘捕涉案人员6人，刑事处罚1人。

（张　波）

【兽医资格证全国统考】 2011年，沈阳市畜牧兽医局通过网络、报纸、张贴公告、发放宣传单、设立咨询电话，广泛进行宣传活动；通过完善考生报名、现场资格确认、试卷管理等22项制度，确保考试顺利进行；通过认真组织报名、资格审查工作，开通网上和电话咨询服务热线，开展资格审查模拟演练，积极协调各方，认真做好考试的各项工作。在省、市相关部门的大力支持下，沈阳及周边七市的1430名考生顺利在沈阳考点参加考试，圆满完成了兽医资格证国考工作。

（张　波）

水产业

【发展概况】 2011年，全市渔业生产呈现持续向好、稳步发展的良好势头。水产品产量17.7万吨，同比增长6%。发展名优新品种养殖面积8000公顷，繁育苗种数量23.9亿尾，同比增长7.2%。

1. 开展农业部水产健康养殖示范场和省级原良种场创建工作。沈阳市积极组织行政、技术力量，按要求认真开展评选申报工作，督促项目申报企业严格按照《水产养殖质量安全管理规定》组织生产，加强了对养殖生产者填写《水产养殖生产记录》、《水产养殖用药记录》和《产品标签》的指导，从基础设施、良种来源、种质质量、选育路线、技术水平、生产和经营管理等方面进行逐项审核。新民市振阳淡水鱼养殖专业合作社被评为农业部水产健康养殖示范场；沈阳市纯友水产养殖公司被评为省级水产原良种场。至此，全市农业部水产健康养殖示范场达到15家，省级水产原良种场达到8家。

2. 开展省级“菜篮子”工程和市级水产业富民经济小区建设工作。完成省级“菜篮子”工程水产养殖建设单位9个，清淤改造面积818.27公顷；建设市级水产业富民经济小区50个，其中清淤改造48个、新建2个，清淤改造面积1012.73公顷，新建面积26.67公顷。

3. 开展无公害水产品认证和淡水鱼“特产之乡”申报工作。对新民市、铁西经济技术开发区的16家生产单位的26个样品进行了无公害水产品认证申报，新民市前当堡镇和辽中县刘二堡镇被评为省淡水鱼“特产之乡”，使省级特产之乡的乡镇达到3个。

4. 开展增殖放流工作，加强渔业资源保护力度。2011年，在浑河沈阳城区段、卧龙湖、獾子洞水库、三台子水库和石佛寺水库放流白鲢、鳙鱼鱼种共300万尾，同比增长了3.6倍；在獾子洞水库、前山水库、三台子水库进行河蟹放流，共投放扣蟹900万只、大眼幼体95公斤，回捕成蟹3万公斤，有力地促进了水生生物种群资源的恢复和水域生态环境的改善，对渔业增殖和渔民增收发挥了重要作用。

（邓　奇）

【养殖结构调整】 调整品种结构，加大名优新品种引进和推广力度。缩短品种改良换代周期，实现效益最大化。扩大名优新品种养殖面积，发展名优新品种养殖面积8000公顷，占池塘养殖总面积的67.5%。其中：德国镜鲤面积3389.6公顷，同比增长8.5%；草鱼面积1257.67公顷，同比增长21.3%；鲶鱼面积666.67公顷，同比增长57.2%；河蟹养殖面积2191公顷，同比增长116%，放养量达到1700万只，康平和法库两县大水面养殖河蟹面积均超过666.67公顷。

全市从外省市引进名优新品种3.27亿尾，其中：彭泽鲫8300万尾，同比增长5.6%；黄金鲫1810万尾，同比增长19.1%；鲶鱼1600万尾，同比增长220%；德国镜鲤和丁鱼岁的引进数量也分别达到了9337万尾和3420万尾，还引进了乌克兰鳞鲤、云斑鮰、匙吻鲟等新品种。投放鲫、鲤、鲢、鳙、黄颡、鳜、武昌、鲈、鲶、鮰等各种鱼种数量3.3亿尾，同比增长4.7%。

在苏家屯区佟罗村积极开展以金鳟、斑点叉尾鮰、鲑鱼等名优特品种为主的流水养殖，面积达1200平方米，实现年收入10万元；新民市大力推广池塘微孔增氧和膨化饲料生产应用技术；于洪区开展稻田养鱼实现养殖面积313.33公顷，同比增长135%，使稻田种植和渔业养殖双丰收，极大地调动了农民种稻养鱼的积极性。

调整苗种繁育结构，提升苗种生产质量，建立健全日常管理制度。积极配合辽宁省水产苗种管理局对全市15家水产苗种生产单位进行了检查抽检工作，抽检苗种样品15个，合格率达到100%。对全市所有水产苗种生产场进行了普查登记，规范了苗种生产许可证发放程序，换发新证13家。按照《2010年辽宁省购进外省水产苗种专项整治实施方案》要求，为做好水产种质资源保护工作，改良和复壮优势良种品质，扩大生产能力，确保引进苗种质量和疫病防治的可控性，对全市引进的水产苗种建立了申报制度。全市繁育苗种数量23.9亿尾，同比增长7.2%。主要繁育品种中，德国镜鲤2.7亿尾，同比增长5%；彭泽鲫1.9亿尾，同比增长4.4%；鲶鱼4.1亿尾，同比增长39.3%；草鱼1.9亿尾，同比增长26.7%；黄颡鱼和泥鳅的繁育量也分别达到了2.3亿尾和6000万尾。

（邓　奇）

【渔业产业化】 2011年，沈阳市渔业经济合作社建设成效显著，沈阳市金成渔业合作社被评为省级重点社，沈阳金元丰渔业专业合作社被评为省级示范社，沈阳土西淡水鱼养殖专业合作社和沈阳市惠民淡水鱼养殖专业合作社被评为市级A级社。一是健全销售网络，做好市场保障。不断拓宽销售渠道，延伸销售半径，组织当地水产品经纪人二十余名，积极联系省内外商户，建立了“合作社＋经纪人＋批发市场（客商）”的销售网络。二是狠抓社企合作，做好物资保障。充分发挥合作社人员多、物资需求大的特点，与生产资料供应商通威、海大等集团开展竞争性谈判，让生产资料成本降至最低。三是完善各项制度建设，制定了《合作社章程》、《规范财务管理》等制度规定。四是统一养殖模式、苗种调剂、统一技术指导、物资供应、产品销售。着力调整品种结构，由传统养殖品种向市场畅销、特色品种方向拓展，拉长产业链条，不断向一体化经营和精深加工转变，逐步将“龙头＋渔户”的单一模式向“龙头＋基地”、“龙头＋合作社＋渔户”、“合作社＋渔户”等多种产业化经营模式发展，加大对龙头企业扶持力度，扩大企业规模，探索订单渔业模式，推动企业升级改造。

（邓　奇）

【渔政执法】 2011年，沈阳市通过与新闻单位密切联系，大力宣传保护母亲河渔业资源的重要性，采取增加巡逻人数、提高执法密度、建立值班制度，公布举报电话等手段，对浑河城区段实行24小时全天候动态监督管理。并加强了与公安、水政、五里河公园管理处、沈水湾公园管理处等部门联系，全年开展联合执法行动达到4次,不断增强浑河城区段渔政执法监管力度。市渔政执法人员共没收挂网607片、地笼网207个、皮筏32个、网箱16个、刺网10具,释放非法渔获物约3000斤。

认真开展国家级水生野生动物保护督查检查工作,对兴隆大家庭、鲁园古玩市场及其他花鸟鱼市场违法经营属国家Ⅰ级水生野生动物——红珊瑚的饰品和国家Ⅱ级水生野生动物细痣蝾螈情况进行了监督检查,并责令无证经营业户停止经营活动,协助沈阳市同富水产养殖场续办水生野生动物利用特许证,对龙元集团在建的水族馆进行技术指导及论证。

(邓　奇)

【渔业富民经济小区】　2011年,沈阳市大力开展市级水产业富民经济小区创建工作,实施标准化改造池塘和创新养殖技术,大力倡导养殖模式,进一步推动了水产健康养殖标准应用,通过充分挖掘生产潜力,加强督促检查,稳定池塘养殖面积,提高水产品供给能力。全年完成省级"菜篮子"工程水产养殖建设单位9个,清淤改造面积818.27公顷;建设市级水产业富民经济小区50个,其中:清淤改造48个,新建2个,清淤改造面积1012.73公顷,新建面积26.67公顷。

(邓　奇)

【水产品质量安全】　一是开展"两节"期间水产品质量安全执法检查活动。1月上旬,对沈阳金山水产养殖公司、沈阳元丰水产养殖基地两家单位的生产情况进行了检查督导,现场核实企业生产资质,对档案室、药品库房和饲料库房管理情况进行了检查,重点查看了药物使用、饲料使用、防疫消毒、苗种管理等档案记录。二是开展了水产养殖环节中食品添加剂专项整治行动。5月初,全市组织对新民市、辽中县、康平县、于洪区、苏家屯区、沈北新区、铁西经济技术开发区等7个县(市)区的679家水产养殖单位进行了执法检查,出动执法人员434人次,发放宣传材料5751份,查处并纠正问题130余次。三是开展了渔用兽药及投入品联合执法专项整治活动。8月中旬至9月末,与动监部门联合开展了渔用兽药及投入品执法专项整治活动,检查渔药销售商店42家,渔用饲料生产企业9家。辽中县和于洪区渔政执法部门于5月和6月分别对辖区内的渔业投入品使用情况进行了执法检查,查处违规案件11起,其中:限期整顿2件、警告处理3件、处罚5件、吊销营业执照1件。四是积极做好水产品药物残留抽检工作。完成农业部委托哈尔滨水产品质量安全检测中心对沈阳市产地水产品抽检2次共取样38个,省厅抽样60个,沈阳市自检20个。五是积极推进县区级水产品质量安全监管体系建设,对沈北新区水生动物疫病防治站的建设改造项目进行了审核申报,继续加强对新民市、辽中县、沈北新区水生动物疫病防治站建设指导工作。

(邓　奇)

【科技与培训】　加快建立和完善科技创新体系,简化管理程序,建立了以需求定项目,以任务定经费的工作方式。依托具有技术优势的科研院所,以产业发展为主线,协调和调动水产技术推广、科研单位工作积极性,以技术为先导,积极促进科技与渔业紧密结合,通过加快引进推广津新鲤、膨化饲料养殖泥鳅、草鱼无公害养殖技术、稻田生态养殖技术、微生物水质调节技术等研究项目的有效开展,很大程度上达到了优化养殖品种结构的目的,加快了渔业新技术的有效应用和实用技术的普及率。

积极实施渔业科技创新,加强新成果、新技术转化与推广应用。通过科技培训、科技下乡、科技赶集等多种形式着力提高渔民科技文化素质。全市围绕水产品无公害健康养殖和养殖品种结构调整为主要内容,多次举办了符合渔民实际生产情况的技术培训和讲座十余期,培训人数达300人次,发放技术资料1000余册,培训包括养殖技术和科学用药知识、水质病害监测指导、生态养殖示范推广等内容,充分体现了"科技为民"的服务理念。积极探索池塘微孔增氧、水生物生态改良、老化池塘改造等技术应用,在新民市组织了微孔增氧技术应用试点,养殖用电量明显下降,取得了良好的节能效果和经济效益。同时,自动投喂和人工增氧技术也得到了普遍应用。

(邓　奇)

水　利

【防汛】　2011年,沈阳市平均降雨543.9毫米,比上年同期916.8毫米少41%,比正常年同期628毫米少13%。入汛后,6月至9月中旬,全市平均降雨425.9毫米,比上年同期627.3毫米少32.1%,与正常年同期446.3毫米少5%。沈阳市除养息牧河吉祥堡子险工发生一般险情外,无其它明显灾情发生。

1.提早召开会议、组织业务培训。及时组织召开全市防办主任会议,对全市防汛准备工作做出有针对性安排。举办防汛业务培训班,全面提高了市、县两级防汛工作人员的业务能力。召开了全市防汛抗旱工作视频会议、防汛工作会议和视频会商会议,进一步深化汛期应对方案,强化责任制落实。

2.及时修订完善防汛预案。完成了《沈阳市防汛抗旱预案》修编工作,组织编制了《沈阳市2011年防御洪水方案》、《北沙河防洪预案》、《蒲河防洪预案》、《养息牧河防洪预案》和《秀水河防洪预案》。督促、指导各区、县(市)的各类预案编制工作,进一步完善全市防汛预案体系,提高了预案的针对性和可操作性。

3.认真开展防汛检查。4月中旬至下旬,组织5个检查组对全市防汛准备情况进行检查,对于检查中发现的问题进行了认真梳理,并逐一进行解决。重点对防汛物资储备、浑河和柳河险工备险等防汛准备情况进行检查,推进各地的防汛物资储备工作和各项备险措施的落实。

4.扎实做好防汛演练工作。以沈北新区作为防汛演练示范单位,组织市防汛抗旱指挥部有关领导成员现场观摩。其他各区、县(市)按照市防办统一安排和部署,各自择选1-2个科目进行演练。汛前全市共组织了11次县(市)级防汛演练,提高了沈阳市防汛应急抢险队伍的实战能力。

5.加强防汛物资储备管理。组织各级防办开展防汛物资的清查和盘点,及时补充和更新防汛物资储备,在汛前防汛检查中对各区、县(市)市的物资储备情况进行了重点检查。市本级投入600万资金用于采购补充防汛物资,其中采购大型移动排灌车"龙吸水"车2台,新型防汛橡胶子堤170米,提升了沈阳市防汛设备的科技含量和自动化水平,增强了机动抢险应急反应能力。

(邱　峰)

【防御第九号强台风“梅花”】 8月5日晚，辽宁省政府召开全省防御第9号强台风“梅花”工作视频会议，市防指立即召开各区、县(市)和市防指有关部门防御第9号强台风视频会议，传达省防指台风视频会议精神，王翔坤副市长坐镇市水利局指挥全市台风防御工作，曾维书记、陈海波市长多次就防御台风和强降雨工作做出重要批示，并亲临市水利局指导防御台风工作，要求全力做好抗洪抢险救灾准备；各县、区(市)均进入一级战备状态，抓紧时间落实防御台风的应对措施，党政一把手领导、技术干部迅速到岗到位，严阵以待台风的到来；市气象局加强对强台风“梅花”移动路径的研判，及时发布预报和预警信息；沈阳警备区立即组织抢险兵力1625人，并下达了应急行动预先号令，如遇台风来临险情发生，1小时内即可集结完毕。同时各区、县(市)均组建了相应人数的应急抢险队伍，随时待命，准备抢险；48座市管排水站持续排水运行，为防御台风到来提前降低排水管道水位，6台移动排水车、4台管道疏通车整装待发，随时准备排除城市内涝积水；全市34座中小型水库采取切实有效措施，将水位降低到汛限水位以下运行，病险水库一律空库待汛；市房产局第一时间转移危房户1958户，确保人员安全；各区、县(市)紧急调拨物资，增加橡皮舟、冲锋舟、发电机、水泵、移动排水车等物资储备数量，全力做好防台风物资储备工作；新民市和辽中县等易涝地区组织专业人员对排水站设备进行检查维修，确保机泵正常运行；市防汛办先后组织了4次全市规模的紧急防台视频会商会议，向各区、县(市)及有关部门印发了11份防指传真电报和9份防办传真电报。尽管第9号强台风“梅花”最终没有从辽宁省沿海登陆，未对沈阳市造成明显影响，但它检验了沈阳市的防汛减灾工作能力，锻炼了队伍，为沈阳这座内陆城市防御台风工作积累了宝贵的经验。

(邱 峰)

【民生水利】 农村饮水安全工程。该项目作为市政府为民办实事项目，计划总投资8647万元，新建饮水安全工程111处，受益人口10万人。经过积极努力，实际完成工程128处，受益人口11.93万人，超额完成市政府确定的任务指标。同时，按照“建管并重”的要求，沈阳市加强了对农村饮水工程的建设管理，组织起草并印发了《沈阳市人民政府关于进一步加强农村饮水工程运行管理的意见》、《关于加强农村饮水工程运行管理的通知》，为农村饮水工程运行管理提供了政策依据。聘请有关专家，编印了《沈阳市农村饮水工程运行维护及安全技术指导手册》，下发各区、县(市)，做到每个管理人员人手一册，并以区、县为单位，组织开展培训工作，使工程管理人员总体水平有了明显提高。对全市244处农村饮水工程进行了整改，完成整改并正常供水238处，受益人口24.2万人。沈北新区国家农村饮水安全工程示范县通过辽宁省水利厅验收，级别为优秀。

大中型水库移民后期扶持工作。2011年，全市以“人口调整、全面直补、项目实施、维护稳定”四个方面的任务为主线，积极开展工作，实现了直补资金兑现和项目扶持稳步推进，库区和移民安置区社会稳定的既定目标。全市直补原迁水库移民1.33万人，累计发放直补资金3583万元；直补非原迁移民1.04万人，发放直补资金313万元。实施水库移民后期扶持项目6项，累计完成投资2055万元。

(邱 峰)

【水生态环境建设】 2011年是全面实施蒲河生态廊道建设的关键阶段，经过水利、林业、交通、环保、建委等部门以及沿线各相关区县(市)的共同努力，已经完工及正在施工项目62项，累计完成投资24.6亿元。完成河道整治28公里，全线建成5座橡胶坝，增加蓄水量3000万立方米，达到8500万立方米，水面面积3333.33公顷。经过两年来的建设，蒲河初步实现了“水连、岸绿、路通、景美、河清、宜居”的规划目标，生态环境明显改善。

河道水生态环境建设。按照辽宁省水利厅下达给沈阳市河道生态工程建设计划，全年完成河道生态建设任务2820公顷，其中东陵区(浑南新区)白塔堡河7.65公里城市段河道综合治理，已成为浑南核心区一道河道生态景观。

水土流失治理。2011年，辽宁省下达沈阳市水土流失治理任务8000公顷，通过各级水利部门的共同努力，全市实际完成治理面积8106.67公顷，其中：基本农田166.67公顷、水保林5946.67公顷、经济林1926.67公顷、其它66.67公顷，新修塘坝7座。共争取治理资金510万元，其中：省补资金160万元，市补资金350万元。同时，积极开展创建国家级生态城市、环境样板城相关任务，完成8个水土保持典型示范工程的筛选工作，并完成相关材料的制作和编写工作。

(邱 峰)

【水资源管理】 2011年全市水资源管理工作主要从加强水资源行政监管、严格封闭地下水取水工程、加大水资源费征收力度、逐步实行最严格水资源管理制度、建设水资源开发利用工程和做好基础业务工作等几个方面入手，完成了预期的目标和任务。编制完成了《沈阳市水功能区划》，积极与市建委、水务集团沟通协调，编制了全市封闭地下水取水工程实施方案，市政府以正式文件印发实施，全市封闭地下水取水工程工作取得初步进展。协助辽宁省水利厅划定沈阳市水资源管理“三条控制红线”，为沈阳市实行最严格水资源管理制度迈出关键一步。实施了全市第一个水资源管理工程性项目——沈北新区万泉河雨洪资源利用工程，该工程投资1463万元，可有效拦截“三河”雨洪资源，预计日增取水量8000立方米，同时可有效改善当地供水条件、农业灌溉条件及湿地生态条件。对水源热泵取水户开展清理整顿，进一步规范了全市地下水取水行为。

(邱 峰)

【农田基本建设】 2011，沈阳市通过各种渠道投入农建资金达48.6亿元，其中，省以上投入资金8亿元，市级投入资金4.65亿元，县级投入资金21.3亿元，乡级投入资金5000万亿元，群众及社会各界投入资金14亿元，使用人工805万工日，机械车工47万台班，累计完成土方6857万立方米，石方266万立方米，混凝土56万立方米，完成重点骨干工程398项。沈阳市再次夺得省农田基本建设“大禹杯”。

1.灌溉工程。完成土方883.45万立方米，石方59万立方米，混凝土22万立方米。新建各类小型水源工程2175项，新增蓄水能力25万立方米，新增灌溉面积1万公顷，新增节水灌溉面积1.31万公顷，节水量2400万立方米，改善灌溉面积2.67万公顷，新增旱涝保收面积9333.33公顷。灌溉工程完成资金投入7.6亿元。

2. 治涝工程。完成土方1567万立方米,石方24万立方米,混凝土7万立方米。改善涝区面积9.4万公顷,清淤沟道4020公里,配套桥涵闸3047座,新建、改扩建排水站23座。治涝工程完成资金投入2.9亿元。

3. 水土保持工程。完成土方541万立方米,石方11万立方米。新增治理面积8533.33公顷,沟壑治理6条。水土保持工程完成资金投入1.8亿元。

4. 防洪工程。完成土方2706万立方米,石方146万立方米,混凝土21万立方米。加固堤防202公里,疏通河道144公里,采取植物措施65公里,治理面积2.4万公顷。完成中小型水库除险加固21座。防洪工程总计完成资金投入18亿元。

5. 饮水安全工程。完成土方223万立方米,石方8万立方米,混凝土1.5万立方米。新建工程140处,解决了20万人和1.02万头大牲畜饮水安全问题。该项工程完成资金投入1.67亿元。

6. 造地工程。完成土方20.89万立方米,新造耕地面积1320公顷。投入资金1.15亿元。

7. 改造中低产田。完成土方62万立方米,石方9500立方米,混凝土5200立方米。改造面积2.07万公顷。投入资金7638万元。

8. 设施农业工程。完成土方407.79万立方米,石方16.49万立方米,混凝土3.63万立方米。新发展冷棚面积1.03万公顷,暖棚面积6180公顷。新建畜牧小区156处,新建水产养殖面积1.17万公顷。新建现代化农业园区41处。上述各类工程项目完成资金投入12.7亿元,其中水利配套9142万元。

(邱 峰)

【水政】 2011年,沈阳市水利系统坚持依法行政,不断提升行业管理水平。加强行政权力运行监控机制建设。作为沈阳市"软环境"建设的核心内容,经过各单位的努力,完成了《行政职权目录》《行政权力汇总表》《行政权力运行流程图》,并通过市有关部门的联合审查。调整行政审批职能。通过整合审批职能,集中办理全局三大类28项行政审批事项和8项行政征收、收缴工作,实现了行政审批"一站式服务、一个窗口办结"目标。全年共受理行政审批事项咨询115件次,受理并办结审批事项46件,办结率100%。严格水利工程建设程序管理。规范水利招投标活动,水利工程招标投标累计中标额达4.38亿元。推进水利工程验收进度,完成16座中小型水库除险加固、浑蒲灌区节水改造、浑河护岸工程等一批项目的验收工作。加强工程质量技术监督。市、县两级监管体系建立了基本框架,已有5个区、县(市)成立专门质量监督站,工程投资100万元以下的质量监督工作交由区县级站完成,全市水利工程质量监督工作有了新提高。加大水政监察执法力度。规范水政执法程序,提高水行政执法能力,依法查处违反水法规案件,日巡察近3000人次,巡查水事案件52件,下达责令停止13件,立案查处4件,罚款17万元,检查疏干降水工地6处,责令补缴水资源费14万元。严格落实国务院和辽宁省水利普查工作要求,落实经费1094万元,完成两员选聘、人员培训、行政区划信息确认、台账建设和对象清查等工作,水利普查工作取得阶段性成果。

(邱 峰)

【规费征收和资金投入】 2011年,按照中央和省、市的部署,水利、财政、税务等部门协调配合,超额完成水利建设资金征收和投入任务。一是强化各项水利非税收入。全年实现非税收入5.27亿元,其中河维费征收4.39亿元,比上一年增长了33%,首次突破4亿元大关。二是加大各类水利资金投入,2011年水利资金投入达16.08亿元,比2010年增长102%,其中争取中央和省投资1.87亿元,市本级投入8.18亿元,区、县(市)投入6.03亿元,其中投资增长最大的是农田水利方面。沈阳市认真落实了中央1号文件规定的从土地出让收益提取10%用于农田水利政策,全年投入5.6亿元,比2010年增长8倍。

(邱 峰)

【水利科技】 2011年,沈阳市开展10余项水利科研和技术推广工作,其中《沈阳市地下水资源状况调查及水环境演化机理研究》等2个项目获得市科技资金支持;《数字浑河系统构建关键技术研究与应用》和《生态灌区建设研究》获市政府科技进步二等奖。认真组织实施中央财政微润灌溉推广项目。全年计划投入资金50万元,建设节水灌溉面积30公顷,其中微润灌大棚灌溉面积6.67公顷,低压软管移动式微喷灌溉面积23.33公顷,实施地点分别落实在新民市和法库县。

(邱 峰)

农机化发展

【概况】 2011年,国家、省、市、县各级财政部门共投入农机资金1.11亿元,引导农民向农机投入2.2亿元,提高了全市农机化水平。截至2011年末,全市农业机械总动力达到312.8万千瓦,比2010年增加17万千瓦,增长6%。拖拉机保有量达到67973台,比2010年增加3615台,增长6%。其中:大中型3.58万台,比2010年增加2024台,增长6%;小型拖拉机为3.22万台,比2010年增加1591台,增长5%。配套农具达到10.80万台(套),比2010年增加6052台(套),增长6%。其中:大中型配套农具2.78万台(套);小型配套农具8.03万台(套)。水稻插秧机由2010年的2684台增加到3894台,增长45%。联合收获机械达到1469台,比2010年增加568台,增长63%。其中:水稻收获机603台,比2010年增加149台,增长33%;玉米收获机866台,比2010年增加419台,增长94%。农机总值达到21.5亿元,比2010年增加2.67亿元,增长15%。全市综合机械化水平达到75.2%。

(邓 奇)

【农机具补贴】 2011年,沈阳市共完成补贴资金1.11亿元,其中:国家农机购置补贴资金9948万元,省级以代补资金295万元,市级农机购置补贴资金837万元。共购置农机具2万多台,其中拖拉机1920台、水稻插秧机械1915台、水稻收获机械252台、玉米收获机械376台,大大地提高了农机保用量,为实现主要农作物全程机械化做了充分的物质准备。受益农户万余户,拉动农民投入2.2亿元。

(邓 奇)

【农机化作业】 2011年,沈阳市机耕面积570.4千公顷,占耕地面积的97%;机播面积399.32千公顷,占播种面积的88%;机电灌溉面积197.6千公顷;机械植保面积228.34千公顷;机收面积

189.22千公顷,占机收面积的43%。

主要农作物农机化作业。小麦机耕面积4.82千公顷,机播面积2.45千公顷,小麦机收面积1.4千公顷;水稻机耕面积124.83千公顷,机插面积53.43千公顷,机插率43.1%,水稻机收面积93.4千公顷,机收率70%;玉米机耕面积315.4千公顷,机播面积308.8千公顷,机收面积84.53千公顷,机收率25%。

单项农机化作业。机械深松面积52.92千公顷;保护性耕作面积39.76千公顷;精少量播种面积253.2千公顷;机械深施化肥面积303.78千公顷;机械铺膜面积24.01千公顷;机械化秸秆还田面积42.02千公顷。

(邓 奇)

【农机新技术、新机具推广】 2011年沈阳市农机新技术、新机具推广工作围绕农业产业结构调整,农机技术推广服务于大农业的方针,全市重点推广了以下农机技术:

1. 水稻机械插秧、标准化育秧技术。推广水稻插秧机1915台,实现新增水稻机插秧面积2.6万公顷;推广水稻收获机288台,实现新增水稻机收面积1.6万公顷。

2. 玉米收获机械化技术推广。推广各类玉米收获机械473台,实现新增玉米机械收获5万公顷。

3. 土地深松技术示范推广面积8000公顷;保护性耕作示范推广1.07万公顷。

(邓 奇)

【农机示范村、示范户建设】 2011年沈阳市继续加大对农机专业合作社的扶持力度,使农机经营大户成为我市农机化发展的主力军。沈阳市有农机专业合作社276家,其中:农机固定资产达1000万元以上的3家,500万元至1000万元的以上的6家,300万元至500万元的20家。以辽中的于会怀,新民市的佟英文、王明武,新城子的朱国成、陈志国为代表的农机服务组织成为区域性的农机龙头,在全市及全省发挥了巨大的带动作用,在促进农民增收方面也起到了积极的推动作用。

(邓 奇)

【农机化科普和培训】 2011年,沈阳市围绕农业发展和农机化重点项目的推广,结合"阳光工程",广泛开展农机科普活动,对农机手进行培训。采取现场演示、科技讲座、举办专题培训班等多种形式开展科技进村入户活动,以主要作物关键环节农机化新技术为重点,突出培训内容的针对性、适用性、时效性,突出农机农艺技术融合,向农民讲解农机具使用要领,提高了广大农机操作人员的技术水平。全年共举办各类技术培训22场次,培训农机管理人员、技术人员2950人次,培训农机操作人员1.25万人次,发放技术资料2万余份。

(邓 奇)

【农机服务体系建设】 2011年全市农机专业合作社达276个,农机固定资产达到300万元以上的农机专业合作社达到了29家。水稻、玉米全过程机械化示范村69个,农机维修网点1065个。已基本形成以市、县两级农机技术推广机构为技术指导,以农机专业合作社、农机大户为农机作业主体,以全程机械化示范村为典型带动,以农机维修网点为后勤保障的农机服务体系。

(邓 奇)

【农用航空站建设】 2011年,沈阳市苏家屯区农航站(沈阳通用航空有限公司)有飞机12架,其中:Y5飞机3架,Y5B飞机5架,N5飞机4架。现有人员40人,其中:管理人员6人,飞行员9人,地勤人员15人,其他人员10人。

全年完成总飞行时间1730小时,飞防作业面积8.67万公顷,其中外省市6.33万公顷;护林防火280小时,林化作业50小时,航拍航测30小时,训练90小时,农化作业1230小时,生产调机50小时。

(邓 奇)

【行业管理】 2011年,沈阳市共办理农业机械登记3520台,办理拖拉机驾驶证2021本,年检各类拖拉机6486台,换发、年审驾驶证210本。

全市维修网点总数达1065个,比上年增加70个,维修工人达2184人,其中获得农机职业技能鉴定证书人员707人。全年共维修农业机械14.62万台次,其中:拖拉机5.97万台次,联合收获机1537台次,水稻插秧机1374台次,运输机械3.23万台次,其它农具5.13万台次。全市有6个区县的农机维修网点审批工作已经进入各区县的行政审批大厅办理业务,审批工作更加规范。

(邓 奇)

经 济 管 理

综 述

【经济体制改革】 2011年，沈阳市国家新型工业化综合配套改革试验加速启动。2010年9月16日，国务院批复同意《沈阳经济区国家新型工业化综合配套改革试验区总体方案》。沈阳市在经济区八城市中率先启动了综改试验各项工作。专门成立了由曾维书记和海波市长任组长，相关副市长任副组长、相关市直部门任成员的领导小组。经过充分研究论证，编制完成了《沈阳市国家新型工业化综合配套改革试验方案》，作为全市综改试验的纲领性指导文件，提出了全市今后十年以推进产业结构优化、科技研发、企业发展、空间布局和生态建设为重点，以推进投融资管理、城乡统筹、对外开放、社会管理和行政管理为配套的体制机制创新任务。同时，为进一步做好年度综改试验工作，编制完成了《沈阳市2012年综合配套改革试验工作要点》及其任务分解表。

综改工作取得了重要的阶段性成果。沈阳市委、市政府强力推进综改试验工作，边谋划、边探索、边发展。经过积极工作，获批为国家创新型城市、国家“两化”融合、国家现代建筑产业化、国家服务业综合改革、优化金融生态等10余项试点。沈北新区、于洪区、苏家屯区分别被辽宁省沈阳经济区领导小组批准为综改试验先导区、统筹城乡发展改革试验区、新型城镇化示范区。沈阳综合保税区获国务院正式批准后，正积极开展现代综合保税专项改革试验。铁西区、东陵区（浑南新区）、大东区的“两化”融合专项改革试验正在深入推进。东陵区（浑南新区）、沈北新区深化行政管理体制改革试点经验得到有序推广。沈阳经济区区域一体化发展及区域合作体制机制正在积极探索。

国有经济布局的战略性调整成效明显。国有经济加速从一般竞争性领域和非基本公共领域退出。红梅集团完成重组，机床、沈鼓股份制改造进展顺利。远大铝业、罕王控股在香港联交所挂牌，蓝英自动化等3户企业获批上市。沈阳市中小企业服务中心成为国家中小企业公共服务示范平台。沈阳市成为全国第一个现代建筑产业化试点城市，国际特种机床装备城成为国家级高新技术产业化基地。

要素市场建设取得重大进展。与生产力发展水平、产业结构和区域经济特点相适应的市场体系基本建立，市场流通体制基本形成，国民经济市场化程度明显提高。要素市场体系进一步健全，市场政策、法规逐步完善。沈阳市与沈阳经济区其他城市的市场一体化进程加快，全市经济的市场化、国际化水平持续提升。

社会领域改革纵深推进。建立了以企业为主体的技术创新体系和社会化科技中介服务体系。完成50所幼儿园改扩建、5所普通高中标准化建设和100余所学校“校安工程”。完成7所市属重点医院改扩建工程。全面落实普惠制就业培训政策。建立覆盖城乡就业管理服务组织体系。城镇登记失业率控制在4%以下。社会保障体系基本建立，社会救助体系日臻完善，社会保险基金实现市级统筹。

行政管理体制改革步伐加快。清理政府议事协调机构60个，向区、县（市）下放经济管理权限，建立政府绩效考评体系。市公共资源交易中心投入使用，基本实现了管办分离。市级审批事项减少至110项，“即办件”比率达90%以上。公共财政框架基本形成。沈北新区和东陵区（浑南新区）行政管理体制改革经验取得重要阶段性成果。

农村改革再上新台阶。农村土地承包政策全面落实并逐步完善。在全市100多个村建设了集管理和服务双重功能于一身的村级公共服务中心，新型农村合作社建设和林权制度改革稳步推进。出台了支持县域经济发展政策措施。新增“一乡一业”专业乡镇12个。

全方位开放取得丰硕成果。以亚洲国家和地区及沿海发达地区为重点，扩大招商引资，深化经贸合作，形成了“南资北上”的新高潮。外贸出口增长17.9%，新签千万美元以上境外工程承包项目25个。成功举办了制博会、农博会、糖酒会、广告节等各类展会，韩国周、2011国际和平日纪念活动暨东北亚发展论坛等重大国际活动取得显著成效，沈阳市荣获“中国十佳品牌会展城市”。

（*文勇　聂培和*）

【沈阳经济区建设】 在辽宁省委、省政府的高度重视下，在沈阳市委、市政府精心组织和领导下，全市上下深入贯彻市第十二次党代会精神，充分发挥中心城市作用，与经济区各城市密切配合、通力协作，推进沈阳经济区建设步入了新的发展阶段。

1. 沈阳经济区新城新市镇建设快速推进，大沈阳空间发展格局初步形成。根据“力争经过3—5年的努力，将城际连接带建设成为联结八个城市的交通带、城镇带和经济带”的发展目标，沈阳市编制了19个新城新市镇总体规划，同时不断加大规划实施力度，科学指导新城新市镇建设。2011年，全市260个重点项目中有96个新城新市镇建设项目，北京总部基地、华强科技文化产业基地、汽博园、高坎生态城等项目，已成为新城新市镇建设的重要支撑。机床、电气、现代建筑、汽车、新能源装备、光电信息、农产品精深加工等7个千亿元产业集群，蒲河新城文化创意产业、沈抚新城健康医疗、永安新城家具产业、胡台新城包装印刷产业等17个百亿元产业集群快速发展。2011年，沈阳市19个新城新市镇完成地区生产总值2696亿元，完成地方财政一般预算收入169亿元，固定资产投资2450亿元。铁西产业新城、蒲河新城已成为经济区新城建设的样板，沈抚新城、浑南新城、永安新城、近海新城、兴隆堡新市镇进展迅速，成为沈阳经济区新城新市镇建设的新亮点。

2. 沈抚同城化建设步伐加快。2011年沈阳市成立了由市委、市政府主要领导任组长的“沈抚连接带建设工作领导小组”，召开了三次沈抚连接带建设工作领导小组会议，通过了沈抚连接带(沈阳)总体规划调整方案和推进沈抚连接带建设工作方案，制定了推进沈抚连接带建设的12条支持政策，进一步加强了沈抚连接带建设的组织领导。按照规划要求，沈阳市沈抚连接带区域将形成“一带三区”的发展格局，“一带”即浑河景观带，“三区”即泗水科技园区、滨水功能区和生态产业区。特别要在产业布局、城市功能、生态建设三个方面真正实现统筹规划、协调一致、加快发展，力争率先取得突破性的进展，为整个经济区一体化的发展积累经验树立典范。沈抚两市加速融合，东陵生态产业区快速推进汽车博览园等一些重点建设项目。泗水科技城签约入驻企业已达65家，总投资277亿元。其中：中国眼产业基地、创业服务中心、科技企业孵化中心、辽宁何氏医学院一期已投入使用，医疗器械检测中心、医大研发中心、生命科学中心、辽宁何氏医学院二期等项目将陆续竣工并投入使用。沈抚连接带“一带三区”的发展格局正在形成。

3. 沈阳经济区重大基础设施建设不断加强。沈本公路、沈丹高速公路改扩建工程沈阳三环到桃仙机场段已建成通车。环沈阳经济区高速公路在本溪—辽阳—辽中—新民段已建成通车的基础上，新民至铁岭段(50.6公里)正在加快建设。沈阜开发大道路线全长89.4公里，建设标准为一级公路，总投资21.6亿元，北一路出口至新民绕城34.9公里改线路段已建成通车，新建12.3公里路段路基工程全部完成；沈彰开发大道路线全长24.1公里，建设标准为一级公路，总投资6.2亿元，绕城高速至白辛台段13.1公里主线已建成通车。沈阳大四环将连接永安新城、蒲河新城、新城子新城、沈抚新城、浑南新城、佟沟新城、沙河新城、浑河新城、铁西产业新城和胡台新城10个新城，该项目路线全长131公里，总投资97.6亿元，2011年3月开工建设，征地拆迁基本完成，正进行路基桥涵施工，年底前实现路基工程全线贯通。以环沈阳经济区高速公路、五条城际开发大道、沈抚城际铁路和沈抚、沈铁、沈鞍多条城际公交构筑的沈阳至周边七城市1小时交通圈初步形成，全面促进了八城市一体化的融合。

4. 沈阳经济区一体化进程加快，区域要素资源配置不断优化。沈阳市积极加强与经济区各市合作，不断拓宽区域合作的领域，在要素市场、产业发展、生态建设、社会服务等众多领域的一体化发展上，取得了新的进展。沈、抚、铁三市共享“024”电信区号工作获得重大突破，已于8月28日实现共享，沈阳经济区信息一体化迈出了坚实的一步；沈阳经济区八城市签署了金融合作发展框架协议，盛京银行在鞍山、本溪、营口等3个城市设立了分行，诚浩证券在营口设立了营业部。阜新银行、辽阳银行也在沈阳市设立分行；经济区各市共同建立了统一的人力资源网络服务平台，经济区各市还联动开展了丰富多彩的人才交流活动，共同举办了多场大型现场招聘会；八城市行政审批中心联合成立了沈阳经济区八城市行政审批中心联席会议组织，签署了《沈阳经济区(公共)行政(审批)服务中心合作备忘录》；八城市质量技术监督局共同签署了《沈阳经济区认证监管工作协调协作机制框架协议》，定期召开认证行政监管联席会议；在沈阳市的大力推动下，辽宁省工商局制定下发了《关于印发沈阳经济区工商登记注册一体化工作机制的通知》，建立了沈阳经济区名称核准、登记审查、年度检验、对接服务、信用监管等一体化工作机制，抚顺、铁岭、营口挂牌“沈阳”、“沈阳经济区”的企业达到72家。

(刘贵福)

【重点项目建设】 2011年，全市各地区、各部门认真贯彻落实市委、市政府“抓项目、促调整”的工作部署，结合全市软环境建设和百日攻坚活动，抢抓发展机遇，采取有效措施，全市重点项目建设全面推进。

一、项目建设成果显著

1. 超额完成项目建设各项指标任务。2011年，全市开工建设投资3000万元以上项目2206个，比上年增长15.3%；完成投资3945.3亿元，比上年增长69.1%。其中：亿元以上项目1258个，增长27.6%，完成投资3619亿元，增长77.9%；10亿元以上项目332个，增长31.7%。新开工项目1209个，增长14.7%，完成全市必保目标的115%；竣工项目1015个，增长12.5%，完成全市必保目标的119.4%；签约落地项目722个，完成全市必保目标的119.8%；开发策划项目479个，完成全市必保目标的120.3%。新开工10亿元以上项目110个，增长83.3%。开发区板块项目占全市的37.3%；城区板块项目占全市的33.2%；近郊板块项目占全市的11.7%；县域板块项目占全市的15.8%。

2. 全市重点项目建设取得突破，成效显著。全市260个重点项目全部实现开(复)工建设。260个重点项目完成投资1650.8亿元，占全年计划的111.2%。260个重点项目中，18个项目竣工投产，101个项目当年完成投资超过了5亿元。

二、创新工作方式，努力推进重点项目建设进度

1. 实施了重点项目实名责任推进机制。全市260个重点项目，分别由7位市级领导，135位副区(局)级以上领导负责具体推进。

2. 创新了重点项目责任调度机制。全年全市共召开重点项目调度会78次，主管市领导先后18次深入14个区县(市)、开发区106个项目现场，全年累计帮助66个项目协调解决89个问题。

3. 完善了重点项目政策扶持机制。通过建立重点项目用地档案，发放重点项目证书，建立“绿色”审批通道等措施，加快了170个重点项目的立项、环评等手续，为53个项目解决了11.56平方公里的用地指标，为77个项目解决了资金问题。

4. 营造项目建设良好舆论环境。通过广播电视、报刊网络等媒介渠道，宣传报道沈阳市重点项目建设成果35次；通过重点项目简报，累计向市领导报送专报、简报31期，及时反映重点项目建设中的经验做法。

5. 成功开展重点项目百日攻坚活动。为确保重点项目实现开(复)工百分之百、投资到位百分之百，全市开展了“一对一”推进项目建设、“点对点”解决关键问题的百日攻坚活动，成效显著，保证了全市重点项目开工建设。

(陈兆春)

【地区经济发展】 2011年，沈阳市以建设国家级中心城市为目标，加快区域空

间经济发展，以四大发展空间为依托，融合中心城区，辐射“一市三县”，努力保持强劲发展势头，着力做优发展空间，为经济持续快速增长注入强大动力。全市实现地区生产总值5914.9亿元，比上年增长12.3%；完成投资4560.6亿元，比上年增长29.2%。沈阳经济区城际连接带建设全面推进，19个新城新市镇成为吸引各方投资的新空间。

沈阳大工业区和铁西新区组成的西部发展空间工业经济实力增强。以先进装备制造业为主体，加大结构调整力度，进一步提升经济综合实力，坚持以增量调整经济结构，以创新促进产业升级，推动经济发展速度、质量、效益同步提升。深入实施工业“五项工程”，装备制造业“三大聚集区”和“两大配套区”建设进一步加快。铁西产业新城建设全面快速推进，实现产值超千亿元。全市规模以上工业总产值达到1.16万亿元，增长25.8%。机床集团销售收入跃升为全世界同行业首位。一批重大项目开工建设，完成国内外并购项目17个。汽车及零部件产业集群实现千亿元产出，达到1030亿元。28个重点产业集群完成产值5055亿元，增长30%。

以大浑南地区为核心的南部发展空间，大力培育新兴产业。聚焦先进装备制造、航空航天、电子信息、生物医药等重点领域。浑南新城建设步伐加快，金廊工程全面提速，园区基础设施、配套设施日趋完善，对产业的承载力和项目的吸引力明显增强。国际特种机床装备城成为国家级高新技术产业化基地，全市高新技术产品增加值完成1201亿元，增长19.3%。

以沈北地区为主体的北部发展空间加快发展现代农业。壮大农业产业规模，推进产业结构调整和产业化经营。设施农业、观光农业、特色农业、标准化农业及粮食产业化工作再上新水平。辉山畜禽加工基地成为国家外贸转型升级示范基地。蒲河新城建设和产业发展取得突破性进展。以重大项目为龙头，提升产业档次，打造了一批包括华强方特欢乐世界、紫烟薰衣草庄园等精品农业旅游项目。

东部发展空间旅游经济平稳运行。棋盘山成为省级旅游集聚区，是沈阳旅游经济的重要增长点。中国沈阳国际旅游节影响力进一步提升。2011年全市旅游总收入达到663.3亿元，增长28.3%。沈抚新城、泗水科技城生态基础设施建设全速推进，一批高投入、高产出、低能耗的产业项目落地开工。

中心城区现代服务业发展水平进一步提升。2011年，沈阳服务业增加值增长11%，太原街都市商贸中心、北站金融商贸区等5个集聚区营业收入均突破百亿元，凸显商贸、金融、文化主体功能。

县域经济快速发展。出台支持县域经济发展政策措施。新民、康平、法库和辽中“一市三县”地区生产总值增长24%，快于全市增速11.7个百分点，综合实力明显提升。农田水利建设投入增长8倍，有力改善了农业生产条件。全市粮食总产量达到81.1亿公斤，再创历史新高。新增设施农业和高效特色农业面积2.5万公顷，开工建设规模以上农业产业化项目120个。11个县域重点产业集群产值超百亿元。

（王　雁）

【老工业基地振兴】 2011年，沈阳市落实国家振兴战略，积极争取国家老工业基地调整改造政策。开展《国家发展改革委关于2011年国家振兴工作要点》（国家发改东北[2011]1534号）文件的贯彻落实工作，印发《沈阳市人民政府办公厅转发市发展改革委关于贯彻落实国家2011年振兴东北地区等老工业基地工作要点实施意见的通知》（沈政办发[2011]104号）。

组织市相关部门学习研究国家发改委编制的《全国老工业基地调整改造规划（2011－2020年）》（征求意见稿），结合沈阳实际提出了《关于将沈阳市纳入全国老工业基地调整改造规划（2011－2020）范围的建议》并上报国家发改委东北司积极争取国家规划和政策的支持。

完成重大课题及重点课题研究。按照国家发改委和辽宁省发改委编制全国老工业基地调整改造城市发展规划的要求开展调研工作，形成《沈阳市老工业基地调整改造现状及问题研究报告》和《加快推进沈阳老工业基地全面振兴的政策研究报告》两个重大课题，研究报告客观评价了2003年国家实施东北地区等老工业基地振兴战略以来沈阳老工业基地调整改造取得的成就及发展中存在的问题，提出了沈阳市未来5到10年发展目标以及推进沈阳全面振兴的各项政策建议。完成了市级重点课题《关于加快工业结构调整，促进沈阳老工业基地产业升级的研究》，为加快沈阳老工业基地振兴提供了重要决策参考。

完成国家重点调查任务。一是完成国家发改委老工业基地城市发展规划重点调查工作。按照国家编制《全国老工业基地调整改造规划》的要求开展老工业基地振兴情况专题调研，形成《沈阳老工业基地调整改造情况报告》。二是为《东北亚区域合作与东北地区沿边开发规划》提供基础材料。《东北亚区域合作与东北地区沿边开发规划》是国家发展改革委东北振兴司2011年度重点规划，是拟提交国务院东北地区等老工业基地领导小组会议审议的重要内容。三是为国家发改委东北振兴司《内蒙古东部与东北三省西部一体化发展研究》、《东北地区“十二五”振兴规划（征求意见稿）》、《中国东北地区面向东北亚区域开放规划纲要（征求意见稿）》及《国家发改委办公厅征求对关于促进东北地区职业教育改革创新的指导意见》等提出沈阳市的建议及意见。

推进对俄合作。认真研究落实《中华人民共和国东北地区与俄罗斯远东及东西伯利亚地区合作规划纲要（2009－2018）》，组织企业开展对《俄罗斯联邦远东及东西伯利亚与中华人民共和国东北地区间合作规划项目目录》中项目进行对接，对有合作意向及签约的合作项目进行跟踪调度，形成了对俄合作工作进展情况报告。

2010年老工业基地调整改造专项资金调度和2011年专项资金申报工作。对在建的老工业基地调整改造项目进行跟踪调度，并按照国家、辽宁省、沈阳市要求对专项资金进行规范化管理。组织开展2011年老工业基地调整改造专项资金的申报，远大现代建筑幕墙加工基地项目列入2011年东北老工业基地调整改造专项计划。

（霍　岩）

【信用管理】 2011年，全市信用工作紧紧围绕沈阳经济社会发展中心工作，典型示范，重点突破，全面推进，各项工作取得了明显成效，开启了“信用沈阳”建设的良好局面，为优化经济社会发展环境、加速全面振兴奠定了扎实的信用基础。

1. 加快信用信息平台建设，实现信

用信息整合共享。加大信用信息征集工作力度，进一步扩大征集范围，完善信用信息平台应用功能，部分实现行政机关信用信息资源共享。基本完成市信用数据交换平台一期工程建设，数据征集整合功能已全面实现。组织市直29个部门单位开展信用信息征集工作，在2011年辽宁省政府绩效考评中，沈阳市信用数据报送工作名列全省第一。

2. 深化行业信用建设，规范市场经济秩序。开展针对制假售假和价格欺诈等失信行为的专项整治、政府关联类不良贷款清理整顿和开行贷款清理工作，维护了政府诚信形象，提高政务诚信水平。出台《沈阳市建设市场主体诚信行为激励和惩戒规定》、《纳税信用等级评定管理实施办法》、《沈阳市企业环境信用等级评价管理办法（试行）》、《沈阳市民用建筑供热用热管理条例》、《沈阳市公路建设市场信用考核评价办法》等一系列规范性文件，强化了本领域信用认知程度和信用建设水平。

3. 组织开展信用试点，以点带面促发展。在皇姑区、和平区和大东区开展政务诚信、商务诚信和个人诚信试点工作，探索适合沈阳市经济社会发展实际的信用建设模式，取得较大突破。争取全省惟一中小企业信用建设试点城市，开展中小企业信用档案试点工作，为5000户中小企业建立了信用档案。

4. 发展信用服务业，扩大信用服务领域。积极引导各行业增加信用需求，带动沈阳市信用服务业发展，已有25家信用服务中介机构在沈阳市正式备案，47名国家信用管理师、13名助理信用管理师注册执业。在省重点建设工程项目招标投标领域全面推行企业信用报告制度。

5. 建立健全激励机制，鼓励企业诚信经营。开展沈阳市"万家企业诚信联盟"活动，举行沈阳市"万家企业诚信联盟"启动仪式。全市有7000余家企业加入沈阳市"万家企业诚信联盟"，企业依法经营、诚实守信的责任意识和信用水平不断提升。

6. 加强信用立法，完善信用规章制度。出台《沈阳市企业信用信息归集和使用管理办法》（沈阳市人民政府令第19号）、《沈阳市企业信用数据征集规范（2011版）》和《沈阳市企业信用数据查询管理办法（试行）》、《沈阳市企业信用档案管理暂行办法》、《沈阳市企业环境信用等级评价管理办法（试行）》、《沈阳市供热行业信用记分标准》、《关于建立职工住房公积金制度的通知》等一系列规章制度，进一步提升了沈阳市行业信用环境，加强了全市社会信用体系建设制度保障。

7. 加强舆论宣传，营造浓厚氛围。加大"信用沈阳"建设宣传工作力度，有效发挥《信用工作简报》、《信用沈阳》刊物、"信用沈阳"大型门户网站及各种媒体舆论影响力，广泛宣传诚信典型和守信行为，积极开展信用文化普及活动，努力营造"信用沈阳"建设良好氛围。

（*孟庆文*）

【资源节约与环境保护】 2011年，沈阳市制定落实了节能减排目标责任制。8月4日召开了市节能减排工作领导小组会议，批准了2011年度各地区、各部门指标分解方案，对工作做出了安排部署。通报表彰了2010年度节能减排6个先进地区和14个先进部门。会后，以市政府文件形式下发了《沈阳市2011年节能减排工作实施要点》（附《2011年有关部门节能减排任务分解表》，沈政发［2011］35号）以市政府文件形式印发了《各地区政府2011年节能减排目标责任书》和《沈阳市各地区政府2011年节能减排任务分解表》并将2011年节能减排指标分解落实到各地区、各部门和重点企业，责任落实到人。

完善了节能减排指标任务考核体系。一是在目标责任书中增加了氨氮和氮氧化物减排、综合建筑节能目标和旧热管网节能改造目标等指标；各区、县（市）政府与年耗能3000吨标准煤以上的工业企业签订《重点用能企业节能目标责任书》，由各区、县（市）政府对企业节能工作实行百分制考核。二是进一步明确了各部门的目标任务，在任务分解表中内容涉及的14个大项中又细化了70个小项，明确了责任单位和职责，规定了完成时限和要求。三是为了更好的做好年终收尾工作，全面检验沈阳市的2011年节能减排各项目标任务完成情况，12月份对全市14个区、县（市）人民政府（开发区、管委会）2011年节能减排工作任务完成情况进行了督促检查。

落实了节能减排工作资金。一是落实市财政工业节能专项2000万元，支持重点用能企业实施节能降耗工程及循环经济项目50余个，其中具有示范作用的32个项目列入市工业节能专项资金项目计划，项目建成后可实现节能量52万吨标准煤。二是落实既有建筑节能改造资金2.42亿元，完成改造面积300万平方米。三是落实污染减排专项资金5368万元，用于热电厂燃煤锅炉低氮燃烧设施建设、污水氨氮在线监控建设和烟气在线监控系统建设。此外沈阳市一批重大的节能减排项目（25万吨西污扩建和60万吨南污等项目）按计划推进中。

稳步推进资源性产品价格改革，落实了差别电价。一是加大了阶梯水价的实施力度，对国家产业政策明确的限制类、淘汰类高耗水企业实施惩罚性水价。二是强化了收费征管，确保城市污水处理设施正常运行。三是加快了推进电力价格改革，实施有利于烟气脱硫的电价政策，对已安装脱硫设施、达标排放且正常运行的燃煤电厂上网电量给予脱硫加价。四是大力推进了垃圾处理收费改革。

完善了支持节能减排的经济政策。一是加强和改进了新型墙体材料和散装水泥专项基金（资金）征收管理。二是税务部门对符合国家规定的使用环境保护、节能节水专用设备的企业，落实了固定资产加速折旧，以及环保设备和资源综合利用企业的税收优惠政策。三是推进企业用于能源审计、清洁生产审核和培训费用的合理支出，可以列入企业经营成本或其他相关科目的落实工作。四是研究制订了沈阳市节能、环保产品政府采购实施意见，加大节能环保产品的政府采购力度。

加大了产业结构调整和淘汰落后产能力度。一是大力发展第三产业，特别是现代服务业，设立1亿元的财政专项，重点支持新兴产业的发展。二是严格执行落后产能淘汰计划。三是从严制定国家明令淘汰的用能设备、生产工艺的分期淘汰和更新改造方案，下达《2011年淘汰高耗能落后机电设备的计划》，三年之内强制淘汰电动机、变压器及锅炉等落后机电设备（产品），特别是S7以下落后变压器。

开展了重点领域、区域和企业的节能减排工作。一是组织实施了20项重点节能工程，大力推广应用5项重点节能新技术、新产品。开工建设了6座污水处理厂,新建4座农村垃圾处理场。关停、搬迁炼焦煤气等31家企业,治理蒲河煤矿等7家企业。二是以重点耗能企业节能技术改造为重点,建设了一批"十大节能工程"和循环经济项目。三是组织了市区两级节能监察机构对全市159户重点供暖企业及13户火力发电企业开展拉网式节能监察,对30户重点企业安装了节能计量器具。四是投资618万元建设能源计量中心,加快在线监控和节能管理信息平台建设,切实提高企业信息化水平,推进了信息化与工业化融合。五是加大了重点用能企业的节能工作和监督检查,总结推广沈化、东药、沈煤等7家国家认定的"千家企业"节能工作经验和做法。六是积极推进建筑节能,严格执行新建民用建筑严格按照建筑节能标准设计和建造,居住建筑执行节能65%设计标准,公共建筑执行节能50%设计标准。继续开展了地源热泵技术推广工作,大力推广绿色建筑,全年完成10个"绿色建筑示范工程和4个"新农村节能示范工程";新建建筑供热计量和温控装置安装率达到100%,太阳能光热利用面积实现80万平方米;继续大力推进既有建筑节能改造,完成改造任务300万平方米,拆除10吨以下供暖锅炉房50座、锅炉70台,供热旧管网改造600公里。七是加快淘汰能耗高、技术状况差的出租车,更新节能环保车辆,全年计划更新出租车辆3000台,其中已更新节能与新能源出租汽车近300台;"十二五"期间,计划更新公交车辆2025台。

(*张晨宇*)

【能源发展】 2011年,全市能源工作紧紧围绕市委、市政府"抓项目促调整,抓环境促提升,抓民生促和谐"的总体要求,深入贯彻落实科学发展观,扎实推进能源基础设施建设,加快新能源和可再生能源开发和利用,促进能源消费结构调整,为全市经济社会平稳较快发展提供了坚强的能源保障。

一、能源消费情况

2011年,全市能源消费增长较快,全年综合能源消费量达到4500万吨标准煤。其中:煤炭消费量3800万吨,占全市综合能源消费量的61%;全社会用电量257.6亿千瓦时,占22.9%;燃气消费量6.54亿立方米,占1.7%;成品油消费量346万吨,占11.2%;可再生能源利用折标煤114万吨,占2.5%;液化石油气等其他能源占0.7%。

全市能源消费呈现以下特点:一是能源供应能力明显增强,能源需求总量大幅增长。受全市制造业、建筑业、交通运输业和服务业快速发展等因素影响,全市能源需求旺盛,总体上,煤炭、电力和成品油供需总量平衡,天然气供应紧张局面得到明显改善。二是风电、热电新增装机规模较大,电力生产能力明显提升,电力自给能力明显增强,季节性用电紧张情况不复存在。三是能源消费结构进一步优化。煤炭占综合能源消费比重持续下降,成品油、天然气和风能、浅层地热能等清洁能源和可再生能源利用比重持续上升。四是可再生能源利用发展迅速。2011年共有4个风电场通过核准,新增风电装机17.25万千瓦,1个沼气发电项目通过核准,新增沼气发电装机56600千瓦。五是燃气主要消费领域发生变化。2011年,全市工业和商业用气增长迅速,用气量已经超过居民生活用气规模。

二、能源生产情况

1. 煤炭。沈阳煤矿企业核定生产能力为每年1266万吨,主要生产企业有沈阳煤业集团下属的林盛、红菱、蒲河和清水煤矿,铁法煤业集团下属的大平、小康煤矿以及康平县三台子煤矿、法库县边家和柏家沟煤矿。2011年,全市煤炭产量951万吨。

2. 电力。2011年,全市新增风电并网装机49.5兆瓦,拆除小火电机组36兆瓦。共有各类发电装机3175.6兆瓦,其中:火电装机2480.5兆瓦,风电装机693.7兆瓦,垃圾发电装机2.5兆瓦,小水电装机1.4兆瓦。全市电厂发电量135.78亿千瓦时,比上年增长18.2%,其中:火电120.66亿千瓦时,风电15.0亿千瓦时,垃圾发电1502万千瓦时,小水电897万千瓦时。

3. 城市燃气。2011年,随着中石油秦沈天然气管线和大连至沈阳LNG管线相继建成并向沈阳市供气,沈阳市天然气供应保障能力得到明显增强。2011年,沈阳市年燃气消费总量6.54亿立方米,比上年增长13.5%,其中:民用燃气占总量的36.7%,工业占46.4%,商业占16.9%。截至年底,全市拥有城市燃气管网4314.2公里,各类燃气用户179.1万户。

4. 热力生产。沈阳市热力供应以热电厂和大中型热源厂为主,以小型供热锅炉房为辅,兼顾发展清洁能源供热系统。全市中心城区供暖面积2.34亿平方米,集中供热率90.5%,集中供热面积2.12亿平方米。全市拥有集中燃煤热源1082座,供热管网8300公里。热电联产供热面积6500万平方米,锅炉供热面积1.57亿平方米,清洁能源供热面积1240万平方米。郊县供热总面积1405万平方米,集中供热面积975.4万平方米,集中供热率69.4%,共有燃煤热源221座。

三、重大能源基础设施建设

1. 国电沈西热电厂"上大压小"新建工程。工程建设规模2×330MW热电机组,总投资33亿元。2011年底,首台锅炉点火成功,2012年上半年可实现并网发电,项目达产后,年发电量36亿千瓦时,供应工业蒸汽160吨/小时,实现集中供热面积1080万平方米。

2. 浑南热电厂"上大压小"新建工程。工程建设规模为2×350MW热电机组,总投资30亿元。项目建成后,年发电量38亿千瓦时,供应工业蒸汽160吨/小时,实现集中供热面积1800万平方米。项目前期工作进展顺利,2012年上半年可通过国家核准并开工建设,预计2014年底首台机组投产发电。

3. 沈抚连接带热电厂"上大压小"新建工程。工程建设规模为2×350MW热电机组,总投资30亿元。项目建成后,年发电量38亿千瓦时,供应工业蒸汽120吨/小时,实现集中供热面积1800万平方米。2011年,项目前期工作取得重要突破,国家能源局已经为该项目出具了开展前期工作的批复。2012年底可取得全部核准要件的审批手续,2013年初通过国家核准,2015年建成投产。

4. 沈北热电厂"上大压小"新建工程。工程建设规模为2×350MW热电机组,总投资30亿元。项目建成后,年发电量38亿千瓦时,实现集中供热面积1800万平方米。辽宁省发改委已将该项目做为辽宁省重点推进的热电项目上报国家能源局申请开展前期工作,2011年项目压小机组容量已经筹措完成,力争2012年取得国家能源局开展前期工作的批复,2013年通过国家核准,2015年建成投入使用。

5. 沈阳热电厂异地扩建工程。为解决沈阳市西部地区快速增长的用热需求,2011年,对项目原设计方案进行了适度调整,一期工程调整为在沈阳热电厂厂址内新建2台25MW背压机组,在于洪区平罗地区沈阳热电厂异地扩建厂址内新建2台50MW背压机组,总投资15.5亿元,原一期工程的2台350MW机组调整到二期建设。一期工程建成后,年发电量8亿千瓦时,实现集中供热面积1800万平方米。2012年上半年开工建设,2013年3月建设投产。

6. 沈海热电厂异地扩建工程。为从根本上解决沈海热电厂在城市中心区域污染大气环境,影响城市形象问题,启动了沈海热电厂异地扩建工程前期调研工作,规划选址在大东区欧盟经济区,工程建设规模为2×350MW热电机组,总投资36亿元。项目建成后,年发电量38亿千瓦时,实现集中供热面积1800万平方米。项目规划、用地、环境评价等仍在进一步论证中,2013年向国家能源局申请开展前期工作。

7. 金山"污泥掺烧"供热工程。工程建设规模为2×330MW热电机组,总投资26.5亿元。项目采用先进的流化床锅炉焚烧城市脱水污泥技术,以城市脱水污泥替代部分燃煤。项目建成后,年发电量33亿千瓦时,实现集中供热面积1800万平方米,掺烧污泥73万吨,节约标煤41万吨。2011年,该项目配套热网工程通过核准。

四、城乡电网建设

2011年,500千伏主输电网架建设取得新的进展,辽中500千伏输变电工程通过国家核准,总投资15亿元,新增500千伏变电容量200万千伏安。全市220千伏及以下城乡电网建设完成投资额26.2亿元,开展了220千伏东窑、五爱、沈北,66千伏文北、花园、杨官等大中型输变电工程建设,新增变电容量88万千伏安。农村电网改造总投资4.3亿元,完成17个农网项目改造升级,惠及8个县(市、区)2.95户低压用户。截至年底,沈阳电网220千伏系统主变容量达到6600兆伏安,同比增长10%;66千伏系统主变容量达到8228.3兆伏安,同比增长2.78%。

五、新能源和可再生能源开发利用

大唐法库五龙山、龙源康平沙金台和西关风电场、金山康平上沙金台等4个风力发电场获省发改委核准,项目总投资15亿元。已批复风电装机规模达94.32万千瓦,其中建成发电装机69.37万千瓦。总投资1.7亿元的5.66MW辽宁昊晟沼气发电项目通过辽宁省发改委核准。

六、燃气汽车推广工作

2011年,完成了沈阳市天然气加气站布局规划编制工作,规划到2015年,全市建设加气站34座,其中油气混合站14座。印发了《关于我市开展天然气汽车示范推广工作的通知》和《沈阳市人民政府关于进一步加强燃气汽车管理的通告》,开展陵东加气站等基础设施项目建设。

七、节能与新能源汽车示范试点

市编委批复成立了沈阳市节能与新能源汽车推进办公室,负责全市节能与新能源汽车示范试点工作及新能源汽车产业发展。2011年5月,国家财政部、科技部、工业和信息化部、国家发展改革委正式批复了沈阳市节能与新能源汽车示范推广试点实施方案。根据方案,沈阳市将争取中央补贴资金1.88亿元,每年可节约燃油6042吨,并带动沈阳市汽车产业和汽车服务业进一步发展。全市已经有40辆混合动力公交车、403辆起停式混合动力出租车投入示范运营。

(刘关军 郑大治)

【招标投标发展】 2011,沈阳市召开进一步加强工程建设项目招投标工作会议。会议要求:应招标的项目必须招标;项目招标应达到相应审批深度;履行审批手续时应核准招标方案;招投标活动必须进场;进场交易一定要规范等。

推进招投标交易分市场的建设。建设"1+7"市场格局总体规划。已经完成了中心市场及铁西、沈北、浑南、新民、辽中等5个分市场建设。法库、康平分市场正在加紧建设中,即将投入使用。

强化综合评标专家库的管理。一是进一步扩大专家库容。库内沈阳地区专家人数由启动时不到2000名增加到3000名。二是配合辽宁省招标办完成了评标专家自动语音抽取系统软件升级。三是严格对专家评标行为的日常监督和管理。

做好招标公告的审查发布。全面梳理办事要件,简化办理程序。将发布招标公告的要件减少一半,并对符合要求的即时办结。全年共发布招标公告近4000个。

做好招标师考试报名人员的资格审查工作,有近200人通过了资格审查。为加强招标师职业资格管理,进一步完善从业人员信息数据库的建设,实行动态管理。

(鲁艳伟)

国有资产监督管理

【国有企业改革重组】 机床集团设立欧洲控股公司,完成了德国希斯增资重组,为希斯公司扭亏增盈和可持续发展奠定了基础。红梅集团合资合作,引进浙江环宇投资2亿元项目投产,扩大了生产规模,提升了红梅品牌形象。公用集团整合供暖集团、圣达热力、惠涌供热,形成了集城市供热、工程施工、房地产开发于一体的发展格局。长白集团加强与LG战略合作,引进平板电视年产100万台,销售收入40亿元。水务集团完成8家水厂及营业处的资产整理。惠天热电完成置换新东方供暖股权,规避了可能退市的风险。加快推进上市工作。盛京银行进入上市静默期。沈鼓集团完成股改私募和公司注册。北方重工优良资产IPO准备工作提速。副食集团选聘财务顾问公司制订了上市工作方案。资本运营工作不断强化。市财政及浑南新区增资3.2亿元,做实了沈阳国合公司。全运会公司、五里河公司完成增资工作,注册资本分别增至107亿元和132亿元。东药股份1.5亿股增发方案获国家证监会批准,择机运作融资。机床集团发行了9亿元5年期票据,水务集团发行了5亿元融资债券,筹措了发展资金,降低了融资成本。着力做实市直平台公司。针对国家审计署提出做实沈阳市融资平台公司注册资本金问题,制定了整改意见报市政府,做实6家平台公司工作已进入实质性操作。

(何久军)

【国有资产监督管理】 2011年,沈阳市国有发展战略确立了新目标。编制了《沈阳市"十二五"期间国有经济布局和结构调整发展规划》,明确了未来5年重点任务和发展目标。政策法规体系建设取得突破。《关于推进国有企业贯彻落实"三重一大"决策制度的意见》以市委办公厅、市政府办公厅名义下发，修改完善了企业负责人经营业绩考核及薪酬管理办法。企业风险防范工作得到加强。以恒信公司为主体，组建了资产安全维护服务中心，实行国有债权集中清收处置，防止国有资产损失。工业公司涉及两大资产公司1.6亿元、8100万元债权连带责任案取得胜诉。国资监管基础工作扎实开展。完成企业经营业绩考核及薪酬兑现工作，明确中兴商业、盛京银行年薪由公司薪酬委员会审批。建立了专家评审制度，完成51个资产评估项目。区、县(市)国资监管工作不断加强。产权市场建设取得成效。托管股份制企业32户，托管股权额度100亿元；文化产权交易进场挂牌项目103个，涉及投资额226亿元。第六届中国产权市场创新论坛在沈阳市成功举办。

(*何久军*)

【国有经济增长】 全市国企实现营业收入650亿元，同比增长9%；实现利税72亿元，增长19%；实现利润35亿元，增长17%。装备制造企业实现跨越发展。机床集团经济总量跃居全球第一，沈鼓集团综合实力、北方重工销售收入跃居全国第一，实现历史性突破。金融商贸公用事业快速发展。盛京银行设立外埠分行10家，分支机构突破120家。中兴集团引进品牌88个，品牌销售额占80%。公用集团实施多元化发展战略，进入健康快速发展轨道。自主创新能力强势提升。机床集团推出25种新产品参加国际机床展会，荣获"国家技术创新示范企业"称号，入选"中国十大创新型企业"。北方重工完成了30个新产品开发，列入国家、省、市重大科技计划6项。沈鼓集团完成长输管线压缩机国产化攻关，产品性能达到国际一流水平；20兆瓦电驱压缩机研制成功，填补了国内空白。

(*何久军*)

【国有企业党建】 2011年，沈阳市国资委集中开展了庆祝建党90周年系列活动，召开"一先两优"表彰大会，举办"我身边的共产党员"演讲比赛，营造了崇尚先进、学习先进的浓厚氛围。在全系统组织开展了"三比三增"活动，提合理化建议680多条，开展技术革新80项，增加经济效益3000万元。全系统荣获省级先进典型2个，市级先进典型9个。完成企业领导班子年度考核，对7户班子进行了调整。强化思想宣传工作，扎实推进企业文化建设。加大媒体宣传力度，各大媒体刊发宣传报道40余篇。加强反腐倡廉建设，抓好企业领导人员廉洁从业行为监督，落实"三重一大"决策制度，开展国企"小金库"专项治理。着力解决企业历史遗留问题。筹资2.9亿元，安置了9户企业4200多名职工。争取1.5亿元政府资金(其中政府减免基本医疗保险费用7000万元)，解决了胶管厂职工安置问题。公用集团托管蓝光公司，职工内债全部偿还。设立"阳光慈善基金"募集资金800多万元，解决了信访稳定应急问题。完成上三级交办案件24案，结案100%。

(*何久军*)

统 计

【第六次全国人口普查】 顺利完成第六次全国人口普查工作。先后完成了沈阳市第六次全国人口普查全部登记表的数据录入、编审、上报工作；完成了有关普查主要数据的十一篇系列分析和四篇专题分析的撰写；完成了《沈阳市第六次人口普查主要数据公报》的发布工作；完成了沈阳市第六次人口普查国家级、省级、市级先进集体、先进个人的评选及第六次人口普查工作总结上报工作。

(*李宣澄*)

【方法制度改革】 2011年，沈阳市统计局建立了保障性安居工程统计制度。6月23日，国家统计局会同多部门联合下发了《关于印发保障性安居工程统计制度的通知》(国统字〔2011〕57号)，建立了保障性安居工程统计制度。从辽宁省统计局布置到上报数据仅有半个月时间，而保障性安居工程统计要落实到每一个项目，要完成人员调配、制度修订、项目清理、制度布置、组织填报、数据审核、数据处理、数据评审、数据上报等工作。为了争取时间，保证统计数据质量，沈阳市局创新思路，把纵向任务横向化，各项工作同步进行。

做好提高投资统计起点后的相关工作。2011年，投资统计起点由计划总投资50万元提高到500万元。根据国家和省统计局投资调整方案要求，市统计局早动手、早准备，制定沈阳市调整方案。

(*李宣澄*)

【统计信息化建设】 2011年，沈阳市统计局信息化建设以"四项工程"建设为中心，围绕一套表统计联网直报工作为主线，全市的统计信息化建设工作再上新台阶。

1. 完成了沈阳市第六次人口普查数据处理工作。

2. 领导和组织全市统计系统完成企业一套表统计改革的网络建设方案，主要包括：加强上网行为管理；省局－市局、局本部－局分部之间租用两条裸光纤线路，提高带宽至百兆；市统计局到15个区县开发区网络带宽升级至10M。

3.《综合统计业务平台改扩建工程》验收和完善工作，完成存储系统调试；建立了视频实时监控系统，实现局主机房、局分部机房的视频、网上直报应用、网络实时拓扑、机房温湿度等监控；完成了外网网站网页防篡改系统部署；完善机房环境设备测控系统配置，增加短信告警功能；细化了网络安全边界管理策略，增设安全网关和入侵防御的日志管理服务器。

4. 利用《沈阳统计数据网上直报系统》实现了外资经营企业联网直报。

5. 完成了市统计局信息系统等级保护备案工作，主机房通过了信息安全等级保护实体检查，制定《沈阳市统计局网络与信息系统安全应急预案》，组织起草了《人员离岗离职信息安全管理制度》、《信息化岗位信息安全和保密责任制度》、《外部人员出入机房管理制度》等人员管理制度，与信息安全员签订了保密协议，通过了沈阳市信息化领导小组信息安全检查。

6. 组织完成了《辽宁省公安工作群众满意度调查》、《沈阳市规模以下工业企业抽样调查》、《沈阳市"三上单位"基本情况摸底调查》等三项调查的程序编制任务。

7. 积极为一套表联网直报工作做准备，组织区县召开《全市统计信息化工作及网络建设培训会》及局内一套表程序培训会。

(*李宣澄*)

【统计服务】 2011年，沈阳市统计局在统计服务工作上，重点围绕沈阳市经济、社会发展重点、热点、难点问题，特别是结合"十二五"工作目标,部署全局的统计分析课题、开展统计分析和统计监测工作。在具体工作中,积极倡导树立新思维、新观念,采取新方法、新手段,在分析的深度、广度和指导实践的实用性、针对性等方面积极探索,努力提供针对性强、参考价值高的统计分析报告。一是定期组织编发全局综合性年、月度统计资料。月度资料包括月度预计、区县通报、月度快报、统计月报和宏观监测等5种基本资料。年度资料主要包括统计卡片、统计公报、沈阳统计手册、沈阳年鉴数据版面、沈阳统计年鉴、五年资料及特定历史时期汇编的系列性历史统计资料。二是月度资料系统性更加完善,加深各级领导对统计数据的分析和理解程度。作为月度资料的补充,进一步完善了统计数据分析表的基本结构,并按要求格式编辑提供给市领导。三是注重统计数据的二次开发。市统计局着重将常规的统计资料与领导的实际需要相结合,通过资料的重组和整合,特别为陈海波市长加工整理了20余个统计指标的走势曲线图表。四是更好地满足各地区领导对统计数据的急需。在扎实做好统计资料加工整理的基础上,较好地满足了各级领导对统计数据临时性、紧急性的需求。市统计局定期或不定期地向上级党政领导机关和其他部门提供常规性统计资料及临时性统计资料100种以上;定期或不定期地提供常规和新编辑统计资料、书刊15种;全年获得市领导批示的报告文章共52篇次,其中:曾维书记批示2篇,陈海波市长批示6篇。沈阳市统计局被市委、市政府办公厅共同授予2009—2010年沈阳市调研工作先进单位和2010年度沈阳市政府系统、市委系统信息报送工作先进集体;市统计局撰写的《关于沈阳市民生现状及发展对策研究》和《关于沈阳市产业结构调整的难点及改进措施的研究》两篇文章,在沈阳市组织的优秀调研成果评比中,分别荣获一、二等奖。

(李宣澄)

【法制建设】 2011年,沈阳市统计局一是成立了由党组书记任组长,党组成员任副组长,各处处长为成员的依法行政领导小组,以便加强对依法行政工作的组织领导。

以制度建设为重点,建立健全各种执法责任制度,在原有9个制度基础上,又完善了《统计行政处罚自由裁量权细化标准》和《统计行政处罚先例制度》、《统计行政处罚说明理由制度》等,并印制了行政职权目录,及时向社会公开,不断推进依法行政的规范化。

积极开展全员执法和经常性执法。全年统计系统对150余家企事业单位进行了执法检查,立案查处统计违法行为93件,维护了《统计法》的权威性。

启动"六五"普法工作,市统计局开展了形式多样的普法宣传活动,其中,大型户外宣传活动3次,发放宣传单3000份,宣传纪念品5000个,向调查对象发放普法手册2.2万本。制定了《沈阳市统计"六五"普法规划》,成立了"六五"普法领导小组,并设立了相应的办事机构。

(李宣澄)

【统计文化建设】 2011年,沈阳市统计局以深化"四个一"和"一学三提"活动为动力,全面加强党的思想、组织、作风、制度和反腐倡廉建设,不断提高统计队伍凝聚力和战斗力,确保了各项统计工作顺利完成。一是深入开展创先争优、"四个一"和"一学三提"活动。机关党委紧密结合建党90周年和创先争优活动,重点加强了对先进典型人物的选树和集中宣传工作,除在《机关生活》刊物报道好人好事外,还在局域网上开设了反映《身边的人身边的事》专栏,编印了创先争优促振兴群英谱《辛勤耕耘无私奉献》一书,营造学先进、赶先进、争优秀、做表率的浓厚氛围。二是加强机关党建工作目标考核工作。年初下发了《2011年局机关党委工作要点》和《2011年度考核工作实施方案》,机关党委书记和各党组织书记签订了《2011年党建工作目标责任状》。同时,市统计局积极贯彻落实市直机关工委部署的各项工作任务,圆满地完成了工委对市统计局机关党建工作目标管理调研考核工作。三是充分发挥统计文化的引领和凝聚作用。机关党委在继续办好《机关生活》、开展读书购书活动、参加工委"读书论坛"报告会等基础上,不断创新工作载体,使统计文化建设工作取得新进展。主要表现在阳光系列统计文化建设之三《阳光人生》已初见成果;进一步创新统计文化理念,编印了《统计文化理念集锦》;青工委作用得到发挥,全局青年朋友积极投身到振兴实践活动之中;6个文体协会的组建,进一步丰富和活跃了机关文化生活;"春节"联欢、"三八"节纪念活动、"五一"登山活动、"五四"青年拓展训练、全市统计系统建党90周年文艺汇演以及"八一"军转活动等丰富多彩的统计文化建设活动,使全局干部职工的精神面貌发生了深刻变化,为高质量完成统计工作任务注入了不竭的精神动力。

(李宣澄)

【国家统计局局长马建堂来沈调研】
2011年4月19日,国家统计局局长马建堂来沈调研。市委常委、常务副市长顾春明陪同调研。

马建堂先后考察了沈阳市城市规划展示馆、沈阳鼓风机(集团)有限责任公司、沈阳北方重工集团有限公司和沈阳机床(集团)有限责任公司。

在沈阳市城市规划展示馆,马建堂参观了总体规划模型演示区、总体规划展区、历史文化名城展区以及沈阳经济区展区等,了解沈阳未来发展规划的有关情况。

在沈阳鼓风机(集团)有限责任公司,马建堂听取了企业联网直报工作的汇报,与企业有关人员进行了深入交流,对企业联网直报工作给予充分肯定。在北方重工盾构机车间和沈阳机床集团数控机床车间,马建堂认真听取企业发展规划、生产经营和自主创新等情况汇报,他鼓励企业今后能够实现更大的发展,希望沈阳市坚持走新型工业化道路,加快培育一批拥有国际知名品牌和核心竞争力的世界级企业,努力把沈阳建设成为具有国际竞争力的先进装备制造业基地。

(鉴 闻)

审 计

【概况】 2011年,全市两级审计机关深入贯彻落实科学发展观,牢固树立科学的审计理念,以转变发展方式为主线,紧紧围绕"抓项目促调整、抓环境促提升、抓民生促和谐",加大审计监督力度,提高审计质量和工作水平,充分发挥了"免疫系统"功能,为促进全市经济社会健康运行、加速实现老工业基地全面振兴提供了更加有力的保障。

强化全员教育培训,审计人员素质明显提高。为更新和完善全市两级审计机关干部队伍的知识结构,适应审计职业化发展的需要,针对全市审计干部队伍的实际,大力开展了“两训一考”工作,开办了审计基础培训班、投资审计基础班,并坚持常年网上培训、年度集中整训、实战交流等,不断强化对干部队伍基本知识、审计技能的培养,审计人员的专业化水平得到了提升。

健全完善各项规章制度,审计执法工作规范运行。以贯彻落实《国家审计准则》为契机,沈阳市审计局重新修订和完善了审计业务流程和审理办法,规范了各种文书格式。以强化审计质量控制、提升审计执法水平为重点,对原有的《沈阳市审计局审计项目质量考核办法》进行了修订和完善,使其更加符合工作实际。与此同时,加强了对各区、县(市)审计机关的业务指导和监督考核,制定了一批相关制度。此外,由沈阳市审计局起草的《沈阳市政府投资建设项目审计监督办法》以市政府29号令形式出台。明确了审计机关对沈阳政府投资项目的审计监督职责、权利、义务和法定地位。该《办法》于2011年12月1日起正式施行,标志着沈阳市政府投资审计步入法制化、规范化轨道。沈阳市审计局还结合工作实际,出台了《沈阳市审计局聘用外部机构或人员管理办法》,修订和完善了《沈阳市审计局行政处罚自由裁量实施标准》,起草了《沈阳市审计局行政处罚自由裁量先例制度》和《沈阳市审计局行政处罚自由裁量说明制度》等。

运用现代审计技术方法,审计信息化建设扎实推进。沈阳市审计局首次开展了对全市养老保险及工伤保险信息系统审计。推动了审计技术方法创新,增强了在信息化环境下查错纠弊、规范管理的能力。同时,计算机审计应用取得历史性突破。在上级审计机关开展的现场审计实施系统(AO)应用实例征集工作评比中,沈阳市审计局有4篇获得审计署二等奖和辽宁省审计系统一等奖、沈河区审计局和苏家屯区审计局各有1篇获得审计署三等奖。此外,沈阳市审计局还加强了对区、县(市)审计机关信息化建设工作的现场指导,完善了审计管理系统,使区、县(市)局实现了网上办公。

加强廉政建设和作风建设,维护良好审计形象。两级审计机关把审计纪律作为“高压线”、“生命线”,深入开展党风廉政建设。坚持“外抓纪律,内抓管理”,不断强化制度建设和制约机制,从严治理审计队伍,保证了审计纪律和各项廉政规定落到实处。同时,严格按照温总理“依法审计、文明审计”的指示精神,坚持实事求是、客观公正的工作态度,坚持谦虚谨慎、严谨细致的工作作风,积极倡导文明审计,树立了良好的社会形象。

2011年,全市两级审计机关全年共审计和调查了675个单位,查出违规和管理不规范金额133.72亿元,促进增收节支3.26亿元。向两级政府和有关部门提交各类专题报告、要情、信息611篇,被批示采用199篇(次),其中被市领导批示69篇(次)。

2011年12月26日,审计署决定对沈阳市审计局记“地方政府性债务审计先进集体三等功”一次。沈阳市审计局还荣获辽宁省审计系统先进集体、辽宁省廉政文化建设先进单位。

(余　宏)

【预算执行审计】 两级审计机关围绕“构建财政审计大格局”的审计理念,继续增强财政审计工作的整体性、宏观性和建设性,以促进积极财政政策贯彻落实为目标,继续深化财政预算执行情况和其他财务收支审计。沈阳市审计局组织实施了对市财政和24个部门的预算执行审计,重点对与全市经济发展和民生工程密切相关的20项专项资金的管理和使用情况进行了审计或审计调查,共查出4个方面的19个问题,查出违规金额5.35亿元。2011年7月20日,受市政府委托,沈阳市审计局局长毕华峰向沈阳市十四届人大常委会第三十一次会议做了《关于2010年度沈阳市本级预算执行和其他财政收支的审计工作报告》。认真分析和评价了本级预算执行的总体情况,客观揭示了财政预算执行中存在的问题,实事求是地提出了加强和改进财政工作的审计建议。

在市人大和市政府的高度重视下,预算执行审计整改工作取得实效。市政府及相关部门认真落实市十四届人大常委会第三十一次会议对市政府《关于2010年度沈阳市本级预算执行和其他财政收支的审计工作报告》的审议意见,对审计查出的问题高度重视,主要领导亲自召开会议专项部署,认真落实和推进整改工作。部门预算单位对违反财经法规及预算管理制度规定的问题,已纠正资金额度达到5.34亿元,占部门预算执行审计发现问题资金额度的99.84%。总体上看,审计整改工作取得了较好的效果。2011年12月1日,沈阳市十四届人大常委会第三十四次会议审议通过了市政府《关于〈2010年度沈阳市本级预算执行和其他财政收支的审计工作报告〉提出问题整改情况的报告》,对审计整改工作给予了充分肯定,认为审计查出的问题绝大部分得到解决纠正,相关制度建设得到加强和完善。

沈阳市各区、县(市)审计局开展的预算执行审计也都得到了当地政府、人大的高度评价。皇姑区审计局预算执行审计,查出管理不规范资金9749万元,促进制定和完善整改措施12项,建立健全规章制度22项。预算执行审计工作报告在区人大审议时满意率达到了100%。铁西区、和平区、新民市、康平县等区、县(市)审计局结合各地区财政的实际状况,突出对重点领域、重点部门、重点专项资金进行了审计,如实揭示反映了违法违规问题,并作出了严肃处理。

此外,沈阳市审计局对地税审计中共查出包括纳税单位存在应缴未缴税费、个别企业异地缴税及擅自抵顶税款等问题。查补各类税款2230万元,其中市级收入902万元。

(余　宏)

【地方政府性债务审计】 围绕维护国家经济安全、防范风险,加强了地方政府性债务审计。按照总理指示要求和中央经济工作会议精神,全市两级审计机关将债务审计作为2011年的审计工作的头等大事,以高度的政治责任感和历史使命感圆满完成了这项工作。沈阳市审计局于2011年2月至4月,对15个区县(市)及开发区的8个年度政府性债务情况进行了全面审计。对政府债务规模、结构、风险等进行了深入分析,揭示了地方政府性债务在管理中存在的制度不够完善、偿债能力不确定,在资金使用中存在未按合同约定内容使用资金和资金闲置等6个方面的问题,并客观分析了地方政府性债务的成因,提出了健全和完善政府债务管理制度、加强政府债务规模控制、加强债务监管等4条有针对性的审计建议。通过审计,摸清了全市两级政府债务的总体情况,为建立规范的政府举债融资机制,有效防范和化解潜在的风险提供了决策依据。市政府召开两次市长办公会议听取债务审计情况汇报,部署整改落实工作。沈阳市的债务审计工作得到了辽宁省审计厅和国家审计署的高度评价。沈阳市审计局被审计署评为全国地方政府性债务审计先进公务员集体三等功。

此外,按照审计署、教育部、财政部关于开展普通高中债务调查的文件精神,由市审计、教育和财政部门组成联合工作组,对沈阳市所属的公办普通高中的债务情况进行了调查,并取得良好成效。

(余　宏)

【经济责任审计】 围绕强化对领导干部权力运行的监督与制约,进一步加强经济责任审计。2011年,沈阳市两级审计机关认真贯彻执行"两办"《规定》和全国审计工作座谈会精神,不断推进经济责任审计工作。2011年,全市共完成对330名(其中市本级39名)领导干部的经济责任审计,比上年增加121名。通过审计,查出违规和管理不规范问题金额12.91亿元。通过开展经济责任审计,增强了领导干部依法行政、廉洁从政意识,促进领导干部更好地守法守纪守规尽责。

市委、市政府高度重视经济责任审计工作。中共沈阳市委书记曾维、沈阳市市长陈海波、常务副市长顾春明等市领导多次对经济责任审计报告作出批示,提出明确要求。全市两级审计机关也把经济责任审计工作摆在重要位置,不断加大工作力度。加强组织协调。两级审计机关进一步加强了与组织人事、纪检监察、国资等部门的协调配合,不断改进计划管理和成果运用等工作;突出审计重点。在审计中,牢牢把握权力与责任两个方面,着力关注领导干部在履行经济责任过程中推动经济社会科学发展情况,贯彻执行党和国家有关经济工作的方针政策和决策部署情况,制定重大经济决策及遵守廉洁从政规定情况等,还特别关注了揭露和查处重大违法违规问题,审计力度不断加大。在对东北制药集团股份有限公司经济责任审计中,发现集团公司所属单位私设"小金库"、隐匿、故意撕毁会计资料、涉嫌侵吞公款等问题,已将5名涉案人员移送司法机关处理。该项目被辽宁省审计厅评为优秀审计项目。创新经济责任审计工作的组织方式和审计方法,推进了党委、政府主要领导干部同步审计的组织方式和审计方法。首次开展了对沈阳大学、沈阳医学院和沈阳广播电视大学等3所市属高校书记、校长同步经济责任审计。

2011年4月,沈阳市审计局的《党委、政府主要领导干部任期经济责任同步审计若干问题研究》在审计署召开的党委和政府主要领导干部经济责任同步审计会议上作了大会发言经验交流。

各区、县(市)审计局采取措施,进一步加大了审计力度,提升了审计效果。苏家屯区审计局对19名区管理干部开展了经济责任审计,查出违规及管理不规范资金946万元。同时,下发了《开展党政领导干部经济责任同步审计办法》、《区村级主要负责人经济责任审计暂行办法》等5个文件,规范了经济责任审计工作。经济技术开发区审计局开展经济责任审计12项,查出违规金额286.43万元。

(余　宏)

【重点建设项目审计】 2011年,全市审计机关继续深化对政府重大投资项目跟踪审计和决算审计。重点对中央新增投资项目,哈大铁路客运专线征地拆迁建设项目,地铁建设项目,三、四环路建设征地拆迁,十二运场馆建设等项目进行了跟踪审计。在审计中,不仅坚持边审边改,同时,还注重把检查项目建设情况、建成后的运营和实际效果相结合,把评价经济效益、社会效益和环境效益相结合,促进投资管理水平和资金使用效益的提高,一些项目的审计结果得到政府领导的高度重视。在对文化路立交桥、西南高架桥及北海街、滂江街改造工程投资项目决算审计中,查出工程结算不实、招投标不规范、设计质量不高等5方面问题。市领导对审计报告作了重要批示,并要求进一步加强市政工程建设管理。整改工作初见成效。在三环、四环路征地拆迁项目审计中,揭示了个别区县存在弄虚作假套取市补偿资金问题,《审计要情》上报后,陈海波市长批示要求各区、县(市)长对这一问题(也包括目前所进行的城区大面积征收拆迁补偿问题),予以高度重视,立即进行自查自纠。待自查自纠工作结束后,由市审计部门再进行审计,对发现的问题将依法依规从严查处。蒲河生态廊道景观路建设情况审计,揭示了项目前期审批程序不规范、个别路段设计不合理等9个方面的问题,提出了进一步加强招投标管理工作,规范拆迁行为等4个方面意见和建议。同时,还通过对于洪区和新民市有关账目和施工现场的审计和调查,发现骗取和套取拆迁补偿资金等贪污动迁款问题,3名涉案人员已由检察机关立案查处。

此外,辽中县审计局全年完成90项政府投资项目审计,审计资金额5000多万元。沈北新区审计局对市民服务中心等区政府投资项目开展了跟踪审计,节约财政资金1亿多元。工程造价审计审减额2011万元。大东区审计局全年审计政府投资项目资金4493万元,核减财政支出1204万元,提高了财政资金的使用效益。

(余　宏)

【民生审计】 围绕推进社会和谐发展,大力开展了民生审计。2011年,两级审计机关加大了对重点民生工程和重点民生资金的审计力度。把实现好、维护好、发展好人民群众的根本利益作为审计工作的出发点和落脚点,加强了对涉农、社会保障、环保、教育、医疗等各类专项资金的审计监督,市局重点对排污费管理使用情况,设施农业补助资金,养老、医疗保险资金,园林绿化设施维护等十几个民生工程项目进行了审计,都取得了较好的效果。设施农业补助资金管理使用情况审计结果得到了市政府的高度重视,市政府于2011年9月8日在法库县召开了全市设施农业工作现场办公会,副市长王翔坤对2008至2010年度设施农业建设项目有关审计问题进行了通报,对项目建设管理及资金使用管理中存在的问题,提出了具体的整改时限和要求。在市政府的高度重视下,各区、县(市)都加大了整改力度。新民市监察局对某镇设施农业项目损失浪费问题,给予相关责任人行政警告处分。苏家屯、辽中、新民、康平将未按规定用途使用的补贴资金追回重新安排使用。部分设施项目建设面积缩水、因灾损毁导致设施项目闲置的一些乡镇也陆续进行了补充建设和修缮,提高了农业设施的使用效益。

各区、县(市)审计局都把民生审计作为重要任务,结合实际开展工作,收到了良好的效果。于洪区审计局加大了民生资金审计力度与覆盖面,重点审计了群众关注的农村新型合作医疗等12个项目,从资金投入入手,加强对资金全程化监督,确保资金使用到位,取得了很好的社会效果。

(余 宏)

【绩效审计】 围绕提高财政资金管理和使用效益,两级审计机关加大了绩效审计力度,促进了政府投资效果的提高。沈阳市审计局特别关注了政府重大财政专项资金使用效益,组织实施了政府采购资金管理使用情况、产业发展资金工业项目管理使用情况、农村"一事一议"等一批专题绩效审计项目。蒲河廊道建设情况审计等一批其他项目,也都对效益情况给予高度关注。在审计过程中,注意把绩效审计与财政预算执行、财政财务收支、经济责任等审计相结合,并逐步扩大效益审计的范围。2009年至2010年市产业发展资金工业项目专项资金使用、管理及效果审计,专题报告揭示的问题得到了顾春明、汉圣等市领导的重视,批示要求有关部门搞好相关整改,进一步提高资金使用效益。开展的医疗保险基金管理和使用情况绩效审计,揭示了基金结余额较大,未充分发挥效益和职工医疗保险与新型农村合作医疗保险制度存在重复参保等问题。同时在对财政专户基金计息情况的审计中,发现市本级及部分原单独统筹区、县(市)存在银行少计医疗保险统筹基金利息1465.66万元问题。对此,审计机关做出全部上缴相应财政专户的决定。

各县区积极探索效益审计。沈北新区审计局开展了农业综合开发项目效益审计,查出违规资金61万元,提出了有针对性的整改建议,取得了很好的社会效果。

(余 宏)

【交办事项审计】 围绕促进党风廉政建设和社会稳定,两级审计机关努力克服人员少、任务重、时间紧等困难,圆满完成了地方党委、政府交办的各项工作358项,为维护财经秩序和社会稳定发挥了积极作用。

沈阳市审计局配合中央、辽宁省、沈阳市纪委查办案件9起,已移送司法机关处理10人,为促进反腐败斗争的深入、经济的发展和社会的稳定发挥了重要作用。

东陵区(浑南新区)审计局根据当地党委、政府的要求,完成了征地拆迁补偿资金审计复核工作。共审计复核了37个村、32家企业、2430户,审计金额达2.9亿元。

(余 宏)

质量技术监督

【依法行政】 2011年,沈阳市质量技术监督局深入推进了行政执法工作。积极开展执法创新,通过以提高效能为核心不断加大执法力度和以行政指导为中心不断加强执法服务,完成执法确权工作,初步形成了高效、规范的执法体系,全系统执法能力不断增强,较好地适应了发展需要。共查处案件1600余件,全部做到严格、规范,实现了对全市质量安全的有效控制。以"双打"为核心,着力加强对大、要案处置和司法衔接工作,先后立案查处案件615件;向公安机关移送案件15件,同比增长5倍,极大震慑了质量违法犯罪,有力促进了经济社会健康发展。

(胡宁 吴春海)

【食品安全监管】 2011年,沈阳市质量技术监督局将食品安全作为重中之重,通过强化各项举措,特别是严格生产许可准入、抓好对重点企业生产全程监督、加大重点产品抽查强度,以及约束企业加强自我管理,使全市食品质量安全形势总体向好。全年共查处食品案件412件,取缔黑加工点66个,清理注销许可证371个,实物质量批次合格率达到96.3%。

(胡宁 吴春海)

【特种设备安全监管】 2011年,沈阳市质量技术监督局不断改进特种设备安全监察,通过突出抓好重点环节,大力开展"打非"行动,立法规范流动式起重机等重点领域管理,以及加强设备动态监察、强化企业管理责任、完善应急处置体系等,不断提升了特种设备安全监察的有效性。全年共检查特种设备使用单位2409家,设备7184台,消除隐患718处。

(胡宁 吴春海)

【质量监督】 2011年,沈阳市质量技术监督局加强了产品监督抽查工作,进一步扩大规模,优化结构,投入1900余万元对食品等52类产品进行了8015批次抽查;大力开展了各类专项整治和处理,结合"双打",先后组织了对农资、消防、学生用品等重点产品,特别是乳及乳制品、食品添加剂等重点食品领域的专项整治及辣椒制品中工业红色素等领域的风险监测,通过严格监督,有力打击,全年没有发生系统性、区域性的质量安全事件。

(胡宁 吴春海)

【标准化工作】 2011年,沈阳市质量技术监督局启动了第七批国家农业标准示范项目,组织制定两项标准为省级地方标准,制发了全市加强农业标准化的相关意见;积极促进企业标准升级,实现采标18项、备案600余项,组织循环经济标准化试点通过国家验收,开展了装备制造业产业标准编制工作;积极加强旅游、餐饮等服务领域标准化工作,社区安全标准化通过国标委验收。完成了《沈阳市公共信息标志标准化管理办法》立法工作。

(胡宁 吴春海)

【认证工作】 2011年,沈阳市质量技术监督局不断扩大认证执法覆盖范围,对1003家强制性认证产品企业,以及管理体系认证企业、有机认证产品、112家资质实验室及机动车安检机构进行了整顿,有力规范了全市认证领域秩序;着眼于沈阳经济区发展,与周边七城市质监局启动了认证协作机制,为沈阳经济区建设发挥促进作用。

(胡宁 吴春海)

【质量管理】 积极促进全市企业导入卓越绩效管理,已有千余家企业建立相关制度。获市政府批准设立市长质量奖,有效开展了省长质量奖争创工作。按照新的规则,完成了41种市名牌产品评选工作,组织了对38种省名牌产品的申报工作,进一步提高了沈阳制造产品的影响力。扩大了地理标志产品规模。经过努力,新增老龙口白酒、东陵红树莓、辽中鲫鱼、寒富苹果四项产品为国家地理标志产品,有力服务了县域经济发展。

(胡宁 吴春海)

【技术机构建设】 2011年,沈阳市质量技术监督局加快了区域质检高地建设,争取建设资金2515万元。沈西5个国家级检测中心陆续完工并具备验收条件。国家标准馆沈阳分馆投入使用,液化石油气加气机及其他两个国家型式评价实验室分别获得国家授权和取得重大进展。与此同时,积极将硬件优势转化为发展能力,着力推动各院提升高端检测能力和基层所提升基础检测能力,率先完成了对县级计量所定量包装商品检验省级授权,探索推进了岗位设置改革,使技术机构服务水平不断提高,全年实现收入2.27亿元,同比增长20%。

(胡宁　吴春海)

【节能降耗】 2011年,沈阳市质量技术监督局扎实推进了节能降耗工作。首次将30家重点耗能企业能源计量工作纳入全市节能减排责任目标,并组织相关企业配备计量器具1.54万台(件);对1020台锅炉进行了节能监督。已获准筹建国家能源计量中心(沈阳),并开展了相关工作。

(胡宁　吴春海)

【质监惠民】 2011年,沈阳市质量技术监督局为维护消费者利益,组织对加油机等9个领域1.3万台计量器具进行了抽查,并开展了对涉安强检计量器具的专项整治。为增进群众质量安全意识,开展了大量宣传活动,向社会免费发放了1万册《食品质量安全知识及消费指南》。注重发挥"12365"、"民心网"等平台作用,处理百姓投诉近4000件,解决了大量群众关心的实际问题。

(胡宁　吴春海)

【队伍建设】 2011年,沈阳市质量技术监督局大力开展"创先争优"活动,增强了党员干部的责任意识和奋斗精神。不断完善干部选拔任用机制,通过组织推荐、公开竞聘等方式选拔14名干部走上领导岗位,交流、轮岗、引进干部37名,进一步优化了干部资源配置。有针对性地加强干部培训,特别是通过组织干部赴外学习、实施岗位练兵等,增强了干部的职业素质。切实加强党风廉政和行风建设,全面落实各项廉政制度规定,加强经常性警示教育,严肃整顿执法违纪和违规检测问题,有力促进了全系统作风转变。努力提高一线单位履职能力,各基层局工作效能不断提高,为区域发展和事业进步做出了积极贡献。此外,通过加强制度建设、规范政务服务、统筹推进发展、严格资金管理、推广质监文化、抓好扶贫帮困等,使全系统政通人和,呈现出良好的发展势头。

(胡宁　吴春海)

食品药品监督管理

【制定并细化了餐饮审批条件】 2011年,沈阳市食品药品监管局按照依法依规、实事求是的原则,在全国率先制定了《关于明确餐饮服务许可审批有关问题的指导意见》,在确保食品安全的前提下,细化小餐饮审批条件,疏导一批、发证一批、关掉一批,建立了具有地方实践经验的小餐饮从审批到取缔的一整套规范化标准和监管机制,进一步提高餐饮单位持证率,全市大型餐饮企业和学校食堂达100%,中型餐饮企业达90%,小型餐饮企业达60%,512家屡次整改不到位小餐饮被依法取缔。

(傅永忠)

【"非药品冒充药品"专项整治】 本着对人民群众身心健康高度负责的态度,市食品药品监管局科学监管,统筹兼顾,锐意进取,深入开展非药品冒充药品的生产、经营、使用环节的全面清查整治工作。制定下发《关于继续开展非药品冒充药品专项整治行动的补充通知》,确立了整治目标。在全国率先提出了"非药品冒充药品"标准,公布了两批354种"非药品冒充药品"目录,提出了监督处罚法律依据,制定了具体工作程序,在取得显著成果的同时,还建立了长效监管机制,对全国开展"非药品冒充药品"整治起到引导和示范作用。

(傅永忠)

【打假专项行动】 市食品药品监管局高度重视打假工作,认真落实打假各阶段任务,积极组织开展全市药品和保健食品领域打假工作。各项措施的有力实施,确保了全市食品药品领域打假工作的有序推进,2011年,全局累计出动执法人员2.6万人次,印发、张贴《通告》5万多份,捣毁制假售假窝点41个,查处黑窝点数量增长10倍,转递线索21条,查扣违法生产经营的药品、医疗器械、保健食品、化妆品7151件另11.06万盒(支),涉案货值1304.50万元。积极参与"3·15"打假宣传等活动,参加4次集中销毁活动,共销毁假劣药品4025件,货值500余万元;依法查处1060起案件,结案率同比增长245%。与公安等部门协同打假的制度化、长效化和实效性明显增强,筛查、研判涉假品种1000余种,出具假药鉴定函298份,协助公安、检查机关批捕160人,市场秩序进一步净化。

(傅永忠)

【电子化监管】 市食品药品监管局通过推行"四品一械"网上审批、执法电子文书制作评查系统以及药械生产经营全程电子化监管,实现了药品经营企业的全覆盖,高风险药品生产企业的全覆盖,医疗器械经营企业的试点,并网企业近2600家,采集4000余名药师的指纹信息,存储药械进销存信息22350万条,并通过数据信息挖掘实现监管预警,形成了公共服务电子化、监管手段信息化的现代化监管机制,充分显现出覆盖全面、快捷规范、情况准确等优势。

(傅永忠)

【《沈阳市食品药品监管执法约谈制度》制定实施】 在法制建设上,按照"不施不教而诛"的执法理念和"宣传是最文化监管"的宣传理念,将宣传、培训、指导、严格检查紧密结合,制定实施了《沈阳市食品药品监管执法约谈制度》,建立了"依法约谈、分级约谈、适时约谈"的执法约谈模式,这项人性化的监管方式得到了行政相对人的普遍好评,共同构筑了推进食品药品监管事业良性互动发展的命运共同体。

(傅永忠)

【《食品药品安全播报》正式播出】 为充分发挥新闻和食药监部门的宣传引领与监管指导作用,有效搭建政府与百姓之间的沟通桥梁,经市委宣传部批准,全国首创的《食品药品安全播报》公益性综合专栏节目于2011年11月21日在沈阳广播电视台每晚黄金时段正式开播。它的基本定位是,以沈城普通百姓为主要受众,充分发挥新闻媒体和政府职能部门的监督监管作用,对相关法律法规政策进行权威发布解读,对全市食药监系统工作动态和队伍形象进行展示评论,对有关生命健康和安全用药知识进行系统科学普及,对典型企业进行宣传,对违法案件进行曝光,积极抢占沈阳食药安全新闻信息的制高点和最前沿,引领人民群众和新闻媒体对食药监工作的正面关注和大力支持,从而形成有平面、有影音、有网络、有互动的立体化宣传格局。专栏节目自播出以来，得到全国食药监系统和沈阳市委、市政府的高度关注，得到全国各级新闻媒体的宣传报道，得到沈城人民群众的热烈欢迎。随着节目的不断改进和完善，观众收视率和市场占有份额稳步提升。

（傅永忠）

【沈阳食品药品安全联合会成立】　经市民政局批准，沈阳食品药品安全联合会于2011年6月成立，联合会下辖药品生产、药品经营、保健食品、化妆品、医疗器械等分会。该联合会在当年承办的餐饮行业工资集体协商和中国沈阳美食节等重大活动，受到各级领导和相关企业的高度重视和充分肯定。

（傅永忠）

安全生产监督管理

【概述】　2011年，全市安全监管工作继续以“安全生产年”工作为主线，推进市政府确定的26项安全生产重点工作，全面启动全国安全生产标准化示范试点城市和全国安全城区建设两项重点工程，全市安全生产形势总体稳定。一是全市各类事故总数和死亡人数下降，共发生各类事故2697起，死亡604人，死亡人数同比下降1.95%，占省定指标的98.7%。非煤工矿商贸领域事故起数和死亡人数同比分别下降4.08%和1.69%，铁路交通、农业机械事故均大幅下降。二是非煤矿山行业和地方监管铁路道口全年无死亡事故，这一态势已连续保持5年。三是较大事故控制同比持平。事故起数与上年持平，死亡人数同比下降11.9%。四是反映安全发展水平的主要相对指标下降。亿元GDP事故死亡率、工矿商贸十万就业人员事故死亡率、道路交通万车死亡率、特种设备万台死亡率同比分别下降了20%、0.55%、10%和17.5%。

（王永良）

【政府安全生产监管】　沈阳市各级领导高度重视安全生产工作。2011年，市长陈海波、市人大常委会主任赵长义，分别对全市安全生产工作进行了专题视察，研究解决全市安全生产工作重大事项。副市长吴汉圣多次到市安监局现场办公，指导谋划全市安全生产工作。

建立大安全工作格局，在继续贯彻落实《中共沈阳市委、沈阳市人民政府关于进一步加强安全生产工作的意见》基础上，出台了《沈阳市人民政府关于进一步加强企业安全生产工作的实施意见》，明确了各地区、各部门的安全生产职责，形成分管副市长对各自分管领域进行定期安全生产检查的监管机制。

实施目标管理考核，促进政府监管责任的落实。对全市16个地区，26个部门实施了安全生产工作目标管理考核，全部评定为达标以上。

实施联合执法，形成执法合力。特别是市建委、市人防办等部门开展的地下工程监管取得显著成效，地铁1、2号线主体工程未发生死亡事故。

集中开展隐患排查治理月、安全生产执法月和安全生产月活动三大行动。全市共排查安全生产事故隐患3.57万处，查处非法企业50家，发放举报奖金4.3万元。

（王永良）

【企业主要负责人安全生产履职考核】　2011年12月，沈阳市企业主要负责人安全生产履职考核制度被国家安全监管总局评为安全生产工作实践应用创新二等奖。市安监局依据《安全生产法》有关企业主要负责人安全生产职责，对原有的企业安全生产目标管理考核办法进行重新设计，制定并实施了企业主要负责人安全生产履职考核制度，实现了企业主要负责人安全生产履职考核制度的创新。《考核制度》通过分解企业主要负责人法定安全管理职责、制定考核办法和标准、年度述职考核等措施，并与安全生产年度监管计划、专项整治、标准化建设、日常监管等工作进行有效衔接，突出对企业主要负责人和企业的双重考核，有效提高了企业主要负责人对安全生产工作的重视程度，逐步建立和完善了企业安全保障体系，使企业整体安全生产管理水平有了明显的提升。

（王永良）

【企业安全生产标准化建设】　2011年，沈阳市被国家确定为全国安全生产标准化建设示范试点城市。沈阳市将安全生产标准化建设纳入《沈阳市安全生产“十二五”发展规划》十大重点工程之中。市政府下发工作方案并召开专题会议进行部署。完成全市2042家企业、3378人的工贸企业自评人员培训工作，全年完成标准化企业认证725家，占全市规模以上工业企业总数的22%。商贸、旅游等行业的安全生产标准化建设工作也有序展开。一是下发系列指导性文件。先后下发了《沈阳市人民政府关于转发市安监局工贸企业安全生产标准化建设示范城市试点工作方案的通知》、《关于印发沈阳市工贸企业安全生产标准化建设实施细则的通知》等一系列指导性文件，各区、县（市）同时也制定了相应的实施方案，相关政策激励措施正在征求意见之中。二是核准企业数量。从2011年3月起，市安监局对全市企业数量先后进行了4轮核实，以沈阳市企业安全生产标准化推进委员会名义，对16个区、县（市）安监局上报的实施方案进行了批复。三是免费实施培训。免费对全市企业安全生产标准化自评人员进行培训。委托东北大学对242名三级安全生产标准化企业评审人员和自评人员师资进行培训。对2042家企业、3378名企业自评人员实施培训。四是指导企业自评。市安监局与各区、县（市）安监局对企业开展自主评定形成互动。五是组织外部评审。全市工贸企业安全生产标准化评审单位，下设13个专家组，分别负责所属区域企业的安全生产标准化外部评审工作。六是发挥地区作用。各区、县（市）作为市企业安全生产标准化建设推进委员会分会开展工作，市推委会对拟公告企业的10%进行抽查；各区、县（市）安监局与市安全工程研究培训中心共同完成企业自评人员的培训考核工作；13个评审专家组受市职安协会委派，由各区、县（市）企业安全生产标准化建设推进委员会分会领导，接受其工作调度。

（王永良）

【开展反违章活动】　沈阳市企业反违章活动形成了以“修订规程、学习培训、隐患排查、安全创建”为主要内容的基本框架。全市修改、新增、废止规章制度和操作规程共计14余万项，因“三违”引发事故比例从活动开展前的70%下降到了50%，有效改善了企业的安全生产条件。一是修订规程。督促企业对各工种、各环节、各岗位的规章制度和岗位操作规程进行全面梳理和修订。全市修改、新增、废止规章制度和操作规程分别占原有总数的43.6%和21.4%，共计14万项，为企业全面开展隐患排查治理提供了动态更新的指导标准。二是学习培训。各企业把修改完善后的规章制度、岗位规程以及事故案例下发到车间、工段和班组,组织全体职工学习,使职工掌握制度规程和排查身边安全隐患的标准,同时,养成按章指挥、按章作业、遵守劳动纪律的良好习惯。三是隐患排查。督促企业自下而上地开展隐患排查治理行动,对查出的各类事故隐患,按照三定四不准的原则,立即或限期解决,并在隐患排查治理、资金投入、人员培训等方面形成制度。四是安全创建,其核心就是班组安全创建,在创建过程中逐步提高企业本质安全水平。

（王永良）

【安全社区创建】　2011 年,中国职安协会批准在沈阳市成立全国安全社区沈阳支持中心,支持沈阳市创建全国安全城区。沈阳市将此项工作纳入《沈阳市安全生产"十二五"发展规划》十大重点工程之一全力推进。2005 年以来,全市已有 2 个街道被授予国际安全社区,沈河区全区、全市 18 个街道、6 个社区被授予全国安全社区,市级安全社区总数达到 93 个。市政府成立了市安全社区专家组,召开了 2 次会议共培训 520 人,中国职安协会张宝明理事长亲自出席会议并作动员和授课。市内 5 城区已全面铺开创建工作,为"十二五"时期申报全国安全城区打好了坚实基础。

（王永良）

【隐患排查和专项整治】　2011 年,沈阳市加大危化品专项整治的力度。推进危化生产企业产业结构调整,除沈化、东药等 4 家危化生产企业正在按计划实施搬迁外,三环内 43 家企业退出任务已基本完成。积极推广 HAN 阻隔防爆技术,三环路内 126 个加油(气)站,累计完成阻隔防爆技术改造 87 家,累计总投入 3000 余万元。对全市 88 家危化品使用单位实施备案管理,并通过开展安全评价,企业治理隐患累计投资近 1000 万元。

烟花爆竹专项整治。重新修改颁布了《沈阳市烟花爆竹安全管理规定》,缩短了燃放时间,细化规定禁止销售和燃放的 13 类地点和场所,实施烟花爆竹专营管理;排查烟花爆竹存储库房隐患 360 项,查处非法运输销售案件 21 起,收缴烟花爆竹 6762 件。

职业危害专项整治。深入开展粉尘与高毒物品危害治理专项行动,全市共出动 800 多人次,对职业危害重点企业进行了监督检查,下达整改指令书 71 份,全市检测机构已经达到 13 家,404 家企业进行了职业危害检测评价,职业危害申报企业共 1820 家。

深入推进交通秩序整治战役。针对涉牌涉证、酒后驾驶、严重超载等各类交通违法行为,先后组织开展了 80 次统一整治行动,查处各类交通违法行为 7.32 万件,行政拘留 502 人。投入 75 万元对存在重大隐患的三品检测仪进行更新整改,全市三类以上道路客运班线车辆 GPS 安装率 100%。各级校车管理部门对 1755 台校车车况逐一检查,查处黑校车 61 台。

消防领域。在全市开展了"消防安全年"活动,确定了消防安全十大工程,共检查社会单位 30.75 万家次,督促整改火灾隐患 18.51 万处,罚款 2400 余万元,责令"三停"2853 家,拘留 1546 人。

特种设备领域。全市共检查特种设备使用单位 2409 家,监察特种设备 7184 台,排查消除隐患 718 处。

建筑施工领域。针对 1636 个施工现场、8000 万平米施工面积,组织了预防坍塌、高处坠落等类型的专项整治活动,进行了全覆盖的隐患大排查,下发整改通知书 1433 份、停止违法行为通知书 112 份,排查各类隐患 10026 余处。

（王永良）

【宣传教育培训】　2011 年,沈阳市安监局扎实开展职工安全培训。已培训各类人员 4.01 万人次,其中:特种作业人员 259 期 2.14 万人,企业负责人和安全生产管理人员 65 期 1.31 万人,企业安全生产标准化自评人员 17 期 5230 人。开展农民工免费培训,编制农民工培训教材并免费发放,共培训农民工 10 万人次,沈阳市被评为辽宁省农民工培训工作先进单位。

深入开展全民安全生产宣传教育。围绕标准化建设、安全社区创建、打非等安全生产重点工作,发表网络宣传稿件 2430 篇,在《中国安全生产报》发表文章 10 篇,设了 2 个专版,在《沈阳晚报》开设安监专版 10 个,开展以有奖答题、系统文艺汇演和安全短信等为主体的"安全生产月"活动,市安监局也被中宣部、国家安监总局、全国总工会等 7 部门联合表彰为全国"安全生产月优秀单位",被全国总工会、国家安监总局评为"安康杯"优秀组织单位。

推进安全文化示范企业建设。全年完成辽宁省下达沈阳市的通过验收的安全文化示范企业 3 家、市级安全文化示范企业 15 家。

（王永良）

工商行政管理

【概况】　2011 年,沈阳市工商局认真贯彻党的十七届五中全会和中共沈阳市委十一届十次全会暨全市经济工作会议精神,坚持以服务科学发展为主题,认真落实国家总局"五个更加"的要求,紧紧围绕"三抓三促"重点工作,充分发挥工商行政管理职能作用,努力营造发展环境,切实加强市场监管,积极实施惠民工程,深入推进依法行政,不断提高队伍素质,圆满完成了各项工作任务,特别是深入开展"双打"专项整治行动,成功承办第 18 届中国国际广告节,进一步锻炼了干部队伍。

（张校和）

【各类市场主体登记】　2011 年,全市新登记内资企业 19351 户,注册资本 433.76亿元,同比减少0.75%和6.68%。截至 2011 年 12 月底,全市内资企业累计 116836 户(含分支机构),实有注册资本总额4880.11亿元,同比增长6.18%和28.88%。全市农民专业合作社(含分支机构)2967 户,成员出资总额46.34亿元,同比增长 21.6% 和 34.63%。2011 年,全市新登记个体工商户 36102 户。截至 2011 年 12 月底,全市个体工商户 226122 户,注册资本153.09亿元。2011 年,全市新登记外资企业 440 户,同比增长38.8%;投资总额44.38亿美元,同比下降27.5%;注册资本30.3亿美元,同比下降39.7%;外方认缴额24.55亿美元,同比分别下降 47.1%。截至 2011 年 12 月底,全市外投企业 2529 户,投资总额 446.16亿美元,注册资本296.1亿美元,外方认缴额 244.34 亿美元。其中:中外合资企业 629 户,中外合作企业 30 户,外商各类独资企业 1100 户,台港澳各类企业 779 户,股份公司 4 户。累计实有分支机构 2111 户。

（张校和）

【职能服务】 按照沈阳市委、市政府“抓环境促提升”的总体要求，沈阳市工商局在全市率先制定并实施了优化发展环境的22条措施，得到社会各界普遍赞誉。继续开展“三深入、两服务”活动，落实大型企业联系制度，近千名工商干部深入企业14.8万次、深入社区3.8万次、深入村屯1.1万次，服务重点项目933个，帮助企业和群众解决问题9.4万个。下放企业登记管理权限，提高“窗口”办事效率，落实项目提前介入、跟踪服务等措施，为重点项目落地提供了便捷条件。认真做好融资服务工作，办理股权出资登记10.8亿元，办理股权出质登记325件、出质额51.6亿元，办理动产抵押登记177件、主债权金额36.8亿元。改进企业年检工作，对574户大型企业、驰名商标拥有企业和省级以上“守重”企业予以年检免审，对907户大型企业集团、产业聚集区企业和多分支机构企业实行了现场集中年检。大力实施商标战略，新发展驰名商标21件，地理标志证明商标2件、集体商标1件。积极支持新农村建设，推进订单农业发展，指导签订农业订单9146份，订购金额2.7亿元；培育农村经纪人3500人、农民专业合作社466个，促进了农村经济发展。充分发挥个私协会作用，新建就业安置基地105个，培训下岗失业人员4040人，安置就业、再就业人员2.8万人；积极组织会员参加各种商贸洽谈活动，举办了趣味运动会和迎新春联谊会，进一步增强了协会的凝聚力。

（张校和）

【整治和规范市场经济秩序】 根据国务院打击侵犯知识产权和制售假冒伪劣商品专项行动的部署和沈阳市打假工作的要求，沈阳市工商局集中组织了农资、建材、食品、烟酒、保健品等“七大打假战役”，查办各类案件2212件，移送公安机关案件55件，取缔制假售假“黑窝点”360个，查办、移交案件和取缔窝点的数量占全市执法部门总量的50%以上，占全省工商系统总量的80%以上，沈阳市工商局被评为“全国工商系统双打先进集体”。在开展“双打”行动中，高度重视食品安全监管工作，全面推行食品安全专业化监管模式，强化监管追究制度，深入开展地沟油、食品添加剂及“问题乳粉”等专项整治，查办制售假冒伪劣食品案件3998件。同时，查办商标侵权案件308件、违法广告案件132件、合同违法案件56件和旅游市场违法案件13件。加大查处取缔无照经营工作力度，建立了政府牵头、部门联动的“清无”机制，取缔无照经营3107户，疏导办照4290户。不断深化治理商业贿赂专项工作，查办商业贿赂案件27件，案值9500万元。继续保持打击传销高压态势，取缔传销窝点104个，教育遣返传销人员1892人。认真开展网络市场主体调查摸底工作，为推进网络商品交易及有关服务行为监管工作奠定了基础。此外，全系统还配合相关部门开展了扫黄打非、文明祭祀等专项整治行动，进一步规范了市场秩序。

（张校和）

【商标广告监管】 2011年，沈阳市工商局以保护食品商标、药品商标、农产品商标、地理标志、农产品商标、集体商标、证明商标、产品质量标志、涉外商标及驰(著)名商标为重点，加大商标行政执法力度，严厉打击商标侵权假冒行为，查处假冒专用标识行为，共查办制售假冒伪劣商品和商标侵权案件2212件，移送公安机关大要案55件。同时，建立与知名企业合作的政企打假机制，主动与国内外知名企业进行深度合作，编印212家知名厂家打假常用联系电话及网址，邀请茅台、五粮液、剑南春等白酒厂家专业人员以及洋酒协会、烟草专卖局等专家，传授真假商品鉴别技能。开展“打假保名牌执法能手”系列培训，首批确定“打假保名牌执法能手”72人，培养了一批鉴别真假商品的“火眼金睛”。借助企业技术优势，邀请涉嫌被侵权企业配合打假，在日本卡西欧计算机株式会社的协助下，查获假冒卡西欧计算器3.6万台、案值49万元，这是卡西欧进入中国市场以来的最大一起商标侵权案件。开展严厉打击虚假违法药品保健食品和医疗服务广告“百日执法行动”，检查民营医院、公立医院、专科诊疗门诊、药房、保健食品专营店、体验馆、养生堂等场所346家。收缴非法印刷品广告、店堂广告7.87万份，整改户外广告120余处，办结广告违法案件132件。加强户外广告登记和监管工作，印制《户外广告登记申请表》、《户外广告登记情况表》及《户外广告登记证》等，对户外广告登记事权管辖、内容审核、许可证发放、登记档案管理、登记信息传递等事项进行逐一规范，并对沈阳市户外LED电子显示屏设立、登记和监管情况进行摸底和排查。做好广告经营企业的年检验照和新办广告企业的复查工作，及时准确掌握新办企业相关信息。开展公共场所广告语言文字规范和内容健康专项检查，确保广告用语清晰、准确，用字规范、标准。做好烟草广告日常监督工作，共清理媒体、户外、店堂烟草广告64则。

（张校和）

【合同与信用分类监管】 2011年，沈阳市工商局加大合同示范文本的制定和推广工作，与沈阳市旅游局联合制定发布《国内旅游合同》、《出境旅游合同》、《国内一日游合同》，同时针对部分地区电梯事故频发伤人情况，与沈阳市技术监督局共同制定发布《电梯维修合同》，对高层电梯、民用电梯等维护、修理做了详细的约定，对保证电梯的顺利运行，人民群众的人身安全提供了保障。此外，还制定推广了《辽宁省物业服务合同(示范文本)》、《辽宁省家庭居室装饰装修合同》、《建筑装饰工程施工合同》、《商品房买卖合同》等示范文本。加大合同不平等条款的集中整治力度，集中开展婚庆、美容、婚纱影楼等行业的“霸王条款”的整治，全市共检查企业446家，下发责令改正通知书76份。将工程建筑领域整顿作为合同执法的突破口，拓宽监管领域，查办不同类型的合同违法案件，全市共查处合同违法案件56件。积极推进“守合同、重信用”公示工作，按照《辽宁省“守合同重信用”企业评价指标》、《辽宁省“守合同重信用”农户公示暂行办法》，规范企业和农户参与公示活动的具体评价指标和程序，严格把守重企业入门关，公开推荐，公正评价，公示结果，使一大批“讲诚信、守法纪、效益好、贡献大”的企业步入守重企业的行列。做好信用监管工作，推进信用体系建设。以季度为单位继续为市信用中心提供季度增补数据，全年上报信用增补数据4.3万条。加大对信用良好企业的服务力度，年检期间，全市对67户大型联系企业(集团)、23户中国驰名商标企业、484户省级以上(含省级)“守重”企业实行免审制度，“守信经营”使企业得到了实惠。截至2011年10月底，全市12.4万户企业(含外资企业)和24.3万户个体工商户、286个商品交易市场，全部按照ABCD四级监管类别实行了企业信用分类监管。

（张校和）

【流通环节食品安全监管】 2011年，沈阳市工商局完善工作制度，构建流通环节食品安全监管长效机制。健全完善《食品经营主体准入登记管理制度》、《食品质量监管制度》、《食品市场巡查监管制度》、《食品安全监管职责和责任追究制度》等八项监管工作制度。进一步完善食品安全监管体系，构建新的流通环节食品安全监管模式。在全市工商系统推广食品安全专业化监管模式。沈阳市工商局已在全市工商系统171个工商所推行了食品安全专业化监管模式，并在全系统成立食品安全监察大队13个，为加强流通环节食品安全监管提供了有力保障。推行"违法食品经营单位约谈制"，主要目的是要求企业负责人高度重视食品安全、认真履行《食品安全法》规定的责任和义务、自觉承担"食品安全第一责任人"的责任，对食品经营违法行为立即整改。进一步完善责任追究制度，构建新形势下的问责体系。在流通环节食品安全责任追究制度建设上，先后制定下发《食品安全监管职责和责任追究制度》、《加强执法督察监督检查确保流通环节食品安全执法到位工作制度》。

（张校和）

【消费维权】 2011年，沈阳市工商局充分发挥"12315"维权网络作用，认真受理消费申诉、妥善处置消费纠纷，接听消费者热线电话9.4万次，受理申（投）诉4900件、举报2058件，为消费者挽回经济损失460万元。围绕"消费与民生"主题，集中组织了大规模的"3·15国际消费者权益日"纪念活动。不断深化消费教育工作，积极开展户外集中宣传、消费教育行和送法进万家等活动，进一步增强了消费者维权意识和维权能力。积极推进商品与服务社会监督工作，组织开展明码实价、老年人消费调查问卷以及消费者满意度调查活动，促进了企业自律。制定了国内旅游、出境旅游和电梯维修等合同示范文本，开展了婚庆、美容、婚纱影楼等行业的"霸王条款"整治工作，进一步规范了相关行业的经营行为。加大商品质量监测工作力度，重点抽检一批与人民群众生活密切相关的电器和建材商品，并对经营不合格产品违法行为进行了立案查处。积极开展"红盾护农"行动，抽检化肥、农膜等农资商品189个批次，查办农资案件154件，维护了农民的切身利益。

（张校和）

【支持社会主义新农村建设】 2011年，沈阳市工商局巩固和发展合同指导站建设，针对合同订立和文本使用不规范等问题，为涉农企业和农户带来方便及时的法律支持。全年新增合同指导站28个，调解涉农合同纠纷76件。法库县工商局制作《法库工商局提示农民朋友要掌握的几个农业合同常识》、《农业合同知识问答》、《合同常识电视讲座》等宣传片在县电视台播放。推广和发展订单农业，全市共指导签订农业订单9146份，订购金额达2.67亿元。康平县工商局为当地寒富苹果、海周乡花生等农副产品，引线搭桥，指导签约，共为15户农户签订89份金额75万元的订单。辽中县工商局"三个一"活动，即每个工商所帮扶促成一份订单农业合同的签订和履行，联系一个订单农业的重合同守信用农户，深入村屯开展一次合同法和订单农业的宣传活动。实施"商标富农"工程，服务新农村建设。积极宣传注册、推广使用农产品商标，引导农户发展地方特色农产品产业和生态农业、绿色农业，实施"主导产业＋优势品牌"战略，走"公司（合作社）＋商标＋农户"的发展道路，在发展育种和栽培等基础农业的同时，积极发展农产品深加工，打造完整产业链，实现农产品经营产业化、规模化、标准化，促进农民增收。东陵区工商局以"东陵红树莓"地理标志证明商标为纽带，将协会、企业和农户联系起来，共同打造树莓品牌，促进树莓产业发展，全区树莓产量达6000吨。沈北新区工商局指导区米业协会成功注册"沈北大米"地理标志证明商标，将沈北种植和加工的各种品牌的大米统领在"沈北大米"旗帜下，为进一步开拓市场，实现农民增收打下坚实基础。不断加大农资市场监管和执法力度，加大对农资无证无照经营、农资商标侵权、农资广告违法宣传、制售假冒伪劣农资商品的打击力度。共立案查办农资案件154件，收缴罚没款118万元。

（张校和）

【基层工商所建设】 2011年，沈阳市工商局优化工商所布局，加大执法资源整合力度。全年，全市工商系统共撤并36个工商所，工商所数量由2010年底的207个精简到171个，精简率达18%。按照规范、实用、高效的原则，对工商所日志、巡查记录、会议记录等工商所常用本簿全面规范。按照实用、简便、体现监管痕迹的原则，建立工商所基础档案。对基层所硬件设备进行全面升级改造，基本达到每所两台车辆，人手一机、必要执法装备齐全的目标，全系统工商所硬件设施水平得以根本改观。深化"以网格化为基础、以信息化为支撑、以信用分类为依据、以动态巡查为方式"的四位一体综合监管机制建设，实行食品安全监管专管员制度。苏家屯区工商局试行"社会化监管"模式，探索工商监管进社区，发挥社区消保维权站、个私会员服务站以及社区民众等各方面力量，实现监管的合作共赢。加强和改进教育培训工作，举办中国特色社会主义理论体系、"十二五"规划教育培训、十七届五中全会精神等各类专题理论培训班15个班次，参加2535人次。举办"打假保名牌能手"系列培训、基层执法骨干培训班、工商所长能力培训班、新任公务员岗前培训班等各类执法业务培训19班次，参加2261人次。

（张校和）

【个体劳动者协会和私营企业协会发展】 2011年，沈阳市工商局大力开展促进就业工作，全年新建再就业安置基地105个，新建培训基地55个，培训81次，参加培训人员4040人（次），新建高校毕业生就业见习基地53个，吸纳见习人数1.8万人（次）。实现安置下岗失业人员、高校毕业生、残疾人、退役军人和返乡农民工就业共计2.8万余人（次）。搭建银企合作平台，拓宽融资渠道有新突破。举办全市分会秘书融资服务工作培训班，邀请银行、担保公司等有关人员就个体企业贷款的一些具体问题和股权出质登记、动产抵押登记等问题现场进行讲解，全市协会系统共帮助个体工商户实现融资5.97亿元。开展"情系会员，服务发展"活动。全年共走访联系会员1.2万余名会员，帮助会员解决生产经营中遇到的问题和困难3200余件（次）。开展扶贫帮困送温暖工作。全市协会系统共投入资金50余万元，走访慰问特困会员710名，社会特困户283户，特困学生10名，贫困村6个，敬老院5家，希望小学1所。市协会组织沈河、大东、铁西3个单位的扶贫队多次到辽中县满都户镇扶贫开发地进行实地考察调研，与当地村镇领导认真研究扶贫开发项目，共投入扶贫资金近20万元。加强协会副会长、理事和秘书队伍建设，适应服务型协会建设步伐。举办协会秘书长、业务骨干培训班，培训内容为基层协会的档案管理、统计报表和促进就业工作。完善基础工作，制定了《基层协会档案管理规范》。

（张校和）

【成功举办第十八届中国国际广告节】 2011年9月24日至27日，第十八届中国国际广告节在沈阳国际会展中心举办。本届广告节共举办20余场广告作品评比展，10余场高峰论坛，媒体、广告设备、广告技术、中国名城名品等4项专业展览，8项颁奖典礼及酒会。国家工商总局副局长甘霖、国家有关部委部门负责人，国际广告协会主席、美国、英国、法国、日本、意大利等国广告协会负责人等贵宾亲临会议，人民日报、中央电视台、新浪网等国内外强势媒体将实时报道，微软、宝洁、北汽控股、海尔、茅台、蒙牛以及一些跨国广告集团等国内外知名企业领袖将齐聚盛会，5万名专业观众、30万名普通观众云集会场。共接待国家工商总局各司局领导30人，相关部委领导11人，接待全国工商系统48个单位、557名参会嘉宾。

（张校和）

物价管理

【价格调控与监管】 2011年，沈阳市物价局积极做好价格调控与监管工作。配合相关部门落实保障粮、油、肉、蛋、菜等重要生活必需品生产供应以及鲜活农产品运输“绿色通道”等政策，特别是在食用盐等重要生活必需品价格出现市场异常波动时，及时启动应急调控预案，向有关部门提出增量保供的应对措施和建议，保证了重要商品不脱销、不断档。完善价格监测制度和手段，强化价格信息预警分析，及时为领导决策提供准确信息。在完成常规价格专项检查的基础上，加强特殊时段和重点领域价格和收费情况的监督检查。积极落实国家、辽宁省清费治乱工作的相关要求，加强行政事业性和经营服务性收费的管理工作。为了缓和物价上涨的压力，沈阳市推迟了生活垃圾处理费等调价项目的出台。配合民政等部门落实对困难群体生活价格补贴和肉价临时补助政策，确保了低收入群体生活水平不因价格上涨而受大的影响。充分利用各种媒介和宣传活动，开展价格信息和政策的正面宣传，进一步畅通群众价格信息获取渠道，引导群众理性消费。

（徐兴旺）

【价格监测】 2011年，沈阳市物价局强化监测，完善制度，创新监测报价手段，提升了价格监测工作水平。一是在认真完成国家和省固定监测任务的基础上，重点加强了食用盐、面粉、日化用品、蔬菜、生猪、鸡蛋、水产品、生产资料、成品油及大型展会期间宾馆酒店客房价格专题监测。在市场价格出现异常波动时，第一时间汇总情况，上报相关领导和部门。二是按照要求调整了监测报告制度，增加了监测品种和定点监测单位，加大了监测频率和密度。监测品种已达11大类700余个品种、规格、型号，实现了日日有监测，周周有综述分析，月月有汇总统计。全年共上报价格情况反映及分析文章500余篇，其中：被国家发改委采用5篇，被辽宁省物价局采用17篇，获市领导重要批示2件、表扬13件。三是研制开发了价格监测手机报价系统，使承担农副产品每日监测任务的5个农贸市场、2个批发市场和2家超市实现了手机直接报价，缩短了价格监测数据运行时间，提高了监测质量，方便了价格监测数据的远程直接查询。

（徐兴旺）

【价格监督检查】 2011年，按照国家、辽宁省相关要求，沈阳市物价局开展了涉农、涉企、教育、物业服务收费等专项检查工作，同时以遏制价格突发上涨、打击哄抬价格和价格欺诈行为、服务民生为重点，开展了食用盐价格专项检查，严厉打击了造谣惑众哄抬食盐价格的违法行为；开展了医药卫生服务价格大检查；规范了停车场收费和商品房“一房一价”行为；配合辽宁省物价局，查处了沈阳沃尔玛中街店的价格欺诈行为。在元旦、春节等节日期间，市、区（县）联动，开展了节日市场专项检查治理，有力地维护了节日市场价格的稳定。全年，共查处各类价格违法案件221件，上缴财政242.6万元，责令违法单位为消费者退款123.9万元。

（徐兴旺）

【价格政策宣传】 在沈阳市出现食盐价格暴涨、市场脱销等情况时，全市价格主管部门加大宣传力度，通过新闻媒体、网站等渠道加强正面宣传和引导。沈阳市主要食品价格除在沈阳价格信息网上公示外，《沈阳日报》等媒体也经常转载，辽宁广播电视台经济频道《直播生活》主档节目每日滚动播出，《辽沈晚报》每周二至周五固定栏目登载。通过《价格法》实施十三周年、“12358”价格举报电话开通十周年、“5·15”政务公开纪念日等活动以及政策咨询热线等，宣传了价格法律法规和政策规定。

（徐兴旺）

【价格环境建设】 2011年，在国家、辽宁省取消收费32项、降低收费标准62项的政策相继实施后，沈阳市物价局认真落实收费单位《收费许可证》的注销和变更手续。全年核发《收费许可证》426份，年度审验814份。与财政、监察部门联合印发了《沈阳市2011年行政事业性收费（基金）目录》，规范了行政事业性收费行为。对全市行政事业单位、社团组织、中介机构、垄断行业的经营服务性收费项目进行了全面清理，编制了《沈阳市2011年经营服务性收费目录》，进一步规范了经营服务性收费行为。在民生价格监管方面，根据《沈阳市物业管理条例》，沈阳市物价局印发了《关于进一步规范物业服务收费管理的通知》，对物业服务收费审批的环节和要件做出了新的规定。落实《沈阳市养犬管理条例》，确定了养犬管理费标准。根据沈阳市2011年保障性住房建设计划，研究确定了按照周边市场租金70%核定公共租赁住房租金标准的原则，并据此逐个项目审定公共租赁住房租金标准。为解决停车难问题，缓解中心区域停车压力，依据《沈阳市机动车停车场管理办法》，研究制定了《沈阳市机动车停放服务收费暂行办法》，并向社会公示征求意见。

（徐兴旺）

【价格改革】 2011年，根据油价上涨影响情况，沈阳市物价局会同沈阳市交通局对327条长途客运线路的942台客运车辆进行了成本测算，分别上调了燃油附加费标准；按照既定的出租车油运价格联动机制，出台了出租车燃油附加费政策。针对煤炭价格上涨对供热成本的影响，适当上调了工业用热价格。根据地铁1号线试运营及地铁2号线建设情况，核定了地铁1、2号线统一执行8站以内2元、9－12站3元、13站以上4元票价、两条线路之间换乘不加价的政策。

为了促进价格审批制度改革，沈阳市物价局按照市委、市政府要求，将物业服务费、经济适用住房价格等审批权限下放给各享有市级经济管理权限的开发区价格主管部门；将县（市）自来水、燃气、公交票价等价格审批权限下放给各县（市）价格主管部门，强化了各县（市）及各开发区物价部门的价格管理职能。

（徐兴旺）

【价格举报】 2011年，沈阳市物价局按照《信访条例》和《价格违法行为举报规定》进一步完善了价格举报规章制度，规范了举报办理工作流程。节假日"12358"举报电话有领导带班，专人值班，保证了举报电话24小时畅通，投诉举报案件的办理效率明显提高。利用"物价微博"了解群众价格诉求，沈阳市物价局先后出动6个检查组、83人次对大悦城、财富中心停车场等24家单位进行了检查，及时查处和纠正了违规收费行为。全年，沈阳市物价局共受理各类电话咨询3.47万件，受理投诉1465件，咨询答复率100%，案件办结率达99%以上。（徐兴旺）

【价格基础及服务】 价格法制。2011年，沈阳市物价局出台了《沈阳市物价局价格监督检查审理执行工作有关规定》、《沈阳市价格行政处罚自由裁量实施标准》等多项规定，按时完成了市、区两级价格部门行政权力清理确认、行政职权目录编制、廉政风险点防范流程图绘制等法制建设工作，进一步夯实了依法行政工作基础。沈阳市物价局严格履行法定职责，认真办理人大建议和政协提案，受到市政府表彰。

价格诚信建设。沈阳市物价局与《辽沈晚报》联合开展了商业企业"价格诚信宣言"活动，引起了辽宁省物价局的高度重视，并在全省推广，在社会上引起了较大反响。召开了沈阳市教育系统价格诚信动员大会，以规范教育收费为目标，深入推进了全市"价格服务进万家"活动及价格诚信体系建设。

价格认证。沈阳市物价局完成了《沈阳市价格鉴定管理软件系统》的建设工作，实现了在案件办理、流程审批、档案查阅、信息直报等方面规范化管理。建立了鉴定物品数据库，重新规定了鉴定文书模板和归档标准，重大鉴定案件一律提交局案件审理委员会审议。有针对性地对区县价格认证人员、公安系统相关人员进行了专题培训，进一步提高了案件办理质量和工作效率。配合公安、纪检、税务等部门开展涉案财物鉴定工作。全年共完成各类案件价格认证5324件，总标的额12.73亿元。

（徐兴旺）

【农产品成本调查和成本监审】 2011年，沈阳市物价局不断加强基层调查网点建设，加强对农调户的指导和培训。完成了《2011年上半年生猪生产成本、收益情况调查》。《2011年上半年蛋鸡生产成本、收益情况调查》被《辽沈晚报》等媒体刊载，并获辽宁省农产品成本调查报告评比一等奖。全年，市物价局共组织实施供水价格、燃气价格、医疗服务收费、垃圾处理费、物业管理服务费、游览景区门票等18项监审项目，核减不合理成本6.12亿元。沈阳市物价局成本调查监审分局被评为全国成本监审工作先进集体。

（徐兴旺）

【价格协会】 2011年，沈阳市物价局在做好收费员管理和刊物编辑工作基础上，拓展服务功能，扩大对外交流渠道，创新工作方式，研制开发了价格协会网站和电子杂志多媒体系统，并建立了工作动态数据库、价格理论文章数据库和收费员资料数据库，实现了协会工作信息化，开辟了价格理论学习的新途径。全年共出版《价格与供求》（理论版）6期，刊登价格理论文章120多篇。收费员管理工作逐步实现科学化，全年共对沈阳经济技术开发区、水务集团等600多名收费员进行了管理和培训。

（徐兴旺）

财 政 · 税 收

财　政

【财政收支】 2011年,沈阳市财政支出结构进一步优化,实现了财政收支当年平衡。

一、一般预算收入。2011年,全市一般预算收入完成620亿元,为年度预算的117.9%,比上年增长33.23%。

1. 增值税46.5亿元,为年度预算的100.09%,比上年增长16.41%。

2. 营业税165.96亿元,为年度预算的109.8%,比上年增长28.15%。

3. 企业所得税66.38亿元,为年度预算的109.04%,比上年增长31.89%。

4. 个人所得税20.4亿元,为年度预算的101.04%,比上年增长17.75%。

5. 城市维护建设税27亿元,为年度预算的122.73%,比上年增长83.99%。

6. 房产税18.2亿元,为年度预算的105.81%,比上年增长18.39%。

7. 城镇土地使用税25.1亿元,为年度预算的103.91%,比上年增长20.56%。

8. 契税54.7亿元,为年度预算的114.4%,比上年增长35.88%。

9. 印花税7.3亿元,为年度预算的93.82%,比上年增长10.32%。

10. 资源税、土地增值税、车船税、耕地占用税等其他税收59.46亿元,为年度预算的162.05%,比上年增长78.98%。

11. 国有资本经营收入、国有资源有偿使用收入76.7亿元,为年度预算的176.68%,比上年增长49.98%。

12. 行政性收费、罚没等收入30.45亿元,为年度预算的81.28%,比上年下降19.09%。

13. 排污费、水资源费、教育费附加等专项收入20.05亿元,为年度预算的188.15%,比上年增长141.88%。

另外,2011年,基金收入606.42亿元,为年度预算的121.05%,比上年增长23.28%。

二、一般预算支出。2011年,全市一般预算支出635.9亿元,比上年增长23.09%。

1. 一般公共服务支出74.29亿元,比上年增长10.86%。

2. 国防支出1.51亿元,比上年增长18.25%。

3. 公共安全支出37.23亿元,比上年下降2.35%。

4. 教育支出95.29亿元,比上年增长23.65%。

5. 科技支出20.17亿元,比上年增长31.37%。

6. 文化体育与传媒支出10.85亿元,比上年增长24.51%。

7. 社会保障和就业支出108.71亿元,比上年增长14.68%。

8. 医疗卫生支出31.84亿元,比上年增长19%。

9. 节能环保支出13.63亿元,比上年增长28.53%。

10. 城乡社区事务支出88.36亿元,比上年增长43.77%。

11. 农林水事务支出29.77亿元,比上年增长12.73%。

12. 交通运输支出15.24亿元,比上年增长80.35%。

13. 资源勘探电力信息等事务支出44.34亿元,比上年增长10.18%。

14. 商业服务业等事务支出12.36亿元,比上年增长73.86%。

15. 金融监管等事务支出1.32亿元,比上年增长23.37%。

16. 国土资源气象等事务支出5.36亿元,比上年增长113.98%。

17. 住房保障支出37.39亿元,比上年增长50.92%。

18. 粮油物资管理事务支出3.03亿元,比上年增长90.6%。

19. 储备事物支出0.46亿元,比上年增长78.19%。

20. 其他支出4.75亿元,比上年增长55.48%。

另外,2011年,基金支出587.68亿元,比上年增长21.21%。

(财政局)

【完善社会保障体系】 一是完善机制,努力保障社会保险体系平稳运行。加强社保基金征管,明确市区两级政府责任,落实企业养老保险、新型城市和农村养老保险、农村合作医疗保险等财政补助,切实解决企业养老保险基金缺口问题,确保各项社会保险制度平稳运行。二是巩固成果,不断深化医药卫生体制改革。在实施基本药物制度和公立医院改革过程中,同步推进综合改革和多渠道补偿机制,继续推行购买服务、直接补助需方等资金投入方式。加强对医改资金的监管,进一步完善健全绩效管理制度,根据医改任务制定相应的绩效考评办法,科学合理设定考核指标,将考核结果与财政补助资金挂钩。积极落实国家有关支持民办医疗机构发展政策,大力支持和鼓励社会力量办医。三是科学投入,确保全市就业局势平稳运行。积极研究和进一步完善政府促进和扩大就业相关政策,抓好各项财政扶持政策落实,重点支持高校毕业生、农村转移劳动者和就业困难群体就业。强化就业专项资金支出绩效管理,提高公共就业服务水平,完善人力资源市场和就业信息系统。四是优化配置,完善对城乡困难群体和低收入者的救助救济保障制度。健全低保、低保边缘户救助制度,加大低收入群体帮扶救助力度。加强社会救助、社会福利、慈善事业与社会保险之间的衔接,合理调整救助标准,促进各相关政策措施在保障对象、保障政策、保障标准、保障资金、服务管理网络等环节的互联、互动、互补,形成整体推进合力。五是积极引导,推动社会福利和慈善事业全面发展。积极引导全社会广泛参与社会福利事业,发展完善以扶老、助残、救孤、济困为重点的社会福利事业体系,进一步加大对残疾人就业、康复、救助、婚姻、维权和文体活动等方面权益保障力度。

(财政局)

【确保养老保险制度平稳运行】 一是强化"统一预算,分级管理"的城镇企业职工基本养老保险基金管理体制。以社会养老保险基金预算为载体,积极开展养老保险扩面征缴工作,核实缴费基数,实现应保尽保、应收尽收。进一步提高企业退休人员基本养老金待遇水平,确保企业离退休人员养老金按时足额发放。二是解决企业养老保险基金缺口问题,落实企业养老保险财政补助,积极争取省财政对沈阳市企业养老保险个人账户借款,有效缓解统筹基金缺口压力,确保养老保险基金平稳运行。三是进一步完善覆盖城乡全体居民的社会养老保障体系。全面启动新型农村养老保险和城镇居民养老保险,实现养老保险在制度上全覆盖。完善资金补助办法,加强基础数据审核,及时分配补助资金,强化监督管理,保障城乡老年居民基本生活。

(财政局)

【支持农田水利基础设施建设】 采取有力措施,认真贯彻落实国务院《关于加快水利改革发展的决定》(国发〔2011〕1号)。

1.测算农田水利建设资金需求。对市本级可用于农田水利建设项目的资金来源情况逐一进行摸底,根据测算结果,编制全市农田水利建设资金计划。

2.编制农田水利建设资金计划。积极会同市水利局等有关部门,研究编制农田水利建设项目安排计划。全年共落实四批农田水利建设项目资金5.66亿元,计划安排项目80个。

3.严格执行农田水利建设资金计划。在计划执行过程中,市财政部门严格要求按照招投标、政府采购和预决算审核制度实行项目资金管理。由市水利部门将工程类项目预算审核意见书和工程预算报财政部门,财政部门初步审核后报给市基本建设工程预决算审核中心。财政部门将市基本建设工程预决算审核中心出具的项目审核报告书中审定资金额作为拨款依据。截至2011年末,市本级共投入农田水利建设资金2.12亿元,其中:省配套项目4826万元,灌溉工程1.03亿元,治涝工程5509万元,农田基本建设"以奖代补"600万元。

4.结合沈阳市实际,研究制定农田水利建设资金筹集和使用管理实施办法。为规范和加强农田水利建设资金管理,根据《财政部、水利部关于从土地出让收益中计提农田水利建设资金有关事项的通知》精神,市财政局会同市水利局与有关单位沟通,在充分征求意见的基础上起草完成了《沈阳市农田水利建设资金筹集和使用管理实施办法》,为保证资金安全、有效运行提供了政策依据。

(财政局)

【服务全市经济发展】 紧紧围绕现代农业、先进装备制造业、金融、物流、会展等现代服务业以及各项社会事业的发展,坚持思想跟进、政策跟进、资金跟进、服务跟进,从多个角度更积极有效地发挥财政职能作用,不断优化经济结构,促进产业升级。

1.在政策引导上,扶持现代农业发展,落实各项强农惠农政策,促进农民增收。实施县域财源建设工程,大力推行以奖代补,推动县域百亿产业集群建设。综合利用财政贴息、资本金注入等方式,支持华晨宝马新工厂、上通北盛三期、机床等重点产业和重大项目建设,引导和带动社会资金投入,促进经济结构调整和发展方式转变。围绕航空产业发展、企业并购、新兴产业等,制定完善资金管理办法,科学有序地发挥财政专项资金引导扶持作用。落实结构化减税政策,降低企业、居民税负。推进现代服务业发展,落实家电下乡和以旧换新政策,支持发展商贸流通,促进扩大内需和经济结构调整。

2.在资金支持上,较往年提前完成预算编制工作,对重点支出给予优先安排。加快预算执行进度,采取预拨等方式保证重大项目开工建设,尽早发挥财政资金效益。主动筹划资金,整合财力资源,扩大产业发展资金规模,支持综合配套改革和重大产业发展。调度资金43亿元支持"十二运"筹备、沈抚同城化及各地区加快发展和重点项目建设。支持土地储备存量资金达152亿元,在促进土地增值和整合利用的同时,节省大量财务费用。

(财政局)

【支持教育事业发展】 2011年,全市教育支出95.54亿元,增长23.98%,全面实施了义务教育"两免一补",保障了中小学公用经费,积极开展了校舍安全工程、惠民幼儿园建设、高中标准化建设等重点工程和政府办实事项目,为教育事业稳定发展提供有力的资金保障。

1.全力保障,切实落实好校园基础设施建设项目。将百所中小学校舍安全工程、50所普惠性幼儿园建设工程纳入为百姓办实事计划。一是有的放矢,科学规划。积极参与研究制定实施方案、选择改造学校、设计改造方案,对纳入改造范围的学校进行二次论证,统一建设标准、细化建设预算、明确补助办法。二是专款专用,封闭运行。建立专账核算、专人管理、专款专用、封闭运行"三专一封闭"资金管理办法,督促各区、县(市)做到按项核算,即每个具体建设项目均要独立建账核算,坚决避免项目间资金串用、挪用等问题。三是强化验收,规范核算。对已竣工项目,要求及时进行工程质量验收,不合格的一律不予支付工程尾款,合格的建设项目要求其三个月之内完成结算、决算手续,做到项目建完一个、清理一个,确保资金使用安全、规范、高效的同时,进一步提高固定资产管理规范化、精细化水平。

2.着力改善,切实提高各类学校硬件设施配备水平。一是全面落实"双高普九"任务,为义务教育学校进行计算机及电教设备配备,推进教学设备充实更新。二是促进农村幼儿园建设。自2005年起每年安排专项资金,为农村乡镇中心幼儿园添置必要的设施设备,保证幼儿园正常运转。三是大力推进高中标准化建设。安排专项资金用于教学专用设备购置,改善学校办学条件,受益学生9.5万人。四是助力职业教育学校内涵式建设。以"校企结合、突出特色"为支持理念，支持职教园和实训基地建设，购买教学设备，支持机械、电气特色专业建设等，为沈阳市创建国家职业教育实验区奠定了坚实的基础。

3. 创新机制，切实保障各类学校的高质量运转。一是合理确定生均公用经费定额标准。在对全市中小学公用经费需求情况进行全面深入调研的基础上，将沈阳市义务教育公用经费定额标准在省定标准基础上进一步调整，将小学标准提高至700元/年、生，初中标准提高至900元/年、生；同时，结合职业教育学校和市属高校的实际运转情况，制定了符合其实际需求的生均公用经费定额标准，分别为1400元/年、生和1900元/年、生。二是切实保障学校采暖需求。在公用经费定额之外，根据学校实际取暖面积，单独安排了专项采暖经费，满足了各类学校的冬季采暖需要。三是建立经费监管机制。一方面明确经费保障顺序，即公用经费必须优先用于学校正常运转，严禁用于人员经费、基本建设投资和偿还债务等开支，尤其是不得挤占与学生切身利益息息相关的经费支出，如实验器材经费、图书购置经费等。另一方面建立经费管理办法，在明确保障顺序、保障范围的基础上，进一步明确各级部门的管理责任，并形成对各学校经费使用情况的定期抽查制度。

4. 积极推进，为学生就学提供优质的后勤保障。一是投入伙食补贴，让学生“吃得起饭、吃得好饭”。为保证学校食堂菜价稳定，减轻物价上涨对学校食堂经营和服务可能带来的影响，市财政积极调度资金，向学校食堂及家庭经济困难学生发放伙食补贴，直接受益学生达4.6万人。二是稳步推进学生宿舍建设工作，让学生“有地方住、住得舒心”。在保障学校校舍基本建设的同时，充分考虑宿舍配套需求，对学生宿舍的新建、维修、设施设备购置提供必要的经费保障，使城乡13万名学生受益。三是全力保障校车安全，让学生“有校车坐、坐得安全”。从2007年起，每年安排专项资金，用于校车安全运行补助支出，并逐年加大投入力度，提高校车补助金额，切实解决因校车数量不足而引起的超员、超载问题，保障学生乘车安全。

（财政局）

【加强投融资体系建设】 2011年，市政府投融资工作坚持以实现计划、投融资、建设、债务偿还一体化管理为工作目标，努力构建体制完善、机制健全的政府投融资工作体系，切实发挥政府投融资机构在经济建设中的市场主体作用。优化政府投融资结构，规范政府投融资机构运行，推动政府投融资工作科学发展，拓宽渠道，完善手段，为城市建设、优化产业结构、改善民生等重大项目建设筹集资金。截至2011年12月末，全市通过审贷批准融资资金458亿元，其中融资到位312.26亿元，同比增加33.52亿元，增长12.03%，支持了城市基础设施、土地储备整理、重点工程、重大项目的建设。

1. 完善制度，规范管理，建立和完善政府投融资一体化管理体系。建立由项目计划管理部门牵头，主管部门组织，相关部门配合，政府投融资机构具体操作的工作体系。实行政府投融资项目计划、投融资、建设、债务偿还一体化管理，积极推进投融资项目法人责任制，努力实现政府投融资项目借、用、还良性循环。一是组织起草《关于加强政府投融资管理工作的意见》、《沈阳市支持政府投融资机构建设有关政策办理程序》、《沈阳市市本级政府投融资机构考评暂行办法》。二是与市财政局联合印发《沈阳市政府投融资项目债务偿还办理程序》，规范政府投融资项目债务偿还管理工作。三是拟定《关于完善我市政府投融资工作沟通协调机制的建议》，从市区两级投融资管理系统、投融资机构、政府相关部门等角度对完善政府投融资沟通协调工作提出建议。

2. 严格管理，落实责任，防范政府融资项目债务风险。一是按照市本级政府投融资机构2011年政府融资项目偿债资金需求，组织编制《2011年市本级政府融资项目偿债计划》，并以投委会文件形式下达执行，截至12月末，市区两级累计偿还政府融资项目债务178.94亿元。二是协助达锐公司圆满完成15亿信托计划偿债工作。落实市长办公会议精神，协调相关部门，落实债务偿还责任，加强资金调配力度，在规定期限内足额偿还信托资金。三是配合审计署沈阳特派办完成相关政府投融资机构涉及的政府性债务审计工作。

3. 促进交流，深入调研，推进政府投融资机构建设。一是组织召开政府投融资工作交流会。通过实地参观、经验介绍等方式为政府投融资工作搭建了学习和交流的平台，为做好新形势下的政府投融资工作奠定了基础。二是聘请财政部财政科学研究所专家就《地方政府融资工作发展趋势与管理》开展专题培训。三是深入达锐公司、恒信投融资公司等市本级政府投融资机构进行专题调研，对城市基础设施建设、工业、农业等领域政府投融资机构现状进行了分析，提出改革发展工作建议。四是加强政府投融资宣传。

（财政局）

【推进财政改革】 财政体制改革顺利推进。2011年是新财政体制“双轨制”实质运行的第一年。市财政局强化财务管理，按月对账，开展双体制核算。加强对区县指导，规范超收收入管理，在市本级和部分区县设立预算稳定调节基金，用于以后年度重点支出，确保财政平稳运行。

部门预算改革继续深入。标准化、定额化管理不断完善。市财政将财政支出细化为24类、1107项，并根据物价变化等情况，适当提高公用经费定额标准，有效保障各部门正常运转和事业发展。

各项国库改革全面推开。全面完成市本级国库集中支付系统升级改造工作，区县所有预算单位全部纳入国库集中支付范围。市本级取消了具有非税收缴职能的60个部门及其下属执收单位的全部收入过渡户，非税收入直接缴入财政国库或专户。清理整顿财政专户工作进展顺利，全市撤并财政专户267个，有效提高财政核算的规范性和资金运行的安全性。

乡镇财政管理方式改革向纵深发展。进一步健全乡镇财政机构，明确乡镇财政的主要职能，强化财政资金监管，完成了24个财政支持乡镇政府便民服务中心建设，乡镇财政规范化建设工作取得阶段性成果。

农村综合改革稳步推进。顺利完成农村义务教育债务化解，深入开展村级公益事业建设一事一议财政奖补工作，科学制定全市村级公益事业建设2011－2015年项目规划，认真做好村级组织运转经费保障。

（财政局）

【推进农村综合改革】 一、不断完善财政奖补机制，深入开展一事一议财政奖补工作

1. 财政奖补工作机制不断完善。以市政府名义制发了全市工作指导意见和一事一议实施方案，会同市农委制发了一事一议筹资筹劳、奖补资金管理等8项配套制度办法，加大工作指导力度，夯实工作基础。

2. 财政奖补力度进一步加大。2011年，沈阳市安排一事一议财政奖补项目788个，比上年增长50%。项目总投资4.46亿元，各级财政安排奖补资金1.45亿元，比上年增加8784万元，增长154%。其中争取省以上财政奖补资金7751万元，比上年增加3645万元。同时，为充分发挥典型村的示范效应，在省下达奖补资金控制额度内，进一步提高重点村和典型村的奖补比例，充分调动农民投身村级公益事业建设的积极性和主动性，深入推进村级公益事业发展。

3. 财政奖补受益范围进一步扩大。加大财政奖补政策的宣传力度，使广大农民群众用足用好政策。2011年共安排10场一事一议财政奖补政策巡讲，3000人参加培训。2011年，全市一事一议财政奖补覆盖范围增加到99个乡镇、518个村，比上一年乡镇覆盖数提高12.5%，村屯覆盖数提高21%，受益人群进一步扩大。

4. 村内公益设施建设得到改善。2011年，全市一事一议财政奖补资金共支持修建村内道路约2078千米；修建桥梁4座；小型农田水利设施项目121个，其中：机电井11眼，提、排灌站3座，村内水渠近960米；修建文化广场约25万平方米，活动室15个；公共绿化植树约41.4万株；修建自来水井、自来水管道铺设等农村饮水安全工程项目28个；安装路灯2300余盏，修建了垃圾存放点、公共厕所等公共环卫设施项目21个。

二、积极稳妥化解农村义务教育债务，顺利完成省下达任务

按照辽宁省统一部署和安排，沈阳市累计化解偿还农村义务教育债务2.35亿元，化解债务项目4097个，涉及债权人9779人。按省统一调整口径，剔除省规定暂缓化解偿还的债务和应予核减的债务后，沈阳市累计偿还率为100%，顺利完成省下达的化债任务，减轻了农村中小学多年来的债务包袱和乡村两级债务负担，促进了农村义务教育事业健康发展。

三、认真贯彻落实上级文件精神，加强村级组织运转经费保障工作

2011年，市财政根据上级文件精神，积极开展调查研究，主动协调民政、组织部门研究制定落实方案，认真测算并及时拨付资金，对沈阳市村级组织的正常运转提供了政策支持和资金保障。

（财政局）

【第三届会计活动日】 2011年4月28日是沈阳市第三届“会计活动日”。本届“会计活动日”以“会计·文化与使命”为主题，全市会计人员共同参与评选出了活动日标识，开展了会计论文征集活动，并精心筹建了中国（沈阳）会计博物馆。

“会计活动日”期间，各区、县（市）、开发区及市直有关部门积极组织本地区或本部门的会计人员开展了内容丰富、形式各异的活动。通过宣传贯彻《会计法》，加强会计制度体系建设，规范会计行为；通过开展“优秀会计人员”评比活动，提升会计人员社会地位；通过开展高端论坛和专题讲座培训等活动，提高会计人员执业水平；通过开展文艺表演、体育健身等活动，活跃会计人员的业余生活，营造“家”的氛围，增强行业凝聚力。

2011年4月28日当天，举行了以“会计·文化与使命”为主题的第三届“会计活动日”系列活动启动仪式，同时为中国（沈阳）会计博物馆开馆揭牌，并对全市优秀会计工作者进行表彰。

（财政局）

【中国（沈阳）会计博物馆正式开馆】 中国（沈阳）会计博物馆于2011年4月28日在沈阳正式开馆。中国（沈阳）会计博物馆由中国会计报和沈阳市财政局联合建立，是我国首家会计方面的专业博物馆，填补了国内空白。

中国（沈阳）会计博物馆现位于沈阳市财政局事业单位办公楼的4楼，建筑面积500平方米，馆藏文物5000余件。中国会计博物馆现在主要通过图片和实物等馆藏文物来再现会计历史与文化。中国会计博物馆现共设三个展馆。第一展馆（历史馆）主要包括：中国会计史、西方会计史、中西方会计交流与交融、中国会计史上的著名人物和中国会计史上的“第一”，第二展馆（综合馆）主要包括财政篇、税务篇、审计篇、金融证券篇和资产产权管理篇，第三展馆（展示馆）主要包括会计凭证、会计账簿、会计报表、各类票证、会计计算工具及会计核算辅助工具等会计实物。

中国（沈阳）会计博物馆自开馆以来，引起了多方关注，取得了良好社会效益。截至2011年底，中国（沈阳）会计博物馆对社会各界免费开放参观展览，共接待社会各界人士近万人。博物馆被中共沈阳市委宣传部、沈阳市精神文明建设办公室、沈阳市科学技术协会、沈阳市社会科学界联合会共同授予为“沈阳市社会科学科普工作站”。

（财政局）

国 税

【税收收入】 2011年，沈阳国税系统深入贯彻落实科学发展观，牢记“为国聚财、为民收税”的神圣使命，以组织税收收入为中心，坚决贯彻落实应收尽收、应退尽退的组织收入原则，紧紧抓住经济稳步增长的机遇，大力组织税收，全市税收收入总量和地方级收入均实现了历史性的突破。

2011年，市国税系统完成各项收入总计447.66亿元，同比增长28.17%，增收98.39亿元；完成税收收入421.8亿

元,同比增长27.76%,增收91.66亿元。地方级收入完成97.4亿元,同比增长27.02%,增收20.72亿元。含海关代征收入总计的宏观税负7.53%,同比增加0.57个百分点,同比增长幅度达到27.76%,高于全市GDP增幅15.16个百分点,与全市GDP增速的弹性系数为2.2。增值税完成187.16亿元,同比增长15.74%,增收25.45亿元,其中:工业增值税完成133.43亿元,同比增长14.62%,增收17.02亿元;商业增值税完成53.73亿元,同比增长18.61%,增收8.43亿元。消费税完成72.93亿元,同比增长37.79%,增收20亿元。企业所得税完成140.94亿元,同比增长42.79%,增收42.23亿元。利息个人所得税完成0.17亿元,同比下降58.07%,减收0.23亿元。车辆购置税完成20.6亿元,同比增长25.65%,增收4.21亿元。

第二产业税收收入完成255.79亿元,同比增长27.61%,增收55.34亿元,其中:制造业完成229.79亿元,同比增长32.29%,增收56.09亿元;电力、燃气及水的生产和供应业完成税收19.57亿元,同比下降9.1%,减收1.96亿元;采矿业完成4.38亿元,同比增长10.33%,增收0.41亿元;建筑业完成2.05亿元,同比增长63.96%,增收0.8亿元。第三产业税收收入完成166亿元,同比增长28%,增收36.32亿元,其中:批发零售业税收完成76.38亿元,同比增长25.77%,增收15.65亿元;房地产业税收完成27.94亿元,同比增长11.05%,增收2.78亿元;金融行业税收完成19.67亿元,同比增长76.89%,增收8.55亿元;电信业税收完成10.78亿元,同比增长20.99%,增收1.87亿元。二产、三产税收基本同步增长,第三产业税收收入比重略有提高。2011年,第三产业税收收入同比增长28%,增长速度比第二产业高0.39个百分点,收入规模占税收收入总量比重为39.35%,比上年提高0.07个百分点。虽然二产、三产均呈现稳定增长的势头,但是在产业中各主要行业的增长幅度反差较大,其中:在二产税收中,增长速度最快的为交通运输设备制造业,同比增长54.69%;其次为专用设备制造业、非金属矿物制品业和石油加工炼焦及核燃料业,同比分别增长53.89%、48.82%和38.58%;还有部分行业出现下降,主要有橡胶制品业、医药制造业、电力生产和供应和电气机械及器材制造业,同比分别下降21.10%、19.38%、11.58%和3.15%。在三产税收中,增长速度最快的为金融业,同比增长76.89%;增长速度最慢的为房地产业,同比增长11.05%,相差65.84个百分点。

2011年税收收入有以下特点:一是税收形势呈现稳定增长的态势。全市整体组织收入工作始终保持有序、高效的态势,税收收入也实现了稳定、持续的增长,再创历史新高,首次突破400亿元大关,其中地方级收入同比增长幅度达到27.02%,增收额度超过20亿元。从各月份收入增幅来看,除11月份外,各月份收入增长幅度均达到20%以上,其中7月份增幅最高,达到47.07%。二是主体税种均呈现快速增长。在税种方面,增值税和企业所得税等主体税种均好于上年同期,其中地方级收入占比最高的企业所得税完成140.94亿元,突破140亿元大关,增长幅度完成42.79%,高于全市规模以上工业企业利润总额增幅12.79个百分点。增值税增幅也达到了近年来的最高水平。三是主要行业税收实现突破。在行业方面,交通运输设备制造业、电信业、金融业、商业等主要行业均实现不同程度的增长,其中交通运输设备制造业税收实现规模上的突破,树立了沈阳市产业支柱的形象,该行业完成税收117.55亿元,超过100亿元大关,成为全市最具规模的行业,同时增长速度也为各行业之首,达到54.69%,高于全市汽车行业工业增加值(22.1%)的增幅32.59个百分点。四是房地产行业税收增幅呈现逐渐回落的态势。2011年以来,房地产税收呈现极不稳定的增长态势,全年虽然实现增长11.05%,但是增幅不大且增速逐季趋弱,一季度增幅25.5%,二季度末增幅为25%,三季度末增幅为11.84%,四季度末为11.05%。从月份情况看,自5月份起房地产税收出现持续负增长,其中5月份下降20.18%,7月份下降27.31%,8月份下降9.76%,10月份下降10.27%,11月份下降39.4%。五是除宝马、北盛外的工业税收增长乏力。全市工业税收完成253.74亿元,同比增长27.38%,增收54.54亿元。虽然整体工业税收增幅较好,但是从深层次看,华晨宝马和通用北盛这两户企业实现税收比重较大,占到全部工业税收的38.02%,其增收贡献率更达到工业税收的78.75%,这两户企业的巨额增收掩盖了其他工业企业税收的增速缓慢现状,除宝马和北盛外的全市工业税收完成157.28亿元,同比仅增长7.96%,增收11.59亿元,透视出除宝马、北盛外的其他工业企业税收增长幅度不高。六是全市总分机构实现净流入。全市总分机构企业税收延续了总流入大于总流出的良好态势,从外省(市)流入企业所得税为15.68亿元,流出企业所得税为9.11亿元,净流入企业所得税为6.57亿元。七是各项税收优惠政策得到积极落实。全市共办理各项税收减、免、退税42.51亿元,同比增长14.06%,增加5.24亿元,税收优惠政策的积极落实有力地推动了地方经济的健康发展。

(张　鹏)

【税收法制建设】 深入推进依法行政。制定了《沈阳市国家税务局全面推进依法行政实施方案》,明确了依法行政的指导思想、工作目标、基本要求,为全面落实依法行政工作提供了制度保障,税收依法行政效能得到明显增强。认真开展税收规范性文件清理工作,根据国家税务总局、省局工作要求,制定了《沈阳市国家税务局税收规范性文件清理工作实施方案》,召开清理工作动员会,建立清理工作协调制度,共清理失效、废止税收规范性文件230件。完善税务行政审批制度,重新修订《沈阳市国家税务局税务行政审批工作规程》,简化审批程序,实现责权同一管理审批模式,全年承办重大税务行政审批案件197件,有效规范了税务行政审批行为。强化税务重大案件审理工作,重新修订《沈阳市国家税务局重大税务案件审理工作制度》,全年审理重大税务案件447件,涉案税额1.89亿元。认真开展税务稽查案卷、税务行政处罚案卷、税务行政审批案卷评查工作,全市集中评查案卷120件,并将评查发现问题及时进行通报,有效提高了案卷质量和水平。落实税收执法责任制,继续发挥"税收执法管理和执法监察信息系统"作用,深入开展税收执法检查和执法监察,对全系统10个基层单位开展了专项执法检查督察工作,有效堵塞了管理漏洞,防范和降低了税收执法风险。开展"税务稽查执法规范年"活动,认真细化具体落实方案,统一部署全市案件自查、自纠,共对2047件已查结案件进行自查,自查面达到了100%,发现有问题案件595件,自查有问题率24.57%。通过自查自纠、复查整改、建章建制等措施,全市稽查干部规范执法意识得到了进一步加强。拓宽涉税案件的听案范围,选择听案8个注销税务登记检查案件,严把注销税务登记检查关,全市注销税务登记检查有效率达66.14%。加强税收政策执行情况反馈及政策调研工作,按照《国家税务总局政策法规司关于请各地提供文化体制改革中税收政策执行情况的函》要求,对全市25户文化体制改革转制企业和新办文化企业近五年享受税收优惠政策情况进行了调研分析,并针对存在问题提出了解决思路和具体措施,确保税收优惠政策得到及时准确贯彻落实,全系统各单位上报政策执行情况反馈意见105份,向省局报送简报4份。积极探索纳税法律服务举措,进一步优化纳税法律服务,拓宽纳税人涉税争议救济渠道,保障纳税人合法权益,制定了《沈阳市国家税务局税法援助工作制度》,有效推进了税收软环境建设。

大力整顿税收环境。一是涉税违法犯罪行为得到有效遏制。全年共查处偷税案件1126件,查补偷税税款1972万元,入库涉税罚款1466万元。查处重大案件66件,查补入库税额合计9048万元,入库罚款合计516万元。其中:查补10万元以上偷税案件24件,百万元以上偷税案件4件。成功破获了冯亚雄犯罪团伙虚开增值税专用发票案件,涉及增值税专用发票6821组,案值6亿元,涉案税额1.06亿元。二是打击发票违法犯罪活动持续深入开展。全年对8个行业、233户涉票违法企业进行了查处,涉及非法发票7051份,涉及金额1.22亿元,涉及税额1734万元,查补税款1734万元,罚款246万元,加收滞纳金261万元。三是税收专项检查及区域专项整治力度进一步加大。全年对资本交易、广告业、电子和服装类产品出口退(免)税企业等7个行业、555户企业实施检查,查补税款4142万元。对运输发票集中开具地区等开展了税收专项整治,查补收入合计405万元。四是强化审计型检查工作,防范重大税收流失。继续在专业稽查局之间推广以税收风险为导向、以专用底稿为载体、以信息技术为依托、以质量监督为保障的重点税源企业审计型检查。通过省局直接组织和市局自选等形式对中国移动辽宁分公司、光大银行沈阳分行等6户其企业开展了审计型检查。

(张　鹏)

【税收征管建设】 继续发挥"信息管税"在税源及税收征管一体化工作中的作用,拓宽征管监控指标。通过对征管业务数据加工、分析,发现征管工作中存在的漏洞和问题,分阶段对征管质量进行通报。形成了数据分析、一体化通报、任务核实、结果反馈闭环式的科学分析监控体系,使征管工作有据可依。共归集下发47项疑点指标,涉及7.4万户次。经过校正,使一些税收管理相对薄弱的环节得到加强和改进,全市的各项税务征管基础数据的准确率和完整率接近100%;注销检查有效率和注销检查补缴税款率等指标上升幅度突出;对纳税人违法违章行为的查处力度得到加强,违法违章处罚率、滞纳金加收率均保持较高水平。

强化户籍工作管理,提高税务登记的准确率。进一步完善检查、审理、监控、评价等工作环节,优化工作方法,充分发挥注销检查作用,提高注销检查工作质量,扭转以往"以罚代补"现象的发生。截至2011年12月31日,全市办理注销税务登记纳税人户数为1.5万户(含个体定期定额户),占税务登记总户数的9.41%。注销登记检查面为100%;检查有问题户数为2459户,检查有效面为66.14%,补缴税款819.9万元。进一步完善和规范税务登记制度,对全市已认定为非正常户、非正常户流失发票户及异地经营的非正常户进行全面清理。共清分下发非正常户信息1393户,完成非正常户清理核查505户,补税罚款、滞纳金合计13.51万元,对未按规定办理税务登记的3551户纳税人进行了处罚,罚款4.47万元。

国地税互设办税服务窗口为纳税人提供更多便捷服务。围绕贯彻落实市委、市政府关于"抓环境促提升"的工作部署,沈阳市国、地税局在铁西区国地税"联合办税服务厅"成功运行的基础上,在20个基层征收单位的实体办税服务厅互设服务窗口、互派工作人员,提高了纳税服务的质量和效率。

积极推行"网上办税服务厅"。从2011年6月起在全市范围内推广应用"网上办税服务厅"和"网络发票"管理工作。实现了涉税事项网上预约登记、网上文书申请、发票验旧、发票购买申请、涉税通知和涉税公告等涉税事项,并逐步实现网络版发票开具、远程抄报税等功能。"网上办税服务厅"的推广,解决了当前到实体办税大厅办税带来的窗口排队等待、办税效率低、办税成本高等办税烦和办税难的问题,使纳税人申报缴税方便、快捷、安全和高效。全市开通网上办税服务厅的纳税人为1.57万户,受理纳税人来自网上办税服务厅的涉税事项1.54万笔。

加强申报征收管理,提高纳税遵从度。强化月份催报催缴,全年月份平均申报率达到99.98%,月份平均入库率达到99.95%。加强欠税管理。加强欠税数据的核实,确保企业数据与税务机关数据的一致,保证系统数据与核算数据的一致。针对长期形成的陈欠税款,积极采取措施,对有经营生产的纳税人制定还款计划,依法采取税收强制执行措施。2011年共清理陈欠税款2675余万元。

整合税收管理员职责,优化征管质量,全面推行准入制度。对税收管理员工作职责进行了梳理和规范,合理调整了税收管理员的工作职责,建立税收管理员岗位职责监督体系。坚持以资格准入为切入点、以明晰岗位责任为基准点、以管理监控为着力点、以激励制约为调控点,对"两员"岗位责任实施全面管理。通过测评和考试,税收管理员准入率达到了96.5%。

深化普通发票管理,堵塞征管漏洞。进一步强化废旧物资收购发票使用管理。要求凡使用《废旧物资收购发票》发票纳税人,原则按核定征收方式计算所得税,未实行核定征收方式计算所得税的纳税人,不再核批使用《废旧物资收购发票》。进一步强化商业企业(超市)发票使用管理。要求商业(超市)持收据(小票)换发票的,必须按《发票管理办法》的规定如实开具发票。凡是利用购买的商业(超市)自制收据索取发票的,均属于取得不符合规定的发票,不得作为财务报销凭证。通过治理整治,杜绝了利用收据(小票)虚开发票的现象。

加强个体税收管理,积极落实相关税收政策。对基层局查账征收户数较高的进行了清理,对不符合查账征收条件的个体户一律改为核定征收,全市共清理1123户。推广"个体定额软件系统"核定个体定额,于7月份在全市实行。贯彻落实起征点调整优惠政策。从2011年11月1日起,对全市增值税起征点进行调整。全市有5.72万户个体工商户享受优惠政策,占全市个体工商户73.96%;减少税收收入1.73亿元,占全市个体税收收入40.37%。

落实"12345"税收风险管理工作机制,进一步加强对税收风险管理的基础性研究和实际工作应用。积极开展《税收风险管理信息系统》的运行、推广。确定由皇姑、沈北、新民、蒲河等7个税收风险管理试点单位开展《系统》的试运行。经过试运行,全市19个基层征管局均已使用了《税收风险管理信息系统》。建立税收风险管理识别模型研究构建的常态化工作机制。以税收风险识别为导向,对CTAIS中涉及税务登记、资格认定、违法处罚、发票管理、《纳税申报表》、《财务报表》等300余个数据项进行了细致梳理。同时,对重点税源企业的100余个分析指标进行了梳理,使之充分利用,有效提高了"信息管税"的水平和层次。

(张　鹏)

【纳税服务建设】　开展面向纳税人的税法宣传。扎实有效进行纳税咨询工作。拓展面向纳税人的税法宣传辅导渠道。丰富纳税服务网站栏目内容,增设在线咨询、纳税人讲堂、税企业空间等栏目;开通纳税服务QQ群,纳税服务微博等网络互动平台;充分利用12366纳税服务热线、办税服务厅、税务短信息等纳税服务平台以及新闻媒体等载体;通过面对面和举办培训班、纳税人讲堂、座谈会、政策发布会等方式,积极开展税法宣传;尝试与团市委合作,借助国际劳工组织的创业培训(SIYB)体系平台举办了沈阳市"纳税人大课堂"。印发税法宣传资料。全年总计发放省局编印的四大类5万余册税收宣传资料;自行印发纳税服务业务平台简介、税务短信宣传、国地税合作等20万余份宣传册页;各基层局也有针对性地印发了办税指南、注销税务登记流程等宣传资料。扎实有效开展纳税咨询。市区两级均设置纳税咨询专岗和专线电话,并将咨询岗位人员信息通过纳税服务网站对社会进行了公告。市区两级纳税服务咨询岗全年共解答纳税咨询1.17万人次。

进一步夯实办税服务的基础性工作,提升办税服务的质效。一是开展了办税服务厅检查评比。对19个局实体办税服务厅进行了检查,检查内容从办税服务厅环境、服务制度落实、工作人员纪律到管理制度的制定与落实等共5大类42项指标。办税服务厅已经建成了格调统一、环境整洁、标识明确、井然有序、便捷高效的办税服务场所。二是开展重点税源企业分类服务。为每户重点税源企业建立电子邮箱,同时采集企业联系人的移动电话,利用短信平台提供通知与提醒等服务;着手《纳税人分类服务信息管理系统》的研发;在系统上线使用前,分户建立重点税源企业服务档案,采集、记录企业各类纳税服务信息,以有效提供有针对性的服务。三是加强纳税服务软件供应商管理。制定了《关于加强纳税人端办税软件服务商管理的意见》并在纳税服务网站设置"服务商专区"栏目,公开公示纳税人端办税软件服务商的服务内容、联系方式等信息,同时也公示基层局对应岗位人员的联系方式,畅通沟通渠道。四是狠抓涉税服务性岗位人员培训。全年共举办了四期办税服务厅前台服务性岗位人员培训班,196人参加了培训,培训内容涉及税收基础知识、办税服务厅相关业务、服务礼仪与职业素养、心里调试与舒缓解压等方面,进一步提升了办税服务人员的素养与能力。

从建立健全纳税服务投诉机制和研发应用办税服务监控评价系统入手,不断强化纳税人权益保护工作。建立健全对纳税人投诉举报的处理机制,快速、有效地处理投诉举报问题。充分利用信息化手段,以辽宁省12366纳税服务热线投诉为核心,辅以电话、网站、短信、邮箱等多种投诉举报途径,全年处理纳税服务举报信息78条,其中移送有权处理部门非纳税服务投诉信息12条。研发应用办税服务监控评价系统,解决了办税服务厅工作不能量化考核的问题。该系统运行一年来,监控前台操作事项64.08万笔,处理短信评价18.21万条,为纳税人权益保护提供了信息化支撑。

偕同地税机关不断加强A纳税人的后续管理,积极配合市委、市政府做好"信用沈阳"的建设工作。与市地税局联合制发了《沈阳市国家税务局、沈阳市地方税务局关于做好A级纳税人后续管理工作的意见》,对如何为A级纳税人提供优质高效服务进行了详细规定,沈阳市2008-2009年度207户A级纳税信用企业率先受益;每季度按时向市信用中心报送信用数据,共上报税务登记类数据2.42万笔;协助市委统战部做好非公有制经济代表人士综合评价工作,对参与评定的纳税人的纳税信用等级情况及近2年内的行政处罚信息等进行评定,共填制部门评价表347份。

进一步完善纳税服务平台建设。一是丰富纳税服务网站内容。增加了纳税人讲堂、服务商专区、税企Q群、财税时讯等栏目,增强了纳税服务网站的互动性、实用性。二是完善税务短信息平台。税务短信平台定制用户已达3.8万余户,占企业类纳税人的53%,月均发送短信达30万条。三是应用纳税人邮箱系统。邮箱系统为纳税人与税务机关间的文书传输提供了一条新途径,方便了纳税人,提高了税务机关的工作效率。四是拓展电子征缴系统功能。将CTAIS的MIS—POS、车购税MIS—POS和税款批扣纳入常态化管理。2011年1-11月,CTAIS的MIS—POS共征缴税费48.6万笔,合计2.63亿元;车购税MIS—POS(不含康平、法库)共征缴税款13.55万笔,合计17.31亿元;批扣税款5.73万笔,合计5188.26万元;认真做好建行辽宁CTAISMIS项目的试点及推广。2011年1—11月,辽宁CTAISMIS系统共征缴税费5.51万笔,合计4940.74万元。全市80%以上个体工商户采用了划卡缴税和批扣缴税。

(张　鹏)

地　税

【税费收入】 2011年,沈阳市地税系统以组织收入为中心,税费收入总量、增量和增幅等各项指标再创历史新高。全系统共组织税费收入661.8亿元,增长33.8%,增收167亿元。组织各项税收收入470.1亿元,增长34.4%,增收120.2亿元。其中:地方财政一般预算收入407.3亿元,增长35.9%,增收107.6亿元。征收社会保险费178.7亿元,增长32.6%,增收43.9亿元。其中:企业养老保险统筹部分68.2亿元,在年初计划增长12%的基础上,实际增长了36.4%,增收18.2亿元,为全市填补养老金发放缺口做出重大贡献。征收残疾人就业保障金2.1亿元,增长35.2%,增收5410万元。征收河道工程修建维护费4.4亿元,增长33.3%,增收1.1亿元。征收工会经费(筹备金)6.5亿元,增长24.5%,增收1.3亿元。

全市地方税收主要体现以下特点:一是从总体看,收入增幅依然保持"两个不低于",收入规模和增量跨上新台阶。二是从区域看,县域经济税收保持高速增长,城市其他区域和开发区税收占比进一步提高。三是从产业看,第二产业增速快于第三产业税收增长,重点行业税收贡献增大。四是从税种看,营业税和所得税稳步增长,涉及产权交易的税种收入增势迅猛,附征税费成为收入新的增长亮点。五是从经济类型看,非公有制经济税收增长高于全市平均水平,其他经济类型税收保持平稳增长。

(刘　丹)

【税收征管】 全系统以摸清税源底数、夯实征管基础、推进精细化管理为目标,强力推进6项重点工作,取得突出成果。

1.全市地方税源大普查取得重大成果。精心组织,克服困难,团结协作,扎实开展了建局以来首次地方税源大普查。市政府高度重视地方税源普查工作,召开专门会议进行部署,各区、县(市)政府、开发区管委会及相关部门大力支持税源普查工作,形成了综合治税格局。全系统在市局税源普查领导小组的领导下,精心制定方案,设计普查报表,开发普查软件,定期调度督导,分步扎实推进。市局领导和相关部门定期调度,抽调14名副处长深入基层,强化督导,确保了普查质量。通过开展交叉式、地毯式普查,基本摸清了全市纳税人应税房产、定期定额、以票管税、漏征漏管及重点行业税收管理情况。整个普查历时180余天,取得了"三大成果":一是堵塞了征管漏洞。清理了漏征漏管户,普查期间清理补办税务登记5796户,调增个体定额1.1万户,进一步夯实了管理基础。二是提高了征管数据质量。将普查数据与"金税三期"数据比对,查出有问题户7.3万户,发现数据差异12.2万笔,通过甄别修正,有效提高了征管质量。三是做实了财产信息库。通过普查,增加房产原值53亿元,增加租金收入1.65亿元,年增加税源6432万元。深化税源普查数据的分析与利用,组织相关部门撰写了高质量的八大报告,理清了税源管理的长效机制,为当前乃至今后一个时期确定了工作思路。

2.土地增值税清算实现重大突破。突破常规,大胆实践,开发应用了土地增值税清算审核软件,被省科技厅鉴定为省级科学技术成果。制定了科学合理的清算操作范本,集中精锐力量,强力推进清算审核工作。全年共清算244个项目,入库土地增值税32.2亿元,增收16.7亿元,增长108%,一举破解了困扰地税机关多年的土地增值税清算难题。此项工作得到了省局和国家税务总局财行司的高度肯定。

3.推进建设项目源泉控管取得重大进展。制定了建设项目地方税收管理办法,推广应用了全省首创、全国领先的建设项目税源控管平台,实施了集"项目登记、资源共享、数据归集、预警分析和'一站式'服务"于一体的税源管理新模式,通过"一项一档"和"以票控税"相结合的管理办法,实现了对建设项目的精细化管理。全年建筑业税收入库35.8亿元,增幅达36%。

4.在全国省会城市率先应用存量房交易计税价格评估系统。通过规范房地产税收管理,公平确认交易价格,共评估二手房交易2.8万笔,其中调高计税依据1.85万户,增加税收1.4亿元。评估系统上线以来运行平稳,有效遏制了"阴阳合同",杜绝了"人情税",防止了税款流失。此项工作成果在全国各试点地区首屈一指,受到省局和总局领导的充分肯定。

5.在全省率先开创了城镇土地使用税"以地管税、无缝管理"新模式。首次依托数字化地籍图和全球定位系统(GPS)等高科技手段,开展网上城镇土地使用税普查。两个试点单位通过普查增加应税土地面积365万平方米,增加税源240万元。全市正在逐步建立起城镇土地使用税地理信息管理系统,实现城镇土地使用税管理模式由"以户管税"向"以地管税"转化,做到宗地化、无缝化、可视化、动态化管理。这项创新性工作引发了该税征管方式的历史性变革,国家税务总局将其确定为2012年全国地税工作的重要经验进行推广。

6.沈阳地税综合数据平台建设取得阶段性成果。依托省局"金税三期"系统，充分利用现有数据资源，以直观、简洁、快速的门户网站形式为载体，本着创新和务实相结合的原则，以基本数据展现、宏观数据分析、管理指标考核、税收疑点预警和纳税信息服务为重点，建设面向基层一线业务人员、面向业务管理人员、面向各级领导的"税收数据中心"。2011年完成了综合数据平台第一阶段开发工作。该系统包含22个功能模块，内设340多个数据处理逻辑模型，提供520个表单，实现了对"金税三期"征管数据的充分利用，基本满足了税收征管一线对后期数据应用的需求，大大推进了全系统信息化建设进程。

同时，认真落实省局各项征管制度，深化征管与税源预警信息分析比对与整改。完成了各区、县(市)局纳税额前100名纳税人的数据清理工作。充分发挥纳税评估作用，2011年共完成评估3009户次，评估税(费)累计入库2.5亿元。加强各项征管指标的考核，征管质量和效率不断提升。

(刘　丹)

【依法行政】　全系统坚持把依法治税思想贯穿税收工作始终，按照"依法治税、内外并举、重在治内、以内促外"的原则，大力整顿和规范税收秩序。

1.开展代开发票专项治理工作。要求全系统遵守组织收入纪律，严格把握征税要件，坚决杜绝寅吃卯粮、收过头税、转引税款、虚增收入等行为。积极加强与市检察院的沟通与协调，防范税收执法风险，整顿和规范了税收秩序。从完善"以票管税"入手，贯彻新修订的《发票管理办法》及其《实施细则》，把加强纳税人自开发票和地税机关代开发票的管理作为重点工作，严格落实发票管理的各项制度，堵塞管理漏洞。完善票证管理机制，组织开展税收票证专项检查工作。

2.加强税收法制建设。探索建立无过错推定制度，更新税收行政执法理念。贯彻落实《沈阳市规范行政处罚自由裁量权实施办法》，对税收执法检查发现的问题认真进行集中整改，确保税收执法各个环节都有法可依、有章可循。重新修订了重大税务案件审理实施办法，提高了案件审理工作的质量和效率。市地税局全年共审理重大税务案件35件，审结10件，补缴税款、滞纳金和罚款共计1.2亿元。加强税收规范性文件管理，规范税收规范性文件的起草、审核、决定、公布、备案和清理。清理了建局以来的各类税收规范性文件2284件，建立起地方税收法规政策文件库。

3.充分发挥一级稽查职能作用。落实新的稽查工作规程，深入开展税收专项检查，大力查处税收违法案件。稽查局全年共检查私企以上纳税人1276户，查补税款12.52亿元，入库税款6.83亿元。清理以前年度遗留的陈年积案363件，查办百万元以上大要案31件。深入开展打击假发票专项整治活动，查补税费1850多万元。建立并完善稽查信息共享和交换机制，发挥"以查促管"作用。加强稽查工作考核，制定稽查项目考核办法，激发稽查队伍活力。

4.切实落实各项税收政策。加强营业税"票表比对"，积极推行建筑业营业税委托代征工作。强化企业所得税汇算，进一步规范企业资产损失所得税税前扣除审批流程。对2.45万户企事业单位进行了企业所得税汇算清缴工作，汇算率达到100%，位居全省第一。加强个人所得税全员全额明细申报管理，简化个人所得税完税证明开具流程。年所得12万元以上个人所得税自行纳税申报人数2.92万人，同比增长27.45%，扣缴税额为13.68亿万元。认真落实个人所得税费用扣除标准调整、营业税起征点提高等一系列减免税政策。积极做好地价计入房产原值征收房产税、附加税费征收范围扩大、地方教育附加征收率调整等工作。坚持依法征税，不收过头税，认真落实各项税收优惠政策，让纳税人该享受的政策享受到。提高减免税审批工作效率，精心组织减免税统计调查工作。全年共为纳税人减免税收8.1亿元，充分发挥税收调节经济、调节收入的作用，服务"五个沈阳"建设。

(刘　丹)

【纳税服务】　全系统始终把纳税服务摆在与税收执法并重的突出位置，围绕市委"抓环境促提升"重点工作，坚持"始于纳税人需求、基于纳税人满意、终于纳税人遵从"的服务理念，积极营造最佳的税收软环境。

1.构建纳税服务综合体系。印发了纳税服务综合体系建设指导意见，确定11项重点内容，努力构建全方位、立体化的纳税服务综合体系。

2.推行多元化办税方式。开展国、地税联合办税，在铁西区创办了全省首个国地税联合办税厅，在全市国、地税办税服务厅互派人员、互设窗口，采用"一窗两机、国地通办"的业务受理方式，纳税人实现了在沈阳市"进一家门、办两家事"的愿望。推行同城申报缴税，打破区域界限，全市纳税人在市内地税办税服务厅可以就近申报、全市通缴，企业办税实现了"全城通"。推行电子报税，依托信息网络，在企业类纳税人中推行"办税通"报税和网站报税，纳税人足不出户就能按时纳税。推行自助办税，在办税服务厅设立自助办税区，和平区地税局推出全市首家"24小时自助办税服务区"，让纳税人根据自身需要自主选择时间，做到了全天候、无障碍办税。为个体户提供最简便的缴税方式，对个体零散税收实行按季申报、简并征收，通过税务、银行和纳税人签订协议，扩大个体户批量扣税、多功能银行终端系统(pos机)的应用，减轻纳税人按月往返缴税的负担，提高了办税效率。

3.简化办税流程。全面简化完善建筑业代开发票流程，取消建筑业同一项目合同逐次审批，统一将纳税人办理的各项涉税业务归并到办税服务厅办理，实行"初次确认、分次代开"的管理方式，实现了"一站式"办理，解决了纳税人"多头找、多次跑"的问题。

4.优化纳税服务平台。加强办税服务厅标准化建设，落实值班长、导税员、首问责任、提醒服务、全程服务、延时服务等制度。完善基础服务设施，设置办税服务区、咨询辅导区、自助办税区、等候休息区四大功能区域，安装电子触摸屏和新型的LED电子显示屏，方便纳税人申报纳税。加强12366纳税服务热线平台建设，增加服务座席数量，热线全年接听咨询电话5万多个，解答问题近10

万个，回复率达到97%。加强地税网站建设，开发税企互动平台，为企业提供消息播报、催报催缴、政策查询、表格下载、纳税辅导等“点对点”服务，逐步建立起地税部门与重点税源企业的网上联系纽带。完善税务短信平台，全年共发送税务短信144条，累计发送242万人次。广泛征求纳税人意见和需求，利用“局长信箱”、民心网、市民服务热线、民声微博等渠道，认真受理群众诉求。

5. 创新纳税服务方式。积极开展星级办税服务厅和办税服务标兵评比活动，争创群众满意窗口、优质服务品牌、优秀服务标兵，努力为纳税人办实事、解难事。加强税收咨询辅导，为纳税人提供面谈、电话、网络、信函、税务公告等多种方式，积极推行咨询首问责任制度和限时回复公开承诺，组织各类税收咨询辅导活动1000多次。开展各类宣传和政务公开活动300余项，免费发放税法宣传资料50余万份，在各类媒体刊登新闻稿件600多篇，在《沈阳日报》、《辽沈晚报》设立税收宣传专栏，第一时间解读纳税人关心的税收热点、难点政策问题。建立税务机关及社会各界相结合的纳税服务质量监督与考评制度，通过在办税窗口设置服务评价器，邀请纳税人对纳税服务进行评价和打分，提高服务质量。在“沈阳市公共服务单位百姓口碑榜”评选活动中，全系统荣获“金榜行业”第二名的好成绩。

（刘　丹）

【队伍建设】 全系统坚持“两手抓、两手硬”的工作方针，以创先争优打擂台活动为载体，扎实推进领导班子建设和干部队伍建设。

1. 创先争优打擂台活动成果丰硕。市局党组把开展创先争优打擂台活动作为“十二五”开局之年的一项战略举措，全系统从上到下积极响应，广泛参与，比工作、比业绩、比干劲，大力弘扬爱岗敬业、开拓创新精神，使创先争优成为队伍建设的主旋律。税收管理创新异常活跃，亮点纷呈。市局机关各处室积极推进6项重点工作，创造了多项在全省乃至全国领先的工作成果。高新分局、和平区局、大东区局、苏家屯区局针对税源普查中发现的问题，积极研究创新管理方式。全系统通过层层打擂台，共评选出创先争优工作标兵316名，其中评选出全市创先争优工作标兵100名；共评选出优秀工作成果147项，其中评选出全市优秀成果26项。市局设置了LED电子显示屏，经济技术开发区分局创办了“比比看”刊物，广泛宣传创先争优工作成果，形成了学先进、当先进、赶先进的浓厚氛围。打擂台使整个队伍活力倍增，领导班子的满意率全面提升，队伍的向心力和凝聚力明显增强。

2. 领导班子建设和干部管理不断加强。市局“一把手”带头、党组成员深入基层开展调研，分片包干推进重点工作。完善领导班子考核方式，增强干部考核的科学性、准确性。创新干部培养方式，市局抽调14名副处级领导干部充实到基层征管一线督导工作，从基层局后备干部中选拔6名同志到市局处长助理岗位挂职锻炼，通过“上挂下派”促进干部成长。完成省局绩效考核软件上线和推广工作。开展不同层次、不同人员参加各类培训，开扩了视野，提升了素质。认真落实“两个待遇”，市局领导在七一前夕走访慰问了老党员、老干部。组织老干部开展多项有益的活动，实现了离退休干部老有所为、老有所乐。

3. 党建工作和文化建设成绩显著。结合庆祝建党90周年，组织开展红诗朗诵会、红歌演唱会、摄影书画展和“我为地税发展献计策”金点子大赛等丰富多彩的活动。在市直机关工委组织的“迎全运、爱家乡、建沈阳”全民知识竞赛中市地税局获得全市第二名。组队参加了省地税系统篮球赛，获得女子组冠军、男子组第六名的好成绩。地税文化建设不断推进，多个单位被评为全国文化建设先进单位。全系统精神文明创建硕果累累，于洪区地方税务局再获“全国文明单位”荣誉称号，大东区地方税务局征收科获得“全国青年文明号”荣誉称号，沈阳市地方税务局、和平区地方税务局被评为“辽宁省文明单位标兵”，苏家屯区地方税务局局等8个单位被评为“辽宁省文明单位”。全系统全年获得市级以上荣誉的先进集体140个，先进个人126个。

4. 党风廉政建设工作取得新成效。认真贯彻落实党风廉政建设责任制，逐步建立教育、预防与惩处相结合的党风廉政工作机制。广泛开展廉政教育，举办了党纪政纪条规知识竞赛活动，得到上级部门充分肯定并在全市推广，在全市廉政知识竞赛中市地税局获得了第三名。加强廉政风险管理，排查出税收执法和行政管理风险点125个。推行集体议事制度，形成有效的监督制约机制。探索建立税检联席工作制度，严肃查处违法违纪行为，全年共办结各类信访件37件。深化政风行风建设，召开特邀廉政监察员讲评会，建立政风行风投诉快速反馈机制。市局监察室荣获全国税务系统纪检监察先进单位，全系统有17个基层局进入所在区、县（市）软环境建设先进单位行列。市局软环境建设经验在全市推广，得到市委、市政府的充分肯定。

（刘　丹）

金 融

综 述

【概况】 2011年，面临复杂的经济形势和趋紧的货币政策，沈阳市超前部署信贷工作，强化信贷工作指导和调度，有力推进银政多方深层次合作，全力支持银行业金融机构在沈发展。驻沈银行不断优化调整信贷结构，积极争取上级行支持。在全国信贷少增的情况下，沈阳市信贷投放实现多增。截至2011年末，全市银行业金融机构本外币贷款余额为7039亿元，比年初增加1008亿元，同比增长16.6%，完成辽宁省下达考核指标900亿元的112%，存款余额为9041亿元，比年初增加807亿元，同比增长9.5%。

（王皎惠）

【拟上市公司管理】 2011年，在国际资本市场动荡、国内资本市场持续低迷的形势下，沈阳市加大企业上市推进力度，着力抓好两项重点工作：一是帮助重点上市企业协调解决土地、环评、房产等问题四十余项。二是会同辽宁证监局、上交所、深交所等机构对拟上市企业和区县上市部门进行上市相关培训十余次，累计培训人数千人以上。

2011年，沈阳市共有远大控股、罕王控股、蓝英自动化、依生生物、荣科科技等5户企业上市和获批上市。5户企业上市材料已报中国证监会，8户企业已在辽宁证监局备案，1户企业已由香港联交所受理，全市共有36户企业与境内外上市中介机构签约。

（王皎惠）

【金融机构集聚效应凸显】 2011年，沈阳市新增设5家法人金融机构。其中，华汇人寿保险获准开业，填补了沈阳市没有保险法人机构的空白。沈阳农商银行开业，农村信用社股份制产权制度改革取得了重大成果，这也是沈阳市第二家总部银行。华海期货公司设立，辽中、法库2家村镇银行相继开业，沈阳市法人金融机构总数达到11家。引进分行（分公司）以上金融机构14家，金融机构总数达到111家。其中：银行业金融机构45家，保险业机构54家，证券业机构12家。总部金融机构11家，分别是：盛京银行、农商行；华汇人寿保险公司；中天、诚浩证券公司；华海期货、汇鑫期货公司；另有4家村镇银行。

（王皎惠）

【产业金融取得创新发展】 产业投资基金、股权投资基金取得较快发展。2011年，沈阳市共设立3只产业基金，即信息技术创业投资基金、生物医药创业投资基金和国开沈北城市发展基金，资金到位20亿元。全市已有国际特种机床装备城项目、牛初乳项目、沈阳鼓风机集团上市私募项目，总计利用基金23.3亿元。沈阳市股权投资协会成立，行业自律机制得以健全。通过金融创新支持产业发展取得新成效。沈阳农业高新区15亿元企业债券成功发行。沈阳市争取成为“代办股份转让系统（新三板）”扩容试点城市准备工作已经就绪。

（王皎惠）

【金融生态环境持续优化】 信用环境显著改善。金融机构不良贷款总额和不良贷款率持续实现双降。2011年，沈阳市不良贷款率为2%，同比下降近1个百分点。在人民银行信贷征信登记系统为3万余户企业建立信用档案的同时，沈阳市在全省率先开展了中小企业信用建设试点，建立了6000户优质中小企业的信用信息档案。政府服务环境得到加强。为进一步拓宽中小企业融资渠道，优化中小企业金融服务环境，市政府金融办与人民银行等单位联合指定下发促进中小企业融资工作实施意见。

（王皎惠）

【东北金融中心核心功能区建设】 以金融商贸开发区为主体，建设国家优化金融生态综合试验区上升为国家战略，专报方案进入会签阶段。沈阳市召开沈阳建设东北区域金融中心未来十年发展战略座谈会，邀请了中央政策研究室、国家发改委等国家部委领导、专家学者为金融中心建设谋划蓝图、献计献策。沈阳金融街国际投融资交易和金融服务外包两大平台建设不断取得积极成效。第四届沈阳金融服务交易会成功召开。建设沈阳国际投融资交易服务中心、大力发展股权投资基金和引进股权投资机构成为发展重心。

（王皎惠）

【小额贷款公司发展迅速】 小额贷款公司监管体系进一步健全，风险监管与风险防范得到有效加强。全市小额贷款公司经营特点进一步突出，市场定位逐步确立，服务中小企业和“三农”作用发挥明显。截至2011年末，全市共有57家小额贷款公司开业，注册资本总额22.62亿元。全年累计发放贷款24.23亿元。

（王皎惠）

【融资性担保行业健康快速发展】 融资担保业监管范围进一步明确，全行业实行持证经营，主业更加突出，发展环境得到优化，社会认知度明显提高，在缓解中小企业融资难方面做出了积极贡献，支持和服务地方经济发展的作用日益显现。全市共有51家融资性担保机构获得经营许可证，注册资本总额46.99亿元。全年累计担保额97.33亿元。

（王皎惠）

【防范和处置非法集资】 2011年，沈阳市发挥市处非办组织协调作用，初步建立和完善了全市处置非法集资工作机制。加大了宣传教育力度，营造有利于处置非法集资工作的舆论氛围，提高群众的投资风险意识，有效地遏制了非法集资案件的高发势头，保持了金融秩序的稳定与安全。

（王皎惠）

【上市公司基本情况】 截至2011年底，沈阳市上市公司共44户，股票45只。其中，A股25户。有商业城、东北电气、联美控股、金杯汽车、中兴商业、惠天热电、合金投资、莱茵置业、东软股份、银基发展、松辽汽车、金山热电、沈阳化工、沈阳机床、东北药、和光集团、环保股份、万方地产、红阳能源、百科集团、奥维通信、出版集团、新松机器人、蓝英自动化、荣科科技。香港及境外20户。包括香港7户：华晨中国、公用发展、东北电气、百科集团、三一重装、远大集团、罕王控股。美国11户：爱生药业、方圆铝业、玛莉蓝国际、三生制药、恩世制药、辽宁高科、万通源商贸、诺康制药、新大地实业、太宇机电、华讯安防。加拿大1户：米高集团。新加坡1户：峻煌生化。

（王皎惠）

【开发性金融合作】 2011年，沈阳市完成了沈阳经济区新城建设项目、沈阳市迎"十二运"城市道路系统建设改造及环境综合改造、金廊土地储备一期、辽中近海新城建设等项目申请开行贷款工作，总计获得国家开发银行贷款承诺395亿元，全年新签订借款合同额376亿元。全年实现开行贷款发放122亿元，保证了沈阳市重点建设项目的资金供应。

1. 强化高层会商机制，深化开发性金融战略合作。"十二五"时期是沈阳市经济和社会事业快速发展的重要战略机遇期，开发性任务繁重，建设资金需求巨大，为充分利用开行贷款规模性、长期性、先导性的优势，加快推进沈阳市经济社会发展，市发改委金融合作办重点强化市主要领导与国家开发银行领导高层会商机制，不断深化双方战略合作。8月16日，市委书记曾维会见了国家开发银行董事长陈元，进一步深化了沈阳市与国家开发银行在"十二五"时期的战略合作关系，标志着开发性金融战略合作迈上了一个新台阶。

2. 完成沈阳市重点融资项目申请开行贷款工作。四环路、二环路、南北二干线、金廊建设等重大项目是关系沈阳市实现沈阳经济区国家战略，完成承办"十二运"政治任务的重要举措。这些项目建设资金缺口巨大，通过开行贷款融资是最佳路径。由于政府融资门槛被极大提高，以往财政借款、还款的模式被终结，面对政府融资困境，市发改委金融合作办充分运用开发性金融理念，从政府融资的基本原则、项目方案的策划、抵押担保的落实、融资资源的整合、融资公司主体的组织架构和管理模式等方面科学谋划、开拓创新，构建了符合监管要求，满足政府需求的融资新模式。用最短的时间完成了沈阳经济区新城建设项目、沈阳市迎"十二运"城市道路系统建设改造及环境综合改造项目和金廊土地储备一期项目的融资方案策划等大量申请开行贷款的前期工作，创造了申请开行贷款工作的"沈阳效率"。

沈阳经济区新城建设项目利用开行贷款219亿元，贷款期限15年（含3年宽限期）。建设内容包括建设四环城市快速路和沈阳经济区浑河新城、铁西产业新城、永安新城、蒲河新城、沈抚新城、浑南新城等六个新城土地整理和相应的基础设施建设；沈阳市迎"十二运"城市道路系统建设改造及环境综合改造利用开行贷款111亿元，贷款期限15年（含3年宽限期）。建设内容包括城市二环路全线改造、南北二干线建设、城区道路整修及危桥改造、市容环境整治、长安跨浑河桥、新立堡跨浑河桥、马宋公路改扩建及和平曹仲、大东望花、于洪丁香湖"城中村"改造等。

两重点融资项目共获得国家开发银行330亿元贷款承诺。

2011年下半年，沈阳市开展了大规模旧城区改造工作，特别是南北金廊动迁工作，拆迁资金缺口巨大，市发改委金融合作办仅用1个多月的时间便完成了金廊土地储备一期项目策划、融资方案编制、储备地块预评估、贷款评审及通过国家开发银行贷委会审议等一系列工作。金廊土地储备一期项目总投资86亿元，其中开行贷款60亿元，贷款期限2年，为沈阳市旧城区改造提供了及时有力的资金保障，解决了沈阳市南北金廊拆迁资金的燃眉之急。

3. 市县"双轮"驱动，积极助力县域经济发展。市发改委金融合作办着力围绕县域经济"三年倍增计划"，结合辽中县冲刺"全国百强县"的机遇，积极探索县域产业发展与城市化进程相互促进、共同发展的融资新模式。重点开发筹划了沈阳经济区近海新城建设项目。项目总投资7.15亿元，其中开行贷款5亿元。12月16日，该项目顺利通过了国家开发银行贷委会审议。

4. 立足规划先行，积极拓展开发性金融合作新领域。围绕沈阳市发展战略和经济结构调整的要求，结合沈阳市的总体发展战略和具体专项规划，紧扣沈阳市经济社会发展中遇到的重点问题、约束瓶颈，市发改委金融合作办与国家开发银行辽宁省分行，合作编制了《沈阳市"十二五"保障性住房建设融资规划》和《沈阳市"十二五"物流产业发展融资规划》，为沈阳市保障性住房建设和物流产业发展的资金来源、融资方式、运作模式等提供建设性解决方案。切实增强沈阳市开发性金融工作的科学性、全局性、前瞻性和主动性。

（发改委）

银　　行

·人民银行·

【信贷运行】 一、人民币各项存款增速减缓，单位存款少增明显

2011年末，全市金融机构本外币各项存款余额9040.7亿元，比上年末增长9.57%；比年初增加807亿元、同比少增631.5亿元。其中人民币各项存款余额8895.7亿元，比年初增加824.3亿元、同比少增606.8亿元；外币存款余额23亿美元，比年初减少1.5亿美元。分机构看，盛京银行、建设银行、工商银行和中国银行人民币存款余额比年初增加均超过100亿元，其中盛京银行比年初增加133.7亿元，建设银行比年初增加131.1亿元，工商银行比年初增加119.4亿元，中国银行比年初增加106.3亿元；中信银行人民币存款余额比年初减少最多，比年初减少50.2亿元。2011年的货币信贷环境整体趋紧，银行之间存款业务竞争激烈，大型银行的网点和规模优势在存款竞争中充分显现，中小银行在竞争中处于弱势。

1. 单位存款少增明显。全市金融机构人民币单位存款余额4617.7亿元，比年初增加383.1亿元、同比少增483.4亿元。其中，单位活期存款余额2258亿元，比年初增加90.5亿元；单位定期存款余额934.9亿元，比年初增加23.8亿元；单位通知存款余额120.5亿元，比年初减少12.3亿元；单位保证金存款余额583.1亿元，比年初增加62亿元。2011年，宏观政策趋紧以及企业使用贷款资

金新规定的执行，导致单位贷款派生存款能力大幅度下降；受此影响，单位存款持续少增，企业的资金状况总体趋紧。

2. 个人存款增势平稳。全市金融机构人民币个人存款余额3769.1亿元，比年初增加429.9亿元、同比多增39.8亿元。其中，储蓄存款余额3729.5亿元，比年初增加407.5亿元；结构性存款余额38.1亿元，比年初增加20.9亿元。2011年，人民银行连续三次加息，证券市场波动较大且不断下跌。在存款利率不断上涨和证券市场不断下跌的影响下，证券市场对储蓄存款的分流作用明显降低，居民储蓄存款保持了平稳的增长态势。

二、人民币各项贷款多增，中长期贷款持续增长

2011年末，全市金融机构本外币各项贷款余额7040亿元，比年初增加1008.4亿元，同比多增115.2亿元。其中人民币各项贷款余额6889亿元，比年初增加955.6亿元，同比多增74.6亿元；外币各项贷款余额23.97亿美元，比年初增加9.14亿美元，多增6.91亿美元。在贷款总量中，中长期贷款持续快速增长，短期贷款多增、票据融资余额波动剧烈且减少较多。

1. 短期贷款多增。全市金融机构人民币短期贷款余额1690.8亿元，比年初增加245.1亿元，同比多增195.7亿元。短期贷款中，个人贷款及透支余额133.5亿元，比年初增加18.2亿元，同比少增8.6亿元；单位贷款及透支余额1434.6亿元、比年初增加179.7亿元、同比多增201.4亿元，其中短期经营贷款余额1355.4亿元、比年初增加271.1亿元，短期固定资产贷款余额77.9亿元、比年初减少89亿元。2011年，短期固定资产贷款受到压缩，短期经营性贷款余额快速增加，主要是因为各行普遍将中小企业特别是小企业作为2011年信贷支持的重点，商业银行通过发放短期单位经营贷款的方式加大了对中小企业信贷支持力度。

2. 中长期贷款持续快速增长。全市金融机构人民币中长期贷款余额4875.4亿元，比年初增加803.7亿元，同比少增210.6亿元，增加额占全部新增贷款的84.1%；人民币中长期贷款余额在人民币全部贷款余额中的比重达到70.8%。中长期贷款中，个人贷款余额967.8亿元，比年初增加196.1亿元，同比少增8.9亿元；单位贷款余额3750.6亿元、比年初增加527.2亿元、同比少增236.9亿元，其中中长期经营贷款余额436.7亿元、比年初减少9.9亿元、同比少增138.9亿元，中长期固定资产贷款余额3313.9亿元、比年初增加537.1亿元、同比少增9.8亿元。分机构看，国家开发银行和盛京银行中长期贷款余额比年初增加超过100亿元，其中国家开发银行增加241.3亿元、盛京银行增加145.6亿元。受政府融资平台贷款审慎管理的影响，中长期固定资产贷款少增明显。中长期个人贷款的增长主要支持了个人住房消费，单位中长期新增贷款主要投向沈阳的公路、地铁、市政设施、保障房建设项目，为沈阳市的城市建设提供了充足的资金供给。

3. 票据融资余额波动剧烈且减少较多。全市金融机构人民币票据融资余额300.8亿元，比年初减少87.9亿元，同比少降104.8亿元。2011年，在可贷资金和贷款规模趋紧的情况下，商业银行为多获得利差收益，主动减少票据贴现余额，增加中长期贷款和短期贷款余额。季度末月，可用资金充裕和存贷比较低的金融机构买入大量贴现票据，造成全市贷款余额的异常波动。各银行压缩票据融资，将有限的信贷资源以中长期贷款形式满足经济发展的资金需求，提高了信贷资金支持经济发展的稳定性，同时也增加了银行信贷资产的流动性风险。

4. 个人消费贷款保持较快增长。全市全部金融机构人民币个人短期消费贷款和个人中长期消费贷款余额850.1亿元，比年初增加174.9亿元。2011年，在房地产调控政策不断紧缩的环境下，沈阳市房地产交易仍然保持了活跃，各银行对以住房按揭贷款为主的个人消费贷款仍然采取鼓励和支持态度。个人消费贷款余额始终保持着平稳较快的增长态势，对沈阳市居民的住房消费和沈阳市商品房销售给予了强有力的资金支持。

5. 人民银行再贴现、再贷款资金支持沈阳经济发展。截至2011年末，人民银行再贴现余额2.2亿元，支农再贷款余额2.8亿元。全年累计办理再贴现437笔，金额达到16.1亿元，对商业银行支持中小企业和涉农单位的贴现票据办理再贴现，引导金融机构加强对中小企业和涉农企业的信贷支持；累计发放支农再贷款5.8亿元，继续加大信贷政策对“三农”领域的支持，有效弥补了农信社支农资金缺口。

（王　赞）

【居民储蓄】 2011年，沈阳市居民储蓄存款（含外币，下同）增势平稳，年末余额3778.3亿元，比年初增加401.8亿元，同比多增33.8亿元。分阶段看，上半年增长较快，6月末，居民储蓄存款余额3666.9亿元，比年初增加290.3亿元，月均增加48.4亿元；下半年增长放缓，月均增加18.6亿元，其中，10月份出现了较大幅度的负增长，10月末余额回落到5月末的水平。总体上看，沈阳市居民储蓄存款的增减受多种因素影响，其中居民可支配收入、利率、宏观经济环境等因素的影响最大。

1. 居民可支配收入持续增加是储蓄存款增长的直接原因。调查显示，2011年4季度沈阳市居民选择“收入增加或者基本不变”的家庭占比为90.5%，比3季度增加了3.75%，与之对应的居民储蓄存款4季度比3季度多增62.0亿元。

2. 人民银行加息增强居民存款意愿，促进储蓄存款增长。调查显示，2011年4季度，沈阳市居民拥有的金融资产主要为“储蓄存款”的家庭占比为75.0%，为2004年3季度以来的最高水平，其中一年及以上定期存款的家庭占比为26.8%，为2009年3季度以来的最高值。2011年人民银行三次提高人民币存款基准利率，一年期定期存款基准利率从年初的3.0%升至3.5%，居民存款意愿增强，特别是定期存款的意愿逐渐强烈。

3. 宏观经济环境不确定和证券市场回落使居民增加储蓄存款。2011年欧债危机加剧、美国经济复苏乏力，我国物价水平持续高位、经济结构转型压力逐渐增大、证券市场不断回落；受国内外经济环境不确定和证券市场下跌预期影响，居民增加储蓄存款的预防性动机逐渐转强，促进了储蓄存款的增长。

（宋　洋）

【征信服务】 人民银行立足沈阳实际，创新工作思路，不断加强和改进征信服务，建立健全企业和个人征信系统，拓展信用报告使用范围，强化征信市场监督

管理,大力推动信用体系建设,培育社会信用文化,改善社会信用环境,促进了地方经济又好又快发展。

征信系统建设扎实开展。征信系统客观记录了企业和个人的基本信息、银行信用交易信息以及缴纳公积金信息、欠税信息、环保信息等非银行领域信用信息,全方位体现企业和个人的信用历史记录和偿债能力。系统在全国范围内连接所有银行和非银行类金融机构,实现了在线数据更新和联网查询,信用数据日益丰富。截至2011年底,征信系统已为全市近4万户企业和其它组织建立了信用档案,全年共发放贷款卡3910张,年审贷款卡8266户。为所有在银行贷款和办理信用卡的个人建立了信用档案。

征信系统应用成效明显。征信系统已经广泛应用在各家金融机构的信用风险管理中,查询信用报告已经成为银行信贷业务审查的重要环节,有效降低了信贷风险,缩短了信贷审批流程,提高了审贷效率。与此同时,征信系统的应用已经超出信贷市场范畴,渗透到经济社会的其他方面。信用报告已逐步在诸如政府采购、项目招投标、人事管理、评优评先、企业融资、项目洽谈、出国申请、司法调查等领域发挥越来越重要的作用。全年,人民银行为企业提供信用报告查询1211份,为个人提供信用报告查询7.43万份,为司法提供个人信用报告查询6659份。企业和个人也越来越重视自己的信用记录,信用意识不断提高,珍爱信用记录、享受幸福人生的现代信用文化正在逐步形成。

信用体系建设稳步推进。深化中小企业和农村信用体系建设,大力开展中小企业信用及金融知识、信用知识的宣传与培训,多渠道征集、更新中小企业信息,新增无信贷中小企业信用档案7000余户,部分中小企业已与商业银行建立了信贷关系;深化小企业“诚信俱乐部”、“信用联合体”等试点,有效解决中小企业贷款难问题;不断深化和拓展借款企业和担保机构信用等级评定工作,联合沈阳市中小企业局开展最佳诚信企业评价活动,提升企业信用意识,推动信用评级业务健康发展,营造良好的金融生态环境。推进农户电子化信用档案及适合农户特点的评价体系建设,引导涉农金融机构出台信用农户优惠政策;积极配合有关部门开展“信用户”、“信用村”、“信用乡镇”评比和农村“道德信贷”工程和“农村青年创业信用户”创建工作;组织开展“助推千名诚信农民创业致富”活动。有力推动了沈阳市的社会信用体系建设进程。

(孙 勇)

·中国银行·

【概况】 2011年,中国银行沈阳分行紧紧围绕总行“创新发展、转型发展、跨境发展”、加快建设国际一流银行的战略目标,认真贯彻落实辽宁省分行关于纵深推进战略实施、加快结构调整、深化内部机制建设的总体思路和工作要求,紧密结合沈阳地区经济发展实际,坚持“持续发展、优化发展、创新发展、合规发展”,强化“客户、网点、机制、人才”四大基础建设,扎实推进各项经营管理工作,在支持沈阳地区经济发展的同时,各项业务实现了持续快速健康发展。截至2011年12月末,本外币各项存款新增74.96亿元,比上年增长10.87%;本外币各项贷款新增51.47亿元,增长13.15%;中间业务收入同比增长27.88%,毛收入增速27.65%。

(徐晓磊)

【业务发展】 2011年,中国银行沈阳分行牢牢把握国际、国内宏观经济形势,紧紧围绕沈阳经济发展的战略布局,全力支持地方经济发展,加快推进各项业务快速健康发展。

负债规模持续扩大。加大存款工作力度,多措并举促进存款增长。强化对重点公司客户的全面营销,积极争揽主办行地位,实现由业务配角向主角的转变。加大产品营销推广力度,以贸易融资、跨境人民币结算、现金管理平台、银行承兑汇票、保函等业务为重要推手,拉动人民币公司存款强劲增长。截至2011年末,人民币公司存款余额市场份额7.58%,比上年末提升1.44个百分点,增量及增量市场份额均居同业首位。从年初的“开门红”竞赛活动开始,围绕存款业务持续开展了客户拓展、全员营销、代发工资、储蓄存款等一系列劳动竞赛活动,并出台了人民币存款业务激励与约束机制实施办法。2011年,人民币存款业务市场竞争力显著提升,初步实现了“以少胜多、争先进位”的目标。当年人民币存款增量列四大行首位,市场份额提升幅度列全市34家商业银行第2位。

资产业务稳步发展。面对严格的规模管理和资本约束,积极调整发展思路,有效利用授信规模资源,主动优化信贷结构,在确保重点优质客户授信需求的基础上,积极扩大优质中等企业和中小企业客户数量及信贷总量,全力支持中小企业发展。全年新增中小企业授信客户数量是上年的5.86倍。2011年,人民币公司贷款新增33.71亿元,增长14.10%。稳步发展零售贷款业务,加强客户细分,丰富贷款品种,满足客户需求。2011年,人民币零售贷款新增10.17亿元,增长11.24%。

中间业务快速增长。结合市场竞争和客户需求,加快新产品推广。积极拓展国际结算业务,实现多项业务和产品零的突破,叙做了人民币转汇款、人民币转收收款、人民币代付达等多项省内首笔新产品。截至2011年末,国际贸易结算市场份额达到42.22%,跨境人民币结算业务市场份额59.17%,均居同业领先地位。全力发展战略性业务和重点产品,以电子银行业务跨越式发展为目标,大力拓展对公及个人网银、手机银行客户,实现了网银客户和交易量的倍增发展;保持银行卡业务快速发展,新增有效卡与收单市场份额继续保持同业领先地位。截至12月末,中间业务净收入增速达27.88%。按四大行口径,中间业务毛收入市场份额17.09%,毛收入增速27.65%。

(徐晓磊)

【内控管理】 2011年,中国银行沈阳分行坚持从严治行的方针,强化风险管理与内部控制工作。坚持在发展中优化和调整结构,推动授信业务持续、健康发展。重点加大对高质量客户的授信支持力度,推动资源合理配置,实现结构调整目标。加大对政府融资平台和房地产贷款等潜在风险、热点行业的监控和预警工作力度,提升授信风险管理水平。切实提高一、二道防线的风险防控能力,制定二道防线内控检查计划,继续保持二道防线内控检查业务品种、检查机构的覆盖面达到两个100%。加大对重点机构、重点部位和重点业务的现场及非现场检查力度。尤其是针对严峻的案防形势，组织全辖开展案防专项排查，消除案件风险隐患。强化内控合规工作的考核监督，组织实施了基层机构负责人案件防控检查考核工作，督促其切实履行案防职责。

(徐晓磊)

【基础建设】 2011年，中国银行沈阳分行持续深化“客户、网点、机制、人才”，四大基础建设，打牢发展根基。积极落实客户拓展战略，从突破客户基础薄弱的瓶颈入手，持续开展客户拓展竞赛活动。加大重点项目的营销攻关，成功拓展全省中行系统首个银医卡项目。加快网点和渠道建设进程，实施管辖行支行本部“瘦身”计划，启动网点服务销售流程导入工作。全年完成网点改造项目8家，购置大中型全功能型网点4家。深入推进机制建设，出台了《辖属支行机构成长激励机制管理办法》、《人民币存款业务激励与约束机制实施办法》等一系列办法，并逐个支行开展激励与约束机制巡讲活动。加强对全员的教育培训，全年共举办各类培训89期，参训6467人次。

(徐晓磊)

·工商银行·

【概况】 2011年，工商银行辽宁省分行营业部认真贯彻落实科学发展观，按照加快转变增长方式、加快转型发展的要求，以积极支持区域经济发展为己任，紧紧把握市场机遇，开展持续的创新服务，奋力开拓各类市场，狠抓传统与创新业务营销，推进总量增长，推进总量增长基础上的结构调整，持续加强经营管理与风险防范，积极为沈阳经济的建设和发展聚集资金，为沈阳经济的发展贡献力量。截至2011年末，人民币全部存款余额达到983.6亿元，较上年增长15.2%。人民币各项贷款余额达到524.2亿元，较上年增长17.11%。中间业务收入较同期增长88.4%。

(刘琳娜)

【存款业务】 2011年，工商银行辽宁省分行面对瞬息万变的市场环境和经济环境，根据客户金融资产分布的多样性，不断创新服务模式，最大限度地为客户资产保值增值。一方面，坚持打造区域“第一零售银行”目标，结合沈城广大个人客户的不同需求，以优质的服务，促进个人储蓄存款规模做大作强，先后开展了“打基础”为主题的揽存增储竞赛，“增存款”为主题的重点产品销售竞赛，“寻源头”为主题的重点项目营销竞赛。强化了高端客户管理与维护。举办了“梦想启航”等营销活动。组织财富论坛活动，面向政府机关、企事业单位、医院及大专院校、知名企业举办职场活动，通过这些活动，向客户推介保险、基金、国债和理财产品，推介银行卡、个人网上银行、手机银行等现代化产品，在提高个人客户的资金运转效率的同时，有效促进了个人储蓄存款的快速增长。另一方面，开展对公司客户的全方位金融服务，广泛搜集客户信息，了解客户业务需求，为客户量身定做个性化服务产品，着力提升为对公客户的服务品质。发挥结算账户总量同业领先地位的优势，深入了解客户在发展过程中各环节的业务需求，积极为客户出谋划策，围绕客户需求，制订客户专属综合需求解决方案，实现了对公客户总量及对公存款的大幅增长。加强与工商行政管理部门、会计师事务所、各类协会、商会等的合作。为各类新注册企业和沈阳招商客户，提供多样化金融服务。通过现金管理、上门收款等个性化服务，促进了对公存款的有效增长，为广大工商企业客户提供了便利的金融支持。与此同时，依托大行产品丰富、网点众多、安全便捷等诸多优势，积极为同业客户提供各类代理业务，加强了同业合作，密切了同业关系。截至2011年末，人民币全部存款余额达到983.6亿元，比上年增加130亿元，增长15.2%。其中储蓄存款增长13%；对公存款增长16.2%，同业存款增长85.1%。与此同时，致力于负债业务总量扩张上的结构调整。通过积极销售保险、基金、国债和理财产品和客户经理走向各类市场营销。通过开展客户维护和强力拓展对公存款，促进了对公存款总量的增长。截至2011年末，对公存款在各项存款中的比重比上年末提升0.3个百分点。

(刘琳娜)

【贷款业务】 2011年，工商银行辽宁省分行根据国家宏观经济政策和货币政策的变化，按照产业政策、行业政策和信贷政策的要求，以及监管部门的要求，坚持依法合规经营，在着力防范金融风险的基础上，积极适应各种形势变化，积极支持区域经济的又好又快发展。为了有效支持广大工商客户和个人客户的融资需求，制定了支持区域经济发展的信贷战略和措施，积极稳健地增加信贷投放，不断满足优质实体经济运行的合理资金需求。以大力支持沈阳区域经济发展为己任，加大对国家重点行业、战略性新兴产业和节能减排等绿色信贷投放力度，优先支持区域在建、续建项目。在满足大型客户融资需求上，开辟先进装备制造业、医院教育、广电传媒等生产流通及新领域，对八大类重点板块客户实行名单制管理；积极跟进重点项目，召开营销对接会、联席会、向客户提供了贸易融资项下的国内保理、国内信用证、固定资产支持融资、委托贷款等便捷的创新服务，全年累计向大型优质行业和客户投放贷款240亿元，有效满足了各类企业的融资需求。为了贯彻国家经济金融政策要求，积极响应市委市政府号召，加大对中型企业支持力度，通过广泛的市场调查，确定了精准营销客户名单，开展了营销竞赛活动。先后为优质中型客户制作提供金融服务方案。以产业链、核心客户上下游为目标，积极开展供应链融资业务营销。积极走访了开发区的驻区中型客户，制订了服务方案。对核心客户及装备制造重点企业，开展了贸易融资及供应链融资业务营销，通过信贷营销的持续推进，有效支持了沈阳市中型企业的发展。全面提升中小企业服务能力，积极探索中小企业和民营客户服务途径，结合经济发展的新形势，围绕小企业经营中出现的新需求，推介和营销了投资银行、信息服务、信用证、保理、发票融资、商品融资等多元化产品，以优质的服务和先进的电子化平台，为中小企业和民营企业提供综合化的融资需求解决方案。积极满足个人贷款需求，为实现广大个人客户改善生活质量的愿望搭建平台，进一步完善了业务流程，推行了一站式服务。坚持公司和个贷联动营销，锁定开发项目按揭资源，全年新准入合作项目96个。以住房按揭贷款为主体，以工银商友俱乐部为平台，以商友卡为载体，切入高端写字楼、住宅楼、政府部门等优质客户集中的区域开展住房贷款营销，坚持一手和二手房贷款两手抓，与资金实力雄厚、信用状况良好的大型二手房中介机构建立了业务合作关系。积极拓展了个人经营贷款市场。锁定覆盖全市的138家商品交易市场，深入五爱等二十多家大型商品交易市场进行现场产品推介及营销宣传，召开个人经营贷款营销推介会。召开“留学贷款出国无忧”专题推介会。为满足企业短期融资需求，通过围绕企业需求开展业务创新，满足各类工商企业和金融同业的票据贴现需求。

（刘琳娜）

【中间业务】 2011年，工商银行辽宁省分行着力把创新服务、渠道升级和全产品营销作为提升服务品质的重要手段，支持各类企业和客户多形式、多方面、多角度的金融需求，向工商企业和个人客户提供了多领域、多渠道、多产品的更加广泛的金融服务，一是积极为对公客户提供中间业务产品服务。将投资银行、融资租赁、固定资产支持融资、公司理财等产品推介给公司客户，营销国债和票据理财等业务。积极拓展了结算市场，推介银商转账业务，举办贵金属沙龙，开展了贵金属营销活动，打造了贵金属旗舰店。加强了现金管理营销，为大型客户量身定制个性化解决方案。加强了对中小客户现金管理产品的推介，积极开展了客户回访和再营销活动。向公司客户积极推介了企业网上银行、银企互联业务，提高了企业资金运作效率，降低了客户经营成本。二是积极为个人客户提供中间业务产品服务，根据个人客户投资需求动向，突出基金营销，重点销售偏股型基金。把握个人保障性需求不断增大的趋势，突出各类保险产品的代理销售。同时，向个人客户积极推介电话银行、网上银行、银行卡、灵通卡等电子产品，积极促进了公积金联名卡和商友卡、社保以折换卡等产品的营销；举办了牡丹良缘卡发卡活动，积极向工商企业客户推介了各类形式的联名卡，积极营销了逸贷卡，三是以中间业务的创新产品，积极支持沈阳进出口企业的贸易发展，相关大进出口企业积极推介了付汇理财通、提单背书、代理同业国际结算、外汇保函、信用证等重点国际业务产品，积极支持沈阳招商引资项目，大力推介营销了资本金结算业务。

（刘琳娜）

【客户服务】 2011年，工商银行辽宁省分行把持续提升服务水平，建立规范化服务标准作为树立良好形象，提高服务能力，提升经营效率的重要抓手。旨在全面改善服务工作，全面提升服务质量。本行在经营发展的各个环节渗透高标准的服务要求。牢固树立服务改善经营，服务创造价值的理念。在发扬光大以往工作成绩的基础上，扬长避短，严抓严管，服务工作发生了显著的变化。标准化服务示范网点的塑造激活了服务全局，“用心做好每一笔业务，用真诚感动每一位客户”服务理念，促动了创新服务行动的实施，定期的服务检查、监测和通报，服务方法和服务技能的培训，提高了服务工作效率，服务类客户投诉明显下降。通过本外币一体化、现金转帐一体化、对公对私一体化的运行改革，通过加快营业网点建设和增加自助机具和设备，服务能力明显增强，得到了广大客户的好评。

（刘琳娜）

【经营管理】 2011年，工商银行辽宁省分行致力于各类经营风险的防范，在经济运行不确定因素增多的形势下，把确保国有金融资产安全和保值增值放在风险防范的首位。建立了涵盖所有营业机构的全面风险管理框架，积极推进了风险量化管理的应用。组成专门处置清收小组，领导挂帅清收，责任落实到人头，着力开展了不良贷款清收，确保国有金融资产的安全，实现了不良贷款额和不良率的双下降。着力强化了信用风险防范。制定、修订和完善了《贷后管理实施意见》，逐级、逐户落实贷款客户风险监控负责人，通过现场和非现场的持续监测，及时发现风险隐患，及时整改。强化了内部控制。制定了内部控制管理和操作风险管理工作目标。定期组织召开内控季度例会，加强了内部控制体系建设，开展风险滚动式检查和内控案防检查，加强了操作风险监测和管理。积极组织开展基层行内控评价，认真落实反洗钱各项工作。组织开展反洗钱自查、检查、培训及宣传月活动。强化了党廉建设和案件防范。层层签订“党廉和案防工作责任状”。组织开展了《廉政准则》学习教育活动。加强了案防教育和培训。坚持开展了员工行为动态评价考核。强化了安全保卫工作。强化了安全责任制落实。强化了支行、网点、员工三级安全保卫和防火责任制的落实，全面开展了“安全评估达标年”活动。

（刘琳娜）

·农业银行·

【概况】 2011年，中国农业银行辽宁省分行营业部（以下简称省农行营业部）有员工3833名，一级支行18家、二级支行30家、分理处76家、储蓄所19家。

辽宁省农行营业部深入践行辽宁省农行“136”发展思路，坚持有效发展，强化市场营销，加快网点转型，夯实内部管理，确保安全运营，各项工作取得了一定成绩。截至年末，各项存款比年初增加58.63亿元，各项贷款比年初增加18.4亿元，拨备前利润达8.8亿元，拨备后利润达9.2亿元，同比增盈3.3亿元。实现经济增加值1.82亿元，同比增加1.49亿元。一是各项业务稳步推进，盈利水平不断提高。存、贷款业务发展战略清晰有效，“三农”业务有序推进。“新农合”、“新农保”代理业务取得新突破，收入结构有所优化，不良资产清降效果显著，盈利能力也显著增强。二是网点转型持续深入，渠道建设作用有所显现。硬转效率明显提升，软转推进成效显著，渠道分流力度逐步加强，网点形象和服务品质有了显著提升。电子渠道交易分流率大幅提高。三是精细化程度逐步提高，继续保持安全运营。“三大中心”如期上线、顺利推进和平稳运行。认真做好信贷业务转授权工作，着力推进授信执行体系建设，切实提高风险管控水平。加强党风廉政建设，开展风险排查“亮剑”行动，创新自助设备安保方式，有效防控风险。大力开展综合治理活动，实行治理机制常态化管理，实现全年安全运营。

（李卓宁）

【存款业务】 2011年，辽宁省农行营业部一直把存款业务作为各项工作的重中之重，采取多种有效措施，切实加大揽存增存工作力度，促进各项存款持续稳定增长。一是持之以恒抓好储蓄存款工作，不断提升基本客户市场份额。以“春天行动”和“激情仲夏·金彩生活”个人综合营销活动为契机，利用活动期间的各种优惠政策，加强营销宣传，抢抓源头资金，发动全员，根据目标客户群的不同，采取不同的方式组织存款。加大财政性资金、企业代收代付、第三方存管等源头性资金的营销。以借记卡为载体推动储蓄存款工作，重点宣传借记卡的一卡多币种、一卡多账户、一卡多功能等综合理财功能。此外,网点营销坚持实施“赢在大堂”策略,充分发挥大堂经理的作用,挖掘现有目标客户和潜力客户资源,促进存量客户贡献度的提升,通过营销和维护客户,努力克服各种不利因素,带动储蓄存款的持续稳定增长。二是充分调动全员积极性,大力营销对公存款。强化对公司机构类存款大户资金的动态监控,落实客户经理营销维护任务,做到信息反馈及时化。加强对系统性客户联合营销,以资产业务带动对公存款的增长,同时兼顾各类中小客户,通过调整客户结构和成本结构,降低付息水平。采取有针对性的措施,实施保、抢、挖相结合的营销策略,全力提高市场份额,实现对公存款的突破性增长。三是抓好存款稳定和结构调整工作,向结构调整要效益。做好系统性客户营销工作,在维护存量客户的基础上,充分发挥个人优质客户管理系统的作用,继续加大个人优质客户的拓展力度。

(李卓宁)

【贷款管理】　2011 年,辽宁省农行营业部以控制风险为前提,以提高精细化管理水平为基础,以加快信贷业务有效发展为主题,以提升全面风险管理为重点,以强化法律合规支持为保障,强化基础管理工作,全力支持信贷业务的有效投放,全面促进信贷管理工作的稳健、快速发展。一是做好优质大客户、大项目营销和信贷投放。实施普及战略,创新营销方式,提高营销效率。以资产业务营销带动客户价值的深度开发,不断扩大银企合作的广度和深度,优化资产价值链,提高资产综合创利水平,有效改善当前的资产质量和结构。提高横向和纵向沟通效率,定期通报贷款项目进展进度,保证信贷运作各环节之间的协调统一。二是做好现有优质客户的维护工作。在政策允许的范围内,想客户之所想、急客户之所急,全力以赴满足客户要求。对于信贷重点项目,营销团队必须积极主动与企业沟通,并进行全程跟踪、协调,有效提高信贷项目的营销效率。通过日常服务和沟通,进一步增强优质客户对我行的依存度,从另一方面节约营销成本。三是规范信贷运作各个环节,重点加强放款环节的风险控制,继续实施贷后管理尽职工程,保障信贷业务的稳健发展。建立绿色通道,在加强信贷管理、落实信贷新规则的前提下,缩短各层次、各环节办理时间,全力提高运作效率。四是夯实信贷业务基础,不断提升精细化管理水平。包括做好信贷业务授权管理,完善客户风险评价体系,加强信贷业务审查,规范贷审会运作机制,做好个贷业务审查和档案管理,切实履行放款审核及贷后管理职能,有效防控信贷风险。

(李卓宁)

【中间业务】　2011 年,辽宁省农行营业部把中间业务发展摆在业务经营的突出位置,加大营销力度,全力挖掘产品的内在价值。加强组织领导,健全营销体系,落实营销任务,强化营销后续维护管理,将硬措施和软激励相结合,政策引导与重点督导并重,努力拓展发展空间,大力提高中间业务收入占比。

通过开展“春天行动”和“激情仲夏”两次综合营销活动,加大考核激励力度,坚持不懈狠抓营销。电子银行收入、基金销售额等多项指标超额完成年初计划,中间业务总体收入实现历史最好水平。在保持网上银行、电话银行、手机银行、贷记卡等产品稳健增长的同时,突出营销了电子商务和转账电话等产品,积极推动各项指标的跨越式发展。

1. 电子商务拓展取得新突破。首先,客户种类日益丰富,商户数量增长较快,大商户也有所突破。转账业务和代缴费业务取得了新的发展。其次,积极开展全方位营销。完善激励考核机制,进一步提高电子银行在全行业务发展中的战略地位和作用。优化结构,提高优质存量客户占比,提升电子渠道的使用率。通过营销核心产品,提升业务收入。再次,为扩大宣传效果,在省市多家媒体开展了多层次、大范围的宣传活动。

2. 营销模式进一步创新。搜集整理相关客户信息,组建了客户信息资料库,为开展营销搭建了良好的平台。多次开展各种大型刷卡促销活动,提高了贷记卡的动户率,有效地促进了金穗贷记卡客户的消费热情。努力创新营销模式,加强针对性,大大提高电子银行业务营销推广效率,将客户资源变成收入的增长点。

3. 大力营销各种中间业务产品。将农行主托管和农银汇理基金作为营销重点,积极推广基金组合服务,提高基金定投业务签约率,着重培养一批稳定的基金客户群,增强基金持续销售能力。推广集中版理财产品销售系统,建立理财产品快速响应机制。加快发展短期限、低风险、稳健型、固定收益类的“本利丰”理财产品,树立稳健型的理财形象。各城区支行营业部都已经开办“传世之宝”黄金买卖业务,全辖所有网点都已经开办电子式储蓄国债业务。

4. 把代理保险业务放在了中间业务发展的突出位置。在银保市场动荡和外部监管部门从严从紧的监管政策下,以“抢占份额,健康发展”为主题,确保保险代理业务工作实现可持续发展。采取了以下几种合理有效地措施。以竞赛促发展、以动态调整为手段、以穿透式问责为鞭策、以设荣誉宴为激励、以培训促提高,以激励为先导,充分调动一线员工保险代理的积极性。利用保险公司各种活动为契机,加强与保险公司合作,实现同业市场份额和系统内排名的进档升位。从业务发展多元化和经营收益最大化的高度,重视保险代理业务,通过提高营销技巧、加大柜台宣传力度、联结优质客户营销等方式加快保险代理业务发展。全面实行精细化管理,精细化管理有利于树立保险代理业务的细节意识、服务意识、规则意识和系统意识,以促进业务的正常发展,也为保险代理业务发展提供保证。

5. 实行中间业务精细化管理,加快提高业务发展质量。一是实行盘活工程,提高动户率和活卡率。建立相应的考核监督机制,按月下发动户率、活卡率和业务收入统计表,促进了网上银行和贷记卡业务的有效发展。二是进一步提高自助设备的运行率。重新规划了自助设备报修流程,变网点分别报修,为专人集中统一报修,不仅减轻了网点的负担,而且进一步缩短了维修时间。三是逐个环节把关,提高贷记卡发卡质量。贷记卡的录入、抽查、复核、审核、审批、档案管理、催收等职能均集中统一办理,并逐个环节制定规范标准,全面加强贷记卡安全管理。四是严把准入关,严禁发展高风险商户,加强 POS 商户的风险监控。进一步明确 POS 商户的准入条件和流程,把好准入关,严禁发展高风险商户。建立了风险事件的处理规则和现场处理机制,第一时间对风险事件进行处理,将风险隐患降至最低。

(李卓宁)

【国际业务】　2011 年,辽宁省农行营业部以坚持有效发展为前提，理顺外汇业务经营管理体制，实施差别营销，努力提高市场份额，加快产品普及，完善服务功能，提高业务收益，控制业务风险，保证了外汇业务持续、健康、稳步发展。

1. 确定营销重点。以西联汇款为营销重点，在重点地区、繁华地带建立外汇业务精品网点。个人外汇业务特别是西联汇款业务保持了良好的增长势头，为下步发展奠定了良好的基础。同时，积极加强与相关部门的沟通协调，多方面掌握客户信息资源，及时了解沈阳地区的招商引资情况和进出口企业信息，在综合分析后，定期向全辖发布，指导支行开展有针对性的营销。建立优质客户信息采集奖励机制，鼓励基层网点走进市场，寻找国际业务信息，并按照信息价值给予不同程度的物质奖励，形成全行上下开展国际业务的合力。加大对经常项目客户的直接营销力度，在现有信贷投放的优良客户中，优选一批有国际结算业务的系统性高端客户作为营销重点。

2. 分段落实任务。上半年，以营销资本项目客户为主，并以此带动营销经常项目客户，为完成全年的工作任务奠定基础；下半年，将工作重心转移至营销经常项目客户，改善客户结构，保证国际业务稳定持续发展。根据经常项目客户具有业务发展稳定、有连续性的特点，确立了大力发展经常项目国际结算客户、改善客户结构的营销目标，积极走访营销优质大客户，并根据客户需求为其量身定制外汇及信贷业务综合服务方案，成效明显。

3. 提高服务能力。在大力营销新客户的同时，也注重服务能力的提高。以真诚、高效的服务挽留老客户，积极走访、努力挖掘原有客户潜力。一是努力提高贸易融资业务占资产业务的比重。国际贸易融资职能的增加有利于及时为客户设计贸易融资方案，贷前调查、业务办理、贷后管理职责的统一提高了业务办理速度。二是仔细研究现有的外汇产品，深入分析客户需求，确定适合推广的产品和组合，扩大外汇中间业务收入的途径。三是在与客户议价时，合理运用汇率、费率、利率和信贷资源等多种杠杆，对客户的本外币综合贡献度进行全面考量，不同客户实行不同的价格策略，争取实现较高的收益率，推动外汇中间业务收入增长。

4. 注重风险防范。按照“管风险，管内控，提高透明度”的监管理念，建立以防范风险为本的全面、持续、有效的监管框架，切实有效地履行监管职责，加强自律监管力度。对特殊异常情况，及时下发风险提示函，将风险隐患消灭在萌芽状态。专业条线认真贯彻落实外汇局各项外管政策，严格执行总省行规章制度，在积极拓展业务的同时，注重做好风险防控工作，全年国际业务条线未出现风险事件，风险防范工作取得实效。

5. 加强宣传培训。一是采取“走出去，请进来”的方式，学习总结同业和兄弟行发展国际业务方面好的经验和做法，认真查找差距，取长补短，提高国际业务的发展水平。二是将“业务培训”与“知识宣讲”结合起来，创新培训方式，丰富知识普及活动，在全行范围内营造积极发展国际业务的良好氛围。三是培养国际贸易融资产品业务骨干，为前台部门营销提供技术支持。四是组织不同层次的客户经理、产品经理等业务骨干的境内贸易融资、国际结算培训班，结合实际案例进行授课，提高从业人员的产品推广能力。

（李卓宁）

·盛京银行·

【概况】 2011年，盛京银行持续推进战略转型和创新经营，不断加强重点风险管控，体制机制改革取得新成果，跨区域经营实现战略性新突破，经营业绩实现历史性新跨越，集约化经营能力跃上新台阶，主要经营指标在全国城商行名列前茅，人均产能处于全国银行业领先地位。截至2011年末，盛京银行资产总额突破2200亿元，各项存款余额达1795亿元，实现拨备前利润37亿元，积极推进跨区域经营战略，相继实现上海、鞍山、长春、本溪、盘锦分行开业运营，外埠分行已达十家。

（杨景智）

【资产质量】 2011年，盛京银行坚持推进差异性、多层次联动扩面营销，各项存款持续稳步增长，全面超额完成了既定增存目标。一是推进客户战略规划与实施，大力开展战略性客户上下游联动和扩面营销，全面实现与商贸连锁企业总部及分行所在地区门店的业务合作。二是坚持实施功能完善和客户培植为核心的零售业务战略，充分发挥代理性业务营销拉动作用，储蓄存款实现突破性增长。

优化贷款投向和结构，信贷资产收益水平和风险管理能力进一步提升。一是坚持差异化投放政策，实施名单制授信授权管理，加大高端装备制造业、现代服务业、民生工程等重点领域信贷投放，扩大战略授信客户储备。二是依托总部银行体制机制灵活和决策高效等方面的独特优势，充分发挥资源集聚和金融先导作用，集中资金持续加大对省市重大决策和重点项目建设的信贷投放。三是强化存量结构调整和增量规模倾斜，积极压缩票据贴现规模，充分释放贷款投放能力。

加强资金计划和财务管理，有效提升资产配置效率和盈利能力。强化资金调拨定价和投入产出管理，加强财务费用预算控制和监督考核，成本费用支出得到有效控制。一是加强内部资金阶梯利率定价管理，引导分行优化资产负债结构，提高贷款议价能力，实现资金自求平衡和高效配置。二是加强投入产出管理，完善差异化绩效考核体系，科学评价分行经营成果和发展质量，提高资源配置效率。三是强化成本费用控制，合理调整费用结构，提高资源配置效率。

（杨景智）

【金融创新】 2011年，盛京银行积极应对政策和资金面变化，主动调整经营模式和业务结构，以扩大融资和提高交易灵活性为手段，强化投资产品、期限和结构的战略性选择。一是创新票据业务经营模式和管理方式，扩大投资交易品种，提高资金运用收益。二是合理配置资金业务期限结构，加大短期资金运作力度，提高主动负债能力和流动性调控空间。三是完善业务产品和功能，成功取得非金融企业债务融资工具的承销商资格，滚动推出票据型、债券型投资理财产品，拓宽收入渠道。四是积极创新资产经营模式，完善资产经营管理职能，建立多元化的大资产经营管理模式。五是不断丰富服务渠道和手段，成功代理发行“五险合一”社保卡，顺利实现网上银行和24小时全国客服中心上线运行。六是持续加大中小企业信贷投放力度，加快专营机构建设，推出创业贷、组合贷、商圈贷、置业贷等“快贷通”系列产品，贷款结构进一步优化。

积极拓展跨区域经营发展空间，经营地域实现战略性突破。上海、长春、鞍山、本溪、盘锦等5家分行开业，外埠分行数量已达10家，业务触角和服务网络延伸至长三角地区，为未来经营发展开辟了新的战略空间。

（杨景智）

【内控建设】 2011年，盛京银行持续坚持审慎经营的战略选择，进一步完善风险防控体系建设。健全内控机制，推动合规风险考核评价管理和重点业务领域稽核审计，全面开展内控大检查，严防案件风险。

积极开展"贷后管理年"活动，有效防范信贷业务风险。一是全面开展贷后检查，重点检查分支行授权执行、贷款手续合规性、抵押物风险和保障条件落实等情况。二是有效推进信贷合规管理。加强政府平台贷款和中长期贷款风险管控，强化贷款新规执行。三是进一步强化房地产贷款风险管理。坚持项目抵押、资金封闭管理和解押按比例还款，加强存量贷款风险评估和安全回收，有效防控了系统性风险。四是大力开展不良贷款和欠息清收，实行欠息企业动态管理，全面完成清收计划。

持续加强风险控制体系建设，进一步提高风险管控能力。一是推进风控战略研究和选择。总结盛京银行十年审慎经营、稳健发展的成功经验，制定未来十年风险管理战略，为完善全面风险管理体系、确保安全稳健运营奠定了坚实基础。二是强化全行风控组织体系建设，推进分行风控合规部设立和职能完善，确保内控制度实现全员、全面和全流程覆盖，有效防控经营风险。三是推进风险信息管理系统的开发建设，建立风险管理数据库和风险计量监测模型，提高风控工作的科技化水平。四是进一步强化合规管理，有效开展合规风险考核评价，为全行依法合规经营提供了保障。

深化内控和案防制度执行年建设，提高稽核的全面性和针对性。一是深入开展内控风险大检查，抽调业务骨干对各分支行内控制度建设和执行情况实施全面检查，提高了内控的健全性和有效性。二是完善垂直审计与日常监督相结合的稽核体制，强化项目质量考核和责任追究，提高了审计效率和质量。三是在常规稽核基础上，重点开展资金业务、国际业务、信用卡业务以及信息系统等专题稽核，审计的广度、深度进一步拓展，提高稽核的全面性和针对性。四是强化会计运营管理，强化制度建设，开展内控和操作风险大检查，推进会计专业轮岗交流，提升内控执行力。

（杨景智）

·交通银行·

【概况】 交通银行辽宁省分行是交通银行设立于辽沈地区的省级金融机构。1987年5月，交通银行沈阳分行成立，成为交通银行在东北成立的第一家分行。2008年末，沈阳分行更名为交通银行股份公司辽宁省分行。截至2011年底，全省共有网点158个，共有鞍山分行、抚顺分行、丹东分行、锦州分行、营口分行、辽阳分行6个省辖行及1个异地支行－盘锦支行，此外，省内葫芦岛、本溪的分支机构正在积极筹建中。2011年，分行各项业务实现稳健较快发展。全辖人民币存款余额实现771.83亿元，较年初增加14.84%，地区占比6.46%，比年初提高0.25个百分点；人民币贷款余额429.93亿元，较年初增加14.89%，地区占比5.80%，比年初提高0.03个百分点；中间业务净收入2.77亿元，同比增加25.60%；经营利润实现11.89亿元，同比增加30.52%。

（高东强）

【业务经营】 2011年，交通银行辽宁省分行各项业务实现稳健发展。一是存款业务实现有效攀升。通过有效营销新开户，争揽优质大户存款，深入推进渠道及产品营销，积极拓展政府机关单位存款以及促进授信客户资金体内循环等方式有效拉动公司业务存款增长，全辖对公存款业务亮点突出。特别是面对四季度存款大幅下滑的不利局面，全辖锲而不舍、顽强拼搏，对公存款拓展取得了明显成效。二是个金业务快速发展，理财产品的丰富，客户分层体系进一步完善，营销策略更加合理，服务更优质，推分行对私理财产品销售额实现大幅增长。三是公司转型业务稳步拓展成效凸显。项目营销取得可喜成绩，储备资源更加充足。通过持续加强与优质大客户的深层沟通与合作，为业务拓展提供了广阔空间。四是国际业务保持强劲发展态势。通过充分发挥国际业务产品优势、主动上门为企业量身定制服务方案、有效拓展同业业务、积极挖潜公司联动协同效能以及营销资本项下结算业务等手段促使国际业务圆满收官。五是电子银行发展水平显著提高。离行市自助设备大幅增加，省内自助设备跨行交易单台日均交易笔数稳居同业第一位，网上银行和手机银行签约率大幅提高。六是资金业务实现逆市创利。在信贷规模趋紧和调控政策趋严的情况下，积极转变资金业务经营理念，灵活运转有限资金，提高资金配置效率，充分发挥全省资金管理平台的优势，舒缓流动性紧缩的不利影响，推动资金营运收益显著提高。

（高东强）

【资产管理】 2011年，交通银行辽宁省分行结合地区实际，根据东北老工业基地振兴的产业政策和地区经济发展特点，认真把握信贷投向和客户准入，细化授信指导，优化信贷结构，重点支持省内重大基础设施建设、县域经济、三农领域、中小企业发展以及绿色信贷工程，授信投向与区域经济契合度不断提升，信贷工作得到政府机关和监管机构的高度认可。2011年3月，在人民银行、省金融办、辽宁省财政厅联合公布的"2010年辽宁省综合信贷政策执行效果评估结果"中被评为优秀行。一是区域优势行业余额提升。省内前五大优势行业（机械、电力、交通运输、石油化工、房地产）贷款余额较年初增加27.89亿元。二是贷款收益结构不断优化。积极介入北方重工、营口港、沈鼓集团、沈阳机床、恒大集团等综合回报较好的重点客户。全年公司人民币实质性贷款增量投放为111.83亿元，40%以上投向收益较高的房地产、农副产品深加工等非传统行业，利率执行上浮和基准的金额占发放总额的92.33%。三是信贷评级结构、期限结构及资产质量持续提升。全年内部评级1—8级客户贷款余额占比94.89%，较年初上升5.86个百分点；人民币中长期贷款余额195.21亿元，较年初增加33.83亿元，占比59.15%；对公不良贷款余额、占比均保持下降。四是实施战略性领域量化推进专项管理和"两高一剩"行业限额管控。五是加大正常关注类客户减退力度。全年实际减退金额6.93亿元，完成总行计划的455.68%。减退客户主要分布在"两高一剩"、房地产等重点领域。六是公司信贷对零售信贷、资产管理等转型业务的带动作用得到有效发挥。个贷和小企业贷款均超额完成全年任务。2011年,授信业务质量及管理质量综合评价在总行系统内排名第12名。

(*高东强*)

【**内控管理**】 2011年,交通银行辽宁省分行坚持采取各项措施夯实内控基础,内控风险管理水平不断提升。进一步完善会计风险管理体系,全面实施各项风险管理举措,持续关注重点部位及风险环节,拓展风险管理工作的深度和广度,并合理运用考核、奖惩机制等工作措施。着力加强员工风险防范意识的培养和教育。持续开展"风险意识巡回讲座"活动,通过案例分析、警示教育、合规操作等讲解,强化"合规创造价值,平安就是效益"的经营理念。充分发挥会计管理部门效能。省分行会计部以培养和提高会计管理人员的管理意识、业务素质、风险思维为基础,以提升风险效率为原则,加大后督中心、风险管理、检查辅导、风险分析、实时监控等岗位的整合力度,实现分工明确、责任清晰、相互协作,互为补充的多层次、立体化、高效率的监控体系。积极倡导"合规、履职"的管理要求。以"职责明确、操作规范"为目标,强化会计工作过程管理,提高业务操作约束力和网点制度执行力,促进各层级会计人员履职水平提升。持续加强员工行为管控和风险排查工作。从操作行为和员工道德两个层面入手,牢固树立"前台重点关注、中台预警及时、后台检查深入"。强化队伍建设。完善会计梯队培养建设机制,通过加大人员上岗和任职资格管理、推动条线全员考核、坚持会计人员分层培训、选拔后备管理人才等工作,加快会计专业人才培养。深化内控管理,努力构建全辖紧密型一体化管理格局。对管理偏弱的省辖行及异地支行加大辅导及检查力度,改进内控整体氛围。继续推动全辖"示范行"创建工作扎实开展。切实通过创建工作提升了基础管理水平。

(*高东强*)

·招商银行·

【**概况**】 截至2011年末,招商银行沈阳分行资产总额640.2亿元,比上年增长20亿元。全折人民币自营存款时点余额609亿元,比年初增加15.25亿元。全折人民币自营贷款余额422.22亿元,比年初增加50.73亿元。全行"后三类"不良资产余额比年初下降1600万元,不良资产率为0.28%。

1. 以二次转型为导向,努力提升经营业绩。一是深入开展负债营销,巩固业务发展基础和市场占比。健全存贷比管理机制,强化日常负债变动的监控和调度,提升负债考核比重,积极引导负债营销。在中间业务消耗了近60亿存款的情况下,实现了存款的稳定增长,分行储蓄存款在市内商业银行中始终保持了10%以上的较高占比。对公负债市场占比也有了提高。二是扩大中小企业贷款占比,有效提升定价水平。齐心协力,加强指导,发挥团队优势,加大风险定价谈判力度。开展贷款经营,不断扩大高定价的中小企业贷款占比。三是积极扩大收入来源,稳步发展中间业务。零售业务方面,围绕基金、保险、受托理财等传统业务以及黄金等创新业务,通过开展跨专业联动营销、内部交叉销售等措施,中间业务收入全面完成总行计划。公司业务方面,积极拓展新的收入渠道,实现中间业务收入大幅增加。

2. 大力提升管理水平,强化内部服务。一是坚持以二次转型为引领,加速推进,深化落实,二次转型成效显著。成立分行"二次转型"领导小组,制订《沈阳分行持续推动"二次转型"工作方案》,根据"二次转型"的五大任务设置七个工作小组,全面推进"二次转型"核心工作。编制《招银参考》和《二次转型信息》,累计收集二次转型信息420余条。开展"转型服务、结对共建"活动,分支行共同联动营销推进转型。通过持续深入推动和宣导,进一步增强了干部员工思想认识,"二次转型"取得明显成效。二是推进全面风险管理,确保安全稳健运营。2011年,分行加大风险防范工作力度,全行干部员工共同努力实现了连续十一年的安全运营。深入开展信用风险流程优化和基础管理,开展中小企业信贷管理流程优化。实行中小企业风险经理派驻制,优化风险经理协同作业机制。严格落实"三个办法一个指引",受托支付比例达75.98%。开展各类信贷业务专项排查,进一步优化主审批人制与双签审批机制,中小企业贷款平均每笔业务审批时间为1.6个工作日,得到总行和基层的好评。加大不良资产清收力度,累计收回各项不良贷款本息合计4396.5万元。加大合规风险管理和审计工作力度,开展合规教育培训问卷调查,组织各类合规专项培训。开展反洗钱监测分析集中管理模式改造。深入开展行为管理和案件防控工作,持续加强干部员工的思想教育和行为管理,开展全员行为排查工作、年度三项执法监察、廉洁从业职业操守主题教育、深化"内控和案件防范制度执行年"等专项活动。全年堵截各类案件47起,涉及金额351万元。

3. 强化资源整合,优化业务流程,提升人员效能。通过流程再造完善绩效考核体系和优化岗位设置,实现了人员效能的大幅提升。推进综合柜员制,引导柜台主管交叉授权。在市内支行实施网点轮休,每周共计节省柜员18人,厅堂服务人员10余人。广泛开展联动营销和交叉销售。建立岗位交流机制,零售、公司客户经理开展跨专业岗位交流。完善考核办法,增加联动营销项目。编写联动指标营销指引,提升联动效率。

4. 强化资产负债管理,提高资本使用效率和费用使用效率 。建立以负债指标为核心的资产负债管理传导机制,严格按照负债来源和贷存比要求分配信贷资源。将资本占用成本纳入考核利润指标当中,对全行经济资本占用费进行了细化。从严开展财务预算管理,提高费用使用效率。

5. 开展服务型分行建设,提升内部服务质量和效率。持续推进服务型分行体系建设,树立"一个银行"理念,打造完整的内外部服务链条,实现管理输送向服务输送的转变,寓管理于服务之中。规范建设服务型分行的标准和流程,明确打造服务型分行的五大理念,七项机制和十项要求。形成系统量化的考核体系,有效促进机关部室内部服务和管理能力的提升。

6. 强化党的建设,提升支持保障能力,不断巩固提升管理基础。以迎接建党90周年为契机,大力开展党建工作。扎实开展"三重一大"自查工作。提高公文流转效率,公文精简幅度达40%。加快推进IT治理,共处理各类业务维护申请4856个,完善及开发项目74项。完善应急事件管理措施,制定《分行重大事项报告制度》。制订实施方案,迎接人民银行“两管理、两综合”执法检查。大力开展企业文化建设，相继开展了迎春文艺晚会、第九届运动会等活动。推进工会组织和共青团的建设，进行各级工会委员补选，开展新员工团课培训，组织大量丰富多彩的活动调动青年员工热情。

2011年，在《沈阳日报》“2011沈阳榜样企业（品牌）”评选活动中，招商银行沈阳分行再次荣获“沈阳榜样领袖奖”的最高荣誉。

（徐英超）

·中信银行·

【概况】 2011年，中信银行股份有限公司沈阳分行以推进增长方式转变为先导，以创新增强竞争力为发展战略，坚持“五个转变”和“六大经营理念”，各项经营管理工作在转变调整中不断深入。截至2011年末，全行总资产达到455.08亿元，自营存款382.16亿元，各项贷款余额310.99亿元，实现进出口收付汇量23.5亿美元，不良率为0.90%。沈阳分行下辖抚顺、葫芦岛2家异地分行、1家营业部和18家同城支行，员工1010人。

（王　瑶）

【业务发展】 全行经营工作坚持以效益、质量、规模协调发展为理念，坚持以客户为中心，以调整结构为方向，以夯实基础为目标，主线业务发展基础在调整中不断夯实。

1. 客户基础进一步夯实。对公客户数量稳定增长。截至年末，分行结算客户新增2107户，公司客户总数达到9674户；日均百万元有效客户数实现恢复性增长，比年初增加79户；机构客户数量实现较快增长，总数达到578户，比年初新增153户。零售客户营销取得新进展。恢复联系客户6200户，回流资金7500万元。获取、提升大众客户1958人，对应新增储蓄存款2亿元。零售贵宾客户达到5332户，高端私人银行客户达到89户，比年初增加62户，50万元以上贵宾客户管理资产余额占比达到55%。国际客户结构持续优化。国际业务客户301户，新开发客户122户，500万美元以下客户占比达到71.4%；500万－1000万美元客户占比10%；1000万美元以上大客户占比18.6%。小企业客户营销初见成效。小企业有效授信户数达到174户，比年初增加62户；小企业贷款余额达到10.15亿元，比年初增加5.38亿元，提前完成总行增量计划。

2. 定价能力显著增强。在贷款规模稀缺的情况下，实行“以价补量”的定价策略，人民币存量对公贷款加权平均利率7.16%，同比提高1.45个百分点；较加权基准利率上浮8.85%，同比提高8.14个百分点；人民币新增对公贷款平均利率7.54%，同比提高1.71个百分点，较加权基准利率上浮17.75个百分点，同比提高14.14个百分点；个人贷款平均利率达到5.99%，同比提升1个百分点；小企业利率平均上浮28.76%，并呈逐月上升趋势；贷款平均利率处于同业领先水平。

3. 贷款结构调整优化。从存款结构来看，保证金存款占比大幅下降，由年初的40%降至33%，净下降39.85亿元。机构存款日均占比由年初的22.8%提升至24.61%，日均余额较年初增加7800万元。从资产业务结构来看，加大向高收益和综合贡献度大贷款的倾斜力度，承兑余额比年初下降88.11亿元，贴现余额下降31.77亿元，对公一般性贷款余额比年初增加30.14亿元，同比增加30.14亿元。零售资产业务快速增长，余额突破50亿元大关，比年初新增3.3亿元，占一般性贷款的17.01%，比年初提高1.1个百分点。其中，高收益个人经营贷款增加投放3.8亿元。小企业贷款余额占对公贷款由年初的1.84%提升至3.31%。

4. 渠道建设不断拓宽。为强化公司业务的推动力度，先后成立小企业金融中心、机构业务部、产业金融部和投行中心，进一步构建完善对公专业化营销组织架构。通过拓展供应链渠道，推动土地金融、供暖金融等特色业务，拉动负债近10亿元。现金管理实现新增项目11个，通过票据池业务带动抚顺新钢铁4亿元存款。投行托管同业授信客户由原来的3家增至6家，同业日均存款新增7.36亿元。

5. 围绕客户需求这一主题，加大新产品的运用、开发和营销力度。一是公司业务亮点扩大。汽车金融、钢铁金融、土地金融和供暖金融业务均取得新突破，新增存款14亿元。银联商务集中支付项目增加5000万元存款。发行中信聚金对公理财产品11期16.95亿元，销售总额达到18.24亿元。成功营销凌源钢铁股份有限公司1亿元企业债券资金监管业务。与泰康养老联合完成分行最大一笔集合型企业年金托管业务，签约规模近700万元。通过强制立项、选择重点客户攻坚，供水集团短期融资券业务在总行成功获批。通过采取方案营销、分支联动等措施，实现了对抚顺挖掘机上游5家供应商和42户汽车经销商的批量开发。二是零售业务效果显著。加大与中信证券、申银万国、中天证券等实力券商合作，三管客户数量达到2.5万户，比年初增加2000户；通过开展“授信客户代发掘金”系列活动，加大对百万元以上对公客户的营销，新增代发客户37户，代发留存率达到21%；通过举办多场“出国大业”宣传活动，联动5万元以上优质客户1200户，带动存款超过4亿元；与商业城整体合作，商业城联名卡营销取得突破；成功营销皇姑区征收补偿金的代理发放业务，实现对4000户拆迁户超过13亿资金的全流程代发，储蓄存款综合留存率超过25%。三是国际业务产品突出。积极推动内保外贷、国内证买方付息、出口人民币代偿、代理进口开证、出口反向优汇通等新产品，做深、做大进口代付、国内证代付等传统产品，累计办理进口代付9167万美元，同比增加5038万美元；办理国内证代付24.36亿元，同比增加13.09亿元。

（王　瑶）

【内部管理】 2011年，中信银行股份有限公司沈阳分行强化管控，管理水平稳步提升。

1. 风险防范能力进一步增强。积极构建纵向联动、横向协调、全员参与的风险预警防控体系，加强资金流向监控，杜绝信贷违规流入房市、股市、转存保证金问题的发生。通过优化审批流程、实行重大项目预审制等措施，授信质量和效率不断提高。召开84次信审会，审议项目904个，金额1048亿元。信贷管理在简化放款流程的基础上，对存量授信客户实行分类管理，落实风险客户退出方案，主动化解退出19户风险预警客户，退出贷款8.39亿元；放款中心堵住风险漏洞249笔。开发授信资金到账管理系统，实现资金到账的实时监控。合规审计工作加大对重点业务领域的监督检查力度,通过开展一系列审计检查及整改落实,有效提高审计质量与效果。通过落实案防实施计划,深入开展"深化执行年"活动,推广非现场审计系统的应用,有效提升审计覆盖面和效率。强化会计操作规范管理,细化传导制度流程落实,有效提高网点的执行力;通过细化标准、强化整改反馈、加强培训指导等措施,全辖会计差错率明显下降。通过组织总行安全评估迎检工作,对安全保卫工作进行全面自查和整改,提升安全防范水平。积极开展"六禁"教育及行为排查、领导干部廉洁从政专项检查,进一步掌握了员工思想动态,有效防范了道德风险。

2. 激励导向作用进一步强化。在综合考评方面,突出"以经济利润为中心"的考评导向,在主线考核指标中增加损益类指标权重,加大对中间业务的考核力度,不断完善主线经济利润考核体系;调增风险资本回报率指标权重,加大对资本使用效率的考核;调增利率定价指标权重,新增"负债攀高峰"和"利差上台阶"辅助指标,加大对负债业务和利差的考核。

3. 服务保障水平进一步提高。为进一步改善工作环境,提高服务质量,克服时间紧、任务重的压力,先后完成铁西、营业部、皇姑、北市支行和分行食堂的装修改造工程;南塔支行筹建工作圆满完成,并如期开业;顺利完成分行档案库改造搬迁工作。大学城、南二路、闽南石材城等自助银行投入运行。在做好网络安全和系统运行维护工作的基础上,信息技术新开发项目100多项,上线程序320项,满足了业务发展的需求。通过开展创先评优活动、签订党风廉政建设责任状、开展扶贫捐助活动和组织参加总行运动会等系列活动,积极推进党群监察工作不断深入。

4. 完善机制,干部队伍建设不断加强。新班子成立后,着力抓好干部队伍建设,完善规范干部管理机制,提高人才有效配置。一是完善规范干部管理制度。提出"谁说得对听谁的,谁干得好叫谁干,力争把合适的人放在合适位置上"的用人理念,规范出台干部竞聘管理办法、选拔任用管理办法、派遣制人员管理办法、客户经理准入退出等标准化制度流程。二是加大干部调整交流力度。从干部个人职业生涯的长远发展出发,根据工作需要,加大干部考核、调整和交流的力度,力求为想干事、能干事、干成事的干部搭建平台。调整交流部门和机构主要负责人19人,调整比例52.78%;提聘助理以上干部33人,占助理以上干部32.04%。通过组织开展支行行长助理公开竞聘,调整充实一线领导班子,进一步优化干部队伍结构,调动广大干部员工的积极性、主动性和创造性;通过开展定员、定编工作,进一步优化和提升分行各岗位人员配置效能,全行经营管理工作焕发出新的朝气和活力。三是深入提高干部队伍素质。为进一步提升全行干部员工的业务素质和营销技能,各层面开展以注重实效为目的的系列培训。先后组织助理以上干部《管理会计》、《国学思想和领导艺术》培训,零售、国际、小企业中心组织基础知识、营销技能、专项产品和政策培训,有效提升了一线营销人员的营销意识和产品运用能力。会计条线开展标准化、礼仪化柜台操作与服务培训,会计岗位技能大比武、会计无差错竞赛等活动,进一步提高了会计柜员的岗位技能和标准化操作。

(王　瑶)

【企业文化】　切实加强党建工作。以学习贯彻党的十七届五中全会精神和迎接建党90周年为主线,进一步加强党的组织建设和党员队伍的思想建设,加强对群团组织的领导。深入开展党内创先争优活动,扎实开展共产党员工程活动,充分发挥党支部、群团组织和党员、青年团员在分行发展建设中的作用。深化廉政机制建设,进一步修订和完善各项制度和规定,加强对各级干部和一线营销人员的管理约束。认真开展专兼职纪检监察员的培训,强化纪检监察员的岗位责任意识和履职能力。继续加强警示教育,通过参观、收看、报告等形式,提高员工觉悟,做到警钟长鸣。推动服务品质建设再上新台阶。实行服务品质建设领导小组工作目标责任制,细化岗位责任,明确岗位分工,强化监督考核。结合各项外部检查和总行服务品质标准,重新修订分行服务品质建设检查标准,组织开展新标准培训,并对培训结果进行考试验收。切实加强大堂经理的培训和考核,充分发挥其接待、分流、辅导和营销等方面的服务职能。总结推广服务品质建设先进单位的成功经验,带动全行服务品质的提升。坚持飞行检查与总行神秘人检查相结合,现场检查与监控录像检查相结合,分行检查与经营单位自查相结合的方式,加强对各网点服务品质的检查指导,并建立问题整改跟踪落实制。深化精神文明建设工作。通过组织开展各类参观、报告、公益等各类学习、教育活动,加强员工思想教育,增强员工的荣誉感和归属感。认真履行社会责任,继续做好扶贫助学等社会公益。

(王　瑶)

保　险

·人保财险·

【概况】　中国人民财产保险股份有限公司(简称"人保财险")是中国人民保险集团旗下最大的子公司,分支机构遍布全国。2003年11月在香港成功上市,成为中国保险业海外上市第一股,是2008北京奥运会、2010年上海世博会和广州亚运会唯一保险合作伙伴。2008年6月26日,国际权威评级机构穆迪公司授予公司中国内地企业最高信用评级A1级。2011年公司保费收入迈上1500亿元新台阶,在亚洲非寿险公司排名第一。中国人民保险与共和国同生共长,经过半个多世纪的历史铸就,2011年已晋升为世界500强第289位。

沈阳市分公司是中国人保财险设立在沈阳市的分支机构,1980年恢复财产险业务,是沈阳市成立最早、规模最大、网点最多、实力最雄厚的财产保险公司,拥有雄厚的历史底蕴和杰出的品牌优势。公司现有员工1000人,公司本部下设十部(室)、三个中心,在全市各行政区、郊、县下设24家分支机构,专、兼业代理网点300多个。

(鲍　薇)

【主要险种】　人保财险沈阳分公司开设的险种覆盖经济和社会发展的各个领域,主要险种有企业财产保险、家庭财产保险、机动车辆保险、责任保险、航天航空保险、货物运输保险、建筑工程保险、信用保证保险、意外保险、短期健康保险、农业保险等300余种。随着社会的发展、市场的要求,公司适时推出各种新型产品,满足社会各阶层的保险需求。

企业财产保险:企业财产保险是以投保人存放在指定地点的财产物资为保险对象的保险,如:楼宇、工厂、生产资料等。

企业财产保险包括:财产基本险、财产综合险、财产一切险、机损险、营业中断险、个体工商户险等。这些险种的开办,很好的适应了国家振兴东北老工业基地的需要,适应了社会经济发展的需要。2011年企业财产保险费收入约为7800万元。

机动车辆保险:机动车辆保险为公司的主导险种,共分六大类:基本险、附加险、提车险、交强险、其它险、其他车辆险。

基本险包括:全险、单保车险、单保三者险、交强险。

附加险包括:盗抢险、车上人员责任险、玻璃单独破碎险、车辆行驶损失险、自然损失险、无过失责任险、新增设备损失险、不计免赔特约险。2011年,公司深挖分散性市场资源,建立私家车续保率考核制度,推出私家车集团承保方案,坚持为客户提供优质服务和承保条件,主动调整险种结构,优化主险业务,实行精细化管理。全年车险实现保费收入11.34亿元。

工程险:包括建筑安装工程保险、建筑工程一切险、安装工程一切险三类16个险种。工程险涉及楼宇、厂房、水利工程、道路工程、地下管道工程、桥梁、隧道、地铁和机场建设等领域。附加险包括施工机具险、第三者责任险等。

通过积极开发和运营,部分城市基础建设项目、大型商业投资项目,如:沈阳四环快速路、沈阳地铁一、二号线等项目,以及外埠大项目也在沈阳分公司投保。

通过积极开发和运营,部分城市基础建设项目、大型商资项目、铁西区改造、浑南新区、沈北新区等大项目,以及外埠大项目也得到承保。

货物运输险:国内公路货运险、国内铁路货运险、国内水路货运险、国内航空货运险、国内水路陆路货运险、国内航空旅客行李保险、海洋运输货物保险(涉外)、陆上运输货物保险(涉外)、航空运输货物保险(涉外)、邮包险等。

公司充分利用沈阳作为装备制造业中心、东北地区商业物流中心和金融中心的区位优势,为货运险发展提供了较大空间,并适时开发新的保源,抢先介入现代物流园、物流中心,探索货运险销售新模式。

责任险:包括公众责任保险、雇主责任保险、国内/国外产品责任保险、机动车辆停车场责任保险、医疗责任保险、道路客运承运人责任保险、校(园)方责任保险、供电责任保险、物流责任保险、物业管理责任险、燃气责任险、职业院校学生实习责任保险、特种设备第三者责任保险等。

该险是一种具有社会管理功能的险种,与社会生产和人民群众生活密切相关。公司充分利用责任险所具有的支持国民经济发展、维护社会稳定的功能,大力开展责任险业务。

意外伤害保险:包括个人人身意外伤害保险、团体人身意外伤害保险、建筑施工人员团体意外伤害保险、学生、幼儿意外伤害保险、营运交通工具乘客意外伤害保险、交通工具乘客意外伤害保险、境内旅行意外伤害保险、境外旅行意外伤害保险、出境人员意外伤害保险、商务旅行意外伤害保险、借款人人身意外伤害保险等。

健康险:包括大额补充医疗保险及城镇职工补充医疗保险两个重点项目。2011年,沈阳市分公司一举中标全市城镇职工补充医疗保险业务,7341万元的保费打破了公司单笔业务规模记录。

家庭财产险:包括家庭财产综合险、个人贷款抵押房屋保险、个人贷款抵押房屋综合保险、金锁家庭财产综合保险、农村综合治安保险等,附加险包括盗抢险、现金首饰盗抢险,家电用电安全险等。

特殊风险:包括飞机险、卫星险、钻井平台保险。

农业保险:2007年10月18日,沈阳市政府下发了《转发市农委等5部门关于试行政策性农业保险工作意见的通知》(沈政办发[2007]45号)文件,标志沈阳市政策性农业保险重新起步。沈阳市分公司在全市11个区(县市)开展农险工作,农业保险覆盖所辖乡镇及村屯。开办农险业务五年来,陆续开办了包括政策性粮油作物、设施农业保险在内7个政策性农业保险品种,并统保了沈阳市的公益林保险。截至2011年底,累计实现农险保费1.71亿。

(鲍　薇)

【防灾理赔】 2011年全市共发生有效报案143114件,已决案件120353件,已决赔款13亿元。

沈阳市分公司系统理赔线通过管理模式变革、专业队伍建设、IT系统完善以及服务能力的持续提升。在管理模式变革方面,推行理赔省集中,在第一时间,积极为客户提供快捷、高效的就近服务;推行理赔事业部改革,打造“竞争有力、管控到位、收放自如、应对灵活”的集约化理赔垂直管控平台。

2011年,沈阳市遭受“8·21”雹灾,面对灾害,沈阳市分公司第一时间启动应急预案,制定出切实可行的应对措施,加快了理赔查勘定损速度。在职场内、外设立赔案专项处理窗口或专柜,通过新闻媒体向客户介绍此次雹灾理赔的途径和方法,引导客户积极理赔,最大限度消除客户不满情绪,获得了良好的社会评价,此次雹灾累计赔款1000万。

公司在防灾防损、快速理赔、保障社会方面做了大量工作,充分发挥了保险的经济“助推器”和社会“稳定器”作用,为振兴东北老工业基地和促进沈阳经济社会可持续健康发展做出了积极贡献。

(鲍　薇)

【经营管理】 人保财险沈阳市分公司在经营活动中,按照股份公司的特点与标准,严格按规程运作,强化管理。

优化队伍,跟进考核,深入激活组织内在动力。一是引入产品线薪酬考核机制。二是加大经营业绩考评力度。三是完善业绩质询制度。四是推行优胜劣汰制度。

强化管控,完善平台,大力提升运营管理水平。一是构建产品线运营管理平台。二是改善出单操作平台。三是优化理赔服务平台。四是创新信息技术平台。

强化标准,改进流程,持续优化服务品质。一是继续打造标准化工程。二是构建客户增值服务体系。三是实现客户信息升级管理。四是不断完善服务监督评价机制。

(鲍　薇)

·人保寿险·

【概况】 中国人寿保险股份有限公司是中国人寿保险(集团)公司的核心成员单位,分别在纽约、香港、上海三地上市,是总市值居全球上市寿险公司榜首的国有控股寿险公司。总资产达1.5亿元人民币。连续九年入选《财富》世界

500强企业,2011年排名113位,连续5年进入世界品牌500强,被誉为中国保险业的"中流砥柱"。截至2011年12月31日,中国人寿保险股份有限公司沈阳市分公司拥有约2.4亿份有效的个人和团体人寿保单、年金合同等长期健康险保单,同时也提供个人、团体意外险和短期健康险保单和服务。

(李 娟)

【经营状况】 沈阳市分公司在2011年切实履行大中城市分公司的应有责任,坚持以科学发展观为指导,切实贯彻执行总省公司管理要求,一手抓业务发展和结构调整,一手抓依法合规经营和执行力建设,保持业务均衡健康发展,全面提高创费能力,强化内部管制,防范经营风险,提升管理水平,提高公司在区域的市场份额,全年实现保费总收入16.42亿元。实现成功续签受托、投管合同,企业年金保险业务基金规模达28.66亿元。2011年总保费在沈阳寿险市场份额排名第一位,高于第二名2.3个百分点。

(李 娟)

【个险渠道】 2011年,沈阳市分公司开好四类会议,以会议经营督导业务发展。打好三个基础,以出勤、举绩、活动量带动队伍发展;抓好各类活动工具,提升拜访量;抓好两类推动方案,实现业务增员两手抓。召开营销十五周年庆典大会、精英座谈会、精英专场说明会,"庆祝营销十五周年红海滩欢乐之旅"等系列活动,增强了国寿团队的凝聚力、向心力。

(李 娟)

【团险渠道】 2011年,沈阳市分公司加快短期险业务的发展。抓好学生险等代办业务的续保工作;积极拓展企业法人客户保险,做好大型企业跟踪服务和展业公关工作;巩固和发展城镇职工大额补充医疗保险。积极探索开办新型农村合作医疗补充保险业务。配合沈阳市人民政府积极开展城镇职工大额补充医疗业务。

(李 娟)

【银保渠道】 2011年,沈阳市分公司加强银、邮沟通,拓展全新合作渠道。制订业务推动方案,积极拓展业务。新开辟的银行成为公司期交主力销售渠道。加强团队建设,打造特色自营理财团队,将其扩展到县域,服务银行满期客户,取得初步成效。夯实县域银保基础,促进了郊县业务提升,从而推进了全市银保业务整体发展。

(李 娟)

【经营管理】 2011年,沈阳市分公司强化条线职能管理的作用,以实行精细化管理为核心,激发经营活力,全系统费用使用实现优化配置和充分保障,满足了公司日常运营和业务发展的需要。业务管理在省级集中基础上进一步优化,业务处理稳步提升,充分发挥对各销售渠道的后援支持与服务保障功能,积极推进依法合规经营,防范经营风险。在全市系统推进了深化经营管理体系改革,实行竞聘上岗、双向选择,优化了人力资源配置,完善经营绩效考核体系,激发了干部员工积极性,提高了公司管理水平。

(李 娟)

【品牌文化建设】 2011年,沈阳市分公司推行以"厚德善行"为核心理念的企业文化,树立品牌形象,优化发展环境。在主流媒体发表稿件60余篇。参与沈阳市新闻出版战线庆祝第十二届记者节活动。在《沈阳日报》发起的"领衔城市成长—2011沈阳榜样"大型评选活动中,沈阳市分公司荣获了2011年沈阳榜样金融行业十强"金榜样"大奖。沈阳市分公司总经理王柏林被沈阳市总工会授予沈阳市"五一"劳动奖章。沈阳市分公司2011年被沈阳市人民政府授予沈阳市金融工作先进单位突出贡献奖,被沈阳市保险行业协会评为沈阳保险行业信息宣传先进单位。

(李 娟)

·平安财险·

【概况】 中国平安财产保险股份有限公司辽宁分公司(以下简称"辽宁平安产险")是中国平安保险(集团)股份有限公司旗下的省级金融机构(大连市辖区除外)。辽宁平安产险成立于1992年,业务范围包括车险、财产险、短期意外险和健康险等,截至2011年底,拥有15家地市级机构,40家县区级机构,仅沈阳地区就拥有10家分支机构。经过19年的跨越发展,年保费规模超过24亿,在职员工过千人,在辽宁保险市场上保费规模排名第二,仅次于中国人保财险;客户满意度名列前茅,多次被评为最受消费者信赖的金融单位。辽宁平安产险在辽宁市场拥有重要地位,为辽沈地区广大人民和企事业单位提供了全面的风险保障和专业理财服务。

(那 莹)

【业务发展】 平安财险近年来业务快速发展。从2008年至今,平安财险对全辖业务进行了细分。根据保费来源和队伍结构,从沈阳市区着手,逐渐延伸到三级机构,将业务系列细分为八大渠道,包括新渠道、综拓、车行、重点客户、代理、直销县域、以及银保渠道。其中,新渠道、综拓、车行、代理主要经营个人业务;重点客户、直销、银保渠道主要经营团体业务。随着渠道化改革建设逐渐步入正轨,渠道已成为平安财险辽宁分公司整体业务发展和全力突破瓶颈的重要抓手和强力引擎,并以此带动和推动分公司经营管理的长足进步和业务规模、品质的健康发展。

2011年是平安财险渠道化改革向纵深发展的一年,随着渠道化改革向三级机构的延伸,平安通过特有的渠道化模式,把握市场规范经营的发展机遇,大力发挥渠道优势,通过专业化队伍精准定位,持续优化基础建设,不断深化三、四级机构渠道化改革,加快发展团体业务,提升客服水平,提升品牌影响力。在推进个团分设、渠道发展的同时,加大管理力度,强化发展策略,在合规经营的前提下,健康发展,不减速、不降落,不断提升盈利能力,确保规模与品质的双丰收,为辽宁保险市场的持续健康发展贡献力量,一举突破24亿保费平台,并实现了规模利润的双丰收。

(那 莹)

【渠道建设】 2011年,辽宁平安财险新渠道达成8.4亿。新渠道自成立以来坚持"创品牌、控成本、提品质"的经营理念,辽宁当地门店团队通过与上海张江后援中心200余位坐席人员的高效配合,"地空联合"促进了新渠道各项指标突飞猛进的发展。

1. 与传统渠道相比,新渠道这样的远程交易背后需要解决的是客户关怀的缺失问题。2011年,平安新渠道从客户需求出发,现已成为公司第一大渠道,对分公司整体保费贡献度为33.2%,对车险保费贡献度为39.15%,截至11月,辽宁新渠道保费规模北区排名第二。

2. 综拓渠道。综拓渠道作为平安特有渠道,在市场上发挥重要实力。

2011 年实现保费5.1 亿，同比增长40.8%。综拓渠道作为平安独有的渠道，通过建立渠道标准化管理模式，将平安财险的产品销售与辽宁平安寿险一万余名寿险销售人力有效结合，为平安快速发展奠定基础。

3. 车行渠道。大力发展三四级机构车行渠道，提升外围机构车行业务占比，重点关注四级机构渠道建设，已在新民、海城等5家四级机构成立车行渠道，使四级机构渠道建设更加成型稳定。同时不断完善车行合作模式，提高三级机构车行合作深度。

4. 直销渠道。升级转型工作顺利推动，各项指标全面达标，团体业务增速30.1%，年化人均产能提升率23.97%，有价值团体客户数达成率148.7%，团体业务占比93%，百万团体人力占比66.3%，业务人员已经按照新的作业模式进行展业，适应了直销转型的发展。

（那 莹）

【平台建设】 辽宁平安财险把握市场，准确及时.通过长期经验积累，平安财险已经形成完善的市场调研体系，全员信息敏感度和关注度全面提升。通过市场信息早早报等形式，每天发布市场信息，完善市场分析报告，多角度分析市场数据，通过信息的及时筛选、通报及数据的分析，形成了一套洞悉市场，指引经营决策调整、把握市场脉搏的调研工具，灵活、快速、及时应对市场变化。市场数据预测同业保费规模预测偏差小于1.8%。

潜才占比由2010 年的3.4%，提升至18.87%。B 类干部到岗率91.3%，C 类干部到岗率66%。三级机构产品支持岗到岗率95.45%，渠道管理岗到岗率100%。2011 年新人储备充足，编制执行率突破95%，干部、员工队伍稳定，士气高昂。

（那 莹）

【服务创新】 2011 年，辽宁平安财险以客为尊，全面提升服务创新。

1. 完善客服体系。全面推广增值服务，实施门店优化升级，完善作业平台，提高基础作业管理，同时通过规范行为提升技能，咨诉管控降低投诉，服务监督检视动作，开展调研完善服务，服务宣传扩大影响，全面提升服务竞争力，打造平安品牌优势，客户满意度全国第一。

2. 理赔服务提升。以改善内外部客户感受为目标，实施了一系列服务举措，包括：长期未决清理行动、小额企财快速通道、理赔标准化行动、展业支持服务规范、渠道专职理赔协调人机制等方案。2010 年2 月2 日起进一步提升理赔服务，由“三天赔付”升级为“一天赔付”，也就是说，对赔款金额在1 万元以内（包含1 万元）的车险事故，在客户提交资料齐全有效的情况下，平安承诺客户1 个工作日内完成案件审批并通知付款。截至2011 年12 月底，辽宁平安“万元承诺”的达标率为99.94%，所有理赔案件的结案率达98.03%。

3. 简单快赔。“简单快赔”项目指现场查勘员在现场一次性收集客户理赔资料，当客户确认已在修理厂修车且案件通过核损后，案件无需发票即可进行结案支付，发票及其他物理单证由合作修理厂收集并后补。简单快赔项目的上线大大缩短了“等待客户交单”时效的70%，从而实现整案处理时效大提速。除此之外，平安通过不断摸索，针对车险理赔案件的服务流程进行了优化，在原有设置小额案件快速理赔流程的基础出上，实行网格化查勘，为查勘人员配备无线上网笔记本快速录入案件。

4. VIP 客服节。2011 年，平安财险第八届客户服务节以“承诺不变·服务升级”为主题，关注客户体验，丰富活动内容，将回馈客户、宣传品牌和公益行动融为一体，进一步提升客户参与度和满意度。力求使客服节活动品质更高，范围更广，影响力更强，30 多家主流媒体参加，将平安“快、易、免、尊”服务向全社会公布，提升品牌知名度，借助媒体达到对外宣传目的；在客服节活动中，个人客户采摘活动超过430 人，人数创最高纪录；团体高端客户论坛参加人数超80人，回馈重点高端客户；电影进社区活动9 场，在倡导公益的同时将平安服务宣传进社区，促进渠道销售；同时开展“有奖查询”、“客户信息网上抽奖”、金点子征集等活动。期间开展了丰富多彩的活动，以自驾游、采摘、电影、免费检车、客户抽奖等活动回馈个人客户，以团体客户联谊、车行讲座、团体客户大拜访等形式增进团体客户关系，各类活动得到积极参与，有效促进销售。

（那 莹）

·平安寿险·

【概况】 2011 年，中国平安人寿保险股份有限公司辽宁分公司（下称“平安人寿辽宁分公司”）在实现保费收入稳定增长的同时，多措并举，从多个渠道采用多种方式提升公司运营水平，防范风险，提高业务品质，转变发展方式，确保又好又快发展。

2011 年，平安人寿辽宁分公司总保费收入65.3 亿元（不含综合开拓），比上年增加2.8 亿元，增幅达4.3%。在总保费收入中，个险首年规模保费累计实现12.8亿元，个险业务占比84.6%；续期保费累计实现45.45亿元，比上年增长15.7%；银行代理渠道累计达成10.55亿元，银保业务占比15.4%。辽宁分公司业务结构健康，个险业务占据较大比重，银保业务实现合理发展。

平安人寿辽宁分公司个险渠道总保费58.26 亿，市场占比同比2010 年提升0.52%。

平安人寿辽宁分公司寿险业总保费68.8 亿，市场占比同比2010 年提升4.2%。

（郝红梅）

【业务发展】 2011 年，平安人寿辽宁分公司坚定不移地推进产业结构调整，以不断满足人民群众日益增长的保险保障需求为导向，结合自身实际情况，把握好结构调整的节奏和力度，科学制定规划，稳步推进结构调整。始终把风险防范工作摆在突出重要位置，进一步加强制度建设和基础工作，在调整中发展，于发展中调整。坚持发展体现保险行业优势的业务，坚持发展保障型业务不动摇，提升行业竞争力和服务大局的能力。

在保险业务的经营中，加大产品创新力度，着力发展风险保障型和长期储蓄型核心业务，对现有产品更新升级，逐步取消趸交型高风险产品；促进各主要销售渠道协调发展，在核保、审计等多个层面提升运作水平，不断增强公司的可持续发展能力和核心竞争力。分公司坚持以内涵价值为主导，大力发展保障型业务，业务结构调整成效显著。

在人力发展方面，平安人寿辽宁分公司坚持发展内涵价值较高的个人代理业务为主，增强公司的财务实力和可持续发展能力，大力推进“健康人海”战略，确保业务队伍稳定、健康、团结，对增援对象严把质量关，业务员考核依据公司制度严格执行，确保了业务队伍的高素质。有力地推动个人代理业务的快速发展，个人代理业务占比继续保持行业领先水平,确保了公司内涵价值的快速增长。

平安人寿辽宁分公司2011年末个险人力1.79万人,辽宁市场(不含大连)个险总人力达7.75万人,人力总体环比增长4.4%。其中平安人寿辽宁分公司总人力为1.79万人,市场占比23.1%。

(郝红梅)

【管理平台】　2011年,平安人寿辽宁分公司在继续贯彻"你的平安 我的承诺"服务行动基础上,推行"承诺不变 服务升级",在践行承诺方面进行升级,将服务渠道梳理得更为便捷安全,为客户提供一站式的金融服务。

继"信守合约,为您寻找理赔的理由"服务承诺,公司升级理赔承诺,"标准案件、资料齐全、三天赔付",不断优化理赔流程,革新理赔服务模式,努力提高服务时效。2011年理赔给付3万件,给付金额为2.21亿元;3日结案率高达99.71%;标准案件结案平均时效为1.46天。

在渠道服务方面,公司开发了金领移动展业新模式(简称MIT),这种移动展业销售模式将现代科技和保险销售结合在一起,从传统销售模式中客户获得一份保险保障最少需要五天减少到只需半个小时。全面推广电子保单服务,就爱你个地客户信息泄露的风险,随时随地登陆平安官网查询保单,办理保全、理赔业务只需提供证件即可。

(郝红梅)

【内控管理】　2011年,平安人寿辽宁分公司大力推广"合规展业、健康发展"理念,即除了要遵守外部监管部门的法律法规外,还在公司内部建立完善的规章规定,努力做到以更严格的制度来约束公司的日常经营管理,实现合规经营的目标。

在"合规展业、健康发展"的公司导向下,平安保险公司在集团、各专业公司、分公司及支公司各层级完善公司制度,建立并完善制度文件夹及岗位职责文件夹,对日常经营管理中的各个环节的合规经营方法进行指导,对各岗位员工的本职工作进行规划及细化,做到工作有章可循、有据可依,并逐步对制度文件夹及岗位职责手册进行扩充及完善。截至年底,制度文件夹及岗位职责文件夹已为328个岗位量身定制了制度文件夹,涉及文件7958个。

(郝红梅)

【品牌维护】　平安人寿辽宁分公司成立以来,始终把"诚信"作为企业的核心价值理念,并从企业人格化的角度,结合平安的企业文化内涵和行业特征,构建了中国平安的"企业公民行为模型",积极投身体育公益、红十字公益、灾难援助、社会环境等公益事业中。2011年6月,平安人寿辽宁分公司开展大型公益献血活动,共捐献1.5万CC的血液,用实际行动诠释了爱的真谛,弘扬了"人道、博爱、奉献"的红十字精神。2011年,由平安援建的铁岭黄古洞希望小学落成,公司还建立了小学的图书室,配备了书架和2000册图书。同时,公司还对朝阳凌源的乔营子平安希望小学开展了爱心捐赠活动,向小学捐赠了20台电脑、2台电子琴、300本图书,及球类、体育用具、画具、教学用具、课本等。除此之外,公司还组织支教志愿者到达朝阳希望小学进行支教,为那里的孩子们带去了精心准备的课程,丰富了孩子们的视野。

2011年,平安人寿辽宁分公司在"沈阳公共服务单位百姓口碑榜评选活动"中,当选为优秀单位;在年度沈阳市企业文化建设评选活动中,荣获"企业文化建设先进单位"荣誉称号;在年度沈阳榜样企业(品牌)评选中,获得年度金融知识普及杰出贡献奖。2011年3月,"2011年沈阳公共服务单位百姓口碑榜评选活动"正式发榜,辽宁平安荣膺"金榜单位"。

(郝红梅)

·太平洋财险·

【概况】　中国太平洋财产保险股份有限公司辽宁分公司是总公司设立在辽宁地区(除大连外)的省级管辖公司,在全省共有14家中心支公司及直属支公司。辽宁分公司在沈阳地区设立1家中心支公司即沈阳中心支公司,下辖铁西、和平以及沈河三家支公司,拥有员工98人。太平洋保险以"做一家负责任的保险公司"为使命,以"诚信天下,稳健一生,追求卓越"为企业核心价值观,以"推动和实现可持续的价值增长"为经营理念,积极为辽沈地区社会和谐稳定和经济发展提供坚实的风险保障。

(泰　宝)

【业务发展】　2011年太平洋财险沈阳中心支公司保费收入3.23亿元,不仅在发展速度、业务规模、重大项目开发等方面有突破性进展,且通过整合分支机构、扩大服务范围、增强核心竞争力实现了持续、稳定、健康的发展。沈阳中心支公司不断深化对集团公司"客户需求导向"战略转型的认识,紧锣密鼓地推进各项转型举措。一是销售体制转型。由直销向以销售渠道建设为主的营销体制过渡。二是销售方式转变。将直销业务转型归集在电话、网络、团单、中介等营销渠道框架内。三是服务转型。将单纯销售产品转变为销售服务。为辽沈地区客户提供了安联救援、代驾服务、客户回访、赠送急救箱、夏日送水等多样化服务,同时通过客户俱乐部平台的搭建以及自驾游、会员积分兑换等活动的举办,更深入地了解客户在产品、价格、渠道、服务与沟通方面的需求,不断提高服务水平,提升客户体验。

太平洋财险沈阳中心支公司业务规模发展平稳,增速与行业相协调,整合资源,降低费用,提高效率,在原有公司业务的规模和基础上不断做大、做强,形成了具有自己特色的业务版块,实现了公司跨越式发展。

(泰　宝)

【重大项目】　2011年,太平洋财险沈阳中心支公司业务基本涵盖了辽沈地区工商业、交通运输以及服务行业等众多领域,承保了大批在沈阳地区较有社会影响力的国家级建工单位、国家电网、金融机构、交通运输工程等大型商业保险项目,并与沈阳华晨集团、东北电网、中铁建集团、中国农业银行、顶新、康师傅等众多集团客户建立了良好的合作关系,为沈阳地区广大客户提供了全方位的风险保障解决方案,赢得客户的赞誉与信赖。

(泰　宝)

科 学 技 术

科学研究与发展

【综述】 2011年，沈阳市科技局围绕"抓项目促调整、抓环境促提升、抓民生促和谐"重点任务，以加强产学研合作为主线，扎实推进各项工作，创新型城市建设全面提速。

各项创新指标全面完成。全市实现高新技术产品增加值1201亿元，同比增长19.3%；吸纳技术合同成交额128.9亿元，是考核指标的2.5倍；每万农村人口科技特派员数量达到11.89人，超过满分指标400多人。申请专利11906件，同比增长18.4%，其中发明专利4880件，同比增长25.8%。9个项目获得国家奖励；160个项目获得省级奖励，占全省的60%，同比提高14个百分点。

创新体系不断完善。新增东北大学流程工业综合自动化、中科院沈阳生态所森林与土壤生态两家国家级重点实验室，新增20家省级工程中心和26家省级重点实验室。

园区建设步伐加快。于洪特种机床城晋升国家级高新技术产业基地，泗水科技城获批省级医疗器械科技产业基地，大学科技城发展格局全面拉开、招商引智成果丰硕；和平区、沈北新区荣获国家可持续发展实验区称号，沈阳市成为拥有国家级可持续发展实验区最多的城市。

科技工作成效显著。市科技局荣获辽宁省科技管理工作突出贡献奖，被国家知识产权局评为"打击侵犯知识产权和制售假冒伪劣商品专项行动先进集体"。

1. 大力发展高新技术产业。着力推进重点科技园区建设。深化与泗水科技城的共建机制，组织院士专家完善规划设计，举办了国际健康产业园项目座谈会、生物产业发展峰会等一系列招商推介活动，吸引了美国特拉华州科技合作中心、IBM生命科学园等重大项目落户沈城，科技研发、创新孵化、中试产业化等十大公共服务平台陆续竣工投入使用，签约入区企业47家。为于洪特种机床城引进研发机构，搭建技术平台，开展信息、技术、市场等一站式服务；组织企业参加了"制博会"等展会，在南京、宁波等城市和台湾地区举办了招商会，近百家企业入驻或签订了入驻协议，机床城集聚效应逐渐显现。推进大学科技城建设，进一步明晰了发展定位，初步搭建了创新平台，完善了政策体系，已引进院士工作站2个、博士后工作站2个、省级以上研发机构31个，与国内外30余家大学和中科院系统开展技术合作70多项。此外，继续支持辉山农业科技园等建设，园区产业发展的集聚度和辐射力不断增强。

全力推进国家重大科技专项。IC装备专项，拥有完全自主知识产权的首台国产12英寸PECVD设备研制成功。高档数控机床专项，主机产品与功能部件课题的设计工作全面完成，装配样机17台；4项课题通过国家检测，具备验收条件；R0110重型燃气轮机项目，完成了压气机转子叶片试装等工作。同时，大气机械手、真空机械手等成果的产业化效果良好。

不断培育壮大新兴产业。组织各单位争取国家、辽宁省科技计划资金5.9亿元，增长9.25%，是全市2011年科技三项经费的2.25倍，特别是在国家支撑计划、星火计划重大项目的申报上有所突破，为培育新兴产业提供了有力的资金保障。对高新技术企业科技攻关项目支持额度同比增长18%；设置了1000万元的专项资金，用于新兴产业项目配套。围绕全市重点支持的战略性新兴产业，在先进装备制造领域，开展了全功能数控伺服刀架、大型天然气输送用管线压缩机等项目开发，对重点装备制造企业的经费增长了25%；在航空航天领域，支持了C系列飞机、太阳能飞机的关键技术攻关；在电子信息领域，支持了嵌入式软件等项目研发；在生物医药领域，加大了对药科大学、中医药大学等单位在药物制剂、品种改良、药效评价等方面的支持力度。通过强化政策扶持，全市高新技术企业达到182家，为抢占新兴产业制高点，打造更多具有国际竞争力的产业群奠定基础。

2. 着力优化科技创新环境。深入开展产学研合作。高规格召开了全市产学研合作工作会议，营造了良好的产学研合作氛围。制订工作方案，开展专题调研，征集企业需求和待转化项目。认定了21家产学研合作示范基地；新建东北地区国家大学科技园、高校科技产业等两个跨区域战略联盟和种业、硬岩掘进、自动识别等11个行业技术联盟，其中IC技术、金属物流等5个联盟被认定为省级创新联盟。重点支持了磷霉素产品清洁过滤关键技术开发等一批产学研合作项目，吸引了天津大学、同济大学、中科院武汉岩土所等国内知名研发机构来沈转化成果。增强对接活动针对性，组织举办了生物医药、节能环保、新材料、真空技术等百余个对接会，近千家企业参与，促成2000多个项目签约。

加强知识产权工作。组织了知识产权宣传周、专利周等活动，积极开展各领域、各层次的培训工作，进一步提高公众专利意识。成功举办了"专洽会"，展示专利项目2000余项，签订合作意向86项。认真落实全市打假行动总体部署，建立工作体系，联合相关部门对欧亚联营商场、兴隆大家庭等流通领域开展了专项执法，检查专利商品2200余件，对19起涉假专利商品立案，均已结案。推进专利服务平台建设，维权援助中心受理案件34件。

浓厚科技创新氛围。成功举办了层次最高、规模最大的第六届中国风险投资论坛——振兴东北投资高峰会。新增6家市级、2家省级科普基地，沈阳科学宫被科技部等部委授予"全国科普工作先进集体"称号；东北地区最大、全国水平一流的防震减灾科普馆落成，接待观众近6万人次；科普大篷车下乡巡展20次，科普大讲堂、专家报告团举办报告会22场，使科技知识走进千家万户，为创新型城市建设营造了良好环境。

加快科技交流合作步伐。编制了《沈阳经济区"十二五"科技发展规划》，启动了经济区科技公共服务网站建设。实施了工业滤网激光加工技术研发等国际科技合作项目；支持了高档聚酯纤维阻燃剂开发等20个团队引进项目，引进专家百余人；新建中日医药研究所等3个联合研发机构。举办了世界材料研究所论坛、亚洲生物技术商务对接会、中乌材料技术交易会等国际交流活动，促成一批项目签约。邀请19名中国驻外科技外交官来沈，为泗水科技城等沈阳特色产业基地拓展合作渠道。

加强科技金融结合。继续推进"新三板"试点准备工作，签约企业、股改企业、内核企业数量均居全国同类城市前列。创新风险投资方式，充分发挥政府资金的引导与杠杆作用；与银行等金融机构形成投贷联盟，为北星仪表等中小微科技型企业提供了融资服务。

3. 让科技成果惠及百姓。完善科技服务体系。完成了六批次工业企业科技特派员派出任务，累计向41家单位派出科技专家147人次，为企业引进、改进技术36项，开发新产品6个，申报专利14项，帮助黎明集团、防锈包装公司等企业解决技术升级、产品结构调整等难题。创新农村科技特派员选派形式，累计选派农村科技特派员2970人次，组建科技特派团36个，引进动植物新品种542个、先进适用农业新技术215项，辐射带动18万农户增收致富。

提高农业科技创新水平。以提升现代农业技术、培育县域特色产业为目标，开展了日光温室番茄抗逆性、万寿菊种子繁育、大豆膳食纤维粉产业化等攻关项目。继续推进已取得扎实成效的"青年农民上大学"工作，238名学员毕业，353名农民走进大学课堂。农村科技讲师团开展农业适用技术培训110多场，培训农民近8000人次。积极开展科技援疆服务，针对塔城农业发展实际，启动了农产品安全检测、温室蔬菜育苗技术等对接项目，组织专家编印教材5400册、开展培训200余人次。

推进社会事业科技进步。计算机辅助颞下颌手术导航系统、治疗慢性肾病的国家一类新药聚苯乙烯磺酸镧等填补国内空白的医疗技术和新型药物的研发成功，以及针对恶性肿瘤、心脑血管疾病等重大多发病临床诊疗关键技术攻关，结核病感染诊断等重大传染病、流行病预防控制研究，婴幼儿斜视弱视早期筛查干预等项目研发，有效提升了人口与健康领域创新水平。组织实施了老工业搬迁区宜居环境建设、污泥生物干化处理、高清全媒体播出系统研究等攻关项目，为生态市、环境样板城创建和"十二运"筹备提供了科技支撑。

（杨洪颖）

【科技计划】 2011年，沈阳市科技计划法定增长部分共安排项目284项，安排资金2.14亿元。其中：高新技术产业发展与科技攻关计划共安排项目194项，经费1.07亿元，重点支持了科技领航型企业培育、工业领域高技术产业发展与科技攻关、现代农业产业化与农业攻关、生物及制药产业化与社会发展科技攻关，以及专利实施等项目；科技创新条件与环境建设计划安排项目77项，安排资金3814万元，重点支持了公共服务平台建设、软科学、科学普及、国际合作、应用基础研究、重点实验室建设、大型仪器设备共享服务和大型科技创新活动等项目；基金专项安排2200万元，其它科技专项安排4697万元。此外，根据《沈阳市产业发展专项资金管理办法》发布了产业发展资金计划，共安排资金5000万元，其中：贴息项目25项，资金3210万元；补助项目6项，资金1790万元，补助项目中特别安排新兴产业配套专项1项，资金1000万元。

（杨竞喆）

【重点实验室】 2011年，沈阳市共支持重点实验室建设项目10项，安排科技经费490万元。以提高沈阳市重点学科领域的原始创新能力为目标，支持沈阳市风力发电重点实验室、先进高分子及其复合材料重点实验室、光纤健康监测技术重点实验室等项目，为相关产业发展提供源源不断的创新技术和成果储备；支持沈阳市生命科学实验技术重点实验室、食品生物加工与质量控制技术重点实验室、手性药物生物催化合成重点实验室、眼病中心重点实验室建设，提高全市食品安全和医疗领域的整体科研水平。

（石　莹）

【争取国家项目支持】 2011年沈阳市争取国家科技项目资金合计3.39亿元。其中国家中小企业创新基金计划、国家重点新产品计划、国家火炬计划分别获得经费支持1257万元、270万元和430万元；中科院金属所、中科院沈阳生态所分别承担了国家"863"计划、"973"计划、科技支撑计划等项目，获经费支持6656.1万元和2237.6万元；沈阳大学的"城市老工业搬迁区功能重构和宜居环境建设关键技术研究与示范"项目获得国家科技支撑计划支持，获国拨资金1946万元。国家科技创新资金还极大地推动了重大科技专项的进展：沈阳富创科技有限公司等4家单位承担的"极大规模集成电路装备专项"获国家支持1.14亿元；沈阳机床集团承担的"机床关键共性技术研究"项目获国家支持2423万元。

（石　莹）

【应用基础研究】 2011年，全市围绕电子信息、先进制造、现代农业、人口与健康等优先发展领域开展应用基础研究计划工作，共组织申报项目483项。重点支持了高耗能工业系统能量高效利用模式研究、抗氧化剂保护外周血干细胞功能及机制的研究等77项具有前瞻性、创新性，并具有广阔应用前景的研究项目，安排科技经费616万元。通过应用基础研究计划的支持和引导，面向企业和市场开展前沿技术研究，推动了全市知识创新工作，提高了全市的自主创新能力，为高新技术产业发展提供技术储备，培育创新型科技人才。

（杨竞喆）

【科技型中小企业技术创新基金】 2011年，沈阳先后组织推荐两批创新基金项目，共计118项。其中沈阳引信科技有限公司承担的"基于RFID技术的汽车零部件企业生产链管理平台"等26个项目获得立项，支持金额1755万元；启动2012年度创新基金地方项目征集和推荐工作，组织评审63个项目，并向国家科技型中小企业创新基金管理中心推荐项目51项。此外,认真做好创新基金项目检查、监理验收等工作。为了更好地宣传科技型中小企业,提升企业知名度,展示创新基金对全市优秀科技型中小企业快速成长的推动作用,在国家级刊物特设"创新基金"专栏,累计对60家企业进行宣传,取得了良好的效果。

(彭美媛)

【高新技术企业孵化器】 截至2011年底,沈阳市共有孵化器67家(国有48家、民营19家),其中:国家级孵化器(含国家级大学科技园)8家,省级孵化器7家,市级孵化器17家。全市孵化面积280万平方米,初步形成以国家级综合性孵化器为龙头,以大学科学园和企业投资建设的孵化器为主体,以专业性孵化器为重点,投资主体多元化的科技企业孵化器群体,为中小型科技企业的发展创造了良好环境。

开展孵化器管理工作。一是深入了解全市孵化器建设情况,组织沈阳软件出口基地有限公司申报国家级孵化器,并积极开展市级孵化器培育工作。二是加强孵化工作的指导和监督,实行动态管理,深入调研,强化孵化机构的孵化功能。

(孙 超)

【实施国家重大科技专项】 截至2011年底,IC装备专项拥有完全自主知识产权的首台国产12英寸PECVD设备研制成功,正在线测试,实现了我国在IC装备国产化方面的重大突破。组织全市IC领域重点企业申报IC重大专项,新松机器人、富创精密设备有限公司、中科博微等3家单位申报的5个课题立项,中央财政核拨资金1.38亿元;大气机械手、真空机械手等重大专项成果已在多家企业开展示范应用,生产各类机械手100余台,实现销售80余台;高档数控机床专项,主机产品与功能部件类课题的设计研究工作全面完成,实现17台样机装配,11项课题中已有钛合金航空结构件加工的五轴联动加工中心等4项课题通过国家机床检测中心检测,具备验收条件;R0110重型燃气轮机项目完成了压气机转子叶片试装等工作。

(孙 超)

【高新技术企业认定】 2011年,沈阳市科技局组织了高新技术企业申报培训会,向企业讲解高新技术企业申报的基本条件和企业自评的标准,并将高新技术企业申报咨询作为常规工作开展。同时,通过建立网站、报纸刊登等形式,加强宣传、动员和辅导培训。11月11日,在《沈阳日报》刊登了高新技术企业解读整版宣传材料,宣传高新技术企业政策,搭建了沈阳市高新技术企业服务平台,多方位多角度宣传高新技术企业认定、培育、辅导工作。经由沈阳市科技局、浑南高新区分别组织、推荐64家企业申报高新技术企业,经过辽宁省高新技术企业认定管理工作领导小组办公室审核,共有24家企业获得了国家级高新技术企业称号,并有32家处于国家备案审查阶段。截至2011年底,全市共有182家高新技术企业,公示32家。

(李 伟)

【国际特种机床装备城建设】 2011年,市科技局与于洪区政府共建的国际特种机床装备城被科技部批准为国家级高新技术产业基地;占地15.4万平方米的一期工程正式交付使用,25家企业入驻并开始安装调试设备;二期工程开工,70余家企业签订入驻协议或提出入驻意向;安排450万元市级科技发展资金用于企业生产研发,协调辽宁省科技厅给予省级特色产业基地支持。

引进研究机构搭建研发、检测等技术支持平台,为进驻企业开展产品研发提供服务;抽调业务骨干进驻机床城,为入驻企业开展信息、技术、市场等一站式服务;先后在台湾、南京、宁波等地举办招商推介会,成功实现近200家机床产业链企业向机床城靠拢。

建成了机床城产品展销中心。截至年底,进驻企业80余家,机床整机产品近200台套,功能部件及配套零配件30多个系列。进驻展示和销售的企业来自德国、日本等国家以及辽宁、广东、江苏、浙江、安徽、山东、四川和我国台湾等地区。

(李 伟)

【工业企业科技特派员】 为充分发挥沈阳市科研院所的优势,推进产学研结合,加快全市产业结构和产品结构的调整,市科技局与中科院沈阳分院于2010年6月共同制定了《沈阳市工业企业科技特派员(团)工作实施方案》,积极开展了沈阳市工业企业科技特派员(团)工作。截至2011年底,已派出六批工业企业科技特派员147人次,累计服务企业41家,其中包括沈阳机床(集团)有限责任公司、中航工业沈阳黎明航空发动机(集团)有限责任公司等全市重点企业,为企业引进、改进技术36项,开发新产品6个,申报国家专利14项,累计新增经济效益超过5亿元。

工业企业科技特派员(团)活动带动了企业产业和产品结构的调整,促进了高新技术产业快速发展,完善了以科研院所、高等院校为依托、以各类专家和科技人员为主体,以产学研合作为纽带,以科技企业为基础的工业科技创新服务体系。

(彭美媛)

【沈阳工程技术研究中心建设】 2011年,沈阳市共支持工程技术研究中心建设项目17项,安排科技经费2010万元。其中支持沈阳绿谷生物技术产业有限公司的沈阳市眼科医疗器械工程技术研究中心建设、沈阳建筑大学的沈阳现代建筑产业工程技术研究中心建设,对战略性新兴产业培育,实现创新型城市起到推动作用。沈阳铝镁设计研究院有限公司、沈阳洪生气体有限公司等20家单位被批准为省级工程技术研究中心组建单位,占全省新批准组建中心总量的40%。至此,全市省级以上工程技术研究中心达到193家。通过进一步加强工程技术研究中心建设,引导企业加大技术研发投入,使企业真正成为研发的主体、投入的主体、知识产权所有权的主体和获益的主体,促进科技力量向企业集聚。

(李 静)

【实施农业科技特派员示范工程】 2011年,沈阳市农业科技特派团总数达到36个,选派科技特派员2970人(次),引进动植物新品种542个,引进先进适用农业新技术215项,创建专业技术协会68个、合作社449个,创建企业333个,建立科技示范基地382个,示范面积达1.13万公顷,举办各种形式培训班2700多场,培训农民20余万人次,发放科技资料27万份,辐射带动农民18万户,新增经济效益12.7亿元。法库县、沈阳市畜牧兽医科学研究所和沈阳农业大学驻辽宁新大地实业集团发展有限公司科技特派组获得辽宁省科技特派员行动先进集体，张恩平等49人获得辽宁省科技特派行动先进个人称号。

整合现有科技服务资源，调动大专院校、科研院所及相关部门参与热情，发掘区县基层科技服务潜力，使全市科技特派员数量占农村人口万分之十一点八九。

（张 颖）

【沈水科技城建设】 2011年，市科技局进一步深化与棋盘山开发区管委会的共建工作机制，加大经费支持力度。组织召开了“沈阳泗水科技城共建工作会议”，签订了《2011年局区共建泗水科技城协议书》，对沈阳何氏眼科医院“基于自体人诱导性多潜能干细胞研制”、沈阳兴齐制药有限公司“维生素A棕榈酸酯眼用凝胶产业化”等15个项目给予重点支持，有力支撑了泗水科技城产业创新能力的提升。组织召开了辽宁省医疗器械产业发展座谈会、美国特拉华州项目推介会、2011中国（沈阳）生物产业发展峰会等系列活动，广泛吸引国内外优秀项目落户。作为沈抚同城化的先导区，泗水科技城已被批准为“辽宁（泗水）医疗器械科技产业基地”，科技研发、创新孵化、中试产业化等10大公共服务平台已陆续竣工投入使用。中国眼产业基地全面竣工投入使用，北科干细胞与再生医学工程产业基地、兴齐眼药产业化基地等10个重点产业项目集中开工。

（于红砚）

【创新型城市试点】 2011年，沈阳市创新型城市试点工作取得重要进展。一是促进经济发展方式加快转变。试行高新技术产业“一区多园”发展模式，沈阳国家大学科技城全面规划建设，沈阳特种机床城获批国家级高新技术产业化基地，棋盘山泗水科技城成为省级特色产业基地，康平成为沈阳市第3个获科技部批准的科技富民强县试点县。IC装备等国家重大专项实施取得突破性进展，带动了高新技术改造传统产业和新兴产业发展。二是促进社会可持续发展取得新成效，和平区和沈北新区获评国家可持续发展实验区。三是技术创新体系不断完善。认定了21家产学研合作示范基地，新建11个行业技术联盟。新增2家国家级重点实验室、26家省级重点实验室、20家省级工程中心、1家国家级科技企业孵化器和5家市级科普基地。新建中日医药研究所等3个联合研发机构。“新三板”试点准备工作和科技保险创新试点积极开展。四是创新发展环境不断优化。推进科技创新政策落实，企业享受研发加计扣除政策优惠2.46亿元。开展知识产权打假专项行动，强化知识产权保护，依法行政全面加强。

（宋 伟）

【国家大学科技城建设】 为全面落实科学发展观，增强自主创新能力，促进老工业基地全面振兴，沈阳市决定在浑南新区建设国家大学科技城。2011年4月，市政府正式批准成立大学科技城管委会，大学科技城建设全面展开。

编制了大学科技城发展规划，确定了发展模式、方向及“一城一区多园”的空间发展格局。辽宁省市政府分别出台了关于建设沈阳国家大学科技城的实施意见。2011年，城内12家企业共获得科技经费2730万元。

完善园区科技创新环境，大学科技城从科技投融资、科技成果转化、知识产权交易、科技文献查询、大型仪器协作共享、对外科技交流、创业孵化和公共技术研发等方面建设科技创新服务平台，为入驻企业提供优质服务。投资5亿元铺设了四横九纵的27公里道路，核心区一期已完成地下工程部分。

通过积极参与海外学子创业周、科技外交官辽宁行、中国风险投资论坛－振兴东北高峰会等省市大型对接活动，点对点走访高校、企业和园区等多种形式，拓宽了招商渠道。引进项目70个，其中：建有院士工作站2个，博士后工作站2个，省级以上研发机构31个，形成了企业、科研院所踊跃进驻的良好局面。

（张永庆）

【知识产权宣传周】 2011年沈阳市知识产权宣传周以“打击侵权假冒、维护公平正义、崇尚科技创新、保护知识产权”为主题，通过深入开展启动仪式、大中专学生知识产权公益广告创意设计大赛等三大系列二十余项主体活动进行知识产权宣传普及，旨在提高各级党政领导对知识产权制度在建设创新型城市中重要作用的认识，以及实施知识产权战略的自觉性和主动性；全面提高企事业单位在知识产权创造、运用、保护和管理方面的能力和水平；提高广大社会公众知识产权意识，在全市营造浓厚的“崇尚创新精神，尊重知识产权”的社会环境，促进全市知识产权工作不断发展，为建设创新型城市贡献力量。

（孙 凯）

【亚洲生物技术商务对接会】 以“专利转化助推新兴产业、知识产权优化城市发展”为主题的“2011年中国沈阳生物医药及节能环保专利技术对接洽谈会暨亚洲生物技术商务对接会”，于2011年9月22－23日举办。本次“专洽会”由政府搭建沟通平台，企业、高校和科研院所以自由自助的方式，进行联系、对接、洽谈。参加对接的专利项目实行“四免”，即免场租费、免参展费、免推介费和免宣传费。通过采取专场推介会、展会现场面对面重点推介、网上项目推介、现场媒体滚动发布推介等形式，共推出专利供需项目约2000多项。俄罗斯、日本、韩国、朝鲜、泰国等国家的相关单位参会，成为“专洽会”一大亮点。

（孙 凯）

【市知识产权局荣获“专项行动执法先进集体”】 2011年，按照沈阳市抓环境促提升工作的部署，沈阳市知识产权局积极开展打击侵犯知识产权行为专项行动。

通过进行知识产权行政执法专题培训，全面提升知识产权行政执法能力；通过面向社会公开“12330”热线，接受社会公众和专利权人的举报投诉，广泛查找案件线索；联合辽宁省知识产权局、市直各有关部门及各区县知识产权局，针对全市商品流通领域开展了联合行政执法检查行动，对2200件专利商品进行了检查登记。

通过专项行动，有效遏制了专利侵权案件的发生，保护了专利权人及广大消费者的合法权益。为此，国家知识产权局授予沈阳市知识产权局“2011年度知识产权系统制售假冒伪劣商品专项行动执法保护先进集体”荣誉称号。

（孙 凯）

【国际科技交流】 为充分利用国际科技合作资金的杠杆作用，鼓励全市企业与国外知名科研院所和高等院校开展跨国产学研合作，市科技局利用国际合作专项，选择了一批具有典型产学研合作特点的国际科技合作项目给予重点支持，占国际合作专项项目总数的73%。

充分利用国际合作渠道，组织和参与了"第四届世界材料研究所论坛"、"第八届中俄蒙科技展暨高新技术产品交易会"、"2011年中国沈阳生物医药及节能环保专利技术对接洽谈会暨亚洲生物技术商务对接会"等十余项国际科技交流活动和项目对接洽谈活动，邀请国外知名科研单位、高等院校的专家来访，并组织有关单位进行合作洽谈，为全市搭建了国际产学研合作平台，有力推动了全市产学研活动的开展。

利用"科技外交官服务特色产业基地建设"、"海外学子创业周"等平台和渠道优势，支持浑水科技城、沈北手机园、浑南开发区、铁西机床产业园、大学科技城、法库陶瓷城、辽中近海经济区等一批知名的特色产业基地与国际一流科研机构、企业和人才团队建立长期稳定的合作关系，拓宽科技合作与招商渠道。

（陈宏宇）

【产学研合作】 2011年，沈阳市召开了全市产学研合作工作会议，以产学研合作为统领的技术创新工作进入了一个新的发展阶段。一是制定了全市产学研合作工作方案，从营造合作氛围、搭建对接平台、发布供需信息、建立合作渠道、强化项目对接等方面做出了一系列具体安排。二是先后组织了亚洲生物对接会、全国专利洽谈会、全省高校、科研单位与企业、产业园区合作对接等科技对接会100余次。三是组织100多家国内外知名科研机构与沈阳市近千家企业进行了对接洽谈。全年签订产学研合作项目5783项，技术成交额47.1亿元，在沈科研单位转让成果、合作开发的技术性收入突破20亿元，同比增长70%以上。全市4000多家企业开展了产学研合作，引进外地高水平科技成果3470项，引进科研团队1万余人次。四是组建了市、省和国家级产业技术创新联盟20家，以全市企业为主体，吸引了56所国家重点高校、36所科研机构和440家企业参与创建。在IC装备、电子信息、数控装备、自动识别、掘进设备等领域突破了一批制约全市产业发展的共性和关键技术，形成了全市产业发展的新优势。五是积极组织在沈20多家高校和科研机构的67名科技特派员入驻到82家企业，帮助解决157项技术难题，转化83项科技成果，开发新产品62项，推广农业新产品、新技术、新品种365项，科技特派员成为入驻企业技术创新和区域经济发展的重要支撑。

（李志勇）

科学普及

【概况】 2011年，沈阳科普工作以营造建设创新型城市社会氛围为主线，着力提升全市公众科学素养，实施科普惠民工程。一是圆满完成2011年沈阳科普统计工作。统计现有的科普资源，发放调查问卷，研究全市公众的知识结构和科普文化需求。二是成功举行了2011年沈阳科技活动周。科技周期间，沈阳市各区、县（市）、开发区组织了60多项活动，20余万市民参与其中。三是科普基地建设进一步发展。新增浑南动漫产业平台、源盛树莓种苗繁育中心、沈阳体育学院、沈阳工程学院、辽宁古生物博物馆和沈阳园林设计科学院6家沈阳市科普教育基地；沈阳人民防空教育馆和皇姑青少年素质教育中心2家市级科普基地被认定为省级科普基地。

（李　新）

【青年农民上大学】 第七期"青年农民上大学"培训班于2011年7月15日在沈阳农业大学举行了结业仪式。共有238名学员通过学习取得了沈阳农业大学颁发的结业证书，并获得了国家职业技能鉴定资格证书和省农民科技经纪人证书。为鼓励、扶持结业学员创业，对30名青年农民科技示范户给予产业项目资助，总资助经费15万元。

圆满完成2011年第八期"青年农民上大学"培训班招生任务，招收学员353名，开学典礼于2011年9月21日在农业大学举行，并对"青年农民上大学"培训工作先进集体和先进个人进行表彰。同时，农业大学针对现代农业发展的需要和学员的实际需求，适时修改了教学计划，强化实践教学环节，增强针对性和实用性。

（张　颖）

【2011年沈阳科技活动周】 2011年5月15日，"2011年辽宁省暨沈阳市科技活动周开幕式"在沈阳中山公园隆重举行。辽宁省政府副省长滕卫平、沈阳市政府副市长王玲等有关领导，以及来自机关、学校、科研院所的1000多名代表参加了仪式。领导们为新审批的省市科普基地授牌，为社区赠送《身边科学》等科普读物。现场设立了政务公开咨询服务台，介绍科技工作情况。

科技周期间，沈阳市各区、县（市）、开发区组织了60多项活动，全市55个市级科普基地在科技周期间全面开放并举行了系列科普活动，在全市275所社区科普大学开展"低碳生活，节能减排"知识讲座。全市共有20余万人参与活动，20多家媒体报道本次宣传周，累计发稿500余篇次。

（李　新）

【沈阳科学宫建设】 2011年，沈阳科学宫被科技部、中宣部和国家科协联合授予"全国科普工作先进集体"称号，沈阳科学宫团支部被共青团沈阳市委员会授予"沈阳市先进团支部"荣誉称号。

充分发挥科普基地作用，精心策划了"创新成就梦想，共同探索未来"全市中小学生科普冬令营活动、"亲子春暖科普游家庭互动科学宫"系列科普活动、"关爱残疾儿童，走进科学"主题社会实践活动等深受青少年欢迎的科普活动和科技竞赛。成功承办了沈阳市纪念建党90周年廉政文化作品展、市直机关纪念建党90周年书法、美术、摄影作品展，以及中国科技馆新能源临时展览项目。同时，完成了沈阳市防震减灾科普馆的建设，该馆建筑面积1300平方米，是全国一流的地震类专业科普展览，极大地丰富了科学宫的展示内容，满足了市民学习防震减灾知识的需求。

全年累计接待各类观众近30万人次；策划组织大型活动9次；开展科技竞赛活动6次；开展大型临时科普展览5次；"870球幕影院协作组"轮换球幕影片2部，安全放映423场；4D电影安全放映898场；科普大篷车下乡进社区进校园巡展20次，科普大讲堂、科普专家报告团组织开展专家报告会22场，除了遍及全市各区县的多所学校外，还赴阜新市巡展4场，各类媒体报导60余次。

（谢振华）

【发展社区科普大学】 9月28日，中国科协常务副主席、书记处第一书记、党组书记陈希率中国科协调研组一行，来沈调研和平区文安路社区科普大学和沈阳黎明航发集团院士专家工作站工作。调研组听取了市科协的工作汇报，对沈阳市科协的工作给予充分肯定。

市科协把加强社区科普大学建设作为社区科普益民工作的有效载体，使社区科普工作融入社区工作，在传播科学知识、提高居民科学素质的同时，培养了一批社区骨干队伍，增强了社区组织的凝聚力，在促进和谐社区建设和探索社会管理创新的有效方法方面发挥了积极作用。3月份，日本发生地震、海啸和核辐射事件引发国内部分城市出现抢盐风波，市科协迅速利用社区科普大学课堂，开设了地震、海啸、核辐射等应急科普讲座，发放科普宣传册，引导居民科学应对自然灾害，晨报社区等科普大学学员无一人参与抢购碘盐。同时，围绕居民关注的焦点和热点问题，开设了食品安全、低碳生活等专题科普课程，受教育居民达5万多人次。开展反邪教警示宣传教育活动，反邪教知识进科普大学课堂，吸纳“法轮功”习练者参加科普大学学习，实现转化目标。和平区科协将科普讲堂搬上市交通台节目，已有4名科普大学讲师电台授课5期，反响良好。新办科普大学21所，全市科普大学达到295所，在籍学员1.6万人。市科协分别会同中国科协、市终身教育研究会和市委政研室、督察室对市内五区30多个社区的办学情况进行专题调研，形成了《关于沈阳市社区科普大学的调查报告》，制定了《关于加强新时期社区科普大学工作的实施意见》。

（姜素文）

【“全国科普日”活动】 2011年9月17日至23日，沈阳市科协开展了“2011年辽宁省暨沈阳市全国科普日”活动。活动紧扣“节约能源资源、保护生态环境、保障安全健康、促进创新创造”主题，围绕全球气候变化和节约水资源的大背景，沈阳市活动的主题为“水利、水情、水资源”，并于9月17日，在浑南新区第二小学举办了沈阳市“全国科普日”的启动仪式，市科协党组书记、副主席王黎宁主持启动仪式，副市长王玲致辞，市委常委、市总工会主席鞠秀礼发布“全国科普日”活动启动令。参加启动仪式的领导向35所中小学赠送“珍爱生命之水”节水体验器材和科普器材以及《水资源科普知识》宣传资料，同时，举办了水资源科普知识展、青少年科技创新作品展以及科普大篷车展等活动。“全国科普日”期间，市科协在全市中小学中开展了青少年“珍爱生命之水”节水体验、节水在我身边专家咨询、青少年节能环保主题演讲赛等一系列活动，同期举办5场公务员健康知识讲座。各区县（市）结合当地实际开展各种展览、竞赛、报告、讲座。全市各级科协组织开展各类科普活动达50余场次，参与群众达数万人。

（姜素文）

【科技惠农富民】 2011年，沈阳市科协和涉农区县（市）科协通过开展“科普之冬”、“专家进村”等科普惠农兴村活动，组织邀请沈阳农业大学、辽宁省农科院等单位的农业专家与基层农技人员，针对当地农业产业发展与春耕备耕技术需求，广泛开展农技培训、生产指导、咨询答疑、新优品种推广等科技服务。共组织130余名农业科技专家、近千名基层农技人员，组成60多个科普惠农服务队，深入全市110多个乡镇街道、730多个专业村，开展各类科技服务850余次，直接培训农民近10万人次，发放科普图书5万多册，科普挂图2000多套，宣传资料11万份，科普光盘4500多张，引进示范推广辽星1号水稻、黑皮花生等150多个新优高效品种，推广绿色蔬菜生产、山野菜种植、温室立体栽培等实用技术223项，提高了农民的科学生产技能，促进了农业产业结构调整升级和农民增产增收。

农村专业技术协会工作被列入2011年市政府重点工作。为提高农村专业技术协会的农技水平，市科协建立了30家农业科技咨询服务站和15个现代农业示范基地，投入3.8万元为8个协会配置了电脑等器材，并为农业科技咨询服务站和现代农业示范基地配置1~2名对口专家，定期开展农业科技咨询服务。进一步加强对农村专业技术协会管理，市科协对全市农村专业技术协会组织进行了调查统计，全市共有正规民政注册的农村专业技术协会组织143家，拥有会员4万余人，联系农户近11万户。市科协注重培育产业带动型农村专业技术协会，确立了10家产业带动型农村专业技术协会。成立了法库县树莓协会、辽中县水产协会和苏家屯区农业信息协会等3家市级行业农村专业技术协会联合会，通过农村专业技术协会联合会的成立，引导同一行业的农村专业技术协会突破地域、组织形式、所有制等方面局限，由局部松散式走向行业协作。

在中国科协、财政部实施的“科普惠农兴村计划”以及省科协实施的“科普惠农示范工程”项目中，沈北新区果树技术协会、于洪区陆家无公害浮板菜种植协会、辽中县朱家房镇肉牛养殖协会、苏家屯区农业信息协会等6家农村专业技术协会获奖补资金100万元，并在10家农村专业技术协会中新建高标准科普画廊10座。法库县特种果业协会、辽中县大光绿色蔬菜技术协会、苏家屯区农业信息协会荣获全国农村专业技术协会先进集体。

（姜素文）

【青少年科技创新活动】 在市科协、市教育局、市科技局联合主办的第26届沈阳市青少年科技创新大赛上，来自全市百余所学校、近万名学生参与，征集科技创新作品404项。选送省级大赛的98项作品全部获奖，在辽宁省入围全国大赛的84个项目中，沈阳占25项，其中：学生发明9项（全省14项），教师发明（含科教制作）6项（全省30项），科技实践活动3项（全省10项），科学幻想画7幅（全省30幅）。全市有6名高中学生获得东北大学自主招生专项奖励（全省10名），7名高中学生获得大连海事大学自主招生专项奖励（全省10名），4名教师获得辽宁省十佳优秀科技辅导教师称号，3所学校推荐拟参加“全国十佳科技创新学校”评选。在第八届辽宁省青少年机器人竞赛中，沈阳市有33位选手获得竞赛组别的一等奖。其中市第127中学（初中组VEX工程挑战赛项目），沈河区文化路小学（小学组足球对抗赛项目），浑南新区浑河站小学（小学组VEX工程挑战赛项目），市第126中学（初中组足球对抗赛项目）、大东区辽沈街第二小学（小学组基本技能竞赛项目）将代表辽宁省参加“全国青少年机器人大奖赛”。

（姜素文）

【科普资源建设】 日本地震、海啸、核幅射系列重大自然灾害事件发生后，市科协围绕核幅射安全知识的应急科普宣传，组织编写了《地震、海啸、核发幅射科普知识100问》一书，内容包括地震知识、海啸知识、核事故防护知识等三部分，为广大市民提供学习读本，为全市各机关、企事业、学校、社区、村镇开展科普教育提供参考资料。为科学认识灾害发生、发展规律，提高公众防灾、减灾、避难等知识水平，最大限度地减小灾害造成的危害。市科协组织编写了《公务员健康科普知识实用手册》，这是首部面向公务员群体的科普读物。内容包括管理健康积健为雄之策、走出亚健康强身调整之为、博大情怀心理平衡之态、合理饮食均衡膳食之计、安全食品慧眼识真之术、锻炼健体运作操练之序、防疾防疫祛病疗养之法、维康巾帼养生葆颜之道、医病用药对症施治之方等八部分。市科协继续抓好科普画廊建设，在苏家屯、东陵、新民、辽中等区县新建高标准农村科普画廊110处1100延长米。加强科普画廊的使用管理工作，维修城乡科普画廊150座，编印发放科普挂图6期4.8万张。 （*姜素文*）

科技成果

【科技奖励综述】 2011年，经市科学技术奖励评审委员会评审，市政府批准，授予沈阳鼓风机集团股份有限公司孔跃龙等3人、三一重型装备有限公司“MZ200联合采煤机组”等8个项目“2010年度市科技振兴奖”；授予东软集团股份有限公司“东软PET关键技术研究及产业化”等149项科技成果“2011年市科技进步奖”。其中：北方重工集团有限公司“QJYS－058双护盾硬岩掘进机”等25项科技成果为一等奖；沈阳仪表科学研究院“SOI压力传感器制造工艺研究”等51项科技成果为二等奖；沈阳机床股份有限公司“VTC250140m立式车铣中心”等73项科技成果为三等奖；授予沈阳农业大学“优质抗逆瘦肉型猪种选育、开发与推广”等38项科技成果“2010年市农业科技推广奖”。

沈阳市9个项目获得国家级奖励、160个项目获得省级奖励。在省级奖励中，沈阳市获奖项目占全省总数的60%，比上年提高14个百分点。共获一等奖17项，占全部一等奖的59%，其中：获得省科技进步一等奖15项，占该奖项一等奖总数的65%；获得省自然科学、技术发明一等奖各1项，占两个奖项一等奖总数的33%。

这些获奖项目凸显三大特点，一是获得高等级项目较多，体现出沈阳市科技创新的强劲实力；二是获奖项目近半是产学研合作项目，表明企业创新能力不断增强；三是在先进装备、信息、生物医药、节能环保、新材料等高新技术和战略性新兴产业领域的获奖项目，已取得良好的产业化效果，对促进全市产业结构优化升级和发展方式转变将起到积极的推动作用。 （*李志勇*）

2011年沈阳市获国家科技奖励项目

项目名称	主要完成单位
冷轧板形控制核心技术自主研发与工业应用	东北大学
面向现代服务业的空地一体化网络管理与远程故障诊断维护系统	沈阳理工大学，东北大学
国家游泳中心（水立方）工程建造技术创新与实践	沈阳远大铝业工程有限公司
仔猪健康养殖营养饲料调控技术及应用	辽宁禾丰牧业股份有限公司
大型铝合金型材挤压成套工模具设计制造技术与应用	沈阳新鑫模具有限公司
实现无燃油燃煤电厂的成套技术研究与应用	国电康平发电有限公司
结构性心脏病介入治疗新技术研究与应用	中国人民解放军沈阳军区总医院
玉米高产高效生产理论及技术体系研究与应用	辽宁省农业科学院
中国民航飞行运行监控系统关键技术及应用	沈阳空管技术开发有限公司

2011年沈阳市获辽宁省自然科学奖项目

一等奖

项目名称	完成单位
磁性纳米胶囊的制备、磁性和电磁性能研究	中国科学院金属研究所等

二等奖

项目名称	完成单位
全息暗能量的研究	东北大学等
稀散金属铼功能化合物的合成及其绿色溶剂研究	辽宁大学

三等奖

项目名称	完成单位
脊髓缺血再灌注损伤防治的基础研究	中国医科大学附属第一医院
载荷作用下单晶镍基合金的高温力学行为及相关理论	沈阳工业大学等

功能材料设计及其制备规律研究	沈阳师范大学
喷射成形的一类快速精确边缘检测法	沈阳工业大学

2011年沈阳市获辽宁省技术发明奖项目

一等奖

项目名称	完成单位
大型铝合金零部件极端铸造关键技术	沈阳铸造研究所

二等奖

项目名称	完成单位
超高压输电线路机器人巡检技术	中国科学院沈阳自动化研究所
无卤阻燃剂系列产品的大规模生产关键技术及集成	沈阳化工大学等

三等奖

项目名称	完成单位
三维照相测量系统及其在铁路罐车容积测量中的应用技术	中国科学院沈阳自动化研究所等
掘锚护一体机	三一重型装备有限公司
基于超声振动金刚石线切割硅晶体理论和技术的研究	沈阳理工大学
延迟焦化提高轻质油收率技术	沈阳工业大学

2011年沈阳市获辽宁省科技进步奖项目

一等奖

项目名称	完成单位
辽宁玉米高产栽培关键技术研究及其集成与示范	辽宁省农业科学院等
北方粳稻穗型改良理论与技术研究及应用	沈阳农业大学
日光温室主要果菜节能高效栽培技术研究与应用	沈阳农业大学
蓝莓、树莓新品种高效栽培技术研究与应用	辽宁省农业科学院等
土石坝安全监测分析评价技术研究与工程应用	辽宁省水利水电科学研究院等
ZZDFPZ－250000/500－800换流变压器	特变电工沈阳变压器集团有限公司
碳纤维复合芯架空导线研制与应用	辽宁省电力有限公司等
电气传动及控制系统的节能技术	东北大学等
城镇地下管网运行安全保障技术	沈阳建筑大学等
以金属离子及其转运体为靶点的神经退行性疾病治疗策略的研究	中国医科大学基础医学院
自身免疫甲状腺疾病的发病机制和临床诊治研究	中国医科大学附属第一医院
Fontan手术治疗复杂先天性心脏病的基础与临床研究	沈阳军区总医院
发育性髋脱位的基础与临床系列研究	中国医科大学附属盛京医院
固定剂量复方抗结核药物	沈阳药科大学
痰瘀论治动脉粥样硬化性疾病的系列研究	辽宁中医药大学

二等奖

项目名称	完成单位
生物质能源甜高粱品种选育技术创新与应用	辽宁省农业科学院高粱研究所
苹果树调冠改形增效关键技术研究与应用	辽宁省果树科学研究所
环境友好型植物抗病诱导剂的研制及应用	沈阳农业大学等
广适型玉米新品种沈玉21选育及应用研究	沈阳市农业科学院
辽葱系列大葱新品种选育及繁育技术研究与应用	辽宁省农业科学院蔬菜研究所
球根花卉新品种引种繁育关键技术研究与应用	沈阳农业大学等
辽宁省森林生态系统服务功能及其价值研究	辽宁省林业科学研究院等
人工增雨实用催化系统集成关键技术研究	辽宁省人工影响天气办公室
弹性元件工程化研究	沈阳仪表科学研究院等
QJRT－063复合式土压平衡盾构机	北方重工集团有限公司
大型芳烃装置用离心压缩机关键技术开发及装备研制	沈阳鼓风机集团股份有限公司
新型煤化工装置用系列压缩机	沈阳鼓风机集团股份有限公司

HTM125系列车铣中心	沈阳机床股份有限公司
东北电网无功电压多层多区协调控制系统	东北电网有限公司等
66千伏线路变压器组复合式组合电器(T-GIS)	辽宁省电力有限公司等
大电流开断技术在特高压断路器中的应用	沈阳工业大学
大容量电力变压器线圈短路强度分析系统	沈阳工业大学
特大型企业ERP系统的建设与应用	辽宁省电力有限公司等
辽河流域水污染控制系统工程研究与示范	辽宁省环境保护厅等
基于源头分类的城市垃圾资源化利用研究	沈阳航空航天大学
剪切/振动熔体处理短流程加工技术及其应用	东北大学
莎稗磷原药工业化生产技术	沈阳化工研究院有限公司等
医用手套专用聚氯乙烯糊树脂工业化	沈阳化工股份有限公司
混凝土结构砌块填充墙抗震构造技术研究与应用	沈阳建筑大学等
相变储能房间与太阳能利用热集成技术研究与应用	沈阳建筑大学等
建筑节能关键技术与太阳能在建筑中的应用	辽宁省建设科学研究院等
村镇建筑垃圾在墙体材料中的应用	沈阳建筑大学
现场发泡夹心墙节能建筑关键技术研究	沈阳建筑大学
建筑围护结构新型节能技术研究	辽宁省建设科学研究院等
辽宁省高速公路路面综合养护技术研究	辽宁省交通科学研究院等
滨海潮差侵蚀路段路基、路面及防护工程技术研究	辽宁省交通厅公路管理局等
辽宁省镁质材料行业资源循环利用与矿山环境修复技术与示范	中国科学院沈阳应用生态研究所等
辽河流域土地利用条件调查评价	辽宁省地质矿产调查院等
胸降主动脉夹层动脉瘤介入治疗的临床研究	沈阳军区总医院
非病毒性肝病的基础和临床研究	中国医科大学附属第一医院
几种革兰阴性杆菌生物学特性与呼吸道感染关联的研究	中国医科大学附属盛京医院
血管发育机制及临床早发冠心病预测和治疗的实验研究	沈阳军区总医院
急性心肌梗死合并心力衰竭干细胞移植临床与基础研究	辽宁省人民医院
建立早期筛查人乳腺癌血道微转移体系的临床应用研究	沈阳军区总医院
慢性阻塞性肺病的家庭机械通气和急性加重期治疗的研究	沈阳军区总医院
1537例颅内动脉瘤治疗的临床研究	沈阳军区总医院
几种免疫相关性皮肤病的临床和实验研究	中国医科大学附属第一医院
碘缺乏对学龄儿童智力损伤的调查及致脑发育障碍机制的研究	中国医科大学公共卫生学院
发音功能障碍相关疾病的外科干预与嗓音学研究	中国医科大学附属盛京医院
出生缺陷预防系列研究与应用	辽宁省计划生育科学研究院
基于人群的胃癌优化筛查方案的建立与应用	中国医科大学附属第一医院等
先天性肛肠畸形致病基因与蛋白质组功能的系列研究	中国医科大学附属盛京医院
辽宁省农村卫生适宜技术推广示范研究项目	辽宁省疾病预防控制中心等
新基因MYCT-1的克隆及与肿瘤发生相关性的研究	中国人民解放军第二零二医院
基于"以痈论治"胃癌前状态性疾病(活动期)毒热病因创新研究	辽宁中医药大学等
中医治法在病毒性心肌炎中的应用与研究	辽宁中医药大学
辽宁科技信息服务管理系统研建	辽宁省科学技术厅等
节能减排资源调查与对策研究	辽宁省科学技术厅等

三等奖

项目名称	完成单位
葡萄炭疽病灾变机理、防控关键技术研究及应用	辽宁省农业科学院植物保护研究所
保护地主要瓜类作物枯萎病灾变机理及控制技术研究	沈阳农业大学等
特色粮油作物新品种选育、有机生产与加工关键技术研究及应用	辽宁省农业科学院作物研究所等
苹果、梨食心虫生态行为与减量化防控技术集成研究	沈阳农业大学
玉米田保护性耕作关键技术研究与应用	辽宁省农业机械化技术推广站
东北小麦白粉病的分子预警与遗传防控技术研究	沈阳农业大学

特色谷子品种辽谷10号选育推广	辽宁省经济作物研究所
嫁接防治茄子连作障碍机理与高产配套技术研究与应用	沈阳农业大学
凌源花卉产业化关键技术创新与示范	辽宁省农业科学院花卉研究所等
沼渣沼液肥料化应用技术研究与示范	沈阳农业大学
辽宁省退耕还林工程建设关键技术研究与应用技术	辽宁省退耕还林工程中心
干旱管理方法研究－减少旱灾损失的策略、技术与方法	辽宁省水文水资源勘测局等
辽宁中部城市群大气污染模拟及调控原理	中国气象局沈阳大气环境研究所
牧草种质资源的研究与利用	辽宁省农业科学院耕作栽培研究所
辽宁省重大动物疫病强制免疫疫苗免疫效果跟踪评估与应用的研究	辽宁省重大动物疫病应急中心
辽宁省高致病性猪蓝耳病疫病防控技术集成示范	辽宁省动物疫病预防控制中心（辽宁省动物医学研究院）
GMC2060u桥式五轴加工中心	中捷机床有限公司
XGYW－18筒型真空外滤式永磁过滤机	北方重工集团有限公司
熔融烧碱降膜浓缩蒸发系统成套设备	沈阳东方钛业有限公司
HYG系列高效节能多环滚筒干燥设备	沈阳远大科技实业有限公司等
MFH3610风扇磨煤机	北方重工集团有限公司
大型丙烯制冷离心压缩机组	沈阳鼓风机集团股份有限公司
东北电网交直流输电系统动态特性及协调控制策略研究	东北电力科学研究院有限公司等
500/220kV同塔多回路运行维护技术研究	辽宁省电力有限公司等
800MW超临界机组自动发电控制的研究	东北电力科学研究院有限公司
轨道交通牵引供电系统35kVGIS设备	沈阳高压成套开关股份有限公司
数字医疗CT&MRI成像诊断系统19英寸高亮彩色专用显示器	沈阳火炬北泰数码科技有限责任公司
空间地理信息技术在电网运行管理中的应用	辽宁省电力有限公司等
新型智能地源热泵控制系统	沈阳工业大学
自对准划片工艺技术及设备	沈阳仪表科学研究院
线扫描多能量X射线探测器	沈阳地泰检测设备有限公司等
大规模消防救援智能化训练系统	沈阳化工大学等
生物医学硬膜滤光片	沈阳仪表科学研究院
辽宁省土壤环境调查、总体集成与多目标管理平台	辽宁省环境监测实验中心等
一种环境友好型膨润土类水处理剂的制备及应用研究	沈阳化工大学
北方寒冷地区A/O－人工湿地污水处理耦合工艺研究与应用	辽宁省环境科学研究院
种植基地土壤农药、重金属复合污染的生物修复技术研究	沈阳出入境检验检疫局等
营口市一体化大气污染减排研究	辽宁省大气污染防治管理中心
镁合金少量多元强化及高真空压铸件的开发	沈阳工业大学
聚氯乙烯全新工艺优化技术	沈阳化工大学等
新药注射用盐酸氨溴索的研究与开发	沈阳药科大学等
高频片感用堇青石陶瓷制备技术	沈阳大学
建筑工程±0.000以下非粘土墙体材料应用研究	辽宁省建筑材料科学研究所
混凝土损伤构件承载力的评价与应用研究	沈阳建筑大学等
纤维混凝土界面相类固体缺陷力学行为和增强机理的研究	沈阳建筑大学
满（女真）族系列建筑研究	沈阳建筑大学
汶川灾区农房安全性研究	沈阳建筑大学等
沈阳地铁中街站洞桩法施工关键技术研究	东北大学等
增强高强混凝土框架结构抗震性能的新方法	沈阳建筑大学
沙砾含水层地下水源热泵深井回灌技术的研究	沈阳建筑大学
多功能仿天然花岗岩涂料的研究与应用	辽宁省建设科学研究院等
膨润土基乳化沥青应用研究	辽宁省交通科学研究院
城市轨道交通小半径大跨度曲线桥设计关键技术	沈阳铁道勘察设计院有限公司
海排灰应用于道路路面基层的专项研究	沈阳建筑大学等
农村公路路面养护技术研究	辽宁省交通厅公路管理局等
中老年人MS早期靶器官损害机制及健康管理干预模式与推广应用	中国医科大学附属第一医院
超声心动图在心血管病介入治疗领域新应用的临床研究	辽宁省人民医院等
四种神经系统疾病基因诊断及应用	中国医科大学附属第一医院
冠脉雷帕霉素药物洗脱支架置入后血栓形成的防治研究	沈阳医学院沈洲医院

临床肝移植围手术期并发症的防治策略	中国医科大学附属第一医院
吗啡伍用阿片受体拮抗剂用于术后镇痛的有效性及机制研究	中国医科大学附属盛京医院
软性膀胱镜的临床应用	中国医科大学附属盛京医院
原发性甲状旁腺功能亢进症的临床和基础研究	中国医科大学附属第一医院
微小种植体支抗在正畸临床的应用研究	中国医科大学附属口腔医院
复杂颌面部创伤和复杂牙颌面畸形的整体治疗	中国医科大学附属口腔医院
探讨口腔修复材料生物相容性的综合评价方法	中国医科大学附属口腔医院
出生体重的决定机制及新生儿出生体质质量评估新标准	中国医科大学附属盛京医院
冠脉硬化斑块的二维超声检出与冠脉血流显像对冠心病诊断价值	辽宁省金秋医院
血液流变学及纤溶指标测定的临床应用研究	中国医科大学附属第一医院
益气活血中药抗动脉粥样硬化疗效机理及临床应用研究	辽宁中医药大学
沈阳红药系列产品	沈阳红药制药有限公司
水红花子质量标准规范化研究	辽宁中医药大学
基于"观眼识证"的彭氏眼针疗法临床应用及作用机制研究	辽宁中医药大学
新药"盐酸奥布卡因凝胶"	沈阳绿洲制药有限责任公司
按新标准、优化工艺生产的苦碟子注射液	沈阳药科大学等
沈阳装备制造业技术预见及技术选择战略规划研究	沈阳市科学技术情报研究所等
辽河流域水环境质量目标与产业结构优化研究	辽宁省环境科学研究院
信息产业在节能减排中支撑作用的研究	辽宁省电子技术情报研究所
辽宁省重点耗能行业能耗限额技术标准研制	辽宁省标准化研究院

2011年沈阳市科技进步奖获奖项目

一等奖

项目名称	完成单位
东软PET关键技术研究及产业化	东软集团股份有限公司
新型煤化工装置用透平压缩机装备研制及产业化	沈阳鼓风机集团股份有限公司
低能耗、高性能电气传动及控制系统的关键技术及应用	东北大学
QJYS-058双护盾硬岩掘进机	北方重工集团有限公司
以金属离子及其转运体为靶点的神经退行性疾病治疗策略的研究	中国医科大学基础医学院
沈阳市企业自主创新能力评价系统及发展战略对策研究	政协沈阳市科技委员会
大运载火箭发动机用高压小通径钛合金铸件研制	沈阳铸造研究所
DPAP系列无创呼吸机	沈阳新松医疗科技股份有限公司
SSZ—ZN—240000/220智能变压器	特变电工沈阳变压器集团有限公司
西气东输长输管线压缩机	沈阳鼓风机集团股份有限公司
FBC200r落地式铣镗加工中心	中捷机床有限公司
50万吨/年重油催化热裂解(CPP)制烯烃示范项目	沈阳石蜡化工有限公司
MZ200联合采煤机组	三一重型装备有限公司
超声造影在眼部占位性病变诊断中的应用	沈阳市第四人民医院
发音功能障碍相关疾病的外科干预与嗓音学研究	中国医科大学附属盛京医院
儿童常见肾小球疾病发病及GC治疗机制研究	中国医科大学附属第一医院
特种WRe温度传感器	沈阳东大传感技术有限公司
中药饮片炮制技术和相关设备的研究与应用	辽宁中医药大学
重金属污染场地治理修复技术研究与工程示范	沈阳环境科学研究院
传感器测试关键共性技术研究	沈阳仪表科学研究院
早熟、抗病、优质辣椒杂交种沈研13号选育及利用研究	沈阳市农业科学院
环境友好型植物抗病诱导剂的研制及应用	沈阳农业大学
城镇地下管网运行安全保障技术	沈阳建筑大学
非病毒性肝病的基础和临床研究	中国医科大学附属第一医院
输血传播病毒核酸检测(NAT)试剂的研发与应用	辽宁省血液中心(沈阳中心血站)

二等奖

项目名称	完成单位
SOI压力传感器制造工艺研究	沈阳仪表科学研究院

AW603A－4000CMMB 移动多媒体广播直放站	奥维通信股份有限公司
ZFW20－126/145/T3150－40 型气体绝缘金属封闭开关设备	新东北电气(沈阳)高压开关有限公司
沈阳市铁西区国家可持续发展实验区建设规划研究	中国科学院沈阳应用生态研究所
铸铁件用复合陶瓷涂料的关键技术研究	沈阳铸造研究所
MMS 热力模拟实验机的研制与开发	东北大学
长春西汀工艺研究及工业化生产	东北制药(沈阳)科技发展有限公司
温室穴盘苗自动移栽及环境监控系统装备研制	沈阳农业大学
新型生物肥料的研制与应用开发	沈阳科丰牧业科技有限公司
8M80 系列氮氢气压缩机(500/260 型)	沈阳申元气体压缩机有限责任公司
慢性阻塞性肺疾病新治疗靶点的研究－临床和实验研究	沈阳医学院奉天医院
2 型糖尿病合并心肌缺血再灌注后血管内皮功能及能量代谢变化及作用机制研究	沈阳医学院沈洲医院
几种革兰阴性杆菌生物学特性与呼吸道感染关联的研究	中国医科大学附属盛京医院
CK2120×6 数控多主轴自动车床	沈阳经济技术开发区创新数控设备有限公司
微创通道与标准通道经皮肾穿刺取石疗效评价研究	沈阳市红十字会医院
高压 Reppe 法丙炔醇节能分离新工艺	东北制药集团股份有限公司
数字浑河系统构建关键技术研究与应用	沈阳市浑河管理中心
专题志编纂研究与应用	沈阳市人民政府地方志办公室
沈阳市生态环境遥感监测关键技术研究、监测、预警系统开发	沈阳市环境监测中心站
沈阳地区汉坦病毒遗传多样性数据库的建立及应用研究	沈阳市疾病预防控制中心
相变储能房间与太阳能利用热集成技术研究与应用	沈阳建筑大学
一种环境友好型膨润土类水处理剂的制备及应用研究	沈阳化工大学
搜风祛痰法中药保护血管内皮细胞功能的机制研究	辽宁中医药大学附属医院
沈阳市生态灌区理论与实践研究	沈阳市水利科学研究所
血竭对家兔创伤后并发深静脉血栓形成的干预	沈阳市骨科医院
钢管帷幕法地道桥设计与施工方法研究	沈阳铁道勘察设计院有限公司
大型乙烯装置用乙烯压缩机	沈阳鼓风机集团股份有限公司
ZHN2－18,24/Y11000－80 型发电机保护用复合式组合电器	新东北电气(沈阳)高压开关有限公司
高电压、大功率电热储能炉	沈阳世杰电器有限公司
免热处理低屈强比铆螺钢的研究	沈阳航空航天大学
水泥聚苯模壳格构式混凝土墙体力学性能研究	辽宁省建筑设计研究院
特殊废液和污水应急处理技术与设备的开发应用	沈阳环境科学研究院
沈阳市园林有害生物普查及信息管理系统的建立	沈阳市园林植物保护中心
树莓品种选育和高效栽培技术体系创新研究与应用	沈阳农业大学
白腐真菌与白地霉原生质体融合生产秸秆生物饲料技术研究	沈阳农业大学
水产品中多种兽药残留的同时检测方法	沈阳出入境检验检疫局
树莓产业化关键技术研究与应用	沈阳市东陵区农业技术推广中心
北方生物反应堆设施工程关键技术应用与示范	沈阳市农业机械化研究所
LT－GJ401 数控系统	沈阳高精数控技术有限公司
JYJXC－160/260 型有极加强接点继电器	沈阳铁路信号有限责任公司
重要场所动态目标智能视频监控系统	沈阳先锋计算机工程有限公司
临床肝移植围手术期并发症的防治策略	中国医科大学附属第一医院
微小种植体支抗在正畸临床的应用研究	中国医科大学附属口腔医院
补肾祛痰化瘀法改善老年痴呆的机制研究	辽宁中医药大学
硅橡胶涤纶丝网内固定治疗连枷胸	沈阳医学院奉天医院
妇女乳腺癌发病因素调查及其与乳腺癌相关基因的多因素相关性研究	沈阳市第四人民医院
自体骨髓干细胞移植联合益气活血法治疗糖尿病周围血管病变的研究	沈阳市第七人民医院
新型眼用缓释给药系统——加替沙星眼用凝胶	沈阳兴齐制药有限公司
高亮免喷高端机壳注塑成型关键技术研发及产业化	沈阳毅昌科技有限公司

沈阳市科学技术发展“十二五”规划	沈阳市科技局
基于沈阳环境样板城建设的绿色政府构建研究	沈阳大学

三等奖

项目名称	完成单位
VTC250140m 立式车铣中心	沈阳机床股份有限公司
大型丁基橡胶装置用离心压缩机组	沈阳鼓风机集团股份有限公司
DFP－420000/500TH 单相发电机变压器	特变电工沈阳变压器集团有限公司
中华混合动力轿车	华晨汽车集团控股有限公司
HTC63150n 数控车床	沈阳机床股份有限公司
永磁高梯度强磁预选机	北方重工集团有限公司
大推力往复式新氢压缩机研制	沈阳透平机械股份有限公司
XPG－200 大型真空盘式过滤机	北方重工集团有限公司
ZGS－Z. F－1600/35 风力发电专用变压器	沈阳全密封变压器股份有限公司
新型大功率多供电 IGBT 变频电源	沈阳庆发电炉有限公司
高频片感用堇青石陶瓷制备技术	沈阳大学
大功率输油泵机组配套用轴承箱电加热器和电伴热联锁控制器	沈阳市中色测温仪表材料研究所有限公司
航空发动机涡轮叶片 AlSiY 涂层的关键技术研究	沈阳工业大学
SCB11－1600/10 环氧树脂浇注干式变压器	沈阳全密封变压器股份有限公司
高效槽纹管水平降膜氨吸收器	沈阳陆正重工集团有限公司
高性能钉头管理弧螺柱焊自动化成套设备及其关键技术	沈阳工业大学
中石化天津分公司配套项目230万吨/年延迟焦化装置高压除焦水泵	沈阳工业泵制造有限公司
钢骨－钢管混凝土结构应用研究	沈阳建筑大学
既有桥梁可靠性快速评定方法研究	辽宁省建筑材料科学研究所
沈阳市连续运行参考站网络(SYCORS)	沈阳市勘察测绘研究院
村镇工程基础设施数据库与评价模拟系统研究	沈阳建筑大学
沈阳经济技术开发区国家生态工业园示范区创建与研究	沈阳环境科学研究院

环保微生物菌剂中五种芽孢杆菌检测方法的建立	沈阳出入境检验检疫局
沈阳城市生活垃圾填埋场渗滤液处理新技术及工程示范	沈阳出入境检验检疫局
新优宿根花卉在沈阳地区的引种繁育与示范推广	沈阳市园林科学研究院
声屏障在沈阳城市快速路噪声治理中的应用及示范工程	沈阳市环境保护工程设计研究院
乳酸菌发酵胡萝卜综合加工利用技术研究	辽宁省农业科学院食品与加工研究所
优质、抗病茄子杂交种沈茄五号的选育及应用	沈阳市农业科学院
恩诺沙星克球酚等兽药残留检测质量控制的研究	沈阳出入境检验检疫局
色素万寿菊专用品种选育及综合技术推广	辽宁省农业科学院花卉研究所
蔬菜和食用菌中多种氨基甲酸酯农药残留的确证方法的研究	沈阳出入境检验检疫局
珍贵观赏树种花楸繁育技术研究与应用	辽宁省林业科学研究院
动物源性饲料中禽类、鱼类源性成分的快速分析与检测	沈阳出入境检验检疫局
高粱深加工技术集成及其产业化	辽宁省农业科学院食品与加工研究所
细叶美女樱新品种选育及繁殖技术研究与应用	沈阳农业大学
狐貉貂等细小病毒病防治关键技术研究	沈阳市动物疫病预防控制中心
山楂果实综合加工技术与产品	辽宁大学
光密度连续变化滤光器件	沈阳仪表科学研究院
高压开关 SF6 气体微水含量传感器及在线监测系统	沈阳仪表科学研究院
数字医疗辅助诊断多普勒系统的专用显示装置	沈阳火炬北泰数码科技有限责任公司
变压器用波纹管自动焊接系统	中国科学院沈阳自动化研究所
20.8寸(3M)超高清、特种接口、高亮单色医疗影像诊断特种液晶显示装置	沈阳火炬北泰数码科技有限责任公司
物品与数据信息融合追溯技术的研究与应用	沈阳维深自动识别技术研究院有限公司
医疗影像专用信号分配级联装置	沈阳火炬北泰数码科技有限责任公司
沈阳项目管理系统平台建设	沈阳市重大项目管理办公室
LAB600 多功能原子吸收光谱仪	沈阳华光精密仪器有限公司
飞机结构件数控加工可视化制程管控平台	沈阳飞机工业(集团)有限公司

沈阳市数字化城市管理信息系统	沈阳市城市管理行政执法局
出生体重的决定机制及新生儿出生体质质量评估新标准	中国医科大学附属盛京医院
先天性肛肠畸形致病基因与蛋白质组功能的系列研究	中国医科大学附属盛京医院
四种神经系统疾病的基因诊断及应用	中国医科大学附属第一医院
血液流变学及纤溶指标测定的临床应用研究	中国医科大学附属第一医院
疏肝活血法促进血管新生治疗肢体缺血性疾病的研究	辽宁中医药大学
益气活血中药抗动脉粥样硬化疗效机理研究	辽宁中医药大学
软肝冲剂对大鼠内源性HGF相关因子水平调节及临床疗效研究	辽宁中医药大学
胎儿镜下超选择血管交通支阻断治疗双胎输血综合征的研究	沈阳市妇婴医院
重组人促红细胞生成素对大鼠视神经保护作用的体内外研究	沈阳市第四人民医院
先天性眼球震颤的手术治疗和致病基因突变研究	沈阳市第四人民医院
彩色多普勒超声对先天性小儿颅外段椎动脉异常的应用研究	沈阳市儿童医院
ZrO2/Al2O3复合材料的制备及其在口腔修复中的应用研究	沈阳市口腔医院
多曲方丝弓及扩弓技术矫治轻中度骨性偏合畸形的临床研究	沈阳市口腔医院
计算机导航辅助脊柱外科复杂手术技术研究	沈阳市骨科医院
糖基化终产物受体基因型在2型糖尿病伴慢性牙周炎患者颊粘膜中的检测研究	沈阳市口腔医院
罂粟碱选择性开放血脑屏障后增加bFGF对脑缺血的脑保护作用	沈阳市第一人民医院
水红花子质量标准规范化研究	辽宁中医药大学
山里红叶抗脂肪肝作用及药代动力学研究	辽宁中医药大学
基于土壤农药污染、重金属污染、矿区污染的生物修复技术研究	沈阳出入境检验检疫局
高选择性复合酶制剂	沈阳世源化工有限公司
无机抗菌材料检测技术的研究	沈阳出入境检验检疫局
益气养阴复方治疗房颤新药开发研究	辽宁中医药大学
马来酸氨氯地平片的研制及工业化	东北制药(沈阳)科技发展有限公司
沈阳市科学技术与现代服务业相互促进发展战略对策研究	沈阳大学
沈阳市农村土地流转有形市场建设与技术支撑的研究	沈阳建筑大学

2010年度沈阳市科技振兴奖获奖项目和个人

获奖项目

项目名称	完成单位
大型芳烃装置用循环氢压缩机组	沈阳鼓风机集团股份公司
750Kv联网工程系列变压器	特变电工沈阳变压器集团有限公司
1.5MW双馈式变速恒频风电机组	沈阳华创风能有限公司
MZ200联合采煤机组	三一重型装备有限公司
沈茄系列杂交种的选育及应用	沈阳市农业科学院
我国农村高血压流行趋势及低成本综合干预预防脑卒中研究	中国医科大学附属盛京医院
TD - SCDMA/WCDMA/CDMA2000移动通信直放站系统	奥维通信股份有限公司
面向MID的嵌入式软件系统	东软集团有限公司

获奖个人

姓名	单位
孔跃龙	沈阳鼓风机集团股份有限公司
雷震霖	中国科学院沈阳科学仪器研制中心有限公司
张化光	东北大学

2010年沈阳市农村科技推广奖获奖项目

一等奖

项目名称	完成单位
优质抗逆瘦肉型猪种选育、开发与推广	沈阳农业大学
玉米重大病害防控关键技术研究与示范	沈阳农业大学
工厂化蔬菜育苗技术引进开发与推广应用	沈阳市农业科学院

二等奖

项目名称	完成单位
优质高产水稻新品种辽星20示范推广	辽宁省稻作研究所
果蔬及其产地环境速测技术研究与示范	中国科学院沈阳应用生态研究所
玉米新品种东单258号繁育与推广	辽宁东亚种业有限公司
红薯新品种引进及高效栽培技术推广	辽宁省农业科学院
畜禽养殖废弃物资源化利用关键技术研究与推广应用	沈阳农业大学
沈阳市动物防疫标准体系的建立与推广	沈阳市动物卫生监督管理局
红萝卜新品种"福娃1号"的选育及利用	沈阳市农业科学院
西伯利亚花楸等珍贵观赏树种在城乡景观功能区建设中的应用与示范	辽宁省林业科学研究院
绿色食品蔬菜安全生产关键技术示范与推广	沈阳市维康绿色食品有限公司

三等奖

项目名称	完成单位
犊牛高成活率饲养新技术的研发与推广	沈阳乳业有限责任公司
饲料工业用酶制剂的研制和工业化生产	辽宁禾丰牧业股份有限公司
玉米种质资源的引进及新品种靶基因工程育种技术研究	沈阳市雷奥玉米研究所
农作物叶部病害计算机图像识别方法的研究与系统开发应用	沈阳农业大学
康平蚕桑新品种推广及桑林蚕牧生态工程技术开发	辽宁省蚕业科学研究所
和牛与辽育白牛杂交育肥技术的研究推广	法库县畜牧兽医技术培训推广中心
树莓生产安全控害技术研究与推广	东陵区农业技术推广中心
全光露地栽培黑木耳技术应用与推广	沈阳市苏家屯区农业技术推广中心
沈191水稻新品种选育与推广应用	沈阳市农业科学院
螺旋式速冻机在乳品加工业的推广与应用	沈阳航天新阳速冻设备制造有限公司
树莓新品种引进、筛选及优良品种推广	沈阳市源盛树莓种苗繁育中心
害虫天敌－赤眼蜂的分子鉴定技术研究及推广应用	沈阳出入境检验检疫局
中华红叶杨的引进与推广应用	新民市林业局
沈阳市农村劳动力转移和输出的路径选择研究	辽宁大学
发酵床养猪关键技术研究与示范推广	沈阳市畜牧兽医科学研究所
蓝莓设施生产技术的推广与产业化	辽宁新大地实业发展集团有限公司
沈玉29玉米新品种推广	沈阳中元种业有限公司
重大检疫性病害黄瓜绿斑驳花叶病毒综合防控技术推广应用	新民市植保站
乌苏里拟鲿新品种示范推广	沈阳华泰渔业有限公司
应用植物营养技术改善作物品质示范与推广	沈阳久恒田园农业有限公司
秸秆青贮饲料揉碎打块包装成套设备技术开发	沈阳市农业机械化研究所
清宫促孕灌注液的研制与推广	沈阳中亚兽药业有限公司
蜂胶霍乱疫苗的引进与推广	法库县动物疫病预防控制中心
水稻机械化收获技术研究与推广	沈阳市于洪区农机化技术推广服务站
悬索式竹木结构冷棚生产技术推广	法库县农业技术推广中心
秸秆促腐循环利用与平衡施肥技术推广	东陵区农业技术推广中心

气　象

【气象服务】 2011年,沈阳市气象局在气象服务中一是准确预报出春季第一场大于10毫米降水天气过程,汛期中1次区域性暴雨、1次大雨、3次局地强对流天气过程以及冬季第一场雨转雪天气过程。开展人工增雨作业8次,累计增雨量约为4.2亿立方米。制发气象为农服务材料56期,发布重大社会活动专题气象服务材料26期,发布《重要天气报告》175期。向社会公众发布气象预警信号232次。二是与市发改委联合发布《沈阳市气象事业发展"十二五"规划纲要》,完成了《第十二届全国运动会沈阳赛区气象服务工程暨沈阳城市精细化气象服务工程可行性研究报告》的编制与专家论证工作。启动了市政府投资的高性能计算机系统购置工作。三是完成了

31个区域气象自动站的升级改造和省气象局浑南自动站的建设工作。引进了北京奥运自动化临近预报系统（BJ－ANC）、短时临近交互预报预警业务平台（VIPS）和区域资料综合分析与会商系统（MILAFS）。四是建立了市、县、乡三级气象信息员队伍，全市气象信息员达1429人，覆盖所有村屯。全市87%的乡镇（107个）建立了气象信息服务站，53%的村安装了气象信息预警接收机和大喇叭（723套）。五是实时发布全市各区、县（市）178个测雨站的雨量信息。对2105个场所进行了防雷检测，其中易燃易爆危险品场所740个，易燃易爆场所防雷装置安全检测率达100%。六是完成了2011年市气象局科研项目中期评估工作和“沈阳气象综合业务系统”、“沈阳设施蔬菜安全生产及气象保障关键技术示范与推广”项目验收工作。七是市气象局荣获全国文明单位称号，党组中心组理论学习17次。发布气象宣传稿件272篇，召开13次气象新闻发布和信息通报会。接待4000余人参观市气象科普基地。

（董　博）

【农作物生长季气候评价】　2011年沈阳市农作物生长季温、光、水配合较好，对作物正常生长发育及产量形成十分有利。

1. 气温。4～9月平均气温为19.0℃，比历年同期低0.4℃。其中，4月、5月、6月、9月气温较历年同期偏低，7～8月份较同期略偏高。日平均气温稳定通过5℃日期为3月29日，比常年提前7天；日平均气温稳定通过10℃、20℃日期为4月25日、6月18日，分别比常年延后4天和5天。≥10℃活动积温为3249.6℃，比常年同期略偏少28.5℃。热量条件能满足作物生长发育的需求。初霜日出现在9月18日，比常年提早了8天。初霜日的提早到来给水稻、玉米等粮食作物生长带来一定影响，但作物此时已进入成熟期，对产量影响不大。

2. 降水。4～9月全市各县区平均总降水量为460.1毫米，比常年同期偏少84.3毫米。各地区降水分布不均，其中东陵、沈北、苏家屯地区为历年同期的6～7成，法库为历年同期的9成，新民、辽中、康平地区降水总量接近或超过历年同期，西部和北部地区农业生产受益大。

3. 日照。4～9月总日照时数为1313.8小时，与常年同期基本持平（常年同期为1320.2小时）。其中除6月、8月日照时数较常年同期分别偏少35.2、26.8小时外，其余各月日照时数均略多于常年同期（见图3）。

气候条件对粮食作物生产的影响。

1. 不利条件：4～9月期间，沈阳市遭受暴雨、冰雹、大风等灾害性天气袭击，但灾害性天气均持续时间较短，对作物生长发育及产量形成影响不大。

2. 有利条件：4、5月份气温、降水等天气条件适宜，对大田播种及幼苗生长极为有利，全市一类苗占九成以上，为全年丰产奠定了坚实的基础。6～8月份作物生长关键时期，温、光、水等气象条件匹配较好，作物需水关键期降水充足，对作物生长及产量形成带来积极的影响。

（张　菁）

【天气监测预报】　温度预报质量继续提升。2011年沈阳市气象台24小时最高温度预报确率为82%，比2010年提高了7个百分点，5天综合确率为73%；24小时最低温度预报确率75%，比2010年提高了3个百分点，五天综合确率为66%。

做好灾害性天气预报。汛期13次主要降水天气过程（中雨以上）预报准确，成功做出7月30日暴雨天气过程预报，全年24小时暴雨（雪）预报确率为53%。

努力提高精细化降水预报质量。2011年的天气复杂多变，但全地区5个站的24小时一般性降水预报确率依然达到65%，晴雨预报确率接近90%。

（祖　歌）

【重大社会活动气象服务保障】　2011年，沈阳市气象台为各种重大社会活动共制作发布气象专报信息近百期，其中：《春运专报》37期，《第六届龙舟大奖赛气象服务》15期，《全国秋季糖酒商品交易气象服务》8期，《2011知识产权宣传周气象服务》10期，《2011制造业博览会气象服务》7期，《沈阳种博会农博会专题气象服务》5期，此外还针对供暖期、人大政协会议、科技周、中高考、棋盘山环秀湖国际自行车公开赛等，多次提供即时气象保障服务。

全力迎接十二运。全局备战十二运气象服务，根据赛会组委会的需求，制作周密的天气预报服务方案，提供翔实的赛场实况和精细化的天气预报，并据此演练全运会气象保障服务。

（祖　歌）

2011年主要气象资料

月份	平均气温（℃）	降水量（mm）	有效降水日数（天）	日照时数（小时）
1	－17.6	0.4	2	232.7
2	－5.8	2.1	3	188.6
3	0.9	5.5	2	286.7
4	9.2	35.6	9	238.3
5	17.4	40.4	10	255.5
6	21.4	68.3	14	182.1
7	25.0	87.2	13	189.5
8	24.1	152.3	13	186.3
9	16.6	14.9	2	251.3
10	10.4	34.9	8	203.1
11	0.5	37.1	7	172.6
12	－10.2	1.0	1	222.3

（祖　歌）

地　震

【地震监测预报】　2011年，沈阳市地震局在全国和全省地震观测资料质量评比中全部获得优秀，其中全国评比获得1项第2名、全省评比获得1项第1名，2项第2名。与抚顺市建立联合会商制度，年度会商报告在全省评比中获第三名的成绩。先后完成了沈阳经济技术开发区、棋盘山旅游开发区2个无人值守地震台的建设，安装了2套井下观测设备，开展气氡、水温、水位、气象三要素等测项观测；沈阳F6断层流动测量正式进入试观测，截至11月底，共完成了7期测量，对2000余个数据进行了分析处理；全市正常运行的地震观测设备达66套，宏观观测设备9套，形成了沈阳市地震监测台网9台1场的新格局，台网密度和测项密度均列全国市级台网领先水平。同时，沈阳市数字地震前兆台网建设项目的顺利完成，标志着沈阳市6个区县地震局通过该网络工程，建成了数字地震观测虚拟台网中心。

（胡舒颖）

【震害防御】 2011年9月,辽中、新民、法库、康平和棋盘山开发区的城镇地震小区划和震害预测项目通过中国局专家组评审。该项目总投入117万元,小区划面积为139平方公里。至此,沈阳市已完成地震小区划面积1659平方公里,全市城区及主要城镇的地震小区划和震害预测全部完成,提前4年完成了国务院提出的“十二五防震减灾规划”目标。

将建设工程抗震设防要求管理纳入政府绩效考核,是惠及民生,不断深化防震减灾公共服务功能的重要举措。为东塔机场搬迁选址、丽水新城廉租房工程等重大项目建设提供技术支持。规范工程抗震设防要求和地震安全性评价监管,强化了对区县地震部门业务指导,形成了“市级审批、区(县)备案”的抗震设防要求审批模式,实现了项目名称、设定依据、所需要件、工作流程、办理时限、衔接程序的“六统一”。先后组织完成了桃仙机场T3航站楼、沈阳铁路新南站等23项重大建设工程地震安全性评价和东北育才悲鸿美术学校教学楼等32项医院学校抗震设防要求审批,全年完成一般工程的备案359项,审批窗口提供咨询服务400余次,满意率100%。

(胡舒颖)

【紧急救援】 2011年,沈阳市启动了新一轮的地震应急预案修订工作,在市级地震应急预案修订过程中,充分考虑与全市应急预案的衔接,征求了全市32个防震抗震工作领导小组成员单位的意见和建议,针对沈阳市未来可能发生的地震灾害进行应急对策研究,更加体现了预案的科学性、针对性和可操作性,经市政府批准后下发。

与市应急办联动,在全市开展应急工作检查,对应急预案修订及备案管理、建设工程抗震设防要求管理、应急队伍建设、应急物资贮备等工作进行重点检查,并将检查结果向区县政府通报,作为年终工作考评的主要依据之一。以推动全市地震应急管理工作水平的提高。开展地震应急培训和训练,提高地震应急指挥、协调、处置技术和业务能力。2011年,沈阳市地震局机关分别在苏家屯区姚千镇和法库县望海寺乡开展了两次地震现场应急演练。通过地震现场宏观震中定位、架设流动地震台、启动灾情速报网、开展地震影响调查等环节的实际现场演练和相关技术培训,锻炼和提高应急处置和反应能力。与南京工业大学、南京市地震局共同开展沈阳市地震应急指挥平台项目研究,建成基于GIS的包括地震灾情速报系统在内的地震应急指挥平台,为有效有序的开展地震应急工作提供技术基础保障。同时,加强灾情速报网络管理,制定了并下发了《关于开展地震应急灾情速报网季度检查的通知》文件,实施网络运行人员和工作质量的动态管理,确保灾情速报网络正常运行。完成了地震应急短信平台技术升级,全年发布地震速报信息8800人次。

(胡舒颖)

【防震减灾宣传】 2011年,沈阳市区两级投入100万经费,完成了苏家屯、法库、康平、皇姑区防震减灾科普馆的建设,馆建面积达450平方米。截至年底,沈阳市已建成防震减灾科普馆9个,科普展馆总面积达2540平方米,基本实现了科普宣传阵地化、网络化,科普馆的建设体现了一区一馆、一馆一品的目标。在重点宣传时段开展形式多样的地震科学普及的同时,积极开展防震减灾知识进机关、进军营、进学校活动,在市政府机关最高宣传阵地——《热点系列讲坛》,为市政府办公厅200多名干部开展《城市的综合防震减灾》讲座;在沈阳警备区防震减灾知识宣传电视电话会议上,宣讲“城市防震减灾及关注热点”,全市13个区、县(市)分会场的全体官兵收看;在东北大学、沈阳大学为大学生志愿者进行“地震自救互救技能”培训等,全年共举办防震减灾科普知识讲座20场,社会反响良好。

(胡舒颖)

【创建省级防震减灾科普示范学校】 全面落实辽宁省地震局、辽宁省教育厅下发的创建省级防震减灾科普示范学校的指示精神,与市教育局共同在沈阳市首个国家级防震减灾科普示范学校—沈阳实验学校,召开了全市创建省级防震减灾科普示范学校现场工作会,通过经验介绍、现场参观、座谈交流,推进全市这项工作的开展。2011年,全市有13所学校初步达到了省级防震减灾科普示范学校的标准,经省里考核验收后,沈阳实验中学、沈北新区辉山学校、和平区振兴二校被命名为辽宁省首批防震减灾科普示范学校。

(胡舒颖)

【防震减灾科普馆建成】 5月16日,历时两年、投入452万元的沈阳市防震减灾科普馆建成并全面投入使用。展馆面积1300平方米,设有地球构造与地震成因、地震活动观测与预报探索、地震灾害及预防、地震救援与逃生等四大主题展区、22个展项。开馆以来共接待5万余名市民参观,取到了很好的防震减灾宣传效果,成为全国领先、东北一流的地震科普展馆。

(胡舒颖)

【成立郯庐断裂带合作组织】 为创新工作机制,加强区域内城市间交流与合作,以中国东部郯庐断裂带震情分析研究为依托,由沈阳市地震局与合肥市地震局共同倡议发起,跨越4省的佳木斯市、哈尔滨市、吉林市、长春市、鞍山市、营口市、临沂市、安庆市、九江市等11个城市地震局成立了“中国东部郯庐断裂带城市震情监视及综合减灾研究”合作部门,7月在沈阳召开了成立大会。首次在跨省大区域的城市间开展震情监测分析研究合作,共享监测信息、科技成果,为郯庐断裂带区域震情形势的准确研判,推动沈阳市震情分析研究工作水平的提高起到积极作用。

(胡舒颖)

【群众业余测报网络建设】 2011年,沈阳市召开了新时期群测群防工作会议,进一步明确了新时期群测群防工作的目标和任务,下发了“沈阳市群测群防工作管理办法”等文件、制定了沈阳市防震减灾助理员工作职责、沈阳市地震前兆宏观观测报站(点)管理考核办法等一系列制度,对全市地震宏观观测站点重新进行了考核验收,对上岗人员进行专业培训、颁发证书持证上岗。沈阳市群众业余测报网络已经建成,共有10个综合观测站、68个业余测报点、680名防震减灾助理员,开展地下浅层流体物理、化学性质变化及动物习性异常改变等宏观前兆现象观测。为震情跟踪和短临分析预报发挥重要的作用。

(胡舒颖)

【地震法制建设】 为认真贯彻落实《国务院关于进一步加强防震减灾工作的意见》(国发〔2010〕18号)和《辽宁省人民政府关于进一步加强防震减灾工作的实施意见》(辽政发〔2010〕34号)文件精神,2011年沈阳市政府出台了《沈阳市人民政府关于进一步加强防震减灾工作的实施意见》(沈政发〔2011〕44 号)文件,提出了三大工作体系建设的重点工作任务,明确了地震、发改、建设、规划土地等部门责任,制定了增加经费投入、加强法制建设等多项具体措施,对区县防震减灾工作从提高地震监测能力、地震灾害防御体系建设、地震应急救援能力建设和防震减灾宣传教育等方面提出了具体意见和明确要求,为"十二五"期间乃至更长一段时期沈阳市防震减灾事业发展提供了保障。同时,为切实加强沈阳市建设工程抗震设防要求管理,进一步贯彻落实《中华人民共和国防震减灾法》、《辽宁省防震减灾条例》等防震减灾法律法规,启动了《沈阳市建设工程抗震设防要求管理办法》修订工作。

(胡舒颖)

2011 年沈阳市地震活动

序号	日　期	发震时刻	纬　度	经　度	震级(ML)	震中(KM)
1	1 月 27 日	10 - 58 - 28.0	41.79	123.42	0.9	13.5
2	4 月 26 日	09 - 31 - 32.2	41.73	123.37	2.4	20.5
3	4 月 27 日	23 - 31 - 09.9	41.80	122.97	1.7	50.5
4	4 月 27 日	23 - 31 - 19.7	41.84	122.97	1.9	50.5
5	4 月 27 日	23 - 31 - 24.6	41.79	122.98	2.1	49.6
6	7 月 31 日	22 - 38 - 59.5	42.07	123.34	1.5	33.2
7	8 月 3 日	11 - 45 - 25.2	41.90	123.44	0.9	13.5

(胡舒颖)

教　育

综　述

【学校与教师概况】 2011年，沈阳市共有各级各类普通学校1787所(含民办学校和民办幼儿园)、在校生137万人，教职工12万人。其中专任教师8.6万人。

高等教育。2011年，全市有研究生培养机构27个(其中包括10个科研机构和17所普通高校)，在学研究生达4万人，全年招收1.5万人，为国家输送博士、硕士1.1万人。普通高等学校44所，在校生规模达到49.7万人。教职工4万人，其中专任教师2.5万人。

中等职业教育。2011年全市有中等职业学校87所(其中：普通中等专业学校40所，成人中等专业学校1所，职业高中46所)，在校生为9.6万人，教职工9000人，其中专任教师6000人。全年共招生2.9万人，为国家输送毕业生3.1万人。

普通高中教育。2011年全市有普通高级中学90所，在校生为11.5万人，教职工1.07万人，其中：专任教师9000人。全年共招生3.7万人，为国家输送毕业生3.9万人。

普通中、初等教育。2011年全市共有普通中、小学校584所(含民办中小学)。其中：普通初中234所，普通小学350所。在校学生51.7万人(普通初中17.5万人，普通小学34.2万人)。教职工4.4万人(普通初中1.9万人，普通小学2.5万人)，其中专任教师3.7万人(普通初中1.5万人，普通小学2.2万人)。

特殊教育。2011年，全市共有特殊教育学校15所(工读学校1所，聋哑学校5所，盲校1所，弱智学校8所)。在校学生1411人(工读学校45人，特殊学校1366人)。教职工572人(工读学校41人，特殊学校531人)，其中专任教师410人(工读学校26人，特殊学校384人)。

学前教育。2011年，全市共有幼儿园933所，在园幼儿14.5万人，教职工1.3万人，其中专任教师8000人。

(秦美玲)

【教育督导】 对区县启动创建教育强区县工作进行多次调研，各区县积极落实市教育工作会议精神，出台相关文件、方案、规划，开展创建教育强区县工作。7月，以市政府名义召开了教育强区县工作大会。制订了《沈阳市义务教育高水平均衡发展督导评估方案》、《沈阳市教育强区、县(市)督导评估方案》。法库、康平两县顺利通过了辽宁省政府教育督导团"双高"普九达标验收，使沈阳市"双高"普九达标工作提前两年完成。

督导检查了在实施创建教育强区县工作中本地区存在的主要问题、解决问题的对策及工作建议，控辍保学工作，生均公用经费定额按进度拨付情况、学校采暖费落实情况，学前教育发展的总体情况及本地区公办幼儿园数量、公办幼儿园在园儿童数、公办幼儿园教职工数。

(张玉玲)

【教师招聘】 2011年，沈阳市教育系统继续按照"退二进一"的原则，采取面向社会公开招聘和面向国家重点院校公开招聘的方式招聘中小学教师582人，其中：面向社会公开招聘297人，面向重点高校公开招聘137人，实施并完成辽宁省农村义务教育阶段学校教师特设岗位计划148人。

(王朝巍　李明　胡宝庆)

【教师节表彰宣传】 根据沈阳市教育发展规划纲要中加强教育领军团队建设的要求，为进一步拓展和完善"以训代评"工作，提高干部教师的专业化水平，充分发挥教育领军团队的示范引领作用，2011年教师节期间，评选表彰了沈阳市首席教师37名、沈阳市优秀校长102名、沈阳市优秀班主任200名。同时，为激发广大教师和教育工作者渴求教育发展，献身教育事业的热情，充分展示和宣传沈阳市各级各类先进教育工作者爱岗敬业、无私奉献先进事迹，精选了10名优秀教师事迹并进行了宣传。教师节期间，市委、市人大、市政府、市政协领导走访慰问了部分学校及教师代表。

(王朝巍　洪志涛)

【专业技术职务评聘】 2011年，沈阳市教育系统有3205人晋升专业技术资格，其中：正高级31人，副高级895人(含破格晋升副高级15人)，中级1512人，初级(含确定初级职务人员)767人。

(王朝巍　张伟　朱立刚)

【教师培训】 2011年3月14日，全市教师培训工作会议召开。各区、县(市)教育局和市级培训机构负责人、全市部分中小学校长600余人参加会议。会议总结了"十一五"师干训工作，对"十二五"教师培训工作进行了全面部署，表彰了"十一五"师干训工作先进集体和先进个人。沈河教育局等4家单位做了表态性发言。会上印发了《沈阳市校长教师培训"十二五"规划》、《关于表彰"十一五"期间中小学师干训工作先进集体和先进个人的通报》、《关于深化中小学校本研训工作的意见》、《沈阳市"十二五"中小学教师培训学分管理办法》、《沈阳市"十二五"中小学校长教师培训管理办法》等文件。

2011年，全市共设计师干训项目67项，安排经费1479万元，培训教师10万人次，培训校长1.4万人次。

2011年，开展了548名新招聘教师的岗前培训。培训分为中学、职业学校教师班和小学教师班两个班进行，培训为期半年。通过集中培训、观摩学习、实践探索三个阶段，新任教师进一步提升了专业素质和水平。

(王朝巍　王建艳　余生)

【教师资格认定】 2011年，根据《中华人民共和国教师法》、《教师资格条例》、《〈教师资格条例〉实施办法》和《辽宁省认定教师资格试行办法》的要求，制定并下发了沈阳市《关于做好2011年教师资格认定工作的通知》，确定了教师资格认定范围、认定条件，进一步规范了教师资格认定程序。2011年总计认定4795人，其中：师范类3642人，非师范类1153人。

（游春雨）

【招生考试】 2011年，沈阳市组织和承接各类教育、人事考试共计23次，接纳报名、考试考生共计45万余人次。完成了4.15万名普通高考和2174名中职升高职考生报名、资格审核、建档、思想政治品德考核、体检、体育艺术加试、外语口试、文化课统一考试、填报志愿等各项工作，共有3.5万人被各级各类普通高校录取，录取率达84.42%。完成了2.52万名考生的网上报名、现场确认、建档、志愿填报、统一考试等工作，报考人数为历史最多。

完成了3.72万名考生的网上报名和现场确认报名、资格审核、建档、填报志愿、加试、测试、考试等工作，共录取2.58万人，录取率为69.28%。首次实行考生网上报名，实现了中招全过程数字化管理；将中考文化课统一考试时间调整为每年6月份最后一个双休日进行；对艺术特优生美术项目实行全市统一集中测试，减轻考生分校赴考负担和学校分校测试压力；调整了部分加分及照顾录取政策和民办学校招生备案办法及部分学校的录取办法。完成了5.28万名考生的中考报名、建档、体育考试、外语听力和理化操作考查、体育艺术特优生专向素质测试、志愿填报、文化课统一考试、评卷和录取等工作，为各类中等学校录取、备案新生4.29万人。完成了3次共3.45万名考生的自考报名和考试，累计报名考生6.06万人次，报考课程14.93万科次；完成1.37万名考生自考实践课程考核报名、1288人次考生自考资格证书考试报名和考试，为5531名考生办理了学历类别鉴定和免考课程认定工作，为4441名考生办理了毕业手续。

成功组织了2次共10.04万名考生报考的全国计算机等级考试、2次共4736名考生报考的全国英语等级考试、2次共2.9万名考生报考的成人本科学士学位外语课程考试、1次共1915名考生报考的同等学力人员申请硕士学位统一考试、1次共8428名考生报考的在职攻读硕士学位全国联考，同时，积极配合省、市组织、人事、公安、教育、财政、卫生等部门，完成了2.28万名考生参加的中央机关及直属机构录用公务员考试、3.6万名考生报考的沈阳市各级机关录用公务员考试、4881名考生报考的沈阳市政法干警招录体制改革考试、5157名考生参加的沈阳市注册会计师考试、3464名考生参加的沈阳市执业医师资格考试、4873名考生参加的沈阳市东陵区（浑南新区）行政执法局考试录用工作人员考试、374名考生参加的中国证监会辽宁监管局招录考试等多项考试工作任务。

（李大伟）

【安全教育】 分别以食品安全和法制教育为主题，在全市中小学开展“安全教育活动月”，开展知识讲座、主题班会等宣传教育活动。市教育局统一制作了宣传条幅，编制了《安全知识宣传册》，免费发放到全市所有学校。市“安全生产月”期间，配合市安监局在浑南亿丰时代广场组织了2011年“安全生产月咨询日”活动。在市“安全生产月”、中小学“安全教育活动月”、市“应急宣传周”等重点时段，有计划组织开展了以消防、紧急疏散、逃生自救等为主要内容应急演练活动。全年共组织开展各类应急演练活动2465次，中小学生的自救自护技能进一步得到提高。

（苗道国）

【校园安全大检查】 全市中小学共开展各类安全工作大检查7458次，市教育局抽查学校186所。共排查出各类安全隐患469处，主要包括电源线路老化，液化气罐与灶台连接不符合消防要求、消防疏散通道堵塞等问题。及时下达了整改通知书，隐患整改率达95.6%。认真组织中小学校园及周边治安秩序的摸底调查，对有关乱点、难点问题进行了集中梳理归纳，共发现安全隐患237处，开展了联合整治行动。配合公安交警部门，开展了校园门前的交通秩序专项整治，通过对违章车辆进行公示等措施，进一步规范学校门前交通秩序。

（苗道国）

【农村中小学校车管理】 加强春秋两季农村学生乘车情况的摸底调查，及时摸清学生乘车人数变化，以利于校车管理部门合理调配车辆，科学运营。加大了乘车学生的安全教育，落实了专人管理制度，坚持每日核对乘车学生的人数，妥善组织学生文明、有序上下车。以班级为单位，完善了乘车学生“实名制”档案，全面落实了学生“实名制”乘车。落实市政府“消防安全年”工作要求，下发了《关于沈阳市中小学开展“消防安全年”工作的通知》和《沈阳市中小学“消防安全年”工作实施方案》，下达了责任状，落实了责任制，全面开展了消防安全隐患排查整治。

（苗道国）

【依法行政】 起草《沈阳市义务教育条例》，并于2011年9月29日正式发布。同时，起草了《沈阳市义务教育条例》释义，并印发至各区县（市）、相关单位和全市中小学校。

制发了《沈阳市教育局行政处罚自由裁量权指导标准》、《沈阳市教育局行政处罚自由裁量先例制度》和《沈阳市教育局规范行政处罚自由裁量权说明理由制度》三项制度（沈教发［2011］50号）。制发了《沈阳市民办学校办学许可证管理办法》。

（高洪纳）

【教育经费】 全年教育经费总投入111.13亿元。其中：预算内89.04亿元，占80.12%；预算外7.8亿元，占7.02%；基金支出14.29亿元（其中：地方教育附加5.49亿元、土地出让收益计提教育资金8.8亿元），占12.86%。

教育支出（法定增长口径）完成86.68亿元，比上年增长26.94%，比全市经常性财政收入增幅（26.9%）高0.04个百分点。其中市本级教育支出（法定增长口径）12.1亿元，比上年增长19.61%，比市本级经常性财政收入增幅（19.41%）高0.2个百分点。生均教育费支出7617元，比上年增长26.2%；生均公用经费支出884元，比上年增长32%。

（赵香瑞）

【资产管理】 2011年6月16日至年底，对沈阳市13个区、县（市）的部分学校及直属单位进行了固定资产核查。截至2010年12月31日，各级各类教育部门拥有固定资产共计71.11亿元，其中：高等学校9.73亿元，中等职业学校8.45亿元，高中15.05亿元，初中13.82亿元，小学16.19亿元。全市教育部门拥有房屋建筑物48.50亿元。

资产核查的范围包括土地、房屋建筑物、专用设备、图书、通用设备、交通运输设备、电气设备、电子产品及通信设备、仪器仪表及量具、文艺体育设备、家具等。主要从组织机构与管理队伍建设、规章制度建设、基础业务、账实管理、信息技术应用五个方面来进行核查。各单位基本能够按照要求在固定资产管理中实行信息化管理，并根据信息技术特点，结合本单位实际情况设计制定管理业务流程，规范管理行为，落实管理责任。在固定资产管理系统中设置密码，实施了分级管理，资产分类准确，编号对应清楚，并及时向上级部门上报固定资产数据。

（赵香瑞）

【学生资助】 2011年，全市减免各类学费、发放各项奖助学金及学生补助资金共计2.45亿元，受益学生总数达56万人次。2011年，“两免一补”补贴标准由小学每生每年550元、初中800元提高至小学750元、初中1000元。2011—2012学年度，共有47.76万名义务教育阶段中小学生享受上述政策，总金额1.39亿元。

秋季学期，全市启动实施了普通高中资助卡工作，通过银行卡为受助学生发放助学金，进一步完善了普高助学金发放程序。2011年，全市共发放普通高中助学金1004.8万元，资助学生1.34万人次。

对全市具有中等职业学校全日制正式学籍在校一、二年级农村、县镇非农户籍的学生以及城市家庭经济困难学生发放中职国家助学金。资助标准每生每年1500元（低保边缘户每生每学年900元）。2011年，全市共发放中职国家助学金约3824万元，受助学生5.2万人次。

正式启动中职城市家庭经济困难学生免学费工作。2011年，全市共发放中职免学费补助资金894.6万元，受助学生7132人次。春季中职免学费学生总数3339人，资金507.4万元。其中：城市家庭经济困难学生为889人，资金200.1万元（含补发上年秋季学期金额）；农村家庭困难学生数1862人，涉农学生588人，资金307.3万元。秋季免学费学生总数3826人，资金439.6万元。其中城市家庭经济困难学生431人，资金92.3万元；农村家庭困难学生1239人，涉农专业学生1768人；新疆喀什学生数88人，资金347.3万元。

2011年，共资助考入大学家庭经济困难学生1939人，金额541.5万元。其中：低保家庭学生1604人，金额481.2万元；低保边缘家庭学生335人，金额60.3万元。各社会团体、单位出资426万元，资助1420人；财政投入115.5万元，通过市学生资助中心资助519人。

2011年，全市市属高校有7300名学生享受国家助学金，资金1095万元；1419名学生享受励志奖学金，资金710万元。

2011年7月，沈阳市全面启动生源信用助学贷款工作，并以此为契机，推动各区、县（市）建立健全学生资助机构；组织、指导区县（市）与开发银行、农信社签订协议，办理相关手续等。全市共受理315名家庭经济困难学生贷款申请，贷款金额180万元。

（李　强）

学前教育

【新建改扩建50所幼儿园】 2011年，市政府再次将新建、改扩建50所幼儿园列入为百姓办实事项目。全市共投入1.3亿元新建和改扩建公办幼儿园51所，其中新建25所、改扩建26所，新增优质学位1万余个。三年来，累计投入3.1亿元新改扩建幼儿园260所。

（葛文丽）

【地产幼儿园实现连锁发展】 被列为辽宁省地产幼儿园品牌连锁发展的试点城市后，沈阳市不断深化办园体制改革，积极探索发展新途径，初步建立了“公办、民办并举，城市、乡村并行”的多元发展格局，形成了“三条主线”的推进模式，即农村村级地产幼儿园连锁发展、城镇小区配套幼儿园连锁发展和城镇学区紧缺地块幼儿园连锁发展，学前教育资源存量进一步增大。

（段志慧）

【庆祝“六一”儿童节活动】 2011年“六一”前夕，省政府副秘书长何庆良、省教育厅厅长张福昌、副厅长王燕玲、副市级领导刘兴烈到辽中县茨榆坨镇中心幼儿园亲切看望学前儿童，慰问幼儿教师，为孩子们赠送了节日礼物，表达了对学前儿童健康成长的美好祝愿，详细了解了幼儿园办学规模、师资力量等情况，对幼儿园积极探索农村乡镇中心幼儿园的办园模式给予了充分肯定。市长陈海波、副市长王玲到皇姑区启智幼儿园、皇姑区亚明中心幼儿园走访慰问学前儿童，送去积木、图书等节日礼物和美好祝愿，勉励幼儿园要再接再厉，不断提高办园质量，为孩子们的成长创造更加健康、快乐的环境。“六一”期间，市教育局表彰了在学前教育工作中做出突出贡献的先进单位和个人，开展了庆“六一”学前儿童综合才艺展示活动，在全市营造了关心儿童、关注儿童的良好氛围。

（金贞姬）

基础教育

【推进义务教育均衡发展】 研究制定并印发了《沈阳市推进义务教育高水平均衡发展的若干措施》（沈教发〔2011〕38号），该文件从10个方面确定了未来三年沈阳市推进义务教育均衡发展新举措。

研究制定了《沈阳市义务教育学校教学常规管理实施细则》。《细则》明确了中小学实施教学常规管理的责任主体和具体要求，进一步加强了义务教育学校教学常规管理，规范了教学行为，有利于减轻学生过重课业负担，全面推进素质教育，建立以提高教育质量为导向的教学管理制度和工作机制，对目前中小学教学常规的落实将起到强调、细化、调整的作用。

研究制定沈阳市中招制度改革方案。共收集整理了全国48个城市的中考方案及媒体解读等信息，重点对全国15个副省级城市2010年中考方案进行了对比分析，最后形成了《沈阳市中等学校招生考试改革方案（征求意见稿）》。此方案已征求市人大、市政协、区县教育局及部分教育专家、初（高）中校长、教师的意见，同时在沈阳教育网上公布，广泛征求社会各界意见。

（王　军）

【城乡义务教育发展共同体建设】 开展农村骨干教师“双优引领·实践式”培训，培训全市农村各学科骨干教师300名。在培训中，开放中心城区中小学课堂，让农村教师在城区优质学校、优秀教师的指导下，亲身参与备课，现场听课、评课、跟班辅导，进行作业设计和考试命题,并在城区学校教学班登台授课等。

进一步加强了五城区与四郊四县两开发区的城乡义务教育发展共同体。各义务教育发展共同体,按照“城乡携手,资源共享,整体推进,共同提高”的思路,积极开展委托管理、送教下乡、教学统一监测等活动,有效促进了城乡义务教育的进一步协调发展。

进一步夯实了城乡义务教育发展共同体工作基础。定期沟通协商制度建设进一步强化,建立了工作交流例会制度,形成了较为完善的工作机制;教育局、大学区、学校为单位的三级联动式的工作开展模式得到更深层次的推行,实现了城乡义务教育发展共同体建设的点面结合,城乡义务教育发展共同体建设的平台更加广阔。

(王　军)

【名校集团化办学试点】 根据《沈阳市推进义务教育高水平均衡发展的若干措施》,市教育局确定沈河区和大东区作为开展集团化办学试点实验区。两个实验区在全市率先以区域集团化的方式推进教育高位均衡发展的进程,各集团学校探索新形势下的办学管理和运行机制,兼容并济,平稳过渡,快速融合,促进集团化办学持续开展。

沈河区10个教育集团创建工作已经全部启动,区内所有中小学以集团名义挂牌办学(特殊教育学校除外)。以推行“松散型”模式为主,继上年七中和八十六中学、市实验中学与四十八中学成功实施“紧密型”办学实验后,2011年重点推进文艺二校与顺通小学、实验学校小学部与大西一校实行“紧密型”办学试点项目。864名学生共享名校优质资源,名校集团招生规模扩大,基本实现了学生、教师、校园、资源“四个”整合。

大东区小学教育集团——杏坛小学教育集团运行平稳,该集团包括3个校区,杏坛校区为主校,下设东站校区、大北二校区。通过半年的运行,集团由原来的松散式管理成功转变为紧密型管理。2011年9月,杏坛小学教育集团完成了内部结构的大调整,实现了集团内人、财、物的统一管理。2011年,杏坛集团共招收学生498人,占全区新生13.2%;集团共有学生2562人,占全区小学生总数约10%。

(王　军)

【普通高中标准化建设】 投入3000余万元,完成了5所普通高中学校标准化建设任务,全市标准化普通高中达25所。支持普通高中集团化办学改革试点,组建10个普通高中学校教育集团,形成了以名校为辐射,带动和帮扶相对薄弱学校,共享优秀师资、优质资源的发展新模式,扩大了优质学校的资源存量。再次修订《沈阳市普通高中办学标准》并及时下发到每所学校。要求各地严格按照最新修订的《沈阳市普通高中办学标准》开展创建工作。组织制定《普通高中教育事业发展第十二个五年规划》和《2011年标准化普通高中创建工作实施方案》,做好标准化普通高中申报和迎接评估验收工作。

(安　凯)

【普通高中精细化管理推介会】 2月22日普通高中精细化管理推介会在沈阳二中召开。会上,二中校长刘辉介绍沈阳二中实施小班化教学改革的准备过程、实施情况、体会和经验。与会人员观摩了沈阳二中“小班化”的课堂教学。9月9日,精细化管理推介会在东北育才学校召开。东北育才学校校长高琛做了题为《解放思想主动实践探索人才培养新模式》的报告。与会来宾观摩了浑南高中部、科学高中部、超常教育实验部、新疆班、悲鸿美术学校所有学科的开放课。

(安　凯)

【科技教育】 研究制定《沈阳市中小学科技教育三年行动计划(2011－2013)》,下发《关于进一步加强中小学科技教育的意见》(沈教发[2011]21号),进一步明确了工作思路和工作要求,就科技教育工作现状进行调研,撰写《关于沈阳市中小学科技教育工作的调研报告》。

开展科技教育特色学校开放周活动,东陵区(浑南新区)、苏家屯区、和平区、沈河区、沈北新区、于洪区、大东区、辽中县、法库县、新民市、皇姑区、铁西区等12个区、县(市)的35所科技教育特色学校组织公开课255节,经验介绍70场,展示研究性学习成果3842个,展出科技作品7357件,科技特色学校的示范和辐射作用得到充分发挥。

组织全市中小学参与国家、省、市青少年科技创新大赛(含电脑机器人、智力七巧板、航空模型、科普剧等创新大赛辅赛)、中国儿童青少年计算机表演赛、省中小学电脑制作活动(评选类、竞赛类)等系列竞赛,并在各级科技竞赛中共取得349项奖项。

根据各区、县(市)在2011年各级各类中小学生科技竞赛获奖情况,授予东陵区(浑南新区)教育局、大东区教育局、沈河区教育局、和平区教育局、铁西区教育局、沈北新区教育局等六个单位“沈阳市2011年科技教育工作先进单位”荣誉称号。

(张　鹏)

【环境教育】 在全市中小学开展“我和低碳”主题活动。将全球低碳日(5月20日)所在的周定为沈阳市中小学低碳教育宣传周,并会同市环保局制定《沈阳市中小学“低碳生活”行动规范》,将对低碳的宣传教育转变为日常的行为规范,倡导绿色消费,购买简单包装的商品;节约用纸,不使用纸巾、纸杯、一次性筷子;垃圾分类,设立两个分类垃圾桶,标明可再生和不可再生字样;节约能源,确保电器使用后彻底切断电源;使用空调时,夏季室内不低于26度,冬季不高于20度;绿化环境,种植花草;低碳出行,鼓励多骑自行车,使用公共交通工具,提倡步行等。

2011年6月11－17日,组织开展沈阳市中小学节能宣传活动,各中小学校充分发挥校园广播站、宣传专栏等宣传渠道进行了“我国能源以及节能知识”的宣传,教师在课堂上结合教学内容适时地进行节能宣传和教育,讲授节能知识,增强了学生的节能意识。

开展市级绿色学校的创建工作,全面落实创建国家生态城各项任务。评估验收了第六批市级绿色学校101所,沈阳绿色学校已达428所,超额完成沈阳市创建国家生态市达标工作方案中要求的绿色学校达到50%以上的指标。

(张　鹏)

【迎全运文明沈阳行动】 2011年,沈阳市教育局下发了《关于开展“喜迎全运会,做文明学生”主题教育活动的通知》,要求各区县通过开展文明礼仪教育活动、学习践行《弟子规》活动、“清洁沈阳,从我做起”活动、争做道德模范活动、校园绿色文化建设活动、文明出行安全教育活动、学雷锋志愿者服务行动等七项重点活动,营造氛围,树立城市形象,提升学生的社会公德意识、志愿服务意识和文明素质。

市教育局向全市中小学免费发放大型高清动画片《中华弟子规》,用中华优秀传统文化指导学生一日常规,培养学生养成良好的为人处世习惯。结合沈阳"清洁年",开展了"清洁校园、清洁家园、清洁语言、清洁行为、清洁自我"主题宣传教育活动。结合文明出行教育活动,开展了文明出行、不闯红灯、上车排队、主动让座等教育活动,杜绝在公共场所大声喧哗、打架斗殴、乱扔垃圾、随地吐痰等不良行为。结合学雷锋志愿者服务行动,重点开展社区清扫服务、慰问关怀空巢老人、扶助残疾留守儿童等活动。响应"迎全运文明沈阳"组委会号召,积极动员教育系统内的广大师生参加"迎全运、爱家乡、建沈阳"知识竞赛活动。在全民答题阶段,全市有60多万师生参与。结合建党90周年,向各区县推荐一批反映建党史、革命史的优秀影片和纪录片,使学生了解、熟悉党的历史、中国革命的历史,增强学生对中国共产党对家乡的热爱。积极参加市委宣传部组织的"我评议、我推荐身边好人"活动,在师生中宣讲社会公德、职业道德、家庭美德和个人品德的基本内涵,鼓励广大中小学生争做道德模范,推选出感动沈阳十大人物学生道德模范祁文博参加了全国表彰会。全市共有670多所学校近80万中小学生参加了迎全运文明沈阳活动。

(傅　丹)

【德育培训】　2011年2月22日,沈阳市教育局举办了由各区县教育局主管局长和德育科长参加的沈阳市中小学德育论坛。通过以会带训的方式,分析了当前中小学德育工作所面临的新形势、新任务,通过研讨,探索出很多新思路、新举措,增强了德育工作的针对性与实效性。6月11日,市教育局中小学(幼儿园)优秀班主任培训项目正式启动,此次培训的项目设计具有开创性,以国家级课题为科研引领,以班主任实际工作中的问题为重点,采用"1+1培训"模式,线上学习与送教上门相结合。培训历时2个月,共有202名优秀教师在线注册,有300余名教师接受培训,教师线上学习参与率100%。从综合考评看,96%以上的学员达到了培训目标,优秀率为72%。

(傅　丹)

【国学教育】　结合沈阳市中小学现状,采用了国学教育与学校德育常规工作、与行为养成教育、与学校特色创建、与校园文化建设、与日常教学工作、与社会实践活动、与国际国内文化交流活动相结合的方式,使国学教育涵盖校园的各个方面。5月22日,沈阳市教育局、沈阳市文明办、中国人民大学少年新闻学院共同举办了第七届沈阳市小学生古诗文大赛。通过总决赛,评出一等奖2名,二等奖4名,三等奖7名。6月,邀请中国关心下一代教育研究院副院长李红旗、中国关工委全国教育专家指导中心特聘专家倪敏达,对全市百余名骨干国学教师进行了面对面的系统培训。同时,通过网上学习高震东的《中国传统文化与教育》、詹万生的《弘扬与培育民族精神》、陶西平的《关于加强学校文化建设的几个问题》和王琦的《王琦班主任工作法》等课程,参训国学教师对弘扬传统文化的认识逐步提升,授课的水平有了质的飞跃。为进一步交流经验,普及中华传统文化,市教育局和芒种杂志社共同编辑出版了《少年国学堂》,免费下发给各学校。代表中华非物质文化遗产的戏曲、楹联、书法、武术、象棋、篆刻、抖空竹、剪纸等传统项目在学校也逐步发展起来。

(傅　丹)

【体育教科研】　2011年,沈阳市学校体育工作以教科研工作为引领,提升体育教学质量,共进行四项评优,召开两次现场会,参加省级以上教科研活动五次。共征集论文312篇,评审出一等奖论文62篇,并在和平一校举办了体育学科论文报告会。进行了体育教师爱岗敬业评选活动,辽中县教师学校郭永满等14位体育教师被评为沈阳市首届中小学体卫艺教师爱岗敬业先进个人。

在浑南新区东湖学校召开沈阳市第七届中小学体育十佳教师教学课展示暨体育教研基地学校经验交流会。在浑南二校举办了沈阳市中小学体育校本课程专题培训暨校本课程成果现场交流展示活动。

参加辽宁省第四届中小学体育教师教学技能比赛,沈阳市获得小学组团体总分第二名,中学组团体总分第三名。参加东北三省第八届中小学体育教学研讨会,两节课均获一等奖。参加了东北三省四城市青年教师素质教育研讨会,5节课均获一等奖;10个教学设计分获七个一等奖、三个二等奖;13篇论文分获八个一等奖、五个二等奖。参加第六届中国学校体育科学大会,2篇论文分获二、三等奖。参加由中国教育学会体育卫生分会组办的全国《十城市》第二十四届体育教学观摩研讨会,现场课获得一等奖;6节录像课分获一个一等奖、两个二等奖、三个三等奖;6篇论文分获一个一等奖、两个二等奖、三个三等奖。

(乔恒君)

【体育竞赛】　组织了全市中小学生篮球、排球、三棋、田径、足球、乒乓球、健美操和健身操八项常规竞赛,参赛队234个,参与学生2926名。协助省教育厅组织回民中学等五所学校的六个代表队,参加了第十一届中运会,其中育才学校的乒乓球队为辽宁省夺得三金两铜,受到省教育厅通报嘉奖;翔宇中学获得女排第五名;外语学校获田径总分第十名。参加其他国家级以上竞赛22队次,获得前三名的37项次。其中:沈阳市第11中学获得第八届世界健美操冠军赛暨第十四届世界青少年健美操锦标赛混双冠军、有氧健身五人操第三名、三人操第五名;回民中学获全国中学生跆拳道比赛第一名;沈阳市第107中学获第六届中国中学生跆拳道锦标赛团体第一名、女子团体第二名;沈阳市第28中学获全国板球锦标赛高中男子组第一名;沈河区文艺一校获2011年全国足球学校杯U13比赛男子组冠军;翔宇中学参加国家级健美操和跆拳道比赛,获得8个单项冠军。

(乔恒君)

【艺术教育】　2011年3月起,在沈阳市各中小学开展了以"党旗飘飘伴我成长"为主题的红诗红歌咏颂活动。共有293个作品参加了市级展演,20个作品获得表奖。2011年3月,艺术团队教师培训正式启动,分区域进行了三批培训,共培训教师180人;12月,针对再提升学校中的57所小学114名音乐教师钢片琴、竖笛小乐件演奏进行了培训。推荐三十一中学、二经二小学、浑南二小学的合唱团参加沈阳市精神文明建设办公室组织的歌咏活动。2011年6月,组织了全市中小学生以"爱党、爱祖国、爱家乡"为主题的师生书画作品展,共选出300幅作品,参加辽宁省中小学师生书法、绘画、摄影作品展活动。组织全市中小学生积极创作新作品参与艺术展演，共组织了八场现场展演，评审节目类作品150个，书画作品500余幅，最终评选出节目类一等奖38个、作品类一等奖95个。12月15号，在中华剧场举行了2011年沈阳市中小学生艺术展演优秀节目汇报演出。

（乔恒君）

【创建全面无烟校园】 2011年3月，召开了"沈阳市中小学创建全面无烟校园启动仪式及培训会议"，下发了《沈阳市中小学校无烟环境创建工作实施方案》，确立了到2011年底，100%的中小学校创建全面无烟校园的工作目标，全市学校陆续开展了创建活动。在市控烟办对四类场所控烟工作的总结评估中，沈阳市教育局、沈河区教育局获得政府机构类无烟环境创建工作先进单位，东北育才学校等20所学校获得教育系统类无烟环境创建工作先进单位。和平区、沈河区、辽中县、于洪区、皇姑区、苏家屯区等6个教育局获得市教育局颁发的"2011年沈阳市创建全面无烟校园工作优秀单位"。5月31是第24个世界无烟日，各中小学校以主题班会、升旗仪式、广播、签名活动等多种形式，结合创建全面无烟校园活动，广泛开展控烟宣传活动。

（谭颖慧）

【学校卫生与健康教育】 开展学校食品安全专项行动，通过学校自查、区县（市）普查、市里抽查三种形式，检查覆盖率达100%。进一步完善制定了《沈阳市学校食品安全事故应急预案》，全年召开7次各类食品安全培训会议，组织学习《食品安全法》、《学校食堂及学校集体用餐管理规定》等法律、法规。加大学校宣传力度，学校多方式、多层次、多角度、多形式的对学生开展食品安全的宣传教育，有效遏制学校食物中毒事件的发生。9月，对270余名新疆籍师生进行脊髓灰质炎疫情的全面排查，有效控制疫情的发生。针对出现的结核病疫情，严格加强中小学生结核病的防控工作。11月21－12月12日，对13个区、县（市）中小学卫生保健所进行专项督导检查，通过对组织机构、体检管理、卫生监督、健康教育等内容的评估检查，沈河区中小学卫生保健所等12个保健所达到了90分及以上的优秀标准。积极做好教育系统迎接省卫生城市复核工作，认真落实考核指标中涉及学校健康教育等6个方面的工作，9月初顺利通过复核，学校健康教育等部分以满分通过。10月，沈阳市660余所中小学校、近53万学生参与了"安全用药"集中宣传活动，提高了安全合理用药的意识和行为习惯。

（谭颖慧）

职业教育

【"神州数码杯"全国中等职业学校信息化教学大赛】 11月21日－26日，由教育部主办、沈阳市教育局承办的2011年"神州数码杯"全国中等职业学校信息化教学大赛在沈阳市信息工程学校举行。本届大赛共开设多媒体教学软件比赛、信息化教学设计和计算机网络技术信息化教学三个比赛项目、14个比赛组别，吸引了来自全国各省市35个参赛队的369名教师参赛。辽宁省副省长陈超英、沈阳市市长陈海波等亲临大赛指导并为获奖教师颁奖，教育部副部长鲁昕等出席闭幕式为获奖教师颁奖。沈阳市教育局荣获大赛"特别贡献奖"。

（汤　镇）

【国家装备制造业教育沈阳试验区建设】 加快全市职业教育专业的布局调整，印发了《沈阳市中等职业教育专业布局与结构调整优化工作方案》，确定对18个低水平专业采取了停办，对7个重复设置专业的采取了撤并，增设了26个新专业（方向）。召开了国家级课题《职业教育专业建设系统论研究》开题会，以沈阳市职业教育20个骨干专业为重点，开展理论与实践的研究。启动了《沈阳市职业教育校企合作促进条例》立项与调研工作，形成职业教育校企合作专题调研报告，完成了选派市装备制造工程学校、市化工学校、市现代制造服务学校等数控、机电、物流、化工4个专业的16名专业教师，赴欧洲职业和社会教育培训有限责任公司（德国EBG）接受为期六周的专业技能培训任务。沈阳市选手在教育部主办的2011全国职业院校技能大赛中，取得了3金、13银、18铜共计34块奖牌的好成绩。

（汤　镇）

【国家中等职业教育改革发展示范学校建设】 积极组织市信息工程学校、市化工学校、市汽车工程学校、市外事服务学校等申报第二批国家示范校学校。2011年，沈阳市有5所中职学校被教育部批准列为国家改革发展示范校建设项目学校，沈阳市共有8所中职学校被教育部批准列为国家改革发展示范校建设项目学校，居辽宁省首位。

（汤　镇）

【市化工学校与韩国希杰（沈阳）生物科技有限公司合作办学】 2011年9月14日，沈阳市化工学校与韩国希杰（沈阳）生物科技有限公司举行合作签约仪式，同时举行"希杰冠名班"开班典礼。希杰CJ公司与韩国著名的三星公司同属一个财团，其核心事业包括食品、生物工程、娱乐媒体及新流通四大核心领域，希杰公司委托化工学校培养的学生从事关键岗位运行与控制工作，成为该公司一线操作岗位人力资源的核心框架。在学习期间还提供数额不等的助学金和奖学金，全程为教师提供免费培训和奖励资金。学校与企业共同承担"希杰"班学生的管理与教学工作，企业将派遣专职人员进驻班级参与学生管理，监督教学计划的落实及培训质量，并承担部分课程的教学任务。双方共同确定了教学内容、教学计划、教材、教学方式及师资安排等内容，真正实现了学校、企业、学生三方互惠共赢。

（汤　镇）

高等教育

【高校发展】 各高校加大投入，整合资源，调整优化学科专业结构，积极扩大博士、硕士授权点；推进优势学科和特色专业建设，强化学科专业的交叉渗透，形成新的专业增长点，一批与高新技术产业和现代服务业发展紧密相关的学科专业获得发展。全年，省部级重点学科增加13个；新增博士点89个，硕士点288个；累计建成国家级特色专业70个，省级示范（特色）专业42个，新增开41个本科专业；东北大学、辽宁大学、沈阳理工大学、沈阳大学、沈阳工程学院、沈阳医学院等高校在学科建设上取得了较大突破。

各高校将科技创新作为深化教育教学改革,培养、引进高水平教师,提高学科建设水平的重要支撑和强大动力,积极推进科技创新平台建设,申报承接国家、省市科研课题;整合校内力量,完善校内政策导向和激励措施,加强创新团队建设;充分发挥大学科技园的作用,孵化高新技术企业。全年新增一个国家重点实验室,新增28个省部级重点实验室(工程中心);两个国家级大学科技园已吸引160余家企业入驻,实现产值超过100亿元;高校全年出版专著300余部,发表学术论文2万余篇,被三大检索系统收录论文3400余篇;获得发明专利、实用新型和外观设计750余项。

各高校高度重视师资队伍建设,投入专项资金,培养和引进高层次人才,优化师资结构;重视青年教师培训提高,支持青年教师到企业进行实践锻炼;设置特聘教授岗、品牌专业主持岗、精品课程主持岗,选送部分骨干教师到国内外著名大学作短期访学,积极打造学术带头人队伍,努力提高教师地位和教学岗位的吸引力。全年,高校专任教师的年龄结构、学历结构和专业结构继续改善,专任教师的整体质量更加优良。专任教师的比例由58.3%提高到59.3%,专任教师中具有博士学位的人数由4163人增加到4595人;研究生导师人数由5285人增加到5678人。9名高层次人才被确定为辽宁省首批院士后备培养人选,57人被增选为省"百千万人才工程"百层人选,85人被增选为省"百千万人才工程"千层人选。增加长江学者1名、国家杰出人才3名。

各高校加大教育教学方面的投入,深入推进教学内容、课程体系和教学方法等方面的改革,完善课程体系,加强教材建设,更新教学内容,加强实验、实训基地建设,突出学生职业技能和实践能力的训练和培养,教育教学改革取得多方面成果。全年,各高校多媒体教室座位数增加1.3万位,教学用计算机增加6591台,教学科研仪器设备总价值增加3.14亿元,图书馆藏书增加37.3万册。累计建成32门国家级精品课,190门省级精品课。2011年共获得国家级教学成果奖10项,省级教学成果奖188项;在2011年省教育厅组织的四项改革评比中,有26个中心纳入全省本科实验教学示范中心建设,28个专业入选省本科综合改革试点专业,25个教学团队被评为省本科优秀教学团队,29人获得省本科教学名师,四项评比的入选比例占全省高校一半以上。

各高校不断优化人才培养目标,创新人才培养模式。全年,11所高校近千名学生在国际国内大赛中获奖近百项。各高校关注大学生就业,理工科院校毕业生的就业率始终在高位运行,2011年再次超过90%。

(侯卫平)

【市属高校概况】 沈阳市有四所市属高校,即沈阳大学、沈阳医学院、沈阳职业技术学院、沈阳广播电视大学。四所学校总体占地面积172.1万平方米,建筑面积142.3万平方米;现有普通在校生4.82万人,其中:硕士研究生405人,本科生1.77万人,专科生3.0万人;成人教育学生2.93万人;在职教职工总数4002人,其中:专任教师2241人,副教授以上教师1232人;图书馆藏书量158万册。

沈阳大学围绕应用型人才培养目标,推进人才培养模式改革,加强实践教学环节,成为教育部第二批卓越工程师教育培养计划高校。学校"污染场地修复与风险管理"国家特殊需求博士人才培养项目顺利通过了国务院学位委员会专家评审,即将实现办学层次的历史性突破。沈阳医学院顺利通过硕士学位授予单位立项建设中期评估,得到学科评议组专家一致好评。沈阳广播电视大学与杭州、宁波、南京等中心城市电大共同起草了国家开放大学城市支持联盟章程,做好沈阳开放大学的建设。同时,学校积极完善社区大学办学体系,推进社区教育的开展。沈阳职业技术学院顺利通过国家示范性职业院校的验收,积极争取各级项目资金,大力开发新项目建设,学校电气自动化技术、模具设计与制造两个专业四年制高职本科人才培养方案开发获省教育厅初步通过,准备启动本科教学。

(于晓晶)

【市属高校学科、专业建设】 沈阳大学"车辆工程"和"雕塑"两个试办专业通过了省教育厅评估,会计学专业成为省首批综合改革试点专业,会计学(国际会计方向)专业核心课程双语教学团队被评为省优秀本科教学团队;新增了生态学和美术学2个一级学科硕士点,至此,一级学科硕士点已达10个;学校正式启动了"十二五"国家科技支撑计划"城市老工业搬迁区功能重构与宜居环境建设关键技术研究与示范"项目;新增省重点实验室和省工程技术中心各1个,至此学校有教育部重点实验室1个,省级重点实验室5个,省工程技术中心1个,省级以上科技平台数量名列在沈高校第7位。

沈阳医学院大力加强重点学科和重点实验室建设,病原生物学学科获得省"提升高等学校核心竞争力学科建设工程"项目资助,顺利通过硕士学位授予单位立项建设中期检查,得到学科评议组专家的一致好评;预防医学专业获评辽宁省普通高校本科综合改革试点专业,公共卫生人才培养研究与实践基地为辽宁省教育科学规划重点研究基地,公共卫生实验教学中心获评辽宁省普通高校本科实验教学示范中心;病理学教学团队获评辽宁省普通高校本科优秀教学团队。

沈阳广播电视大学完成基于网络的课程考核改革试点科目54门,稳步推进课程建设工作,《法律社会学》等课程教材样本已经形成;完成了基于网络的个性化教学指导与服务项目的开放教育专业规则103项;在中央电大网上教学评比中获得第三名的好成绩。

沈阳职业技术学院大力开发新项目,获"中央财政支持职业教育实训基地"、"支持高等职业学校提升专业服务能力"、"对接产业集群建设省级职业教育示范专业"等国家和省级教学建设项目9个,位列全省高职院校之首;新增加《物联网应用技术》等3个专业。

(于晓晶)

【高校服务沈阳振兴】 高校有效拓展人才服务功能,面向社会的人才培训大幅增加,与机床、沈鼓、远大等著名企业开展47个培训项目,培训人员3万余人;组织广大教职工走向社会,走向企业,走向农村,积极开展科技攻关、技术服务、决策咨询服务。在高校3500余名正高职人员中,直接服务于沈阳支柱产业和新兴产业的有1760人。东北大学为63家企事业单位提供服务项目300多项。沈阳农业大学教师承担了700多项开发推广项目,帮扶农业科技企业200多家;高校通过各种途径和载体,全年吸引了80多位院士和2000多人次的专家学者来沈工作,有4.3万人留沈就业,为沈阳经济社会发展提供有效服务。引进高层次人才137人,其中东北大学和沈阳建筑大学各引进的中组部“千人计划”专家,成为IT行业和建筑行业的领军人才。

2011年,沈阳工业大学、沈阳建筑大学、沈阳化工大学等高校与沈阳企业建立产学研联盟8个,与铁西、浑南、沈北、于洪区等重点区域合作签订合作协议14项;沈阳理工大学、沈阳航空航天大学等高校与501家沈阳本地企事业单位开展产学研合作539项。服务创新平台建设。全年新发布辽宁省重大新药创制综合平台、辽宁省高校先进在线检测技术实验室等科技创新平台76个,发布参与服务全市科技创新平台建设的高校资源总数达到164个,覆盖沈阳市传统优势产业、支柱产业和新兴产业。有力推动城市创新。2011年,沈阳高校获国家科技进步二等奖7项,国家技术发明二等奖1项;获辽宁省自然科学奖6项,技术发明奖3项,科技进步奖64项;获沈阳市科技进步奖46项。260余项科研成果在沈阳本地转化,预计总产值将达到130亿元。

2011年,高校中38个文、博、体、艺场馆全部面向社会开放,接待市民55.6万人次;承办各种大型活动65项,吸引7万余名国内外知名人士、专家学者来沈;沈阳师范大学、沈阳大学等六所高校投入经费350万元开展艺术培训,免费培训市民100万人次;依托高校资源的社区大学和远程教育实现“千人同时在线视频,万人同时在线学习”;高校人文艺术学科、文化艺术人才及人才培养为沈阳市文化产业发展奠定了基础,注入了活力,增强了动力。

(侯卫平)

【高校党建和思想政治工作扎实推进】 围绕庆祝建党90周年,各高校开展了丰富多彩的“永远跟党走”主题教育活动,举办党史知识竞赛、红歌比赛、征文比赛、书画大赛、图片展览、诗歌朗诵、演讲比赛等系列主题教育活动1740多场次,参与师生110余万人次。

各高校以“创先争优”为总牵动,通过“四进四建”、“创新党日”、“共产党员工程”等活动,加强基层组织建设,激发基层组织活力。全年完成786项“创新党日”和“共产党员工程”,解决发展性难题1078个,义务献工40万小时,62个党组织、125名党员受到省市表彰;全年发展党员1.12万名,占全市新党员的60%。

各高校加强教育,完善制度,强化监督,整体推进党风廉政建设;组织开展“作廉洁表率、促和谐发展”主题教育活动,实施“廉政文化建设创新工程”,落实党风廉政建设责任制,深入开展专项治理,切实解决反腐倡廉建设中群众反映强烈的突出问题,查处违纪案件4件,处分违纪党员干部7人。

各高校深入实施“辅导员队伍建设”、“校园文化建设”等十大工程,加强和改进大学生思想政治教育,积极推进全市加强和改进大学生思想政治教育“十件实事”,切实解决大学生关注的热点问题。关注特殊大学生群体的“春风行动”,累计投入资金4700多万元,家访、谈心、慰问、捐赠2.5万人次,开展主题关爱活动1500多项,13万人次的大学生从中受益。积极做好大学生医保和大学生征兵工作,2011年新应征入伍大学生突破1000人。

(侯卫平)

终身教育

【概况】 2011年,全市各类学习型组织建设扎实推进,工作载体不断创新,读书月、辽海讲坛等学习品牌深受群众欢迎。沈阳数字化学习港大厦整体建设全部完工,资源平台建设取得阶段性成果。

在省教育厅对省社区教育示范区和实验区的检查评估工作中,苏家屯区晋升为示范区,辽中县新增为实验区,沈阳市省级示范区和实验区的总数上升为9个。在全省社区教育工作座谈会上,沈阳市有10个单位和10位社区工作者受到表彰。在中国成人教育协会年会上,沈阳市有4人获得“全国成人教育贡献奖”,4人获得“全国成人教育优秀奖”,沈阳市终身教育研究会获得“全国成人教育协会先进集体”。沈阳市获得全国2011年全民终身学习活动周优秀组织奖。

经市编办批准,市教育局终身教育处于10月组建成立,负责宏观管理和指导全市职工教育、成人教育、老年教育、社区教育等工作和沈阳市学习型城市建设指导委员会办公室的日常工作。

(李　昊)

【召开沈阳市学习型城市建设工作会议】 2011年3月15日,沈阳市学习型城市建设工作会议召开。会上印发了《沈阳市2011年推进学习型城市建设工作要点》和《关于表彰沈阳市全民终身学习活动先进集体和先进个人的决定》,对2010年全民终身学习活动进行了总结表彰,共表彰了39个“突出贡献奖”、43个“先进集体”、123名“先进个人”。

(李　昊)

【全民终身学习活动周】 2011年10月15日至21日,沈阳市继续开展全民终身学习活动周活动。10月15日上午,2011年沈阳市全民终身学习活动周开幕式在市政府广场东侧的辽沈晚报文化广场隆重举行。开幕式上,对全市100个学习型组织创建先进单位和111名终身学习先进个人进行了表奖。市、区在开幕式现场分别举办了学习型城市建设成果展览;沈河区市民代表现场进行了书法、剪纸等才艺表演及歌舞等文艺节目演出。活动周期间,全市各部门、单位紧紧围绕“永远跟党走—人人终身学习,创建学习型城市”这一主题,安排各项活动9275项,群众性文化活动7568项,读书及征文活动2415项,培训活动3567项,宣传展板500余块,参与活动近120万人。

(李　昊)

民办教育

【概况】 民办学历教育:全市共有民办学历教育学校74所。其中:民办普通中小学39所,在校生4.92万人,教职工总数4100人,其中专任教师2700人,校舍占地总面积115万平方米,固定资产总值4.63亿元;民办中等职业学校35所,在校生1.1万人,教职工总数2236人,其中专任教师1290人,校舍占地总面积221.6万平方米,固定资产总值9300万元,所开设的专业涵盖了机械加工、旅游商贸、电子应用、体育艺术、美容美发、装潢设计等诸多行业,为城区经济建设培养了一批职业技能型人才。2011年,全市民办高中共毕业8693人,其中:民办普通高中6600人,民办中职学校2093人。

民办非学历教育:全市共有民办非学历培训机构1006所(不含128所分校),校舍总面积190万平方米,固定资产总值6.3亿元,教师总数9100人,在校学员38万人,年结业20万人,年培训率65万人次。

(王立华)

【管理体系】 制发《沈阳市民办学校办学许可证管理办法》。该《管理办法》共二十八条,从办学许可证的发放、使用、管理和责任等几个方面作了相应规定,明确了办学许可证的法律效力,明确了办学许可证的发放范围和条件,明确了行政变更、学校管理、教学质量等与办学许可证之间的关系,明确了民办学校依法使用、保管办学许可证的责任,明确了教育行政部门对民办学校和办学许可证的日常监管。

完成民办学校办学许可证换发工作。共有64所民办学校换发了新办学许可证,10所学校办理了延缓手续。相比2008年换证时,沈阳市民办学校数量减少了12所,下降幅度为14.2%。

对各区县属地化管理情况进行督导检查。把民办学校检查列入市政府教育督导检查范围,对各区、县(市)民办学校属地化管理情况、教学教研情况进行督导检查。

完善民办学校年度检查评估体系。调整民办普通中小学和中等职业学校教育教学质量检查评估细则内容,使检查项目和标准更符合当前民办教育管理的需要。首次将各区、县(市)教育行政部门纳入检查组,区、县(市)教育局有关人员参与检查全程,深入推进属地化管理。实现民办学校财务审计制度化,得到广大民办学校认可。在安排会计师事务所时,保证同一事务所不再审计上年审过的民办学校,审计费用由市教育局全部承担,确保审计结果的真实有效。

(王立华)

【规范民办学校办学行为】 完成民办学校2010年度资产与财务审计工作。2月中旬到4月底,委托2家会计师事务所对民办学历教育学校2010年度资产和财务情况进行审计。共审计80所民办学校,其中:普通中小学36所,中等职业学校44所。审计结果显示,民办学历教育学校固定资产总值5.5亿元,总体收支情况基本平衡。但部分学校贷款额度较大,个别学校没有银行专用账户,财会科目设置不规范。

完成民办学校教育教学质量年度检查评估工作。共检查评估了74所民办学校,其中:普通中小学34所、职业学校40所。达到优秀标准(90分以上)的共20所,占27%。

对个别民办学校进行办学条件专项检查。对列入整改范围的个别民办学校,在年底前进行一次专项检查,对有问题的学校"亮黄牌"警告,提出具体对策和整改意见,目的是规范民办学校办学行为和办学条件,提高民办学校整体办学质量,改善整体办学状况。

(王立华)

【引导民办学校健康发展】 指导沈阳师范大学附属学校晋升省级示范校。沈阳师范大学附属学校自2005年晋升为市级重点高中以来,坚持依法办学,不断提高教育教学质量,办学水平逐年提升。2011年5月,经辽宁省教育厅组织专家进行验收,该校成功晋升为省级示范性高中,成为继洪庆高中、翔宇高中以后,第三所进入省级示范校行列的民办高中。

指导市民族艺校、乐府艺校晋升为国家级重点职业学校。在艺术类专业培养方面,民办教育填补了沈阳市中等职业教育的空白,其中沈阳民族艺术学校、乐府艺术学校在教学质量、办学特色上一直比较突出。2011年5月,两所学校同时通过教育部的检查评审,被列为"国家级重点中等职业学校"。

推荐民办学校教师获得市级多项先进表彰。教师节期间,积极推荐民办学校参加市政府和教育部门评选,一批民办学校获得市政府和市教育局表彰:拔萃中学校长石磊、私立实验学校校长刘英石被市政府授予"优秀校长"称号;4名教师被市政府授予"市优秀教师"、"市优秀班主任"称号;4名校长、35名教师分别被市教育局评为"市骨干校长"、"市骨干教师"。

(王立华)

【举办首届民办学校教师专场招聘会】 5月5日,在沈阳师范大学体育馆举办首届民办学校教师专场招聘会。招聘会采取"主办方负担全部成本,民办学校免费自愿参加、自主进行招聘"的方式。共有包括小学、初中、高中、职业学校各层次在内的31所民办学校参加招聘会,提供430多个教师岗位,3500多名应、往届高校毕业生前来应聘,各单位累计收到4667份个人简历。

(王立华)

【民办教育常规管理】 完成民办高中2011届毕业证的办理发放工作。2011年,民办高中共毕业8693人,其中:民办普通高中6600人,民办中职学校2093人。

发挥综合协调作用,配合完成民办普通高中、职业高中完成民办学校招生计划的审核协调工作。配合规划部门完成民办普通高中、中等职业学校2011年招生计划的申报、审核和规范管理工作,共涉及19所民办普通高中、31所民办职业学校共210个招生专业。

(王立华)

民族教育

【概况】 2011年,沈阳市共有民族学校28所。其中:朝鲜族小学8所,初中5所,普通高中2所,职业高中2所;满族小学3所,初中1所;回族小学1所,初中1所,高中1所;锡伯族小学1所,九年一贯制学校2所;蒙古族九年一贯制学校1所。民族学校学生共有1.3万余名,教职工1400余名。

(李钟太)

【教科研活动】 在西塔朝小举行了《辽宁省暨沈阳市朝鲜族小学英语教学现场会》,观摩了两节英语课和英语教师基本功展示以及学生英语课外活动。在和平区朝鲜族幼儿园举行了全市朝鲜族幼儿教师培训活动。"中国少数民族双语教学研究会首届朝鲜族中小学汉语教学研讨会”在沈阳举行。沈阳市推荐的28篇论文获奖。“辽宁省朝鲜族学校课程改革朝语文、汉语文教师培训”活动在市朝二中和苏家屯朝小举行。大会观摩了两所学校朝、汉语课。在朝四中举办了“沈阳市朝鲜族学校数理化教学研讨会”。在西塔朝小举办了“沈阳市朝鲜族小学朗读教学研讨会”。

（李钟太）

【民族特色活动】 组织参加了“辽宁省朝鲜族中小学第十五届朝鲜语文、第五届汉语文作文竞赛”，沈阳市代表队荣获2个金奖、7个银奖、18个铜奖。组织参加了“第二届中国朝鲜族小学生数学竞赛”，沈阳市荣获金奖1个、银奖5个、铜奖8个。与韩国城南文化院共同举办了朝鲜族中小学生作文竞赛，有300名学生参加。组织学生参加了省民委组举办的全省朝鲜族中小学生朗诵比赛，沈阳市获得1个金奖、3个银奖、5个铜奖。承办了全省朝鲜族小学生足球比赛，共有沈阳、抚顺、营口等城市的7支足球队参加比赛，沈阳市代表队取得第一名。由市教育局、民委和文化局共同主办的沈阳市第十二届朝鲜族民俗文化节在朝鲜族第一中学举行，全市10所朝鲜族学校的2000余名学生参加活动。市教育研究院和韩国金刚大学共同举办了“金刚大学总长杯”朝鲜族学生综合智能竞赛，全市6所中学200名学生参加活动。

（李钟太）

【新疆班、西藏班】 做好国家计划内东北育才学校内地新疆班和11中学内地西藏班工作，加强内地民族班日常管理和民族团结教育工作。完成新疆内地高中班宣讲慰问团赴育才学校、西藏内地高中班宣讲慰问团赴第十一中学宣讲的接待工作，及时总结育才、第十一中办班经验。转发教育部民族教育司关于内地西藏高中班新疆高中班试行弹性学制的通知并组织落实。

（李钟太）

特殊教育

【概况】 沈阳市的10个区、县（市）共有14所特教学校，其中：弱智学校5所，聋哑学校3所，盲校1所，弱智和聋哑合校5所；于洪区、东陵区和沈北新区三个区还没有设立特教学校。

沈阳市有0—14岁残疾儿童少年1651人，其中：视力残疾42人，占总数的2.5%；听力残疾298人，占总数的18%；语言残疾55人，占总数的3.3%；智力残疾1062人，占总数的64.3%；多重残疾24人，占总数的1.45%；其他残疾170人，占总数的10.3%。

沈阳市已形成了以特教学校为骨干、随班就读为主体的特殊教育办学格局。14所特殊教育学校有在校学生1372人；在1所小学附设特教班，有3名就读学生；在254所小学设有随班就读班级，有330名随班就读学生；在28所普通初中设有随班就读班级，有75名随班就读学生。受教育学生达到1780人。特教学校教职工总数为537人（专任教师364人，行政人员115人，教辅人员32人，工勤人员26人），其中：大专以上学历占92%，本科以上学历占48%，研究生课程班学历达12%，全市在岗的特殊教育特级教师1人，市教育专家1人，市优秀校长、名教师等6人，受到国家、省、市表彰的教师101人。

（周庆军）

【特教教师培训】 2011年，市教育局开展了非特教专业毕业的干部教师岗位任职资格培训和专题性特教年度系列培训。

2011年8月13—22日，第二期“沈阳市特殊教育岗位任职资格培训班”在华东师范大学学前教育和特殊教育学院开班，共有特殊教育管理干部、骨干教师80人参加了培训。培训内容包括特殊教育概论、特殊学校课堂教学、特殊儿童医学基础、特殊儿童行为矫正等四门岗位培训课程，以及上海市特殊教育现状与发展、特殊教育法律法规等专题讲座等，共72学时。培训方式主要为理论学习、实地观摩与交流研讨相结合。

12月11－12日，在兰亭宾馆开展培智教育干部教师专项培训，邀请华东师范大学学前与特殊教育学院苏雪云副教授进行自闭症专题培训，共有230参加了培训。

12月19日，邀请华东师范大学学前与特殊教育学院前院长、特殊教育研究所所长、教授、博士生导师方俊明教授开展对全市聋教育干部教师专项培训，共有160人参加了培训。

（周庆军）

【特教学校“国家课程校本化工程”】 2011年4月，下发了《关于沈阳市特教学校国家课程校本化实施方案编写要求的通知》，组织14所特教学校根据本校的残疾学生、师资、教育条件和社区资源等办学基础，将国家课程进行校本化改造。

各特教学校力求在保证达到国家课程目标的基础上突出校本化的特色，体现时代要求，依据现代特殊教育与课程改革的发展趋势，建立适合本校学生特点的特殊教育课程实施方案，实现由教育理想向实践课程的软着陆。同时，各校以实施医教结合为核心，在课程建设、课程实施和课程管理等方面进行探索和尝试，加大康复与社会适应的课程力度，尝试构建以“社会生存”为核心，基础性课程、发展性课程、技能性课程和康复性课程相结合的个别化教育课程体系，并在课程实施和评估上尝试不同的方法，探索建立适合残疾学生全面发展的医教结合的学校教育模式。已完成部分学科的国家课程校本化实施方案初稿，内容包含课程标准总则（基本理念、课程目标）、课程标准与内容标准、课程实施建议（教学建议和评价建议）等。

（周庆军）

【省特教工作会议】 2011年9月28日，辽宁省特殊教育工作会议在沈阳召开。沈阳市教育局被评为惟一的市级教育行政部门先进集体，并在大会做经验交流发言，沈阳市共有33人被评为辽宁省特殊教育先进工作者。会议期间，与会代表参观了沈阳市的全国特殊教育先进集体——铁西区春晖学校，在现场分别听取了铁西区教育局和春晖学校的经验介绍。

2011年12月，市教育局在创建“全国残疾人工作示范城市”中，出色完成了各项创建指标，被沈阳市人民政府残疾人工作委员会授予“特别贡献奖”，倪左被评为沈阳市创建“全国残疾人工作示范城市”先进个人。

（周庆军）

文 化

综 述

【“扫黄打非”】 2011年，沈阳市“扫黄打非”工作小组办公室以开展专项行动为依托，以查破大案要案为重点，全年开展了元旦、春节出版物市场专项检查行动、春季“扫黄打非”战役等十项专项行动。全年共受理文化市场各类举报297件，办复率100%。组织开展各类文化市场执法检查行动7200余次，累计出动执法检查人员3.6万余人次，出动执法车辆8000余台次，清理检查各类文化市场经营场所、印刷复制企业2.24万家次，查办各类案件218起；取缔清理无证店档摊点和游商走贩197个（次）；收缴各种非法出版物55.53万件，涉案价值230余万元。破获了12起有一定影响的案件，捣毁18家批销盗版光盘、非法小报黑窝点，向公安机关移送案件3起。

市“扫黄打非”办会同市公安局查办的“涵睿文化书苑”案和“2.26重大跨省销售盗版中小学教辅图书”案为近几年辽宁省查办的重大侵权盗版案件，均被全国“扫黄打非”办列为挂牌督办案件，受到全国“扫黄打非”办的通报表彰。

（李笑逸）

【第十三届中国（沈阳）老年合唱节】 2011年9月22—25日，“永远的辉煌”第十三届中国（沈阳）老年合唱节在沈阳举行。来自全国24个省、直辖市、自治区的47支代表队、近3000人参加本次合唱节的展示。沈阳市共组织广场合唱演出26场，200多支合唱团队参加展演，参与群众40余万人次。在参演的47支代表队中，沈阳市参演的6支团队群艺、皇姑和铁西经典三支合唱团获得“振兴杯”（金奖），莱茵河畔、通信之声和主流合唱团获得“建设杯”（银奖）。

（牟毅兵）

【创建国家公共文化服务体系示范项目】 2011年3月，沈阳市申报了创建国家公共文化服务体系示范项目《社区文化建设“五个一工程”运作模式》。从2008年开始，沈阳市在社区文化建设中实施“出台一批文化支撑政策；建设一批社区文化设施；打造一批文化惠民活动；创建一批特色文化基地；培育一批基层骨干队伍”的五个一工程运作模式，形成了社区文化建设的系列化、规范化、多样化和特色化，促进了社区公共文化服务体系水平大幅度提高。本次申报项目，以创建国家示范项目为契机，进一步推进“五个一工程”运作模式，深入探讨社区文化工作新经验，为建设和谐沈阳作出更大的贡献。该项目经辽宁省文化厅推荐，国家公共文化服务体系建设专家委员会评审、公示并报国家公共文化服务体系示范区（项目）创建工作领导小组批准同意，于2011年5月28日，正式成为首批创建国家公共文化服务体系示范项目。

（牟毅兵）

群众文化

【概述】 2011年，沈阳市全面完成了群众文化工作各项任务，覆盖全市城乡的公共文化服务体系进一步完善，群众文化事业又上了一个新的台阶。承办一项“重点”活动：“永远的辉煌”第十三届中国（沈阳）老年合唱节。实现两大“突破”：《社区文化建设“五个一”工程运作模式》被文化部列为首批创建国家文化服务体系示范项目，实现了一个项目拟向全国同行推广“零”的突破；在“永远的辉煌”第十三届中国（沈阳）老年合唱节展演中，参展的6个合唱团队，荣获3金3银的好成绩，实现了在一次国家级大赛中三个团队同时获得金奖的突破。获得三个“第一”：在国家第三次文化馆评估工作中，市群众艺术馆被命名为东北三省惟一的国家一级馆，有9个区、县文化馆被命名为一级馆，总体水平名列全省第一；非物质文化遗产保护工作继续在全省处于领先地位，国家级、省级项目和代表性传承人数量名列全省第一；乡镇文化中心建设项目全部完工，工程建设完成的数量和质量名列全省第一。

全市各级文化部门注重抓品牌建设和社会效益，全年共获得国际级奖7项，国家级奖157项，省级奖175项，市级文化活动报道150余篇，宣传了品牌、扩大了影响；市民合唱节、社区文化艺术节等一批活动已形成品牌，产生了广泛的影响。

（田焕成）

【图书馆事业】 市图书馆深化延伸服务，在探索开展总、分馆制工作的前提下，进一步完善市、区（县）、乡村（社区）公共图书馆服务体系。积极开展了读者活动，实现周周有讲座、月月有展览；强化了地方文献资源建设和特色服务工作；立项建设沈阳市图书馆数字图书馆工程。

市少儿图书馆接待读者23.91万人次，流通图书68.44万册次；送书、送辅导下乡下基层62次，分馆、流动站及阅读基地共接待读者10.24万人次，流通图书23.89万册次；举办各类活动100

余场次，参与人数达23万人次。被沈阳市精神文明建设指导委员会命名为沈阳市未成年人思想道德建设实践基地；在“闻一多杯”第二届全国少年儿童书法、绘画作品征集活动中，荣获中图学会颁发的优秀组织奖。

（刘　晔）

【沈阳市群众艺术馆获国家一级馆称号】　以迎接全国第三次文化馆评估定级为契机，市群众艺术馆完善制度，规范管理，整合功能，整体工作得到全面提升。在迎检准备工作中，坚持领导班子带头，部门领导各负其责，全体人员参与，坚持标准，严格要求，使该馆各项工作更加规范有序，馆容馆貌焕然一新，职工队伍生气勃勃，活力十足，整体工作跃上新的台阶，受到文化部评估组的充分肯定和好评。该馆被国家文化部命名为东北三省惟一的副省级城市国家一级馆。

（田焕成）

【沈阳市首届社区文化艺术节】　2011年5月中旬到9月底，市文广局主办了首届社区文化艺术节。在文化艺术节期间，共举办各种文化活动和比赛624项，共计1960场次，其中：市级主体活动10项，区级活动114项，社区活动500项，参与活动的群众超过240万人次；受到全市广大社区群众普遍欢迎，被誉为“社区群众的文化盛会”。

本届艺术节活动还组织开展了“十大主体活动”和“五个十佳评选活动”。“十大主体活动”即社区文化艺术节开幕式、群众歌咏展示、戏剧票友展示、居民才艺展示、美术、书法、摄影展览、知识竞赛、诗歌咏诵活动、民间舞蹈展示、居民家庭巧制作展示、国际标准舞邀请赛；“五个十佳评选活动”即“十佳社区群众文化活动品牌”、“十佳社区文化工作者”、“十佳社区‘群文之星’”、“十佳社区文艺辅导员”、“十佳社区书香家庭”的评选活动。通过举办首届社区文化艺术节，真正为全市广大社区群众搭建起了休闲、娱乐、展示自我的大舞台。社区群众文化活动也由原来的以自娱自乐为主的活动，开始向有组织、有档次、有品位的文化活动迈进。

（蔡怀平）

【百万少年儿童阅读节】　沈阳市少儿图书馆联合沈阳市各区、县图书馆、少儿图书馆，在2011年5—10月期间发起“牵手阅读 快乐成长”市百万少年儿童阅读节活动。阅读节期间开展了“阅读伴童年”亲子读书知识竞赛活动、“我的书香童年”全市小学生读书征文活动、“同在蓝天下 共享书墨香”城乡儿童读书交友活动、“博览伴我同行 经典伴我成长”系列公益讲座、“牵手阅读 放飞理想”中学生演讲比赛、“我心中的党”书法绘画大赛、“阅读红色经典 传承红色文化”沈阳市中小学生庆祝建党九十周年红诗诵读活动、“捕捉精彩阅读瞬间”沈阳市少年儿童阅读节活动成果摄影作品展等系列活动。

（刘　晔）

【少儿图书馆建馆60周年】　以建馆六十周年为契机，精心筹划并成功举办沈阳市少儿图书馆建馆六十周年系列庆祝活动，内容包括：召开庆祝大会、编辑出刊专题纪念册、召开全省少儿图书馆工作研讨会、举办专家讲座、召开分馆、流动站经验交流会。建馆六十周年系列庆祝活动是对少儿馆六十年来所取得辉煌成就的一次全面检阅，更是对少儿馆精神风貌、业务水平的集中展示，馆庆系列活动主题突出、特色鲜明、隆重热烈，扩大了社会影响，赢得广泛赞誉，取得了圆满成功。

（刘　晔）

文艺创作与表演

【艺术惠民工程】　2011年，市直专业院团精心筹备、全力以赴，不断提升服务水平，深入拓展服务方式，使“百万市民艺术共享工程”继续推向深入，进一步向制度化、常态化、规范化发展。

沈阳演艺集团在沈阳市文化宫利用节假日为广大市民奉献精彩的演出，传统戏曲折子戏尤其受到观众的喜爱，每场都座无虚席，台上演员演技精湛，台下掌声喝彩不断。沈阳杂技团《天幻Ⅱ》推出10场惠民专场演出受到观众热捧。京剧院开展普及“国粹进校园”、“快乐京剧大讲堂”等活动，组织京剧系列讲座，与铁西区兴工四校联合建立少儿京剧教学基地；评剧院组织面包车深入基层进行惠民演出；艺术团发挥自身优势，组织文艺大篷车深入工厂、农村进行惠民演出；话剧团、市艺校在惠民演出方面呈现出辐射面广、艺术形式多样、面向弱势群体等特点，深入全市消防中队，部分幼儿园、学校、敬老院、社区，演出受到了观众的热烈欢迎。艺术惠民公益演出使“沈阳周周有演出、市民免费有戏看”的品牌日益彰显。

2011年，沈阳市属专业院团在全市城乡开展的艺术惠民公益演出498场，受益群众超110万人次。全年常态公益演出连续52周在《沈阳日报》、《沈阳晚报》、东北新闻网、沈阳网等媒体登载演出节目预报198场，发出公益票近16万张。

（马晓东）

【京剧《将军道》获奖】　沈阳演艺集团、沈阳京剧院创排的大型新编历史京剧《将军道》在文化部举办的第六届中国京剧艺术节上，技压国家京剧院和北京、上海等国家重点京剧院团荣获金奖。这是新中国成立以来沈阳京剧院获得的最高奖项，实现了沈阳京剧艺术的重大突破与超越。

该剧由源泱、罗周编剧，杨小青、段建平导演，常东、张宏伟主演。表现了公元前224年，秦王嬴政不纳老将王翦之言，遣李信率兵二十万击楚，结果秦军大败。为图一统，嬴政恳请解甲归田的王翦出山掌兵。王翦率领倾国之兵伐楚之时，嬴政担心王翦萌生异心，遂迎娶王翦之女以为挟制。面对战事成败、秦王疑虑、亲人安危，王翦从容不迫，以智慧、勇气与忠诚，成就了慷慨伟烈的将军之道。故事生动曲折，思想立意新锐，表现气势磅礴。专家誉为"慷慨伟烈,气度不凡,在思想性与艺术性上体现出史诗般的厚度与张力,具有丰富的人生与时代的启示意义"。

(张志国)

【文化交流】　2011 年,沈阳市对外商业演出的特点是演出周期长,市场成效显著;对台文化交流规模加大、批次递增;对外学术交流活动频繁。一年来,共办理了 16 个文化交流活动团组,其中 7 个团组 66 人次出国境、8 团组 55 人次赴台湾进行文化交流活动,1 个团组 12 人入境演出。

沈阳杂技团《天幻 II——太阳鸟》赴南美商业性演出初见成效,7 月赴巴西、阿根廷和智利巡回演出 115 天,演出 140 场,收入 80 万美元,观众超过 14 万人次。

沈阳故宫博物院"大清盛世——沈阳故宫文物展"于 2011 年 1 月在台湾历史博物馆举办,展期四个月,共展出 124 组件展品,其中一级文物达 24 组件。沈阳张氏帅府博物馆会同西安事变纪念馆、台湾新竹张学良故居博物馆进行了"张学良纪念园重建工程研讨暨两岸三馆系列活动"。沈阳市文联于 2011 年 4 月 1 日至 10 日赴台湾举办"沈阳市书画家、诗人展诵交流活动",展出沈阳市美术、书法家创作的 100 幅作品。沈阳故宫博物院于 2011 年 9 月院赴韩国首尔参加国际宫廷学术论坛会议,11 月赴日本参加第十届日中韩三国四馆博物馆会议。

(陈　晶)

【红色经典剧目演出季】　为庆祝建党 90 周年,回顾革命历史,缅怀革命先烈,奏响主旋律,唱响红色经典,2011 年 6—9 月,沈阳演艺集团举办了"红色经典演出季"活动,以"重温光辉历程、坚定红色信念、凝聚振兴力量、服务文化强市"为主题,创复排、演出一批红色经典剧目。2011 年 6 月 23 日,在辽宁人民会堂举办了开幕式,演出了开幕大戏现代评剧《江姐》。随后分别在辽宁人民会堂、中华剧场、八一剧场演出了京剧《智取威虎山》、《平原作战》、《红灯记》,评剧《洪湖赤卫队》、《江姐》,大型史诗乐舞剧《遥远的察布查尔》等剧目,演出季历时 3 个月,共演出 30 余场,实现演出收入近百万元。

(陈　晶)

【中韩书画艺术交流展】　由沈阳市文化广电新闻出版局主办,沈阳市朝鲜族文化艺术馆和韩国艺术总联合会春川支部共同承办的第十四届中韩美术摄影艺术作品交流展,于 2011 年 9 月 15—19 日,在韩国江原道春川市翰琳大学日松图书馆美术展览厅举行。

本次中韩美术摄影艺术作品交流展征集覆盖面大、参展作品精,质量好,共展出由 79 名作者创作的近 80 幅作品。2011 年 9 月 15 日,春川市电视台和韩国江原道日报对本次展览进行了报导。

(蔡怀平)

文物保护

【完成第三次全国文物普查】　按照国家文物局的要求,第三次全国文物普查从 2007 年 10 月正式启动,于 2011 年底结束。沈阳市从 2007 年 10 月份开始筹划筹备,经过近五年时间,普查工作圆满完成,共调查登记不可移动文物 1530 处,其中:新发现 718 处,复查 812 处,已全部通过国家、省文物普查办公室的阶段验收。通过普查,摸清了家底,锻炼了队伍,宣传了成果,沈阳市第三次全国文物普查领导小组办公室完成了《沈阳市第三次全国文物普查工作报告》的编写以及清代盛京城址与建筑、沈阳近现代建筑和工业遗产三个课题研究工作。

(张　洋)

【辽塔保护工程】　按照辽宁省辽塔保护工程工作部署及修缮方案设计,康平县宝塔寺塔修缮工程于 2011 年 4 月启动施工,施工单位为沈阳故宫古建园林工程有限公司,新民辽滨塔修缮工程于 2011 年 8 月启动施工,施工单位为沈阳故宫古建筑有限公司。修缮过程中施工单位严格按照维修工程方案施工,积极配合省文物局组织专家进行的阶段性验收,并根据专家提出的意见对工程进行整改和完善,保证了工程质量。2011 年 9 月 16 日,康平宝塔寺塔、新民辽滨塔维修保护工程通过了省文物保护专家组的技术验收。辽塔作为辽宁省具有地域文化特色的地上文化遗产种类之一,具有较高的历史、科学和艺术价值,是研究我国东北乃至北方地区历史发展、民族文化交流和古代建筑技法的重要依据。

(张　洋)

【非物质文化遗产保护】　组织开展了文化遗产日纪念活动,公布了第二批市级非物质文化遗产项目代表性传承人数量。经专家评审委员会评审、社会公示和审核,确定铁西老工厂传说故事传承人梁宏为等为第二批市级非物质文化遗产项目代表性传承人。其保护项目涵盖了民间文学、民间舞蹈、传统戏剧、杂技与竞技、民间美术、传统技艺、传统医药等 7 个种类 23 项。经市政府批准,补充了第四批市级非物质文化遗产保护项目 26 项。截至 2011 年底,国家级保护项目 9 项,省级保护项目 39 项,市级保护项目 101 项,区、县(市)级保护项目 224 项。编辑出版了《沈阳市非物质文化遗产概览(三、四批项目)》和《沈阳市市级代表性传承人名录》等两本保护书籍。10 月,省文化厅公布了第二批省级非物质文化遗产项目代表性传承人共 22 人,其中沈阳市 8 人,占全省 36%。

(张　洋)

【考古整理基地建设工程】　沈阳市文物考古研究所整理基地是国家"十一五"文保规划项目,建设资金列入国家发改委 2009 年第四批扩大内需中央预算内投资计划。项目总投资 930 万元,其中:中央投资 420 万元,地方配套 340 万元,市考古所自筹 170 万元。项目于 2011 年 8 月全面完成。

该项目占地面积 8000 平方米,建筑面积 2000 平方米。地下一层为 995 平方米的文物库房及设备用房，地上一层为1005平方米的文物整理基地。按照国家二级风险单位规范标准，在整理基地安装了安防和消防设施，在设计标准及新技术应用等方面均已达到国内先进水平，是东北地区惟一的考古工作整理基地。该项目的建成使用，为沈阳地区出土文物的存放、保护及研究提供了坚实的硬件基础。

（张　洋）

【旧石器时代考古调查】　为填补沈阳考古工作中至今尚未发现旧石器时代人类化石和石器地点的学术空白，将沈阳地区有人类活动历史的研究工作向前推进，沈阳市考古所与吉林大学边疆考古研究中心合作，组成联合调查组，于2011年4月6—20日，开展对康平、法库县境内辽河、秀水河上流，利民河流域部分区域及法库北八虎山一带的考古调查。

通过调查，共发现14处地点（其中属旧石器时代的有10处，属旧石器与新石器时代之间的有4处），共采集打制石器1029件，将沈阳地区人类活动历史向前推进了3万多元，延伸了沈阳区域文化的根系，串起了辽宁乃至东北地区人类演化的链条。此课题项目为期三年（2011－2013），通过此次调查，将全面揭示沈阳地区早期人类活动历史。

（张　洋）

【沈阳市文物保护协会成立】　根据沈阳市政协委员的建议以及沈阳市文化遗产保护的需要，沈阳市文物局着手沈阳市文物保护协会的成立工作。2011年5月下旬，沈阳市文物局与沈阳市政协赴河南省调研当地文物保护协会建立和运行情况，借鉴当地成立类似协会的经验，起草了沈阳市文物保护协会章程，征集了协会的单位会员和个人会员。2011年12月2日，沈阳市文物保护协会正式成立。

（张　洋）

【沈阳工业博物馆开工建设】　沈阳工业博物馆位于沈阳市铁西区卫工北街14号，在原铸造博物馆基础上扩建。全馆由主馆区、1905创意产业园区、工人村生活馆和工人收藏馆区，共三部分组成。总占地面积15万平方米，总建筑面积7.31万平方米。其中主馆占地面积8万平方米，建筑面积6万平方米，主馆整体建筑采用新老建筑结合的方式，馆内拟设1个综合馆、25个专业馆。

工业博物馆于2011年5月18日奠基，计划2012年5月18日一期工程通史馆、机床馆、铸造馆、铁西新区十年成果展竣工，并免费对外开放。2013年全运会前二期展馆包括重矿馆、冶金馆、汽车馆、建材馆、港澳台馆、铁西馆面向社会开放。

（窦英男）

【“国际博物馆日”活动】　2011年“5·18国际博物馆日”沈阳主场城市活动紧扣“博物馆与记忆”主题，从4月初开始，至6月底结束，包括广场主题宣传活动、沈阳记忆专场文艺演出、第九届全国十大陈列展览精品终评、辽宁十大馆藏文物评选、辽宁省暨沈阳市文博知识大赛、沈阳记忆大讲堂系列讲座、沈阳市讲解员和志愿者“博物馆与记忆”主题演讲比赛、沈阳工业博物馆奠基仪式、博物馆进社区、进学校、进军营等活动。国家文物局原局长单霁翔，省长陈政高，省委常委、沈阳市委书记曾维等领导出席活动并给予了高度评价。人民日报、中央电视台、中国文物报、辽宁电视台等媒体进行了广泛报道。

（窦英男）

【《“九一八”历史陈列》荣获全国博物馆“十大精品奖”】　在国家文物局主办，中国博物馆学会、中国文物报社承办的第九届（2009－2010年度）全国博物馆十大陈列展览精品评选活动中，沈阳“九一八”历史博物馆《“九一八”历史陈列》凭借立意深远的主题、丰富翔实的内容、完美创新的设计理念，赢得了专家的青睐，最终脱颖而出获得“精品奖”。这是继沈阳金融博物馆《走近金融世界》后沈阳市博物馆再次获此殊荣。

（窦英男）

文化产业

【概况】　2011年，沈阳市文化产业稳步发展。全市文化产业实现增加值232.7亿元，比上年增长20.2%（按现价计算，下同），增幅高于全市地区生产总值现价增速2.7个百分点；文化产业增加值占全市地区生产总值的比重达到4.64%，比上年提高0.1个百分点。2011年，以新闻出版、广播影视、文化艺术为主的核心层实现增加值73.8亿元，比上年增长23.6%，占全市文化产业增加值的31.7%；以网络、休闲娱乐和其他文化服务等新兴文化服务为主的外围层实现增加值61.0亿元，增长17.6%，占全市文化产业增加值的26.2%；以文化用品、设备及相关文化产品的生产和销售为主的相关层实现增加值97.9亿元，增长19.4%，占全市文化产业增加值的42.1%。

（唐　辉）

【文化产业首次纳入区、县（市）政府绩效考评指标体系】　经市政府考评办及文广局考评办批准，从2011年起，文化产业列入各区、县（市）绩效考评内容。考核以年度目标责任完成情况为重点，坚持客观、公正、科学地考核和评价工作实绩原则，以推动全市文化产业快速、均衡、健康发展为目的。通过考核，提升了文化产业集聚力，推动了文化产业的发展繁荣，为文化强市打下坚实的基础。

（唐　辉）

【首届古玩博览会】　首届“中国沈阳古玩艺术品博览会”于2011年6月3—5日在沈阳鲁园古玩城举办。本届博览会以弘扬中华民族悠久的历史文化为宗旨，以推动沈阳文化产业大发展大繁荣、满足人民群众日益增长的文化需求为导向，以促进辽沈地区古玩市场繁荣，培育有区域特色的展会品牌为动力，积极探索古玩艺术品行业健康可持续发展的新趋势和新模式，逐步把沈阳打造成“主导东北、领先全国、影响海外”的古玩艺术品鉴赏展览中心城市和商品集散地。展会设五个精品展区、200个展位、2000个摊位，参展5500余人，参会6万人次以上，古玩艺术品成交额1亿元以上，拉动相关消费1亿元以上。

（唐　辉）

文化市场管理

【打假专项行动】　从2011年1月20日起至年底，在全市范围内开展了抓环境促提升文化市场打假专项行动，通过采取有效措施，加大执法打击力度，取得了显著成效。

1. 突出打击重点。对全市出版物市场监管的重点地区、部位和场所进行调整，由原来的81个调整为78个。对78个重点区域、部位和场所进行集中反复检查，始终保持高压打击态势，端掉了一批制售侵权盗版出版物黑窝点，收缴了一批侵权盗版出版物，非法出版物数量明显减少，经营秩序明显好转。

2. 实施专项行动。在全市范围内相继开展了文化市场打假专项行动、印刷复制企业专项整治、打击盗版工具书专项行动、出版物市场集中执法周、红色旅游景区及周边出版物市场集中清理行动、中小学教辅材料市场专项清理检查行动、出版物市场集中整治月行动等一系列集中整治行动，重点打击了淫秽色情、封建迷信灵异类出版物、非法小报及盗版出版物的违法经营行为。

3. 深查大要案件。在狠抓大案要案侦破上下功夫，切实加大了对出版物市场违法违规行为的打击力度，全年查处各类侵权盗版案件157起，捣毁批销印制非法出版物黑窝点、黑库房11个，查破有较大社会影响的大要案件21起，向公安机关移送案件9起，其中郭恩良批销非法佛教类图书案，主犯郭恩良被判决有期徒刑6年，罚金50万。

4. 强化宣传教育。组织开展"3.09"、"4.22"侵权盗版出版物集中销毁行动，开展"3.15"法制宣传日和"3.18"文化市场举报体系集中宣传日、保护知识产权宣传周等宣教活动，增强了广大市民积极参与文化市场监管、自觉抵制非法出版物的意识。

（赵振宇）

【网吧场所专项整治】　2011年，市文化执法总队不断加强对全市1279家网吧场所的日常监管，按照《文化部关于加大网吧接纳未成年人违法行为处罚力度的通知》要求，密切关注市场动态，坚持严管重罚原则，进一步加大对违法违规经营行为的打击力度，从严查处了一批存在接纳未成年人进入、超时营业等违规经营行为的网吧。全年共查处网吧场所违法接纳未成年人进入案件55起。

结合元旦、春节、"五一"、"十一"以及学校寒暑假等重要时间节点，开展集中整治行动。把网吧场所容留未成年人进入、经营非网络游戏、未按规定核对、登记上网者有效身份证件等违法行为作为专项整治的重点，从严查处了一批接纳未成年人进入、超时营业等违规经营的网吧场所。7月27日，市总队组成三个行动组，对市内五区以及于洪、东陵等七个区的网吧场所进行突击检查，查获存在接纳未成年人行为的违规网吧4家。

继续强力推进网吧监管平台建设和管理，对全市网吧场所挨家挨户督促检查，不留死角。全市网吧场所监控平台软件服务器在线率达95%以上、客户端安装率达95%以上。充分运用网络监控平台技术手段，对网吧场所接纳未成年人、超时营业等违规经营行为实施网上监控，使网吧超时营业等违规行为得到有效控制，取得了良好的社会效果。

（赵振宇）

【校园周边文化经营场所专项整治】　开展了以学校校园周边文化娱乐场所违法违规经营行为为重点的监督检查行动，加大了对全市校园周边网吧、歌舞厅、游戏厅等文化娱乐场所的清理和整治力度，严厉打击网吧和歌舞娱乐场所违规接纳未成年人等违规经营行为，对存在严重违反法律法规经营行为的文化娱乐场所，坚决处以重罚并责令停业整顿，直至依法吊销经营许可证。5月下旬，对全市大学校园周边网吧场所进行为期一周的集中整治，对沈阳工业大学、辽宁大学、沈阳师范学院等周边网吧超时营业行为进行了从严查处。同时，还集中力量反复清理检查校园周边的书报刊、音像制品店摊、文化用品店，重点查缴非法色情"口袋书"、"盗版教材"、"非法教辅读物"、"盗版音像制品"、"盗版电子出版物"等非法出版物，严厉查处有害青少年身心健康、淫秽、色情、暴力等不利少年儿童成长内容的出版物经销活动。

（赵振宇）

【娱乐市场专项整治】　切实加强对全市电子游戏厅、歌厅、舞厅等396家娱乐场所的日常监管，组织开展高频率、高强度的执法检查，始终保持高压打击态势，依法严厉查处歌舞娱乐场所使用违法卡拉OK曲目、接纳未成年人、超时营业等违法违规经营行为，严厉查处电子游戏场所非法定节假日接纳未成年人和设置违禁机种、机型等违法违规经营行为。全年共查处娱乐场所违法接纳未成年人进入案件9起。

针对无证娱乐场所违规经营行为突出的问题，开展了以取缔无证经营娱乐场所为重点的专项整治行动，依法严厉打击无证无照违法违规经营行为。专项整治行动前，市区两级文化执法部门对全市娱乐场所进行了全面的调查摸底，摸清了娱乐场所的底数。市区两级文化执法部门联合公安、工商等部门，以娱乐场所密集地区和城乡结合部为突破口，在全市范围内开展了地毯式执法检查，对无证场所采取了停业、限期整改、取缔等手段，解决了一批较大娱乐场所长期无证经营的问题，有力地规范了娱乐市场经营秩序。

对娱乐场所安全责任落实、安全隐患排查等进行了督促检查，对发现存在安全隐患的娱乐场所，要求其限期整改，对安全隐患问题较为严重的场所及时协调公安消防部门坚决予以停业整顿，做到不留隐患和死角。经过严格检查，全市文化娱乐场所存在的安全隐患基本消除，为广大消费者提供了一个安全、健康的娱乐消费环境。

（赵振宇）

【广电市场监管】 为加强广电接收秩序，规范广电行业管理，2011年，市文化执法总队进一步加大了对卫星广电接收领域的监管力度，在巩固以往取得成果的基础上，将防反弹、防新增，有效遏制单位和居民个人非法安装和使用卫星电视地面接收设施行为作为执法重点，切实维护了国家的政治、信息和文化安全。

强化对宾馆酒店以及相关企事业单位接收和传播境外卫星电视节目的执法检查力度。对全市70余家三星级以上宾馆酒店和企事业单位卫星电视接收传播情况逐家进行检查，对辽宁大厦、沈阳玫瑰大酒店等5家宾馆酒店擅自安装、接收境外卫星电视节目的违法行为进行了查处。同时，加大对新营业宾馆酒店的监控，加强对宾馆酒店无证或手续不全就擅自安装、接收境外卫星电视节目的违法行为的监管。通过强化监管，使全市三星级以上宾馆饭店等企事业单位擅自接受和传送境外卫星电视节目违规行为限制在7%之内。

组织执法人员深入街道、乡镇和社区、村屯，动员违规安装地面接收设施的居民进行自查自拆，依法查处居民个人擅自安装卫星地面接收设施的违法行为，并适时组织强制拆除。2011年11月25日至12月2日，组织开展了全市性广电市场集中执法行动周活动，居民自行拆除卫星电视地面接收设施110套，强制拆除240套。部署开展了创建无"大锅"、"小耳朵"标准化社区工作，全市有130个社区基本达到了创建标准。通过日常监管和集中整治，居民个人擅自安装卫星地面接收设施的违法行为得到有效遏制，全市共拆除（含自拆和强拆）非法安装使用卫星地面接收设施2150个。

（赵振宇）

档　案

【重大项目档案】 加强十二运档案工作。市档案局选派4名业务人员进驻十二运沈阳赛区组委会，跟踪服务十二运；制发了《关于做好十二运沈阳赛区档案管理工作的通知》；召开了十二运沈阳赛区档案工作培训会议；跟踪拍摄沈阳赛区重大活动58次，形成录像资料1900余分钟，录音资料260余小时，照片档案980幅；收集、归档文件材料840余份。加强蒲河生态廊道建设档案工作。市档案局与市蒲河生态廊道建设领导小组办公室联合下发了《关于加强蒲河生态廊道建设档案资料管理工作的通知》，召开了蒲河生态廊道建设档案工作会议。2011年10月19—21日，市档案局对蒲河全线进行考察，一路走访沿岸百姓，收集相关资料，拍摄照片近千幅，为蒲河生态廊道建设留下了宝贵的资料。2011年11月29日至12月6日，市档案局与市蒲河办联合对棋盘山开发区、沈北新区、于洪区、新民市、辽中县和市交通局等地区和单位开展蒲河生态廊道建设项目应进馆档案整理情况进行了专项检查。检查内容包括5个区县（市）和市交通局负责的60余个建设项目形成的文件材料的管理情况、档案的齐全完整及安全保管情况。市城建档案馆对一二三环路改造、全运村建设、浑南新城建设等20余项全市重点建设项目进行跟踪拍摄，形成照片档案1600余幅、录像资料700余分钟；使用直升机对城市面貌进行航拍，形成照片3000余幅；全年接收进馆档案3.06万卷。

（马凤云）

【档案馆建设】 档案馆作为重要的文化设施进一步得到重视并取得了突破进展。5221平方米的于洪区档案馆新馆竣工，并获得了国家、省、市有关部门的馆房建设配套补助资金396万元。这是国家出台对中西部地区档案馆舍建设进行补助政策之后，沈阳市第一个新建的区县级档案馆。东陵（浑南新区）档案馆搬迁新址，法库县档案馆新馆建设获得国家、省、市三级配套补助资金484万元，3万平方米的市城建档案馆新馆已经在浑南新区选址，和平、沈河、新民、辽中、康平等区县（市）对档案馆新馆建设进行了科学筹划。在辽宁省政府召开的全省档案馆建设工作会议上，市档案局和于洪区政府分别介绍了档案馆馆房建设的经验。新民市、辽中县档案馆晋升为国家二级档案馆。截至2011年底，沈阳市有9个档案馆晋升为国家级档案馆，晋级的数量居全省各市首位。

（马凤云）

【家庭建档】 全市各区、县（市）档案部门继续深化家庭建档工作，共树立家庭建档示范户406户、明星户47户、示范单位30个、示范社区38个，招募家庭建档志愿者1100人，并通过办展览、搞培训、座谈交流等形式宣传家庭建档工作，普及家庭建档知识。铁西区建立了家庭档案专项经费，开展了家庭档案进机关、进学校、进社区、进企业活动，促进家庭档案特色化。

市档案局完成了家庭档案网的改版升级，家庭档案网点击率已突破260万人次；与浙江省海盐县联合举办家庭档案电子相册大赛，这是依托家庭档案网开展的首次跨区域合作；在全市开展了万户家庭写家史活动，并召开了万户家庭写家史工程经验交流会；在全市开展了老奖状征集活动，共征集老奖状1200余张，并在家庭档案网举办了《光辉岁月——沈阳市"老奖状征集活动"成果展示》；与《沈阳晚报》联合开展了"家史故事"征集活动，在《沈阳晚报》定期刊登家史故事，介绍家庭档案知识，扩大了家庭建档工作的社会影响。

在国家档案局开展的"全国档案工作管理与服务创新优秀案例"评选活动中，市档案局申报的《开展家庭建档服务》在全国230余件申报案例中脱颖而出，被国家档案局评为"全国档案工作管理与服务创新优秀案例"；沈阳开通全国首家社会公益性网站——"家庭档案网”，被上海社科院家庭研究中心、中国社会学家庭社会学专业委员会评选为“2010年十大国内家庭事件”。

（马凤云）

【市档案馆被确定为全国中小学档案教育实践基地】 市档案馆拓展社会教育功能，先后与东北大学、沈阳体育学院共建大学生社会实践基地；制作了“沈阳的记忆”主题展览虚拟现实影片，并在沈阳档案信息网上展出。市档案馆全年接待来馆参观展览50余个团组、3600余人。2011年11月12日，教育部、国家档案局中小学生档案教育社会实践基地评审会议在市档案馆603会议室召开。由教育部基础教育一司副司长于长学，中国科协青少年中心原主任牛灵江，中国人民大学档案学院教授、博士生导师刘耿生，国家档案局档案馆室司副司长王雁宾等领导和专家组成的验收组对市档案馆创建全国中小学档案教育社会实践基地进行评审验收。验收组领导和专家听取了市档案馆关于中小学生档案教育社会实践基地建设工作情况的汇报，实地参观了市档案馆计算机中心、档案裱糊技术室、声像档案演示厅、政府信息查阅中心等功能区及“沈阳市家庭档案珍藏展览”、“沈阳的记忆——沈阳历史发展主题展览”，查看了市档案馆开展中小学档案教育社会实践工作的有关材料和档案资料，对市档案馆开展档案教育情况进行了综合评议。2011年12月8日，由教育部主办的全国中小学德育工作经验交流会在北京召开。大会交流了开展中小学德育工作的经验，为全国中小学德育工作优秀案例单位、全国县级示范性校外活动场所单位、全国中小学社会实践基地代表授牌。市档案馆被教育部、国家档案局确定为全国中小学档案教育实践基地，是东北地区档案系统惟一一家被国家确定的中小学档案教育实践基地。

（马凤云）

【赴国外办展及征集】 为配合意大利统一150周年举办的“体验意大利”系列庆典活动和中国沈阳市与意大利都灵市结为友好城市26周年，2011年7月9日，以市档案局副局长周庶江为团长的市政府代表团赴意大利都灵并在都灵会展中心举办了“映象沈阳”图片展览。展览从历史、文化、体育、金融、商业等方面介绍了沈阳。

“映象沈阳”图片展览，是纪念意大利统一150周年展览部分的最后一个，得到了都灵市国际事务办公室的大力支持，得到了都灵市新闻媒体的关注，引起了当地市民的兴趣。展览作为桥梁和纽带，对两市起到了加强交流、密切合作、加深友谊的作用。代表团还到苏黎世档案馆进行了访问，双方就档案公共服务、档案数字化、私人（家庭）档案等工作进行了交流，代表团还参观了苏黎世档案馆城市建设沙盘。

2011年7月10—14日，以副馆长许光明为团长的市档案馆代表团一行4人，先后到美国国家档案馆、哥伦比亚大学东亚图书馆等部门开展有关沈阳历史资料的征集。此次征集，共收集档案资料1500余件（幅），内容涵盖了沈阳市的政治、经济、军事、外交以及教育等各个方面，时间为19世纪末20世纪初。这些档案资料的征集进馆，丰富了市档案馆馆藏档案资源，为研究20世纪初的沈阳经济社会状况提供了内容翔实的第一手档案资料。在美期间，中美双方还就档案实体管理、档案保护技术以及声像档案管理等诸多方面进行了交流。市档案馆还将反映沈阳旧貌的《沈阳旧影》画册、家庭档案系列丛书以及市档案馆馆徽等作为礼物赠送给美方。通过此次赴美征集，市档案馆了解到美国国家档案馆馆藏涉及盛京、奉天的历史档案资料近万卷，时间跨度从19世纪末20世纪初到20世纪50年代，为今后开展档案征集工作提供了条件。

（魏秀君　王梓熠）

【档案数字化】 2011年11月15日，市档案馆与北京量子伟业时代信息有限公司在市档案馆二楼共享大厅举行了市档案馆馆藏档案文件级目录数字化工程启动仪式。市档案局馆长荆绍福和北京量子伟业时代信息有限公司总经理刘鹏共同触摸水晶球开启启动仪式。市档案局馆和北京量子伟业时代信息有限公司签署了馆藏档案数字化工程保密协议和安全协议。2011年共完成馆藏档案文件级目录数字化54.7万条。市档案馆还完成了“电子文件归档、在线采集及资源共享平台建设”（一期）工程，并在市检察院、市教育局、市规划和国土资源局、市房产局、市交通局等20家市直机关成功试点。该项目于2011年底顺利通过市经信委组织的验收鉴定。

各区、县（市）档案馆积极推进馆藏档案数字化，全年共完成档案数字化近300万条。沈河区政府投入20万元用于档案馆数字化工作；沈阳发动机设计研究所在全行业中第一个通过航空工业一级数字档案馆的认定；沈阳铝镁设计院采用条形码技术对室藏8万余册科技档案进行管理，建立了网上电子文件查询系统；辽宁大学实现了文书档案的全文查询利用及网上归档；沈阳飞机工业集团公司制定了《数字档案馆建设方案》、《数字档案馆数据备份规范》，全面启动数字档案馆建设；沈阳鼓风机集团开发了企业档案信息管理及查询系统，实现了底图管理的电子化；沈阳供电公司制定了《纸质档案数字化管理办法》，完成室藏档案数字化53万余页。

（马凤云）

【机关和事业单位档案管理】 为推动“十二五”时期全市机关和事业单位档案工作的发展，市档案局起草制定了《“十二五”时期沈阳市市直机关和事业单位档案工作目标管理计划》。经市委常委、常务副市长顾春明签批，市政府办公厅转发了《“十二五”时期沈阳市市直机关和事业单位档案工作目标管理计划》（沈政办发［2011］26号）。该计划规定“十二五”时期，市直机关和事业单位档案工作要全部达到省二级以上标准，其中约30%的单位要达到省特级标准，计划确定了全市257家单位档案工作晋级具体时间表。

为落实目标管理计划，市档案局业

务指导人员深入各基层单位，进行面对面的指导，帮助协调解决工作中的问题，热情为基层单位提供服务，促进各单位档案管理水平的提高。2011年，有22家市直机关和事业单位完成了目标管理计划，顺利晋级，其中：市公安局、市国家安全局、市住房公积金管理中心、沈阳市东陵监狱等8家晋升为省特级档案管理先进单位，市委办公厅、市城建局、市规划和国土资源局、市人防办、铁西区法院等14家单位晋升为省一级档案管理先进单位。沈北新区为落实本地区档案工作目标管理计划，实施了“基层档案工作规范化管理示范工程”，区政府专门下发文件，计划“十二五”期间投入339万元用于该工程的实施，2011年已投入34万元，为工程的顺利实施提供了资金保障。

（马凤云）

【档案接收管理】　为贯彻国家档案局发布的《各级各类档案馆收集档案范围的规定》（国家档案局9号令），市档案局制发了《沈阳市档案馆接收档案办法》。该办法进一步明确了各进馆单位档案进馆范围、进馆时间、进馆标准及验收方式等，对全市各单位档案进馆工作进行全面规范。2011年12月2日，市档案局召开全市档案接收进馆工作会议。全市92家市直机关档案部门负责人、档案员及13个区、县（市）档案局馆长、管理科长参加会议。会议就《沈阳市档案馆接收档案办法》进行了详细解读，要求各机关单位和区、县（市）档案局馆要加大档案接收工作力度，构建内容丰富、门类齐全、结构合理的馆藏档案资源体系，更好地为百姓服务。市及各区、县（市）档案馆全年接收进馆档案3万余卷（件）。

（陶亚坤）

【档案事业发展“十二五”规划纲要】
2011年9月，市发展和改革委员会、市档案局联合印发《沈阳市档案事业发展“十二五”规划纲要》（以下简称《规划纲要》）。

《规划纲要》明确提出了“十二五”时期全市档案事业发展的指导思想和总体目标、“十二五”时期全市档案事业发展的主要任务及保障措施。

《规划纲要》立足沈阳市档案工作实际，着眼长远发展，明确了“十二五”时期全市档案事业基本实现“三大目标”：一是基本建成与沈阳市经济社会发展要求相适应的“三个体系”，即覆盖人民群众的档案资源体系、方便人民群众的档案利用体系和确保档案安全保密的档案安全体系。二是档案事业与全市其他各项事业保持同步、协调发展，全市档案管理基本实现规范化、现代化。三是档案得以充分开发，档案得到充分利用，档案工作为全市各项事业发展提供优质服务，为沈阳经济社会发展作出新贡献。

《规划纲要》提出“十二五”时期沈阳市将实施八大工程，即实施档案馆建设工程、档案资源建设工程、档案资源开发服务工程、档案基础业务建设工程、档案信息化建设工程、家庭建档工程、档案安全保护工程、档案人才工程，以促进全市档案事业在“十二五”时期实现全面发展、科学发展、创新发展。

（马凤云）

【档案法制建设】　为配合全市软环境建设，市档案局进一步规范行政职权，开展了清权确权工作，对行政职权进行了重新梳理，重新确定行政职权15项；制作了档案行政权力运行流程图，并在沈阳档案信息网上向社会公开。规范全市档案行政检查工作。制发了《关于进一步规范档案行政检查的通知》（沈档发[2011]7号）；重新清理档案行政检查事项共7项，并编制了档案行政检查事项目录。加大档案行政执法检查的力度，对近300家市及区直机关事业单位开展了执法检查。苏家屯区档案局会同区委督查室、区政府法制科开展联合档案执法检查，对存在问题的单位提出限期整改，并督促整改到位。制发了《沈阳市档案系统“六五”普法规划》，组织各地区、各部门围绕《档案法》颁布24周年、宣传贯彻《沈阳市规范行政处罚自由裁量权实施办法》等开展了形式多样的纪念宣传活动，进一步提高了全社会的档案意识和法制观念。在全省档案法制工作暨“五五”普法表彰会议上，沈阳市有2个单位获全省档案系统“五五”普法先进集体，有2人获全省档案系统“五五”普法先进个人。

（马凤云）

【市档案学会第七次会员代表大会】
2011年11月25日，市档案学会第七次会员代表大会在市档案馆学术报告厅召开。来自机关、企事业单位档案部门的代表共计141人参加会议。大会听取并审议通过了第六届理事会理事长许芳所作的市档案学会第六届理事会工作报告和修改后的《沈阳市档案学会章程》；选举产生了市档案学会第七届理事会理事、常务理事及学会领导成员；通过了4个学术委员会主任委员、副主任委员提名名单。市档案局馆长荆绍福受聘为市档案学会第七届理事会名誉理事长。

（郝翠彬）

新闻出版

【沈阳市新闻出版管理会议】　2011年初，沈阳市新闻出版管理会议召开，会议通报了报刊质量抽检情况和第九届优秀图书评选情况；学习讲解新闻出版总署新制定的《报纸期刊出版质量综合评估办法（试行）》；聘请专业老师对编辑工作中常见差错及修改技能进行了培训。

（王　莉）

【中小学教辅材料市场管理】　2011年10月，组织开展了中小学教辅材料出版发行秩序专项整治。把市及各县（市）新华书店、中国沈阳图书批发市场作为此次整治的重点。对经营和销售中小学教辅材料的单位进行了一次全面的调查摸底，组织有关单位填写自查表。同时，发动群众参与，在有关媒体上公布了监督举报电话。

在此次专项整治中，全市共出动检

查人员500余人次,出动车辆130余台次,检查出版物经营单位及企业660余家次,取缔校园周边无证出版物零售点、游商走贩300余处,收缴各种非法出版教辅材料5000余册(本)。

(张 胜)

【新闻出版采编人员业务培训】 开展了以“报刊选题策划与辽海文化”为内容的业务培训,通过专家讲座与辽海文化遗址的实地考察参观,深入了解辽宁地方文化,掌握本土历史文化知识,加深了对选题内容的立体化理解;组织了全市新闻记者学习收看法制教育案例专题片,对新闻记者进行职业道德和职业精神的教育引导;开展了记者站专项治理“百日行动”,对记者站进行重新登记,全面清理,规范新闻采访活动。

(王 莉)

【高校报编校质量抽检】 12月20日,在沈阳大学对13家高校报的5月份报进行了编校质量抽检,从差错率来看,情况好于往年,全部达到合格标准(差错率低于万分之三)。

(王 莉)

【审读面对面活动】 组建了一支成熟的高素质、专家型审读员队伍,全年先后组织审读员深入到晚晴报、人生十六七、青年科学、高校报、企业报和沈阳日报等单位,直接面对一线采编人员,具体评报评刊,帮助会诊把脉,并将审读意见编辑为《审读通讯》下发指导,从而促进了各报刊及内部资料质量不断提高。全年无一例导向错误、重大失实报道事件发生,保证了出版安全。重点报纸编校质量合格率达百分之百。

(王 莉)

【沈阳新华购书中心、辽宁翰文书城被授予出版物发行行业“文明店堂”称号】

积极组织出版物发行单位参与全国出版物发行行业“文明店堂”评选活动。经过实地考察、反复筛选,及时向省出版物发行业协会推荐参评单位。六月,经过参评单位的激烈角逐和有关专家的认真评选,沈阳市推选的沈阳新华购书中心、辽宁翰文书城北市店被授予由中国书刊发行业协会颁发的全国出版物发行行业“文明店堂”称号。

(陈延军)

【捐赠《新华字典》活动】 为增强出版物发行单位的社会责任感,积极响应新闻出版总署的倡议和号召,市文化广电新闻出版局组织开展了向中西部地区农村中小学生捐赠《新华字典》活动。全市各有关单位踊跃参与,沈阳出版发行集团有限公司、和平区文化产业发展协会等单位和个人共捐赠《新华字典》5764册,折合人民币近11万元。

(陈延军)

【第九届东北(沈阳)印刷包装技术设备展览会】 2011年5月6—8日,“第九届东北(沈阳)印刷包装技术设备器材展览会”在辽宁工业展览馆举办。本届展会是由国家新闻出版总署作为支持单位,由中国印刷技术协会和东北三省新闻出版局主办,由沈阳市文化广电新闻出版局、辽宁省展览贸易集团展览有限公司、辽宁印刷物资有限责任公司承办的大型专业展会。

本届印展会共设标准展位2000个,近2.5万平方米。展出了印刷、包装机械,印前、印后及广告制作,印刷包装产品设计等10大类1000余种印刷、包装机械设备。海德堡、罗兰、三菱、上海印包集团、大族冠华等境内外近350家知名印刷包装设备企业携高新产品前来参展,展会交易额达5.4亿元,90%的参展设备在展会上被订购。展会期间黑龙江省、吉林省及胡台印刷包装产业园开展了项目推介活动,有22个项目成功签约,投资额达15.8亿元。本届印展会吸引了北京、天津、河北、山东等地的1000多家企业、代理商和印刷、包装行业1万多名专业观众前来参观,开展供销、洽谈、项目合作等活动。

(侯 锐)

【农家书屋建设】 认真组织迎接省新闻出版局对沈阳市农家书屋的检查验收。与有关区、县(市)及时沟通、协调,制定检查计划,合理安排日程。5月,省新闻出版局对康平县、法库县的25个农家书屋进行了检查验收。被抽检的农家书屋全部合格,优秀率占97%。

加强对农家书屋管理、维护和使用。指导有关区、县(市)完成1377个农家书屋工程信息管理系统网上基本信息录入工作。督促有关区、县(市)不断完善《农家书屋借阅制度》等各项规章制度,并做到了制度上墙,使农家书屋管理水平进一步提高。组织开展了农家书屋“读书状元”、“读书示范户”评比活动和“爱祖国·赞家乡”读书征文活动,评选出2个“读书状元”、1个“读书示范户”和13篇优秀读书征文参加全省评选。召开全市农家书屋工作会议,对补充更新出版物工作进行了部署,所有更新的图书全部按时配送到屋,并对农民群众开放。

(张现功)

【网吧行业软件正版化】 2011年,沈阳市启动了推进网吧行业软件正版化工作。涉及全市6个重点城区、7家连锁公司、6家维护公司、700余家网吧企业、计算机近5万余台。召开“沈阳市网吧行业版权保护法规培训、推进使用正版软件工作会议”,邀请了市中级法院法官作了关于国家知识产权保护相关法律法规和司法实践的报告。通过培训,网吧业主版权法律意识明显增强。到2011年底,已有136家网吧安装了1151套正版软件,实现了网吧软件正版化“零”的突破。

(任党清)

【政府部门计算机软件调查摸底】 2011年初,沈阳市文化广电新闻出版局(市版权局)组织开展了政府机关软件正版化第一阶段的调查摸底工作。全市政府机关共有计算机4.69万台,正版化率在30%左右。按照国务院办公厅全面完成政府机关软件正版化的工作目标要求,沈阳市将在2012年12月底前全部完成软件正版化工作。

(齐德江)

【国家督导组检查验收沈阳市软件正版化工作】 2011年1、3和7月由商务部副部长姜增伟、国家银监会副主席郭利根和国家工商总局副局长付双健率领的国务院督导组对沈阳市软件正版化工作进行督导检查工作。督导组听取了沈阳市版权局开展软件正版化工作的情况汇报，并先后对沈阳市新华书店、新华印刷厂、沈阳铁道勘察设计院有限公司、沈阳铝镁设计研究院、中国工商银行辽宁省分行、沈阳市行政审批服务中心、沈阳住房公积金管理中心和沈阳市城市管理行政执法局等多家单位实地抽检了计算机软件安装情况。国家督导组对沈阳市软件正版化工作给予了充分肯定。

（谭　兰）

广播电视

【安全播出】 制定了全年系统安全播出计划，采取措施在系统内继续贯彻落实总局62号令和专业实施细则，加强硬件建设和维护，对存在问题隐患进行排查和整改，并不断建立完善安全播出监管制度和管理机制；同时在建党九十周年纪念日、春节、“两会”等重要敏感期和节假日及时落实上级文件要求，坚持采取干部值班、网络巡查、内部安检、启动应急预案等制度和措施，确保了全年系统基础设施的安全运转，实现全年系统安全播出零事故。

（朱　力）

【首届农村广播电视名牌栏目评选活动】 经过半年多的策划，市文广局开展了“沈阳市首届农村广播电视名牌栏目”评选活动。经过评审，《苏家屯新闻》等八个栏目被评为名牌栏目，这是沈阳市首次对农村广电节目开展评比。这项活动践行了“走基层、转作风、改文风”活动，加强了对农村广播电视节目的引导力，探索了农村广播电视管理的新路子。这些名牌栏目通过媒体为群众办实事、解难事，把服务群众与宣传党的主张有效的结合在一起，充分发挥了广播电视媒体在我市农村社会主义精神文明和物质文明建设中的作用。

（吴彦章）

【百万市民看电影】 为大力推进文化惠民工程建设，2011 年5—10 月，沈阳市文广局在全国率先推出了“1＋2＋3”公益电影放映新模式，组织开展了“百万市民看电影”公益放映活动。“1”是指农村公益电影放映工程。在沈阳农村的行政村按照“一村一月放映一场电影”的目标，完成全年 2 万场的放映任务，观影 200 万人次。“2”是指城市广场、社区和县城广场两部分公益电影放映工程。在市内 17 个大型广场、60 个社区和县城 12 个广场全年放映 4310 场公益电影，观影 135 万人次。“3”是指面向三类特殊群体的公益电影放映工程。即面向建设工地的农民工、社会福利机构的孤寡老人和孤残儿童、大专院校学生三类群体定向放映 220 场公益电影，观影 15 万人次。全年总计免费放映公益电影 2. 45 万场，观影 350 万人次。辽沈晚报、华商晨报、沈阳日报、沈阳晚报等多家省市媒体给予了相关报道约 80 余次（篇），其中沈阳晚报采写的《露天电影——点亮沈阳夜文化》被国家广电总局网站转载。

（史　策）

卫生·体育

卫　生

·综　　述·

【基层医疗卫生机构综合改革】 基层医疗卫生机构综合改革是确保国家基本药物制度实施而采取的一项重大体制机制改革，是重新构建基层医疗卫生体制机制的重大创新实践。

2010年4月，市政府印发了《沈阳市基层医疗卫生体制综合改革实施方案（试行）的通知》（沈政发〔2010〕17号），全市138家政府办基层医疗卫生机构（社区卫生服务中心和乡镇卫生院）全面开展综合改革，以实施国家基本药物制度为抓手，全面推进基层医疗卫生机构管理体制、人事制度、分配制度、补偿机制等方面的改革。全部政府办基层医疗卫生机构实行院长、主任目标责任制，采取公开选拔方式，予以重新聘任。基层医疗卫生机构人员实施岗位聘用管理，重新核定政府办基层医疗卫生机构编制6975人，通过竞争上岗，聘用5065人，并100%签订聘用合同。妥善安置结构性富余人员177名。实施绩效考核和绩效工资，医务人员的待遇得到明显改善，增强了基层医务工作者的自信心和自豪感。建立健全了多渠道多补偿机制，市、区两级财政分别设立综合改革专项补助资金，保障改革顺利实施。2011年9月，沈阳市综合改革工作高标准通过辽宁省政府验收。截至2011年底，基层医疗卫生机构综合改革各项任务全部落实到位，成效明显，具体表现在"两个转变，两个提升，一个满意"。"两个转变"一是由以前逐利性真正回归公益性。多渠道补偿机制解除了机构运行的后顾之忧，其主要精力全部转向如何为群众提供更好的基层医疗卫生服务和公共卫生服务上来。二是基层医务人员工作思路发生转变，不合理用药现象得到有效缓解，医务人员服务质量明显提高。"两个提升"一是医务人员待遇水平全面上升。由改革前的2370元，增加到现在的3153元，增幅为33%。二是管理水平和服务质量全面提升，通过实施绩效考核和绩效工资，充分调动医务人员积极性，服务态度更加热情周到，服务能力、服务水平明显提高。"一个满意"即人民群众满意。截至2011年全市基层医疗卫生机构门诊量同比上升21%，人民群众真真切切地感受到基层医疗卫生机构发生的巨大改变，看病成本降低了，服务质量提高了，医患关系更加和谐了。人民群众对改革拍手称赞，充分肯定。

（发改委）

【医改公共卫生项目成效显著】 强化政府领导，将重大和基本公共卫生服务项目列入政府卫生目标绩效考核指标体系，强化了督导检查，年内落实全市城乡居民人均25元的基本公共卫生经费，进一步完善基本公共卫生服务规范和标准，提高服务能力和管理水平。全面完成乙肝疫苗补种工作，截至2011年6月底，全市1994—1997年出生的未免疫儿童乙肝疫苗补种工作已圆满结束，累计完成全程补种14.99万人，补种率达到96.5%。

以树立健康教育"名师"、打造健康教育"名课"、创建健康教育"名栏"为切入点，积极开展健康教育大讲堂活动，调整了沈阳市健康教育讲师团成员，聘任首批沈阳市健康教育名师20名，组织全市共开展各级讲师团讲座3000余场，发放宣传材料12万余份，受益人群达到百万。加强了对8个郊区县（市）180个水质监测点的技术指导和质量控制，年内采集检测水样714份，督导覆盖率和水样检测复核率均达到100%。

（卫生局）

【基层医改】 社区卫生服务在推进全市医药卫生体制改革过程中，率先推行基本药物制度、城市居民医保门诊统筹和绩效考核等改革内容。2011年，沈阳市继续抓好各项政策的落实。一方面试行城市大医院与社区卫生服务机构纵向整合，按照全市医改的总体部署，配合相关部门积极调研城市大医院与社区卫生服务机构纵向整合工作，并历经十余稿研究和讨论，制订了"社区卫生服务机构与城市大医院纵向整合，健全基层医疗卫生服务体系的改革方案"，力求以落实基层综合改革、公立医院改革、医疗保险政策等政策为支撑，形成由区政府为主导、城市大医院承担管理职能的纵向整合改革制度体系。督促落实医改各项任务，重点针对政府办社区卫生服务机构在落实基本药物制度、城市居民医疗保险门诊统筹、绩效考核等各项任务，与各地区卫生行政部门保持密切联系，加强医改各项工作的指导和督促，针对部分门诊统筹定点社区卫生服务机构未完成网络建设的问题，下发了《关于沈阳市基层医疗卫生机构加快开展门诊统筹工作的通知》，要求其按照规定时间完成网络连接，为参保居民提供服务。

（卫生局）

【深化医政改革】 2011年，市卫生局完成了《沈阳市公立医院改革实施方案（2011－2013年）（试行）》、《沈阳区域医疗机构设置规划（2011－2015年）（试行）》、《沈阳市政府办医疗机构设置规划（2011－2015年）》文件起草工作。

以临床路径管理试点工作为切入点，积极推进公立医院改革。制订并实施《关于在沈阳市二级以上医疗机构全面实施临床路径的通知》，自2011年8月1日起在全市67家二级以上医疗机构全面开展279个病种的临床路径管理，将社区获得性肺炎等10个病种列为全市基本版临床路径统一执行。根据医疗机构申报，将慢性乙型肝炎等卫生部临床路径病种目录外的22个病种确定为沈阳市2011年按照临床路径模式管理的病种。截至2011年12月31日，全市共收治临床路径病种患者20490例，变异1563例,退出186例。总入组率84.7%,总变异率20%,总完成率91.8%。完成路径患者涉及约20个专业,110种疾病。完成基本版临床路径患者2434例,其中变异296例,退出107例。总入组率83.5%,总变异率17.5%,总完成率90.6%。单病种平均住院费用9621元,抗菌药物费用比例平均为22%,耗材费用比例平均为11%,检查费用比例平均为13.7%,平均住院日9.6天。通过实施临床路径管理,规范了诊疗行为,有效控制了医疗费用,为进一步开展单病种付费奠定基础。

积极推进电子病历试点工作。确定8家市级医院、19家区级医院和2家民营医院作为电子病历试点医院,和平区作为电子病历试点区。制订了电子病历工作实施方案。要求试点医院需在全院范围内开展工作,开展试点的病房不少于总数的40%,并且要确保每个一级分科至少有一个病房开展试点工作。未参与试点的单位应根据自身情况积极开展电子病历试点工作,全院实施试点的病房不少于3个。妇婴医院、儿童医院、肛肠医院、维康医院电子病历系统已正式投入使用,其他医院正在积极筹备中。

以全面开展优质护理示范工程为契机,努力提升护理管理水平。通过创新用人机制、实行分级护理、探索护理垂直管理模式、简化护理表格等新举措,不断把"优质护理服务示范工程"工作推向深入,截至2011年底,全市二、三级医院全部实行优质护理服务,共设立了433个试点病房。其中三级医院开展率100%,二级医院开展率95.8%,有力地促进了"示范工程"的贯彻执行,全面完成三级医院参与"示范工程"活动的病区数量应达总病区数量的80%,二级医院达60%的工作目标。

实行同级互认制度。全市21家二级以上医疗机构实现影像结果互认,48家二级以上医疗机构检验结果互认。将纳入质控专项考核中,其结果作为年终目标责任状付分依据。继续组织实施"百万贫困白内障患者复明工程"项目,年内完成手术1500例,超额完成目标。

(卫生局)

【荣获"全国和省示范社区卫生服务中心"称号】 根据国家卫生部和辽宁省卫生厅关于创建全国示范社区卫生服务中心和开展社区卫生服务中心内涵建设达标工作要求,市卫生局高度重视、积极谋划,开展全社区卫生服务系统动员和部署。5月15日,召开了开展社区卫生服务中心内涵建设和创建示范活动启动仪式,同时下发了创建活动方案,力争通过开展"内涵建设和创建示范活动",进一步推进社区卫生服务综合改革,规范社区卫生服务机构管理,完善社区卫生服务功能,不断深化社区卫生服务工作。针对创建示范和内涵建设工作的指标体系,组织各地区卫生行政部门专干、社区卫生服务机构的负责人、机构业务骨干等多个层面培训。按照沈阳市制订的创建示范工作方案要求,加强重点、难点指标的推进和督导工作,并组织开展社区卫生服务中心的自评、申报、初评和复核工作,首批共23所社区卫生服务中心参与创建。最终,沈阳市有4所社区卫生服务中心被评为全国示范社区卫生服务中心,12所社区卫生服务中心为辽宁省示范社区卫生服务中心。

(卫生局)

【"我身边的社区卫生服务"系列活动】 按照《卫生部办公厅关于开展"我身边的社区卫生服务"主题宣传活动的通知》要求,市卫生局加大社区卫生服务宣传力度,制订了《沈阳市开展"我身边的社区卫生服务"主题宣传活动的实施方案》,积极组织开展社区卫生服务征文、摄影作品征集活动,并于8月23日举办了沈阳市首届"我身边的社区卫生服务"演讲比赛,选拔优秀选手向省级推荐,最终铁西区凌空社区卫生服务中心的胡喆进入了全国总决赛并取得了三等奖的好成绩。各社区组织人员积极参与此次活动,共征集到征文、摄影作品100多件,其中荣获全国征文三等奖1人;优秀奖3人。此次主题宣传活动展现了沈阳市社区医务人员的新风貌,弘扬了社区卫生服务人员作为"小病的医生、大病的参谋、重病的亲人、康复的助手"的扎根基层、乐于奉献的精神。

(卫生局)

·疾病预防控制和卫生应急·

【重大传染病控制】 2011年,市卫生局依法强化了传染病防治分类分级管理,有效遏制了重大传染病的流行和蔓延,年内法定报告甲、乙类传染病发病率控制在231.60/10万。

针对风疹、手足口病高发态势,在全市二级以上医疗机构开展了病例主动搜索和监测,积极申请专项经费58万元,完成重点人群免费风疹疫苗应急接种4万人次。全面落实艾滋病"五扩大、六加强"综合性防控措施,年内调整了艾滋病防治工作委员会成员及各单位工作职责,新增设艾滋病自愿咨询检测点(VCT点)19个,累计达到34个;新增初筛实验室11家,累计达到74家;年内完成重点人群咨询检测3.06万人,完成重点人群干预工作7.15万人次,为425名符合治疗条件的艾滋病病人及感染提供免费治疗,落实907名艾滋病常见机会性感染医疗补助136万元。

以中央转移支付项目为依托,全面开展结核病人免费检查和免费治疗,年内新涂阳病人发现率和治愈率分别达到70.67%、95.1%,会同市疾控中心、市胸科医院,有效处置了辽宁大学和中国医科大学两起结核病暴发疫情。

继续落实流行性出血热综合防治措施,年内完成7.1万人次重点人群接种任务,疫情同比下降17%。进一步加强麻疹防治工作,年内报告麻疹报告15例,发病率0.185/100万,达到消除麻疹阶段性指标。强化与内蒙古科左后旗鼠疫联防工作机制,康平县鼠检站建设取得重大突破,年内建成并投入使用,工程选址、建设整体布局、实验室流程、配套设施均已达到了全国县级领先水平。

(卫生局)

【公共卫生服务】 2011年,沈阳市积极推进标准化免疫接种门诊建设。全市131家标准化免疫接种门诊在房屋、经费、人员、设备、条件等方面基本达到了要求;在辽宁省卫生厅的支持下,全市统一配发免疫规划计算机、打印机261套,年内新民市、辽中、康平、法库县新增免疫信息网络直报单位75家,全市实现信息化管理单位累计达到258家,实现了以乡为单位80%的工作目标。针对新疆出现脊灰野病毒输入疫情,全市疾控系统超前部署、积极应对,对省实验中学和育才中学等重点单位进行了现场督导检查,对199名新疆籍学生实施了脊灰疫苗强化免疫,保持了全市无脊灰状态。年内全市完成适龄儿童常规免疫接种

113万针次，接种率均达到98%以上。

全面推进全民健康生活方式行动和公民健康素养促进行动。聘任了沈阳市首批20名健康教育“名师”，全市共开展市级讲师团讲座232场，区级讲师团讲座2769场。以示范创建为重点，年内新增健康教育示范社区18家、示范单位13家、示范餐厅和食堂16家，健康素养城区街道、社区讲座覆盖率、农村乡镇覆盖率分别达到100%和90%。启动“沈阳市居民健康行”大型系列宣传活动，沈河区、大东区、铁西区、苏家屯区结合区域特点，分别开展了“社区行”、“校园行”、“企业行”、“农村行”等主题宣传活动。以卫生宣传日为平台，全年各级健康教育机构累计开展宣传日活动148次，繁华地带及社区巡展597场，发放宣传材料80余万份，健康教育受益人群达百万。

组织召开了全市医疗卫生系统控烟工作会议。组织健康教育专业人员对全市20家市直医疗卫生机构的控烟工作进行了中期督导，全市共有190家医疗卫生单位开展了数据平台录入工作，局属21家医疗机构经考核基本达到“无烟单位”标准。

以国家重性精神疾病管理“686”项目为突破口，年内新增沈河区、于洪区为国家重性精神疾病管理治疗项目区，在全省率先完成了18562名重性精神疾病患者信息录入工作，其中15344人得到随访管理。在卫生部组织的督导考核中，获得了“优秀达标”，并在全国总结会上进行经验交流。持续推进贫困精神疾病患者免费药品医疗救助工作，免费救治贫困精神病患者11003名，监护率、显好率和社会参与率分别达到98.9%、82.9%和72%。年内投入资金50余万元，新建精神疾病患者康复站50家，全市社区康复站达到222家，累计完成43411名精神疾病患者的综合防治康复，沈河区、皇姑区精障患者19幅书画作品代表辽宁省参加了全国首届精神疾病会员风采展示，并获得三等奖。在世界精神卫生日成功举办了精神疾病康复患者及医护人员的大型文艺演出，使病人重新融入社会，营造了关爱精神病人的社会氛围。年内全市聘任首批200名精神卫生服务志愿者，开展大型宣传活动7次，印刷宣传单、宣传手册19种，发放各种宣传材料10余万份，受益人群10万余人次。年内接听心理援助热线10211余人次，处理高危电话55次，为精残患者解除心理危机提供了就医咨询绿色通道。

持续推进以高血压、糖尿病为重点的社区慢病综合防治示范项目工作。康平、法库全面实施中央补助地方食管癌检查项目，年内累计完成筛查4000例。第十七届全国肿瘤防治宣传周期间，举办讲座23场，义诊4000余人次，发放宣传单、手册3万余份，取得良好的社会效益。年内皇姑区、大东区申报了省级慢病综合示范区，和平区被评为全省惟一的全国慢性病防控示范区。

深入中小学校和托幼园所，为20万名适龄儿童进行免费口腔健康检查、龋齿早期充填工作。以“9·20”全国爱牙日为契机，开展了口腔保健知识宣传10余次，举办讲座100余场，为1000余人提供免费口腔检查、诊疗服务，发放各类宣传资料1万余份，受益人群达10万余人次。

积极开展碘缺乏病、氟中毒病等地方病防治工作。对273家防氟改水工程进行水质监测，并配合水利部门对16处防氟改水工程运行状况进行督导检查，就存在的问题及时向水利部门进行反馈。

（卫生局）

【**突发公共卫生事件应急机制不断完善**】 落实《辽宁省卫生系统应急预案管理办法》，对应急预案重新进行了清理、收集、分类、汇总和备案，全市各级各类卫生应急预案达到604部，形成了较为完善的市区两级保障城市卫生安全的预案体系。

加强应急队伍建设。组织开展全市医疗卫生机构鼠疫、人禽流感、SARS防治知识师资培训580人次，组织开展应对鼠疫、人禽流感和霍乱疫情实战和检验性演习3次，拉动和锻炼应急人员700余人次，在市疾控中心建立现场流行病技术培训基地，对首批来自基层疾控18名学员接受为期半年的综合培训。

强化了国家、辽宁省、沈阳市三级9类15项693个公共卫生危险因素预警监测点的管理和质控，加强了城市三级、农村四级疫情网络直报的指导和检查，年内全市196家乡镇以上医疗卫生机构传染病网络直报率达到了100%。年内及时妥善处置结核、水痘、腮腺炎等一级突发公共卫生事件18起，报告和管理的“五率”均达到100%。组织市疾控中心、沈阳急救中心、市职业病院、市传染病院、市卫生监督所等5家单位圆满完成了重要活动和重大节日反恐备勤工作任务共计18次，累计出动应急人员近2600人次。

推进卫生应急示范县创建活动。推荐沈河区、和平区申报国家级卫生应急示范区的评审，于洪区、苏家屯区、辽中县申报全省卫生应急示范县。开展了以普及卫生应急管理知识和常识为主要内容的系列宣传活动，设立宣传点60个、发放宣传单（册）2万余份，制作宣传板、横幅等共计200块，受益人群达到50余万。针对日本核辐射污染和欧洲肠出血性大肠杆菌事件，密切跟踪国际疫情变化，及时开展风险评估，制订了应急处置工作方案，强化了与各部门的协调沟通和联动，最大程度降低了输入的风险。

（卫生局）

【**疾病预防控制体系建设**】 在总结和巩固疾控工作规范化建设成果的基础上，按照辽宁省厅部署，沈阳市进一步完善绩效考核工作制度，举办了全市疾控绩效考核技术培训，组织各区县（市）完成了2008年和2009年疾控绩效考核的自评及网上信息的录入工作，并对14个区县（市）进行现场复核。在辽宁省卫生厅组织的考核中，沈阳市区域指标达到良好标准，机构指标达到优秀标准。

加大对区县（市）疾控工作支持力度。年内落实免疫规划、艾滋病、结核病、地方病防治等中央转移支付项目资金共计400余万元，市级财政部门落实防保村医补助资金273万元，确保了农村预防保健工作顺利开展。

强化疾控基本信息填报质控管理。提高了全市基本信息的填报质量。市区（县、市）两级疾控中心在5月底前完成了填报工作，信息录入的完整率、及时率和准确率均达到100%。

（卫生局）

·社区卫生·

【**社区卫生服务体系建设**】 科学设置，规划先行。为合理配置区域内的卫生资源，在全面完成了“十一五”期间社区卫生服务网络建设的基础上，按照新医改工作的具体要求和全市社区卫生发展的实际情况，制订了《沈阳市城市社区卫生服务机构设置规划（2011－2015年）》，坚持按照街道办事处所辖范围设置1所社区卫生服务中心，与街道同步规划、同步建设、同步提供服务，并制订了阶段性目标和任务，以确保设置规划的实施和落实。

遵照规划，积极推进。各地区结合本地区现状，制订了本地区的社区卫生服务机构设置规划，力求布局合理、稳步推进，逐步完善15分钟服务圈。截至2011年底，全市开展城市社区卫生服务的地区共有社区卫生服务机构332个，其中有87个社区卫生服务中心、245个社区卫生服务站，通过城市社区卫生服务网络的不断完善，社区卫生服务的可及性进一步得到提高。

（卫生局）

【城市居民健康档案管理】 2011年，沈阳市继续在社区卫生服务机构中推行国家基本公共卫生服务项目，以城市居民健康档案管理为重点，通过会议动员、逐级培训、专项督导、绩效考核等方式，规范城市居民健康档案管理。一是及时下发2011年版本的《国家基本公共卫生服务规范》到各区卫生局，用于指导各社区卫生服务机构开展工作。二是针对服务规范内容开展社区卫生服务机构管理人员和业务人员培训，使医务人员掌握建立、使用和管理健康档案的内容和方法，真正做到规范建档、有效利用。三是下发了《关于在社区卫生服务机构中开展城市居民健康档案等基本公共卫生服务项目自查工作的紧急通知》等文件，督促各机构开展基本公共卫生服务项目工作情况自查，按照服务规范梳理居民健康档案，完善和更新健康档案内容、加强重点档案管理。四是在各地区开展健康档案自查的基础上，加强市级专项督导检查，6月份，市卫生局分三个督导组在全市范围内抽查了37个社区卫生服务机构，根据对居民健康档案管理等重点内容的督查结果，下发了《关于城市居民健康档案等基本公共卫生服务项目工作专项督导情况的通报》，进一步强化居民健康档案的规范化管理。五是按照工作重点，加快推进规范化电子健康档案工作进度。为推进各地区健康档案信息化建设进程，督促各地区要建立健全居民规范化电子健康档案系统，为居民提供安全、有效、方便、价廉的社区卫生服务工作。全市各地区均已经初步建成了居民健康档案的电子化管理系统或管理试点，城市居民规范化电子建档率已达到50.73%。

（卫生局）

【社区卫生服务绩效考核】 为保证社区卫生各项政策的有效落实，推进社区卫生运行机制的改革，建立科学的考核评估机制，加强社区卫生服务的管理，提高工作质量和工作效率，市卫生局继续委托沈阳市社区卫生协会作为第三方对全市社区卫生服务工作开展绩效考核。一是按照全年医改工作重点，重新修订了《沈阳市社区卫生服务机构绩效考核指标细则》。组织市社区卫生协会和全市机构管理及公共卫生、基本医疗各部门的专家对考核指标进行研讨和完善。二是开展绩效考核指标全面培训。通过组织各地区卫生行政部门和社区卫生服务机构对考核指标细则进行分析和解读，并要求各地区对社区卫生服务机构进行二次培训，使各机构明确了工作指标的核心涵义。三是根据工作要求及时调整考核标准。6月，卫生部新出台了《社区卫生服务机构绩效考核办法（试行）》，结合实际情况，市卫生局及时补充了社区卫生服务绩效考核指标，要求各地区按新考核标准调整和完善社区卫生服务绩效考核。四是严格组织开展绩效考核。9月27日至10月11日，委托沈阳市社区卫生协会，组织专家对沈阳市11个区（市）开展了绩效考核工作。经过严格考核、公平赋分，其中6个地区考核结果为优秀，4个地区考核结果为合格，1个地区考核结果为不合格。最后将考核结果进行公示并抄报市财政局和发改委，拟与财政补助挂钩。

（卫生局）

【重点联系城市第三次常规监测】 沈阳市是全国36个社区卫生服务体系建设重点联系城市之一，自2007年以来，每年承担着社区卫生服务体系建设基线调查和常规监测任务。上半年，卫生部针对医药卫生体制改革工作，提前部署了第三次常规监测工作，市卫生局对此高度重视，克服时间紧、任务重的困难，立即组织各社区卫生服务机构认真落实。首先，制发了《沈阳市社区卫生服务体系建设全国重点联系城市2011年第三次常规监测调查实施方案》，依据方案内容，对各机构负责人及填表人员进行监测内容和监测表的填报培训，确定工作流程和时间安排，明确了各部门的职责和任务。其次，市卫生局组织和督促各地区、各社区卫生服务机构认真填写数据，反复进行数据核查与逻辑性比对，本次监测工作共计完成1400余套调查表的录入、整理、汇总、核查和上报，及时将监测数据上报卫生部重点联系城市课题组。

（卫生局）

【社区卫生服务】 为营造以提高服务技能为目的的学业务、钻技术、比水平的良好氛围，市卫生局委托沈阳市社区卫生协会开展了沈阳市首届社区卫生服务技能大赛活动。活动从7月下旬开始，历时两个月，全市共有3600余名社区卫生技术人员参加，经过各机构推荐、区卫生局组织初赛选拔，最终组织个人理论和实践技能复赛和团体决赛，评出优胜团体3个、个人23名。通过技能大赛的举办，充分展示了社区卫生服务人员良好的精神风貌，营造了学业务、比技术的浓厚氛围。组织参加了中国社区健康网承办的“2011守卫者全科医生训练营”活动，市内五区的基层医疗机构、区属医院、厂矿企业医院和民营医院分别派出全科医生参加了海选，经过海选、培训、笔试、面试等环节，共有3个代表队参加全省复赛，最终和平区代表队晋级全国总决赛并取得第二名的好成绩，持续提升了社区卫生服务机构的影响力。

（卫生局）

·新型农村合作医疗·

【新农合制度惠民程度逐年提升】 沈阳市筹资标准逐年提高。2005年，每名农民最低筹资标准仅为30元，2007年比2005年翻了一番，达到60元，2008年在2007年基础上又翻了一番，达到120元，其中有5个区达到或超过130元。2009年达到150元，其中有2个区达到160元以上，2010年参合农民筹资标准达到165元。2011年参合农民筹资标准达到230元，6年累计筹资18.82亿元。

报销封顶线逐年提高。2005年新

农合之初参合农民住院报销最高封顶线仅为3000元，到2009年参合农民报销最高可达到4.83万元，2010年市政府将参合农民住院报销封顶线再次提高到5.5万。2011年建立了大病补助制度，住院报销封顶提高到12万元，有效的缓解了农民看病就医的负担，进一步减少农民因病致贫、因病返贫的现象发生。

参合农民受益面增加。一是参合农民住院率由2005年的1.27%提高到5.78%，提高了4.51个百分点，参合农民住院补偿受益达55.65万人次。二是参合农民可以在村卫生室、乡镇卫生院及县医院门诊就诊，一些常见病、多发病不出村就能得到医治，并享受不同程度的门诊报销。三是患有特殊慢性疾病的农民还可享受到特慢病门诊报销政策，报销额度最高封顶可达1000－3000元。四是每个孕产妇按200－300元实行住院分娩定额补助，新农合政策使参合农民的受益面不断扩大。

人均补偿比例逐年提高。2005年参合农民住院实际补偿比例仅为23.06%，到2009年末提高到45.77%。2010年统筹地区政策范围内补偿比提高到63.2%，2011年提高到73%，农村特困群体因实行新农合与医疗救助相结合的政策，补偿比例达到95%以上。

（卫生局）

【新型农村合作医疗管理】　新农合支付改革成效显著。2008年，沈阳市在全省率先开展费用控制试点工作，单病种扩大到50余种，通过按床日付费、定额付费及按病种付费等方式，覆盖统筹区域内全体住院病种。2011年，全市通过支付方式改革工作，县级次均医药费比上年同期水平下降0.24%，乡级下降0.92%。新农合基金增长过快的势头得到了抑制。

农村儿童重大疾病医疗保障试点工作初见成效。根据卫生部、辽宁省卫生厅工作要求，市卫生局、财政局、民政局联合下发了《关于开展提高农村儿童重大疾病医疗保障水平试点工作的实施意见》（沈卫办〔2010〕395号），对4种先心病、2种白血病共6种重大疾病提高了保障水平。同时通过新农合、民政医疗救助、红十字会、医疗机构减免四方面对儿童先心病住院患者医疗费用进行补偿，有46名患儿得到了救治。其中，在市第四人民医院，接受治疗的患儿有16例，协调全部为免费治疗。

（卫生局）

【农村居民规范化电子健康档案】　为实现年底前农村居民电子健康档案建档率达到50%这一目标，面对时间紧、任务重的严峻形势，市卫生局先后开展了4次全市范围的调度工作，针对各地区的实际情况分别加以解决。截至12月20日，全市农村居民规范化电子健康档案建档率已经达到69.63%，其中，新民市建档率已达90%以上。

（卫生局）

·医　　政·

【提升医疗服务水平】　建立科学的医疗管理与质量评价机制，对全市各级各类医疗机构开展专项质控检查和飞行质控检查，检查结果采取排名制，及时公布医疗机构评价结果。2011年，全市共组织全市18个质控中心对全市18家市直医疗机构、13家市管厂企医疗机构、30家余市管民营医疗机构、全市各区属中心医院进行了两次质控专项检查和两次飞行检查。全年共出动检查专家300余人次，受检医疗机构140余家次。

“三好一满意”活动得到全面推进。为使医疗卫生系统深入持久广泛开展“三好一满意”活动，将活动范围扩大到各级各类医疗机构，动员全市医疗系统通过改进工作方式、优化服务流程、加强质量管理、规范诊疗行为、提高工作效率来努力实现服务水平的不断提升。各单位普遍开展了预约诊疗、出院患者回访、志愿者服务等工作，使“三好一满意”活动取得切实成效。

采取集中理论培训、外出考察调研和互学学习三种形式，对全市医政管理干部进行了系统的培训，打造了交流、学习的平台，取得了显著成效。

贯彻落实卫生部《医师定期考核管理办法》及《卫生部办公厅关于进一步做好医师定期考核管理工作的通知》文件精神。规范医师执业行为，开展执业医师定期考核工作，制发了《关于开展医师定期考核工作的通知》和《关于明确沈阳市医师定期考核工作有关事项的通知》，统计了全市参加定期考核医师的数据信息，并建立了医师定期考核网络数据库。

严格执业准入管理。顺利完成2011年全国医师资格考试组织、考务管理和护士执业注册工作。规范医师执业资格考试的组织实施，细化各个环节，确保医师资格考试平稳、顺利完成，全市执业医师考试资格审查合格4118人，完成了全省5868名考生的实践技能考试和3465名考生的医学综合笔试的考试组织、考务管理任务。贯彻实施《护士条例》，严格护士执业准入管理度，全年累计完成269名执业护士的执业注册证书更换和1781名护士的首次执业注册工作。

（卫生局）

【提高医疗安全监管能力】　加强重点环节管理。在全市医疗机构中开展了以“预防感染，手当其冲”为主题的手卫生宣传活动。以医疗机构改扩建工程为契机，合理布局，全面提升，规范医院感染管理建设。

坚持医疗质量安全事件实行逢疑必报的原则，要求各级卫生行政部门和各级各类医疗机构严格执行质量安全事件信息上报制度。全年对2009、2010年度鉴定构成医疗事故的11例案件进行立案，处罚责任人17名，委托进行法医尸体解剖鉴定13例，委托沈阳医学会、辽宁省医学会进行医疗事故技术鉴定7例。

积极推进医疗纠纷人民调解工作。参照南通模式推进沈阳市医疗纠纷人民调解工作。组织盛京医院、医大四院、奉天医院、市骨科医院、和平区卫生局、皇姑区卫生局的主管领导前往江苏省南通市，对医疗纠纷人民调解工作进行实地调研。

探索建立“第三方调处”机制。在充分酝酿、反复研讨论证的基础上，借鉴“南通模式”的成功经验，结合沈阳地区医疗机构和医疗纠纷发生的实际情况，形成了《关于组建沈阳市医疗纠纷调处中心开展整体联动调解（征求意见稿）》上报市委政法委，相关工作在进一步研究部署中。

为进一步发挥民营医疗机构在医疗市场的辅助作用，引导民营医疗机构向审批流程标准化、质量管理规范化、日常监管级别化方向发展，在对现有35家市管民营医疗机构进行实地检查的基础上，将部分民营医疗机构下放，由所在地区、县（市）卫生行政部门负责年度校验、质量控制、日常监管等工作。

（卫生局）

【社会医疗】 2011年，沈阳市进一步加强对农村县医院和乡镇中心卫生院医疗技术支援。结合当地需求，派出业务骨干，实施技术支持和医务人员定期交流制度，不断提升县（市）医院医疗水平和综合服务能力。以绩效考核为基础，加强专项资金管理。

加强急救网络建设，全力做好社会医疗工作。进一步加强急救网络建设，着力解决院前急救在急救网络、通讯网络、急救装备建设及人员需求等方面的实际困难，努力提升应急医疗救治水平。2011年急救车转运患者13.1万人次，比上年增长4%；出诊抢救患者10.8万人次，比上年增长6%；执行各种重大活动急救医疗保障任务205项次，出动救护车258台次，急救人员774人次。突发公共事件应急救援40次，救治伤病员279人次，突发事件现场救护完成率达100%。

全面加强血液管理，努力实现临床科学、合理、安全用血。强化采供血质量管理，进一步完善血站质量管理体系建设，沈阳无偿献血工作走出一条依法管理、可持续发展的新路，血液管理工作走在全国前茅。临床用血100%来自于自愿无偿献血，各种血液成分100%满足临床需求。全年无偿献血总人次93611人，比上年增长5.49%。采血总量35.89吨，比上年增长6.09%；供血35吨，比上年增长7.73%；红细胞分离率98%以上；无偿捐献机采血小板10597人次，13092单位，比上年增长14.78%。同时通过加强临床用血管理，规范临床输血行为，进一步推动了临床合理用血，确保了输血安全。

参与“十二运”筹备工作。派出人员到十二运沈阳赛区组委会医疗卫生部工作。完成《“十二运”医疗卫生部的医疗卫生重点专项工作（实施）方案》编写。

（卫生局）

·中医工作·

【加大中医药事业投入】 2011年，沈阳市中医药事业争取国家、省、市、区政府的投入资金达到5433万元。其中：争取国家财政资金2190万元；省财政农村中医药服务体系建设补助资金635万元；市财政中医专项补助资金608万元；区政府投入贴息资金2000万元。同时，在其它投入和相关政策上，国家、省、市政府也给予了中医药大力扶持。这些资金的投入和政策的扶持，使沈阳市中医药事业发展迎来了美好的春天。

（卫生局）

【“中医适宜技术推广年”】 2011年是沈阳市中医适宜技术推广年实施的第一年，沈阳以“中医适宜技术推广年”活动为抓手，着力进行基层中医药人才培养和技术水平的提升。制发了《沈阳市中医适宜技术推广年实施方案》、《沈阳市中医适宜技术推广目录》和《沈阳市中医适宜技术推广年考核标准》。邀请了国家适宜技术推广项目主持人担任讲师，面向全市基层社区卫生服务机构、乡镇卫生院、村卫生室的中医药服务人员，举行了6期、12项技术、2000人次参加的中医适宜技术推广培训班。经过项目筛选、组织培训，在各区、县（市）卫生局自查基础上，年底前组织专家对全市中医适宜技术推广工作进行了考核验收，共评出2011年度中医适宜技术达标单位59个、基本达标单位23个，同时利用市财政专项经费分别给予了1.5万元和5000元的现金奖励。

（卫生局）

【中医重点专科建设】 2011年，沈阳市以提升中医医疗服务质量为重点，开展了“十二五”国家重点中西医结合医院和中医重点专科建设工作。邀请了国家中医药管理局领导来沈指导中医重点专科建设工作，经辽宁省中医药管理局支持，沈阳市有肛肠、骨伤、儿童、针灸、皮肤、糖尿病等6个专科申报了国家中医药管理局“十二五”中医重点专科。市骨科医院被确定为第三批国家中医药管理局重点中西医结合医院建设单位。

为推动沈阳市“三名”工程建设，批准设立了首批10个沈阳市名中医工作室。制订了名中医工作室建设标准，发放了名中医工作室牌匾。开展了中医医院管理年活动，对全市中医（中西医结合）医院进行医院管理质量检查评估，对检查中发现的问题进行了整改。

开展了城市中医医疗机构对口支援农村中医院工作。制订了对口支援方案，召开了对口支援工作座谈会，集中全地区优质中医资源，动员辽宁省中医学院附属二、三院和市属中医院、中西医结合医院及部分民营中医院等9家单位支援三县一市中医院，三县一市对口支援双方全部完成对接，新民市和康平县完成了对口支援协议签字和协作分院挂牌仪式，已经进入正常对口支援工作，法库、辽中两县中医院的对口支援双方已经完成了规划制订和协议制订工作。

（卫生局）

【中医药文化宣传普及】 2011年，沈阳市开展了“中医中药中国行文化科普宣传周及中医药大蓬车进农村进社区活动”，承办了辽宁省暨沈阳市“中医中药中国行·文化科普宣传周”活动启动仪式及大型中医药专家义诊活动，省、市、区及部分民营等15所中医（中西医结合）医疗机构共派出70名专家，现场咨询、义诊1100余人次，发放中医药知识宣传材料2.5万份、药品1000份。义诊结束后，由省、市、区30名专家分4组分别前往东陵区深井子镇、祝家乡、汪家乡和东湖社区开展义诊活动，咨询500余人次、义诊200人次、发放宣传材料1000余份。通过中医药文化建设的开展，进一步增加了百姓对中医药认识，不断扩大中医医院的社会影响，为自身发展建立了良好的宣传舞台，也为全市的中医药事业发展创造了良好的社会环境和文化氛围。

（卫生局）

·食品安全综合协调·

【构建食品安全管理工作体系】 2011年，沈阳市健全管理制度体系，提升食品安全工作管理水平。针对食品安全分段监管的特点，进一步完善了《沈阳市食品安全工作评议考核办法》、《沈阳市食品安全举报奖励办法》和《沈阳市实施食品安全风险监测管理办法》等一系列制度和规定，全面提高食品安全工作管理水平。

加强应急体系建设，妥善处置食品安全突发事件。将食品安全应急管理纳入全市应急工作体系，市食安委有关成员单位及各区县（市）进一步完善了食品安全事故应急预案和生产经营单位食品安全事故处置方案,全面健全了应急处置体系。并于11月10日开展了23个成员单位和14个区县(市)参加的全市重大食品安全事故应急演练,从应急响应、现场快检、现场调查、突发事件报告、舆情控制和信息发布等全方面进行了考核培训,提高应对突发食品安全事件的实战能力。

完善信息管理体系,构建食品安全信息预警平台。落实《食品安全信息公布管理办法》,建立了食品安全信息定期沟通报告机制和公布制度,严格执行月报告和重大活动期间零报告制度。编发《食品安全信息》共56期,开展食品安全舆情监测,加强信息互通。充分利用媒体的宣传优势,及时准确地发布食品安全预警信息,提供可靠权威的信息咨询服务。

健全风险监测评估体系,提高食品安全工作技术支撑能力。在国家和省要求的基础上,将食品生产经营各环节日常监督抽检纳入全市风险监测,制订了《沈阳市食品安全风险监测方案》。依法依规开展食品危害认定工作,市卫生局在全国率先制订了《沈阳市不符合安全标准及有毒有害食品危害认定暂行规程》,已认定47起案件,为严厉打击食品违法犯罪提供了强有力的技术支撑。

强化基层工作体系,开展食品安全工作基本标准试点。按照辽宁省食安委要求,制订了《沈阳市食品安全工作基本标准》,明确了从区、县(市)到村民组(居民小区)四级组织的标准。在和平区、东陵区积极推进辽宁省食品安全基本标准达标试点工作基础上,确定皇姑区、于洪区、新民市为市级试点区县(市)。市食安办将试点工作作为年度食品安全工作考核的重要内容,建立了联席会议制度,定期听取汇报,研究解决问题,推动全面落实达标工作。

(卫生局)

【提升食品安全综合监管效能】 2011年,沈阳市强化食品安全综合协调工作机制。一是加强食品安全工作调度,随时掌握全市工作情况,推进食品安全重点工作落实。二是明确了食品安全监管三级责任人及其职责分工。市政府与各区县(市)政府、市食安委成员单位签订《食品安全目标责任状》,将食品安全工作纳入绩效考核,形成了"统一领导,部门协调"的食品安全工作格局。三是市政府主要领导作出决定,市编办按照领导意见积极调研,对市食安办机构级格及处室设置等已形成初步意见。

完善食品安全全程监管工作机制。一是"4·17"豆芽事件发生后,市政府迅速明确了芽菜生产由农委负责监管,制订了加强芽菜类蔬菜质量安全监管工作的实施意见。日生产150吨的芽菜生产基地已经正式投产。二是针对部分领域食品安全监管职责不清的问题,借鉴外省市经验,主管市长和秘书长多次召开协调会议,市食安办反复征求相关部门意见,在全省率先制订并以政府办公厅文件下发了《关于进一步明确部分领域食品安全监管职责分工的意见》,实现了食品安全各监管环节有人抓、有人管、有人负责。

构筑食品安全激励约束机制。一是全面推行食品安全目标责任制,每半年对各成员单位及各区县(市)开展一次食品安全综合考评,通过督查、督办和通报等形式,追踪目标任务完成情况。二是加大对企业的监督与考核力度,由有关监管部门分别与企业签订食品安全责任书,建立食品安全信用档案。三是建立健全社会投诉举报奖励机制,市食安办及各监管部门均设立了投诉电话,财政专项资金用于奖励举报有功人员。

构建食品安全示范引领机制。以迎接"十二运"为契机,开展"迎全运,保安全,创示范"百家食品安全示范单位创建工作,对经市监管部门和各区、县(市)初审申报的306家食品安全生产经营组织相关部门评审,近期将公示评审结果,最终评出百家示范单位,并向社会进行承诺,推进食品行业诚信建设,带动全市食品安全管理水平不断提高,百家示范单位将列入全运会食品专供商遴选备选名单。

(卫生局)

【食品安全】 2011年食品安全十项内容列入市政府为民办实事工程,市食安办制发了办实事食品安全工作任务责任进度分解表,进一步明确有关区、县(市)政府和监管部门的任务和指标,有关部门和区、县(市)政府强力推进,确保目标任务如期完成。市农委建成30个标准化蔬菜生产基地和生产合作社的产品质量检测服务站,编制完成了30个乡镇、273个行政村的蔬菜质量安全检测检验编码。大型批发市场蔬菜、水果、水产品等初级农产品抽检率分别为85%、65%和30%。市畜牧兽医局建成20个标准化畜产品安全示范畜禽生产基地,完成了10个涉农县区兽药残留检测室建设。新建2个检疫点均已经正式运行。市服务业委加大了违法行为打击力度,及时对畜禽定点屠宰企业出厂的肉品进行检验,并对病害猪无害化处理。市质监局对全市乳制品、肉制品、冷饮、糕点、大米和小麦粉等6类重点食品生产企业进行监督抽查,抽检产品及原料4552批次,合格4484批次,批次合格率98.5%。市工商局推行食品经营主体准入、市场巡查、市场食品质量监测和不合格食品退市制度,抽检食品25个类别、512个批次,大中型商场、超市预包装食品抽检合格率达到98.2%。食药监局下发了《沈阳市餐饮服务食品安全索证索票规范》等5项工作制度,建立了原料采购的溯源机制。以学校、托幼食堂和小型餐饮为重点,重点开展熟肉制品等19类高风险食品监督抽检,合格率为94.55%。

(卫生局)

【有效解决食品安全问题】 2011年,沈阳市精心组织,打非和滥用专项行动取得阶段成果。一是按照国务院和辽宁省政府打非和滥用专项工作要求,下发了严厉打击食品非法添加专项整治工作方案,多次召开专题会议进行部署和调度,各有关部门积极行动,密切配合,在全市开展了十大专项整治系列行动。二是印发《关于严厉打击食品非法添加和滥用食品添加剂行为严格规范食品添加剂生产经营使用的公告》8万余份,广泛张贴到各类食品生产经营企业、农药(兽药)、食用化工企业以及社区和村屯。三是通过明察暗访,及时发现问题,并向全市通报,确保专项行动取得实效。

重拳出击,食品安全打假专项工作取得明显成效。按照市委、市政府"抓环境、促提升"工作总体部署,由公安部门牵头,全市各地区及相关部门联合作战,先后开展"剿假围劣"、"利剑"等一系列打假专项行动,公安机关充分发挥新组建的市、区两级食品药品犯罪侦查队伍作用,进一步强化了重点品种、重点区域、重点环节的食品打假工作,严肃查处和打击制裁各类违法犯罪行为。共破获涉食品类刑事案件221起,刑事拘留274人,捣毁食品领域涉假窝点207个。

周密部署,有效开展地沟油和餐厨废弃物、乳品质量安全、瘦肉精等专项整治。一是市政府积极申报国家试点,下发了《沈阳市餐厨废弃物管理工作方案》,明确相关部门和区县政府职责,建立了联席会议制度,完善了餐厨废弃物管理工作机制。成立了地沟油整治和餐厨废弃物管理领导小组,多次组织研究和听取工作进展情况。市环保局、公安局、食药监局、质监局、工商局等相关部门加强协作联动,以小型食品加工、流通、餐饮企业为重点,集中时间、集中人员,分街路、分区域进行清理取缔和综合整治,有效地防止了“地沟油”等劣质油品流入食品生产加工经营和餐饮服务环节。二是积极开展乳品质量安全专项整治。市食安办下发了《进一步加强全市乳品质量安全工作方案》,建立乳品质量安全监管责任制,明确了区(县)市人民政府主要负责人对辖区内乳品质量安全工作负总责,统一领导本地乳品质量安全工作。完善乳品生产准入机制和追溯制度,按时完成沈阳市乳制品生产企业重新换发生产许可证工作。加强奶站管理,开展拉网式查验和抽样检测,加大了三聚氰胺、内酰胺酶等违法添加的检测力度,检测合格率达100%。认真贯彻国家、辽宁省部署的问题乳粉清查工作,全面排查全市食品生产经营企业,未发现“乳多宝”问题乳粉流入沈阳市。市食安办协调公安、工商等部门成功侦破一起国家挂牌督办的跨省、跨市“问题乳粉”案件。三是积极开展“瘦肉精”专项整治。研究制订了《2011年全市瘦肉精专项整治行动方案》,召开全市畜产品安全暨“瘦肉精”专项整治工作会议,各部门、各区(县市)层层落实责任。张贴《辽宁省人民政府关于严禁非法制售和使用“瘦肉精”等有害物质的通告》,张帖率达到100%。约谈规模养殖企业、屠宰企业等,并签订了“承诺书”。增加流通领域抽检频次,重点对17家农贸市场和35家超市,每周抽样一次,检测样品全部呈阴性。四是按照国家和省部署,开展了辣椒及其制品、酒类、复合膜、燕窝产品等专项监督检查。对辣椒及其制品中使用苏丹红等工业染料抽检。全市共监督检查153万户次,出动执法人员10.7万人次,限期整改4192家,立案处罚2209家,涉及总货值1435.67万元,罚款金额972.89万元,移送司法机关29起。

(卫生局)

【营造共同维护食品安全的良好氛围】 广泛宣传教育。一是落实国家《食品安全宣传教育工作纲要》,开展食品安全知识进社区、进企业、进学校、进农村“四进”活动,进一步提高了消费者的食品安全意识、社会监督意识及自我保护意识。二是与市委组织部联合开展食品安全工作领导干部专题培训,提升各级领导干部食品安全保障工作认识和水平。三是各食品安全监管部门重点对食品生产经营单位负责人和主要从业人员开展教育,强化食品安全第一责任人意识。四是按照国家和省统一部署,在6月13日启动了“人人关心食品安全,家家享受健康生活”2011年辽宁省暨沈阳市食品安全宣传周活动仪式,深入普及《食品安全法》等法律法规和食品安全知识,动员社会各界积极参与食品安全监督。

加强舆论引导。一是在4月份召开的新闻发布会上,市食安办向社会公布了与人民群众日常生活密切相关的五大类产品抽检结果,食品抽检品种、数量同比大幅增加,抽检合格率不断提高。二是建立了新闻联系人制度,市食安委主要成员单位集体与新闻媒体见面,主动通报全市食品安全工作情况、整治重点、案件处理情况及下一步工作安排。全年召开4次新闻媒体见面会。三是市食安办会同市委宣传部联合下发了《2011年沈阳市食品安全宣传活动方案》,组织有关成员单位有计划地在各主流媒体开展系列宣传活动,媒体报道437次。

推进社会监督。一是邀请人大代表、政协委员、社会监督员、市民代表、新闻媒体等参观我市有代表性、影响面广、与百姓生活密切相关的食品企业,接受社会和群众监督。二是进一步完善举报机制,明确投诉举报渠道,设立专项奖励资金,提高了奖励额度,动员全社会力量尤其是食品生产经营单位内部人员对食品非法添加行为进行举报,采取群专结合,掀起了一场保卫食品安全的人民战争。

(卫生局)

·卫生监督·

【加大卫生监督工作力度】 2011年,按照市委市政府“抓环境,促提升”总体工作部署,全市卫生监督系统提高认识,加强领导,制订了沈阳市“抓环境、促提升”医疗监督、饮水卫生监督、学校卫生监督“蓝剑”系列行动方案,明确工作任务及部门职责分工,细化工作步骤和要求,组织开展专题培训,多次召开专题会议进行部署和推进。全市共开展集中培训3800余人次,提供技术服务1350次,监督检查6855户次,开展联合检查36次,取缔无证黑点167个,立案查处523件,没收违法所得5.3万元,罚款48万元,吊销医师执业证书1人,责令暂停医师执业活动7个月1人。查处违法发布医疗广告警告32家,停业整顿9家,吊销相关诊疗科目3家,移送案件11件,省市新闻报道23篇。

1.“打黑点,查广告”医疗监督专项行动成效显著。市打假办将“打黑点,查广告”医疗监督专项行动纳入全市打假工作,强化卫生、公安、工商等部门协调配合,成立了专门领导小组,积极采取联合行动、交叉执法等有效措施,加大工作力度。组织了全市联合执法集中行动,抽调各区执法人员组成3个联合执法检查组,突击检查和清理取缔黑诊所;对全市所有民营医疗机构(含医疗美容机构)以及从事医疗行为的机构,采取异地交叉执法的方式进行了集中整治,公安、工商密切配合,有关领导靠前指挥,严厉查处了无证行医、超范围执业、聘用非卫生技术人员和违法发布虚假医疗广告等违法行为,各级新闻媒体强力报道,确保专项行动打出声势,打出实效。

2.“除隐患、创示范”饮水卫生专项行动成绩斐然。沈阳市切实加强了全市集中式供水、二次供水单位的监督检查,排查和消除饮水卫生安全隐患,发挥了示范引领作用。开展全市卫生监督、疾病控制应急队伍饮用水污染事故应急处理演练和培训,进一步完善了饮水污染事件应急处置体系和运行机制。开展全市全境饮用水卫生监测工作,将辽宁省卫生厅确定的107个各类监测点增至356个,全面动态掌握居民日常饮用水质卫生学指标。加强饮水卫生现场快速检测能力建设,在全国饮水卫生工作会上进行经验介绍。妥善处理26起省民心网、市行风政风热线生活饮水投诉事件,群众满意率100%。

3.“改善教学环境 促进学生健康”学校卫生专项行动取得实效。全市卫生监督机构监督检查中小学教学生活环境688家,监测145家,协调指导落实卫生监督整改意见,提高学校责任意识和管理水平,沈河区主动与财政局房管所沟通共同做好学校教学生活环境整改工作取得实效,评选了“教学环境和生活设施示范学校”,带动全市学校教学环境与生活设施的普遍提高。对全市学校、托幼机构进行饮水卫生、传染病防控等综合监督检查。开展了学校和托幼机构春季传染病防控督导检查及学生直接饮用水监督抽检,皇姑区监督与疾控配合深入开展传染病预防性消毒效果评价,针对突出问题和薄弱环节,确定了重点对象及监督点位。

(卫生局)

【加强公共场所卫生监管】 贯彻落实新的《公共场所卫生管理条例实施细则》,积极组织宣传指导。开展了游泳池水和集中空调通风系统抽检工作,加大公共场所卫生监督工作力度。继续推进公共场所量化分级管理制度,全市住宿业、游泳场馆、洗浴、美容美发量化分级率分别达到100%、100%、94.5%、92%。

(卫生局)

【开展职业健康现状调查】 按照辽宁省卫生厅要求,重点做好苏家屯区职业卫生服务试点地区职业病危害因素监测评价和职业健康状况调查的组织协调、督导检查工作,已完成辽宁省卫生厅中期评估考评,其它各区县(市)正在开展职业健康现状调查工作。

(卫生局)

【强化传染病监督】 组织开展全市医疗卫生机构医疗废物监督检查工作,落实各项管理措施。根据辽宁省质监局、辽宁省卫生厅等六部门通知精神,在全市联合开展打击“黑心棉”违法犯罪行为专项行动,检查医疗机构335家、住宿场所275家。对全市所有餐饮具集中消毒单位进行专项整顿,成立专门领导小组,组织专家现场审核复核,开展了监督抽检,规范餐饮具集中消毒单位监督管理。圆满完成了“省卫生城”复检相关工作。

(卫生局)

【加强预防性体检工作】 开展预防性体检机构监督检查,按照《沈阳市预防性健康体检机构认证考核标准》的要求,加大预防性健康体检机构的监管力度,强化规范化管理,进一步提高工作质量和水平。2011年全市共体检从业人员33.5万人,检出相关疾病2137例,检出率为6.38‰。

(卫生局)

【多措并举推进放射卫生监管】 加大放射诊疗许可证和放射诊疗设备状态检测的检查,全市持证率、设备状态检测率分别比上年提高7.5%、13.8%,其中辽中县原来一直未开展发证工作,2011年发证率达到100%;做好全市9万余名中高考考生体检放射防护监管工作;率先对放射诊疗设备实行统一编号管理,提高放射诊疗质量;完成509家全国放射诊疗摸底调查工作和网上填报工作。

(卫生局)

·科教卫生·

【重点科系建设】 2011年,沈阳市重点科系共申请到科研课题74项,其中国际协作课题7项,国家协作课题17项,省级课题17项,市级课题27项,市重点实验室2个,完成科研成果鉴定45项,获得省科技进步三等奖1项,省级二等奖2项,三等奖2项,市科技进步奖一等2项,二等8项,三等9项;在国家级以上学术刊物发表论文582篇,其中国际期刊30篇;外请专家讲学660人次,举办国家、省级继续医学教育项目44项,有72人次、826人次分别参加了国际、国家学术会议;学科队伍素质和学术地位不断提高,有40人担任了硕士生导师,有13人、39人和50人分别在国家级、省级和市级学术委员会任副主任委员以上职务;青年医生的学历学位水平提高显著,40岁以下医生中硕士、博士占医生总数的四分之三。开展各类新技术261项,重点学科全年总收入达21亿。

(卫生局)

【科研工作与学术交流】 2011年,沈阳市共申请28.5万元专项经费对2011年局科研计划中35岁以下青年医师承担的科研课题进行资助,对课题属于一、二级重点科系和非重点科系分别给予2万、1.5万和1万元的资助。全年,局属单位共完成国家级协作成果3个,省级成果4个、市级成果38个,获得省级奖励5项,市科技进步一等奖2项、二等奖8项、三等奖9项,共获得各类课题90项,国际协作课题7项、国家协作科研项目20项、省计划项目19项、市计划项目32项,市级重点实验室2个,共获得科研经费1000多万(历史新高),2011年有48人担任了硕士生导师,有86人次、1510人次分别参加了国际、国家学术会议。学科队伍素质和学术地位不断提高,有20人、47人和70人分别在国家级、省级和市级学术委员会任副主任委员以上职务。

(卫生局)

【实验室生物安全管理】 加强了实验室生物安全的备案工作,全年备案实验室14个。对于通过备案的局属单位的实验室生物安全进行了的专项检查,对于发现的问题责成其进行整改,为提高实验室生物安全的思想认识、责任意识和管理业务能力,对在岗的责任人进行了有关实验室生物安全管理法律法规、管理制度等方面的专项培训。

(卫生局)

【基层卫生技术人员培训】 制发了《2011年沈阳市基层卫生人员培训方案》,对91名社区医生、76名社区护士、109名乡镇卫生院医生、68名乡镇卫生院护士、2150名村医进行岗位培训;组织60名社区医生、60名社区护士、8名县医院医生参加骨干培训;组织50名社区医生参加第三期急诊急救专项培训;选送119名社区医生、100名乡镇卫生院医生和8名县医院医生到上级医疗卫生机构进修半年；实施康复、检验、药学、内科、儿科专业的社区项目，每个项目培训369名社区医生；实施内科、外科学的农村项目，每项培训116名乡镇卫生院医生；举办急诊、危重症、急性中毒的诊断和处理适宜技术培训，培训基层卫生人员3444次；安排40名社区医生进行转岗培训；为全科医学基地培训师资12名。举办县医院医生专业培训（7项），培训县医院医生28名；举办县医院科主任培训4期，培训科主任16名；组织231人参加农村医疗卫生机构临床医师成人免费高等学历教育考试报名。全年累计基层卫生人员培训率超过30%，实现三年内基层卫生人员培训率达100%。

（卫生局）

【继续医学教育】 全年共举办国家项目11项、省级项目77项、市级项目943项。应用“继续医学教育管理系统”，进行项目的申报、评审和考核。实现了市直及各区（市）的网上继续医学教育的达标考核，局属单位的达标率达到98%以上，区属单位的达标率达到了97%以上。推荐2012年国家级继续医学教育27项、省级继续医学教育项目106项。共为1200人换发《辽宁省继续医学教育合格证书》。

（卫生局）

·妇幼卫生·

【实施国家重大公共卫生项目】 继续开展项目培训工作，全年培训农村孕中期超声检查医师8名。努力协调各部门，加大财政投入力度，全年财政投入800余万元。

截至2011年12月底，全市农村孕产妇住院分娩补助1.5万人，补助受益率为98.4%；农村孕妇孕中期免费超声筛查8435人，筛查率为81.73%；农村孕妇免费补服叶酸（项目由市人口和计生部门负责）新增1.8万人；（苏家屯区）开展免费宫颈癌检查1.4万人，开展免费乳腺癌检查2000人，全面完成省市政府绩效考核及政府卫生工作目标责任状的工作目标要求。

（卫生局）

【孕产妇和婴儿死亡率得到有效控制】 一是组织全市的产科和节育人员全面、系统的培训和考核。共有100余家产科单位及14家妇幼保健机构的1900余人参加。二是注重发挥市妇婴医院和市儿童医院作为沈阳市孕产妇和儿童急救的“绿色通道”的作用，全年市妇婴医院共抢救危重孕产妇19人，抢救成功率100%；市儿童医院共抢救重危儿童714人，抢救成功率98%。三是“预防艾滋病梅毒乙肝母婴传播”工作取得进展。截至2011年底，两个项目区开展艾滋病母婴阻断咨询10244人，开展初筛9329人；开展梅毒母婴阻断咨询10354人，筛查10032人，报告阳性病例7人；开展乙肝母婴阻断咨询10354人，筛查10108，报告阳性病例280人。四是邀请省内知名妇产科专家和儿科专家组成沈阳市孕产妇和儿童死亡评审组，全年召开评审会两次，通过对死亡病例进行讲评和分组讨论，找出了致死因素，及时总结经验和教训，促进妇幼卫生服务技术水平不断得到提高。2011年，全市孕产妇死亡率为7.69/10万，婴儿死亡率为5.15‰，高危孕产妇管理率为100%，高危住院分娩率为100%。

（卫生局）

【实施母婴安全工程和降低出生缺陷干预工程】 在全市范围内实行免费婚前医学检查，推行婚育综合服务平台建设，全年，共组织专家接受公共传媒专访13次、举办婚检业务培训班2次、培训婚检人员160人次、深入基层检查指导38人次；对基层单位及结婚登记人群发放光盘530张、降低出生缺陷宣传资料5000份、婚检宣传材料4万多份；对婚龄人群一对一宣教4万多次、共接待孕前保健3000余人次、筛查脊柱裂、唐氏综合征等10万多人次、接受优生知识宣教群众数十万。市妇婴医院与市妇女儿童保健中心开展产前诊断与筛查工作取得进展，全年共对3万人次进行产前筛查和诊断，并对阳性患者人实施了科学干预。

2011年，全市共有3000名孕妇在围产营养项目中受益；全市有23家机构开展盆底功能障碍防治项目，共有超过3000名妇女从中受益；全市婚检率为27.83%。

（卫生局）

·药械管理·

【贯彻落实国家基本药物制度】 从2010年2月26日起，按照国家、辽宁省、沈阳市政府的统一部署，沈阳市政府办基层医疗卫生机构全部开始实施国家基本药物制度，即配备和使用国家基本药物，并实行零差率销售。沈阳市共有260家社区卫生服务机构和108家卫生院正在实施国家基本药物制度。其中政府办的基层医疗卫生机构正在实施国家基本药物制度的有311家，非政府办的基层医疗卫生机构57家。

2011年为继续做好此项工作，沈阳市召开了进一步贯彻落实国家基本药物制度工作会议，会上要求把国家基本药物制度工作落到实处，各地卫生局要把基本药物网上采购监管工作列入常态工作。进一步细化《实施基本药物制度的基层医疗卫生机构相关数据同期对比情况表》，并形成月报告制度。

为配合辽宁省政府新一轮基本药物网上采购，按照省厅部署，9月初完成了新一轮基本药物配送企业遴选工作，公开遴选出20家药品批发企业作为2011年度基本药物配送企业。

7月份，市卫生局组成3个督查组，在局领导带领下对全市各地落实国家基本药物制度工作情况进行了全面督导，对发现的问题现场提出整改意见，并要求限期改正。沈阳市在9月末的全省实施国家基本药物制度综合改革工作验收中，顺利通过，完成了现阶段落实国家基本药物制度工作。

为进一步贯彻落实国家基本药物制度，使基层医疗卫生机构医务人员全面了解掌握基本药物相关知识，增强使用基本药物的自觉性、主动性和积极性，提高用药水平，更好为患者服务，在健康报社和辽宁省卫生厅的大力支持下，2011年沈阳市开展了全市《国家基本药物临床应用指南》和《国家基本药物处方集》集中培训工作，共进行了6个专题讲座，并下发了《国家基本药物临床应用专题讲座》光盘。为检验培训结果，市卫生局组织了基本药物临床应用知识竞赛。通过这次竞赛，进一步强化了广大医务人员合理应用基本药物的意识，激发了医务人员刻苦钻研业务的热情，对提升全市医疗机构基本药物合理应用的整体水平将产生积极而深远的影响。

2011年沈阳市迎接了国家卫生部对落实国家基本药物制度工作的检查。检查组通过座谈及实地考查，了解了沈阳市国家基本药物制度实施的基本情况、地方配套文件制订和执行情况、国家基本药物制度实施以来取得的成效及面临的难题和挑战以及卫生行政人员、基层医疗服务机构及工作人员、就诊患者等多方群体对国家基本药物制度认识、反映和满意度。检查组对沈阳市贯彻落实国家基本药物制度工作给予了充分的肯定。

（卫生局）

【药事管理】 一是麻醉药品、第一类精神药品管理工作。2011年1月18日开始，对全市168家持有印鉴卡的医疗机构，进行2011年申购计划审批。截至4月30日，此项工作已全部完成。

为更好地规范沈阳市各级各类医疗机构麻醉药品和第一类精神药品的管理，2011年4月分两期举办了"沈阳市医疗机构麻醉药品、第一类精神药品临床使用与管理工作培训班"，邀请专家对《麻醉药品和精神药品管理条例》等法律、法规、规定，麻醉药品、精神药品临床使用指导原则及不良反应的防治等内容进行了全面培训。各区、县（市）卫生局主管局长、医政科长，相关医疗机构的主管院长、医务科长、药剂科负责人、麻醉科主任及相关科室主任等共462人参加了培训及考核。

2011年第四季度，在市药事质控中心配合下，组织相关专家对沈阳市各区、县（市）卫生局麻、精药品管理情况进行了专项检查，并对44家医疗机构在麻精药品规章制度、入库、验收、储存、保管、调配、使用、销毁、处方书写与使用、人员培训及是否出现流弊案件等各个环节进行了抽查，抽查结果当场反馈给受检单位及所在区卫生局，对存在问题责令期限整改。

二是抗菌药物临床应用专项整治工作及综合检查情况。为贯彻2011年全国医疗管理工作会议精神，制订并印发了《沈阳市2011年药品器械质控检查工作方案》（以下简称"方案"），按照方案规定，完成了对市直、市管厂企及市管民营医疗机构药品使用情况相关数据的统计。完成对市直18家医疗机构Ⅰ类手术切口预防性应用抗生素管理及"特殊使用"类抗菌药物管理与应用的专项检查。

7月初，按照《2011年全国抗菌药物临床应用专项整治活动方案》及《2011年辽宁省抗菌药物临床应用专项整治活动工作方案》文件精神，并对市属医疗机构的现状进行了充分调研后，制订了《2011年沈阳市抗菌药物临床应用专项整治活动工作方案》。为更好的推进专项整治活动，8月5日，召开了沈阳市2011年医疗机构抗菌药物临床应用专项整治活动暨上半年药事质控工作会议。会议首先通报了上半年全市药事质控检查情况，并对全市抗菌药物临床应用专项整治活动进行了安排部署。

10月17日至11月1日，在市药事质控中心配合下，组织相关专家对各区、县（市）卫生局相关医疗机构临床药事制、单剂量摆药、一品两规、医用氧气采购等情况进行了综合检查，同时按照卫生部全国抗菌药物临床应用专项整治活动推进工作会议精神，对市属及区属二级以上30家医疗机构抗菌药物临床应用专项整治活动开展情况进行第二轮督导检查。

全年共迎接卫生部及省卫生厅对沈阳市抗菌药物临床应用专项整治活动实施情况的督导检查四次。卫生部、辽宁省卫生厅相关领导及专家对沈阳市抗菌药物专项整治活动的开展情况给予了肯定，同时指出了存在的问题，并对下阶段专项整治活动的深入推进提出了具有针对性的建议。

（卫生局）

【药品集中采购工作】 2011年1月20日起沈阳市以省为单位药品集中采购工作正式启动。此前组织符合条件的县级以上医疗机构全部参加了省卫生厅组织的网上采购操作培训，并及时将省卫生厅和省药品集中采购工作领导小组的各项政策传达到各医疗机构，同时提出了具体实施要求。

12月16日迎接了辽宁省卫生厅对沈阳市县级以上医疗机构药品集中采购工作情况的专项检查。检查结果符合省医疗机构药品集中采购工作领导小组和省卫生厅各项文件要求。检查组对沈阳市药品集中采购工作给予了充分的肯定。

（卫生局）

【市直医疗卫生机构医用耗材集中采购】 从2011年1月1日起，沈阳市市直21家医疗卫生机构已全面执行骨科等14大类医用耗材集中招标采购中标结果，进行网上集中采购。

在第一阶段初见成效、各方反应良好的基础上对检验试剂、消毒用品、医用X射线附属设备和部件进行招标，新增投标企业265家、新增配送企业169家，共计对2898个品种，7799个品规，进行了招标，招标后价格平均降幅达到了16.81%，按各医疗卫生机构上年度采购金额计算，可节省资金近3000万元。

（卫生局）

【医疗器械采购使用管理】 完善了医疗设备采购规范化审批流程。对医院申请购买医疗器械的请示进行调研、批复。针对个别单位设备审批后采购不及时的情况在批复注明2个月的有效期，并对检验设备提出"不允许购置使用专机专用试剂的检验设备"的要求。到12月31日共收到医疗机构购买医疗设备的请示内103件，已批复95件，对其中43样设备组织了调研论证，由于资金等原因未批复设备购置申请2件。

为了解市直医疗卫生机构大型设备购置后使用及经济收入回报情况，对市直医疗卫生机构2011年购置的大型医用设备经济运行情况进行了统计汇总，分析各单位购置大型医用设备的经济运行情况。截至11月，共有16家医疗卫生机构购置了44件50万元以上设备，其中：28件设备可以或已经在预计时间内收回成本；6件设备安装完毕，投入使用时间不足2个月；7件设备为基础设施或科研设备不产生效益；3件设备按照目前的收入情况，在预计时间内收回成本存在一定困难。

（卫生局）

体　育

【扎实做好全民健身办实事工程】 市体育局高度重视政府办实事工程，把它做为一项民生工程、惠民工程，精心、精细去做好，让广大人民群众充分享有体育事业发展成果。组建临时机构，周密制订工作实施方案，进行点对点的指导，落实面对面的服务，较好地完成了政府办实事工作任务。2011年底，已建成健身场地81个，超额完成年初确定目标26个。已安装健身器材4596件，其中包括农村500个村屯安装3000件健身器材，超额完成年初确定目标96件。12月6日由王玲副市长陪同全国以及省、市人大代表视察了部分公园和健身广场。

（叶 新）

【组织参加全国城运会】 中华人民共和国第七届城市运动会于2011年10月在江西南昌市举行，沈阳市成立了以王玲副市长为团长的沈阳市体育代表团，组成近500人的参赛队伍，参加了田径、游泳、体操、三大球等16个大项的比赛，广大教练员、运动员、工作人员克服各种困难，奋勇拼搏，夺得17枚金牌、9枚银牌、6枚铜牌，208人次进入前8名的优异成绩，金牌总数超过上届，在57个城市中名列第5位。同时，还荣获"体育道德风尚奖"，实现了运动成绩和精神文明双丰收，超额完成了市委、市政府赋予的参赛任务目标。

（叶 新）

【体育彩票销售创历史新高】 体彩工作队伍充分运用筹备"十二运"的机遇，投入资金，多渠道、多角度地加大体育彩票玩法宣传力度，创新发行模式，强化体育彩票管理和销售，采取多种形式促进体育彩票的发行量，组织投注站业主学习培训班，扩大销售规模，全年体育彩票销售额已突破11亿元。

（叶 新）

【第三届"神州一燚"锡伯族嘎拉哈邀请赛】 为迎接第十二届全运会，激发广大市民的全运热情，由辽宁省体育局主办、沈阳市体育局、沈北新区人民政府承办的"辽宁省农民健身展示活动暨沈阳市第三届'神州一燚'锡伯族嘎拉哈邀请赛"于2011年2月26日在沈北新区文化艺术中心文化馆四楼多功能厅隆重举行。

本次活动以"全民参与，健康生活；传承文化遗产，促进民族振兴"为主题，通过群众体育活动，掀起全市"全民参与，健康生活"的健身热潮。来自全市13个区、县（市）的100余名锡伯族少数民族运动员参加了本次活动。比赛分为三个组别，A组为沈阳市13个县（市）区，B组为沈北新区13个街道，C组为沈北新区两个锡伯族学校。竞赛方法采用男女单燚赛制，分三轮进行，不同于以往的双燚赛制，本次比赛以燚子的多少定胜负，使赛事简单易行，精彩纷呈。最终，蔡宏程、陶丽红摘得A组男、女桂冠，B组男、女冠军由李忠信和关凤茹获得，C组兴隆台锡伯族学校、黄家锡伯族学校获得优秀表演奖。

（叶 新）

【迎全运百万市民健步行活动】 2011年5月28日，无限极2011世界行走日（辽宁·沈阳）暨迎全运百万市民健步行活动启动仪式在沈阳奥体中心五里河体育场南广场举行。省市相关领导，"十二运"沈阳赛区组委会相关领导出席。

启动仪式上，辽宁省体育局领导以及奥运冠军孙福明联手展开全民行走倡议画卷，发出"每天行走6000步"的倡议；相关领导在中国地图涂画"辽宁站"标志；省市领导共同鸣枪发令。

本次健步行活动由两部分组成：一是主会场设在奥体中心五里河体育场南广场，举行启动仪式和万人健步行活动。二是14个区县（市）、开发区设立分会场，组织健步行活动。活动当天，来自机关、企事业单位、社会团体以及市民约2万人从沈阳奥体中心出发，经指定路线步行到达五里河公园，整个活动安全顺利举行。

（叶 新）

【迎全运第六届龙舟大奖赛在沈举行】 由"十二运"沈阳赛区组委会主办、组委会群体工作部承办的沈阳市第六届龙舟大奖赛6月3日在沈水湾公园举行。市人大常委会副主任徐璐，副市长王玲，市政协副主席赵晓川，副市级巡视员黄学有，省体育局相关领导，组委会副秘书长、市政府副秘书长程晓龙，组委会副秘书长、市体育局局长徐兴家，组委会有关部门领导出席活动。

龙舟赛是沈阳市一项传统的体育赛事，作为迎全运系列活动之一，本次活动设标准龙舟250米、500米、1000米直道竞赛。来自沈城各机关、企事业单位、院校等34支队伍，分为3个组别进行比赛。经过激烈角逐，铁西区、东基集团、东北育才学校、安徽商会分获250米区县组、机关企业组、院校社会组、个体民营组的冠军；500米区县组、机关企业组、院校社会组、个体民营组的桂冠分别由棋盘山开发区、北盛汽车、东北育才学校、安徽商会摘得。铁西区、北盛汽车、东北育才学校、何氏眼科和安徽商会分获1000米区县组、机关企业组、院校社会组、个体民营组的第一名。

（叶 新）

【第25届奥林匹克日长跑（沈阳站）活动在沈举行】 2011年6月18日，第25届奥林匹克日长跑（沈阳站）活动在沈阳奥体中心五里河体育场举行，1600余名长跑爱好者参与长跑活动，用实际行动纪念奥林匹克日，庆祝百年前国际奥委会的成立。

沈阳市副市长王玲，中国奥委会原副主席吴寿章，辽宁省体育局副局长宋凯，"十二运"沈阳赛区组委会副秘书长、沈阳市体育局局长徐兴家出席启动仪式。活动现场，吴寿章和宋凯分别宣读了国际奥林匹克主席罗格和国家体育总局局长、中国奥委会主席刘鹏的致辞，副市长王玲作了讲话。沈阳市体育局局长徐兴家主持仪式。

本次活动由中国奥委会主办，"十二运"沈阳赛区组委会承办。举办奥林匹克日长跑活动，是一项普及面广、影响力大、大众参与度高的公益活动，是宣传弘扬奥林匹克精神，传播奥林匹克理念，推广迎全运"全民参与，健康生活"理念的途径；同时，也是展示全市居民健身水平的良好平台。

（叶 新）

【迎全运网球团体赛圆满落幕】 2011年7月9日，由"十二运"沈阳赛区群体工作部承办的"当健身明星，做工作模范"迎全运网球团体赛在辽宁省网管中心举行，省委常委、沈阳市委书记曾维，省政协主席程亚军，省网球协会会长王唯众，省体育局有关领导，沈阳市副市长王玲，组委会副秘书长、市政府副秘书长程晓龙，组委会副秘书长、市政府副秘书长田家以及组委会有关部门领导出席活动。

本次比赛历时两天，采取国家最新审定的《网球竞赛规则》作为比赛规则，分市地组、省直组两个组别进行，来自全省19支代表队的200名运动员前来参加。

经过激烈的争夺，沈阳市代表队荣获市地组冠军和总冠军，铁岭代表队和锦州代表队分列二、三位；省直组的前三名分别为省直联队、省交通厅队、省教育厅队。

作为"全民参与，健康生活"系列活动之一，此项赛事为运动员们提供了交流的平台，网球爱好者们在工作之余，切磋技艺，畅谈比赛，共享全运带来的欢乐。

（叶　新）

【全民健身中心工程项目举行开工奠基仪式】 2011年7月19日，沈阳市全民健身中心工程建设项目在沈阳市体育公园举行开工奠基仪式。省委常委、市委书记曾维，市长陈海波，市人大常委会主任赵长义，市政协主席刘雅琴，副市长王玲出席开工仪式并为项目奠基。副市级巡视员、十二运沈阳赛区组委会副主任石其金主持开工仪式。市政府副秘书长、十二运沈阳赛区组委会副秘书长程晓龙、十二运沈阳赛区组委会副秘书长、沈阳市体育局局长徐兴家以及组委会有关领导，相关施工企业负责人出席奠基仪式。

沈阳市全民健身中心工程建设项目，规划面积约4万平方米，包括"一带两园"。"一带"是指浑河健身带，在胜利桥至长青桥、全长15公里的浑河两岸城市段建设集生态景观、运动休闲于一体的滨河健身长廊；"两园"是指中山公园和体育公园。中山公园将在不改变绿地景观的前提下，增加健身场地和设施，扩大公园的体育功能；体育公园将进行彻底改造，新建沈阳市全民健身中心，包括健身大厦、室外运动场、网球馆、游泳馆等大众健身设施。项目建设计划投资1.7亿元，工期约18个月，预计2012年底竣工。

先期开工的全民健身中心一期工程即室内健身楼，占地面积7629平方米，建筑面积3.5万平方米，其中地下二层为6610.58平方米，地上四层为2.84万平方米，

建成的全民健身大厦集国民体质监测中心、儿童成长干预中心、运动医疗康复中心为一体，还设有羽毛球、乒乓球、网球、武术、跆拳道、瑜伽等健身场馆。该项目建成后，将为居民提供全方位的健身服务，在一定程度上缓解健身设施与广大群众日益增长的健身需求的矛盾。

（叶　新）

【中国（沈阳）国际自行车公开赛举行】 2011年7月23日，以"骑往全运盛会、奔向幸福生活"为主题的中国（沈阳）棋盘山环秀湖国际自行车公开赛在棋盘山风景区举行。十二运沈阳赛区组委会副秘书长、市政府副秘书长程晓龙，十二运沈阳赛区组委会副秘书长、市体育局局长徐兴家以及组委会有关部门领导出席活动。

作为"全民参与，健康生活"沈阳市民迎全运八大系列活动之一，本次比赛由十二运沈阳赛区组委会主办，群体工作部承办，棋盘山开发区管委会、沈阳市自行车协会协办。来自全国10余支代表队500余名自行车选手在秀湖沿岸公路展开激烈的角逐。比赛分公路组和山地组两个组别，并设公路精英组，每组录取前六名。

自行车运动在沈阳有着非常广泛的群众基础。据统计，市各级协会和俱乐部注册的自行车运动爱好者约有4万人。本次比赛的举办将进一步推动全市自行车运动的发展，着力将该项活动打造成沈阳市品牌体育赛事。

（叶　新）

【"雪佛兰杯"2011世界女子9球锦标赛新闻发布会】 "雪佛兰杯"2011世界女子9球锦标赛新闻发布会暨赞助商签约仪式于7月26日上午10点在沈阳世星国际酒店举行。国家体育总局小球运动管理中心二部部长金宏文，辽宁省委原常委、辽宁省台球协会主席李国忠，沈阳市政协副主席、沈阳市工商联主席李卓然，辽宁省体育局副局长宋凯，市政府副秘书长、十二运沈阳赛区组委会副秘书长程晓龙，市政府副秘书长、十二运沈阳赛区组委会副秘书长田家出席活动，十二运沈阳赛区组委会副秘书长、沈阳市体育局局长徐兴家主持仪式，有关领导进行了致辞，并对"雪佛兰"杯2011世界女子9球锦标赛吉祥物进行揭幕。仪式上对赞助商和合作伙伴进行了授牌，并对赛事进行详细的介绍。

世界女子9球锦标赛规格高、影响大，具有广阔的市场前景。沈阳是国家体育总局小球运动管理中心"南有上海，北有沈阳"9球战略布局的一个重要支撑点，举行"世界女子9球锦标赛"这样高水平的国际赛事，必将推动9球运动在整个北方的发展，将沈阳打造成一个"9球之都"，使"9球运动"成为沈阳对外一张精美的名片。

（叶　新）

【2011世界无车日（辽宁·沈阳）暨迎全运万人健步行活动举行】 2011年9月22日，由"十二运"沈阳赛区组委会群体工作部、沈阳广播电视台新闻频道共同主办，新生活集团（中国）有限公司独家合作的新生活集团2011世界无车日（辽宁.沈阳）暨迎全运万人健步行活动在沈阳市五里河公园举行。"十二运"沈阳赛区组委会副秘书长、沈阳市体育局党组书记、局长徐兴家，沈阳广播电视台党委副书记、总编缉李依群，新生活集团（中国）有限公司董事长安凤洛出席开幕式并致辞。

以"低碳健步走，全运新生活"为主题的万人健步行活动是借世界无车日之机，为迎接"十二运"而举办的一次迎大型活动，五里河公园为活动主会场，法库吉祥新城、沈北银河广场 、新民文化广场、辽中海之门广场、苏家屯临湖公园为分会场。来自沈阳广播电视台、新生活集团、沈阳残疾人艺术团、沈阳韩国人会的健身爱好者和沈阳市民共1万余人参加活动。

开幕式上，奥运冠军姚景远代表全体参加活动的人员宣读了倡议书，号召市民选择低消耗、低污染和低排放的绿色出行方式，从我做起，倡导绿色环保。

（叶　新）

【大众广播体操区县（市）组、企业组总决赛在沈举行】 根据"十二运"沈阳赛区组委会关于沈阳市大众广播体操工作总体安排，为了检验沈阳市大众广播体操普及、开展的实际成果，由"十二运"沈阳赛区组委会群体工作部主办，沈阳市直机关工委、沈阳市总工会承办、皇姑区政府协办的沈阳市大众广播体操区县（市）组、企业组总决赛于10月31日在皇姑区体育馆举行。"十二运"沈阳赛区组委会副主任、副市长王玲，市体育局局长、"十二运"沈阳赛区组委会副秘书长徐兴家，皇姑区区长曾波，"十二运"沈阳赛区组委会群体工作部副部长、市

体育局副局长沙钢，市总工会副主席王义清，皇姑区副区长贺燕出席开幕式。市体育局局长、“十二运”沈阳赛区组委会副秘书长徐兴家致词，“十二运”沈阳赛区组委会副主任、副市长王玲宣布比赛开始。

和平区、沈河区、皇姑区等14支区县（市）组队伍以及沈鼓集团、东药集团、兴隆大家庭等6支企业组队伍共600人参赛。经过激烈的争夺，皇姑区、和平区、大东区获得区县（市）组总决赛一等奖；沈阳兴隆大家庭获得企业组总决赛一等奖。比赛结束后，有关领导向获奖单位颁发了区县（市）组、企业组总决赛奖杯、优秀组织奖奖杯，同时向市直机关、区县（市）、企业三个组别的30名优秀大众广播体操领操员颁发了荣誉证书。

此次大众广播体操区县（市）组、企业组总决赛是本年度大众广播体操系列活动的一次收尾。自3月份在市直机关、企事业单位、学校及科研院所、街道、社区中开展“我运动、我健康、我快乐”百万市民学做大众广播体操活动以来，广大市民积极响应，广泛参与，普及工作取得明显成效。市直机关、企事业单位、学校及科研院所、街道、社区中熟练掌握并每天坚持做广播体操的人员达到70余万人次，掀起了全市同做广播体操的新热潮。

（叶　新）

【迎全运“百万市民上冰雪”新闻发布会在沈召开】　为深入开展全民健身运动，进一步营造喜迎全运的浓厚氛围，由“十二运”沈阳赛区组委会、沈阳市体育局、棋盘山开发区管委会共同举办的“全民参与，健康生活”“百万市民上冰雪”活动新闻发布会在奥体中心新闻发布厅举行。“十二运”沈阳赛区组委会副秘书长、市体育局局长徐兴家，棋盘山管委会副主任徐丽，“十二运”沈阳赛区组委会综合办公室副主任董蓓蓓出席新闻发布会。

“百万市民上冰雪”活动以棋盘山滑雪场、东北亚滑雪场、白清寨滑雪场为依托，在2011年12月至2012年3月期间，开展冬季科学健身大学堂、冰上趣味家庭运动会、大众滑雪、全国冬泳日比赛等富有特色的冬季健身活动，形成天天有活动，周周有亮点，月月有高潮的冬季大众健身的火爆氛围。通过开展广大市民喜闻乐见的冬季健身活动，大力宣传“十二运”沈阳赛区“全民参与、健康生活”的理念，引导广大市民积极健身、科学健身，进一步丰富市民的业余体育文化生活，提升全民健身运动的规模和水平，为构建和谐沈阳、成功举办“十二运”奠定坚实基础。

（叶　新）

【全国青年迎青奥（沈阳站）长跑活动暨沈阳青年迎全运长跑活动在沈举行】　由“十二运”沈阳赛区组委会群体工作部、沈阳市体育局、沈阳市委教科工委、共青团沈阳市委员会联合主办的“全国青年迎青奥”（沈阳站）长跑活动暨沈阳青年迎全运长跑活动，于12月10日在沈阳建筑大学举行，出发仪式由“十二运”沈阳赛区组委会群体工作部副部长沙钢同志主持。沈阳建筑大学学生代表宣读了沈阳大学生迎青奥倡议书。市教科工委副书记张恩同志、共青团沈阳市委员会副书记刘晓虹同志分别向大学生代表授奥运五环旗和青奥会会旗。南京青奥组委会副秘书长、南京市青奥组委会工作领导小组办公室常务副主任李恕同志向沈阳建筑大学校长赠送了“迎青奥沈阳站长跑活动”纪念牌。市政府副秘书长、“十二运”沈阳赛区组委会副秘书长程晓龙同志宣布活动开始。

本次活动是为响应国家体育总局、教育部、共青团中央和第二届青年奥林匹克运动会组委会联合举办“全国青年迎青奥”长跑活动的号召而举办的一次迎全运全民健身活动之一，活动的展开有利地宣传了奥林匹克精神，在全市范围内形成了广大青少年积极参加体育锻炼的新热潮，也必将为2014年南京青年奥运会和2013年全运会的成功举办营造良好氛围。当天，来自驻沈近30所高校的大学生代表和沈阳建筑大学3000名大学生参加本次长跑活动。

（叶　新）

社 会 民 生

百姓关注

【养老服务中心一期正式运营】 2011年5月8日，沈阳市养老服务中心一期正式投入运营。市养老服务中心共分五期建设，床位5813张。一期面积6.3万平方米，床位1146张。每位老人在入住时要接受健康检查，建立电子健康档案。

（鉴 闻）

【养老机构】 2011年，沈阳市老龄人口占户籍人口的17.1%，达到120多万人，养老问题越来越受到关注。沈阳市实行"以居家养老为基础，以社区养老为依托，以机构养老为补充"的养老服务模式。采取政府开发养老公益岗位的方式，上门免费为"三无"、低保和特困空巢老年人家庭提供居家养老照料服务。全市养老机构已达125家，床位19478张，其中城市养老机构83家，床位11471张；农村中心敬老院42所，床位8007张，分为一星至五星五个等级，价格由市场调控。全市社区日间照料站总数达到420个，占城市社区总数的47.6%。

（鉴 闻）

【低保户、五保户发"肉补"】 2011年，沈阳市政府决定为贫困群众发放肉价临时补贴，发放标准为城市低保对象、农村五保对象、在乡重点优抚对象每人每月25元；农村低保对象每人每月20元（两种身份类别不兼得）。补贴从6月起发放，肉价临时补贴以货币形式随着保障金一同发放。

此外，2011年4月至9月期间，为城乡困难群众发放价格临时补贴，发放标准为城市低保对象、农村五保对象、在乡重点优抚对象每人每月25元；农村低保对象每人每月20元（两种身份类别不兼得）。

（鉴 闻）

【特困居民医疗救助限额提至6000元】 2011年，沈阳市城乡低保户每人每年门诊最高救助限额提高到80元。个人承担费用的80%由医疗救助解决。扩大了救助范围，增加了门诊特慢病救助和急诊留观转住院救助。城乡低保人员和农村五保户的门诊特慢病救助参照住院救助享受待遇；城乡低保人员和农村五保户发生急诊并留观转住院也参照住院救助享受待遇。特困居民住院在新农合和城镇居民医保统筹基金报销的基础上上浮15%。2010年最高救助限额为5500元，2011年提高至6000元。

（鉴 闻）

【民办养老机构每张床年补2000元】 沈阳市对养老机构实行积极的扶持政策，对新建的民办养老机构经验收合格后，两年内每年每张床位补贴2000元。所有养老机构使用的煤气、水、电、供暖方面的费用享受居民生活使用价格。

对各级民政部门批准设立、社会力量投资兴办的非赢利性养老机构，可按照收住本市户籍老年人人数给予日常运营补贴的试点。补贴标准为：市区每人每月补贴100元，郊县每人每月补贴80元。

（鉴 闻）

【沈本产业大道竣工通车】 2011年10月8日，沈本产业大道竣工通车仪式在沈举行。辽宁省委常委、沈阳市委书记曾维宣布沈本产业大道竣工通车，市长陈海波、市人大常委会主任赵长义出席通车仪式，市委常委、副市长邢凯致辞。

沈本产业大道全长共计62.1公里，建设标准为一级路，其中：沈阳段27.7公里，投资7.26亿元；本溪段全长34.4公里，投资4.84亿元。沈本产业大道沈阳段起于浑南金辉街与飞云路交叉处，北接五爱隧道，经浑南新城、苏家屯区佟沟乡、姚千镇，南至本溪界。其中，起点至机场路段8.82公里为双向8车道，路面宽30米，已于上年10月建成通车；机场路至本溪界18.9公里为双向6车道，路面宽22.5米，于4月28日开工建设。沈阳段共建设大桥1座，中桥5座；本溪段建设大桥2座，公铁立交桥1座，中桥8座。

（鉴 闻）

【"福文化博物馆"开馆】 2011年2月17日（正月十五），沈阳市沈河区大南街道隆重举行了"福文化博物馆"开馆仪式暨"多福八景个性化邮票首发仪式。

2009年3月，沈河区委、区政府投入800余万元，对多福小区进行全方位的改造。在改造过程中，深挖多福社区的"福"文化内涵，将"福"文化元素融入小区的建设中，打造了迎福门、千福榜、祈福石、聚福亭、迎福墙、汇福门、福田广场、福临广场等八大具有"福"文化符号的标志性人文景观，被称为"多福八景"。老旧小区硬件改造后，社区文化内涵需要进一步丰富和提升；随着物质生活水平的不断提高，居民群众对精神文化生活的需求不断提高；随着时代的进步，现代社会人们更加注重传统文化传承和弘扬。正是在在这一背景下，以特色"福"文化建设为引领，积极开展社区元宵灯会、红诗诵读、福文化展示、福文化研究等丰富多彩的文化活动，居民对社区的认同感和归属感日益增强。中国诗人彩风团称赞多福社区是"诗意社区、福气逼人"。昔日脏乱差的小区，已经成为沈阳市不可复制的"福"文化基地。为进一步传承"福"文化，深入培育和打造"福"系列文化品牌，不断丰富居民文化生活，大南街道从2010年即着手筹建多福社区"福文化"博物馆。在用房和财力都十分紧张的情况下，专门拿出一处建筑面积240平方米独立小楼，投资30万元来打造中国首家社区性质的"福文化"博物馆。展览以"福"从生活中来为主题，以区域文化为背景，以平常生活为舞台，用普通百姓的视角，来展示和诠释“福”的深刻文化内涵和历史变迁。展厅共分为中国福文化传奇、多福社区的变迁、福文化的传承、多福社区活动掠影、居民摄影展、年画展等十大主题板块，共征集实物3大类，12小类，共计1000余件，图片2000余张，最古老的至今已有80余年，全部展品均来自社区居民。

（鉴 闻）

【古生物学院成立】 我国首家以学院为建制的古生物学专业学院——沈阳师范大学古生物学院，10月9日在沈阳师范大学举行成立仪式。这是我国第一所古生物学院，也是迄今已知的世界上惟一一所以古生物学命名的专业学院。

该学院设有古生物学、古地理与古环境学、古生物博物馆学、化石保护学、化石能源学等五个本科专业方向。每年计划招收30名学生，学制4年。2011年9月，迎来了第一批本科生。院长孙革教授是著名古生物学家、中国古生物学会副理事长兼古植物学分会理事长、教育部自然科学一等奖及李四光地质科学奖获得者。学院还外聘了国际著名古生物学家、美国科学院院士迪尔切，以及俄罗斯、德国、日本等外籍专家教授担任兼职教师。

学院拥有近2000平方米的教学楼，附设的古生物研究所含古鸟类、古脊椎动物、早期生命与古无脊椎动物、古植物与孢粉等4个研究室和1个技术室，收藏化石标本1万余件；另有用于教学的古生物实验室、岩矿实验室、地质与化石能源综合实验室等。学院“迪尔切图书室”收藏美国科学院迪尔切院士捐赠的6000余册古生物图书及3万余册单行本及杂志，是我国高校古植物学藏书最多的专业图书室。

（鉴 闻）

【首家劳务派遣公司工会成立】 3月23日，辽宁智森人才信息咨询服务有限公司工会正式成立。同时，经过工会与公司行政方平等协商，签订了第一份集体合同。这是继在沈世界500强企业全面建会，与沃尔玛、肯德基签订集体合同之后，沈阳工运史上又一件具有突破意义的大事，标志着沈阳市从源头上解决劳务派遣问题迈出了实质性步伐。

智森公司是沈阳规模较大的一家劳务派遣公司，有2000余名劳务派遣工。到3月23日，该公司工会筹备组已组织了1320名职工加入工会。在该公司工会成立大会上，市总工会派遣的职业工会干部当选为工会主席，在工会委员中，劳务派遣工占89%，为企业发展和谐劳动关系奠定了坚实的组织基础。

智森公司的集体合同，明确了公司派遣工工资标准和8%的工资涨幅，并要求用工单位为职工提供符合国家规定的劳动安全卫生场所和环境，对劳务派遣工进行岗位技能培训，女职工依法享受特殊保护待遇。此外，还明确规定，公司工会要积极促进“企业关爱职工、职工热爱企业”，组织职工开展经济技术创新活动，实现促进企业发展和维护职工权益的双赢。

（鉴 闻）

【辽宁省孤儿学校新校园落成】 10月21日，在沈阳市东陵区白塔街道塔南村，辽宁省孤儿学校新校园落成庆典隆重举行。中共中央政治局常委、国务院副总理李克强发来贺信。辽宁省委书记、省人大常委会主任王珉，省长陈政高，省政协主席岳福洪，民政部副部长窦玉沛，省委常委、沈阳市委书记曾维，省委常委、秘书长周忠轩，省人大常委会副主任仲跻权，省慈善总会会长张行湘出席落成庆典。

辽宁省孤儿学校始建于1965年，是我国惟一集九年义务教育和中等职业教育于一体的社会福利性质的学校。为改善学校办学条件，给孤儿学习成长提供更加广阔的空间，2008年，国家民政部和辽宁省委、省政府决定，将学校从朝阳整体搬迁到沈阳。经过三年的筹备和建设，一座建筑面积5.8万平方米，集教学、生活、培训于一体的现代化新校区正式落成并投入使用，740多名孤儿将在这里开始全新的学习和生活。

（鉴 闻）

【沈阳推出12条城建便民举措】 8月28日，沈阳市城建局推出12项便民举措。

设置港湾车站。在市政道路建设中，对有条件的街路实施港湾车站及路口渠化改造工程，方便市民乘坐公交，缓解主干道的交通压力；同时，在部分街路设置梯形斑马线和车辆减速带。

对已经改造完工，但没有无障碍设施的街路，按规定在人行道增加盲道等残疾人无障碍设施。对原来没有盲道（但具备盲道设置条件）的街路，设置盲道设施；同时在人行道的交叉路口、单位入口、居住区入口等处设置无障碍坡道。

对道路路面破损、坑槽等问题，发现或接到举报24小时内处理完毕。发现井盖、井箅、井座损坏、丢失或接到举报后2小时内，到现场设立警示标识，12小时内处理完毕。

改造百块绿地，出门即逛公园。对市内100块街旁绿地进行开放式改造，增设休闲座椅、健身器材，铺设园路。2012年，计划再改造100块观赏型绿地，调整现有植物品种，在有条件的绿地栽种市花玫瑰和野花组合，增设园林小品及挡墙护栏。

加强运河水体综合利用，营造自然生态、亲水游憩的运河景观带。完善运河沿线黎明园的服务休闲功能，增设200件（套）健身器材，打造健身休闲园。同时，对枫露园、和睦园、夏芳园等3个游园进行景观提升改造。

对东陵、北陵、南湖、科普4个公园实施改造提升工程。增设便民果皮箱、游园指示牌、健身步道等；改造花坛花境布置和完善公园广场功能，增加色叶植物等多种形式。

对市府大路、和平大街、滂江街、保工街等全市86条街路的临街单位实行垃圾上门收集。由环卫保洁人员按照责任区域，在巡回保洁时对临街单位的生活垃圾进行定时上门收集。

逐步取消旱厕，增加环保公厕，改造水洗公厕。对全市主要商业街区、人流密集地区的500余个公厕进行延时开放，夏季开放至22:00时，冬季开放至21:00时。同时，推行临街单位内厕开放工作，全市开放内厕达到2400家。

非物业小区保洁大院不再脏乱差。在上年对非物业小区实行专业化扫保的基础上，2011年新增480余个，全市2700余个非物业小区实现了环卫工人专业清扫保洁，按照每300户配备一名垃圾收集员，每9000平方米配备一名庭院保洁员的标准配备了非物业小区作业人员。

从冬季开始，雪后专业清扫人员将在第一时间对过街天桥、地下通道等人行设施的积雪进行清理。

设置千个信息栏 给小招贴安家。为解决居民区小广告乱贴乱画问题，设立便民信息栏。在市内七区居民小区、二级以下街路分层次、分类别设置1000个不同档次景观化便民信息平台。

组建专业清理队伍，购置专用清除工具和机械化清洗车，加大对招贴喷涂清理整治力度，清除及时率达到100%。

（鉴　闻）

【中心庙获评国家AA级景区】 11月4日，拥有623年历史的沈阳中心庙（最原始的庙宇部分只有16平方米）被正式授予国家AA级景区称号。

沈阳中心庙，始建于明代洪武21年（1388年），是明清沈阳古城的中心坐标，是600多年前明朝沈阳中卫城建设中惟一完整留存于世的历史遗迹。当年，建筑布局是东南西北四门，城内设有“十”字大街通往各城门，在十字大街中心点上修建的中心庙，可使四座城门互不相见，形成虚设的“丁”字路口，起到军事防守的作用。皇太极再修古城时，“十”字街改为“井”字街，仍然保留中心庙。2004年以来，沈河区先后三次维修中心庙，恢复庙宇，整治周边环境，兴建景区基础设施、公共服务设施，使地处沈阳故宫北墙外的中心庙具备了接待旅游者的能力。

（鉴　闻）

【农村五保供养】 截至2011年底，全市有农村五保对象1.67万户、1.73万人；分散供养对象1.25万人，集中供养对象4815人；农村敬老院42所、床位8658张，工作人员845名。

1.调整五保供养标准。农村分散供养标准：四县（市）从每人每年2640元调整为每人每年3240元，九区及开发区从每人每年3190元调整为每人每年3790元。农村集中供养标准：四县（市）从每人每年5060元调整为年从每人每年5660元，九区及开发区从每人每年5610元调整为每人每年6210元。调整标准所需资金由市、区两级财政按渠道、配比方式解决。

2.落实五保供养政策。按照动态管理的原则，沈阳市已将符合五保条件的人员全部纳入了五保范围，全市2011年新增五保户626人，退出（含死亡）452人，分散到集中供养的134人；做到了应保尽保，并对有经济来源，不符合五保条件的人员随时取消了五保待遇，如对部分征地有收入的五保对象，取消了五保待遇。按照五保老人的意愿，根据入院自由的原则，对要求入敬老院集中供养的五保户基本满足了要求。

3.落实五保供养资金。沈阳市从2003年下半年开始实行农村税费改革制度，使五保经费有了稳定的经费来源。五保资金来源渠道主要是辽宁省财政转移支付和市、区县两级财政配比。2011年，全市落实五保资金6012.22万元，其中：省转移支付2464万元，市财政配比资金1769.91万元。

4.为农村五保对象发放物价补贴。为缓解物价上涨给农村五保对象基本生活带来的影响，国家和辽宁省政府自2011年4月份和6月份分二次对农村五保对象发放肉价补贴和临时价格补贴，共投入资金691万元，确保农村五保对象基本生活不因物价上涨而降低。全年解决农村五保医疗救助资金360多万元。

5.完成农村中心敬老院建设。截至年底，沈阳市已有40所农村中心敬老院竣工入住，集中供养率达到56%以上，基本满足农村五保供养对象的集中供养需求，初步形成布局合理、设施配套、功能完善、管理规范的农村五保供养服务机构网络。

6.组织开展农村模范敬老院评比活动。沈阳市有14所中心敬老院被评为市模范敬老院。有7所中心敬老院被省厅评为模范院，并受到表彰。

7.组织参加全省两期农村中心敬老院院长培训班。一是沈阳市在新民市大民屯中心敬老院承办了全省第2期农村中心敬老院院长培训班。来自全省大连、鞍山、营口、丹东、辽阳等五个城市110人参加了培训。沈阳市大民屯中心敬老院、于洪区中心敬老院在培训班上做了发言，培训班受到了预期的效果。二是沈阳市组织27名学员参加了在丹东市举办的辽宁省第1期农村中心敬老院院长培训班，通过学习有帮助、有收获。

（于友成）

【社会福利】 2011年，全市城镇养老机构总数为91家，其中：国办养老机构13家，民办养老机构78家，托老、照料和康复活动场所1822个，全市城镇养老服务机构共有床位1.41万张。

2011年，全市继续发展和完善以居家养老为基础、以社区服务为依托、以机构养老为补充和中介组织为纽带的“3+1”养老服务体系，各类养老机构和养老服务设施建设快速推进。市养老服务中心、和平区养老服务中心、大东区德济老年关爱中心、铁西区养老中心4个大型中、高档养老设施建设项目快速推进，其中市养老服务中心一期工程已投入使用，建筑面积6万平方米，设置床位1146张。努力抓好项目建设，积极协调有关部门解决资金缺口问题，全市有6所中心敬老院建成并入住。实行新建民办养老机构床位补贴政策和民办养老机构运营补贴试点工作。政府为民办实事之一、总投资1000万元新建100所社区示范性日间照料站全部完成，使沈阳市社区日间照料站总数达520个。同时在9个区各确定10个试点社区安装智能健康监护管理系统，每个社区补助3万元运营资金。开发公益性岗位1585个，为4680户不能自理的空巢低保老人免费提供居家养老服务。建立“老年人应急呼叫系统”，截至12月底，全市免费为2.2万户特困空巢老年人家庭安装应急呼叫器，为191人次提供求救服务，为6034人次提供求助服务，为5万余人次提供咨询服务。市养老服务协会，组织全市开展星级养老机构评定。

（尹玉砖）

【孤残儿童救助】 2011年，沈阳市出台了《沈阳市加强孤儿保障工作的规定》。通过政策的执行，全面提高了孤儿的保障水平，开展形式多样的孤儿安置和养育模式，加大对孤残儿童救助的资金投入力度，使全市1180名孤儿的生活状况得到切实改善。2011年，城市孤儿养育标准已达到每人每月700元;农村户口的孤儿最低养育标准为每人每月600元;福利机构的集中供养孤儿最低养育标准月人均达到1000元。完成了孤儿信息系统的培训和录入工作。4月1日起,全国儿童福利信息管理系统在沈阳市的正式启用,全市孤儿保障工作从此走向了规范化、标准化和制度化的轨道。

(杨春光)

【回族群众欢度开斋节】 8月31日是回族等穆斯林群众的传统节日开斋节,全市万余名穆斯林群众欢聚清真南寺庆祝节日。市政府副市级干部沙波涛,市政府副秘书长陈小平,市委统战部副部长李书鲤,市民委主任任桂芳,副主任郑继俊、金翔,辽宁省伊斯兰教协会会长李鸿宾,市回族联谊会会长金厚家等亲临现场,向全市广大穆斯林群众致以节日的祝贺,并出席了在海馨龙宫饭店召开的回族各界代表人士庆祝开斋节座谈会。

(付 聪)

【锡伯家庙免费向公众试开放】 2011年8月25日至29日,在第四届东北文化产业博览交易会期间,沈阳锡伯家庙免费向公众试开放。

和平区在做好锡伯家庙修缮工作后,还赋予家庙新的文化功能,开设了锡伯族文化展厅,内含西迁壮歌、历史源流、风俗习惯、民族文艺及民俗复原、婚俗复原等6个方面内容,并开辟了民族团结进步教育展室,着力将家庙打造成为集文化、旅游、教育、服务于一体的爱国主义和民族团结进步教育基地以及北市地区重要的旅游资源。同时,市锡伯族联谊会配合和平区相关部门还组织整理、排练了传统的锡伯族歌舞、服饰展演等节目,向广大游客充分展示锡伯族悠久深厚的文化底蕴。

(关艳萍)

【锡伯族文化广场在沈北新区建成】 2011年9月30日,锡伯族文化广场在沈北新区建成并举行揭幕仪式,辽宁省委常委、市委书记曾维,市长陈海波,市人大常委会主任赵长义,市政协主席刘雅琴等领导同志参加仪式。

副市级干部、沈北新区区委书记张景辉,新疆察布查尔锡伯自治县副县长王军民在仪式上致辞,分别表达了两地人民血肉相连的深厚情感和共同书写热爱伟大祖国、共同促进各民族团结进步新篇章的真挚情感。

锡伯族文化广场是沈阳市打造锡伯族文化生态保护区的重要内容之一,于8月中旬开工建设,占地5.4万平方米,投资4880万元。广场位于蒲河北岸,由轴线景观区、中心广场区、滨水平台区三个区域组成,通过锡伯民族英雄图伯特纪念铜像、锡伯魂柱、家庙离别、到达伊犁、梦回故乡等5座雕塑,展现了锡伯族西迁伟大壮举。

(李国臣)

【沈阳民族文化节】 2011年9月28日,“2011沈阳民族文化节”开幕式在棋盘山花果山神秘谷风景区举行。市民委主任任桂芳、副主任金翔出席开幕式。

开幕式上,市民委正式命名神秘谷风景区为“沈阳市民族团结进步教育基地”,任桂芳向景区负责人颁发了牌匾。金翔在致辞中认为,神秘谷风景区开辟民族团结进步教育展室,向游人宣传党的民族政策和民族文化知识,将民族团结进步教育融入旅游项目,搭建了民族团结进步教育的崭新平台,收到弘扬主题、寓教于乐、润物无声的良好效果。

本届民族文化节为期7天,设有民族团结进步展、满族阎家大院、蒙古大营、朝鲜族人家、回回营、锡伯酒家、原始部落等七大展区,同时展示各个民族的工艺文化、装饰文化、饮食文化、节庆文化和戏曲文化等,并向所有少数民族同胞免费开放。通过参观游览,游客可以了解少数民族风俗习惯、感受少数民族文化。

(付 聪)

人口与计划生育

【人口指标】 2011年,沈阳市出生人口5.3万,人口出生率6.95‰,自然增长率0.89‰。出生人口性别比106.4。全年财政总投入为2.88亿元,人均财政投入达39.84元。

(张 超)

【统筹力度进一步增强】 2011年,市统筹解决人口问题领导小组出台了《沈阳市关于进一步深化人口和计划生育综合改革,创新体制机制的实施意见》。市政府办公厅出台了《沈阳市人民政府办公厅关于印发沈阳市独生子女父母退休补助费发放实施方案的通知》;市政府办公厅转发了《关于创新流动人口服务管理体制,推进流动人口计划生育基本公共服务均等化实施方案的通知》。市人大常委会先后视察了“和众人口文化传播中心”、“五爱市场流动人口工作站”,并提出了具体指导意见和建议;市政协在“关爱女孩行动”中开展援助行动等。市直领导小组成员单位按照职责分工的要求,发挥了积极作用。

(张 超)

【人口文化宣传教育】 由市委宣传部、人口计生委、公安局、卫生局、民政局、妇联等十一部门联合印发了《“十二五”期间沈阳市婚育新风进万家活动意见》,在全市建起了50个人口文化特色村、100个高品位“新家庭文化样板屋”、1300个国策宣传橱窗等婚育文化精品。举办了1200余场“人口讲堂”活动,与市妇联启动了“大手牵小手,关爱农村低保女孩户百分百行动”。在全省率先开通了《人口计生文化中心户网站》,沈阳市中心户创新经验得到国家、省人口计生委的肯定。在辽宁省第三届人口文化节新农村、新家庭“五进家”百项品牌评比中,沈阳市沈河区多福人口文化园等多项品牌获奖。沈阳市“全国十佳新闻人物王永利”和“全国计生系统优秀宣传干部刁宝成”的事迹被编入《全国人口系统创先争优100例》中。沈河区韩香琪被国家人口计生委授予“全国十佳自强女孩”。

(张 超)

【出生人口性别比综合治理】 2011年,沈阳市成立了由分管副市长王玲为组长的综合治理出生人口性别比工作领导小组。与市委宣传部、公安局、卫生局、民政局、妇联等十一部门联合印发了《沈阳市“十二五”时期综合治理出生人口性别比偏高问题专项整治行动工作方案》,与公安、卫生等部门联合下发了《沈阳市打击“两非”专项整治活动工作方案》。在全市围绕非医学需要进行胎儿性别鉴定、未经批准施行选择性别终止妊娠手术、不符合条件开具《中引证明》、不查验《中引证明》施行终止中期以上妊娠手术等违法现象，开展了历时一个月的打击“两非”专项整治活动，共查处3起违法案例。

（张　超）

【民生普惠】 2011年，沈阳市对人发放“奖扶”资金1611万元。对1.03万人发放“特扶”资金1232万元。落实了5.89万户城镇双无业家庭独生子女父母奖励费，兑现资金612万元。对农村90余万人次育龄群众实施了免费基本技术服务。全市查处违法生育共1000例，立案887、结案793，征收社会抚养费671.5万元。城镇双无业独生子女父母奖励数100%兑现，兑现资金935.9万元。办理辽宁省民心网、“12356”、阳光计生热线、“96123”市民热线、民声微博等共计2000余件次，办结率、回复率均达100%。开展了“5·15政务公开日”活动，有2000余人参与，全年共受理群众信访1.07万件（次），办理群众诉求138件。在“矛盾化解年”的活动中，解决了辽宁省交办的全部积案。

（张　超）

【优质服务】 2011年，沈阳市辽中县进入了国家级计划生育优质服务先进县行列。东陵、大东、沈北、辽中等4个区县计划生育服务站已申报国家优质服务站。东陵、大东、沈河、沈北、和平、辽中、康平等7个区县计划生育服务站已获得了省级优质服务站称号。辽中县满都户镇、康平县西关乡、康平县开发区、法库县叶茂台镇等4个乡级计划生育服务所被辽宁省命名为省级优质服务示范所。通过加大药具基础设施建设和设备投入，铁西、沈河、大东、皇姑、东陵（浑南新区）、苏家屯、沈北新区等通过了省级药具“五化”标准站的验收。完成了叶酸免费发放工作，全市免费叶酸服用人员1.8万人，随访5.5万人次，叶酸服用常识普及率达到98.6%。育龄群众免费发放了生殖健康宣传知识小折页15万册，《新婚知识手册》4万册。在市及区县服务机构独立设置优生咨询室，为10万余人次提供了免费咨询服务。全市开设了孕前风险评估点近2000个，对10万余例人员进行了测评。继续实施政府、高校、社区“三位一体”早教模式，出版了《0－3岁儿童早期发展与家庭教育》，在沈阳大学举办儿童早期发展指导员培训班。沈阳市已有儿童早期发展基地60个，受益人数6000余人。

（张　超）

【均等化服务】 2011年，沈阳市启动了创新流动人口服务管理体制，深化流动人口计划生育基本公共服务均等化试点工作。开展了创建流动人口计划生育管理服务示范县（区）活动，东陵区、苏家屯区被命名为“沈阳市流动人口计划生育服务管理示范区”。开展了以“真情关爱、服务均等”为主题的流动人口计划生育服务月活动。全年流动人口免费技术服务人数3万余人次，免费技术服务率达到97%。查验《流动人口婚育证明》近5万份，办理《流动人口婚育证明》1.7万份，流入、流出人口办验证率分别达到90%、94%以。流入已婚育龄人口在现居住地免费药具获得率达90%以上。

（张　超）

【夯实基层基础】 2011年，沈阳市在新民市开展了出生人口信息统计方式改革试点工作，由以往的以计生部门统计上报为主，变以助产医疗单位统计为主，计生部门审查核实，提高了出生人口信息统计的准确率。建立全员人口信息定期通报、定期检查、定期反馈制度，全市有80个乡镇（街道）实行单独上网，其中沈北新区全部落实。清理系统中数据重复、逻辑关系错误信息37.6万条。

（张　超）

【群团作用发挥明显】 2011年，沈阳市计生委开展了走进独生子女特殊特困家庭开展帮扶救助摸底工作。全市共调查独生子女伤残死亡家庭1.03万户，并利用协会优势开展各种形式的帮扶工作。为全市4000户独生子女伤残死亡家庭办理了人身意外保险。针对青春健康教育问题，把初高中生、大学生青春健康教育拓展工作纳入协会工作，开展了初高中学生和大学生“青春健康活动”，涉及人群达20万人次。

此外，全市系统以庆祝建党90周年为契机，组织开展了沈阳市人口计生系统纪念建党90周年红歌（诗）会，重温了共产党发展壮大的艰辛历程、讴歌了共产党带领全国各族人民建设社会主义新中国的丰功伟绩、展望了沈阳市人民的美好发展愿景和计生人的良好祝愿，进一步凝聚团队力量。

（张　超）

人力资源管理

【就业和人才服务】 2011年，沈阳市实名制就业21.5万人，农村劳动力转移就业6.7万人，培训城乡劳动力5.5万人，培养扶持创业带头人2653人，发放小额担保贷款1.35亿元，城镇登记失业率控制在3%以内，零就业家庭保持动态为零。

1.将高校毕业生就业创业工作摆在首位。以“人对人、点对点、表对表”的实名制就业工作理念为指导，按照《2011年高校毕业生就业创业路线图》的设定，高标准地完成了高校毕业生实名制就业工作。全年大学生就业9.96万人，就业率达到92.7%，862名特困大学生全部实现就业。

2.全力做好就业失业登记证发放工作。沈阳市于8月18日在和平区南湖街道文安路社区举办了《就业失业登记证》首发式。并根据办理《就业失业登记证》工作流程的设计，为区级就业服务机构和全市街道（乡镇）配备打印机、二代身份证识别器、条码扫描器。市劳动就业信息管理系统的本地化升级改造工作全面完成，实现了与辽宁省就业失业登记管理系统的有效对接。提前完成了20.3万人的《就业失业登记证》发放任务。

3.积极做好就业困难群体援助工作。经过与财政等部门的沟通，全市2.7万名公益性岗位的岗位补贴随城市最低工资标准及时进行了上调；对10.9万名“4050”灵活就业人员社会保险补贴进行了足额发放；进一步建立健全了零就业家庭动态管理和动态援助制度，确保了零就业家庭动态为零；通过积极开展

"春风行动"等系列活动,提高了进城务工农民就业的稳定性。

4. 深入开展创业带动就业工作。作为全国首批创建国家创业型城市之一,沈阳市高度重视创业带动就业工作,加强了组织领导体系、政策支持体系、创业培训体系、创业服务体系和工作考核体系等五大体系建设,紧紧把握创业培训、小额担保贷款、创业孵化三个环节,着力解决创业能力、创业资金和创业场地三个关键问题,加大创业扶持力度,鼓励扶持广大劳动者自主创业。

5. 不断推进"1+6+7"专业人力资源市场建设。将市场建设作为重中之重,着力推进基本公共就业和人才服务均等化和市场在资源配置中的基础性作用,通过沈阳市在全国范围内首创的"1+6+7"专业人力资源市场体系的优势,按照"统一领导、统一制度、统一管理、统一服务标准、统一信息系统"的要求,实现连锁运作、优化循环的理念,坚持"实名、频率、特色、重点、分级"的原则,组织开展了各类招聘活动768场,有效推动了全市就业工作的展开。

(*时　刚*)

【人才队伍建设】 2011年,沈阳市公务员管理工作取得了明显成效。按照建设一支政治坚定、业务精通、遵纪守法、作风务实的干部队伍要求,认真做好公务员的录用、考核、任免、职务升降、奖惩等日常管理工作,积极建立并不断完善了以竞争上岗为主的干部选拔任用机制,在公务员管理的规范化、科学化、制度化和民主化方面,取得了较明显成效。在全市开展了三期公务员心理建设系列讲座,引起了强烈的反响;筹备了公务员写作大赛和"百问"知识竞赛活动,产生了很好的效果;选树了孟庆伟、刘彦、何苗、外国专家局、和平养老分局五个先进典型,在全局引起了强烈的共鸣;圆满完成了43955人的公务员考录工作;进一步深化了公务员经常性培训、教育、管理、监督等基础性工作。

人才引进工作建立了长效机制。在引才政策层面上有了突破,进一步优化了人才引进政策环境。在以往引才的基础上,在调研方式、项目征集、岗位搜集、信息发布、宣传造势、反馈对接、高校走访、建立平台、畅通管道等方面建立了环环相扣的引才机制,并把它进行了相对凝固,保证了引才工作从短期常态、随意性转化为良性的长效机制,保证了京津连三地引才领域集中、岗位专业、薪酬较高、效果明显、三战三捷,三地共收到简历数6208份,其中:博士190人、硕士1873人、本科3645人、成熟人才299人,意向聘用2411人,确定录用348人,一批在全国和行业享有盛名的高端人才签约沈阳。市政府还分别与北京中央财经大学、天津南开大学、大连东北财经大学成功签订人才培养框架协议。院士和企业、项目对接井然有序,博士后工作站逐步建立和完善。发放了2010年博士后资助金,组织了40余家企事业单位博管人员进行了经验交流,开展了全市项目专家需求调查,拓宽了全市人才工作的思路和渠道。

建立了外国专家聘用单位激励机制。组织开展了首届沈阳市引智先进单位和先进个人评选表彰活动,经层层评审,评选出15个2010年度"沈阳市引进国外智力先进单位"和25名"沈阳市引进国外智力先进个人"。极大地调动了全市广大引智工作者的积极性,取得了良好的社会效应。

引进海外研发团队项目数据喜人。全年向辽宁省政府申报了省引进海外研发团队项目90项,获批40项,超额完成本年度考核指标。以上项目技术水平均达到或超过国际先进水平,填补国内空白。

(*时　刚*)

【人事和收入分配制度改革】 2011年,沈阳市出台了"1+3"事业单位改革总体方案。坚持按照"总量从严控制,结构分类调整,缺编内部调剂,高端外部引进"的原则,加强事业单位人事管理。制订完善了"1+3"事业单位改革总体方案,采取统分结合、有分有合的方式,启动了事业单位改革的第一步。

事业单位岗位设置管理工作正式启动。本着"积极稳妥,审慎实施"的原则,经过较长一段时间的调研,事关15万工作人员切身利益的全市事业单位岗位设置管理工作于8月17日正式启动。

工资收入分配制度改革全面铺开。全面完成了公共卫生与基层医疗卫生事业单位实施绩效工资工作,3月30日召开全市工作会议对全市其他事业单位实施绩效工作进行了具体的部署和安排,并下发《关于沈阳市事业单位实施绩效工资的指导意见》。通过这次会议推动事业单位实施绩效工资工作在全市全面铺开。

(*时　刚*)

【构建和谐劳动关系】 2011年,沈阳市开展了"百日要约行动"。按照辽宁省人力资源和社会保障厅《关于开展2011年度工资集体协商"百日要约行动"的通知》要求,沈阳市人力资源和社会保障局研究制定了《关于开展2011年度工资集体协商"百日要约行动"的通知》。与工会、企联等部门密切配合,依据各自职能指导用人单位和工会组织积极联合开展"百日要约行动"。实现了劳动合同签订率达到97.6%以上,已建工会企业集体合同(工资专项)覆盖率95%以上,未建工会企业通过签订区域性、行业性集体合同等办法,使集体合同覆盖率达到75%以上。

农民工维权工作扎实有效。沈阳市劳动监察机构把维护农民工合法权益摆在更加突出的位置,作为贯穿全年的重点工作抓好落实。采取日常巡视检查与举报投诉专查并重,集中力量开展专项执法检查等工作措施严格执法,着力规范农民工工资支付行为,及时查处和解决拖欠农民工工资问题,拖欠农民工工资清欠率和结案率均达到100%。在此基础上,注重建立农民工权益保护的长效机制,继续落实沈阳市政府59号令,加强与市建委、市农民工维权中心等部门的配合,协同做好农民工工资保障金的收缴、支付和管理工作,用好工资保障金及时解决拖欠农民工工资问题。

(*时　刚*)

【军转安置】 沈阳市人力资源和社会保障局超前谋划2011年度军转安置工作,摸清了军转干部和各单位的空缺"两个底数",为军转安置工作打下坚实基础。全年完成军转安置任务780人。

特别是在安置空间有限、安置压力逐年加大的背景下,完成了460名随军家属安置任务,受到军地一致好评。

(时　刚)

社会保障

【社会保障体系建设】　2011年,沈阳市按照国家和辽宁省要求,全力打好民生"攻坚战",大踏步迈上维护保障民生的新征程。

1. 集中精力抓扩面。借助《社会保险法》颁布实施的有利契机,创新活动载体,深挖工作潜力,五大险种参保人数不断增加,任务指标均超额完成。企业养老保险统筹基金征缴达到98.6亿元,社保稽核实现增收1.8亿元。

2. 老工伤人员抓纳入。成立相应的工作领导小组,制订了科学的工作方案,认真做好参保单位欠费、趸缴数据核定和缴费工作,近8万名老工伤职工、1700多名工亡遗属全部纳入工伤保险统筹管理。

3. 新农保和城保工作抓全员。以"完善社保体系,建设幸福沈阳"启动仪式为标志,全面开展新型农村和城镇居民养老保险工作,全市养老保险基本实现全覆盖、大循环。全市新农保和城镇居民养老保险参保人数达到103.4万人,约38.1万人按月领取养老金。

4. 医保改革抓延伸。启动实施医保市级统筹,积极推进异地就医持卡结算工作,实现了城镇居民大额保险院端结算。将职工医保最高支付限额由5.5万元提升至10万元,增加了13种城镇职工门诊规定病种,提高了8个原单病种的结算标准,编制了沈阳市医疗保险新编码药品库,并在全国大会上介绍了经验。医疗和生育保险各项工作在辽宁省综合考评中受到通报表扬。

5. 金保工程抓推进。完成社会保险基础数据库整理和转换工作,通过与公安系统数据比对,核准参保人员信息,基本实现"同人同城同库"的设计目标;完成"五险合一"社会保险经办业务和公共服务系统的设计及调试工作。

(时　刚)

【城乡居民最低生活保障】　截至到2011年12月底,沈阳市城乡低保共保障11.5万户、21.3万人,保障面为2.97%,累计低保资金支出3.93亿元,城乡人均救助额207.83元。

1. 调整低保标准。为深入贯彻国务院、省政府的有关要求,沈阳市出台了《关于印发沈阳市调整城乡居民最低生活保障标准、农村五保供养标准和"两节"临时救助标准实施方案的通知》,上调了各项救助标准。城乡低保标准、低保边缘标准从2010年11月1日起调整,"两节"救助标准,城乡低保户由每户400元提高到600元,城乡低保边缘户由每户240元提高到360元,在1月25日前已全部发放到位。共发放"两节"救助资金8793.3万元,其中:为城市低保户发放4694.72元,为农村低保户发放3611.92万元,为城市低保边缘户发放292.21万元,为农村低保边缘户发放194.45万元。

2. 为城乡贫困群体发放各类生活补贴。按照辽宁省民政厅、财政厅《关于为城乡困难群众发放一次性生活补贴的通知》、《关于为城乡困难群众在乡优抚对象发放价格临时补贴和提高孤儿基本生活养育标准的通知》、《关于为城乡困难群众在乡重点优抚对象发放肉价临时补贴的通知》和《关于继续发放价格临时补贴及肉价临时补贴和城乡低保边缘对象发放一次性价格临时补贴的通知》,在春节前夕,及时发放一次性生活补贴2840万元;为城乡低保户发放价格、肉价临时补贴,累计发放价格、肉价补贴7823.65万元。为城乡低保边缘群体累计发放一次性生活补贴315.22万元。

3. 健全完善供暖补贴政策。出台了《关于调整完善城市贫困群体居住非集中供暖住房和农村贫困群体居住集中供暖住房冬季取暖补贴标准的的通知》,提高城市贫困群体非集中供暖补贴标准,城市低保户每户每个取暖期补贴标准由500元提高到700元,城市低保边缘户每户每个取暖期补贴标准由300元提高到420元。同时,参照城市集中供暖补贴标准,完善农村供暖政策,实现城乡供暖救助一体化。

(邹军川)

【城市特困居民医疗救助】　2011年,沈阳市城乡低保医疗最高救助限额提高到6000元。同时贫困群体参保参合政府补助覆盖面不断扩大,实现对全体城乡低保户参保参合进行全额补助,确保实现城乡贫困群体医疗救助不低于50%,符合城市二次医疗救助居民的救助限额达到3万元,医疗救助工作再创新水平。

(邹军川)

民　政

【基层政权和社区建设】　2011年,沈阳市基层政权和社区建设工作以全面推进城乡和谐社区建设,提高城乡居民的整体素质,构建具有沈阳特色的城乡社区协调发展为目标,以社区居委会换届和农村社区建设为重点,全面完成了老旧社区公共用房改造、探索完善社区工作者队伍职业化管理机制、社区工作者培训教育机制、村务公开民主管理、加强对农村干部的监督管理各项工作。

1. 完成全市第八届社区居委会换届选举工作。4月8日召开了全市社区"两委"换届暨社区建设工作会议,陈海波市长主持了会议,曾维书记到会做了重要讲话。会议听取了祁鸣副市长的工作报告,对下一步全市的社区"两委"换届暨社区建设工作做出了部署;会上以市委、市政府名义表彰了9个标兵社区、100个先进社区,9名社区工作者标兵、100名先进社区工作者,市和谐社区建设先进街道14个,50名先进志愿者,50个先进社区社会组织,50个共驻共建先进单位。会后以市委文件下发了《关于进一步加强城乡社区建设工作的意见》,以市委、市政府两办文件下发了《关于做好2011年城市社区两委换届选举工作的通知》,以市民政局、组织部等10个委办局联合下发了《关于印发沈阳市第八届社区居民委员会换届选举工作方案的通知》，经市政府法制办备案审查、出台了辽宁省第一个《沈阳市城市社区居民委员会换届选举工作实施细则》，印发了社区换届选举资料3000余份。举办了全市社区居委会换届选举培训班和全市首任社区主任培训班，308名第一次当选的社区居委会主任参加了培训，截至5月31日，全市有换届选举任务的865个城市社区和171个村改社区全部完成了换届选举任务。换届后，沈阳市原有869个城市社区，村改社区229个。在本次换届选举中，各区结合实际对城市社区规模进行了调整，调整后全市城市社区总数为865个，社区平均规模为3347户（其中市内5区平均规模3915户）。全市有1069个社区参加本届换届选举（城市社区865个）。在本次换届选举中，全市共依法选举产生社区居民委员会专职成员3983人，有1712名户籍民警和物业公司经理当选为社区居民委员会的兼职副主任；经过考试、考核招聘社区专职干事6302人。在新一届社区工作者中，社区工作者的平均年龄岁39岁，女性8552人，约占总数的83.2%，大专以上文化程度的9673人，占社区工作者总数的94%。其中社区居委会主任的平均年龄43.9岁。从选举方式上看，主要采取社区居民代表选举、居民直接投票选举和户代表投票选举的选举办法。社区居民代表选举的社区695个，约占65%；居民直选和户代表选举的社区374个，约占35%。

2. 进一步提高社区工作者待遇，为全市社区工作者办理“五险一金”并提高补贴标准。市民政局会同有关部门下发了《关于建立健全社区工作者社会保险和住房公积金制度的通知》，切实为全市社区工作者建立健全了基本养老保险、基本医疗保险、失业保险、生育保险、工伤保险以及住房公积金即“五险一金”制度。根据辽宁省民政厅、财政厅有关通知要求，市财政局和市民政局联合发文，决定从2011年7月份开始，进一步提高社区工作者生活补贴。其中和平区、沈河区、大东区、皇姑区、铁西区、苏家屯区、东陵区、沈北新区、于洪区及开发区的社区主任1700元/月，社区副主任1600元/月，其他社区工作者1500元/月；新民市、辽中县、康平县、法库县社区主任1230元/月，社区副主任1130元/月，其他社区工作者1030元/月。提高社区工作者生活补贴所需经费由省、市和区（县、市）财政共同承担，其中：省财政每人每月补助100元，市财政每人每月补助40元，区财政每人每月补助60元。

3. 进一步加强对社区工作者的管理，提高社区工作者队伍的整体素质。全市开展了社区工作者实名制管理、制度化管理、规范化管理的体制和完善的退出机制、健全的社会保险体制的各项工作。中共沈阳市委组织部、市民政局、市财政局、市人力资源和社会保障局联合制定下发了《关于印发〈沈阳市社区工作者管理办法〉的通知》，办法共分七章四十八条，分别从社区工作者的产生、管理、考核、培训、退出等各个方面作出了详细的规定，此办法的出台使社区工作者的管理有法可依。为推进社区工作者职业化进程，全面实行职业资格认证制度，建立规范准入制度、退出制度，与社区工作者依法签订岗位协议，明确社区工作者的法律地位，进一步推动沈阳市社区工作者职业化、专业化进程。

4. 加强全员培训，全面提升社区工作者的综合素质。为培养学习型、研究型、务实性的社区工作者专职队伍，市民政局和市财政局联合制订下发了《沈阳市社区工作者全员培训实施方案》，自2011年9月份开始，以“沈阳市社区工作者培训网”为平台，充分发挥沈阳大学社区学院现代远程教育手段和网络优势，开展全市社区工作者职业教育远程培训工作。社区工作者远程培训工作由市民政局委托沈阳大学社区学院组织实施。市民政局负责远程培训的统一领导和组织实施，负责制定远程培训的有关政策、规划、方案；培训对象为全市在职社区工作者。培训学时暂定每人每年应完成不低于90学时的远程网络学习。培训内容由沈阳大学社区学院根据市民政局的要求，结合沈阳市社区工作者专业发展的实际需求制定。培训形式主要为“引领式在线学习”。培训考核成绩列入年度考核内容。培训周期考核成绩全部合格者，颁发《沈阳市社区工作者职业培训证书》，未获得《沈阳市社区工作者职业培训证书》的不再续聘为社区工作者。培训费标准暂定为每人每年150元，所需资金从市、区两级财政安排的社区办公经费中支出。自2011年起，凡未经全市统一培训并考核合格者，均视为当年工作不称职予以依法罢免或解聘。

5. 率先在全国开展全市统一招考社区工作者的考试聘用工作，进一步推进社区工作者职业化进程。结合社区换届，分别在沈阳日报、沈阳晚报、辽沈晚报、时代商报、华商晨报和市民政局网站、沈阳大学社区学院考试网站全文刊登了招考资料。为了保证招考工作的公开、公平、公正，在市纪委（监察局）的领导下，会同市民政局纪委、沈阳大学纪委共同组成了考试工作监督监察组，对招考工作进行全程监督。公开招考工作从2011年5月上旬启动，得到了全市社会各界和广大人民群众的热切关注和热情关心，全市共有8223人报名参加511个社区工作岗位的竞争。在报考者中除大专和本科学历的考生，也有249名研究生加入到社区岗位竞争之中。

6. 实施全市老旧社区公共用房改造工作。按照市政府的总体部署，沈阳市自2011年起，实施老旧社区公共用房3年改造工程。全市共有128个社区公共用房列入此次改造范围。其中2011年重点改造50个社区；2012年重点改造40个社区；2013年重点改造38个社区。为此市民政局与市发改委、财政局、规划和国土资源局、城乡建委、房产局联合制定下发了老旧社区用房改造实施方案。市民政局主要负责会同市发改委、财政局建委制定全市老旧社区公共用房改造计划，审核改造方案，审查功能设计、建设标准和建筑风格；指导各区规范管理和资产归档工作；列入城建资金补助范围的建设项目由市民政局组织、监督、指导各区以区为标段依法进行招标。依法择优选定并依法签订相应合同，明确责任和义务。

7. 继续推进农村社区建设工作。

一是对沈阳市农村社区建设情况开展深入的调查研究，对全市各部门对农村社区建设的投入与农村各项社会事业资源进行调查摸底。二是会同市发改委开展了编制全市农村社区基础设施建设“十二五”建设规划的工作。三是根据市政府领导关于加快实现全域城市化的指示精神，下发了《关于做好村改社区工作的实施方案》，对全市村改社区工作提出了明确的工作部署。同时，继续做好村务公开民主管理和加强对农村干部的监督管理两项工作。

（尹　琦）

【救灾救济】 2011年，沈阳市农业虽然得到了较好的收成，但是进入夏季以来农村部分地区多次发生自然灾害，特别是进入汛期以后，部分农村地区遭受内涝、风雹等灾害性天气。受灾严重地区主要在新民市、辽中县、康平县和法库县等三县一市。全市农作物受灾面积15.96万公顷，绝收面积2.11万公顷。受灾人口18.8万人，紧急转移安置586人。倒塌住房931间，损坏住房3422间。灾害造成直接经济损失4.93亿元。

灾情发生后，沈阳市各级民政部门立即启动突发性自然灾害救灾应急预案，加大抗灾资金投入和采取生产自救等措施，把灾害造成的损失减少到最低限度。为确实保障受灾群众的基本生活，市政府及时下拨930万元，有效解决了冬春期间受灾群众口粮、衣被、取暖等生活困难。

（李伟忽）

【双拥共建】 2011年，通过军地的共同努力，全市双拥创建工作整体推进、持续发展，取得了可喜成果。实现了双拥模范城“七连冠”目标。

一、主要活动

1. 召开“沈阳市双拥工作表彰大会”。1月19日下午，市委、市政府、沈阳警备区在市委党校礼堂召开沈阳市双拥工作表彰大会。会议由陈海波市长主持。祁鸣副市长代表市双拥工作领导小组作双拥工作报告；市委常委、沈阳警备区政委徐学东宣读表彰通报；军地领导向受到表彰的14个双拥模范区（县、市）、100个双拥模范社区、100个双拥模范单位和200名双拥模范个人代表颁奖。

2. 省、市领导慰问驻军部队和重点优抚对象。1月4日下午，副省长陈超英在副市长祁鸣陪同下慰问了市光荣院，向光荣院休养员致以节日的问候和美好的祝愿，并送去节日慰问品和慰问金10万元人民币。

3. 省市领导祭扫抗美援朝烈士陵园。4月2日上午，辽宁省暨沈阳市党政军领导及各界群众1000人举行祭扫抗美援朝烈士陵园活动。祭扫活动由市政府副秘书长刘祥主持。省委常委、省总工会主席赵国红、辽宁省军区副政委王德波、沈阳市委常委、市总工会主席鞠秀礼代表省委、省政府、驻沈部队全体指战员和全市人民向革命先烈敬献花篮；岸英小学少先队员们集体向革命先烈宣誓；96101部队排长孙茂林代表驻军官兵发言。

4. 军地领导参加春季义务植树活动。4月8日上午，省委、省人大常委会、省政府、省政协，市委、市人大常委会、市政府、市政协的领导，沈阳军区、沈空、96101部队、省军区和省武警总队的首长、官兵与省直机关、市直机关部分干部共500人，在东陵区（浑南新区）莫子山体育公园内参加全民义务植树活动。在莫子山体育公园，省市领导、驻军首长、机关干部与部分学生代表共栽植云杉、油松、白桦、山桃、馒头柳、五角枫等树种2650余株，同时完成新植树木的浇水以及整理绿地等任务。

5. 慰问海军“沈阳舰”。7月25日，市政府副秘书长刘祥率慰问团赴葫芦岛慰问海军“沈阳舰”官兵。市私营协会和个体劳协向海军“沈阳舰”官兵赠送慰问金10万元人民币。

6. 市领导慰问驻军部队。向武警沈阳支队和消防启工二支队，分别赠送慰问金10万元、5万元人民币；向军区司令部、政治部赠送电脑10台；沈阳军区联勤部、装备部、沈空、二炮51基地、辽宁省军区、武警辽宁省总队，分别赠送电脑各10台；到辽宁预备役高炮第一师新民训练基地，慰问参训官兵并赠送慰问金10万元人民币。

12月9日下午，辽宁省委、省政府、省军区召开全省双拥命名表彰大会。沈阳市再次荣获省“双拥模范城”荣誉称号。

二、出台的相关文件

1. 2011年1月18日，中共沈阳市委、沈阳市人民政府、沈阳警备区出台《关于表彰双拥模范单位和个人的通报》（沈委〔2011〕4号）。市委、市政府、沈阳警备区决定，授予沈河区等10个区（开发区）“沈阳市双拥模范区”荣誉称号；授予辽中县等4个县（市）“沈阳市爱国拥军模范县（市）”荣誉称号；授予和平区太原街街道八一社区等100个社区“沈阳市双拥模范社区”荣誉称号；授予和平区民政局等61个单位“沈阳市爱国拥军模范单位”荣誉称号；授予解放军65042部队等40个单位“沈阳市拥政爱民模范单位”荣誉称号；授予和平区民政局局长刘玉石等100名同志“沈阳市爱国拥军模范个人”荣誉称号；授予沈阳军区司令部直属工作部秘群办主任徐强等100名同志“沈阳市拥政爱民模范个人”荣誉称号。

2. 沈阳市人民政府征兵办公室、沈阳市机构编制委员会办公室、中共沈阳市委教科工作委员会、沈阳市教育局、沈阳市公安局、沈阳市民政局、沈阳市财政局、沈阳市人力资源和社会保障局联合下发文件《关于进一步做好全市2011年征兵优待安置和就业扶持工作的实施意见》（沈征发〔2011〕28号）。文件对做好2011年征兵优待安置和就业扶持工作，作出了新的政策规定。

三、双拥工作获奖项目

1. 12月2日，在辽宁省召开的全省双拥模范城（县）命名表彰大会上，沈阳市被评为“双拥模范城”，沈河区等9个区被评为“双拥模范区”，市双拥办被评为“省先进双拥办公室”，市民政局等17个单位被评为“爱国拥军模范单位”，65042部队等13支部队被评为“拥政爱民模范单位”，王洪艳被评为“爱国拥军模范”。

2. 在沈阳军区召开的东北三省抢险救灾装备建设会议上，沈阳市政府被沈阳军区评为“抢险救灾装备建设先进单位”。

3. 曾维书记撰写的《全力开创双拥工作新局面，深入推进军民融合式发展》论文，被全国双拥办评为一等奖。

4. 在省双拥办开展的双拥“四个十佳”活动评选中，沈阳铁路局沈阳站、沈阳铁路局沈阳北站被评为“双拥车站”；沈阳市碧塘公园文化广场被评为“双拥广场”；沈阳市大东区望花街第二小学被评为“双拥学校”；沈阳兴隆大家庭购物中心有限公司被评为“双拥商场”。

（胡有升　高山）

【优待抚恤】 2011年，沈阳市抚恤、补助、优待工作，紧紧围绕保民生、促增长这个大局，不断完善优抚制度，狠抓落实，抚恤优待整体保障水平逐步提高，使全市抚恤、补助、优待工作取得明显成效。

1. 抚恤补助。从2011年10月1日起，沈阳市再一次大幅度提高优抚对象抚恤补助标准。其中烈士遗属、因公牺牲军人遗属、病故军人遗属定期抚恤金标准居住在城镇的分别提高到每人每年11640元、10224元、9564元，比2010年每人每年分别提高了1752元、1176元、1104元；居住在农村的分别提高到每人每年7368元、7164元、6780元，比2010年每人每年分别提高了792元、756元、720元。

在乡复员军人抗日时期、解放时期、建国后定期补助金标准居住在城镇的分别提高到每人每年11220元、10404元、10116元；居住在农村的分别提高到每人每年10140元、9432元、9228元，比2010年每人每年分别提高了1440元。

残疾军人（含伤残人民警察、伤残国家机关工作人员、伤残民兵民工）残疾抚恤金标准在现行标准基础上提高了15%－20%。其中一级因战、因公、因病残疾军人抚恤金标准为每人每年32990元、31950元、30900元，比2010年分别提高了4300元、4170元、4030元。

按照不高于十级因公残疾军人抚恤金标准的原则，提高了农村带病回乡退伍军人定期补助标准。每人每年提高360元，达到每人每年3060元。

对在农村的和城镇无工作单位且家庭生活困难的参战（参试）退役人员，在原标准基础上，每人每年提高生活补助360元。达到每人每年3000元。

同时，对建国前加入中国共产党的农村老党员和未享受离退休待遇的城镇老党员调整了生活补贴标准。在原标准基础上，每人每年提高360元。其中抗日、解放时期入党的党员每人每年生活补助分别达到了4320元、3360元。

2. 义务兵家庭优待。全年共为7002名义务兵家庭发放优待金5064万元。其中：城镇户口入伍的义务兵家庭优待金为年5000元，农村户口入伍的义务兵家庭优待金为年8000元。

2011年10月，由沈阳市政府征兵办公室、沈阳市民政局等8个单位联合行文，出台了《关于进一步做好全市2011年征兵优待安置和就业扶持工作的实施意见》（沈征发〔2011〕28号），提出了2011年冬季入伍义务兵优待标准。其中：城镇义务兵家庭每年发优待金5000元，农村义务兵家庭每年按不低于户籍所在地区、县（市）上年农民家庭人均纯收入水平1.5倍确定。低于上年全市平均水平的地区，按全市平均水平确定。对进藏、进疆等特殊条件义务兵实行特别优待。

3. 优抚对象医疗保障。根据沈阳市民政局、财政局、卫生局《关于进一步做好优抚对象医疗保障工作的通知》、《关于做好一至六级残疾军人医疗补助有关问题的通知》精神，加大了全市优抚对象医疗保障工作力度，普遍实行了“一站式”医疗结算方式，住院补助及医疗统筹报销比例达到或超过90%。其中一至六级残疾军人医疗报销比例达到100%。全年支出优抚对象医疗补助经费971万元，受益人数8181人次。

4. 为60岁农村籍退役士兵发放生活补助。根据国家民政部和辽宁省民政厅《关于给部分农村籍退役士兵发放老年生活补助的实施意见》，全市从2011年7月开始，历时三个月对农村籍1954年11月1日后入伍，年满60岁以上退役士兵进行了全面普查、认定，并与市财政局联合下发了《关于给部分农村籍退役士兵发放老年生活补助的通知》。经过个人申报、乡镇初审，区、县（市）民政部门审批，从8月1日起每人每月按每服役一年（不满一年的按一年计算）发给10元老年生活补助。全市共有10031人享受了农村籍老年生活补助。

5. 评残工作。全年负责申报各类评残人员350人，接收部队伤残退役人员102人。

6. 为优抚对象服务。先后组织了120名在乡复员军人和残疾军人进行健康疗养活动，为庆祝建党90周年，安排3户（6人）著名烈士家属赴省荣军医院疗养，并向优抚对象中311名建国前老党员发放慰问金62万元。为155名老复员军人、残疾军人及老烈属配发了轮椅车，为1.3万多名优抚对象发放了优抚对象服务卡。

（张春阳）

【退伍军人安置】 2011年，沈阳市退役士兵安置工作，全市共接收退役士兵3904人，其中：城镇2684人，农村1220人。

1. 强化调控部署，安置工作机制进一步增强。在充分调研、协商的基础上，1月29日，市政府下发了《关于做好2011年度退役士兵接收安置工作的通知》，对全市332个单位指令性下达了3500个安置计划。3月25日将全市安置总计划按照有偿安置、双选安置和指令性安置分类进行了下达。9月23日，市退伍办组织全市60多家用人单位进行了安置工作经验交流和安置政策培训。多数用人单位按计划完成了安置任务，全年共收缴有偿转移金262万元。

2. 优化分配机制，城镇安置就业工作平稳完成。在安置压力加大，分配矛盾突出的情况下，市、区（县）两级安置部门把保障和促进退役士兵有效就业作为民生工程的基本目标和优先发展的目标，进一步完善了阳光安置就业分配机制，化热点，解难点，保持了安置就业质量。通过考试招录、择优公开、双选追加等多种安置方式，使全市1347名退役士兵得到了安置就业。近500名服役时间长、立功、伤残和家庭有特殊困难的退役士兵在安置时得到了优待和照顾安置，在政策上保障了转业士官、立功受奖、伤残等有突出贡献的退役士兵就业。

3. 强化政策措施,城镇自谋职业工作成效突出。为进一步推进沈阳市退役士兵自谋职业工作,缓解城镇退役士兵安置就业压力,退役士兵安置工作着力强化了退役士兵自谋职业补助金自然增长机制,在2010年提高标准的基础上,2011年再次提高退役士兵自谋职业补助标准:义务兵由3万元提高到4万元,士官最高由4万元提高至5万元。通过开展择业教育,深入乡镇、社区,利用网络、媒体、宣传告示等多种方式,推进了城镇退役士兵自谋职业工作的深入开展。全市共有1434名退役士兵选择了自谋职业。共发放自谋职业一次性经济补助5499.5万元,财政新增支出2228万元。

4. 科学规划实施,教育技能培训工作大力开展。2011年退役士兵技能培训工作以培训促进就业为目标,实行按需培训、免费培训,坚持城乡一体化、多层次的职业技能和实用技术培训。市级安置部门充分发挥市级培训示范引领作用,与沈阳技师学院联合,开展了数控车工、电工、汽修、软件开发等专业的订单式就业技能培训。全市共有337名城乡退役士兵参加了市级定向就业技能培训。区、县(市)级安置部门充分发挥属地教育培训优势,利用退役士兵待分配期间,积极组织城乡退役士兵参加各种形式的教育和培训。全市共举办各类培训40期,共有3698名退役士兵参加了各区、县(市)组织的择业教育、计算机网络技术等基础性培训。

5. 完善保障机制,待安置期间基本生活得到保障。全市2204名城镇退役士兵待安置期间享受了生活补助,两级财政共配比发放待安置生活补助金245万元。

(张　力)

【军队离退休人员安置管理】 2011年,沈阳市接收安置军休人员924人,其中:军休干部861人,伤病残士官63人。根据年初接收安置协调会议制定的接收安置方案,交接中认真执行政策,严格履行接收程序,坚持"三见面"原则。将深入部队现场办公、集中交接和个别交接相结合,妥善解决移交中的各种问题,确保无遗留问题,确保移交部队、军休人员和安置部门"三满意",圆满完成了年度接收安置任务。

"两个待遇"得到了全面落实。组织开展丰富多彩的学习活动,政治待遇和生活待遇得到落实。通过传达党和国家重大方针政策、组织专题讲座、加强与社区联系保证分散休干过组织生活、为休干订阅刊物等多种形式保证政治待遇的落实。根据国家政策规定,全年共办理增资、调整津贴补贴、护理费等7190多人次。其中用于军休人员工资和各种补贴经费支出8.1亿元;医疗保障落实待遇,为新接收924名休干全部办理了干诊及医保手续;房改工作有序进行,完成了军休干部四批地建住房1067名休干住房货币补差申报以及30名五批松山休干的房改货币补差发放工作。

服务管理水平大幅度提升。针对集中和分散休养的军休人员,根据年龄结构、身体状况、空巢家庭及是否有自理能力等情况进行划分层次和类别,进行不同方式的服务,探索出分层次分类别的"四型"服务管理模式,大大提高了服务管理水平和工作效率;规范联络员制度,在中心和休干之间架起了桥梁和纽带;社会化服务网络显现成效,多数军休单位均与社区服务网点签定共建协议。2011年,陵西中心被国家民政部授予"和谐军休家园",常德中心休干王力平被民政部授予"和谐军休家庭"。

军休文化硕果累累。组织开办军休老年大学以及各类文体协会,开展文体娱乐活动,丰富军休干部精神文化生活。全年4100多名军休人员到老年大学和文体协会参加活动,参加人数达3万余人次。组织参加全省军休系统《纪念建党90周年》征文活动,取得一等奖5人,二等奖8人,三等奖10人的好成绩;组织两代表队参加全省军休干部第三届乒乓球友谊赛分获团体冠军和第四名;组织两代表队参加全省军休干部第四届沙狐球友谊赛获优秀组织奖;组织全市军休干部乒乓球、沙狐球、台球、门球、钓鱼等比赛50余次。发挥"关协"作用,为休干发挥余热搭建平台。北陵服务中心被市关工委评为关心下一代先进单位。

(林　琳)

【社会团体登记管理】 截至2011年底,沈阳市注册登记的社会团体1420个,其中:行业性413个、学术性222个、专业性558个、联合性227个。新增社会团体64个,变更登记66个,注销登记51个,撤销登记75个。

2011年,制定出台《市委办公厅、市政府办公厅转发〈市民政局关于发展和规范沈阳社会组织的意见〉的通知》,《意见》包括指导思想和总体目标,加大政策扶持力度、促进社会组织健康发展,健全监管体系、加强对社会组织的监督管理和加强组织领导四方面内容,对推进政府职能转变、建立政府购买服务制度、建立健全沟通协调制度等内容做了具体规定。

全面推行行业协会商会评估工作,对参评单位在依法办会、规范运作、能力建设、发挥作用、社会评价五个方面进行了综合等级评估,经过自评、评估专家小组实地考察、初评、评估委员会审定,评出沈阳电力行业协会等6家5A级社会团体,沈阳市家庭服务业协会等3家4A级社会团体,沈阳市工装模具行业协会等3家3A级社会团体。

建立社会组织信息化管理系统,系统由业务管理部分和网站部分组成,业务管理部分紧密结合现行业务流程,涵盖了社会组织从核名到撤销的全过程,网站部分是在现有工作流程的基础上设计的社会组织公共服务平台,市民可以通过访问网站(www.synpo.gov.cn),浏览包括新闻中心、信息公开、行政监管、网上办公、便民服务、表格下载等栏目。

(锡　杨)

【民办非企业单位登记】 2011年,沈阳市注册登记的民办非企业单位1933个,其中:社会事业1767个(教育劳动类1617个、卫生类97个、文化类33个、体育类20个)、社会服务145个、科学研究13个、经济类2个、其他6个。新增民办非企业单位168个,变更登记276个,注销登记35个,撤销登记26个。

(锡　杨)

【界线管理】 2011年,沈阳市全面开展城区局部行政区划调整后勘界工作，完成了和平于洪线、和平苏家屯线、和平东陵线、沈河大东线、沈河东陵线、大东东陵线、大东沈北线、皇姑大东线、皇姑沈北线、皇姑于洪线、铁西辽中线、铁西苏家屯线、铁西新民线、铁西于洪1线、铁西于洪2线共计14条行政区域界线、11个三交点、界线总长253.46公里实地踏勘及图上确认工作；组织编辑《沈阳市政区图》、《沈阳市城区政区图》及《沈阳市行政区域界线图册》；指导区、县(市)完成了行政区域界线协议书编撰工作，指导康平县完成撤销山东屯乡设立北三子家街道办事处区划调整后，北三家子街道办事处与海州窝堡乡、小城子镇、康平镇、两家子乡、北四家子乡之间行政区域界线勘定及成果资料上报、存档备案工作。

（胡志英）

【婚姻登记管理】 2011年，沈阳市共办理国内结婚登记7.43万对；离婚登记2.93万对；补领结婚登记3.98万份；补领离婚登记3309份；出具婚姻登记记录证明235份；出具无婚姻登记记录证明11.01万份；涉外结婚登记81对、离婚登记24对、补领结婚登记证明21份、补领离婚登记证明4份；按照民政系统窗口单位“为民服务创先争优”活动为统领，推动全市婚姻登记机关争先创优全面开展。加强婚姻登记机关行风建设，建立长效机制，采取自检与互检相结合、社会监督与群众举报相结合等方法以通报形式定期或不定期公布考核结果，加大行政执法、行风建设的监督力度。按照民政部《婚姻登记机关等级评定标准》和《民政部关于开展婚姻登记机关等级评定工作的通知》精神，市局组织召开全市各区、县(市)婚姻登记机关等级评定工作布置会议暨举办全市婚姻登记员业务培训班，对通过业务考试的婚姻登记员予以颁发沈阳市婚姻登记员资格证书。市局对各区、县(市)下发了《关于做好婚姻登记等级评定的通知》，要求各区、县(市)民政局高度重视等级评定工作，积极申报全国婚姻登记机关等级评定。加强婚姻登记法律法规业务培训，聘请了专业的律师作为法律顾问为婚姻登记处提供法律咨询。各婚姻登记处为老年人、残疾人、特困群体、军烈属等当事人办理婚姻登记实行减免费用。顺利实施情人节“好日子”的应急服务工作。启动预约登记，全市婚姻工作人员加班，当天共为1936对新人办理了结婚登记，是平时工作量的10倍，受到当事人的好评，多家媒体报道了此事。

（刘翠俪）

【殡葬管理】 2011年，全市人口死亡火化率仍保持99.6%。全市春、秋两季共迁(平)坟1万余座，还田3.7公顷，主要铁路、公路沿线两侧及风景区周边基本实现无坟包。为贯彻《辽宁省人民政府关于青山保护工程的实施意见》和市政府“青山工程”工作总体部署，市民政局制订了《关于整治非法墓地、坟地工作的实施方案》。推进骨灰树葬和海葬活动，骨灰入土植树5300余盒，种植纪念树6000余株，绿化荒山5.3公顷。全年在大连市组织海葬活动19期，1762人参加，将615盒骨灰撒入大海。在沈阳殡葬网建立网上灵堂3745个。全年对殡葬市场实施检查80余次，对全市350余家经营殡葬用品的店(点)逐一进行了检查，对14家违规经营的店(点)下发了整改或处罚通知书，并对有关业主进行了批评教育，共没收销毁烧纸及纸扎制等丧葬迷信用品2万余件。全年共审批“殡仪经营服务许可证”2件。会同执法部门在相关殡仪馆检查扣押非法运尸车8台次。应对清明节期间殡仪服务单位短时期，小空间、高密度祭祀人群，全市10家殡仪馆、19家墓园采取有效措施，积极做好各项服务工作，接待祭祀群众达375万人次。实现了文明祭祀，平安清明。全年为2100户低保对象免除基本殡葬服务费用150余万元。市回龙岗革命公墓功能配套设施进一步得到完善。全市19家经营性公墓，经省民政厅年检验收均为合格单位。市殡葬管理处被辽宁省民政厅评为“殡葬工作先进单位”，被市政府评为“政风行风建设先进基层单位”，被市文明委评为“文明诚信服务窗口”。市回龙岗革命公墓被市文明委评为“文明诚信服务窗口”，该单位孟莉被评为“先进个人”，王迪被市总工会授予“五一劳动奖章”。市回龙岗墓园管理服务中心被省民政厅评为“全省民政系统行风建设示范单位”。

（何清才　董春晖）

【慈善事业】 2011年，沈阳市按照《中共辽宁省委办公厅 辽宁省人民政府办公厅关于在全省开展“送温暖、献爱心”社会捐助活动的通知》文件精神，在全市范围内开展“送温暖，献爱心”社会捐助活动。召开全市慈善联席会议，确定“沈阳市慈善日”助学活动工作方案。出台和完善《沈阳市捐赠物资价格认证管理办法》。

全年慈善活动主要有：

1.“圆寒门学子大学梦”助学项目。为全市2011年被大学录取的500名贫困学生提供入学费用补助，补助标准每人3000元。

2. 汇丰助学行活动。组织沈阳汇丰银行志愿者团队到法库、康平等农村地区中小学校进行助学活动。

3. 同享蓝天——慈爱儿康援助项目。为农村地区特教学校援助康复、健身、教学设备设施，项目所需资金40万元。

4. 春蕾行动——慈善助学捐赠活动。配合辽宁省慈善总会为全市农村地区中小学校的贫困学生捐赠书包、字典、笔本等的文化用品，助资金约50万元。

5. 同享蓝天——慈善阳光助学活动。配合中华慈善总会对沈阳交通高等专科学校的贫困大学生实施捐助，捐助资金7万元。

6. 同享蓝天——农村希望书屋援助项目。配合辽宁省慈善总会在农村地区援建4个小学慈善图书室。

7.“大手牵小手、1+1爱心助学”项目。联手市妇联共同为全市100户困难家庭孩子提供每人每年500元爱心资助，援助资金约为5万元。

8. 银联慈善助学项目。与辽宁银联共同合作，共同为沈城百名大学生提供生活和学习方面的援助，援助资金约10万元。

9. 援助汶川学子项目。为在沈城生活和学习的百名汶川学子提供生活和学习方面的援助，援助资金约60万元。

10. 同享蓝天——援建慈善美术室、音乐室项目，启动顺大、玄潭助学基金，援建5个小学慈善美术室、音乐室，援助资金约为10万元。

11. 继续开展"爱心午餐"项目，捐助农民工子女学校中的困难农民工子女1000人；改善农民工子女就学的生活环境，为农民工子女学校修建浴池；组织省实验中学的高中生志愿者为农民工子女学生辅导英语；组织社会爱心人士为农民工子女学校捐赠文化体育用品。

（李叶　王苇）

【福利彩票发行】 2011年，沈阳市共销售福利彩票14.13亿元，同比增长7.6%，其中：电脑票销量8.91亿元，"刮刮乐"即开票销量1.84亿元，"中福在线"视频彩票销量3.3亿元，开乐彩销量815万元。筹集公益金4.3亿元。资助贫困学子133人，荣获辽宁省民政厅"发展贡献特等奖"、"组织管理特等奖"、"销售总量特等奖"等5个奖项及市政府授予的"2011年度沈阳市学生资助工作先进单位"光荣称号。

1. 强化终端建设。一是有序推进规范建设，重塑行业形象。开展投注站专营专卖工作，分步骤、分批次完成投注站形象化建设工作，中福在线销售厅装修改造工作有序推进，逐步提升福彩行业形象。在全省行业"文明服务窗口"互检活动中获得优异成绩。二是巩固市场拓宽渠道，实施品牌推广。完善"刮刮乐"彩票邮政物流配送和销售终端订票运行模式。同时不断尝试开发新增长点，开拓了6个户外销售小卖场。三是开展专项治理工作，净化彩票市场。与公安部门合作，建立打击私彩预警和奖励举报人制度，840家投注站与管片派出所签订抵制私彩责任状。取缔了两家经营私彩的投注站，配合公安机关打掉了40多个私彩犯罪团伙，奖励了40多名举报人，教养、判刑犯罪人员75人，罚没金额360.5万元，对违法经营私彩行为形成较强的震慑。

2. 狠抓内部管理。一是为适应全省运营模式转变的形势，合并终端部，成立行风建设与培训部，整合办公室职能，进一步理顺内部运行机制。二是全员竞聘上岗，尤其是推行区域经理摘牌上岗制度，定期按绩效考核排名轮岗，初步形成人人争先的充满生机和活力的工作态势。

3. 健全培训机制。一是聘请专业师资，借助高端平台，多方面提高员工素质，为福彩系统软环境建设提供人才支持。二是以福彩俱乐部为基地，对彩民和站主进行培训，开发潜在彩民。三是利用大型场所集中组织销售员和业主培训，打造高素质销售团队。

4. 高举公益旗帜。一是携手市群团组织联合开展"沈阳福彩·牵手互助"系列公益活动。以公益项目为载体，以重大节日为节点，开展"福彩公益年"活动，为孤老残幼特困群体送温暖，二是拓展网络新媒体信息传播渠道，完善立体营销网络，开通沈阳福彩微博与博客。

5. 树立行业新风。一是结合党务政务公开，纪念建党90周年系列活动，扎实推进全市福彩系统"为民服务创先争优"活动，组织全体党员和困难大学生"一帮一"互助结对，行风建设及创先争优活动得到省厅检查组满分评价。二是深入开展福彩文化品牌建设，沈阳市福彩文化创建成果被中彩网、人民网和中国社会报等传媒报道。

（邓妍妍）

【老龄事业】 2011年，沈阳市老龄工作以科学发展观为指导，以制定实施老龄事业发展"十二五"规划为纲领，以提升老年人保障水平和推进养老服务为重点，通过打政策"组合拳"，进一步完善养老事业的规划体系、政策体系、工作体系和服务体系，老龄事业取得了新的进展。

1. 完善老年人保障制度，提高保障标准。一是养老保障功能进一步完善。2011年，沈阳市养老保险在政策上实现了"全覆盖"，连续第七次为企业退休人员提高了养老金标准，月人均增加养老金142元。截至2011年底，沈阳市新农保和城镇居民养老保险参保人数达107.1万人，企业参保人数达到294.2万人。二是医疗保障标准进一步提高。2011年，沈阳市在政策层面上将老年人全部纳入医疗保险的三大版块，并进一步提高了医疗保障待遇水平。三是特殊群体救助力度进一步增强。2011年，政府累计筹资7000余万元，为5.8万低保老人发放低保金；将4个县（市）分散五保老人供养标准提高到220—270元，集中供养标准提高到422—472元；对城乡1.6万困难老年人发放了物价补贴。

2. 健全老年人服务体系，满足多层次服务需求。一是巩固居家养老的基础作用。投入3225万元，设置公益岗位1700个，为4770名三无、低保、特困空巢老人提供服务；对生活不能自理且有一定经济收入的老劳模、老优抚对象等提供低偿服务；对3.8万户有支付能力的社会公众老人，实行有偿服务。二是扩大社区养老的覆盖范围。投入1000万元，新建100个社区日间照料站。同时，对原有的426个社区日间照料站进行强化指导。三是探索企事业单位养老服务设施的整合利用。初步对89家机关企事业单位养老服务设施进行了调查。对面向社会开放老年活动设施进行了研究和探讨。四是加强机构养老的投入力度。出台了《关于支持养老机构建设有关问题的通知》，制定了对养老机构建设与运营"四补"优惠政策。建设4个示范性区域养老服务中心。2011年，全市新增养老机构22个，新增床位9342张。全市共整合42所农村中心敬老院，床位8007张，集中供养率达到50%以上。五是不断加强养老服务体系建设。举办了"第二届中国（沈阳）老年人、残疾人用品展览会"。继续为空巢高龄、特困老年人家庭免费安装应急呼叫器，共计2.3万户。市养老服务协会组织了四期养老护理人员培训，制定了《沈阳市入住养老机构协议书》范本。积极开展"红飘带"志愿者活动。依托沈阳广播电视大学社区学院创建了老年大学。

3. 创新老年人维权机制，落实优待政策。一是创造便利的老年人法律服务环境。各级司法部门依托全市196个法律援助工作站，打造"半小时"老年人法律援助服务圈。在各级公安机关窗口单位设立老年人专席。二是制定人性化的法律服务措施。司法部门针对老年人制定了电话申请等五项法律援助服务措施,公安部门建立老年人信息资料库。三是加强老年法律宣传。全市组织开展了200多场次老年人法律咨询活动和法律讲座,印制《老年人法律援助手册》3万册,制作法律援助宣传袋2万个,同时起草了《沈阳市老年人权益保障若干规定》。四是老年有待政策全面落实。2011年,全市各级财政下拨资金1921万元,为全市1.2万名90岁以上的高龄老人发放高龄补贴。投入140万元资金,为老年人定制"夕阳红卡"和"关爱卡"39万张,全年累计优待优惠老年人乘车1.3亿人次。五是开展民办养老机构大检查工作。对全市80家民办养老机构进行彻底排查。取缔了5家非法民办养老机构,对3家存在问题的民办养老机构进行了严格整改。

4. 营造老龄工作舆论氛围,倡导敬老传统。一是组织开展"全民助老月"活动。2011年,超过200万市民和40万老年人积极参与该项活动。二是大力宣传老龄事业文化理念。开展了老龄事业文化宣传周活动。沈阳广播电视台结合"走基层"系列活动,组织新闻记者描绘老龄工作。三是老年文化活动丰富多彩。举办了"我们的节日"重阳节老年人文艺晚会,启动了"晚霞映天出版工程"、"晚霞映天宣传工程",组织开展了"夕阳红"旅游等文化体育活动。四是老有所为工作扎实推进。全市有近20万老干部、老年科技工作者,长期工作在教育、科技和各类社会组织第一线。市机关工委以"英雄中队"、"五老"报告团为载体,对青少年进行爱国主义教育报告逾万场。

5. 坚持统筹协调发展,形成工作合力。一是着力规划先行与实事推动协调并进。2011年,《沈阳市老龄事业发展"十二五"规划》全面施行。市政府将新增6600张养老床位、新建100个社区日间照料站和无障碍"双进"工作列入"为市民办实事"项目,将推进养老服务基础设施建设和养老保障体系建设等列入绩效考核内容。二是市政协高度关注老龄事业。2011年,市政协开展了"促进老龄工作、应对老龄社会"专题调研活动,形成调研报告60余篇,并由常委会形成了《关于促进我市老龄事业发展的建议》。三是老龄工作队伍得到充实和锻炼。新增市人社局、市公安局、市交通局、市文广局、市委党校、市统计局为老龄委成员单位;开展了"沈阳市老龄事业调查统计"等多项调查统计工作。大东区、于洪区被授予"全省老龄工作先进区",晚晴报荣获"中国最具成长性媒体"称号。

(许 博)

【流浪乞讨人员救助管理】 2011年,沈阳市共救助各类受助人员1.25万人。其中:救治精神病人、危重病人1517人次,救助未成年人539人次,护送老年人、未成年人和救治康复人员返乡1321人,为无能力返乡7225人提供了乘车凭证,寄养安置无家可归人员28人,安葬救治无效死亡的16人。同时,建立了对提供信息者进行救助情况反馈机制,做到了依法救助,有困必帮,有求必应,全心全意为弱势群体服务,全年未发生一例救助责任事故和非正常死亡事故,确保了每个被发现的流浪者都能得到及时有效的救助,为市民打造了一个良好的社会环境,救助管理工作稳定有序健康发展。

(王晓峰)

【地名管理】 一、铁西区命名街路19条

1. 南起北二中路,北止小区路,全长920米,宽15米,系云峰北街向北延长道路命名为云峰北街。

2. 南起北四中路,北止北二中路,全长203.54米,宽18米,系圣工街向北延长道路命名为圣工街。

3. 南起熊家岗路,北止八八二库南墙,全长658米,宽22米的道路命名为牛心屯五街。

4. 南起熊家岗路,北止沈阳水泵厂,全长540米,宽7米的道路命名为牛心屯六街。

5. 南起北四东路(应昌街北起点),北止小北二东路,全长622米,宽18米,系应昌街向北延长道路命名为应昌街。将南起沈辽东路,北止南十东路(应昌街南止点),全长300米,宽18米,系应昌街向南延长道路命名为应昌街。

6. 南起沈辽东路,北止建设东路,全长705米,宽12米,振工街东侧新建道路命名为振工东街。

7. 北起建业路,南止南十西路,全长211米,宽8米,系富工一街向南延长道路命名为富工一街。

8. 南起揽军路,北止艳粉街56巷,全长200米,宽16米,系艳欣街向南延长道路命名为艳欣街。

9. 东起兴工北街,西止兴华北街,全长1532米,宽22米,系北一东路与北二东路之间的道路命名为小北一东路。

10. 东起兴华北街,西止齐贤北街,全长792.2米,宽22米,系北一中路与北二中路之间的道路命名为小北一中路。

11. 东起重工北街,西止市环卫铁西汽车二队,全长1193米,宽22米,系北一西路与北二西路之间的道路命名为小北一西路。

12. 东起兴工北街,西止兴华北街,全长1326米,宽12米,系北二东路与北三东路之间的道路命名为小北二东路。

13. 东起兴华北街,西止景星北街,全长470米,宽12米,系北二中路与北三中路之间的道路命名为小北二中路。

14. 东起贵和街,西止景星北街,全长363米,宽5米,系北三中路与北四中路之间的道路命名为小北三中路。

15. 东起振工街,西止兴工南街,全长88米,宽9米,系南六东路向东延长的道路命名为南六东路。

16. 东起振工东街,西止兴工南街,全长293米,宽7米,系南八东路向东延长的道路命名为南八东路。

17. 东起重工南街,西止强工二街,全长311.02米,宽22米,系南十二西路向西延长的道路命名为南十二西路。

18. 原红盛路起止点(东起艳粉明渠,西止煤建四营东墙),变更为东起腾飞二街,西止红粉路,该路全长880米,宽15米。

19. 南起腾飞公园,北止腾飞二街18号,全长55米,宽10米,系艳璐街向西延长的道路命名为艳璐街。

二、苏家屯区命名街路8条

1. 将北起香柏路,南止南沙柳路,全长1300米,宽20米的道路命名为报春街。

2. 将北起东陵区界,南止官屯三叉路口,全长2300米,宽23米的道路命名为青云街。

3. 将东起桂花街,西止丁香街,全长622米,宽40米的道路命名为加林路。

4. 将东起后小峪村,西止白清大街,全长1900米,宽10米的道路命名为桃花源路。

5. 将北起金钱松路,南止加林路,全长7183米,宽40米,系桂花街向南延长道路命名为桂花街。

6. 将北起金钱松路,南止加林路,全长7101米,宽40米,系丁香街向南延长道路命名为丁香街。

7. 将东起东陵区界,西止和平区界,全长1131米,宽40米,系红椿路向西延长道路命名为红椿路。

8. 将东起东陵区界,西止和平区界,全长1531米,宽20米,系青榆路向东延长道路命名为青榆路。

(王　旭)

民　族

【民族团结进步宣传月】　5月18日,“2011辽宁省暨沈阳市民族团结进步宣传月”活动启动仪式在锡伯家庙门前隆重举行。该次活动由辽宁省民委、市政府主办,市民委、和平区政府承办。省政府副秘书长何焕秋、省委宣传部副部长孙东兵、省民委主任包玉梅、省人大民侨外委副主任委员宋萌荣、省政协民宗委副主任李清连,省民委副主任赵佐贤、马剑,市人大副主任宋铁瑜、市政协副主席赵秋凤、市政府副市级干部沙波涛、市政府副秘书长陈小平、市民委主任任桂芳、和平区委书记汪涛等出席启动仪式。省内各市民委负责同志及500多名市民参加活动。包玉梅主持启动仪式。

(华明伟)

【全国首家满族画院在沈成立】　12月18日,沈阳市满族联谊会在锦宝斋古玩店召开沈阳满族画院成立大会。大会进行了揭牌、剪彩仪式,并为聘请的院长、副院长、秘书长等颁发证书,同时,展出了辽宁省满族书画家近年来创作的绘画书法作品,来自省内各界的满族同胞以及满族书画家在此共叙民族风情,交流书画技艺。

沈阳满族画院由市满联发起成立,是全国首家满族画院。画院的成立旨在发掘、整理、传承、弘扬满族特色文化,保护民族文化遗产,为推动社会主义文化大发展、大繁荣服务。

(付　聪)

【“纪念锡伯族西迁247周年暨沈北新区锡伯族非物质文化遗产”展览】　5月20日,沈北新区政府举办“纪念锡伯族西迁247周年暨沈北新区锡伯族非物质文化遗产”展览。市、区等相关领导及锡伯族同胞共四百余人参加开幕式并参观展览。

沈北新区是全国锡伯族两大居住区之一,有锡伯族人口近3万余人。举办此次纪念活动,旨在把锡伯族文化作为得天独厚的民族文化资源积极抢救,实现在保护中传承、在传承开发中保护的良好态势。此次展览集中展示了42项国家、省、市、区级锡伯族非物质文化遗产项目,包括传统口头文学、美术、书法、音乐、舞蹈、技艺及民俗等内容,集中反映了沈北新区在锡伯族非物质文化遗产保护工作中取得的丰硕成果。

通过锡伯族非物质文化遗产展览,将进一步推动新疆、沈阳两地加强文化交流合作,共同保护和弘扬锡伯族优秀传统文化。

(吴长权)

【创作排练锡伯族服饰展演《四季》】　为挖掘整理弘扬锡伯族文化,沈阳市民委在沈阳市民族艺校召开了专题座谈会,对挖掘、制作、展示锡伯族服饰等相关工作进行了研究部署。前期准备工作完成后,沈阳市民族艺术学校在辽宁歌舞团专家的指导下,创作并排练锡伯族服饰展演《四季》。

《四季》以明、清年间锡伯人的四季生活生产着装和礼仪着装展示为主,并以少量舞蹈为烘托。共分为四个部分:第一部分为春的活力,以绿叶舞、渔歌、鱼舞、猎归来展示春天的到来;第二部分为夏的多彩,以花舞、锡伯族村姑装、锡伯儿童戏水来展示夏天的美丽;第三部分为秋的灿烂,以金秋、丰收、剪纸、神曲来展示锡伯人的丰收喜悦;第四部分为冬的诗韵,以冬猎、红灯、婚礼来展示锡伯人富足幸福的生活。

(崔英淑)

【回族小学举行建校100周年纪念活动】　9月8日,沈阳市回族小学举行建校100周年纪念活动。市政协副主席赵晓川,市政协副主席、市委统战部部长聂洪升,省民委主任包玉梅,省委统战部副部长邱成和,辽宁省教育厅副厅长崔景懿,市人大民侨外委主任委员铁慧茹、市民委副主任郑继俊等出席纪念活动。

市回族小学是沈阳市成立的第一所民族学校,也是市内唯一的回族小学,现有回族学生196人,占学生总数37%;回族教师21人,占教师总数37%。建校百年来,回族小学虽然几易校名、几迁校址,但始终坚持“以和立校、以和砺行”的办学理念,为社会培养了大批合格人才,并先后荣获“全国民族团结进步先进单位”、“全国群众性体育活动先进单位”、“全国‘双有’活动先进单位”、省市“民族教育先进集体”等诸多荣誉,并被市民委命名为“民族团结进步教育基地”。

(彭福昌)

【《关于繁荣发展沈阳市少数民族文化事业实施意见》出台】　为贯彻落实《国务院关于进一步繁荣少数民族文化事业的若干意见》(国办发〔2009〕29号)和《辽宁省人民政府关于进一步繁荣少数民族文化事业的实施意见》(辽政发〔2010〕40号)精神,推动少数民族文化事业进一步繁荣发展,10月16日,沈阳市人民政府出台了《关于繁荣发展沈阳市少数民族文化事业的实施意见》(沈政发〔2011〕40号,以下简称《意见》)。

《意见》明确了沈阳市少数民族文化事业发展目标和任务:到2020年,全市少数民族和民族地区公共文化服务体系基本建立,主要指标达到或超过全国平均水平;传承、保护和弘扬少数民族优秀传统文化,实施一批重大民族文化项目和工程，推出一批少数民族文化艺术精品，不断满足全市各族人民群众日益增长的文化需求；少数民族文化市场体系逐步健全，发展经费得到保障，财政投入稳步增长；少数民族文化对外交流不断深入，影响力和竞争力显著增强。

《意见》提出了八项实现目标的具体措施：一是加快推进少数民族和民族地区公共文化设施建设；二是繁荣发展少数民族新闻出版和广播影视事业；三是切实加强少数民族优秀传统文化的保护、传承和弘扬；四是鼓励支持民族文化体育活动的持续开展；五是积极推动少数民族文化精品工程建设；六是加大对少数民族文化事业的支持力度；七是进一步加强少数民族文化人才队伍建设；八是加强对少数民族文化工作的领导。

（彭福昌）

【少数民族庆祝中国共产党成立90周年电视文艺晚会】　由沈阳市委宣传部、市民委共同主办，沈阳广播电视台承办的“唱支山歌给党听”——沈阳市少数民族庆祝中国共产党成立90周年电视文艺晚会，6月19日在辽宁电视台1350演播厅隆重举行。市人大常委会主任赵长义、市政协主席刘雅琴，市委常委、政法委书记常明，市人大常委会副主任宋铁瑜，市政协副主席、市委统战部部长聂洪升，市政府副市级干部沙波涛、市委副市级巡视员黄学有，省民委主任包玉梅、副主任马剑及我市少数民族共同观看演出。

晚会围绕“共同团结奋斗，共同繁荣发展”主题，表现了建党90年来，在党的光辉照耀下，全市满、蒙古、朝鲜、回、锡伯等76.6万少数民族安居乐业、幸福安康的美好生活，展现了全市少数民族各项经济社会事业全面发展的光辉历程，表达了少数民族群众歌颂党的领导、感谢党的关怀的真挚情感。

晚会以辽宁歌舞团表演的《盛世鼓舞》拉开序幕。新创编的诗剧《妈妈》，以安图社区的感人故事为蓝本讲述了社区不同民族的妈妈关心社区孤儿成长的故事；讲述《蒙乡鸿雁》，是以法库四家子乡四家子村党支部书记张鸿雁的真实故事创编，场面真实感人。晚会突破以往综艺晚会的惯用模式，将丰富多彩的综艺节目与纪实采访VCR有机结合，通过新闻再现的手法，全方位展示了全市民族文化建设的丰硕成果。全国、辽宁省、沈阳市民族团结进步模范集体代表和模范个人共同演唱的《再唱山歌给党听》，将整台晚会推向高潮。

（崔英淑）

【民族宗教会议】　沈阳市于1月17日召开了全市民族宗教工作会议。市政府副市级干部沙波涛出席会议并讲话，市政府副秘书长陈小平主持会议。市民委委员单位、市宗教工作领导小组成员单位分管领导，各区县（市）政府分管领导和民族宗教工作部门负责人，民族乡镇党政主要领导，市少数民族联谊会负责人参加会议。

会议回顾了“十一五”时期全市民族宗教工作取得的主要成绩，总结了2010年工作：一是民族团结进步宣传教育和创建活动不断深化，“以维护民族团结为荣，以危害民族团结为耻”的社会氛围更加浓厚。二是少数民族和民族地区经济社会事业不断发展，振兴发展成果进一步惠及少数民族群众。三是全面贯彻《宗教事务条例》，依法管理宗教事务水平不断提高。四是继续推进“创建文明和谐宗教活动场所，争做文明信教公民”活动，引导宗教界和广大信教群众为构建和谐沈阳做贡献。五是全面贯彻中央关于维护民族团结和社会稳定的决策部署，民族团结、宗教和谐大局更加巩固。六是民族宗教基层基础工作不断加强。

会议明确了“十二五”时期全市民族宗教工作的指导思想、工作目标和主要任务，部署了2011年重点工作：一是全面贯彻中央有关决策部署，维护民族团结、宗教和谐；二是准确把握重点任务，全面做好城市民族工作；三是推动少数民族和民族乡村又好又快发展，让振兴发展成果更多地惠及少数民族群众；四是加快少数民族社会事业发展，不断夯实民族团结的思想基础；五是坚持依法管理宗教事务，不断规范宗教活动秩序；六是加强宗教团体建设，始终保持宗教工作的健康发展；七是充分发挥宗教的积极因素，树立宗教界的良好社会形象；八是加强调查研究，推动民族宗教工作科学发展；九是深化创先争优活动，不断加强机关干部队伍建设。

（李国臣）

【锡伯家庙被命名为首批“辽宁省民族团结进步教育基地”】　11月10日，“辽宁省民族团结进步教育基地命名仪式”在凤城市举行。沈阳锡伯家庙、葫芦岛民族团结进步教育展览馆、阜蒙县蒙古贞博物馆、凤城市民族团结进步教育展览馆被命名为首批辽宁省民族团结进步教育基地。省委统战部副部长刘大伟，省民委主任包玉梅、副主任马剑等出席揭牌仪式，省内各市民委负责同志参加命名仪式。

在沈阳市委、市政府的高度重视下，在沈阳市及全国各地锡伯族同胞的热情支持下，锡伯家庙已建成锡伯族文化展览室，利用多媒体手段完善民族团结进步教育展室。

（崔英淑）

【满族中学参加辽宁省满族剪纸作品展】　5月25日至28日，由辽宁省民委和省文联主办、锦州市民委和北镇市人民政府承办，以“和谐美、民族风、闾山情”为主题的辽宁省满族剪纸作品展在北镇市隆重举行。该次展出共征集作品360余幅，荟萃了全省民族文化精华，展现了民间艺术成就。其中代表沈阳市参展的市满族中学学生创作的15幅作品获得1个银奖、9个铜奖，市民委获得优秀组织奖。

（钟　刚）

【首届“基源杯”全国朝鲜族象棋邀请赛】　8月5日至6日，首届“基源杯”全国朝鲜族象棋邀请赛在沈阳市朝鲜族第一中学隆重举行。本届比赛由市民委主办，市朝鲜族文化艺术馆和市朝鲜族棋类协会承办，来自东北三省的150余名运动员参加比赛。邀请赛得到了沈阳基源集团和沈阳李朝集团的大力支持。

（崔英淑）

【《遥远的察布查尔》举行首演】　为纪念锡伯族“西迁”247周年，弘扬和传承锡伯族文化艺术，5月10日晚，大型传奇史诗乐舞剧《遥远的察布查尔》在中华剧场举行首场演出。辽宁省委常委、市委书记曾维观看演出，并接见主创人员和全体演员。

《遥远的察布查尔》以沈阳锡伯族同胞西迁新疆屯垦戍边的史实为素材，融合音乐、歌剧、舞蹈、杂技等多种艺术形式，以现代舞美表现手法，再现200多年前锡伯族同胞从沈阳出发，历尽千难万险到达新疆，和当地各族群众共同卫国戍边、建设边疆的历史壮举。

（付　聪）

【《沈阳民族宗教》正式创刊】 由沈阳市民委（宗教局）主办的《沈阳民族宗教》正式创刊发行。这是东北三省第一份关于民族宗教工作的专刊，以传播上级精神、服务领导决策、交流工作经验、助推科学发展为办刊宗旨，内设特稿、策划、专题、人物、讲述、博览等主要栏目，每季度发行一期。

《沈阳民族宗教》的创刊发行，为全市的民族宗教工作开辟了宣传民族宗教政策法规、介绍文化常识的新阵地，搭建了加强沟通、交流经验的新平台，打造了展示工作成果、人物风采的新载体。

（李国臣）

【少数民族群众举行庆祝建党90周年活动】 2011年6月，沈阳市各界少数民族群众纷纷举办各种活动，庆祝建党90周年。

市满族联谊会会同市满族联谊会、市文化发展交流促进会在市文化宫举办了庆祝建党90周年满族美术书法展暨文艺演出，全市各界满族群众近500人参加了庆祝活动。活动展出的100多幅美术书法作品，大多出自沈阳市满族美术书法家之手，民族特色突出，取材贴近时代，展现了满族同胞在中国共产党的领导下奋发向上的精神风貌，展示了改革开放30多年来沈阳经济社会发展的巨大成就。

市蒙古族联谊会联合辽宁省蒙古族经济文化促进会举办了辽沈蒙古族庆祝建党90周年演唱会，来自全省各界的300余名蒙古族同胞参加活动。由苏家屯分会、辽宁大学等单位表演的15个歌舞乐器、诗朗诵、魔术表演节目形式多样、热烈欢快，充分展示了蒙古族人民的能歌善舞和多才多艺，并表达了蒙古族群众热爱党、热爱国家的深情厚意，歌颂了在党的领导下蒙古族同胞的幸福生活。

市回族联谊会举办了庆祝建党90周年座谈会，原市政协副主席、市回族联谊会会长金厚家，市伊协会长李鸿宾及全市教育、企业、文艺、司法等各界回族代表人士30多人参加会议。

市锡伯族联谊会在沈北新区举行了锡伯族同胞庆祝建党90周年主题活动，沈阳市各界锡伯族同胞参观了沈北新区锡伯族非物质文化遗产展览，观看了中央电视台拍摄的反映锡伯族西迁辉煌史实的大型纪录片《大西迁》。活动期间，锡伯族同胞用歌声和舞蹈抒发了锡伯人对党和国家的无限感激和热爱，衷心表达了在党的领导下，锡伯族开始新生活、走上幸福路的喜悦心情。

（李国臣）

宗　教

【"宗教界牵手少数民族困难群众爱心工程"正式启动】 1月27日，沈阳市"宗教界牵手少数民族困难群众爱心工程"启动仪式在沈阳迎宾馆举行。市人大副主任宋铁瑜、市政协副主席赵秋凤、市政府副市级干部沙波涛、市政府副秘书长陈小平、辽宁省宗教局副局长杨丰陌及有关部门领导出席仪式。全市五个宗教团体副秘书长以上人员、市区大型宗教活动场所教职人员共100余人参加仪式。

在启动仪式上，宗教界捐赠善款50万元用于帮助少数民族困难群众欢度春节，并共同倡议全市各宗教活动场所和广大信教群众，响应政府号召，弘扬积极教义，以实际行动支持家乡发展，推动和谐寺观教堂创建活动的不断深入。

（包玉荟）

【宗教界代表人士新春座谈会】 1月17日，沈阳市举行宗教界代表人士迎新春座谈会。市委副书记苏宏章代表市委、市政府向参加会的宗教界朋友，向全市信教群众致以亲切的问候和美好的祝愿。

座谈会上，全市五大宗教代表人士普遍认为，市委、市政府更加关心宗教界人士，为宗教界办了许多好事、实事，充分体现了党和政府对宗教界的关怀。大家表示，全市宗教界将以实际行动，为"十二五"良好开局，加快沈阳全面振兴，构建和谐社会等方面作出新的贡献。

市政协副主席、市委统战部部长聂洪升主持会议，市政府副市级干部沙波涛通报了2010年全市经济社会发展和有关宗教工作情况。

（常　缨）

【举办"驻沈高校大学生宗教政策法规及基础知识网上有奖答题活动"】 为深入贯彻中办发〔2011〕18号文件精神，进一步落实党的宗教工作方针，帮助在校大学生了解掌握国家宗教政策法规以及相关知识，加强和改进大学生思想政治教育工作，有效抵御境外利用宗教对高校的渗透活动，市宗教局会同市委统战部、市委教科工委、团市委联合组织了"驻沈高校大学生宗教政策法规及基础知识网上有奖答题活动"。此次活动于11月25日开始正式启动，12月15日结束，共有2万多名驻沈高校大学生参与答题，主办单位对得分在90分以上的近2万人进行了抽奖。

抽奖暨颁奖仪式现场抽取一等奖5名、二等奖15名、三等奖180名、优秀奖500名，并分别予以不同形式的奖励。沈阳大学、辽宁大学、东北大学、中国医科大学、沈阳工业大学获得优秀组织奖。

（杨　曦）

【解决宗教教职人员社会保障问题】 经过3年的不懈努力，沈阳市宗教教职人员社会保障问题取得重要进展，其中医疗保险问题于2010年底进入具体操作阶段。

1. 各级高度重视，积极推动解决。全市现有宗教教职人员500余人，妥善解决他们的社会保障问题，使其病有所医、老有所养，具有重要意义。自2008年以来，沈阳市始终把这一问题作为一项民生工程来抓，以办理政协委员提案为契机，把解决宗教教职人员社会保障问题摆在突出位置，积极争取市委、市政府主要领导的支持，做到分管市长亲自抓、业务部门具体抓、横向部门配合抓，形成合力推动相关问题的解决。

2. 积极开展调研，打牢工作基础。市宗教局会同市政协民宗委、市人社局等单位,采取实地走访、召开座谈会等多种形式,对全市五大宗教展开深入调研,摸清全市宗教教职人员年龄结构、参保需求等情况,广泛听取宗教界人士意见。通过电话咨询、函调等形式,了解其他省会城市、计划单列市的相关情况,并形成了分步实施、分教实施,先易后难的工作思路。

3. 加强沟通协调,整体平稳推进。市人社局、财政局、宗教局联合印发了《沈阳市宗教教职人员参加城镇从业人员养老、医疗保险实施办法》(沈人社发〔2010〕22号),解决了宗教教职人员参加养老、医疗保险的入口问题,明确了宗教教职人员参加医疗保险范围、缴费年限、计算工龄办法等。建立宗教教职人员档案,并在广泛征求宗教团体意见的基础上,制定了《沈阳市宗教教职人员工龄认定暂行办法》,明确了不同宗教的教职人员工龄认定办法,为教职人员计算参保工龄提供了依据。在市政府的支持下,印发《沈阳市宗教教职人员参加医疗保险实施方案》,明确了宗教教职人员参保具体操作办法,比如对低收入的宗教教职人员实行比照城市低保户和城镇低保边缘户参保的办法,对外地户籍的教职人员给予沈阳市公民参保待遇。

(包玉蓉)

【宗教界举办"庆祝建党90周年书画作品展"】 为庆祝中国共产党成立90周年,表达宗教界热爱党、热爱祖国、热爱社会主义的高尚情怀,展示宗教界与全市人民共建和谐沈阳的精神风貌,6月24日,沈阳市宗教界在大法寺举办了"沈阳市宗教界庆祝建党90周年书画作品展"开幕式。市人大副主任宋铁瑜、市政府副市级干部沙波涛、市委副市级巡视员黄学有出席开幕式。本次参展作品百余幅,作品题材多样、形式新颖,有工笔画、国画、书法、剪纸艺术等,充分展示了沈阳市宗教界人士的艺术水平和积极向上的精神风貌。

(包玉蓉)

【西藏那曲地区宗教界人士参观团考察法轮寺】 10月31日,以西藏那曲地区人大工委副主任次仁为团长的那曲地区宗教界人士参观团一行31人,参观考察了沈阳市法轮寺。省委统战部副部长刘大伟、市宗教局局长任桂芳等陪同参观。

参观团与法轮寺管理组织进行了座谈,听取了法轮寺负责人关于寺院历史、管理、宗教活动开展、场所建设及党委、政府给予的关心支持等情况介绍,了解了沈阳市藏传佛教相关情况,并对法轮寺各项工作给予了高度评价。法轮寺向参观团敬献了哈达,赠送了寺院整理编印的内部资料。

(王玉茹)

【向阳寺举办大型宗教活动】 经辽宁省宗教局批准,7月17日,棋盘山向阳寺顺利举办全堂佛像开光庆典。中国佛教协会副会长净会法师,辽宁省市佛教协会会长照元法师,营口楞严寺圆山长老,苏州寒山寺方丈秋爽法师等高僧参加庆典并主法。

活动前,向阳寺成立庆典活动筹备组织,按开展大型宗教活动审批要求,准备要件,逐级依法申报,得到了省宗教局的批准;属地政府召开协调会议,协调相关部门,制定工作方案,指导庆典活动中的有关管理工作;市宗教、市公安部门加强指导,直接支持属地政府开展有关工作。

活动中,当地政府,寺院管理组织,宗教、公安、林业、消防、卫生、交通等相关部门,依据各自职责,按既定方案,各司其职,开展管理、协调、组织等工作,使庙内外秩序井然,会议及庆典活动顺利进行。

活动后,维持秩序人员积极对庙内信教群众开展劝导、组织工作,使人流较快有序疏散,保证了宗教活动时未能进入现场的信教群众全部可以陆续进入庙中礼佛,最大限度地满足信教群众愿望。

(王玉茹)

【中国高级藏语佛学院考察团来沈参观考察】 10月14日,中国高级藏语佛学院考察团一行15人来沈阳市参观考察,市委统战部、市宗教局等相关部门负责人陪同考察。

考察团主要由该院第七届高级学衔班毕业学员组成,重点参观考察了沈阳市实胜寺、法轮寺两处藏传佛教活动场所。两寺负责人分别向考察团介绍了寺庙概况,陪同参观了各殿堂。法轮寺还向考察团敬献了哈达、赠送了书籍等纪念品。

(李德平)

区、县(市)及开发区

和 平 区

【概况】 2011年,和平区完成地区生产总值620.1亿元,增长10.2%;财政一般预算收入78亿元,增长30%;地方税收收入70.6亿元,增长26.4%;固定资产投资400.1亿元,增长24.7%;社会消费品零售总额504.5亿元,增长17.2%;城市居民人均可支配收入24925元,增长13.3%。

(张映月)

【满融"蓝海经济区"建设】 "蓝海经济区"概念性总体规划和城市设计通过市规委会审批。完成三环高速等7个项目征收。以发展高端服务业、创意产业、都市工业、健康产业为方向,吸引了深圳高科技产业园、中建东北区域总部、国际设计城等一批业态新、体量大的高端产业项目签约,投资额超过500亿元。路网建设全面启动,浑南大道当年开工、当年主体竣工。"蓝海经济区"大发展、大建设序幕已经拉开。

(张映月)

【现代服务业】 引进了维华商业广场等73个重大项目,宏运国际大厦等130个新开工项目加快建设,华润万象城等100个项目竣工。全区共落实3000万元以上在建项目242个。实施交通路网改造、地下空间开发,加速了太原街都市商贸中心区的升级扩容。以"绿色金融"和"蓝海经济"为主题的第四届中国沈阳金融服务交易会反响强烈,24个重大项目集中签约,总额达760亿元;荣科科技在创业板成功上市,金融企业达328家,提升了沈阳金融街的影响力和辐射力。以科技创新推动区域发展,科技孵化器在孵企业达320余家,和平区被评为国家可持续发展实验区。盘活了商鼎大厦等7座闲置楼宇,打造了富丽华国际商务中心等13个纳税亿元以上楼宇,引进了辽宁信达财险等63户总部型企业。全国首家有色金属贸易服务平台和现货交易中心、东北首家国家级会计服务示范基地、辽宁当代文化艺术品产权交易所落户和平区。引进香奈儿、普拉达等35个国际一、二线品牌。服务业增加值实现540.2亿元,增长11.6%。区中小企业服务中心被评为全省惟一的区级中小企业创新服务先进机构。太原街都市商贸中心、沈阳金融街入选首批省级现代服务业集聚区。

(张映月)

【房屋土地征收】 17位区级领导挂帅,近千名干部深入一线征收,筹集50亿元征收了老城区17个地块,民富小区等3个金廊地块和圣锋洗浴等6个危旧房地块基本实现净地,北市三期、西塔一期等地块临近收尾,为老城区深度开发奠定了良好的基础;筹集24.3亿元征收长白岛、满融土地258.5公顷,征收规模之大、进度之快前所未有。

(张映月)

【环境建设】 全员开展"出门就上班"。以"出门就上班"为社会管理创新载体,全区广大干部主动"出门就上班、下班还工作",心中想事、眼中有活,累计上报环境问题近30万条,办结率达到97.1%。"环境无小事、环境无闲人"理念深入人心。

理顺城市管理体制。强化街道办事处的基础作用,实行"四所进街"、"代整治"、"一事双责"等工作机制,建立"区、街、社区"三级联动的城市管理体制,环境问题基本做到发现即处置,创造了城市管理"和平模式"。

全年投入22.3亿元全面提升城区环境,生态宜居区建设取得突出成果。新建长白岛道路19万平方米,高标准改造老城区街巷路及南八马路、中山路等重点街路50万平方米,人行道"方砖改沥青"40万平方米,显著提高了道路通行能力。新建了和泓市民休闲广场等3个休闲绿地,完成了和平大街等42条道路、彩蝶园等19块街头绿地、鲁迅公园等2个公园以及广场、桥梁等绿化景观提升工程,新增绿地面积5万平方米。购置各类环卫作业车辆80余台,作业模式由平面保洁向立体保洁转变,垃圾压缩中转清运半径缩短至500米,基本实现垃圾不落地。整合环卫、绿化、市政和社区扫保队伍,成立了89家社区美化环境服务中心,实行一体化"网格"管理,实施"代整治"980件,群众反映强烈的环境问题得到及时解决。加大拆违治乱力度,市容环境更趋规范整洁。推进节能减排,单位地区生产总值能耗下降3.31%,二氧化硫排放量下降4.5%,超额完成市下达计划任务。和平区再次被评为省卫生城区。

(张映月)

【社会事业】 教育保持高水平均衡发展,学前教育经费列入政府财政预算,中高考成绩全市领先,南昌中学、望湖路小学的新世界分校和南宁幼儿园远洋分园正式启用;启动实施"助困入园"工程,在全国率先建立覆盖学前教育至高等教育阶段的助学体系。和平区被评为全国城乡社区数字化学习实验区。公共卫生服务水平不断提升,改建了区妇婴医院,在全市率先建成国家级"一站式"婚检门诊,在全省率先实现社区卫生服务信息系统区域联网,医改工作得到国家、省、市的高度评价,和平区被评为全省惟一的国家慢性病综合防控示范区、省食品安全工作基本标准试点区。公益性文体事业繁荣发展,在东北地区率先建立城区公共图书阅读服务网络,锡伯族家庙被命名为省、市民族团结进步教育基地;全民健身活动深入开展,建成沈水湾公园青少年户外健身中心。社会保障体系更趋完善。建立了街道应急救助绿色通道,及时救助贫困群众537人次。高标准建立了12个示范性社区老年日间照料站,新建和改造了13个社区"一站式"服务中心。创办了全省规模最大的残疾人托养康复中心。实名制安置就业2.1万人,城镇登记失业率控制在2.9%

以内。全年收缴养老保险统筹基金7.28亿元,新农保参保人员达2580人。改造老旧和弃管小区40个、140万平方米。建设了1700套农民安置房。新建和改造了9个菜市场,群众买菜难问题得到缓解。圆满完成了社区"两委"班子换届选举。和平区被确定为全国第一批民政范围管理标准化建设试点地区,连续七次荣获省、市双拥模范区,连续三届荣膺辽宁省县(市)区生活质量排行榜城区第一名。年初确定的9件实事全部完成。

(张映月)

【政府自身建设】 自觉接受区委领导,主动接受区人大依法监督和区政协民主监督,全年办理各级人大代表建议180件,办结率99.4%;办理政协提案207件,办复率100%。全面启动"六五"普法和社区矫正试点工作。落实信访稳定风险评估机制,率先在全省建立联调联动网络视频矛盾纠纷化解新机制,信访积案化解率达90%以上。推进社会治安动态防控体系建设,"清网行动"取得重大成果,刑事警情同比下降34.2%。加强公务员队伍建设,深入推进政务公开和党风廉政建设,强化监督检查和责任追究,树立了阳光政府良好形象。以创新举措突破发展瓶颈,通过整合国有资产、成立蓝海公司融资,为重点地区开发建设提供了有力资金支持;成立了土储和平分中心,发动全区主动争取上级资金16.1亿元,有效缓解了资金紧张问题。探索建立"批管分离"工作体制,在全省率先实施企业注册"一窗式"审批,服务水平明显提升。

(张映月)

沈河区

【概况】 2011年,沈河区地区生产总值完成739.2亿元,同比增长10.0%。财政一般预算收入达到77.7亿元,增长25%;税收收入69.5亿元,增长22.1%。固定资产投资完成428.6亿元,增长17%。实际利用外资8.5亿美元,增长13.3%。出口总额完成3.3亿美元,增长17.5%。实际到位内资141亿元,增长66%。社会消费品零售总额完成594.4亿元,增长17%。城市居民人均可支配收入24680元,增长12.5%。沈河区综合实力位居全省56个城区第二位,被评为省经济工作先进城区。

(刘剑峰)

【金融中心建设】 《沈阳金融商贸开发区优化金融生态试验专项方案》通过市级审批并上报省政府。实施开发区内设机构和管理体制改革,增设了城管局等4个职能部门,体制机制不断完善。扩大对外包装和宣传力度,辽沈9家媒体连续3天对开发区进行深度报道。高标准承办了东北区域金融中心建设座谈会。开展了北站南广场改造和机动车停车场建设项目规划论证。引进金融企业113家,其中:吉林银行等金融机构50家,乾瑞投资担保等金融服务类机构63家;全市首家法人保险机构华汇人寿和全市第二家银行总部沈阳农商银行入驻开发区,金融业对财政收入贡献率达35%。开发区被评为省现代服务业集聚区,东北区域金融中心的影响力和知名度持续提升。

(刘剑峰)

【招商引资】 围绕总部经济和金融、文化、商业地产等重点产业,瞄准重点国家和地区,强力推进招商工作。先后7次随省市代表团赴外招商,宏运金座等6个项目成功落地,总占地面积43万平方米,摘牌地块数量及面积创历史新高,落地项目引进外资和内资额均位列全市第一。全年引进现代服务业企业1500家。引进中国黄金集团等总部企业60家、英国信诚人寿等世界(国内)500强企业20家,总部经济对财政收入贡献率达42%。引进文化企业200家,年纳税百万元以上文化企业39家,文化产业对财政收入贡献率达5.1%。第二百货商店等2家企业获评"沈阳老字号",全区老字号企业达18家。沈河区获全国科技进步考核先进城区称号。

(刘剑峰)

【财税运行】 积极培育骨干税源,入区库税收百万元以上企业292户,同比增长22.4%。全力稳定存量税源,深入开展区级领导"两包四联系"活动,2806户入区库税收3万元以上重点税源企业运行平稳。充分发挥国地税、财政、公安、工商和街道系统主力军作用,切实强化税收征管,综合治税新增入区库税收5850万元,清回异地纳税企业91户。

(刘剑峰)

【项目建设】 13个市重点项目平稳推进。沈阳国际金融中心、万科春河里等11个项目顺利开工。沈阳茂业中心、夏宫城市广场等26个项目达到形象进度。步阳国际商城、东北大厦等11个项目如期竣工。颐玛特超市、五交化大白楼等6栋19万平方米存量楼宇成功盘活。沈阳北站交通枢纽改造等6个市政项目开工建设。全区3000万元以上新开工项目113个,竣工项目73个,签约落地项目72个,开发策划项目27个。

(刘剑峰)

【重点区域建设】 皇城商贸文博旅游区沈阳商业城一期改建项目如期营业,盾安新一城、利福广场等4个在建项目达到形象进度,中街九龙港项目成功启动,北中街豫园商城项目顺利摘牌,中街被评为省现代服务业集聚区,沈阳路清文化街被评为市特色街路。五爱商贸区控详规划初步完成。五爱希尔顿逸林酒店进入装修收尾阶段,五爱市场仓储中心改造基本完成,五爱市场被评为中国商业名街、全国诚信经营示范市场。南塔商贸区越秀综合体等项目开工建设,群升沈阳新天地一期等项目主体封顶,沈阳国际鞋城等项目二次招商进展顺利。高标准制定了东部区域城市设计,加大东部区域基础设施投入,全力推动区域均衡发展。

(刘剑峰)

【房屋征收】 金廊7个征收地块中,3个地块实现晾地,4个地块楼体拆除进入收尾阶段。东部区域,十二运场馆项目完成征收并开工建设,三环、四环路沈河段征收地块和远大地块实现晾地,六药地块基本晾地,八里堡、凌云地块征收工作全面启动。全年征收地块总占地面积近2平方公里。皇城一期计划征收地块完成前期摸底、资金测算等准备工作。

(刘剑峰)

【城区环境建设】 城市面貌显著改善。投入3557万元,对29条19万平方米街路进行改造。投入2210万元,对560条17万平方米街路进行维修养护。投入2500万元,对青年大街等17条街路、敬宾园等30块绿地、民悦等2个广场实施景观提升。投入2016万元,新建垃圾中转站36处,安装移动式环保公厕24座。

城市管理规范有效。充分发挥数字化城管中心作用,强化市容环境和小区内部巡查监管,共受理各类城市管理案件4万余件,办结率达98%。完善交通基础设施,开展动静态交通综合整治,交通秩序进一步改观。对街路市场进行整治规范,拆除违章建筑1500余处、违规牌匾9400余处。顺利通过省级卫生城区复检。

生态环境更加优化。深入开展环境监察工作,圆满完成了重点污染源、噪声功能区等监测任务。单位地区生产总值能耗下降3.8%,二氧化硫等主要污染物排放总量减少1350吨。扎实推进绿色学校、绿色社区和生态品牌社区创建工作,环境样板城建设取得阶段性成果。

(刘剑峰)

【民生工程】 和谐社区建设成效明显。圆满完成社区"两委"换届,124个社区调整为108个,有效整合了管理资源。提高社区工作者待遇,有效调动了工作人员的积极性。深入开展"5·25和谐社区日"和"社区评星晋级"系列活动。全面推进以保洁、保安为主要内容的老旧弃管小区保障型物业管理模式,经验在全市推广。投入5450万元,完成新立堡等277个303万平方米弃管小区改造任务。改善12个社区办公用房条件,新增社区用房面积7214平方米。沈河区作为城区代表在全国街道社区创先争优活动视频会议上作了经验交流,被民政部确认为全国社区管理和服务创新实验区,连续7次被评为省双拥模范区。

社会保障体系日益完善。开发就业岗位60132个,实名制就业35018人,城镇登记失业率2.67%。解决124名困难家庭大学生就业问题,继续保持零就业家庭动态为零。扎实开展"送温暖"活动,为低保户、低保边缘户发放救助金964万元。发放经济适用住房补贴1777万元、廉租住房租赁补贴488万元。为3500余名农民工追讨拖欠工资3230万元。通过企业改制等多种形式,妥善安置企业职工3000余人。养老保险统筹征缴12亿元。建设12个社区老年人示范性日间照料站和2个残疾人"阳光之家",实现残疾人无障碍设施进家庭343户。投入2280万元,对炮院小区等5个重点区域进行热源管网改造,全区141座锅炉房和108座换热站运行平稳。

平安沈河建设深入推进。搭建三级民生诉求网络平台,深化领导包案、接访和下访机制,圆满完成重点时段控访任务。化解市交办重点信访积案150件,国家信访局认定终结案件68件。投入1000万元,完成3个派出所建设改造任务。"老百姓身边派出所"经验在央视专题报道。"清网行动"和"打黑除害"专项行动位列市内五区第一,命案破案率100%。开展消防领域专项整治,清除重点安全隐患4000余处。加大重点领域和重点行业安全执法监察力度,有效打击非法违法生产经营行为,安全生产形势良好。

(刘剑峰)

【社会事业】 公共文化服务水平持续提升。完成沈河区市民活动中心规划设计。投入456万元,安装户外健身器材1065件。完成南运河、五里河健身带改造。成功举办了沈河区第九届全民体育运动会。广泛开展"庆祝建党90周年"系列文化活动。加大扫黄打非力度,文化市场执法水平不断提高。《沈河区志》第二部编撰完成。沈河区以公共服务体系建设为重点的文化模式被文化部确定为国家公共文化服务体系示范项目。区老年合唱团荣获全国第十三届老年合唱节银奖。

区域教育优质均衡发展。深入推进教育强区实验区创建工作,全面启动集团化办学,组建了七中、实验小学等十大教育集团。加快校舍建设改造进程,九中等3所学校综合楼及文化路小学北教学楼投入使用。文萃小学等3所学校教学楼加紧施工。十七中学综合楼等5个校舍项目启动建设。高官台小学等4所学校校舍加固工程及同泽高中等3校搬迁工作如期完成。方凌小学异地重建项目正在制定规划方案。整合新建校园内部视频监控点位852个。沈河区被评为省社区教育示范区和省科研兴教十强县区。

公共卫生服务体系不断健全。完成东大营等6个社区卫生服务站建设,不断更新基层卫生机构医疗设备。滨河社区卫生服务中心成为国家级示范社区卫生服务中心。成立79个社区责任医师团队,实现社区卫生服务网格化管理。充分利用电子化信息平台,完善30万户居民电子健康档案。医药卫生体制改革工作顺利通过省级评估验收。深入开展食品安全专项整治和示范单位创建活动,打造5条餐饮服务示范街和25家餐饮示范店。

(刘剑峰)

【政府自身建设】 民主法制工作全面推进。自觉接受人大法律监督和政协民主监督,全年共承办省市区三级代表建议和政协提案378件,省市建议提案29件,办复率100%,满意率99.7%。全年向人大专题报告工作13次,接受代表委员视察、检查工作15次。加强人民调解组织三级网络建设,深入开展"人民调解进万家、化解矛盾在基层"活动,调解司法纠纷1259件。积极开展法律援助服务,共受理法律援助案件591件。

软环境建设不断提升。深化行政审批制度改革,对18个部门的77个审批事项进行规范,审批效率大幅提高。深入开展民主评议基层科队站所活动,制定了《沈河区机关工作人员问责办法》等规章制度,依规问责67人。依托96123市民服务热线和民心网,解决各类诉求3700余件,办结率97.7%。深入开展公务用车专项治理,纠正和处理各类违规公务用车30台。严格控制行政成本,"三公"经费逐步下降。

(刘剑峰)

大东区

【概况】 2011年,大东区地区生产总值实现468.1亿元,增长5.1%;规模以上工业总产值完成1260亿元,增长12%;一般预算收入完成50亿元,增长40.9%,其中税收收入48.4亿元,增长50.3%;固定资产投资完成358亿元,增长16.7%;社会消费品零售总额实现177.6亿元,增长17%;实际利用外资5.6亿美元,增长21.2%;城市居民人均可支配收入达到22830元,增长13.2%。

(大东区)

【工业】 整车生产势头迅猛。总投资70亿元,年产整车30万辆、发动机45万台的上通北盛三期项目顺利开工。华晨宝马新5系扩产项目正在进行设备安装,华晨金杯A级车扩建项目竣工。全区四大整车厂生产整车61.8万辆,增长9.2%;实现产值740亿元,增长27.8%;整车税收实现23.3亿元;整车产量、产值分别占全市的87%和97%,沈阳东部汽车产业集群在全市工业发展中的支撑作用更加凸显。

汽车零部件项目加速集聚。汽车整

车辐射带动作用不断增强，为上通北盛三期配套的首批20家、总投资40亿元的汽车零部件企业落户沈阳汽车城，30家零部件企业与大东区达成投资意向。立达汽车零部件、大连华录模塑等项目竣工，常春汽车零部件、费拉尔汽车座椅等项目开工，汽车产业配套能力显著提升。

汽车城发展空间不断优化。大东新城建设全面启动，新城规划编制完成。东望、榆林安置房等地块征收完毕，“城中村”改造全面展开。七朱公路建设进展顺利。南小河、黄泥河整治工作加快实施。积极争取国家开发银行、商业银行、市土地储备中心支持，全年完成融资24亿元，争取用地指标2.3平方公里，为汽车城重大项目及基础设施建设夯实了基础。

驻区企业改造升级步伐进一步加快，三洋重工工业园基础工程接近尾声，宝钢三期扩产项目正在进行设备安装。全区工业发展质量不断提高，规模以上企业利税平均增幅高于全市30个百分点以上，工业产销率达到99.1%。

（大东区）

【商贸服务业】 东中街商业区展现新形象。中粮·沈阳大悦城CD座、龙之梦购物中心、新世界百货一期等项目营业，东中街商业区营业面积已达200万平方米。天润广场主体完工，南华项目土地征收工作正式启动。步行街二期和国内最大的半室内公交枢纽站投入使用，商业区道路等基础设施建设进一步完善。东中街商业区成为首批“省级现代服务业集聚区”之一，荣获“中国著名商业街”称号。

吉祥商贸区等街域商业分中心加快发展。萃华金银珠宝上市融资准备工作顺利实施。国瑞东方商城等项目取得新进展。完成了边门农贸市场、长安综合市场等10个农贸市场新建、改造工程。组织筹办了“沈阳国际旅游节——欢乐大东行”等特色旅游、会展推介活动，全区商业氛围日趋浓厚。

（大东区）

【科技产业】 沈阳大学科技园正式投入运营，中国移动系统集成等项目入驻。区科技企业孵化中心“计算机辅助实时模拟控制技术”达到国际先进水平。区总部大厦8家企业落户。进一步完善科技创新指标考核体系，全区专利申请总量达到640件，引进科技团队40余个；新增科技企业孵化器面积7.5万平方米，新增科技型企业70余家。列入上三级各类计划项目40余项，获得科技资金支持4000余万元。大东区第五次蝉联“全国科技进步先进城区”称号。

（大东区）

【体制改革和招商引资】 对沈阳汽车城开发建设指挥部和欧盟经济开发区进行了整合，创新管理体制和运行机制，为进一步加快沈阳汽车城发展提供了有力保障；区街财政体制改革顺利实施，街道办事处促进经济发展的作用不断显现；投入2500万元，深化医药卫生体制改革；全面启动农村经济体制改革；稳步推进了原前进畜牧场转制，历史遗留问题得到有效解决。加强优势产业和重点载体招商，组织开展了沈阳汽车城零部件产业园项目签约仪式等大型招商活动，引进了上海汇众等一批重大项目。全年引进内资105亿元，实现出口创汇2.5亿美元。

（大东区）

【城区发展环境】 基础设施日趋完善。市府大路东延线建成通车，北大营西路、临河路等20条道路改造完毕，实施了巧克力城等9条小区配套道路建设。对沈海公园和30块景观绿地进行了改造提升，全区绿地面积达到2100万平方米。

城区环境综合整治“大东模式”再结硕果。望花、东望等主要城市出口路环境面貌显著改观，榆林大街改造工程加快推进。对津桥路等街路两侧老旧楼体、牌匾进行了外观改造，区内主要街路面貌焕然一新，街路牌匾改造经验在全市推广。数字化城市管理系统投入运行，市容环境属地化管理“五所进街”工作模式全面实施。顺利通过省级卫生城区复检。节能工作有效落实，万元GDP能耗、万元工业增加值能耗分别下降3.77%和4.1%。

政务环境切实优化。围绕争创“五个一流”，在全市率先实行了“集中受理”新型审批服务机制。开展了“文明服务月”和“局长接待日”等活动；受理省“民心网”、“96123”市民服务热线群众诉求3536件，办结率100%。深化了区级领导联系经济重点工作和项目实名推进制等责任机制，东方银座等12个市级重点项目全部实现开工建设。对全区事业单位机构编制事项进行了规范、清理。深入开展“庸、懒、散”等作风、纪律专项整治，机关干部队伍建设得到进一步加强。

（大东区）

【社会民生】 社会保障体系更加健全。通过鼓励自主创业、落实就业扶持政策等多种措施，全年完成实名制就业3.5万人，城镇登记失业率控制在2.9%以内。全区新增城镇居民基本医疗保险8.4万人。对340户残疾人家庭进行了无障碍改造，区残疾人康复中心落成并投入使用。房屋应急维修机制不断完善，群众反映的300余项问题得到及时解决。保障性住房建设稳步推进，明堂街经济适用房主体完工，生产路廉租房项目竣工，西堡巷政府补贴房项目进展顺利。区医院、区养老服务中心项目加快建设。

教育事业优先发展。二十八中学新建工程基础完工，一中教学楼改造顺利推进，教育局幼儿园小北分园投入使用，白塔小学等13所学校校舍加固改造工程全部完成。广泛开展教师队伍业务培训，深化教育内涵建设，促进了教学质量和办学水平的进一步提升。

文体卫生事业不断进步。以迎接建党90周年、“迎全运”和艺术惠民“双百万”工程为主线，组织开展了各类群众文化活动105场，营造了良好的社会风气。认真做好国民体质监测工作。国家基本药物实现零差率销售。政府、高校、社区“三位一体”早教模式成为大东区特色品牌。

社会保持整体稳定。深入开展“清网行动”、“打四黑除四害”等专项行动，全区刑事案件发案率同比下降16.9%，刑事案件破案率同比上升20%。深化“矛盾纠纷化解年”活动，化解信访积案190件，帮扶救助880人，较好地解决了沉积多年的大观苑三期超期安置等历史遗留问题。推进企业、社区安全标准化创建工作，有效遏制了重特大安全事故发生。强化食品药品安全监管，加大对生产、销售假冒伪劣商品打击力度，营造了安全的消费环境。

和谐社区创建工作成效显著。实施了108个弃管小区综合改造及15个示范性日间照料站建设。社区卫生服务站标准化建设顺利推进。城市社区换届选举工作全面完成，基层政权建设进一步加强。全区市级以上和谐社区达到73

个。

全年办理市区人大代表建议、政协委员提案共321件，见面率、办复率100%，满意率95%以上。积极开展“六五”普法工作，“法律六进”活动有效开展。认真落实党风廉政建设责任制，强化招投标、国有资产管理、审计等各项工作，进一步完善了拒腐防变的长效机制。

（大东区）

皇姑区

【概况】 2011年，皇姑区地区生产总值完成378.3亿元，同比增长12.4%。服务业增加值完成267.3亿元，同比增长11.9%。社会消费品零售总额完成166亿元，同比增长17.1%。以东北首家金属交易所成功开盘为标志，现代服务业快速发展，陵东现代物流产业集聚区成为全省首批现代服务业集聚区。现代服务业营业收入完成203.4亿元，同比增长40%；信息产业产值完成66.6亿元，同比增长21%。工业运行平稳，规模以上工业产值完成294亿元，同比增长9.9%；工业增加值完成74.3亿元，同比增长14.2%。2家企业商标被认定为中国驰名商标，实现了区国家级驰名商标零的突破。

（皇姑区）

【项目建设】 聚焦重大项目，全力推进“一心、三区、一带”五大空间建设。全社会固定资产投资完成511亿元，同比增长20%。其中500万元以上项目固定资产投资完成357.8亿元，同比增长18.6%。全区在建3000万元以上项目162个，总投资额693亿元。其中：续建项目78个，总投资额348亿元；新开工项目84个，总投资额345亿元。沈阳天地一期商业项目、港星皇庭项目主体竣工，中海广场和寰宇城项目已经开工，中粮航院、保利溪湖、乐天世界、凤凰饭店等重大项目进展顺利。全年竣工项目达到73个，其中12个项目实现当年开工当年竣工。

拓展发展空间，全力推进征收工作。实施征收地块11个，总占地面积122万平方米，涉及被征收居民10519户，征收资金总量达到102.5亿元。其中：巴山路、新乐地区等3个金廊地块居民签约率已达95%，车辆厂东西、怒江街西等6个危旧房屋改造地块居民签约率已达96%，政法干校、上岗子地块征收工作即将完成。长客总站、东窑村、陵东村、文大路南等13个重点招商地块的征收准备工作已经到位，总占地面积180万平方米，涉及被征收居民6000余户，征收资金总量超过100亿元。

（皇姑区）

【招商引资】 突出商业地产和“三个优先”产业招商，接待国内外来访客商100余批400多人次。先后赴港澳台、长三角、珠三角等地区和欧美加、东南亚等国家开展招商活动。实际到位内资完成93亿元，同比增长79%；实际利用外资完成3.67亿美元，同比增长9.9%；出口总额完成9000万美元。成功引进中粮置地、辽宁泛亚、净雅酒店、安盟保险等知名企业区域性总部入驻，楼宇使用率提高到90%。盘活特色街区商业网点25个，商业网点使用率提高到75%。

（皇姑区）

【财税收入】 加大财税征管力度，完善综合治税和协税护税机制，开展大规模税源普查，强化重点税源动态监控，确保税收及时足额入库。财政一般预算收入完成37.42亿元，同比增长33.5%。区级税收收入完成30.05亿元，同比增长28.2%。其中：地税部门区级税收完成26.15亿元，同比增长32.6%；国税部门区级税收完成3.9亿元，同比增长5%。

努力克服财政刚性增支的巨大压力，保持了财政收支平衡。财政一般预算支出20.8亿元，同比增长16.21%。按照有保有压、科学安排的支出原则，优化财政支出结构，切实加大对社会保障、社会事业、城市建设等民生方面的财政倾斜力度，严格控制一般性支出，压缩行政支出，提高财政资金使用效益。多渠道筹措资金，确保办实事工程、重大项目建设和征地征收工作顺利推进。

加强国有资产管理，规范国有资产处置程序，国有资产收益完成6.34亿元。加大政府采购管理力度，政府采购支出6600万元，节约采购资金230万元，资金节约率4.71%。

（皇姑区）

【城区环境】 以迎“十二运”为契机，投入资金2.44亿元，全面推进基础设施建设，全力提升城市管理水平。

积极配合实施一环、二环、三环路改造工程，启动怒江北街、梅江北街、陵园北街贯通工程，完成梅江北街贯穿三环、岐山西路改造、秀水桥建设工程，整修珠江街等21条街路。完成百鸟公园改造、舍利塔北广场续建工程，新建塔湾欣城北广场绿地，提升改造19块街头绿地。

全面落实国家环境建设样板城和生态市创建工作。加大节能减排工作力度，削减二氧化硫排放量390吨，减少氮氧化物排放量196吨，万元地区生产总值能耗由上年的0.713吨标准煤下降到0.686吨标准煤。创建绿色单元10个，省级环境友好型学校数量列全市之首。拆除13座锅炉房，联片供暖面积67.7万平方米，集中供热普及率达到90.16%。投入资金4000万元，用于解决居民供暖问题。

深入开展以“净化”为主题的市容环境综合整治行动，顺利通过省级“绿化、美化、净化、亮化”验收。加大对区域内违法占地、违章建设行为的查处力度，拆除各类违章建筑4.3万平方米。发挥城市管理数字化平台作用，解决各类城市管理问题1.7万件。投入资金1000万元，扩大街路机械化扫保覆盖面，增加扫保力量，街路扫保质量明显提高。推行“垃圾不落地，运输全封闭”的工作模式，新增地埋式垃圾箱1000个，新型垃圾压缩站点达到32处。

（皇姑区）

【社会民生】 坚持保障和改善民生，切实解决人民群众最关心、最直接、最现实的利益问题。政府承诺为群众办好的10件实事全部完成。

千方百计扩大就业，稳定就业形势，实现城镇实名制就业3万人，零就业家庭动态为“零”，城镇人口登记失业率为2.65%。加大养老保险扩面工作力度，征收养老保险个体统筹基金3.7亿元。保障困难群众基本生活，发放最低生活保障金4820万元，发放经济适用住房货币补贴款3877.5万元，提供公共租赁住房2300套。投入资金1.5亿元，完成161个弃管住宅区综合改造工程，整修面积402万平方米，惠及居民6万余户。

坚持用群众工作统揽信访工作，提高信访大厅直接调处能力，建立“四位一体”责任包保制度，实施重大事项社会稳定风险评估，一批涉及群众切身利益问题得到妥善解决。严厉打击各类违法犯罪活动，“清网行动”等工作列市内五区第一名，治安案件同比下降71%，刑事案件同比下降14%，连续五年被评为省级平安区，人民群众的安全感进一步增强。做好“六五”普法工作，开通网上调解咨询服务平台，扩大法律援助覆盖面。全面加强安全生产、消防安全和食品药品监督管理，积极开展专项整治行动，全区未发生重特大安全事故。

坚持优先发展教育，投入教育资金5.4亿元。加快教育基础设施建设，建成全市首家教育咨询服务中心；完成珠江五校、三台子五校翻扩建工程；投入资金6300万元，启动虹桥中学等7所中小学四级危房改造工程。推进基层医疗卫生体制改革，落实国家基本药物制度，基本药物使用率保持100%，龙江社区卫生服务中心成为国家级社区卫生服务示范中心。大力实施艺术惠民工程，蓬勃开展群众文化活动，皇姑老年合唱团荣获中国老年合唱节“振兴杯”金奖。加强文化体育设施建设，完成区文化馆改造，安装健身器材116件。荣获全国科技进步先进区、全国科普工作示范区称号。

深入开展星级社区创建活动，新增三星级以上社区35个，全区65%的社区达到三星级以上标准。加强社区基础设施建设，新增社区办公用房面积5207平方米。进一步提高社区服务功能，新增社区服务网点170个，新增日间照料站12个，新增养老床位800张。完成全区122个社区的换届组建工作，社区工作者队伍结构日趋合理、服务意识明显增强。

（皇姑区）

【政府自身建设】 自觉接受区人大的依法监督和区政协的民主监督，坚持并完善向区人大及其常委会报告工作、向区政协及其常委会通报工作制度，先后就项目建设、房屋征收、食品安全、普法工作等重大事项向区人大报告、向区政协通报。共办理人大代表建议246件，办复率100%，满意率98.9%；办理政协委员提案109件，办复率100%，满意率98%。

认真践行基层工作法，积极开展“自觉履行承诺、主动排忧解难”活动，公开职能部门软环境建设工作承诺，接受公众监督。进一步完善企业服务代理制度、企业处罚会签制度和区级领导包扶企业制度。新注册企业1071户，企业迁入迁出比继续保持正增长。受理行政审批事项2.13万项，办结率100%。

积极推进政府诚信建设，提高政府工作公信力。狠抓政府机关作风建设，深入开展“四个一”活动，创建人民满意单位。加强行政效能建设，深化绩效考评管理，行政效率明显提高。大力开展纠风工作，受理市民诉求3925件，同比下降21.5%，群众满意率98.78%。

切实加强政府廉政建设，加大对土地征收、政府采购、建设工程等方面的专项监察和审计监督力度，全面清查“小金库”、“公务用车”问题。

（皇姑区）

铁西区

【概况】 2011年，铁西区完成地区生产总值1000.3亿元，同比增长12.5%；规模以上工业总产值2655.9亿元，同比增长18.3%；规模以上工业增加值691.6亿元，同比增长14.1%；固定资产投资601.3亿元，同比增长16.7%；直接利用外资10亿美元，同比增长8.3%；公共财政预算收入100亿元，同比增长27.4%；社会消费品零售总额385亿元，同比增长17%。

（胡小超）

【工业经济】 工业经济规模效益稳步提升。规模实力快速壮大，全年新开工投资3000万元以上工业项目118个，总投资突破900亿元。年产值亿元以上企业增至145户，实现产值2420亿元，同比增长20.6%。运行质量大幅提高，装备制造业对全区工业贡献率达到69.7%，产销率达到96%。智能装备、节能环保、新材料等战略性新兴产业长足发展。机床及功能部件、电气及新能源装备等千亿产业集群完成产值2567亿元，占全区规模以上工业总产值的96.5%。铁西区获得“辽宁省示范产业集群”称号。

装备制造业加快向高端制造挺进。装备制造业聚集区拓展到65平方公里，完成产值1862亿元，同比增长20.5%。全年投资亿元以上项目69个。首辆铁西制造宝马汽车正式下线。米其林搬迁扩产项目已进入设备安装阶段。体现领先水平的日本NSK精密轴承、安川电机等项目投产，电力核电部件产业园等项目开工建设，中国有色装备产业园、泰豪科技园、重大数控机床生产基地等项目建设全面铺开，产业丰厚度有效增强。

现代建筑产业实现重要突破。全年完成产值455亿元，同比增长50%。新开工投资3000万元以上项目49个。国内惟一拥有墙体保温建筑部品自主知识产权的烟台万华项目签约落地，中南集团国家住宅产业化基地工厂、法国圣班戈、沃得产业园等项目开工建设，日本积水装配式住宅项目开始试生产，兆寰鹿岛产业园PC构件已应用于重点示范工程。

企业核心竞争力进一步增强。机床集团经济总量跃居世界同行业第一位，远大中国、罕王集团在香港成功上市。北方重工、沈鼓集团综合实力居国内同行业首位。特变沈变建成全国惟一的“特高压变电技术国家工程实验室”，三一重装获得“国家级企业技术中心”认定。国内首台套20兆瓦电驱压缩机组应用于国家“西气东输”工程。全区世界级产品已增至51个。

（胡小超）

【现代服务业】 城区现代服务业能级提升。国家级生产性服务业总部基地建设全面启动，占地2平方公里的“铁西金谷”总部基地一期开工建设，中国合同能源管理等97个总部类、平台型项目签约入驻。“西部十字金廊”等重点区域产业聚集效应凸显，大型城市商业综合体、高端餐饮等业态不断扩充服务业产业结构。华润置地、万达广场、千缘财富商会、金地名京商业综合体等重点项目开工建设。顺峰、净雅、西唐盛筵等高端餐饮营业。房地产市场健康发展，交易额领先全市。

开发区服务业发展活力彰显。启动了中心商务区、地铁总站区、四环商业区、宝马商住区、滨河生态区等五大核心商贸板块建设。沈盘线商贸走廊初见规模，中国重汽等11户汽车4S店全面建设。鸿隆世纪商业广场、商务中心、庞大汽车文化广场部分主体完工，荣信财富广场、地中海超五星酒店等高水平业态组团推进。生产性服务业集聚功能增强，中外运等项目进展迅速，中床物流园投入运营。

（胡小超）

【城市建设】 区域发展空间有效拓展。挖掘新潜力，拓展新空间，努力实现宝马新城、铁西金谷、沈阳站西广场等核心区域功能分区、空间布局与产业规划的有机统一。稳步推进重点区域开发，为项目建设和地区发展提供新空间近10平方公里。

区域环境建设成效显著。全年投入城建资金近30亿元，完善路网，整修道路，提升设施功能，促进环境承载能力扩倍增容。综合利用立体空间，铁西广场地下停车场竣工。坚持建设精品、管理精细，创造精美环境，持续开展了“查问题、尽职责，向违法违规问题宣战”和“深入群众，排忧解难”活动，进小巷楼道、进社区庭院，累计投入1亿多元，解决群众问题3万多件。区硬环境建设和管理经验在全市推广。

生态城区建设全面加强。重点加强水系湿地、公园绿地、街心广场建设，滨河生态城综合景观带加紧建设，占地5平方公里的浑河西峡谷生态景观区工程全面开工。城区绿化覆盖率达到40.3%，人均公共绿地面积达到9.3平方米。新增12个市级“绿色社区”，节能减排工作加速推进，削减二氧化硫排放4216吨，减少化学需氧量排放280吨。

(胡小超)

【招商引资】 围绕优势产业、新兴产业、潜力产业，坚持招商选资、择优选项，着力引进做长产业链条、做强配套产业、做大新兴产业的优质项目。共举办主题招商活动12批次，协议投资额830亿元。注重以存量吸引增量，沈鼓集团整体改制和私募引进战略投资者工作取得重大进展，实现增资12亿元。依托厦洽会等国内外展会载体，组织招商团组76个，推进项目400个。调资强度不断加大，69个项目实现调资，超千万美元项目15个。完成出口总额14亿美元，同比增长8.5%。

(胡小超)

【社会事业】 科教兴区战略深入实施。市级以上科技研发机构已达116家，铁西区成为全国县市科技进步考核先进区。教育事业高水平均衡发展。教育投入8.7亿元，探索薄弱学校改造新途径，启动区领导包保路官小学、172中学等升级改造工程，127中学荣获机器人世界杯总决赛季军，铁西区成为全国生命教育全环境实验区。

文体卫生事业健康发展。工业文化内涵不断增强，投资1.2亿元的工业博物馆主体完工。工业文化走廊工程全面竣工。开发区工人文化宫主体完工，全民健身中心开工建设，红梅健身广场完成规划设计。公共医疗卫生服务水平有效提升。卫生经费投入达1.9亿元。居民在政府办基层医疗机构就医的门诊人均收费下降53.9%，降幅居全市之首。顺利通过省医改工作验收。

惠民福民能力显著增强。就业创业工作取得成效，城镇登记失业率控制在2.77%。社会保障能力得到提升，社保统筹基金收缴4.6亿元，居全市第一。全市首家区级养老中心主体竣工，新建12个示范性社区日间照料站，区社会福利院主体封顶。百姓居住条件获得改善，保工街北一路等12处高标准保障性住房开工建设。工人村三期等新住宅小区竣工，70%的老旧小区面貌焕然一新。对全区23座弃管自来水二次加压泵站进行了改造，18万户居民饮水安全得到保障。

新农村建设进一步加强。农业产业化规模不断壮大，实现农业总产值23亿元，同比增长12%。农民收入不断提高，人均收入超过全市平均水平。新建11个农村群众文体活动广场。投入3000万元整修高花村等村屯道路88公里。

(胡小超)

于洪区

【概况】 2011年，于洪区实现地区生产总值385.9亿元，增长13.7%；财政一般预算收入36.76亿元，增长29.4%；固定资产投资274.9亿元，增长36.3%；实际利用外资3.22亿美元，增长49.6%；出口总额2.5亿美元，增长51.8%；社会消费品零售总额56.4亿元，增长19.7%；城市居民年人均可支配收入23046元，增长15.5%；农民年人均纯收入14185元，增长14.9%。获批沈阳经济区统筹城乡发展综合配套改革示范区。

(田洪伟)

【招商引资】 围绕装备制造配套产业、高端商业、市场物流及房地产等主导产业和于洪新城、永安新城、丁香湖新城、平罗湾新城等重点区域开发建设，先后赴欧美、东南亚、长三角、珠三角等重点地区开展招商活动22次，举办大型专业招商会16次，成功引进总投资230亿元的金马凯旋家居CBD、总投资125亿元的步长科技园、总投资100亿元的卓尔国际商品城等重大项目。全年引进亿元以上项目182个，其中：50亿元以上项目15个，100亿元以上项目8个，总投资超过2000亿元。项目规模之大、数量之多、集聚程度之高均创历史最好水平。

(田洪伟)

【项目建设】 强化项目开工要素保障，通过征地拆迁、土地“增减挂钩”，争取建设用地指标7平方公里，筹措资金135亿元，完善基础配套设施。设立产业发展扶持基金，搭建银企对接平台，为企业争取信贷融资50.6亿元，争取扶持资金24.3亿元。沈阳丁香湖国际汽车城、黄海路新玛特商业广场、北陵电器工业园等一批新建、续建项目开复工，新建、续建3000万元以上项目103个，开复工面积1150万平方米，竣工面积452万平方米，完成投资245亿元。沈阳碧桂园玛丽蒂姆酒店、华润万家购物中心沈新路店、中国·沈阳国际特种机床装备城一期等54个项目建成投入运营，沈阳丁香湖国际汽车城、中国·沈阳机械基础零部件产业园一期等34个项目完成主体工程建设。

(田洪伟)

【三次产业发展】 优化农业产业结构，完成产调面积2004.7公顷，发展设施农业面积66.7公顷，设施农业面积增加到1133.3公顷，农事龙头企业发展到68家。推进农业重点项目建设，沈阳绿丰食品有限公司肉牛屠宰加工基地扩建项目竣工投产，沈阳德丰食用菌有限公司食用菌二期工程主体竣工，年产有机肥3万吨的陆家有机肥生产基地抓紧建设。健全农业服务体系，区财政投入3500万元，支持农业基础设施建设和农村经济发展，新组建农民专业合作社54家，增加注册资本6000万元，带动农户5000户，落实农业补贴资金1811万元。完成国家现代农业示范区申报工作。

产业园区建设进展顺利。中国·沈阳国际特种机床装备城一期工程竣工，完成21栋15万平方米标准化厂房建设，综合服务楼、研发中心等配套工程基本竣工,引进企业35家;二期工程30栋12.1万平方米标准化厂房主体竣工,引进企业43家。中国·沈阳机械基础零部件产业园一期18栋6.6万平方米标准化厂房主体竣工,引进企业10家。浙江电力电器工业园完成9万平方米厂房建设,引进企业9家。北陵电器工业园6栋2.3万平方米标准化厂房主体竣工。新兴产业区招商态势迅猛,一批软件研发、服务外包、科技总部型项目纷纷涌入。规模工业高速增长,新增规模工业企业21家,规模以上工业企业增加到533家,实现规模工业产值1005亿元,增长28.9%。加快企业科技创新,引进国家级高科技创业中心、生产力促进中心,辽宁省嵌入式工程技术研究中心、北方特种机床研究设计院等研发服务机构,被确定为全市首批信息化与工业化融合试验区。

市场建设步伐加快,沈阳玫瑰物流农副产品直销店开业运营,万家名苑农贸市场建设积极推进,沈阳雷记购物广场、平罗农贸市场、永强综合农贸市场、海逸诗阁菜市场顺利改造。实施商贸物流项目15个,总投资达128亿元,沈阳碧桂园玛丽蒂姆酒店、华润万家购物中心沈新路店、宜家快捷酒店于洪广场店、沈阳北方不锈钢市场等一批商贸项目开业运营,兴隆大家庭桃园店、美国速8酒店连锁店等项目竣工,黄海路新玛特商业广场、沈阳丁香湖国际汽车城、沈阳恒盛广场等在建项目加快推进。房地产业发展平稳,全年施工面积1030万平方米,销售面积290万平方米。金融服务体系不断完善,引进哈尔滨银行等金融分支机构,筹建永安村镇银行。成立投融资管理中心,全方位拓宽融资渠道,争取市级土地储备和基础设施建设资金56亿元,吸引社会城建资金20亿元。

(田洪伟)

【城乡建设】 城乡环境展现新形象。重点实施基础设施配套建设、生态环境建设、城乡管理水平提升工程,全力打造"畅净美安新于洪"。基础设施配套水平全面提升。丁香湖景观大道、巢湖街等44条城乡街路新改扩建工程全面完成,沈阜产业大道二期、沈彰产业大道二期建设工程基本竣工。东民变电所增容改造、光辉地区电网改造工程竣工,造化广源变电所等3座变电所新建工程启动实施。

生态环境建设水平明显提高。高标准完成600万平方米绿化美化和景观绿地提升工程,沈胡路、于洪产业大道等街路达到城市景观路建设标准。沙岭污水处理厂建成,造化污水处理厂完成主体工程,沈阳国际物流港污水处理厂启动实施,在29个村屯建设污水处理设施34处,完成蒲河沿线11家重点排污企业的关停搬迁改造治理。高水平完成蒲河一期8.97公里城市景观区建设工程,挖掘土方400余万立方米,完成拦河蓄水工程3项,新增水域、绿化面积430万平方米,完成揽月阁、文化广场、月亮岛、木制栈道、平罗景观桥等设施建设。基本完成蒲河二期15公里历史文化景观区900万立方米拓河改造工程,景观绿化和蓄水工程启动实施。新建沼气池300个,建设农村能源示范村1个,马三家生态湿地建成投入使用。顺利通过国家生态区考核验收。

城乡环境管理能力显著增强。实施大面积土地整理,建立以街道为主体的土地征收工作体制,抽调机关干部750人,完成土地征收面积1860万平方米。集中开展城市出口路和村屯环境连片整治活动,扩大专业化环境卫生扫保覆盖范围,三环路以内地区所有街巷路全部实行专业化扫保,在全市率先实施立体化扫保新模式,成功通过省卫生城区复检。组建数字化城管指挥中心,应用先进技术手段对市政设施养护、环境卫生、市容市貌等进行精细化、标准化管理,拆除违章建筑74万平方米,取缔马路市场47个、旧物收购站51家。

(田洪伟)

【社会事业】 教育基础设施建设水平进一步提高。投资4800万元改善办学条件,实施沈阳市第六十中学等11所学校校舍加固改造工程,完成杨士、沙岭幼儿园新建工程,国奥幼儿园装修改造工程以及中海沙岭希望小学和8所农民工子弟学校塑胶操场续建工程,启动实施东北育才丁香湖小学建设。撤并平罗青堆子等村级小学5所,成功引进沈阳市实验学校中海城小学,并被确定为沈阳市义务教育优质均衡发展示范区。

文化体育事业进一步繁荣。启动并完成全民健身中心建设,光辉街道文化中心主体工程竣工,建设农村示范书屋24个,安装村屯户外健身器材99套。组织开展迎新春、庆祝建党九十周年等系列文化活动,成功开展"百万市民看于洪"活动,高水平承办辽宁省首届群众文化节开幕式、沈阳市首届社区文化节开幕式、第七届中国辽宁(沈阳)国际农业博览会农业嘉年华等大型文化活动。深入挖掘历史文化底蕴,撰写《蒲河赋》,编辑出版《于洪古韵》,《何钧佑锡伯族长篇故事》被正式列为全国非物质文化遗产保护名录。区档案馆新馆主体竣工。

基本公共卫生保障能力进一步增强。加强医疗卫生服务体系建设,新改扩建乡镇卫生院2家、防保站4家,村级卫生室建设全部达标。深入推进医药卫生体制改革,全面落实国家基本药物制度,门诊次均药费下降31%。巩固新型农村合作医疗制度,全区参合人数达到15.2万人,参合率99.85%,筹资、报销补助标准进一步提高,在全市率先完成单病种付费方式及人头付费方式改革。开展"白内障复明工程"、"2020视觉复明工程",免费实施眼疾手术治疗171例。

社会保障水平进一步提升。大力开展就业创业工程,开发就业岗位3066个,普惠制培训1635人,扶持创业带头人62人,带动就业379人,发放小额担保贷款440万元,新增实名制就业6318人,实名制转移输出3700人,城镇登记失业率控制在3%以内。全面提高社会保障水平,养老保险扩面新增2813人,职工医疗保险新增3597人,工伤、失业保险参保分别达到6.13万人和6.17万人。构建被征地农民保障体系,被征地农民参保1.8万人。提高低保户保障标准和"五保户"供养标准,新建老年人日间照料站5个、社区扶贫超市10个,沙岭托养康复中心主体工程竣工。开展"春风沐民"系列活动,完成年初承诺的建设回迁房、老旧弃管小区改造等15件实事。加大安居保障力度,筹集公租房房源1110套,投入4500万元,完成120万平方米老旧弃管小区综合改造工程,回迁房建设开工面积达100万平方米。

(田洪伟)

苏家屯区

【概况】 苏家屯区地处大沈阳的地理

新中心,是沈阳连接辽宁中部城市群的重要节点和战略门户,也是大浑南开发建设的重要发展空间,面积782平方公里,人口47.4万,下辖17个街道办事处。2011年,苏家屯区实现地区生产总值283亿元,同比增长13.2%;完成全社会固定资产投资286亿元,增长31.8%;实现地方财政一般预算收入20.09亿元,增长54.3%,其中税收收入16.07亿元,增长51.1%;社会消费品零售总额达到80.7亿元,增长14.1%;城市居民人均可支配收入19450元,增长19.7%;农民人均纯收入12775元,增长15.7%。

(闻良玉)

【第一产业】 "三农"工作扎实推进。不断优化产业结构,完成农作物播种面积3.9万公顷,落实水稻面积1.3万公顷,落实国家级水稻高产创建示范区10个,面积7867公顷。粮食总产量达到28万吨;实现农业增加值27亿元,增长20%。新增设施农业面积200公顷,新建33公顷以上设施农业大区5个,各类温室3000余栋。新建畜牧养殖小区和规模化养殖场20个,全区规模以上农事企业达到194家,肉、蛋、奶产量大幅增长,畜牧业产值已占一产业总产值的60%以上。招商引资工作取得实质性进展,与福建华厦宝岛生态新技术公司洽谈的以色列农业示范基地、台湾中式有机(超市)快餐连锁超市产业基地、冷链物流、台湾农民乐活村等9个农事项目,总投资规模将达10亿元。中粮30万吨稻米深加工项目一期已经竣工,农业部秸秆综合利用、台湾农民创业园等重点项目加快实施,宏洲食品项目主体竣工。东北地区最大的芽菜工厂化生产基地项目当年立项、当年竣工、当年达产,对全市及周边地区芽菜食品安全发挥了重要保障作用。全年新增投资500万元以上农业项目20个,其中:投资3000万元以上农事龙头企业13个,亿元以上项目3个,被列为市级重点项目3个,省级1个,永乐农业经济区(葡萄生产)被评为"全国农业标准化优秀示范区"。新农村建设加快,新增市级示范村8个、省级示范村4个。投资3亿元,实施21项治涝、治河、灌溉重点工程,疏浚排干、支渠道150公里,新建、改建16座万亩桥,配套中小桥涵闸205座,改善涝区面积3333公顷,治理水土流失面积1333公顷,连续四年荣获"大禹杯"。

(闻良玉)

【第二产业】 工业经济在调整中快速增长。全年实现规模以上工业总产值680.5亿元,增长20.5%;实现第二产业增加值156亿元,增长16.7%;实现高新技术产值175亿元,增长20%。雪松经济开发区拓区移位取得实质性进展,8平方公里的林盛新园区开始规划,高新技术企业科金特种材料二期基本竣工。华润雪花啤酒二期竣工投产,红塔烟厂项目主体封顶,中铝钛镍加工材项目开工建设,金山热电二期两台350MW掺烧污泥项目通过省发改委审核,科金特种材料二期项目竣工,桃李面包企业上市工作进展顺利,玉皇药业、东大三建等13户企业土地遗留问题得到解决。全区有9个项目列入国家和省市科技计划,5个项目通过科技成果鉴定,达到国内同类产品领先水平。

(闻良玉)

【第三产业】 现代服务业异军突起。沈阳会展CBD建设全线加快。为会展配套的商业开发面积达到180余万平方米,其体量与速度均超过预期。奥园国际商业广场、名京商业广场,朗豪和碧桂园五星级酒店、千锦汇四星级酒店开工建设,橙天嘉禾影城、金玉商业综合体、港联超五星级酒店等重点商业项目签约落地。国药物流、中邮物流一期投入运营,沈阳五洲城、中储物流建设加快,海元物流、豪爵摩托车现代物流中心签约落地。浑河商务城物流集聚区和现代物流会展产业带分别晋级"辽宁省现代服务业集聚区"和"国家现代服务业综合试点项目"。同时沙河、十里河重要结点加强规划建设,沈营公路一线的物流带加快规划建设,努力做大物流产业规模。临空旅游区建设稳步推进,面向东北亚经济圈,努力推进物流产业向国际化方向迈进。沈阳经济区旅游综合服务中心、沈南第一党支部纪念馆投入使用,青建生态度假酒店、东方田园及东方城、英蓝金融地产等重点项目已经签约。临空旅游区城市设计、重点地块导则以及控详规划的编制工作进一步完善,深入整合东部资源,集点成面、集木成林,加速形成项目集聚效应。全年服务业实现增加值100亿元,增长18.3%,占地区生产总值35.3%。

(闻良玉)

【对外开放】 项目引进与培育取得重大突破。全区投资3000万元以上项目新开工74个,竣工55个,签约落地43个。投资3000万元以上农业产业化项目新开工13个,中粮大米深加工、宏洲食品、农业部秸秆综合利用、台湾农民创业园加快建设。一批国内外大企业投资10亿元以上的重大项目落地开工,对优化经济结构、提升经济质量起到了积极的促进作用,也为全区后续发展积蓄了强大后劲。国药物流投入运营,成为东北最大的医药物流中心;豪爵、海元等现代物流项目正式签约并将开工建设;千锦汇四星级酒店已开工建设,名京商业综合体、港联超五星级酒店项目正式签约,橙天嘉禾影城、中意商业综合体即将签约并开工建设;青建旅游度假酒店、上海三盛颐景园项目签约并即将开工建设。同时,沈阳五洲城、浑河大市场、绿岛博览中心等诸多重大历史遗留问题得到了解决。

(闻良玉)

【城乡建设】 发展要素运筹有效。高起点、高标准编制完成《苏家屯区全域总体规划》、《浑河商务城用地规划》、《临空国际城概念规划》等9项规划及重点区域控详规划。围绕规划实施,通过多方协调与争取,以及房屋征收、村屯改造,历史性取得建设用地指标7.12平方公里,融资总规模达到60.4亿元,为全区发展与建设提供了有效的资金保障和空间支持。"双核"基础建设进展顺利。浑河商务城面貌一新。青榆路、红椿路、会展东路建成通车,实现了道路骨架与大浑南无缝连接。雪松路东段等48条街巷路全面改造,南京南街和雪莲街景观提升、迎春湖水系改造以及一批城市绿地工程全面完成。临空国际城建设进展喜人。整体工作全面推进,总投资10亿元、全长近30公里的旅游产业大道已开工建设。沈丹高速佟沟出口工程完成立项,沈本产业大道建成通车。完成了6条主要供电线路建设和改造,"双核"的建设发展大格局已全面拉开。市容面貌明显改观。城市绿化、美化、亮化、净化水平全面提升,创建了南京南街、雪松路等11条标准化街路。针对群众反应强烈的占道经营、露天烧烤等影响市容环境的城市顽疾进行了重点治理,拆除各类违建近20万平方米,城区街路和居民小区扫保质量有了新的提高。创建国家生态区取得历史性突破。实施3年"绿化家园"植树造林工程,城乡植树251万株。城区污水处理厂达标并稳定运行,实现了城区污水零排放、运营成本零投入,成为全省循环经济的示范典型。全区31个村屯建立起垃圾收储运系统,12个涉农街道污水处理设施和5个氧化塘工程建成并投入使用。正式通过了国家环保部验收,迈入国家级生态区行列。人居环境明显改善。实施了20个自然村、惠及1.8万人的饮用水安全工程。全面完成了年度保障性住房工作任务,对55万平方米老旧弃管小区实施了综合改造,维修非物业管理小区破损道路3万平方米,改造农村路网60公里,新建和改造农村危房118户,采煤沉陷区5200户受损住宅维修工作基本完成。

(闻良玉)

【社会事业】 社会保障覆盖面进一步扩大。养老、医疗、工伤、失业、生育五项社会保险同步推进,全区60周岁以上户籍人口实现按月享受社会养老待遇,有6000余名被征地农民参加了养老保障或养老保险,近万名低保户和城乡生活困难群众及时领取救济补贴,近7000人实现了实名制就业,帮助一批贫困学生圆梦大学,150余名贫困群众得到大病医疗救助。

启动教育中长期发展规划,新建改建沙河、中兴等6所普惠性公办幼儿园,铺装民主小学等9块塑胶操场,实施青松中学体育馆、职教中心物流实训楼项目建设。疾控中心大楼投入使用,中心医院扩建项目开工建设,中医院新建病房楼项目主体竣工。完成60个标准化村级卫生室建设。区基层医疗卫生机构综合改革工作通过省验收。成功举办了区第七届社区文化艺术节。投资1700万元的全民健身中心投入使用。

实施公安"清网行动",本网逃犯抓捕率达到97.1%,受到公安部通电表扬,社会治安秩序持续良好。安全生产、消防安全形势总体平稳,食品药品安全专项整治取得新成效。信访稳定形势总体向好。坚持区级领导信访接待日制度,落实重点个案包保责任,组织专项投入,化解了一批历史遗留的信访问题。全年共投入民生资金7.2亿元,占财政一般预算收入的35.8%,同比增长44%。荣获"辽宁省社区教育示范区"、"辽宁省计划生育综合改革示范区"等荣誉称号,并连续三次荣获"省双拥模范区"、连续七次荣获"市双拥模范区"称号。

(闻良玉)

东陵区

【概况】 2011年,东陵区地区生产总值实现406亿元,增长12.3%;全社会固定资产投资478亿元,增长39.2%;地方财政一般预算收入62亿元,增长28.6%,税收收入占一般预算收入比重达到90%。城市居民人均可支配收入达到22500元,农民人均纯收入达到13527元,分别增长17.6%、15%。作为东北首家国家级生态区受到环保部的表彰和授牌,被列为国家级生态文明示范区建设试点单位,成为东北首家通过国际环境管理体系(ISO14001)认证的政府单位。

(东陵区)

【城乡环境】 浑南新城建设。围绕打造现代城市典范的目标,超常推进道路交通、市政管网、综合管廊、绿化和水系工程等建设。总长198公里的八横八纵主干路网基本形成,其中170公里具备通行条件。新建桥梁29座,金阳高架桥建设全面启动。现代有轨电车项目成功签约,将成为全运会综合交通体系的重要组成部分。完成综合管廊一期20公里土建工程,填补了沈阳市政建设空白。排迁各类管线137处,迁移管线76公里,建设各类市政管网724公里。建成空港变电站等源头项目4个。莫子山公园、白塔公园景观建设完成70%,中央公园开工建设,总长46公里的景观水系已见雏形。"三村三中心"等全运会场馆服务项目、"三厦四馆"等省市重点公共服务项目进展顺利。

沈抚新城建设取得阶段性成果。深入实施沈抚同城化战略。编制完成沈抚新城总体规划、控详规划等各类规划27个。总长46.76公里的四横四纵路网一期具备通车条件。跨浑河特大桥梁伯官大桥开工建设,东陵和石庙子大桥改造如期完工。高力汽车博览园、沈抚新城商业综合体项目全面开工。

城乡建管水平同步提升。以奥体中心为核心,辐射全域实施了重点道桥、管线管网、城乡绿化等154项城建重点工程。新建改造城乡道路110条,沈营公路、南堤东路、柏叶基地连接线改造工程全线通车。完成沈抚运河、杨官河、白塔堡河生态景观整治工程30余项,投资规模是前十年总和的两倍。采取企业化运作方式,浑南、沈抚两个新城的城市管理进入有序阶段。大力开展市容环境综合整治,拆除违章建筑36万平方米,城市道路出入口、铁路沿线、建筑工地等区域环境明显改善。王滨街道荣获"全国环境优美乡镇"称号,深井子街道西靠山村荣获"国家生态村"称号。

要素保障能力不断增强。加快推进土地房屋征收,极大地保障了重点项目建设。全年完成土地组卷报批23.5平方公里,是过去5年的总和;出让土地109宗,成交价款170亿元,是上年的12倍。审议通过各类规划方案115项。积极发挥财政资金杠杆作用,全年融资72.5亿元。

(东陵区)

【三次产业】 新型工业优化发展。规模以上工业总产值实现1100亿元,增长18%。软件和电子信息产业集群实现产值570亿元,增长24%,总量占全市的一半。产值超亿元企业达到170家,比上年增加20家,产值占规模以上工业总产值的84%。蓝英公司成为沈阳市2011年惟一在创业板成功上市的企业。沈阳软件园获批国家火炬计划软件产业基地。

现代服务业加快发展。实现社会消费品零售总额98.6亿元,增长19.1%。服务业增加值占地区生产总值比重比上年提高了3个百分点。"三金街两中心"新增商业企业107家,红星美凯龙、兴隆名品大仓建设进展顺利,居然之家盛大开业,奥体万达、金道奥特莱斯等城市综合体相继开工,全区服务体系更加完善。朝阳山风景区被评为国家AAA级风景区。

都市农业稳步发展。农业总产值实现15.4亿元,增长20%。东陵红树莓成为全市惟一获国家工商总局和质检总局双批准的地理标志产品,树莓产业被列为全市第一特色农业产业。新增寒富苹果493公顷,培育市级以上现代农业示范园8个。畜禽散养得到有效控制,规模化养殖率突破80%。

(东陵区)

【功能园区建设】 国家大学科技城深入落实省政府"十条政策",着力打造辽宁两化融合新引擎和先导区,启动了核心区一期基础工程,引进产学研一体化项目70个。航高基地编制完成空港城规划纲要,转型建设产业高端、业城融合、低碳环保的现代化国际枢纽空港生态城。出口加工区获批国家综合保税区,引进中科方正、台湾均硕等项目11个。国际新兴产业园以园建园、以园养园模式初显成效,全年引进京东商城、苏宁易购等6个行业领先项目。三好街高科技园区打造"新三好"理念,新松智慧产业园等"一街三园"建设全面加快。

(东陵区)

【对外开放】 全年共组织9次境内外招商活动,签约落地项目70个。引进东阪万科置业、普南仓储等一批超千万美元外资项目;GE能源、安博物流、施耐德电气等世界500强企业入驻产业园区;计划总投资1200亿元、总建筑面积2200万平方米的上海月星、宁波富邦等46个重大项目落户浑南新城。实际到位内资140亿元,增长72.8%;实际使用外资4.56亿美元;出口创汇12.54亿美元,增长48.2%。同方电子成为全市出口创汇第二大户,东软集团软件服务外包出口连续8年位居全国第一。全年投资3000万元以上新开工项目120个、竣工100个,金杯江森项目成为当年开工、当年投产的全市典范。

(东陵区)

【科技创新】 在全市构建高新区"一区多园"模式,高新技术产业和新兴产业发展步伐加快。高新技术产品增加值占规模以上工业增加值的比重达到60%。获得国家和省市科技资金6.3亿元,9个项目列为国家重大科技专项,创历年之最。新认定高新技术企业13家,累计达到92家,占全市的43%。新增国家火炬计划重点高新企业3家、省级高新技术企业研发机构5家。东软集团晋升为国家创新示范企业。IC装备基地获批国家级高新技术产业化基地,拓荆公司首台PECVD设备成功下线,标志着我国在该领域的研发制造达到国际先进水平。

(东陵区)

【社会民生】 就业和社会保障更加有力。举办被征地农民专场招聘会39次,提供就业岗位近2万个,城镇实名制就业6429人。在全市率先实现劳动人事争议调解全覆盖。企业"五险"净增参保人数均超额完成任务,养老保险个体统筹基金征缴1.4亿元。全年发放城乡低保、救助补贴1983万元。新农合参合率99.55%,人均住院区级报销比例最高可达70%。1.8万名被征地农民的社会保障做到了应保尽保。

教育卫生文体事业取得新进展。启动教育强区创建工作,实施城乡学校"手拉手名校牵动工程",义务教育发展更趋均衡。建立校长激励基金制度,招聘教师185名,教育管理和教学质量大幅提升。全面实施国家基本药物制度,医药卫生体制改革顺利通过省级验收。大力发展中医药事业,被评为全国社区中医药工作先进单位。东湖社区卫生服务中心被卫生部授予"全国示范社区卫生服务中心"称号。新建区文化活动中心,区文化馆晋升国家一级馆,被评为全市惟一省级文明城区。

住房保障水平全面提高。浑南新城选择最佳地点,建设4个农民安置小区,共计294万平方米,建成后可安置5万农民,将成为全市规模最大、标准最高、功能最全的安置小区,80%建筑主体已封顶。沈抚新城新开工回迁房54万平方米,可安置居民2700户。建成区新开工回迁房36万平方米,已经交付21.5万平方米,回迁安置居民1379户。全年共落实公租房1800套,改造26个弃管住宅小区,总面积35万平方米。

为民办实事项目全面落实。改造了东南山区7个村的饮水工程,近8000人喝上了放心水。14.5万农民享受免费体检并建立了健康档案。汪家街道丰乐村155户居民四年未安置的历史遗留问题得到妥善解决。完成14个社区残疾人无障碍设施改造。实行校车公交化管理,确保学生出行安全,7400名中小学生受益。新建社区用房19个9600平方米,河畔新城社区成为全市社区公共用房样板。积极做好属地服务保障工作,省残疾人学校、省孤儿学校如期投入使用。

社会管理水平不断提高。深入开展矛盾纠纷排查工作,荣获"省信访工作先进单位"称号。扎实推进社会治安防控体系建设,视频监控系统覆盖城乡主要街路。持续开展"黄赌毒"、"三黑"场所整治行动,"清网行动"得到公安部高度评价。加强安全生产监管,全年无重大安全生产事故发生。建立食品安全监督网络,被列为首批省级食品安全标准工作试点单位。完成16个村1.8万名村集体经济组织成员资格认定工作。农村土地承包纠纷仲裁做法全省推广。连续三年蝉联省双拥模范区。连续五年进入辽宁省平安区行列。

(东陵区)

【政府自身建设】 体制机制更具活力。人员竞聘上岗、督考合一等改革工作激发了广大干部职工的积极性和创造性,有效推进了重点工作的高效落实。新城管委会与街道合署办公,扁平化、轻型化管理确保了政令畅通。企业化管理、市场化运作模式,激发了出口加工区和国际新兴产业园的发展活力。公车改革提高了用车能效。

民主法制继续深化。自觉接受区人大和区政协监督,全年办理人大代表意见、建议103件,政协委员提案86件。完善应急管理体系,妥善处理突发事件。"六五"普法活动全面展开,法律援助、人民调解工作扎实有效。顺利完成第八届社区换届工作。

行政效率不断提高。认真解决群众诉求,荣获"96123市民服务热线诉求办理工作先进集体"称号。继续深化"批管分离"改革,审批事项由191项减少到139项,审批效率、服务质量和公众满意度显著提高。深化政务公开,加快实施电子政务改造。

廉政建设不断加强。建立健全教育、制度、监督并重的惩防体系,坚持从源头上预防和遏制腐败现象发生。深化行政权力清理和流程再造,完成全区26个部门2635项行政权力的清权确权工作。强化行政监察和审计监督,开展了政府性资金绩效审计和重点工程。

(东陵区)

沈北新区

【概况】 2011年,沈北新区实现地区生产总值451.7亿元,同比增长14.8%;规模以上工业总产值1460亿元,增长23%;固定资产投资445亿元,增长27.5%;财政一般预算收入40.1亿元,增长46%,比上年净增12.6亿元,五年平均增幅超过50%;实际到位内资154亿元,增长25.4%,;实际利用外资6.4亿美元,增长64.7%,总量和增速均创新高;社会消费品零售总额62亿元,增长15.5%;农民人均纯收入12840元,增长16.5%。

(沈北新区)

【项目建设】 项目引进成果丰硕。全年共签约项目128个,投资亿元以上79个,10亿元以上23个,50亿元以上3个。总投资400亿元的华夏幸福基业、120亿元的波特商业城创投资新高;总投资5亿美元的韩国希杰玉米深加工项目成为全市单体外资最大的工业项目;总投资3.6亿美元的日本藤仓电路板项目实现当年签约、开工和增资,创全市工业类外资项目效率记录。总投资50亿元的国大温泉、42亿元的香港名店街、30亿元的中国移动位置信息产业园等一大批行业领军企业竞相涌入。

项目开工全市领先。总部基地、海尔工业园、雨润农副产品全球采购中心等具有影响力的重大项目相继开工,建设速度迅猛。全年实现项目开工317个,开工面积1160万平方米,全市260个重点项目中,区50个重点项目全部实现当年开工,完成投资307亿元,开工数量、开工率在全市名列前茅。

项目服务不断提升。每周召开规建会,随时召开专题办公会、调度会,及时解决项目实际问题。出台投产企业扶持政策,搭建融资平台,促进企业扩大投资规模。提高审批效率,整合南北审批资源,在省内率先成立流动审批服务中心,推行审批即办、受理告知、否定备案和超时报告"四制"服务,审批即办率达98.6%,成为全市审批时限最短、效率最高的地区之一。

要素保障实现突破。与国开、农发两大政策银行深度合作,成为国开金融全国仅有的四个试点平台之一,政策性贷款全部落实;企业债券成功发行;融资工作在全市专业工作会上被树为典型。积极争取建设用地指标,完成首批城乡建设用地增减挂钩村屯复耕,启动17个村屯征收工作,全年为项目供地10平方公里,全省增减挂钩现场会在沈北新区召开;推行重大项目分期供地,强化用地考核与问责,坚决清理闲置用地,被确定为全国节约集约用地模范区创建活动试点。

(沈北新区)

【主导产业】 编制完成《国家级新兴产业集聚区总体规划》和主导产业发展规划,新区被确定为全市"两化"融合试验区。

农产品精深加工及生物制药产业集群加速集聚。成功引进投资10亿元的双汇肉类加工等龙头企业;总投资5亿美元的希杰玉米深加工项目于7月开工,当年建筑面积达23万平方米;红梅食品等企业竣工投产,国家加工食品及添加剂检测中心投入使用。农产品产业集群产值已突破580亿元。辉山农业科技园区成为首批国家外贸转型升级出口示范基地。

以手机为代表的光电信息产业快速发展。第二届国际手机博览会成功举办,成为工信部支持的全国最高规格专业展会之一。手机公共技术检测平台正式开通。手机产业园全面开工建设,已引进杰尔望、旗丰等生产、检测和研发服务企业29家,新邮通信、晨讯科技等相继竣工投产,当年生产手机及通信终端1160万部,其中手机460万部,园区升级为省级产业园区。台湾电子工业园、中宇通讯科技园等47家重点企业入区发展,以玉晶光电为代表的光能产业、以海尔为代表的家电产业和以五洲龙为代表的新能源汽车产业项目相继开工、投产。

商贸地产业发展良好。永盛温泉开工建设,台湾北投温泉、法国迪卡侬超市等业内高水平项目纷纷落户。启动沈北CBD建设,沙溪酒店用品商城等重大项目全面开工。总部基地、联东U谷已吸引131家知名企业入驻。积家百货、碧桂园假日酒店和青岛渔港酒店投入营业。龙湖、荣盛、香港置地等一批高品质楼盘相继开盘,实现销售133万平方米,创历史新高。道义文化科技商务区获得全省首批服务业集聚区称号。

旅游产业迅速崛起。方特欢乐世界、怪坡虎园、国际滑雪场等一批行业龙头项目投入运营;世界最大的兴隆稻田画、独具特色的辽河花海、全国最大的紫烟薰衣草庄园成为沈阳农业观光项目的三大名片;创新"百万市民看沈北"活动方式和内容,吸引游客达118万人次;仅"十一"期间,旅游门票收入达2100万元,占全市的61%;全年旅游收入远超过去10年总和,沈北旅游产业进入了新的历史阶段。

此外,进一步加大农业投入,加强林果、花卉、五味子、有机水稻等种养殖基地建设,落实各项惠农政策,推广应用新技术,全区粮食总产量达26.6万吨,迎来新区历史上第二个丰收年。

(沈北新区)

【生态城市建设】 基础设施建设全面推进。"一桥三路"工程进展顺利,陵园街下穿、盛京大街建设主体完成,实施了怒江街贯通和黄河大街北出口综合改造。七星大道、旅游大道及地铁二号线北延长线开工建设。高标准实施14条道路亮化和道义大街立面改造工程。新建和改造城区街路56条、农村道路97.7公里。建设和排迁输电、排水、输油、燃气管线370公里,虎石台配水厂投入运行,新建、改造热源厂各1座。完成高铁新北站规划调整及四环路、铁路东北环线征地拆迁。完善交通基础设施,新增、改造公交线路7条、枢纽站3处,更新车辆85台。群众出行更加方便,城市功能日益完善。

生态环境建设成效显著。总投资45亿元的33公里蒲河生态廊道工程全面竣工,形成水面5平方公里,新增绿化10平方公里,提前一年完成沈北段全域治理。世界和平友谊公园、锡伯族文化广场、人杰湖广场及文化景观绿岸赋予了蒲河新的文化内涵,成为沈阳北部最靓丽的风景线。辽河保护区生态建设进展顺利,橡胶坝、钢坝闸、岸坎修复等工程全部完成,800公顷滩地实现退耕还生态,初步建成6667公顷湿地。开展了七星山修复工作。青山入城、碧水环绕的生态田园都市正在沈阳北部迅速崛起。

人居环境逐步改善。认真调研论证,出台了房屋征收补偿安置办法,促进公平征收;完成征收面积16平方公里;高质量建设农民回迁住宅33万平方米,1200户居民喜迁新居。改造虎石台、新城子、清水老城区基础设施,完成新城子污水管网和虎石台街路改造,清水基础设施建设工程获得亚行贷款支持;完成乡镇水厂并网工程,有效保障农村百姓饮水安全。经反复工作,与困扰群众生活多年的沈阳抗生素厂正式签订整体搬迁协议。辉山人和社区获全国社区环保公益奖,辉山、马刚、黄家3个街道被评为全国环境优美乡镇。

城市管理水平不断提升。建管并重,创新城市管理工作体系和考核评价机制,推行区管道路、街管小区模式,实行市政工程招投标管理和环境卫生考核评价机制,在全市率先建立市场化监管的蒲河廊道数字监控体系;拆违23万平方米;切实推进"四化"建设,新区在全省竞赛评比中荣获第一名。

(沈北新区)

【社会民生】 坚持社会事业与经济建设同步发展,成果惠及百姓,民生工程投入25亿元。

就业工作稳步推进。全面落实优惠政策,按时足额发放各项补贴,全年实名制就业1.65万人,妥善安置残疾人就业180人。农民变市民转换与就业工作同步进行,实现了100%就业,就业农民人均收入普遍提高39%。通过校企联合、就业联盟等活动,有效解决就业难、用工难问题。

社会保障更加有力。投入1800万元,有效保障了五大社会保险指标超额完成,全面启动失地农民退保障变保险工程。积极筹措资金,妥善解决历史陈欠的职工工资补贴、医药费、住房货币化补贴等问题。累计发放各类保障金、优抚金2300万元。综合改造老旧小区13处、55万平方米。清水中央下放煤矿棚户区改造作为全省保障性住房示范工程,实现开工33万平方米、封顶21.6万平方米。

教育事业不断加强。投资1.3亿元,完成财落等8所九年一贯制学校收尾工程。实施了2所幼儿园、4所学校塑胶操场建设工程。学前入园率达到83%,义务教育完成率保持100%,高中入学率达到95.5%。83教育集团、沈师附属学校等合作办学模式得到省市认可,太平洋国际学校等民办教育品牌效应凸显,多渠道办学的教育格局已经形成。专拨200万元补贴校车,定人、定员、定线,统一标识,规范运营,有效保证校车安全。

医疗卫生事业快速发展。总投资8亿元的盛京医院完成建设8万平方米,3亿元的维康医院主体完工。投入6000万元全面完成医改工作任务,基本药物全部零差价销售,区乡村三级卫生医疗体系遍及全区。率先启动村级卫生室标准化建设,新农合定点报销网络延伸到村,医疗卫生体制改革工作代表全市顺利通过省级验收,成为全省样板。新区百姓获得了更多的方便和实惠。

文体事业亮点纷呈。成功举办第三届动漫电玩博览会暨国际电子竞技大赛,成为业内知名品牌;举办第四届东北文博会暨沈北新区文化产业项目推介会;"喜利妈妈信俗"入选第三批国家级非物质文化遗产名录;区文化馆顺利通过国家一级馆验收。全民健身工程进展顺利,市民健身中心启动建设;以政府主导、企业出资的市场化方式组建沈北荣盛足球队,举办乒乓球国手直横大赛,提升了沈北知名度。

社会更加和谐稳定。实行领导包案接访和信访联席会议制度,化解各类信访案件516件。全面加强生产、交通、消防及食品、药品等领域安全监管,完成安全生产应急指挥中心建设工程,安全形势保持平稳。严厉打击刑事犯罪,抓捕逃犯171名,刑事案件发案率持续下降。

启动了基层档案工作规范化管理示范工程;编制了《沈北新区防震减灾十二五规划》,顺利完成社区换届选举和8家城乡社区办公用房改造任务,代表沈阳市顺利通过全国残疾人工作示范城市验收。新区连续第四次被评为省级双拥模范区;区人武部被评为全国武装工作先进单位。

(沈北新区)

【政府自身建设】 主动接受人大依法监督和政协民主监督,办理人大代表议案、建议95件,政协提案99件,办复率100%,满意率和基本满意率100%。成功举办普法宣传周、政务公开日、民生微博在线交流等多项活动。实行政府常务会与主任联席会、项目调度会与规划建设会合并召开,经济运行、社会事业及民生保障同步调度。强化政府投资审计监督力度,减少财政支出2000万元。实行行政权力决策、执行、监督三线分离,"五大系统"建设全面推进,电子化招投标工作被确定为全省试点单位。

2011年,沈北新区被国家、省市确定为沈阳经济区新型工业化综合配套改革先导示范区,获得了国家生态区、中国最具投资潜力生态区、国家级可持续发展实验区等多项殊荣。新区还被评为全国人口和计划生育优质服务示范区,辽宁省社会文化先进区、乡村旅游先进区、十大法治文明示范城区。

(沈北新区)

新 民 市

【概况】 2011年,新民市地区生产总值实现361.2亿元,同比增长27.6%。财政一般预算收入实现21.8亿元,增长83.8%;税收收入实现15.3亿元,增长90.5%。固定资产投资实现266亿元,增长49.9%。社会消费品零售总额实现79.5亿元,增长21.9%。城镇居民人均可支配收入达到21470元,增长15%。农民人均纯收入达到11000元,增长16%。先后获得中国产业百强、中国最佳投资城市、中国蔬菜之乡、全国新型农村合作医疗示范县(市)、联合国环境规划署中国区"环境规划优秀示范县"等荣誉称号。

(新民市)

【农业】 农业经济稳步增长。粮食产量达到103万吨,连续三年获得"全国粮食生产先进县"奖励。新增设施农业3333公顷,总面积达3万公顷;蔬果生产面积达7.3万公顷,总产量290万吨;全市无公害、绿色、有机农产品认证面积达13.7万公顷;大民屯镇荣获国家新鲜蔬菜地理标识商标;成功举办首届大民屯白菜节、七夕节品小梁山西瓜大赛等活动。新建畜牧小区100个，总数达到323个，规模饲养比重达到65%。植树造林面积1万公顷。实施万亩高产示范田项目10个，于家窝堡万亩玉米滴灌项目进展顺利；投资6.48亿元，完成农建土石方1180万立方米；投资1.2亿元，建设水利工程14项。新引进李锦记调味品、翠花酸菜等农事龙头项目18个，成达食品、方驰农业产业化项目被省、沈阳市认定为10亿元以上重大农产品深加工项目，福源盼盼食品、恒丰源肉业等企业完成扩产改建，全市规模以上农产品加工企业达到85家，农业产业化进程进一步加快。

（新民市）

【工业】 工业经济高速增长。规模以上工业总产值实现860亿元，同比增长48.5%；增加值195亿元，增长33%；产销率99.6%；工业利税80亿元，增长20%；工业用电量5.8亿千瓦时，增长18.4%。包印产业集群产值达到180亿元，增长88%；税收1.6亿元，增长33.3%；医药产业集群产值实现80亿元，增长40.4%；税收1.3亿元，增长85.7%；前当堡电光源、三道岗子地板等产业集群规模进一步壮大。

（新民市）

【现代服务业】 现代服务业发展迅猛。国际商城项目签约落地，中街地下商城项目开工建设，城市中心商贸区初具雏形；农机商贸城完成总体规划，正在拆迁；大民屯镇获"中国商业名镇"殊荣；福来食品等5家企业被列为2011年商务部农产品现代流通试点单位；前当堡鲜鱼批发市场等4个专业市场完成升级改造。新开工房地产300万平方米，销售预售面积150万平方米，销售均价3500元。成功举办第十届荷花节；兴隆堡等5个乡镇被评为辽宁省特色旅游乡镇；旅游景区接待游客45万人次，营业收入达到3600万元。新农等6个乡镇邮政储蓄所建成使用，现代服务业体系更加健全。

（新民市）

【项目建设】 重点空间继续优化。胡台新城投资6000万元，完成部分道路、管网及绿化工程，供水、供热、供电等基础设施配套工程陆续投入使用，医院、学校、消防、公安等公共服务设施相继建成；经济开发区投资5000万元，完成道路建设、绿化亮化工程；兴隆堡镇投资17.5亿元，新建路网27公里，温泉水厂、配电站、燃气站等全面竣工；大民屯镇投资4450万元，新建燃气中转站、污水处理厂等设施，为产业发展和城市建设奠定了坚实基础。

土地利用效益凸显。全年征地组卷5.33平方公里，其中：争取农转用土地指标1.03平方公里，城乡建设用地增减挂钩指标4.3平方公里；清理批而未供土地1.21平方公里，保障了经济发展的用地需求。

重大项目顺利推进。全年在建3000万元以上项目157个，其中：新开工项目58个，续建项目99个，亿元以上项目63个。拟投资总额492亿元，2011年完成投资171亿元。总投资13.5亿元的金新纸业、总投资10.5亿元的福来豆制品等项目一期工程竣工投产，总投资15亿美元的玖龙纸业、总投资80亿元的沈阳东北城、总投资20亿元的工程机械交易中心等项目开工建设，总投资55亿元的双湖水城、总投资10亿元的乾元印刷包装文化产业园等项目签约落地。老企业改造升级取得新进展，东和化工、新星实业、东进化工等企业技改深入实施，联立铜业项目得以盘活并竣工投产。温泉主题项目取得突破性进展，兴隆堡、张家屯、前当堡等蒲河沿线乡镇引进温泉主题地产项目21个，投资总额370亿元。

（新民市）

【城乡建设】 城市建设步伐加快。投资1.75亿元，建设城市基础设施工程16项。站前西路、清真寺东路等新建道路建成通车，中兴西路、北环路等改建道路竣工使用，新开河、湖滨公园等城区绿化工程栽植乔灌木2.4万株、花卉25万株、草坪5000平方米、荷花1.6万株，城区中街、南环岛等重点区域安装新式LED亮化灯具。在"全省城市绿化、美化、净化、亮化竞赛活动"中荣获第6名。

新农村建设成效显著。大民屯镇方巾牛、张家屯镇后大河泡、金五台子乡四台子等村分别实施了整村改造。村屯基础设施建设得到明显加强，村屯环境得到显著改善，设施农业发展水平进一步提高。

道路交通便捷顺畅。投资1.3亿元，新建、改扩建沈阜开发大道、沈环路等建设工程280.7公里，修复破损路面99.5公里，公路绿化栽植乔灌木10万余株。投资756万元更新专用校车42台；新增市际客运班线3条。开展打击"黑车"、"黑驾校"专项整治活动，查处"黑车"60台、"黑驾校"1家。

城乡管理规范有序。加强执法队伍建设，依法拆违、治理城乡环境力度进一步加大，对辽河大街等19条主要街路进行规范，取缔马路市场6处，对国省干道沿线及新城新市镇等重点区域环境进行集中整治。购置垃圾清运处理车辆76台，城区主要街路实现全天候扫保。在张家屯等20个乡镇建立垃圾收运系统；公主屯垃圾处理厂、法哈牛等10个垃圾中转站竣工使用，新增垃圾箱1150个，农村垃圾收运体系初步建成。

"两河"治理成效显著。辽河保护治理工程投资1.8亿元，自然封育滩地1万公顷，绿化1533公顷，完成13.5公里生态示范段、三座橡胶坝等工程。蒲河生态廊道新增绿化面积867公顷，新建、续建了新蒲岛公园、仙女岛湿地公园、石油文化博览园等景观节点工程，兴隆堡、胡台污水处理厂竣工使用。

城乡环境显著改善，服务功能明显增强，高标准通过国家级生态市技术评估。

（新民市）

【社会民生】 就业工作扎实开展。全年实名制就业6003人，转移劳动力7214人；扶持创业带头人60人，带动就业415人；改扩建6个乡镇人力资源就业信息发布平台，就业信息网络覆盖所有乡镇。

社会事业全面进步。教育强市创建工作全面启动，完成7所乡镇中心幼儿园的新建、改造工程；10所学校通过省标准化农村九年一贯制学校评估验收；公主屯学校投入使用，九年一贯制学校实现全覆盖。完成基层医疗卫生体制综合改革；为全市2.3万名60－65岁老人免费体检；新型农村合作医疗参合率达到99.5%；农村卫生院医疗用房实现楼房全覆盖。科技培训开班420期，培训农民7万余人次。文体设施进一步完善，梁山等18所乡镇综合文化站、柳河沟镇大赵屯村等67个村民活动广场建成使用,乡镇综合文化站实现全覆盖;国民体质监测中心正式投入运行。基层政权全面加强,高台子等7个乡撤乡设镇,城镇化率达到52.2%;圆满完成第八届社区换届工作。档案工作提档升级,新民档案馆晋升为国家二级档案馆。

社会保障更加健全。新型农村养老保险、城镇居民养老保险全面展开;城镇职工养老、医疗、失业、工伤、生育保险扩面工程全面启动。发放特困群体救助资金5192万元。大红旗等3所新建中心敬老院建成使用,前当堡等3所敬老院改造工程竣工。农村困难家庭常年病人托管服务中心、救灾物资储备库等服务设施竣工使用。圆满完成"全国残疾人工作示范城市"创建工作。

安全稳定态势良好。先后开展了"清网行动"、"清城行动"等专项行动,破获各类刑事案件1375起,打击处理犯罪嫌疑人776人,刑事案件同比下降21.2%,命案发案率同比下降47.1%;清除传销窝点105个,教育驱散传销人员1611人。建立健全积案化解、市领导接访等制度,受理群众来信来访796件、2429人,实现了"九个坚决防止"和"七个为零"工作目标。开展建筑施工市场抽查督查,排查隐患102处;加强工矿企业安全监管,排查隐患256处;开展食品安全专项整治,下达责令整改通知书14份。全年未发生重特大安全事故。

(新民市)

【政府执政能力】 行政效率进一步提高。全年办理审批事项1.98万件,即办件1.84万件,即办率93%;办结率、满意率均为100%。

政民沟通进一步顺畅。市长热线和市长信箱全年共受理群众建议、意见571件次,办结率100%,满意率99.96%。信用体系建设全面启动;企业服务中心、移动工商等服务平台继续完善,全年共受理企业投诉494件次,答复率和满意率均为100%。

"两案"办理力度进一步加大。2011年,市政府承办"两案"76件,所有案件全部办复,代表、委员满意率100%。3件人大议案、5件政协重点提案全部办结。34件人大建议意见办结29件,办结率85.3%;34件政协一般提案办结30件,办结率89.7%。政府承诺办理的10件实事全部办结。

(新民市)

辽中县

【概况】 2011年,辽中县地区生产总值实现360.6亿元,比上年增长27.8%;地方财政一般预算收入实现20.18亿元,增长82.8%;全社会固定资产投资实现269亿元(新口径),增长51.8%;社会消费品零售总额实现65亿元,增长22.1%;城镇居民可支配收入实现21620元,增长19.7%;农民人均纯收入实现11400元,增长19.8%。

辽中拥有了更广领域、更高层次、更具发展惟一性的优势平台。东北内陆惟一的国家级综合保税区成功获批;东北第一生态县顺利通过国家验收;国际级"中法环保生态产业园"成功授牌;东北惟一的"国家出口食品农产品质量安全示范区"和全国首批"国家现代农业示范区"正式揭牌;"辽中鲫鱼"、"辽中寒富苹果"两项国家地理标志成功获批;六间房镇、刘二堡镇荣获省级"特产花卉之乡"、"特产淡水鱼之乡";首届沈阳城市湿地旅游文化节成功举办,蒲河城市段完美首航,开创了辽中县旅游产业先河,提升了"辽宁中央、生态水城"的品牌效应。

(辽中县)

【项目建设】 引进项目总量、投资规模及建设进度均创历史新高,全年新开工、续建投资额3000万元以上项目119个。投资45亿元的远大集团工业化住宅项目、投资35亿元的机床集团百万吨精品铸件及机加项目签约入驻;投资亿元以上的金鼎玻璃、辽宁众联滤清等15个重大工业项目全面开工;投资10亿元的天赢生物科技、投资5亿元的梅林正广和等农事龙头项目成功落户;冷链物流、花卉市场等富民项目即将运营;投资280亿元的世茂生态城项目规划实施,项目建成后将成为东北最大的商务会展、休闲娱乐、旅游度假之地;世界500强企业宝钢集团投资辽中公共建设领域;全年争取到土地指标300公顷;生态水城亿甲府地、近海城邦等14家房地产及茨榆坨、冷子堡等6处镇域地产项目竞相开工,全年房地产开发面积实现120万平方米。

(辽中县)

【三次产业】 工业经济显著增强。扎实开展工业"五项工程",规模以上工业总产值实现865亿元,同比增长43.6%;辽冶重工、艾克电缆等5家企业跻身市百强企业行列;银丰铸造、星河铜业主营收入均突破10亿元;市级以上科技创新型企业发展到91家,企业技术中心达到10所,高新技术产品增加值占规上工业增加值的比重达到42%;机加、泵阀两个集群成为全市重点推进示范类产业集群,有色金属加工集群成为市重点发展培育类产业集群,三大产业集群产值均突破百亿元。现代农业加快发展。全县设施农业突破2万公顷;完成高标准农田3333公顷、节水滴灌667公顷;投资5.8亿元,完成农建骨干工程121项,维修改造万亩桥106座,建设防洪工程8处,治理涝区2.5万公顷、新增灌溉面积6667公顷,连续23届夺得省农建大禹杯。第三产业加速崛起。服务业增加值实现106亿元,增长64.6%;家电下乡销售额和销售量全市第一;近海商业街成为"沈阳市特色商业街";城郊、老大房等农贸综合市场成为全国农产品现代流通试点单位;沈阳鑫海担保公司完成担保余额1.6亿元。

(辽中县)

【生态建设】 围绕"环境年"建设,着力改善生态环境和人居环境。投资9800万元实施蒲河生态廊道整治,蒲河左堤45公里景观路全线贯通,近海绿洲水生园景观节点工程水景交融,原生态掩映下的一廊十八景拉开了沈阳"东山西水"旅游格局。投资6000万元打造的环城水系连通工程水韵天成,投资2000万元的莲花湖、东湖公园一期工程水色丹青,水系环抱的"生态岛城"彰显了第三代城市典范。投资1400万元实施珍珠湖湿地体验公园桃花岛、水上栈道等10处景观节点工程建设。投资4200万元实施了辽河干流恢复与治理工程,辽河保护工作取得阶段性成果。投资6695万元造林5533公顷,植树650万株。投资5500万元实施了中心街路网及北段道路扩建工程，堤脚街道路、老城区绿化及文华公园、中心广场等景点工程点睛老城，成功夺得省城镇"绿叶杯"竞赛活动优胜县。投资1.75亿元维修、新建各级公路283公里，60个村级活动场所及广场全面竣工；满都户垃圾填埋场和6个垃圾中转站交付使用；农村环境连片整治示范片区工程深入实施，全县17个镇全部达到国家环境优美乡镇标准。

（辽中县）

【县域财力】 全口径财政收入、支出均达到35亿元，全面实现了教育、科技和农业支出的法定增长；全年支付贷款利息、本金及给付工程款达5亿元。强化经营城市理念，生态水城出让土地167公顷，可开发面积达340万平方米，实现土地收益10亿元。拓宽融资渠道，国开行5亿元贷款资金即将到位，省农发行县城建设贷款资金争取工作全面展开。创新资本运作途径，生态水城总部基地、全民健身中心等公建项目采取BT方式建设。供热、燃气等基础设施项目实现招商向招标转变，特许经营权实现由无偿赠与向有偿出让的成功转变，新城供热特许经营权出让收入实现1700万元，燃气特许经营权出让收入过亿元。

（辽中县）

【社会民生】 加大供暖投入，提高了公教人员供暖补贴标准，实现热计量表监管的全覆盖，供暖质量明显改善；投入610万元，全面启动新农保和城保工作，成为省级示范县和国家试点县；为1270户低保户家庭发放租赁住房补贴300万元；投资400万元进行的弃管小区改造提升工程深入民心；对2004年兴建的44处防氟改水工程进行改造，保障全县6.8万人口饮水安全；城镇实名就业6300人，农村劳动力转移6700人，输出劳动力3000人；全面启动教育强县创建工作，投资4300万元进行了校舍等基础设施建设，全县17所九年一贯制学校均成为省标准化学校，小哈津优质学前教育入驻辽中，荣获了省艺术教育示范县和省社区教育先进单位称号；设立了100万元贫困师生补助、100万元教师培训"双百万"关爱教育资金；医药卫生体制改革深入推进，完成3家卫生院综合改革工作，县医院急门诊楼投入使用；城镇职工、居民医疗保险参保率实现90%、92%；农村合作医疗参合率实现99.4%；高标准建成全县大病托管服务中心和残疾人康复中心；成功创建了国家级计划生育优质服务先进县和全国残疾人工作示范县；荣获省爱国拥军模范单位；县档案馆通过国家"二级馆"验收；认真贯彻《全民健身实施计划》，为全县百姓免费提供国民体质检测服务；完成7个镇综合文化站、61个村农家书屋建设，成功举办第四届近海文化节。在第三届全省县（区）生活质量排行榜评比中位列前茅。

（辽中县）

【政府自身建设】 依法行政，自觉接受人大的依法监督和政协的民主监督，全年共受理代表建议115件，委员提案77件，办复率100%。政府执行力不断增强，重大事项集体决策工作机制有效贯彻，绩效考评、政府目标管理考核成效显著，重点专项资金和重大项目建设资金跟踪审计得到强化。创优发展软环境，开创行政审批"一费制"先河，开辟重大项目审批"绿色通道"，强力推进"封闭办理"，行政审批效能不断提高；创优人才引进软环境，引进高端人才29人。创新机制体制，整合资源，组建规划局、征收办。全面推进"五大系统"建设，成立公共资源交易中心，搭建阳光政府操作平台；政风行风建设成效明显，群众满意度不断提升。全面加强信访稳控工作，人民群众合理诉求有效解决。全面推进"六五"普法工作，提高全县公民法律素质。加强社会治安综合治理，深入开展了打黑除恶、"清网行动"、拆违治乱等专项行动；有效打击了非法传销、非法采砂、强买强卖等违法行为；严厉查处了食品安全领域制假售假行为；圆满完成了安全生产事故防控及专项整治等各项目标任务。年初确定为民办10件实事全部完成。

（辽中县）

康平县

【概况】 2011年，康平县地区生产总值实现163亿元，增长12.3%；全社会固定资产投资143亿元，增长38.5%；地方财政一般预算收入10.8亿元，增长18.9%；社会消费品零售总额30.6亿元，增长18%；农民人均纯收入9100元，增长16.1%。

（康平县）

【项目建设】 全年开复工10亿元以上项目6个、亿元以上项目13个，项目总投资132亿元。全县规模以上工业企业达到427家，总产值实现400亿元，增长52.3%，形成了由能源产业、新材料产业和塑编、新能源、纺织服装、农副产品深加工四个产业集群构成的"两大产业、四大集群"工业发展新格局。能源产业日益壮大。康平电厂累计发电120亿度。大平、小康等煤矿及张强油区运行良好，年采煤炭700万吨、石油9.5万吨。大强煤矿矿建工程进展顺利，三个井筒全部到底并贯通，铁路专用线路基土方施工全部完成。国电龙源公司10万千瓦风电项目并网发电，全县风电装机容量达到47.5万千瓦。油页岩综合利用项目一期工程竣工投产。新材料产业快速崛起。碳纤维一期工程投产试运行，不锈钢纤维项目开工建设，玄武岩纤维项目签订投资框架协议，芳纶纤维项目推进顺利，新材料产业框架初步形成。集群产业蓬勃发展。集群项目发展到299家，规模不断壮大，产业不断优化升级。新引进塑编项目52家，产值实现超百亿，已成为东北地区规模最大的塑编产业集群。总投资20亿元的800兆瓦太阳能电池片项目开工建设，填补了省市太阳能产业空白。成功引进总投资13亿元的雄洲食品和总投资12亿元的绿丰食品项目，改写了康平县无10亿元以上农事龙头企业的历史。新能源、新材料等国家战略性新兴产业快速崛起，康平工业总体水平和竞争能力明显提高。

（康平县）

【农业】 大田生产喜获丰收。不断加大农业科技创新服务力度，引进推广农业新品种95个、新技术56项，粮食总产量突破60万吨，再创历史新高。结构调整力度不断加大。5个乡镇达到一乡一业标准，一乡一业专业村发展到85个。花生发展到3.3万公顷，一县一业实现重大突破。花生产业富民强县项目获得科技部立项,为花生产业带来空前发展机遇。寒富苹果发展到6667公顷,占全市栽植总面积的50%。棚菜发展到6000公顷,薯类发展到6667公顷,新增标准化畜禽养殖小区40个。产业化水平不断提升。恒裕丰泰、雄洲食品项目即将投产运行,农事龙头企业发展到27家,为跻身全国食品工业强县奠定坚实基础。农民专业合作社达到387个,农业社会化服务体系不断健全。基础保障能力不断加强。切实加大农业基础设施建设和扶贫资金扶持主导产业发展力度,投资1.8亿元实施了防洪、治涝、滴灌等一批农业基础设施建设工程,争取2500万元实施了整村推进、惠农脱贫等扶贫工程,有力地推动了主导产业发展。切实加大农业抵御自然灾害能力,农业气象服务体系建设全面展开,农业政策性保险参保面积达到7.8万公顷,位居全市之首。农机总动力达到32.5万千瓦。新建储粮仓3020个,解决了农民储粮难题。转移输出农村劳动力5.8万人次,农民工资性收入不断增加。

(康平县)

【城乡建设】 按照"一湖一城一带"城市发展格局,全面推进滨湖生态明珠城建设进程。老城区改造提升有序推进。编制完成城市建设及水系、绿化、亮化等一系列规划。采取市场化运作方式,重点实施了一批城市道路改造、园林绿化、市政设施等工程,修建中心路、聚鑫市场等道路8公里,中心街硬覆盖1.7万平方米,铺设给排水、供热等管网2.2万米,栽植绿化树木3万株,改造旱厕3座,城区保洁面积达到150万平方米。老城区改造、中心路西延等工作前期准备已就绪,光彩市场回迁小区建设进展顺利。不断加强行政执法队伍建设,依法拆除违章建筑、取缔占道经营等行为,城市规划、建设、管理水平全面提高。新城区建设全面展开。高标准编制了卧龙湖城市段滨水区景观设计、中心公园等规划。顺平街、朝阳路等6条道路全线贯通,高速公路出口、迎宾路绿化、亮化工程基本完工。顺山村拆迁全面完成,环保局东侧拆迁顺利推进,中转库整体搬迁实现土地腾空。金融大厦、博物馆、档案馆、规划展示馆等项目前期准备工作基本完成,滨湖综合楼、九年一贯制学校、顺山新村等项目全面开工建设。小城镇建设步伐明显加快。编制完成13个村庄建设规划,率先改善乡镇政府所在地整体环境,完善服务功能,张强、北三家子街道等地区经济社会发展辐射能力进一步增强。投资1.1亿元,完成108公里县级以上道路维修、141公里农村公路改造等道路工程,农村交通路网进一步完善。

(康平县)

【商贸流通】 批发零售、商贸餐饮等传统服务业稳步发展,住房、汽车等消费热点持续升温,连锁超市、信息服务等新兴服务业加快向农村延伸。服务网络日益健全。"万村千乡"市场工程完成配送中心1个、信息化改造农家店100个,实施农产品现代流通综合试点项目4个,新建蔬菜水果批发市场1个,全县各类市场达到30个。辽河酒厂恢复生产,传统粮食酿酒工艺得以保留。房地产业健康发展。村镇银行总部、辽金风情一条街、希尔顿五星级旅游度假酒店项目前期规划设计等工作均已完成。全年开发房地产面积47.8万平方米,创历史新高。市场金融环境不断优化。有效开展农资、粮食流通、文化、食品药品等市场专项整治行动,市场秩序进一步规范。积极搭建中小企业融资服务平台,培育成长型中小企业30户,实现企业融资5000万元。

(康平县)

【生态建设】 切实加大卧龙湖保护工作力度,解除与希贵集团合作开发卧龙湖合同,卧龙湖库容超过8000万立方米,达到历史同期最高水平。孔家污水处理厂工程开工建设,城北污水处理厂正式投入运营,结束了城市污水直排卧龙湖的历史。投资1600万元,全面实施辽河节点绿化、岸坎修复等生态治理工程,辽河生态环境明显改善。全面完成花古水库、张家窑水库等5座水库除险加固工程,顺利通过竣工验收。大力实施荒山绿化等造林工程,造林绿化面积1.08万公顷。大力发展绿色生态农业,无公害、绿色和有机农产品基地面积达到6.7万公顷,"三品"认证总数达到64个。"一根烟囱"工程初步设计已完成并获得省发改委批复,融资工作进展顺利。投资4371万元,新建垃圾填埋场1座、污水处理设施2座、垃圾中转站6座,改厕1200座,全面实施农村环境连片整治工程,东关、张强、二牛等乡镇村屯环境明显改善。全面提升土地和矿产资源监管水平,土地、矿产资源得到有效保护。积极开展国家生态县创建工作,各方联动、全民参与、全县共建,顺利通过国家生态县技术核查。

(康平县)

【财政运行】 受政策性减收等因素影响,面对财政增收的巨大压力,审时度势,迎难而上,广辟财源,严征细管,确保了财政收入平稳增长,首次突破10亿元大关。千方百计争取上级政策资金、专项资金和补贴资金,极大地支持了基础设施建设,补充了县级财力。不断深化国库集中支付制度改革,切实加强财政资金调度能力,严格项目资金拨付审批程序,财政监督职能明显提高。积极推进供暖补贴制度改革,实现了供暖补贴的公开、公平、规范运作。严格控制一般性支出,优先安排惠民资金,重点保证法定支出和重大项目支出,保障了社会正常运转,促进了经济快速发展。

(康平县)

【社会事业】 教育水平进一步提升。提前两年通过"双高普九"检查验收,全县基础教育水平显著提升。新建素质教育学校1所、幼儿园5所,撤并农村小学29所,新建和改扩建中小学14所、教学楼19栋,教育布局更趋合理。医疗卫生服务体系日趋完善。高标准完成县医院病房楼扩建工程,为打造辽北一流医疗卫生服务中心奠定坚实基础。乡镇卫生院、村卫生室建设不断加强,医疗卫生水平进一步提高。文化基础设施建设切实加强。全民健身中心主体工程全面竣工,乡镇综合文化站全部有效利用,全民健身活动蔚然成风。数字电视成功改造升级,广电服务水平切实提升。社会保障体系进一步健全。投资3350万元,新建中心敬老院3所、农村困难家庭常年病人托服中心1个、残疾人托养康复中心1个,完成灾民建房521户。入住保障性住房708户、发放保障性住房补贴815户245万元、销售经济适用房96户,低收入群体生活条件进一步改善。合理调整社区规模,新组建了盛康社区。把就业放在经济社会发展的优先位置,城镇实名制就业4980人。新农合参合率达到99.8%、新农保参保率达到82.6%，医疗、养老等社会保险覆盖面不断扩大。投资3592万元，实施农村安全饮水工程67处，受益人口4.3万人。扶残助残工作顺利通过全国残疾人工作示范城市验收，荣获国家农村残疾人扶贫工作先进集体称号。

（康平县）

【政府建设】 高标准编制完成《康平县全面推进依法行政五年规划》。自觉接受县人大依法监督和县政协民主监督，定期向人大报告、向政协通报工作。认真执行县人大及其常委会的决议、决定，认真采纳县政协的意见和建议，共办理建议、提案195件，办结率、满意率、落实率不断提高。注重发挥工、青、妇等群团组织作用，广泛听取社会各界声音。绩效考评全面开展，行政审批制度改革不断深化，政务公开、村务公开全面推行，政府行政效能进一步提高。“六五”普法全面展开，文明创建活动扎实开展，公民法制意识和城乡文明程度不断提高。创新社会管理模式，认真落实信访责任制，切实解决了一批群众关注的热点、难点问题。安全生产形势平稳，社会治安综合治理成效显著，进一步巩固扩大了国家平安建设先进县成果。

（康平县）

法 库 县

【概况】 2011年，法库县实现地区生产总值227.8亿元，同比增长22.1%；财政一般预算收入18亿元，同比增长77.6%；规模以上工业总产值750亿元，同比增长42.4%；固定资产投资170亿元，同比增长43.7%；社会消费品零售总额40亿元，同比增长21.7%；实际利用外资6019万美元；农民人均纯收入9705元，同比增长15.5%。经济社会综合指标提前4年进入全省县域第一集团，荣获沈阳市“特殊贡献奖”。

（周广东）

【农业经济】 农业产业化成效显著。农业大田喜获丰收。粮食产量再创新高，总产量达到86万吨。建成1个3333公顷国家级玉米高产示范区。保护性耕作面积达到2.1万公顷，被农业部列为“保护性耕作示范县”。发放各类粮食补贴1.37亿元。现代农业增势强劲。狠抓设施农业建设，新增面积8400公顷，其中：温室4667公顷，冷棚3733公顷，累计发展规模已突破2万公顷。秀水河流域现代农业示范带建设稳步实施。树莓、葡萄、辣椒、花生、万寿菊、香瓜等特色农业规模不断扩大。登仕堡子镇被农业部评为“‘一乡一品’树莓产业示范镇”。全县农产品远销北京、上海、长春、牡丹江等外埠市场。沈康高速公路两侧现代农业示范带规划编制工作全面启动，其中退耕还经济林一期工程已开工建设。牛产业扎实推进。牛饲养量达到70万头。辉山奶牛繁育及乳制品加工产业集群，累计完成投资38.9亿元，建成19个养殖场，现有荷斯坦奶牛3.2万头，乳制品加工厂完成设备调试达到试生产状态，沼气发电项目进展顺利。宏金龙肉牛屠宰、牧源畜业等企业运行良好。法库县被全国畜牧兽医协会评为“全国适度规模化母牛养殖示范县”，被中国林牧渔业经济学会评为“全国牛产业最具发展潜力县”。新建标准化养殖小区88个。猪、羊、禽饲养量分别达到156万头、55万只和2640万只。县级疫控实验室建设排名全省第一。休闲食品产业快速发展。孟家绿色食品加工工业区已落户农产品深加工企业43家。投资超亿元的辽宁民生有机食品、东润桃山白酒等项目全面开工建设，东源药业、六必居调味品等企业运行良好。农业生产条件得到改善。完成祝家堡灌区潜坝维修、王河排水区治理等30余项农田水利工程。新增和改造灌溉面积2200公顷、治理涝区3733公顷。启动了3933公顷节水滴灌工程。法库县被评为“辽宁省农田基本建设‘大禹杯’竞赛先进单位”。新增农业机械3492台，全县农机总动力达到47.5万千瓦。社会化支农服务体系日益完善。累计成立农民专业合作社620个，注册资金达到7亿元，带动农户4万余户。新增科技服务站20家，聘请科技特派员402名，培训3万余人次。县电视台全年共播出《兴农桥》、《致富经》栏目316期，在推广农业技术、引领农民致富方面发挥了积极作用。

（周广东）

【工业经济】 工业化再创佳绩。陶瓷产业跨越发展。开工建设了苏泊尔卫浴、弘川建材玻璃、日本伊奈陶板等一批产业项目，快速推进了科达燃气、中冠市场等一批配套项目，实施了佛山西路、团山子变电所等一批基础设施建设工程。陶瓷产业结构不断优化，产业链条不断延伸，基础设施不断完善。经济开发区累计引进企业150家，开工建设各类生产线402条，其中竣工达产240条，全年实现产值318亿元，带动就业4万余人。陶瓷产业集群被评为“辽宁省示范产业集群”。法库县被评为“全国产业发展百强县”，名列第66位。通用航空产业扎实推进。科学规划了通航总装运营、航空产业配套等十大区域发展格局。连续起降点飞机跑道、站坪和通航产业大道等主体工程竣工，FBO综合服务楼等附属设施项目开始启动。风力发电产业稳步提升。开展了冯贝堡、依牛堡子、三面船、丁家房等风能区的测风工作。开工建设了龙源南巴尔虎山、大唐国际五龙山风电场项目。法库县被评为“全国农村绿色能源示范县”，位列全国新能源百强县第5位。辽河经济区不断壮大，已有建材、冶金、机械等多家工业企业落户。引进超亿元项目取得突破，上海中技桩业空心方桩、沈阳振兴建材管桩等项目签约落地。中日合资辽宁相模屋豆业生产项目竣工投产。

（周广东）

【城乡建设】 城镇化建设步伐加快。东湖新城日新月异。成功实施了沙河流域、宝隆巷东区、果子园及金牛街南段等区域征收工作，征收面积133公顷，居民2193户。东湖新城水、电、气、路网、绿化、亮化等配套设施不断完善，百合家园、领东国际、泰来铂金公馆等项目相继竣工，紫金名邸、天景苑、怡景苑、和谐佳园、鸿福嘉·名都花园、湖畔新城等项目进展顺利，新建、续建项目达到32个。服务业集聚区快速发展。启动了现代服务业发展规划编制工作。大力推进服务业项目开发建设，东方家居、法库迎宾馆、福迪丰商厦等项目完成主体工程，浙江国际商城、时代广场地下商城、法姬娜大酒店等项目建设进展顺利，营口港法库内陆港建设正式启动。全县新增商业网点340个。新东胜农产品加工、清宇鹅业等4家企业成为“商务部现代流通试点单位”。法库县被评为“辽宁省第一批‘万村千乡’市场工程农家店信息化改造示范县”。小城镇建设得到加强。扶持壮大小城镇发展规模，加强小城镇基础设施建设，人居环境得到改善。繁荣小城镇经济，发挥商贸辐射功能，开工建设了秀水河子集贸市场、大孤家子富源商贸城、叶茂台花生批发市场。秀水河子镇被评为“中国商业名镇”。实施了85个村部建设。城乡基础设施显著改善。沈康高速尚屯出口、环路(东北段)竣工通车。总投资2.35亿元的57公里法包线改扩建工程，已完成土地征收和路基桥涵建设。投资5600万元，完成了沈环线、大三线、路北线、法张线等4条县级以上公路的大修、改建工程。投资1900万元，实施了44公里农村公路网的建设和维修。1.3公里沙河(城区段)治理工程全面开工。城区供水管网改造工程有序推进。完成14项农村电网改造升级工程。秀水河子垃圾填埋场投入使用。望宝山人防工事改造工程主体完工。地震监测台网整体改造工程竣工投入使用。城镇管理水平稳步提高。集中开展了城市绿化、美化、亮化、净化工程。违章牌匾广告、临违建筑、占道经营、无序交通、公共场所卫生等问题得到较好治理。主要街路实现垃圾日产日清无积存。小区物业管理得到加强。城市管理逐步规范化，城市和谐氛围和文明形象进一步提升。

(*周广东*)

【生态建设】 造林绿化成效明显。积极开展大规模荒山、道路、水系滩地、园区、校园造林绿化工作，完成春季造林8733公顷。深入推进“万树千村”活动，新增“绿色村庄”20个。大规模启动“青山工程”，关闭矿山9家，清理“小开荒”2000公顷，采取整山机械推进，完成秋季造林整地8533公顷。森林覆盖率达到31%。法库县被评为“辽宁省绿化先进县”。水系整治力度加大。成立了辽河局，辽河治理十大工程全面启动。獾子洞湿地生态保护扎实推进。开展了小河子堤防维修等6项河道治理工程。实施了拉马河、红土砬子河流域1800公顷水土保持综合整治。生态环境保护深入开展。创建生态县工作通过国家技术核查。村屯环境集中连片整治工作取得新进展。中水回用工程有序推进。严格执行项目审批环境准入标准。推广“一池三改”沼气生态示范户2000户。东盛供热等7个项目被国家、省、市列为节能扶持项目。19个减排项目全部完成，削减二氧化硫、化学需氧量、氮氧化物、氨氮等环保指标全部完成市里下达任务。

(*周广东*)

【对外开放】 招商引资势头强劲。围绕重点产业，先后赴长三角、珠三角、港台、欧美等25个国内外地区开展了系列招商活动，成功举办30余次大型主题招商推介会和洽谈会，邀请到会企业家1800余人次。签约落地项目168个，拟投资278亿元；储备重点在谈项目159个，拟投资473亿元。项目攻坚成果丰硕。全县新建、续建3000万元以上项目110个，总投资235亿元，其中亿元以上项目36个，总投资199亿元，均创历史新高。在产业分布上，工业项目比重达69%，继续占据县域经济主导地位；服务业项目比重达19%，体现出产业积累后形成的潜能释放效应。软环境得到优化。成立了环境建设领导小组，出台了支持企业发展的“十不准”和优化发展环境、提高审批效率、方便企业办事的“八项措施”。采取现场办公、联席会议、县级领导包项目责任制等多种形式，切实解决项目签约、落地和建设中遇到的问题。打击公路“三乱”等工作初见成效。开放形象日益提升。成功举办了“2011法库国际陶瓷博览交易会”，签订投资和销售合同19个，现场交易额和销售意向额达到22亿元。开展了“海内外侨商法库行”活动，150余名侨商前来法库考察洽谈。举办了“五龙山之旅葡萄采摘节”。各旅游景点吸引游客55万余人次，实现旅游收入5500万元。

(*周广东*)

【社会事业】 科教工作长足发展。省级陶瓷工程技术研究中心中试车间投入使用。实施教育强县战略。教育教学质量得到提高，高考取得优异成绩，1人考取清华大学。县高级中学通过省级示范校考核。“双高普九”通过省级验收。陶瓷学院已完成教学楼、实训楼建设。投资4100余万元实施了“校安工程”，新建和维修加固38栋教学楼，面积达到7万平方米。法库县被确定为全省学前教育试点县，新建、改建乡镇中心幼儿园10所，发展民办连锁幼儿园20所。公共卫生服务体系更加完善。中心医院病房楼投入使用，与盛京医院、医大四院等开展技术合作。县中医院重新启动运行，并成立了社区卫生服务中心。新农合参合率达到99.7%。圆满完成了第六次人口普查工作。人口自然增长率2.57‰、计划生育率97.11%。文体广电事业健康发展。文化中心、全民健身中心、中冠健身会所、时代广场等文体设施建设进展顺利。7个乡镇文化站建成投入使用。开展了“市民健步走东湖”、“鱼梁放歌”大型红歌汇等丰富多彩的群众文体活动。有线电视数字化整体转换工程全面启动。法库县被评为“辽宁省新农村建设档案工作示范县”。社会保障更加有力。城乡低保规范化、动态化管理工作得到加强。全年发放各类救助金5147万元，惠及城乡居民1.5万户。养老、医疗、失业、工伤、生育“五险合一”工作稳步实施。法库县被列为省、市新农保试点县，60周岁以上参保率达到99.7%，有5.21万人开始领取养老金。组织各类就业技能培训40余次，培训2000余人。城镇新增实名制就业4764人，新增农村劳动力转移9337人，城镇登记失业率控制在3.07%。民生工程深入实施。残疾人托养康复中心完成主体工程建设。四家子等5所乡镇中心敬老院全部投入使用。农村常年病人托管中心启动运行。完成农村安全饮水工程86处，解决了12万农民饮水安全问题。“一户一策”扶贫项目进展顺利，使570户贫困户逐步实现脱贫致富。

(*周广东*)

【和谐社会建设】 和谐社会建设取得实效。一是社会管理水平不断提高。深入开展重点领域安全生产专项整治，全年未发生重、特大责任事故。一批信访积案得到有效化解，信访渠道保持通畅，信访总量大幅下降。“打假”工作和公安“清网”行动考核排名全市第一。动态环境下社会治安管控能力增强，各类违法犯罪活动得到有效遏制。社会平安指数和群众幸福指数进一步提高，法库县连续三年荣获省"平安县"荣誉称号。二是政府自身建设全面推进。深入开展学习调研,学习型政府建设不断推进。进一步强化工作落实,政府行政效能得到提升。广泛开展政风行风评议活动,机关廉政建设得到加强。应急管理能力、政务公开水平不断提高,公务员队伍建设得到强化。三是民主法制建设得到加强。自觉接受县人大及其常委会的依法监督和县政协的民主监督。全年共受理人大代表建议64件、政协委员提案81件,办复率均为100%。"六五"普法全面展开。依法行政不断深入,行政权力运行更加规范。

(周广东)

沈阳经济技术开发区

【概况】 沈阳经济技术开发区创建于1988年6月22日,1993年4月经国务院批准为国家级经济技术开发区,面积为38.1平方公里。2002年6月18日,沈阳经济技术开发区与铁西区合署办公,辖区面积达到74平方公里。2003年8月18日,又将原属于洪区的2个乡镇25个自然村划归铁西,辖区面积达到128平方公里。2007年6月25日,铁西区与沈阳细河经济区合并重组,辖区面积达到目前的484平方公里,人口120万,其中开发区面积为444平方公里。

2010年,开发区工业总产值、工业增加值、税收收入等9项主要指标在全国54个国家级开发区中继续保持了前10位水平。沈阳经济技术开发区已形成主导产业聚集发展,基础产业集群发展的良好态势。现有规模以上工业企业248户,为主导产业配套的基础产业集群企业500余户。

(黄　颖)

【经济发展】 2011年,开发区实现地区生产总值771.9亿元,同比增长22.1%;服务业增加值101.2亿元,同比增长19.8%;规模以上工业总产值2625亿元,同比增长20.8%;规模以上工业增加值649亿元,同比增长14%;固定资产投资355.3亿元,同比增长17.25%,其中工业投资260亿元,同比增长15.9%;实际利用外资7.03亿美元;一般预算收入40.3亿元,同比增长34.9%;社会消费品零售总额62.1亿元,同比增长17%。万元GDP综合能耗下降3.77%,万元GDP取水量下降5%。

(黄　颖)

【社会事业】 各项社会保障制度全面落实。2011年,全区累计投入民政保障资金2985万元,农村贫困人口控制率实现3.09%。全区低保、五保等民政对象全部免费享受新农合待遇,参保率实现100%。

社会救助力度不断加强。全区累计补助医疗救助资金120万元,救治人员1162多人次。"两节"救助标准逐年增加,全区发放"两节"救助金403余万元,救助对象达7000多人,人均救助额达900元,人民群众的基本生活得到有效保障。

劳动保障工作不断完善。2011年,全区新农保参保4.8万人,参保率完成情况良好。同时,继续加大企业养老、失业等项保险的征缴力度,全年新增养老保险扩面1.7万人;失业保险扩面累计13.1万人,完成考核指标的123.6%;工伤保险共参保12.5万人,完成考核指标的103.6%。

(黄　颖)

【软环境建设】 优化经济发展软环境,区域竞争力明显提升。改变传统的"政策引资",创设"体制引资",提高办事效率。2011年3月8日,开发区行政审批服务中心正式投入运行,通过实行公示告知制、首接负责制、联席会议制、授权代表制、职能前移制、超时默许制、环境对话制度和政风行风评议制度等常态管理机制,最大限度地拉近政府与投资者的距离。试行告知承诺、实行预约服务、代办服务、并联审批、网上审批等诸多便捷服务,优化了运行模式,对于展示开发区对外开放形象、规范行政审批程序、提高行政审批效率、方便投资者、推进经济社会发展起到了积极的推动作用,全方位提升开发区的环境软实力。

(黄　颖)

【生态环境建设】 积极参与"生态沈阳"区域战略,依据沈阳市"十二五"建设国家中心城市、建设先进装备制造业基地、建设生态宜居之都的发展策略,制定了以两河流域为生态基础开发建设滨河三岛生态城—铁西产业新城的目标。

两河流域开发建设工程:位于铁西产业新城,规划范围北至二十二号路、南至浑河、东至三环、西至细河新城,规划总面积约56平方公里。两河流域景观工程由浑河西峡谷和细河悠谷组成,全线35公里。改造治理后的两河流域沿岸,会使将要建设的滨河生态城打造成距市区距离最近、环境最优的旅游度假场所,并使开发区土地价值和环境品味不断提升,实现铁西新区产业新城的全面振兴。2011年,浑河西峡谷一期工程完成了防洪评价及大堤改线的防洪评价等相关审批手续,已具备两岸同时开发的条件;细河悠谷完成了环境评价,可研性评价等相关审批手续,已具备全面开发条件。

沈阳国家生态市和全国环境建设样板城创建工作:开发区创建国家生态工业示范园区建设已完成省厅预审。污染减排工作作为全区生态建设的重点,通过加强对细河沿岸化工、重金属企业整治等积极措施,进一步取得新的成效。2011年,开发区完成二氧化硫减排量3018吨,氮氧化物49.52吨,化学需氧量7.56吨,氨氮5.37吨。

(黄　颖)

【基础设施】 2011年,开发区完成基础设施建设项目投资10.42亿元,市政工程修建道路23条,道路总长度32公里。其中:新建道路25公里,改造道路7公里,污雨水排水管线58公里,给水管线32公里,桥梁3座、排水泵站3座、新建1台75吨,2台10吨蒸汽锅炉,铺设热力管线14公里。完成电力工程架设线路15公里,迁移线路34公里,安装路灯1500基,企业配套9项。绿化工程以"打造最优环境,创一批精品工程"为目标,创新基础设施建设投融资管理体制,率先在开发区实行BT投融资建设管理,强力推进开发区园林绿化及环境建设工作,提升了城市品位。全年完成新建绿化项目36项,完成投资6400万元,植树8.1万株,新增绿地面积54万平方米,绿地覆盖率42%,绿地率39%。

(黄　颖)

【产业集群】 通过壮大存量、引进增量等举措,围绕拉伸、扩充产业链条,着力打造五大千亿产业集群并取得显著成效。2011年,机床及功能部件、电气及新能源装备、现代建筑、汽车及零部件、医药化工等五大产业集群共实现产值1600亿元。

机床及功能部件产业集群:实现产值200亿元,机床主机企业和项目43个,其中:已建成主机企业31个,在建项目3个,拟开工项目4个,在谈推进项目5个;功能部件企业和项目83个,其中:已建成项目47个,在建项目10个,拟开工项目6个,在谈推进项目20个。

电气及新能源装备产业集群:实现产值340亿元,共有电气类企业482个。截至2011年,特高压变压器设备、高压开关设备处于世界领先水平,在国内市场占有率均达30%。特变电工沈变集团的产品技术和工艺水平,在国内外处于领先地位。新东北电气、昊诚电器等企业产品,在国内具有较高知名度。

现代建筑产业集群:实现产值450亿元,共有规模以上企业68家。"住宅产业化示范工程"取得较好进展,宝钢钢构项目在铁西工人村三期开展了10万平方米产业化示范工作,已全面完工。国家住宅产业化基地企业江苏中南建设控股集团投资建设的住宅工厂化项目,占地53万平方米,总投资12亿元,将在浑河、细河沿线区域推广。

汽车及零部件产业集群:实现产值270亿元,现有企业有127个,在建企业12个,在谈推进项目30个。整车和零部件产业初具规模,现有整车制造企业4家;汽车零部件配套产品门类逐步健全,涵盖了百余种汽车及其零部件产品。主要为华晨宝马、华晨金杯、上海通用等企业配套。

医药化工产业集群:实现产值340亿元,12平方公里的园区全面启动。已建成东北制药集团、沈化集团等企业429个,在建企业22个,拟开工项目9个,在谈推进有加拿大米高集团硫酸钾、汎宇化工润滑油等项目。

(黄 颖)

【化学工业园区】 沈阳化学工业园是以石油化工、氯碱化工、精细化工、橡胶制品及化工新材料五大核心产业为主导,建成上下游产业一体化、资源配置生态化、科技及管理现代化的东北地区新型化工产业基地。2011年末,园区共有企业76家,其中:规模以上企业14家,年产值超亿元企业6家,世界500强企业7家,危化企业24家,化工企业35家,非化工企业17家。2011年,园区实现工业总产值27亿元,完成计划指标的180%,同比增长11%。

(黄 颖)

【冶金工业园区】 沈阳冶金工业园位于沈阳经济技术开发区最西部,园区内企业主要以生产装备制造业必需的锻铸件及零部件等为主,为装备制造业核心区配套服务。2011年末,园区入园企业70家,其中投产和在建企业64家。2011年,园区实现工业总产值30亿元,年纳税约6000万元。

(黄 颖)

【项目建设】 2011年,共完成投资3000万元以上新开工项目98个,投资3000万元以上签约落地项目72个,投资3000万元以上竣工项目89个。在全市260个重点推进建设项目中,沈阳经济技术开发区以华晨宝马新工厂项目及米其林搬迁改造为代表的重点项目有29个,总投资703.3亿元。

华晨宝马新工厂项目:总投资10亿欧元,总用地面积2.07平方公里,将引进宝马集团在全球领先技术和工艺流程,在未来5年内达到年产30-40万辆整车的能力,可实现销售收入1000亿元以上,上缴税金85亿元。

普利司通(中国)投资有限公司轮胎生产基地项目:总投资10亿美元,主要建设年产250万条全钢载重卡客车子午线轮胎、1000万条轿车子午线轮胎、年翻新轮胎胎面胶100万条工厂。其中一期用地39.5万平方米,建设卡车、巴士用全钢载重子午线轮胎生产用标准厂房及配套设施。

米其林沈阳轮胎有限公司搬迁扩大产能项目:总投资15亿美元,用地71万平方米,年产轿车子午线轮胎1000万条、卡客车子午线轮胎180万条,卡客车车胎翻新胎面29.5万条。 (黄 颖)

·小资料·

沈阳经济技术开发区内世界500强企业一览

序号	500强企业名称	排名	国别	投资设立企业名称
1	法国米其林	376	法国	米其林沈阳轮胎有限公司
2	法国阿尔卡特	360	法国	沈阳阿尔卡特电讯有限公司
3	液化空气	484	法国	沈阳缔酸液化空气有限公司
4	法国万喜集团	150	法国	法国阿克泰姆沈阳代表处
5	法国万喜集团	150	法国	阿克泰姆(沈阳)工业工程有限公司
6	宝马汽车公司	78	德国	华晨宝马汽车有限公司
7	德国巴斯夫	59	德国	巴斯夫维生素有限公司
8	德国采埃孚股份公司	485	德国	采埃孚伦福德汽车系统(沈阳)有限公司

序号	500强企业名称	排名	国别	投资设立企业名称
9	贺利氏控股集团	327	德国	贺利氏(沈阳)特种光源有限公司
10	贺利氏控股集团	327	德国	贺利氏信越石英(中国)有限公司
11	贺利氏控股集团	327	德国	贺利氏电测骑士(沈阳)有限公司
12	莱茵集团	89	德国	莱茵技术交流(沈阳)有限公司
13	拜耳集团	170	德国	沈阳拜耳斯冷却器有限公司
14	林德集团	483	德国	德国专业气体公司
15	德国戴姆勒－克莱斯勒	23	德国	沈阳戴姆勒－克莱斯勒铁路系统信号有限公司
16	阿西布朗勃法瑞	230	瑞典	沈阳ABB高压开关有限公司
17	美国可口可乐	259	美国	沈阳可口可乐饮料有限公司
18	艾默生电气	350	美国	艾默生环境优化技术(沈阳)冷冻机有限公司
19	美国里尔公司	407	美国	沈阳李尔汽车座椅内饰系统有限公司
20	美国通用电气公司	12	美国	沈阳透平机械股份公司
21	马什麦克里安	467	美国	达信(北京)保险经纪有限公司沈阳办事处
22	麦当劳公司	378	美国	开发区麦当劳食品店
23	日本普利司通	131	日本	普利斯通(沈阳)轮胎有限公司
24	日本普利司通	270	日本	沈阳普利司通有限公司
25	日本普利司通	270	日本	普利司通(沈阳)钢丝帘线有限公司
26	日本普利司通	270	日本	普利司通(中国)投资有限公司沈阳分公司
27	丰田通商	10	日本	沈阳古河液压有限公司
28	丰田汽车	10	日本	广汽日野(沈阳)汽车有限公司
29	日本松下电器	79	日本	松下蓄电池(沈阳)有限公司
30	日本住友商事	229	日本	沈阳住三塑料有限公司
31	伊藤忠集团	238	日本	沈阳古河电缆有限公司
32	伊藤忠集团	238	日本	辽宁东大冷弯型钢有限公司
33	日本日立	52	日本	东北电日立输变电设备(沈阳)有限公司
34	三菱重工株式会社	243	日本	沈阳三菱电机有限公司
35	三菱重工株式会社	243	日本	沈阳菱重水泵工程有限公司
36	三洋电机/丰田通商	359	日本	沈阳华润三洋压缩机有限公司
37	日本鹿岛建设公司	481	日本	沈阳骊住预制混凝土有限公司
38	积水房建	486	日本	积水好施新型建材(沈阳)有限公司
39	积水房建	486	日本	野泽积水好施新型建材(沈阳)有限公司
40	日产汽车公司	63	日本	沈阳日产纺织机械有限公司

序号	500强企业名称	排名	国别	投资设立企业名称
41	韩国现代重工	87	韩国	沈阳现代重工有限公司
42	韩国SK	72	韩国	SK实业有限公司
43	中国银行	92	中国	中行开发区支行
44	中国农业银行	155	中国	农行开发区支行
45	中国建设银行	125	中国	建行开发区支行
46	中国工商银行	87	中国	中国工商银行开发区支行
47	中国石化	9	中国	中国石油开发区分公司
48	中国移动有限公司	99	中国	中国移动开发区分公司
49	中国电信	204	中国	中国电信公司沈阳开发区分公司
50	中化集团	170	中国	沈阳科创化学品有限公司
51	中国石油化工股份有限公司	7	中国	中国石油开发区分公司
52	上海汽车工业(集团)总公司	151	中国	沈阳上汽金杯变速器有限公司
53	LG集团	67	韩国	沈阳乐金电子有限公司
54	英国葛兰素史克公司	163	英国	三生药业有限公司
55	日本三井物产公司	131	日本	沈阳三泰橡胶加工有限公司
56	中国粮油食品集团	312	中国	中国粮油食品进出口(集团)有限公司
57	中国粮油食品集团	312	中国	沈阳粮油食品有限公司
58	三菱汽车公司	470	日本	沈阳航天三菱汽车发动机制造有限公司
59	三菱汽车公司	470	日本	沈阳航天三菱汽车有限公司

沈阳金融商贸开发区

【概况】 沈阳金融商贸开发区(以下简称开发区),坐落于沈阳中央都市走廊核心地段,占地面积2.97平方公里,是全国除上海陆家嘴金融贸易区以外惟一以金融商贸为属性的开发区。自1991年成立以来,开发区凭借着得天独厚的区位优势,以东北区域金融中心建设为目标,以商务楼宇建设为载体,以金融机构引进为主攻方向,初步形成了以金融商贸为主导,以总部经济和流量经济为重点,以房地产、信息服务、咨询中介等配套设施产业为支撑的产业发展格局。2002年,被辽宁省政府批准为省级开发区,肩负着国家、辽宁省委、省政府和沈阳市委、市政府赋予的建设东北区域金融中心和国家优化金融生态综合试验区的使命。2010年,国务院批复《沈阳新型工业化综合配套改革框架方案》,开发区建设东北区域金融中心和国家优化金融生态综合试验区正式纳入国家战略。

(曹兴国)

【经济发展】 2011年,开发区继续坚持以建设东北区域金融中心和国家优化金融生态综合试验区为统领,以发展现代服务业和楼宇经济为重点。地区生产总值完成87.9亿元,同比增长12%。财政收入完成21.2亿元,同比增长33%。辖区内入区库税收百万元以上纳税大户达到106户。固定资产投资完成46.1亿元,同比增长16%。开发区单位面积投资强度、利用外资密度、财政收入和安置就业人数继续保持东北领先地位,品牌带动和产业集聚效应日益明显。

(曹兴国)

【招商引资】 2011年,开发区积极应对国际国内复杂的经济形势,进一步明确招商指导思想,着眼重点产业、重点国家和地区,整合招商力量,深化项目落实,注重引进企业质量,提高项目储备层次,强化服务意识,降低招商成本,进一步提高招商效率。截至2011年底,聚集各类金融企业400余家,其中:银行、保险、证券期货等金融机构已达108家(其中分行、分公司以上机构66家,占全市比重近60%);小额贷款、融资担保、保险经纪等金融类机构83家;投资管理、咨询、投资担保等金融服务类机构211家。在金融市场建设方面,辽宁沈阳文化知识产权交易所、沈阳环境资源交易所、国家专利技术展示交易中心已挂牌成立。2011年末,开发区金融机构存、贷款余额已分别占全市的1/2、辽宁省的1/6、东北地区的1/10,支配了超过全市1/3的货币流量。受沈阳建设国家中心城市和东北区域金融中心建设上升为国家战略的政策利好影响,近两年来,开发区金融机构出现加速聚集的态势,每年引进金融机构数量以30%的速度增长。在省银监局、保监局已进驻在开发区基础上,中国人民银行沈阳分行、省证监局也即将入驻开发区,开发区已经成为全省乃至整个东北的金融管控中心。开发区金融辐射能力迅速扩大,已形成了以金融为主导,公司总部和中介机构为补充的商务平台,金融洼地效应加速显现。

(曹兴国)

【规划建设】 2011年,为满足已上升国家战略的东北区域金融中心和国家优化金融生态区建设需要,开发区对区域规划体系进行不断完善。一是完善发展战略规划。聘请中央政研室经济局和国内知名专家学者组成专门课题组,在原有规划体系基础上,结合金融中心和金融生态区未来发展建设需要,启动了《东北区域金融中心发展战略规划》(2011-2020)和《东北区域金融中心产业规划》(2011-2020)课题研究工作。站在国家战略高度,准确分析开发区建设面临的新形势,为东北区域金融中心和国家优化金融生态综合试验区未来可持续发展,科学制定发展战略规划,对于加快建设区域性金融中心,完成国家赋予的历史使命,具有重要的现实意义和深远的历史影响。二是实施沈阳北站综合交通枢纽规划。为进一步改善北站广场环境,开发区配合市城建部门启动北站南广场规划建设工程。规划建设地下三层、地面层、地上一层共五层,其中地铁站厅和站台层已建成。重点对地上一层、地面层、地下一层和地下二层进行系统改造,形成一体化综合交通枢纽。三是强化项目建设。已经完成40余幢总计250余万平方米商务楼宇的开发建设。正在建设的商务楼宇30余幢,建筑面积400余万平方米。商务楼宇档次和聚集程度居东北地区前列。

(曹兴国)

【投资环境】 2011年,为积极营造适宜建设国家优化金融生态综合试验区和东北区域金融中心的社会环境,开发区从多方面入手,不断优化区域环境。一是完善区域投资政策。开发区紧扣开展国家级优化金融生态综合试验未来发展需要,在充分借鉴我国其他金融区政策体系基础上,对现有支持和鼓励金融产业和总部经济发展政策体系进行进一步的修改和完善。二是优化行政审批环境。建立金融类企业审批"绿色通道",大力推进一条龙审批服务,进一步提高金融项目审批效率。三是完善政策激励机制。继续设立1亿元扶持资金,对金融改革创新项目和在金融创新上取得优异成绩的金融机构进行奖励,打造全国最优金融发展政策环境。四是加强金融机构服务。认真做好金融机构奖励扶持政策的兑现工作。发挥金融家俱乐部的作用,通过举办金融家联谊会、银企对接会等形式,搭建银企沟通桥梁。发挥金融法庭的作用,严厉打击金融犯罪和逃废金融债务行为,切实提高金融胜诉案件执行率,打造安全、稳定、和谐的法治环境。五是做好人才服务。采取政府雇员制等多种形式,切实加强金融管理人才的引进工作。支持金融监管机构、高等院校、研究机构在开发区设立金融研究、教育和培训机构。强化对金融高管人员的服务,在落户、家属随迁、子女就学等方面提供便利条件。六是完善金融服务合作平台。丰富沈阳金融家俱乐部活动内容,为在沈的金融企业家相互交流与合作搭建平台;不断健全政府间、政府与金融监管机构间工作协调机制,为金融机构提供适宜的监管环境、完善的服务功能和广阔的发展空间,推动金融服务工作实现全面提升。七是不断改善区域社会环境。开发区正在按照"一年一个样,三年大变样,五年现辉煌"的工作摆布原则,实施开发区环境提升工程,高标准、高品位做好区域绿化、亮化、美化、环卫、路网建设和社会治安工作,为东北区域金融中心建设提供一个良好稳定的社会发展环境。八是积极搭建金融创新平台,服务于金融市场创新、金融制度创新、金融机构创新和金融产品创新,为《专项方案》得到国家批复后迅速出成果争取宝贵时间、奠定坚实基础。

(曹兴国)

【规划发展】 2011年,开发区东北区域金融中心和国家优化金融生态综合试验区建设方面取得以下进展。一是在国家和省、市发改委的大力支持下,实现了将"以沈阳金融商贸开发区为主体,建设东北区域金融中心,开展国家优化金融生态综合试验,带动整个东北地区金融生态环境优化"相关内容纳入了《沈阳经济区新型工业化综合配套改革试验总体方案》(以下简称《总体方案》)。二是2011年9月16日,国务院正式批复了《总体方案》,这是继开发区建设东北区域金融中心和国家优化金融生态综合试验区正式上升为国家战略后,国家再次以正式文件的形式,为开发区建设国家优化金融生态综合试验区和东北区域金融中心指明了发展方向。三是《沈阳市建设国家优化金融生态综合试验区专项方案》专项方案上报工作稳步有序推进。2011年年初以来,在市发改委和金融办的直接参与下,开发区认真学习和借鉴天津滨海新区综合配套改革试验区金融创新专报方案的成功经验,结合沈阳经济区和沈阳市的实际,对《沈阳市建设国家优化金融生态综合试验区专项方案》(以下简称《专项方案》)又再次进行了修改,2011年9月21日,开发区正式向市政府报送《专项方案》及请示。同时,为能有力促进《专项方案》顺利上报并得到批复,开发区不断加强与国家发改委和省市发改委的沟通力度,及时汇报当前各项工作的推进情况,积极争取以上部门对开发区建设东北区域金融中心和开展国家优化金融生态综合试验给予高度关注和大力支持。四是加速推进开发区体制机制创新工作。为能建立与东北区域金融中心和国家优化金融生态综合试验区建设相适应的管理体制和运行机制,在2010年市委政研室、市政府研究室、市金融办对开发区管理体制和运行机制进行了专题调研基础上,2011年7月,开发区拉开了体制机制改革序幕,在原有办公室、财政局、金融局和总部局的基础上,新增设了规划建设局、服务业局、城市管理局、执法分局等机构,使开发区机制体制建设不断完善,规划建设管理能力进一步增强。

(曹兴国)

沈阳棋盘山国际风景旅游开发区

【经济发展】 2011年,棋盘山开发区在坚持生态保护和修复的同时,全力构建旅游休闲、文化创意、健康科技、绿色宜居四大产业竞相发展新格局,各项指标全面刷新。在生态建设上,初步实现了由被动保护向主动修复的转变;在土地利用上,初步实现了由粗放管理向集约利用的转变;在产业发展上,初步实现了由传统低端向新兴高端的转变;在活动举办上,初步实现了由单一化向多元化的转变;在民生改善上,初步实现了由物质投入为主向物质投入与满足精神需求并重转变。

2011年,全区实现地区生产总值46.8亿元,同比增长20%;全社会固定资产投资44.7亿元,同比增长38.8%;地方财政一般预算收入7亿元,同比增长35.2%;税收收入6.3亿元,同比增长34%;服务业增加值38.1亿元,同比增长23.3%;利用外商直接投资5041万美元,同比增长23.3%;实际到位内资34亿元,同比增长67.5%;农民人均纯收入12902元,同比增长14.1%。

(*刘海凌*)

【环境建设】 开发区坚持推进生态保护与修复工作。先后建设人工湿地两处,整治河流4条,搬迁污染企业40家,新建和改造道路12条,铺设各类管线40公里,并启动完成洄水热源厂和污水处理厂建设,全面完成沈通公路、嵌字护坡、向日葵景观种植等绿化工程,使绿化面积增加191万平方米。尤其在项目建设上,始终坚持三分做建筑三分做配套四分做绿化,地下管网投入占全部城建投入的比重由13.6%提高到30.3%,区域绿化比重始终控制在40%以上,使项目建设的过程真正成为了生态修复的过程。在用地极为紧张的情况下,坚持内部挖潜,高效集约利用土地。在宏观格局上严格划分保护与修复开发区域,在功能分区上大力推进项目集群发展。同时,累计拆迁14处,新增建设空间14.5平方公里。此外,努力将规划落实到土地和项目上,先后完成了全域规划、洄水科技城规划、高坎生态经济区规划以及旅游、因特拉肯小镇、秀湖木栈道等一批专项规划。全年累计投入5.9亿元,新建回迁楼5.8万平方米,启动望滨小学、满堂小学等校舍的改造和建设,三所社区卫生服务中心全面峻工。

(*翟兴忠*)

【项目建设】 开发区全力构建旅游休闲、文化创意、健康科技、绿色宜居四大产业竞相发展新格局。2011年,全区共有45个重点建设项目,其中:续建项目13个,新建项目32个。9个全市重点项目通过严格落实责任制,加大督查力度,顺利完成计划投资。新引进和重点推进的39个项目,包括卡通城、温泉谷、实景演出、国宾馆、万国酒堡、赛特奥特莱斯、创意谷、艺术品交易中心、现代物流商业中心等项目,全部是高端、低碳、成长型的重大项目,总投资达579亿元。亿元以上项目比重显著提升,总额在10－20亿元的有6个,20－100亿元的有9个,百亿元以上的有3个。

在洄水科技新城,创新孵化公共服务平台搭建完成,签约入驻企业已达65家,总投资达277亿元。万邦总部基地、兴齐眼药、沈大内窥镜、泉辉老年康复、惠民体外试剂、北科干细胞、丰驰物流等十大重点项目集体开工建设,加之合众健康养老、孚曼医疗外包、广元生物医学及高坎生态经济区等重大项目的相继落实,棋盘山产业发展翻开了崭新一页。

(*刘海凌*)

【品牌建设】 开发区面对文化旅游发展的新要求,积极策划举办重大文化旅游活动。郁金香等花卉展,累计吸引游客150万人次,仅"五一"3天花会就吸引游客66万人次,火爆场面创世园会开幕以来新高。在2009年成功举办摇滚音乐节的基础上,与中央人民广播电台等单位共同举办的"我要上学"大型演出再次获得巨大成功。冰雪节、关东庙会、迎春灯会的品牌优势日益显现,冰雪大世界遥遥领先省内其他雪场。此外,多媒体与互联网峰会、生物医药专利技术对接会等活动的成功举办,进一步提高了棋盘山的知名度和美誉度。

(*崔 萌*)

【棋盘山获批省级旅游聚集区】 沈阳棋盘山景区于2010年2月被确定为辽宁省重点开发建设的旅游聚集区。开发区将发展旅游产业作为发展的首要任务,做强做大旅游产业。开发区旅游聚集区的建立提高了区内旅游业的整体质量和价值,从而进一步实现旅游产业的转型升级,取得跨越式发展。

(*崔 萌*)

【第七届世界多媒体与互联网峰会】
2011年9月21－23日,在沈阳国际皇冠假日酒店举办了第七届世界多媒体与互联网峰会,本次峰会由国际多媒体协会联盟主办,棋盘山开发区与辽宁出版集团公司、沈阳国际商会共同承办。共有来自加拿大、美国、巴西、澳大利亚、意大利、法国等17个国家和地区的100多位涉足创意、动漫游戏、互联网络、数字影视、互动媒体等产业的领军人物、政府官员、企业精英和专家参加峰会。本届峰会共组织了10场论坛发言,40多位国内外嘉宾在峰会上进行演讲,论坛的内容涵盖世界数字媒体产业发展和趋势、全球数字媒体产业纵观、数字商务、游戏与数字娱乐、游戏与社会功能、游戏与数字艺术、数字生活方式、数字体育与数字旅游休闲等方面。本届峰会的成功举办,提高了棋盘山的知名度,扩大了棋盘山的影响,并将峰会永久会址留在了棋盘山。

(*崔 萌*)

【2011中国(沈阳)生物产业发展峰会】
2011年12月16－17日,2011中国(沈阳)生物产业发展峰会在沈阳皇朝万鑫酒店隆重召开。本次峰会由科技部国家科学技术奖励工作办公室、中国生物技术发展中心作为支持单位,辽宁省科技厅、辽宁省卫生厅、沈阳市科技局、棋盘山开发区管委会共同主办,沈阳洄水科技新城管委会、中国医大附属盛京医院、上海新生源医药集团、辽宁北科集团、沈阳何氏集团共同承办,设有主论坛和3个分论坛。本次峰会会议规格高、嘉宾层次高、论坛水平高,在各支持单位、主办单位、承办单位的共同努力下,实现了推介重大生物高新技术成果、引导和鼓励科技成果产业化、提升洄水科技新城综合竞争力、推动区域科技与经济发展的预期目标。俞梦孙、程京、陈洪铎、孔祥复等两院院士以及来自深圳迈瑞、上海微创、江西特康等国内著名生物科技企业的代表分别作了主题报告。本

次峰会是继“2010中国(沈阳)医疗器械产业发展高峰论坛”之后,棋盘山开发区在生物科技领域成功举办的又一次全国性盛会。对浑水科技新城入区企业加快科技成果转化、促进产学研合作、加速科技创新体系建设将起到极大的推动作用。

(崔　萌)

【浑水科技新城重点项目开工仪式】 2011年6月22日,由棋盘山开发区管委会主办,万邦(中国)控股、深圳北科等企业承办的浑水科技新城重点项目开工仪式在浑水河畔隆重举行。省委书记、省人大常委会主任王珉,省委常委、沈阳市委书记曾维,副省长滕卫平,市人大常委会主任赵长义,省科技厅厅长吴忠琼,省卫生厅厅长姜潮,市政协副主席张秀华以及省市有关部门领导出席开工仪式。开工仪式上,滕卫平副省长为省科技厅授予浑水科技新城的“辽宁(浑水)医疗器械科技产业基地”揭牌。省委常委、沈阳市委书记曾维在开工仪式上做了重要讲话。本次重点项目开工仪式的项目共有10个,总投资达到102亿元,充分展示了浑水科技新城开发建设所取得的丰硕成果。

(崔　萌)

【社会事业】 投资386万元,完成高坎小学弱电工程、满堂小学校舍加固工程、英达小学塑胶操场附属工程的建设;投资2000万元,启动望滨小学建设工程。同时,积极开展校园安全大检查、消防大演练、安全大讲座等活动,大力整治安全隐患,确保了开发区校园环境的安全、和谐。新型农村合作医疗扎实推进,参合人数3.3万人,居全市第一,并且对1132名低保户、五保户和优抚对象全部免费参合。完成了3所社区卫生服务中心建设。筹建综合性区级文化馆和3个文化站、改造10个社区文化室,积极响应沈阳市艺术惠民“双百万”工程,完成612场社区电影放映工作。荣获辽宁省体育局颁发的2010－2011年度“辽宁省群众体育先进单位”。大力实施安居工程,全年累计投入5.9亿元,新建回迁楼5.8万平方米。不断促进就业再就业,举办招聘会9场,提供就业岗位1000余个,帮助700名进城务工人员达成就业协议。做好被征地农民社会保障工作,为9800名失地农民办理了养老保险。成功处理维权案件125起,解决农民工工资2700余万元,有效避免了社会群体性事件的发生。

(刘海凌)

【浑水科技新城】 2011年,浑水科技新城完成固定资产投资21.6亿元,为全年必保目标的120%;完成国内生产总值2.33亿元,为全年必保指标的117%;完成科技产业产值7亿元,为全年必保指标的108%;完成一般预算收入4035.05万元,为全年必保指标的101%。新签约落地3000万元以上项目21个,完成全年目标的140%;新开发策划3000万元以上项目10个,完成全年目标的100%。

开发建设全面提速。一是续建项目基本竣工,累计竣工面积达到26万平方米。科技创业服务中心、科技企业孵化中心、辽宁何氏医学院二期等项目已竣工并投入使用;生物医学工程研发中心、医疗器械检测中心、生命科学研发中心、标准化厂房一期等项目完成土建工程,正在抓紧内部装修,4月底将竣工投入使用。二是企业重点投资项目开工建设。新天地热源中心已投入使用;万邦东北亚国际健康企业总部基地、沈大内窥镜研发生产基地、泉辉国际老年康复中心、兴齐眼药产业化基地、北科干细胞与再生医学工程产业化基地等5个项目已完成规划并实施基础工程;丰驰物流医疗科技物流园已完成购地并启动项目规划;美国创新中心、惠民体外诊断试剂产业基地2个项目已经完成装修设计方案,准备装修施工。三是加大基础设施建设力度。浑水街扩建等5条道路、浑水河治理及湖心岛景观绿化、浑水街热力管网等项目已全部竣工。四是进一步完善相关规划。调整完善了32平方公里总体规划和7.3平方公里起步区控详规划。起步区控详规划被评为辽宁省规划设计项目一等奖,并原则通过浑南规委会审批。

招商引资。截至2011年末,浑水科技新城签约落地项目达65个。合众人寿CCRC国际健康养老社区、莱尔CTC国际产业园、五核医疗外包基地、广元生物医学工程产业园等一批重大项目成功签约,将在2012年全面启动建设。此外,浑水产业大厦(标厂一期)已有美加生物集团等13家企业入驻,5.6万平方米标准厂房已全部预订完毕;科技企业孵化中心已有麦迪泰克科技有限公司、阿普顿生物技术有限公司等16家企业入驻。

主导产业快速发展。产业集群建设初见成效。在眼产业建设方面,辽宁何氏医学院跻身国家二本大学,中国眼产业基地已全面竣工投入使用,浑水科技新城第一条生产线—何氏滴眼剂生产车间已正式投产。在诊断试剂产业方面,军事医学科学院联合新城管委会中标国家863重大项目;美国创新中心诊断试剂出口基地正在抓紧规划设计,争取2012年通过美国FDA的生产出口许可;惠民体外诊断试剂产业基地已完成厂房装修设计。积极组织申报省市科技厅(局)、发改委、经信委、中小企业厅(局)等项目70项,再创历史最好水平。

体制创新不断深化。一是推行体制机制创新改革。聘请了国际知名的罗兰贝格管理咨询公司开展体制机制创新调研,推行了干部能进能出、岗位能上能下、收入能多能少的创新机制,在绩效考核末位处罚、车辆管理等方面进行了改革,取得良好效果。8月下旬,市委、市政府批准成立浑水科技新城管委会,为浑水科技新城承担国家战略、建设沈抚同城先导区奠定了重要基础。二是逐步完善管理体制。确定了新城管委会财政管理体制,夯实了浑水投资发展公司资产,使公司实收资本结构进一步优化,为建设政府融资平台创造条件。三是加强队伍建设。积极开展专项学习培训活动,着力建设学习型组织,建立了年轻化、高素质的干部员工队伍,为新城未来发展奠定了重要基础。

(王　丹)

人 物

新任副市级领导

【聂洪升】 1974年8月至1976年7月沈阳市苏家屯区佟沟公社知青;1976年7月至1976年12月沈阳市苏家屯区驻白清公社七一大队工作组工作人员;1976年12月至1977年1月沈阳市苏家屯区商业局政工组工作人员;1977年1月至1978年1月沈阳市苏家屯区驻佟沟公社工作队队员;1978年1月至1979年4月沈阳市苏家屯区商业局政工组工作人员;1979年4月至1980年4月共青团沈阳市苏家屯区委干事;1980年4月至1984年6月沈阳市苏家屯区委组织部干事(其间:1980年4月至1984年5月辽宁大学中文系中文专业函授大专学习);1984年6月至1984年11月沈阳市苏家屯区委组织员;1984年11月至1993年6月沈阳市苏家屯区委组织部副部长;1993年6月至1993年9月沈阳市苏家屯区委组织部部长;1993年9月至1995年3月沈阳市苏家屯区委常委、组织部部长;1992年9月至1994年12月辽宁省委党校党政管理专业在职大学学习;1995年3月至1999年1月沈阳市苏家屯区委副书记;1999年1月至2001年12月沈阳市苏家屯区委副书记、区政府区长;2001年12月至2003年9月沈阳市苏家屯区委书记;2003年9月至2004年10月沈阳市政府副秘书长(正局级);2004年10月至2008年3月沈阳市委组织部副部长(正局级);2008年3月至2010年12月沈阳市委组织部常务副部长(正局级);2010年12月至2011年1月沈阳市委统战部部长;2011年1月至2011年3月沈阳市政协副主席,沈阳市委统战部部长;2011年3月至今任沈阳市政协副主席、党组成员,沈阳市委统战部部长。

【佟晶石】 1975年7月至1979年8月辽中县四方台乡知青;1979年8月至1983年8月东北财经大学学生;1983年8月至1983年12月辽宁省委党校学员;1983年12月至1984年10月沈阳市苏家屯区计委工作人员;1984年10月至1988年3月沈阳市苏家屯区建设局副局长;1988年3月至1990年3月沈阳市苏家屯区规划土地局副局长;1990年3月至1991年7月沈阳市计经委矿管办副主任(副处);1991年7月至1992年5月沈阳市计经委矿管办主任(正处);1992年5月至1995年5月沈阳市计经委社会事业处处长;1995年5月至1996年12月沈阳市计委社会事业处处长;1993年7月至1996年7月在东北财经大学经济专业在职研究生学习;1996年12月至1998年4月沈阳市绿色工程领导小组办公室副主任;1998年4月至2000年10月沈阳市计委专职委员、党组成员;2000年10月至2002年1月沈阳市计委副主任;2002年1月至2002年3月市发展计划委员会副主任;2002年3月至2003年2月中共沈阳市委组织部副部长;2003年2月至2003年4月沈阳市政府副秘书长(正局级);1999年3月至2003年3月在东北大学科技哲学专业在职研究生学习;2003年4月至2003年5月沈阳市地铁建设指挥部总指挥、沈阳市政府副秘书长;2003年5月至2006年2月沈阳市地铁建设指挥部总指挥、党组书记、市政府副秘书长;2006年2月至2010年10月沈阳市地铁指挥部总指挥、党组书记,沈阳市政府副秘书长,沈阳地铁有限公司董事长、总经理(兼职);2010年10月至2010年12月沈阳市政府副秘书长,市建委主任、党委副书记,市地铁建设指挥部总指挥、党组书记;2010年12月至2011年12月沈阳市政府党组成员,市建委主任、党委副书记,市地铁建设指挥部总指挥、党组书记;2011年12月至2012年2月沈阳市副市级干部,市政府党组成员,市建委主任、党委副书记,市地铁建设指挥部总指挥、党组书记;2012年2月至今沈阳市副市级干部,市政府党组成员,市建委主任、党委书记,市地铁建设指挥部总指挥、党组书记。

【张晨】 1970年9月至1974年12月沈阳市东陵区高坎公社知青;1974年12月至1979年2月沈阳市轻工机械三厂团总支负责人;1979年2月至1982年7月辽宁广播电视大学机械专业学生;1982年7月至1986年9月沈阳市轻工机械三厂企管办主任;1986年9月至1988年12月沈阳市经协办工作人员;1988年12月至1992年11月沈阳市经协办三处副处长;1992年11月至1998年6月沈阳市经协办三处处长(其间:1995年3月至1997年7月辽宁省委党校经济管理专业在职研究生学习);1998年6月至2001年9月西藏自治区安多县委书记;2001年9月至2001年12月沈阳市经协办副主任;2001年12月至2002年8月沈阳市沈河区政府副区长;2002年8月至2003年2月沈阳市沈河区委副书记、政府副区长;2003年2月至2004年2月沈阳市沈河区委副书记、代区长、金融开发区主任、党组书记;2004年2月至2006年7月沈阳市沈河区委副书记、政府区长,沈阳金融开发区主任、党组书记;2006年7月至2010年12月沈阳市沈河区委书记;2010年12月至2011年11月沈阳市委组织部副部长(正局级);2011年11月至今沈阳市副市级调研员。

【王晓明】 1970年9月至1973年4月沈阳市第一粮库工作人员;1973年4月至1977年5月沈阳市第一粮库团委副书记兼机关党支部副书记;1977年5月至1978年5月沈阳市康平县柳树屯公社大冷大队青年点带队干部;1978年5月至1978年11月沈阳市第一粮库面条车间党支部副书记;1978年11月至1980年3月沈阳市饲料公司纪检兼教育干事;1980年3月至1981年9月沈阳市粮食局团委副书记;1981年9月至1985年3月共青团沈阳市委副书记、市青联副主席;1980年5月至1984年5月辽宁大学中文系在职学习;1985年3月至1989年6月沈阳市妇女联合会副主席、党组副书记;(其间:1985年8月至1988年7月沈阳师范学院政教系政治专业在职学习);1989年6月至1993年4月沈阳市侨务办公室副主任;1993年4月至1998年12月沈阳市侨务办公室主任(其间:1995年10月至1998年10月东北大学文法学院科技哲学专业在职学习);1998年12月至2005年12月沈阳市委统战部副部长(正局级);2005年12月至2008年3月沈阳市委统战部副部长、沈阳市归国华侨联合会党组书记(兼);2008年3月至2009年9月沈阳市委统战部常务副部长、沈阳市归国华侨联合会党组书记(兼);2009年9月至2011年11月沈阳市委统战部常务副部长(正局级);2011年11月至今沈阳市副市级调研员。

【黄学有】 1968年9月至1969年9月辽宁省铁岭县菜牛公社西二大队知青、生产队及大队干部;1969年9月至1970年8月辽宁省铁岭县菜牛公社团委负责人;1970年8月至1970年12月辽宁省铁岭县革委会组织组工作人员;1970年12月至1975年3月解放军1377部队政治处报道组报道员;1975年3月至1976年1月沈阳陶瓷厂宣教科新闻干事;1976年1月至1976年6月沈阳日报工业部帮助工作;1976年6月至1985年11月沈阳市委组织部干审处工作人员;1985年11月至1989年1月沈阳市委组织部干审处副处长;1989年1月至1992年9月沈阳市委组织部干审处处长;1992年9月至1993年12月沈阳市人大常委会人事代表选举工委副主任;1993年12月至1996年8月沈阳市人大常委会人事代表选举工委副主任(主持工作);1996年8月至1998年1月沈阳市人大常委会人事代表选举工委主任;1993年6月至1996年9月中央党校涉外经济专业在职大学学习;998年1月至2001年11月沈阳市人大常委、人事代表选举工委主任;2001年11月至2002年3月沈阳市人大常委、市政府法制办主任;2002年3月至2003年1月沈阳市委副秘书长(正局级)、沈阳市人大常委;2003年1月至2007年2月沈阳人民广播电台台长、党组书记;2007年2月至2008年4月沈阳日报报业集团总裁、党委书记;2008年4月至2011年3月沈阳日报报业集团总裁、党委书记、总编辑,沈阳日报社社长;2011年3月至2011年11月沈阳市副市级巡视员,沈阳日报报业集团总裁、党委书记、总编辑,沈阳日报社社长(2011年11月退休)。

【彭林】 1968年9月至1975年4月辽宁省昌图县三江口公社知青;1975年4月至1977年2月沈阳市沈河区工业局计划员;1977年2月至1979年11月沈阳市沈河区计委工作人员;1979年11月至1980年3月沈阳市沈河区工业局工作人员;1980年3月至1982年3月东北工学院自控系工企自动化专业学生;1982年3月至1987年1月沈阳市沈河区工业局副科长(其间:1984年8月至6年7月在沈阳广播电视大学工业企业管理专业在职大专学习);1987年1月至1988年2月沈阳市沈河区体改办工作人员;1988年2月至1991年4月沈阳市体改委主任科员;1991年4月至1993年11月沈阳市体改委流通处副处长;1993年11月至1995年7月沈阳市体改委企业处处长;1995年7月至2002年2月沈阳市体改委副主任;2002年2月至2002年12月沈阳市政府金融办副主任;2002年12月至2006年10月沈阳市政府研究室主任、党组书记;2006年10月至2006年12月沈阳市发展和改革委员会主任、党组书记、市物价局局长;2006年12月至2011年3月沈阳市发展和改革委员会主任、党组书记;2011年3月至2011年4月沈阳市副市级巡视员,市发展和改革委员会主任、党组书记(2011年4月退休)。

【修俊岩】 1968年9月至1970年4月辽宁省盘锦地区曙光农场知青;1970年4月至1974年12月石油部物探局普查大队操作员;1974年12月至1985年4月沈阳航空学院院长办公室秘书(其间:1980年4月至1984年12月辽宁大学经济管理专业在职学习);1985年4月至1991年12月沈阳市委常委秘书室副主任;1991年12月至1993年9月沈阳市服务业管理局党委副书记;1993年9月至2000年5月沈阳市国家安全局副局长;1992年8月至1994年12月中央党校经济管理专业在职大学学习;2200年5月至2003年1月沈阳市国家安全局局长、党组书记;2003年1月至2006年2月沈阳市人大常委会委员,市人大农业与农村委员会主任委员;2006年2月至2007年7月沈阳市人大常委会委员,市人大常委会副秘书长;2007年7月至2011年4月沈阳市人大常委会委员,市人大常委会副秘书长、人事代表选举工作委员会主任;2011年4月至2011年5月沈阳市副市级巡视员(2011年5月退休)。

【铁岩】 1970年9月至1973年9月沈阳市文艺创作办公室干事;1973年9月至1976年10月辽宁大学中文系中国语言文学专业学生;1976年10月至1984年2月《芒种》编辑部编辑;1984年2月至1988年1月《芒种》编辑部副主编;1988年1月至1990年11月沈阳市文联创作评论部主任;1990年11月至1992年3月沈阳市文联副主席(不驻会)、秘书长;1992年3月至1993年9月沈阳市于洪区委副书记(下派锻炼);1993年9月至1994年4月沈阳市文联常务副主席、党组副书记;1994年4月至1994年12月沈阳市文联常务副主席、党组书记;1994年12月至1998年9月沈阳市文联主席、党组书记;1998年9月至1999年4月沈阳市文联主席、党组副书记;1999年4月至2001年11月沈阳市委宣传部副部长(正局级);2001年11月至2003年7月沈阳市广播电视局局长、党组书记;2003年7月至2006年2月沈阳市政协副秘书长(正局级);2006年2月至2011年5月沈阳市政协秘书长、党组成员;2011年5月至今沈阳市副市级巡视员、市政协党组成员。

【徐宝华】 1968年9月至1971年9月辽宁省法库县依牛卜公社知青;1971年9月至1973年3月国营111厂12车间团支部副书记;1973年3月至1976年8月共青团沈阳市委青工部工作人员;1976年8月至1982年1月共青团沈阳市委军体部副部长;1982年1月至1984年6月共青团沈阳市委常委、青农部部长;1984年6月至1986年3月沈阳市委农村工作部干部处副处长;1986年3月至1988年2月沈阳市委农村工作部调研员;1983年10月至1986年7月中央广播电视大学党政干部基础科学专业在职大专学习;1988年2月至1988年9月沈阳市委组织部办公室副主任(正处级);1988年9月至1990年3月沈阳市委组织部办公室主任;1990年3月至

1995年8月沈阳市粮食食品局副局长；1989年8月至1992年6月中央党校函授学院经济管理专业在职大学学习；1995年8月至1998年8月沈阳市农垦总公司总经理、党委副书记；1998年8月至2004年7月沈阳市乡企局局长、党组书记(其间:2000年9月－2001年10月沈阳工业大学管理科学与工程专业在职研究生学习)；2004年7月至2006年11月沈阳市中小企业局局长、党组书记；2006年11月至2006年12月新民市委副书记、副市长、代市长；2006年12月至2007年1月新民市委书记、副市长、代市长；2007年1月至2007年3月新民市委书记、政府市长；2007年3月至2010年12月新民市委书记；2010年12月至2011年11月沈阳市委组织部副部长(正局级)；2011年11月至今沈阳市副市级巡视员。

【鞠保平】 1972年1月至1974年4月沈阳第四橡胶厂工人；1974年4月至1975年5月沈阳第四橡胶厂工会干事；1975年5月至1978年10月沈阳第四橡胶厂团委书记；1978年10月至1980年5月沈阳第四橡胶厂三车间党支部副书记；1980年5月至1982年4月沈阳第四橡胶厂综合厂党总支副书记；1982年4月至1983年4月沈阳市委二工部借调工作；1983年4月至1987年2月沈阳市委经打办工作人员；1982年9月至1985年9月沈阳广播电视大学中文专业在职大专学习；1987年2月至1987年12月沈阳市委经打办副主任干事；1987年12月至1989年2月沈阳市监察局副主任科员；1989年2月至1990年5月沈阳市监察局监察一处副处长；1990年5月至1993年7月沈阳市监察局监察二处副处长；1993年7月至1994年8月沈阳市纪律检查委员会执法监察室副主任(副处级)；1994年8月至1998年9月沈阳市纪律检查委员会执法监察室主任(正处级)；1998年9月至2000年5月沈阳市纪律检查委员会执法监察室主任(副局级)；2000年5月至2001年8月沈阳市纪律检查委员会常委；2001年8月至2003年7月沈阳市纪律检查委员会常委、市监察局副局长；2003年7月至2008年2月沈阳市纪律检查委员会副书记；2008年2月至2011年5月沈阳市纪律检查委员会常务副书记；2011年5月至2011年11月沈阳市政协党组成员、办公厅主任(兼)，提名为市政协秘书长人选；2011年11月至今沈阳市副市级巡视员。

(组织部)

感动沈阳人物

【于川】 男，1988年1月生，东陵区(浑南新区)人力资源和社会保障局雇员。作为80后的大学生，家中的独生子，他却承受了同龄人无法想象的困苦与窘迫:15岁时，父亲突然病逝，母子相依为命勉强维持生计。17岁时，母亲又重病不起，生活不能自理。为了还债，他抵出了家中惟一的房子；为了养家，他最多一天做四份工作；为了升学，他寒窗苦读最紧张时每天睡眠不足三小时；为读大学，他又万般不忍地将母亲送进了敬老院。这些事情累加在一起，在常人看来几乎是不可能的，而对他来说似乎很简单，他的骨子里充满了对母亲深深的爱。

【王洪伟】 他参加工作近30年，始终把对党的忠诚和对工商事业的挚爱化作默言无语的行动，全身心地投入到工作之中，勤奋忘我，恪尽职守。面对工作，他不知疲倦；面对困难，他不言退缩；面对诱惑，他不为所动；面对荣誉，他不争不抢；面对危险，他不顾一切；甚至面对癌症与死亡，他也不自甘放弃，仍能笑面人生，始终如一地把自己的一切奉献给党、奉献给工商事业，奉献给他所热爱的生活与人们。在王洪伟身上充分体现出共产党员的坚强意志与优秀品格，体现出一个人的高尚情操与传统美德。

【田志永】 男，1966年3月生，特变电工沈阳变压器集团有限公司总装组长。在25年的工作中，他勤奋学习、刻苦钻研，创造性地总结和掌握了上百个变压器装配疑难问题的解决方案，经他组织装配的54种世界级重大产品，24种获世界第一。他通过对装配程序和工艺的优化，独创了充满智慧的“田氏优装法”，实现了后道工序提前做，相同工序一起做，所有工序简化做。使每台变压器平均节省6个工时，装配效率提高了近四倍。迄今为止，他凭借“田氏优装法”，装配了3600多台变压器，实现创新成果200多项，为企业创造经济效益5000多万元。

【辽中风华歌舞团】 有一种精神叫奉献，有一种美德叫善良。17年前的夏天，辽中镇居民张君兰把亲属家的年轻人聚到一起，成立了自娱自乐的“小文艺团体”，开始义务为居民演出。这就是辽中风华歌舞团的前身。17年来，张君兰带领演员们用爱心和真情，将文明播洒到普通百姓之中。她们利用闲暇时间，为敬老院的老人、孤儿院的孩子、工地干活的农民工义务演出200余场，平均每月一场。还为困难群众捐款、捐物，17年共捐款50余万元。她们用甜美的歌声点燃生命，用优美的舞姿传递真情，用挚诚的心灵营造和谐，用纯洁的大爱铸就文明。

【刘洪江】 男，1978年5月生，于洪区迎宾路街道西湖社区居民。他是一名普通的农民，在邻里间有着非常好的人缘。2011年8月3日晚，刘洪江和家人正围坐在餐桌前吃饭。忽然，门外传来邻居急促的敲门声:“救人哪……”刘洪江来不及问清原由，冲进邻居家拉起躺在地上的小伙子就往外跑。“嘭”的一声，煤气爆炸将刘洪江冲倒，身体85%的皮肤重度烧伤。在医院重症监护室，他醒来见到妻子说的第一句话就是:“他们家人怎么样了?”此话让在场的人们无不动容。如今，实施了第一次手术的刘洪江还躺在医院的病床上，等待他的是漫长的康复之路。刘洪江见义勇为的事迹广受群众赞誉。

【吴广琴】 女，1934年8月生，沈阳市货运二公司汽车二队退休职工。近三十年来，为践行承诺，吴广琴义务上门为他人理发上万次，足迹遍及沈城的大街小巷。人们纷纷把感谢信、锦旗送到街道办事处、社区，表达对老人的感激之情。为了给一位瘫痪在床的老人理发，她踏雪步行三个多小时，按时来到老人家里，为老人理发；得知一位老人去世后家人花高价找不到为逝者理发的人，她放弃赚钱的机会，义务上门为其服务。她对服务对象言出必行，有诺必践的诚实守信的精神，感动着许多人。

【张万华】 女，1963年2月生，康平县二牛所口镇岔海村村民。1984年嫁到岔海村。1986年丈夫突患脑血栓丧失了劳动能力。弟弟溺水身亡，弟媳扔下未满月的女儿改嫁走了，她把双目失明的母亲和外甥女接到家中。公公、婆婆年事已高，精神痴呆的叔公本可以去敬老院，可他就愿意呆在哥哥家。二十几年来,张万华用坚强撑起了一个由老幼病残组成的八口之家。除了照顾家人,还要饲弄几十亩地,养猪喂鹅贴补家用。在民政部、全国妇联等部门举办的全国敬老爱老模范人物评选中,张万华被评为“全国孝亲敬老之星”。

【杨艳艳】 女,1992年1月生,沈阳化工大学学生。2011年11月5日13点30分左右,141路公交车行驶到正良站时,一男子挥刀将女司机刺伤。车上乘客们纷纷下车离去。杨艳艳凭借自身经验,帮助伤者止血。担心受伤司机等不及“120”救护车了,她连扶带拖地将受伤女司机带下车,拦了辆出租车直接将其送往医院,并帮助拍CT、做彩超等项检查。随后,她又马不停蹄地赶到附近派出所,协助警察做了笔录……直到伤者家属赶到医院后,杨艳艳才默默地返回了学校。多家媒体对杨艳艳的救人义举进行了报道,杨艳艳的事迹引来社会各界的赞誉。

【屈长友】 男,1939年生,康平县沙金台乡敖力村村民。他是一位年逾古稀的老人,也是当地村民眼里的“平民英雄”。1984年,他不顾家人反对,卖掉了50多只(头)牲畜,承包了500亩沙漠,开始防沙造林。28年来,他携妻带子,战沙斗狼,在白沙漫漫的荒丘上种植沙棘、榆树、杨树和松树等苗木8万多棵,将沙漠变成了绿洲,为附近村落筑起了一道绿色屏障。如今,林中直径达45厘米的树木有5000多棵。曾有商家想出100万元买他的林子,竟被他拒绝了。乡亲们称他为一代“绿化愚公”。2011年,他被评为"辽宁省优秀共产党员"。

【铁西供电分公司郭家营业所爱心团队】 铁西区肇工街中海社区有一座“盲人大院”,一段感人至深的故事从1962年一直延续至今。50年前,郭家营业所一位叫刘继增的电业收费工走进大院,一句“有事只要招呼一声,保证随叫随到”的承诺,奏响了供电员工半个世纪助残服务的感人乐章。除了上门售电、修理电器,冬天扫雪、雨天修路,甚至家中的米吃完了、液化气用光了,一声招呼员工们马上就到。50年来,郭家营业所员工用质朴的爱、真诚的心,给大院里原本看不到光明的百姓点亮了一盏盏明亮的心灯。工作人员换了一茬又一茬,而这种爱的传承始终没有中断。

(宣传部)

领导人名单

中共沈阳市委及各部、委、办、局现任领导人名单

市　委

书　记:曾　维(省委常委)
副书记:陈海波(市政府市长)
副书记:邢　凯
常　委:顾春明(常务副市长)
姜　宏(市委组织部部长)
李继安(铁西区委书记)
常　明(市委政法委书记)
马占春(市委秘书长)
鞠秀礼(市总工会主席)
徐兴华(市纪委书记)
杨亚洲(市政府副市长)
徐学东(沈阳警备区政委)
王凤波(市委宣传部部长)
副市级调研员:张　晨　王晓明　徐宝华　鞠保平
秘书长:马占春
副秘书长:陈国强(兼)　李建国　许艺伟　王　镇(兼)　赵　颖

市委办公厅

主　任:王　镇
副主任:曲向军　马志军　刘　波　赵煜昊
督查室主任:李文立
副巡视员:卢丽娟　刘惠敏　于振伟　程谟刚

市纪委

书　记:徐兴华
常务副书记:史文昌
副书记:李林畔　孟凡伟
常　委:王　凯　李黎明　李顺瑜　张　淼　么汝兴　赵　岩　刘正凡
监察局局长:李林畔(兼)
监察局副局长:王　凯(兼)　于克力　王　静(兼)
副局级室主任:张庆文　杨丽莉　崔嘉林　张中人　孔宪才　关卫民　翟　威　何增春　骆　峰　厉　馨　毕成伟　胡　光　程　洁　闫　东　刘凤岐　杨　军　张树华(正局级待遇)
副局级纪检监察专员:王长国　于　凯

市机要局局长:贾　群
副巡视员:孟庆光
市保密局副局长:马万云
副巡视员:汤秋节

市委组织部

部　长:姜　宏
常务副部长:安俊辉
副部长:肖　坤　赵　阳(兼)　吴奇汉　冯连旗(兼)　凌正康(兼)
市人才办主任:都向辉
干部监督工作督察员:韩　涵
市电教中心主任:王信权

市委宣传部

部　长:王凤波
常务副部长:何淑华
副部长:梁利人　唐　明(兼)　马　丽(兼)
市委讲师团团长:张龙海(兼)
市精神文明办
主　任:王久成(副局级)
市外宣办主任:刘壮野(副局级)
市国防动员委员会(国防教育办)
主　任:廉　辉(副局级)
市互联网信息办公室
主　任:赵　晖(副局级)
市思想政治工作研究会
会　长:马　丽(兼)
巡视员:刘　辉
副巡视员:佟永学　郭志新　陈　真

市委统战部

部　长:聂洪升
常务副部长:付　刚
副部长:李书鲤　韩燕子　任桂芳(兼)　张文滨(兼)
副巡视员:杨维德　朱　铨

市委政法委

书　记:常　明
常务副书记:洪运力(兼)
副书记:许文有(兼)　徐茂盛(兼)

董开德 吴 冬
市综治办副主任:刘大刚
市防范和处理邪教问题办公室
副主任:李俊杰
市法学会第一副会长:徐茂盛(兼)
党组书记、常务副会长:王晓宇
巡视员:王 强
副巡视员:孙超武 卢静臣
王尖锋 王粤宁
市委政研室
主 任:朱文蔚
副主任:于久元 李 澍 袁国华
副巡视员:许世杰 赵凤德
刘恩贵
市台办
主 任:张文滨
副主任:蒋 新 朱 军
市直机关工委
书 记:齐 进
纪工委书记:姜书坤(兼)
副书记:杨志宏 张良荣
战 捷
中省直机关工委
书 记:张振洲
副书记、纪工委书记:李本石
副书记:孙久红
副巡视员:童汝军
市委群工部
部 长:陈国强
常务副部长:姜 萍
副部长:石 敏 张雅书
刘 军 王海波
副巡视员:王世海
市委老干部局
局 长:凌正康
副局长:矫 琚 李 炜
巡视员:那建华
副巡视员:张 续
市编委办
主 任:冯连旗
常务副主任:雷雨润
副主任:张金兰 徐克枝
副巡视员:冯秀峰 高鹏翔
市委党校
校 长:邢 凯(兼)
常务副校长:韩玉奇
副校长:吴 歌 刘成果
王传民 陈 静
校务委员:孙德平 王凤敏
副巡视员:彭丽萍 赵振江
张光宏
市委党研室
主 任:赵 阳(兼)
副主任:鲁 颖
副巡视员:孙绳禄
沈阳日报报业集团
总 裁:姜 军
副总裁:陈 波
副总裁、副总编辑:葛 君
兰宝刚
吴秀娥
罗宪杰
党委副书记、纪委书记:潘艳君

市人大常委会现任领导人名单

市人大
主 任:赵长义
副主任:李宝权 初立生 徐 璐
连加诚 温贵纯 宋铁瑜
秘书长:张 宁
驻会委员:杨学锋 孙德英
张桂林 卢静艳
罗大明 张继良
栾 英 刘长林
张 利 王树雨
郭君达 冯振和
宛 英 马广文
陈苏玉 李 蒲
韩绍龙 铁慧茹
李志伟 何晓光
虞 思
副秘书长:何晓光 李志伟(兼)
孟昭贵
办公厅主任:李志伟
副主任:董文志 侯吉庆 袁立斌
信访办主任:金 平
法工委主任:孙德英(兼)
副主任:王锦时 李 萍
人事工委主任:王柏岩
副主任:梁志新
研究室主任:王建国
副主任:孙淑华
开发区工作委员会主任:陈维忠
内务司法委副主任:李英民
农业与农村委副主任:张 鑫
预算工作委员会副主任:陈玉海
副巡视员:张顺利 周慧敏
张文元 顾丽雅
姜 欣

市政府及各委、办、局现任领导人名单

市政府
市 长:陈海波
常务副市长:顾春明
副市长:杨亚洲(兼) 王 玲
王翔坤 吴汉圣 祁 鸣
黄 凯 许文有(兼)
副市级干部:沙波涛 李松林(兼)
张东阳(兼)
张景辉(兼)
佟晶石(兼)
秘书长:阎秉哲
副秘书长:董文秋(兼) 公维伦
陈 军(兼) 陈小平
刘 祥 陈荣礼
程晓龙 刘彦学
田 家 闫卫东
张广印 高 杨
李 强
市政府办公厅
党组书记:阎秉哲
主 任:肖 枫
副主任:曲向军 王炜暐
许 健 李 薇
纪检组长:孙国远
正局级待遇:韩晓光
副巡视员:祝传清 邸 峻
张 雷 冯 越
督查室主任:孙振山(副局级)
参事室主任:张德利(副局级)
参 事:王可夫 徐德洪
张中华 赵艳芳
应急办专职副主任:张 荣
市政府驻北京办事处
主任、党组书记:李 军
副主任:李国栋
副巡视员:李爱平 廖春杰
市政府驻闽南(福建)办事处
主 任:黄 立
副主任:崔敬禹
市政府驻温州(浙江、上海)办事处
主 任:苏兴峰
市政府驻深圳(广东)办事处
主 任:王羽轻
副主任:刘振宁
市发改委
主 任:王洪涛

副主任:杨洪峰　何献俊
于　沈　郭向文
赵恒波　孙大军
闫凤和　梁洪杰
胡旺阳
纪检组组长:马学山
总经济师:刘伟奇
重点项目办主任:程　育
项目稽查办主任:李　涓
沈阳经济区办主任:梁洪杰(兼)
医改领导小组办副主任:张　明
金融合作协调办副主任:张洪涛
绿色工程办主任:孙洪科
信用中心主任:李世勇
铁改总公司副总经理:李　雷
王知非
巡视员:朱若蘅
副巡视员:赵大为　杨国凯
陆　兵　刘耀国

市经信委

主　任:徐凤翔
副主任:刘玉新　张殿军
杨志安　李纪宁
刘鹤群　葛　苏
孟　然　李　屹
刘永熙　曹晓玲
栗文安　张文国
纪检组组长:武木林
老干部局局长:张翼鲜
世行项目办副主任:李越力
技改基金办主任:宋　军
机电招标公司总经理:刘一民
副总经理:曹慧卿　鞠秀智
胥　薇
正局级待遇:李　艺
副巡视员:马翔庆　白树友
马凤君　李柏山
邢绍江　程　科
郑金栋　吴庆炜

市教育局

局　长:苏文捷
副局长:张振忠(兼)　沙　钢
倪　左　李　铁
胡长胜　张晓军

市委教科工委

书　记:赵日刚
副书记:张　恩

市政府教育督导室

副主任:刘　辉　高　琛　刘志民
市招考办主任:赵仁君

副主任:郑　卫
副巡视员:何文扬　李志祥
富景荣　白春生

市科技局

局　长:宋锡坤
副局长:郝　欣　吴希平
李　刚　郭玉福
纪检组长:张引平
巡视员:孙　猛
副巡视员:李　伟　吕尊方
李朝伟

沈阳科技总院

院　长:宋锡坤(兼)
副院长:于　胜

市民委(市宗教局)

主任(局长):任桂芳
副主任:郑继俊　金　翔
副巡视员:马宏伦

市公安局

局　长:许文有
副局长:安锦荣　闫守国
刘晓竞　孙建军
巩永利　王晓刚
张振铎　孟翔飞
纪委书记:田　维
政治部主任:韩春声
后勤装备部主任:崔明秀
国保支队支队长:姜凤英
政委:贾连成
工会主席:安景诚
交警支队支队长:曹力钧
政委:刘克军
巡警支队支队长:王大海
政委:李成芳
刑警支队支队长:于　江
政委:秦　牧
特警支队支队长:宁　勇
政委:张明杰
治安支队支队长:王佩军
政委:秦　华
监管支队支队长:邓万宏
政委:姜明非
反恐支队支队长:郑　义
政委:裴学臣
禁毒支队支队长:张野驰
公交分局(地铁分局)局长:徐　洪
政委:关　强
和平分局局长:唐继栋
政委:曲保国
沈河分局局长:赵金府
政委:窦鸿良
铁西分局局长:尤泽余
政委:徐恩普
大东分局局长:王晓东
政委:祖连生
皇姑分局局长:牟国明
政委:邵　锐
东陵(浑南)分局局长:高玉斌
政委:王效伟
于洪分局局长:战　涛
政委:王立庚
苏家屯分局局长:邹　飞
政委:陈景哲
沈北分局局长:金维民
政委:程　山
北站地区分局局长:曲廷会
政委:王连成
经济技术开发区分局局长:董　斌
棋盘山开发区分局局长:蹇　威
政委:吴东林
辽河保护区分局支队长:李学民
政委:王　涛
市维稳办副主任:赵　辉　刘牧野
正局级待遇:李　凡
副巡视员:张　民　赵玉林
陈辽东　黄志勤
副局级待遇:冯连贵

市民政局

局　长:刘　健
党委书记、副局长:张　哲
副局长:李东辉　冯　凯　张　虹
陈连宽　张　利
纪委书记:王　宏
副巡视员:刘　毅　王克宏
王　慨　李　炬

市司法局

局　长:郑朝权
副局长:徐　明　张宪生
许树文　刘　晶
政治部主任:聂雪松
纪委书记:陶克辉
巡视员:李大新
副巡视员:李志新　董华光
代微佳

市财政局

局　长:陈　勇
副局长:张恒玺　王国正　吴景峰
曹　鹏　卢　俊
纪检组组长:陈　青
总会计师:吴　玲

市投融资中心主任:吴景峰
副主任:张 弘 刘锦荣
市农村综合改革办主任:孙 丽
正局级待遇:苏曼华
副巡视员:邱立权

市人力资源和社会保障局
局 长:冯连旗
副局长:王 军 杨顺昌
赵庆春 房东辉
赵继凯 冯 志
魏喜春
纪检组组长:赵红岩
就业和人才服务局局长:孟庆伟
市外专局局长:王义东
社会养老和工伤保险管理局
局 长:张剑光
党委书记:乔佐文
市社会医疗保险管理局
局 长:韩春丽
市军转办主任:崔剑平
市劳动监察局局长:岳茂新
市劳动人事争议仲裁院
院 长:金 凡
正局级待遇:刘京枫
副巡视员:王 东 王若兰
郑德全 边国江
邹文娟 常 青

市规划国土局
局 长:关志鸥
副局长:严文复 卢春风
何 军 武利华
曲长令
纪检组组长:唐述奇
总规划师:赵 辉
市土地交易中心主任:李逸群
副巡视员:郑德日 于丽新

市环保局
局 长:李 超
副局长:蒋颂杰 陈 阳
丁洪彦 王 阳
纪检组组长:王 晖
总工程师:王 莉
副巡视员:赵国良 钟 甦

市建委
主 任:佟晶石
副主任:吴世元 鲁 博
陈 勇 宫建昌
马 达 隋明悦
戴纪锋
总工程师:孙百如
纪委书记:孙公卿
工会主席:崔雪东
市村镇办主任:孙 东
市现代建筑产业办主任:居理宏
市地源热泵规划建设办
副主任:张振宁
市快速干道建设指挥部
副总指挥:张伯辽
副巡视员:马连秋

市城管局
局 长:于振明
副局长:罗光祥 曾庆元
姚 敏 刘 伟
总工程师:李荣波
党委书记、副局长:王海玉
党委副书记、纪委书记:刘 聪
工会主席:李晓东
巡视员:张露丽
副巡视员:梁银龙 林柏春
杨万成 洪 毅

市执法局
局 长:董文秋
副局长:王毅明 张长胜
徐 强 丁奇志
党委书记、纪委书记:罗建春
巡视员:杜 娟
副巡视员:赵 戈 何永连

市房产局
局 长:纪 凯
副局长:张顺成 李守东 赵正心
范 民 王 镭
总工程师:刘 戈
党委书记、副局长:赵 萍
巡视员:刘新舫
副巡视员:田 伟 李继光
黄殿忠 王立志

市交通局
局 长:于沈光
副局长:高 虹 石 坚 王晓民
党委书记、副局长:余新民
党委副书记:赵庆文
纪委书记:王玉卿
工会主席:汤 泓
城际轨道交通建设办
副主任:左志清
巡视员:刘 晶
副巡视员:刘春章 赵 捷

市农经委
主 任:于 波
副主任:史仕成 朱文波(兼)
张俊华 王 谦
李 晔 邸瑞峰
张丽君
纪检组组长:夏洪祥
市新农村建设办副主任:李春禄
巡视员:陈永祥
副巡视员:全奎国 刘忠义
张庆玲

市水利局
局 长:于 灏
副局长:白恩波 石 军
市防汛抗旱指挥办主任:杨绍华
巡视员:聂良斌
副巡视员:王铁生

市林业局
局 长:赵奎礼
副局长:付毅慧 尚明铸
森林公安分局局长:张国强
副巡视员:孙 强 叶 舒

市粮食局
局 长:刁永桐
副局长:王 彦 高 潮
党委副书记:李四文
纪委书记、工会主席:那崇石
副巡视员:曹月顺

市中小企业局
局 长:陈 弘
副局长:王晓林 关 怀 岳贵君
副巡视员:胡青山

市服务业委
主 任:张士勇
副主任:马 闯 刘杰然
宁 纯 石宝晔
于喆光 李 斌
纪检组组长:任凤云
副巡视员:刘世斌 王增兴
许云诚

市外经贸委
局 长:顾少清
副局长:米鸿森 闫凤霞
崔建英 赵 烈
宋 超 张 明
李旭臣
纪检组组长:凌伯山
韩国代表处主任:朱 杰
副主任:鲜于光
东南亚代表处主任:李力铭
日本代表处副主任:李 贤

欧洲代表处主任:孙　利
美国代表处主任:杨　卓
巡视员:余长斌
副巡视员:王维信　陈立元
正局级待遇:曹增和

市文广局
局　长:谢　石
副局长:佟辑云(兼)　杨　弘
李虹伟　宋振虹
刘　坤　王建华
党委书记、副局长:于连胜
党委副书记、副局长:冯　彦
纪委书记:李国宏
市文化市场行政执法总队
总队长:张宪宏
巡视员:王毓文　刘语民
副巡视员:金　铎　张晓伟
王大庆

市体育局
局　长:徐兴家
副局长:张心江　张晓权
巡视员:李荣玺
副巡视员:董蓓蓓

市旅游局
局　长:柳秀芝
副局长:陈日杰　刘延民
副巡视员:刘　洋　臧思怀

市卫生局
局　长:闫　石
副局长:赵　午　裴庆双
苏立明　许　明
丛雪枫
党委副书记:都英杰
纪委书记:刘　虹
市疾控中心主任:董丽君
党委书记:张春青
副巡视员:刘喜成　杨伟华

市人口计生委
主　任:韩晓明
副主任:毛印百　刘桂荣
正局级待遇:刘　利
副巡视员:罗永荣

市审计局
局　长:毕华峰
副局长:韩　力　付　立
高洪光　刘宝石
纪检组组长:张秋艳
副巡视员:白国忠　周成铀

市质监局
局　长:隋　莉
副局长:张立文　于　力
刘　波　黄志勇
纪检组长:王运波
巡视员:郑　伟
副巡视员:赵树君　李　军

市食品药品监督局
局　长:王燕玲
副局长:石晓峰　李蔚天　袁　革
纪检组组长:王世林
副巡视员:孙　捷　邱　波

市统计局
局　长:路玉甫
副局长:李长斌　陈玉涛　李争时
副巡视员:张振川

沈阳经济调查局局长:王克林
副局长:刘　奇　田喜斌

市安监局
局　长:陈建智
副局长:陈树奎　孙有铁
秦焕凤　陈　杰
纪检组组长:刘　强
总工程师:谢　辉
副巡视员:王德周

市外办
主　任:方向东
副主任:郭翼青　范泉水
王晶莹　马立新
纪检组组长:高华山
秘书长:周宝峰
副巡视员:赵大平　苏晓辰

市金融办
主　任:马智天
副主任:宣安东　杨　威　那　娜

市信访局
局　长:陈国强(兼)
副局长:姜　萍　石　敏　张雅书
刘　军　王海波
纪检组组长:梁　威
副巡视员:王　刚　崔革新
赵汝淮　王世海

市法制办
主　任:李宏吉
副主任:于海鹰　裴胡锁
副巡视员:孟繁凯

市政府研究室
主　任:魏海军
副主任:赵　斌　孙玉娟
副巡视员:石其钢　王东辉

市人访办
主　任:王勇进
副主任:侯树纲　牛　勇
王辅东
总工程师:冯　勇
纪检组组长:杨淑君
副巡视员:高　鹏　颜志华
耿晓锋

市国资委
主　任:刘永生
副主任:孟　宏　郭志祥
孙连政　吴向国
党委书记:马绍武
党委副书记、纪委书记:张　强
工会主席:牟　莉

沈阳联合产权交易所
主　任:王琳琳
正局级待遇:张天榯
副巡视员:汪惠泳　于立源
梁炳欣　李　军

市工商局
局　长:程云伟
副局长:郑　迅　张国宾
王　群　王伟民
韩玉芹
纪检组组长:白冬生
副巡视员:郝燕妮　马传林

市物价局
局　长:杨洪峰
副局长:王秋克　崔耀宗　谢东明
副巡视员:关嘉玉

市畜牧兽医局
局　长:朱文波
副局长:杨松林
副巡视员:孙可兵

市发展建设资金办
主　任:李忠信
副主任:刘莹光　李露萍

市行政审批办
主　任:邹　昊
纪检组组长:王　静(兼)
副主任:罗　丽　崔　放　付晓慧

市公共资源交易办
副主任:龙　加
副巡视员:王承先　高志刚

市档案局
局　长:荆绍福
副局长:许光明　赵建伟
马凤云
巡视员:周庶江
副巡视员:徐丽萍

市地震局
局　长:喻虹桥
副局长:程文海
市政府地方志办
主　任:朱　慧
副主任:孙　勇
市接待办
主　任:陈　军(兼)
副主任:张世财　那佩玲
赵　丹　杨　良
副巡视员:尚淑敏
市文史馆
馆　长:李宝权(兼)
副馆长:姜力华　张士芳
薛春毅　武　斌(兼)
沈阳广播电视台
台　长:白明路
总编辑:李依群
副台长:张东毅　廉　杨
关　金　贾　欧
纪委书记:佟伟仁
正局级待遇:曹庆环　刘亚平
邵　伟
正局级调研员:李慧敏　张伟光
沈阳仲裁办
主　任:李宏吉(兼)
副主任:韩庆升(主持工作)
市住房公积金管理中心
主　任:唐玉辉
副主任:赵学武　刘旭辉
王　彦
纪检组组长:富晓露
副局级调研员:王建中
市政府采购中心
主　任:张学伟(副局级)
市地铁建设指挥部
总指挥:佟晶石
常务副总指挥:王国正
副总指挥:王　刚　陈　涛
仝学让　张　锐
纪检组组长:赵　旸
总会计师:王广洲
总经济师:岳红旗
正局级待遇:张振邦
沈阳地铁集团有限公司
副总经理:杨久兴　姜柏林
市供销社
主　任:王帅英
副主任:王兴国　王玉晗
孔德树　侯景林
刘　成
工会主席、纪委书记:罗伟华
副巡视员:杨　林　王芳财
市辽河保护区管理局
局　长:孙晓光
常务副局长:鲁　博
副局长:姜　涛　孙　博
李学民(兼)
市光辉现代农业示范区
管委会主任:陈双伟
党工委副书记、纪工委书记:周海山
管委会副主任:夏君铁　卢文经
沈阳大学
党委书记:张世斌
校长、党委副书记:孙铁珩(兼)
副校长、党委副书记:王　滨
党委副书记:张黎明
常务副校长:王明友
副校长:王少洪　李　鹏
刘克斌　王晓初
正局级待遇:宋德宏
副校级调研员:傅　刚
沈阳医学院
党委书记:陈　刚
院长、党委副书记:肖纯凌
正院级调研员:张殿清
沈阳广播电视大学
党委书记:谭惠苓
校长、党委副书记:阴训法
正校级调研员:陈玉和
沈阳职业技术学院
党委书记:王　强
院　长:郑　滨
沈阳中兴商业集团有限公司
董事长、党委书记:刘芝旭
党委副书记、纪委书记:梁大栓
副总经理:李文鹤　赵俊玲
高　仲　潘德平
屈大勇　朱会君
沈阳副食集团公司
董事长:李　军
总经理:刘玉东
副总经理:张定国　仉树立
顾清华
纪委书记:杨万年
沈阳物资集团有限责任公司
董事长:江崇军
党委书记:孟凡凯
常务副总经理:汪惠先
副总经理:周卫东　孙忠霖
沈阳水务集团有限公司
董事长:张国祥
副总经理:谭　明　张英健
闫　明　陈显利
张亚峰　刘　石
党委副书记、纪委书记:王军锋
工会主席:邹　军
沈阳国际经济技术合作公司
总经理:唐乐珍
副总经理:范希臣　任月强
王宝东
党委副书记、纪委书记:王红军
盛京银行股份有限公司
董事长、行长:张玉坤
监事长:杨　林
党委副书记、工会主席:黄永久
常务副行长、党委副书记:周洪敏
副行长:王春生　赵光伟
许敬畏
总稽核、纪委书记:胡　光
沈阳机床(集团)有限责任公司
董事长:关锡友
副董事长:张伟明
东北制药集团有限责任公司
董事长:刘　震
总经理:汲　涌
副总经理:周　凯　李久旭
刘　琰　孙景成
张正伟
党委副书记、纪委书记:王建华
工会主席:王　燕
北方重工集团有限公司
董事长:耿洪臣
副董事长:王铁锋
沈阳鼓风机集团股份有限公司
董事长:苏永强
沈阳基础产业建设发展集团有限公司
董事长、总经理:苏庆祥
副总经理:那洪宇　李　侠
李文彦
沈阳达锐投资管理有限公司
董事长、总经理:连　军
副总经理:韩　波　李治民

市政协常委会现任领导人名单

市政协

主　席:刘雅琴

副主席:卢　柯(不驻会)

李　峰　张秀华

赵晓川　赵秋凤

孙　红(不驻会)

李卓然(不驻会)

韩晓言　聂洪升

副市级巡视员:铁　岩

秘书长(提名人选):徐大地

副秘书长:祁荣安　李　力

杨大勇

提案委主任:马建萍

副主任:苏效众

经济委主任:孙元志

人资城建委主任:王晓非

教科文卫体委主任:李　力

副主任:王　杰

社会和法制委员会副主任:王文忠

民族和宗教委主任:刘仁刚

学习宣传文史委主任:张绪进

港澳台侨外委主任:祁荣安

委员工作委员会主任:赵永宪

副主任:马　骧

研究室副主任:周　斌

开发区工作委副主任:何　畏

副巡视员:田凤玲　宋晓星

杨　帆　宗景海

薛　野

检察院、法院现任领导人名单

市中级法院

院　长:卞富学

副院长:刘　伟　杨欲兵

杨　悦　王武范

张延丹

政治部主任:张明强

纪检组组长:椰永涛

执行局局长:孔　岩

审判委员会专职委员:刘　春

王　桅　曲阿翔

沈阳经济技术开发区法院

院　长:范雅忠

沈阳高新技术产业开发区法院

院　长:宋丽君

副巡视员:王　曦　杨洪斌

陈嘉良　金一平

副局级待遇:林昌焕

市检察院

检察长:李　丰

副检察长:许传钊　王　锋

梁建勇　王　勇

高　峰

纪检组组长:陈效民

反贪局局长:刘祥耀

反渎职侵权局局长:刘晓东

政治部主任:李冠山

检察委员会专职委员:苗占元

姜耀辉　邵　杰

沈阳经济技术开发区检察院

检察长:孙永利

市城郊地区检察院

检察长:李亚光

沈阳高新技术产业开发区检察院

检察长:朱　海

副巡视员:周宝贵　李景贵

吴　波

群众团体现任领导人名单

市总工会

主　席:鞠秀礼

常务副主席:赵春平

副主席:刘阁臣　段　阳(兼)

邵敬联　王义清

杨顺昌(兼)　杨利群(兼)

纪检组组长:刘智勇

市农民工维权中心

主　任:傅宏宁

副巡视员:曹　洪　崔玉璟

吴健民

团市委

书　记:王志刚

副书记:郭忠孝　张洪利

张　鹏　刘晓虹

市妇联

主　席:初立华

副主席:赵月英　杨利群(兼)

庞　挺　段　阳(兼)

韩春丽(兼)

副巡视员:刘志娟

市科协

主　席:孙铁珩(兼)

副主席:王黎宁　张丽茹

李宏印　吕　波

韩恩厚

巡视员:李凤伦

副巡视员:田新娟

市社科联

主　席:唐　明(兼)

副主席:张　涛(兼)　刘庚杰

副巡视员:刘　杰

市文联

主　席:白长鸿

党组书记:关蓉晖

副主席:王荣彦　王哲年

市侨联

主　席:王庆伟

市残联

理事长:陶庆才

副理事长:孙淑君　马爱民

王伟华　才　利

副巡视员:朱继勋　付　军

市贸促会

会　长:赵　凯

副会长:沈　跃　王丽杰

副巡视员:张亚斌

市工商联

主　席:李卓然

党组书记:李书鲤(兼)

副主席:王　罡　王英勤

闫守祝

副巡视员:郭恩志

市红十字会

副会长:宿　鲁

各区、县(市)及开发区现任领导人名单

铁西区

铁西区委

书　记:李继安

副书记:李松林　彭俊和

常　委:张坚强　李　军　孙常福　王泽胜　汪　诚　杨振清　刘树敏　康　勇　侯绍立　李宝军　郑海龙

铁西区人大

主　任:周荣生

副主任:张小康　王振忠　何正勇　李奇星　姜玉田

铁西区政府

区　长:李松林

常务副区长:李　军

副区长:刘树敏　刘　文　荣伟东　刘守宇　尤泽余　韩　博　郑海龙

铁西区政协

主　席:崔晓军

副主席:任炳金　金　文　申维民　李海波　姜晓娟

铁西区法院

院　长:张东波

铁西区检察院

检察长:史启林

正区级待遇:那兴伟

副区级调研员:王桂云　张　林　宫本林　曲洪林　高光顺　崔宜华

副区级待遇:刘福民　于　夫

沈阳经济技术开发区

主　任:李松林

常务副主任:张坚强

副主任:李　军　刘　斌　王玉辰　刘　文　荣伟东　李　慈　刘守宇　董　峰　董　斌　郑海龙

总工会主席:孟祥锁

副巡视员:赵　建　徐文臣　牛树森

副局级调研员:齐向东

副局级待遇:任德林

沈阳细河经济区

副主任:黄士硕　王铁利　王林祥

沈阳冶金工业园

副主任:任宝箭　高　潮

和平区

和平区委

书　记:汪　涛

副书记:林　强　陈世海

常　委:张维伦　王　菁　孙　明　董　强　刘阳春　周以胜　权晓艳　黄福生

和平区人大

主　任:郑成亮

副主任:张　伟　苏在一　李艳萍　李红光　詹爱云

和平区政府

区　长:林　强

常务副区长:张维伦

副区长:裴达树　唐继栋　孙源志　郭绍维　宋　丽

和平区政协

主　席:孔　羽

副主席:李先志　初良广　康景波　朱　翎　李红实

和平区法院

院　长:张立斌

和平区检察院

检察长:周　伟

副区级调研员:张鹏举　李蓬勃　黄兆平　印欣阳　古兴厚

副区级待遇:于　洋

沈阳长白岛管委会

主　任:林　强(兼)

副主任:周以胜　杨　波　荆　伟

沈阳满融经济区

主　任:林　强(兼)

副主任:马英奎

沈河区

沈河区委

书　记:庞洪波

副书记:王　健　李晓东

常　委:吴晓冰　蔡效军　肖振亮　冯德钧　崔　隆　杨文凯　孙海辉　骆　颖

沈河区人大

主　任:刘　平

副主任:赵　彬　岳明伟　王敬党　杨国臣　高　璇

沈河区政府

区　长:王　健

常务副区长:吴晓冰

副区长:吴智丰　徐爱秋　王志刚　王　林　赵金府　袁长跃　田晓晶

沈河区政协

主　席赵玉文

副主席:任永辉　冯　述　董雪峰　戴丽梅

沈河区法院

院　长:李雅君

沈河区检察院

检察长:王宇航

正区级调研员:魏春华　史凤彤

正区级待遇:冷银锁

副区级调研员:金兆祥　林维光　宋志义　宋丽娜　刘秀兰　龙世泽

沈阳金融商贸开发区

主　任:吴晓冰

副主任:刘　岩　曹连全　孙伟山　曲廷会

副局级调研员:秦路捷　郭俊芝　项洪峰

大东区

大东区委

书　记:王开军

副书记:王　健　李英华

常　委:衣　甫　陈玉光　王庆海　杨大巍　张鸿雁　刘恩举　王永刚　叶　胜

大东区人大

主　任:白　实

副主任:王　欣　孙良法　许国安　哈　林　孟广川

大东区政府

区　长:王　健

常务副区长:衣　甫

副区长:陈大为　张春风　张艳红　吴　迪　冷雪峰　牟丽博(挂职)　王晓东

大东区政协

主　席:陈　列

副主席:邵文良　张行宏　郭　玲　邢　军

大东区法院

院　长:朱晓光

大东区检察院

检察长:郑允岐

正区级待遇:王华林
副区级调研员:任学富 黄锦元 陈元洪 周秉利
副区级待遇:王芝庭

沈阳-欧盟经济开发区
主 任:衣 甫(兼)
副主任:王 东 张 梅 赵 韬

皇姑区

皇姑区委
书 记:刘慧鸣
副书记:曾 波 张昕光
常 委:杜春华 唐 丽 于明海 张红军 李 凯 林学家 关文玉 刘占福

皇姑区人大
主 任:柏 野
副主任:张 敏 齐 放 石宝焕 张传东 邓 华

皇姑区政府
区 长:曾 波
常务副区长:杜春华
副区长:张志刚 高 斌 贺 燕 牟国明 谷军营

皇姑区政协
主 席:张黎光
副主席:徐国瑾 李 跃 蓝东芝 刘庆瑞 常胜权

皇姑区法院
院 长:宫文义

皇姑区检察院
检察长:黄 伟
正区级待遇:刘景芳
副区级调研员:陈德文 林宝山 郝清田 任秉华 周召平
副区级待遇:李清杰

皇姑区北部经济区
主 任:赵晓明

东陵区(浑南新区)

东陵区(浑南新区)委
书 记:杨亚洲(兼)
副书记:赵世宏 白风华 李桂盛
常 委:吕 凡 王新北 银 鹰 王欢苗 王忠武 张景文 江 勇 孙晓慧 张 哲 李建伟

东陵区(浑南新区)人大
主 任:贺程鹏
副主任:梁世义 朱 杰 郑秉库 常国华 唐绍远

东陵区(浑南新区)政府
区 长:赵世宏
常务副区长:吕 凡 王新北
副区长:侯 巍 高玉斌 孙 敏 裴希岩 周 武

东陵区(浑南新区)政协
主 席:罗颖力
副主席:宋崴嵬 李树木 隆 楠 王小奇 姚维忠

东陵区(浑南新区)法院
院 长:冯圣华

东陵区(浑南新区)检察院
检察长:张晓力
正区级待遇:王健英 秦庆育
副区级调研员:李东亚 陈广鹏 宋 军 胡光耀
副区级待遇:杨建明

浑南新区(沈阳高新技术产业开发区)
书 记:杨亚洲(兼)
主 任:赵世宏(兼)
副主任:孙 红 白风华 李桂盛 银 鹰 吕 凡 郝 欣 方铁林 郭士全 金光熙 刘绍东
纪工委书记:王忠武
工会主席:王宏军

新加坡工业园区
主 任:银 鹰
副主任:杨 琦 郝 毅 乔 伟
副巡视员:孙维华
副局级待遇:刘建立
副局级调研员:宗先奎 刘汉君

民用航空产业国家高技术产业基地
书 记:杨亚洲(兼)
主 任:赵世宏(兼)
常务副主任:方铁林
副主任:李宏德 钱乃生 张 彬

沈抚新城
主 任:赵世宏(兼)
常务副主任:王新北(兼)

浑南新城管委会
主 任:杨亚洲(兼)
副主任:张 哲

沈阳国家大学科技城
主 任:杨亚洲(兼)
副主任:赵世宏(兼) 宋锡坤(兼) 王黎宁(兼) 郝 欣(兼) 徐 强

于洪区

于洪区委
书 记:戴贺臣
副书记:连茂君 孙铁夫
常 委:姜 雷 张海涛 袁 柳 戚 宇 赵伟祺 戴英杰 李洪泉

于洪区人大
主 任:刘继林
副主任:杜志刚 黄 斌 王述良 韩立克 马占信

于洪区政府
区 长:连茂君
常务副区长:姜 雷
副区长:戚 宇 于 龙 申志斌 刘俊英 战 涛 崔 颖 罗丽萍

于洪区政协
主 席:刘 虹
副主席:曲万成 高永发 孙国财 何 伟 王 江

于洪区法院
院 长:侯献生

于洪区检察院
检察长:田桂娟
正区级待遇:左树贵 秦旭升
副区级调研员:侯晓峰 孙海洋 周贵斌 项博诚 王国印 王彦仁
副区级待遇:付彦明

沈阳北陵国家星火技术密集区
主 任:赵胜龄

沈阳大工业区
主 任:连茂君(兼)
副主任:宋 威 李福天

沈阳丁香湖新城
主 任:连茂君(兼)
副主任:石广鹏

苏家屯区

苏家屯区委
书　记:邓福林
副书记:李宏德　李剑秋
常　委:侯晓东　程　心　赵志坚　刘志寰　徐晓勇　刘显峰　李志强　刘学政

苏家屯区人大
主　任:贾殿屏
副主任:李德平　董洪满　赵德林　魏邦伟　刘金英

苏家屯区政府
区　长:李宏德
常务副区长:侯晓东
副区长:李洪吉　邹　飞　陈伟昌　王志刚　王德利　穆合亚提·阿合什(挂职)

苏家屯区政协
主　席:张淑英
副主席:郝巨东　王大力　田志远　王玉山　孟令山

苏家屯区法院
院　长:程起华

苏家屯区检察院
检察长:徐宏捷
正区级待遇:邹有昌　杨　军
副区级调研员:葛凤来　宁　刚　于海光　吴秀丽

沈阳浑河新城
主　任:李宏德(兼)
副主任:张信宇　吴旭日　佟文刚

沈北新区

沈北新区区委
书　记:张景辉
副书记:李鹏宇　刘东耀
常　委:金志生　王忠昆　陈国聆　金玉龙　于宜贤　周鹏举　杨宇光　衣丽娜　陈　亮　杨学超

沈北新区人大
主　任:陈　航
副主任:王东红　王　艳　韩奎全　宋永贵

沈北新区政府
区　长:李鹏宇
常务副区长:金志生
副区长:金玉龙　蒋　勇　金维民　顾　瑛　孙兴武　刘　欣　王树立　次仁斯曲(挂职)

沈北新区政协
主　席:佟树良
副主席:周海杰　魏庆杰　李　银　张　鸣　王凤久

沈北新区法院
院　长:冯　岩

沈北新区检察院
检察长:胡成山
正区级调研员:温克义
正区级待遇:杨宝贵
副区级调研员:富尔强　陆晓川　王宏新
副区级待遇:慈维德

沈阳蒲河新城
党工委书记:张景辉
主　任:李鹏宇
副主任:王忠昆　孙永刚　唐　迪　曹永刚
党工委副书记:刘克武
副巡视员:遇慧敏　崔龙泰　王永天
副局级调研员:梁彦龙
副局级待遇:王金钟

辽中县

辽中县委
书　记:张东阳
副书记:杨　树　张江徽
常　委:蹇　骞　翟　克　马立伟　黄宝晖　陶志伟　高　东

辽中县人大
主　任:张作武
副主任:闵加奇　年桂菊　李徽章

辽中县政府
县　长:杨　树
常务副县长:蹇　骞
副县长:丁　宇　葛海军　李　诗　徐　磊　唐金凤

辽中县政协
主　席:沈晓维
副主席:关荣伟　郭　兵　石桂芳　任凤荣

辽中县法院
院　长:马　巍

辽中县检察院
检察长:白敬实
正县级调研员:李素娥　丁绍柱
正县级待遇:白景利
副县级调研员:李宝权　王复章　王永宝　尹振东　刘春来　井秀林
副县级待遇:王大勇　李雅儒

沈阳近海经济区
主　任:杨　树
副主任:张新波　张荣国

沈阳综合保税区
主　任:张东阳(兼)
常务副主任:杨　树(兼)
副主任:周　航　赖立明　徐　磊

新民市

新民市委
书　记:高　航
副书记:刘澜波　邢　鹏
常　委:王华峰　赵志一　杨树德　李淑文　苗初印　张春彦　孟宪梅　宋一甲　张广辉

新民市人大
主　任:宋海廷
副主任:吴志中　钱静菊　王昌佑　李泽民

新民市政府
市　长:刘澜波
常务副市长:王华峰
副市长:苗初印　孟宪梅　孙海燕　范庆军　王宏伟

新民市政协
主　席:林子栋
副主席:吕建伟　崔文翔　赵红霞　安　秋

新民市法院
院　长:樊志军

新民市检察院
检察长:张丰才
正市级调研员:赵玉成
正市级待遇:张　静
副市级调研员:刘　正　白晓东　王百昌　杨志才　丁宝荣
副市级待遇:张树凡　关　英

沈阳胡台新城

主　任:刘澜波

副主任:吴绍斌　佟宏伟

新民经济开发区

主　任:郭浩然

法库县

法库县委

书　记:冯守权

副书记:陈佳标　徐凤贵

常　委:彭书国　孟繁凯　刘连恒
周长旭　段秀华　李　然
刘亚杰

法库县人大

主　任:张振权

副主任:王树生　银海泉
段绍英　何云波

法库县政府

县　长:陈佳标

常务副县长:彭书国

副县长:盖燕凤　赵　丹
林　涛　王冠木

法库县政协

主　席:张福志

副主席:李恩连　乔治国　王桂艳
陈宝良

法库县法院

院　长:李万涛

法库县检察院

检察长:张遂志

正县级待遇:杨国忠　何忠良

副县级调研员:杨树范　刘洪生
张国祥　靳万勋

副县级待遇:田久荣　王天泉

法库经济区

主　任:姜春杰

康平县

康平县委

书　记:王一兵

副书记:李晓航　尹　凛

常　委:李鸿志　姜　涛　王一平
代国斌　吕明臣　刘景山
蔡原征　李　盛　慈鸿钢

康平县人大

主　任:王凤仁

副主任:安景才　田立爽
孔德军

康平县政府

县　长:李晓航

常务副县长:李鸿志

副县长:吕明臣　慈鸿钢　李奎兴
张继明　包艳艳　张延力

康平县政协

主　席:田百祥

副主席:屠永远　葛　峰　张首先
窦海龙

康平县法院

院　长:郭图新

康平县检察院

检察长:石兴华

正县级待遇:李兴文　王碧君

副县级调研员:温凤霞　王启申
李向军　攸景峰
刘　忠　李绍华

副县级待遇:张立峰　吴　峰

康平经济开发区

主　任:高　原

棋盘山开发区

棋盘山国际风景旅游开发区

主　任:田东泉

常务副主任:高士范

党工委副书记、纪工委书记:刘文选

副主任:张　英　常　亮　洪　波
徐　莉　高　峰　任立辉
蹇　威

正局级调研员:刘延江

副局级调研员:焦志勇　吴永强
胡　颖　赵　震
刘凤楠　胡杰民

副局级待遇:黄振洲

沈阳泗水科技新城

主　任:田东泉(兼)

副主任:常　亮(兼)　卫大同

[注]:此名单依据2011年12月31日在职干部名册列出,由市委组织部提供。

光 荣 榜

全国“五一”劳动奖状

沈阳市沈河区中医院

全国“五一”劳动奖章

方文墨　中航工业沈阳飞机工业(集团)有限公司民品公司航空机加厂零件钳工班工人
王英杰　沈阳鼓风机集团股份有限公司自动控制系统工程有限公司工程师
王　阳　沈阳航天新光集团机加车间工长
王　鹤　沈阳机床股份有限公司中捷立式加工中心事业部经理
贾明哲　沈阳市公安局交通警察支队和平二大队二中队中队长
郑丽华　沈阳丽华手工编织合作社社长
张劲松　中国医科大学附属第四医院副院长
肖纯凌　沈阳医学院院长
俞万祥　沈阳市第二十中学校长
那永卓　华润雪花啤酒(辽宁)有限公司总经理
高国栋　沈阳兴大建设集团股份有限公司工人
黄建民　沈阳市百顺来裤行店长

全国工人先锋号

沈阳市市政工程养护管理处养护维修三队
三一重型装备有限公司综掘制造部调试班
沈阳市皇姑区园林绿化管理处突击队
北方重工集团有限公司重大部件加工分公司十七米数控铣班
中航工业沈阳黎明航空发动机(集团)有限责任公司机匣加工厂对开机匣工段数控铣一班
沈阳市于洪区地方税务局检查科

辽宁省劳动模范

张腾蛟　沈阳鼓风机集团股份有限公司总装车间工人
王丽芳(女)　沈阳机床集团中捷机床有限公司调度
孙柏成　北方重工集团有限公司重大部件加工分公司机加一车间机加二班班长
徐宝军　沈阳第一机床厂质量保证部工人
郭廷会　沈阳化工股份有限公司氯碱分厂厂长
王清涛　东北制药集团VC公司提取工段一组组长
方文墨　中航工业沈阳飞机工业(集团)有限公司民品公司航空机加厂零件钳工班工人
王　刚　中航工业沈阳飞机工业(集团)有限公司数控加工厂王刚班班长
李志强　中航工业沈阳黎明航空发动机(集团)有限责任公司发动机装配厂总装工段李志强班班长
于东海　辽沈工业集团有限公司工具制造分厂热处理工段工段长
黄克毅　中国北车沈阳机车车辆有限责任公司制备分厂调度组组长
江振友　沈阳航天新光集团有限公司动力厂水暖班班长
陈雪娇(女)　沈阳兴隆大家庭购物中心有限公司营业员
董丽娜(女)　中兴——沈阳商业大厦(集团)股份有限公司连锁超市收银员
程　革　中国人民银行沈阳分行营业管理部科技处软件组组长
武文争　沈阳水务集团排水管理处主任
李　萍(女)　沈阳通利公共交通有限公司230路驾驶员
李　红　沈阳燃气有限公司管网输配分公司抢修中心四队主任
汪义钢　沈阳市沈河区房产局“110”房屋报修中心维修队队长
路　军(女)　沈阳市沈河区皇城社区卫生服务中心副主任
张志洪　沈阳市铁西区房产局房屋应急抢修服务队队长
徐　威　沈阳市铁西区城管局环卫汽车二队队长
宋诗力　沈阳市铁西区房产局华强物业管理有限公司便民服务队维修养护班工人
周　正　沈阳市大东区房产局供暖公司三所所长
李国华　沈阳市大东区城管局大北环卫所工人
王贵霞(女)　沈阳市苏家屯区湖西街道葵花社区书记
李淑梅(女)　新民市人民医院神经内科主任
郭洪江　新民市市政工程管理处主任
郭宝辉　沈阳辽冶重工机械制造有限公司车间主任
石俊英　法库县人民检察院检察员
刘淑珍(女)　康平县城镇环境卫生管理处清扫队队长
宋爱军　沈阳惠天热电供暖二公司郭家热源所所长

崔莲顺(女) 沈阳鼓风机集团股份有限公司研究院副总工程师
方　明 特变电工沈阳变压器集团有限公司副总工程师
唐　华(女) 沈阳机床(集团)有限责任公司工会主席
张大伟 中国移动通信集团辽宁有限公司沈阳分公司康平分公司经理
娄延春 沈阳铸造研究所所长
张化光 东北大学信息科学与工程学院电气自动化研究所所长
陈晓东 沈阳环境科学研究院副院长
王　平 中国医科大学附属第四医院院长
姜　凯 中国建筑东北设计研究院有限公司助理总经理
周云川 沈阳市圣野蜂王浆有限公司销售公司经理
刘　妮(女) 沈阳日报政治新闻部记者
王　平 沈阳京剧院沈阳评剧院院长
安　宁 沈阳杂技团团长
耿洪臣 北方重工集团有限公司董事长
刘鹏程 金杯汽车股份有限公司党委书记
魏　利 红塔辽宁烟草有限责任公司沈阳卷烟厂厂长
褚晓文 中航工业沈阳飞机设计研究所党委书记
王　冕 中国联合通信网络集团有限公司沈阳市分公司总经理
房柏岩 中石油辽宁沈阳销售分公司经理
阎晓辉 国家开发银行股份有限公司辽宁省分行行长
牟景旭 辽宁省电力有限公司沈阳供电公司总经理
董伟钧 中北(沈阳)物流有限公司总经理
李尚文(女) 沈阳兴大通仪器仪表有限公司董事长
王建力 沈阳三洋电梯有限公司董事长
汤天鹏 沈阳天地建设发展有限公司董事长
尹传东 沈阳风机厂有限公司总经理
金卫东 辽宁禾丰牧业股份有限公司董事长
徐晓兵 沈阳乾鼎机械制造有限公司总经理
周万春 三一重型装备有限公司总经理
张毓滨 贝卡尔特——沈阳钢帘线有限公司总经理
尹省山 辽宁大山科工贸发展有限公司董事长
礼恩龙 沈阳市和平区地方税务局局长
唐家锋 沈阳市和平区城市建设局局长
彭丽君(女) 沈阳市沈河区朝阳街第一小学校长
董　健(女) 沈阳市东陵区(浑南新区)中心敬老院院长
冯　凝(女) 沈阳市浑南新区第一小学校长
贾心明 沈阳市于洪区地方税务局局长
王洪伟 沈阳市苏家屯区工商行政管理局临湖工商所主任科员
李天来 沈阳农业大学副校长
李晓东(女) 沈阳市和平区和平大街第一小学校长
刘志超 辽宁大学教师
杨理践 沈阳工业大学教师
刘　军 沈阳市信访局副局长
陈立军 沈阳市信访局教育处处长
杨　悦(女) 沈阳市中级人民法院副院长
田　维 沈阳市公安局纪委书记
臧广颐 沈阳市公安局皇姑分局寿泉派出所副所长
程　林 沈阳市皇姑区教育局初教科科长
吴玉厚 沈阳建筑大学党委书记
陆永华 江苏南通二建有限公司沈阳分公司项目经理
牛　冲 沈阳都市绿洲生态美食广场厨师长
赵光强 沈阳市东陵区深井子街道于桥村党支部书记
施国强 沈阳市国强农业种植有限公司农民
张敬红 沈阳市沈北新区兴隆台镇兴隆台村农民
佟明仁 沈阳市苏家屯区佟沟街道佟沟村党支部书记
黄孝忠 沈阳市苏家屯区王纲街道新开河村农民
鲁　卓(女) 新民市周坨子镇安坨子村党支部书记
杨俊亭 新民市法哈牛镇兴隆桥村农民
何永成 辽中县牛心坨镇西房身村党支部书记
李晓春 辽中县六间房乡马龙村农民
韩玉军 康平县两家子乡兴达蔬菜专业合作社农民
战百秋 康平县西关屯蒙古族乡小辛屯村农民
袁桂笂(女) 法库县双台子乡侯家堡村党支部书记
董淑云(女) 法库县叶茂台镇西二台子村农民
安沛先 沈阳市铁西区大青街道安乐村主任

辽宁省先进集体

沈阳鼓风机集团股份有限公司转子车间
沈阳水务集团有限公司
沈阳市公安局
中共沈阳市沈河区委、沈河区人民政府信访局
辽中县龙湾寒富苹果合作社

沈阳市特等劳动模范

方文墨 中航工业沈阳飞机工业(集团)有限公司民品公司航空机加厂零件钳工班工人
姜　妍(女) 沈阳鼓风机集团股份有限公司透平设计部设计三室主任
李凤义 沈阳航天新光集团有限公司机加车间车工班班长
张志敏(女) 沈阳兴隆大家庭购物中心有限公司收银部组长
史纯贺 市中华劳模出租汽车有限公司第一车队队长
杨成东 市公安局维稳(特警)支队一大队大队长
杨静微(女) 沈阳现代制造服务学校教师
孟　军 中航工业沈阳黎明航空发动机(集团)有限责任公司董事长
王义华(女) 市新市民家庭服务中心主任
高玉彦 法库县秀水河子镇高三家子村农民

沈阳市劳动模范

高洪斌 北方重工集团有限公司装卸分公司装配车间班长
王志鑫 沈阳机床股份有限公司沈一车床厂技术部技术员
吕铭军 特变电工沈阳变压器集团有限公司大型项目公司器身组班长
刘天福 沈阳机床股份有限公司中捷钻镗床厂数控总装车间工人
赵福涛 北方重工集团有限公司铸钢公司清理车间主任
米世诚 北方重工集团有限公司矿山机械分公司设计所所长
信　锐 北方重工集团有限公司水泥分公司设计所所长
郭再伟 北方重工集团有限公司输送设备分公司电焊班班长
李永胜 沈阳鼓风机集团股份有限公司定子车间工人
王明伟 沈阳石蜡化工有限公司 CPP 分厂厂长
陈志金 特变电工沈阳变压器集团有限公司国际贸易成套分公司印度区经理
崔岩斌 红塔辽宁烟草有限责任公司沈阳卷烟厂卷包车间乙班维修组工人
卢　敏(女) 红塔辽宁烟草有限责任公司沈阳卷烟厂制丝车间乙班切丝组班长
王　廉 沈阳金杯车辆制造有限公司装配一车间底盘工段段长
马瑞杰 华晨中华汽车公司中华总装工艺处工艺员
张晓云(女) 沈阳金杯江森自控汽车内饰件有限公司缝纫工厂宝马一班工人
姜春发 华润雪花啤酒(辽宁)有限公司仓储部经理
吴　全(女) 辽宁丰田金杯技师学院电工实习教研室主任
邴国宪 沈阳石蜡化工有限公司常压液蜡分厂工艺专责
朱恩伟 沈阳化工股份有限公司合成分厂工段长
郭传臣 沈阳鼓风机集团股份有限公司核电泵业有限公司装配车间工人
李　涛 沈阳兴远东汽车零部件有限公司产品技术部技术主管
林宝强 沈阳华晨金杯汽车有限公司车身一车间工艺主管
季光辉 东北制药集团股份有限公司七车间主任
辛红昇 东北制药集团沈阳第一制药有限公司 102 车间设备维修班工人
周维刚 东北制药集团股份有限公司医药化工部华中区域销售主管
纪　伟 上海通用(沈阳)北盛汽车有限公司总装车间返修工段工人
刘　昊 上海通用(沈阳)北盛汽车有限公司计划物流部现场物流高级经理
崔佩强 沈阳机床股份有限公司沈一希斯数控机床事业部经理
白　平 沈阳第一机床厂技术部设计员
安　亮 华晨宝马汽车有限公司车身车间返修段工人
夏长涛 中捷机床有限公司经理
康思远 华晨宝马汽车有限公司总裁
李　强 北方重工集团有限公司电站设备分公司经理
刘卫东 沈阳石蜡化工有限公司副总经理
王　涛 华晨中华汽车公司副总经理
訾禹昆 金杯汽车股份有限公司工会副主席
吕　超 华润雪花啤酒(辽宁)有限公司副总经理
王洪艳(女) 沈阳鼓风机集团股份有限公司战略发展部部长
董彦宏 沈阳机床股份有限公司中捷立式加工中心事业部生产副经理
王远航 东北制药集团股份有限公司副总经理
孙　飞 中航工业沈阳飞机工业(集团)有限公司技术装备中心型架单元工人
周年发 中航工业沈阳黎明航空发动机(集团)有限责任公司技术中心设计所首席技术专家
张海军 辽沈工业集团有限公司第一检验室技术组组长
孟繁富 中国北车沈阳机车车辆有限责任公司落成分厂油漆班工人
丁一明 中航工业沈阳发动机设计研究所副总工程师
潘维栋 中航工业沈阳飞机工业(集团)有限公司数控加工厂数控检验科检验员
韩吉祥 中航工业沈阳黎明航空发动机(集团)有限责任公司质量管理部型号质量处总质量师
宋志强 辽沈工业集团有限公司 116 分厂技术安全员
范基良 沈阳兴华航空电器有限责任公司生产运营部部长
马　辉 中国北车沈阳机车车辆有限责任公司转向架分厂维修班工人
陈怀胜 沈阳华润热电有限公司技术支持部主任工程师
戴铁军 沈阳辽海装备有限责任公司军品制造中心钳工班工人
刘海涛 沈阳航天新星机电有限责任公司 23 分厂技术副厂长
周大辉 中车集团沈阳汽车车桥制造有限公司总装车间工人
杜建宁 中航工业沈阳飞机工业(集团)有限公司八厂工艺室主任
任加峰 中航工业沈阳黎明航空发动机(集团)有限责任公司非航空产品事业部新动力工程成套厂普车班班长
王庆新 辽沈工业集团有限公司第二军品分公司 201 分厂技术组组长
陈　燕(女) 沈阳二四五厂国际市场部部长
张建本 中国联合网络通信有限公司沈阳市分公司中山营销中心营销经理
王晓英 中国移动通信集团辽宁有限公司沈阳分公司接入设备维护中心主任
王琳瑛(女) 市邮政局浑河中心支局支局长

曹海波 中航工业沈阳黎明航空发动机(集团)有限责任公司盘轴加工厂压气机轴工段工人
张福斌 辽沈工业集团有限公司105分厂调度组组长
姚　尚 际华3523特种装备有限公司防弹车事业部电工班班长
张葆晨 中航工业沈阳飞机设计研究所工会主席
陈　雷 中国联合网络通信有限公司沈阳市分公司网络管理中心机务员
刘映伟(女) 市邮政局中街路支局支局长
孔繁霁 中航工业沈阳飞机工业(集团)有限公司副总工程师
吴联合 中航工业沈阳黎明航空发动机(集团)有限责任公司项目经理
刘志敏 中航工业沈阳飞机设计研究所副总设计师
于治伟 国电康平发电有限公司纪委书记
韩日刚 中国船舶工业物资东北有限公司副总经理
谢根华 中航工业沈阳飞机工业(集团)有限公司党委书记
刘廷毅 中航工业沈阳发动机设计研究所所长
王　军 沈阳航天新光集团有限公司工会主席
顾　军 沈阳造币有限公司总经理
吕宗英 中国移动通信集团辽宁有限公司沈阳分公司总经理
王英杰(女) 中智沈阳经济技术合作有限公司总经理
朱志良 东北大学软件学院院长
段玉玺 沈阳农业大学教务处处长
孙英贤 中国医科大学附属第一医院心血管内科主任
吴　斌 中国医科大学附属盛京医院泌尿外科主任
曹立华(女) 辽宁大学新华商学院院长
王世杰 沈阳工业大学机械工程学院院长
张立德 辽宁中医药大学科技产业处处长
杨兆宇 沈阳建筑大学管理学院教师
安晓卫 沈阳理工大学机械工程学院教师
赵慧平 沈阳师范大学文学院院长
杨德武 沈阳化工大学工会主席
王洪飞 沈阳航空航天大学研究生学院党总支书记
赵德山 沈阳音乐学院艺术学院党总支书记
李　智 沈阳工程学院科技处处长
李　潞(女) 沈阳医学院沈洲医院心内科主任
金晓阳(女) 沈阳大学体育表演系主任
陈　虹(女) 沈阳职业技术学院建筑工程系主任
韩锡艳(女) 市旅游学校教师
穆　风 市招生考试委员会办公室教育考试处处长
于丽岿(女) 和平区南宁幼儿园园长
王爱武(女) 沈河区教育工会主席
刘荣范 市杏坛中学校长
于东溟 沈北新区教育局局长
杜　强(女) 市第43中学校长
赵建华 苏家屯区教育局局长
郁　燕(女) 市第107中学校长
刘　健(女) 市第51中学教师
单慧玲(女) 于洪区教育局局长
佟　伟 新民市胡台学校校长
赵忠海 辽中县城镇第二初级中学校长
赵　伟(女) 法库县教育工会主席
丁宏伟 康平县高级中学教师
乐维宁 沈阳铝镁设计研究院有限公司总经理
杨兆田 沈阳勘察研究总院有限公司高级工程师
陆　虹(女) 中国电子科技集团公司第四十七研究所副总工程师
王子彬 沈阳仪表科学研究院营销员
常　敏 中橡集团沈阳橡胶研究设计院院长
张国庆 市勘察测绘研究院工会主席
徐洪利 东软集团股份有限公司副总裁
苏焕伟 沈阳传媒网络有限公司副总经理
张　岩(女) 沈河区二经街第二小学校长
王海林 市第四人民医院眼科副主任
刘继辉(女) 市口腔医院正畸科副主任
高淑敏(女) 市精神卫生中心护士长
于晓松 中国医科大学附属第一医院健康管理中心主任
张跃辉 中国刑事警察学院学生处处长
孟宪彬 沈阳师范大学附属实验学校校长
徐　萍(女) 市心血管病医院心四科主任
金月辉 市信息工程学校副校长
马　红(女) 东北中山中学校长
魏　军 中国农业银行股份有限公司辽宁省分行营业部客户经理
王　班 沈阳商业城股份有限公司财务部会计
李德东 交通银行沈阳铁西支行零售信贷部客户经理
王世勇 哈尔滨银行沈阳分行后勤部副主管
刘松岩(女) 中兴——沈阳商业大厦(集团)股份有限公司客服中心经理
徐玉川 沈阳副食集团捷洁物业部电工班班长
迟云飞 沈阳副食品配送有限公司业务员
聂宝刚 沈阳水产总公司冷藏部维修班班长
张　蓉(女) 沈阳家乐福商业有限公司财务部主管
李春雷 中石油天然气管道局东北应急抢险中心抢险工程二处动火班班长
梁晓波(女) 沈阳兴隆大天地购物中心有限公司兴隆超市日化部营业员
张家臻 沈阳储运集团公司党总支书记
赵光伟 盛京银行股份有限公司沈阳分行行长
罗树伟 沈阳玫瑰大酒店有限公司工会主席
王　璞 招商银行股份有限公司沈阳分行营业部总经理
何　平 沈阳中发粮油食品总公司总经理
陶　枫 市金融护卫中心总经理
李文鹤 中兴——沈阳商业大厦(集团)股份有限公司副总经理

穆子源 中兴——沈阳商业大厦(集团)股份有限公司工程设备部部长
郑国庆 沈阳商业城股份有限公司办公室主任
张晓艳(女) 沈阳铁西百货大楼有限公司营销部部长
王 伟 沈阳皇朝万豪酒店工程部总监
宋思官 中国石油天然气股份有限公司辽宁沈阳销售分公司工会主席
唐乐珍(女) 中国沈阳国际经济技术合作公司总经理
张剑光 市社会养老和工伤保险管理局局长
李冬青 中国工商银行股份有限公司沈阳和平支行客户经理
冯 慧(女) 市服务业工会主席
韩艳云 中兴——沈阳商业大厦(集团)股份有限公司财务中心经理
刘加保 沈阳经纬客运有限公司驾驶员
焦万胜 沈阳燃气集团管网输配分公司主任
刘承轩 沈阳供电公司营销部主任
张敬波 市自来水总公司园林服务处城市应急送水服务队队长
王忆洁(女) 沈阳地铁集团有限公司运营分公司工程师
王 凯 沈阳燃气集团燃气网络监管中心管理员
关益民(女) 沈阳供电公司和平供电分公司营销员
吕正海 沈阳水务运营管理有限公司铁西营业分公司大修班班长
王立平 中铁沈阳四环快速路 BT 工程项目承包部项目经理
张贵忠 市公路管理处重点项目管理科科长
刘 凯 沈阳天益巴士有限公司 158 路驾驶员
秦建明 沈阳地铁集团有限公司工程二处工程师
臧言实 市市政公用工程监理有限公司监理科科长
徐 涛 市公路规划设计院院长
石 品 市房产局办公室主任
王 树 市市政工程设计研究院院长
黄广平 中建七局第一有限公司总经理
江 涛 市北陵公园管理中心主任
郑 峰 沈阳热电厂副厂长
李吉伟 沈阳 12319 建设事业热线服务中心主任
高兴友 沈阳城市通有限公司纪委书记
胡长生 市保障性住房管理办公室主任
刘向东 市园林规划设计研究院院长
洪 鹏 市国有土地房屋征收管理办公室副主任
张洪波 市出租汽车市场管理办公室主任
薛克峰 市农民工维权中心清欠办主任
孙克强 沈阳供电公司沈北新区分公司经理
郝铁凡 市环境卫生管理处主任
杨绍福 市市容景观设施管理中心主任
王树祥 沈鑫巴士有限公司 224 路 966 号驾驶员
李志刚 市公安局和平分局刑警大队副大队长
薛 昆 和平区南京街第九小学校长
崔 宏 和平区工商行政管理局南站工商所所长
王光明 和平区人民检察院侦查监督科科长
李永一 和平区招商一局对外联络部科长
刘红伟(女) 和平区统计局助理调研员
刘 辉 和平区拆迁局拆迁服务中心主任
高书海 和平区城市管理局机械化作业车队队长
张超波 和平区监察局局长
应 敏(女) 和平区集贤街道办事处党工委书记
刘玉石 和平区民政局局长
王泓伟 和平区发展和改革局局长
刘大可 和平区城市管理局局长
赵立国 和平区地方税务局副局长
汪云霞(女) 沈阳汪姐家政公司经理
黄晓东 和平区国家税务局副局长
王 纯(女) 和平区城市协同服务监督指挥中心主任
孙丽玲(女) 沈阳筷道餐饮有限公司总经理
司 戎 市城市管理行政执法局和平分局局长
杨 斌 和平区西塔街道办事处党工委副书记
唐绍巍 和平区农民工维权中心副主任
邓 华(女) 市第 134 中学校长
魏来舜 市环境保护局和平分局局长
王 琦 和平区总工会副主席
魏辉艰 沈阳夏云龙房屋修缮有限公司工人
王汝全 沈河区新北站街道凯旋社区委员会书记
苏玉男(女) 沈河区国家税务局五里河税务所所长
田 冬 沈河区文艺路第二小学校长
陆 露(女) 沈河区地方税务局副局长
张 冶 市公安局北站地区分局站前治安派出所所长
王 权 市公安局沈河分局副局长
石雪莉(女) 市第 27 中学校长
潘家驹 沈河区工商行政管理局副局长
李志民 市地方税务局金融商贸开发区分局副局长
银 琼 沈阳八方客运有限公司董事长
周 晶(女) 沈阳万泉商业中心有限公司总经理
梁 波 沈河区城市管理局局长
刘文利 沈阳建筑装饰装修有限公司总经理
徐明泉 沈河区人力资源和社会保障局局长
冯 述 沈河区政协副主席
孙 岩 沈河区大南街道办事处党工委书记
郭连贵 沈河区国有土地房屋征收管理办公室主任
刘福满 市大南百货商店董事长
梁富梅(女) 沈河区教育局职业教育与成人教育科科长
孙 明 沈阳罗曼宫餐饮服务有限公司总经理
高士波 辽宁众诚化工石油工程建设有限公司董事长
姚长杰 新华科技大厦工会联合会主席
吴 江 沈阳安运集团有限公司驾驶员
陈冬梅(女) 铁西区勋望小学校长
郭玉江 泰豪沈阳电机有限公司机加分厂卧车班工人
曾庆金 沈阳市政集团有限公司工程施工队队长

宋　东　铁西区房产局供热管理办公室主任
马章平　铁西区环境卫生管理处业务科管理员
王丽君(女)铁西区精神卫生中心院长
娄红利(女)市公安局铁西分局控告申诉科科长
沙　迪　铁西区地方税务局副局长
李云飞(女)铁西区人民法院刑事审判庭庭长
巴文夺　铁西区安全生产监督管理局职业卫生科科长
宋铁斌　市规划和国土资源局铁西分局副局长
刘　伟　铁西区笃工街道办事处主任
刘　岚(女)沈阳维康医院院长
许　冬　市公安局铁西分局副局长
吴　杨(女)铁西区重工街道残疾人联合会专职干事
黄贵文　沈阳方齐物业管理有限公司副经理
陆雪松(女)皇姑区中心医院内科急诊护士长
张　帅　皇姑区委组织部干部一科主任科员
李晓林　皇姑行政审批办事大厅管理科负责人
杨　柏　市公安局皇姑分局巡警大队大队长
王　晶(女)皇姑区城市建设管理局陵东城市管理所所长
魏　东　皇姑区农民工维权中心主任
张　宏　皇姑区地方税务局局长
溥　莉(女)皇姑区财政局预算科主任科员
冯圣良　皇姑区服务业局局长
郭绍武　皇姑区明廉街道办事处党工委书记
杜　涛　市公安局皇姑分局副局长
潘晓宏　市第11中学校长
刘瑞勋　皇姑区华山棚户区改造办公室副主任
李义功　天安保险股份有限公司沈阳中心支公司总经理
宋　涛　沈阳百田房产开发有限公司董事长
李　莉(女)皇姑区向工街第三小学校长
周　军　大东区人民法院副院长
刘永明　沈阳北方建设股份有限公司副总裁
王　辉(女)大东区国家税务局副局长
孙　萍(女)沈阳汽车城开发建设管理委员会副调研员
张晓辉　大东区地方税务局局长
苏　杰　大东区洮昌街道办事处党工委书记
路忠郊　大东区城市管理局汽车一队修理工
武金喜　沈阳华润三洋压缩机有限公司制造管理部工艺员
赵玉凤(女)大东区大东路第三小学校长
赵永太　大东区卫生局财务科科长
毕研东　大东区工商行政管理局万泉工商所所长
邬艳霞(女)大东区辽沈街第三小学校长
张景波　大东区人力资源和社会保障局工资福利管理科科长
蔡晓燕(女)市第136中学校长
郭福有　东陵区(浑南新区)审计局局长
曲鸿雁　东芝电梯(沈阳)有限公司保管员
王颖坤(女)东陵区(浑南新区)财政局局长
马祥波　东陵区热力供暖公司经理
肖　智　东陵区(浑南新区)国有资产管理局局长
韩　静(女)沈阳高新技术产业开发区人民法院民事审判庭审判员
高　廉　东陵区(浑南新区)信访局副局长
吴志馨(女)东陵区(浑南新区)教师进修学校教研员
冯丽霞(女)东陵区妇幼保健所所长
于　杰　东陵区人力资源和社会保障局创业指导科科长
许京光　东陵区(浑南新区)发展和改革局局长
温鸿博　东陵区(浑南新区)五三(浑河站东)街道党工委书记
丁元开　东陵区(浑南新区)城市管理和行政执法局副局长
郭洪生　沈阳蓝英工业自动化装备股份有限公司董事长
王家会　浑南新城建设工作领导小组办公室综合建设部副部长
王　澍　浑南新城管理委员会建设局局长
杨兆祝　沈阳恒泰企业集团工会主席
杨承英　于洪区殡仪馆引导室主任
王小芝(女)于洪区信访局市民投诉中心副主任科员
张晓锋　市城市管理行政执法局于洪分局沙岭勤务区大队代理负责人
戚成振　沈阳俊峰机械有限公司机加车间工人
张宝印　于洪区南阳湖街道办事处经济发展服务中心主任科员
宋翠玲(女)于洪区城东湖街道阳光100社区书记
张　丽(女)于洪区总工会保障工作部部长
窦爱军(女)于洪区杨士乡杨士中心小学校长
王家昆　于洪区工业国有资产经营管理中心主任
吴　军　市规划和国土资源局于洪分局局长
李志波(女)于洪区招商中心主任
郭　辉　于洪区交通局局长
汪学志　于洪区农业技术推广中心副主任
关凤艳(女)市第56中学校长
宋　威　沈阳大工业区管理委员会副主任
田凤石　苏家屯区市政养护处办公室主任
朱振刚　苏家屯区公路工程公司项目施工队队长
徐德辉　沈阳兴大建设集团股份有限公司项目经理
侯云凤(女)苏家屯区解放街道冬青社区主任
唐广海　市第二中医医院神经外科主任
贾成贵　沈阳博宇科技有限责任公司高级工程师
何有祥　市城市管理行政执法局苏家屯分局局长
田　阳　苏家屯区临湖街道办事处党工委书记
赵秀海　苏家屯区维护社会稳定工作领导小组办公室副主任
金　玲(女)苏家屯区农业技术推广中心高级农艺师
谢德实　苏家屯区总工会副主席
张恩学　沈北新区人力资源和社会保障局沈北新区劳动和社会保障监察大队队长
王洪义　沈北新区清泉街道崔公堡社区书记
王　凯　辽宁依生生物制药有限公司GMP认证组组长

丁　文　沈阳百事可乐饮料有限公司工会主席
王　宏(女)沈阳辉山农业高新区建设开发有限公司技术副总监
吴秀春(女)沈北新区水利局农水科科长
张　玲(女)蒲河新城经济发展局局长
王立明　市城市管理行政执法局沈北新区分局局长
王　磊　沈北新区区委组织部副部长
刘志峰　沈北新城招商中心主任
葛　坤(女)辽宁辉山控股(集团)有限公司技术副总监
王金钟　蒲河新城农民工维权中心主任
周成宏　新民市环境卫生管理处垃圾填埋场驾驶员
张振东　沈阳天维电气设备制造有限公司技术部技术员
李　攀　新民市公安局刑警大队侦查员
张　静(女)新民市工商行政管理局注册科科长
郎　杰　新民市人民医院急诊科主任
王建财　辽宁华鹏广源玻璃有限公司制瓶车间行列机班班长
马运忠　新民市财政局局长
柴静祥　新民市兴隆堡镇人民政府党委书记
林祥勇　新民福源食品有限公司副总经理
吴继伟　新民市人民检察院副检察长
唐贵春　新民市地方税务局副局长
张景余　新民市残疾人联合会理事长
王　欣(女)新民市总工会女职工委员会副主任
王艳萍(女)辽中县统计局局长
孙志宏　辽中县人力资源和社会保障局局长
李宝荣　辽中县残疾人联合会调研员
戴运福　沈阳机床银丰铸造有限公司工会主席
廉洪波　辽宁省电力有限公司沈阳辽中供电分公司经理
刘天禄　辽中县肖寨门镇人民政府纪检委员
李明海　辽中县人民医院 CT 室医生
韩　笑　辽中县公安局治安大队民警
黄永才　辽中县住房和城乡建设管理局城建科股长
于立坤　辽中县于家房镇人民政府组织委员
张　范(女)辽中县困难职工帮扶中心副主任
杨长胜　辽中县财政局农业综合开发办公室主任
范金星　沈阳王者陶瓷有限公司总经理
林连续　东北瓷都商会会长
张宇峰　法库县地方税务局副局长
郭绍元　法库县高级中学校长
杭彦龙　法库县秀水河子镇人民政府副镇长
陈海龙　法库县交通局客运公司运营科工人
韩国忠　法库县林业局果树管理站技术员
陈国红　沈阳天阔新城房地产开发有限公司董事长
宋晓利　沈阳浑南置业嘉信房地产开发有限公司总经理
彭雪芳(女)康平县地方税务局办税服务大厅主任
李景林　康平县市政工程建设维修中心工程队队长
任泽民　康平县人民医院胸骨外科主任
于彦峰　沈阳德盛塑料包装有限公司圆织车间主任
孙忠义　康平县规划和国土资源局局长
赵洪志　康平县农村信用联社理事长
张　波　康平县工商行政管理局局长
王艳春(女)康平县交通局工会副主席
贺晓梅(女)市植物园财务科科长
佟玉成　市工商行政管理局棋盘山分局局长
崔荣芝(女)市天柱山老年公寓院长
赵铭禄　沈阳风动工具厂有限公司董事长
赵春富　市规划和国土资源局经济技术开发区分局局长
王鸿斌　铁西区大潘街道办事处主任
张　明　沈阳经济技术开发区建设局副局长
曹建文　市地方税务局经济技术开发区分局副局长
段继成　可口可乐辽宁(北)饮料有限公司仓储配销员
吴庆国　沈阳远大企业集团销售员
赵宏江　三一重型装备有限公司履带架中心焊接班班长
李红日　沈阳三铭重工机械有限公司工人
陈　宏　米其林沈阳轮胎有限公司密炼车间值班长
李成祥　沈阳经济技术开发区维稳办副主任
张　勇　沈阳昊诚电气股份有限公司总经理
黄晓冬(女)辽宁天久企业集团董事长
杨学东　市信访局行政办公室副主任
宁兴华　市委组织部干部一处处长
李一民　市人力资源和社会保障局社会保险基金监督处处长
董　涓(女)市对外贸易经济合作局人事处调研员
王　民　沈阳出版发行集团有限公司董事长
王　庆　市发展和改革委员会工业处处长
何英祥　沈阳住房公积金管理中心大东管理部主任
毛淑彦(女)市人口和计划生育委员会财务处处长
王立勋　市委宣传部办公室主任
王朝伟　市教育局发展规划处处长
张怀德　市农村经济委员会农产品出口办公室主任
安力军(女)市委统战部党派处处长
孟　娟(女)市委办公厅秘书一处市委机关综合档案室调研员
张庆峰　市科学技术局发展计划处处长
陈　冲　市服务业委员会办公室主任
胡凤彦　市烟草专卖局副经理
盖崇茂(女)市文化宫副主任
孙　丽(女)市工商行政管理局企业监督管理处处长
陈国青　市总工会财务部部长
张向阳　市委政策研究室综合处处长
王东辉　市政府研究室副巡视员
黄溢昕　国家统计局沈阳调查队住户调查处处长
毛　兵　市规划和国土资源局总规划师办公室主任
张蒙丽(女)市地方税务局货物和劳务税处处长
王学东　市国家税务局局长
赵奎刚　市地方税务局副局长
王红杰(女)市纪委信访室调研员
高铁军　市中级人民法院民事三庭庭长

武　威　市地方税务局第五稽查局局长
陈　岩(女)市人力资源和社会保障局劳动关系处处长
韩春丽(女)市社会医疗保险管理局局长
李　利(女)市政协办公厅离退休干部处处长
李　丹(女)沈阳广播电视台广告部主任
王　玲(女)市气象局法规处调研员
李　刚　沈阳红梅企业集团有限责任公司设备安全员
宫运福　沈阳圣达热力供暖有限责任公司圣为供热分公司热源厂所长
李　斌　市城建房地产开发有限公司副总经理
刘　坤(女)市文化广电新闻出版局副局长
李长武　市图书馆馆长
甄海军　市救助管理站站长
李文彤　市公安局刑事警察支队一大队代理副大队长
席文涛　市公安局交通警察支队沈河大队一中队中队长
公丕发　市公安局维稳(特警)支队排爆队民警
邬中铎　市公安局行动技术支队五大队大队长
贾　巍　市公安局治安警察支队专案大队主任科员
王　翔　市公安局经济犯罪侦查支队六大队大队长
乔　江　市公安局交通警察支队沈河大队副大队长
宫　魁　市公安局食品药品犯罪侦查支队综合大队副科长
张晓科　市公安局控告申诉处秘书科科长
赵瑞来　市公安局网络安全保卫支队五大队大队长
李玉国　市公安局刑事警察支队副支队长
刘　京　市康家山监狱监狱长
张长胜　市城市管理行政执法局副局长
于欣然　市城市管理行政执法局直属一支队支队长
董长海　市城市管理行政执法局直属三支队支队长
刘淑芹(女)沈阳百强家政有限公司经理
姜　成　辽宁雪松医药连锁有限公司经理
李凤杰(女)市圣鑫汽车租赁有限公司经理
曹贺斌　沈阳凯隆木业有限公司经理
石铁光　沈阳华铁汽车散热器有限公司经理
吕敏红(女)市金金足鞋材厂经理
张　辉　沈阳长城金属门窗厂厂长
王　宁(女)法库万村千乡工程配货中心经理
刘淑芬(女)沈河区人口和计划生育局局长
许炳新　中建三局股份公司沈阳恒隆市府广场总包项目经理部项目经理
李　想　沈河区金乐李想水果店店长
康国海　沈阳中工建设有限公司名流印象项目部项目经理
高　超　沈阳都市绿洲生态美食广场厨师
刘恩连　于洪区造化街道关家村党支部书记
王　志　于洪区大兴街道陈孤家子村党支部书记
曲　飞　于洪区平罗镇陆家村农民
盛凤坤　东陵区祝家街道下楼子村党支部书记
于宏海　东陵区李相街道王士兰村党总支书记
孙永福　东陵区王滨街道八家子村农民
付成华　沈北新区石佛寺街道石佛一村农民
赵广军　沈北新区财落街道财落一社区党支部书记
王　贵　沈北新区清泉街道后腰堡村党支部书记
尹光熙　苏家屯区民主街道红星村党支部书记
王　琦　市昊明禽业有限公司经理
郑忠信　沈阳冠卓牧业有限公司经理
石　磊　新民市新农村乡靠山屯村农民
邹权忠　新民市柳河沟镇大赵屯村党支部书记
佟成山　新民市兴隆镇图彦太村党支部书记
王宝存　新民市周坨子镇王甸子村农民
付德君(女)新民市大民屯镇毓宝台村党支部书记
陈述森　新民市于家窝堡乡小四台子村农民
田　高　辽中县城郊镇团结村农民
张立奎　辽中县城郊镇龙湾村农民
韩亚娟(女)辽中县六间房镇马三家村农民
丁　杰(女)辽中县养士堡镇养后村农民
潘成彬　辽中县茨于坨镇第四社区党支部书记
金　柱　辽中县肖寨门镇三北村党支部书记
孟春玉(女)康平县方家屯镇东小房身村党支部书记
于光远　康平县方家屯镇柳条沟村农民
李百昌　康平县北三家子街道三门张家村农民
徐晓明　康平县沙金台乡西一棵树村农民
齐宝生　法库县慈恩寺乡王义官屯村农民
单　鹏　法库县四家子蒙古族乡李祥堡村党支部书记
田洪久　法库县大孤家子镇山咀子村党支部书记
王兴波　法库县和平乡鲍家屯村党支部书记
李春阁　铁西区大潘街道侯家村党支部书记
王洪纯　铁西区四方台街道四方台村农业生产合作社理事长
霍俊忠　棋盘山开发区满堂街道上水社区党支部书记
崔　凯　皇姑区观音村花卉专业合作社副理事长
赵秀勇　沈河区东陵街道高官台村党支部书记
孔令财　大东区前进街道大洼村村委会主任

沈阳市先进单位

中捷机床有限公司
红塔辽宁烟草有限责任公司沈阳卷烟厂
沈阳金杯进出口有限公司
中航工业沈阳黎明航空发动机(集团)有限责任公司
沈阳造币有限公司
沈阳辽海装备有限责任公司
中国联合网络通信有限公司沈阳市分公司
中国移动通信集团辽宁有限公司沈阳分公司
沈阳农业大学
沈阳航空航天大学
辽宁省交通高等专科学校
沈阳环境科学研究院

中国医科大学附属第四医院
市中心血站
辽中县刘二堡九年一贯制学校
于洪区东湖学校
市社会养老和工伤保险管理局
市第一粮库
辽宁金秋实物业管理有限公司
交通银行沈阳铁西支行
沈阳储运集团物流配送有限公司
中国农业银行股份有限公司沈阳东陵支行
招商银行股份有限公司沈阳南湖科技开发区支行
市中华劳模出租汽车有限公司
市住宅小区管理办公室
市建筑节能墙体材料改革管理办公室
市园林科学研究院
市公路规划设计院
沈阳炼焦煤气有限公司
沈阳水务运营管理有限公司铁西营业分公司
市出租汽车市场管理办公室
和平区财政局
市规划和国土资源局和平分局
和平区房产局
沈河区纪律检查委员会
沈河区国家税务局
沈河区城市建设局
沈河区皇城街道办事处
沈河区五里河街道办事处
市公安局铁西分局
铁西区土地房屋征收管理办公室
铁西区七路街道办事处
皇姑区国家税务局
皇姑北部经济区管理委员会
大东区统计局
大东区东塔街道办事处
大东区农民工维权中心
沈阳沈抚新城管理委员会
东陵区(浑南新区)财政局
东陵区(浑南新区)城乡建设局
于洪区造化街道办事处
于洪区城乡管理局
市公安局于洪分局
于洪区征地拆迁管理办公室
市规划和国土资源局苏家屯分局
苏家屯区地方税务局
苏家屯区林盛街道办事处
苏家屯区农民工维权中心
沈北新区对外贸易经济合作局
沈阳手机产业园区管理委员会
沈阳蒲河新城管理委员会办公室
新民市行政审批服务中心
新民市周坨子镇人民政府
市艾克电缆厂
辽中县牛心坨镇人民政府
法库县法库镇人民政府
法库县招商局
康平县东关屯镇人民政府
康平县人民医院
沈阳棋盘山国际风景旅游开发区满堂街道办事处
沈阳经济技术开发区信访局
市财政局
市地方税务局
市残疾人联合会
市质量技术监督局
市委宣传部
市教育局
市人口和计划生育委员会
市烟草专卖局
沈阳出入境检验检疫局
市规划设计研究院
市文化宫
沈阳国有控股集团有限公司
市艺术学校
市电影公司新东北影城
市公安局刑事警察支队
市公安局行动技术支队
市公安局指挥中心
市数字化城市管理监督指挥中心
于洪区光辉街道东老边村村委会
沈北新区兴隆台街道兴隆台村村委会
苏家屯区大沟街道蔡家屯村村委会
新民市周坨子镇安坨子村村委会
辽中县冷子堡镇金山村村委会
法库县秀水河子镇高三家子村村委会
铁西区彰驿街道彰驿村村委会

沈阳市先进集体

特变电工沈阳变压器集团有限公司超大型项目公司引线装配组
北方重工集团有限公司盾构机分公司装配车间配管班
沈阳机床股份有限公司中捷立式加工中心事业部
沈阳鼓风机集团股份有限公司工艺部装配室
沈阳金杯车辆制造有限公司冲压车间
沈阳金发汽车钢圈制造有限公司涂装车间喷漆班
上海通用(沈阳)北盛汽车有限公司总装车间
沈阳化工股份有限公司质量管理处

东北制药集团股份有限公司人力资源部
红塔辽宁烟草有限责任公司沈阳卷烟厂卷包车间维保组
中航工业沈阳飞机工业(集团)有限公司数控加工厂王刚班
中航工业沈阳黎明航空发动机(集团)有限责任公司发动机装配厂传装班
辽沈工业集团有限公司军品研发中心
中国北车沈阳机车车辆有限责任公司新造分厂侧墙班
中国人民解放军第六九零三工厂通信车维修分队
东北煤田地质局物探测量队电法二队
中国移动通信集团辽宁有限公司沈阳分公司网络优化班组
市邮政局铁西区建设路支局
沈阳医学院病原生物学学科
东北大学信息科学与工程学院
辽宁中医药大学基础医学院
沈阳建筑大学建筑与规划学院
沈阳师范大学物理科学与技术学院
中煤国际工程集团沈阳设计研究院民爆器材工程设计所
市第五人民医院普外二科护理组
市第35中学语文教研组
盛京银行股份有限公司沈阳市沈河支行营业室
沈阳大东兴隆百货有限公司手机商品部
沈阳副食集团捷洁物业综合维修班
沈阳钢材配送中心(有限公司)保管科
市金融护卫中心驻中信沈阳分行中队
中兴——沈阳商业大厦(集团)股份有限公司国际化妆品卖区
市城市建设档案馆保管利用科
沈阳供电公司铁西供电分公司郭家供电营业所
市房产测绘中心预测科
沈阳热电厂锅炉专业本体班
市建设工程质量监督站
沈阳浑南水务集团有限公司
“数字和平”管理办公室
和平区法院立案一庭
和平区北市社区卫生服务中心
沈河区五里河街道药大社区
市城市管理行政执法局沈河分局直属三大队
沈河区住宅小区管理办公室
沈河区朱剪炉街道总工会
沈阳博宇有色金属炉料有限公司ERP事业部
铁西区安全生产监督管理局监察一科
铁西区检察院公诉科
市环境保护局皇姑分局审批科
皇姑区对外经济贸易合作局招商科
皇姑区黄河街道长南社区委员会
沈阳萃华金银珠宝股份有限公司批发部
大东区经济和信息化局经济运行科
瓦克华磁性材料(沈阳)有限公司手绕线班组
沈阳神龙药业有限公司中药提取班组
于洪区陵西社区卫生服务中心
沈阳北美木业有限公司压贴班组
苏家屯区工商行政管理局企业注册科
沈阳娃哈哈荣泰食品有限公司仓储科
沈北新区司法局办公室
今麦郎食品(沈阳)有限公司桶面班组
沈阳敏像科技有限公司SMT车间
新民市园林管理处新开河管理办公室
沈阳三九药业有限公司头孢原料药车间(合成A)班组
新民市地方税务局社会保险费科
辽中县公共资源交易管理办公室
辽中县公安局东街派出所
辽中县环境卫生管理处应急队
法库县种畜禽监督管理站
法库县工商行政管理局注册科
康平县动物卫生监督所
沈阳中恒新材料有限公司机修班组
康师傅(沈阳)饮品有限公司储运处
沈阳康福德高安运巴士有限公司115线路
经济技术开发区国家税务局办公室
市纪委第四纪检监察室
市政府办公厅综合一处
市国家税务局直属税务分局
市发展和改革委员会项目管理办公室
市食品药品监督管理局审批办
市外办礼宾新闻处
市中小企业服务中心
市金融办资本市场处
市检察院计划财务装备处
团市委机关党委
沈阳惠天热电股份有限公司第六分公司41号换热站
市回龙岗革命公墓业务科
市第二看守所
市公安局交通警察支队沈河大队
市公安局网络安全保卫支队五大队
市沈新劳动教养管理所一大队
市喜地果蔬种植专业合作社
沈北新区盛粮种植专业合作社
市孟达蔬菜种植专业合作社
市华征渔业专业合作社
辽中县东于花生种植专业合作社
康平县石头黄牛生产专业合作社
康平县华圣养猪专业合作社
法库县鑫牧肉牛专业合作社
法库县五龙山葡萄专业合作社

辽宁省"五四"荣誉奖章

鞠秀礼　沈阳市市委常委、市总工会主席

辽宁省"五四"奖章

于水鹏　沈阳广播电视台广告中心营销总监
刘炳旭　辽宁万豪平安客运有限公司董事长

沈阳市"五四"荣誉奖章

卜　海　沈阳市地方税务局党组成员、副局长
王　丽　沈河区教育集团总校、文化路小学校长
王恩富　中航工业沈飞集团纪委书记、工会主席
孔跃龙　沈阳鼓风机集团股份有限公司总经理
吕德国　沈阳农业大学园艺学院副院长
任凤云　沈阳市服务业委员会纪检组长、机关党委书记
刘　庆　华商晨报社副总编辑
刘东耀　中共沈北新区区委副书记
孙　勇　特变电工沈阳变压器集团有限公司副总经理
孙海燕　新民市人民政府副市长
牟景旭　辽宁省电力有限公司副总经理、沈阳供电公司总经理
李　军　沈阳经济技术开发区管委会副主任
李　超　沈阳市环境保护局局长、党组书记
李秀岭　沈阳市东陵区(浑南新区)教育局局长兼党委书记
李英华　中共大东区委副书记
杨文凯　中共沈河区委常委、区总工会主席
杨继业　中航工业黎明发动机(集团)有限责任公司党委副书记、纪委书记、监事会主席
佟伟仁　沈阳广播电视台纪委书记
张伟明　沈阳机床(集团)有限责任公司党委书记、副董事长
张国祥　沈阳水务集团有限公司董事长、党委书记
罗建春　沈阳市城市管理行政执法局党委书记
徐　克　中国医科大学附属第一医院院长
陶志伟　中共辽中县委常委、宣传部长
梁　威　沈阳市信访局纪检组长
黎学勤　中航工业沈阳发动机设计研究所党委书记、副所长
潘　岩　沈阳药科大学中药学院党委书记
潘艳君　沈阳日报报业集团集团副总裁、党委副书记、纪委书记
戴英杰　中共于洪区委常委、区总工会主席

沈阳市"五四"奖章

于海燕　沈阳市地方税务局机关团委书记
马殿荣　沈阳农业大学水稻所、研究室主任
王　飞　中国北车集团沈车公司管理中心主任助理
王　军　中共皇姑区委宣传部副部长
王　勇　沈阳蒲河新城公用事业管理局局长
王　琦　沈阳市苏家屯区中医医院副院长
王　翔　沈阳市沈北新区团区委书记
王义鑫　沈阳市致公党于洪区委主委、辽宁鑫驰建设工程有限公司总经理
王艺晓　沈阳市城市管理行政执法局团委副书记
王兆斌　沈阳市委办公厅行政处主任科员
王吹俊　沈阳沈北云水堂中医门诊部经理
王英豪　沈阳秋实物资回收连锁有限公司副经理
王胜夫　沈阳市公路规划设计院监理公司副经理
王艳秋　沈阳科通塑胶有限公司总经理
王晓磊　沈阳市和平区宣传部国防教育办主任
王德元　沈阳飞驰电气设备有限公司总经理
牛　静　沈阳黎明航空发动机(集团)有限责任公司技术中心冶金所热表分室主任
文　明　沈阳优文教育培训学校、沈阳爱明科技有限公司董事长
尹传义　辽宁世代房地产开发有限公司总经理
尹峥凯　沈阳急救中心通讯调度科科长
孔宇旗　特变电工沈变公司副总会计师
石新宇　沈阳实诚资产评估事务所董事长
叶　新　十二运沈阳赛区组委会综合办公室主任科员
付晓菊　沈阳市规划和国土资源局团委书记
邢　卓　沈阳市红十字会医院循环三病房护士长
朱为华　沈阳市公安局刑警支队专案一大队一中队副中队长
朱学谦　沈阳广播电视台新闻频道《沈阳新闻》栏目制片人
刘　刚　沈阳机床(集团)有限责任公司中捷立式加工中心事业部装配钳工
刘　迪　沈阳市信访局团委副书记
刘　洋　中建八局四公司沈阳佳兆业项目部施工员
刘　洋　沈阳市南昌中学副校长
刘　涛　十二运沈阳赛区组委会社会动员部综合处负责人
刘　璇　沈阳广播电视台《沈视早报》主播
刘大军　沈阳市新农村建设办公室副主任
刘艳飞　新民市国家税务局办税服务厅主任

关　杨　沈阳际华三五四七特种装具有限公司市场部部长助理、团委组织委员
江　山　沈阳市经信委工业信息化处处长
孙　巍　沈阳市沈河区教育局团委负责人
孙玉国　中铁沈阳四环快速路交通BT工程总包项目经理部常务副经理
孙志强　中航工业沈阳飞机制造（集团）有限公司总装厂装配工
孙智孝　中航工业沈阳飞机设计研究所无人机部部长、党支部书记
贠　雷　沈阳清华同方信息港有限公司副总经理
芮　佳　沈阳市养老院行政保管员
李　末　沈阳市沈河团区委副书记
李　军　沈阳建筑大学市政与环境工程学院教师
李　锋　沈阳华晨金杯汽车有限公司党办主任团委书记
李　楠　沈阳副食集团商超部大东店收银员
李　鹏　沈阳鼓风机集团安装检修配件有限公司项目管理室主任
李　新　沈阳市政府办公厅文电处副处长
李远宏　中国医科大学附属第一医院皮肤性病科副主任
李春莉　沈阳药科大学生命科学与生物制药学院副教授
李海燕　沈阳仪表科学研究院团委书记、党支部书记
杨　光　沈阳青年收藏家协会会长、副教授
杨　帆　沈阳供电公司团委书记
杨　鑫　沈阳市纪委办公厅副主任、秘书处处长
杨权学　辽宁坤霖机械设备有限公司总经理
杨怡宁　中共沈阳市委组织部干部教育处副调研员
杨艳艳　沈阳化工大学经济管理学院学生
吴　迪　沈阳儿童活动中心声乐教师
吴书香　沈阳市苏家屯区八一街道团工委副书记、官立堡村团支部书记
吴男嘉　沈阳新海扬帆系统集成有限公司董事长
吴法勇　沈阳发动机设计研究所发动机装配室主任
邱广蓉　中国医科大学基础医学院遗传教研室党支部书记
沈　涛　沈阳市外经贸局外商投资企业管理服务处副处长
张　帆　沈阳市工商行政管理局注册分局审批员
张　伟　北方重工设计研究院副所长
张　阳　沈阳兴华航空电器有限责任公司团委书记
张　丽　安利（中国）日用品有限公司辽宁分公司公共事务经理
张　恒　沈阳市东陵区（浑南新区）分局巡警大队副大队长
张　鑫　东北大学教授
张成铭　辽宁易简律师事务所律师
张如一　中国刑事警察学院团委书记
张芮溪　沈阳移动公司皇姑区营业部营销业务员
陈　扬　沈阳市法库县教育局团委书记、政协常委
陈　璐　沈阳音乐学院团委书记、学生处副处长
陈建强　中铁航空港集团辽宁工程有限公司沈阳四环项目部项目经理
陈博婷　沈阳博奥管理咨询有限公司董事长
陈霄汉　沈阳奉天娇子商务信息咨询有限公司总经理
宋　扬　沈阳市工商行政管理局公平交易执法处二科科长
周学赓　沈阳市环保局开发区环境管理处副主任科员
郑海龙　中共铁西区委常委、副区长、开发区管委会副主任
孟　卓　沈阳市纪委第四纪检监察室主任科员
胡　喆　沈阳市铁西区凌空社区卫生服务中心党支部书记
胡金玉　新民市大民屯镇党委副书记、纪委书记
钟　宇　沈阳市东陵区（浑南新区）营城子街道施家寨村党支部书记
钟翔宇　沈阳施泓图交通设计院有限公司总经理
侯莹莹　红星美凯龙东北区域中心人力资源部部长、区域办公室主任
姚奎栋　沈阳航空航天大学团委书记
耿跃铁　沈阳建筑大学管理学院教师
夏卫军　沈阳新湖物业管理有限公司总经理
徐　东　沈阳市财政局地铁资金管理处处长
徐　玲　沈阳何氏眼科医院医疗副院长
高　勇　北方重工集团有限公司输送设备分公司研究所设计室主任
高千荣　辽宁林业职业技术学院学生处处长
郭　磊　北大学通信与信息系统研究所副所长
郭正学　十二运沈阳赛区组委会场馆建设部综合处处长
唐昕弘　沈阳市化工学校化工系副主任
黄　健　沈阳药科大学中药学院副教授、硕士研究生导师
曹　阳　东北育才学校党办副主任、团委书记
龚大龙　沈阳市城市管理行政执法局铁西分局团委书记、机动一大队大队长
康国栋　沈阳市法库县丁家房镇帮牛堡村党支部副书记
梁风雁　沈阳音乐学院外事秘书
彭　博　沈阳百世木业有限公司经理
韩　军　沈阳市苏家屯区陈相街道办事处党工委副书记、纪工委书记
裘永权　沈阳市九豪管业集团董事长
赖博熙　辽宁大学团委副书记
路忠郊　沈阳市大东区城市管理局汽车一队修理工
解紫达　沈阳力尔环保科技有限公司总经理
窦凌君　新民市花满楼礼仪庆典公司总经理
蔡　昊　辽宁广播电视台新闻主播
臧广颐　沈阳市公安局皇姑分局寿泉派出所副所长
薛　丽　沈阳客运集团公司团委书记

沈阳市“五四”奖状

沈阳五里河建设发展有限公司
沈阳市公安局交警支队女子特勤大队
沈阳市会计人员服务中心
共青团沈阳市地铁建设指挥部机关委员会

沈阳市浑南新城建设工作领导小组办公室综合建设部道路组
沈阳体育学院自由式滑雪空中技巧队
沈阳市质量技术监督局便企惠民服务大厅
共青团沈阳师范大学委员会
共青团沈阳金杯车辆制造有限公司委员会
共青团东北制药集团有限责任公司委员会
沈阳市惠泽种植专业合作社
共青团沈阳建筑大学管理学院委员会
共青团中航工业沈阳飞机工业(集团)有限公司委员会
共青团中国医科大学附属第一医院委员会
共青团沈阳医学院委员会
共青团沈阳农业大学委员会
共青团沈阳市大东区上园街道团工作委员会
共青团沈阳市和平区人民法院委员会
沈阳住房公积金管理中心大东管理部
共青团沈阳市地方税务局第三稽查局支部
沈阳机床股份有限公司中捷立加事业部
共青团沈阳兴华航空电器有限责任公司团委
共青团沈阳铁路信号有限责任公司委员会
沈阳市皇姑区地方税务局
共青团沈阳理工大学委员会
共青团沈阳市规划和国土资源局机关工作委员会
于洪区数字化城市管理监督指挥中心
共青团中国移动辽宁公司沈阳分公司委员会
共青团铁西区人民法院委员会
共青团辽中县委员会

全国“三八”红旗集体

中航工业沈飞37厂日电缆工段

辽宁省“三八”红旗手

杨怡畔	沈阳市皇姑区行政事业单位财务集中管理办公室主任
唐乐珍	中国沈阳国际经济技术合作公司党委书记、总经理
王　静	沈阳市信访局办公室主任
吴丽华	沈阳市骨科医院党委书记兼副院长
房国荣	国税大东分局珠林所所长
田丽娇	沈阳机床(集团)有限公司沈一车床厂涂装车间整机喷漆工
赵月英	沈阳市妇联副主席
郭　艳	中航工业沈飞工会女工生活部部长
唐翠颖	新民市翠颖畜牧专业合作社理事长
孙　波	沈阳地铁集团有限公司运营分公司副总经理

辽宁省“三八”红旗集体

沈阳市行政审批服务中心管理办公室
沈阳华晨东兴汽车零部件有限公司冲压车间一工段
沈阳晚报活动部
沈阳市新开河园林管理所北陵班
沈阳市中级人民法院立案一庭

沈阳市“三八”红旗手

十佳工业女标兵

王　宏	沈阳工业国有资产经营有限公司副总经理
王晓娟	华晨汽车工程研究院传动处处长
王聪梅	沈阳黎明航空发动机(集团)有限责任公司首席技术专家
卢　敏	红塔辽宁烟草有限责任公司沈阳卷烟厂制丝车间乙班切丝组班长
田丽娇	沈阳机床股份有限公司沈一车床厂涂装车间喷漆工
刘　颖	沈阳国有控股集团有限公司资产经营部部长
陈立新	沈阳鼓风机集团股份有限公司定子车间工人
赵颖梅	东北制药集团销售有限公司副总经理
梁春颖	北方重工集团有限公司进出口公司业务九部部长
富　莉	沈阳轻工研究设计院党委副书记

十佳致富女能手

于洪萍	新民市农联种子有限公司副经理
张晓华	辽中县肖寨门镇文武酒厂经理
邵　冰	市金凤牧禽养殖专业合作社董事长
周晓艳	沈阳狮子王工贸有限公司总经理
屈淑莲	新民市联友养殖专业合作社理事长
庞成娟	法库县马鞍山树莓专业合作社理事长
祝旭东	东陵区(浑南新区)农林技术推广中心副主任
赵星梅	于洪区光辉街道西老边村农机合作社理事
常淑娟	康平县农村经济局科教科副科长
梁桂荣	苏家屯区陈相街道桃木村农民

十佳白衣天使

王树公	市骨科医院骨伤二病房护士长
王静娥	市第一人民医院神经内三科主任
刘继辉	市口腔医院正畸科副主任
孙艳杰	沈阳急救中心院前出诊护士
宋　巍	市疾病预防控制中心艾滋病性病防制科科长
张　娟	市胸科医院院长兼党委副书记

张红敏　市第九人民医院特病科主管护师
李　丹　市第四人民医院党委书记兼副院长
郑　钰　市第五人民医院心内一科主管护师
魏　棣　市中医院心病内科主任

十佳女园丁

王　鑫　市信息工程学校教师
王丽君　大东区善邻路第二小学校长
关亚静　市第一二六中学教师
回　丽　沈阳航空航天大学机电工程学院副院长
孙　丽　沈阳建筑大学土木工程学院副教授
张　芳　市第七中学教师
李　昕　招生考试通讯杂志社副社长
李淑云　辽宁大学党委组织部部长、国际关系学院院长
郑敏越　新民市高级中学教师
高建华　市培英中学教师

十佳交通女使者

王金桂　沈阳地铁集团有限公司运营分公司质量工程师
包丽华　市交通局公路管理处养护科科长
叶　松　沈阳经纬客运有限公司乘务员
刘　萍　市道路运输管理处副处长
吕文芹　沈阳高等级公路建设总公司材料设备公司项目工程科科长
朱翠翠　沈阳客运集团公司黄河公共汽车分公司217路车驾驶员
张秀艳　沈阳安安运输有限公司总经理
李玉芳　沈阳地铁集团有限公司运营分公司客运中心调度部运输策划主任工程师
赵海巍　沈阳地铁集团有限公司运营分公司收益审核结算员
崔海英　沈阳自由出租汽车有限公司经营户

十佳服务女明星

王　宁　法库县超市发生活购物广场总经理
王春梅　中兴－沈阳商业大厦(集团)股份有限公司儿童世界卖区欧琪达专柜店长
刘　毅　沈阳副食集团东副超市有限公司菜组班长
吕玉琴　沈阳水务集团有限公司大东营业分公司用户服务中心主任兼调度长
张迎春　市供销合作社联合社合作指导处处长
张桂杰　沈阳燃气铁西营业分公司地区经营管理员
李　莉　盛京银行沈阳市万泉支行营业室经理助理
郑丽华　沈阳丽华姐妹手工编织站站长
崔轶平　市服务业委员会生产资料流通处主任科员
黄　琳　中兴－沈阳商业大厦(集团)股份有限公司收银员

十佳城市美容师

王　莹　沈阳环境科学研究院环评二室副主任
冯　岩　市市政公用工程监理有限公司副经理
冯　涛　于洪区绿化委员会城市办公室副主任
杨　桢　市环境监察支队副支队长
陈　岩　市园林科学研究院科研办主任
金丽文　市运河风景管理处新开河管理所维修班班长
钟立英　和平区城市管理局太原街城管环卫管理所清扫班班长
高秀华　市老虎冲垃圾处理有限责任公司填埋部地衡班操作员
曹　忠　市市政工程养护管理处桥梁修建一队党支部书记
鲁　瑶　市城市建设管理局市容景观管理处处长

十佳女新闻工作者

付　饶　沈阳广播电视台新闻频道记者
叶　青　沈阳日报科教新闻部主任记者
刘玉蕾　沈阳广播电视台主持人
张红军　沈阳晚报体育部主任
李　丹　沈阳广播电视台广告部主任
李英莉　沈阳广播电视台制片人
杨　曼　沈阳广播电视台交通都市广播副总监
侯佳音　沈阳网新闻中心编辑
赵红霞　沈阳晚报编辑中心副主任
韩　冰　沈阳日报政治新闻部记者

十佳女检察官

乔玉英　苏家屯区人民检察院公诉科科长
刘　洋　大东区人民检察院公诉科科长
佟　彤　市人民检察院民事行政检察处检察员
吴海伦　市人民检察院法律政策研究室检察员
宋　阳　市人民检察院控申处检察员
张　新　市人民检察院反渎职侵权局侦查处检察员
杨艳丽　市人民检察院反贪局副主任
林　巍　市人民检察院侦查监督处检察员
赵凤兰　市人民检察院公诉处主诉检察官
肇艳波　新民市人民检察院纪检监察室主任

十佳女社区工作者

刁　璇　皇姑区黄河街道珠东社区党委副书记兼副主任
王　革　皇姑区华山街道鲲鹏社区党委书记兼主任
吕兆梅　和平区新华街道华光社区党委书记兼主任
闫　华　大东区洮昌街道北海社区党委书记兼主任
吴丽君　铁西区保工街道繁荣东社区党委书记兼主任
杨丽华　铁西区兴工街道九委社区党委书记兼主任
苏玲俐　沈河区山东庙街道三八南社区党委书记兼主任
郑　秀　沈河区风雨坛街道永环社区党委书记兼主任

胡静琴 和平区南湖街道文安路社区党委书记兼主任
穆桂荣 大东区津桥街道莱茵河畔社区党委书记兼主任

"巾帼建功"标兵

王玉文 和平区公园管理处党支部书记
王杨丽 沈阳福迪丰实业公司总经理
刘红宇 沈阳二O四医院副院长
刘黎明 中共沈阳市委组织部组织一处处长
孙艳凤 市儿童福利院副院长
张 琰 苏家屯区中心医院工会干事
李佳旻 市公安局出入境管理处主任科员
陈立杰 沈阳农业大学植物保护学院教授、博士生导师
罗 丽 市教育局机关党委副书记
姚春艳 沈阳地铁集团有限公司总工办主任
秦 思 市人力资源和社会保障局妇委会主任
程立平 市人口计生委宣教处处长

"双学双比"标兵

马秀华 新民市周坨子镇安坨子村妇代会主任
王焕玲 沈阳棋盘山国际风景旅游开发区满堂街道上木社区个体户
可敬华 沈北新区尹家乡尹家村村民
刘 敏 康平县北四家子乡三合堡村计生主任
刘晶晶 辽中县沈宏寒富苹果种植专业合作社董事长
冷 杰 法库县卧牛石乡孙家屯村洪元油坊经理
吴忠莲 东陵区(浑南新区)王滨街道尖山子村村民
张素兰 苏家屯区姚千街道刘千村村民
李桂杰 铁西区新民屯街道(镇)新东社区村民
杨 洋 市众磊科技示范基地总经理
康永梅 于洪区马三家街道皮台村书记
富晓梅 辽中县冷子堡镇社甲村村民
丁玉莲 市司法局公证管理处处长
丁庶君 市政府采购中心监察处副处长
丁雅妮 沈阳名流美容医院院长
于 莹 沈阳铁路第五小学校长
于红砚 市科技局农村与社会发展处副处长
马利戎 市第三十三中学校长
王 纯 和平区城市协同服务监督指挥中心主任
王 霞 大东区晚霞托老所院长
王 莹 市地方税务局货物和劳务税处主任科员
王 萍 沈阳棋盘山国际风景旅游开发区财政局副局长、会计核算中心主任
王冬梅 沈阳蒲河新城监察局局长
王永丽 苏家屯区八一街道来胜村妇代会主任
王丽清 苏家屯区浑南灌区管理处业务主任
王怡平 中兴——沈阳商业大厦(集团)股份有限公司毛织品卖区经理
王桂杰 康平县地方税务局人事监督科科长
王爱武 沈河区教育局工会主席兼纪委书记
王素丽 辽中县辽中镇胜利社区书记
王素慧 辽中镇第一小学教师
王银华 市中级人民法院民二庭审判长
王颖坤 东陵区(浑南新区)财政局局长
左 冬 中国北车集团沈阳机车车辆有限责任公司工会干事
边 波 新民市公路管理处主任、党委副书记
乔 旭 市环保局宣传教育中心主任
关 健 浑南新城农民工维权中心办公室主任
关 艳 市新兴中学教师
刘 洋 沈阳日报经济新闻部记者
刘 丽 沈阳城市公用集团有限公司财务审计部部长
刘 俏 皇姑区妇联组宣部部长
刘 琪 康平县东关屯镇妇联主席
刘力佳 市公安局交警支队女子特勤大队副主任科员
吕荣文 市第一粮库品控部部长
孙 菲 市地方税务局社保处副处长
孙晓梅 市环保局机关党委专职副书记
安春鸿 市公安局刑警支队技术二处主任科员
曲 越 省黄金管理局高级工程师
朱丽艳 沈阳康利托老养护院院长
何 红 于洪区妇联副主席
吴丽华 市骨科医院党委书记兼副院长
宋 莉 市财政局行政政法处处长
宋桂英 辽宁新北方装饰建材城有限公司董事长
张 秀 于洪区城乡管理局南阳湖环境卫生管理所副所长
张 杰 市金融商贸开发区地税分局契税大厅负责人
张 莉 市城建房地产开发有限公司工会主席
张 琳 市政府研究室主任科员
张 滨 市统计局服务业与社会科技处副处长
张大鹏 市城市管理行政执法局指挥调度处副处长
张亭亭 皇姑区好女人家庭服务中心总经理
张雪松 市城乡建设委员会计划处处长
李文梓 沈北新区中心医院党委书记
李英娜 沈阳广播电视台新闻频道《沈视早报》栏目主持人
李爱华 新民市第一高级中学教师
李旗红 沈阳京剧院党委副书记兼青年团团长
李静茹 沈河区招商管理服务局局长
杨君霞 市委政法委机关党委专职副书记
汪 虹 铁西区工人村街道清乐社区党委书记
沈 毅 中国航空工业集团公司沈阳发动机设计研究所自然科学研究员
陈 萍 沈阳广播电视台办公室工作人员
陈冬梅 铁西区勋望小学校长

宝兆明　市妇联机关党委专职副书记
武怡如　市地方税务局机关党委组织员
范俐娟　和平区卫生局党委书记
郑肖立　市信访局区县指导处副处长
郑襄勤　市建筑节能墙体材料改革管理办公室副主任
金　丽　东陵区(浑南新区)妇联权益部部长
金　莉　第十二届全国运动会沈阳赛区组委会财务部预算审核处副处长
信醒鹏　沈河区东陵街道办事处主任
羿素贤　苏家屯区永乐街道宝相屯村支部书记
胡　喆　铁西区凌空社区卫生服务中心党支部书记
赵　琳　市公安局铁西分局法制大队民警
赵　薇　市烟草专卖局机关党委专职副书记
赵　伟　法库县教育局党办主任
赵桂芝　辽宁大学经济学院财税系主任
赵萍萍　市城市节约用水管理办公室给排水工程师
姜凤英　市公安局党委委员、国保支队队长
唐　彦　市信访大厅积案化解办公室工作人员
徐　瑶　市公安局于洪分局刑警大队民警
徐志杰　中兴——沈阳商业大厦(集团)股份有限公司男装卖区经理
栾晶晶　市法院未成年庭审判员
耿　爽　新民市周坨子镇妇联主席
贾英莉　市工商行政管理局人事处副处长
贾鸣峰　皇姑区辽河街道办事处党工委副书记
贾洪扬　大东区尚品学前教育集团总园长
郭　卓　沈阳化工大学材料学院副教授
高　岩　市规划和国土资源局大东分局局长
高丽华　市养老院书记
高丽莎　市食品药品监督管理局皇姑分局局长
崔婀娜　沈阳大学信息工程学院教师
康　敏　市气象局机关党委专职副书记
梁宝娟　沈阳三生制药有限责任公司车间主管
阎志伟　沈北新区地方税务局人事教育科科长
黄彦红　市妇女儿童保健中心主任
焦春青　和平区集贤街道办事处党办主任
董继英　法库县政府办公室副主任兼人防办主任、地震局局长
董蓓蓓　第十二届全国运动会沈阳赛区组委会综合办公室副主任
谢　湘　市妇联宣传部干事
韩　冰　康平县精神病防治院行政副院长
窦丽丽　辽中县妇联组织部部长
鄢春华　市私营企业协会副秘书长
管连霞　法库县中心医院党总支副书记、副院长
潘　伟　铁西区工人村街道阳光家园园长
魏　蕾　市公安局大东分局审计科科长

沈阳市“三八”红旗集体

和平区行政审批服务中心管理办公室
沈河区南塔街道办事处
市城市管理行政执法局沈河分局女子勤务区大队
铁西区行政事业单位财务核算中心
三一重型装备有限公司财务本部
皇姑区卫生局妇委会
皇姑区地方税务局
大东区财政局
大东区人民法院民事审判一庭
东陵区(浑南新区)工商局宣传教育科
于洪区实验幼儿园
沈北新区地方税务局办税服务厅
苏家屯区湖西街道葵花社区
沈阳棋盘山国际风景旅游开发区党工委管委会办公室
市国税局直属税务局收入核算科
沈阳化工股份有限公司聚氯乙烯分厂分析室
沈阳供电公司档案管理中心
沈阳航天新乐有限责任公司三十七厂
沈阳城市通有限公司黄河大街业务受理中心
沈阳恒信国有资产经营有限公司人力资源(党群工作)部
中国家具城股份有限公司财务核算中心
鲁迅美术学院染织服装艺术设计系
东北育才实验学校小学部
皇姑区怒江街小学
市第六人民医院九病房
市第七人民医院皮肤科
市城市建设档案馆项目科
沈阳12319建设事业热线服务中心
沈阳薇薇美容有限公司
市司法局基层指导处
市公安局苏家屯分局审批大厅
市中级人民法院督查室
市公安局交警支队女子特勤大队
辽宁地税12366沈阳市呼叫中心
沈阳日报政治新闻部
沈阳交通服务热线(96123－3)
沈阳儿童活动中心实验幼儿园

统 计 资 料

1—1 行 政 区 划

Administrative Divisions

单位:个 (unit)

地 区	Region	街道办事处 Subdisrtict Offices	社区管委会 Resident's Committees	乡人民政府 Township Government	镇人民政府 Town Government	村民委员会 Village Committees
全 市	**Total**	**137**	**897**	**20**	**57**	**1252**
市 区	**Districts under City Administration**	**131**	**795**			**367**
5个中心区	**Five Central Districts**	**74**	**567**			**72**
和平区	Heping	13	91			
沈河区	Shenhe	15	108			
大东区	Dadong	14	118			
皇姑区	Huanggu	12	122			2
铁西区	Tiexi	20	128			70
其它4个区	**Other Four Districts**	**57**	**228**			**295**
苏家屯区	Shujiatun	17	51			121
东陵区	Dongling	14	44			16
沈北新区	Shenbei New	14	46			76
于洪区	Yuhong	12	87			82
市辖县(市)	**Counties under City Administration**	**6**	**102**	**20**	**57**	**885**
辽中县	Liaozhong		42		20	163
康平县	Kangping	1	12	7	7	162
法库县	Faku		15	7	12	225
新民市	Xinmin	5	33	6	18	335

1—2 分地区土地面积、户数和人口数
Land Area, Households and Population By Region

地　区	Region	土地面积（平方公里）Land Area (sq. km)	户　数（万户）House Hold (10000 units)	人口数（万人）Population (10000 persons)	人口密度（人/平方公里）Population Density (person/sq. km)
全　市	**Total**	**12860**	**255.1**	**722.7**	**562**
和平区	Heping	60	22.8	65.5	10914
沈河区	Shenhe	58	26.7	74.3	12802
大东区	Dadong	100	25.3	69.7	6969
皇姑区	Huanggu	66	28.3	80.9	12263
铁西区	Tiexi	284	31.9	87.2	3070
苏家屯区	Shujiatun	782	15.8	42.9	549
东陵区	Dongling	733	9.5	26.4	361
沈北新区	Shenbei New	889	11.1	32	360
于洪区	Yuhong	499	14.2	40.2	806
辽中县	Liaozhong	1645	19.2	54	328
康平县	Kangping	2167	11.9	35.1	162
法库县	Faku	2281	13.8	44.7	196
新民市	Xinmin	3296	24.6	69.8	212

1—3 人民物质文化生活
People's Material and Cultural Life

指　标	Item	2000	2005	2010	2011
城镇非私营单位职工平均工资(元)	Average Wage of Employeers in Non-private Sector in Cities and Towns(yuan)	6995	16393	38553	-
城市居民人均可支配收入(元)	Per Capita Annual Disposable Income of Residents (yuan)	5850	10098	20541	23326
农村居民人均纯收入(元)	Per Capita Annual Net Income of Rural Residents (yuan)	3135	.5050	10022	11575
人均社会消费品零售总额(元)	Per Capita Retail Sales of Consumer Goods(yuan)	8310	13144	25675	29804
人均储蓄额(元)	Per Capita Balance of Saving Deposit(yuan)	14152	25028	46390	51605
城市人均住宅建筑面积(平方米)	Per Capita Living Floor Space of Building Construction in Urban Areas(sq. m)	17.4	23.4	32.84	-
农民人均住房面积(平方米)	Per Capita Housing Floor Space of Rural(sq. m)	21.8	25.1	26.51	27.29
燃气普及率(%)	Percentage of Households With Access to Tap Gas %	97.3	92.5	100	-
人均日生活用水(升)	Per Capita Water Consumption For Living (litre)	192.2	143.4	152.46	-
人均日生活用电(千瓦/小时)	Per Capita Electricity Consumption for Living(kwh)	0.9	1.2	1.7	1.7
每百户城市居民家庭拥有	Number of Sets Per 100 Households in City				
家用汽车(辆)	Home Cars (set)	1.0	2.4	14.8	15.8
家用电脑(台)	Home Computer(set)	9.6	45.8	88.2	75.1
移动电话(部)	Mobile Telephone(set)	18.8	104.0	206	177.7
每千人口拥有医院床位(张)	Number of Beds in Hospital Per 1000 Persons (unit)	5.3	4.9	6	6.2
建成区绿化覆盖率(%)	Green Land Coverage Rate in Eslablished Zone(rate)	23.9	40.7	42.01	42
城区人均公园绿地面积(平方米)*	Per Capita Park Green Land Area in Urban Areas(sq. m)	4.3	12.0	12.72	12.42

注:2005 年及以前为建成区人均公共绿地面积。

Note: It was per capita public green land area in established zone before 2005.

1—4 平均每天主要社会经济活动
Average Daily Main Social and Economic Indicators

指 标	Item	2000	2005	2010	2011
每天创造的财富	**Daily Production**				
地区生产总值(万元)	Gross Domestic Product(10000 yuan)	29233	57100	137467	162074
农林牧渔业总产值(万元)	Cross Output Value of Agriculture, Forestry, Animal Husbandry and Fishery(10000 yuan)	3659	6522	12189	14651
地方财政一般预算收入(万元)	General Budget Incom of Local Government(10000 yuan)	1624	3785	12749	16990
每天服务量	**Daily Service Supply**				
用电量(万千瓦/时)	Output of Electricity(10000 kwh)	3107	4226	6523	7058
供水量(万吨)	Output of Water(10000 tons)	162.4	153.4	143.7	146.5
货运量(万吨)	Freight Traffic(10000 tons)	41.7	42.7	47.5	53.2
铁路、公路、民航客运量(万人)	Passenger Traffic of Railways, Highways and CivilAviation (10000 persons)	18.1	23.6	84	86.6
市内公交客运量(万人次)	Passenger Traffic of Buses in City(10000 persons)	221.1	229.5	328.8	322.2
邮电业务量(万元)	Telecommunication Services(10000 yuan)	1261.4	3152.1	7671.6	3078.1
每天人口变动	**Population**				
出生人口(人)	Birth(person)	156	135	149	153
死亡人口(人)	Death(person)	126	118	161	155
迁入人口(人)	Move In(person)	196	246	191	199
迁出人口(人)	Move Out(person)	121	134	100	105

1—5 国民经济和社会发展结构
Structure on National Economic and Social Development

指 标	Item	2000	2005	2010	2011
人口结构	Struture of Population				
#农 业	#Farming	36.8	35.5	34.7	-
非农业	Non - agriculture	63.2	64.5	65.2	-
#男 性	#Male	50.6	50.2	49.8	49.7
女 性	Female	49.4	49.8	50.2	50.3
地区生产总值结构	Structure of Gross Domestic Product by Region				
第一产业	Primary Industry	7	6.1	4.6	4.7
第二产业	Secondary Industry	39	43.5	50.7	51.2
#工业	#Industrial	34.5	37.7	45.8	46.1
第三产业	Tertiary Industry	54	50.4	44.7	44.1
全社会固定资产投资结构	Structure of Tolal Investment in Fixed				
#房地产开发	#Real Estate Development Assets	24.4	30.3	35	36.9
第一产业	Primary Industry	2.9	1.8	2	1.6
第二产业	Secondary Industry	28.9	38.2	35.7	34.4
第三产业	Tertiary Industry	68.2	60	62.3	64
规模以上工业总产值结构	Structure of Gross Industrial Output Value above Designated Size				
轻工业	Light Industry	23.8	26.2	26.1	26.5
重工业	Heavy Industry	76.2	73.8	73.9	73.5
农林牧渔业总产值结构	Structure of Gross Output Value of Farming, Foresty, Animal Husbandry and Fishery				
农 业	Farming	54.5	38.4	39.2	38.3
林 业	Forestry	1	2.2	1.7	1.5
牧 业	Husbandry	37.5	48.7	50.6	52.4
渔 业	Fishery	7	6.7	4.5	4.1
农林牧渔服务业	Farming, Forestry, Animal Husbandry, Fishery and Service		4	4	3.7

注:从2000年起调整为新行业分类口径

Note: It was adjusted to a new principle of industrial classification from 2000.

1—6 国民经济主要指标
Main Indicators of National Economy

指 标	Item	2000	2005	2010	2011
年末总人口(户籍人口)(万人)	Year—end Total Population(10000 persons)	685.1	698.6	719.6	722.7
#市区人口	Urban	485	495.9	515.4	519.1
城镇非私营单位从业人员数(万人)	Employees in Non - private Sector in Cities and Towns(10000 persons)	127.8	100.2	110.4	120.8
地区生产总值(亿元)	Gross Domestic Product(100 million yuan)	1067	2084.1	5017.5	5915.7
第一产业	Primary Industry	74.3	126.3	232.7	279.1
第二产业	Secondary Industry	416.4	906.3	2529.9	3026.9
#工业	#Industry	367.7	786.3	2283.5	2725.8
第三产业	Tertiary Industry	576.4	1051.5	2254.9	2609.8
人均地区生产总值(元)	Per Capita Gross Domestic Product(yuan)	14911	28089	62357	72648
规模以上工业总产值(亿元)	Gross Industrial Output Value(100 million yuan)	714.3	2195.2	9612.5	10880.6
规模以上工业高新技术产品产值(亿元)	High - new Technology Industrial Output Value above Designated Size(100 million yuan)		977.8	3890	4617.7
规模以上工业增加值(亿元)	Value - added of Industry above Designated Size Industrial Enterprises(100 million yuan)	190	652.1	2361.4	2960.9
规模以上工业主营业务收入(亿元)	Revenue from Principal Business above Designate Size Industrial Enterprises(100 million yuan)	705.3	2045.5	9399.6	10843.7
规模以上工业固定资产净值(亿元)	Net Value of Fixed Assets above Designated Size Industrial Enterprises(100 million yuan)	621.1	876.2	2236.8	2285.9
规模以上工业实现利润(亿元)	Profit on Industry above Designated Size Industrial Enterprises(100 million yuan)	29.1	46.2	673.3	712.6
规模以上工业实现利税(亿元)	Pre—tax Profit on Industry above Designated Size Industrial Enterprises(100 million yuan)	64.2	118.5	996.8	1058.7
规模以上工业能源最终消耗总量(万吨标煤)	Total Energy Consumption above Designate Size Industrial Enterprises(10000 tons of SCE)		805.5	1334.1	1422.9
#工业生产用(万吨标煤)	#Industry(10000 tons of SCE)		782.2	1244.5	1403.5
农林牧渔业总产值(亿元)	Total Output Value of Farming, Forestry, Animal Husbandry and Fishery(100 million yuan)	133.5	238	444.9	534.8
固定资产投资(亿元)	Total Investment in Fixed Assets(100 million yuan)	262.2	1363.2	4139.1	4560.6
#国有固定资产投资	#State - owned Investment in Fixed Assets	116.2	336.3	669	836.5
集体固定资产投资	Investment of Collective Units in Fixed Assets	14.2	51.9	116	79.4
个人投资	Investment of Individuals on Buildings	9.5	26.3	37.2	19.9
社会消费品零售总额(亿元)	Total Retail Sales Value of Consumer Goods(100 million yuan)	566	915.1	2105.6	2426.9
进出口总额(亿美元)	Total Exports and Imports (USD 100 million)	26.8	45.9	78.6	106.2
出口总额(亿美元)	Total Exports(USD 100 million)	13	23.7	40.8	48.3
进口总额(亿美元)	Total Imports(USD 100 million)	13.9	22.2	37.8	58
实际利用外商直接投资(亿美元)	Total Foreign Capital Actually Used(USD100 million)	7.1	21.2	50.5	55
全社会用电量(亿千瓦时)	Total Electricity Consumption(100 million kwh)	110.4	154.3	238.1	257.6
货运总量(万吨)	Total Freight Traffic(10000 tons)	15221.2	15571	17348	19406
客运总量(万人)	Total Passenger traffic(10000 persons)	6620	8629	30658	31625
地方财政一般预算收入(亿元)	Local Intra—budgetary Revenue(100 million yuan)	59.3	138.1	465.3	620.1
地方财政一般预算支出(亿元)	Local Intra—budgetary Expenditure(100 million yuan)	89.4	217	516.6	639.3
金融机构本外币存款余额(亿元)	Deposits of Banking System including Ren Ming Bi and Foreign Currency(100 million yuan)		3696.6	8254.2	9040.7
金融机构本外币贷款余额(亿元)	Loans of Banking System including Ren Ming Bi and Foreign Currency(100 million yuan)		2355.7	6068.4	7040
城乡居民储蓄本外币年末余额(亿元)	Year—end Deposit of Residents including Ren Ming Bi and Foreign Currency(100 million yuan)		1847.1	3394.9	3778.3
在校学生总数(万人)	Total Students Enrollment(10000 persons)	189.3	125.5	119.4	121.1
#高等教育院校在校学生数	#Institutions of Higher Education	20.6	35.3	42.8	45.7
中等专业学校在校学生数	Secondary Schools	3.7	5.8	7.5	7.1
普通中学在校学生数	Regular Secondary Schools	36.5	37.2	30.2	29
小学在校学生数	Primary Schools	52.5	39.7	33.8	34.3
各种卫生机构床位数(万张)	Number of Beds in Health Institutions(10000 units)	36116	34033	42822	44634
医生数(万人)	Number of Doctors(10000 persons)	20656	19255	20859	22002
居民消费价格指数(%)	General Consumer Price Indices(%)	100.1	100.7	102.9	105.4
商品零售价格总指数(%)	General Retail Price Indices of Commodities(%)	98	99.3	102.6	105.2
城市居民人均可支配收入(元)	Per Capita Annual Disposable Income of UrbanResidents(yuan)	5850	10098	20541	23326
农村居民人均纯收入(元)	Per capita Annual Net Income of Rural Residents(yuan)	3135	5050	10022	11575
城镇非私营单位从业人员工资总额(亿元)	Total Salary of Staff in Non - private Sector in Cities and Towns(100 million yuan)	121.7	196.7	446.2	530.1
城镇非私营单位从业人员年平均工资(元)	Per Capita Salary of Staff in Non - private Sector in Cities and Towns(yuan)	9394	19580	40565	44585

注:①2008 年以前人均地区生产总值按户籍人口推算,2008 年以后按常住人口推算;②在校学生总数包括普通教育和成人教育;③地方财政一般预算收入 2007 年口径变化,与历年不可比。

Note: ①Before 2008, percapita GDP was calculated according to the registered population. After 2008, it was calculated according to resident population.

②The total number of students in school include general education and adult education.

③The measurement standards of local government's general budget revenue changed in 2007, so that data couldn't be compared with past years.

1—7 国民经济主要指标发展速度

Major Indicators of Development Speed of National Economy

上年为 100%（Preceding Year = 100）

指 标	Item	2000	2005	2010	2011
年末总人口(户籍人口)	Year—end Total Population	101.2	100.7	100.4	100.4
#市区人口	Urban	100.7	100.7	100.6	100.7
城镇非私营单位从业人员数	Year - end staff in Non - private Sector in Cities and Towns	94.0	100.4	104.9	109.4
地区生产总值	Gross Domestic Product	110.3	116	114.1	112.3
第一产业	Primary Industry	101.9	109.4	106	106.5
第二产业	Secondary Industry	109.8	122.3	115.2	114
#工业	#Industry	109.9	122.2	115.1	114
第三产业	Tertiary Industry	112.4	111.7	113.7	111
人均地区生产总值	Per Capita Gross Domestic Product	108.8	115.4	112.5	111
规模以上工业总产值	Gross Industrial Output Value	122.6	139.6	125.9	113.2
规模以上工业高新技术产品产值	High - new Technology Industrial Output Value above Designated Size		129.5	121	118.7
规模以上工业增加值	Value - added of Industry above Designated Size Industrial Enterprises(100 million yuan)	114	140.5	119.1	116
规模以上工业主营业务收入	Revenue from Principal Business above Designated Size Industrial Enterprises	128.2	139	126.3	115.4
规模以上工业固定资产净值	Net Value of Fixed Assets above Designated Size Industrial Enterprises	122.3	107.2	112.9	102.2
规模以上工业实现利润	Profit on Industrial above Designated Size Industrial Enterprises	177.4	83.8	175.8	105.8
规模以上工业实现利税	Pre—tax Profit on Industry above Designated Size Industrial Enterprises	141.4	105.7	143.7	106.2
农林牧渔业总产值	Total Output Value of Farming, Forestry, Animal Husbandry and Fishery	103.2	110.4	106.5	106.5
固定资产投资	Total Investment in Fixed Assets	109.2	140.3	122.5	129.2
#国有固定资产投资	#State - owned Investment in Fixed Assets	100.3	151	109.1	143.1
集体固定资产投资	Investment of Collective Units in Fixed Assets	132	117.2	105.7	115.2
个人投资	Investment of Individuds on Buidings	49.5	166.5	51.2	119
社会消费品零售总额	Total Retail Sales Value of Consumer Goods	109.7	113.1	118.4	115.3
进出口总额	Total Value of Imports and Exports	147.7	87.4	119.5	135.2
出口总额	Total Exports	162.5	98.8	115.7	118.4
进口总额	Total Imports	136.3	77.8	124	153.4
实际利用外商直接投资	Total Foreign Capigal Actually Used	142.9	87.6	93.4	108.9
全社会用电量	Total Electricity Consumption	109.7	108.5	114.6	108.2
货运总量	Total Freight Traffic	98.9	105.5	114.4	111.9
客运量	Total Passenger traffic	86.4	108.4	110.8	103.2
地方财政一般预算收入	Local Intra—budgetary Revenue	110	126.1	117.6	133.3
地方财政一般预算支出	Local Intra—budgetary Expenditure	117.3	126.4	108.6	123.7
金融机构本外币存款余额	Deposits of Banking System including Ren Ming Bi and Foreign Currency		115.3	121.2	109.5
金融机构本外币贷款余额	Loans of Banking System including Ren Ming Bi and Foreign Currency		99.3	117.4	116
城乡居民本外币储蓄年末余额	Year—end Deposit of Residents including Ren Ming Bi and Foreign Currency		110.5	112.7	111.3
在校学生总数	Total Students Enrollment	100.3	98.7	97.6	101.5
#高等教育院校在校学生数	#Institutions of Higher Education	120.2	109.8	98.4	106.7
中等专业学校在校学生数	Secondary Schools	92.5	90.8	105.6	95
普通中学在校学生数	Regular Secondary Schools	109.3	97.7	95.6	96
小学在校学生数	Primary Schools	93.9	95.2	98.5	101.4
各种卫生机构床位数	Number of Beds in Health Institutions	96.6	101.3	113.2	104.2
医生数	Number of Doctors	100.8	106.3	105	105.5
城市居民人均可支配收入	Per Capita Annual Disposable Income of Urban Residents	109.1	113.2	111.2	113.6
农村居民人均纯收入	Per capita Annual Net Income of Rural Residents	101.1	116.2	114.5	115.5
城镇非私营单位从业人员工资总额	Total Salary of Staff in Non - private Sector in Cities and Towns	102.5	114.6	114.2	118.8
城镇非私营单位从业人员年平均工资	Per Capita Salary of Staff in Non - private Sector in Cities and Towns	111.1	115.7	108.6	109.9

注：2005 年起，规模以上工业增加值发展速度为可比价之比。

Note: From 2005, the development speed of above - scale industrial added value has been the ratio of comparable price.

1—8 地区生产总值及指数
Cross Domestic Product and Indices

年份 year	地区生产总值（万元） GDP(10000 yuan)	第一产业 Primary Industry	第二产业 Secondary Industry	第三产业 Tertiary Industry	地区生产总值指数(%) （以上年为100） Indices(Indices Preceding Year = 100)	第一产业 Primary Industry	第二产业 Secondary Industry	第三产业 Tertiary Industry
1986	1255307	115992	720955	418360	110.0	97.0	111.7	110.0
1987	1541602	145997	852985	542620	114.2	112.7	111.4	119.8
1988	1937656	201048	993239	743369	110.6	117.9	105.9	117.3
1989	2175936	164028	1104194	907714	101.2	73.9	100.1	108.3
1990	2348819	238243	1071207	1039369	105.5	144.2	97.4	112.1
1991	2547241	254456	1133609	1159176	104.4	106.4	103.8	104.5
1992	3266072	292526	1506390	1467156	117.8	113.2	123.1	113.3
1993	4245977	349600	1955557	1940820	114.1	109.1	118.7	110.0
1994	5520457	447409	2464203	2608845	112.5	90.4	117.4	111.6
1995	6728642	513541	2848009	3367091	109.9	103.0	109.5	111.7
1996	7476656	549340	3021457	3905859	110.0	105.8	111.4	108.9
1997	8258248	590113	3364808	4303326	110.0	101.8	112.8	107.5
1998	9070368	653720	3620331	4796317	110.9	114.8	111.2	109.8
1999	9716730	703659	3815358	5197713	110.0	107.7	111.1	108.7
2000	10669908	742519	4163501	5763887	110.3	101.9	109.8	112.4
2001	11740239	801228	4463658	6475353	110.1	106.4	110.2	110.5
2002	13260183	874178	4956707	7429298	113.1	108.0	114.6	112.5
2003	15018961	893233	5974341	8151387	114.2	106.8	121.6	108.1
2004	17729334	1140852	7262813	9325668	115.5	114.2	119.8	111.1
2005	20841339	1263299	9062862	10515178	116.0	109.4	122.3	111.7
2006	25196339	1351958	11391228	12453153	116.7	104.1	122.2	113.6
2007	31596939	1661506	15004185	14931247	120.5	106.1	127	116.1
2008	37808727	1836782	18648432	17323513	116.3	108	118.3	115.0
2009	42685137	2070681	21274319	19340137	114.1	107.3	116.4	112.3
2010	50175427	2327484	25299343	22548600	114.1	106	115.2	113.7
2011	59157142	2790615	30268802	26097725	112.3	106.5	114	111

2—1 人口及构成
Population and It's Composition

单位:人 （年底数）(year—end) (person)

年 份 Year	总人口 Total Population	按性别分 By Sex 男 Male	 女 Female	按农业非农业分 By Agriculture 农业人口 Agriculture Population	 非农业人口 Non—agriculture Population
1949	2942443	1548628	1393815	1796406	1146037
1952	3295179	1753754	1541425	1763036	1532143
1957	4251709	2221391	2030318	1755161	2496548
1962	4376555	2251101	2125454	1818709	2557846
1965	4845081	2492378	2352703	2042320	2802761
1970	4897417	2504140	2393277	2543171	2354246
1975	5187372	2640878	2546494	2700459	2486913
1978	5404700	2751185	2653515	2756720	2647980
1980	5667669	2881247	2786422	2631852	3035817
1985	6063377	3084886	2978491	2549105	3514272
1990	6460649	3282141	3178508	2572537	3888112
1995	6667917	3384270	3283647	2517142	4150775
1996	6710376	3401134	3309242	2512109	4198267
1997	6737910	3412197	3325713	2511640	4226270
1998	6748628	3416423	3332205	2506427	4242201
1999	6770792	3423899	3346893	2505546	4265246
2000	6850969	3464878	3386091	2517760	4333209
2001	6893397	3480301	3413096	2536439	4356958
2002	6889182	3473915	3415267	2506510	4382672
2003	6890947	3468893	3422054	2485201	4405746
2004	6938708	3484920	3453788	2475337	4463371
2005	6985663	3503856	3481807	2477089	4503735
2006	7035617	3524664	3510953	2486188	4546156
2007	7097715	3551216	3546499	2537032	4557554
2008	7135053	3563878	3571175	2524076	4604896
2009	7165490	3573438	3592052	2521086	4640956
2010	7196048	3584164	3611884	2498483	4692388
2011	7226910	3595345	3631565	–	–

注:从2005年起,因有“未落常住户口人员”,故“农业人口”+“非农业人口”小于合计。

Note: Because having not signed number of households, total population from 2005 was less than Agriculture population added non – agriculture population.

2—2 人口自然变动情况
Natural Change of Population

年 份 Year	出生人口(人) Birth (person)	出生率(‰) Birth Rate (‰)	死亡人口(人) Death (person)	死亡率(‰) Death Rate (‰)	自然增长率(‰) Natural Growth Rate(‰)
全市数 Total					
1980	86089	15.4	30846	5.5	9.9
1985	81526	13.5	34028	5.6	7.9
1990	79799	12.4	37894	5.9	6.5
1995	53100	8	40957	6.2	1.8
1996	52466	7.8	43268	6.5	1.4
1997	49443	7.4	43118	6.4	0.9
1998	43627	6.5	42760	6.3	0.1
1999	44189	6.5	44829	6.6	-0.1
2000	57008	8.4	46094	6.8	1.6
2001	43950	6.4	38166	5.6	0.9
2002	45609	6.6	39785	5.8	0.9
2003	36731	5.3	42323	6.1	-0.8
2004	47795	6.9	47605	6.9	0.03
2005	49381	7.1	43150	6.2	0.89
2006	48554	6.93	40725	5.81	1.12
2007	58089	8.22	41442	5.86	2.36
2008	54821	7.7	60720	8.53	-0.83
2009	52206	7.3	51014	7.13	0.17
2010	54378	7.57	58637	8.17	-0.59
2011	55736	7.73	56625	7.85	-0.12
市区数 Districts under					
1980	52863	14	20057	5.3	8.7
1985	55851	13.4	22461	5.4	8
1990	49412	10.9	26600	5.9	5
1995	32324	6.9	29318	6.2	0.6
1996	31615	6.7	31120	6.6	0.1
1997	29980	6.3	30999	6.5	-0.2
1998	25690	5.4	31079	6.5	-1.1
1999	26756	5.6	31770	6.6	-1
2000	32874	6.8	34330	7.1	-0.3
2001	26194	5.4	30438	6.3	-0.9
2002	28888	5.9	32518	6.7	-0.7
2003	21105	4.3	33825	6.9	-2.6
2004	27359	5.6	35253	7.2	-1.6
2005	29425	6	36624	7.4	-1.46
2006	29849	6	34979	7.03	-1.03
2007	38397	7.64	35345	7.04	0.61
2008	35833	7.07	36824	7.26	-0.19
2009	35928	7.04	37078	7.26	-0.23
2010	36908	7.18	39728	7.73	-0.55
2011	39823	7.7	39082	7.56	0.14

2—3 总户数及总人口
Total Households and Population

单位:户、人 (household, person)

指标	Item	2000	2005	2010	2011
总户数	**Total Households**	**2181144**	**2319795**	**2512831**	**2550684**
市　区	**District under**	**1554476**	**1675849**	**1823458**	**1855742**
和平区	Heping	**203271**	**213799**	**226335**	**228281**
沈河区	Shenhe	**196165**	**207049**	**262859**	**266972**
大东区	Dadong	**211195**	**231315**	**252474**	**252753**
皇姑区	Huanggu	**224230**	**247580**	**279700**	**282889**
铁西区	Tiexi	**245918**	**276746**	**310208**	**318505**
苏家屯区	Sujiatun	**135484**	**145668**	**156293**	**158156**
东陵区	Dongling	**129544**	**138179**	**91896**	**95017**
沈北新区	Shenbei New	**90606**	**93282**	**109811**	**111024**
于洪区	Yuhong	**118063**	**122231**	**133882**	**142145**
市辖县(市)	**Counties under**	**410653**	**425971**	**689373**	**694942**
辽中县	Liaozhong	176763	182591	191494	192478
康平县	Kangping	102403	108083	118007	118564
法库县	Faku	131487	135297	138195	138286
新民市	Xinmin City	216015	217975	241677	245614
总人口数	**Total Households**	**6850969**	**6985663**	**7196048**	**7226910**
市　区	**District under**	**4850371**	**4958861**	**5154241**	**5190707**
和平区	Heping	633932	640541	656271	654827
沈河区	Shenhe	599707	613365	735333	742516
大东区	Dadong	641664	645848	702987	696905
皇姑区	Huanggu	714447	752289	808460	809368
铁西区	Tiexi	760325	803188	857827	871870
苏家屯区	Sujiatun	413498	422014	428730	429022
东陵区	Dongling	413690	421854	257855	264326
沈北新区	Shenbei New	296069	291707	318809	319824
于洪区	Yuhong	377039	368055	387969	402049
市辖县(市)	**Counties under**	**1312365**	**1330893**	**2041807**	**2036203**
辽中县	Liaozhong	522248	534156	541714	539980
康平县	Kangping	344456	349559	353605	351422
法库县	Faku	445661	447178	448107	446528
新民市	Xinmin City	688233	695909	698381	698273

2—4 从业人员

Number of Employees in Non - private Sector in Cities and Towns

单位:万人　　（年末数）(year - end)　　(10000 persons)

年份 Year	从业人员年末人数 Staff	国有单位 State - owned Units	集体单位 Collective owned Units
1980	186.4	121.2	65.2
1985	218.7	133.7	79
1990	230.5	146.9	75.3
1995	225.5	139.6	66.8
1996	218.7	137	61.7
1997	210.2	133.9	55.5
1998	193.5	123	44.1
1999	181.2	115.8	39
2000	175.8	110.8	36.1
2001	162.5	96.5	34.2
2002	142.2	82.6	25.6
2003	126	71.4	20.5
2004	119.3	65.6	18.4
2005	100.17	57.95	7.81
2006	100.19	59.34	6.99
2007	100.26	59.41	6.74
2008	104.42	60.75	6.67
2009	105.22	60.75	6.12
2010	110.42	62.21	5.73
2011	120.80	66.39	5.74

注:统计口径为城镇非私营单位。2004 年及以前为职工人数。
Note:The statistical standards has been urban non - private unit. Before 2004 it was the number of employees.

2—5 从业人员工资总额和平均工资
Total and Average Wages of Employees in Non－private Sector in Cities and Towns

年份 Year	工资总额（亿元） Total Wages (100 million yuan)	国有 State－owned Units	集体 Collective－owned Units	为上年(%) Compare With last year	平均工资（元） Average Wages (yuan)	国有 State－owned Units	集体 Collective－owned Units	为上年(%) Compare With last year
1980	14.07	10.19	3.88		755	841	595	
1985	25.29	16.24	8.29	125.3	1156	1215	1049	123
1990	52.56	37.12	13.6	110.2	2309	2527	1806	109.2
1995	110.45	77.81	21.22	109.4	4900	5593	3164	111.3
1996	113.79	81.51	20.31	103	5198	5939	3283	106.1
1997	122.86	88.36	20.02	108	5801	6547	3564	111.6
1998	119.59	86.33	15.42	97.3	6090	6910	3491	105
1999	120.36	87.36	13.72	100.6	6517	7371	3472	107
2000	123.46	89.57	12.12	102.6	6995	8052	3296	107.3
2001	139.2	96.98	11.36	112.7	8249	9608	3264	117.9
2002	149.87	100.3	9.91	107.7	9811	11174	3662	118.9
2003	157.98	102.93	8.87	105.4	11630	13256	4001	118.5
2004	170.1	109.04	8.23	107.7	13815	15781	4341	118.8
2005	196.73	125.03	8.14	114.6	19580	21173	10053	115.7
2006	228.78	152.05	8.49	116.3	22832	25651	11627	116.6
2007	271.97	185.36	9.46	118.9	26696	30740	13319	116.9
2008	340.32	229	10.85	125.1	32469	37534	15927	121.6
2009	390.73	261.05	12.57	114.8	37361	43625	19781	115.1
2010	446.16	287.95	14.12	114.2	40565	46895	24434	108.6
2011	530.13	325.20	14.95	118.8	44585	49999	26545	109.9

注：统计口径为城镇非私营单位。2004年及以前为职工工资。

Note：Statistical standards has been urban non－ptivate unit. Before 2004 they were wages of workers.

3—1 规模以上各行业工业总产值
Gross Output Value above Designated Size

单位:万元 (10000 yuan)

		2010	2011
总　　计	**Total**	**96125255**	**108806441**
采矿业	**Mining and Quarrying**	**1383307**	**1776957**
煤炭开采和洗选	Coal Mining and Processing	946048	1176222
非金属矿采选	Nonmetals Mining and Dressing	404082	575264
制造业	**Manufacturing**	**91631609**	**103753792**
农副食品加工	Agricutalural Food Processing	8985592	11155367
食品制造	Food Production	2310655	2772215
饮料制造	Beverage Production	1532181	1960349
烟草制品	Tobacco Products	218785	236877
纺　织	Textile Industry	622627	555347
纺织服装、鞋、帽制造	Products of Textile Garments、Shoes and Caps	1429595	1172872
皮革、毛皮、羽毛(绒)及其制品	Leather,Furs,Down and Related Products	231849	324278
木材加工及木、竹、藤、棕、草制品	Timber Processing,Bamboo,Cane and Straw Products	1711323	2233750
家具制造	Furniture	1698902	1283852
造纸及纸制品	Papet Making and Paper Products	1056410	1180964
印刷业和记录媒介的复制	Printing and Record Medium Reporduction	505035	582431
文教体育用品制造	Cultural,Education and Sports Goods	151877	167049
石油加工、炼焦及核燃料加工	Petroleum Refining,Coking and Nuclear Fuel Processing	1739449	2177271
化学原料及化学制品制造	Raw Chemical Materials and Chemical Products	2768637	3331616
医药制造	Medical and Pharmaceutical Products	2035203	2267559
橡胶制品	Rubber Products	1104215	1252836
塑料制品	Plastic Products	3613691	4229446
非金属矿物制品	Nonmetsl Mineral Products	5611002	7027671
黑色金属冶炼与压延加工	Smelting and Pressing of Ferrous Metals	2488685	2282339
有色金属冶炼与压延加工	Smelting and Pressing of Nonferrous Metals	1971792	1957022
金属制品	Metal Products	5050824	6139060
通用设备制造	Universal Machinery	12034461	13451351
专用设备制造	Special Purposes Equipment	5821648	6698421
交通运输设备制造	Tramsport Equipment	12934165	15233867
电气机械及器材制造	Electric Equipment and Machinery	9769370	9191722
通信设备、计算机及其他电子设备制造	Telecommunications Equipment、Computer and other Electric	2994101	3526068
仪器仪表及文化、办公用机械制造	Instruments,Meters,Cultural and Office Machinery	550314	621738
工艺品及其他制造业	Handicraft Article and Other Manufacturing	609300	647955
废气资源和废旧材料回收加工	Recycling and Disposal of Waste	76130	92497
电力、燃气及水的生产和供应业	**Production and Supply of power,Gas and Water**	**3110338**	**3275692**
电力、热力	Production and Supply of Power,Steam and Hot Water	2831397	2902486
燃　气	Production and Supply of Gas	126223	185561
水	Production and Supply of Water	152719	187645

3—2 主要工业产品产量
Main Industrial Products

年份 Year	彩色电视机（万台）Color TV Sets（10000 units）	灯泡（万只）Lamps（10000 units）	机制纸及纸板（吨）Machine - made Paper and Paperboards（ton）	卷烟（万箱）Cigarettes（10000 cases）	白酒（千升）Liquor（kiloliter）
1980		3299	98210	25.5	17351
1985	3.97	4975	135064	21.98	28643
1990	10.77	6819	124469	24.2	64242
1995	1.3	30700	122916	20.1	69566
1996	12.38	37423	134108	18.5	92544
1997	26.15	8922	102612	18.71	124741
1998	56.1	7918	84000	20	120400
1999	59.76	7389	59922	11	108111
2000	175	4583	55245	8	162533
2001	139.62	11885	37053	15	13333
2002	179.35	4248	45453	16	4173
2003	241.55	13101	46857	17.8	2032
2004	248.42	10079	47355	20.4	50577
2005	472.04	12813	44573	20	74784
2006	271.8	51066	33775	21	100716
2007	344.09	90343	160909	22.57	207136
2008	398.47	80890	4546	23	284921
2009	340.38	33636	36382	23	271949
2010	329.87	36874	17314	24	352588
2011	362.31	40038	44982	22.83	381700

3—2 续表 1 Continued

年份 Year	啤酒（千升）Beer（kiloliter）	味精（吨）Gourmet Powder（ton）	瓷砖（万平方米）Ceramid Tile（10000 sq. m）	合成洗衣粉（吨）Synthetic Detergents（ton）	皮鞋（万双）Leather Shoes（10000 pairs）
1980	60259	3460		9352	408.38
1985	111834	5326		22870	569.49
1990	185726	9508		28766	418.8
1995	345145	16991		26130	1155.92
1996	331934	19309		19106	2067.48
1997	343490	21100		12378	1891.56
1998	345600	25237		6681	1124.4
1999	419617	28347		3578	1959.59
2000	429682	34142		4253	1367.24
2001	420156	33001		28532	160.36
2002	411680	37026		31440	134.86
2003	437475	43318		22180	172.04
2004	484340	42513		12825	2003.47
2005	540721	46016	6770	17100	2126.42
2006	613793	51560	8493	17411	3190.9
2007	801908	45990	13078	14541	4486.4
2008	801450	37947	21538	28185	3881.59
2009	869598	40318	29776	24246	988.40
2010	897814	35250	41413	42600	97
2011	1046896	-	56758.7	57577	83

3—2 续表2 Continued

年份 Year	发动机（万千瓦）Motor Engine (10000 kw)	气体压缩机（台）Gas Compressed Motor (unit)	风 机（台）Pneumatic Machine (unit)	金属切削机床（台）Metal - cutting Machines (unit)	房间空气调节器（台）Air Conditioner (unit)	交流电动机（万千瓦）AC Motors (10000 kw)
1980		2245	14510	9817		129.4
1985		5782	19549	11356		148
1990		2731	23600	10013		170
1995		15730	15456	9294	72512	206.74
1996		7029	8262	6986	79651	542.41
1997		5414	14081	6658	72685	312.04
1998		3719	8123	6174	38733	124
1999		1656	4747	5661	95150	160.08
2000		2444	6346	8426	230692	133.97
2001	361	1003	4900	10513	362297	129.4
2002	850	771	3559	16586	300172	156.85
2003	1615	1077	5841	32241	271345	205.48
2004	1410	1431	4737	53261	344462	314.69
2005	1476	1525	5559	68209	609916	404.39
2006	2870	20372	4061	80681	498287	302.5
2007	3674	4332	14101	90224	480158	294.66
2008	2491	4756	4262	93121	555223	210.07
2009	3011	14718	4613	73355	434312	124.93
2010	4382	13080	5944	95244	338397	106.2
2011	4727	11816	5167	76471	244679	143.91

3—2 续表3 Continued

年份 Year	变压器（万千伏安）Transformer (10000 kVA)	电力电缆（公里）Electric Cables (km)	汽 车（辆）Motor Vehicls (unit)	原 煤（万吨）Coal (10000 tons)	发电量（万千瓦时）Electricity (10000 kwh)
1980	1140	15191	4032	586	29489
1985	1330	15534	25306	564.1	51587
1990	1336	18752	22572	608.8	96561
1995	2265	54156	21541	383.2	475859
1996	2121	20453	25430	360.9	355811
1997	2321	59420	37155	404.2	351646
1998	2119	8572	41321	477.8	336316
1999	1938	1263	54214	489.6	320007
2000	2283	33012	79211	477.4	351420
2001	1844	24005	75461	486.2	344856
2002	1645	37226	86809	760.9	365347
2003	1264	114816	125598	689.4	597813
2004	3457	122879	124394	1006.4	491293
2005	3586	108916	138496	992.2	443340
2006	4613	98730	267710	1453.3	453090
2007	5518	183289	352439	960.8	554708
2008	8157	179110	299061	898.9	613092
2009	9488	234305	482001	822.1	806217
2010	9728	279638	665791	881	1114482
2011	9919	333088	715121	939	1691038

3—2 续表 4 Continued

年份 Year	煤气生产量（万立方米）Coal Gas (10000 cu. m)	钢（万吨）Steel (10000 tons)	成品钢材（万吨）Steel Products (10000 tons)	铜（吨）Copper (ton)	铅（吨）Lead (ton)	铜材（吨）Copper Products (ton)	铝材（吨）Aluminum Products (ton)
1980	21978	22.86	51.41	56618	52294	21618	4700
1985	26220	32.2	46.86	56562	54643	31281	7638
1990	17008	38.6	49.2	54897	62970	26472	17519
1995	26683	24.25	38.17	51700	56701	25578	24674
1996	33044	23.04	42.63	51412	58589	23465	36469
1997	25112	15.73	31.33	57377	67721	25549	29082
1998	21200	6.27	34.43	67589	67518	12487	12070
1999	7719	1.56	41.28	35309	54477	24035	13026
2000	8026	12.57	35.82	17815	5945	50094	27995
2001	18970	18.44	17.13	11890	22213	51673	18704
2002	19927	8.81	34.99	7586	4975	359980	16132
2003	21831	10.53	23.87	8212	1280	73464	18954
2004	23992	14.35	40.09	4823	2485	80362	18299
2005	29866	20.57	151.15	3140	5222	116555	25864
2006	30926	20.17	241.28	13115	7356	77853	45854
2007	34867	40.94	230.84	11480	8771	102443	51310
2008	27215	39.6	153.11	8034	8843	125681	89998
2009	19320	21.73	52.64	9457	2139	144691	40596
2010	18910	21.51	57.19	4594	2963	118808	34626
2011	27747	6.87	48.95	15000	3922	69057	35030

3—2 续表 5 Continued

年份 Year	焦炭（万吨）Coke (10000 tons)	轮胎外胎（万条）Tires (10000 units)	水泥（万吨）Cement (10000 tons)	平板玻璃（万重量箱）Plate Glass (10000 weight cases)	砖（亿块）Brick (100 million units)
1980	26.52	21.2	20.46	156.9	10.35
1985	31.41	37.4	29.3	151.4	21.61
1990	29.69	67.3	35.51	212.9	24.81
1995	28.01	39.91	73.48	270.4	20.83
1996	24.99	23.77	51.84	459.4	29.03
1997	24.96	45.43	55.49	491.2	29.83
1998	24.96	104.61	40.7	487	8.42
1999	25.09	128.41	47.04	486.8	7.72
2000	26.13	165.16	40.75	495.8	7.81
2001	28.28	189.6	62.73	522.5	0.34
2002	31.73	208.5	55.8	607.4	0.43
2003	34.54	272	147.33	531.5	0.42
2004	40.87	291.8	172.78	765.9	1.71
2005	67.04	314.99	179.24	744.33	5.84
2006	76.35	362.6	231	519.7	53.82
2007	90.96	358.58	285.43	552.2	22.59
2008	83.37	371.11	275.9	429.18	21.99
2009	90.84	343.76	397.53	325.5	28.2
2010	82.9	402.41	363.72	373.26	28.53
2011	121.25	400.69	186.25	471	38.05

3—3 规模以上工业
Main Indicators of Industrial

单位:万元

项目	Item	企业单位数(个) Number of En-terprise (unit)	亏损企业 Loss-suffering Enterprise (unit)	工业总产值(当年价格) Gross In-dustrial Output (at current prices)
总计	**Total**	**4161**	**202**	**108806441**
在总计中:亏损企业	Of the Total:Enterprises in Deficit	202	202	3388237
在总计中:国有控股企业	Of the Total:Stater Holding Enterprises	208	44	22472672
在总计中:农村工业	Of the Total:Village Industry	40	1	284536
在总计中:轻工业	Of the Total:Light Industry	1233	51	28552389
重工业	Heavy Industry	2928	151	80254052
在总计中:大型企业	Of the Total:Large sized	62	7	28339726
中型企业	Medium-sized	241	30	15549458
小型企业	Small-sized	3700	156	63764797
微型企业		158	9	1152460
在总计中:中央企业	Of the Total:State	51	11	4949118
省属企业	Province	37	5	2401780
市属企业	City	458	54	17587783
其他企业	Others	3615	132	83867761
在总计中:公有制企业	Of the Total:State-owned Enterprises	488	55	26530414
非公有制企业	Privately-owned Company	3673	147	82276027
按登记注册类型分	**Grouped by Registered Categories**			
内资企业	**Domestic Funded Enterprises**	**3703**	**141**	**84678205**
国有企业	State-owned Enterprises	89	22	4719836
中央企业	Ceutral Euter Prises	24	7	1799736
地方企业	Local Enter Prises	65	15	2920101
集体企业	Collective-owned Enterprises	183	7	1750228
股份合作企业	Share-holding Cooperative Enterprises	68	1	684176
联营企业	Joint Ownership Enterprises	6	1	50047
国有联营企业	State Joint Ownership	1		6632
集体联营企业	Collective Joint Ownership	1		3204
其他联营企业	Other Joint Ownership	2	1	30177
有限责任公司	Limited Liability Corporations Ltd.	488	35	22583763
国有独资公司	State Funded Corporations	17	4	4024315
其他有限责任公司	Others	471	31	18559448
股份有限公司	Share-Holding Corporations Ltd.	97	4	4718133
私营企业	Private Enterprises	2725	69	49144461
私营独资企业	Private Funded	892	9	11825374
私营合作企业	Private Partnership	29		607646
私营有限责任公司	Private Limited Liability	1712	57	34203542
私营股份有限公司	Private Share-holding Corporations Ltd.	92	3	2507899
其他企业	Others	47	2	1027563
港、澳、台商投资企业	**Hongkong,Macao and Taiwan Funded Enterprises**	**126**	**18**	**3932440**
合资经营企业(港或澳、台资)	Joint Venture	67	9	1238204
合作经营企业(港或澳、台资)	Cooperative Operation	7	2	250607
港澳台商独资经营企业	Hongkong,Macao and Taiwan Exclusive Funded	50	6	2403298
港澳台商投资股份有限公司	Share-holding Corporations Ltd. Funded by Hongkong,Macao and Taiwan	2	1	40331
外商投资企业	**Foreign Funded Enterprises**	**332**	**43**	**20195797**
中外合资经营企业	Joint Venture	169	21	14233997
中外合作经营企业	Joint Cooperate Operation	8		155147
外资企业	Foreign Exclusive Investment	151	21	5506876
外商投资股份有限公司	Foreign Investment Share-Holding Ltd.	3	1	292024

企业主要经济指标
Enterprises above Designated Size

(10000 yuan)

工业销售产值（当年价格）Industrial Sales (at current prices)	出口交货值 Export	资产合计 Total Assets	流动资产 Circulating Funds	负债合计 Total Liabilities	流动负债 Circulating Liabilities
107326060	**2489425**	**67885777**	**32301971**	**35295073**	**28197559**
3316648	91616	5958060	2853404	4286489	3513510
21985072	852065	27969575	14574165	20106980	15946760
281585	2012	103044	38499	35731	15739
28121927	735512	13869266	6111503	4211221	3249224
79204133	1753913	54016511	26190468	31083851	24948335
27803195	1325369	31250765	18487637	19964069	17137064
15224936	491527	11936495	5431281	7088371	4988822
63148003	668454	23892657	8189380	8093334	6006177
1149925	4074	805860	193673	149300	65496
4923660	215252	7153837	3182504	4528709	3245007
2445778	71900	4989042	2174426	3760810	2872634
17262317	741937	15655120	9493731	11015744	9627019
82694305	1460335	40087778	17451311	15989810	12452900
26023246	969172	29737668	15558568	20950710	16651338
81302814	1520253	38148109	16743403	14344363	11546221
83604908	**1568862**	**50077342**	**21639057**	**26006510**	**19999451**
4686682	204860	5437324	1773839	3378246	2154009
1782674	5510	1732640	593369	869632	606389
2904009	199350	3704684	1180470	2508614	1547619
1740627	5089	441932	211505	145182	106994
679957		198942	74800	64396	31171
48069		39261	20038	23358	17868
6411		6131	5063	3804	3446
3204		540	348	30	30
29508		31171	14215	19395	14380
22391204	1172444	22680962	12202519	15681818	12666284
3964679	148929	8140232	3966622	6269127	5069614
18426525	1023515	14540729	8235897	9412692	7596670
4459090	43785	3322118	1947315	1725813	1387739
48566162	131101	17089098	4807739	4443586	3145175
11730494	62806	3171346	888355	848317	538428
601920		180274	54732	47557	41707
33751892	68295	13032691	3659316	3328504	2380694
2481856		704788	205336	219208	184347
1033118	11582	867706	601303	544112	490212
3873137	**163803**	**3493457**	**2036392**	**1605215**	**1247716**
1268747	23308	1294416	635814	693299	498337
240533	793	84447	44198	44001	41739
2319887	139702	2035580	1302686	830251	670277
43970		79014	53694	37663	37363
19848014	**756760**	**14314978**	**8626522**	**7683348**	**6950392**
13940171	280593	9361368	5910269	5480312	4997303
155906		64568	36604	33113	24521
5452635	474173	4299734	2466554	1955918	1783069
291670	1995	588029	212611	213988	145486

3—4 全社会能源物资消费总量
Total Consumption of Energy and Material

年 份 Year	能源消费总量 (万吨标煤) Total Consumption of Energy (10000 tons of SCE)	工业用 Industry Use	煤炭消费总量 (万吨) Total Consumption of Coal (10000 tons)	电力消费总量 (亿千瓦时) Total Consumption of Electricity (100 million kwh)	焦 炭 (万吨) Coke (10000 tons)	燃料油 (含原油) (万吨) Fuel oil (include Crude oil) (10000 tons)	汽 油 (万吨) Gasoline (10000 tons)	柴 油 (万吨) Diesel Oil (10000 tons)
1980	733.7	466.1	592.1	34.77	22.2	111.2	7.7	5.5
1985	839.7	507.8	829.6	42.03	26.1	85.7	9.7	8.5
1990	925.4	558.8	773	50.75	22.2	73.4	11.4	18.9
1995	1187.0	886	1158.9	82.2	14.5	71.9	14	16.7
1996	1 058.8	809.2	902.5	87.6	12.5	69.1	8.6	15.5
1997	1 013.7	780.3	856.9	92.32	11.3	53.5	8.7	19.7
1998	952.9	747.2	938	92.4	11.5	68.6	11.3	18.8
1999	905.3	732.5	897.6	100.6	9.8	84.1	10.3	18.4
2000	960.3	752.9	951.4	110.36	3.8	90.1	14.1	21.4
2001	640.0	599.2	838.4	43.3	3.7	85.9	2.3	3.4
2002	662.0	626.0	899.4	43.0	3.6	99.4	2.5	3.7
2003	718.3	687.0	1068.2	48.1	4.8	90.2	2.7	4.4
2004	764.7	733.1	1351.8	58.1	7.5	92.2	4.6	5.6
2005	805.5	782.2	1731.2	73.0	6.5	75.2	3.9	5.9
2006	968.4	942.8	2057.5	87.0	13.5	87.1	8.2	12.2
2007	1043.4	1023.9	2023.4	95.7	20.1	102.1	17.9	23.1
2008	1202.9	1165.6	2316.4	122.9	19.5	78.1	28.3	32.7
2009	1251.0	1104.9	2522.7	105.3	14.3	77.4	62.5	38
2010	1334.1	1244.5	2877.4	114.0	13	76.7	40.4	42.9
2011	1422.9	1403.5	2951.2	119.0	12.1	110.5	39.3	51.8

注:2001年后除电力消费外,其余均为规模以上工业口径。

Note: Others have been above designated size industrial enterprises except consumption of electric after 2001.

3—5 全市民用车辆拥有量
Nnmber of Civil Motor Vehicles Owned

单位:辆 (unit)

指 标	Item	2000	2005	2010	2011
民用汽车	Total Number of Civil Motor Vehicles Owned	210893	420609	831759	981473
载客汽车	Passenger Vehicles	115195	257501	653360	788623
大 型	Large	5854	9813	13063	14154
载货汽车	Ordinary Trucks	73857	98145	139829	160116
大 型	Large	25457	22944	25344	31660
其他汽车	Other Trucks	21841	64963	38570	32734
拖 拉 机	Tyre Tractors	32544	42437	64358	67973
摩 托 车	Motors	115791	135401	81301	81323
其他机动车	Number of Other Motor Vehicles	1459	4571	1439	1606

注:其他汽车2004年以前为其他专用汽车。

Note: Other motor vehicles before 2004 were other special trucks.

3—6 运 输 量
Transportation

年份 Year	客运量(万人次) Passenger Traffic (10000 persons times)	铁路 Railways	公路 Highways	民航 Civil Aviation	货运量(万吨) Freight Traffic (10000 tons)	铁路 Railways	公路 Highways	民航 Civil Aviation
1980	4788	3669	1084	5	1679	563	1108	0.24
1985	6462	4508	1941	13	9279	702	8577	0.34
1990	7386	3760	3595	31	11777	549	11227	0.59
1995	11227	3388	7747	92	13052	584	12467	1.06
1996	9661	2966	6589	106	13858	582	13275	1.18
1997	8273	2789	5375	110	14536	607	13926	3.02
1998	7598	2750	4753	95	14809	449	14358	2.3
1999	7663	2784	4778	100	15396	496	14898	2.31
2000	6620	3084	3385	151	15221	566	14652	3.2
2001	6790	3035	3587	168	15157	472	14682	3.1
2002	7053	2951	3913	189	14451	537	13910	3.5
2003	6691	2649	3819	223	14656	501	14150	4.7
2004	7964	2895	4783	285.8	14757	542	14210	4.95
2005	8629	2886	5432	310.7	15571	545	15020	5.72
2006	9598	3096	6152	350	17264	558	16700	6.3
2007	10062	3035	6641	386	19092	586	18500	6.3
2008	26101	3581	22143	377	13979	466	13507	5.7
2009	27668	3982	23316	370	15164	431	14728	5.4
2010	30658	3979	26285	394	17348	538	16804	5.5
2011	31625	3542	27734	349	19406	504	18897	4.3

注:1. 铁路运输数据,2002 年以前来自沈阳铁路分局,以后来自沈阳铁路局;
2. 2009 年公路运输口径调整。

Note:1. The Data of railway transportation came from Shenyang Railway Branch before 2002. After 2002 it came from Shenyang Railway Bureau.
2. In 2009, the highway transportation coverage was adjusted.

3—7 邮 电 业 务 量
Post and Telecommunication Services

年 份 Year	邮电业务总量（万元） Business Value of Post and Teleco－mmunication（10000 yuan）	函件（含机要）（万件） Number of Letters（include confidential document（10000 pcs）	报刊（万份） Newspapers and Magazines（10000 copies）	网络用户（万户） Number of Subscribers of Internet Services（10000 subscribers）	移动电话（万户） Number of Mobile Telephone Subscribers（10000 subscribers）	市话年末到达户数（万户） Number of Subscribers Of Urban Telephone（10000 subscribers）	农话年末到达户数（万户） Number of Subscribers Of Rural Telephone（10000 subscribers）
1980	4282	3427	25306			2.77	0.72
1985	7680	5782	38099			4.33	0.71
1990	21338	7452	13508			9.37	1.01
1995	119095	8897	12315		6.47	60.91	4.62
1996	152734	8366	13653		11.46	79.35	7.98
1997	171756	7398	12854		20.6	91.24	14.35
1998	197460	7991	13138		40.97	104.53	18.17
1999	442059	7637	12988		73.42	120.09	22.22
2000	460398	6581	11752	21.04	125.17	137.72	27.96
2001	581223	5553	9027	52.85	170.01	161.69	34.89
2002	647436	3691	8698	96.53	216.03	180.4	41.86
2003	792470	3887	8239	93.18	274.81	224.7	48.9
2004	950202	3963	7990	72.02	304.71	261.76	55.06
2005	1150519	4241	8107	75.68	348	298	64
2006	1439394	3269	8706	83.4	412	305	69
2007	1862260	2498	8693	103	434	316	68
2008	1997828	2578	9808	108	513	281	67
2009	2369386	2313	9517	128	747	271	66
2010	2800119	2419	10368	136	855	260	63
2011	1123520	2469	10840	153	882	242	61

注:1999 年起邮电业务总量含移动电话和传呼费用。

Note:The total business value of post and telecommunication has included fee of mobile phones and BP from 1999.

4—1 农村基层组织、户数、人口及劳动力
Farm, Township and Towns, Population and Labor Force

单位:个、户、人 (unit, person)

指 标	Item	2000	2005	2010	2011
乡镇场个数	Number of Farms, Township and Towns	208	166	98	89
村 数	Number of Villages	1938	1537	1252	1252
乡镇场户数	Number of Households of Farms, Township and Towns	772472	804681	911432	914847
乡镇场人口数	Population of Farms, Township and Towns	2680574	2708885	2844962	2837615
农村劳动力资源	Rural Labor Force	1199985	1482438	1674832	1678529
劳动力年龄内人口	Number of Laborers within Labor Ages	1178311	1272312	1456802	1473889
实有从业人员	Real Employment	1065350	1233875	1432356	1441345
第一产业从业人员	Employment of Primary Industry	700193	778440	770874	766071
第二产业从业人员	Employment of Secondary Industry	136879	188834	277966	289077
工 业	Industry	89270	118367	179146	184038
建筑业	Construction	47609	70467	98820	105039
第三产业从业人员	Employment of Tertiary Industry	137033	266601	496195	386197
交通、运输、邮电、仓储	Transportation, Storage, Post and Telecommunication	42378	45663	55495	54600
贸易、餐饮	Trade and Catering Services	51589	84797	136358	140246
其 它	Others	18032	136141	191663	191351

4—2 农 林 牧 渔
Gross Output Value of Farming, Forestry, Animal

单位:万元

项 目	Item	沈阳市 Total	苏家屯 Sujiatun
农林牧渔业合计	**Total**	**5347747**	**531030**
农业产值	**Farming**	**2047835**	**190129**
谷物及其他作物	Cereal and other Farm Crops	939470	65574
谷 物	Cereal	802126	62945
小 麦	Wheat	2861	
稻 谷	Rice	281485	30688
玉 米	Corn	447914	26513
薯 类	Tubers	13358	537
油 料	Oil - bearing Crops	90650	860
花 生	Peanuts	85946	852
豆 类	Beans	20817	1232
大 豆	Soy Bean	17927	1157
棉 花	Cotton	19	
糖 料	Sugar Crops		
其他农作物	Other Crops	12500	
饲料作物	Drinke crops	3158	
蔬菜、园艺作物	Vegetables and Horticulture Crops	872103	75213
蔬 菜(含菜用瓜)	Vegetables(include Melon)	786660	51721
花 卉	Flower	66032	22252
其他园艺作物	Others	19411	1240
水果、坚果、饮料和香料作物	Fruits	230496	48522
水果、坚果	Fruit and Nut	230397	48423
苹 果	Apples	37020	2025
梨	Pears	18024	13216
中药材	Traditional Chinese Medicine	5766	820
林业产值	**Forestry**	**81737**	**1584**
林木的培育和种植	Woods	60636	1052
育种育苗	Breading and Growing seedlings	7239	
造 林	Afforestation	31138	790
抚育和管理	Fostering and Management	22259	262
竹木的采运	Timber Cutting	19051	532
村及村以下	Timber Cutting by village	6379	
林产品	Woods Products	2050	
牧业产值	**Animal Husbandary**	**2803196**	**321038**
牲畜饲养	Raising livestock	768384	28299
牛的饲养	Cow	577389	16845
羊的饲养	Sheep and Goats	45786	2569
其他牲畜饲养	Others	6239	175
奶产品	Milk	118008	8448
牛 奶	Cow Milk	117780	8448
毛绒产品	Cashmere Products	3245	262
羊 毛	Sheep Wool	2594	78
羊 绒	Cashmere	651	184
其他牲畜副产品	Others	17717	
猪的饲养	Raising Pork	932750	65831
肉 猪	Pork	932750	65831
家禽饲养	Raising Poultry	1054020	224857
肉 禽	Meat	549558	166970
禽 蛋	Eggs	504377	57802
羽 绒	Fire Soft Feathers	85	85
其他畜牧业	Others	48042	2051
蚕 茧	Silkworn	68	55
兔	Rabbit	515	15
渔业产值	**Fishery**	**218934**	**12328**
农林牧渔服务业	**Farming, Forestry, Animal Husbandry, Fishery and Service**	**196045**	**5951**

业　总　产　值　（现价）
Husbandry and Fishery（at current price）

（10000 yuan）

东陵区（浑南新区） Dong ling (Hunnan new)	东陵区 Dong ling	沈北新区 Shen bei new	于洪区 Yu hong	辽中县 Liao zhong	康平县 Kang ping	法库县 Fa ku	新民市 Xin min
153857	**145035**	**576324**	**197793**	**1152325**	**549636**	**756432**	**1201381**
98363	**91458**	**212059**	**93586**	**357221**	**204094**	**271129**	**515975**
41683	38628	58129	36702	136731	160293	183287	220415
38207	35193	57588	36425	124380	106166	147953	193592
				430	302	845	1284
8752	8344	29901	20341	78479	9472	13121	73390
26664	24058	26177	16039	35841	85930	123323	91023
723	723			664	3529	1929	5906
1548	1548	252		9327	45111	21965	10859
1548	1548	252		9256	44572	20974	7859
1205	1164	289	277	2356	5487	5313	3670
1193	1152	260	277	2151	4155	4502	3281
						19	
				4		6108	6388
						2694	464
39725	37841	138712	50579	196175	25820	57580	235949
16934	15050	125582	43902	184794	25505	57340	230749
9465	9465	13130	2177	11381	310		5200
13326	13326		4500		5	240	
16891	14925	10895	6305	23819	17966	30214	59611
16891	14925	10895	6305	23819	17966	30214	59611
3110	3096	796	2255	6663	15591	1378	3341
238	238	1696		480	179	880	240
64	64	4323		496	15	48	
2181	**2181**	**3996**	**4423**	**27395**	**7593**	**18415**	**4486**
211	211	3494	4408	19498	5763	13776	824
		144	221	5120	155	1395	30
		3330	3612	8358	1531	2272	
211	211	20	575	6020	4077	10109	794
		502	15	7897	1830	4559	3662
		60		2211	1162	2892	
1970	1970					80	
51038	**49121**	**314602**	**84154**	**602004**	**321087**	**440826**	**576966**
15003	14720	88560	16353	237308	81455	207525	85166
4950	4880	46972	9743	211628	65300	169101	48113
993	967	4370	708	2297	11933	11381	10304
45	45	31		334	2802	1389	1368
5168	4981	37034	5889	9104	728	25347	23727
5160	4973	37034	5755	9104	728	25338	23660
26	26	153	13	52	689	307	1654
17	17	153	13	41	689	303	1262
9	9			11		4	392
3821	3821			13893	3		
19069	17703	55937	38955	188531	139157	151642	224699
19069	17703	55937	38955	188531	139157	151642	224699
16884	16616	169090	19377	141865	99792	81646	266696
6807	6591	89914	4975	75381	85377	47670	62048
10077	10025	79176	14402	66484	14415	33976	204648
82	82	1015	9469	34300	683	13	405
					13		
					495		5
640	**640**	**6717**	**6623**	**101460**	**435**	**1922**	**76806**
1635	**1635**	**38950**	**9007**	**64245**	**16427**	**24140**	**27148**

4—3 农 林 牧 渔
Gross Output Value of Farming, Forestry, Animal

单位:万元

项 目	Item	沈阳市 Total	苏家屯 Sujiatun
农林牧渔业合计	**Total**	**4737813**	**463237**
农业产值	**Farming**	**1863362**	**167029**
谷物及其他作物	Cereal and other Farm Crops	824626	57136
谷 物	Cereal	696644	54721
小 麦	Wheat	2563	
稻 谷	Rice	244027	26604
玉 米	Corn	386233	22862
薯 类	Tubers	12886	484
油 料	Oil - bearing Crops	83815	797
花 生	Peanuts	79742	790
豆 类	Beans	19289	1135
大 豆	Soy Bean	16486	1064
棉 花	Cotton	19	
糖 料	Sugar Crops		
其他农作物	Other Crops	11974	
饲料作物	Drinke crops	2632	
蔬菜、园艺作物	Vegetables and Horticulture Crops	845258	70009
蔬 菜(含菜用瓜)	Vegetables(include Melon)	782469	52746
花 卉	Flower	48524	16352
其他园艺作物	Others	14264	911
水果、坚果、饮料和香料作物	Fruits	188674	39200
水果、坚果	Fruit and Nut	188574	39101
苹 果	Apples	34140	1879
梨	Pears	18191	13278
中药材	Traditional Chinese Medicine	4805	683
林业产值	**Forestry**	**78217**	**1516**
林木的培育和种植	Woods	58025	1007
育种育苗	Breading and Growing seedlings	6927	
造 林	Afforestation	29797	756
抚育和管理	Fostering and Management	21300	251
林木的培训和种植	Timber Cutting	18231	509
村及村以下	Tibe Cutting by village	6104	
林产品	Woods Products	1962	
牧业产值	**Animal Husbandary**	**2402053**	**277183**
牲畜饲养	Raising livestock	707156	25822
牛的饲养	Cow	534125	15583
羊的饲养	Sheep and Goats	45509	2299
其他牲畜饲养	Others	5135	139
奶产品	Milk	105998	7588
牛 奶	Cow Milk	105794	7588
毛绒产品	Cashmere Products	2761	214
羊 毛	Sheep Wool	2237	65
羊 绒	Cashmere	524	148
其他牲畜副产品	Others	13628	
猪的饲养	Raising Pork	748295	52813
肉 猪	Pork	748295	52813
家禽饲养	Raising Poultry	909559	196966
肉 禽	Meat	489288	148655
禽 蛋	Eggs	420206	48246
羽 绒	Fire Soft Feathers	65	65
其他畜牧业	Others	37043	1581
蚕 茧	Silkworn	57	46
兔	Rabbit	396	12
渔业产值	**Fishery**	**208707**	**11880**
农林牧渔服务业产值	**Farming, Forestry, Animal Husbandry, Fishery and Service**	**185473**	**5630**

业总产值（可比价）
Husbandry and Fishery (at comparable price)

(10000 yuan)

东陵区(浑南新区) Dong ling (Hunnan new)	东陵区 Dong ling	沈北新区 Shen bei new	于洪区 Yu hong	辽中县 Liao zhong	康平县 Kang ping	法库县 Fa ku	新民市 Xin min
131322	**123921**	**518141**	**175042**	**1031993**	**484679**	**667897**	**1063459**
84215	**78399**	**198245**	**85921**	**330925**	**184743**	**241812**	**474857**
36299	33660	50369	31764	119580	142608	160990	194038
33117	30516	49869	31509	108087	92207	128290	168642
				385	271	757	1150
7588	7234	25922	17634	68036	8212	11375	63624
22992	20745	22572	13830	30905	74097	106340	78488
636	636			656	3472	1781	5795
1436	1436	234		8649	41822	20318	9889
1436	1436	234		8588	41355	19460	7292
1109	1071	266	255	2183	5108	4923	3402
1097	1059	239	255	1978	3821	4140	3017
						19	
				4		5659	6311
						2245	387
33525	31653	135183	49066	190819	25697	56501	233734
16777	14905	125535	44159	182456	25466	56325	229913
6955	6955	9649	1600	8363	228	3821	
9793	9793	3307		4176			
14338	13033	9090	5092	20112	16425	24282	47085
14337	13032	9090	5092	20112	16425	24281	47085
2889	2876	723	2096	6101	14465	1231	3078
240	240	1714		514	178	926	248
53	53	3603		413	13	40	
2087	**2087**	**3824**	**4233**	**26215**	**7266**	**17622**	**4293**
202	202	3344	4218	18658	5515	13183	789
		138	211	4900	148	1335	29
		3187	3456	7998	1465	2174	
202	202	19	550	5761	3901	9674	760
		480	14	7557	1751	4363	3504
		57	2116	1112	2767		
1885	1885					77	
42879	**41294**	**272784**	**70051**	**517192**	**276712**	**383741**	**485513**
13050	12796	81062	15066	216991	76470	191514	79257
4579	4514	43452	9013	195771	60407	156430	44508
832	811	4188	752	2041	12470	10910	10926
36	36	25		272	2342	1141	1105
4642	4474	33265	5290	8177	654	22767	21312
4635	4467	33265	5169	8177	654	22759	21252
21	21	133	11	43	595	265	1406
14	14	133	11	34	595	262	1091
7	7			9		3	316
2939	2939			10687	2		
15298	14202	44875	31252	151248	111638	121654	180264
15298	14202	44875	31252	151248	111638	121654	180264
14469	14233	146065	16450	122488	88074	70563	225680
6058	5866	80009	4429	67090	76193	42393	55191
8410	8367	66056	12022	55398	11881	28170	170489
63	63	781	7284	26464	530	10	312
					11		
					381		4
594	**594**	**6439**	**6316**	**96881**	**417**	**1884**	**73112**
1547	**1547**	**36850**	**8521**	**60781**	**15541**	**22838**	**25684**

4—4 农 林 牧 渔
Value - added of Farming, Forestry, Animal

单位:万元

指 标	Item	沈阳市 Total	苏家屯 sujiatun
农林牧渔业	**Farming, Forestry, Animal Husbandry and Fishery**		
总产值	Gross Output Value	5347747	531030
中间消耗	Middle Consume	2557132	261026
增加值	Value - added	2790615	270004
农 业	**Farming**		
总产值	Gross Output Value	2047835	190129
中间消耗	Middle Consume	872258	80236
增加值	Value - added	1175577	109893
林 业	**Forestry**		
总产值	Gross Output Value	81737	1584
中间消耗	Middle Consume	34536	640
增加值	Value - added	47201	944
牧 业	**Amimal Husbandry**		
总产值	Gross Output Value	2803196	321038
中间消耗	Middle Consume	1457196	170144
增加值	Value - added	1346000	150894
渔 业	**Fishery**		
总产值	Gross Output Value	218934	12328
中间消耗	Middle Consume	114641	7768
增加值	Value - added	104293	4560
服务业	**Service**		
总产值	Gross Output Value	196045	5951
中间消耗	Middle Consume	78501	2238
增加值	Value - added	117544	3713

业　增　加　值
Husbandry and Fishery

(10000 yuan)

东陵区(浑南新区) Dong ling (Hunnan new)	东陵区 Dong ling	沈北新区 Shen bei new	于洪区 Yu hong	辽中县 Liao zhong	康平县 Kang ping	法库县 Fa ku	新民市 Xin min
153857	145035	576324	197793	1152325	549636	756432	1201381
77568	73307	267668	90392	541298	259431	385179	560984
76289	71728	308656	107401	611027	290205	371253	640397
98363	91458	212059	93586	357221	204094	271129	515975
48602	45469	88279	38566	142705	83180	125937	217168
49761	45989	123780	55020	214516	120914	145192	298807
2181	2181	3996	4423	27395	7593	18415	4486
878	878	1462	1664	11004	3848	8314	2078
1303	1303	2534	2759	16391	3745	10101	2408
51038	49121	314602	84154	602004	321087	440826	576966
27100	25972	157667	43249	305547	164564	241136	297584
23938	23149	156935	40905	296457	156523	199690	279382
640	640	6717	6623	101460	435	1922	76806
307	307	2963	3673	56270	199	793	34630
333	333	3754	2950	45190	236	1129	42176
1635	1635	38950	9007	64245	16427	24140	27148
681	681	17297	3240	25772	7640	8999	9524
954	954	21653	5767	38473	8787	15141	17624

4—5 农作物播种面积
Total Sown Areas of Farm Grops

单位:公顷 (hectare)

指　标	Item	2000	2005	2008	2010	2011
农作物总播种面积	**Total Sown Areas**	**599212**	**587940**	**608562**	**654813**	**670774**
粮豆作物	**Grain Crops**	**449028**	**511446**	**479656**	**506848**	**507413**
谷　物	Cereal	382819	470994	441458	477680	477057
水　稻	Rice	113829	115876	127149	126849	123916
春小麦	Spring Wheat	26577	5686	2275	2381	2923
玉　米	Corn	227919	336970	304809	344800	347441
高　粱	Sorghum	11636	6718	3321	2007	1757
谷　子	Millet	2785	2650	2400	772	661
薯　类	Tubers	19120	7039	11308	12045	13639
土　豆	Potatoes	11623	5667	9774	9407	11939
豆类合计	Total Beans	41540	33413	26890	17123	16717
大　豆	Soybeans	36653	29158	25780	16255	15987
杂　豆	Mixed Beans	4887	4255	1109	868	730
棉　花	Cotton	552	275	353	25	9
油料作物	Oil - bearing Crops	33171	13772	38741	43763	46723
花　生	Peanuts	26378	12635	33786	40094	43738
芝　麻	Seasame	872	148	37	17	26
向日葵	Sunflower	1348	802	4867	3652	2959
甜　菜	Beetroots	4459	18	15		
药　材	Medicial Material	700	30	1462	1112	1369
蔬菜、瓜类	**Vegetables and Melon**	**83782**	**45200**	**69086**	**85193**	**103893**
蔬菜(含菜用瓜)	Vegetables	75360	45200	51705	67385	84473
西甜瓜	Muskmelon and Watermelon	8422	6365	15985	16665	18123
西瓜	Watermelon	5933	4126	13838	12546	13520

4—6 分地区农作物播种面积
Sown Areas by District and County

单位:公顷 (hectare)

项 目	Item	沈阳市 shenyang	苏家屯 sujiatun	东陵区(浑南新区) Dongling (Hunnan new)	沈北新区 Shen bei new	于洪区 Yuhong	辽中县 Liaozhong	康平县 Kangping	法库县 Faku	新民市 Xinmin
农作物总播种面积	**Total Sown Area**	**670774**	**38715**	**21511**	**42497**	**24357**	**84323**	**101482**	**131839**	**199608**
粮食作物合计	**Total Grain Crops**	**507413**	**28375**	**19604**	**29917**	**18323**	**65970**	**71904**	**102438**	**151178**
其中:夏收粮食	Grain in summer	14862	410115				900	3712	1858	8392
谷 物	Cereal	477057	27341	18405	29712	17099	63590	64314	97603	140025
稻 谷	Rice	123916	10745	3623	10870	7887	35293	4009	4750	39789
小 麦	Wheat	2923					388	413	1063	1059
春小麦	Wheat in spring	2923					388	413	1063	1059
玉 米	Corn	347441	16564	14774	18828	9189	27837	58690	90617	98944
谷 子	Millet	661			1			323	296	38
高 粱	Sorghum	1757		8	13	23		813	711	172
其他谷物	Others	359	32				72	66	166	23
荞 麦	Buckwheat	2						2		
豆类合计	Total Beans	16717	872	885	205	1224	1828	3889	3631	3461
大 豆	Soybeans	15987	872	883	185	1224	1828	3423	3444	3419
绿 豆	Green Gram	375		1				226	128	15
红小豆	Red bean	355		1	20			240	59	27
薯类(折粮)	Tubers	13639	162	314			552	3701	1204	7692
马铃薯	Potatoes	11939					512	3299	795	7333
油料作物	**Oil bearing Crops**	**46723**	**333**	**688**	**100**		**4378**	**24096**	**9472**	**7384**
花 生	Peanuts	43738	333	688	100		4378	24051	9465	4476
芝 麻	Seasame	26						20	3	3
向日葵籽	Sunflower	2959						25	4	2905
棉 花	**Cotton**	**9**							**9**	
糖料合计	**Sugar Crops**									
甜 菜	Beetroots									
药材类合计	**Medicial Material**	**1369**	**123**	**44**	**762**	**29**	**61**		**13**	**304**
蔬菜(含菜用瓜)	**Vegetables**	**84473**	**6664**	**1096**	**10887**	**4779**	**12470**	**4793**	**14563**	**23985**
瓜果类	**Melon**	**19420**	**694**	**30**	**609**	**314**	**681**	**545**	**2290**	**13563**
西 瓜	Watermelon	13520	91	11	215	314	126	428	227	11993
甜 瓜	Muskmelon	4603	158	15	361		531	117	2021	1306
草 莓	Strawberry	1181	402	4	33		24			243
其他农作物	**Others**	**11367**	**2526**	**49**	**222**	**912**	**763**	**144**	**3054**	**3194**
青饲料	Succulence	1579							1347	232

4—7 农作物总产量
Total Output of Farm Crops

单位:吨 (ton)

指标	Item	2000	2005	2008	2010	2011
粮豆作物	**Grain Crops**	**2338012**	**3427232**	**3586659**	**3251122**	**4060586**
谷物	Cereal	2172834	3297557	3442275	3138162	3913050
水稻	Rice	937905	898757	1124874	1000833	1081591
春小麦	Spring Wheat	55116	18845	7999	8732	12534
玉米	Corn	1122542	2318518	2270352	2107704	2800918
高粱	Sorghum	52423	42035	22787	14680	13725
谷子	Millet	4390	9570	10538	3098	2524
薯类	Tubers	81076	41811	64936	63364	101045
土豆	Potatoes	44894	28164	56805	41144	84837
豆类合计	Total Beans	77483	87864	79448	49596	46491
大豆	Soybeans	73140	78391	77253	47830	44542
杂豆	Mixed Beans	4343	9473	2191	1766	1944
经济作物	**Economic Crops**					
棉花	Cotton	1584	155	958	21	11
油料作物	Oil - bearing Crops	58914	32691	116343	128346	147508
花生	Peanuts	51697	30445	107336	116784	141053
芝麻	Seasame	671	198	55	16	46
向日葵	Sunflower	1405	1757	8724	3605	6409
麻类	Fiber Crops	20	2			
甜菜	Beetroots	131141	438	450		
烟叶	Leaf Tobacco	24				
其他作物	**Other crops**					
蔬菜(含菜用瓜)	Vegetables	2842299	2390541	3567179	4218129	4629984
西甜瓜	Muskmelon and Watermelon	271798	206062	566152	75443	924615
西瓜	Watermelon	203818	151685	494722	599030	720185

4—8 主要农产品产量
Yield of Major Farming Products

单位:万吨 (10000 tons)

年份 Year	粮食及大豆 Grain Crops	蔬菜 Vegetable	猪牛羊肉 Pork, Beef and Mutton	禽蛋 Poultry Eggs	牛奶 Cow Milk	水产品 Aquatic Products	水果 Fruits
1980	210.6	94.6	5.2	0.9	1.7	0.2	0.5
1985	205	107.8	7.1	4.4	3.1	0.5	1.2
1990	307.7	158.5	13	11.2	5.6	1.8	2.5
1991	308.9	175.9	15.3	14.2	6.8	2.4	3.6
1992	333.4	209.2	17.5	16.3	7.4	3.1	4.4
1993	318.3	246	17.5	16.6	6	4.3	6
1994	201.7	198.8	23.5	19.8	6.2	5.6	7
1995	215.1	196.1	15.3	18.2	6.1	6.5	7.4
1996	329.8	260	28.8	20.3	6.1	7	7.3
1997	252.5	216.7	17.3	21.6	5.1	8.4	6.9
1998	325.9	256.1	17.3	21.4	5.3	9	7.9
1999	343.3	277.2	18.5	22.5	5	9.5	8.6
2000	233.8	284.2	19.7	24.5	5.7	10	9.1
2001	251.7	272.2	20.9	27.5	6.6	11.4	8.3
2002	278.2	284.1	23.3	29.2	8.1	11.5	8.5
2003	283.2	255.9	27.8	30	12.5	13.5	9.1
2004	365.4	206.6	34.9	37.9	18.8	14.1	10.7
2005	342.7	239.1	41.7	42.5	21.2	15	11.1
2006	321.4	271.5	40.7	37.7	28.8	16.2	11.8
2007	390.9	315.1	41.8	39.4	31.2	16.8	13.5
2008	358.7	356.7	46.9	53.7	32.3	18.7	17.5
2009	344.6	422.1	53.8	57.5	37.1	20.6	17.4
2010	325.1	421.8	57	60.6	39.2	16.7	17.6
2011	406.1	463	60.2	69.2	44.7	17.7	21.2

4—9 畜牧业生产情况
Production of Animals Husbandry

指 标	Item	2000	2005	2010	2011
年末大牲畜头数(头)	Large Animal at Year - end (head)	417310	643755	932803	1086990
马(头)	Horses (head)	79925	52712	37251	32381
骡(头)	Mules (head)	61070	31636	18014	14014
驴(头)	Donkeys (head)	117014	73007	49365	47693
牛(头)	Cattle and Buffaloes (head)	159301	486400	828173	992902
奶牛(头)	Cows (head)	13698	63986	106628	127541
改良肉用牛(头)	Meat Cattle (head)	145603	422414	713837	858741
从事农事劳役的大牲畜(头)	Large Draft Animal (head)	200085	134689	63783	58163
年末生猪存栏(头)	Hogs at Year - end (head)	1582263	2264380	3180598	3440974
能繁殖母猪(头)	Female Pigs for Breeding (head)	119835	198119	455391	487754
年末羊存栏(只)	Sheep and Goats at Year - end (head)	229111	605442	706166	787666
能繁(只)	For Breeding(head)	159826	315642	313651	363240
山 羊(只)	Goats(head)	60478	190106	262837	288672
能繁(只)	For Breeding (head)	33661	87292	112706	133855
绵 羊(只)	Sheep (head)	168633	415336	443329	498994
能繁(只)	For Breeding(head)	126165	228350	200945	229385
年末家禽存栏 (万只)	Poultry at Year - end (10000 heads)	3749.4	5107	8902.9	9646
蛋禽(万只)	Egg Poultry (10000 heads)	1937.2	3216	4380.1	5213
年末兔存栏(只)	Rabbits at Year - end (head)	35685	317147	16733	11928
年末生猪出栏(只)	Slaughtered Hogs (head)	2047009	3622753	5112792	5363504
年内牛出栏(头)	Slaughtered Cattles (head)	88581	417457	957008	1119573
年内羊出栏(只)	Slaughtered Sheep and Goats (head)	152623	653519	861293	910920
年内家禽出栏(万只)	Slaughtered Poultry (10000 heads)	6059.5	12067	16325.8	16996
年内兔出栏(只)	Slaughtered Rabbits (head)	34202	124886	91442	95521
肉类总产量(吨)	Total Output of Meat (ton)	333202	703703	865705	916575
猪肉产量(吨)	Pork (ton)	179694	320041	401175	409462
牛肉产量(吨)	Beef (ton)	15822	87693	156737	179488
羊肉产量(吨)	Mutton (ton)	1944	9405	12309	13141
禽肉产量(吨)	Meat of Poultry (ton)	131284	281473	286572	309818
奶类总产量(吨)	Total Output of Milk (ton)	56863	215163	396286	449203
牛奶产量(吨)	Output of Milk (ton)	56601	212045	392220	447049
绵羊毛产量(公斤)	Output of Sheep's Wool (kg)	817081	1187683	1048351	1170345
蜂蜜产量(公斤)	Output of Honey (kg)	3410	3500	8900	12360
禽蛋产量(吨)	Output of Poultry Eggs (ton)	245421	425281	605919	691663

5—1 固定资产投资和房屋建筑面积
Investment in Fixed Assets and Floor Space of Buildings

单位:万元 (10000 yuan)

指 标	Item	2000	2005	2010	2011
投资总额	**Total Investment(10000 Yuan)**	**2622376**	**13632196**	**41391498**	**45605940**
城镇合计	**Total Investment in Cities and Towns**	**2477006**	**12900364**	**40213418**	
农村合计	**Total Investment in Village**	145370	731832	1178080	
按经济类型分	**Grouped by Ownership**				
国有经济	State – owned Economic Units	1162197	3362737	6689922	8364642
集体经济	Collective – owned Economic Units	141911	519442	1163203	793808
私营经济	Private Economic Units	100306	2564698	11059531	12436402
个体经济	Individual Economic Units	95272	263043	371778	199193
联营经济	Joint Ownership Economic Units	1150	6787	7486	2844
股份制经济	Share Holding Economic Units	556574	4474851	12888690	14764882
外商投资经济	Foreign Funds Economic Units	232579	1431421	4015920	3898332
港澳台投资经济	Economic Units with Funds from Hong Kong, Macao and Taiwan	311676	783999	4229736	4491097
其他经济	Others	20711	225218	965252	654740
本年资金来源小计 *	**Total Captal Grouped by Sources**	**2430557**	**13922412**	**46421286**	**55599332**
国家预算内资金	State Budgetary Appropritation	171614	506864	1069311	1577373
国内贷款	Domestic Loans	552477	1428722	5966940	7432570
利用外资	Foreign Investment	202513	395983	1352801	1510387
自筹投资	Fundraising	1060442	9711051	33020709	36753554
其他投资	Others Investment	443511	1879792	5011525	8325448
按构成分	**Grouped by Form**				
建筑工程	Construction	1434026	7330954	24389016	26027798
安装工程	Installation	198366	790705	3551058	3161204
设备工具器具购置	Purchasing of Equipment, Tool and Appliance	613019	2820645	8210713	9258412
其他费用	Others	376965	2689892	5240711	7158526
按三次产业分	**Grouped by Type of Industry**				
第一产业	Primary Industry	75996	246696	839524	729878
第二产业	Secondary Industry	759410	5203346	14763194	15678004
工 业	Industry	687304	5102628	14424706	15237338
第三产业	Tertiary Industry	1786970	8182154	25788780	29198058
房地产开发	Real Estate Development	640395	4135710	14500794	16847242
房屋建筑面积(万平方米)	**Floor Space of Buildings(10000 sq. m)**				
施工面积	Floor Space under Construction	1643.7	5488.6	14448.2	15534.4
住 宅	Residential Building	936.2	2674.5	6720.1	7743.9
竣工面积	Floor Space Completed	808.2	2175.3	3839.8	3221.7
住 宅	Residential Building	540.9	1111.7	1193.6	1605.6

注:2011 年开始统计口径调整,2010 年及以前为全社会口径,下同;* 为城镇口径。

Note: Since 2011 the statistic standards has been adjusted . Before 2010 it was the whole society . The same below.

* represents the Towns caliber.

5—2 城镇固定资产投资和新增固定资产
Investments and Newly Increased in Fixed Assets

单位:亿元　　(100 million yuan)

年份 Year	投资总额 Total Investment	国有单位 State - owned	新增固定资产 Newly Increased in Fixed Assets	交付使用率(%) Rate of Fixed Assets Put into Use
1980	9.3	8.8	6.6	71
1985	21.1	19.2	13.6	64.5
1990	39.9	36.5	39.9	100
1995	127	84.1	85.9	67.6
2000	241.4	116.2	180.2	74.6
2001	281.2	126.1	193.8	68.9
2002	378.8	166.7	257.3	67.7
2003	553.9	192.8	424.2	79.1
2004	936.6	222.7	560	59.8
2005	1287.8	328.4	792.8	61.6
2006	1701.1	373.4	967.7	56.9
2007	2245.7	476.4	1293.3	57.6
2008	2842.4	515.9	1588.2	55.9
2009	3434.2	601.8	2120.1	61.7
2010	4021.3	633	2772.3	68.9
2011	4412.2	827.6	2124.9	48.2

注:不包括农村集体和个人投资。
Note:Data in this table do not include rural Collective - owned and individuals invesment.

5—3 城镇工业固定资产投资额和新增固定资产
Industrial Investment and Newly Increased in Fixed Assets

年份 Year	投资额(亿元) Total Investment (100 million yuan)	占总投资(%) Percent to the Total	新增固定资产(亿元) Newly Increased in Fixed Assets (100 million yuan)	交付使用率(%) Rate of Fixed Assets Put into Use
1980	4.8	51.6	3.4	70.8
1985	10.8	51.2	7	64.8
1990	18.8	47.1	14.9	79.3
1995	41.5	32.7	29.5	71.1
2000	68.7	26.2	62.2	90.5
2001	74	24.4	43	58.1
2002	95.8	23.8	64	66.8
2003	146.7	25.2	114.3	77.9
2004	277.7	28.6	201.1	72.4
2005	488.9	35.9	333.3	68.2
2006	664.5	37.1	408.8	61.5
2007	847.3	37.7	591.9	69.9
2008	1020.9	35.9	708	69.4
2009	1219	35.5	1107.3	90.8
2010	1402.7	34.9	1003.3	71.5
2011	1432.3	32.5	811.5	56.7

5—4 房地产开发投资主要指标
Major Indicators of Investment on Real Estate Development

单位:万元、万平方米 (10000 yuan,10000 sq. m)

指　标	Item	2000	2005	2010	2011
本年完成投资	Investments Completed in This Year	640395	4135710	14500794	16847242
本年新增固定资产	Newly Increased in Fixed Assets	502732	1929399	3727811	7400822
本年施工房屋面积	Floor Space of Buildings under Construction	828.4	3102	8851.4	10201.3
住　宅	Residential Buildings	635.3	2438.3	6634.2	7654.1
本年竣工房屋面积	Floor Space of Buildings completed	349.5	1057.7	1393.2	1983.3
住　宅	Residential Buildings	289.8	927.7	1107.7	1605.6
商品房销售面积 *	Sold Floor Space of Commercial Houses	210.5	761.3	1746.5	2165.2
住　宅	Residential Buildings	184	713.9	1516.1	1947.8
商品房销售额	Total Sales of Commercial Houses	565412	2367695	9450487	12740225

* 2006 年起包括预售。
Note: Data after 2006 has covered selling in advance.

5—5 建筑安装企业主要经济指标
Major Indicators of Construction and Installation Enterprises

指　标	Item	2000	2005	2010	2011
全　市	**Total**				
建筑业总产值(亿元)	Gross Constructive Output Value (100 million yuan)	162.6	328.6	1055.2	1447.3
施工房屋面积(万平方米)	Floor Space of Buildings under Construction(10000 sq. m)	1929	2669.4	5733	9172.8
竣工房屋面积(万平方米)	Floor Space of Buildings Completed (10000 sq. m)	915.4	1262	1839.5	2332.6
竣工率(%)	Completed Rate (%)	47.6	47	32.1	25.4
职工平均人数(万人)	Average Staff and Workers (10000 persons)	25.1	26.8	67.7	77.4
年末固定资产原值(亿元)	Origial Value of Fixed Assets at Year - end (100 million yuan)	49	78.6	155.9	176.3
年末固定资产净值(亿元)	Net Value of Fixed Assets at Year - end (100 million yuan)	33.3	57.9	102.1	114.7
利润总额(万元)	Total Profits (10000 yuan)	18237	59971	350891	389377
国有企业	**State - owned Enterprises**				
施工产值(亿元)	Output of Construction (100 million yuan)	57.3	196	149	174.7
施工房屋面积(万平方米)	Floor Space of Buildings under Construction(10000 sq. m)	430.4	1794.6	835	1193.9
竣工房屋面积(万平方米)	Floor Space of Buildings Completed (10000 sq. m)	181.1	712.1	242.1	207.6
竣工率(%)	Completed Rate (%)	42.1	39	29	17.4
职工平均人数(万人)	Average Staff and Workers (10000 persons)	7.6	14.3	10.5	9.6
年末固定资产原值(亿元)	Origial Value of Fixed Assets at Year - end (100 million yuan)	24.6	43.1	22	35.2
年末固定资产净值(亿元)	Net Value of Fixed Assets at Year - end (100 million yuan)	15.5	30	13.5	27.8
利润总额(万元)	Total Profits (10000 yuan)	231	13772	23899	23988

6 国内贸易主要综合指标
Main Indicators of Domestic Trade

单位:万元 (10000 yuan)

指 标	Item	2000	2005	2010	2011
社会消费品零售总额 *	Total Retail Sales of Consumer Goods	5660080	9150855	21056471	24268655
私营批发零售贸易业	Private Wholesale and Retail Trade				
户数(个)	Number of Economic Active Unit (unit)	8598	15860	27073	31411
人数(人)	Number of Persons (person)	98300	146020	174964	218402
个体批发零售贸易业	Indivial Wholesale and Retail Sale Trade				
户数(个)	Number of Economic Active Unit(unit)	116156	107227	136957	150191
人数(人)	Number of Persons(person)	251283	273743	332817	326741
限额以上批发零售贸易业主要财务指标	Above Designated Size in Wholesale and Retail Trade				
资产总计	Total Assets	3556223	5198536	12812619.6	14669264
负债总计	Total Liabilities	3006513	4365904	9673985.2	10265680
商品销售收入净额	Net Revenue of Sales	8107213	21755862	47371584.8	71382543
商品销售成本	Total Sales Cost	7694821	19766987	45169502.9	68924612
经营费用	Total Operating Cost	274810	554449	1180551	943540
管理费用	Total Management Cost	138332	224695	553619	668992
营业利润	Total Operating Profits	-26819	32235	320385	642681
利润总额	Total Profits	6956	123740	283120	393220

注:2003 年开始,社会消费品零售总额不含制造业和农对非零售额。
Nate:Total retail sales of consumer goods from 2003 didnt include retail sales of manufacture and farmer sold nonfarmer.

7—1 国际旅游事业发展情况
Development of International Tourism

年份 Year	接待国家及地区数(个) Number of Foreign Countries and Regions (unit)	接待的境外旅游人数(人) Number of Foreign Tourists (person)	外国人 Foreigners	港澳台胞 Hongkong, Macao and Taiwan Compatriot
1985	75	30407	21854	8093
1990	100	41899	26269	15045
1995	119	103696	86665	16913
1996	123	107946	91806	16051
1997	134	118740	100987	17656
1998	137	120700	96001	24642
1999	133	137576	109833	27726
2000	138	161245	132688	28497
2001	151	176961	144086	32623
2002	152	237627	194984	42643
2003	148	184255	150769	33486
2004	148	272838	222758	50080
2005	148	326513	264221	62292
2006	148	400037	332027	68010
2007	148	456013	378773	77240
2008	148	476357	399555	76802
2009	148	495517	415356	80161
2010	148	550313	460885	89428
2011	148	635388	529211	106177

注:旅游收入 1994 年以前计量单位为万元外汇券。

Note:Measured unit of tourism revenue before 1994 refer to 10000 FEC.

7—2 利 用 外 资
Used Foreign Capial

单位:万美元 (USD 10000)

年　　份 Year	新签项目数(个) New Signed Projects (unit)	新签合同外资额 New Signed Contracts of Foreign Capital	外商直接投资 Direct Foreign Investment
1985	29	5661	24
1986	33	4349	150
1987	25	4737	597
1988	89	11008	1411
1989	75	8166	2806
1990	104	15899	2747
1991	186	39615	3348
1992	708	93801	8009
1993	1129	118035	33254
1994	835	181928	40662
1995	666	116977	46052
1996	512	109669	39551
1997	492	93864	53760
1998	475	103278	56636
1999	598	110734	49836
2000	646	176835	71230
2001	569	154633	85217
2002	661	205188	140880
2003	743	225074	224237
2004	771	259650	242277
2005	901	616732	212312
2006	863	852098	303444
2007	772	1284685	504451
2008	518	1026288	600138
2009	710	1205220	541039
2010	473	812110	505369
2011	221	542149	550247

8—1 地方财政收入
Local Financial Revenue

单位:万元 (10000 yuan)

年份 Year	合计 Total	增值税 Value - added Tax	营业税 Business Tax	个人所得税 Individual Income Tax
1980	145226			
1985	209685			
1990	310726	85402	89474	
1995	355684	85863	118226	21213
2000	611225	102329	181231	48684
2001	808178	116022	207681	66601
2002	1018511	138751	267568	71808
2003	1039268	99954	239212	40968
2004	1395086	91920	319011	51943
2005	1815157	126103	364924	59377
2006	2457841	143852	450114	62807
2007 *	2308085	167666	553293	77831
2008	2910381	189969	645841	84298
2009	3202070	206245	725216	86929
2010	4653540	399458	1295086	173245
2011	6201243	464531	1629897	201518

注:2007 年以后数据为地方财政一般预算收入。
Note:Data after 2007 is general budget income of local government.

8—2 地方财政支出
Local Financial Expenditure

单位:万元 (10000 yuan)

年份 Year	合计 Total	科技三项费 Three kinds Funds of Science and Technology Promotion	城市维护费 City Maintenance Expenditure	行政管理费 Expenditure for Government Administration
1980	50245	745	5557	4751
1985	105264	1181	8902	8574
1990	230580	3672	31234	13370
1995	458861	7972	42952	30448
2000	924893	16565	102892	50559
2001	1034810	19327	139292	61458
2002	1281673	22304	146385	65118
2003	1608515	27240	172724	71667
2004	2033157	33157	234083	92593
2005	2534094	41829	314929	122771
2006	3393019	62953	395492	140937
2007 *	3396754			
2008	4067372			
2009	4758822			
2010	5166242			
2011	6392904			

注:2007 年以后数据为地方财政一般预算支出。
Note:Data after 2007 is general budget expenditure of local government.

8—3 金融机构人民币存款
Saving Deposits of Financial Institution

单位:万元 (10000 yuan)

年份 Year	合计 Total	企业 Enterprises Deposits	财政 Treasury Deposits
1980	241023	110224	5231
1985	592234	246727	1049
1990	1817149	547384	-812
1995	7638677	2259015	96777
2000	17004871	6014533	58446
2001	19070186	6514187	92245
2002	22741574	7045754	234561
2003	26917421	8103598	173388
2004	30504700	9778109	147342
2005	35630020	10435257	141276
2006	39712846	13330155	189634
2007	45497117	17101533	1534609
2008	52759189	18345237	1281317
2009	66574455	25025439	2192293
2010	80919886	25975315	2424321
2011	88956679	46176511	2200122

8—4 金融机构人民币贷款
Loans of Financial Institutions

单位:万元 (年末余额)(Year - end) (10000 yuan)

年份 Year	合计 Total	工业企业 Loans of Industrial Enterprises	商业 Commercial Loans	农业 Agriculture
1980	476909	123914	163466	8448
1985	830225	220910	243665	23350
1990	2481718	954692	669374	37953
1995	7158771	2349455	1714425	145387
2000	13921674	3131357	2659249	275434
2001	15472805	3445679	3051279	300743
2002	18485879	3575166	3258976	359696
2003	21721849	3585917	3272161	328460
2004	22947475	3428991	2860594	389076
2005	22885209	1985803	2365452	923562
2006	25518637	2544607	2501493	955818
2007	26997552	2715724	2472866	1005785
2008	32500508	2746408	2138102	1125437
2009	50848567	3690848	2144433	1409902
2010	59701639			
2011	68889672			

注:2009 年起贷款余额包括国家开发银行贷款。

Note: Balance of Loans included Development Bank of China from 2009.

9—1 各类学校数
Number of Schools

单位:个 (unit)

年份 Year	合计 Total	高等学校 Institutions of Highter Education	中等专业学校 Specializde Secondary Schools	普通中学 Regular Secondary Schools	职业中学 Vocational Schools	技工学校 Secondary Technical Schools	小学 Primary Schools
1952	2089	11	22	39			2015
1957	1556	10	27	135			1317
1962	1928	23	27	189			1628
1965	3299	14	19	223			2666
1970	3263	9	14	518			2722
1975	3126	9	22	515		19	2580
1978	2635	15	18	465		46	2137
1980	2732	18	27	385	18	111	2168
1985	2650	22	44	348	44	110	2069
1986	2494	23	50	340	53	118	1900
1987	2483	24	50	339	52	116	1892
1988	2481	21	46	335	52	114	1900
1989	2485	21	46	339	53	111	1892
1990	2469	21	46	334	51	110	1893
1991	2446	21	45	333	51	114	1866
1992	2311	22	45	322	53	113	1742
1993	2265	22	45	330	56	113	1685
1994	2230	22	44	335	76	108	1627
1995	2310	22	48	359	85	113	1664
1996	2344	22	50	369	97	111	1681
1997	2342	22	51	368	98	111	1677
1998	2242	20	52	373	105	63	1584
1999	2112	21	48	367	103	45	1519
2000	2040	21	42	368	92	35	1468
2001	1958	21	40	360	77	30	1415
2002	2004	24	46	365	96	93	1366
2003	1817	36	39	362	89	30	1247
2004	1670	36	40	362	98	33	1087
2005	2064	37	39	354	95	34	977
2006	1398	37	35	348	85	30	849
2007	1185	40	35	337	66	32	649
2008	1090	40	43	334	58	35	545
2009	1011	49	41	334	52	37	482
2010	927	50	41	321	47	37	415
2011	864	51	40	324	46	37	350

9—2 学校专任教师数
Number of Full - time Teachers

单位:人 (person)

年份 Year	合计 Total	高等学校 Institutions of Highter Education	中等专业学校 Specializde Secondary Schools	普通中学 Regular Secondary Schools	职业中学 Vocational Schools	技工学校 Secondary Technical Schools	小学 Primary Schools
1952	14580	1527	769	1778			10412
1957	21770	2915	2050	4583			11870
1962	32122	4674	1919	6270			19015
1965	39661	4063	1528	8138			23954
1970	49776	3181	668	16060			29837
1975	57186	3441	1366	23249			28946
1978	58195	5665	1468	26127			24770
1980	59509	6689	1372	25652	114	1634	23628
1985	60749	8513	2433	20318	1673	2175	25453
1986	62448	10418	2687	20289	2099	2436	26812
1987	65869	10235	2898	20891	2370	2540	26857
1988	66920	10023	3183	20402	2704	2493	27781
1989	69801	11224	3125	20330	2607	2572	29582
1990	73080	10353	3055	21255	2733	2746	32641
1991	74189	10202	3042	21792	2835	2828	33166
1992	75262	10440	3169	22174	2576	2694	33875
1993	72734	10442	3193	21976	2816	2594	31309
1994	72396	10434	3207	21487	2966	2550	31096
1995	73318	10594	3203	22313	3142	2439	31216
1996	74195	10421	3197	23209	3268	2361	31340
1997	75095	10241	3435	23668	3574	2137	31566
1998	73511	10305	3364	23258	3736	1705	30781
1999	73240	10537	3310	23449	3903	1486	30208
2000	72508	11514	2822	23693	3570	1294	29276
2001	71675	12016	2756	24032	3451	1090	27989
2002	73476	13538	3070	24689	3437	956	27435
2003	77222	17074	2743	25231	4023	1174	26589
2004	82831	22632	3042	25164	4456	1168	25978
2005	111383	19944	2871	24994	4481	431	25518
2006	77488	20980	2544	24610	3846	430	24714
2007	79167	22702	2423	24224	2464	1074	24081
2008	78461	22981	3637	24052	2339	1296	23336
2009	78831	24079	4178	23943	1616	1357	22852
2010	77644	24058	4044	23873	1552	1299	22023
2011	79764	25665	4098	24329	1452	1705	21715

9—3　在校学生数
Number of Students

单位:万人　　(10000 persons)

年份 Year	合计 Total	高等学校 Institutions of Highter Education	中等专业学校 Specializde Secondary Schools	普通中学 Regular Secondary Schools	职业中学 Vocational Schools	技工学校 Secondary Technical Schools	小学 Primary Schools
1952	54.62	1.14	1.34	4.69			47.45
1957	69.59	1.71	2.24	12.25			53.39
1962	88.35	2.81	1.32	13.54			70.68
1965	115.33	1.78	1.46	20.46			91.63
1970	137.37	0.38	0.1	43.95			92.94
1975	141.26	1.11	0.65	57.98			81.52
1978	132.54	2.03	0.81	63.22			66.48
1980	116.06	2.85	1	46.37	0.28	2.17	63.39
1985	96.82	4.18	1.68	31.23	2.17	1.17	56.39
1986	101.58	4.77	2.04	32.61	3.28	1.55	57.33
1987	101.9	4.92	2.32	31.18	3.41	1.64	58.43
1988	103.75	5.85	2.57	29.11	3.8	1.55	60.87
1989	105.35	5.72	2.6	27.41	3.84	1.53	64.25
1990	106.18	5.78	2.44	28.01	2.8	1.45	65.57
1991	106.41	5.92	2.45	30.38	2.7	1.44	63.4
1992	108.37	6.33	2.69	32.92	2.83	1.74	61.7
1993	108.87	6.76	3.04	33.26	3.11	1.87	60.68
1994	111.79	7.61	3.3	34.13	3.95	2.16	60.44
1995	114.49	8.81	3.71	35.63	4.73	1.9	59.55
1996	115.10	8.98	3.85	35.71	5.25	1.81	59.35
1997	115.03	9.19	3.95	34.1	5.99	1.55	60.1
1998	113.38	9.59	3.97	32.57	6.63	1.24	59.23
1999	112.12	10.91	3.95	33.42	6.72	1.03	55.93
2000	113.48	13.97	3.71	36.49	5.67	0.97	52.54
2001	113.99	16.77	3.79	38.75	5.12	0.91	48.43
2002	113.54	20.23	1.6	39.29	5.52	0.93	45.78
2003	129.91	35.16	5.46	38.94	5.69	1.33	43.17
2004	135.02	38.6	8.66	38.1	6.25	1.49	41.77
2005	133.76	43.24	5.78	37.22	5.86	1.77	39.74
2006	133.04	45.61	5.82	36.28	5.57	1.81	37.81
2007	127.42	42.02	5.58	34.93	5.26	1.46	36.39
2008	126.55	42.92	6.47	33.42	4.17	1.71	35.63
2009	122.30	43.54	7.13	31.63	3.21	1.96	34.27
2010	119.37	42.85	7.5	30.22	2.2	2.4	33.78
2011	121.14	45.71	7.12	29.02	2.16	2.45	34.26

9—4 各类学校毕业生数
Number of Graduates

单位:人 (person)

年份 Year	合计 Total	高等学校 Institutions of Highter Education	中等专业学校 Specializde Secondary Schools	普通中学 Regular Secondary Schools	职业中学 Vocational Schools	技工学校 Secondary Technical Schools	小学 Primary Schools
1980	370563	3960	1863	248745		2394	112823
1985	201168	7160	4245	85095	5047	4813	94156
1990	209420	15629	8293	87316	8346	4485	85140
1995	273662	19869	9050	109834	10319	9778	114609
1996	236019	24557	9192	86467	13916	6506	95111
1997	254420	24090	9563	113397	16354	7733	83023
1998	266049	23452	10512	120606	18745	5802	86685
1999	264571	23705	10789	107561	17195	5346	99975
2000	269752	23551	9619	97953	25769	3123	109518
2001	271328	26413	9087	103424	22408	3074	106658
2002	274188	33231	10423	118056	17536	2592	92122
2003	313895	73804	13514	127278	16618	3204	79265
2004	347418	91386	30060	127782	16086	3552	78291
2005	523406	100424	21379	126222	19886	5330	77078
2006	350156	106576	17274	125129	18055	5481	77432
2007	346035	119269	19240	117579	16899	6674	66672
2008	348551	119175	17117	115242	15570	7040	65761
2009	349546	125736	19296	116806	16210	8129	61952
2010	339456	130736	18827	105937	15167	9322	59206
2011	328563	129345	33254	102857	6518	8103	56683

9—5 卫生事业基本情况
Basic Status of Public Health

年份 Year	医疗卫生机构数(个) Number of Health Institutions (unit)	医院 Hospitals	门诊部(所) Clinics	医疗床位(张) Number of Beds (unit)	医院 Hospitals	卫生技术人员(人) Medical Technical Personnel (person)	医生 Doctors
1980	1510	221	1196	20528	18078	34395	12531
1985	1648	251	1224	26578	24881	43849	14452
1990	1753	332	1290	37390	36015	52714	20350
1995	1380	374	857	38818	37344	55332	21964
2000	738	368	243	36116	34893	47943	20656
2001	731	362	246	35759	32555	47672	20772
2002	688	367	180	33495	32498	43637	18290
2003	682	329	177	33905	32148	43726	18678
2004	669	363	174	33588	32472	42870	18122
2005	635	196	146	34033	29618	42109	17329
2006	660	211	156	35377	31129	44784	18414
2007	1856	191	136	34731	30863	48835	19700
2008	1767	183	122	35053	31130	48736	19643
2009	1771	179	118	37528	33575	49699	20303
2010	1752	180	122	42822	38701	52327	20859
2011	1814	181	140	44634	40265	54636	22002

注:2007 年开始,卫生统计口径调整。
Note:Data on index had adjused Since 2007.

9—6 文化事业基本情况
Basic Conditions of Culture

单位:个 (unit)

年份 Year	电影放映单位(影剧院) Film Projecting (Theater)	艺术表演团体 Art Performance Troupes	图书馆 Libraries	文化馆 Cultural Centers	博物馆 Museums	广播电台(座) Broadcasting Stations	电视台(座) Television Stations	图书馆藏书(万册) Collections of Libraries (10000 volume)
1985	55	26	16	16	3	2	2	456
1990	55	17	18	16	4	2	2	529
1995	54	14	20	16	4	2	2	627
2000	29	12	20	16	5	2	2	685
2001	29	13	20	16	5	2	2	702
2002	29	13	20	16	5	2	2	740
2003	14	12	20	16	5	2	2	731
2004	14	12	20	16	5	2	2	731
2005	12	12	20	15	5	2	2	806
2006	40	12	21	15	5	2	2	839
2007	58	13	21	16	6	2	2	894
2008	59	15	21	16	6	2	2	945
2009	52	14	21	16	6	2	2	1021
2010	30	11	21	16	6	2	2	1089
2011	36	11	21	16	8	2		1133.5

注:2005 年以前电影放映单位数为影剧院数;2010 年起,电影放映单位数、坐席数与全年发行各种影片均来源于市文广局。2011 年起,省、市两级广播电台和电视台均合并成广播电视台。

Note:Before 2005, the number of film playing units was the number of theatres; since 2010, the number of the film playing units, seats and every kind of videos issued through the year all came from the Culture and Broadcast Bureau. From 2011, the provinces and cities´broadcasting stations and TV stations merged into radio and television stations.

9—7 城市火灾与交通事故
Basic Statistics on Fires and Traffic Accidents

年 份 Year	火灾 Fires			交通事故 Traffic Accidents		
	发生次数（次）Numbers of Fires(case)	死亡人数（人）Deaths (person)	损失折款（万元）Losses Converted into Cash (10000 yuan)	交通事故数（起）Number of Trafffic Accidents (case)	死伤人数（人）Deaths and Injuries (person)	死亡人数 Deaths
1985	164	24	719	5535	4299	280
1990	2058	23	3359	5199	2348	292
1995	2449	19	550	3732	2087	301
1996	1548	17	6000	3150	1806	232
1997	1855	45	2678	3945	2162	233
1998	2469	31	2386	4568	2164	215
1999	2457	46	2221	3889	2185	205
2000	3387	30	2049	5887	4066	705
2001	4469	38	2005	6482	5112	809
2002	4550	41	1827	4780	4612	827
2003	5246	29	1729	3365	3652	718
2004	5683	40	1641	2948	3619	698
2005	4997	28	442	2796	3601	684
2006	6474	29	493	2162	2974	622
2007	2648	18	4164	2093	2900	614
2008	1842	18	286	2005	2652	556
2009	390	5	113	1989	2661	541
2010	396	19	122.5	1825	2496	556
2011	1028	12	464.3	1614	2346	529

注：自1990年起，公安部对火灾标准重新修订，故统计口径与以前年份不可比。
Note: Standards on fires had been revised by the ministry of public security since 1990, Therefor, statistical standards are not comparable with that before.

10—1 城市公用设施
Urban Public Facilities

年 份 Year	自来水供水量(万立方米) Supply of Tap Water (10000 cu. m)	生活用量 For Residential Use	煤气销售量(万立方米) Total Volume of Coal Gas Sold (10000 cu. m)	生活用量 For Residential Use	液化气销售量(吨) Volume of Liquefied Petroleum Sold (ton)	年末公交营运车辆(辆) Number of Public Transpor-tation Vehicles (unit)	年末公交营运线路(条) Number of Routes	客运总量(万人次) Number of Passengers (10000 persons times)	出租汽车(辆) Number of Taxis (unit)
1980	29832	10782	14666	7277	16831	919	44	62705	98
1985	35557	15621	19584	12002	18196	1124	69	65190	370
1990	55670	25395	27439	18746	33039	1356	75	71049	2998
1995	65518	34485	28631	22048	71828	2562	103	54640	13641
2000	59283	27000	21960	17472	64514	3217	111	80663	16609
2001	52535	22721	29326	19624	43653	3590	85	91712	16735
2002	51870	22143	26109	19766	40606	4420	102	108809	16735
2003	53803	13107	26792	19763	45506	4552	119	123626	17015
2004	59359	15548	30654	22473	44885	4751	119	114389	17118
2005	55985	13914	34626	24546	43900	4913	136	83785	17118
2006	66008	13894	21503	13475	44100	5096	142	90558	17316
2007	67940	14396	22403	14075	39564	5096	153	102489	17176
2008	67990	15060	22709	14366	38451	5192	192	110971	17334
2009	56935	16980	26594	11563	35300	5081	199	116000	17357
2010	52461	17128	31889	18081	31800	5013	202	120000	17200
2011	53490	19036	35672	18156	156000	22000	205	117894	17353

注:煤气销售量 2006 年起为天然气销售量。
Note:Total volume of coal gas sold is natural gas after 2006.

10—2 城市市政工程设施及绿化
Urban Municipal Facilities and Green Areas

年 份 Year	铺装道路 Paved Roads 公 里 (km)	万平方米 (10000 sq. m)	桥 梁(座) Bridges (unit)	立交桥 Overpass	排水管道长度(公里) Length of Sewer Pipelines (km)	路灯盏数(万盏) Number of Street Lights (10000 unit)	绿地面积(公顷) Green Areas (hectare)	建城区 Developed Area	绿化覆盖率(%) Developed Areas Covering Rate
1980	877	753	85	6	963	2.3	8536	1605	11.05
1985	923	853	80	7	1004	2.8	9128	2183	15
1990	1640	1423	105	14	1578	3.2	11267	3314	22.03
1995	2452	2369	130	30	1793	3.4	18210	3398	19.33
2000	3018	3117	188	47	2116	5.2	20100	4528	23.91
2001	3018	4009	191	50	2116	6.3	20512	4729	22.9
2002	3014	4009	188	51	2209	7.8	12075	6397	28.23
2003	3057	4145	197	47	2221	12.7	13851	8385	34.4
2004	3073	4448	221	52	2284	12.7	19441	9962	38.1
2005	3117	4620	179	95	2888	14	20718	12602	40.65
2006	2533	4323	233	75	2932	15.3	21606	11974	41.1
2007	2590	4418	268	77	3115	19.6	22549	12856	41.65
2008	2603	4544	267	77	3206	20.9	22964	13812	41.81
2009	2833	5261	273	79	3850	21	25994	15159	41.83
2010	2895	5706	296	81	3738	21.3	25994	15836	42.01
2011	2906	6223	296	85	3648	21.9	26686	16533	42

注:铺装道路及桥梁,2006 年口径发生变化。
Note:Statistics Standards were changed in 2006 in paved roads and bridges.

11—1 重点城市地区生产总值
Gross Domestic Products of Main Cities

单位:亿元 (100 million yuan)

城市	City	地区生产总值 Gross Domestic Product	第一产业 Primary Industry	第二产业 Secondary Industry	第三产业 Tertiary Industry
沈阳	Shenyang	5915.7	279.1	3026.9	2609.8
大连	Dalian	6150.1	395.7	3204.2	2550.2
长春	Changchun	4003.1	290.1	2092.7	1620.2
哈尔滨	Harbin	4243.4	447.2	1647.2	2149
南京	Nanjing	6145.5	163.6	2761	3220.9
杭州	Hangzhou	7011.8	236.1	3322.2	3453.6
宁波	Ningbo	6010.5	255.8	3335.4	2419.4
济南	Jinan	4406.3	237.9	1829	2339.5
青岛	Qingdao	6615.6	306.4	3150.7	3158.5
武汉	Wuhan	6536.8	192	3119.7	3225.2
广州	Guangzhou	12303.1	203.1	4532.5	7567.5
成都	Chengdu	6854.6	327.3	3143.9	3383.4
西安	Xi'an	3864.2	173.1	1697.2	1993.9
深圳	Shenzhen	11502.1	5.7	5343.3	6153
厦门	Xiamen	2535.8	24.7	1304.1	1207
北京	Beijing	16000.4	136.2	3744.4	12119.9
天津	Tianjin	11191	159.1	5878	5153.9
上海	Shanghai	19195.7	124.9	7959.7	11111.1
重庆	Chongqing	10011.1	844.5	5542.8	3623.8

11—2 重点城市地区生产总值增长速度
Indices Gross Domestic Product of Main Cities

(上年为100 Preceding Year = 100)

城市	City	地区生产总值 Gross Domestic Product	第一产业 Primry Industry	第二产业 Secondary Industry	第三产业 Tertiary Industry
沈阳	Shenyang	12.3	6.5	14	11
大连	Dalian	13.5	6.5	16.3	11.3
长春	Changchun	13.3	4.7	14.9	13
哈尔滨	Harbin	12.3	7	14.4	12
南京	Nanjing	12	4.1	12.3	12.3
杭州	Hangzhou	10.1	2.5	9.8	11
宁波	Ningbo	10	4	10	10.7
济南	Jinan	10.6	4.4	11.7	10.3
青岛	Qingdao	11.7	5	11.6	12.4
武汉	Wuhan	12.1	4	15.5	9.6
广州	Guangzhou	11	3.1	11.5	11
成都	Chengdu	15.2	3.7	19.8	12.4
西安	Xi'an	13.8	6.7	16.4	12.1
深圳	Shenzhen	10	-22.3	11.8	8.5
厦门	Xiamen	15.1	-4	17.4	13.1
北京	Beijing	8.1	0.9	6.6	8.6
天津	Tianjin	16.4	3.8	18.3	14.6
上海	Shanghai	8.2	-0.7	6.5	9.5
重庆	Chongqing	16.4	5.1	21.8	10.8

11—3 固定资产投资及实际利用外资
Total Investment in Fixed Assets of Main Cities and Actual Utilization of Foreign Capital

城市	City	固定资产投资额 Total Investment in Fixed Assets 亿元(100 million yuan)	增长率(%) Increases Rate(%)	实际利用外资 actual Utilization of Foreign Capital 亿美元(USD 100 million)	增长率(%) Increases Rate(%)
沈阳	Shenyang	4560.6	29.2	55	8.9
大连	Dalian	4553.6	30	110.1	10
长春	Changchun	2433.4	30.3	7.7	10.7
哈尔滨	Harbin	3012	32.1	7.9	13.4
南京	Nanjing	3757.3	21.5	35.7	33.3
杭州	Hangzhou	3105.2	17.1	47.2	8.4
宁波	Ningbo	2392.9	17.6	28.1	20.9
济南	Jinan	1934.3	18.1	11	5.8
青岛	Qingdao	3502.5	23.4	36.3	27.8
武汉	Wuhan	4255.2	22.1	37.6	14.2
广州	Guangzhou	3413.6	10	42.7	7.3
成都	Chengdu	5006	19.2	65.5	34.9
西安	Xi'an	3352.1	30.2	20.1	28
深圳	Shenzhen	2136.4	10.1	46	7
厦门	Xiamen	1126.3	30.2	17.3	1.7
北京	Beijing	5519.9	5.7	70.5	10.9
天津	Tianjin	7040.5	29.4	130.6	20.4
上海	Shanghai	4877	0.5	126	13.3
重庆	Chongqing	7366.2	31.5	105.8	66.1

11—4 国内外贸易
Domestic and Foreign Trade of Main Cities

城市	City	社会消费品零售额(亿元) Total Retail Sales of Consumer Goods (100 million yuan) 2010	增长率(%) Increases Rate(%)	出口总额(亿美元) Total Exports(USD 100 million) 2010	增长率(%) Increases Rate(%)
沈阳	Shenyang	2426.9	17.5	48.3	18.4
大连	Dalian	1924.8	17.4	311.9	13.9
长春	Changchun	1512.2	17.5	22.7	13.3
哈尔滨	Harbin	2070.4	17.4	22.6	13.1
南京	Nanjing	2670.3	17.8	308.7	24
杭州	Hangzhou	2548.4	18.7	415.2	17.5
宁波	Ningbo	2018.9	18.4	608.3	17.1
济南	Jinan	2023.1	17.3	60.5	49.1
青岛	Qingdao	2232.9	17.4	406.1	19.7
武汉	Wuhan	2959	18	117.3	34
广州	Guangzhou	5243	17.1	564.7	16.7
成都	Chengdu	2861.3	18.4	229.6	65.5
西安	Xi'an	1935.2	20.1	58	9.2
深圳	Shenzhen	3520.9	17.8	2455.3	20.2
厦门	Xiamen	810.7	16.4	426.5	20.7
北京	Beijing	–	10.8	590.3	6.5
天津	Tianjin	–	18.7	445	18.7
上海	Shanghai	6777.1	12.3	2097.9	16
重庆	Chongqing	3415.9	18.7	198.4	164.9

11—5 地方财政一般预算收支
Total Local Government General Budgetary Revenue and Expendityre of Main Cities

城 市	City	一般预算收入(亿元)(100 million yuan) General Budgetary Revenue		一般预算支出(亿元)(100 million yuan) General Budgetary Expenditure	
		2010	增长率(%) Increases Rate(%)	2010	增长率(%) Increases Rate(%)
沈阳	Shenyang	620.1	33.3	639.3	23.7
大连	Dalian	651	30	735.1	20.2
长春	Changchun	288.659.6	518.7	35.4	
哈尔滨	Harbin	300.3	27	557.1	21.2
南京	Nanjing	635	22.4	666	22.8
杭州	Hangzhou	785.2	17	747.5	21.2
宁波	Ningbo	657.6	23.8	750.7	25
济南	Jinan	325.4	22.3	396.9	17.9
青岛	Qingdao	566	25.1	658.7	23.7
武汉	Wuhan	673.3	40	721.4	23.6
广州	Guangzhou	979.5	20.5	1185.7	21.2
成都	Chengdu	680.7	30.1	858	12.6
西安	Xi'an	318.6	31.7	494.6	33.1
深圳	Shenzhen	1339.6	21	1590.6	25.6
厦门	Xiamen	370.7	32.6	389.6	26.9
北京	Beijing	3006.3	27.7	3246.5	19.5
天津	Tianjin	1454.9	36.1	1755.9	28.2
上海	Shanghai	3429.8	19.4	3914.9	18.5
重庆	Chongqing	1488.3	46.2	2573.5	45.5

11—6 金融机构人民币存贷款余额
Balance on Deposits and Loans of Financial Institutions of Main Cities

城 市	City	存款余额(亿元) Balance on Deposits (100 million yuan)		贷款余额(亿元) Balance on Loans (100 million yuan)	
		2010	增长率(%) Increases Rate(%)	2010	增长率(%) Increases Rate(%)
沈阳	Shenyang	8895.7	10.2	6889	16.1
大连	Dalian	9092.7	7.1	7165.8	16.4
长春	Changchun	5568.2	11.8	5156	14.8
哈尔滨	Harbin	6551.9	9.5	4873.3	18.8
南京	Nanjing	13945.9	10	11132.1	7.3
杭州	Hangzhou	18155.4	8.5	15888.9	10.9
宁波	Ningbo	10435.9	9.3	10210	13.4
济南	Jinan	8275.8	10.3	6893.7	9.2
青岛	Qingdao	8638.5	12.9	6947.8	18.3
武汉	Wuhan	11356.5	8.7	9468.6	13.6
广州	Guangzhou	25791.7	10.7	16333.4	9.2
成都	Chengdu	17098	12.8	13767	14.6
西安	Xi'an	10430.3	17	7564.9	17.1
深圳	Shenzhen	24081.1	14.7	16355.7	15.3
厦门	Xiamen	4696.4	11.1	4035.8	20.9
北京	Beijing	72655.4	-	33367	-
天津	Tianjin	-	-	-	-
上海	Shanghai	55273.2	-	33360.1	-
重庆	Chongqing	15832.8	17.7	13001.4	19.4

文献·法规选编

文　献

中共沈阳市委关于深化干部人事制度改革的实施意见

（2011年1月20日）

为全面贯彻落实中央办公厅印发的《2010—2020年深化干部人事制度改革规划纲要》（中办发〔2009〕43号，以下简称《规划纲要》）和《中共辽宁省委关于贯彻〈2010—2020年深化干部人事制度改革规划纲要〉的实施意见》（辽委发〔2010〕11号），有步骤地推进干部人事制度改革，努力建设高素质的干部队伍，制定以下实施意见。

一、明确深化干部人事制度改革的指导思想、总体要求和目标任务

1. 指导思想。高举中国特色社会主义伟大旗帜，坚持以邓小平理论和"三个代表"重要思想为指导，深入贯彻落实科学发展观，按照加强党的执政能力建设和先进性建设的要求，以提高选人用人公信度为主线，解放思想、勇于创新，着力解决领导班子和干部队伍建设中的关键问题、干部人事工作中的重点难点问题和干部群众反映强烈的突出问题，进一步健全科学的干部选拔任用、考核评价、监督管理、激励约束机制，把各方面优秀人才集聚到我市经济社会发展的事业中来，为沈阳实现科学发展、创新发展、和谐发展提供坚强组织保证。

2. 总体要求。坚持党管干部原则，坚持德才兼备、以德为先用人标准，坚持民主、公开、竞争、择优方针，坚持科学化、民主化、制度化方向，坚持坚定信念、注重品行、科学发展、崇尚实干、重视基层、鼓励创新、群众公认的正确用人导向，坚持试点先行、统筹推进方法，不断深化干部人事制度改革。

3. 目标任务。2011—2012年，在全市开展改革试点，推动重点突破项目的落实，认真总结试点经验，逐步推开，《规划纲要》提出的改革项目在我市试行或制定出台具体实施办法；2013—2015年，继续完善已有制度，对一些难点项目加大推进力度，条件成熟后逐步推行，《规划纲要》提出的硬性指标全部实现；2016—2020年，加强对干部人事制度改革中长期问题的探索，不断推进改革向纵深发展，逐步形成广纳群贤、人尽其才、能上能下、公平公正、充满活力的干部人事制度。

二、不断扩大干部工作民主，努力提高干部群众参与度

4. 规范干部选拔任用提名制度。根据干部选拔任用的不同情形，探索多渠道推荐干部办法，完善群众推荐、组织部门推荐、领导干部署名推荐、干部自荐等多种推荐方式。合理规范领导干部提名行为，明确主要领导、分管领导、组织人事部门及其他推荐人的责任，实行失职责任追究，逐步形成主体清晰、程序科学、责任明确的干部选拔任用提名制度。逐步推行全委会推荐提名重要领导干部制度，逐步做到各级地方党委管理的下一级党政正职、本级党政工作部门和工作机构正职、群团组织正职领导干部提拔任用人选，原则上通过党委全委会推荐提名。探索提拔干部、平级调整干部、主要领导岗位干部提名程序。2012年底前，在开展试点基础上，研究制定并试行规范干部选拔任用提名工作的规定。2013—2020年逐步形成比较完善的干部选拔任用提名制度。

5. 完善民主推荐制度。健全完善不同类型、不同职位干部民主推荐的办法，按照代表性、知情度和相关性原则，合理确定参加民主推荐人员范围。探索建立民主推荐职位预告制度。正确分析并合理运用民主推荐结果，综合考虑岗位需求和干部近年考核评价情况、工作实绩、发展潜力等因素确定考察人选，旗帜鲜明地支持和保护真抓实干、坚持原则、敢于负责、锐意进取的干部，努力做到真实准确地反映民意。

6. 推进党内选举制度改革。适当扩大地方党的代表大会差额选举的比例和范围。改进候选人提名方式，扩大党代表大会代表对提名推荐候选人的参与度。完善选举办法，改进和规范选举程序和投票方式，改进候选人介绍办法。探索建立候选人公示、与选举人见面并介绍的制度。创造有利于选举人表达意愿的环境和条件，切实保证选举人依照规定自主行使选举权。

7. 健全干部选拔任用民主决策机制。不断规范酝酿和讨论决定程序，逐步完善地方党委常委会讨论决定干部任用前，须经书记与副书记及分管组织、纪检等工作的常委共同酝酿，并征求同级分管领导意见的制度。实行讨论决定干部向党委（党组）领导班子成员预告制度。规范讨论决定干部的程序和方法，完善人选介绍内容，改进介绍方法。完善地方党委全委会、常委会决定任用重要干部票决制度。

三、加大竞争性选拔干部工作力度，促进优秀人才脱颖而出

8. 科学运用竞争性选拔干部方式。突出职位特点，积极探索多种竞争性选拔方式。选拔党政领导干部，可以采取公开选拔、公推比选等方式；选拔机关中层干部，除特殊岗位外，普遍推行竞争上岗。到2012年每年新提拔局级以下委任制党政领导干部中，通过竞争性选拔方式产生的，应不少于四分之一，到2015年不少于三分之一。

9. 切实改进竞争性选拔干部方法。突出岗位特点，注重能力实绩，进一步改进考试测评办法。坚持考察领导干部基本素质与拟任岗位所要求的能力素质相结合，坚持考察领导干部学识能力与社会实践经验相结合，坚持考察与考试相结合，全面准确了解和把握干部德才表

现、工作实绩，努力做到人岗相适。2011年，研究制定关于进一步加强竞争性选拔干部工作的意见，继续完善公开选拔、公推比选办法，切实推进竞争性选拔干部工作经常化、科学化。完善程序和方法，加强计划和统筹，推广联合公选等方式，不断提高效率、降低成本。

10. 建立健全差额选拔干部制度。推行差额推荐、差额考察、差额酝酿。领导班子换届和集中调整、公开选拔和竞争上岗，须实行差额选拔方式。个别提拔任用领导干部，要逐步提高采用差额选拔方式产生人选比例。2012年前，在开展试点基础上研究制定差额选拔干部的操作办法。2013年前，探索实施地方党委差额票决干部办法。2013—2015年，形成比较完善的制度规范。

四、完善干部考核评价机制，树立促进科学发展的用人导向

11. 建立领导干部岗位职责规范。总结实践经验，根据岗位的性质、任务和要求，编制领导岗位职责说明，开展岗位职责和干部能力素质适应性分析，逐步建立健全干部岗位职责规范及其能力素质标准，作为干部考核评价的基础和依据。2012年前，选择一些区、县（市）开展试点。

12. 健全促进科学发展的考核评价机制。认真贯彻中央“一个意见”和“三个办法”，按照加快经济发展方式转变、推动科学发展的要求，在2015年底前健全完善符合不同区域、不同层次、不同类型领导班子和领导干部特点的考核评价体系，形成比较完善的考核评价机制，不断提高考核评价工作的科学化水平。完善干部德的评价标准和考察方法，明确评价德的重点内容，积极探索考准考实干部德的有效途径，不断提高识别干部德的准确性。2011年起，选择部分区、县（市）开展试点，研究制定考察领导干部德的具体办法。

13. 改进考核方式和方法。实行平时考核与定期考核相结合，规范干部平时考核制度，加强对干部的经常性考核，综合运用平时考核、年度考核与换届（任期）考察、任职考察、跟踪考核等方式，全面准确地评价干部。改进任职考察工作，完善考察预告制度、考察对象公示制度，坚持差额考察，落实延伸考察。完善民意调查、实绩分析等方法，坚持定性考核与定量考核相结合，注意综合运用巡视、审计、统计及部门（行业）专项考评等结果。

14. 强化考核结果运用。把考核结果作为干部选拔任用的重要依据，并与干部的培养教育、管理监督、激励约束等结合起来，充分发挥考核的导向作用。继续完善考核结果反馈制度，健全考核结果通报制度，定期分析领导班子和干部队伍状况，有针对性地提出加强和改进的意见、建议。2012年前，建立健全干部考核信息管理系统，统筹运用好干部考核信息资源。

五、健全干部选拔任用工作监督机制，提高选人用人公信度

15. 加强领导干部日常监督。严格执行《中国共产党领导干部廉洁从政若干准则》，进一步从严管理干部。加强上级党组织对领导干部的监督，健全领导班子成员之间的监督。坚持和完善民主生活会、述职述廉、谈心谈话和诫勉、经济责任审计制度。推行和完善党政领导干部问责制，探索建立健全质询、罢免或撤换等制度。探索有效发挥党代会代表、人大代表、政协委员监督的途径和办法，积极发挥群众监督、舆论监督的作用。

16. 加强干部选拔任用工作全过程监督。坚持和完善干部选拔任用工作监督检查办法。全面实施中央四项监督制度，坚持和完善干部任用前征求纪检监察机关意见、市委组织部派员列席区、县（市）委讨论研究任用干部常委会议制度。预防和整治用人上的不正之风，健全干部选拔任用工作全程记实制度，完善组织工作满意度民意调查结果反馈和向社会公开制度。畅通电话举报、信访举报和网络举报渠道，加大对干部选拔任用工作的监督检查力度。

17. 建立拟提拔干部廉政报告制度。严格执行《关于领导干部报告个人有关事项的规定》、《关于对配偶子女均已移居国（境）外的国家工作人员加强管理的暂行规定》。待中央关于拟提拔干部廉政报告制度下发后，研究提出具体操作办法，并抓好实施。

18. 完善干部任前公示和任职试用期制度。完善领导干部任前公示制度，丰富公示内容，运用现代信息技术手段改进公示方式，推进媒体公示。探索扩大任前公示对象范围。严格执行新提任干部试用期制度，改进干部试用期间的管理，加强试用期考核工作。

19. 实行干部工作信息公开制度。逐步扩大干部工作信息公开范围，实行干部任用提名情况和民主推荐、民主测评结果在领导班子内部公开制度，探索干部考核结果在一定范围内公开。建立健全干部工作信息向社会公开制度，适时发布干部工作政策法规、领导班子职位空缺情况及其岗位职责要求，考察对象或拟任人选的基本情况、干部选拔任用结果、选人用人严重违纪违法案件的查处情况等。按照中央、省有关要求，建立党委组织部门新闻发言人制度。2012年后，基本实现干部工作信息公开的制度化、规范化。

六、建立健全干部日常管理制度，进一步从严管理干部

20. 坚持党政领导干部职务任期制。加大《党政领导干部职务任期暂行规定》的落实力度，严格执行任期、连任限制和最高任职年限的规定。控制选任制领导干部尤其是地方党政主要领导法定任期内职务变动，保持领导班子和领导干部在任期内的稳定。建立任期目标责任制，强化任期考核。探索扩大任期制的适用范围。

21. 完善干部交流回避制度。严格执行《党政领导干部交流工作规定》、《党政领导干部任职回避暂行规定》，不断加大发达地区与欠发达地区干部交流力度，推进上下级机关干部交流，疏通党政机关干部、企事业单位干部交流渠道。健全党政机关内部管理人、财、物和执纪、执法等岗位干部的定期轮岗制度，推进机关干部跨部门跨单位交流。坚持选派年轻干部到艰苦地区、复杂环境、关键岗位培养锻炼，规范和改进干部挂职锻炼工作。探索引入竞争机制，改进交流人选产生方式。坚持干部任职回避制度，完善公务员回避办法。

22. 创新干部教育培训制度。按照“干什么学什么、缺什么补什么”的原则，坚持发展所急与干部所需相结合、组织调训与自主选学相结合、脱产培训与个人自学相结合，多形式、多渠道培训干部。充分发挥党（干）校培训的主渠道作用，利用高校、境外等教学资源提升教学品位和层次。积极采取情景式教学、菜单式选学、在线学习等形式，增强教育培训的针对性和实效性。探索和执行个性化定制培训，完善干部教育培训管理

体制，健全干部教育培训的计划生成、自主选学、考核评估和资源整合等机制，激发干部学习的内生动力。

23. 对关键岗位领导干部实行重点管理。对党政正职领导干部实行重点配备、重点培养、重点教育、重点监督。2011年起，按照中央、省委部署，研究制定对区、县（市）委书记，区、县（市）长和乡镇党委书记重点管理的具体措施。

24. 健全调整不适宜担任现职干部制度。2013年前，研究制定调整不适宜担任现职干部办法，明确干部不适宜担任现职的情形，明确调整的原则、程序，健全调整后安排、待遇等相关配套制度，并逐步实施。2015年后，逐步做到调整不适宜担任现职干部工作常态化、制度化。

25. 建立党政机关部分职位聘任制。根据工作需要，对部分专业性较强的职位和辅助性职位实行聘任制。按照中央有关规定，研究制定聘任制公务员管理具体办法，明确聘任职位，规范聘任条件、程序、待遇及聘期管理等。

26. 健全完善公务员职位分类制度和干部双重管理体制。健全综合管理类公务员管理办法，建立专业技术类、行政执法类公务员职务序列管理办法。根据公务员队伍建设和管理的需要，探索增设新的职位类别。完善干部双重管理办法，科学界定双重管理的标准和范围，合理划分主管方与协管方的权限和职责，进一步理顺干部双重管理体制。待中央有关干部职务与职级并行制度下发后，结合我市实际，研究制定和实行干部职级晋升和管理办法。

27. 建立健全激励保障机制。根据中央部署和规定，健全公务员工资正常增长机制，建立工资支付保障机制，继续规范公务员津贴补贴工作，推进公务员福利制度改革，改革完善公务员社会保障制度。坚持和完善权益保障制度，健全干部休假、健康检查等制度。完善申诉控告制度，畅通申诉控告渠道，保障干部的合法权益。完善离退休制度，坚持有关离退休干部政治待遇的各项制度，完善离退休干部服务管理机制，加强对离退休干部兼职的管理。

七、重视从基层一线选拔干部，构建科学的干部培养选拔链

28. 坚持和完善从基层一线选拔干部制度。2011年底前，研究制定从基层一线选拔干部的指导性意见。注重从优秀乡镇（街道）领导干部中选拔区、县（市）党政领导班子成员，区、县（市）党委、政府领导班子中要保持半数以上有3年以上乡镇（街道）、企事业单位等领导工作经历的成员。注重从区、县（市）和乡镇（街道）党政机关选调优秀干部到市级党政机关工作。到2015年，市直机关领导班子成员中，具有基层领导工作经历的，达到一半以上；市直机关处级领导干部中，具有两年以上基层工作经历的，达到三分之二以上。对缺乏基层工作经历的机关年轻干部，要有计划地安排到基层培养锻炼。加大从农村、社区优秀基层干部中考录公务员力度。

29. 逐步扩大基层党组织领导班子成员公推直选范围。在具备条件的村、社区积极推行党组织领导班子直接选举，在具备条件的机关与国有企业、高等学校、非公有制企业、新社会组织、中小学校、科研院所开展党组织领导班子公推直选试点。在试点基础上，研究制定指导性意见。2011年，全面推行乡镇党委领导班子成员直选工作，并认真总结经验，形成规范性办法。

30. 规范干部破格提拔办法。不拘一格选拔推动科学发展实绩明显、群众公认度高、发展潜力大的优秀干部特别是优秀年轻干部。按照中央相关规定，适时研究制定干部破格提拔的具体办法，明确破格提拔具体条件，规范破格提拔程序。

八、坚持分类指导，统筹推进国有企事业单位人事制度改革

31. 深化国有及国有控股企业人事制度改革。健全国有及国有控股重要骨干企业领导班子和领导人员的管理体制。2012年底前，制定并实施企业领导人员管理暂行办法，建立企业领导人员任期制；制定实施企业领导人员薪酬管理办法，完成企业领导人员激励办法的制定和实施工作。全面完善企业领导人员选拔方式，完善企业领导班子和领导人员综合考核评价办法，建立全面反映企业经济责任、政治责任、社会责任以及企业领导人员履职表现、廉洁从业情况的综合考核评价体系。健全企业领导人员监督约束机制，建立企业领导人员重大事项报告和责任追究制度。

32. 深化事业单位人事制度改革。2015年底前，健全事业单位领导人员选拔任用制度，完善委任、聘任、选任等任用方式；制定符合不同行业特点的事业单位领导班子和领导人员综合考核评价办法。2012年底前，健全以合同管理为基础的事业单位用人机制，探索不同行业、不同类型事业单位实行聘用合同制度的具体办法；完善岗位设置管理制度；建立健全事业单位工作人员考核办法。2015年底前，建立和完善事业单位人事编制总量调控体系，进一步加强和规范事业单位机构编制管理。按照中央部署，加快事业单位人事管理的法规、规章体系建设。

九、加强组织领导，积极稳妥、扎实有序地推进改革

33. 明确领导责任，狠抓工作落实。各级党委（党组）要充分认识干部人事制度改革的重要性、紧迫性、艰巨性，切实加强对改革的组织领导。党委（党组）书记是第一责任人，要切实担负起领导责任，亲自动手抓干部人事制度改革。组织部门要切实履行好牵头协调、宏观指导的重要职责，当好党委的参谋助手。相关部门要根据自身职能，各司其职、密切配合。各地区、各部门、各单位要制定分阶段的工作计划，每年制定实施方案，有计划、有步骤地推进改革。

34. 鼓励开拓创新，积极探索实践。实行自下而上的探索和自上而下的推动相结合，尊重基层首创精神，鼓励从实际出发，积极探索、大胆创新。选择一些地区、部门和单位，针对干部人事制度改革中的重点难点问题进行改革试点，通过先行先试取得经验，发挥改革示范引领作用。

35. 加强总结研究，有序推进改革。注重加强对干部人事制度改革中一些全局性、前瞻性、基础性问题的研究探索，加强对在深化改革、扩大开放中同步推进干部人事制度改革的研究探索，注重加强对中国特色干部管理体制的研究探索，发挥好理论研究对改革实践的指导作用。对经实践检验比较成熟的做法，及时总结规范并加以推广。对改革中出现的失误和不足，不能求全责备，要及时加以指导，帮助改进提高。把握好改革的时机、力度，保证改革有序可控。

36. 搞好督促检查，适时开展评估。要加强自上而下的工作指导和督促检查，每年都要制定工作计划，做到有部署、有检查。每年年末向上级组织部门

报告本地区、本部门、本单位深化干部人事制度改革情况。适时开展阶段性评估,对改革任务和要求进行适当调整,提出阶段性实施意见。

37. 加强舆论引导,营造良好环境。深入宣传党的干部路线方针政策和深化干部人事制度改革的决策部署,宣传改革实践中创造的好做法好经验,宣传改革的新进展新成效,营造有利于推进改革的良好社会环境和舆论氛围。注意把握宣传的力度和方式,重视和加强网络宣传,正确引导网上舆论,认真做好网络舆情应对。发挥党的思想政治工作优势,引导广大干部正确对待个人的进退留转,做改革的支持者、促进者。

中共沈阳市委 沈阳市人民政府 关于加快建设教育强市 推进教育事业科学发展 的若干意见

(2011 年 3 月 1 日)

为认真贯彻落实《中共辽宁省委 辽宁省人民政府关于加快教育改革和发展的若干意见》(辽委发〔2010〕18 号)精神,加快沈阳建设教育强市步伐,进一步推进全市教育事业科学发展,现提出如下意见:

一、提高学前教育普惠水平

(一)多渠道增加普惠性学前教育资源。到 2013 年,全市新增普惠性幼儿园 100 所;到 2015 年,全市新增普惠性学前教育学位 3 万个。今后 5 年,中小学富余校舍原则上用于举办普惠性幼儿园。城镇小区配套幼儿园作为公共教育资源由当地政府统筹安排,举办公办幼儿园或委托办成普惠性民办幼儿园。支持农村地区乡镇公办中心幼儿园在大村办分园,在小村设幼儿班;鼓励优质公办、民办幼儿园开展连锁办园。采取政府购买服务、减免租金、以奖代拨、派驻公办教师等方式,引导和支持民办幼儿园提供普惠性服务。

(二)加大学前教育投入。将学前教育经费纳入财政预算。安排一定额度的资金,用于建设普惠性幼儿园。适当增加农村学前教育专项经费。

(三)加强学前教育管理。严格执行幼儿园准入制度。完善和落实幼儿园年检制度。加强民办幼儿园收费管理,幼儿园收费实行公示制度,接受社会监督。坚持科学保教,防止和纠正幼儿园教育"小学化"倾向。严把幼儿教师入口关,加强幼儿教师队伍建设,5 年内对幼儿园园长和教师进行一轮全员专业培训。

二、推动义务教育高水平均衡发展

(四)落实义务教育学校办学标准。根据国家和省要求,积极实施义务教育学校办学标准达标工程。支持区、县(市)政府统一掌握、调配区域内教育资源,实现学校校舍、设备和校长、教师配置均等化。2015 年前,率先实现区域内义务教育均衡发展。

(五)提高义务教育学校生均公用经费定额标准。实行城乡统一标准。具体是:初中 900 元/生/年,小学 700 元/生/年。对农村义务教育阶段家庭经济困难寄宿生的生活费补助标准调整为:初中 1000 元/生/年,小学 750 元/生/年。

(六)建立义务教育均衡发展水平监测、评估机制。加强市与区、县(市)两级义务教育均衡发展水平监测工作。每年对区、县(市)义务教育均衡发展水平评估一次,评估结果以适当方式向社会公布。

三、促进普通高中优质特色发展

(七)支持普通高中规模化、特色化发展。鼓励有条件的区、县(市)探索教育集团化发展模式。鼓励和扶持普通高中发展办学特色和特色学科。到 2015 年,至少创建 10 所特色学校,每所省级示范高中至少建成 1 个优势学科。加强省级示范高中学科教师培训基地建设。支持特色高中与高校、科研院所开展合作,培养特色创新人才。

(八)加快普通高中标准化进程。加大投入,鼓励和支持普通高中标准化建设。到 2015 年,全部公办普通高中实现标准化。

(九)增强普通高中办学活力。坚持以区、县(市)为主的管理体制,强化区、县(市)政府发展普通高中教育责任。各区、县(市)要将普通高中择校费全部用于普通高中发展,不得截留挪用。

四、提高职业教育服务社会能力

(十)增强职业学校办学实力。进一步改善职业学校办学条件。到 2015 年,创建不少于 6 所国家示范性中等职业学校,建成 20 个公共实训基地和 10 个创新实训室,建设 10 个全国一流专业和 30 个全省一流专业,支持职业学校加强国际合作,建设高水平职业技能鉴定和培训中心。

(十一)促进校企合作。设立职业教育校企合作发展专项资金,用于购买职业学校在职教师、新录用教师到企业实践实习工作岗位和企业职业教育培训先进技术成果,以及鼓励、支持校企合作效果显著的项目和奖励校企合作企业典型。

(十二)支持职业学校提高教育质量。对在专业技能"大比武"中取得优异成绩的教师和学生进行表彰。加大"双师型"教师培养力度,鼓励教师参加企业、行业职业资格培训,给予获得资格证书者 1/2 学费补助。

五、提升沈阳高校服务振兴发展的能力

(十三)支持市属高校增强办学实力。加大资金支持力度,重点扶持市属高校重点学科(专业)、重点科技创新平台和实训基地建设以及高层次人才培养和引进工作。市属高校生均财政教育经费按省新出台的标准安排。

(十四)引导和鼓励沈阳高校服务沈阳振兴发展。加强地方与沈阳高校的交流与合作,支持沈阳高校服务沈阳重大科技创新平台建设和产学研重大项目;鼓励高校重大科技成果在沈阳转化;鼓励高校学科建设与沈阳产业发展有效衔接;引领和激励沈阳高校为沈阳老工业基地全面振兴作贡献。

六、打造高水平教师队伍

(十五)加大农村及薄弱学科师资建设力度。培训经费使用、培训名额分配、新进教师计划向农村和英语、体育、音乐、美术以及课程改革新增学科倾斜。支持涉农区、县(市)教育行政部门与大学开展合作,形成战略联盟,建立师资培训长效机制。鼓励名师、名校长以各种形式帮助农村教师提高水平。

(十六)保证教师队伍建设投入。适当增加市本级教师(含管理干部,下同)培训专项经费。严格执行生均公用经费 5% 用于教师培训的规定。有条件的区、县(市)应根据需要从财政性教育经费中单独列支教师培训经费,专款专用。

（十七）加大教育拔尖人才培养力度。到2015年，形成约占教师总数15%的高水平教育领军团队。加大表奖力度，每5年以市委、市政府名义，评选10名功勋教育工作者。提高新进教师学历要求，从2011年起，学前教育阶段教师学历不低于大学专科，义务教育阶段教师学历不低于大学本科，普通高中新进教师具有研究生学历（含学位和同等学力，下同）的不低于新进教师总数的50%，鼓励职业学校招聘研究生学历教师。

七、进一步完善教育发展的保障条件

（十八）加强领导。市委常委会每年听取一次教育工作汇报，研究解决年度教育工作中遇到的重大问题；区、县（市）委常委会要把教育工作列入重要议事日程，定期听取汇报，研究解决区域内突出问题。

（十九）强化教育强区、县（市）实绩考核。将创建教育强区、县（市）工作纳入区、县（市）政府领导班子绩效考评内容，考评结果作为市委考核领导班子和领导干部的重要依据。对于通过教育强区、县（市）验收的，市政府从教育费附加中安排以奖代拨资金，用于支持该区、县（市）学校软硬件建设。

（二十）加强教育投入监督。采暖费单独列支（扣除公用经费中包含部分），公办学校采暖费全额纳入财政预算。到2012年，全市财政性教育经费投入达到省规定要求。建立市审计局、市监察局、市政府教育督导室对区、县（市）教育投入情况年度审计、监察和督导制度，定期向社会公布区、县（市）教育投入情况。

（二十一）规范城镇小区配套建设中小学、幼儿园的管理。经规划部门批准的城镇小区配套中小学和幼儿园，建成后交教育行政部门使用的，其用地按划拨方式供应。城镇小区配套中小学、幼儿园征地拆迁和建设费用按不同投资主体，由地方财政或产权单位承担。严格执行国家、省有关规定，确保城镇小区配套中小学、幼儿园与小区同步规划、同步建设、同步交付使用。

（二十二）优化教育发展环境。市与区、县（市）两级执法部门对学校的检查，要于年初与同级教育督导部门会商，公开检查项目和时间，安排在统一时段集中进行。大力宣传教育改革发展成就和教育先进典型，为教育事业健康发展营造良好氛围。

沈阳市中长期教育改革和发展规划纲要

（2011—2020年）

一、总体战略

（一）指导思想

以邓小平理论和“三个代表”重要思想为指导，深入贯彻落实科学发展观，优先发展教育，以深化体制机制改革为动力，以开展教育强区、县（市）创建和国家职业教育试验区建设为抓手，着力打造各级各类教育的发展优势，加快建成教育强市，办好人民满意的教育，为沈阳老工业基地全面振兴提供更加强大的人才支撑和智力支持。

（二）工作方针

——优先发展。各级党委和政府要把优先发展教育作为贯彻落实科学发展观的一项基本要求，切实保证经济社会发展规划优先安排教育发展，财政资金优先保障教育投入，公共资源优先满足教育和人力资源开发需要。

——创新发展。要把体制机制改革作为重点，破解发展动力不足、内外资源利用不畅、服务经济社会发展不对应等深层次问题。要把试点先行作为重要工作方式，鼓励基层和学校先行先试。

——协调发展。要把解决薄弱环节作为教育工作的切入点，积极促进各级各类教育和区域间教育的协调发展。

——内涵发展。要坚持以人为本、德育为先、能力为重，全面推进素质教育。通过改革教学方式、提升队伍素质、打造办学特色等，整体提高育人的水平和质量。

——服务发展。要推进教育与市民需求、产业发展要求的紧密结合，在服务中赢得壮大教育实力的先机，在快速发展中不断增强教育服务沈阳振兴的能力。

（三）总体目标

沈阳教育改革和发展的总体目标是：优质教育的供给水平不断提高，教育服务沈阳振兴的整体实力切实增强，沈阳教育在东北地区的引领、辐射能力进一步提升，建成教育强市，教育综合实力进入到副省级城市前列。实现这一总体目标，分三步走：

第一步，到2012年建成更具活力的沈阳教育。主要标志是：

——教育发展的保障机制趋于完善，教育服务沈阳振兴的机制基本建立，机制改革创新进入到全面探索阶段。

——教育资源的均衡配置力度明显增强，区域间、学校间办学条件的差距明显缩小。

——完成普及15年教育的任务，学前三年入园率和高中阶段的毛入学率分别达到93%和95%以上。

——办学行为规范，市民对教育发展的满意度明显提高。

第二步，到2015年建成更有质量的沈阳教育。主要标志是：

——各级各类学校均达到规定的办学标准，率先实现区域内义务教育均衡发展。

——优质教育资源形成有序扩张的基本格局，区域间和学校间教育质量差距明显缩小。

——完成教育强区、县（市）创建任务，建成国家职业教育示范区。

——全面普及15年教育，学前三年入园率和高中阶段的毛入学率分别达到95%和99%以上。

第三步，到2020年建成更具优势的沈阳教育。主要标志是：

——教育工作与国际接轨，全方位、多层次的教育开放合作格局基本建立。

——素质教育得到扎实推进，“区区有特色、校校有特点”的特色办学局面基本形成。

——建成覆盖城乡的全民终身教育体系，高水平、高质量普及15年教育，高等教育毛入学率达到65%以上，继续教育参与率达到80%以上。

——各级各类教育都具有比较明显的优势，引领、辐射功能明显增强。

二、发展任务

（一）学前教育

以增加公办性质幼儿园的存量为重点，加快形成公办民办并举的新格局，提高学前教育的普惠水平，有效缓解“入园难、入园贵”和“小学化”等问题。逐步开展0至3岁婴幼儿早期教育活动。

加快形成公办民办并举的新格局。

将中小学布局调整后的富余教育资源和其他富余公共资源，优先改建成幼儿园。城镇小区没有配套幼儿园的，按照国家有关规定配套建设幼儿园。新建小区配套幼儿园要与小区同步规划、同步建设、同步交付地方政府使用。到2013年，全市新增普惠性幼儿园100所；到2015年，全市新增普惠性学前教育学位3万个；到2020年，公办与民办幼儿园在园人数大体相当。

鼓励优质幼儿园连锁发展。支持优质公办幼儿园通过兼并或办分园的方式进行连锁经营。支持乡镇公办中心幼儿园在大村办分园和在小村设幼儿班。鼓励企业开发幼儿园地产并进行连锁办园，创建一批标准统一、管理一体、资源共享的幼儿园。

提高学前教育的普惠水平。将学前教育经费列入财政预算，财政性学前教育经费在同级财政性教育经费中要占合理比例。按照家庭合理分担教育成本的原则，严格控制公办幼儿园的收费标准。政府将按照幼儿园实有人数，给予经费支持。提供普惠性服务的民办幼儿园享受同等待遇。将学前教育纳入到基础教育学生资助体系之中，对城乡低保家庭儿童、孤儿、残疾儿童等接受普惠性学前教育给予资助。

加强学前教育的管理。完善各种类型幼儿园的办园标准，实行分类管理、分类指导。加强幼儿园安全管理，对"家托"进行全面排查，区、县(市)政府要建立起"家托"限期退出机制。加强对幼儿健康水平的监测和评估工作，加强教科研指导，防止和纠正幼儿园教育"小学化"倾向。推进社区早教服务网络建设，加强0至3岁儿童家庭保育教育指导，提高0至3岁儿童看护人育儿水平。

(二)义务教育

以均衡配置办学资源为重点，逐步缩小义务教育区域间、学校间在办学水平和教育质量上的差距，到2015年实现区域内义务教育均衡发展，到2020年基本实现城乡教育一体化发展。

提高生均公用经费标准。合理评定小学和初中的生均公用经费标准，确保每所义务教育学校保运转、保发展所需经费。

加快学校的标准化建设。按照省规定的义务教育学校办学标准，分批、分阶段推进义务教育学校标准化建设工作。到2015年，力争每所学校都达到"平安校园、绿色校园、数字校园、人文校园"的办学要求，完成新一轮义务教育学校标准化建设。

推进优质学校的有序扩张。采取购买服务的方式，支持城区优质学校对农村地区薄弱学校和新城、新市镇学校进行托管。鼓励优质学校对区域内少量薄弱学校或新建学校进行兼并或联合办学。探索通过"特许学校"方式改造相对薄弱学校。提高区、县(市)对接的城乡教育发展共同体运行质量。2020年前，努力实现"区域内学校间办学水平基本均衡、城乡间教育质量差距明显缩小"的目标。

对义务教育质量实施监测。健全义务教育质量监测的基本标准，改进目前以学科教学质量为主的评价方式，逐步实现对义务教育学校办学水平和学生素质发展水平的监测。通过监测结果的合理使用，引导义务教育学校办学水平和教育质量稳步提升。

(三)高中教育

以标准化建设、精细化管理、特色化发展为重点，加快缩小学校间办学质量差距，全面提高普通高中的办学水平和教育质量。

继续推进普通高中的达标工作。依据《沈阳市普通高中办学标准》，推进高中学校的标准化建设。到2015年，完成所有公办高中的标准化建设任务。

推进优质高中规模化发展。支持优质高中与区域内薄弱普通高中进行联合办学或面向农村地区跨区域托管新城、新市镇的普通高中，实现集团化发展。到2015年，基本形成"以强带弱，共同发展"的基本格局。

推进普通高中的特色建设。支持普通高中立足学校传统和优势，发展校本课程，创新育人模式。到2015年，建成不少于10所的艺术、体育、外语、科技、民族教育等特色高中。到2020年，所有省级示范高中都形成明显的学科特色优势。

增强普通高中的办学活力。鼓励有条件的普通高中采取多种形式开展国际合作，支持有条件的普通高中与高校、科研院所建立实质性联系，构建合作培养人才新机制。开展普通高中自主招生试点，稳步推进小班化教学改革。

(四)职业教育

以国家职业教育试验区建设为重点，加快推进学校与企业的深度融合，全面建成职教高地。

扩建校企合作平台。以政府为主导，建立起跨行业的校企合作机制，促进教育与行业、企业的衔接。通过多部门合作，建立沈阳技能型人才供需信息服务平台，实现人才供需的快速对接。

加强基础能力建设。支持建设6所国家职业教育示范性学校，20个面向社会、服务功能完备的公共实训基地，10个体现行业技术发展前沿、适应高技能人才培养需求的创新实训室。支持职业学校与国际高端培训机构开展合作，引进先进培训模式和国际通用的资格认证体系。健全企业技术人员到职业学校长期或定期从教的引入机制，加强职业学校专业教师队伍建设。

推进校企深度融合。围绕沈阳经济区建设发展的需要，完成现有专业的布局和调整。立足产业转型升级和新型产业对人才的需要，完成国家示范校骨干专业的中、高职衔接。推进"百企援建百专业"行动，打造出10个全国一流、30个全省一流的优势专业。推进学历证书和职业资格证书"双证"融合教育，校企共同举办每年一度的学生全员职业技能大比武活动。分行业逐步健全就业准入制度。出台《沈阳市校企合作条例》，推进校企合作制度化。

全面增强职业教育的集散和辐射能力。加快建设国家职业教育装备制造类"双师型"教师培训中心和教师技能大比武基地。鼓励支持国家示范性职业学校接纳外地生源，逐步扩大外地生源占学生总数的比例。鼓励支持职业学校参与社会培训工作，每年接受社会短期培训的人数与在校生人数基本相当。

(五)高等教育

充分发挥沈阳高校的人才和科技优势，在推动产业升级和新兴产业发展过程中发挥明显作用。

支持市属高校发展建设。适应沈阳经济社会发展的要求，全面推进市属高校内涵建设，把沈阳大学、沈阳医学院建成全国同类院校中具有鲜明特色的一流大学；把沈阳职业技术学院建成国内知名的示范性高职院校；把沈阳广播电视大学建成全国一流的中心城市现代远程教育开放大学、覆盖沈阳城乡的远程教育中心和沈阳经济区终身教育中心、服务沈阳经济社会发展的学习型城市信息资源研究指导中心。

支持沈阳高校发展建设。将沈阳高校作为推进沈阳经济社会发展的宝贵资源和重要力量，完善各项政策措施和激励机制，支持沈阳高校建设成为国际知名的高水平大学或行业特色型领先大学，引导沈阳高校优化结构，突出特色，提高办学质量，提升科研水平，增强服务能力，着力提高沈阳高等教育水平。

推进沈阳高校服务沈阳振兴。支持高校加快培养先进装备制造业、现代服务业、高新技术等领域紧缺的研究型开发人才和实用型工程技术人才。充分发挥沈阳高校智囊团、思想库作用，积极为政府、企业提供决策咨询和信息服务。依托沈阳高校人才资源和科技资源，围绕沈阳支柱产业和新兴产业发展，着力打造一批技术研发和创新服务平台，大力开展基础研究和应用研究，大力推进产学研合作，鼓励高校学科建设与沈阳产业发展有效衔接，促进科研成果本地转化和战略性新兴产业发展。充分发挥大学文化的作用，积极服务沈阳文化建设。

（六）继续教育

以学习型组织建设为重点，加大成人教育资源开发和统筹力度，建成惠及全民的终身教育体系。

积极发展成人教育。统筹推进全市的社区教育工作，到2012年，建立起农村延伸至乡镇、村，城区延伸至街道、社区的成人教育管理体系。加快数字化学习港建设，推进数字化学习网络向社区覆盖。到2015年，基本建成服务全体市民的成人教育体系；到2020年，建成服务全体市民的成人教育体系，实现“学有所教”。

统筹开发继续教育资源。建立教育资源开放共享机制，继续推进中小学校教育资源向社区开放，进一步促进学校教育、家庭教育和社会教育的紧密结合。继续推进中等职业学校面向社区居民，开展多种形式的技能培训。扩大公益性文化体育设施免费开放范围，拓展其教育服务功能。发挥高等院校、科研院所在学科、研究、设施和人才等方面的优势，利用现代信息手段，大力发展现代远程教育，建立现代开放大学，构建开放式继续教育培训体系。

创新继续教育制度。统筹规划安排全市继续教育经费，逐步落实政府统一招标、购买服务、菜单培训等方式，组织开展全市下岗再就业培训、农村劳动力转移培训、进城务工人员岗前培训、特殊群体培训等普惠制培训工作。健全继续教育激励机制，建立劳动者培训个人账户，建立学分积累与转换制度，实现学习成果的互认和衔接，完善培训补贴政策。

（七）民族教育

加快改善民族学校办学条件，加强民族学校教师队伍建设，全面提高民族学校的办学水平。

继续加大对民族教育的支持力度。提高少数民族双语学校公用经费标准，学校标准化建设向民族学校倾斜。办好内地民族班和面向民族地区的职业教育。在各级各类学校广泛开展好民族团结教育。

提高少数民族双语学校教学质量。进一步加强少数民族学校双语教师配备，鼓励高等院校少数民族毕业生到双语学校任教。加大对少数民族双语师资的培训力度。

（八）特殊教育

以拓展办学功能为重点，加快改善特殊教育学校的办学条件，全面提高特殊教育的综合服务水平。

提高特殊教育学校的办学水平。按照建设“早期干预中心、基础教育中心、康复训练中心、职业技能训练中心”的基本要求，对14所特殊教育学校进行标准化改造，提高教学仪器和康复训练设备的配置水平。加大对特殊教育学校经费的投入力度，提高学生人均公用经费标准。合理确定特殊教育学校的教职工编制。

拓展特殊教育学校功能。提高特殊教育学校对学前残障儿童的接纳能力，推进特殊教育向学前教育阶段延伸。探索驻校顾问医生制度等多种医教结合模式，实现特殊教育机构中残障学生教育与康复的有机整合。特殊教育学校要与职业学校联合，加强残障学生的职业技能训练。

推进融合教育。探索残障学生在普通幼儿园、小学、中学和就业技能培训机构“随班就读”制度，促进残障学生和正常学生的融合。改善普通学校资源教室或学习支持中心，配备“随班就读”学生必需的设施设备。对学习有困难或因其他原因影响学习的学生，加强重点和个别辅导，给予更多的关心和帮助。

三、体制改革

（一）人才培养体制改革

创新德育工作。坚持德育为先，立德树人，把社会主义核心价值体系融入到国民教育全过程。推进中华民族传统美德教育、革命传统教育和现代科学精神教育的有机融合。把社会实践作为重点，鼓励学生积极参与志愿服务和公益事业，培养公民意识与健全人格。提高家庭教育的同步性与实效性，促进学生良好行为习惯的养成。加强心理健康教育，提高学生自我了解、自我疏导的能力。加强德育工作者队伍的专业化建设，强化对学生发展指导的能力，增强主动性和人格影响力，把德育切实贯穿于教育的全过程，渗透于教学的各个环节。

推进育人方式变革。坚持能力为重，逐步建立起因材施教的大格局。建立学生课业负担监测和公告制度，规范考试次数和作业量，把学生过重的课业负担切实减下来，为学生的自主发展腾出时间和空间。开足开齐国家规定课程，为学生全面发展打好坚实的基础。大力开展阳光体育运动，保证学生每天锻炼一小时。提高音乐、体育、美术的教育水平，保证每一名学生都掌握一项艺术特长和两项体育运动技能。规范教学行为，严控教学进度和难度，确保教学进程和学生接受能力的基本同步。倡导启发式、探究式、讨论式、参与式教学，充分调动学生学习的主动性和创造性。依据各类教育的特点，采取多种合作方式，加强创新实验室、创新实践基地和创新实践学校的建设，逐步建立起多样化的可供选择的课程体系，满足学生兴趣，开发学生优势，实现因材施教。因地制宜地健全教学质量评价制度，引领育人方式的变革。

（二）考试招生制度改革

完善考试招生制度。坚持义务教育阶段公办学校免试就近入学制度，学校招生范围、人数和实际录取学生情况应及时向社会公开。稳步推进中考改革，完善学业水平考试和综合素质评价，为高中阶段学校招生录取提供更加科学的依据。建立普通高中自主招生制度，完善优质普通高中招生名额合理分配到区域内初中的办法。支持民办高中、中外合作办学高中和特色高中跨区域招生。规范优秀特长生录取程序与办法。中等职业学校实行自主招生或注册入学。率先实现市属高等职业学校面向高中阶段毕业生的注册入学制度。

加强考试招生信息公开和社会监督。完善考试招生信息发布制度，加强政府和社会监督。公开招生章程和政策、招生程序和结果，公开自主招生办法、程序和结果。规范学校招生录取程序。规范升学加分政策。强化考试安全责任，加强诚信制度建设，坚决防范和严肃查处考试招生舞弊行为。

（三）现代学校制度建设

推进市属高校现代大学制度建设。完善大学校长遴选任用办法。坚持和完善公办高校党委领导下的校长负责制，完善治理结构，探索高校去行政化管理和教授治学的有效途径，充分发挥教授在教学、学术研究和学校管理中的作用，构建以学术为导向的高校运行机制。探索建立由多方面代表参加的学校理事会，吸引社会人士参与学校重大决策和管理。健全社会支持和监督学校发展的长效机制。建立高校质量年度报告发布制度。

深化中小学管理体制改革。进一步完善中小学校长负责制，完善校长任职条件和任用办法，促进中小学校长专业化发展，建立和健全预备校长队伍选拔与培养机制。推进中小学法人治理结构改革，推行民主决策，全心全意依靠教师发展学校，扩大教师专业影响力，发挥教师在学校管理中的作用，激励优秀教师终身从教。完善校务公开制度，健全教职工代表大会制度和家长委员会制度，不断完善科学民主决策机制。推动社区、家长及其他社会人士参与学校管理和监督。

（四）办学体制改革

大力支持民办教育发展。鼓励和引导社会力量以独立举办、共同举办等多种形式兴办教育。积极发展标准化、多样化的民办学前教育机构，稳步发展有特色、高质量的民办中小学，支持发展实用性强、特色鲜明的职业学校，鼓励发展多层次、有特色的民办高等学校，引导发展各类紧缺性、实用型非学历民办教育机构。通过政府购买服务等方式，鼓励发展民办学前教育、职业教育和继续教育。鼓励支持民办教育机构通过连锁经营、上市融资等方式加快发展。

改善民办教育发展环境。依法落实民办学校、学生、教师与公办学校、学生、教师平等的法律地位，保障民办学校办学自主权。探索完善民办学校人事管理制度和参照事业单位为民办学校教师办理社会保险的机制。在税收、用地、公共事业收费等方面保障非营利性民办学校享有与同类公办学校同等的优惠政策。健全公共财政对民办教育的扶持政策。政府委托民办学校承担有关教育和培训任务，拨付相应教育经费。市与区、县（市）政府可以根据具体情况安排资金，用于资助民办学校的发展，奖励和表彰有突出贡献的集体和个人。

依法管理民办教育。教育行政部门要切实加强民办教育的统筹、规划和管理工作。探索建立营利性民办教育机构和非营利性民办教育机构分类管理制度。建立符合民办教育特点的财务管理办法和会计核算方法。加强财务监管和审计，健全督导检查制度。探索建立民办学校办学风险保证金制度和学费监管制度，逐步形成民办学校危机预警与干预机制。依法明确民办学校变更与退出机制。扩大社会参与民办学校管理与监督的程度。加强对民办教育的评估。

（五）教育管理体制改革

改善政府管理方式。以转变政府职能和简政放权为重点，实行管办评分离，形成政府统筹、分级负责、规范有序、社会参与的教育公共服务体系。政府及其部门发挥统筹规划、政策引导、行业准入、资金拨付、信息服务等方面作用，对教育发展速度、规模、质量、结构进行宏观管理。完善教育决策机制，建立教育决策公示、听证制度，重大教育政策出台前征求社会各界意见。建立教育发展咨询委员会，充分发挥专家在重大教育决策和重大建设项目实施中的作用。

健全教育管理体制。市政府统筹规划全市义务教育均衡发展；加快普及学前教育；促进普通高中和中等职业学校协调发展；促进全市职业教育资源共享；支持办好市属高校。区、县（市）政府负责制定幼儿园发展规划，加强幼儿园建设与管理；调整中小学校布局；确保按时足额统一发放教职工工资；管理中小学校长和教师；办好县级职教中心。发挥街道（乡镇）、社区参与和支持基础教育发展的作用。完善政府统筹、行业参与、社会支持的职业教育管理体制，加强教育与人力资源和社会保障等部门的协同管理，建立职业院校与行业企业合作制度，鼓励和推动社会各方面支持职业教育发展。

扩大社会力量参与教育管理的程度。培育和发展专业教育服务机构。积极发挥行业协会、专业学会、基金会等各类社会组织的作用，鼓励支持中介机构和社会组织承担质量评估、考试认证、教育咨询、培训交流等业务。

（六）扩大教育开放

积极引进国外优质教育资源。依法支持高校、高中与国外知名学校通过多种方式合作办学，创办示范性中外合作学校，建成一批中外合作办学项目或交流协作平台。在普通高中开展国际合作项目。在职业教育中引进国际认可的职业资格标准。加快职业院校专业课与国际通用职业资格证书对接速度，培养适应国际劳务市场需求的高素质劳动者。

培养国际化人才。鼓励中小学开展多种形式的对外交流，积极拓展学生的国际视野和跨文化沟通能力。支持职业院校为海外投资企业培养高技能人才。建立教师境外培训基地，加大选派重点课程教师和骨干教师出境培训的力度，建设适应教育国际化要求的教师队伍。鼓励有条件的高水平大学、知名中小学校在海外建立分校。有条件的中小学开设由有资质外籍教师执教的外语课程。

开展教育领域内的区域和校际合作。支持高端学术活动，积极举办和参加国际高水平学术会议和论坛。参与国际教育服务。大力发展对外国学生有吸引力的特色优势专业和急需专业，增强国际竞争力。适应国际日益增长的汉语学习需求，扩大对外汉语教育的交流与合作。建立沈阳对外汉语教学组织联络机构，协调对外（特别是俄罗斯、日本、韩国）汉语教师选派和教育工作。

四、重大工程和改革试点

依据沈阳教育改革发展目标和任务，聚焦关键领域和薄弱环节，用3至5年时间，启动实施10项重大工程和10项改革试点。

（一）组织实施重大工程

基础教育强区、县（市）创建工程。各区、县（市）要按照省、市基础教育各级各类学校办学标准，扎实推进义务教育学校、普通高中、幼儿园、民族学校、特殊教育学校、教师进修院校等的达标工作。在办学条件达到标准的基础上，全面推进教育内涵发展，办出区域教育特色，区、县(市)教育综合实力达到副省级城市同类区、县(市)前列。2011年，开展沈阳市基础教育强区、县(市)创建工作，到2015年，各区、县(市)均完成基础教育强区、县(市)创建和达标工作。

城乡基础教育一体化建设工程。根据沈阳经济区建设规划，按照人口变化重新规划学校布局，促进城乡教育一体化和基本教育公共服务均等化，扩大优质教育资源，提高基础教育整体水平。加快郊区中小学、幼儿园建设。在新城、新市镇以及教育资源不足的郊区、新增人口聚居区，新建、改建和扩建200所幼儿园、50所小学、20所初中，迁建或新建10所左右优质高中，基本实现教育资源均衡合理布局。探索推行集团式发展，完善委托管理等机制，每新建、迁建、扩建一所学校或幼儿园，就委托一所城区名校或名园进行帮扶，切实保障郊区和新建学校办学质量。

职业教育国家试验区建设工程。按照产业发展需要，重点建设好一批骨干专业，打造一批现代化职业教育实验实训基地，更好地培养适应新型工业化产业发展要求的技能型人才。按照国家资金配套职业教育试验区工作专项经费，颁布校企合作等方面工作条例，推动校企深度合作，构建起与沈阳经济区发展相适应的人才培养体制机制。支持学校与国外职业教育培训机构通过股份制等方式组建合作机构，围绕沈阳经济区主导产业，建设30个与国际接轨的集教学、培训、职业技能鉴定和技术服务于一体的职业教育实训中心。鼓励学校和企业采取股份制等多种形式开展合作，共建共管20个“厂校合一”的“教学工厂”。奖励在技能大比武和全国技能大赛中获得优异成绩的学生和指导教师。通过购买服务的方式，每年选送100名职业学校专业教师进入大型企业的技工培养学校(中心)学习。选送20名职业学校专业教师到国内或国外专业技师培训学校(中心)学习，全面提高职业学校专业教师的实践技能。

市属高校综合实力提升工程。支持高校实施高端人才引进、重点学科建设、科学研究和产学研合作，为沈阳经济社会发展提供智力和人才支撑。建立市属高校高端人才录用、职务评聘、薪酬待遇等“绿色通道”。支持市属高校本科教学质量教学改革工程，重点扶持市属高校重点学科建设，推进市属高校名师培育工程，力争在省级和国家级教学名师及团队建设上能有比较大的突破。设立高等教育专项资金，积极为市属高校发展创造条件。支持沈阳高校引进“两院”院士、长江学者和创新团队，支持沈阳高校国家重点学科、国家重点实验室、国家工程技术研究中心建设，重点扶持与沈阳支柱产业和新兴产业相匹配的优势特色学科建设。重点扶持高校重大创新平台和重大产学研项目。设立沈阳高校服务沈阳振兴贡献奖，激励和引导沈阳高校服务沈阳振兴。

教育领军团队培植工程。以提高教师职业道德、专业素质和研究能力为重点，推动教师改革教学方法和教学模式，不断提高培养创新人才的能力，造就一批名师、名校长。

教育信息化服务平台建设工程。加快教育信息技术服务区域教育发展、服务学校管理、服务学科教学、服务学生学习的发展进程。加快信息技术建设，完成“班班通”，实现教师“人手一机”，建立起市、区县、学校三级信息网络。推进沈阳数字化学习资源库建设，充分利用网络教育资源，建设覆盖各级各类教育学习素材、教学课件、网络课程等的数字化学习资源库。建立数字化网络电视台，加快与同类城市横向联系和交流，搭建大中城市数字化教育网络联播平台。加强沈阳教育信息化服务教学体系建设，建立一支经验丰富、素质较高的技术教师服务队伍，建成市、区县、学校三级服务体系与保障机制。

终身教育体系建设工程。提升和整合各类教育学习资源，优化市民终身学习的公共服务设施布局，为市民提供便捷、丰富、可选择的学习机会和学习资源。完善市民终身学习公共服务设施建设，重点建设13个区、县(市)社区学院，推进街道(乡镇)社区分院和社区学校标准化等建设，建设3000个标准化居民学习点，完善全民终身学习三级学校网络，完善终身学习服务体系。以沈阳广播电视大学开放教育为基础，整合高等学校继续教育学院、高等学校网络学院、独立设置成人高等学校等教育资源，构建沈阳开放大学，夯实终身教育资源库的基础。

中小学生实践教育学校建设工程。统筹布局全市中小学生实践教育学校和创新实验室，充分开发整合全社会育人资源，为学生提供便捷、多样、优质的实践教育和创新教育活动资源。改扩建10个中小学实践教育学校，改扩建10个示范性职业体验学校和10个示范性学农、学军教育学校。建设100个校外教育活动示范基地和100个学生“社区实践指导站”。建设中小学生创新实验室，按照新课程和创新人才培养需求重新配置中小学实验室，为学生开展研究性学习和实施探究性实验提供实验条件。建设200个区域性中小学生创新实验室和30个高中专题创新实验室，为具有创新兴趣和创新潜质的学生搭建多样化的创新实践体验平台。

学生健康促进工程。加强学校体育卫生工作的保障能力，促进学生体质和心理健康水平不断提高。实施学校卫生条件标准化建设，在每一所寄宿制学校建设具有医疗资质的卫生室，在初中以下学校和托幼机构建设现代化保健室，逐步配齐卫生保健人员。加强学校体育场馆建设，落实学校体育设施建设标准，保障每所新建学校都建有标准化的体育场馆。推进学生营养膳食指导工作，逐步健全中小学营养午餐配送体系，推进学生专用餐厅建设。加强学校心理健康教育，在中小学设置心理健康辅导室，各区、县(市)要设立青少年心理辅导中心。中小学校1500名学生以下的要配备1名、1500名学生以上的要配备2名具有职业资格的心理健康教育专职教师。

教科研服务体系建设工程。充分发挥教研、科研、培训、评价、监测等服务功能，切实推进教科研在教育决策咨询、指导学校办学、服务教师发展等方面的作用。建立健全市、区县、学校三级教育研究队伍，配齐专门研究人员，形成上下互动的推动区域教育改革和学校发展的决策支持体系。建立重大课题研究机制，支持对当前教育改革和发展的重点、热点及难点问题开展实用性研究。

(二)教育综合改革试点

成立教育体制改革领导小组，研究部署、指导实施教育体制改革工作。根据统筹规划、分步实施、试点先行、动态调整的原则，选择部分区、县(市)和学校开展改革试点。

学前教育发展改革试点。针对“入园难”和“入园贵”问题，着重破解制约学前教育发展的体制机制问题。重点探索学前教育公共财政经费保障问题，以乡镇中心幼儿园为核心覆盖乡村学前教育体系建设问题，幼儿教师队伍建设和管理问题，优质幼儿园有序扩张问题，幼儿园(含幼教机构)规范化管理问题，幼儿园分类管理问题，幼儿园特色课程建设问题，早教中心建设问题。

义务教育均衡发展改革试点。着重解决区域内义务教育阶段择校热和城市化过程中新建中小学校迅速提高办学水平问题。重点探索中小学公办民助管理问题，委托管理问题，横向集团化问题，围绕新城、新市镇发展新一轮中小学布局调整问题，平安校园、绿色校园、数字校园、人文校园建设问题，“特许学校”建设问题，特殊教育学校功能拓展问题，素质教育实践学校建设问题，减轻学生过重课业负担问题，有效开展德育问题。

普通高中多样化特色化发展改革试点。着重解决普通高中多样化办学、特色发展的体制机制问题。重点探索优质高中规模化集团化发展问题，国际合作办学问题，创新学校建设问题，小班化教学改革问题，特色学校建设问题，综合高中建设问题。

职业学校推进校企合作模式改革试点。着重解决职业学校的校企合作、高技能型人才培养问题。重点探索学校委托企业解决实训问题，学校自建企业解决实训问题，学校与企业契约合作解决实训问题，通过职教联盟解决实训问题，技能型人才供需信息服务平台建设问题，专业调整与校企共建优势专业(群)问题，校企共办、学生全员技能大比武活动问题，与高端培训机构联合办学问题，“双证”融合教育改革问题，中职与高职教育有机衔接问题，学生就业指导中心建设问题。

提高在沈高校服务振兴水平改革试点。着重破解在沈高校提高服务地方发展的能力问题。重点探索服务新型工业化重点学科建设问题，服务地方产学研战略联盟建设问题。

推进终身教育体系建设改革试点。加快建立终身教育体系和学习型社会建设。重点探索社区教育网络体系建设问题，服务全民学习的数字港建设问题，学校资源向社区开放问题，继续教育资源整合问题。

提高教师队伍专业化水平改革试点。着重解决教师职业倦怠，全面构建教师自主发展的体制机制问题。重点探索提升教师队伍职业修养问题，创新名师名校长的成长与使用机制问题，区县与师范院校合作联盟建设问题。

提高教育信息化应用水平改革试点。提高信息技术发展水平，加强信息技术与学科教学深度融合。重点探索数字化教学与管理应用平台建设问题，中小学数字图书馆建设问题，信息技术与学科教学整合问题。

提高教科研工作服务水平改革试点。加强教科研队伍建设，全面提高教科研服务水平。重点探索教科研服务体系建设问题，教科研区域合作机制建设问题。

构建现代学校管理制度改革试点。着力推进学校自主办学，落实校长负责制。重点探索管、办、评相对分离的制度建设问题，学校内部民主管理制度建设问题。

五、保障措施

(一)加强组织领导

加强和改进对教育工作的领导。各级党委和政府要把教育优先发展、科学发展作为深入贯彻落实科学发展观的重大战略任务来抓，坚持社会主义办学方向，认真贯彻党的教育方针，健全领导体制和决策机制，及时研究解决教育改革发展的重大问题和群众关心的热点问题。市委常委会和市政府常务会每年要听取教育工作情况。市委组织部、市监察局、市教育局定期对各区、县(市)教育工作进行综合检查。建立体现科学发展观和正确政绩观要求的综合考核评价体系，把推进教育事业科学发展作为各级党委和政府绩效考核的重要内容。加强教育系统党的建设，健全各级各类学校党的组织，充分发挥学校基层党组织的战斗堡垒作用和党员先锋模范作用。加强和改进学校思想政治工作，牢牢把握党对学校意识形态工作的主导权。进一步加强教育系统党风廉政建设和政风行风建设，严格落实党风廉政建设责任制，积极推行政务校务公开。坚决纠正损害群众利益的各种不正之风。动员和团结社会各界力量，形成全社会共同支持教育发展的强大合力。

强化政府推进教育改革和发展的责任。坚持教育的公益性，维护教育公平。优先规划、优先投入、优先保障和优先安排教育发展。扩大教育投入。健全教育决策机制，加大教育政策创新，建设现代学校制度。加强教育督导，表彰先进，推广经验，强化教育发展激励机制。

(二)加大教育经费投入

增加财政性教育投入。各级政府要优化财政支出结构，统筹各项收入，把教育作为财政支出重点领域予以优先保障。严格按照教育法律法规规定，年初预算和预算执行中的超收收入分配都要体现法定增长要求。2012年，全市地方教育支出占地方一般预算支出的比例达到省核定比例。保证教育财政拨款增长明显高于财政经常性收入增长，并使按照在校学生人数平均的教育费用逐步增长，保证教师工资和学生人均公用经费逐步增长。足额征收教育费附加和地方教育费，并专项用于教育事业。

多渠道筹措教育经费。充分调动全社会办教育的积极性，扩大社会资源进入教育途径。完善财政、税收、金融和土地等优惠政策，鼓励和引导社会力量捐资、出资办学。完善非义务教育培养成本测定办法，合理确定政府、家庭分担比例，调整学费标准。完善社会捐赠教育激励机制，落实个人教育公益性捐赠支出在所得税前全额扣除政策。

健全教育经费保障机制。义务教育全面纳入各级财政保障范围，完善经济欠发达区、县(市)的义务教育经费补偿机制。对受政府委托承担义务教育任务的民办学校，由公共财政按照同类公办学校生均公用经费标准拨付教育经费。学前教育建立政府投入、社会举办者投入、家庭合理负担的投入机制。研究制定公办幼儿园幼儿人均经费标准和幼儿人均财政拨款标准。普通高中实行以财政投入为主、其他渠道筹措经费为辅的机制。中等职业教育实行政府、行业和企业及其他社会力量依法筹集经费的机制。高等教育实行以举办者投入为主、受教育者合理分担培养成本、学校设立基金接受社会捐赠等筹措经费的机制。终身教育实行政府主导、多元投入的经费保障机制。科学编制预算，提高预算执行效率。完善扶困助学体系，增加对家庭经济困难学生的资助力度。

加强教育经费管理。健全学校财务监督机制，完善经费使用内部稽核和内部控制制度。加强监察和审计。加强对公共教育经费使用的监管,逐步形成财政与审计部门的专业监督、教育主管部门委托第三方监管和学校日常监督相结合的监督管理制度,实现公共教育财政支出预算公开化、透明化。建立教育经费执行情况的分析报告制度,对于截留、挪用、擅自改变资金用途的,依据有关法律法规严肃处理。在高校试行设立总会计师职务,公办高校总会计师由政府委派。建立经费使用绩效评价制度,加强重大项目经费使用考评。加强学校国有资产管理。规范学校收费行为和收费资金使用管理。建设节约型学校。

(三)加强教师队伍建设

加强师德建设。坚持把师德建设摆在教师队伍建设的首位,进一步加强教师职业理想和职业道德教育,增强广大教师教书育人的责任感和使命感。完善教师职业道德教育、考核及监督机制。将师德教育列为教师继续教育的必修内容,将师德表现作为教师绩效考核的重要内容以及聘任、奖惩的重要依据。接受学生、家长和社会的监督和评议,实行师德建设一票否决制度,对失德失范者加强教育,情节严重的给予相应的处分。定期评选沈阳市优秀人民教师、师德标兵。

健全教师管理制度。严格实施教师准入制度,提高教师任职学历标准和品行要求。建立教师资格证书定期登记制度。制定幼儿园教师配备标准。建立统一的中小学教师职务序列,在普通中小学设置正高级职务。完善教师考核管理制度和退出机制。制定校长任职资格标准,促进校长专业化。完善职业院校聘任(聘用)专业技术人员和高技能人才担任专兼职教师的政策,允许职业院校用教师编制的5%自主聘用兼职教师。建立特级教师、市级教育专家等定期送教和"师带徒"制度,强化优秀教师的传、帮、带责任。

进一步提高中小学教师的学历层次。到2015年,幼儿园教师具有专科及以上学历的达到80%以上;小学教师具有专科及以上学历的达到95%以上;初中教师具有本科及以上学历的达到85%以上,逐步提高具有研究生学历(学位)的比例;普通高中教师具有本科及以上学历的达到100%,具有研究生学历(学位)的达到10%以上。中等职业学校的专任教师中,具有本科及以上学历的达到95%以上,专业教师中"双师型"的比例达到80%以上。到2020年,幼儿园教师、小学教师具有本科及以上学历的达到60%以上,初中教师具有本科及以上学历的达到95%以上,普通高中教师具有研究生学历(学位)的达到20%以上。职业院校"双师型"师资比例达到90%以上。

开展中小学教师全员培训。实施五年一个周期的全员培训,每位教师完成不低于480学时(120学分)的培训;每位校长完成不少于240学时(60学分)的脱产培训。教师继续教育率达到100%。建设基础教育教师和校长研修基地,完善市、区县和学校三级教师培训网络。加强区、县(市)教师进修学校建设,完善师资培训机构的教师教育发展功能。

加强高校高层次教师队伍建设。实施海外高层次人才引进计划、长江学者奖励计划和国家杰出青年科学基金等人才项目,支持高校集聚具有影响的学科领军人才。创新市属高校人事管理和薪酬分配方式,引导教师潜心教学科研,鼓励中青年优秀教师脱颖而出,不断提高市属高校教师教学水平、科研创新能力和社会服务能力。

加强市级领军团队建设。到2015年,市级教育领军团队人数达到教师总数的15%,着力培养600名骨干校长、300名优秀校长、60名教育专家和6000名骨干教师、600名名师、200名首席教师。到2020年,市级教育领军团队人数增加到教师总数的25%,重点培养800名骨干校长、400名优秀校长、100名在职教育专家和10000名骨干教师、1000名名教师、300名首席教师。

(四)提高教育信息化水平

提高教育信息化装备水平。加快教育信息基础设施建设,升级改造沈阳教育城域网,保障网络畅通。提高中小学拥有计算机比例,全市教师实现"人手一机",全面推进数字化校园建设。搭建全市虚拟教学平台,加快建设数字图书馆和虚拟实验室,形成以"知识"为核心、以"学生"为主体的虚拟仿真、互动教学、项目创作、探究实验等学习环境。

提高教育信息化应用水平。构建涵盖学生、教师、校情、安全四个方面内容的教育基础数据库,实现动态的预测、预警、干预、指导功能。加快建立电子政务、教育管理和教学服务三大应用体系,为师生和市民提供全方位、便捷的教育政务信息获取、网上办事、家校互动、学习机会管理等各种社会教育服务。探索使用"电子书包",推动学生运用信息技术进行课外学习和探究,为促进学生个性化发展构建良好的信息环境。积极探索信息化环境下教育教学新途径、新方法、新模式,大力推进信息技术与学科教学整合,培养学生获取信息、运用信息的能力,培养学生适应信息时代的思维方式、交往方式、学习方式和生活方式。引导教师应用信息技术创新教学方式,提升教师在备课、教学、学生个性化辅导等方面的信息化素养。建成"随时随地随需"学习的终身教育网,推动电子学分互认,促进学习型城市建设。

(五)增强教育科研创新服务能力

健全教育科研管理体制。强化市教育科学规划领导小组对全市教育科研工作的统筹协调作用,制定《沈阳市教育科研工作管理办法》,建立健全市、区县、学校三级衔接,开放灵活的教育科研管理体制,强化教育科研领导。

加强教育科研机构建设。鼓励我市高校和研究机构与国内外知名高校、高水平科研机构共同在沈阳建立高水平教育科研机构。提升教育科研能力,加快发展市和区、县(市)教育教学研究机构。建设一批教育科研基地学校,充分发挥基地学校发展校本科研,实现科研兴校的示范带头作用。

加强教育科研队伍建设。坚持引进与培养相结合,把教育科研专家和名家培养纳入全市教育人才队伍统筹规划。特聘一批知名教育科研专家作为我市客座研究人员,形成我市教育科研专兼职专家队伍。全面开展教育科研培训,全面提升全体教师教育科研素养。

创新教育科研机制。每年设立一批重大教育研究项目,引领沈阳教育前沿发展。大力支持以重大教育科研项目为载体,开展跨区域、跨行业、跨部门、跨学科的联合研究。鼓励国内外知名高校和研究机构在沈阳设立研究中心和研究基地,鼓励国内外知名教育专家在沈阳设立"名家工作室",以沈阳为基地开展教育科研工作。选择一批对我市教育发展有重大影响和辐射带动作用的重大教育科研项目,重点培育一批重大教育科研成果，进入国内国际先进行列。

健全教育科研激励机制。加大教育科研经费支持和政策支持。建立教育科研资助制度，资助教育管理者和广大教师结合教育管理和教学工作开展校本研究，合理计算教育科研工作量。完善教育科研考核制度和绩效评估制度，提高教育科研的针对性和实效性。加强教育科研专项督导。

（六）大力推进依法治教

加快教育地方立法。制定和完善促进我市各类教育发展的法规和规章，进一步明确政府、学校、社会、家庭在教育发展上的责任和义务，形成富有沈阳特色的教育法规规章体系。

加大执法监督力度。学校要建立和完善符合法律规定、体现自身特色的学校章程和制度，坚持依法办学。加强专项执法检查，加强教育法制机构和队伍建设。落实教育行政执法责任制，完善教育行政执法监督机制。依法保护学校、学生、教师和举办者的合法权益。健全符合法治原则的教育救济制度。加强对学校的法制教育和宣传工作。

完善教育督导和监督问责制度。探索建立相对独立的教育督导机构，独立行使督导职能。建立督学选拔聘任、督学资格认定、督学责任区和跨责任区督导制度。坚持督政与督学相结合，监督与指导并重，对政府履行教育领导、管理、投入职责进行监督。全面加强学前教育、义务教育和高中阶段教育的督导，组织开展各类专项督导检查，积极推动教育质量督导检查，完善督导检查结果通报制度和限期整改制度。定期公开教育财政预算、执行、绩效评估信息，监督并公开学校财务、生源质量、师资水平、科研成果、学生就业及其他相关信息。严格落实问责制，主动接受和积极配合各级人大及其常委会对教育法律法规执行情况的监督检查以及司法机关的司法监督，加强监察、审计等专门监督，强化社会监督。

（七）切实保障校园安全

建设平安校园。坚持把维护校园安全作为重要的政治任务，强化安全意识，健全安全保障机制。完成校舍安全工程。完善校园安全管理体系和安全网络管理机制，实现警校共建，社会参与，提高学校矛盾纠纷排查化解和突发事件应急处置能力。明确校园安全责任人，强化人防、物防和技防措施，公办学校要贯彻落实安全监管机构设置和人员编制，切实执行将安全经费和隐患整治专项经费纳入各单位年度经费预算制度，民办学校要将校园安全责任落实到人，加大经费投入，有效保障校园安全管理和隐患整治。配齐配足学校卫生技术人员，做好学校卫生防疫和食品卫生安全工作，加强营养和视力保护工作，促进学生健康成长。要落实学校安全稳定工作责任制。各级公安、交通、综治、文化、市场监管、卫生、人口计生、城管等部门，要采取有效措施，依法抓好校园周边环境治安综合治理工作。

六、实施

《教育规划纲要》是指导沈阳未来教育改革发展的纲领性文件。必须切实建立健全实施机制，明确目标任务，落实工作责任，完善监督考核，有效推进《教育规划纲要》的贯彻落实和组织实施。

强化责任落实。贯彻实施《教育规划纲要》是各级党委、政府的重要职责。全面落实教育优先发展战略，各区、县（市）和市直有关部门要在市委、市政府统一领导下，按照《教育规划纲要》的部署和要求，对目标任务进行分解，明确责任分工。教育行政部门负责《教育规划纲要》的组织协调与实施，各有关部门要积极配合，密切合作，共同抓好贯彻落实。

认真组织实施。加强对《教育规划纲要》实施的组织领导，强化《教育规划纲要》的执行，突出《教育规划纲要》的权威性和导向性。加大教育综合改革统筹力度，积极推进改革试点，突破教育改革和发展中的重点、难点，抓住关键环节，积极稳妥推进。

统筹分步推进。统筹教育与经济社会协调发展，统筹区域教育均衡发展，统筹各级各类教育科学发展，明确教育改革和发展的重点任务、阶段性目标和工作要求，以实施一批重大工程为主要抓手，坚持整体推进与重点工作相结合，科学规划，系统设计，分类指导，分步实施，加强督导，把各项改革和发展任务落实到位。

营造良好环境。广泛宣传党的教育方针政策，广泛宣传《教育规划纲要》的重要意义和主要内容，进一步增强全市优先发展教育的责任感和使命感，动员全市干部群众进一步关心支持教育事业改革和发展，为《教育规划纲要》的实施创造良好的社会环境和舆论氛围。

中共沈阳市委关于授予崔嘉林同志“优秀共产党员”荣誉称号并开展向崔嘉林同志学习活动的决定

（2011年3月3日）

崔嘉林同志1972年参加工作，1976年加入中国共产党，1991年调入市纪委机关工作，现任市纪委第四纪检监察室主任。在纪检监察战线工作的二十年里，崔嘉林同志始终奋斗在查办案件第一线，以扎实的工作、优异的成绩和突出的贡献，充分展示了一名纪检监察干部坚定的理想信念、过硬的业务本领、廉洁的优秀品质和务实的工作作风，得到了各级领导的充分肯定和广大群众的广泛赞誉。崔嘉林同志不仅是新时期纪检监察干部的杰出代表，也是全市各行各业学习的楷模。为此，市委决定，授予崔嘉林同志“优秀共产党员”荣誉称号，并在全市开展向崔嘉林同志学习活动。

向崔嘉林同志学习，坚持讲原则，坚定信念，清正廉洁，忠诚于党的事业。在多年的办案工作中，崔嘉林同志始终以对党和人民高度负责的精神，胸怀大局，坚持原则，疾恶如仇，铁面无私，坚决抵制各种说情风的干扰，严正拒绝各种诱惑，成功组织查办了一批在全市、全省乃至全国有影响的大案要案。1991年以来，他直接或参与查办的违纪违法案件200余件，件件是“铁”案。其中涉及副局级以上领导干部27人，处级干部100余人，移送司法机关80余人，收缴违法违纪款2亿余元。学习崔嘉林同志，就要像他那样，不断加强党性锻炼，切实增强大局意识和责任意识，践行党的宗旨，坚持廉洁奉公，以出色的业绩，不负党和人民的期望。

向崔嘉林同志学习，坚持讲学习，刻苦钻研，攻坚克难，练就一身过硬的本领。一直以来，崔嘉林同志始终把加强学习、钻研业务作为自己不懈的追求，特别是担任室主任后，他把学习业务与总结经验作为工作常态，连续多年被评为办案能手。在工作中，他精益求精，一丝不苟，对经手案件的案情认真分析、仔细梳理，善于在纷乱复杂的线索中找准方向，取得突破，并注意从中总结经验，探索规律，用以指导工作。对组织上交办的每一起重大案件，崔嘉林同志都不畏难、不怕苦，积极主动地开展深入细致的工作，以实现查办案件政治、经济和法纪效果的统一。学习崔嘉林同志，就要像他那样，加强政治理论学习，刻苦钻研业务，苦练过硬本领，提升自身素质，不断提高工作水平。

向崔嘉林同志学习，坚持讲奉献，爱岗敬业，无私忘我，全身心投入到工作之中。崔嘉林同志在工作中，始终坚持高标准、严要求，始终保持昂扬斗志，发扬连续奋战的精神，与腐败分子作坚决的斗争，不怕打击报复，不顾个人安危。在案件查处中，他身先士卒，冲锋陷阵，经常带领办案人员昼夜兼程，废寝忘食，突破了一个又一个大案要案。多年来，他有许多的节假日都是在办案地点度过的，甚至身患重病时，也仍然坚守在工作岗位。学习崔嘉林同志，就要像他那样，自觉把个人理想同党的事业紧密联系起来，把个人的追求与沈阳老工业基地振兴大业结合起来，无怨无悔地把自己的全部心血和汗水都奉献给党和人民。

当前，沈阳正处于实现老工业基地全面振兴的关键时期。充分发挥先进典型的引领、示范和带动作用，对于进一步激发全市各行各业广大党员干部群众的工作热情与昂扬斗志，深入推进“五大任务”、全面实现“三大目标”，具有十分重要的意义。市委号召，全市各级党政组织，要加强领导，精心组织，周密部署，迅速掀起向崔嘉林同志学习的热潮。要把开展向崔嘉林同志学习活动同贯彻落实党的十七届五中全会、市委十一届十次全会精神结合起来，同统筹抓好我市“三项重点工作”落实、确保实现“十二五”高起点开局结合起来，同做好本职工作和完成当前任务结合起来。各级宣传部门和新闻单位要广泛宣传崔嘉林同志的先进事迹，在全市大力营造浓厚的学习氛围，引导和激励全市广大党员干部群众深入贯彻落实科学发展观，立足本职，胸怀大局，勤奋学习，扎实工作，开拓进取，拼搏奉献，为推动沈阳实现科学发展、创新发展、和谐发展作出新的更大的贡献！

中共沈阳市委关于授予高光顺、徐占海、石俊英、贾明哲同志“优秀共产党员”荣誉称号并开展学习活动的决定

（2011 年 3 月 17 日）

近年来，在推进沈阳老工业基地全面振兴的伟大实践中，特别是开展创先争优活动以来，我市涌现出一批先进典型，铁西区城管局党委书记、副局长高光顺同志，新民市周坨子乡党委书记徐占海同志，法库县人民检察院检察员石俊英同志，沈阳市公安局交警支队和平二大队二中队中队长贾明哲同志就是其中的杰出代表。他们党性纯洁、爱岗敬业、亲民爱民、无私奉献、廉洁奉公，在各自的岗位上作出了不平凡的业绩。他们是践行党的宗旨的典范，是岗位建功立业的楷模，是新时期共产党员的优秀代表。为此，市委决定，授予高光顺、徐占海、石俊英、贾明哲同志“优秀共产党员”荣誉称号，并在全市开展向这些同志学习活动。

要学习他们胸怀大局、爱党报国的崇高追求。他们始终保持坚定的理想信念，始终牢记共产党员的责任和使命，满怀对党和人民的无限忠诚，把全部精力都投入到本职工作之中。高光顺同志党性坚强，牢记使命，面对工作，他极端负责，面对矛盾，他迎难而上，被群众看作是“工作的狂人”和“永远在路上的人”。徐占海同志上任伊始，就在村干部会上提出：“党员干部要带头，为群众趟路子、做样子、壮胆子。”他把自己全部家当拿出来为村民办抵押贷款，并动情地说：“党员干部帮群众贷款，赔了，群众只赔力气，干部赔钱；赚了，群众收获效益，干部收获民心。”石俊英同志时刻把党和人民的利益放在第一位，患病后，他主动从科长位置上退下来，并多次把组织给他的荣誉和晋升机会让给其他同志，他不顾身体疾病，依然每天早来晚走，以顽强的意志坚守岗位、兢兢业业、默默工作，被同事称为“铁人”。贾明哲同志始终坚持把党的事业至上、人民利益至上、法律至上作为永恒追求，12 年如一日坚守信念，12 年如一日扎根基层，12 年如一日勤学苦练，在平凡的岗位默默地奉献着自己的青春和汗水。

要学习他们心系群众、一心为民的公仆情怀。他们永远把老百姓的利益放在第一位，被广大群众誉为“最贴心的人”和“真办实事的人”。高光顺同志的心里始终装着百姓，想问题、做事情永远把群众的利益放在第一位，把基层干部职工的疾苦放在心上，真心实意地为群众办实事、解难题。徐占海同志视群众为亲人，组织党员干部与困难家庭共建“干群连心棚”，他自掏腰包为贫困户刘成山看病，还曾拿出家中的全部积蓄，救治因交通肇事生命垂危的村民，将其从死亡线上拉了回来。石俊英同志被查出身患重病后，不悲观、不放弃，先后两次做了开胸手术，即使面对母亲和妻子相继去世，他仍带病工作在岗位上，特别是对待涉及群众利益的案子，他都严谨细致，格外用心，扎扎实实地做好每一项工作。贾明哲同志始终恪守“立公心树公德做公仆廉洁奉公，察民情解民忧满民意勤政为民”的从警誓言，把为群众解困作为自己的本分，他警车的后备箱被称作为群众服务的“百宝箱”。多年来，他义务向问路群众发放自绘地图 15000 余份，帮助群众达 5 万余人。

要学习他们爱岗敬业、创先争优的进取精神。他们始终保持强烈的责任感和使命感，发扬勤勉务实的工作作风和奋发有为的精神，把爱岗敬业、创先争优作为自己的不懈追求。高光顺同志对全区的每一条街路、每一条地下管线、每一项市政工程都了如指掌，被称为“铁西的活地图”、“没有头衔的专家”。徐占海同志走遍了全乡 38 个自然村屯的每一个角落，并结合实际，把周坨子乡农业发展的路子准确定位在棚菜生产上，带领村民走上了致富路。石俊英同志干一行爱一行，钻一行精一行，业务精湛，工作过硬。他严格执法、秉公办案，所带科室的综合业务评比在全市排名第一。贾明哲同志勤学苦练，钻研业务，在工作中注意总结创新、大胆探索，先后提出了

“三化五法”等工作方法，并创造了30秒钟完成规范填写《处罚决定书》的超常速度。

要学习他们无私奉献、廉洁奉公的高尚品格。他们始终把爱岗敬业、无私奉献作为职业操守，常年如一日地在各自的岗位上辛勤耕耘、默默付出。多年来，高光顺同志没有休过一个完整的休息日和节假日，义务献工占上班时间的三分之一以上。徐占海同志任乡党委书记的三年时间里，全乡开发暖棚3万亩、冷棚1万亩、寒富苹果和葡萄2万亩，农民人均纯收入达到10500元，一举摘掉了沈阳市贫困乡的帽子，进入全省“十大魅力乡镇”和沈阳市科学发展先进乡镇行列，创造了令人震撼的“周坨子速度”。石俊英同志虽然生活清贫，但他拒绝贿赂、恪守原则、不畏威胁、依法办案，从不以权谋私，在他的带领下，全科同志风清气正，比学赶帮，综合成绩优秀。贾明哲同志始终坚守“理性、平和、文明、规范”的执法理念，他先后纠正、处罚交通违法行为20余万件，未发生一次被群众有理投诉。

今年是我市实施“十二五”规划的开局之年，发挥先进典型的引领、示范和带动作用，对于动员全市广大党员干部群众推进“五大任务”，实现“三大目标”，推动沈阳科学发展、创新发展、和谐发展，加快实现老工业基地全面振兴，具有十分重要的意义。市委号召，全市各级党政组织要高度重视，加强领导，精心组织，周密部署，迅速掀起向高光顺、徐占海、石俊英、贾明哲同志学习的热潮。要把开展向高光顺、徐占海、石俊英、贾明哲同志学习活动同贯彻落实党的十七届五中全会和市委十一届十次全会精神结合起来，同做好“抓项目促调整、抓环境促提升、抓民生促和谐”三项重点工作结合起来，同创先争优活动和学习型党组织建设结合起来，同向建党90周年献礼、迎接市第十二次党代会胜利召开结合起来。各级宣传部门和新闻单位要广泛深入地宣传这些典型的先进事迹，在全市大力营造“学先进、赶先进、当先进”的浓厚氛围，引导和激励全市各行各业和广大干部群众以先进典型为榜样，从现在做起，从自我做起，深入贯彻落实科学发展观，同心同德，锐意进取，攻坚克难，扎实工作，为实现沈阳老工业基地全面振兴而努力奋斗！

中共沈阳市委 沈阳市人民政府 关于贯彻落实《中共中央 国务院关于加快水利改革发展的决定》的实施意见

（2011年3月18日）

水利是现代农业建设不可或缺的首要条件，是经济社会发展不可替代的基础支撑，是生态环境改善不可分割的保障系统，具有很强的公益性、基础性、战略性。大力发展水利事业，对推动全市经济社会发展具有十分重要的现实意义。为深入贯彻落实《中共中央 国务院关于加快水利改革发展的决定》（中发〔2011〕1号）和《中共辽宁省委 辽宁省人民政府关于贯彻落实〈中共中央 国务院关于加快水利改革发展的决定〉的实施意见》（辽委发〔2011〕1号）精神，现就进一步加快全市水利改革发展，提出如下实施意见。

一、指导思想和主要目标

（一）指导思想。深入贯彻落实科学发展观，把水利作为基础设施建设的优先领域，把农田水利作为农村基础设施建设的重点任务，把严格水资源管理作为加快经济发展方式转变的战略举措，坚持科学治水、依法治水，突出加强薄弱环节建设，大力发展民生水利，不断深化水利改革，加快建设节水型社会，促进水利可持续发展，为创建全国环境建设样板城、促进沈阳经济社会又好又快发展提供有力支撑和坚强保障。

（二）主要目标。通过5年到10年努力，从根本上扭转我市水利建设相对滞后的局面。

一是基本建成防洪抗旱减灾体系。到2015年，全市大型河流防洪标准达到20—50年一遇；中型河流防洪标准达到20年一遇；重点小型河流防洪标准达到10—20年一遇。市区城市防洪标准达到100—300年一遇，区县城市防洪标准达到20—50年一遇，基本完成辽河、浑河、蒲河等重点河流重要河段治理。完成病险水库、病险水闸除险加固，抗旱排涝能力显著增强，排涝标准达到10年一遇。到2020年，全市26条河流全部达到规定防洪标准。

二是基本建成水资源合理配置和高效利用体系。到2015年，全市用水总量控制在33.14亿立方米以内，万元国内生产总值和万元工业增加值取水量分别降到33立方米和20立方米以下，农田灌溉水有效利用系数提高到0.6，城乡供水保证率显著提高，居民饮水安全得到全面保障。

三是基本建成水资源保护和河流健康保障体系。到2015年，城镇供水水源地水质全面达标，辽河、浑河沈阳城市段水体水质达到水功能区水质目标，其它水体水质总体达到Ⅳ～Ⅴ类水质的目标。削减地下水总开采量5亿立方米，地下水超采状况得到有效遏制。重点区域水土流失得到有效治理，完成综合治理水土流失面积45万亩，完成河道生态治理面积55.8万亩。

四是基本建成有利于水利科学发展的制度体系。“十二五”期间，最严格的水资源管理制度基本建立，水利投入稳定增长机制进一步完善，有利于水资源节约和合理配置的水价形成机制基本建立，水利工程良性运行机制基本形成。

二、水利建设的重点任务

（一）大兴农田水利建设。到2015年，完成6座大中型灌区续建配套和节水改造任务。大力发展节水灌溉，推广渠道防渗、管道输水、喷灌、滴灌等技术，新增节水灌溉面积140万亩，建设高标准旱涝保收田300万亩。加快涝区治理步伐，完善排涝体系，改善涝区面积100万亩。维修改造灌排站（闸）264座、农田万亩桥225座，完成干支渠清淤5000公里。加快推进小型农田水利重点县建设。建立农田水利建设新机制，市和区、县（市）政府要切实增加农田水利建设投入，引导农民自愿投资投劳，保证农田水利建设健康有序发展。

（二）加快河流治理和小型水库除险加固。自2011年开始到2020年，对全市26条河流的堤防达标、险工治理、河道生态建设、砂堤沙基防渗、河道整治、滩地清障等6大方面进行建设，完成河道综合整治任务。到2015年建成沈阳城区段及相关区、县（市）的城市防洪体系。2012年底前完成所有小（二）型病险水库除险加固工作。

（三）提高防汛抗旱应急能力。加快防汛抗旱调度管理系统建设，完成市和区、县（市）防汛抗旱统一调度管理，实现水利、气象、国土资源等部门水情、雨情、工情等资源的有效共享，加强监测预警能力建设，提高雨情、汛情、旱情预报水平。着力推进县、乡两级专业化与社会化相结合的防汛抗旱服务组织，健全应急抢险物资储备体系，完善应急预案。加强抗旱应急水源工程建设，建立应对特大干旱和突发水安全事件的水源储备制度。加强人工增雨能力建设，科学开发利用空中云水资源。

（四）推进农村饮水安全建设。到2012年底，解决原规划内农村人口饮水安全问题；2015年底，全面解决农村饮水安全问题。制定出台《沈阳市村镇供水工程管理意见》，积极推行集中供水、城乡一体化供水，加强农村饮水安全工程管理，落实管护主体，建立良性运行与管护机制，安排农村饮水工程维护管理补助资金，确保工程长期发挥效益。

（五）加强水资源配置工程建设。继续开展域外引水工程建设，配合省政府完成大伙房水库输水二期、辽西北供水工程的水量分配和配套工程，解决受水区城乡生活、生产、生态缺水问题。做好域内水资源开发利用，加大地表和地下水联调，完成石佛寺水库向沈北新区供水工程，加快完成卧龙湖“引辽济湖”工程。大力推进污水处理回用，建成沈阳浑南电厂引用沈水湾污水处理厂中水等重点项目。加大雨洪资源的利用，支持城乡建设雨水蓄集利用工程。大力推广应用各类节水措施，努力建设节水型社会。

（六）搞好水土保持和水生态保护。到2015年，初步完成全市主要河流的生态修复工程。重点开展蒲河、浑河、辽河的生态环境建设，加快实现蒲河生态廊道建设目标。加强水土保持工程建设，完善水土流失综合防治体系，采取有效措施对黑土区、风沙区、坡耕地及水库上游饮用水源地进行综合治理。加强农田土壤改良，提高蓄水保墒能力。强化生产建设项目水土保持监督管理，建立健全水土保持、建设项目占用水利设施和水域补偿等制度。

（七）加大水库移民后期扶持力度。加强水库移民后期扶持工作，及时足额发放直补资金，规范有序地实施后期扶持项目，解决库区和移民安置区基础设施薄弱的问题。

（八）强化水利科技支撑。加强水利各类监测系统建设，加强水文气象基础设施建设，扩大覆盖范围，优化站网布局，全面提高测报能力。健全水利科技创新体系，进一步完善基础平台，加强水利勘查、设计、科研和技术推广工作，加强水利对外交流与合作，提高水利科技水平。积极推进水利信息化建设，加快建设市和区、县（市）两级防汛抗旱指挥信息系统和水资源管理信息系统，以水利信息化带动水利现代化。加大水利科技投入和水利建设项目前期投入。

三、建立水利投入稳定增长机制

（一）加大公共财政对水利的投入。多渠道筹集资金，力争今后10年全社会水利年平均投入要比2010年高出1倍以上。发挥市和区、县（市）政府在水利建设中的主导作用，大幅度增加各级财政专项水利资金，从市和各区、县（市）土地出让收益中提取10%、新增建设用地土地有偿使用费中安排一定比例用于农田水利建设，按较大比重安排农业土地开发资金、耕地占用税新增收入用于水利建设。建立与市和区、县（市）财政收入相对应的长期稳定的水利投入机制，加强市级统筹调控能力，各级财政对水利投入总量和增幅要有明显提高。对农业综合开发、田间工程等涉及水利的专项资金，要依据各级政府批复的水利规划，统筹安排各类水利项目。

（二）严格执行水利建设基金政策。市和区、县（市）财政要严格按照上级规定足额划转水利建设基金。从市和区、县（市）收取并归其使用的车辆通行费、城市基础设施配套费、征地管理费等政府性基金和行政事业性收费收入中提取3%，从城市建设维护税中划转不少于15%的资金用于城市防洪和水源工程建设。

（三）强化水利非税收入征收。严格执行国家和省有关规定，落实有效征收措施，做好河道修建维护费、水土保持补偿费、水资源费、占河费、采砂费等非税收入征缴工作，做到应收尽收。各级政府和有关部门不得减征、缓征、免征、停征或者侵占、截留、挪用水利非税收入，要按规定全额征收并全部用于水利事业发展。对已有水利非税收入和工程水费减免缓政策的，要从2011年1月1日开始恢复全额征收；财政统筹的水利非税资金要全额返还用于水利建设；各级政府从2011年1月开始征收水利建设基金，并足额划转用于水利工程建设。

（四）加强对水利建设的金融支持。各级金融机构要按照信贷政策进一步加大水利建设资金投放力度。各级财政要根据不同水利工程的建设特点和项目性质，确定财政贴息的规模、期限和贴息率。探索发展大型水利设备设施的融资租赁业务，积极开展水利项目收益权质押贷款等多种形式融资。

（五）广泛吸引社会资金投资水利。鼓励民间资本、外资等社会资金参与水利建设。鼓励农民自力更生、艰苦奋斗，在统一规划基础上，充分发挥“一事一议”财政以奖代补资金的作用，充分调动农民兴修农田水利的积极性。完善水利工程耕地占用税政策。积极稳妥推进经营性水利项目进行市场融资。

四、深化改革，建立水利长效发展机制

（一）实行最严格的水资源管理制度。强化城乡水资源统一管理，对城乡供水、水资源综合利用、水环境治理和防洪排涝等实行统筹规划、协调实施，促进水资源优化配置。建立用水总量控制制度，确立水资源开发利用控制红线。加强相关规划和项目建设布局水资源论证工作，严格执行建设项目水资源论证制度，严格取水许可审批管理。严格地下水管理和保护，在水库、河流等地表水、城镇公共供水以及其它水源供水能够满足用水需求的前提下，现有的城镇地下水取水工程要按规定时限全部关停。按照省政府的相关规定及供用水协议，从2011年开始严格执行地下水减采和地表水供给计划，从根本上解决地下水超采、水质污染等生态环境问题。

建立用水效率控制制度，确立用水效率控制红线。把节水工作贯穿于国民经济发展和群众生产生活全过程，加快制定区域、行业和用水产品的用水效率指标体系。

建立水功能区限制纳污制度，确立水功能区限制纳污红线。从严核定水域纳污容量，严格控制入河排污总量。各级政府要把限制排污总量作为水污染防治和污染减排工作的重要依据,明确责任,落实措施。建立水功能区水质达标评价体系,完善监测预警监督管理制度。加强水源地保护,强化饮用水水源应急管理,突出搞好饮用水源地监控、入河排污口管理、地下水动态监测和涉水公共安全事件应急机制建设。

建立水资源管理责任和考核制度。各级政府主要负责人对本行政区域水资源管理和保护工作负总责。严格实施水资源管理考核制度,考核结果作为对各级政府主要负责人综合考核评价的重要依据。

(二)加快水利工程建设和管理体制改革。认真落实国务院办公厅《水利工程管理体制改革实施意见》和《辽宁省水利工程管理体制改革实施意见》,核定水管单位性质,落实好公益性、准公益性水管单位基本支出和维修养护经费,各级政府要对公益性工程维修养护经费给予一定补助。对已建成的水利项目可依法转让产权或经营权,处置水利资产所得主要用于水利工程建设和安置水管单位富余人员。引导经营性水利工程积极走向市场,实现自主经营、自负盈亏。

(三)健全基层水利管理和服务体系。2011年内,各区、县(市)要建立健全防汛抗旱、水资源、河道、水土保持、农田水利基本建设、村镇供水、水政等专业职能部门;在乡镇或小流域建立基层水利服务机构,核定人员编制,配备专业技术人员。乡镇建立的水利服务机构应属地管理,小流域建立的水利服务机构可隶属于区、县(市)水利行政主管部门,人员和公用经费、维修养护经费纳入县级财政预算。大力发展农民用水合作组织。

(四)进一步做好现有水利工程确权划界工作。2012年底前由县级及以上人民政府水行政主管部门明确划定河流行洪区、水库设计洪水淹没区土地以及水利工程用地、护渠地、护堤地、洲滩、水域、山林和固定资产范围,由同级国土资源部门确定土地的所有权和使用权,由国土资源和林业部门定权发证,设立界志,任何部门和个人不得侵占。为保证水库防洪和供水安全,水库管辖范围内的水资源和相关公共安全工程由水行政主管部门统一调度管理。

(五)建立健全水利工程建设用地、用电政策。要优先保证水利工程项目的土地、林地指标,及时办理征用土地、林地审批手续,制定水利工程建设的用地政策,确保土地供应,对建设、运行给予税收等优惠政策;农村供水用电执行居民生活或农业排灌用电价格。

(六)积极推进水价改革。按照成本补偿、合理收益、优质优价、公平负担的原则,逐步完善水价形成机制。要进一步研究生态用水的补偿机制,坚持谁受益谁承担的原则,切实落实生态用水成本水价和资金来源。推进农业水价综合改革,农业灌排工程运行管理费用由财政适当补助,探索实行农民定额内用水享受优惠水价、超定额用水累进加价的办法。

五、切实加强对水利工作的领导

(一)落实各级党委和政府责任。各级党委和政府要站在全局和战略高度,把水利发展与改革作为振兴沈阳老工业基地的大事来抓,切实加强对水利工作的领导。水利建设规划要纳入国民经济和社会发展总体规划,适度超前安排,优先发展。要实行防汛抗旱、饮水安全保障、水资源管理、水库安全管理等水利工作行政首长负责制。各级水行政主管部门要切实增强责任意识,抓好各项任务的实施。各级监察、审计部门要对水利投入政策的落实、非税收入征收使用情况,以及水利专项资金使用、管理进行监察和审计。实行水利工作目标责任管理,将水利建设和管理情况纳入对各级政府的绩效考核中,推行政务公开,接受社会监督。

(二)推进依法治水。建立健全水法规体系,抓紧完善水资源配置和节约保护、防汛抗旱、农村水利、水土保持等领域的法规和规章,强化水利规划对涉水活动的管理和约束作用。各级政府要严格执行水资源论证、取水许可、水工程建设规划同意书、洪水影响评价、水土保持方案等制度,对手续不完备的项目不予审批,不得开工建设,金融机构不得发放贷款。各级政府要加强河流流域保护管理职能,强化水利执法监察队伍建设,集中开展水利综合执法,严厉打击侵占破坏水利工程、非法取水和采砂等各类水事违法行为。

(三)加强水利队伍建设。各级政府要从强化水利管理出发,进一步理顺河流流域、防汛抗旱、水资源、河道、供水等单位的管理体制和职能。要全面提升水利干部职工队伍素质,切实增强水利勘查设计、建设管理和依法行政能力。大力引进、培养和选拔各类水利管理人才、专业技术人才和高技能人才。鼓励广大科技人员服务于水利改革发展第一线,加大基层水利职工继续教育和培训力度,解决基层水利职工生产生活中的实际困难。

(四)动员全社会力量关心支持水利工作。各级发展改革、公安、财政、人力资源和社会保障、机构编制、国土资源、环保、建设、农业、林业、卫生、金融、法制、工商、税务、气象、供电、物价等相关部门和单位要按照职责分工,加强协作,密切配合。各新闻单位要把水利纳入公益宣传范围,大力宣传国情水情,提高全民水患意识、节水意识、水资源保护意识,为水利事业又好又快发展营造良好的舆论氛围。

中共沈阳市委关于授予田志永同志“优秀共产党员”荣誉称号并开展向田志永同志学习活动的决定

田志永同志是特变电工沈阳变压器集团有限公司大型项目公司装配班班长、高级技师、共产党员。他立足岗位、锐意创新,掌握了变压器装配世界先进技术,创造了属于自己的装配核心技术,取得了一系列技术创新成果和重大经济效益,成为“中国制造”向“中国创造”跨越过程中产业工人的杰出代表。

田志永同志只有高中学历,但工作25年来,却在平凡的岗位上创造了不平凡的业绩。他爱岗敬业、刻苦钻研,创造性地总结和掌握了上百个变压器装配疑难问题的解决方法,组织装配了54种世界级重大产品,使变压器装配一次合格率达到世界先进水平。他不畏挑战、创新创造,打破国外装配技术封锁,大胆创新装配技术工艺和产品技术,取得创新成果200余项,为企业直接创造经济效益5000多万元。他以人为本、情系团队,悉心培养出100多名装配技术人才和生产骨干，先后带出了两支思想领先、能打硬仗、团结协作的装配队伍。他忠于祖国、奉献企业，经受了物质利益和企业转制的考验，埋头苦干实干，矢志兴企报国，竭力为老工业基地振兴贡献力量。田志永同志先后获得了沈阳"五一"劳动奖章、辽宁省优秀班组长、机械工业优秀高技能人才和全国"五一"劳动奖章等荣誉称号。

田志永同志的先进事迹，集中体现了以爱国主义为核心的民族精神和以改革创新为核心的时代精神，充分展示了共产党员的优秀品质和工人阶级的伟大品格。他是新时期沈阳产业工人的楷模，是全市各行各业学习的榜样。为此，市委决定，授予田志永同志"优秀共产党员"荣誉称号，并在全市广泛开展向田志永同志学习活动。

向田志永同志学习，就要学习他信念坚定、胸怀大志的优秀品质，立足岗位，创先争优，把爱党爱国之情转化为报效国家、振兴沈阳的实际行动；学习他刻苦钻研、敢于创造的进取精神，努力学习理论知识和业务技能，以改革创新精神推动工作发展；学习他爱岗敬业、无私奉献的高尚情怀，大力弘扬劳模精神，在艰苦奋斗中创造一流业绩。

当前，沈阳已进入加快全面振兴的关键时期。深入开展向田志永同志学习活动，对于动员全市广大党员干部群众深入贯彻落实科学发展观，汇聚完成"五大任务"、实现"三大目标"的强大精神力量，具有重要意义。全市各地区、各部门、各单位要高度重视，加强领导，精心安排，积极开展好向田志永同志学习活动。要将学习活动与切实做好"抓项目促调整，抓环境促提升，抓民生促和谐"三项重点工作结合起来，与开展向崔嘉林、高光顺、徐占海、石俊英、贾明哲等优秀共产党员学习活动结合起来，与全市各级机关正在开展的"一学三提"活动结合起来，充分发挥先进典型的激励和导向作用。各级党委宣传部门和新闻媒体要采取多种形式，广泛宣传田志永同志的先进事迹，在全市进一步营造"劳动光荣、知识崇高、人才宝贵、创造伟大"的浓厚社会氛围，引导和鼓舞全市广大党员干部群众开拓进取，奋力拼搏，扎实工作，推动沈阳老工业基地在科学发展道路上加快全面振兴，以优异成绩向建党90周年献礼！

中共沈阳市委关于授予于川同志沈阳市"道德模范"荣誉称号并开展向于川同志学习活动的决定

（2011年7月29日）

于川同志1988年1月出生，中共党员，毕业于沈阳工程学院信息工程系。由于父亲早逝，母亲患病瘫痪，他从16岁起就靠打工补贴家用，甚至毅然放弃保送天津大学的机会，选择就读沈阳高校，以照顾母亲、料理家务。在生活的磨难面前，他自强自立，积极进取，不仅学习成绩始终名列前茅，而且主动参与学生工作，热心为他人排忧解难。在他的身上，蕴含着当代青年矢志奋斗、愈挫愈强的优秀品质，传承着中华民族敬老孝亲、感恩尚义的传统美德。他曾先后荣获"沈阳市五四奖章"、"沈阳市大学生标兵"、"辽宁省优秀特困大学生"、"辽宁省三好学生标兵"、"辽宁省大学生道德楷模"、"沈阳市优秀共产党员"等荣誉称号。于川同志是广大青少年学习的榜样，也是青年共产党员的优秀代表。为此，市委决定，授予于川同志沈阳市"道德模范"荣誉称号并号召全市各级党组织和广大党员干部群众深入开展向于川同志学习活动。

向于川同志学习，就是要学习他恪守孝道、勇于担当的可贵品格，用自己的实际行动，弘扬和践行中华民族敬老孝亲的传统美德；学习他不畏艰难、自强不息的顽强意志，在困难面前不低头，在挫折面前不气馁，始终用乐观、自信、坚毅和执著，直面生活中的各种苦难与磨砺；学习他坚定信念、立志成才的不懈追求，树立远大理想与抱负，珍惜宝贵时光，刻苦学习钻研，以拼搏进取开辟人生征途；学习他乐于助人、回馈社会的奉献精神，满怀爱心与感恩之心，无私忘我，奉献社会，服务人民，真正实现自身价值。

当前，全市上下正在深入贯彻落实市第十二次党代会精神，深入开展向于川同志学习活动，对于动员全市广大党员干部群众积极投身于老工业基地全面振兴的火热实践，完成市第十二次党代会确定的宏伟目标，具有十分重要的意义。全市各地区、各部门、各单位要高度重视，加强领导，精心安排，积极开展好向于川同志学习活动。要将学习活动与切实做好"三抓三促"各项重点工作结合起来，与开展向崔嘉林、高光顺、徐占海、石俊英、贾明哲、田志永等先进典型学习活动结合起来，与全市各级机关正在开展的创先争优活动结合起来，充分发挥先进典型的激励和导向作用。各级党委宣传部门和新闻媒体要采取多种形式，广泛宣传于川同志的先进事迹，引导和鼓舞全市广大党员干部群众开拓进取，努力拼搏，扎实工作，为实现沈阳老工业基地全面振兴而不懈奋斗！

中共沈阳市委 沈阳市人民政府关于全面推进"五大系统"建设的意见

（2011年8月30日）

为深入贯彻党的十七大和十七届四中、五中全会以及十七届中央纪委六次全会精神，不断提高行政权力运行监管的科学化、制度化、规范化水平，扎实推进惩治和预防腐败体系建设，根据《中共辽宁省委 辽宁省人民政府关于全面推进"五大系统"建设的意见》（辽委发〔2011〕4号）有关要求，现就全面推进行政权力运行制度系统、公共资源交易系统、行政绩效管理系统、行政权力电子监察系统、民意诉求反馈系统（以下简称"五大系统"）建设提出如下意见。

一、指导思想、基本原则和工作目标

（一）指导思想。以邓小平理论和"三个代表"重要思想为指导，深入贯彻落实科学发展观，坚持标本兼治、综合治理、惩防并举、注重预防的反腐倡廉战略方针，以促进行政权力规范运行和正确行使为目标，以监督制约为核心，以改革创新为动力，以科技手段为支撑，以拓展群众参与渠道为辅助，逐步形成内容科学、程序严密、配套完备、有效管用的权力运行制约监督机制，为在科学发展道路上实现沈阳老工业基地全面振兴提供有力保证。

（二）基本原则。坚持统筹规划，科学设计“五大系统”基本框架，强化整体防腐功能；坚持重点突破，着力加强权力集中、资金密集领域监控机制建设；坚持改革创新，充分发挥现代信息技术的支撑作用，探索“制度＋科技”预防腐败的有效途径；坚持公开透明，实施阳光政务，推进行政权力公开运行。

（三）工作目标。到2012年，基本建成公开透明、运行规范、制约有效的行政权力运行制度系统；统一交易场所、统一交易规则、统一监管措施的公共资源交易系统；考评体系完整、考评办法合理、考评结果准确的行政绩效管理系统；功能完备、触角广泛、实时监控的行政权力电子监察系统；条块结合、渠道畅通、方便快捷的民意诉求反馈系统。

二、主要内容

行政权力运行制度系统建设的内容主要包括，清理确认行政权力、编制行政职权目录、制作行政权力运行流程图、查找廉政风险点、制定和完善廉政风险防范措施、面向社会公开、加强监督检查和考核等七个方面工作。

公共资源交易系统建设的重点是，进一步拓展市公共资源交易中心的功能，改革公共资源交易领导、管理和服务机构的设置，完善统一的交易制度和交易规则，实施统一监管。

行政绩效管理系统建设的重点是，以促进发展、保障民生为重点，进一步优化考评指标体系，完善绩效管理制度，加快信息化建设，充分发挥考评结果的导向、激励和约束作用。

行政权力电子监察系统建设的重点是，夯实基础，推进电子政务外网、网上审批和集中审批场所等基础建设，逐步将公共资源交易和涉及民生的重大专项资金管理使用纳入电子监察系统。

民意诉求反馈系统建设要在“12345市民诉求专线”和“96123市民服务热线”基础上，建立工作指挥、社会监督、解决诉求、专项治理、行风建设、软环境建设六个子平台和监督考核、分析预警两个体系，进一步提高系统运行的质量和效率。

三、工作要求

（一）加强领导，明确责任。全面推进“五大系统”建设是市委、市政府着眼于有效预防腐败、优化发展环境作出的重大决策。各级党委、政府要进一步提高认识，统一思想，切实把这项工作纳入重要日程，摆在突出位置，落实责任分工，形成一级抓一级、层层抓落实的组织领导体制。各级纪检监察机关要全面履行组织协调和监督检查职责，并牵头负责行政权力运行制度系统和行政权力电子监察系统建设的推进工作。市公共资源交易管理办公室牵头负责公共资源交易系统建设的推进工作。市人力资源和社会保障局牵头负责行政绩效管理系统建设的推进工作。市政府纠风办牵头负责民意诉求反馈系统建设的推进工作。各级编委办、机关工委以及经济和信息化、科技、财政、人力资源和社会保障、土地、房产、建设、交通、水利、国有资产监管、法制办、政府采购、政务公开等部门和单位，要切实担负起重要责任，充分发挥职能作用，加强协调配合，共同完成所承担的任务。

（二）突出重点，统筹推进。“五大系统”建设是新时期我市惩治和预防腐败体系建设的重要内容和有效载体，各系统既自成体系、相对独立，又彼此联系、相互作用。行政权力运行制度系统是贯穿“五大系统”的核心和基础性工作，公共资源交易系统是“五大系统”建设的重点领域和关键环节，行政绩效管理系统、行政权力电子监察系统、民意诉求反馈系统是“五大系统”建设的重要保证和监督制约手段。各地区、各部门、各单位要准确把握“五大系统”的深刻内涵和各系统之间的内在联系，紧紧围绕保障行政权力规范运行和正确行使这一目标，既要夯实基础，搞好清权确权，又要强化规范，明确用权尺度；既要突出重点，完善监督机制，又要创新思路，发挥信息技术的支撑作用，不断提升“五大系统”预防腐败、优化环境的整体功能。

（三）完善机制，务求实效。各地区和各有关部门要抓好组织落实，建立健全推进“五大系统”建设的领导体制和工作机制，配齐配强专职人员。要抓好措施落实，各牵头单位要认真履行牵头抓总职责，制定好具体工作计划，做好组织协调、工作调度、政策指导、督促检查，及时研究解决重大问题，总结典型经验推动工作落实，定期报告工作进展情况。要抓好经费落实，保障“五大系统”建设所需的财力物力投入。

附：1. 沈阳市推进行政权力运行制度系统建设工作方案

2. 沈阳市推进公共资源交易系统建设工作方案

3. 沈阳市推进行政绩效管理系统建设工作方案

4. 沈阳市推进行政权力电子监察系统建设工作方案

5. 沈阳市推进民意诉求反馈系统建设工作方案

附件1：

沈阳市推进行政权力运行制度系统建设工作方案

为深入贯彻中央、省、市有关文件精神，扎实推进行政权力运行制度系统建设工作，结合我市实际，制定如下方案。

一、实施范围

市和区、县（市）除2010年已经进行试点的部门以外的政府工作部门和直属机构，以及隶属上述部门的具有行政职能的事业单位。

二、工作内容

（一）清理确认行政权力。各有关部门和单位以处、科、室为单位自下而上对本部门、本单位行使的所有行政权力，无论是否有行使依据，一律实事求是，无一遗漏地全部清理出来。在此基础上，按照行政审批制度改革的要求，该保留的保留，该取消的取消，该下放的下放。清权工作完成后，按隶属关系分别报市和区、县（市）行政权力运行制度系统建设工作领导小组（以下简称领导小组）办公室。各级政府法制办、编委办负责对清理行政权力工作的指导和初审。

（二）编制行政职权目录。在清权确权工作基础上，各有关部门和单位编制行政职权目录，经党委（党组）审核后，报同级领导小组办公室。各级政府法制办、编委办负责对清理行政权力工作的审核和确认。

（三）制作行政权力运行流程图。各有关部门和单位对经确认后保留的行政权力制作权力运行流程图。流程图要以简单明了、方便企业和群众知情办事为原则。行政权力运行流程图制作完成后，报同级领导小组办公室。各级编委办负责对制作流程图工作的指导、审核和确认，法制办配合。

（四）查找廉政风险点。各有关部门和单位要综合信访、办案、审计、群众评议以及社会舆情等信息，围绕岗位职权以及每项权力运行的决策、执行、监督、考核等关键环节和重点岗位，认真查找业务流程、工作机制、相关制度、外部环境等方面存在或可能存在容易产生腐败问题的部位和环节，确定该项权力的廉政风险点。党委(党组)对本部门、本单位查找确认的廉政风险点要认真研究和审核，做到全面细致、没有遗漏。

(五)制定和完善廉政风险防范措施。各有关部门和单位要根据廉政风险点所处的部位和性质，制定相应的防范措施。措施要有针对性、可操作性，力求行得通、管得住、用得好。经党委(党组)审核确认后，连同查找出的廉政风险点报同级领导小组办公室。各级纪检监察机关和政务公开办负责对确定廉政风险点及廉政风险防范措施工作的指导、审核和确认。

(六)行政权力运行全过程面向社会公开。各有关部门和单位行政职权目录、权力运行流程图、廉政风险防范相关制度等，必须面向社会公开。对于依法不应公开或暂时不能公开的行政权力，要逐项列出目录，提供不能公开的依据，并说明理由，报同级领导小组办公室审核备案。公开主要采用两种方式：一是通过互联网公开，二是编制一部完整的本部门行政权力运行工作手册。除必须同时采用上述两种公开方式外，也可以结合自身特点创建多种公开方式，更好地方便群众和企业知情办事。各级政务公开部门负责行政权力公开工作。

三、实施步骤

(一)部署培训

召开专门会议进行动员部署，举办业务培训班。各地区、各有关部门要结合实际制定实施方案，调整和建立工作机构，抓好动员部署。

(二)组织实施

1. 关于清权确权工作。市和区、县(市)领导小组办公室要组织各有关部门和单位对现有的行政权力进行全面清理，依据相关法律法规进行确认，对没有法律依据的权力事项予以取消。在此基础上，指导各单位、各部门编制行政职权目录。

2. 关于制作行政权力流程图工作。各地区、各有关部门要对确认保留的行政权力编制行政权力运行流程图，经党委(党组)审核后报同级领导小组办公室审核。9 月上旬前，完成审核工作并反馈审核确认结果。

3. 关于制定廉政风险防范措施工作。9 月中旬至 10 月中旬，各地区、各有关部门要按照指导规程查找廉政风险点并制定廉政风险防范措施，经党委(党组)审核后报同级领导小组办公室。11 月中旬，完成审核确认工作，并反馈审核确认结果。

上述工作完成后，适时将行政职权目录、行政权力运行流程图和廉政风险防范制度向社会公开。

(三)考核总结

2012 年第一季度，在对各个步骤工作情况进行检查考核的基础上，开展行政权力运行制度系统建设工作情况综合考核。各有关部门和单位分别向同级领导小组报告工作完成情况，市领导小组对市直各部门和各区、县(市)进行检查考核。

四、工作要求

市和各区、县(市)要在原有试点工作基础上，调整和充实组织领导机构和工作机构。各级政府部门要成立行政权力运行制度系统建设工作领导小组及办公室，领导小组组长要由主要领导担任，并抽调专人采取集中办公方式抓好各项任务的落实。实行垂直管理的部门按照隶属关系，抓好驻区、县(市)部门行政权力运行制度系统建设工作的组织实施。已经试点的部门要认真总结经验，重点围绕防范管理风险、制度风险、监管风险完善体制、机制和制度。

附件 2：

沈阳市推进公共资源交易系统建设工作方案

为深入贯彻中央、省、市有关文件精神，扎实推进公共资源交易系统建设工作，结合我市实际，制定如下方案。

一、内容

(一)完善决策管理和服务机构

1. 将市公共资源交易中心管理办公室更名为市公共资源交易管理办公室(以下简称市公管办)。成立由市长任主任，常务副市长、主管城建的副市长和市纪委书记任副主任，市纪委(监察局)、市公管办、市政府法制办、市发改委、市建委、市国资委、市财政局、市规划和国土资源局、市水利局、市交通局、市卫生局、市审计局为成员的沈阳市公共资源交易管理委员会，负责全市公共资源交易重大事项的决策和管理工作。市公管办负责市公共资源交易管理委员会决策的督办和落实，对公共资源交易活动实施监督，按照统一交易场所、统一信息发布、统一交易规则、统一监管措施的要求，制定相关制度和流程，协调各行业监管部门对全市各类公共资源交易活动进行管理和监督。

2. 进一步加强沈阳市公共资源交易中心建设，在市建设工程交易中心、市土地交易中心、沈阳联合产权交易所分别加挂沈阳市公共资源建设工程交易中心、沈阳市公共资源土地交易中心、沈阳公共资源产权交易中心牌子。逐步建立完善公共资源交易监管机制，将政府采购、建设工程招投标、土地和矿权出让、国有和集体产权交易等公共资源交易阶段的行为纳入统一管理。

(二)建立全市公共资源交易平台

探索建立包括操作、管理和监察三个层面的市、区(县)、乡镇(街道)三级公共资源交易系统，不断扩大网上交易范围，最大限度地减少人为因素对交易过程的干扰。

(三)制定统一的公共资源交易制度

要制定统一的公共资源交易信息平台相关制度规定，发布公共资源项目进场交易目录，制定加强监管的制度规定；各行业主管部门也要相应制定本行业公共资源交易制度。

(四)扩大试点范围

享有市级管理权限的区、县(市)、开发区要按照“一委一办一中心”的管理模式，积极推进公共资源交易系统建设。在辽中县进行公共资源交易制度改革试点。

二、工作步骤

从现在起至 2011 年 10 月末，各相关部门和试点单位要在广泛动员部署的基础上，按照本方案要求各负其责，开展工作，适时召开调度会，解决工作中遇到的疑难问题，研究推进工作的措施。2011 年 11 月为总结推广阶段，全面检查考核和评估公共资源交易系统建设工作，认真总结经验，查找不足，确定下一步工作的思路和打算。

三、工作要求

(一)加强协调配合。各有关部门要密切配合，相互支持，齐抓共管，形成合力。有关区、县(市)要加强组织领导，明确职责分工，认真抓好工作落实。

(二)搞好工作保障。公共资源交

易系统建设涉及的部门多、需要投入的力量大,各地区和有关部门要根据工作进展情况,对所需人员和资金予以切实保障。

(三)强化监督管理。纪检监察机关要充分发挥职能作用,督促各地区和有关部门把公共资源交易系统建设作为从源头上治理腐败的一项重要任务来抓,服从大局,密切配合,确保工作成效。

附件3:

沈阳市推进行政绩效管理系统建设工作方案

为深入贯彻中央、省、市有关文件精神,扎实推进行政绩效管理系统建设工作,结合我市实际,制定如下方案。

一、考评对象及分类

考评对象分为A、B两大类。A类为区、县(市)政府及开发区管委会,B类为市政府组成部门、有关市直单位及部分中、省直驻沈单位。

根据属性相近、相互可比的原则,将B类细分为B1、B2、B3、B4四类。其中,B1类为综合及社会管理、服务部门,B2类为经济部门,B3类为执法部门,B4类为部分中、省直驻沈单位。

二、工作任务

(一)完善考评指标体系。按照"总体框架不变,局部进行微调"的原则,对考评体系进行适当调整,将软环境建设、硬环境建设纳入考评体系,增设水利建设、工资集体协商、土地利用工作等考评指标,加大重大项目、软硬环境建设的指标权重,并设置动态加减分项。

(二)制定考评实施细则。按照简化、量化、细化的要求,组织相关单位制定考评细则,明确工作标准、进度计划和完成时限。

(三)加强日常考评。从现在起至11月末,采取专项检查、明察暗访等多种形式,对重点任务完成情况进行察访核验,发现问题及时反馈,并督促做好整改工作。各责任单位也要加强对所负责指标的日常考评工作,指导和帮助考评对象解决工作中存在的问题,促进我市各项工作深入推进,全面完成。

(四)组织年度考评。2011年12月至2012年1月,组织各责任单位根据考评细则规定的考评内容和评分办法,对2011年度考评对象各项指标完成情况进行综合评分,并按类汇总排序,形成年度考评结果。

(五)推进信息化建设。2011年,在充分调研论证的基础上,协调研发单位利用计算机网络技术,先行研发社会评估、领导评价、决策支持子系统,进一步完善目标管理子系统,依据规定的程序和方法,构建考评体系完整、考评办法合理、考评结果公正,体现沈阳特色的网络化行政绩效管理系统,实现行政绩效考评工作的全过程数字化管理。

三、工作要求

各级政府要进一步加强对行政绩效管理系统建设的组织领导,建立健全绩效考评机构。市考评办和各责任单位,要树立公道正派、清正廉洁的工作作风,本着高度负责的精神,认真履行工作职责,客观公正评价考评对象。考评对象要做到实事求是、主动配合,积极支持责任单位的考评工作,不得虚报、谎报、瞒报考评数据(资料)。对绩效考评工作中出现的弄虚作假及其他违纪行为,情节较轻的,给予批评教育;情节严重的,将按有关规定给予严肃处理。

附件4:

沈阳市推进行政权力电子监察系统建设工作方案

为深入贯彻中央、省、市有关文件精神,扎实推进行政权力电子监察系统建设工作,结合我市实际,制定如下方案。

一、夯实基础建设

积极推进网上审批工作。2011年9月底前,将行政审批事项全部实现网上审批,逐步纳入电子监察系统,进行联网监察。积极推进电子政务外网建设。2011年底前,各级信息化主管部门要积极推进电子政务外网建设,为实施电子监察提供必要保证。全面完善集中审批场所建设。2011年底前,各地区、各有关部门要对审批事项集中办理情况和审批场所配套建设情况开展检查,确保审批事项全部进厅。

二、拓展系统功能

2011年年底前,行政权力电子监察功能要从行政审批向公共资源交易和涉及民生的重大专项资金管理使用拓展。2012年年底前,将各级公共资源交易和涉及民生的重大专项资金管理使用等全面纳入行政权力电子监察系统,实现联网监察。

三、制定工作制度

制定《沈阳市行政权力电子监察系统使用管理办法》及其它相应的工作制度,明确各级政府部门行政审批事项的量化管理办法,将系统监察结果纳入党风廉政建设责任制和行政机关目标考核之中,对网上监察发现的问题及时开展责任追究,确保行政权力电子监察系统发挥其功能和作用。

四、完善保障机制

各级行政审批电子监察系统建设工作领导小组更名为行政权力电子监察系统建设工作领导小组,继续发挥组织领导作用。各级党委、政府要针对本地区电子政务外网建设的薄弱环节,制定可操作性措施,保证建设资金和人员,积极推进电子政务外网建设工作。各级政府有关部门要确定一名领导负责推动网上审批工作,明确工作责任和完成时限,列出时间表,在规范化基础上实现电子化。

附件5:

沈阳市推进民意诉求反馈系统建设工作方案

为深入贯彻中央、省、市有关文件精神,扎实推进民意诉求反馈系统建设工作,结合我市实际,制定如下方案。

一、加强民意诉求反馈工作平台建设

对"96123沈阳市民服务热线"进行升级改版,建立工作指挥、社会监督、解决诉求、专项治理、行风建设、软环境建设等六个子平台和监督考核、分析预警两个体系,形成市、区县(市)和市直部门、区县(市)和市直部门直属单位三级互联互通的工作网络。开通"民声微博",与"96123沈阳市民服务热线"相结合,拓宽群众诉求渠道,广泛收集民情民意,加强网上舆论引导,快速解决群众诉求,政民互动化解民怨,方便群众即时监督。

二、加强民意诉求渠道的全面整合

2011年9月上旬前,除国家、省要求必须设立的以外,各地区、各部门、各单位自行设立的诉求电话、网站、信箱等要全部取消,归口到"96123沈阳市民服务热线"统一管理。

三、加强民意诉求反馈工作制度建设

2011年12月底前,根据"统一受理、分头办理、直接反馈、公开监督"工作原则,进一步健全和完善民意诉求反馈工作制度、问责制度、考评制度等具体操作制度,加大制度执行力度,解决制度虚设、违而不究问题,保证民意诉求反馈工作健康有序发展，不断提高工作的科学化水平。

四、加强民意诉求反馈工作监督管理

要进一步加大监管力度，通过分类催办、质量评价、指标考核和定期通报等方式，强化对各地区、各部门、各单位办理群众投诉情况的监督检查。要把检查考核的结果纳入民主评议政风行风范畴，作为年度政府绩效考评和党风廉政建设责任制考核的重要依据，激励和鞭策各级责任主体认真履行工作职责，全力做好工作，确保群众投诉“件件有回音、事事有结果”。

五、加强民意诉求反馈工作长效机制建设

紧紧围绕通过社会监督发现问题、通过解决诉求遏制问题、通过专项治理解决问题、通过部门和行业作风建设根治问题这一体系，不断建立和完善齐抓共管的责任机制、纠建并举的预防机制和社会各界广泛参与的监督机制，用新思路开展工作，用新办法解决热点难点问题。

各级政府和政府各部门要提高认识，加强领导，把建设民意诉求反馈系统作为建立健全惩治和预防腐败体系，加快推进法治、廉洁、服务型政府建设的重要措施来抓。要建立机构，加大投入，在人力物力等工作条件上给予保障。要加强调研，实事求是，根据形势发展需要，不断改进民意诉求反馈系统的技术和管理水平，使其在反腐倡廉、优化发展环境中发挥应有作用。

中共沈阳市委 沈阳市人民政府 关于加强新时期和谐劳动关系建设的意见

（2011年10月18日）

为深入贯彻党的十七大和十七届五中全会精神，认真落实中央和省关于加强和谐劳动关系建设的决策部署，加强和创新社会管理，发展和谐劳动关系，推进沈阳老工业基地在科学发展道路上实现全面振兴，现就我市加强新时期和谐劳动关系建设提出如下意见。

一、加强和谐劳动关系建设的重要意义、总体要求和目标任务

（一）充分认识加强和谐劳动关系建设的重要意义。劳动关系作为生产关系的重要组成部分，是最基本的社会关系。劳动关系问题直接关系到广大劳动群众的切身利益。加强和谐劳动关系建设对于巩固党的执政地位、加强和创新社会管理、保障和改善民生、构建社会主义和谐社会，继续抓住和用好发展机遇期，实现我市“十二五”规划目标任务，加快实现沈阳老工业基地全面振兴，具有十分重要的战略意义。近年来，特别是《劳动合同法》实施以来，我市认真贯彻中央和省关于加强和谐劳动关系建设的指示精神，不断完善劳动保障地方法规规章制度建设，全面推行劳动合同制度和集体合同制度，充分发挥劳动关系三方协调机制作用，积极开展劳动关系和谐企业创建活动，加强劳动保障监察和劳动争议调处工作，依法维护劳动者合法权益，总体上保持了劳动关系和谐稳定。但是，随着我市经济社会快速发展，劳动关系日益呈现出多元化、复杂化趋势，劳动关系矛盾进入易发期和多发期，劳动争议特别是集体劳动争议以及由此引发的信访稳定问题增多，协调利益关系的难度进一步加大，发展和谐劳动关系的任务十分繁重。各级党委、政府要充分认识和谐劳动关系建设的重要意义，把加强和谐劳动关系建设工作作为当前必须抓好的一项紧迫而重要的政治任务，进一步加强组织领导，创新工作体制，完善运行机制，推动全市劳动关系和谐发展，以劳动关系和谐稳定促进和保证社会和谐稳定。

（二）准确把握加强和谐劳动关系建设的总体要求。坚持以邓小平理论、“三个代表”重要思想和科学发展观为指导，全面落实中央和省关于加强和创新社会管理、发展和谐劳动关系的决策部署，紧紧围绕沈阳老工业基地全面振兴大局，牢牢把握最大限度激发社会活力、最大限度增加和谐因素、最大限度减少不和谐因素的总要求，以促进企业发展、维护职工权益为工作原则，以解决影响劳动关系和谐的突出问题为突破口，以建立健全劳动关系协调机制为重点，以开展和谐劳动关系创建活动为载体，逐步建立规范有序、公平合理、互利共赢、和谐稳定的新型劳动关系，为深入推进“五大任务”，加快实现“三大目标”，全力打造“实力沈阳、活力沈阳、宜居沈阳、文明沈阳、和谐沈阳”奠定坚实的基础。

（三）进一步明确加强和谐劳动关系建设的目标任务。到“十二五”末，全市劳动合同制度建设实现全覆盖，企业集体合同签订率达到98%以上。多层次的工资集体协商制度普遍建立，各种所有制企业全面推行工资集体协商制度，企业职工工资年均增长12%以上；社会保险覆盖范围不断扩大，力争实现企业职工人人享有社会保险；劳动用工备案制度普遍建立，企业各项民主管理制度进一步健全，劳动争议调处制度进一步完善，企业文化建设不断发展，劳动安全卫生、职工休息休假等制度得到有效落实。全市85%以上的企业达到劳动关系和谐企业标准，国有及国有控股企业达到95%以上。

二、加强和谐劳动关系法规和制度建设

（四）完善地方性法律法规配套体系。把有关劳动关系的立法工作摆到重要议事日程，加快制定、修订职工权益保障、工会劳动法律监督等地方性法规和规章，强化劳动法律执法监督和工作监督，为发展和谐劳动关系提供法制保障。结合实施“六五”普法规划，加强《劳动法》、《工会法》、《劳动合同法》、《劳动争议调解仲裁法》、《社会保险法》、《劳动合同法实施条例》等法律法规的宣传和教育，提高企业经营者的守法意识，增强职工依法维权能力，引导职工通过工会、职代会、调解仲裁、劳动监察、司法救助和法律援助等渠道，依法维护自身权益，理性表达利益诉求，把和谐劳动关系建设纳入法制化、制度化轨道。

（五）加强劳动合同制度建设。深入贯彻落实《劳动合同法》，全面推行劳动合同制度，指导督促用人单位依法规范劳动用工。到2013年底，全市劳动合同签订率达到95%以上，国有及国有控股企业劳动合同签订率达到100%。人力资源社会保障部门要建立健全劳动用工网上备案制度，加强对劳动合同签订、履行、变更、解除和终止的指导和监管，将农民工、劳务派遣工作为重点人群，将中小企业、非公有制企业作为重点单位，将建筑业、餐饮业等作为重点行业，强化对劳动用工、工资支付、社会保险等涉及

职工劳动权益保障情况的监督检查。工会组织、企业代表组织及其他有关部门也要履行好指导、推动和监督职责。

(六)加强集体合同制度建设。深入实施集体合同"彩虹"计划,进一步扩大工资集体协商覆盖范围,着力提高集体合同质量。大力推进区域性、行业性工资集体协商,在产业集群和中小企业相对集中的工业园区和建筑、商贸、餐饮等行业,有重点、有步骤地推进工资集体协商制度建设。积极发育区域和行业协商主体,加快建立企业协会、行业协会和各类商会等企业代表组织。各类企业要认真落实《关于进一步推进集体协商、集体合同工作的指导意见》的有关规定,坚持企业平均工资增长幅度不低于企业高级经营管理者工资增长幅度,一线职工工资增长幅度不低于企业平均工资增长幅度的原则,合理确定劳动定额、工时工价标准和工资增长幅度,建立常态化的工资协商共决机制、正常增长机制和支付保障机制,确保职工特别是一线职工工资与企业效益同步增长。按照"工资标准要具体、工资增幅要具体,必须进行集体协商、必须提交职代会通过"的工作原则,严格实施工会组织预先审查制度和人力资源社会保障部门备案审查制度。建立健全全市集体合同网络信息数据库,加强对集体合同实施情况的动态管理。建立健全工作联动机制,大力强化人力资源社会保障、工商、外经、税务部门和工会组织的工作合力。

(七)加强社会保障制度建设。加快建立健全"全覆盖、保基本、多层次、可持续"的社会保障体系,确保广大企业职工公平享有基本社会保障。人力资源社会保障等有关部门要切实做好非公中小企业、困难企业职工的参保扩面工作,以从业人员流动性较强的商饮服务业、建筑业、交通运输业等为突破口,加大指导、检查工作力度,规范企业参保行为,加快建立人人享有的社会保障制度。有条件的企业应建立企业年金、补充医疗保险制度。人力资源社会保障部门要加快社会保险信息网络建设,加快推行社会保险一卡通,逐步提高统筹层级。工会组织要依法参与社会保险重大事项的研究,对与职工社会保险权益有关的事项进行监督。

(八)加强企业民主管理制度建设。各类企业要依照有关法律法规,建立健全以职工代表大会为基本形式的企业民主管理制度。到2013年底,国有、集体及其控股企业和规模以上非公有制企业要全部建立职工代表大会、厂务公开制度,公司制企业要建立健全职工董事、职工监事制度。认真落实《沈阳市职工代表大会工作标准》、《沈阳市厂务公开实施办法》、《沈阳市厂务公开工作标准》、《沈阳市职工董事、职工监事工作标准》等有关规定,凡涉及企业改制、兼并、重组、并购等企业经营管理的重大事项必须经职工代表大会审议,凡涉及职工切身利益的重大问题必须经职工代表大会通过,依法保障职工的知情权、参与权、表达权和监督权。国有资产、中小企业等部门和工会组织要加强对企业民主管理制度建设的指导、监督和检查。

(九)加强企业安全生产制度建设。各类企业要认真贯彻并严格遵守安全生产法律法规,全面落实企业安全生产主体责任。加大安全投入,完善企业安全生产设施,建立健全生产安全事故隐患排查和治理机制,强化安全生产培训教育,增强职工安全意识和自我防范能力。安监、卫生等部门要强化监督检查,提高企业安全生产水平,建立职业危害监督检查制度,保障职工生命安全和身心健康。对不重视安全生产、造成生产安全事故的,要依法追究企业负责人和有关部门的责任。深入开展"安康杯"竞赛和群众性安全生产隐患排查治理活动,促进企业规范化管理和职工标准化作业,有效预防生产安全事故,减少职业危害。

(十)加强和谐劳动关系进社区制度建设。在街道、社区建立和完善劳动关系协调工作基层组织体系,建立健全劳动用工备案制度和社会保险等基础数据台账、劳动保障监察基础组织网络,实现对劳动用工的动态管理,为建立健全劳动关系协调机制奠定基础。

三、依法规范用工和完善收入分配调控机制

(十一)依法规范企业劳动用工制度。各类企业必须严格执行国家用工制度,依法使用劳务派遣工和非全日制用工,严禁非法用工。规范企业劳动报酬、工作时间、劳动纪律等劳动规章制度,加班加点要与工会组织协商,保障职工休息休假权利。严格执行企业经济性裁员要与企业工会组织协商,经职工代表大会审议通过并向人力资源社会保障部门报审制度。

(十二)不断提高劳动者综合素质。把全面提升劳动者综合素质作为长期的战略任务,不断提高劳动者思想政治、职业道德素养和就业适应能力。深入推进"百千万技能人才培育工程"和职工职业技能竞赛活动,健全完善人社政策保障、财政资金支撑、工会具体运作的技能培训体系和工作推进体系。人力资源社会保障部门和工会组织要加强对企业培训经费使用情况的监督检查,确保职工培训经费专款专用,并将职业技术职称、职业技能等级与职工利益挂钩,激发职工学技术、练技能的热情。

(十三)完善企业工资分配的调控机制。各级政府要加大对企业工资分配的调控力度,结合全市经济发展水平、物价指数变化和职工平均工资增长等因素,适时调整最低工资标准和发布工资指导线。人力资源社会保障部门、工会组织要会同国有资产管理部门进一步加强国有及国有控股企业负责人薪酬管理工作,缩小分配差距。人力资源社会保障部门在制定工资指导线、劳动力市场工资指导价位、行业人工成本信息指导和信息发布制度时,应充分听取工会组织的意见。在农民工集中的行业、企业建立和完善工资保证金制度。

(十四)做好特殊劳动人群的权益维护工作。适应农民工特别是新生代农民工对融入城市、机会均等和体面劳动的要求,积极调整农民工维权中心的服务功能,拓展服务领域,改进服务方式,实现由讨薪为主向系统维权和综合服务转变,推动解决农民工在就业创业、社会保险、子女就学以及住房户籍等方面的问题。工会组织、人力资源社会保障、建设等部门要共同推进建筑行业"1+N"集体合同工作,从源头上保障农民工劳动经济权益。人力资源社会保障部门要加强对劳务派遣用工执法监督检查,重点纠正虚假派遣和变相自我派遣、违法将直接用工转为劳务派遣、不签订劳动合同、不参加社会保险、同工不同酬等问题。工会组织要指导劳务派遣企业做好组建工会、吸收劳务派遣工入会和签订集体合同工作,建立健全劳务派遣企业工会与用工单位工会之间的"双向维护"机制。

四、建立健全劳动关系调处和监督

机制

（十五）建立和完善劳动争议调处机制。建立健全劳动争议调解联动机制，加大人民调解、行政调解、司法调解组织处理劳动争议的工作力度。坚持“预防为主，基层为主，调解为主”的方针，按照《沈阳市劳动争议调解工作标准》，进一步建立健全企业劳动争议调解组织和工作机制，加快企业、社区、街道（乡镇）和区域性、行业性劳动争议调解组织建设，形成多渠道、多层次的社会化调解网络。人力资源社会保障、司法等部门和工会组织要加强基层调解、裁前调解、诉前调解工作，努力把劳动争议解决在基层。加强劳动争议仲裁机构建设，本着“快立案，快结案，办好案”的原则，及时有效调解处理劳动争议案件。对集体劳动争议案件要优先立案、优先审理、快速结案，防止其转化为影响社会稳定的群体性事件。

（十六）建立健全劳动争议预警机制。各级党委、政府及有关部门要将劳动关系舆情作为社会舆情的重要内容，定期分析研判本地区劳动关系发展状况，及时发现和有效处理涉及劳动关系的突出问题。建立由人力资源社会保障部门主导，工会组织、工商联、企业联合会、外企协会、私企协会参与的企业和地区、行业劳动争议预警机制，加强对农民工、劳务派遣工就业以及工资发放、社会保障、劳动争议等劳动关系状况的监控，建立企业欠薪预警机制；加强对企业经济性裁员的监控，建立企业失业预警机制；加强对劳动争议多发行业和区域监控工作，建立突发事件应急预案，形成协调有力的预警处理机制，确保劳动关系矛盾不蔓延、不升级、不转化。经信、公安部门要加强对互联网、手机等新兴媒体的管理，及时处置影响劳动关系和谐稳定的有害信息，防止扩散和恶意炒作。

（十七）建立劳动法律法规监督监察执法联动机制。适应发展和谐劳动关系的需要，增加劳动监察执法投入，加强劳动监察网络组织体系、工作力量和设施条件建设。进一步加大劳动监察执法力度，强化对企业执行劳动保障法律法规情况的监督检查，畅通举报投诉通道，及时高效处理职工的举报投诉案件。重点针对企业违反最低工资规定、拖欠职工工资、安排职工超时加班以及违法用工、不依法参加社会保险等突出违法问题，继续开展专项整治活动。公安部门要坚决打击恶意欠薪违法行为，对重大案件要建立挂牌督办制度，构成犯罪的要依法追究刑事责任。发挥人大、政协、司法机关和工会组织、媒体舆论的监督作用，形成高效联动的劳动法律法规监督监察执法工作机制。

五、建立健全困难职工的救助体系

（十八）强化就业服务机制。人力资源社会保障部门要健全完善劳动力市场信息发布制度，强化对就业人员指导和服务工作。加强和完善街道、社区劳动保障“窗口”建设，为劳动者提供就业服务。通过开发和利用公益性岗位，对就业困难人员提供政策指导和就业援助。人力资源社会保障部门和工会、共青团、妇联等组织要采取多种形式，充分利用多种培训资源建立和完善劳动者培训机制，为下岗失业人员和农民工就业提供服务。

（十九）加强困难职工服务帮扶体系建设。各级党委、政府及工会组织要重视加强困难职工帮扶中心和企业、街道、社区帮扶站（点）建设，构建救助、维权、服务“三位一体”的帮扶工作网络。通过政府支持、工会投入、社会捐赠等多种渠道，积极筹措困难职工帮扶资金，强化即时性帮扶、发展项目制帮扶，切实为困难职工、农民工提供就业帮助、生活救助、医疗帮扶、法律援助以及子女教育等方面服务。工会组织要健全完善市、区县（市）、街道、社区四级联动帮扶信息网络，大力发展工会帮扶志愿者队伍，为职工群众提供方便快捷的服务。

（二十）推进企业职工服务设施建设。各类企业要落实让广大劳动者体面劳动的要求，努力改善职工生产生活条件。工会组织要会同经信、国有资产、中小企业、人力资源社会保障等部门，在全市企业中开展职工服务设施标准化达标创优活动，推动企业完善职工食堂、浴池、休息室、活动室等生产生活福利设施建设，为职工生产生活创造良好的服务条件，不断激发职工的劳动热情，让职工共享企业发展成果。

（二十一）健全劳动争议法律援助机制。各级政府要加大资金扶持力度，为劳动者提供免费法律咨询和法律援助服务。司法部门要切实加强法律援助工作，建立快速便捷工作机制，发挥律师服务社会的作用，加强法律援助志愿者队伍建设。工会组织要加强职工法律援助中心和职工法律援助站建设，健全工作网络，拓宽工作领域，完善工作制度，依法维护职工合法权益。

六、深入开展和谐劳动关系创建活动

（二十二）深化劳动关系和谐企业创建活动。广泛开展以“万家企业创和谐”为载体的劳动关系和谐企业创建活动，到2013年底实现创建活动对各类企业的整体覆盖。劳动关系三方要制定科学的评价认证体系，进一步丰富创建内容、规范创建标准、改进创建评价，提高创建活动的针对性和实效性。强化激励和约束机制建设，探索建立劳动关系和谐企业创建活动情况与政府支持政策和信用体系建设挂钩机制，充分调动企业特别是中小企业参加创建活动的积极性，不断提高创建活动质量和水平。

（二十三）加强企业文化建设。广泛开展“创建学习型组织，争做知识型职工”和“企业关心职工利益，职工关心企业发展”活动，坚持用社会主义核心价值体系引导教育职工，大力弘扬工人阶级伟大品格和劳模精神，共同推动企业发展。不断加强对职工特别是青年职工和农民工的思想政治工作以及人文关怀、心理疏导，增强职工对企业的认同感、归属感。加强职工书屋等文化阵地建设，充分发挥职工的主体作用，用丰富多彩、昂扬向上的企业文化和职工文化培育和谐劳动关系，推动形成企业和职工共建、共享、共赢的生动局面。

七、切实加强对和谐劳动关系建设的组织领导

（二十四）落实党委领导、政府负责的工作制度。各级党委、政府要加强对和谐劳动关系建设工作的领导，把加强和谐劳动关系建设工作摆上重要议事日程，充分发挥构建和谐劳动关系工作领导小组的职能作用，定期分析研判劳动关系发展变化趋势，制定切实可行的政策措施，及时解决工作中存在的突出问题。建立健全目标考核制度和责任追究制度，把和谐劳动关系建设工作纳入地区经济社会发展规划目标考核体系，纳入政府年度绩效考评、纪检监察部门社会评议和组织部门领导干部考核评价体系，做到层层有责任，逐级抓落实。

（二十五）强化和谐劳动关系建设的工作合力。以打造维护职工合法权益

"安全网"为着力点,健全完善"党委领导、政府负责、社会协同、企业和职工参与"的工作格局。建立健全各级政府与工会组织联席会议制度。加快推进市和区、县(市)及开发区协调劳动关系三方机构实体化建设。人力资源社会保障部门要建立健全劳动关系调控和监管服务机制,工会组织要履行劳动保障法律法规监督职责,工商联、企业联合会等企业代表组织要督促企业履行社会责任和承担法律义务。各级纪检监察、组织、民政、发展改革、经信、国有资产、建设、服务业、外经、税务、工商、公安、司法、安监、法制、综治、信访等部门和法院要充分发挥各自职能作用,加强协同配合,共同推进和谐劳动关系建设。

(二十六)营造浓厚的社会氛围。党委宣传部门和新闻媒体要坚持正确的舆论导向,把和谐劳动关系建设作为宣传报道的经常性内容,大力宣传发展和谐劳动关系的重要意义,大力宣传有关劳动法律法规和政策规定,大力宣传和谐劳动关系建设工作的先进典型经验,大力宣传企业关爱职工、职工在企业奋斗的先进事迹和模范人物,充分发挥典型示范引导作用,为构建和谐劳动关系营造浓厚的社会氛围。

中共沈阳市委
沈阳市人民政府
关于进一步加强和改进
调查研究工作的意见

(2011年10月27日)

为深入贯彻落实科学发展观,进一步提高决策科学化、民主化水平,充分发挥调查研究在推进沈阳老工业基地全面振兴中的重要作用,结合我市实际,现就新形势下进一步加强和改进调查研究工作提出如下意见:

一、充分认识加强调查研究工作的重要性

调查研究是我们党的一项基本工作制度和领导方法,也是我们党的优良传统。重视和加强调查研究,是坚持马克思主义认识论和党的思想路线的基本要求,是贯彻落实科学发展观、加快沈阳老工业基地全面振兴的重要途径,是实现决策科学化、民主化的必然选择。当前及今后一个时期,是沈阳深入贯彻落实科学发展观、加快转变经济发展方式的攻坚时期,也是全面建设小康社会、实现老工业基地全面振兴的关键时期,更加需要把调查研究作为我们基本的领导方式和工作方法长期坚持下去,把调查研究作为提高执政能力和领导水平、开创各项工作新局面的有效手段贯彻落实下去。各级党委、政府和各级领导干部要积极适应新形势、新任务和新要求,以强烈的紧迫感和使命感,切实把调查研究作为一项基础性、先导性、长期性工作,摆上重要议事日程。

二、不断提高调查研究的质量和水平

当前和今后一个时期,全市调研工作要紧密结合实际,突出重点,抓住关键,着力解决改革开放和现代化建设中的深层次问题,努力把调研工作提高到一个新水平。要进一步吃透上情,认真领会和把握中央、省委的最新精神,密切跟踪重大问题、重要动态,找准调研工作切入点、结合点和着力点,突出调研工作的方向性和前瞻性;要进一步把握市情,统筹兼顾,科学谋划,对各方面的情况了然于胸,有的放矢做好工作,提高调研工作的战略性和操作性;要进一步熟悉下情,深入基层,深入群众,善于从基层和人民群众的实践中发现和提炼真知灼见,凝聚力量,集中民智,增强调研工作的针对性和实效性;要进一步了解外情,立足全局看局部,站在全国看沈阳,善于学习借鉴先进经验,坚持用新的眼光去观察新情况,用新的视角去研究新问题,用新的思维去谋划新举措,牢牢把握调研工作的时代性和创新性。

三、各级领导干部要带头大兴调查研究之风

各级领导干部一定要把调查研究作为转变作风的有力抓手,作为提高执政能力和领导水平的重要途径,带头大兴调查研究之风。各级党委常委会和政府常务会议每年至少听取一次调研工作汇报,研究部署调研工作,及时帮助解决实际问题。市管领导干部每年至少要抽出两个月左右的时间,深入基层,调查研究,并写出至少两篇对全局工作和分管工作有重要指导作用的调研报告。处级干部每年要拿出三分之一左右的时间进行调查研究,了解社情民意,探求解决实际问题的办法,努力完成三篇以上质量较高的调研报告。各级组织部门要把领导干部完成年度调研任务情况,作为考察、考核干部的一项重要内容。

四、建立科学的决策机制

建立健全深入了解民情、充分反映民意、广泛集中民智、切实珍惜民力的决策咨询机制和决策论证制度,减少决策的盲目性和随意性。各级党委、政府要正确处理好调查研究与科学决策的关系,对重大事项,要健全和完善决策前调研制度、决策中正确进行民主和集中制度、决策后跟踪调研和督查制度、决策失误追责制度,逐步形成对重大问题没有经过充分调研不决策、没有经过充分咨询论证不决策、没有两个以上的可行性方案比较不决策和没有经过集体讨论研究不决策的工作机制。为完善决策专家咨询机制,提高决策科学化、民主化水平,有效发挥市委、市政府决策咨询委员会及其办事机构的作用,增设专职秘书长(副局级实职)一名,设立"沈阳市决策咨询专项课题资金",每年由市财政拨款50万元并纳入预算,用于完成市委、市政府提出的年度重大调研课题的公开招标,以及为市委、市政府决策服务的重大调研课题的咨询论证、成果评估等。

五、建立健全调研工作考核评价制度

为进一步促进全市上下大兴调查研究之风,市委每两年召开一次全市调查研究工作会议,总结交流经验,研究部署任务,表彰先进调研单位和优秀调研成果。对获得全市调查研究一、二等奖的优秀调研成果,应分别视同市科技进步二、三等奖,享受有关待遇;对列入全市调查研究课题并进入决策后发挥明显作用的优秀调查研究成果,有关部门和单位应给予适当奖励。

六、进一步加强调研机构和网络建设

市委政研室和市政府研究室,是市委、市政府决策支持系统的重要机构,对调研工作负有"指导、组织、协调、联络"的责任,要充分发挥调研网络"龙头"作用,搞好全市调研课题的组织和协调,加强对各地区、各部门、各单位调查研究工作的指导,不断提高调查研究工作质量和整体水平。人大、政协研究部门要立足自身优势特点,拓展调研领域,不断提升服务全市大局、服务中心工作的水平。各区、县(市)要建立健全调查研究机构,充实和加强调研工作力量,强化调研工作职能。市直部门要根据工作需要,进一步加强调研机构建设,配备综合素质高、业务能力强的干部从事调研工作。

七、不断加大调研干部培养使用力度

各级党政组织要高度重视调研队伍建设,努力为调研干部学习成长创造良好环境,鼓励在职学习提高,强化业务知识培训,使调研干部不断拓宽视野,增长才干。沈阳市政策研究干部培训中心要切实发挥职能作用,建立定期培训交流制度,定期组织学习培训和考察,开拓视野,不断提高调研干部的理论素养和工作能力。各级党政组织和领导干部要关心、爱护调研干部,在干部交流、使用上给予政策倾斜,为干部成长创造条件、提供机会,对那些德才兼备的优秀人才,要大胆提拔使用。各级党委和政府研究部门是科学决策的重要辅助力量,要打开入口,敞开出口,充分发挥调查研究部门的特殊职能,使其既成为打造精品的基地,又成为培养干部的摇篮,始终保持调研干部队伍的生机与活力。

中共沈阳市委关于开展“作廉洁表率促和谐发展”主题教育活动的实施意见

(2011年10月27日)

为深入贯彻落实党的十七届中央纪委六次全会和《中央纪委、中央组织部、中央宣传部关于加强领导干部反腐倡廉教育的意见》(中办发〔2011〕9号)精神,按照市第十二次党代会的部署和要求,进一步加强党的执政能力建设、先进性建设和反腐倡廉建设,市委决定,从现在起至11月末,在全市各级党组织和党员干部中开展“作廉洁表率、促和谐发展”主题教育活动。现提出如下实施意见。

一、开展主题教育活动的指导思想

坚持以科学发展观为指导,以全市各级党政领导班子和党员领导干部为重点,通过集中开展廉政警示教育、廉政法规教育、岗位廉政教育和典型示范教育等系列教育活动,积极引导广大党员干部进一步增强拒腐防变意识、廉洁自律意识,树立正确的世界观、权力观、事业观,不断夯实廉洁从政的思想道德基础,规范廉洁从政行为,为完成“五大任务”、实现“三大目标”、建设“五个沈阳”,推动沈阳老工业基地实现全面振兴提供坚强保证。

二、开展主题教育活动的方法和步骤

这次主题教育活动分为三个阶段进行:

(一)学习教育阶段(从现在开始至11月上旬)。一是组织党纪法规学习。通过党委(党组)中心组学习、支部集中学习、领导干部讲党课、专题讲座、集中培训等多种形式,组织党员干部重点学习《中国共产党党内监督条例》、《中国共产党领导干部廉洁从政若干准则》、《中国共产党纪律处分条例》等方面内容。在重点学习的基础上,组织全市党员干部开展廉政法规答题和知识竞赛活动。市管领导干部的答题结果将装入领导干部个人廉政档案。二是集中开展警示教育。召开全市领导干部警示教育大会,组织全市党政机关、企事业单位副处级以上领导干部观看《宋勇腐败案警示录》和由市纪委与沈阳电视台制作的两部警示教育专题片。三是进行岗位廉政教育。针对腐败案件易发多发领域和重点岗位,在深入查找廉政风险点,规范行政权力运行的基础上,强化岗位廉政风险防范教育,提高领导干部抵御腐败风险的能力。四是开展典型示范教育。通过举办先进典型事迹报告会、组织广大党员干部观看录像片等方式,学习宣传勤廉兼优先进典型的先进事迹和崇高精神。

(二)自查自纠阶段(11月中旬)。一是召开专题民主生活会。各级党组织要以“作廉洁表率、促和谐发展”为主题,召开领导班子专题民主生活会或支部组织生活会,通过自查自纠,开展批评和自我批评,深入查找原因,进一步统一思想,提高认识。二是党政主要领导讲党课。各级党政主要领导要紧紧围绕“作廉洁表率、促和谐发展”这一主题,采取讲廉政党课的方式,对党员干部进行以人为本、执政为民教育。

(三)整改提高阶段(11月下旬)。针对自查自纠阶段查找的问题,结合《廉政准则》要求,研究制定整改措施。整改措施要科学合理,既立足当前,又着眼长远,突出针对性和可操作性,切实解决廉政建设方面的突出问题。结合行政权力运行制度建设,建立健全规章制度和长效机制,加强对党员干部的约束和监督。

三、开展主题教育活动的几点要求

各级党组织要高度重视,切实把开展主题教育活动作为一项重要政治任务列入重要议事日程,认真组织实施,确保取得实效。

(一)加强领导。主题教育活动在市委统一领导下,由市纪委牵头,市委组织部、市委宣传部分工负责,指导和督促教育活动的开展。各级党组织和领导干部要切实加强对主题教育活动的领导,把主题教育活动与市委“三抓三促”重点工作和推进惩防体系建设有机结合起来,统筹推进各项工作。

(二)精心组织。各级党组织要把主题教育活动作为全市今年党建工作的一项重要任务来抓,认真落实各项责任,做到有计划、有目标、有保障、有检查。纪检、组织、宣传等部门要发挥职能优势,针对不同部门、不同行业党员干部的特点,实施分类指导,形成各级党组织高度重视、领导干部率先垂范、广大党员积极参与的良好局面。

(三)强化督导。市纪委要会同市委组织部、市委宣传部组成检查组,加强对全市开展主题教育活动情况的检查指导,及时发现和解决主题教育活动中遇到的问题,确保主题教育活动扎实、深入推进。

(四)搞好宣传。市属主要新闻媒体要对主题教育活动集中进行宣传报道,通过开办专栏、专刊、专题网页等形式,深入宣传开展主题教育活动的重大意义,特别是要大力宣传各类典型的先进事迹,及时总结推广主题教育活动中形成的好经验、好做法,为活动深入开展营造良好氛围。

市委宣传部、市司法局关于在公民中开展法制宣传教育的第六个五年规划（2011—2015年）

在市委、市政府的正确领导下，我市的“五五”普法规划已顺利实施完成，取得了显著成效。全市公民宪法和法律意识明显增强，全社会法治化管理水平逐步提高，法制宣传教育在推进法治诚信城市建设、服务沈阳经济社会发展、维护社会和谐稳定方面发挥了重要作用。

党的十七大和十七届五中全会提出了深入开展法制宣传教育的重大任务，对法制宣传教育提出了新的更高要求。继续开展法制宣传教育，对于建设法治诚信城市，全面完成“五大任务”，加快实现“三大目标”，具有十分重要的意义。为切实做好第六个五年法制宣传教育工作，根据中央、省有关文件精神，结合我市实际，特制定本规划。

一、指导思想、主要目标和工作原则

第六个五年法制宣传教育工作的指导思想是：

高举中国特色社会主义伟大旗帜，以邓小平理论、“三个代表”重要思想和科学发展观为指导，按照全面落实依法治国基本方略和建设社会主义政治文明的新要求，围绕我市“十二五”时期经济社会发展的目标任务，坚持法制宣传教育与社会主义核心价值体系教育相结合，与社会主义公民意识教育相结合，与法律服务、法治文化、和谐文化相结合，深入开展法制宣传教育，扎实推进依法治理，大力弘扬社会主义法治精神，努力促进经济平稳较快发展和社会和谐稳定，为实现沈阳老工业基地全面振兴营造良好法治环境。

第六个五年法制宣传教育工作的主要目标是：

通过深入扎实的法制宣传教育和法治实践，深入宣传宪法，广泛传播法律知识，进一步坚定法治建设的中国特色社会主义方向，提高全民法律意识和法律素质，提高全社会法治化管理水平，促进社会主义法治文化建设，推动形成自觉学法守法用法的社会环境。

第六个五年法制宣传教育工作应遵循以下原则：

坚持围绕中心，服务大局。按照“十二五”时期全市经济社会发展的总体要求，深入开展法制宣传教育，服务经济平稳较快发展，服务改革开放，服务保障和改善民生，服务维护社会和谐稳定。

坚持以人为本，服务民生。从群众的实际法律需求出发，开展法制宣传教育，在法制宣传中服务群众，实现好、维护好、发展好最广大人民的根本利益。

坚持分类指导，注重实效。根据不同地区、不同行业和不同对象的特点，确定法制宣传教育的重点内容，增强工作的针对性和实效性。

坚持学用结合，普治并举。坚持法制宣传教育与法治实践相结合，用法制宣传教育引导法治实践，在法治实践中加强法制宣传教育，深入推进各项事业依法治理。

坚持与时俱进，开拓创新。把握法制宣传教育工作规律，创新工作理念，拓展工作领域，完善工作机制，改进方式方法，体现法制宣传教育的时代性、规律性和创造性。

二、主要任务

（一）突出学习宣传宪法。突出抓好宪法的学习宣传教育，进一步增强全体公民的宪法意识、公民意识、爱国意识、国家安全统一意识和民主法制意识。在全社会牢固树立党的领导、人民当家作主和依法治国有机统一的观念，树立国家一切权力属于人民的观念，树立权利与义务相统一的观念，形成崇尚宪法、遵守宪法、维护宪法权威的良好氛围。

（二）深入学习宣传国家基本法律。深入学习宣传宪法相关法、民法商法、行政法、经济法、社会法、刑法、诉讼与非诉讼程序法等方面的法律，在全社会形成学法守法用法的良好法治氛围，充分发挥法律在经济社会发展中的规范、引导、保障作用。

（三）深入开展社会主义法治理念教育。组织广大党员干部特别是县处级以上领导干部认真学习社会主义法治理念，牢固树立并自觉践行依法治国、执法为民、公平正义、服务大局、党的领导理念，推动社会主义法治理念逐步深入人心。

（四）深入学习宣传促进经济发展的法律法规。学习宣传社会主义市场经济、财税、金融、投资等方面的法律法规，促进经济平稳较快发展；学习宣传沈阳经济区建设、国有企业改制、经济结构调整相关法律法规，促进区域经济社会协调发展；学习宣传农村基本经营制度、农村土地管理制度和农村民主管理制度等方面的法律法规，促进社会主义新农村建设；学习宣传资源节约和管理、环境和生态保护、防灾减灾等方面的法律法规，促进资源节约型和环境友好型社会建设。

（五）深入学习宣传保障和改善民生的法律法规。重点学习宣传社会保障、医疗卫生、收入分配、社会救助等方面的法律法规，促进保障人民群众基本生活；学习宣传劳动合同、劳动争议处理等方面的法律法规，促进建立和谐劳动关系；学习宣传土地征收征用与补偿、土地承包经营权流转等方面的法律法规，维护人民群众合法权益；学习宣传安全生产、食品药品安全、抗灾救灾、公共卫生等方面的法律法规，保障群众生命财产安全；学习宣传维护妇女、未成年人、老年人、残疾人权益等方面的法律法规，做好特殊群体的权益保障工作。

（六）深入学习宣传社会管理的法律法规。学习宣传维护国家安全、社会和谐稳定、促进民族团结相关法律法规，维护社会政治大局稳定；学习宣传社会治安综合治理、流动人口服务和管理、突发事件应急管理相关法律法规，促进提高社会管理水平；学习宣传信访、投诉、调解等相关法律法规，依法化解矛盾纠纷，引导公民依法按程序表达利益诉求。

（七）深入学习宣传廉政建设方面的法律法规。加强对领导干部、公务员、企事业经营管理人员廉政建设相关法律法规和党纪条规的宣传教育，坚持反腐倡廉法制宣传教育与政治理论教育、理想信念教育、职业道德教育、党的优良传统和作风教育相结合，不断增强各级领导干部、公务员和企事业经营管理人员的反腐倡廉意识，提高其廉洁自律的自觉性。

（八）深入推进社会主义法治文化建设。深入开展法制宣传教育，在全社会形成崇尚法律、遵守法律、维护法律权威的理念。发挥文化团体和文化场所的作用，开展丰富多彩的法治文化活动，把法制宣传教育与群众文化生活相结合，不断丰富法治文化活动形式和载体。鼓励和引导法治文化作品的创作和推广，注重作品质量和社会效果,不断满足人民群众对法治文化产品的需求。

(九)深入开展"法律进机关、进乡村、进社区、进学校、进企业、进单位"等主题活动。深化"法律进机关"活动,提高公务员社会主义法治理念,不断增强依法管理和服务社会的能力;深化"法律进乡村"活动,促进农村经济发展和维护社会稳定,服务社会主义新农村建设;深化"法律进社区"活动,推进社会管理创新,提高社区自治和服务能力;深化"法律进学校"活动,培育青少年法律素养和道德情操,促进青少年健康成长;深化"法律进企业"活动,建立现代企业制度,提高企业核心竞争力和依法防范风险的能力;深化"法律进单位"活动,促进各类单位法治化管理,在全社会营造良好法治氛围。

扎实推进"百家律师事务所联系百个乡镇、街道,百名律师联系百家司法所制度",为人民群众提供优质高效的法制宣传和法律服务,维护和促进地区社会稳定和经济发展。组织开展"文明全运法治同行"专题宣传活动,大力宣传社会治安管理、道路交通安全、食品卫生安全、知识产权保护等加强社会管理和服务相关法律法规的宣传。认真开展"12·4"全国法制宣传日活动,集中开展以学习宣传宪法为核心的法制宣传教育。不断丰富活动的内容和形式,力求取得更大的社会效果。

(十)深入推进依法治理。推进法治城市、法治区县(市)创建活动,认真总结具有沈阳特色的创建经验,建立健全工作制度,不断提高创建水平。加强地方立法,从我市实际出发,围绕城市管理、市场建设和关系民生的突出问题,适时制定地方性法规。认真贯彻《全面推进依法行政实施纲要》和《国务院关于加强法治政府建设的意见》,健全和完善政府科学决策机制,加强全市各级政府诚信建设,提高政府公信力和执行力。进一步深化政务公开工作,增强政府工作的透明度。推进公正司法,严格依照法律的规定开展司法工作,继续深化审判公开、检务公开、警务公开、狱务公开。开展基层法治创建活动,推进基层依法治理,促进基层民主法治建设。开展专项普法依法治理活动,围绕社会热点、难点问题和社会管理薄弱环节,开展法制宣传教育和专项治理活动。

三、对象和要求

法制宣传教育的对象是一切有接受教育能力的公民。重点加强对领导干部、公务员、青少年、企事业经营管理人员和农民的法制宣传教育,把领导干部和青少年作为重中之重。

(一)大力加强领导干部法制宣传教育,提高其依法执政的能力。全市各级领导干部要带头学法守法用法,不断提高依法决策、依法行政的意识和能力。健全并落实党委(党组)中心组集体学法、政府常务会议会前学法、法制讲座、法制培训、法律知识考试考核等制度。要把法制教育纳入领导干部理论学习规划,纳入各级党校、行政学院课程。完善领导干部任职前法律知识的考试考核制度。

(二)大力加强公务员的法制宣传教育,提高其运用法律手段解决问题的能力。加强通用法律知识和与履行职责相关的专门法律知识学习,不断提高公务员运用法律手段解决问题的能力。坚持和完善法律知识考试考核制度,把执法能力和效果作为公务员任职、晋升的重要依据。加大对新录用公务员法律知识测试力度,要注重测试应试人员掌握法律知识的水平和运用法律知识的能力。

(三)大力加强青少年的法制宣传教育,提高其法治意识和法治观念。根据青少年的特点和接受能力,有针对性地开展法制宣传教育。深入推进中小学校法制教育课时、教材、师资、经费"四落实"。整合各种社会法制教育资源,建立多种形式的青少年法制教育基地,重视运用互联网等传播手段丰富青少年法制宣传教育的途径和形式。健全学校、家庭、社会"三位一体"的青少年法制教育格局。深入开展"法制宣传进校园"、"法律服务进校园"、"法律援助进校园"、"法官、检察官、警官进校园"活动,对青少年开展多种形式的法制教育。发挥中小学校兼职法制副校长、法制辅导员的作用,结合学校校园及周边环境综合治理和安全防范工作,加强青少年权益保护、预防和减少青少年违法犯罪等有关法律法规宣传教育。

(四)大力加强企事业经营管理人员法制宣传教育,提高其依法诚信经营的能力。加强社会主义市场经济和与企业经营管理相关的法律法规宣传教育,进一步增强企业经营管理人员诚信守法、依法经营、依法办事的观念。进一步完善企业法律顾问制度,在全市开展"千名律师进千家企业"活动,积极发挥法律顾问在企业依法经营管理中的作用。加强事业单位、个体私营等非公有制经济组织、新社会组织管理人员法制宣传教育,提高他们依法管理、依法办事能力。深化企业职工法制宣传教育,引导职工遵纪守法,依法维护合法权益。

(五)大力加强农民的法制宣传教育,提高其依法参与村民自治和其他社会管理的能力。宣传与农民生产生活相关的法律法规,引导农民依法参与村民自治和其他社会管理活动,提高他们参与民主选举、民主决策、民主管理、民主监督的能力。加强农村"两委"干部法制培训,提高他们运用法律手段管理基层事务、防范和处理矛盾纠纷的能力。加强农民工法制宣传教育,突出遵纪守法、依法表达利益诉求等内容的宣传,提高农民工的法治观念。

四、工作步骤和安排

第六个五年法制宣传教育规划从2011年开始实施,到2015年结束。分为以下3个阶段。

宣传发动阶段:2011年。各地区、各部门、各单位根据本规划,研究制定本地区、本部门、本单位五年普法规划,做好宣传、发动和组织工作。

组织实施阶段:2011年下半年至2015年。各地区、各部门、各单位依据本规划确定的目标任务和要求,结合实际制定年度计划,认真组织实施,确保本规划得到全面贯彻落实。2013年开展中期检查督导和表彰。

检查验收阶段:2015年下半年。在各级党委和政府统一领导下,各级普法依法治理领导小组办公室负责组织对规划实施情况进行总结验收,对先进集体和先进个人进行表彰。

五、组织领导和保障

(一)切实加强领导。各级党委和政府要高度重视,把法制宣传教育纳入当地经济社会发展规划,纳入党委和政府目标管理。进一步完善党委领导、人大监督、政府实施的领导体制,建立健全各级普法依法治理领导小组,完善领导小组定期召开会议、听取汇报、开展督查等制度。领导小组办公室日常工作由政府司法行政部门承担。各级人大要加强对法制宣传教育工作的监督检查,定期组织人大代表视察普法工作。各级党委宣传部门、政府司法行政部门和领导小组办公室负责组织、协调、指导和检查规划的实施工作。各部门各行业负责本部门本行业法制宣传教育工作,按照谁执法谁普法的原则,积极面向社会开展本部门本行业相关法律法规的宣传教育。各类媒体要积极承担公益性法制宣传教育责任。

(二)健全考核评价体系。根据我市实际情况,科学制定重点对象法制宣传教育和法治城市、法治区县(市)创建工作考核评估指标体系,完善考核评估运行机制,对规划实施情况进行年度考核、阶段性检查和专项督查。及时总结推广典型经验,并按照有关规定表彰先进。

(三)落实法制宣传教育经费保障。各级政府要把法制宣传教育经费纳入本级政府财政预算,专款专用。我市的"六五"法制宣传教育经费在确保"五五"普法人均0.2元标准的基础上,适当增加,并作为一项"刚性"指标纳入"六五"普法考核验收内容之中。各部门、各单位也要统筹安排相关经费,保证法制宣传教育工作正常开展。

(四)抓好队伍建设。培养专兼职相结合的法制宣传教育队伍,提高专职法制宣传教育工作者的政治业务素质和组织指导能力。加强各级普法讲师团、普法志愿者队伍建设,建立健全定期培训和管理制度,提高工作能力和水平。

(五)推进阵地建设。完善城市、乡村公共活动场所法制宣传教育设施。利用各类教育基地开展法制宣传教育培训和实践活动。引导广播、电视、报刊等各类媒体办好普法节目、专栏和法制频道,结合法治实践,采取以案说法等形式,深入浅出地开展法制宣传教育。充分利用户外LED电子屏幕、电子触摸屏、闭路电视等传播媒介开展法制宣传教育。办好普法网站,推动政府网及门户网站加大法制宣传力度,要进一步发挥"中国沈阳普法网"、"中国沈阳法律服务网"的作用,为公民提供方便、快捷的法律咨询和服务。根据不同对象的需求,组织编写系列高质量的普法书籍和读物。加强服务阵地建设,利用12348法律服务热线、律师服务热线、法律服务信箱等形式,为人民群众提供方便快捷的法制宣传和法律服务。

中共沈阳市委 沈阳市人民政府 关于贯彻落实《中共中央关于深化文化体制改革推动社会主义文化大发展大繁荣若干重大问题的决定》的实施意见

(2011年12月19日
中共沈阳市委十二届
二次全体会议通过)

为贯彻落实《中共中央关于深化文化体制改革推动社会主义文化大发展大繁荣若干重大问题的决定》和省委、省政府要求,进一步加快我市文化强市建设,结合沈阳实际,现提出如下实施意见。

1. 以高度的文化自觉推动文化改革发展。文化是民族的血脉,是人民的精神家园。党的十七届六中全会提出建设社会主义文化强国的战略目标,进一步指明了文化建设的前进方向。沈阳作为全国文化体制改革试点城市,近年来文化建设取得显著成绩,迈出了建设文化强市的坚实步伐。实践证明,文化日益成为城市综合实力的重要因素、社会文明进步的重要标志和人民群众幸福生活的重要源泉,没有文化的繁荣发展,就没有老工业基地的全面振兴。我们必须以高度的文化自觉,抢抓机遇,凝心聚力,担当使命,改革创新,推动文化建设与经济建设、政治建设、社会建设以及生态文明建设协调发展,开创沈阳文化大发展大繁荣的新局面,为振兴沈阳老工业基地提供坚强思想保证、强大精神动力、有力舆论支持和良好文化条件。

2. 进一步明确建设文化强市的目标任务。"十二五"时期沈阳文化建设的总体目标是,从文化大市向文化强市跃升,历史文化名城魅力凸显,沈阳城市精神弘扬光大,文艺精品力作不断涌现,群众文化素质整体提高,文化产业成为支柱产业,城市文化实力显著增强,建设国家文化中心城市、国家创新型城市,成为全国文明城市。其间,全市以社会主义核心价值体系为引领的共同思想道德基础更加巩固,优秀文化成果获国家级奖项位居全国副省级城市前列,公共文化服务体系基本建成并覆盖城乡,文化体制改革继续保持全国先进水平,文化产业年均增长速度超过20%,高素质文化人才队伍发展壮大。到2020年,基本建成文化强市。

3. 坚持用科学理论指导振兴发展实践。推进学习型党组织建设"排头兵"工程,组织党员领导干部以学经典、重品行、讲奉献、谋振兴为主题,学好马克思主义经典著作、中国特色社会主义理论体系,推动学习实践科学发展观向纵深拓展。围绕"科学发展,全面振兴"新的实践,完善理论传播体系、终身教育体系,强化媒体理论宣传,编写通俗理论读物,普及三级理论宣讲,开展"辽海?沈阳讲坛"、"全民读书月"、"社会科学百日宣传普及"等活动,促进马克思主义大众化。推动中国特色社会主义理论体系进教材、进课堂、进头脑,加强和改进学校思想政治教育。深化振兴发展重大理论和实践课题研究,扩大沈阳经济区八城市哲学社会科学交流合作,建立"沈阳社会科学智库",更好地服务经济社会发展。

4. 坚持用共同理想和城市精神凝聚振兴力量。深入开展社会主义核心价值体系学习教育活动,组织学习中国近代史特别是党领导人民进行革命、建设、改革的历史,抓好形势政策教育,坚定建设中国特色社会主义、加快沈阳全面振兴的信念和信心。加强和改进思想政治工作,针对干部群众思想实际和社会热点问题,划清是非界限,统一思想认识。大力弘扬民族精神和时代精神,发挥好爱国主义教育基地和红色旅游作用,开展群众性爱国主义教育活动,加强国防教育。制定实施《沈阳市公益广告管理办法》,拓展社会宣传阵地。深入挖掘城市人文底蕴,培育和弘扬新时期"沈阳精神",在全市凝聚起强大精神力量。

5. 坚持用公民道德建设引领社会风尚。牢固树立和自觉践行社会主义荣辱观,以"全民修身行动"为载体,加强社会公德、职业道德、家庭美德、个人品德建设,着力解决道德失范、诚信缺失等突出问题,在全社会形成"知荣辱、讲正气、作奉献、促和谐"的良好风尚。深入开展学习雷锋、郭明义、潘作良等活动,进一步健全先进典型选树、宣传、学习机制,继续开展"我推荐、我评议身边好人"暨"感动沈阳人物"评选活动,发挥先进典型和道德模范示范引领作用。落实《沈阳市中小学德育实施纲要》,加强未成年人活动场所的建设和管理。推进政务诚信、商务诚信、社会诚信和司法公信建设,在窗口服务行业开展优质文明诚信服务竞赛,继续开展"百城万店无假货"活动。弘扬科学精神,加强法制宣传教育,加强人文关怀和心理疏导,培育积极健康的社会心态。

6. 坚持用文明创建成果提升城市文明形象。围绕"文明沈阳"建设目标任务,编制《沈阳市创建全国文明城市规划》,加强创建活动领导体系和工作系统建设,举全市之力,深入推进政务环境、法治环境、市场环境、人文环境、文化环境、生活环境、社会环境、生态环境建设和群众性精神文明创建活动,确保沈阳在2014年进入全国文明城市行列。广泛开展"迎全运、爱家乡、建沈阳"主题教育实践活动,全面推进全运知识普及、文明市民培育、社会服务提升等系列文明行动,形成"人人都是东道主,我为全运作贡献"的社会共识和自觉行动,充分展示文明沈阳新形象。深入开展志愿服务活动,颁布《沈阳市志愿服务条例》,注册志愿者人数达到城市人口总数的8%以上。推进文明城区、文明村镇、文明单位建设。深入开展城乡共建,推广农村道德信贷,大力推进乡风文明建设。

7. 推出更多优秀文艺作品。实施文艺精品战略,扶持重大现实题材特别是沈阳本地题材原创作品,抓好"九一八事变"、沈阳二战盟军战俘营、沈阳工人铸造第一枚国徽等题材电影以及重点电视剧、舞台剧、广播剧、音乐、长篇小说、动漫等作品创作生产。到2015年,创作生产一批代表沈阳文化形象、达到国家一流水准的文艺精品,力争有3至5部作品获得"五个一工程"奖、文华奖、华表奖等国家级奖项。提升沈阳出版社在全国的知名度,推动《芒种》、《诗潮》办成全国名刊,促进沈阳书画院成为国家一流画院。完善重点文艺作品审读和文艺宣传阅评制度,加强文艺作品创作引导,强化文艺评论工作。

8. 把握正确舆论导向。坚持团结稳定鼓劲、正面宣传为主,壮大主流舆论,提高舆论引导的及时性、权威性和公信力、影响力。围绕全市重大决策、重要会议、重大活动,加强主题宣传。精心培育"沈轩言"评论品牌。加强舆情分析研判,做好重大突发事件新闻报道,健全应急报道和舆论引导机制,加强对社会热点问题及突发公共事件的舆论引导。办好《舆情聚焦》等舆论监督类节目、栏目。深入开展"三项学习教育"和"走基层、转作风、改文风"活动,强化新闻媒体和新闻工作者的社会责任和职业道德。

9. 发展健康向上的网络文化。成立沈阳市互联网信息工作领导小组,建立由市网信办、市经信委、市公安局分别主管全市互联网信息内容、互联网行业发展和打击网络违法犯罪的工作格局。在各地区及市直各单位设立互联网信息管理机构。加强网上思想文化阵地建设,将沈阳网改建为市属门户网站,力争用2至3年时间使其成为全国知名新闻网站。全面推进网络协作体建设,建成辐射全国的互联网信息工作联动机制。加强网络内容建设,办好具有沈阳地域特色的网络文化频道,加强网上正面宣传。

10. 加快公共文化设施建设。把公共文化设施建设作为构建公共文化服务体系的基础工程,有序推进《沈阳市社会事业发展与改革"十二五"规划》确定的建设项目,重点建设沈阳艺术中心、文化大厦等标志性文化设施。新建、改建中国工业博物馆、新乐遗址博物馆、东北讲武堂博物馆等特色文化设施。增建城市公园露天剧场,提升中山路欧风街、老北市关东民俗街区和西塔、满融朝鲜族区域文化功能。加强公共文化设施体系建设,到2015年,基本建成市级三馆(博物馆、图书馆、群众艺术馆)、区县(市)两馆一院(图书馆、文化馆、数字影院)、乡镇一乡一站(文化站)、社区一室一广场(文化活动室、室外文体广场)四级公共文化服务网络。完善市图书馆、沈阳电大文化教育信息网络平台,满足城乡居民随时随地在线文化需求。

11. 深入推进文化惠民工程。把艺术惠民"双百万"工程推向更大范围和更高水准,进一步深化免费艺术培训和常态公益演出活动,继续开展面向浑南新城和沈阳地铁建设者、出租车司机、农民工、城市路桥改造和环卫工人等定向文化惠民活动,到2013年,直接受益群众突破1000万人次。丰富文化信息资源共享工程信息内容,扩大视频总量达到1万小时。加大对广播电视村村通投入,实现户户通、时时通。增加农村和城市社区、广场电影放映场次。完善农家书屋管理制度,建设企业书房,实现全市社区书屋全覆盖。办好"新年音乐会"、"优秀剧目演出季",引进国内外高雅艺术演出,向人民群众提供更多更好的高品位文化服务。

12. 大力加强群众文化建设。推进广场文化、农村文化、社区文化、企业文化和校园文化建设,每年开展各类群众文化活动2万场以上。搭建群众文化表演舞台,积极承办国家和省级大型群众文化节庆活动,着力办好市民文化艺术节、大学生文化节、市民合唱节、社区文化艺术节,打磨反映沈阳工业史诗的大型情景诗话剧《我们走在大路上》,展示全市人民积极参与城市主流文化创造的丰硕成果,争获更多"群星奖"等国家级群众文化活动奖项。积极发展各类群体的文联组织和群众性文化艺术团体,不断提升"红诗沈阳"、"百万市民看沈阳"、"百万市民看电影"、"欢乐进农家"等基层文化活动吸引力。加大文化资源向农村倾斜力度,依托广电传媒开展农民才艺大赛。创建国家一流群众合唱基地,到2012年,全市建成1000支群众合唱团。加强民间文化艺术之乡、特色文化基地建设。

13. 加强文化遗产保护与传承。完善并严格执行《沈阳市历史文化名城保护条例》,以清前文化、近代文化、工业文化、民族文化为重点,加强文化遗产保护利用。发挥"一宫两陵"、新乐遗址博物馆、"九一八"历史博物馆、张氏帅府、沈阳金融博物馆、铁西铸造博物馆、工人村生活馆、城市规划展示馆等历史遗存和文化场馆效应,恢复修建故宫方城、二战盟军战俘营、日本战犯审判庭等历史文化遗存。依据非物质文化遗产品牌项目名录,重点保护好9项国家级、36项省级非物质文化遗产项目。加强历史文化街区、历史文化名村、文物古迹及古树名木保护体系建设。扶持京剧唐派艺术、评剧"韩花筱"艺术,复演优秀传统剧目。加强档案馆建设和"中华老字号"保护传承。繁荣发展少数民族文化事业,加强满族文化综合保护与开发,规划建立锡伯族文化生态区，支持法库、康平挖掘辽金文化。积极开展“文化援疆”。

14. 优化文化产业结构。落实《沈阳市“十二五”时期文化产业发展规划》，重点发展出版印刷、演出娱乐、动漫制作、文化旅游等主导产业，大力培育影视传媒、创意设计、广告会展、数字内容等新兴产业，积极推动文化产业与装备制造、体育、信息、物流、建筑等产业融合发展。继续实施重大项目牵动战略，重点抓好棋盘山大型实景演出、故宫方城和北市锡伯族家庙文化广场改造、新视觉立体影视产品、华强方特欢乐世界、沈阳(法库)陶瓷文化产业园、康平卧龙湖文化产业开发、大东汽车文化产业园、北运河历史观光带、北方联合广播电视网络股份公司科研大厦、中南卡通游乐园、沈阳温泉谷、万国酒堡等项目。“十二五”期间，力争再获批1至2个国家级文化产业集聚区(园区)，培育10个年产值1亿元以上的文化产业龙头企业。

15. 扶持文化企业健康发展。发挥文化企业市场主体作用，壮大国有和国有控股文化企业，鼓励和引导非公有制文化企业健康发展。推动沈阳日报传媒集团有限公司、沈阳杂技演艺集团有限公司等骨干文化企业上市。支持沈阳出版发行集团有限公司、沈阳电影有限公司等文化企业跨地区整合资源。引进国内外知名文化企业，加大对国有和民营文化企业扶持力度。发挥沈阳恒信担保公司等机构为文化企业贷款担保、为中小文化企业投融资服务的作用，形成公有制为主体、多种所有制共同发展的文化产业格局。

16. 推进文化科技创新。实施文化产业科技带动战略，推动传统文化产业升级。加快推进数字内容产业，重视开发网络游戏、数字音乐、网络书刊、数字电视剧等新兴业态。引导文化创意应用于工业设计研发，增加装备制造业产品附加值。支持沈阳四维数码科技有限公司国家级“文化艺术科技创新基地”建设，推动4 D产业自主发展。推进新闻出版行业数字化改造升级，增强市场竞争力。健全动漫基地公共技术服务平台，提高动漫产业研发、制作能力。

17. 扩大文化消费。发挥沈阳交通便利、人口密集等优势，引导文化企业投资兴建更多文化消费场所，提高娱乐休闲文化消费水平。依托生态资源、名胜古迹、民风民俗等特色，打造地域文化旅游线路，积极开发拓展“采摘节”、“冰雪节”、“温泉城”等大众文化消费市场。支持市属专业院团扩大优惠群众的低票价演出市场，发掘文化消费潜力。适应传媒信息技术发展趋势，推动沈阳网开展电子商务、移动支付、网络电视、在线游戏等服务，促进网络文化消费。培育县城及农村文化消费市场，不断提高城乡居民文化消费占消费支出的比重。

18. 深化国有文化单位改革。深化经营性文化单位改革，推动已转制企业完善法人治理结构，建立现代企业制度。认真解决演艺、出版、电影行业“事转企”过程中遗留的困难和问题。支持沈阳杂技演艺集团面向国内外吸纳战略投资者，进行股份制改造。加强沈阳京剧院、沈阳评剧院重点院团建设，推动其整合省内京、评剧演出资源。推进辽沈广电资源战略合作，积极扶持沈阳日报报业集团、沈阳广播电视台加速发展，实施非时政类报刊社转企改制。继续执行文化体制改革配套政策，转企国有文化单位可实行技术、管理等要素参与分配，对其扶持政策执行期限延至2018年。全面推进公益性文化事业单位人事、收入分配、社会保障制度改革，强化服务功能，规范绩效考核，增强发展活力。

19. 健全文化市场体系。加快培育产权、版权、技术、信息等要素市场，推进辽宁·沈阳文化知识产权交易所股份制改造，将其打造成全国重点、东北唯一的文化产权交易服务平台，为文化企业提供债权融资、股权交易、并购重组等市场化服务。大力发展图书报刊、电子音像、文化用品、古玩艺术等产品市场，打造辐射东北的区域文化产品交易集散中心。继续办好东北文博会、东北印展会、世界多媒体与互联网峰会、中国沈阳民间艺术博览会、动漫电玩博览会、陶博会等展会，到2015年，再争办1至2个国际性大型文化产业展会或论坛。创新文化业态经营方式和交易手段，建立文化创意产业无形资产评价机制，促进文化与资本对接。

20. 创新文化管理体制。建立健全党委领导、政府管理、行业自律、社会监督、企事业单位依法运营的文化管理体制。加快政府文化管理职能转变，强化政策调节、市场监管、社会管理、公共服务职能，实行政企分开、政事分开。建立管人管事管资产管导向相结合的国有文化资产管理体制。坚持谁主管谁负责和属地管理原则，严格执行文化资本、文化企业、文化产品市场准入和退出政策，综合运用法律、行政、经济、科技等手段提高管理效能。深入开展“扫黄打非”，完善文化市场管理，加强知识产权保护，营造良好的文化市场秩序。成立沈阳市文化产业发展领导小组办公室，统筹全市文化产业工作。支持棋盘山国家级文化产业示范区等重点文化产业集聚区体制机制创新，实行先行先试。

21. 完善政策保障机制。各级政府要保证公共财政对文化建设投入的增长幅度高于财政经常性收入增长幅度，把主要公共文化产品和服务项目、公益性文化活动，纳入公共财政经常性支出预算。加大对重点文艺作品生产、重大文化产业项目、重要文化惠民工程和优秀文化人才培养引进的投入。加大财政、税收、金融、用地等方面对文化产业的政策扶持力度。对文化内容创意生产和非物质文化遗产项目经营实行税收优惠。从城市住房开发投资中提取1%，用于社区公共文化设施建设。引导鼓励各类文化企业和社会力量参与公共文化服务。扶持民营博物馆事业发展。

22. 加强对外文化交流与合作。实施沈阳文化“走出去”战略，支持沈阳杂技团与国际知名演艺集团签约、赴国外巡演，鼓励我市文化单位同国外文化机构进行项目合作，支持评剧《我那呼兰河》、京剧《将军道》、传奇歌舞剧《遥远的察布查尔》等优秀剧目进行省内外交流演出，支持文博单位和我市文艺名家开展对外文化交流，推进东北四个副省级城市及沈阳经济区八城市文化资源共享。积极培育沈阳外向型文化企业和中介机构，争取更多文化企业和文化产品进入国家文化出口重点企业和项目目录。增加文化对外宣传项目，在我市招商引资、产品出口的重点国家和地区，举办“沈阳文化周”、“沈阳电视周”等文化交流品牌活动。加强沈阳与港澳台地区的文化交流。搭建沈阳与国外(海外)新闻媒体交流合作平台，形成以媒体互访、栏目互动、节目交流、对话研讨等为主要内容的媒体战略合作机制，扩大沈阳文化的国际影响。

23. 加强城市形象对外宣传。拓宽

对外宣传渠道，积极组织国内外主要媒体宣传我市经济社会发展成就。实施外宣精品工程，征集并确定城市形象宣传语，制作系列特色外宣品，推广城市宣传片。健全和完善党委、政府新闻发言人制度，加强新闻发布阵地和队伍建设，及时发布重要信息，妥善回应外部关切问题。开辟多种城市形象宣传渠道，开展经常性城市形象宣传，提高沈阳知名度、美誉度。

24. 加强文化人才队伍建设。制定《沈阳市文化人才发展规划》，把培养和引进文化人才纳入《沈阳市2010—2020年人才发展规划》。实施“四个一批”人才培养工程、沈阳文化名人推介工程和文化新秀扶植工程。优化文化人才结构，不拘一格引进高层次文化人才，造就一批沈阳本土、业界公认的文化名家大师和领军人物。通过组织进修、考察、专场演出和作品展览等方式，加快培养高素质优秀文化人才。按照德才兼备要求，充实市直宣传文化系统干部队伍。增加区县(市)宣传文化部门编制，每个乡镇、街道配齐配好宣传委员、文化干事和乡镇综合文化站专职人员。设立城乡社区公共文化服务岗位，对服务期满高校毕业生报考文化部门公务员、相关专业研究生实行定向招录。大力培养社区、行政村专兼职文化工作者，鼓励专业文化工作者和社会各界人士参与基层文化建设，发展壮大文化志愿者队伍。建立文化人才分级分类培训制度，普遍轮训基层文化干部。切实保障乡镇、社区文化工作人员的工作条件和生活待遇，充分调动和发挥他们的积极性。

25. 完善文化人才评价激励机制。建立健全以岗位职责为基础，以品德、能力、业绩和社会知名度、业内美誉度、群众满意度为导向的文化人才评价考核指标体系。定期组织沈阳市文化艺术“红玫瑰”奖、新闻出版“刘黑枷新闻奖”评选，设立“沈阳文化发展突出贡献奖”，开展“沈阳市优秀基层文化工作者”评选活动。建立沈阳市文化人才信息库和文艺专家库。在评定职称、参与培训、申报项目、表彰奖励等方面，对非公有制文化单位人员给予同等对待，为各类优秀人才脱颖而出、施展才干创造良好制度环境。

26. 加强和改进党对文化工作的领导。全市各级党政组织要切实担负推进文化改革发展的政治责任，把文化建设纳入经济社会发展总体规划，把文化改革发展成效纳入科学发展考核评价体系，作为衡量领导班子和领导干部工作业绩的重要依据。各级党校要把文化建设内容纳入干部培训计划。加强宣传文化战线党组织建设，选好配强各级领导班子。建立健全党委统一领导、党政齐抓共管、宣传部门组织协调、有关部门分工负责、社会力量积极参与的工作体制和工作格局，进一步形成文化建设合力。支持人大、政协履行职能，调动各部门积极性，支持民主党派、无党派人士和人民团体发挥作用，共同推进文化改革发展。推动文联、社科联等文化领域人民团体履行好联络协调服务职能。发挥宗教组织和人士在促进文化建设中的积极作用。

法规·规章

关于调整企业养老保险缴费比例的决定

(沈阳市政府令第22号)

沈阳市人民政府决定对本市城镇企业养老保险缴费比例统筹部分由原来的19%调整为20%，其他规定不变。

本决定自2011年1月1日起施行。沈阳市人民政府2006年1月27日发布的《沈阳市人民政府关于调整企业养老保险缴费比例的决定》(沈政令〔2006〕53号)同时废止

沈阳市著名商标认定和保护办法

(沈阳市政府令第23号)

第一章　总　　则

第一条　为了规范沈阳市著名商标认定工作，保护沈阳市著名商标所有人的合法权益，促进经济发展，根据《中华人民共和国商标法》和《中华人民共和国商标法实施条例》等有关法律、法规的规定，结合本市实际，制定本办法。

第二条　本办法适用于本市行政区域内沈阳市著名商标的认定、保护和管理。

本办法所称沈阳市著名商标是指在市场上享有较高信誉度，被相关公众所熟知的注册商标。包括商品商标和服务商标。

第三条　市工商行政管理部门负责沈阳市著名商标的认定和保护工作。

质量技术监督、国税、地税、海关、食品药品监督、知识产权等管理部门和有关行业协会应当按照职责分工，做好沈阳市著名商标的认定和保护工作。

第四条　沈阳市著名商标的认定遵循自愿、公开、公平、公正的原则。

第五条　市和区、县(市)人民政府应当鼓励商标所有人创立和申请沈阳市著名商标，对成绩显著的单位和个人给予表彰和奖励。

第二章　沈阳市著名商标的认定

第六条　申请认定沈阳市著名商标应当符合下列条件：

(一)申请人为注册商标所有人，且是在本市依法注册登记的企业、事业单位、社会团体、个体工商户；

(二)该商标自核准注册之日起连续使用满1年以上，且无权属争议；

(三)使用该商标的商品达到国际或者国内先进质量标准，且质量稳定，售后服务良好；

(四)使用该商标的商品或者服务在市场上具有较高知名度和良好信誉；

(五)使用该商标的商品或者服务的产量、销售额、纳税额、市场占有率、市场覆盖面等主要经济指标在全市同行业中名列前茅；

(六)申请人在生产经营活动中有严格的商标使用、管理、保护制度；

(七)申请人没有侵犯他人注册商标专用权的行为。

第七条　申请认定沈阳市著名商标，应当填写沈阳市著名商标申请认定表，并向所在地区、县(市)工商行政管理部门提交下列证明材料：

(一)《营业执照》或者主体资格证明；

(二)《商标注册证》以及变更、续展、转让证明；

(三)申请认定的注册商标图样以及商标实际使用图样；

（四）使用该商标的商品或者服务，在近3年内的产量、销售额、纳税额、市场占有率、市场覆盖面等主要经济指标及在本市同行业的排序情况或者能够证明该商标著名的其他材料；

（五）商标使用管理和保护制度的书面材料，包括内部管理、人员配置以及制度建设情况的说明材料。

申请人提交的申请材料一式两份，以及电子文本材料一份。申请材料应当真实，不得弄虚作假。

第八条　申请人认为其商标符合本办法第六条规定的，可以向所在地区、县（市）工商行政管理部门提出著名商标的认定申请。区、县（市）工商行政管理部门应当自受理沈阳市著名商标认定申请之日起15个工作日内初审完毕，对符合认定条件的，连同申请材料一并报送市工商行政管理部门；对不符合沈阳市著名商标认定条件的，应当退回申请材料，并书面告知申请人不予认定的理由。

第九条　市工商行政管理部门对申请人提交的材料进行审核，并向市质量技术监督、国税、地税、海关、食品药品监督、知识产权等管理部门和有关行业协会征询意见，在3个月内做出认定或者不予认定的决定。

对做出认定的沈阳市著名商标，发给沈阳市著名商标证书、牌匾，并在市级主要媒体上公告。

第十条　沈阳市著名商标自公告起3年内有效。有效期满需要继续认定的，经市工商行政管理部门审查，对符合沈阳市著名商标条件的，市工商行政管理部门应当准予延续并公告；对不符合沈阳市著名商标认定条件的，书面告知申请人不予延续的理由。

第三章　沈阳市著名商标的保护

第十一条　沈阳市著名商标所有人、使用人，可以在其注册商标核定使用的商品或者服务的包装、装潢、说明书、广告宣传、展览以及其他商业活动中使用“沈阳市著名商标”字样。

未经依法认定任何单位和个人不得使用“沈阳市著名商标”字样。

第十二条　自沈阳市著名商标公告之日起，同行业不得使用与沈阳市著名商标相同或者近似的文字作为企业名称或者字号，另有特殊规定和情形的除外。

第十三条　经依法认定的“沈阳市著名商标”，市工商行政管理部门可择优向省和国家工商行政管理部门推荐认定“辽宁省著名商标”和“中国驰名商标”。

第十四条　沈阳市著名商标所有人、使用人的合法权益在本市行政区域以外遭受侵犯，市和区、县（市）工商行政管理部门应当协助其维护合法权益。

第十五条　沈阳市著名商标所有人、使用人应当保证其生产、销售的商品或者服务质量，不得粗制滥造、以次充好、侵害消费者合法权益。

第十六条　沈阳市著名商标所有人变更注册人名称、地址或者其他注册事项的，应当在变更登记之日起30日内将变更事项报市工商行政管理部门备案。

沈阳市著名商标所有人依法转让其著名商标的，该商标的著名商标资格，应当按照本办法规定重新认定。

第四章　法律责任

第十七条　沈阳市著名商标所有人有下列情形之一的，由市工商行政管理部门撤销沈阳市著名商标资格，收回沈阳市著名商标证书、牌匾，并给予公告：

（一）申请人弄虚作假、伪造证明材料骗取沈阳市著名商标资格的；

（二）沈阳市著名商标所有人超越商标注册核定的商品范围，使用“沈阳市著名商标”字样、标识，经工商行政管理部门责令限期改正后仍不改正的；

（三）在沈阳市著名商标有效期内，该著名商标所指商品的质量和售后服务差，或者其产量、销售额、纳税额、市场占有率等主要经济指标严重下降，达不到沈阳市著名商标认定条件的；

（四）沈阳市著名商标有效期届满，经审查不符合本办法第六条规定的；

（五）经转让后未重新认定的；

（六）违反法律、法规的其他情形。

第十八条　未经市工商行政管理部门认定，擅自在商品及其包装、装潢、说明书、广告宣传、展览以及其他商业活动中使用“沈阳市著名商标”字样的，由市工商行政管理部门责令改正，并根据相关法律、法规规定，给予处罚。

第十九条　对侵犯沈阳市著名商标专用权的，由工商行政管理部门责令立即停止侵权行为。对非法经营活动中没有违法所得的，处1000元罚款；有违法所得的，没收违法所得，处5000元以上1万元以下罚款。

第二十条　工商行政管理部门工作人员在认定和保护沈阳市著名商标工作中，滥用职权、玩忽职守、徇私舞弊的，由其所在单位或者有关部门给予行政处分。

第五章　附则

第二十一条　本办法自2011年6月1日起施行。

沈阳市科学技术奖励办法

（沈阳市政府令第24号）

第一章　总　则

第一条　为了奖励在科学技术进步活动中做出突出贡献的单位和个人，调动科学技术工作者的积极性和创造性，鼓励科学研究和技术创新，根据《中华人民共和国科学技术进步法》、《国家科学技术奖励条例》等法律、法规的规定，结合本市实际，制定本办法。

第二条　本办法适用于本市行政区域内市人民政府设立的科学技术奖的推荐、评审、授奖等活动。

第三条　市科学技术行政部门负责本市科学技术奖评审的组织工作。

第四条　市科学技术奖励工作遵循尊重劳动、尊重知识、尊重人才、尊重创造的方针，评审、授予按照公开、公平、公正原则，维护科学技术奖励的权威性和严肃性。

第二章　奖项设置

第五条　市科学技术奖包括：

（一）科学技术振兴奖；

（二）科学技术进步奖；

（三）农村科技推广奖；

（四）专利奖。

根据促进科学技术发展的需要，市

人民政府可以调整科学技术奖项。

第六条 市人民政府各部门不再设立市级科学技术奖。社会力量设立的各类科学技术奖项,应当按照有关规定,到市科学技术行政部门办理登记手续。

第七条 市科学技术振兴奖授予下列单位和个人:

(一)在当代科学技术前沿取得重大突破或者在科学技术发展中有卓越建树,对推动本市科技进步和经济发展做出突出贡献的;

(二)在科学技术研发、科技成果转化、高新技术产业发展和新兴产业建立等方面取得重大突破,创造重大经济效益或者社会效益的。

第八条 市科学技术进步奖授予下列单位和个人:

(一)在实施技术开发项目中,完成重大科技创新、实现科技成果转化应用或者高新技术产业化,创造显著经济效益的;

(二)在实施社会公益项目中,取得重大研究成果,创造显著经济效益或者社会效益的;

(三)在实施软科学研究项目中,研究成果为推动决策科学化和管理现代化,促进科技、经济与社会的协调发展发挥重要作用的。

第九条 市农村科技推广奖授予在推广应用农业新品种、新产品、新技术中,取得显著经济、社会和生态效益的单位和个人。

第十条 市专利奖授予已取得重大发明创造,并实现显著经济效益或者社会效益的专利发明人,以及为专利实施做出贡献的单位和个人。

第十一条 市科学技术奖分以下类别,每年评审一次。

(一)科学技术振兴奖设个人和项目奖;

(二)科学技术进步奖设一、二、三等奖;

(三)农村科技推广奖设一、二、三等奖;

(四)专利奖设一、二、三等奖。

第三章 评审机构

第十二条 市人民政府设立科学技术奖励评审委员会(以下简称评审委员会),由市科学技术行政部门组织聘请科技、教育、经济等方面的专家、学者参加,依照本办法的规定,开展市科学技术奖的评审工作。

第十三条 根据市科学技术奖评审工作需要,评审委员会可以设立若干专业评审组,开展市科学技术奖各技术领域的初评工作。

第十四条 评审委员会委员、各专业评审组评委与市科学技术奖候选人和项目有利害关系的,不得参加该项目的评审工作。

第十五条 评审委员会委员、各专业评审组评委及有关工作人员,应当对评审项目的技术内容及评审情况保守秘密。

第四章 推荐

第十六条 市科学技术奖候选人和项目由下列单位和个人推荐:

(一)各区、县(市)人民政府、高新区和开发区管理委员会;

(二)市人民政府各部门及直属机构;

(三)中央、省驻沈有关单位;

(四)市科学技术行政部门认定的其他单位及科学技术专家。

第十七条 被推荐奖励项目单位应当在本市注册,被推荐奖励项目应当在本市行政区域内应用实施1年以上,经过技术评价,并取得明显技术效果、经济效益或者社会效益。

第十八条 被推荐奖励项目由两个或者两个以上单位共同完成的,应当明确项目完成单位的顺序,作为一个项目被推荐,不得重复推荐。

第十九条 同一项目不得在同一年度重复推荐市科学技术奖的不同奖项。

第二十条 有下列情况之一的,不得推荐市科学技术奖:

(一)存在知识产权、完成单位、完成人员等方面争议,尚未解决的;

(二)法律、法规规定应当取得许可证的项目,尚未取得许可证的;

(三)已获得省级以上同一奖项奖励的;

(四)项目未在本市行政区域内实施的。

第二十一条 推荐单位应当按照规定推荐市科学技术奖候选人和项目,填写统一格式的推荐表。被推荐市科学技术奖候选人和项目的所在单位,应当填写统一格式的申请书,提供真实可靠的评价材料和证明材料。

第五章 评审、批准与授奖

第二十二条 市科学技术行政部门接到推荐、申报材料后,应当对候选人和项目进行审查,符合规定条件的,由专业评审组进行初评。经初评通过的,由评审委员会进行评审。

第二十三条 评审委员会应当对通过初评的候选人和项目进行评审,提出获奖候选人和项目、奖励种类以及奖励等级的建议,并向社会公示,征求各方面意见。

第二十四条 任何单位和个人对市科学技术奖获奖候选人和项目持有异议的,可自公示之日起15日内向市科学技术行政部门提出,并提供必要的证明材料。

第二十五条 评审委员会应当在15个工作日内对市科学技术奖获奖候选人和项目异议进行调查核实,做出处理决定,并将处理决定通知异议方及推荐单位。

第二十六条 市科学技术行政部门根据评审委员会的奖励建议及异议的处理情况,拟定获奖个人、获奖项目、奖励种类、奖励等级,报市人民政府批准。

第二十七条 市科学技术奖由市人民政府颁发证书和奖金。

第二十八条 市科学技术奖获奖人员获奖情况,可以作为考核、评聘专业技术职称、享受相关待遇的依据。

第二十九条 市科学技术奖奖励经费纳入部门预算管理。奖金标准的拟定或者调整由市科学技术行政部门会同市财政部门提出,报市人民政府批准实施。

第六章 法律责任

第三十条 剽窃、侵夺他人科学技术成果的,或者以其他不正当手段骗取市科学技术奖的,由市科学技术行政部门报市人民政府批准后撤销奖励,收回证书和奖金。

第三十一条 协助他人骗取市科学技术奖的,由市科学技术行政部门通报批评;对负有直接责任的相关人员,由主管部门依法给予行政处分。

第七章 附则

第三十二条 本办法自2011年10月1日起施行。

沈阳市公共信息标志标准化管理办法

(沈阳市政府令第25号)

第一条 为了加强公共信息标志标准化管理,方便公众生活,提高城市文明程度和管理水平,根据《中华人民共和国标准化法》和《辽宁省信息技术标准化监督管理条例》等法律、法规,结合本市实际,制定本办法。

第二条 本市行政区域内公共信息标志的设计、制作、销售、设置、维护和监督管理,适用本办法。

第三条 本办法所称公共信息标志,是指以图形、色彩和必要的文字、字母或者其组合等,表示所在公共区域、公共设施的用途和方位,提示和指导人们行为的标志物。

第四条 市质量技术监督部门是本市公共信息标志标准化工作的行政主管部门,负责全市公共信息标志标准化的监督管理工作。区、县(市)质量技术监督部门负责本辖区内公共信息标志标准化的具体监督管理工作。

市质量技术监督部门可以委托管理公共事务的事业组织实施公共信息标志的监督检查工作。

第五条 市和区、县(市)人民政府应当加强对公共信息标志标准化工作的领导,将其纳入城市建设规划。

交通、建委、城建、旅游、商业、体育、卫生、公安、消防、民政等部门以及有关公用事业单位应当按照各自职责,组织本系统、本行业公共信息标志标准的实施。

第六条 公共信息标志应当按照国家、行业、地方标准执行。

需要在本市公共场所普遍适用的公共信息标志,而国家、行业尚未制定标准的,单位和个人可以向市质量技术监督部门提出制定地方标准的建议。

第七条 市质量技术监督部门应当根据国家、行业和地方标准的规定,结合本市实际,编制《沈阳市公共信息标志标准实施目录》(以下简称《目录》)。《目录》应当报市人民政府批准后向社会公布实施。

第八条 公共信息标志的设计应当规范、准确、简洁、醒目,中文表述应当符合国家通用语言规范。涉及计量单位的,应当使用国家法定计量单位。

第九条 公共信息标志的制作和销售必须符合《目录》所列标准的规定。

禁止制作、销售不符合《目录》所列标准的公共信息标志产品。

第十条 机场、铁路、地铁、车站、旅游景点、城市道路、宾馆(饭店)、医院、体育场(馆)、展览馆、博物馆、娱乐场所、商场、公园、停车场、公共厕所等公共场所,以及其他涉及人身、财产安全和公众基本需要的区域、设施,应当设置公共信息标志。

前款规定范围内公共场所、区域和设施的新建、改建项目,建设单位应当将公共信息标志的设置作为附属设施纳入工程项目设计和工程竣工验收内容。

第十一条 设置公共信息标志,应当安全、便利、规范、协调,符合《目录》所列标准的规定。

设置广告及其他设施,不得影响公共信息标志的使用效果。

第十二条 公共信息标志的设置单位应当对本单位管理区域内的公共信息标志定期进行检查、维护。有损坏、脱落等情况的,应当及时修复和更新,以保持公共信息标志的完好、整洁。

第十三条 违反本办法规定,有下列行为之一的,由质量技术监督部门责令限期改正;逾期不改正的,可以处500元至5000元罚款:

(一)未按照规定设置公共信息标志,或者设置的公共信息标志不符合《目录》所列标准的;

(二)设置的公共信息标志有损坏、脱落等情况,未及时修复、更新的;

(三)制作、销售不符合《目录》所列标准的公共信息标志产品的。

第十四条 行政管理部门工作人员,在公共信息标志监督管理工作中滥用职权、玩忽职守、徇私舞弊的,由所在单位或者有关部门依法给予行政处分。

第十五条 本办法自2011年8月1日起施行。

沈阳市公共信息标志标准实施目录(第一批)

序号	标准编号	标准名称
1	GB/T 10001.1-2006	标志用公共信息图形符号 第1部分:通用符号
2	GB/T 10001.2-2006	标志用公共信息图形符号 第2部分:旅游休闲符号
3	GB/T 10001.3-2004	标志用公共信息图形符号 第3部分:客运与货运
4	GB/T 10001.4-2009	标志用公共信息图形符号 第4部分:运动健身符号
5	GB/T 10001.5-2006	标志用公共信息图形符号 第5部分:购物符号
6	GB/T 10001.6-2006	标志用公共信息图形符号 第6部分:医疗保健符号
7	GB/T 10001.10-2007	标志用公共信息图形符号 第10部分:铁路客运服务符号
8	GB/T 15566.1-2007	公共信息导向系统 设置原则与要求 第1部分:总则
9	GB/T 15566.2-2007	公共信息导向系统 设置原则与要求 第2部分:民用机场
10	GB/T 15566.3-2007	公共信息导向系统 设置原则与要求 第3部分:铁路旅客车站
11	GB/T 15566.4-2007	公共信息导向系统 设置原则与要求 第4部分:公共交通车站
12	GB/T 15566.5-2007	公共信息导向系统 设置原则与要求 第5部分:购物场所
13	GB/T 15566.6-2007	公共信息导向系统 设置原则与要求 第6部分:医疗场所
14	GB/T 15566.7-2007	公共信息导向系统 设置原则与要求 第7部分:运动场所
15	GB/T 15566.8-2007	公共信息导向系统 设置原则与要求 第8部分:宾馆和饭店
16	GB/T 20501.1-2006	公共信息导向系统 要素的设计原则与要求 第1部分:图形标志及相关要素

序号	标准编号	标准名称
17	GB/T 20501.2 -2006	公共信息导向系统 要素的设计原则与要求 第2部分:文字标志及相关要素
18	GB/T 20501.3 -2006	公共信息导向系统 要素的设计原则与要求 第3部分:平面示意图和信息板
19	GB/T 20501.4 -2006	公共信息导向系统 要素的设计原则与要求 第4部分:街区导向图
20	GB/T 5845.1 -2008	城市公共交通标志 第1部分:总标志和分类标志
21	GB/T 5845.2 -2008	城市公共交通标志 第2部分:一般图形符号和安全标志
22	GB/T 5845.3 -2008	城市公共交通标志 第3部分:公共汽电车站牌和路牌
23	GB/T 5845.5 -1986	城市公共交通标志 地下铁道标志
24	GB/T 18574 -2008	城市轨道交通客运服务标志
25	JT/T 471 -2002	交通客运图形符号、标志及技术要求
26	MH 0005 -1997	民用航空公共信息标志用图形符号
27	GB 5768 -2009	道路交通标志和标线
28	GB 2893 -2008	安全色
29	GB 2894 -2008	安全标志及其使用导则
30	GA 182 -1998	道路作业交通安全标志
31	GA/T900 -2010	城市道路施工交通组织规范
32	GA 184 -1999	故障车警告标志牌
33	GB 13495 -1992	消防安全标志
34	GB 15630 -1995	消防安全标志设置要求
35	CJ 115 -2000	动物园安全标志
36	GB 15562.1 -1995	环境保护图形标志 排放口(源)
37	GB 15562.2 -1995	环境保护图形标志 固体废物贮存(处置)场
38	GB/T 19095 -2008	生活垃圾分类标志
39	GB 18455 -2001	包装回收标志
40	GB 17733 -2008	地名 标志
41	LB/T 001 -1995	旅游饭店用公共信息图形符号
42	GB/T 17695 -2006	印刷品用公共信息图形标志

沈阳市规范行政处罚自由裁量权实施办法

(沈阳市政府令第26号)

第一条 为了规范行政执法行为,保障行政处罚实施机关合法、合理地行使行政处罚自由裁量权,维护公民、法人和其他组织的合法权益,根据《中华人民共和国行政处罚法》等有关法律、法规规定,结合本市实际,制定本办法。

第二条 本办法所称行政处罚自由裁量权,是指具有行政处罚权的行政机关、授权或者受委托实施行政处罚的组织(以下统称行政处罚实施机关),在法定范围内,对违法行为是否给予行政处罚、给予何种行政处罚以及给予何等幅度行政处罚进行自主判定的行政权力。

第三条 本市行政处罚实施机关行使行政处罚自由裁量权,应当遵守本办法。

第四条 市和区、县(市)人民政府法制部门负责本行政区域内行政处罚自由裁量权的规范和监督。行政处罚实施机关负责法制工作的机构负责本机关行政处罚自由裁量权的规范和监督。

监察机关应当按照有关规定,做好行政处罚实施机关行使行政处罚自由裁量权的监督工作。

第五条 行使行政处罚自由裁量权,应当遵循合法、公正、公开、过罚相当、同过同罚的原则。

行使行政处罚自由裁量权,应当坚持处罚与教育相结合并以教育为主的原则,教育公民、法人和其他组织自觉守法。

第六条 行使行政处罚自由裁量标准和执法流程应当向社会公开,自由裁量结果除涉及国家秘密、商业秘密或者个人隐私外,允许社会公众查阅。

第七条 行政处罚实施机关应当及时采取措施纠正违法行为,对可能造成违法的行为不得先放任,待其既成违法事实后,实施行政处罚;不得因已实施行政处罚而放任违法行为持续存在。

第八条 行政管理相对人的同一个违法行为,同时违反由一个行政处罚实施机关实施的不同法律、法规和规章的规定,行政处罚实施机关对其实施行政处罚的,对同一种类的行政处罚不得合并。

第九条 行使行政处罚自由裁量权,应当综合违法事实、性质、情节、社会危害程度等因素,全面考虑以下情况:

(一)违法行为人的年龄及精神状况;

(二)违法行为人的主观过错程度;

(三)两年内是否有两次以上同类违法行为;

(四)违法行为的具体方法或者手段;

(五)违法所得或者非法财物的数量;

(六)违法行为对具体对象造成的破坏程度及社会影响;

(七)对违法行为所采取的措施及效果;

(八)法律、法规和规章规定的其他因素。

第十条 市级行政处罚实施机关应当根据法律、法规和规章规定的行政处罚的行为、种类、幅度,结合违法行为的事实、性质、情节、社会危害程度等因素,划分裁量阶次,制定本系统行政处罚裁量基准。

制定行政处罚裁量基准,可以参照上级部门制定的相关行政处罚裁量基准。

新颁布的法律、法规和规章中涉及行政处罚自由裁量权的，行政处罚实施机关应当于新颁布的法律、法规和规章公布之日起30日内确定与违法行为相对应的裁量基准。

行政处罚自由裁量基准，应当报经市人民政府法制部门审查后，按照规定向社会公布。对报请审查的裁量基准，市人民政府法制部门应当按照本办法要求对裁量基准的合法性、合理性进行审查。

第十一条 裁量基准应当列明违法行为及处罚依据，并划分三个以上裁量阶次，对每一阶次行政处罚自由裁量的种类、幅度等作出规定。

对同一违法行为设定了多种行政处罚的，从轻处罚适用于警告或者较小数额的罚款，从重处罚适用于责令停产停业、吊销许可证或者执照、较大数额罚款或者没收较大数额的违法所得、非法财物。

第十二条 对法律、法规和规章设定有一定幅度的罚款处罚，裁量基准应当视情节在幅度范围内划分为从轻处罚、一般处罚、从重处罚。罚款数额按照以下标准确定：

（一）罚款为一定数额的倍数的，应当在最高倍数与最低倍数之间划分三个以上的阶次，一般处罚按照中间阶次处罚，从轻处罚应当低于中间阶次，从重处罚不得低于中间阶次；

（二）罚款为一定幅度数额的，应当在最高额与最低额之间划分三个以上阶次（最高额与最低额比值为四倍以上的，应当按照倍数额划分处罚阶次），一般处罚按照中间阶次处罚，从轻处罚应当低于中间阶次，从重处罚不得低于中间阶次；

（三）只规定最高罚款数额没有规定最低罚款数额的，一般处罚按照最高罚款数额的40%至60%确定，从轻处罚按照最高罚款数额的20%以下确定。

区、县（市）人民政府对法律、法规和规章规定的罚款幅度，可以根据本地区经济、社会、文化等客观情况，作出控制罚款上限的决定。但涉及危害国家安全、公共安全、人身健康、生命财产安全、环境保护等违法行为的除外。

第十三条 有下列情形之一的，应当不予行政处罚：

（一）违法行为人不满十四周岁的；

（二）精神病人在不能辨认或者不能控制自己行为时实施违法行为的；

（三）违法行为轻微并及时纠正，没有造成危害后果的；

（四）法律、法规和规章规定不予行政处罚的其他情形。

除法律、法规另有规定外，违法行为在两年内未被发现的，不再给予行政处罚。

第十四条 有下列情形之一的，应当依法从轻或者减轻行政处罚：

（一）违法行为人已满十四周岁不满十八周岁的；

（二）违法所得或者非法财物较少的；

（三）主动中止违法行为的；

（四）主动消除或者减轻违法行为危害后果的；

（五）在共同违法行为中起次要或者辅助作用的；

（六）受他人胁迫从事违法行为的；

（七）配合行政处罚实施机关查处违法行为有立功表现的；

（八）具有法律、法规和规章规定的其他情形。

无同类违法行为记录且未造成严重后果的违法行为，应当在法定处罚种类或者处罚幅度基础上减轻处罚。

第十五条 有下列情形之一的，应当依法从重处罚：

（一）在共同违法行为中起主要作用的；

（二）两年内累计发生两次以上同类违法行为或者受过行政处罚的；

（三）经行政处罚实施机关书面责令停止或者纠正违法行为后，仍继续实施违法行为的；

（四）严重妨碍执法人员查处违法行为的；

（五）具有胁迫、诱骗或者教唆他人实施违法行为情节的；

（六）对举报人、证人打击报复的；

（七）违法行为涉及国家安全、公共安全、人身健康、生命财产安全、环境保护等，具有较大社会危害性的；

（八）违法手段和后果比较严重的；

（九）法律、法规和规章规定的其他情形。

第十六条 从轻、从重处罚，应当在法定处罚种类或者幅度以内处罚。减轻处罚，应当在法定处罚种类或者幅度以下处罚。

同时具有两个以上从轻或者减轻情节，且不具有从重情节的，应当适用最低处罚额度或者减轻处罚。

第十七条 行政处罚实施机关实施行政处罚，不得有下列情形：

（一）违法行为的事实、性质、情节以及社会危害程度与当事人受到的行政处罚相比，畸轻或者畸重的；

（二）在同一或者同类案件中，不同当事人的违法行为相同或者基本相同，但所受行政处罚不同的；

（三）依据同一法律、法规和规章的规定办理的不同案件中，当事人的行政违法行为和情节相同，但是受到的行政处罚不同；

（四）依法应当不予行政处罚或者应当从轻、减轻行政处罚，但滥施行政处罚或者未予从轻、减轻行政处罚的；

（五）其他滥施行政处罚自由裁量权情形的。

第十八条 行政处罚实施机关实施行政处罚，应当根据法律、法规和规章的规定责令当事人立即改正或者限期改正违法行为，限期改正期限不超过15日。法律、法规和规章另有规定的除外。

第十九条 建立一般程序行政处罚案件调查、审核、决定相分离制度。由执法人员调查取证、提出处理意见，经负责法制工作的机构实施合法性、合理性审核后，报请机关负责人审查或者集体讨论并作出处罚决定。

第二十条 执法人员调查终结后，应当及时提出处理意见，并就所适用的行政处罚裁量阶次作出说明。

第二十一条 适用一般程序的行政处罚案件，行政处罚实施机关负责法制工作的机构应当对行政处罚意见的合法性、合理性进行审核并提出审核意见。审核通过后，应当将案件有关材料及审核意见报机关负责人审查或者集体讨论并作出行政处罚决定。未经审核，不得报送审查或者讨论。

第二十二条 适用一般程序的行政处罚案件，有下列情形之一的，应当经行政处罚实施机关负责人集体讨论后作出决定：

（一）拟处以较大数额罚款，当事人可以申请听证而没有申请的；

（二）拟处以责令停产停业、吊销许可证或者执照的；

（三）依法拟不予处罚、减轻处罚或者从重处罚的；

（四）实施听证的；

（五）行政处罚实施机关认为需要集体讨论决定的其他案件。

对集体讨论情况应当详细记录。

第二十三条 制作行政处罚决定书，除载明法律、法规和规章要求的事项外，还应当对有关减轻、从轻、从重处罚的依据和理由予以说明。

第二十四条 行政处罚实施机关应当对执法人员的执法时间、地点、被检查对象、违法事实、执法流程、执法依据、执法结果进行日常执法登记，并制作案卷，以便存档备查。

第二十五条 适用简易程序的，应当自处罚之日起两个工作日内将行政处罚决定书立卷归档。

适用一般程序的，应当自结案之日起5个工作日内立卷归档。

适用听证程序的，案卷还应当包括听证材料。

第二十六条 行政处罚实施机关应当按照规定的时限将实施的行政处罚报本级人民政府法制部门和上一级主管部门进行备案统计。

作出责令停产停业、吊销许可证或者执照、较大数额罚款或者没收较大数额的违法所得、非法财物等重大行政处罚决定的，应当于作出决定之日起15日内报送本级人民政府法制部门和上一级主管部门备案。

第二十七条 公民、法人和其他组织对行政处罚享有陈述权、申辩权；对行政处罚不服的，有权依法申请行政复议或者提起行政诉讼；对因行政处罚实施机关违法给予行政处罚受到的损害，有权依法提出赔偿要求。

公民、法人和其他组织有权就行政处罚实施情况进行信访、投诉或者提出建议，相关部门应当按照有关规定处理。

第二十八条 行政处罚实施机关发现行政处罚自由裁量权行使不当的，应当主动及时纠正。

第二十九条 市和区、县（市）人民政府法制部门对行政处罚实施机关行使行政处罚自由裁量权按照下列方式进行监督：

（一）通过行政复议对行政处罚合法性、合理性进行审查；

（二）开展行政处罚案卷评查；

（三）实施日常监督检查或者行政处罚自由裁量权专项检查；

（四）受理群众对行政处罚案件的投诉、举报；

（五）对重大行政处罚决定实施备案审查。

第三十条 市和区、县（市）人民政府法制部门对行政处罚实施机关行使行政处罚自由裁量权进行监督。监督内容包括：

（一）是否制定了行政处罚裁量基准并向社会公示；

（二）是否按照本办法建立健全并落实了包括行政处罚执法登记制度、法律审核制度、集体讨论制度、听证制度、自由裁量说明制度、公开制度、备案制度等行政处罚自由裁量权配套制度；

（三）是否综合了违法事实、性质、情节及社会危害程度等因素行使行政处罚自由裁量权；

（四）是否按照法律、法规和规章的规定作出从重、从轻、减轻或者不予行政处罚的决定，并在行政处罚决定书中予以说明；

（五）是否听取了当事人的陈述和申辩意见；

（六）是否遵守法定程序；

（七）其他依法需要监督的内容。

对不符合本办法规定的，市和区、县（市）人民政府法制部门应当作出责令限期改正意见书，由行政处罚实施机关予以纠正。

第三十一条 行政处罚实施机关规范实施行政处罚自由裁量权工作，作为行政处罚实施机关依法行政的一项内容，纳入行政执法责任制评议考核。

第三十二条 行政执法人员违反本办法规定，滥用行政处罚自由裁量权的，视其情节轻重，由市人民政府法制部门暂扣、吊销行政执法证件；由有关部门依法给予行政处分；构成犯罪的，依法追究刑事责任。

第三十三条 本办法自2011年8月1日起施行。

沈阳市烟花爆竹安全管理规定

（沈阳市政府令第27号）

第一条 为了加强烟花爆竹安全管理，保障国家、集体财产和公民人身财产安全，维护社会公共安全秩序，根据国务院《烟花爆竹安全管理条例》等法律、法规的规定，结合本市实际，制定本规定。

第二条 在本市行政区域内从事烟花爆竹生产、经营、运输、燃放的单位和个人，应当遵守本规定。法律、法规另有规定的，从其规定。

第三条 本规定由本市各级人民政府组织实施。市安全生产监督管理部门是本市烟花爆竹安全管理的行政主管部门，负责烟花爆竹的安全监督管理工作；市公安机关负责烟花爆竹的公共安全管理；市质量监督检验部门负责烟花爆竹的质量监督和进出口检验。市和区、县（市）应当建立安监、交通、工商、城建、房产、行政执法等部门和社会文教、宣传及公共事业管理职责的重点单位组成的烟花爆竹安全管理协调工作机制，按照职责分工，各负其责。

第四条 各级人民政府、街道办事处和社区居民委员会、村民委员会，以及机关、团体、企事业单位和其他组织，应当开展依法、文明、安全燃放烟花爆竹的宣传教育活动。中小学校应当对学生进行安全燃放烟花爆竹的教育。广播、电视、报刊等新闻媒体，应当做好烟花爆竹安全管理的宣传教育工作。

第五条 市和区、县（市）人民政府对举报违法生产、经营、运输烟花爆竹的人员予以奖励，具体办法由市安全生产监督管理部门制定。

第六条 本市严格限制烟花爆竹的生产活动，对经营、运输烟花爆竹和举办焰火晚会以及其他大型焰火燃放活动，实行许可制度。

第七条 本市三环绕城公路以内的地区为烟花爆竹销售、燃放的限制区域。在限制区域内，除农历腊月二十三日至正月十五日期间和经市人民政府批准的重大庆典活动、重要节日允许燃放烟花爆竹以外，其他时间禁止销售、燃放烟花爆竹。本市三环绕城公路以外地区，区、县（市）人民政府可以根据维护公共安全和公共利益的需要划定限制燃放烟花爆竹的区域。

第八条 禁止在下列地点和区域销售、燃放烟花爆竹：

（一）文物保护单位、博物馆、档案馆；

（二）重要军事设施；

（三）广播电台、电视台、报社等新闻单位；

（四）电信、邮政、金融单位；

（五）大型能源动力设施，水利设施，水、电、燃气、热力供应设施及输变电设施安全保护区内；

（六）火车站、客（货）运站、机场、主次干道的机动车道、桥梁（含立交桥、过街天桥）、隧道等交通枢纽以及铁路线路安全保护区内；

（七）生产、销售、储存易燃易爆物品的场所以及周边距离100米范围内；

（八）国家机关、医疗机构、幼儿园、教学科研单位、大型文化体育场所、集贸市场、商场、超市、影（剧）院、商业步行街等人员密集的公共场所；

（九）室内走廊、楼道、屋顶、阳台、窗口；

（十）10层以上或者高于24米的建筑物周边距离10米范围内；

（十一）实行物业管理的小区，在物业企业划定燃放区域以外；

（十二）城市绿地；

（十三）山林等重点防火区。

规定禁止燃放烟花爆竹的地点及周边具体范围，由产权单位或者管理部门设置明显的禁止燃放烟花爆竹警示标志，并负责管护。

第九条 重大庆典活动和重要节日举办的焰火晚会，主办单位应当在7日前向公安机关提出申请，公安机关按照有关规定进行审批，并由主办单位负责向社会发布公告。

第十条 本市禁止零售经营者销售和禁止单位、个人燃放B级以上（含B级）级别的烟花爆竹。市人民政府有关部门应当根据烟花爆竹安全质量国家标准，确定可以在本市销售、燃放的具体规格和品种，并予以公布。

第十一条 从事烟花爆竹的批发企业、零售经营者的经营布点，应当经安全生产监督管理部门审批，取得烟花爆竹经营许可证后，到工商行政管理部门办理登记手续，方可从事烟花爆竹经营活动。

第十二条 烟花爆竹批发企业销售烟花爆竹应当符合国家和行业规定的质量标准，产品包装应当符合国家有关标准要求，并标明批发企业专营字样。没有标明批发企业专营字样的产品，不得销售。

第十三条 烟花爆竹批发企业，不得向从事烟花爆竹零售经营者供应本市规定的规格和品种以外的烟花爆竹产品；从事烟花爆竹零售经营者应当到本地取得《烟花爆竹经营（批发）许可证》的批发企业采购烟花爆竹，不得销售本市规定以外的烟花爆竹产品。

第十四条 烟花爆竹批发企业和零售网点，应当按照总量控制、统一规划、合理布局的原则设置。烟花爆竹储存仓库的设置，应当符合国家有关法规规范标准。

第十五条 设置烟花爆竹零售网点和临时储存库房，应当符合本市有关规定，零售网点和临时储存库房不得设置在居民住宅楼和办公楼内。零售网点和临时储存库房实行定点销售，专库专用，专人看护，与火源、电源隔绝，配备必要的防火器材，张贴明显的安全警示标志。经所在地区、县（市）安全生产监督管理部门检查合格后，方可经营、使用。

第十六条 取得《烟花爆竹经营（批发）许可证》的批发企业从外埠购货时，凭订货合同到公安机关办理《烟花爆竹道路运输许可证》，方可从事烟花爆竹运输活动。零售经营者运输烟花爆竹的车辆应当经交通行政主管部门审定后，到公安机关办理烟花爆竹道路运输备案手续。运输烟花爆竹车辆上路行驶应当派专人押运，并悬挂危险物品标志。经由道路跨县（市）运输烟花爆竹的，由运往地县（市）级公安机关开具《烟花爆竹道路运输许可证》。

第十七条 禁止携带烟花爆竹搭乘公共交通工具和进入车站、影剧院等人员集中的公共场所；禁止邮寄烟花爆竹；禁止在托运的行李、包裹、邮件中夹带烟花爆竹。

第十八条 烟花爆竹批发企业和零售经营者应当遵守安全管理规定，在销售场所明显位置悬挂经营许可证，并按照经营许可证规定的许可范围、时间和地点销售烟花爆竹。

从事烟花爆竹零售经营者，在经营许可期限届满后，应当停止销售，并于10日内，将剩余烟花爆竹送往原供货单位集中保管，并签订存放协议。

第十九条 对未经许可生产、经营烟花爆竹的，由安全生产监督管理部门责令停止非法生产、经营活动，处2万元以上10万元以下的罚款，并没收非法生产、经营的物品及违法所得。

第二十条 对未经许可举办焰火晚会以及其他大型焰火燃放活动，或者焰火晚会以及其他大型焰火燃放活动燃放作业单位和作业人员违反焰火燃放安全规程、燃放作业方案进行燃放作业的，由公安机关责令停止燃放，对责任单位处1万元以上5万元以下的罚款。

第二十一条 在禁止燃放烟花爆竹的时间、地点燃放烟花爆竹，或者以危害公共安全和人身、财产安全的方式燃放烟花爆竹的，由公安机关责令停止燃放，处100元以上500元以下的罚款；构成违反治安管理行为的，依法给予治安管理处罚。

第二十二条 从事烟花爆竹的批发企业向从事烟花爆竹零售的经营者供应非法生产、经营的烟花爆竹，或者供应不符合本市规定的规格和品种的烟花爆竹的，由安全生产监督管理部门责令停止违法行为，处2万元以上10万元以下的罚款，并没收非法经营的物品及违法所得；情节严重的，吊销《烟花爆竹经营（批发）许可证》.从事烟花爆竹零售的经营者销售非法生产、经营的烟花爆竹，或者销售不符合本市规定的规格和品种的烟花爆竹的，由安全生产监督管理部门责令停止违法行为，处1000元以上5000元以下的罚款，并没收非法经营的物品及违法所得；情节严重的，吊销烟花爆竹经营许可证。

第二十三条 对未经许可经由道路运输烟花爆竹的，由公安机关责令停止非法运输活动，处1万元以上5万元以下的罚款，并没收非法运输的物品及违法所得。

第二十四条 经由道路运输烟花爆竹，有下列行为之一的，由公安机关责令改正，处200元以上2000元以下的罚款：

（一）违反运输许可事项的；

（二）未随车携带《烟花爆竹道路运输许可证》的；

（三）运输车辆没有悬挂或者安装符合国家标准的易燃易爆危险物品警示标志的；

（四）烟花爆竹的装载不符合国家有关标准和规范的；

（五）装载烟花爆竹的车厢载人的；

（六）超过危险物品运输车辆规定

时速行驶的；

（七）运输车辆途中经停没有专人看守的；

（八）法律、法规规定的其他行为。

第二十五条 对携带烟花爆竹搭乘公共交通工具，或者邮寄烟花爆竹以及在托运的行李、包裹、邮件中夹带烟花爆竹的，由公安机关没收非法携带、邮寄、夹带的烟花爆竹，可以并处200元以上1000元以下的罚款。

第二十六条 行政执法人员应当严格执行本规定，对于在烟花爆竹安全监督管理工作中滥用职权、玩忽职守、徇私舞弊的，给予行政处分；构成犯罪的，依法追究刑事责任。

第二十七条 本规定自2011年12月1日起施行。原《沈阳市烟花爆竹安全管理规定》（沈政令〔2005〕45号）同时废止。

沈阳市客运出租汽车管理办法

（沈阳市政府令第28号）

第一章　总　　则

第一条 为了加强客运出租汽车市场管理，维护客运出租汽车市场秩序，提高服务质量，保障乘客、经营者和驾驶员的合法权益，根据有关法律、法规的规定，结合本市实际，制定本办法。

第二条 在本市行政区域内从事客运出租汽车经营及其相关活动，适用本办法。

第三条 市和区、县（市）交通行政主管部门负责本行政区域内客运出租汽车的管理和监督工作，其所属的客运出租汽车管理机构履行具体管理职责。发展和改革、公安、工商、质监、物价等部门应当按照各自职责，做好客运出租汽车的管理和监督工作。

第四条 依法成立的市出租汽车行业协会根据协会章程开展活动。市出租汽车行业协会制定行业职业规范，教育和督促协会成员遵守法律、法规和行业职业规范；加强行业自律，提高行业服务质量，接受社会监督，促进和维护公平的市场秩序；按照协会章程为协会成员提供相关服务，向有关行政管理部门反映协会成员的意见和建议，维护协会成员的合法权益；协助行业主管部门办理有关事项。

第五条 客运出租汽车行业应当遵循统筹规划、统一管理、公平竞争、稳步发展的原则；鼓励客运出租汽车实行规模化、集约化发展。推广信息化管理和使用环保、节能车型。

第六条 市交通行政主管部门应当根据城乡发展规划和经济社会发展需要，编制客运出租汽车行业发展规划，报市人民政府批准后实施。客运出租汽车实行总量控制。市交通行政主管部门应当根据客运出租汽车行业发展规划、市场供求状况和城乡交通状况制定客运出租汽车运力指标投放计划，报市人民政府批准后实施。各县（市）及沈北新区、苏家屯区交通行政主管部门可以根据当地市场需求，提出本辖区客运出租汽车行业发展规划，经市交通行政主管部门审核，报市人民政府批准后实施。

第二章　经营资质管理

第七条 新增客运出租汽车经营权应当按照公开透明、公正有序、公平竞争的原则，采用以服务质量为主要竞标条件的经营权招投标方式确定。新增客运出租汽车经营权期限最长不超过6年，经营期满后由交通行政主管部门收回。具体实施办法由市交通行政主管部门制定。

第八条 新增客运出租汽车经营权不得转让、抵押。在经营期限内，经营者因故不能继续经营的，由交通行政主管部门收回经营权．有偿取得的客运出租汽车经营权转让的，应当向交通行政主管部门提出申请，办理变更登记手续。

第九条 从事客运出租汽车经营的企业应当具备下列条件：

（一）有100个以上的客运出租汽车经营权及相应车辆；

（二）有与经营规模相适应的资金、经营场所和停车场地；

（三）有相应的管理人员和驾驶人员；

（四）有完善的经营管理制度；

（五）使用车辆卫星定位监控系统和计算机管理系统；

（六）其他规定的条件。

第十条 申请从事客运出租汽车经营的，应当向交通行政主管部门提出申请。交通行政主管部门应当自受理之日起20日内作出决定。予以许可的，核发经营许可证；不予许可的，应当书面告知理由。申请人凭经营许可证依法办理工商、税务登记后，方可经营。经营者变更许可事项及停业、歇业的，应当按照规定经交通行政主管部门批准。

第十一条 取得客运出租汽车经营权的经营者，应当在3个月内持购车证明、经营权证等相关手续向客运出租汽车管理机构申请核发《道路运输证》和《准运证》。

第十二条 客运出租汽车驾驶员应当符合下列条件：

（一）具有本市户籍或者居住证；

（二）男性60周岁以下，女性55周岁以下，身体健康；

（三）持有机动车驾驶证并具有2年以上驾龄；

（四）经客运服务职业培训，并考试合格，取得从业资格证；

（五）其他规定的条件。

被取消客运服务资格的驾驶员，自取消资格之日起5年内不得担任客运出租汽车驾驶员。

第十三条 取得从业资格的客运出租汽车驾驶员，应当到客运出租汽车管理机构办理从业登记，领取准驾证，驾驶指定车辆，并按照规定参加客运出租汽车管理机构组织的岗位培训。

第十四条 客运出租汽车车辆应当具备下列条件：

（一）符合国家、行业和地方技术标准；

（二）符合本市规定的车型、车体颜色、车身装饰；

（三）按照规定安装顶灯、计价器、空车待租标志、座垫套等营运设施；

（四）按照规定安装客运出租汽车防伪标识；

（五）按照规定放置客运出租汽车驾驶员准驾证；

（六）在车内规定位置张贴车辆收费标准；

（七）按照规定安装车辆卫星定位及有关通讯调度设备；

（八）其他规定的条件。

第十五条 客运出租汽车车辆营运期限不得超过6年。退出营运市场的，经营者应当在3日内清除车身营运装饰、拆除营运设施，向客运出租汽车管理机构缴回相关营运证件。禁止在非客运出租汽车上设置客运出租汽车顶灯、计价器等营运设施及有关标识。

第十六条 经营者在经营期内更新车辆的,应当持原车辆退出营运市场证明、新车辆购置证明、经营权证等材料到客运出租汽车管理机构办理变更车辆营运手续。

第三章 经营服务管理

第十七条 客运出租汽车个体经营实行委托管理制度。客运出租汽车个体经营者可以自主选择出租汽车经营企业实施委托管理,并报市出租汽车管理机构备案。出租汽车个体经营实施委托管理的具体办法,由市交通行政主管部门另行制定,经市人民政府同意后公布实施。

第十八条 客运出租汽车经营者应当遵守下列规定:

(一)遵守法律、法规、规章和其他有关规定;

(二)建立健全营运管理制度、安全管理制度、服务质量管理制度、培训教育制度、投诉处理制度等;

(三)以承包、经营权租赁、委托管理等方式经营的,应当按照规定签订合同,明确承包费、租赁费和管理费等相关费用标准及明细;

(四)按照规定维护和检测车辆,保证车辆技术状况和设施完好;

(五)按照规定到法定计量检定机构检定计价器;

(六)加强驾驶员的日常管理,与驾驶员签订服务质量保证协议,明确服务标准,并定期对驾驶员进行相关法律、安全营运、规范服务培训;

(七)合理安排驾驶员交接班时间,避开早、晚客流高峰,保障运力供给;

(八)不得将客运出租汽车交给不具备从业资格的人员营运;

(九)在客运出租汽车车辆上设置广告的,除应当符合有关广告管理的规定外,广告的内容、位置、面积等还应当符合出租汽车行业管理要求。

第十九条 客运出租汽车驾驶员在营运中应当遵守下列规定:

(一)遵守行业服务规范,保持车容卫生整洁、仪表整洁、规范着装、文明服务;

(二)随车携带车辆营运证、从业资格证和准驾证;

(三)按照乘客要求或者合理路线行驶;

(四)不得拒载乘客或者并客以及无正当理由中途将乘客移交他人运送;

(五)不得在禁止停车路段停车待租或者载客;

(六)按照规定使用顶灯、计价器、空车待租标志等服务设施,按照乘客意愿使用空调、音响等;

(七)在飞机场、车站等营业站营运时,应当在指定区域按序排队,服从调度,不得离开车辆招揽乘客;

(八)不得利用车载对讲设施传播、接听与营运无关的信息;

(九)载客营运中,不得有吸烟、吃零食等行为;

(十)按照规定标准收费,并出具车费票据;

(十一)运送乘客夜间出城或者去偏僻地区,应当到公安机关设置的城际警务工作站或者就近的公安派出机构办理安全登记手续;

(十二)遵守法律、法规和规章以及客运出租汽车管理机构制定的各项服务管理规范。

第二十条 乘客有下列行为之一的,驾驶员有权拒绝服务:

(一)与驾驶员进行议价、不按照规定支付费用的;

(二)要求驾驶员违反规定行车、停车的;

(三)不告知目的地、出城或者去偏僻地区时不配合驾驶员办理安全登记手续的;

(四)携带违禁、污损车辆物品或者携带妨碍驾驶员行车安全的宠物、物品乘车的;

(五)精神病患者无人监护,酗酒者丧失自控能力无人陪同的;

(六)乘客吸烟,经劝阻无效的。

第二十一条 遇有下列情况之一的,乘客可以拒付车费:

(一)无计价器或者有计价器不使用的;

(二)在基价里程内因车辆故障,无法完成约定服务的;

(三)驾驶员未按照规定给付车费票据的;

(四)未经乘客允许加载他人的;

(五)在营运途中无正当理由终止营运服务的;

(六)驾驶员吸烟,经乘客劝阻无效的。

第二十二条 客运出租汽车营运价格应当严格执行物价部门核定的标准。运送乘客经过依法收费的设施和路段所支付的费用由乘客承担。

第二十三条 客运出租汽车应当在核定的区域内经营,不得在核定营运区域以外从事承接乘客等营运活动。

第二十四条 交通行政主管部门应当会同有关部门,在飞机场、车站等客流集散地点,合理设置客运出租汽车营业站。在不影响交通的情况下,可以在城市道路两旁及其周边划出一定区域,供客运出租汽车驾驶员临时停车休息、用餐;具备条件的,可以建立固定的客运出租汽车驾驶员服务区。

第四章 监督管理

第二十五条 客运出租汽车管理机构应当定期对经营者和驾驶员进行服务质量信誉考核,对车辆进行营运审验。经营者服务质量信誉考核结果作为经营者是否继续经营、车辆更新、新增运力的重要依据。驾驶员服务质量信誉考核实行累积记分制度,对累积记分达到规定分值的驾驶员,按照规定对其进行职业培训;情节严重的,取消驾驶员从业资格。

第二十六条 客运出租汽车管理机构和客运出租汽车经营企业应当建立投诉举报制度,公开投诉举报方式,及时受理乘客、驾驶员投诉。对客运出租汽车服务进行投诉的,应当提供书面材料和车费票据、车辆牌号等证据。投诉人应当配合客运出租汽车管理机构的调查;拒绝配合的,视为自愿撤回投诉。

第二十七条 客运出租汽车管理机构和客运出租汽车经营企业应当自受理投诉之日起15个工作日内调查处理完毕,答复投诉人;应当由其他部门调查处理的,及时移送有关部门。客运出租汽车管理机构受理乘客投诉后,认为需要客运出租汽车经营者或者驾驶员当面接受调查的,可以通知相关人员在规定期限内连同车辆到客运出租汽车管理机构接受调查。

第二十八条 客运出租汽车驾驶员

一年内被有责投诉达3次以上的，客运出租汽车管理机构应当暂停其从业资格，要求其重新参加培训；考试合格的，方可继续从事客运出租汽车经营活动。一年内2次以上被暂停从业资格的驾驶员，客运出租汽车管理机构可以取消其从业资格。

第五章　法律责任

第二十九条　违反本办法规定，单位或者个人 未经批准擅自从事客运出租汽车经营的，由客运出租汽车管理机构责令改正，没收非法所得，并处每台车1万元以上2万元以下罚款。

第三十条　违反本办法规定，经营者有下列行为之一的，由客运出租汽车管理机构责令改正，并处1000元以上2000元以下罚款：

（一）未按照规定对驾驶员进行相关法律、安全运营、规范服务培训的；

（二）将客运出租汽车交给无从业资格人员驾驶经营的；

（三）所属车辆被投诉后，对投诉问题不及时处理，或者相关人员未按照规定时限到客运出租汽车管理机构接受调查处理的；

（四）1个月内，所属车辆违反本办法受到处罚的人次累计达到企业车辆总数3%的。

第三十一条　违反本办法规定，单位或者个人在非客运出租汽车设置营运标志或者设施的，由客运出租汽车管理机构责令改正，并处2000元以上5000元以下罚款。

第三十二条　违反本办法规定，客运出租汽车驾驶员在核定营运区域以外从事营运活动的，由客运出租汽车管理机构责令改正，并处1000元罚款。

第三十三条　违反本办法规定，客运出租汽车驾驶员有下列行为之一的，由客运出租汽车管理机构责令改正，并处1000元以上3000元以下罚款：

（一）无从业资格证驾驶出租汽车营运的；

（二）拒载乘客或者并客的；

（三）载客故意绕道行驶或者索取高价的；

（四）无正当理由中途将乘客移交他人运送的。

违反本条第（二）、（三）、（四）项规定，情节严重的，可以吊扣驾驶员从业资格证1至6个月；情节特别严重的，可以取消驾驶员从业资格。

第三十四条　违反本办法规定，经营者或者驾驶员有下列行为之一的，由客运出租汽车管理机构责令改正，并处500元罚款：

（一）未按照规定审验车辆或者车辆审验不合格继续营运的；

（二）未按照规定喷涂车身装饰或者擅自改变车身颜色的；

（三）未按照规定安装或者缴回客运出租汽车防伪标识的。

第三十五条　违反本办法规定，客运出租汽车驾驶员有下列行为之一的，由客运出租汽车管理机构责令改正，并处100元以上300元以下罚款：

（一）未按照规定使用客运出租汽车顶灯或者空车待租标志等营运设施的；

（二）未按照规定在车内规定位置张贴收费标准的；

（三）未经批准擅自在客运出租汽车上设置宣传品或者广告的；

（四）未按照规定携带营运证件、从业资格证或者未按照规定摆放驾驶员准驾证件的；

（五）所驾车辆与从业登记不符营运的；

（六）在机场、车站等客运出租汽车营业站、专用候客区内，不服从指挥、不在指定区域上下客、不按序排队承运乘客或者离开车辆招揽乘客的；

（七）未按照规定给付专用票据或者无专用票据继续营运的；

（八）未按照规定参加服务质量信誉考核的；

（九）利用车载对讲设施传播、接听与营运无关信息的；

（十）营运服务不符合行业规范服务标准的。

第三十六条　客运出租汽车驾驶员在营运期间侮辱、殴打乘客或者管理人员，或者有违反本办法规定其他情形，情节严重的，由客运出租汽车管理机构吊扣驾驶员从业资格证1至6个月；情节特别严重的，可以取消驾驶员从业资格。

第三十七条　对违反本办法规定不能当场处理的行为，客运出租汽车管理机构可以暂扣有关营运证件，签发待理证作为其继续营运的凭证。对拒不接受检查的，可以暂扣车辆，并向当事人出具暂扣凭证，告知执法依据、理由和接受处理的时限、地点。当事人应当在规定的时限内到指定地点接受调查处理。逾期拒不接受调查处理的，客运出租汽车管理机构可以依法作出行政处罚决定，并将处罚决定书送达当事人。

第三十八条　客运出租汽车管理机构应当妥善保管依法暂扣的车辆。车辆暂扣时间不超过7日的，免收保管费；超过7日的，当事人按照物价部门核定的标准缴纳保管费用。当事人无正当理由逾期不履行行政处罚决定的，客运出租汽车管理机构可以依法拍卖暂扣车辆，拍卖价款扣除拍卖费用、暂扣期间保管费用、抵扣罚款、滞纳金后，余款退还当事人。

第三十九条　客运出租汽车管理的工作人员应当秉公执法，文明管理。对滥用职权，徇私舞弊，玩忽职守的，由所在单位或者有关部门给予行政处分；构成犯罪的，依法追究刑事责任。

第六章　附则

第四十条　本办法所称的拒载，是指下列行为：

（一）所驾驶的车辆开启空车标志灯后，遇乘客招手，停车后不载客的；

（二）所驾驶的车辆开启空车标志灯后，在客运集散点或者道路边待租时拒绝载客的；

（三）未按照预约租车要求，无正当理由未按照规定的时间到指定地点待客的；

（四）载客营运途中，无正当理由中途甩客或者倒客的。

第四十一条　本办法自2011年12月1日起施行。《沈阳市出租汽车市场管理若干规定》（市政府令〔2000〕第42号）同时废止。

沈阳市政府投资建设项目审计监督办法

（沈阳市政府令第29号）

第一条　为了加强对政府投资建设项目的审计监督，规范投资行为，提高投资效益，根据《中华人民共和国审计法》等法律、法规的规定，结合本市实际，制定本办法。

第二条 本办法所称政府投资建设项目是指政府投资以及以政府投资为主的建设项目。包括利用下列资金进行的建设项目：

(一)财政预算安排的建设资金；

(二)纳入财政预算管理的专项建设资金；

(三)政府融资和利用国债的资金；

(四)通过政府接受的国际金融组织和外国政府的贷款、赠款；

(五)转让、出售、拍卖等处置国有资产及其经营权所得的国有资产权益收入；

(六)土地出让收入；

(七)政府投入的其他资金。

第三条 本市政府投资建设项目的审计监督活动，适用本办法。

第四条 市和区、县(市)人民政府审计机关是政府投资建设项目审计监督的主管部门，负责政府投资建设项目的审计监督工作。发展和改革、建设、国土规划、房产、财政、国资管理、环保、水利、交通、工商、税务、监察等行政管理部门应当依照各自职责，做好对政府投资建设项目实施审计监督的相关工作。

第五条 审计机关按照审计管辖权限开展政府投资建设项目审计，投资来源是市本级的或者主要是市本级的政府投资建设项目，由市审计机关实施审计监督；投资来源是区、县(市)级的或者主要是区、县(市)级的政府投资建设项目，由区、县(市)审计机关实施审计监督。市审计机关可以直接审计区、县(市)审计机关审计管辖范围内的重大政府投资建设项目。对审计管辖有异议的，由市审计机关确定审计管辖。

第六条 建设、勘察、设计、施工、监理、采购、供货、代建、咨询服务等单位与政府投资建设项目直接有关的财务收支，应当接受审计机关的审计监督。

第七条 审计机关应当每年向本级人民政府和上级审计机关报告政府投资建设项目审计情况。审计机关可以向政府有关部门通报或者向社会公布政府投资建设项目审计结果。

第八条 审计机关履行政府投资建设项目审计监督职权所需经费和委托社会中介机构、聘用专业技术人员的费用，列入本级财政预算，由本级人民政府予以保证。

第九条 发展和改革、财政、建设等有关行政管理部门，应当将年度政府投资建设项目计划、投资审批情况以及政府投资建设项目工程施工许可审批结果抄送同级审计机关。

第十条 审计机关应当按照本级人民政府的要求，依据政府投资建设项目计划确定年度审计工作任务，编制年度政府投资建设项目审计计划报本级人民政府批准后实施，并报上级审计机关备案。年度政府投资建设项目审计计划，可以根据实际情况进行调整，经本级人民政府批准后实施。审计机关应当将年度政府投资建设项目审计计划及其调整情况抄送有关行政主管部门，并及时告知被审计单位。

第十一条 审计机关对政府投资建设项目审计的类别包括：预算执行情况审计、竣工决算审计、绩效审计。审计机关应当依照审计类别审计政府投资建设项目相关内容的真实性、合法性、效益性。

第十二条 审计机关实施政府投资建设项目预算执行情况审计时，被审计单位应当向审计机关报送下列资料：

(一)项目批准建设的有关文件、设计文件、项目概算以及历次调整概算文件；

(二)与项目建设有关的勘察、设计、建设、施工和监理的招投标文件、合同文本；

(三)项目管理中涉及工程造价的有关资料，包括工程结算书、施工图、工程计量单、设计变更、现场签证、有关会议纪要等；

(四)银行开户资料、会计凭证、会计账簿、会计报表等财务资料；

(五)与项目预算执行审计相关的其他资料。

第十三条 审计机关实施政府投资建设项目竣工决算审计时，被审计单位应当向审计机关报送下列资料：

(一)预算执行情况审计报送的资料；

(二)竣工验收资料；

(三)与建设项目有关的合同以及结算资料；

(四)自项目建设之日起的工程进度报表和财务报表、工程决算报表，以及其他与财务收支有关的资料；

(五)项目竣工决算审计必要的其他资料。

第十四条 审计机关对政府投资建设项目审计，应当逐步推行对重大建设项目的工程质量管理、环境保护、经济效益、社会效益的绩效审计。审计机关实施政府投资建设项目绩效审计时，被审计单位应当向审计机关报送下列资料：

(一)预算执行情况审计和竣工决算审计报送的资料；

(二)环境影响评价报告及相关文件；

(三)项目造价控制文件及相关资料；

(四)采购技术、设备的文件和资料；

(五)经济效益、社会效益、环境效益预期目标评估文件资料；

(六)与绩效审计相关的其他资料。

第十五条 审计机关对政府投资建设项目进行绩效审计应当对审计事项作出审计评价；绩效审计发现问题或者认为应当改进的，应当在审计报告中提出改进建议，并向本级人民政府提交绩效审计报告，为政府投资决策提供参考依据。

第十六条 审计机关可以委托具有法定资质的社会中介机构和有关部门内部审计机构对政府投资建设项目进行审计，并对其监督指导。审计机关应当对社会中介机构和有关部门内部审计机构出具的审计结果进行审核，提出审计机关的审计结果报告。审计机关发现社会中介机构和部门内部审计机构审计结果失实的，应当进行复审。

第十七条 审计机关对政府投资建设项目审计，应当选择政府重点投资建设项目以及涉及公共利益和民生的城市基础设施、保障性住房、学校、医院等工程，有重点地对其建设和管理情况实施跟踪审计。

第十八条 实施跟踪审计的政府投资建设项目，对影响工程造价的工程量、材料价格、设备采购价格、设计变更等，建设单位应当及时通知审计机关。

第十九条 审计机关对政府投资建设项目审计，应当按照精干高效、适应需要的原则组成审计组，具体实施审计工作。

第二十条 审计组对审计项目实施审计后，应当提出审计报告，送达被审计单位征求意见；被审计单位应当自收到

审计报告之日起10日内,将意见书面予以反馈,超出10日未反馈书面意见的,视同无异议。被审计单位对审计组提出的审计报告有异议的,审计组应当对有异议的部分进行复核,根据核实的情况对审计报告作必要修改.审计组提出的审计报告和被审计单位的书面意见应当一并报送审计机关。

第二十一条　审计机关应当对审计组提出的审计报告和被审计单位意见进行复核,经审计业务会议审议后,提出审计报告;需要作出处理、处罚的,应当作出处理、处罚的审计决定;需要移送有关机关处理的,应当依法作出移送处理。审计机关的审计报告和审计决定,应当在审计组审计结束之日起60日内提出,并送达被审计单位,同时抄送建设单位主管部门及其他相关部门。

第二十二条　审计机关在作出审计决定或者移送有关机关处理决定时,可以通知财政部门和被审计单位的主管部门核减投资或者停止拨款。

第二十三条　被审计单位应当自审计报告和审计决定送达之日起30日内,将审计报告列明的审计结果和决定执行情况书面报告审计机关。审计机关应当自审计决定生效之日起60日内,检查审计决定的执行情况。超过规定期限,被审计单位拒不执行审计决定的,审计机关应当申请本级人民政府督促执行,或者申请人民法院强制执行。

第二十四条　建设单位在签订与政府投资建设项目有关的施工合同时,应当载明预留不低于合同总价款15%的待结工程价款,依照本办法应当由审计机关审计的,还应当载明经过审计机关审计的内容。审计机关依法对建设项目的工程结算和竣工决算进行审计监督,审计机关出具的结算审计结果可以作为工程价款结算依据。

第二十五条　审计机关在政府投资建设项目审计中,发现违反国家规定的财政收支、财务收支行为,有权予以制止;制止无效的,应当通知财政部门暂停拨付或者建设单位暂停支付资金。已经拨付或者支付资金的,建设单位应当全额追回违规资金,属于财政资金的上缴财政部门。

第二十六条　因勘察、设计单位的过错而造成项目预算失控和重大投资损失的,审计机关应当报告本级人民政府责成建设单位或者项目法人依法追究勘察、设计单位的赔偿责任;情节严重的,应当建议有关部门依法降低其资质等级或者吊销其资质证书。

第二十七条　工程造价、评估咨询机构有下列行为之一的,审计机关应当建议建设行政主管部门依据相关法律、法规的规定给予行政处罚:

(一)超越资质证书规定的业务范围从事工程造价编制活动的;

(二)故意少算、高估冒算工程造价的;

(三)串通虚报工程造价的;

(四)涂改、出租、转让资质证书的;

(五)编制工程结算文件,其工程造价高于或者低于按照规范编制价格5%的。

第二十八条　建设单位违反本办法规定,未预留或者未足额预留待结工程价款的,由审计机关给予警告,并处1万元以上3万元以下罚款;已付出工程价款超过审计结果的,超过部分由审计机关责令建设单位予以追回;造成严重后果的,由政府投资建设项目主管部门对直接负责的主管人员和其他直接责任人员给予行政处分。

第二十九条　建设单位和施工单位在工程结算中多计工程款项的,审计机关应当责令其予以调整;已签证多付工程款的,应当责令建设单位限期收回或者直接收缴。施工单位偷工减料、虚报冒领工程款金额较大,情节严重的,依照前款规定处理,并建议相关部门追究有关责任单位或者直接责任人的行政责任。

第三十条　建设单位虚报投资完成,虚列建设成本,隐匿结余资金的,审计机关应当责成其按照国家有关规定和现行会计制度予以纠正;情节严重的,应当建议相关部门给予责任人行政处分。

第三十一条　被审计单位拒绝、阻碍审计或者审计调查的,由审计机关给予警告,责令改正;拒不改正的,处1万元以上5万元以下罚款;对直接负责的主管人员和其他直接责任人员,处5000元以上2万元以下罚款。审计机关认为应当给予行政处分的,向有关主管部门提出给予处分的建议。

第三十二条　社会中介机构及其工作人员,在政府投资建设项目审计中出具虚假报告,隐瞒审计中发现的违法、违规问题的,由审计机关解除委托关系,由有关部门依法分别作出以下处理:

(一)对社会中介机构给予警告,没收违法所得,可以并处违法所得1倍以上5倍以下的罚款;情节严重的,可以暂停其经营活动或者吊销其营业执照;

(二)对社会中介机构的工作人员给予警告;情节严重的,可以暂停其执行业务或者吊销其资格证书;

(三)涉嫌犯罪的,移交司法机关依法处理。

第三十三条　审计人员在审计政府投资建设项目时有下列行为之一的,由有关部门依法给予行政处分:

(一)明知与被审计单位或者审计事项有利害关系而不主动回避,并产生不良后果的;

(二)索贿、受贿或者谋取接受不当利益的;

(三)隐瞒被审计单位违反财经法纪等问题的;

(四)泄露国家秘密或者被审计单位商业秘密的;

(五)对受理投诉举报问题不认真调查处理,向被举报人泄露举报信息的;

(六)对聘请的专业人员的审计工作未全面履行监督责任,造成严重后果的;

(七)与被审计单位、聘请的专业人员及社会中介机构串通舞弊的;

(八)有其他滥用职权、徇私舞弊、玩忽职守等违法行为的。

第三十四条　审计机关对国有资本占控股地位或者主导地位的企业和国家事业组织投资的建设项目审计,参照本办法执行。

第三十五条　本办法自2011年12月1日起施行。

沈阳市企业工资集体协商办法

(沈阳市政府令第30号)

第一章　总　　则

第一条　第一条　为了规范企业工资集体协商行为,保障职工和企业的合法权益,维护劳动关系和谐稳定,根据《中华人民共和国劳动法》、《中华人民共和国工会法》、《中华人民共和国劳动合同法》和《辽宁省企业工资集体协商规定》等相关规定,结合本市实际,制定本办法。

第二条 本市行政区域内的企业开展工资集体协商,签订、变更、解除、终止工资集体协议,适用本办法。

第三条 本办法所称工资集体协商,是指职工方代表和企业方代表依法就企业内部工资分配制度、工资分配形式、工资收入水平、工资支付办法、工资调整幅度等事项进行集体商谈,在协商一致的基础上签订工资集体协议的行为.本办法所称工资集体协议,是指职工方与企业方经集体协商专门就工资、福利等事项签订的专项集体合同。

第四条 工资集体协商应当遵守合法、公开、平等,兼顾企业和职工双方利益的原则,及保障职工实际工资水平与企业劳动生产率、经济效益和社会发展水平相适应的原则。

第五条 市和区、县(市)人力资源和社会保障行政部门负责本辖区内工资集体协议的审查和监督管理,指导企业通过集体协商落实工资指导线,督促企业建立工资集体协商制度。政府有关部门应当按照职责分工,推动企业开展工资集体协商、签订集体合同。工会应当帮助、指导企业工会与企业进行工资集体协商、签订工资专项集体合同,依法对工资专项集体合同的履行情况进行监督,对工资集体协议的签订和履行情况进行职工满意度调查。企业联合会、工商业联合会、行业协会、行业商会等企业代表组织,对企业开展工资集体协商进行帮助和指导。

第六条 企业依法通过工资集体协商确定的职工工资总额符合下列条件,即为合理的工资薪金支出,可以在企业所得税前据实扣除:

(一)符合国家工资调控政策要求以及对特定行业的工资管理措施;

(二)工资集体协商程序符合有关法律、法规规定;

(三)企业如实提供了本年度各项工资支出财务报表及相关证明材料。

第七条 企业方应当向职工方如实提供上一年度报送税务机关的《企业所得税年度申报表》、职工工资总额及一线职工工资总额、本年度经营计划、工资计划等工资集体协商所需资料。

第八条 企业应当依法建立工资集体协商制度。人力资源和社会保障行政部门、工会对开展工资集体协商工作成绩突出的单位和个人给予表彰。

第二章 工资集体协商代表

第九条 工资集体协商双方的代表人数应当为对等的单数,每方为3至9人,并各确定1名首席代表。协商代表任期自产生之日起至工资专项集体合同履行期限届满之日止。

第十条 职工方协商代表由企业基层工会推荐,并经职工(代表)大会审议通过,首席代表由工会主席担任,也可以由其书面委托其他职工方协商代表担任;尚未建立企业基层工会的,职工方协商代表由上级工会指导职工民主推选,并经半数以上职工同意,首席代表从协商代表中民主推选产生;女职工较多的单位,协商代表中应当有女职工代表。职工方协商代表中不得有企业行政负责人(含行政副职)、企业合伙人、企业法定代表人的近亲属。企业方工资集体协商代表,由企业法定代表人指派,首席代表由法定代表人或者其书面委托的本方人员担任。协商代表产生后,应当向全体职工公告。

第十一条 开展区域、行业工资集体协商的,职工方代表由基层工会联合会、联合工会或者行业工会选派,并经区域、行业职工代表大会审议通过;尚未建立区域、行业职工代表大会的,职工方代表由基层工会联合会、联合工会或者行业工会选派并经公示后产生。首席代表由基层工会联合会、联合工会或者行业工会主席担任。

第十二条 开展区域、行业工资集体协商的,企业方协商代表由企业代表组织选派并经公示后产生,或者由企业代表组织成员企业民主推选并经公示后产生。首席代表由企业代表组织的负责人担任或者从协商代表中民主推选产生。尚未建立企业代表组织的,可以在上级企业代表组织的指导下,由区域、行业内各企业民主推选并经公示后产生企业方协商代表。首席代表从协商代表中民主推选产生。

第十三条 人力资源和社会保障行政部门、工会可以从熟悉劳动工资、工商、税务、财务、审计、企业管理、法律等人员中聘任工资集体协商指导员。协商双方首席代表可以聘请工资集体协商指导员作为本方协商代表,参加工资集体协商。

第十四条 工资集体协商代表应当履行以下职责:

(一)参加工资集体协商;

(二)征求本方人员意见,接受其质询,说明协商情况;

(三)收集、提供与集体协商有关的情况和资料;

(四)代表本方参加工资集体协商争议的处理;

(五)监督工资集体协议的履行;

(六)法律、法规、规章规定的其他职责。

第十五条 企业方应当为职工方协商代表履行职责提供充足的工作时间。职工方协商代表因履行代表职责占用劳动时间的,其享受的工资、奖金、津贴、补贴、社会保险、福利等待遇不变。

第十六条 职工方协商代表在任期内,非法定理由,企业不得解除其劳动合同或者降低其工资、奖金、津贴、补贴、福利等待遇,不得在晋级、晋职等方面予以限制。确因工作需要变更职工方协商代表工作岗位的,应当事先征求企业工会或者上级工会的意见,并征得职工本人同意。

第十七条 职工方协商代表在履行代表职责期间劳动合同期满的,劳动合同期限自动延长至完成履行代表职责之时,职工方代表不同意延长劳动合同期限的除外。因故需要更换工资集体协商代表,或者工资集体协商代表因辞职、遇不可抗力等情形造成空缺的,按照本办法规定产生新的代表。

第十八条 在工资集体协商期间或者工资专项集体合同有效期内,企业和职工双方应当维护企业的正常生产、工作秩序,不得采取威胁、收买、欺骗对方协商代表等不正当手段或者有过激、歧视性行为。

第三章 工资集体协商的内容

第十九条 工资集体协商包括以下内容:

(一)工资分配制度、工资标准和分配形式;

(二)企业职工年度和月平均工资水平、福利和调整幅度及调整办法;

（三）津贴、补贴标准和奖金等分配办法；

（四）加班加点工资基数标准；

（五）工资支付办法和时间；

（六）工资专项集体合同的期限；

（七）变更、解除、终止工资专项集体合同的条件和程序；

（八）工资专项集体合同违约责任和争议解决途径；

（九）其他应当协商的事项。

第二十条 开展工资集体协商应当综合参考以下因素：

（一）政府发布的工资指导线，人力资源和社会保障行政部门发布的人力资源市场工资指导价位；

（二）地区、行业、企业的人工成本水平；

（三）地区、行业的职工平均工资水平；

（四）本地区城镇居民消费价格指数；

（五）企业劳动生产率和经济效益；

（六）上年度企业职工工资总额和职工平均工资水平；

（七）其他与工资集体协商有关的情况。

第二十一条 企业依据政府发布的上年度工资指导线，通过集体协商的方式确定工资增长幅度：

（一）企业实现利税比上年度增长10%以上，可以在工资指导线基准线和上线区间内协商确定工资增幅（垄断企业工资增长幅度原则上不得突破基准线）；

（二）企业实现利税比上年度增长10%以下，可以在工资指导线基准线和下线区间内协商确定工资增幅；

（三）企业实现利税与上年度持平，可以参照工资指导线下线协商确定工资增幅；

（四）亏损企业可以在工资指导线下线和零增长之间协商确定工资增幅。

第二十二条 实行计件工资制的企业，应当通过工资集体协商确定职工法定工作时间内的劳动定额和计件单价标准。协商确定的劳动定额标准，应当是90%以上的职工在法定工作时间或者劳动合同约定的时间内能够完成的工作量。职工在日法定工作时间内所得的计件工资不得低于政府规定的最低日工资标准。

第四章 工资集体协商的程序

第二十三条 职工方、企业方均可以提出工资集体协商要约。受要约方无正当理由不得拒绝，并应当自收到要约书之日起10日内给予答复。协商要约和答复均应当以书面形式发出。

第二十四条 工资集体协商双方应当在举行工资集体协商会议10日前，将拟定的协商议题和参加协商的本方代表名单书面通知对方。工资集体协商会议由双方首席代表轮流主持，会议上双方就协商事项达成一致意见的，应当形成工资集体协议草案。双方未达成一致意见的，经双方首席代表同意，可以中止协商。中止协商的期限不得超过7日。

第二十五条 工资集体协商双方协商一致形成的工资集体协议草案，应当提交上级工会进行预先审查。上级工会提出修改意见的，双方应当就上级工会提出的修改意见重新进行协商，直到预审合格。预审合格的工资集体协议草案应当提交企业职工（代表）大会审议，经职工代表或者全体职工过半数同意后，草案即获通过，并由双方首席代表签字。开展区域、行业工资集体协商的，双方协商一致形成的工资集体协议草案应当提交区域、行业职工（代表）大会审议，经职工代表或者全体职工过半数同意后，草案即获通过。

第二十六条 工资集体协议期限一般为1年。临时性、季节性用工的工资集体协议期限，可以根据实际情况由双方协商确定。在工资集体协议期限内企业法定代表人的变更，不影响工资集体协议的履行。

第五章 工资集体协议的审查监督

第二十七条 工资集体协议草案经职工（代表）大会审议通过后，5日内由企业将工资集体协议及相关材料，报送人力资源和社会保障行政部门备案审查。人力资源和社会保障行政部门对工资集体协商双方主体资格、工资集体协商的内容和程序等进行审查。未经工会预审合格的工资集体协议，不予备案。未明确载明工资标准、工资增长幅度的工资集体协议，退回重新协商。对经备案审查的工资集体协议15日内未提出异议的，即行生效。企业应当在工资集体协议生效之日起5日内向全体职工公布。同时，企业工会应当将工资集体协议文本报送上一级工会备案。

第二十八条 企业应当向人力资源和社会保障行政部门报送下列材料：

（一）工资集体协商双方代表和首席代表的姓名、职务，双方代表产生的程序和双方协商的程序；

（二）上级工会预审意见书；

（三）职工（代表）大会通过工资集体协议的决议；

（四）工资集体协议文本一式三份；

（五）其他应当提供的材料。

第二十九条 中央及省直属企业、市属企业以及投资额在3000万美元以上的外商投资企业签订的工资集体协议文本，由市人力资源和社会保障行政部门负责审查，其他企业的工资集体协议文本，由企业所在区、县（市）人力资源和社会保障行政部门审查。

第三十条 企业应当成立由劳资双方人员组成的监督检查小组，对工资集体协议的履行情况进行定期监督检查，并每年至少向职工（代表）大会报告一次。

第六章 工资集体协议的变更、解除与终止

第三十一条 有下列情形之一的，工资集体协商双方可以变更或者解除工资集体协议：

（一）订立工资集体协议所依据的法律、法规、规章和政策被修改或者废止的；

（二）因不可抗力原因导致工资集体协议部分不能履行或者全部不能履行的；

（三）企业因破产、兼并、解散等资产发生重大变动或者生产经营状况发生重大变化，致使工资集体协议无法履行的；

（四）法律、法规规定可以变更或者解除的其他情形。工资集体协商一方提出变更或者解除工资集体协议要求的，应当书面向另一方提供相关依据证据并说明理由。

第三十二条 变更工资集体协议应当按照本办法规定的工资集体协商程序办理。解除工资集体协议应当自解除之日起3日内，由企业方与职工方以书面

形式分别告知人力资源和社会保障行政部门、上级工会。

第三十三条　工资集体协议期满前,工资集体协商双方的任何一方提出开展下一年度工资集体协商要求的,应当在工资集体协议期满前30日内提出。

第七章　争议处理

第三十四条　因工资集体协商发生争议,双方应当协商解决;协商解决不成的,任何一方均可以书面形式向所在地的人力资源和社会保障行政部门或者上级工会申请协调处理。人力资源和社会保障行政部门、上级工会应当在收到协调处理申请之日起7日内进行协调处理。

第三十五条　因履行工资集体协议发生的争议,由双方协商解决;协商解决不成的,任何一方均可以向劳动争议仲裁机构申请仲裁,对仲裁裁决不服的,可以向人民法院提起诉讼。

第八章　法律责任

第三十六条　企业违反本办法,有下列情形之一的,由人力资源和社会保障行政部门责令其限期改正;逾期拒不改正的,按照企业不良信用行为记录在案,纳入诚信体系,并向社会公布;违反有关劳动法律、法规、规章规定,给职工劳动权益造成损害的,依照有关劳动法律、法规、规章规定处罚:

(一)无正当理由拒绝对方协商要求的;

(二)故意拖延签订工资集体协议、不履行或者不完全履行工资集体协议义务的;

(三)未如实提供与签订工资集体协议有关资料的;

(四)签订、变更工资集体协议后,未按照规定期限将文本报送人力资源和社会保障行政部门审查,或者变更、解除工资集体协议后,未书面告知人力资源和社会保障行政部门、上级工会的;

(五)调整不利于协商代表的工作岗位,或者无正当理由解除其劳动合同的;

(六)采取威胁、收买、欺骗等不正当手段,促使对方接受本方要求的。

第三十七条　有关部门工作人员在指导、协调处理工资集体协议争议或者审查工资集体协议过程中,徇私舞弊、滥用职权、玩忽职守的,由其所在部门或者有关部门给予行政处分;造成严重后果的,承担法律责任。

第九章　附则

第三十八条　企业化管理事业单位、个体经济组织和民办非企业单位进行工资集体协商,参照本办法执行。

第三十九条　本办法自2011年12月1日起施行。

《沈阳市人民政府关于废止〈沈阳市城市房屋拆迁管理办法〉和〈沈阳市城市房屋拆迁行政委托管理的若干规定〉的决定》

(沈阳市政府令第31号)

《沈阳市人民政府关于废止〈沈阳市城市房屋拆迁管理办法〉和〈沈阳市城市房屋拆迁行政委托管理的若干规定〉的决定》业经2011年9月22日市人民政府第54次常务会议讨论通过,现予公布,自公布之日起施行。

沈阳大事记(2011年)

一 月

1日 2011辽宁省暨沈阳市迎全运贺新年全民健康跑活动在沈阳奥体中心广场举行出发仪式。

6日 市政府与国家开发银行就开展新一轮金融合作进行座谈。市长陈海波、国家开发银行副行长李吉平、常务副市长顾春明出席座谈会。

7日 沈阳市浑南新城建设项目签约仪式在万鑫酒店举行,共有12个项目签约落地,总投资额700亿元,总建筑面积1600万平方米。

▲沈阳市总工会组织召开沈阳市职工完成"双五千亿"任务表彰大会,对完成"双五千亿"任务作出突出贡献的50个先进单位、100名先进个人、35名技术大王、350名技术标兵和692名技术能手进行隆重表彰。

8日 由沈阳市政府、省旅游局主办,沈阳市旅游局、市服务业委、棋盘山开发区管委会共同承办的第十四届中国沈阳国际冰雪节在棋盘山冰雪大世界开幕。市长陈海波致辞并宣布冰雪节开幕。市人大常委会主任赵长义向小沈阳颁发"沈阳冰雪节形象大使"聘书。市政协主席刘雅琴代表沈阳市接受吉尼斯世界纪录官员颁发的吉尼斯世界纪录证书。

▲市长陈海波会见法国驻沈阳总领事孔颂龙、日本驻沈阳总领事松本盛雄、俄罗斯驻沈阳总领事波德·别列兹科、美国驻沈阳总领事谭森、朝鲜驻沈阳副总领事赵熙景和韩国驻沈阳副总领事全哉垣。

10—13日 中国人民政治协商会议沈阳市第十三届委员会第四次会议在八一剧场召开。市政协主席刘雅琴在会上作政协沈阳市第十三届委员会常务委员会工作报告。市政协副主席李峰作政协沈阳市第十三届委员会常务委员会关于十三届三次会议以来提案工作情况的报告。大会增选聂洪升为政协沈阳市第十三届委员会副主席。

11—14日 沈阳市第十四届人民代表大会第四次会议在辽宁人民会堂召开。市长陈海波向大会作政府工作报告。会议表决通过:关于沈阳市人民政府工作报告的决议;关于沈阳市国民经济和社会发展第十二个五年规划纲要的决议;关于沈阳市2010年国民经济和社会发展计划执行情况及2011年国民经济和社会发展计划的决议;关于沈阳市2010年预算执行情况和2011年预算的决议;关于沈阳市人民代表大会常务委员会工作报告的决议;关于沈阳市中级人民法院工作报告的决议;关于沈阳市人民检察院工作报告的决议。

15日 省委书记、省人大常委会主任王珉到沈阳市走访慰问劳动模范,代表省委、省政府向全省劳动模范表示崇高的敬意,向全省工人、农民、知识分子和各阶层劳动群众致以诚挚的问候。省委常委、市委书记曾维,省委常委、省总工会主席赵国红参加走访慰问。

▲市长陈海波率领沈阳市扶贫帮困慰问团前往阜新市捐赠钱款和物资。向阜新市捐赠700万元现金和折合钱款约500万元的大米、白面、豆油等物资。阜新市市委书记潘利国代表阜新市接受捐赠,并向沈阳市回赠锦旗。

17日 沈阳市非公有制经济工作大会在辽宁人民会堂召开。会议表彰2009—2010年度沈阳市发展非公有制经济先进单位和个人,铁西区等6个区县被授予先进区县称号,沈阳远大企业集团等10家企业被授予百强标兵企业称号,沈阳新世界百货有限公司等90家企业被授予百强企业称号,康宝华等10位企业家被授予突出贡献奖,刘运广等90位企业家被授予贡献奖。

18日 "中华A级车工厂落成仪式"在沈阳华晨汽车A级车新工厂内举行。省委书记、省人大常委会主任王珉,省长陈政高出席仪式并共同启动新工厂落成按钮。省委常委、市委书记曾维,副省长刘国强、副市长吴汉圣出席仪式。新落成的A级车工厂总占地面积36.8万平方米,投资25.6亿元,投产后最高产能可达每年15万辆,是目前国内自主品牌最大规模的A级车生产基地之一。

▲沈阳市政府与中国中铁股份有限公司战略合作协议签字仪式在北京举行。这标志着世界第二大建筑工程承包商、连续七年进入世界企业500强和世界品牌500强的中铁股份公司,将全面参与沈阳城市基础设施和沈阳经济区一体化建设。中铁股份有限公司董事长李长进、市长陈海波先后在签字仪式上致辞。

25日 市长陈海波主持召开市长办公会议,研究办好各类大型活动,大力发展会展经济,创造城市品牌工作。会议决定,2011中国(沈阳)国际旅游节、2011中国(沈阳)韩国周、第四届中国东北文化产业博览会、2011东北亚发展论坛、第十届中国国际装备制造业博览会、2011中国(沈阳)国际农业博览会、中国风险投资论坛—振兴东北投资峰会、第七届振兴杯全国青年职工技能大赛决赛等8项大型活动,为今年市政府举办的大型活动。

28日 市政府举行沈阳纳税百强单位颁奖仪式。市政府决定,授予华晨宝马汽车有限公司等纳税总额排名前十位的企业(单位)"沈阳市2010年度纳税十强单位"荣誉称号,授予中国移动通信集团辽宁有限公司沈阳分公司等90户企业(单位)"沈阳市2010年度纳税百强单位"荣誉称号。市长陈海波为获奖单位颁奖并讲话。常务副市长顾春明宣读表彰2010年度沈阳纳税百强单位的通报。

31日 省长陈政高到沈阳市走访慰问一线干部员工,考察节日市场商品供应情况,代表省委、省政府向奋战在工作一线的广大干部职工致以新春的祝福和节日的问候。省委常委、市委书记曾维，市长陈海波参加走访慰问活动。

二　月

1 日　市长陈海波率有关部门负责同志走访慰问公交、地铁建设、自来水供应等行业的职工，为他们送去慰问品，并通过他们向全市春节期间默默坚守岗位的一线职工致以节日问候，感谢他们甘于奉献，为全市人民欢度新春佳节、为沈阳经济社会发展作出的努力和贡献。

3 日　零时 13 分，坐落于和平区青年大街的皇朝万鑫酒店 B 座公寓因燃放烟花爆竹发生意外火灾。事故发生后，省、市领导王珉、陈政高、许卫国、曾维、周忠轩、赵化明、李文喜、陈海波等第一时间赶赴现场指挥抢险救援，并迅速调集警力 3000 余人投入灭火、疏散、救援和维持现场秩序。经过各个方面的协同奋战，大火被及时扑灭，没有造成人员伤亡，没有发生次生灾害。火情解除后，市委、市政府立即成立万鑫火灾事故善后处理工作组，启动善后处理工作。

▲美国大陆航空开通沈阳至关岛旅游包机航线，真正实现沈阳与美国之间的空中直接通航。该包机是由美国大陆航空公司的波音 737－800 飞机执飞，包括 14 个商务舱和 141 个经济舱座位。飞行时间仅为 5.5 小时。

8 日　省委常委、市委书记曾维，市长陈海波察看沈阳皇朝万鑫火灾事故清理现场，并在皇朝万鑫酒店听取善后处理工作汇报，强调在依法依规依情做好善后处理工作、全面强化城市公共安全工作的同时，更加振奋精神、鼓舞斗志，按照市委十一届十次全会的要求部署，全力以赴抓好各项任务的落实，确保实现首季"开门红"，不断巩固和扩大沈阳经济社会又好又快发展的良好势头。

10 日　中共沈阳市委召开十一届十一次全体会议。省委常委、市委书记曾维就做好党代会筹备工作和全市当前工作作重要讲话。市委副书记、市长陈海波主持会议并宣读《关于召开中国共产党沈阳市第十二次代表大会的决议》（草案），市委副书记苏宏章对《关于召开中国共产党沈阳市第十二次代表大会的决议》（草案）进行了说明，会议表决通过《关于召开中国共产党沈阳市第十二次代表大会的决议》。

11 日　省长陈政高到沈阳市进行现场办公，专题研究解决沈阳经济社会发展中遇到的困难和问题。省委常委、常务副省长许卫国，省委常委、市委书记曾维，副省长陈超英，市长陈海波，市人大常委会主任赵长义，市政协主席刘雅琴及省直有关部门负责人参加现场办公。

15—21 日　市长陈海波率领沈阳市代表团到台湾，开展经贸文化交流活动。代表团一行高效务实，通过座谈、会见、参访等多种形式，与台湾工商界人士广泛接触，深入推介沈阳良好的投资环境，洽谈推进一批重点合作项目，进一步加强沈阳与台湾之间的经贸合作与文化交流，受到台湾各界人士的热烈欢迎。

18 日　LG 电子（沈阳）有限公司正式投入液晶电视的生产。市人大常委会主任赵长义出席投产启动仪式，并按下生产线按钮。10 分钟后，第一台在沈阳生产的 LG 液晶电视正式下线。

▲"环境创最佳、服务争一流"活动启动仪式暨 2011 年全市重大项目对接会在市委党校举行。会上公布服务企业的十项举措和支持企业发展的"十不准"，并对外发布损害软环境举报电话、网站、信箱，以此为标志，沈阳正式启动"环境创最佳、服务争一流"活动，打响全市软环境建设攻坚战的第一战役。

22—23 日　省委常委、市委书记曾维，市人大常委会主任赵长义，率沈阳代表团赴上海、苏州，就进一步扩大与中国商用飞机有限责任公司、上海汽车工业（集团）总公司的合作进行深入洽谈，并实地考察苏州工业园区的建设发展情况。

23 日　18 时，随着辽宁工业展览馆站至青年公园站盾构机最后一次顶桩，该区间地铁隧道全部掘进到头。至此，沈阳奋战 4 年多的地铁 2 号线隧道顺利洞通。

26 日　辽宁机场管理集团公司与中国南方航空股份有限公司在沈阳签署战略合作协议。根据协议，南航将东北地区航空发展的重点放在沈阳，完善东北亚中转联程产品，完善国内、国际航线之间的快速中转，全力支持沈阳桃仙国际机场旅客吞吐量实现千万级，打造成为进出日、韩的门户机场；辽宁机场集团将提供良好的经营环境和服务支持，与南航携手构建枢纽航线网络。省委书记、省人大常委会主任王珉，省长陈政高，中国南方航空集团公司总经理司献民出席签字仪式。

27 日　沈阳市在皇朝万鑫酒店举行重大项目签约仪式，总投资约 1100 多亿元的 55 个重大项目分别落户铁西区、沈北新区和辽中县。

▲第十二届全运会运行中心开工仪式在沈阳浑南新区举行。省委书记、省人大常委会主任王珉，省委常委、常务副省长许卫国，省委常委、市委书记曾维，省委常委、秘书长周忠轩，市人大常委会主任赵长义，市政协主席刘雅琴出席开工仪式。市长陈海波主持仪式。

三　月

1 日　沈阳市召开农村工作会议，省委常委、市委书记曾维出席会议并讲话。市长陈海波主持会议，市人大常委会主任赵长义、市政协主席刘雅琴出席会议。市委副书记苏宏章宣读表彰县域经济晋位升级地区通报，副市长王翔坤作农业农村工作报告。

▲全市政府系统绩效考评工作会议在市政府会议大厅召开。会议总结过去一年全市政府系统绩效考核工作，对 2011 年工作做出部署，并对 2010 年绩效考评中取得优异成绩的先进单位和个人进行隆重表彰。许文有等 10 人获"市长特别奖"；铁西区政府等 5 个单位在 A 类综合考评中获前三名；市人力资源社会保障局等 24 个单位在 B 类综合考评中获前三名；大东区政府等 14 个单位获绩效考评单项工作优胜奖。市长陈海波给 10 名领导同志颁发"市长特别奖"。常务副市长顾春明宣读表彰通报。

2 日　省残疾人中等职业技术学校新校园项目奠基仪式在沈阳举行。省长陈政高，中国残联党组书记、理事长王新宪出席仪式并为工程奠基。省委副书记陈希、副省长陈超英、副市长杨亚洲出席奠基仪式。省残疾人中等职业技术学校新校园项目位于省体育训练中心柏叶基地的西南位置，占地面积 20 公顷，建筑面积 10 万平方米，可容纳 3000 人就学。工程总投资为 3 亿元，规划内容包括教学楼、实习实训楼、学生公寓、图书馆等，年底投入使用。

3日　中共沈阳市委做出关于授予崔嘉林同志“优秀共产党员”荣誉称号并开展向崔嘉林同志学习活动的决定。崔嘉林同志1972年参加工作，1976年加入中国共产党，1991年调入市纪委机关工作，现任市纪委第四纪检监察室主任。在纪检监察战线工作的二十年里，崔嘉林同志始终奋斗在查办案件第一线，工作扎实、成绩优异、贡献突出。

4日　上海中心大厦项目施工总承包塔楼外幕墙系统分包合同签约仪式在沈阳远大企业集团举行，这座国内首座超过600米高度的大厦外幕墙工程签约额为5亿元。

9日　沈阳市2011年打击假冒伪劣商品第一次集中销毁专项行动在沈阳市奥体中心南广场举行。近期查获的44车、涉案金额为1353.18万元的假冒伪劣商品，被运至沈阳老虎冲垃圾场进行集中销毁。此举是沈阳市近年来规模最大的一次集中销毁行动。

12日　沈阳市邀请清华大学、上海交通大学等11所国内知名高校书记校长及所属产业集团负责人在京举行座谈会，为沈阳国家大学科技城规划建设出谋献策。省委副书记陈希、副省长滕卫平、市长陈海波出席座谈会。

13日　沈阳四环快速路重要节点工程——高坎跨越浑河景观大桥正式启动建设，这标志着沈阳历史上建设里程最长、投资最大、智能化水平最高、绿化效果最好的城市快速路全面启动建设，该项目计划2013年7月31日前竣工通车。

14日　全省税务系统第一家国税和地税部门联合创办的“24小时自助办税服务厅”在沈阳市铁西区正式启用。该服务厅设有自助办税终端机6台，另备有银行ATM机、自助缴费机等服务设施。纳税人可以办理国地税各税种网上申报、网上缴税、纳税服务评价及政策法规、办税指南查询等。可以为全市纳税人提供365天24小时全天候自助办税，体现出“全天候、全自助、全市通”功能。

19日　“全民参与、健康生活”沈阳市民迎全运系列活动启动仪式在沈阳奥体中心南广场举行。省委常委、市委书记曾维宣布沈阳市民迎全运系列活动启动。市长、“十二运”沈阳赛区组委会主任陈海波为上海体育学院教授刘清早颁发“第十二届全运会沈阳赛区总督导”聘书。

20日　按照市委、市政府在全市开展“清洁沈阳，从我做起”活动的总体部署，沈阳市开展第三个“清洁沈阳日”活动。

21日　沈阳市先进典型命名表彰大会在辽宁人民会堂隆重举行。省委常委、市委书记曾维出席并讲话。市长陈海波宣读关于授予崔嘉林等5名同志“优秀共产党员”荣誉称号并开展学习活动的决定。

22日　沈阳“国家现代建筑产业化试点城市”揭牌仪式在皇朝万鑫酒店举行，沈阳由此成为全国第一个国家现代建筑产业化试点城市，这标志着沈阳现代建筑产业发展掀开了崭新一页。

▲由雨润集团投资150亿元建设的沈阳雨润农副产品全球采购中心项目在沈北新区奠基。省委书记、省人大常委会主任王珉按下项目奠基启动器。

24日　和平区20个重大新建项目集中开工仪式暨宏运国际大厦奠基典礼举行。20个重大新建项目累计总投资220.5亿元。省委常委、市委书记曾维，市长陈海波，市人大常委会主任赵长义，副市长邢凯出席仪式，为新建项目奠基。

27日　盛京银行鞍山分行正式开业运营，这是盛京银行在省内设立的第四家分行，也是沈阳经济区获批国家新型工业化综合配套改革试验区以来，盛京银行在沈阳经济区内设立的首家分行。

28－31日　市长陈海波率市政府代表团赴温州，瞄准国内500强企业、行业领军及骨干企业开展“点对点”招商，高效务实地洽谈推介48个项目，一批知名企业将联袂北上，在沈阳市投资建设重大工业、现代服务业、高新技术和新兴产业等项目。其中，大东区福建盛辉汽车物流港项目、新民市新蒲新城圣湖温泉小镇和城市CBD项目、沈北新区中宇沈北科技园和易丰展业通讯产业园项目签约。

30日　日本伊奈株式会社在沈投资建设的新型建材生产基地——沈阳伊奈建材有限公司在法库县奠基。省委书记、省人大常委会主任王珉出席奠基仪式并按动项目启动按钮。

四　月

1日　沈阳桃仙国际机场三期建设工程开工典礼举行。省委书记、省人大常委会主任王珉，省长陈政高，中国民用航空局局长李家祥，沈阳军区空军司令员周来强中将共同按动开工启动按钮。

▲沈河区与台湾乡邻集团签约，引进沈阳涵碧楼酒店和自然科学博物园两个现代服务业项目。市长陈海波出席签约仪式并会见台湾乡林集团董事长赖正镒。

2日　中国·沈阳高力汽车博览园奠基仪式在东陵区（浑南新区）举行。中国·沈阳高力汽车博览园位于鸟岛正对面，南临沈抚大道，北临滨河路，总投资350亿元，总建筑面积约800万平方米。省委书记、省人大常委会主任王珉出席仪式，为项目启动开工按钮。

▲沈阳市四环快速路BT项目建设誓师动员大会在道义101国道与四环快速路交会处举行。省委常委、市委书记曾维出席大会。四环快速路位于未来沈阳主城区边缘，共经过沈阳六个区，全长132公里，直径40公里，设计时速为主路100公里、辅路40公里，建安工程费共计约65亿元。

6日　于洪区重点项目签约仪式在皇朝万鑫酒店举行，总投资额880亿元的10个重点项目同时签约。省委书记、省人大常委会主任王珉，省委常委、常务副省长许卫国，省委常委、市委书记曾维，省委常委、秘书长周忠轩出席签约仪式。市长陈海波致辞。

8日　全民义务植树活动日。省委、省人大常委会、省政府、省政协，市委、市人大常委会、市政府、市政协的领导，沈阳军区、沈空、96101部队、省军区和省武警总队的首长、官兵与省直机关、市直机关部分干部共500人，在东陵区（浑南新区）莫子山体育公园内参加全民义务植树活动。据不完全统计，4月8日当天市区参加义务植树的人数达到78415人，共完成植树183700株，并完成挖坑、整地和清理绿地等工作。

▲浑南新城未来的标志性建筑——沈阳市环保大厦、艺术大厦、规划大厦在浑南新区隆重奠基。省委书记、省人大常委会主任王珉，省长陈政高按动项目

启动装置。

▲沈阳国际汽车城项目奠基暨丁香湖新城环境提升工程启动仪式，在于洪区丁香湖新城举行。市长陈海波出席仪式并按下工程建设启动按钮。沈阳国际汽车城项目是沈阳今年260个重点建设项目之一，项目选址于丁香湖新城，计划总投资80亿元，占地面积约96万平方米，规划建设总面积约200万平方米。

9日 省长陈政高到沈阳市就金廊工程建设情况进行工作调研。沈阳金廊工程南起浑南新区，北至沈北新区，全长30多公里。其中，北陵公园至机场路收费口之间金廊核心地段的在建项目达29个，总占地面积233.29万平方米，建筑面积1584.51万平方米，计划总投资1112.9亿元。

▲由山东省委常委、青岛市委书记李群率领的青岛市党政考察团一行到沈阳参观考察。省委常委、市委书记曾维陪同考察并主持召开两市座谈会。

11日 省委常委、市委书记曾维会见韩国新任驻沈阳总领事馆总领事赵百相。

▲2011年沈阳市食品安全工作会议召开，市长陈海波在会上作出部署。常务副市长顾春明宣读表彰决定，授予和平区政府等16个单位"全市食品安全目标责任状优秀达标单位"、市委办公厅等53个单位"全市食品安全专项整治工作先进单位"、156名同志"全市食品安全工作先进个人"称号。

12日 以中国残联副主席、党组成员吕世明为组长的中国残联验收组一行抵达沈阳，对沈阳市创建"全国残疾人工作示范城市"工作进行检查验收。市长陈海波会见验收组一行。

13日 中国工程院院长周济来沈阳调研，重点考察沈阳机床集团、北方重工集团等大型装备制造业企业。

14日 省委常委、市委书记曾维，市长陈海波会见日本积水住宅株式会社会长和田勇一行。双方共同出席沈阳市·日本积水住宅株式会社及相关企业投资备忘录签字仪式。

▲国务院残工委验收沈阳市创建"全国残疾人工作示范城市"意见反馈会在沈阳宾馆举行。验收组宣布：沈阳市创建"全国残疾人工作示范城市"达到标准，通过验收。

15日 积水好施新型建材（沈阳）有限公司等21个现代建材产业项目在铁西现代建筑产业园集中开工。省委常委、市委书记曾维，市长陈海波出席开工仪式。

16日 中共中央政治局常委、中央纪委书记贺国强专程看望被誉为"毛主席的好工人"的全国劳动模范尉凤英。

▲辽宁省国际会议中心开工奠基仪式在棋盘山开发区举行。辽宁省国际会议中心由上海绿地集团投资66亿元建设，是为第十二届全运会提供服务的配套项目。项目总建筑面积55万平方米，将于2013年3月建成投入使用，建成后将成为辽宁省集国际会议中心、运动比赛场地、温泉度假、商住于一体的综合性高端项目。

19日 沈阳化工集团接到国家商务部批复：同意沈化集团催化热裂解（CPP项目）72万吨原油进口计划。这意味着，沈化集团的年原油指标增加150%，由原来的48万吨增加到120万吨。使企业增加约30亿元的工业总产值。

21日 苏家屯区招商引资重点项目集体签约仪式在皇朝万鑫酒店举行。此次集体签约的项目共10个，总投资额470亿元，涉及物流商贸、旅游休闲、总部基地、大型商业综合体、智能多媒体、基础设施等多个产业门类和种类。

25日 省委常委、市委书记曾维会见日本驻华大使丹羽宇一郎。

▲新疆维吾尔自治区人大常委会党组书记、主任艾力更·依明巴海率新疆维吾尔自治区考察团到沈，围绕保持经济社会又好又快发展的主题进行参观考察。

27日 沈阳市庆祝"五一"国际劳动节暨先进集体、先进个人表彰大会召开。省委常委、市委书记曾维出席大会。市委副书记苏宏章讲话。市总工会主席鞠秀礼主持大会。副市长吴汉圣宣读《关于颁发沈阳五一劳动奖状、五一劳动奖章和命名"工人（五一）先锋号"的决定》。

▲盛京银行长春分行正式开业运营。这是盛京银行继在天津、北京、上海设立分行后，在省会城市设立的首家分行。至此，盛京银行已开业和获批筹建的分行数量已达10家。

28日 市公安局举行"110"报警一号通启动仪式，110、122、119"三台合一"。遇肇事、火灾也可拨打"110"。

▲第二届中国工业大奖表彰大会在北京人民大会堂举行。特变电工股份有限公司荣获"中国工业大奖"，沈鼓集团荣获"中国工业大奖表彰奖"。

30日 中粮航院项目奠基典礼仪式在位于皇姑区的原沈阳航空学院地块举行。该项目总投资78亿元人民币，将建成集央企东北总部、大悦城购物中心等为一体的国际化、高品质大型城市综合体。

五 月

9日 国家林业局局长贾治邦来沈考察治沙造林及林业信息化等工作。市长陈海波、副市长王翔坤陪同考察。

10日 中共中央政治局委员、中央书记处书记、中宣部部长刘云山在沈阳调研，先后视察辽报集团、省图书馆、市城市规划展示馆等单位。

11日 沈阳万科春河现代建筑产业化示范项目举行预制构件吊装启动仪式，开始正式进行装配式施工，这标志着沈阳市现代建筑产业化发展进入一个新的阶段。

▲由市卫生局主办的沈阳地区纪念"5·12"国际护士节暨庆祝中国共产党建党90周年主题歌咏晚会隆重举行。会上，市卫生局领导对于艳秋等5名获得"沈阳地区护理终身成就奖"、范玲等15名获得"沈阳地区护理杰出贡献奖"、王彬等30名获得"沈阳地区护理行业先锋奖"荣誉称号的优秀护士进行表彰。

13—14日 全国信访宣传工作座谈会在沈阳市召开。会议总结近年来全国信访宣传工作取得的成绩，分析研究当前面临的形势，对今后一个时期的信访宣传工作做出安排部署。中央联席会议办公室副主任、国家信访局副局长张恩玺出席会议并讲话。

15日 沈阳金廊现代服务业聚集区又一个大型高端服务业项目——沈阳华润中心万象城正式开业。

17日 沈阳远大铝业工程有限公司在香港联交所上市，共发行股票15亿股，每股股价1.5港元，融资额22.5亿港元。远大铝业上市的保荐人为德意志银行和J.P.摩根公司，此次融资主要用于玻璃幕墙厂房扩建和补充流动资金。远大铝业是沈阳市今年首家上市企业，也是今年辽宁省首家境外上市企业。

18日 香港世茂集团将投资280亿元在辽中建设沈阳近海珍珠湖东方威尼斯水城商业开发项目。辽中县政府与世茂集团举行签约仪式，省委常委、市委书记曾维，世茂集团董事局主席许荣茂出席签约仪式。

19日 沈阳市统计局发布第六次全国人口普查主要数据，其中全市总人口为810.6万人，同第五次全国人口普查2000年11月1日零时的720.4万人相比，十年共增加90.2万人，增长12.53%，年平均增长率为1.19%。

20日 全国第七次法制宣传教育工作在北京召开。沈阳市被授予"2006—2010年全国法制宣传教育先进城市"称号。

21日 辽宁省文化产业发展重点工程、沈阳金廊现代服务业聚集区重点项目——辽宁体验式文化广场正式启动。

▲沈阳师范大学建校60年庆典举行。省委书记、省人大常委会主任王珉，省长陈政高发来贺信。

25日 国家环保部副部长吴晓青率有关部门到沈调研，听取沈阳环境科学研究院承担的"多氯联苯污染控制技术体系研究"这一环保公益性行业科研专项课题成果汇报。

28日 沈阳市东一环、二环快速路改造工程开工仪式在新立堡立交桥施工现场举行。该工程将在东一环、二环快速路上新建总计11座、全长36.1公里的高架桥，进一步提升沈阳道路通行能力，缓解交通拥堵，打造快捷顺畅的出行环境。

31日 市政府与上海通用汽车有限公司在上海汽车工业（集团）总公司签署关于进一步深化战略合作协议。市长陈海波，上海汽车工业（集团）总公司、上海汽车集团股份有限公司董事长胡茂元，通用汽车（中国）有限公司总裁KevinWale先生出席签约仪式并分别致辞。

▲常务副市长顾春明与日本佐世保市市长朝长则男共同签署建立友好交流城市关系协议书，此举标志着沈阳和日本佐世保正式建立友好交流城市关系。

六　月

1日 沈阳市农民工定点医院挂牌仪式在沈阳市大众医院举行，大众医院成为省内首家农民工定点医院。

3日 沈阳市与美国工商界高层人士恳谈会在上海举行。恳谈会由沈阳市政府、美国驻沈阳总领事馆和上海美国商会共同主办。通用电气、德勤、摩根士丹利等68家美国世界500强和行业领军企业近百名高层人士应邀到会。

6日 全国15个副省级市政协主席齐聚沈阳，共同出席全国副省级市政协工作交流会议。全国政协副主席郑万通出席开幕式并讲话。省政协主席岳福洪，省委常委、市委书记曾维在开幕式上致辞。

7日 全国政协副主席郑万通就沈阳老工业基地调整改造和先进装备制造业发展等情况，在沈进行深入考察。郑万通一行先后考察沈阳机床（集团）有限责任公司、铁西工人村生活馆和沈阳铸造博物馆。

9日 由辽宁省人民政府和台北世界贸易中心共同主办的2011辽宁（沈阳）台湾名品博览会在沈阳国际展览中心开幕。省长陈政高、台北世界贸易中心董事长王志刚、国务院台湾事务办公室副主任陈元丰、中国国际贸易促进委员会副会长于平先后在开幕式上致辞。

▲第四次全国残疾人事业工作会议在北京召开。会上，中国残联授予沈阳市"全国残疾人工作示范城市"荣誉称号。同时，国务院残工委授予沈阳市政府"全国残疾人工作先进单位"荣誉称号。

10日 中国最大的IT解决方案与服务提供商东软集团股份有限公司举行成立20周年庆典活动。

13日 市人大常委会主任赵长义为沈阳市汽车城开发建设指挥部揭牌，沈阳市汽车城开发建设正式启动。

14日 沈阳地铁2号线实现"轨通"，比原定的7月15日提前1个月零1天。

15—16日 全国政协副主席阿不来提·阿不都热西提率宗教界政协委员来沈进行"发挥宗教界积极作用，促进和谐社会建设"情况的专题调研。

18日 辽宁省暨沈阳市首个工业建筑节能示范工程正式揭牌，贝卡尔特—沈阳钢帘线有限公司工业厂房凭借其领先的节能工艺和效果，成为沈阳市也是全国第一个被认证的工业建筑节能示范项目，该项目用于节能减排的投入高达2800万元，各项指标在工业建筑节能领域均达到国内领先水平。

22日 总投资102亿元的10个重点项目落户棋盘山开发区沈阳泗水科技城。省委书记、省人大常委会主任王珉按动项目启动按钮。

▲由省长蒋巨峰率领的四川省党政代表团来沈，先后考察沈阳城市规划展示馆、沈鼓（集团）有限公司、北方重工集团有限公司、沈阳远大企业集团、沈阳机床集团有限公司等。

23日 省委常委、市委书记曾维，市长陈海波会见宝钢集团有限公司总经理何文波，并共同出席辽中县政府与宝钢建筑系统集成有限公司合作建设辽中县近海新城城市综合体项目框架协议签约仪式。辽中县近海新城城市综合体项目包括辽中县新产业孵化器基地、医疗中心、体育馆、文博馆、大剧院、近海一高中及保障性住房等项目。项目建设总面积约90.5万平方米，直接投资总额20亿元人民币。

24日 国家文物局局长单霁翔考察全国重点文物保护单位沈阳新乐遗址博物馆。单霁翔先后参观北部展区复原的半地穴式建筑、原始建筑复原全景、半地穴式原始建筑遗址、新乐下层文化房址，并考察正在建设中的沈阳市中心文物库房及整理基地。

▲市政府对荣获中国驰名商标的沈阳金飞马制漆有限公司等12家企业每家奖励300万元。沈阳市全年新晋中国驰名商标12个。

25日 特变电工沈阳变压器集团有限公司生产的三台±400千伏换流变压器运往拉萨。这三款机器为中国"首台首套"产品、世界海拔最高的变压器产品，填补世界输变电行业400千伏换流变压器产品的空白。

27日 中国共产党沈阳市第十一届委员会第十二次全体会议在沈阳宾馆召开。

▲由市委组织部、市委宣传部主办，沈阳广播电视台承办的沈阳市庆祝中国共产党成立90周年大型晚会《党旗下的

誓言》,在奥体中心网球馆举行。

29日 沈阳市庆祝中国共产党成立90周年暨“一先两优”表彰大会在辽宁人民会堂召开。省委常委、市委书记曾维出席会议并作重要讲话,市委副书记苏宏章宣读市委决定,对和平区太原街街道党工委等150个先进基层党组织、于璐等502名优秀共产党员、王世杰等101名优秀党务工作者予以表彰。

七 月

1日 在北京举行的庆祝中国共产党成立90周年大会上,沈阳机床集团党委、沈阳煤业(集团)有限责任公司林盛煤矿选煤厂党总支、沈阳铁路局苏家屯车辆段党委荣获全国先进基层党组织称号,沈阳鼓风机集团股份有限公司齿轮压缩机车间副主任徐强荣获全国优秀共产党员称号,新民市周坨子乡党委书记徐占海、沈阳铁路局苏家屯车辆段党委书记姚福军荣获全国优秀党务工作者称号。

▲沈阳市最低工资标准正式提高,市区(含开发区)月最低工资标准由原来每月900元调整为每月1100元,四县(市)由原来的750元调整为900元;最低小时工资标准市区由8.5元/小时调整为11元/小时,四县(市)由7元/小时调整为8.5元/小时。

3—4日 中共中央政治局常委、国务院总理温家宝到沈阳考察,就经济运行有关问题进行调研。

4日 康平县政府与北京恒基伟业电子产品有限公司就800兆瓦太阳能电池片项目签订合作协议。省委常委、市委书记曾维,市长陈海波出席签约仪式,并会见北京恒基伟业电子产品有限公司董事长张征宇。

5日 由省长吕祖善率领的浙江省政府考察团到沈阳考察。

7日 国家西气东输工程的重要组成部分——陕(西)(北)京二线天然气正式向沈阳供气。11时08分,随着位于于洪区曹台村长输管线门站巨大阀门的开启,燃气从陕西经北京至沈阳的特殊管道,开始源源不断地直供沈阳。“西气东输”工程入辽宁,规划最大年输气量80亿立方米。

5—8日 中国共产党沈阳市第十二次代表大会召开。大会选举出由73名委员、13名候补委员组成的中共沈阳市第十二届委员会;选举出由47名委员组成的市纪律检查委员会。选举出沈阳市出席中共辽宁省第十一次代表大会代表114名。

8日 中共沈阳市第十二届委员会举行第一次全体会议,全会选举产生中共沈阳市第十二届委员会常务委员会,曾维、陈海波、苏宏章、顾春明、姜宏、邢凯、李继安、常明、马占春、鞠秀礼、徐兴华、徐学东、王凤波当选常委;选举曾维为市委书记,陈海波、苏宏章为副书记。全会通过市纪委一次会议选举结果:徐兴华为市纪委书记,史文昌、李林畔、孟凡伟为副书记。

9日 于洪区重要的现代服务业项目——沈阳碧桂园玛丽蒂姆酒店正式开业。

12日 亚泰集团沈阳现代建筑产业园奠基仪式在沈北新区举行。该项目建成后每年将为100万平方米建筑面积提供预制构件产品,产值达4亿元。

14日 由市政府和大韩民国驻沈阳总领事馆共同主办的2011中国沈阳韩国周开幕式暨经贸合作项目签约仪式在万鑫酒店举行。省长陈政高,韩国国会议员、大国家党前党首安商守分别在开幕式上致辞。

▲中共中央候补委员、中央统战部副部长、全国工商联党组书记、全国非公有制经济组织创先争优活动指导小组组长全哲洙率调研组到沈阳调研商会建设及非公经济发展情况。

15日 沈阳市政府与上海汽车集团股份有限公司共同签署《进一步深化战略合作协议》,以共同推进上海通用汽车沈阳北盛扩建(三期)项目为契机,进一步深化战略合作。省委书记、省人大常委会主任王珉,上海市市长韩正,省委常委、常务副省长许卫国,省委常委、市委书记曾维,市长陈海波、市人大常委会主任赵长义,上海汽车集团董事长胡茂元共同出席签字仪式。

16日 永盛“七星九龙湾”温泉项目在沈北新区开工建设。以此为标志,沈北新区全面启动“东北第一温泉城”项目。

14—17日 2011中国沈阳韩国周举行。本次韩国周的18项经贸、文化活动获得圆满成功,并取得丰硕成果。韩国周期间,全市共洽谈、推进59个项目。其中7月14日韩国周开幕当天,共有韩国国际学校、盾安新一城CGV星星影城、乐天百货(沈阳)有限公司等12个项目进行现场签约,另有7个项目在活动期间也实现签约。19个项目预计投资总额7亿3572万美元。韩国周期间,沈阳市与韩国巨济市签订建立友好合作城市关系的协议。

21日 在辽宁省工商系统助推经济发展工作会议上,沈阳市的沈阳鼓风机集团有限公司等12家新获中国驰名商标企业,分别得到省政府50万元奖金。

22日 辽中县政府与上海瑞华(集团)有限公司举行新能源电动汽车生产基地项目签约仪式,市长陈海波出席。此次签约的新能源电动汽车生产基地项目,选址于辽中近海经济区工业新城,项目占地约500亩,投资总额30亿元,其中一期投资约20亿元。

23日 沈阳万润新城投资管理有限公司与日本亚洲投资株式会社签约,双方共同出资合作成立万亚(沈阳)创业投资基金。这是东北地区第一支中外合作的创业投资基金。市长陈海波出席签约仪式。

28日 全国工会组织劳务派遣工入会工作现场经验交流会议在沈阳召开。全国总工会副主席、书记处书记王炯出席会议并讲话,宣布全国工会推动劳务派遣企业建会、组织劳务派遣工入会集中行动正式启动。

29日 海关总署党组书记、署长于广洲到沈阳调研,先后考察中航工业沈阳飞机工业(集团)有限公司、中航工业沈阳黎明航空发动机(集团)有限公司。市长陈海波、副市长吴汉圣陪同调研。

31日 沈阳地铁2号线“热滑”试验圆满成功,标志着沈阳地铁2号线实现了历史性的“车通”,为“通车”试运行提供重要基础。

八 月

2日 总投资10亿元人民币的营口港法库内陆港项目正式奠基。

4日 规划面积为5平方公里的沈

阳手机产业园在沈北新区正式启动建设。园区内总投资206亿元的科技研发区、生产加工区、生活服务区和高管住宅区4个政府投资项目以及杰尔望、中宇手机、位置基地、旗丰电子等10个企业投资项目同时动工。

12日 雄洲食品·2011中国沈阳国际旅游节开幕式在辽宁省浑南体育训练基地综合体育馆举行。省委常委、市委书记曾维宣布旅游节开幕。国家旅游局副局长王志发在开幕式上致辞。

14日 于洪区、苏家屯区、辽中县顺利通过国家生态区(县)考核验收。按规定程序报批后,沈阳国家生态区(县)在已有的东陵区、沈北新区、棋盘山开发区3个区的基础上,又增加两区一县,共计有6个区(县)通过国家生态区的考核验收。届时,辽中县也将成为东北第一个国家级生态县。

15—16日 全国构建和谐劳动关系先进表彰暨经验交流会在北京举行。中航工业沈阳黎明航空发动机(集团)有限责任公司、沈阳飞机工业(集团)有限公司、沈阳桃仙国际机场股份有限公司、辽宁省邮政公司荣获“全国模范劳动关系和谐企业”称号。

17日 由全国人大常委会副委员长陈至立带队的全国人大常委会执法检查组一行,对沈阳市贯彻落实《中华人民共和国劳动合同法》情况进行执法检查,听取沈阳市的工作情况汇报。

20日 由中央人民广播电台音乐之声、中国儿童少年基金会主办,中共沈阳市委宣传部、沈阳棋盘山开发区管委会、沈阳广播电视台承办的唱响中国·唱响沈阳暨“我要上学”2011年大型公益演出沈阳棋盘山景区秀湖畔举行。

21日 沈阳遭遇暴雨冰雹天气。16时35分至19时,沈阳气象台先后发布五条天气预警信号,其中暴雨、冰雹预警信号达到橙色。

23日 新立堡跨河大桥建设工程正式进场施工。大桥为沈阳第十一座跨浑河大桥。

25日 由文化部、国家广电总局、国家新闻出版总署以及辽宁、吉林、黑龙江三省政府共同主办,沈阳市政府承办的第四届东北文化产业博览交易会在辽宁工业展览馆开幕。

26日 市政府与农业发展银行辽宁省分行签署战略合作协议。农发行辽宁省分行承诺,将在2011年至2013年向沈阳市提供300亿元以上信贷融资服务,主要用于推进城乡一体化、基础设施建设和发展县域经济。

▲国内知名软件企业——金蝶软件(中国)有限公司东北区域中心正式落户沈阳国际软件园。

28日 沈阳市、抚顺市、铁岭市共享区号“024”。零点,省长陈政高宣布“沈抚铁升位并网共用‘024’正式开通”,国家工信部副部长刘利华、省长陈政高、中国联通集团公司总经理陆益民共同推动多米诺骨牌启动沈抚铁共用“024”。这标志着沈抚铁通信一体化正式实现。

30日 沈阳-川崎建立友好城市关系30周年纪念招待会在万豪酒店举行。省委常委、市委书记曾维,市人大常委会主任赵长义,市政协主席刘雅琴,川崎市市长阿部孝夫,川崎市议会议长大岛明,日本驻沈阳总领事松本盛雄等嘉宾出席招待会。

九　月

1日 由商务部、国家发改委、工信部、中国贸促会和辽宁省政府共同主办,沈阳市政府承办的第十届中国国际装备制造业博览会,在沈阳国际展览中心开幕。全国人大常委会副委员长周铁农宣布本届制博会开幕。

▲农业部部长韩长赋一行到沈阳盛发菜果批发市场考察,详细了解沈阳市场的蔬菜供应及价格情况。

▲由工业和信息化部指导、市政府主办的2011中国装备工业发展高峰论坛在沈阳开幕。论坛以“加快装备工业转型升级,培育发展高端装备制造,推进装备工业由大做强”为主题。

3日 市直属机关2011年职工体育运动会在沈阳体育学院举行。省委常委、市委书记曾维宣布运动会开幕,市长陈海波为运动会开赛鸣枪发令。

5日 黄河大街北出口封闭,进行道路综合改造工程建设。

8日 2011中国风险投资论坛——振兴东北投资高峰会在沈阳开幕。全国人大常委会副委员长、民建中央主席陈昌智出席开幕式并致辞。

▲第四届全省道德模范表彰大会在沈阳市举行。省委书记、省人大常委会主任王珉作重要讲话,省长陈政高主持会议,省委常委、宣传部长张江宣读表彰决定和获奖名单。沈阳军区后勤史馆馆长徐文涛、沈阳市辉山乳业有限公司送奶工王秀珍、沈阳市沈北新区黄家锡伯族乡大孤家子村村民汤秉贵等22人获得第四届辽宁省道德模范,沈阳市桥梁厂退休工人陈德香、沈阳工程学院信息工程系大四学生于川等24人获得第四届辽宁省道德模范提名奖。

9日 于洪区与香港五洲国际集团投资有限公司签约,建设沈阳五洲国际工业博览城。这座总投资100亿元、建筑面积约190万平方米的大型工业品批发零售市场建成后,将成为沈阳市迄今最大的生产性服务业项目。

15日 全国非公有制企业党建强、发展强百佳党组织评选结果发布会在北京人民大会堂召开。沈阳市申报的沈阳远大集团党委从全国265家入选的非公企业党组织中脱颖而出,被授予“全国非公有制企业双强百佳党组织”称号。

16日 由省委宣传部、省文化厅联合主办的辽宁省首届群众文化节在于洪区和谐文化广场开幕。省委书记、省人大常委会主任王珉出席开幕式并宣布辽宁省首届群众文化节开幕。

▲2011中国(沈阳)国际手机博览会在辽宁工业展览馆开幕。

▲第七届中国辽宁(沈阳)国际农业博览会在沈阳国际展览中心开幕。本届农博会共有14个国家(地区)、国内19个省市的1230多家著名龙头企业参展。

▲中国企业500强之一的永辉超市股份有限公司和于洪区政府签约,投资30亿元建设永辉东北物流交易中心项目。

18日 上午9时18分,在震惊中外的“九一八”事变爆发80周年之际,2011年勿忘“九一八”主题撞钟鸣警仪式在沈阳“九一八”历史博物馆主广场举行。撞钟鸣警仪式由辽宁、吉林、黑龙江三省省委、省政府共同主办,市委、市政府承办。

19日 第十二届全运会会徽揭晓仪式举行。会徽名为“中国力量,继往开来”,由红黄蓝三色拼成。

20日 国际和平日纪念活动暨东北亚发展论坛举行招待会,欢迎参加活动的国内外嘉宾。全国人大常委会副委员长、中国人民争取和平与裁军协会副会长严隽琪,日本前首相村山富市,蒙古国前总理巴亚尔,韩国前总理李洪九出席招待会。

▲德国沙尔特宝集团(沈阳)园区在沈阳地铁产业园内举行开园典礼。

21日 以“让世界听到你的声音——共享和平与发展”为主题的“国际和平日纪念活动暨东北亚发展论坛”在沈阳开幕。中共中央政治局委员、全国政协副主席王刚出席开幕式。

▲国际和平日纪念活动暨东北亚发展论坛举行和平公园揭幕仪式。仪式在沈北新区蒲河北岸举行。

▲沈阳市与俄罗斯联邦巴什科尔托斯坦共和国乌法市建立友好城市关系。

23日 总投资70亿元人民币、年产整车30万辆的上海通用汽车北盛三期新工厂举行奠基仪式。省委书记、省人大常委会主任王珉,省长陈政高,省委常委、市委书记曾维,上海市副市长艾宝俊为新工厂沙盘揭幕。

24日 2011法库国际陶瓷博览交易会在法库县国际会展中心开幕。

25日 由国家工商总局批准,中国广告协会、沈阳市政府、辽宁省工商局主办的第十八届中国国际广告节在沈阳国际展览中心开幕。这是中国国际广告节首次在沈阳举办。

26日 沈阳药科大学举行新校园建设项目奠基典礼。沈阳药科大学新校园位于沈北新区蒲河新城道义镇,规划用地面积1200亩,总建筑面积约43万平方米,预计总投资12亿元。

27日 宋雨桂艺术馆奠基仪式在长白岛举行,这是沈阳市也是辽宁省首个以艺术家名字命名的艺术馆。

28日 中国科协常务副主席、书记处第一书记、党组书记陈希率中国科协调研组一行,来沈调研社区及企业科协工作开展情况。

30日 占地约50万平方米、投资20亿元的东北地区首个第四代主题公园——沈阳方特欢乐世界开园。

▲位于沈北新区蒲河北岸的锡伯族文化广场正式落成。

十　月

3日 中国医科大学建校80周年暨毛主席为学校题词“救死扶伤,实行革命的人道主义”70周年庆典大会在辽宁大剧院举行。

8日 沈本产业大道竣工通车仪式在沈阳举行。沈本产业大道全长共计62.1公里,建设标准为一级路,其中沈阳段27.7公里,投资7.26亿元;本溪段全长34.4公里,投资4.84亿元。

9日 全国首家以学院为建制的古生物学专业学院——沈阳师范大学古生物学院举行成立仪式。这是国内第一所古生物学院,也是迄今已知的世界上唯一一所仅以古生物学命名的专业学院。

10日 由中国糖业酒类集团公司和沈阳市政府共同主办的2011年秋季全国糖酒商品交易会在沈阳国际展览中心开幕。

10—13日 中国共产党辽宁省第十一次代表大会在辽宁人民会堂召开。大会选举出新一届中国共产党辽宁省委员会、省纪律检查委员会。中共辽宁省第十一届委员会第一次全体会议选举王珉为省委书记,陈政高、夏德仁为省委副书记,许卫国、王俊莲(女)、曾维、唐军、周忠轩、辛桂梓、张江、张林、赵国红(女)、苏宏章当选为省委常委。中共辽宁省纪委第一次全会选举王俊莲(女)为省纪委书记,成刚、孟祥锋、李宇光、韩玉起为省纪委副书记。

17日 2011中国企业国际融资洽谈会金融服务交易会在沈阳开幕。

21日 辽宁省孤儿学校新校园落成庆典在沈阳市东陵区白塔街道塔南村举行。辽宁省孤儿学校始建于1965年,是国内唯一集九年义务教育和中等职业教育于一体的社会福利性质的学校。经过三年的筹备和建设,一座建筑面积5.8万平方米,集教学、生活、培训于一体的现代化新校区正式落成并投入使用,740多名孤儿将在这里开始全新的学习和生活。

▲全国人大常委会副委员长路甬祥来沈,就企业技术创新工作进行视察。路甬祥一行前往沈阳黎明航空发动机公司,视察企业的部分车间,了解企业在产品研发方面的新进展,听取公司加强自主创新能力建设的情况介绍。

22日 由中国工程院、沈阳市委、市政府共同主办的第八届沈阳科学学术年会暨中国工程院院士专家沈阳行活动在东北大学举行开幕式。

23日 沈阳市出租汽车行业“百日会战”总结表彰暨中华行首届“的士节”大型主题晚会举行,沈城近千名的哥的姐欢聚一堂,庆祝节日。

28日 第七届“振兴杯”全国青年职业技能大赛圆满落幕。辽宁代表队以大赛团体总分第一名,再次蝉联本届“振兴杯”,这也是辽宁代表队第七次捧得“振兴杯”大奖。

▲中央电视台辽宁记者站在沈阳挂牌成立。

十一月

1日 沈阳市国家级信息化和工业化融合试验区授牌仪式暨全市两化融合推进会议召开。国家工信部副部长杨学山在会上向沈阳市授牌并讲话,省委常委、市委书记曾维讲话,市长陈海波代表沈阳市接受牌匾,并向东陵区(浑南新区)、大东区、沈北新区、铁西区和于洪区等5个市级两化融合试验区授牌。

▲浑河铁西段、细河组成的两河流域滨河景观带——浑河西峡谷项目建设全面启动。

2日 吉林省辽源市市委书记姜有为率党政考察团一行到沈,对沈阳市经济社会发展情况,特别是在培育产业优势、建设工业园区、开发建设新城和推进经济社会转型等方面的经验做法进行考察。

4日 市政府举行颁奖仪式,市长陈海波为11位在沈工作的外国专家颁发2011沈阳玫瑰奖并会见获奖专家。“沈阳玫瑰奖”是市政府对在沈工作的外国专家的最高奖励,从1993年设立至今,先后有378名外国专家获此殊荣。

▲作为市政府办实事项目之一的5处地铁沿线机动车停车场工程全面竣工,并免费开放,可提供停车位约400个。5处停车场包括:一号线黎明广场站东侧停车场、黎明广场站西侧停车场、启工街站停车场、重工街站停车场、二号线松山路站停车场。

7日 2010—2011年度中国建设工程鲁班奖(国家优质工程)颁奖大会在北京人民大会堂举行。全国共有200项工程项目获得“鲁班奖”。沈阳地铁一号线及东北电网电力调度交易中心大楼、沈阳医学院奉天医院医技楼和住院楼、沈阳恒隆中街广场荣获此项中国建筑业最高荣誉。沈阳地铁工程在东北地区同行中首获殊荣,也是继北京地铁之后全国地铁行业中第二家获此殊荣的单位。

8日 中华全国供销合作总社党组书记、理事会主任杨传堂考察沈阳市供销合作社工作。

▲由《中国经营报》、华晨宝马汽车有限公司联合主办的“问道十二五——BMW中经智库全国行”活动走进沈阳。国内知名经济学家,省、市政府部门领导及华晨宝马汽车有限公司高管,共同围绕“沈阳经济区综合配套改革试验的新挑战”,以“汽车业可持续发展”为主题进行高端对话。市长陈海波出席论坛活动并讲话。

▲市长陈海波会见德国驻华大使施明贤,双方就设立德国驻沈阳总领事馆,加强沈阳与德国经贸合作,以及双方高校合作开展中德智能“太阳屋”项目进行深入探讨。

▲2011年度何梁何利基金颁奖大会在北京举行,何梁何利基金授予35位科技工作者“科学与技术进步奖”,中国工程院院士、沈阳农业大学教授陈温福荣获此奖。这是继1998年杨守仁教授之后,该校学者再次获此殊荣。

9日 省委常委、市委书记曾维,市长陈海波会见来访的美国驻华大使骆家辉。

10日 美国道格拉斯动力股份有限公司与沈阳德通路桥机械设备有限公司签约,共同在沈北新区投资建设中国最大的除雪车辆及设备生产基地。市长陈海波出席项目签约仪式,并会见道格拉斯动力股份有限公司总裁筒健思和沈阳德通路桥机械设备有限公司总经理郭军。

10—11日 中国民主建国会沈阳市第十三次代表大会召开。大会选举产生民建沈阳市第十三届委员会,李峰当选为主任委员。

11日 市政府与辽宁省电力有限公司举行沈阳地区电网建设协商推进会,双方就“十二五”沈阳电网发展规划和解决当前电网建设中存在的问题进行会商。

12日 东北第一家金属交易所——辽宁泛亚金属交易所在沈阳正式开业。

15日 沈阳机床(集团)有限责任公司与世界500强企业德国舍弗勒集团正式签署战略合作协议,双方将在全球范围内展开各类战略合作。

▲文化部举行第三次全国文化馆评估定级命名颁奖仪式,沈阳市群众艺术馆荣获全国一级群众艺术馆称号,东北三省副省级城市中获得此项殊荣的唯此一家。

15—16日 中国国民党革命委员会沈阳市第十二次代表大会召开。大会选举产生民革沈阳市第十二届委员会,王垂杰当选为主任委员。

16—18日 九三学社沈阳市第十二次代表大会召开。大会选举产生九三学社沈阳市第十二届委员会,卢柯当选为主任委员。

20日 省长陈政高到浑南新区,实地考察省四大文化设施建设情况,现场办公研究解决工程建设中遇到的困难和问题,并看望慰问坚持在施工一线的工程建设者。正在建设中的四大文化设施包括省科技馆、图书馆、博物馆、档案馆四个单体工程,项目总建筑面积38.6万平方米,总投资36.2亿元。

21—22日 中国农工民主党沈阳市第六次代表大会召开。会议选举产生农工党沈阳市第七届委员会,赵午当选为主任委员。

21—23日 中国民主同盟沈阳市第十二次代表大会召开。大会选举产生民盟沈阳市第十四届委员会,孙红当选为主任委员。

23日 新疆塔城地区地委书记张博率领党政代表团一行到沈,参观考察沈阳市城市规划展示馆、中科院自动化研究所、新松机器人中心、沈阳故宫。

25日 内蒙古自治区党委常委、通辽市委书记杜梓,市长胡达古拉率领通辽市党政考察团一行到沈阳,考察经济社会发展情况。

▲辽宁省民心网组织评选的第二届“十大感动民心人物”评选结果揭晓。沈阳市皇姑交警大队退休交警李栓良荣获第二届感动民心人物特别奖;沈阳市供销社扶贫干部李相严、沈阳市残疾人就业基地负责人李文君当选第二届感动民心人物。

▲20辆油电混合动力的环保型公交车正式在179路公交线路上运营。这是沈阳市首批主要以电池为主要动力的新型公交车。

25—26日 2011年全国中等职业学校信息化教学大赛在沈阳举行。有38位参赛教师荣获一等奖、76位教师荣获二等奖、105位教师荣获三等奖。其中,沈阳参赛教师沈阳市装备制造工程学校李冰等6人获一等奖,沈阳现代制造服务学校杨静微等2人获二等奖;大赛还评出10个最佳组织奖和6个特别贡献奖。

25—26日 中国致公党沈阳市第六次代表大会召开。会议选举产生中国致公党沈阳市第六届委员会,裴达树当选为主任委员。

27—28日 中国民主促进会沈阳市第十二次代表大会召开。大会选举产生民进沈阳市第十三届委员会,王玲当选为主任委员。

28—29日 台湾民主自治同盟沈阳市第八次盟员大会召开。大会选举产生台盟沈阳市第八届委员会,柯英明当选为主任委员。

十二月

1日 浑南新区与中国北车股份有限公司举行现代有轨电车项目合作框架协议签约仪式,浑南新区现代有轨电车建设全面启动。2013年全运会前,浑南新区将开通5条现代有轨电车,线路总长65公里。

2日 沈阳市文物保护协会成立大会召开。市政协主席刘雅琴为协会揭牌并讲话。

▲沈阳市芽菜生产基地生产的豆芽上市。首批上市的10吨放心豆芽,在20家农贸市场和30家销售网点中以每市斤1.8元的价格销售。

▲和平区法院对沈阳最大一起毒豆芽案作出一审宣判:生产者、销售非食品添加剂者、打工者同获生产、销售有毒、有害食品罪,分别被判处有期徒刑四年到六个月不等,并处罚金30万元到2万

元不等。

3日　“沈阳造”BMW5系长轴距轿车出口仪式在大东区华晨宝马工厂举行。首批BMW5系长轴距轿车将出口中东等地，华晨宝马成为开启中国豪华汽车走向世界大门的第一个合资企业，而沈阳成为中国高品质汽车走向世界的第一个城市。

3—4日　中共中央政治局委员、国务院副总理王岐山在辽宁沈阳考察工作，实地考察沈阳鼓风机集团、北方重工集团、沈阳远大集团、沈阳机床集团等企业。

4日　沈阳市举行“中法生态园区经贸合作”启动仪式暨第四届中欧投资贸易洽谈会招待会。法国驻华大使白林出席招待会并致辞。

5日　“中法生态园区经贸合作”启动仪式暨第四届中欧投资贸易洽谈会在沈举行。

▲沈阳市举行沈阳汽车城零部件产业园区项目合作协议签约仪式。20家首批入驻的企业分别与大东区政府签约，总投资额达40亿元，主要生产装配总成、车身、空调系统、底盘、内饰等产品。

▲浑南新区与施耐德电气（中国）有限公司签订战略合作框架协议。

▲流程工业综合自动化国家重点实验室揭牌仪式在东北大学举行。

6日　中国天然气长输管道的关键设备——国内首套20兆瓦电驱压缩机组，在沈阳鼓风机集团股份有限公司通过国家组织的专家组验收，正式启运出厂，用于国家“西气东输”工程建设。

▲由市委书记曹新平率领的徐州市考察团一行来沈，考察沈阳市城市规划展示馆，了解沈阳城市建设和规划情况。

▲沈阳桃仙国际机场客运换乘中心启用庆典暨首发仪式在桃仙机场T1航站楼举行。

7日　全省构建和谐劳动关系工作推进会议在沈阳召开。中兴—沈阳商业大厦股份有限公司等98家企业获评“辽宁省模范劳动关系和谐企业”称号，沈阳辉山农业高新技术开发区等3个园区获评“辽宁省模范劳动关系和谐工业园区”称号。其中，15家沈阳企业获评“辽宁省模范劳动关系和谐企业”称号，位列全省前茅。

8日　沈阳燃气集团有限公司于洪高压天然气门站正式竣工并投入使用，中石油秦沈天然气管道的天然气进入沈阳。于洪门站为国家西气东输陕京二线输气管道进入东北后的首座接收西部天然气的大型门站。

9日　辽宁省双拥模范城（县、区）命名表彰大会召开，沈阳市获得省“双拥模范城”荣誉称号。这是沈阳市第7次获此殊荣，并再次位居榜首。

10日　沈阳市政府与中国航天科工集团公司签署战略合作协议。根据协议，双方将在第十二届全运会沈阳赛区安保科技系统规划建设、“平安城市”建设、物联网建设、智慧城市和科技安保装备等领域开展全面合作。

12—13日　沈阳市工商联第十五次会员代表大会召开。选举产生新一届执行委员会，李卓然当选为市工商联主席。

12—13日　2011中国会展业年会在广州举行，沈阳市被中国会展经济研究会授予2011年度中国会展业“中国十佳品牌会展城市”荣誉称号。

15日　沈阳市公安局交警支队女子特勤大队上岗值勤。女子特勤大队共70名警察，平均年龄26岁，承担“中华岗”等5处形象岗执勤任务和执行交通特勤安全保卫任务。

▲住房和城乡建设部城市建设司对外发布：授予铁西区旧城改造项目中国人居环境范例奖，铁西成为全省惟一获此殊荣的城区。

17日　经中国银行业监督管理委员会批准，沈阳农商银行正式挂牌开业，这是沈阳市第二家地方性商业银行。

19日　中共沈阳市委十二届二次全会暨经济工作会议举行。

21日　沈阳桃仙国际机场年旅客吞吐量首次突破1000万人次，正式跨入中国大型机场行列。

▲康平卧龙湖希尔顿花园度假酒店项目正式举行签约仪式。卧龙湖希尔顿花园度假酒店项目由香港保成海外发展有限公司投资兴建，计划总投资60亿元，项目占地约60万平方米，总建筑面积约50万平方米。

22日　全国人大常委会副委员长华建敏到沈阳华晨汽车集团参观考察。

26日　沈阳市科学技术协会第八次代表大会在辽宁人民会堂召开。

▲沈阳市群团组织“点爱火、迎全运、行义举、传文明”活动誓师大会在沈阳奥体中心南广场举行。

▲在人民大会堂召开的全国粮食生产表彰奖励大会上，新民市被国务院授予全国粮食生产先进单位称号。

27日　“道德的力量——2011感动沈阳人物评选颁奖典礼”在辽宁电视台演播厅举行。沈阳化工大学学生杨艳艳等被评为2011年感动沈阳人物，并获市道德模范称号。

28日　由经济日报社主办的“2011中国自主创新年会”在人民大会堂举行。沈阳机床（集团）有限责任公司作为中国机床行业创新型企业代表，进入“中国十大创新型企业”并获得表彰。

30日　沈阳地铁二号线在新乐遗址站举行通车仪式。

▲辽宁广播电视台、沈阳广播电视台战略合作频率、频道开播仪式暨沈阳广播电视台新闻频道、新闻广播辽宁省中部八城市落地开播仪式在辽宁电视大厦举行。

附　　录

2011年沈阳市政府下发文件目录

序号	标　　题	文　号	签发时间
1	沈阳市人民政府关于做好2011年度退役士兵接收安置工作的通知	沈政发〔2011〕1号	2011年1月29日
2	沈阳市人民政府关于表彰金融工作先进单位的通报	沈政发〔2011〕2号	2011年1月23日
3	沈阳市人民政府关于印发2011年各区、县(市)和开发区主要经济发展指标分解表的通知	沈政发〔2011〕3号	2011年1月25日
4	沈阳市人民政府关于表彰2010年度纳税百强单位的通报	沈政发〔2011〕4号	2011年1月27日
5	沈阳市人民政府关于促进房地产市场平稳健康发展的意见	沈政发〔2011〕5号	2011年1月20日
6	沈阳市人民政府关于三环快速路扩建工程征地拆迁工作进度情况的通报	沈政发〔2011〕6号	2011年1月29日
7	沈阳市人民政府关于表彰承办省第十一届运动会有功单位和人员及参赛获奖运动员教练员的通报	沈政发〔2011〕7号	2011年2月9日
8	沈阳市人民政府关于表彰2010年度招商引资工作先进单位的通报	沈政发〔2011〕8号	2011年2月13日
9	沈阳市人民政府关于印发2011年政府工作报告主要工作任务分解表的通知	沈政发〔2011〕9号	2011年2月15日
10	沈阳市人民政府关于表彰沈阳市产学研合作工作先进单位的通报	沈政发〔2011〕10号	2011年2月15日
11	沈阳市人民政府贯彻国务院关于进一步促进中小企业发展若干意见的实施意见	沈政发〔2011〕11号	2011年2月28日
12	沈阳市人民政府关于印发沈阳市国民经济和社会发展第十二个五年规划纲要的通知	沈政发〔2011〕12号	2011年2月28日
13	沈阳市人民政府关于表彰2010年度财政收入突出贡献单位的通报	沈政发〔2011〕13号	2011年2月28日
14	沈阳市人民政府关于印发2011年各区、县(市)和开发区固定资产投资等三项指标分解调整表的通知	沈政发〔2011〕14号	2011年2月28日
15	沈阳市人民政府关于表彰2010年度政府绩效考评先进单位和个人的通报	沈政发〔2011〕15号	2011年3月1日
16	沈阳市人民政府关于表彰2010年度安全生产工作先进单位和个人的通报	沈政发〔2011〕16号	2011年3月2日
17	沈阳市人民政府关于成立沈阳市上市工作领导小组的通知	沈政发〔2011〕17号	2011年3月2日
18	沈阳市人民政府关于表彰2010年政风行风建设先进单位的通报	沈政发〔2011〕18号	2011年4月6日
19	沈阳市人民政府关于进一步加强企业安全生产工作的实施意见	沈政发〔2011〕19号	2011年4月6日
20	沈阳市人民政府关于表彰2010年沈阳市食品安全工作先进单位和先进个人的通报	沈政发〔2011〕20号	2011年4月8日
21	沈阳市人民政府关于鼓励和引导民间投资健康发展的实施意见	沈政发〔2011〕21号	2011年4月27日
22	沈阳市人民政府关于印发全面推进依法行政五年规划(2011—2015年)的通知	沈政发〔2011〕22号	2011年4月29日
23	沈阳市人民政府关于公布第四批市级非物质文化遗产名录增补项目的通知	沈政发〔2011〕23号	2011年5月21日
24	沈阳市人民政府关于成立沈阳市铁路工程建设领导小组的通知	沈政发〔2011〕24号	2011年5月26日

序号	标题	文号	签发时间
25	沈阳市人民政府关于成立沈阳市促进中小企业发展工作领导小组的通知	沈政发〔2011〕25号	2011年6月10日
26	沈阳市人民政府关于调整失业保险金标准的通知	沈政发〔2011〕26号	2011年6月12日
27	沈阳市人民政府关于表彰荣获中国驰名商标企业的通报	沈政发〔2011〕27号	2011年6月24日
28	沈阳市人民政府关于印发沈阳市加强法治政府建设工作任务分解表的通知	沈政发〔2011〕28号	2011年6月25日
29	沈阳市人民政府关于印发开展新型农村和城镇居民社会养老保险工作实施方案的通知	沈政发〔2011〕29号	2011年6月29日
30	沈阳市人民政府关于成立沈阳市保障性安居工程领导小组的通知	沈政发〔2011〕30号	2011年6月30日
31	沈阳市人民政府关于加强我市全民健身工作的意见	沈政发〔2011〕31号	2011年7月1日
32	沈阳市人民政府关于划定高污染燃料禁燃区和基本禁燃区的通知	沈政发〔2011〕32号	2011年8月20日
33	沈阳市人民政府关于印发沈阳市全民健身实施计划(2011—2015年)的通知	沈政发〔2011〕33号	2011年8月20日
34	沈阳市人民政府关于表彰2010年度节能减排工作先进单位的通报	沈政发〔2011〕34号	2011年8月20日
35	沈阳市人民政府关于印发2011年节能减排工作实施要点的通知	沈政发〔2011〕35号	2011年8月6日
36	沈阳市人民政府关于扶持和促进中医药事业发展的实施意见	沈政发〔2011〕36号	2011年9月1日
37	沈阳市人民政府关于成立沈阳市富士康项目协调推进领导小组的通知	沈政发〔2011〕37号	2011年9月15日
38	沈阳市人民政府关于成立沈阳市信息化和工业化融合试验区工作领导小组的通知	沈政发〔2011〕38号	2011年9月23日
39	沈阳市人民政府关于印发沈阳市国家级信息化和工业化融合试验区实施方案的通知	沈政发〔2011〕39号	2011年9月26日
40	沈阳市人民政府关于繁荣发展我市少数民族文化事业的实施意见	沈政发〔2011〕40号	2011年10月16日
41	沈阳市人民政府关于表彰荣获2011年沈阳玫瑰奖外国专家的通报	沈政发〔2011〕41号	2011年10月25日
42	沈阳市人民政府关于成立沈阳市公共资源交易管理委员会的通知	沈政发〔2011〕42号	2011年11月21日
43	沈阳市人民政府关于贯彻实施《中华人民共和国行政强制法》的通知	沈政发〔2011〕43号	2011年11月25日
44	沈阳市人民政府关于进一步加强防震减灾工作的实施意见	沈政发〔2011〕44号	2011年11月25日
45	沈阳市人民政府关于全面推进安全生产标准化建设工作的意见	沈政发〔2011〕45号	2011年12月9日
46	沈阳市人民政府关于表彰2011年度市科学技术奖励项目和个人的通报	沈政发〔2011〕46号	2011年12月5日
47	沈阳市人民政府关于成立沈阳市汽车产业发展领导小组的通知	沈政发〔2011〕47号	2011年12月24日
48	沈阳市人民政府关于加快汽车产业发展的意见	沈政发〔2011〕48号	2011年12月24日
49	沈阳市人民政府关于印发办理人大代表建议政协提案工作规则的通知	沈政发〔2011〕49号	2011年12月30日
50	沈阳市人民政府关于印发办理人大代表建议政协提案工作流程及考核评比办法的通知	沈政发〔2011〕50号	2011年12月30日
51	沈阳市人民政府关于贯彻落实国务院《政府参事工作条例》的实施意见	沈政发〔2011〕51号	2011年12月30日
52	沈阳市人民政府关于成立沈阳市旅游产业发展领导小组的通知	沈政发〔2011〕52号	2011年12月30日
53	沈阳市人民政府关于成立沈阳综合保税区封关验收筹备工作领导小组的通知	沈政发〔2011〕53号	2012年1月10日

2011年市政府办公厅下发文件目录

序号	标题	文号	发文时间
1	沈阳市人民政府办公厅关于表彰2010年全市重点建设项目工作先进集体和先进个人的通报	沈政办发〔2011〕1号	2011年1月7日
2	沈阳市人民政府办公厅关于印发沈阳市网络与信息安全应急预案的通知	沈政办发〔2011〕2号	2011年1月13日

序号	标　　题	文　号	发文时间
3	沈阳市人民政府办公厅转发市发展改革委关于沈阳市贯彻落实国家振兴东北地区等老工业基地下阶段重点工作安排意见的通知	沈政办发〔2011〕3号	2011年1月16日
4	沈阳市人民政府办公厅关于成立沈阳市林地保护利用规划编制工作领导小组的通知	沈政办发〔2011〕4号	2011年1月26日
5	沈阳市人民政府办公厅关于转发市林业局县级政府防沙治沙目标责任考核办法的通知	沈政办发〔2011〕5号	2011年2月12日
6	沈阳市人民政府办公厅关于加强农村饮水工程运行管理的通知	沈政办发〔2011〕6号	2011年2月12日
7	沈阳市人民政府办公厅关于成立沈阳市沈抚铁并网工作领导小组的通知	沈政办发〔2011〕7号	2011年2月14日
8	沈阳市人民政府办公厅转发市农村综合改革办公室关于沈阳市化解农村义务教育债务实施方案的通知	沈政办发〔2011〕8号	2011年2月13日
9	沈阳市人民政府办公厅关于印发沈阳市2011年办实事工作任务分解表的通知	沈政办发〔2011〕9号	2011年2月18日
10	沈阳市人民政府办公厅关于印发沈阳市开展教育强区、县(市)创建工作实施方案的通知	沈政办发〔2011〕10号	2011年2月23日
11	沈阳市人民政府办公厅关于进一步做好房地产市场调控工作的通知	沈政办发〔2011〕11号	2011年2月25日
12	沈阳市人民政府办公厅关于印发国家装备制造业职业教育沈阳试验区建设实施方案的通知	沈政办发〔2011〕12号	2011年3月1日
13	沈阳市人民政府办公厅关于做好年度《沈阳市志》编纂工作的通知	沈政办发〔2011〕13号	2011年2月24日
14	沈阳市人民政府办公厅关于印发沈阳市2011年重点建设项目及实名制责任分工表的通知	沈政办发〔2011〕14号	2011年3月1日
15	沈阳市人民政府办公厅关于印发沈阳市推进农业一乡一业实施方案的通知	沈政办发〔2011〕15号	2011年3月16日
16	沈阳市人民政府办公厅关于成立沈阳市房价调控工作领导小组的通知	沈政办发〔2011〕16号	2011年3月19日
17	沈阳市人民政府办公厅转发市房产局等六部门关于进一步规范商品住房预售加强房地产市场调控意见的通知	沈政办发〔2011〕17号	2011年3月19日
18	沈阳市人民政府办公厅关于印发2011年沈阳市推进新兴产业发展工作要点的通知	沈政办发〔2011〕18号	2011年3月17日
19	沈阳市人民政府办公厅转发市发展改革委关于加强政府投资建设项目管理意见的通知	沈政办发〔2011〕19号	2011年3月17日
20	沈阳市人民政府办公厅关于印发2011年沈阳市创建国家创新型城市工作要点的通知	沈政办发〔2011〕20号	2011年3月19日
21	沈阳市人民政府办公厅关于成立沈阳市农田基本建设“大禹杯”竞赛领导小组的通知	沈政办发〔2011〕21号	2011年3月24日
22	沈阳市人民政府办公厅转发市人口计生委关于创新流动人口服务管理体制推进流动人口计划生育基本公共服务均等化实施方案的通知	沈政办发〔2011〕22号	2011年3月28日
23	沈阳市人民政府办公厅关于印发沈阳市2011年医药卫生体制改革工作要点的通知	沈政办发〔2011〕23号	2011年3月25日
24	沈阳市人民政府办公厅关于表彰2010年突发公共事件应急处置先进单位的通报	沈政办发〔2011〕24号	2011年3月31日
25	沈阳市人民政府办公厅关于成立沈阳市两化融合试验区工作领导小组的通知	沈政办发〔2011〕25号	2011年4月2日

序号	标　　题	文　　号	发文时间
26	沈阳市人民政府办公厅转发市档案局关于“十二五”时期沈阳市市直机关和事业单位档案工作目标管理计划的通知	沈政办发〔2011〕26号	2011年4月2日
27	沈阳市人民政府办公厅关于印发“十二五”期间全市农田基本建设“大禹杯”竞赛活动方案的通知	沈政办发〔2011〕27号	2011年4月6日
28	沈阳市人民政府办公厅关于成立沈阳市养犬管理工作领导小组的通知	沈政办发〔2011〕28号	2011年4月1日
29	沈阳市人民政府办公厅关于印发2011年保障性住房建设计划的通知	沈政办发〔2011〕29号	2011年4月13日
30	沈阳市人民政府办公厅转发市农村综合改革办公室关于做好2011年村级公益事业建设一事一议财政奖补工作意见的通知	沈政办发〔2011〕30号	2011年4月14日
31	沈阳市人民政府办公厅转发市发展改革委市监察局等部门关于解决当前政府投资工程建设中带有普遍性问题实施意见的通知	沈政办发〔2011〕31号	2011年4月18日
32	沈阳市人民政府办公厅关于成立沈阳市推进现代建筑产业化发展工作领导小组的通知	沈政办发〔2011〕32号	2011年4月18日
33	沈阳市人民政府办公厅转发市人力资源社会保障局等部门关于进一步促进劳动关系和谐稳定实施意见的通知	沈政办发〔2011〕33号	2011年4月19日
34	沈阳市人民政府办公厅关于印发沈阳市“十二五”规划审批发布工作方案的通知	沈政办发〔2011〕34号	2011年4月18日
35	沈阳市人民政府办公厅关于印发城区菜市场建设改造工程实施方案的通知	沈政办发〔2011〕35号	2011年4月21日
36	沈阳市人民政府办公厅关于印发沈阳市抓环境促提升打假工作实施方案的通知	沈政办发〔2011〕36号	2011年5月3日
37	沈阳市人民政府办公厅印发关于开展城市建设用地批后供应专项治理工作实施方案的通知	沈政办发〔2011〕37号	2011年4月29日
38	沈阳市人民政府办公厅关于印发第七届中国辽宁（沈阳）国际农业博览会工作方案的通知	沈政办发〔2011〕38号	2011年5月12日
39	沈阳市人民政府办公厅关于印发沈阳市政府信息系统安全检查实施方案的通知	沈政办发〔2011〕39号	2011年5月13日
40	沈阳市人民政府办公厅关于开展2010年度土地卫片执法检查工作的通知	沈政办发〔2011〕40号	2011年5月19日
41	沈阳市人民政府办公厅关于加强行政复议工作的通知	沈政办发〔2011〕41号	2011年5月20日
42	沈阳市人民政府办公厅关于印发沈阳市服务业发展第十二个五年规划的通知	沈政办发〔2011〕42号	2011年5月23日
43	沈阳市人民政府办公厅关于转发市城建局等部门沈阳市夜景灯饰建设与建筑工程项目建设“三同时”管理规定的通知	沈政办发〔2011〕43号	2011年5月23日
44	沈阳市人民政府办公厅关于一季度全市县域经济运行情况的通报	沈政办发〔2011〕44号	2011年5月27日
45	沈阳市人民政府办公厅关于转发市规划国土局沈阳经济区新城建设、迎“十二运”城市道路系统建设改造和环境综合改造项目土地一级整理管理办法（试行）的通知	沈政办发〔2011〕45号	2011年5月11日
46	沈阳市人民政府办公厅转发市农村综合改革办公室关于沈阳市制止农村义务教育新债发生意见的通知	沈政办发〔2011〕46号	2011年6月8日
47	沈阳市人民政府办公厅转发沈阳市人大代表建议办理工作问责办法的通知	沈政办发〔2011〕47号	2011年6月8日
48	沈阳市人民政府办公厅关于公布第六批市级农业产业化重点龙头企业名单的通知	沈政办发〔2011〕48号	2011年6月10日

序号	标　　题	文　号	发文时间
49	沈阳市人民政府办公厅关于公布第四批运行监测合格的市级农业产业化重点龙头企业名单的通知	沈政办发〔2011〕49号	2011年6月10日
50	沈阳市人民政府办公厅关于印发沈阳市严厉打击食品非法添加专项整治工作方案的通知	沈政办发〔2011〕50号	2011年6月11日
51	沈阳市人民政府办公厅转发《沈阳市人大常委会关于重点督办的代表建议办理工作绩效评估办法》的通知	沈政办发〔2011〕51号	2011年6月10日
52	沈阳市人民政府办公厅转发市发展改革委关于提高固定资产投资质量协调性工作安排的通知	沈政办发〔2011〕52号	2011年6月11日
53	沈阳市人民政府办公厅关于做好国有土地上房屋征收与补偿工作的通知	沈政办发〔2011〕53号	2011年6月10日
54	沈阳市人民政府办公厅关于印发2011中国沈阳韩国周活动工作方案的通知	沈政办发〔2011〕54号	2011年6月14日
55	沈阳市人民政府办公厅关于印发沈阳市继续深化安全生产年活动实施方案的通知	沈政办发〔2011〕55号	2011年6月19日
56	沈阳市人民政府办公厅关于印发沈阳市农业农村经济发展“十二五”规划的通知	沈政办发〔2011〕56号	2011年6月20日
57	沈阳市人民政府办公厅关于印发沈阳市国民经济和社会发展第十二个五年规划纲要任务分解方案的通知	沈政办发〔2011〕57号	2011年6月22日
58	沈阳市人民政府办公厅关于加强芽菜类蔬菜质量安全监管工作的实施意见	沈政办发〔2011〕58号	2011年6月24日
59	沈阳市人民政府办公厅关于印发第四届中国东北文化产业博览交易会工作方案的通知	沈政办发〔2011〕59号	2011年6月21日
60	沈阳市人民政府办公厅关于印发沈阳市社会事业发展与改革“十二五”规划的通知	沈政办发〔2011〕60号	2011年6月28日
61	沈阳市人民政府办公厅关于印发沈阳市一市三县“十二五”发展规划的通知	沈政办发〔2011〕61号	2011年7月4日
62	沈阳市人民政府办公厅转发市安监局关于沈阳市工贸企业安全生产标准化建设示范城市试点工作方案的通知	沈政办发〔2011〕62号	2011年7月12日
63	沈阳市人民政府办公厅关于印发转发市硬环境建设办公室2011年至2013年开展城市“四化”竞赛活动方案的通知	沈政办发〔2011〕63号	2011年7月5日
64	沈阳市人民政府办公厅关于成立沈阳市公共机构节能工作领导小组的通知	沈政办发〔2011〕64号	2011年7月17日
65	沈阳市人民政府办公厅关于印发2011中国（沈阳）第三届动漫电玩博览会工作方案的通知	沈政办发〔2011〕65号	2011年7月15日
66	沈阳市人民政府办公厅关于印发2011中国（沈阳）第二届国际手机博览会工作方案的通知	沈政办发〔2011〕66号	2011年7月27日
67	沈阳市人民政府办公厅关于印发雄洲食品2011中国沈阳国际旅游节工作方案的通知	沈政办发〔2011〕67号	2011年7月26日
68	沈阳市人民政府办公厅关于成立沈阳市社会信息资源整合工作领导小组的通知	沈政办发〔2011〕68号	2011年7月28日
69	沈阳市人民政府办公厅印发关于做好淘汰落后产能工作实施方案的通知	沈政办发〔2011〕69号	2011年8月10日
70	沈阳市人民政府办公厅关于印发2011第十八届中国国际广告节沈阳市工作方案的通知	沈政办发〔2011〕70号	2011年8月12日
71	沈阳市人民政府办公厅关于印发第十届中国国际装备制造业博览会沈阳市筹备工作方案的通知	沈政办发〔2011〕71号	2011年8月16日

序号	标　　题	文　　号	发文时间
72	沈阳市人民政府办公厅关于印发社会信息资源整合工作实施方案的通知	沈政办发〔2011〕72号	2011年8月20日
73	沈阳市人民政府办公厅关于上半年全市县域经济运行情况的通报	沈政办发〔2011〕73号	2011年8月25日
74	沈阳市人民政府办公厅关于印发2011国际和平日纪念活动暨东北亚发展论坛沈阳市筹备工作方案的通知	沈政办发〔2011〕74号	2011年8月26日
75	沈阳市人民政府办公厅关于转发市公安局沈阳市流动人口管理办法的通知	沈政办发〔2011〕75号	2011年8月26日
76	沈阳市人民政府办公厅关于成立沈阳市推进高性能纤维新材料产业基地建设工作领导小组的通知	沈政办发〔2011〕76号	2011年8月29日
77	沈阳市人民政府办公厅关于上半年城区主要经济指标完成情况的通报	沈政办发〔2011〕77号	2011年8月27日
78	沈阳市人民政府办公厅关于印发沈阳市消防安全责任制规定的通知	沈政办发〔2011〕78号	2011年9月2日
79	沈阳市人民政府办公厅关于印发第十三届中国老年合唱节沈阳市筹备工作实施方案的通知	沈政办发〔2011〕79号	2011年9月1日
80	沈阳市人民政府办公厅关于成立沈阳市城市“四化”竞赛活动领导小组的通知	沈政办发〔2011〕80号	2011年9月5日
81	沈阳市人民政府办公厅转发市农村综合改革办公室关于沈阳市村级公益事业建设一事一议财政奖补工作实施方案的通知	沈政办发〔2011〕81号	2011年9月2日
82	沈阳市人民政府办公厅关于恢复沈阳市名牌战略推进委员会的通知	沈政办发〔2011〕82号	2011年9月7日
83	沈阳市人民政府办公厅印发关于开展农村气象灾害防御和农业气象服务体系建设实施方案的通知	沈政办发〔2011〕83号	2011年9月9日
84	沈阳市人民政府办公厅关于印发2011年秋季全国糖酒商品交易会沈阳市筹备工作方案的通知	沈政办发〔2011〕84号	2011年9月23日
85	沈阳市人民政府办公厅关于印发沈阳市“十二五”时期文化产业发展规划的通知	沈政办发〔2011〕85号	2011年9月23日
86	沈阳市人民政府办公厅关于印发沈阳市危险化学品事故灾难应急预案的通知	沈政办发〔2011〕86号	2011年10月11日
87	沈阳市人民政府办公厅转发市食品安全委员会关于进一步明确部分领域食品安全监管职责分工意见的通知	沈政办发〔2011〕87号	2011年10月14日
88	沈阳市人民政府办公厅关于印发沈阳市工业经济发展“十二五”规划的通知	沈政办发〔2011〕88号	2011年10月14日
89	沈阳市人民政府办公厅转发市建委关于加快推进现代建筑产业化发展指导意见的通知	沈政办发〔2011〕89号	2011年10月13日
90	沈阳市人民政府办公厅关于成立沈阳市解决国有企业职教幼教退休教师待遇问题工作领导小组的通知	沈政办发〔2011〕90号	2011年10月22日
91	沈阳市人民政府办公厅关于成立沈阳市既有居住建筑供热计量及节能改造工作领导小组的通知	沈政办发〔2011〕91号	
92	沈阳市人民政府办公厅转发市质监局关于加强农业标准化工作意见的通知	沈政办发〔2011〕92号	2011年11月8日
93	沈阳市人民政府办公厅关于印发沈阳市安全生产事故灾难应急预案(修订)的通知	沈政办发〔2011〕93号	2011年11月8日
94	沈阳市人民政府办公厅转发市统计局关于做好企业一套表统计改革工作实施意见的通知	沈政办发〔2011〕94号	2011年11月7日
95	沈阳市人民政府办公厅关于成立沈阳市企业一套表统计改革领导小组的通知	沈政办发〔2011〕95号	2011年11月11日
96	沈阳市人民政府办公厅关于调整2011年部分市重点建设项目的通知	沈政办发〔2011〕96号	2011年11月11日
97	沈阳市人民政府办公厅关于成立沈阳市残疾人社会保障体系和服务体系建设领导小组的通知	沈政办发〔2011〕97号	2011年11月14日

序号	标　　题	文　号	发文时间
98	沈阳市人民政府办公厅关于成立沈阳市农村集体土地确权登记发证工作领导小组的通知	沈政办发〔2011〕98号	2011年11月14日
99	沈阳市人民政府办公厅关于成立青山工程领导小组的通知	沈政办发〔2011〕99号	2011年11月14日
100	沈阳市人民政府办公厅关于明确市互联网信息办公室工作职责的通知	沈政办发〔2011〕100号	2011年11月15日
101	沈阳市人民政府办公厅关于调整沈阳市社会信用体系建设领导小组成员的通知	沈政办发〔2011〕101号	2011年11月21日
102	沈阳市人民政府办公厅关于印发职业病防治规划(2011—2015年)的通知	沈政办发〔2011〕102号	2011年11月21日
103	沈阳市人民政府办公厅转发市农经委关于加强农村集体经济组织资金资产资源管理工作指导意见的通知	沈政办发〔2011〕103号	2011年11月23日
104	沈阳市人民政府办公厅转发市发展改革委关于贯彻落实国家2011年振兴东北地区等老工业基地工作要点实施意见的通知	沈政办发〔2011〕104号	2011年11月25日
105	沈阳市人民政府办公厅转发市发展改革委市服务业委关于沈阳市加快发展生产性服务业实施意见的通知	沈政办发〔2011〕105号	2011年11月23日
106	沈阳市人民政府办公厅关于印发棋盘山国际风景旅游开发区国民经济和社会发展第十二个五年规划的通知	沈政办发〔2011〕106号	2011年11月24日
107	沈阳市人民政府办公厅关于印发沈阳金融商贸开发区“十二五”规划的通知	沈政办发〔2011〕107号	2011年11月27日
108	沈阳市人民政府办公厅转发市经贸委关于中法生态园区经贸合作启动仪式暨第四届中欧投资贸易洽谈会工作方案的通知	沈政办发〔2011〕108号	2011年11月30日
109	沈阳市人民政府办公厅关于印发沈阳市地震应急预案(修订)的通知	沈政办发〔2011〕109号	2011年12月1日
110	沈阳市人民政府办公厅关于加强国有土地上房屋被征收企业安置工作的意见	沈政办发〔2011〕110号	2011年12月2日
111	沈阳市人民政府办公厅关于印发沈阳市药品安全突发事件应急预案的通知	沈政办发〔2011〕111号	2011年12月5日
112	沈阳市人民政府办公厅关于印发沈阳市外经贸发展“十二五”规划的通知	沈政办发〔2011〕112号	2011年12月2日
113	沈阳市人民政府办公厅关于印发2011年民主评议软环境建设工作实施方案的通知	沈政办发〔2011〕113号	2011年12月6日
114	沈阳市人民政府办公厅关于印发沈阳市冬春蔬菜储备工作实施方案的通知	沈政办发〔2011〕114号	2011年12月8日
115	沈阳市人民政府办公厅印发关于创建全国安全城区工作方案的通知	沈政办发〔2011〕115号	2011年12月9日
116	沈阳市人民政府办公厅关于加强社会化除运雪工作的实施意见	沈政办发〔2011〕116号	2011年12月9日
117	沈阳市人民政府办公厅转发市水利局关于封闭地下水取水工程实施方案的通知	沈政办发〔2011〕117号	2011年12月13日
118	沈阳市人民政府办公厅关于进一步加强农村饮水工程运行管理工作的通知	沈政办发〔2011〕118号	2011年12月18日
119	沈阳市人民政府办公厅转发市畜牧局等部门关于促进生猪生产和价格稳定实施意见的通知	沈政办发〔2011〕119号	2011年12月20日
120	沈阳市人民政府办公厅关于转发市畜牧兽医局“迎全运、保安全”“瘦肉精”专项整治工作方案的通知	沈政办发〔2011〕120号	2011年12月28日
121	沈阳市人民政府办公厅关于调整沈阳市治理商业贿赂专项工作领导小组成员的通知	沈政办发〔2011〕121号	2011年12月28日
122	沈阳市人民政府办公厅关于印发沈阳市独生子女父母退休补助费发放实施方案的通知	沈政办发〔2011〕122号	2011年12月27日
123	沈阳市人民政府办公厅关于成立沈阳市教育体制改革领导小组的通知	沈政办发〔2011〕123号	2011年12月28日

序号	标 题	文 号	发文时间
124	沈阳市人民政府办公厅关于成立沈阳市社会保障监督委员会的通知	沈政办发〔2011〕124 号	2011 年 12 月 28 日
125	沈阳市人民政府办公厅关于进一步规范政府工作顾问聘用管理的通知	沈政办发〔2011〕125 号	2011 年 12 月 25 日
126	沈阳市人民政府办公厅关于印发第十五届中国沈阳国际冰雪节方案的通知	沈政办发〔2011〕126 号	2011 年 12 月 27 日
127	沈阳市人民政府办公厅关于市政府领导同志工作分工的通知	沈政办发〔2011〕127 号	2011 年 12 月 30 日

2011 年沈阳市新增中国驰名商标

单位名称	商标名称
沈阳金飞马制漆有限公司	“金飞马及图”商标
沈阳兴大通仪器仪表有限公司	“第 3123497 号图形”商标
沈阳化工股份有限公司	“星塔”商标
沈阳重型机械集团有限责任公司	“沈重”商标
沈阳张明化工有限公司	“张明 ZhangMing”商标
东软集团股份有限公司	“东软 NEUSOFT 及图”商标
沈阳北方交通重工集团有限公司	“凯帆”商标
沈阳防锈包装材料有限责任公司	“沈防及图”商标
沈阳德氏冷饮食品有限公司	德氏 Deshi 及图商标
东北制药集团股份有限公司	复美欣商标
沈阳华美畜禽有限公司	金鸡商标,
辽宁天久信息科技产业有限公司	久及图商标
沈阳雄洲食品工业有限公司	雄洲商标
沈阳红药制药有限公司	第 4136567 号图形
沈阳机床股份有限公司	第 1523042 号图形
沈阳斯沃电器有限公司	斯沃 SIWO 商标
沈阳飞机工业(集团)有限公司	沈飞商标
沈阳榆园食品工业有限公司	榆园及图商标
沈阳康福食品有限公司	康福商标
沈阳波音饲料有限公司	百赢商标

2011 年沈阳市名牌产品

序号	产 品	生产企业
1	金杯牌海狮、阁瑞斯系列轻型客车	沈阳华晨金杯汽车有限公司
2	远大牌幕墙系列产品	沈阳远大铝业工程有限公司
3	东北牌铅酸蓄电池	沈阳东北铅酸蓄电池有限公司
4	沈矿牌带式输送机	北方重工集团有限公司

序号	产 品	生产企业
5	沈重牌磨煤机	北方重工集团有限公司
6	沈重牌盾构机	北方重工集团有限公司
7	沈重牌水泥立式辊磨机	北方重工集团有限公司
8	沈重牌堆取料机	北方重工集团有限公司
9	博林特牌电梯	沈阳博林特电梯股份有限公司
10	斯沃 SIWO 牌低压开关系列	沈阳斯沃电器有限公司
11	中捷牌金属切削机床	沈阳机床股份有限公司
12	泰利德牌 WQX 型污水污物潜水电泵	沈阳泰利德泵业制造有限公司
13	SK 牌硬齿机减速器	北方重工集团有限公司传动设备分公司
14	沈一机牌金属切削机床	沈阳机床股份有限公司
15	SHENBIAN、TBEA 牌特变电工变压器、电抗器	特变电工沈阳变压器集团有限公司
16	乾鼎牌减速机系列产品	沈阳冶重减速机制造有限公司
17	松迪牌电线、电缆	沈阳全利达电线电缆制造有限公司
18	艾克牌电线电缆	沈阳市艾克电缆厂
19	ISR 牌钢丝增强液压橡胶软管及软管组合件	埃迪亚(沈阳)橡胶制品有限公司
20	星塔牌氯碱系列化工产品	沈阳化工股份有限公司
21	新阳牌工业丙烯酸及酯系列产品	沈阳石蜡化工有限公司
22	豪耐思牌搅拌器	辽宁豪耐思石化装备有限公司
23	沈冶机械牌铝电解多功能机组	中国有色(沈阳)冶金机械有限公司
24	沈冶机械牌水煤浆棒磨机	中国有色(沈阳)冶金机械有限公司
25	兴工铜业牌镍铬硅铜合金材料	沈阳兴工铜业有限公司
26	东大牌挂面	沈阳香雪面粉股份有限公司
27	东大牌小麦粉	沈阳香雪面粉股份有限公司
28	金鸡牌鸡肉产品	沈阳华美畜禽有限公司
29	新世界牌玉米淀粉	沈阳万顺达集团有限公司
30	香雪牌挂面	沈阳香雪面粉股份有限公司
31	雪花牌啤酒	华润雪花啤酒辽宁有限公司
32	桃李牌面包	沈阳桃李面包股份有限公司
33	康福牌面包、月饼等	沈阳康福食品有限公司
34	老龙口牌(图形)白酒	沈阳天江老龙口酿造有限公司
35	利是牌稻谷油	辽宁中稻股份有限公司
36	中街牌冷冻饮品系列	沈阳中街冰点城食品有限公司
37	布兰德牌复合地板	沈阳隆亿木业有限公司
38	荣亿隆牌细木工板	沈阳市远杉木业有限公司
39	秋水依人牌浸渍纸层压木质地板	沈阳商正木业有限公司
40	宏发牌家具	沈阳宏发企业集团家具有限公司
41	热火牌太阳能热水器	沈阳热火新能源有限公司

沈阳地理标志保护产品

东陵红树莓	老龙口白酒
苏家屯永乐葡萄	沈北清水大米
辽中寒富苹果	辽中鲫鱼

沈阳市旅游星级饭店一览表

五星级饭店(5 家)

单位名称	电话	传真	地址	邮编
沈阳皇朝万豪酒店	23883456	23993991	和平区青年大街 388 号	110003
沈阳洲际酒店	23341999	23341199	和平区南京北街 204 - 208 号	110001
沈阳丽都喜来登饭店	23188888	23188000	和平区青年大街 386 号	110004
沈阳黎明国际酒店	24359999	24359000	大东区长安街 10 号	110042
沈阳凯宾斯基饭店	22988988	22988101	沈河区青年大街 109 号	110014

四星级饭店(23 家)

单位名称	电话	传真	地址	邮编
沈阳新世界酒店	23869888	23217017	和平区南京南街 2 号	110001
沈阳凯莱大酒店	22528855	22528301	沈河区北站迎宾街 32 号	110013
沈阳商贸饭店	23412288	23409406	和平区中华路 68 号	110001
沈阳格林大饭店	22576688	22522288	沈河区北站路 72 号	110013
沈阳金都饭店	23510888	23510580	和平区太原南街 189 号	110001
沈阳高登大酒店	22818888	22818866	沈河区青年大街 52 号	110014
沈阳假日酒店	23341888	23341188	和平区南京北街 204 号	110001
沈阳时代广场酒店	22532828	22531950	沈河区北站路 99 号	110013
沈阳世星国际饭店	62135555	62135888	铁西区启工街 8 号	110026
沈阳七宝山饭店	31602888	23227645	和平区十一纬路 79 - 81 号	110003
辽宁凤凰饭店	86105858	86105340	皇姑区黄河南大街 109 号	110031
辽宁大厦	86081166	86809355	皇姑区黄河南大街 105 号	110031
辽宁政协会馆	86293888	86293555	皇姑区崇山东路 73 号	110032
沈阳玫瑰大酒店	24898188	24898060	沈河区中街路 201 号	110011
沈阳房地产大厦	82978888	82978822	沈河区大西路 289 号	110014
沈阳皇城商务酒店	22853838	22856366	和平区十一纬路 82 号	110003
辽宁天都饭店	23296666	23296166	和平区南五马路 238 号	110006
辽宁瑞心国际城市酒店	88598588	88598599	沈河区敬宾街 3 - 3 号	110013
沈阳市华人大酒店	23900000	23910099	和平区青年大街 314 号	110003
辽宁荣富饭店	25117777	25111177	铁西区北二东路 17 号	110025

单位名称	电话	传真	地址	邮编
沈阳沈飞宾馆	86598999	86598881	皇姑区陵北街1号	110034
沈阳天伦瑞格酒店	24876666	24876999	沈河区朝阳街23号	110011
沈阳迎宾馆	22805588	22805603	沈河区北三经街9号	110013

三星级饭店(53家)

单位名称	电话	传真	地址	邮编
辽宁宾馆	23839166	23839103	和平区中山路97号	110001
沈阳鸿翔宾馆	24018888	24018855	沈河区万柳塘路53号	110015
辽宁省华峰宾馆	31519696	31519322	皇姑区崇山东路32号	110032
沈阳亚泰大酒店	24897777	24897878	沈河区沈阳路265号	110011
沈阳空港来登饭店	89398866	89397988	东陵区沈阳桃仙国际机场	110169
沈阳鸿宇山庄	88055051	88055065	棋盘山风景区	110013
沈阳市紫薇仙庄	89591100	89591122	苏家屯区佟沟乡	110003
沈阳金海岸大酒店	25300688	25305688	于洪区黄海路35号	110141
沈阳华苑大酒店	89135632	89135647	苏家屯区海棠街39号	110101
辽宁工会大厦	62235999	62234828	皇姑区崇山东路40号	110032
辽宁东盛大厦	62236666	62236565	沈河区北京街9号	110013
沈阳瑞心东方酒店	22583333	22583777	沈河区北站路112号	110013
沈阳民航宾馆	88291888	88291333	大东区小河沿路3号	110043
沈阳邮政大厦	22593333	22593077	沈河区北站路78号	110013
辽宁省人民大厦	86681666	86223148	皇姑区崇山东路41号	110032
辽宁金三角饭店	23292288	23292188	和平区中华路43号	110001
辽宁瑞心快捷北站酒店	62231888	62232888	沈河区北站路102号	110013
沈阳文华酒店	87888886	87898889	辽中县东环街59号	110200
沈阳金辉大厦	62256666	62256666	和平区南八马路27号	110005
辽宁省老道口大厦	62100399	23404508	和平区胜利北街1号	110001
沈阳正兴宾馆	22829988	22710513	沈河区一经街二纬路23号	110013
辽宁金剑宾馆	86686666	86686910	皇姑区崇山东路8号	110032
沈阳市新城饭店	89819999	89119999	苏家屯区枫杨路26号	110101
沈后金辉宾馆	25688688	25688666	铁西区沈辽东路34号	110021
沈阳金山宾馆	31313333	31313399	和平区昆山北街62号	110001
沈阳雷格酒店	22946666	22919998	沈河区沈洲路2号	110011
辽宁金秋宾馆	62107777	23873576	和平区新华路10号	110005
辽宁瑞心商旅东旭酒店	23299188	23299088	和平区南京南街40号	110001
沈阳金杯汽车大厦	23868888	23879582	和平区中华路57号	110001
沈阳金星宾馆	62101111	62101187	和平区太原北街9号	110001
沈阳金城宾馆	23168888	23168777	和平区太原北街1号	110001
沈阳金利宾馆	23911171	23051690	沈河区文化路83号	110016
辽宁金科大厦	23898880	23907788	和平区文化路19号	110004

单位名称	电话	传真	地址	邮编
辽宁大剧院宾馆	22735688	22743953	沈河区市府大路363号	110013
辽宁国大酒店	86399000	86398898	皇姑区昆山东路28号	110032
新民市迎宾馆	87856427	87859928	新民市辽河大街135号	110300
沈阳科隆酒店	24896666	24896699	沈河区朝阳街238号	110011
沈阳兰亭宾馆	86395888	86395858	皇姑区北陵大街37号	110032
沈阳北辰大酒店	88522425	88556428	沈河区惠工街169号	110013
辽宁省柳湖宾馆	31015566	86895756	皇姑区崇山东路30号	110032
沈阳市和平宾馆	23498888	23498202	和平区胜利北街104号	110001
沈阳毓英楼宾馆	31297888	31297888	沈河区六纬路23号	110014
辽宁东湖度假村	88050209	88057788	棋盘山风景区秀湖南岸	110163
辽宁杏林苑宾馆	88051238	88051258	棋盘山风景区满堂乡观音阁村	110163
沈阳中城商务酒店	31809777	31809808	铁西区景星南街38号	110021
沈阳军交大厦	22582666	22582699	沈河区北站路110号	110013
沈阳市共达宾馆	24344377	24327292	大东区东顺城街17号	110024
辽宁阳光宾馆	86198888	86198103	于洪区长江北街56号	110036
新民市丽景宾馆	0427－7560666	0427－7560744	新民市兴隆堡沈阳采油厂	110316
神鹏国际商务酒店	27037777	27125072	法库县南大街	110418
辽宁省玉龙山庄	88058008	88058018	棋盘山国际旅游开发区秀湖北岸8号	110164
沈阳圣有声大酒店	23300570	23328000	和平区砂山南路5号5甲	110005
沈阳军区金泉宾馆	28889666	25653097	铁西区云峰街45号	110021

二星级饭店(14家)

单位名称	电话	传真	地址	邮编
沈阳宾馆	86688888	86688007	皇姑区泰山路2号	110033
沈阳天源宾馆	88559988－6666	88530899	沈河区惠工街235号	110013
沈阳宁大宾馆	23297777	62100953	和平区市府大路45号	110001
沈阳榭园宾馆	88056088	89787172	棋盘山风景区秀湖北岸	110003
沈阳怪坡金源宾馆	89758158	89758277	新城子区怪坡风景区	110121
沈阳石化大厦	86298000	86241748	皇姑区长江街17号	110031
沈阳市康平宾馆	87325656	87325858	康平县康平镇建设街	110500
沈阳铁建宾馆	88530560	88556839	沈河区敬宾街3－1号	110013
沈阳市政府招待所	24849575	24844201	沈河区正阳街212号	110011
沈阳市国兴大酒店	25305858	25308488	于洪区黄海路46号	110141
沈阳金碧大厦	25361188	25819406	于洪区沈新路188号	110141
沈阳市老天合宾馆二部	84183000	24807138	沈河区热闹路62号	110011
沈阳市老天合宾馆	24807158	24807138	沈河区热闹路60号	110011
沈阳翔云楼宾馆	28863335	86860145	皇姑区北陵大街9号	110032

一星级饭店(4家)

单位名称	电话	传真	地址	邮编
沈阳泉银宾馆	24839800	24314148	大东区小河沿路68号	110042
沈阳翰皇国际商务酒店	88596000	88596166	大东区北顺城路188号	110041
法库宾馆	87103555	87103555	法库镇兴法路吉祥街	110400
辽宁红霞宾馆	23231099	23225503	和平区光荣街26号甲	110003

沈阳市旅行社一览表

序号	单位名称	联系电话	传真	通讯地址	邮编
1	辽宁海外国际旅行社	86863959	86863977	皇姑区北陵大街26甲1	110031
2	沈阳市海外国际旅行社	31875808	23260580	和平区和平南大街39号嘉环3层	110003
3	辽宁省中国国际旅行社	86807005	86808772	皇姑区黄河南大街113号	110031
4	辽宁中辽国际旅行社	62180809	23257202	和平区光荣街35号	110003
5	沈阳市中国旅行社	22832092	22832092	沈河区市府大路189号1号楼	110013
6	辽宁省中国青年旅行社	22712971	22712971	和平区北四经街28号	110003
7	辽宁省中国旅行社	86869096	86861479	皇姑区岐山中路50号	110031
8	辽宁国际商务旅行社	22833399	22719003	和平区和平区十一纬12号	110001
9	沈阳青年国际旅行社	22872753	22895510	和平区中山路111号亚贸12层	110003
10	辽宁世纪国际旅行社	31502866	22877140	和平区广州街81号	110002
11	沈阳国际旅行社	22958888	22733395	沈河区市府大路290号摩根甲4	110013
12	辽宁康辉国际旅行社	22815566	22813087	和平区和平北大街69号C1408	110003
13	沈阳铁道国际旅行社	62027253	62103479	和平区新兴街19号	110005
14	沈阳金桥国际旅行社	22818373	22818383	沈河区中山路355号大厦602	110014
15	沈阳文教国际旅行社	22718220	22836199	沈河区青年大街48甲1号	110016
16	辽宁四方蓝天国际旅行社	22725366	22856727	沈河区北京街19－3号	110013
17	沈阳美景商务国际旅行社	22518558	22518998	沈河区北站路57号财富D22－2	110013
18	辽宁欧美亚国际旅行社	23250552	23251574	和平区绍兴街18号	110006
19	辽宁光大国际旅行社	22685600	22685699	沈河区奉天街340号甲1格林A	110013
20	辽宁和平国际旅行社	22531266	22502855	沈河区北京街7号1808	110013
21	中国国旅(辽宁)国际旅行社	23492003	23492195	和平区市府大路55号年华1－02	110003
22	辽宁招商国际旅行社	31061700	31061719	和平区十四纬路19号	110003
23	辽宁九洲假日国际旅行社	82721090	82721098	沈河区奉天街346号格林2408室	110013
24	辽宁省职工国际旅行社	22855597	22868456	和平区北五经街1号	110002
25	辽宁祥瑞国际旅行社	22524655	22501313	沈河区北站路55号C座2－7－2	110013

序号	单位名称	联系电话	传真	通讯地址	邮编
26	辽宁银洲国际旅行社	22508228	22526689	和平区市府大路228号	110002
27	辽宁省国际体育旅行社	23206266	23206266	和平区和平南大街24号	110001
28	辽宁新亚国际旅行社	88636000	86852403	皇姑区北陵大街45－6号6－2－1	110032
29	辽宁汇点国际旅行社	88662626	88663535	沈河区沈阳路68号216	110011
30	辽宁天兴国际旅行社	23924868	23903768	和平区文化路48－1号281	110013
31	沈阳招商国际旅行社	82720007	22740059	沈河区惠工街21号	110013
32	辽宁远洋国际旅行社	22845277	22896622	皇姑区宁山中路58号	110031
33	沈阳春秋国际旅行社	31502866	22877140	和平区广州街81号	110002
34	沈阳东方旅行社	24826663	24824176	东陵区文化东路52号	110015
35	辽宁北国旅行社	88526382	88562174	沈河区山东堡路11甲2号	110013
36	辽宁森林旅行社	86298213	86249349	皇姑区长江街126号富林605	110031
37	辽宁老年旅行社	22895992	22893579	沈河区北三经街51号	110014
38	沈阳天平旅行社	86858315	86272233	皇姑区北陵大街9号	110032
39	沈阳市金飞马旅行社	88590383	24856953	沈河区沈阳路40巷5号303	110013
40	沈阳友好旅行社	22871919	22879611	和平区北三经街66号	110003
41	沈阳市玉麒麟旅行社	22733733	22725799	沈河区南清真路52－3号济源11楼	110013
42	沈阳山水旅行社	22828659	22520953	沈河区中山路200号	110013
43	沈阳铁道青年国际旅行社	82711318	82711368	和平区南京北街113号和泰813	110003
44	沈阳市名流旅行社	62429026	62429026	沈河区友好街53号	110013
45	沈阳鸿宇旅行社	88568181	88509858	沈河区友好街19号奉天A1303	110013
46	沈阳故宫旅行社	24870672	24847417	沈河区沈阳路171号	110011
47	沈阳天马旅行社	31320881	31320889	沈河区朝阳街238号	110011
48	沈阳安运旅行社	25935488	25935488	铁西区艳华街3号3门	110023
49	沈阳奉天旅行社	31005627	24868200	沈河区沈阳路61号金海岸317	110011
50	辽宁先锋旅行社	23257134	23257133	和平区南五马路228号党刊404	110006
51	辽宁友谊国际旅行社	86903066	26900177	皇姑区崇山东路48号	110032
52	沈阳风采旅行社	22959660	22959660	沈河区大西路1号	110014
53	沈阳纵横旅行社	31320116	31320119	和平区十一纬路云集东巷32号经纬A5	110003
54	沈阳市宏信旅行社	86899662	86901739	皇姑区陵东街29号	110032
55	沈阳长白山旅行社	31320055	31320058	和平区十一纬路51号皇城2313	110003
56	沈阳教育旅行社	24844815	24857936	和平区南五经街云集西巷32号	110003
57	沈阳金旅旅行社	22714055	22829058	沈河区十三纬路123号甲	110014
58	沈阳喜来多旅行社	24237777	24207820	东陵区文富北路42号	110015
59	沈阳佳信旅行社	24228988	24217733	东陵区长青街35号万泉商务1层	110015
60	沈阳沪春秋旅行社	24339980	24339959	大东区东顺城街137号	110042

序号	单位名称	联系电话	传真	通讯地址	邮编
61	沈阳兰鹰旅行社	23260388	23260288	和平区十四纬路 23 号	110003
62	沈阳市阳光假期旅行社	22532777	23409938	沈河区北京街 21 号许兄弟 503	110013
63	沈阳市康泰旅行社	24862755	24123450	大东区东顺城街 152 号中化 4 楼	110042
64	沈阳战友旅行社	62579018	62579013	沈河区奉天街 346 号自由城 B320	110013
65	沈阳华远旅行社	23229699	23229678	和平区南京南街 52 号	110001
66	沈阳众合旅行社	88618050	88618051	东陵区泉园一路 49－3 号	110015
67	沈阳国泰旅行社	22507155	22513881	沈河区北京街 19 号先锋大厦 905	110013
68	辽宁君安旅行社	31015631	31015631	于洪区崇山东路 30 号	110032
69	沈阳旅游集散中心	25874777	25616799	铁西区建设东路 33 号	110021
70	沈阳新联旅行社	62278922	62278911	新民市南市西路 9 号	110300
71	辽宁澳中旅游有限公司	22719660	22719003	和平区和平北大街 28 号 18－4	110002
72	沈阳海棠旅行社	22782818	22782877	沈河区小西路 87 甲号智慧 1405	110013
73	沈阳春天旅行社	23304899	23304899	苏家屯区枫杨路 139 号	110101
74	沈阳卓越旅行社	23520846	4.01E+09	铁西区建设东路 57 号爱都 B1－14－6	110023
75	辽宁中桥旅行社	22518081	22518090	沈河区北站路 55 号财富 C341	110013
76	沈阳神舟旅行社	88734543	88734563	大东区津桥路 20 号	110041
77	沈阳四海旅行社	23265802	22959564	沈河区北京街 19－3 汇宝 A441	110013
78	沈阳金运旅行社	31875808	23260580	和平区和平南大街 39 号	110003
79	沈阳一通旅行社	22740707	22766007	沈河区南清真路 52－2 号	110003
80	沈阳市光大旅行社	22724326	22702505	沈河区朝阳街 192 号	110014
81	沈阳好运旅行社	63903398	85619090	和平区中华路 200 号	110001
82	沈阳绿城假期旅行社	62634909	62634910	铁西区建设东路 72 号爱都 912	110021
83	沈阳辽之旅旅行社	31581018	88615659	皇姑区泰山路 17 号	110032
84	沈阳誉湾旅行社	23242277	23872299	和平区十三纬路 19 号冶金 406	110003
85	沈阳客运天天旅行社	31289216	31289126	沈河区北站路 78 号邮政 751 室	110013
86	沈阳永安旅行社	22515557	31973131	沈河区北站路 77－1 号光达 C836	110013
87	沈阳运通旅行社	22720405	22947409	沈河区青年大街 35 号国贸 909	110014
88	沈阳嘉航旅行社	23869855	23890833	和平区文化路 45 号机械大厦 805	110003
89	沈阳假期旅行社	28550966	88523088	沈河区友好街 19 号银座 B1306	110013
90	沈阳市国奥旅行社	89819966	89122666	苏家屯区迎春街 135 号 9 门	110101
91	沈阳清风海岸旅行社	23408585	23416161	和平区市府大路 55 号年华 725	110002
92	辽宁海峡旅行社	22859710	22859710	和平区南五马路 17 号	110004
93	辽宁寰宇旅行社	22863966	22895398	和平区十一纬路 88 号皇城 702	110003
94	沈阳润博旅行社	22744453	22724421	沈河区奉天街 346 号格林 B1611	110013
95	沈阳浪漫假期旅行社	22533978	22533198	沈河区北站路 112 号东方 1136	110013

序号	单位名称	联系电话	传真	通讯地址	邮编
96	辽宁虎跃旅行社	88570377	88526655	沈河区友好街21－4号	110013
97	沈阳市鹏宇旅行社	87335995	87339222	康平县康平镇中心街585号	110500
98	辽宁神洲旅行社	31336616	88509468	大东区东顺城街17号13幢4009	110011
99	辽宁华亿旅行社	31289120	31289110	沈河区北站路77－1号光达1223	110013
100	沈阳枫林假期国际旅行社	62579046	62579045	铁西区建设中路15号	110021
101	沈阳博客旅行社	22875333	62635957	铁西区南滑翔路1号	110021
102	沈阳鑫源旅行社	86906133	86906133	康平县中兴街客运站北巡警楼4	110500
103	沈阳云升旅行社	23839018	23839017	和平区十三纬路19号冶金809	110013
104	沈阳现代方向国际旅行社	62264888	62264990	皇姑区北陵大街6号3门	110032
105	沈阳美好时光旅行社	23852308	23240651	和平区中华路121号SOHO1917	110001
106	沈阳市樱桃树旅行社	22944065	22942365	沈河区大西路59号	110014
107	沈阳洲际旅行社	82711182	82711182	和平区南京北街109号恒运A1505	110003
108	沈阳太和旅行社	22730101	22733535	沈河区市府大路433号峰景1604	110013
109	沈阳飞海包机旅行社	86201717	86204533	皇姑区崇山中路63号	110031
110	沈阳龙腾假期旅行社	62238857	62238907	沈河区市府大路290号摩根A1610	110013
111	辽宁汇展旅行社	23214071	23214070	和平区和平南大街39号	110003
112	沈阳启顺旅行社	23262921	22518166	沈河区北站路146号嘉兴1823	110013
113	沈阳海华国际旅行社	23492082	23492101	和平区市府大路55号年华808	110002
114	沈阳远东旅行社	86626238	86629238	沈河区热闹路60号民政312	110011
115	沈阳天然旅行社	23882588	89892680	皇姑区步云山路26巷1号612	110031
116	沈阳大运通国际旅行社	22814116	22813087	和平区和平北大街69号C座	110003
117	沈阳新视野旅行社	23526085	23526085	和平区南五马路17号商巢3114	110005
118	沈阳卓逸旅行社	86208910	86208985	皇姑区岐山中路1号东机1310	110032
119	沈阳关东旅行社	23492838	62800111	和平区南京北街18号银调1－25－2	110015
120	沈阳黄金海岸旅行社	86083025	86083931	沈河区沈阳路61号金黄岸415B	110011
121	沈阳世博国际旅行社	24532008	24852633	沈河区盛京路28号	110011
122	沈阳金盛旅行社	22907777	22961721	东陵区森林路36号	110000
123	沈阳新时代旅行社	22517573	22522837	沈河区北站路146号嘉兴2023	110013
124	沈阳佳通旅行社	62660157	62660157	和平区中山路111号1028	110001
125	沈阳海洋青年旅行社	31871610	31871611	和平区中山路70号新华大厦10楼	110001
126	沈阳嘉华旅行社	31301337	31301336	沈河区惠工街205号恒基1217	110013
127	沈阳恒通旅行社	31078438	31078740	和平区太原南街16－1号万达3－15	110001
128	沈阳华之信旅行社	88612077	62619560	大东区大北关街50－1号	110041
129	沈阳百信达旅行社	24895583	24895581	沈河区朝阳大街238号科隆8	110011
130	沈阳嘉艺旅行社	23988266	31500955	和平区三好街55号1009	110003

序号	单位名称	联系电话	传真	通讯地址	邮编
131	沈阳黑龙旅行社	22517459	24806611	沈河区北站路 78 号邮政 624	110013
132	沈阳金玉满堂旅行社	22520547	22520841	和平区市府大路 224 号 4－18－5	110002
133	辽宁诚盟旅行社	23844162	23842160	和平区文化路三巷 3－1 号 131	110004
134	沈阳国宾旅行社	23842458	23842428	沈河区青年大街 165－9 号金廊 A1716	110011
135	沈阳阳光祥云旅行社	86198999	86198103	于洪区长江北街 56 号	110036
136	辽宁天鸿国际旅行社	31875888	23260580	和平区市府大路 200 号	110003
137	沈阳金华旅行社	23500399	62106771	和平区太原南街 97 号	110001
138	沈阳金土地旅行社	23867771	23878788	和平区同泽南街 37 号	110000
139	沈阳中青国际旅行社	22514146	22514146	沈河区惠工街 124 号 6 楼	110013
140	沈阳林苑旅行社	89139885	89129885	苏家屯区枫杨路 186 号	110101
141	沈阳福卡斯旅行社	31827122	31099800	沈河区北中街路 123 号	110011
142	沈阳中意国际旅行社	62106000	23520200	和平区太原南街 97 号	110001
143	沈阳金之舟旅行社	22515690	22515680	沈河区北站路 146 号嘉兴 2314	110013
144	沈阳明珠旅行社	62660636	23492949	和平区南京北街 18 号	110002
145	辽宁盛京国际旅行社	22741777	22723177	皇姑区北陵大街 49 号	110032
146	沈阳青华旅行社	22511208	22515100	沈河区北京街 51 号银河 A1206	110013
147	辽宁辽之旅旅行社	25936565	22598655	沈河区团结路 7－1 华府 1－27－9	110013
148	沈阳港中国际旅行社	31680688	31880788	和平区三好街 87 号	110004
149	沈阳乐游国际旅行社没买	22539678	22539526	沈河区北站路 77 号君悦 2408	110013
150	沈阳仙梦旅行社	23491119	23492347	和平区市府大路 55 号年华 1803	110002
151	沈阳远洋旅行社	31321532	31321341	和平区三好街 54 号	110006
152	沈阳天地之旅旅行社	31084390	31361207	铁西区建设东路 35 号假日国际大厦 910	110012
153	中国旅行社总社(辽宁)	86869098	86869088	和平区光荣街 23 号大成大厦 7 楼	110003
154	辽宁春风假期旅行社	25135595	25135988	铁西区北二东路 17 号荣富	110025
155	沈阳江南假期旅行社	83502755	83502284	和平区南二马路 33 号	110002
156	沈阳永宏国际旅行社	22535399	22533788	沈河区北站路 1246 号 1－18－3	110013
157	辽宁海内外旅行社	13840185749	88329858	沈阳市大东区上园路 43－1－1 门	114400
158	沈阳红枫旅行社	22858820	22858820	沈阳市沈河区南文会街 22 号 512	110013
159	辽宁印象旅行社	86257888	86257888	沈阳市皇姑区黄河南大街 70 号	110032
160	沈阳看天下旅行社	31871007	31871007	和平北大街 55 号 407 室	110002
161	辽宁畅游国际旅行社	88568181	88504949	沈阳市沈河区友好街 19 号(奉天银座 A 座 1308 室)	110013
162	沈阳金锘安康旅行社	85631006	31279728	沈阳市沈河区小西路 85 甲 2 号一楼	110013
163	美中国际旅行社(沈阳)	22526688	22528866	沈阳市沈河区市府大路 290 号摩根凯利大厦 A 座 2409 室	110013

序号	单位名称	联系电话	传真	通讯地址	邮编
164	沈阳兴伟旅行社	31203072	22736077	沈阳市沈河区市府大路290号(1－10－7、1－10－8)	110013
165	沈阳途胜旅行社	23492677	23492733	沈阳市和平区太原南街90号	110002
166	沈阳易途旅行社	22866166	62259178	沈阳市和平区和平北大街28号	110002
167	沈阳宾客来旅行社	87815555	87815555	辽中县辽中镇北一路19号2门	110200
168	沈阳沈安国际旅行社有限公司	27125077	27125077	法库县经济开发区法库沈安运输有限公司	110400
169	沈阳鑫鸿运旅行社	62764573	62764573	沈阳市皇姑区长江街62号	110032
170	沈阳际派旅行社	31505666	23266093	和平区南京北街266号	110003

沈阳市公共交通线路一览表

线路	起始站点	途 经 站 点
环路	沈阳站南(南一马路)500－23:00——沈阳站北5:00－23:00	沈阳站南(南一马路)、市文化宫、体育广场、和平广场、南五马路中兴街、南五马路振兴街、南湖公园、盛京医院南湖院区、展览馆、陆军总院、南塔、省医院东门、大南边门、第二十七中学、大南街热闹路、大南门、故宫东华门、商业城、北中街皇城恒隆广场、中街鼓楼、小西门、市红十字会医院、中山路杏林街、辽宁日报社、中山路和平大街、中山广场东、中山路太原街、沈阳站北
101	弓匠小区7:00－19:00——工业大学中央校区7:00－19:00	弓匠小区、五号路、北方交通重工集团、沈鼓集团、中央大街地铁站、丽都新城、优诗美地、中央湖畔、熙湖公园、中央大街沈辽路、工业大学中央校区东门
103	长客西站4:40－17:00——五爱市场5:40－18:30	长客西站、仙女湖公园、西部货运中心、齐贤街、艳粉街、沈阳工业大学东门、南十东路、兴华公园、铁西百货、铁西广场、云峰街、兴工街、南五马路、南一马路、太原街、中华路、马路湾、光荣街、五经街、十三纬路、大西菜行、顺通路、第七中学、五爱市场西区、五爱市场
105	嘉华新城5:40－20:00——沈阳北站6:00－21:00	嘉华新城、嘉华学校、文源街、文澜苑、坤泰新界、奥体中心、艺术家园、文萃路(富民桥)、出租汽车公司、富民街、泉园三路、泉园二路、东陵区医院、泉园一路、万泉实业公司、东方宾馆、翠园小区、先农坛路、大南门、小河沿、大东门、东中街、小津桥、横街、小北街、房产超市、惠工广场、沈阳北站
107	东方御景6:00－20:00——龙之梦亚太城6:30－20:00	东方御景、美林逸墅、三江紫香园、东陵路农科院、省农业技术学校、沈抚立交桥东、东北汽贸、一汽福达、良城美景、辽宁奥通、新东安居小区、新光红璎小区、丰城公交公司、三家子、善邻路东塔街、善邻路黎明三街、善邻路地坛街、龙之梦衡园、龙之梦丽晶大酒店、龙之梦海洋馆、龙之梦亚太数码、龙之梦亚太城
109	彩霞街临波路6:00－19:00——药王庙路大西电子市场6:40－19:40	彩霞街临波路、临波路夹河街、浑南西路夹河街、泛华广场、沈营路浑河堡、三义街浦江苑、营盘北街新华社、五里河公园西、夏宫、五里河茂业中心、青年大街彩电中心、青年大街华润中心、青年公园西、彩电塔、大西菜行、大西边门、房地产大厦、药王庙路大西电子市场
111	东北制药5:10－19:10——松花江街南口6:10－20:20	东北制药、昆明湖街、张士果品市场、巢湖街(沈新路)、开发大路东口、洪湖二街、洪湖小区、长客西站、仙女湖公园、西部货运中心、齐贤街、艳粉街、沈阳工业大学东门、云峰南街、沈辽东路、南七东路、云峰街、云峰北街北四东路、北三东路、北二东路、虹桥路、霁虹街、光明街、天山路、华山路、珠江街、碧塘公园、第四医院、昆山东路、沈阳有线电视台、沈阳北站北、松花江街南口
112	保利花园5:20－20:40——皇姑屯火车站6:05－22:00	保利花园(双河城)、新宁街东平路、新立堡、东北汽贸、一汽福达、良城美景、辽宁奥通、二〇一、民贵家园、东贸库、黎明金叶家园、沈海热电厂、珠林桥东、莱茵河畔、市骨科医院、辽沈二街、文华园小区、洮昌小区、沈阳大学南门、小北边门、省高法、敬宾街、沈阳北站北、沈阳有线电视台、昆山东路、第四医院、碧塘公园、珠江街、昆山中路、怒江街、皇姑屯火车站

线路	起始站点	途经站点
113	观音村 5:20－19:40——富民街 6:15－20:50	观音村、观音、观音路、德孚润滑油、空训基地、鸭绿江北街天仙路、鸭绿江街北陵开发区、新锐防爆电器、鸭绿江街上岗子、鸭绿江街城建北尚、富丽阳光、中驰汽贸、剑苑小区、梨园剧场、长客总站、恒驰物流、沈阳大学西门、望花南街临河路、小北关街二〇二巷、联合路小北边门、沈阳大学南门、八王寺、八王寺街横街、德增街横街、东顺城街小津桥、东顺城街中街、大东门、南顺城路小河沿、大南门、大南街热闹路、第二十七中学、大南边门、省医院东门、文化路南塔鞋城、文化东路天坛南街、文化东路出租汽车公司、和美妇产医院、富民街泉园广场
114	保利心语花园 5:30－19:00——北站站前 6:20－20:00	保利心语花园、铁西区体育中心、北四路重工街、美好愿景、北四路肇工街、北四路启工街、北四路卫工街、市交通技术学校、新北方装饰建材城、陶林居、北四路贵和街、兴华街北四路、铁西区政府、北三路云峰街、北三路兴工街、兴工街北二路、沈阳站北、中山路太原街、中山广场东、中山路和平大街、辽宁日报社、八一公园东、市人大、北京街、沈阳北站前
115	望花工业园 5:10－21:40——新华路 6:10－23:00	望花工业园、侯家岗子、三五四七装具厂、望花新村、上海通用北盛汽车、海鲜市场、北大营街、上园路、华美英语学校(老瓜堡)、合作街、洮昌小区、沈阳大学南门、小北边门、省高法、家乐福北站店、惠工广场、北京街、市人大、北三经街、八一公园西门、中山路、和平北大街、中山广场、医科大学、中华路、中山公园、体育广场、铁路中学、新华广场、和平法院、新华路
116	恒大城 5:20－19:50——龙之梦亚太城 6:00－21:00	恒大城、桃源欣城、万科魅力之城、阳光尚城、亚都名苑、教师公寓、教师新村、红田地产、格林阳光、格林梦夏、怒江北街新开河、市委党校、百鸟公园、辽宁大学崇山校区、宁山路北行、宁山路黄河大街、地质局、北陵电影院、龙江广场、沈阳北站北、敬宾街、省高法、市物价局、小北关街天后宫、小北街、小北门、大北门、小津桥、津桥路小什字街、市群众艺术馆、龙之梦会展中心、龙之梦亚太数码、龙之梦亚太城
117	腾飞二街 5:00－21:40——小北边门 6:00－23:00	腾飞二街、盛京医院滑翔院区、腾飞一街、生日城、滑翔公园、天华医药、诗波特小区、兴工南街、东北汽配商贸中心、太原南街、新华广场、沈阳急救中心、南湖公园西门、方型广场、南湖公园、盛京医院南湖院区、展览馆、陆军总院、地王国际花园、交通执法支队、五爱市场西区、五爱市场、大南街、大南门、故宫东华门、商业城、大北门、大北横街、八王寺、小北边门
118	沈阳出口加工区 5:40－19:00——北中街 6:15－19:40	沈阳出口加工区(浑南东路)、沈阳建筑大学、文汇街、沈音南校区、在水一方社区、和泰东方园、万科花园新城、金杯汽车制造有限公司、东陵加工厂、六〇六所、江东街、莲花街、万泉公园东门、四六三医院、大什字街(魁星楼路)、小河沿、大南门、故宫东华门、商业城、北中街
118 支线 A	古城子 6:00－18:00——新生活广场长青店 6:30－18:00	古城子、古城子市场、麦子屯、中科院计算所(高精数控)、水家北、沈阳出口加工区西区、东亚国际城、浑南东路、沈阳建筑大学、沈音南校区、文汇街、南堤路、和泰东方园、万科花园新城、新生活广场长青店
118 支线 B	施家寨 6:308:4515:4517:45——新生活广场长青店 7:5514:5516:55	施家寨、施家寨北、古城子、古城子市场、麦子屯、中科院计算所(高精数控)、水家北、沈阳出口加工区西区、东亚国际城、浑南东路、沈阳建筑大学、沈音南校区、文汇街、南堤路、和泰东方园、万科花园新城、新生活广场长青店
123	揽军路 5:20－20:00——五十中学 6:10－21:00	揽军路、南滑翔路、盛京医院滑翔院区、腾飞一街、飞翔路、第十五中学、沈辽东路、南七东路、云峰街、兴工街、南五马路、沈阳站、沈阳站北、中山路太原街、中山广场、和平北大街、中山路、八一公园西门、北市场、总站路、市行政执法局、北京街、市建委、敬宾街、市消防局、小北二库、望花南街、沈阳大学、恒驰物流、五十中学
125	朝鲜一中 5:00－19:00——五爱市场 6:00－20:00	宏达家园、朝鲜一中、向工一校、昆山路前塔湾、中海寰宇天下塔湾西、塔湾邮局、太平庄、崇山路淮河街、海华新居、延河街昆山路、小白楼、华山路怒江街、皇姑公安分局、华山路珠江街、华山路长江街、皇寺广场、南京街北市场、沈医二院、南京街北六马路、中山广场东、中山路和平北大街、辽宁日报社、中山路一经街、市红十字会医院、奉天街大西路、房地产大厦、奉天街热闹路、热闹路五爱西区、五爱市场、南通天街热闹路
126	奥体中心枢纽站 5:20－19:00——上园路望花南街 6:20－20:10	浑南四路、奥体中心枢纽站、泛华广场、沈营路浑河堡、三义街浦江苑、营盘北街新华社、五里河公园西、夏宫、五里河茂业中心、文萃路彩电中心、五爱街文萃路、陆军总院东门、五爱街地王国际花园、风雨坛街西滨河路、奉天街五爱市场西区、奉天街热闹路、奉天街房地产大厦、万寿寺街大西路、万寿寺街小西路、市信访大厅、令闻街教场路、令闻街天后宫、令闻街房产超市、小北关街市物价局、联合路小北边门、沈阳大学南门、联合路洮昌小区、联合路辽沈二街、沈铁路北方客运公司、上园小区东、上园小区、上园路合作街、上园路望花南街

线路	起始站点	途经站点
129	金奥新城 5:20－23:10——药王庙路 6:15－24:00	金奥新城、仙女河北路、金龙湖街、大通湖街、吉力湖街、仙女河路、路官二街、西部货运中心、沈辽中路、路官一街、今日阳光家园、艳粉新村、艳璐街、家乐福铁西店、沈阳工业大学东门、南十东路、兴华公园、铁西百货、铁西广场、兴华北街北四东路、云峰北街北四东路、北四东路、北三东路、兴工北街、沈阳站北、中山路太原街、中山广场、和平北大街、辽宁日报社、一经街、市红十字会医院、药王庙路
131	七三九医院 6:00－19:50——大东门 6:00－20:00	七三九医院(沈阳医学院)、沈飞一中(第十中学)、百花小区、辉山路、三台子、沈飞四中(第 110 中学)、沈飞集团、航空博览园、客运出租公司、金山小区、北陵东门、武功山小区、省游泳馆、省教育厅、北塔、长客总站、恒驰物流、沈阳大学、望花南街、小北二库、市物价局、天后宫、小北街、小北门、大北门、小津桥、东中街、大东门
132	沈阳工贸学校 6:00－19:05——科普公园 6:20－19:30	沈阳工贸学校、大东科技园、沈阳东站北、明堂街、新生二街、市骨科医院、如意三路、工农路、草仓路、东边城街、市群众艺术馆、津桥路小什字街、小津桥、大北门、小北门、中街、故宫西华门、市环保局、五爱市场、五爱市场西区、交通执法支队、地王国际花园、陆军总院、文萃路、科普公园
133	保利花园 5:10－19:00——东滨河路小南街 6:00－20:00	保利花园、新宁街东平路、新立堡、东北汽贸、一汽福达、良城美景、辽宁奥通、二〇一、民贵家园、东贸库、黎明金叶家园、沈海热电厂、珠林桥东、天江老龙口、市群众艺术馆、津桥路小什字街、小津桥、东中街、大东门、南顺城路小河沿、大南门、市环保局、小南街五爱服装城、成城花园、小南街文艺路、省金秋医院、东滨河路小南街
134	路官一街 5:00－20:00——龙之梦亚太城 6:00－21:00	路官一街、路官一街沈辽路、保工街南十四路、保工街南十二路、保工街南十中路、南九路第五医院、南九路中国家具城、兴华公园东、铁西百货、铁西广场、建设东路云峰街、建设东路兴工街、南五马路胜利大街、南五马路民族街、铁路中学、和平广场、南五马路中兴街、南五马路振兴街、方型广场北、鲁迅儿童公园、文艺路彩塔街、文艺路华润中心、青年公园南、风雨坛街西滨河路、风雨坛街五爱西区、风雨坛街热闹路、南顺城路风雨坛街、市环保局、大南门、东顺城街小河沿、大东门、东中街、小津桥、津桥路小什字街、市群众艺术馆、龙之梦会展中心、龙之梦亚太数码、龙之梦亚太城
135	和泰馨城 5:30－19:30——南塔客运站 6:30－20:30(135 路有夜线)	和泰馨城停车场、和泰馨城、东平湖北街、北李官、巢湖街、太湖街、洪湖二街(省残中专)、于洪新村、铁西森林公园、康利汽车公司、肇工街、启工街、卫工街、保工街、兴顺街、铁西广场、云峰街、兴工街、胜利南大街、民族街、铁路中学、和平广场、中兴街、振兴街、南湖公园、盛京医院南湖院区、展览馆、陆军总院、南塔、南塔鞋城、万柳塘路、南塔客运站
135 夜线	和泰馨城 19:30－23:00——泉园小区 20:30－24:00	和泰馨城停车场、和泰馨城、东平湖北街、北李官、巢湖街、太湖街、洪湖二街(省残中专)、于洪新村、铁西森林公园、康利汽车公司、肇工街、启工街、卫工街、保工街、兴顺街、铁西广场、云峰街、兴工街、胜利南大街、民族街、铁路中学、和平广场、中兴街、振兴街、南湖公园、盛京医院南湖院区、展览馆、陆军总院、南塔、南塔鞋城、东陵区政府、出租汽车公司、沈阳客运集团、泉园一路、泉园小区
136	英守村 5:30－20:00——北站站前 6:20－21:00	英守村(丁香湖公园)、白山路、大芳士、保利上林湾、靓马新村、巴黎香榭、白山中路、万科四季花城、西江街、怒江北街、龙逸花园、北方医院、香炉山路、新乐宿舍、新乐遗址、凤凰饭店、辽宁大厦、北陵公园、辽宁中医、黑龙江街、松花江街、宁山路小学、省消防总队、市建委、沈阳北站、北站站前
138	沈阳医学院 6:00－19:30——马路湾 6:00－20:20	沈阳医学院、何氏眼科医院、百花山路、国奥现代城、赤山路、川江街、松山小区、黑山路、五彩新村、陵西二小区、四十中学、北方医院、香炉山路、新乐宿舍、新乐遗址、辽宁大厦、实验中学、宁山中路、岐山路、第四医院、皇寺广场、民族电影院、八一公园西门、中山路、市自来水公司、八纬路、九纬路、马路湾
140	新湖小区 6:00－19:40——上木厂 6:00－20:00	新湖小区、和平家园、虹桥路、霁虹街、光明街、西塔、民族电影院、北市场、北三经街、市中级法院、清真寺、市信访大厅(太清宫)、小北门、中街、故宫西华门、市环保局、大南门、小河沿、大东门、大东车库、小什字街、大东边门、滂江街、长安小区、二四五医院、东塔机场、东塔、八里堡、凌云街、方凌路、上木厂

线路	起始站点	途 经 站 点
141	辽宁大学北校区 6:00 - 20:20 ——兴华公园北 6:00 - 20:30	辽宁大学北校区、沈阳航空航天大学、唐轩公馆、道义大街正良二路、沈阳师范大学、四台子、黄河大街万山路、沈阳医学院、何氏眼科医院、国奥现代城、赤山路黄河大街、赤山路川江街、松山小区、长江街黑山路、五彩新村、陵西二小区、教师公寓、教师新村、红田地产、格林阳光、格林梦夏、怒江北街新开河、市委党校、怒江广场、昆山路怒江街、小白楼、淮河街华山路、淮河街天山路、重型文化广场、兴华街小北一路、兴华街北二路、铁西区政府、兴华街北四路、铁西广场、铁西百货、兴华公园北
146	华瑞家园 6:00 - 18:40—— 奥体中心枢纽站 6:30 - 19:15	华瑞家园、营城子、后桑林子、璟悦香湾、上深沟建材市场、金水湾家园、大甸子、教场、文澜苑、坤泰新界、营盘、奥体中心、奥体中心枢纽站、新华社、浑南四路
147	小北一路 5:10 - 19:00 ——莲花街 6:00 - 20:00	小北一路、沈阳国际服装城、小北一路兴华北街、和平家园、虹桥路、霁虹、富云花都、克俭小区、珠江桥、天山路、华山路、珠江街、碧塘公园、第四医院、昆山东路、肇东街、北京街、家乐福北站店、省高法、小北边门、沈阳大学南门、八王寺、大北横街、横街、大什字街、大悦城、小什字街、大东边门、世纪联华、滂江市场、莲花街
148	东陵公园 5:30 - 19:00—— 沈阳北站 6:30 - 19:50	东陵公园、东陵路前陵堡、东陵路绕城高速、农业大学、农科院、省农业技术学校、东陵路榆树屯、东北汽贸、水晶城街一汽福达、水晶城街八家子、东贸路水晶城、东贸路水暖城、观泉路铁道口、工农路东毛君屯、工农路世捷教育、工农路铁路物资公司、工农路东建街、沈阳东站、工农路东辽街、第一四一中学、工农路北海街、北海街市骨科医院、大东工人俱乐部、辽沈二街东北大马路、辽沈二街文华园、联合路洮昌小区、沈阳大学南门、联合路小北边门、省高法、家乐福北站店、惠宾街沈阳北站
149	陶林居 5:30 - 19:00—— 三菱发动机厂北门 6:30 - 20:00	陶林居、兴顺街、铁西广场、云峰街、兴工街、胜利南大街、民族街、太原南街、南十马路、新华路、砂川街南、砂山、玉屏路、胜利桥北、万科城、格林生活坊、长白西路、下夹河、中海国际社区、沙岗子、上夹河、金家湾东、前榆树台、三菱发动机厂北门
150	三菱发动机厂北门 6:00 - 19:10 ——大悦城 6:00 - 20:20	三菱发动机厂北门、三菱发动机厂、沈营路、东大软件园、变压器研究所、东海电子、海外学子园、亚泰花园、区政府、报业印务中心、21 世纪广场、辽宁移动通信、彩霞街公铁桥、彩霞街、泛华广场、奥体中心、新华公寓、艺术家园、富民桥、出租汽车公司、沈阳客运集团、泉园广场、血磁医院、万柳塘公园、大南边门、第二十七中学、大南街、大南门、小河沿、大东门、大东路、大悦城
151	二台子街 5:30 - 19:00—— 十二纬路(第七医院) 6:30 - 20:00	二台子街总站、望花新村、二台子街、沈铁路、沈阳宝钢、钢花小区、东建街(化工设备厂)、东站街、康福食品、新颖宾馆、东辽街、北海街、文华园小区、辽沈二街、如意三路、工农路、草仓路、东边城街、市群众艺术馆、大悦城、小什字街(天龙家园)、大东路、大什字街(魁星楼路)、小河沿、大南门、市环保局、沈州路、风雨坛、五爱市场西区、第七中学、顺通路、大西菜行、十三纬路、十二纬路(第七医院)
152	沈阳理工大学 6:00 - 21:00—— 沈阳北站 6:00 - 21:00	沈阳理工大学、嘉华新城、嘉华学校、文源街、文澜苑、教场、飞云路、金辉街、市气象局、会展中心、女人街、新华社、五里河公园、夏宫、五里河茂业中心、彩电中心、展览馆、盛京医院南湖院区、南湖公园、振兴街、省委、市体育局、体育广场、中山公园、市文化宫、沈阳站、沈阳站北、太原北街、西塔、南京街北市场、皇寺广场、总站路、北京街、沈阳北站
153	胡台新城 5:30 - 18:40—— 和泰馨城停车场 6:20 - 19:30	胡台新城、繁荣三路、后胡台、宋岗、前七线、昂邦牛、集贤、诺木珲、沙坨、新蔡线、繁荣、爱国、西爱线、兴盛、后民屯、东民、宏发小学、宏发家具、和泰馨城、东平湖街
154	东大软件园 6:00 - 19:10—— 大润发和平店 6:00 - 20:00	东大软件园、变压器研究所、亿达唯美品格、东海电子、海外学子园、亚泰花园、区政府、报业印务中心、21 世纪广场、彩霞街公铁桥、榆树路、豪华拉闸门厂、昌盛修配厂、浑南大道、伊丽雅特湾、铸造厂、上夹河、沙岗子、中海国际社区、下夹河、长白西路、特种电缆分厂、盛发花园、省体院、市第六医院、南七马路、和平广场、体育广场、市文化宫、大润发和平店
155	汪家 6:00 - 18:00—— 奥体中心 6:30 - 19:00	汪家、汪家新村、汪家鞋业园、汪家信用社、沈抚立交、石庙子、石庙子东街、刘付屯、东岗子、李巴彦、恒大江湾、杨官屯、沈阳出口加工区、水家屯、东亚国际城、浑南东路文华街、沈阳建筑大学、沈音学院南校区、文汇街南堤路、南堤路长青街、长青桥南、万科金域蓝湾、南堤路朗月街、朗云街南堤路、河畔新城、艺术家园、新华公寓、奥体中心枢纽站

线路	起始站点	途经站点
156	中学堂路 5:30 - 19:30——沈阳北站北 6:00 - 20:00	中学堂路、小什字街(鸿基园小区)、大北关街(枫合万嘉)、八王寺街、甘泉路、小北街、天后宫、市物价局、第四十七中学、敬宾街、沈阳北站北
157	道义大街道义 5:30 - 18:30——五爱市场西区 6:00 - 19:10	道义大街道义、龙腾碧玉湾、瀚博皇家御湾、太湖国际花园、瀚博皇家御院、辽宁大学北校区、沈阳航空航天大学、唐轩公馆、沈阳师范大学、四台子、黄河大街万山路、沈阳医学院、七三九医院、何氏眼科医院、黄河大街百花山路、松陵文化宫、莲花山路三台子、沈飞集团、航空博览园、客运出租公司、金山小区、北陵东门、武功山小区、省游泳馆、松花江街崇山路、宁山路小学、省消防总队、敬宾街、省高法、市物价局、小北关街天后宫、广宜街太清宫、小西门、大西门、风雨坛街沈州路、风雨坛街热闹路、五爱市场西区
157 支线	雷明雅阁 6:30 - 18:00——五爱市场西区 7:05 - 18:40	雷明雅阁、诚信食品、沈阳航空航天大学、唐轩公馆、沈阳师范大学、四台子、黄河大街万山路、沈阳医学院、七三九医院、何氏眼科医院、黄河大街百花山路、松陵文化宫、莲花山路三台子、沈飞集团、航空博览园、客运出租公司、金山小区、北陵东门、武功山小区、省游泳馆、松花江街崇山路、宁山路小学、省消防总队、敬宾街、省高法、市物价局、小北关街天后宫、广宜街太清宫、小西门、大西门、风雨坛街沈州路、风雨坛街热闹路、五爱市场西区
158	金水港湾 6:00 - 20:00——凌空一街揽军路 6:00 - 20:00	金水港湾、锦水街大榆桥南、塔湾欣城、锦水街苍山路、明廉路锦水街、明廉路食品公司、北一路保工街东、沈阳国际服装城、景星街北一路、景星街北二路、景星街北三路、景星街北四路、建设大路兴顺街、兴顺街南六路、兴顺街南八路、南九路九路市场、南九路兴华街、南九路云峰街、腾飞一街沈辽路、市第十五中学、腾飞一街北滑翔路、滑翔路生日城、滑翔路凌空二街、凌空一街揽军路
159	山水文园 5:45 - 18:10——皇寺广场 6:45 - 19:10	山水文园、毛望公路、东山嘴子、华晨汽车、陶瓷城、东陶路、沈阳宝钢(钢花小区)、东建街(化工设备厂)、东站街、康福食品、新颖宾馆、东辽街、北海街、市胸科医院、沈阳北方客运公司、恒驰物流、沈阳大学、望花南街、小北二库、市物价局、天后宫、太清宫、清真寺、市中级法院、市府广场、市政府、北京街、皇寺广场
159 复线	八棵树 8:00 - 16:48——皇寺广场 6:45 - 19:10	八棵树机动车考试中心、沈阳实验中学、八棵树驾校、山水文园、毛望公路、东山嘴子、华晨汽车、陶瓷城、东陶路、沈阳宝钢(钢花小区)、东建街(化工设备厂)、东站街、康福食品、新颖宾馆、东辽街、北海街、市胸科医院、沈阳北方客运公司、恒驰物流、沈阳大学、望花南街、小北二库、市物价局、天后宫、太清宫、清真寺、市中级法院、市府广场、市政府、北京街、皇寺广场
161	六号街 5:30 - 20:50——北行 6:15 - 22:00	张士六号街、丽水金阳、六号街十四号路、家宁花园、宁官市场、沈辽路(东方家园)、杨士、鹏程花园、山东堡、三隆碧桂园、新型建材厂、鼓风机一分厂、冶金机械公司、老年病院、仙女湖公园、劳动公园、工人村、南十西路、启工机械学校、卫工南街、保工南街、第五医院、中国家具城、兴华公园、铁西百货、铁西广场、云峰街、兴工街、建设东路、北四东路、北三东路、兴工北街、霁虹街、光明街、天山路、华山路、北行
162	西三家子 5:15 - 20:00——铁西广场 6:15 - 21:00	西三家子、望花三小、东机正门、老年公寓、沈阳职业技术学院、劳动广场、西门、望花新村木材市场、东方欧博城、望花立交桥、金山路、城建北尚、富丽阳光、中驰汽贸、剑苑小区、梨园剧场、长客总站、北塔、省教育厅、华商晨报、黑龙江街、辽宁中医、市金融学校、辽宁大学、宁山路、北行、碧塘公园、华山路、天山路、光明街、霁虹街、兴工北街、北三东路、北四东路、建设东路、兴工街、云峰街、铁西广场、铁西广场(贵和街)
163	汾河街 5:30 - 19:30——观泉路 5:30 - 19:30	汾河街、虹桥中学、太平庄、崇山西路、延河街、怒江街、荆江街、大渡河街、北行、北行(长江街)、碧塘公园、第四医院、昆山东路、北京街、沈阳北站、惠工广场、家乐福北站店、省高法、小北二库、望花南街、沈阳大学、恒驰物流、九一八历史博物馆、通利汽车公司、上园路、上园小区、小二台子、三洋空调、沈铁路东、大二台子、观泉路(大二台子)
165	苏家屯沙柳路 5:20 - 19:00——家乐福铁西金牛店 6:20 - 20:00	苏家屯沙柳路、苏家屯客运站、民主路、牡丹街、铁路客车厂、山榆路、十里锦城、木材防腐厂、大官房、可济药业、玉皇药业、加工厂宿舍、馨丽康城、九洲湾景汇、胜利南街公铁桥、环城高速、金家湾、新加坡城、马总屯、万科城、胜利桥北、玉屏路、砂山、砂山商店、滑翔路、生日城、腾飞一街、盛京医院滑翔院区、家乐福铁西金牛店

线路	起始站点	途经站点
166	阳光1005:30－19:50——金杯汽车制造有限公司6:00－20:00	阳光100、阳光100新城、汪河路阳光100一号路、凌空二街南滑翔路、凌空二街生日城、滑翔路凌空二街、砂阳路砂山街、省妇婴医院、市第六医院南、省体院、盛发花园、文体西路和平大街、交通安全教育学校、东北大学南门、市交通局西门、文体路三好街、世茂百货、五里河茂业中心、文萃路彩电中心、沈阳教育学院、宏伟新都、南塔公园、文萃路南塔鞋城、天坛小区、文萃路富民桥、溪林花园、文萃路丰乐二街、文萃路长青街、和泰东方园、万科花园新城、长青街文化东路、金杯汽车制造有限公司
166支线	恒大绿洲5:30－21:00——滑翔路凌空二街5:45－21:15	恒大绿洲、碧桂园银河城、汪河路大通湖街、省路桥二公司、汪河路吉力湖街、汪河路阳光100一号路、凌空二街南滑翔路、凌空二街生日城、滑翔路凌空二街
167	永盛水调歌城5:30－20:30——三号街6:00－21:30	细河南路、永盛水调歌城、于洪新城、汪河路、凌空二街、生日城、滑翔路、滑翔公园、天华医药、诗波特小区、沈辽东路（八一仓库）、南六东路、铁西区中心医院、铁西百货、勋望街、兴顺街、南八中路、第五医院、南十二路、沈阳工业大学、南十三路、南十四路、西部货运中心、仙女湖公园、长客西站、洪湖小区、洪湖二街、水产市场、燕塞湖街、张士开发区管委会、大明湖街、沈辽路（东方家园）、宁官市场、家宁花园、广全中学、张士四号街、三号街
168北线	沈阳北站7:00－18:00——秀湖广场8:40－18:00	沈阳北站、市建委、敬宾街、省高法、小北边门、沈阳大学南门、八王寺、大北横街、横街、小津桥、津桥路小什字街、市群众艺术馆、天江老龙口、珠林桥、沈海热电厂、一汽惠华、二〇一、辽宁奥通、良城美景、东北汽贸、榆树屯、辽宁省农业技术学校、农科院（马官桥）、沈阳农业大学、东陵路（绕城高速）、前陵堡、东陵公园、鸟岛、盛京高尔夫、欧陆风情小镇、桑提亚纳庄园、奥林匹克花园、世博园西门、世博园、海洋世界、上满堂、满族风情村、下木、中木、上木、清韵百园、棋盘山景区、冰川动物乐园、秀湖广场
168南线（观光一线）	马路湾6:00－15:30——秀湖广场7:40－17:50	马路湾、招商银行、交通银行、二经街、大西边门、铁通公司、沈州路、市环保局、大南门、小河沿、大东门、东中街、小津桥、津桥路小什字街、市群众艺术馆、天江老龙口、珠林桥、沈海热电厂、一汽惠华、二〇一、辽宁奥通、良城美景、东北汽贸、榆树屯、辽宁省农业技术学校、农科院（马官桥）、沈阳农业大学、东陵路（绕城高速）、前陵堡、东陵公园、鸟岛、盛京高尔夫、欧陆风情小镇、桑提亚纳庄园、奥林匹克花园、世博园西门、世博园、海洋世界、上满堂、满族风情村、下木、中木、上木、清韵百园、棋盘山景区、冰川动物乐园、秀湖广场
168支线（观光2号线）	秀湖广场7:30－17:30——花果山神秘谷8:00－18:00	秀湖广场、影视基地、棋盘山风景区北门、毛望路、望滨派出所、望滨办事处、花果山神秘谷
168支线	世博园7:00－17:00——沈阳碧桂园7:00－17:00	世博园、沈阳碧桂园
169	水晶城5:20－19:15——长白港湾站6:15－20:15	水晶城、水晶城街八家子、水晶城街一汽福达、良城美景、辽宁奥通、新东安居小区、八里堡小学、东陵环卫所、八里堡、凌云街、方凌路、上木厂、东陵油库、第五十一中学、德氏冷饮、方方园小区、方家栏、金杯汽车制造有限公司、文化东路长青街、东北大学基础学院、文化东路富民街、文化东路出租汽车公司、文化东路天坛一街、南塔鞋城、南塔、陆军总院、青年大街彩电中心、五里河茂业中心、世贸百货、市交通局、新世界花园、三好桥北、长白东路长白四街、长白港湾站
175	包道屯6:00－19:00——圣工街6:00－19:00	包道屯、包道社区、辉山路川江街、川江街千山西路、川江街赤山路、赤山路川江街、长江街松山小区、长江街黑山路、长江街五彩新村、长江街陵西二小区、第四十中学、长江街北方医院、长江街铸铁管件厂、长江街第九印刷厂、长江街沙河子小区、长江街泰山路、长江街建赏欧洲、辽宁大学、长江街宁山路、岐山路北行、岐山路珠江街、岐山路荆江街、怒江街岐山路、昆山路怒江街、小白楼、中海寰宇天下、昆山路塔湾、中海寰宇天下塔湾西、昆山路前塔湾、向工一校、飞跃实验中学、向工街明廉路、卫工街北一路、卫工街北二路、卫工街北三路、北四路卫工街、圣工街
176	砂山街玉屏路6:00－19:00——塔湾家乐福6:00－19:00	砂山街玉屏路、砂山街玉屏二路、万和花园、砂山商店、滑翔路凌空二街、滑翔路生日城、盛京医院滑翔院区、万科花园、南滑翔路腾飞二街、艳粉新村、艳粉街沈辽路、景星街南十二路、景星街南十中路、九路市场、景星街南八路、南六路兴顺街、南六路保工街、南六路卫工街、建设西路、卫工街建设大路、卫工街北四路、卫工街北三路、卫工街北二路、卫工街北一路、向工街明廉路、飞跃实验中学、向工一校、昆山路前塔湾、昆山路塔湾西、塔湾家乐福

线路	起始站点	途经站点
177	大溪地 5:50-18:20——沈阳北站 6:20-18:50	大溪地、东北育才沈北校区、沈北路人和街、中信银行沈北支行、水木康桥、辽宁装备学院、蒲河新城管委会、通远街闽南石材城、兴农路通顺街、奥森环境公司、沈闫公路赵家沟、沈闫公路王家沟、沈闫公路上王家沟、沈闫公路八棵树、沈闫公路罗家沟、沈闫公路南赵家沟、沈闫公路祥和汽校、山水文园、东望街东山嘴子、东望街陶瓷城、国瑞商城、中铁物资集团、建筑机械厂、沈阳东站北、东北大马路明堂街、东辽街联合路、联合路东辽街、联合路北海街、联合路辽沈二街、联合路洮昌小区、沈阳大学南门、联合路小北边门、省高法、敬宾街、市建委、沈阳北站
178	郭七 5:50-18:30——长客总站 6:30-19:00	郭七、蒲昌路梅江街、郭七路口、沈北巴士、沈师大北门、唐轩公馆、道义大街正良二路、沈阳师范大学、四台子、万山路黄河大街、利生华园、万山路梅江街、北三台子、第九十七中学、三台子一校、陵北街辉山路、陵北街三台子、沈飞四中(第110中学)、沈飞集团、航空博览园、客运出租公司、金山小区、陵园西街金山路、银山小区、陵园街银山路、陵园街铜山路、陵园街锡山路、北塔、长客总站
178 支线	郭七 6:20-17:20——蒲河大道 6:30-17:30	郭七、沈北路(孝信)、尚小街、蒲河大道(碧桂园太阳城)
179	蒲河镇 7:00-18:00——五爱市场 6:30-18:00	蒲河镇、蒲河大路、禾丰牧业、黄泥河子、香雪面粉、安宁医院、飞龙包装、大志新村、大洼、沈阳机电市场、王家沟、榆林后村、东山公墓、大富豪家俬、榆林堡、省劳经学校、前进乡政府、化工油漆厂、大二台子、沈铁路东、三洋空调、小二台子、上园小区、有机玻璃厂、联合路、文华园小区、辽沈二街、莱茵河畔、天江老龙口、市群众艺术馆、津桥路小什字街、小津桥、东中街、大东门、小河沿、大南门、五爱市场
180	道义北 6:00-18:10——育才双语学校 6:00-18:10	道义北、自来水五厂、弓匠屯、俪景小区、瀚博皇家御湾、太湖国际花园、瀚博皇家御院、辽大道义校区、沈北路、招商银行(祥瑞小区)、航空工业学院、辽宁美术学院正门、郭七、青杨林公园、国土督察局沈阳局、孝信、北方软件园、光电产业园、沈阳国际科技园、小桥道口、经济管理干部学院、省城市建设学校、双楼子、蒲河大道(鸭子场村)、联东 U 谷、市汽车工程学校、沈阳市化工学校、中古城子、大古城子、虎石台、黄楼、虎石台镇政府、兴盛街、辽宁交通高等专科学校、省金融职业学院、蒲裕路、省交校南门、虎石台管委会(詹屯)、蒙牛乳业、柳岗屯、欧盟工业园、捷众汽车配件、吉隆公司、新东方供热、辉山大街、宏业街、冯道社区、翔宇中学、明珠路、蒲河新城管委会、辽宁装备学院、水木康桥、人和街、沈阳二中辉山校区、育才双语学校、大溪地、天时街、金河湾、棋盘山西门、沈棋路、中木、下木、满族风情村、海洋世界、世博园
181	广业西路西湖俪景东 5:30-19:10——盛京医院滑翔院区 6:00-20:00	广业西路西湖俪景东、广业西路西湖俪景西、东平湖街世代书香、第五十六中学、东平湖街红旗石材城、东平湖街姚家、东平湖街新塔湾钢材市场、东平湖街于洪职教中心、东平湖街于洪动监、东平湖街沈胡公路、东平湖街和泰馨城、东平湖街沈大路、北李官、沈大路巢湖街、沈大路太湖街、太湖街于洪家乐福、于洪广场、于洪南里、强工二街南十路、铁西劳动局、南十二路重工街、南十二路赞工街、劳动公园北、卫工街南十二路、南十三路保工街、南十三路齐贤街、沈阳工业大学、沈辽路万达广场、沈辽路云峰街、腾飞一街沈辽路、市第十五中学、腾飞一街北滑翔路、盛京医院滑翔院区
183	干部学校 7:00-18:00——省城市建设学院 7:00-18:00	干部学校、天赋新居、省交校南门、虎石台管委会(詹屯)、大陆超市(财富广场)、省金融职业学院、辽宁交通高等专科学校、兴盛街大陆超市、虎石台第一小学、老市场、益民医院、虎石台、古城新都、大古城子、中古城子、沈阳市化工学校、市汽车工程学校、联东 U 谷、蒲河大道(鸭子场村)、双楼子、省城市建设学院
186	东湖市场 6:35-17:50——宝隆建材城 6:50-18:20	东湖市场、于洪广场、依云首府北门、于洪区委、和谐广场、于洪运管处、东平湖街、和泰馨城、安捷巴士于洪分公司、洪汇路西三环、圣吉木业、宏发家具、旺达金属公司、工业园管委会、洪汇路永兴街、索坤玻璃公司、洪汇路车桥厂、于洪五金工业园、宝隆建材城
188	白塔堡 5:50-18:00——马路湾 6:15-19:00	白塔堡、白塔市场、阳光新嘉园、浑南开发区、沈营支路、万科新榆公馆、糖厂子、世纪路(亚泰花园)、区政府、报业印务中心、21 世纪广场、浑南新区医院、榆树路、豪华拉闸门厂、昌盛修配厂、浑南大道、伊丽雅特湾、临波路浦江御品、夹河村、滨堤路、翰逸华园、新世界花园、三好街、百脑汇、沈阳音乐学院、盛京医院南湖院区、鲁迅美术学院、领事馆、五经街、省水利厅、光荣街、马路湾

线路	起始站点	途经站点
190	环北家园 5:50 - 19:00——皇姑屯火车站 6:00 - 19:30	环北家园、环际酒店、新北洋食品、沈阳计算机学校、方溪湖村、沈师大附属学校、沈师大学生公寓、四台子检车线、沈阳医学院、何氏眼科医院、国奥现代城、松山路、松山小区、黑山路、五彩新村、陵西二小区、四十中学、北方医院、第九印刷厂、沙河子小区、泰山路、长江街、辽宁大学、宁山路、北行、碧塘公园、华山路、珠江街、皇姑公安分局、怒江街、皇姑屯火车站
201	西部货运中心 5:00 - 19:00——新湖小区 5:30 - 19:30	西部货运中心、沈辽路齐贤街、沈辽路艳粉街、兴华街万达广场、兴华街南十路、兴华公园东、铁西百货、铁西广场、兴华街北四路、铁西区政府、兴华街北二路、兴华街小北一路、重型文化广场、北一东路 65 号、新湖小区
202	河北街 5:20 - 19:30——塔南公园 6:00 - 20:20	河北街、万和花园、砂山商店、砂山体育场、南十马路、太原南街、东北汽配商贸中心、南五马路、沈阳站、沈阳站北、兴工北街、霁虹、富云花都、克俭小区、珠江桥、珠江街(新安江街)、皇姑屯火车站、天山路西口、同江街、小白楼、东北玩具城、昆山西路、崇山西路、太平庄、塔湾邮局、塔南公园
203	艳粉新村 5:00 - 22:00——沈阳北站 5:00 - 23:00	艳粉新村、南滑翔路、万科花园、盛京医院滑翔院区、滑翔二小区、天华医药、诗波特小区、兴工南街、东北汽配商贸中心、南五马路、沈阳站、太原街、中华路、马路湾、九纬路、八纬路、市自来水公司、中山路、八一公园西门、北市场、北京街、哈尔滨路、惠工广场、沈阳北站
204	和泰馨城 5:00 - 19:10——沈阳站北 5:40 - 20:00	和泰馨城、洪汇路、东平湖北街、北李官、巢湖街、太湖街、洪湖二街(省残中专)、于洪新村、南七西路、重工南街南十西路、肇工南街、启工街二校、卫工南街、保工南街、南八中路、香江大市场、市交通技术学校、北三路、保工北街北二中路、景星街、兴华北街、云峰北街、兴工北街、沈阳站北
205	富山花园 5:30 - 19:30——沈阳站北 5:30 - 20:10	富山花园、富山花园西门、银山路鸭绿江街、富丽阳光南区、陵东装饰材料市场、北陵东门、省军区北门、北陵公园、辽宁中医、市金融学校、辽宁大学崇山校区、百鸟公园、市委党校、崇山路淮河街、太平庄、塔湾邮局、中海寰宇天下西、食品公司、第一粮库、北二路保工街、北二路景星街、北二路兴华街、北二路云峰街、北二路兴工街、沈阳站北
206	沈阳化工学院 5:40 - 23:00——沈阳站 5:00 - 24:00	沈阳化工学院、化工学院东门、工业大学中央校区(北门)、开发区中央大街、翟家乡政府、翟家开发区、家宁花园、宁官市场、沈辽路(东方家园)、杨士、鹏程花园、山东堡、三隆碧桂园、新型建材厂、鼓风机一分厂、冶金机械公司、老年病院、仙女湖公园、西部货运中心、齐贤街、艳粉街、沈阳工业大学东门、云峰南街、沈后招待所、兴工南街、东北汽配商贸中心、南五马路、沈阳站
207	沈阳工业大学 5:00 - 22:00(20:30 - 22:00 为沈阳工业大学→马路湾的区间车)——龙之梦亚太城 5:15 - 21:30	沈阳工业大学、齐贤街南十二路、齐贤街南十路、齐贤街南八路、齐贤街南六路、建设大路兴顺街、铁西广场、建设东路云峰街、建设东路兴工街、胜利大街南五马路、沈阳站南、中华路太原街、中华路南京街、马路湾、中山公园东门、十三纬路光荣街、十三纬路五经街、十三纬路三经街、十三纬路大西菜行、第七中学、热闹路五爱西区、西顺城街沈州路、大西门、小西门、北顺城路太清宫、小北门、大北门、小津桥、津桥路小什字街、市群众艺术馆、龙之梦亚太城
208	保利上林湾东门 5:00 - 20:15——沈阳站北 5:30 - 21:00	保利上林湾东门、保利上林湾北门、保利上林湾、白山路元江街、白山路丁香湖路、重工北街高架桥北、昆山路宠物市场、昆山路东北汽配城、向工北小区、向工一校、飞跃实验中学、向工街明廉路、明廉路锦水街、明廉路食品公司、北一路保工街东、沈阳国际服装城、重型文化广场、兴华街小北一路、北二路兴华街、北二路云峰街、北二路兴工街、沈阳站北
209	东北汽配城 5:00 - 22:10——沈阳北站 5:20 - 23:00	东北汽配城、向工北小区、向工一校、昆山路前塔湾、昆山路塔湾、中海寰宇天下、小白楼、昆山路怒江街、昆山路荆江街、昆山路珠江街、碧塘公园南、昆山路第四医院、皇寺广场、市检察院、北市场、北三经街市府大路、市人大、北京街、沈阳北站
210	金山小区 5:00 - 21:50——马路湾 5:40 - 23:00	金山小区、北陵东门、省军区北门、北陵公园、辽宁中医、市金融学校、辽宁大学、宁山路、北行、皇姑法院、华山路、天山路、光明街、霁虹街、兴工北街、沈阳站北、中山路太原街、医科大学、马路湾
211	陶瓷城 5:00 - 20:30——大北门 5:00 - 21:00	陶瓷城、东陶路、观泉路、中铁物资集团、建筑机械厂、沈阳东站北、明堂街、新生二街、市骨科医院、大北边门、第五中学、枫合万嘉、横街、大北门

线路	起始站点	途 经 站 点
212	东机正门5:00-22:00——科普公园5:20-22:00	东机正门、正新路、建新街、西门、望花新村木材市场、东方欧博城、望花立交桥、圣淘沙家园、紫竹茗郡、通利汽车公司、九一八历史博物馆、恒驰物流、沈阳大学、望花南街、小北二库、市物价局、天后宫、广宜街、太清宫、小西门、大西门、沈州路、风雨坛、五爱市场西区、交通执法支队、地王国际花园、陆军总院、文萃路、科普公园
213	纺织研究院5:00-21:35——乐购超市5:30-23:00	纺织研究院、宏伟新都、南塔、省医院东门、大南边门、建设大厦、成城花园、小南街(南关路)、辽宁奉天中医院、五爱市场西区、五爱市场、大南街、大南门、故宫东华门、商业城、大北门、横街、枫合万嘉、第五中学、大北边门、市骨科医院、第二十八中学、市胸科医院、沈阳北方客运公司、长客总站、北塔、省教育厅、华商晨报、黑龙江街、辽宁中医、北陵公园、辽宁大厦、乐购超市
214	浑南管委会5:00-23:00——龙江广场5:40-24:00	浑南管委会、辽宁移动通信、彩霞街公铁桥、彩霞街、浑河堡南、泛华广场、浑河堡、浦江苑、新华社、五里河公园、夏宫、五里河茂业中心、彩电中心、华润中心、青年公园、彩电塔、大西菜行、市委、一经街、市府广场、市政府、北京街、沈阳有线电视台、龙江广场
214大站快	7:00-8:00龙江广场→泛华广场方向单向运营	龙江广场、省公安厅、北京街、大西菜行、华润中心、彩电中心、夏宫、五里河公园、浦江苑、浑河堡(泛华广场)
214支线	浑南管委会6:30-18:30——环城高速下深北口6:35-18:35	浑南管委会、LG电子、环城高速下深北口
215	长江街泰山路5:00-22:00——莲花街万柳塘路5:40-23:00	长江街泰山路、建赏欧洲、辽宁大学、长江街宁山路、北行、碧塘公园南、第四医院南门、皇寺广场、市检察院、北市场、市府大路北三经街、市府广场南、小西路、小西门、中街鼓楼、故宫西华门、市环保局、东顺城街小河沿、大东车库、小什字街大东路、省肿瘤医院(四六三医院)、万泉公园、莲花街万柳塘路
216	保工南街(南十四路)5:20-22:00——沈阳北站5:00-23:00	保工南街(南十四路)、南十三路、艳粉街、沈阳工业大学东门、南十东路、兴华公园、铁西百货、铁西广场、云峰街、兴工街、南五马路、沈阳站、沈阳站北、太原北街、铁路局、西塔、民族电影院、北市场、北三经街、市政府、惠工广场、沈阳北站
217	北三台子5:00-22:05——沈阳北站5:00-23:00	北三台子、第九十七中学、三台子一校、辉山路、三台子、沈飞四中(第110中学)、松山路、二四二医院、省中医二院、新乐宿舍、凤凰饭店、辽宁大厦、北陵公园、辽宁中医、宁山东路、省公安厅、昆山东路、北京街、沈阳北站
217支线	北飞社区6:307:308:3017:30——松山路三台子地铁站7:008:009:0018:00	北飞社区、三台子梅江社区、梅江东街、第九十七中学、三台子一校、陵北街辉山路、三台子、沈飞四中(第110中学)、松山路三台子地铁站
218	东陵公园5:30-21:00——大东门5:00-23:00	东陵公园、前陵堡、东陵路(绕城高速)、沈阳农业大学、农科院(马官桥)、辽宁省农业技术学校、榆树屯、东北汽贸、一汽福达、良城美景、辽宁奥通、二〇一、一汽惠华、沈海热电厂、珠林桥、天江老龙口、市群众艺术馆、津桥路小什字街、小津桥、东中街、大东门
219	王家沟5:00-19:40——五爱市场5:00-21:00	王家沟、榆林后村、东山公墓、大富豪家私、榆林堡、省劳经学校、前进乡政府、化工油漆厂、大二台子、沈铁路东、三洋空调、小二台子、上园小区、有机玻璃厂、第二十八中学、市骨科医院、莱茵河畔、天江老龙口、市群众艺术馆、津桥路小什字街、小津桥、东中街、大东门、小河沿、大南门、五爱市场
220	金山小区5:00-21:30——沈阳站5:30-22:00	金山小区、北陵东门、省军区北门、北陵公园、辽宁中医、宁山东路、省公安厅、昆山东路、北京街、市人大、八一公园、辽宁日报社、和平北大街、中山广场、医科大学、太原街、沈阳站
221	沈阳东站5:00-23:20——沈阳站5:00-24:00	沈阳东站北、明堂街、新生二街、市骨科医院、大北边门、第五中学、枫合万嘉、横街、小北街、太清宫、清真寺、市中级法院、八一公园、辽宁日报社、沈阳日报社、交通银行、招商银行、马路湾、太原街、沈阳站

线路	起始站点	途经站点
222	大北门 5:00－20:40——长白五路 5:20－21:00	大北门、小北门、正阳街中街、故宫西华门、市环保局、风雨坛街沈州路、风雨坛街热闹路、风雨坛街五爱西区、风雨坛街西滨河路、青年公园南、文艺路华润中心、三好街鲁美学院、三好街盛京医院、三好街音乐学院、三好街百脑汇、三好街华强广场、三好街新世界花园、三好桥北、长白西路丽湾国际、长白西路格林生活坊、长白二街长白西路、长白二街长白五路
222 复线	大北门 6:18－17:20——胜利南街湾景汇 7:10－18:15	大北门、小北门、正阳街中街、故宫西华门、市环保局、风雨坛街沈州路、风雨坛街热闹路、风雨坛街五爱西区、风雨坛街西滨河路、青年公园南、文艺路华润中心、三好街鲁美学院、三好街盛京医院、三好街音乐学院、三好街百脑汇、三好街华强广场、三好街新世界花园、三好桥北、长白西路丽湾国际、长白西路格林生活坊、长白二街长白西路、长白二街长白五路、胜利南街公交派出所、胜利南街新加坡城、胜利南街鲜族学校、胜利南街金家湾、胜利南街环城高速、胜利南街沙场、胜利南街公铁桥、胜利南街湾景汇北、胜利南街湾景汇
223	和泰东方园 5:30－20:10——南一马路 5:30－21:00	和泰东方园、万科花园新城、汽车制造厂、长青街、泉园一路、万泉实业公司、东方宾馆、翠园小区、大南街、五爱市场、五爱市场西区、第七中学、顺通路、大西菜行、十三纬路、五经街、光荣街、和平大街、体育广场、中山公园、市文化宫、南一马路
224	杨官屯 5:50－18:20——沈阳北站 5:20－19:38	杨官屯、杨官、沈阳出口加工区、水家屯、浑南东路、沈阳建筑大学、张官、沈音南校区、在水一方社区、和泰东方园、万科花园新城、汽车制造厂、东北大学基础学院、富民街、出租汽车公司、东陵区政府、南塔鞋城、南塔、陆军总院、地王国际花园、交通执法支队、五爱市场西区、风雨坛、沈州路、大西门、小西门、太清宫、天后宫、房产超市、惠工广场、沈阳北站
224 区间	张官屯 5:10－22:00——沈阳北站 5:00－23:00	张官、浑南东路文汇街、沈音南校区、在水一方社区、和泰东方园、万科花园新城、汽车制造厂、东北大学基础学院、富民街、出租汽车公司、东陵区政府、南塔鞋城、南塔、陆军总院、地王国际花园、交通执法支队、五爱市场西区、风雨坛、沈州路、大西门、小西门、太清宫、天后宫、房产超市、惠工广场、沈阳北站
225	东塔机场 5:00－20:20——南一马路 5:20－21:00	东塔机场、江东街、莲花街、四六三医院、省东方医院、荣昌集团、科学家花园、万柳塘公园、省医院、小南边门、五爱街、地王国际花园、陆军总院、展览馆、盛京医院南湖院区、南湖公园、方型广场、光荣街、市体育局、中山公园、市文化宫、南一马路
226	于洪区委 4:50－19:50——和平广场 5:40－20:30	于洪区委、黄海路、于洪广场、于洪南里、轻工街、重工南街南十西路、肇工南街、启工街二校、卫工南街、保工南街、第五医院、中国家具城、兴华南街、云峰南街、沈后招待所、兴工南街、东北汽配商贸中心、太原南街、新华广场、和平广场
227	金山小区 5:00－19:40——煤炭设计院 5:50－20:30	金山小区、北陵东门、省军区北门、北陵公园、辽宁中医、黑龙江街、松花江街、宁山路小学、省消防总队、敬宾街、省高法、市物价局、天后宫、广宜街、太清宫、小西门、大西门、沈州路、风雨坛、五爱市场、大南街、先农坛路、煤炭设计院
228	昆山路宠物市场 5:00－21:40——金觉寺街小河沿 5:30－23:00	昆山路宠物市场、东北汽配城、向工北小区、向工一校、昆山路前塔湾、中海寰宇天下塔湾西、塔湾邮局、太平庄、崇山路淮河街、市委党校、怒江广场、宁山路金沙江街、宁山路北行、宁山路嫩江街、地质局、北陵电影院、宁山路小学、省消防总队、敬宾街、家乐福北站店、惠工广场、市政府、小西路、小西门、中街鼓楼、故宫西华门、市环保局、大南门、金觉寺街小河沿
229	沈阳东站 5:00－20:30——沈阳北站 5:30－21:00	沈阳东站、沈阳东站北、明堂街、新生二街、市骨科医院、第二十八中学、市胸科医院、沈阳北方客运公司、恒驰物流、沈阳大学、望花南街、小北二库、省高法、惠工广场、沈阳北站
230	新东安居小区 5:20－21:15——沈阳北站 5:20－22:00	新东安居小区、丰城公交公司、黎明文化宫、二〇四、和睦路、珠林桥、天江老龙口、市群众艺术馆、津桥路小什字街、小津桥、大北门、小北门、市信访大厅（太清宫）、清真寺、市中级法院、市政府、惠工广场、沈阳北站
231	金山小区 5:00－23:00——天华医药 5:30－22:30	金山小区、北陵东门、省军区北门、北陵公园、辽宁大厦、实验中学、宁山中路、岐山路、第四医院、皇寺广场、南京街北市场、沈医二院、北六马路、医科大学、中华路、中山公园、体育广场、铁路中学、新华广场、南十马路、南十二马路、省妇婴医院、砂阳桥、滑翔路、腾飞一街、滑翔公园、天华医药

线路	起始站点	途经站点
232	三台子 4:50－22:00—— 沈阳站 5:20－23:00	三台子、松陵文化宫、松山路、二四二医院、省中医二院、新乐宿舍、新乐遗址、辽宁大厦、实验中学、宁山中路、岐山路、第四医院、皇寺广场、南京街北市场、沈医二院、北六马路、中山路太原街、沈阳站北、沈阳站
233	中海城北 7:008:0015:3016:30 —— 塔湾 7:308:3016:0017:00	中海城北、中海城、中海城南、白山中路、万科四季花城、太岳山路、塔湾小学、刑警学院、塔南公园、塔湾家乐福
235	丁香湖畔新城 5:10－20:40—— 马路湾 5:40－21:20	丁香湖畔新城、丁香屯、丁香小学、广业西路、广业路、薄板厂、长城宾馆、东北制药厂、肇工北街、北启工街、卫工北街北二中路、电池厂、保工北街北二中路、景星街、兴华北街、云峰北街、兴工北街、沈阳站北、太原街、中华路、马路湾
236	蒲河大道 6:00－21:45—— 沈阳北站 6:00－22:00	蒲河大道、瀚博皇家御湾、太湖国际花园、瀚博皇家御院、辽宁大学北校区、沈阳航空航天大学、唐轩公馆、道义大街正良二路、沈阳师范大学、四台子、黄河大街万山路、沈阳医学院、何氏眼科医院、国奥现代城、黄河大街松山路、松山小区、长江街黑山路、五彩新村、陵西二小区、第四十中学、北方医院、第九印刷厂、沙河子小区、长江街泰山路、建赏欧洲、辽宁大学、长江街宁山路、长江街北行、碧塘公园南、第四医院、昆山路嫩江街、沈阳北站北、市建委、沈阳北站
237	和睦路 5:00－22:00—— 铁西广场 5:20－23:00	和睦路、二〇四、三家子、善邻路、航天新光集团、东塔、东塔机场、二四五医院、长安小区、滂江街、大东边门、小什字街、大东车库、大东门、小河沿、大南门、市环保局、沈州路、大西门、天光街、大西边门、二经街、交通银行、招商银行、马路湾、中华路、太原街、沈阳站、南一马路、南五马路、兴工街、云峰街、铁西广场
238	天泰翰宇苑 6:00－18:30—— 五爱市场西区 6:00－19:20	天泰翰宇苑、沈阳建筑大学、氧气厂宿舍、氧气厂、精神卫生中心、孤家子、金地国际花园、沈阳乐府艺术学校、坤泰新界、营盘、奥体中心、新华社、夏宫、五里河茂业中心、彩电中心、华润中心、青年公园、彩电塔、第七中学、五爱市场西区
239	康利汽车公司 5:00－23:40—— 泉园小区 5:40－0:40	康利汽车公司、肇工街、启工街、卫工街、保工街、兴顺街、铁西广场、云峰街、兴工街、胜利南大街、民族街、铁路中学、和平广场、中兴街、振兴街、南湖公园、盛京医院南湖院区、展览馆、陆军总院、南塔、南塔鞋城、东陵区政府、出租汽车公司、沈阳客运集团、泉园一路、泉园小区
240	世纪联华超市 4:50－22:10—— 马路湾 5:40－23:00	铁西教师新村、世纪联华超市、南十三西路、万聚隆超市、勋业三路、劳动公园、工人村、南十西路、肇工南街南七西路、肇工街、启工街、卫工街、保工街、兴顺街、铁西广场、云峰街、兴工街、南五马路、南一马路、沈阳站、太原街、马路湾、马路湾公交总站
241	广业路 6:00－19:00—— 长客西站 6:00－19:00	广业路、薄板厂、长城宾馆、东北制药厂、北三西路、水泵总厂、北四西路、第二水泵厂、南七西路、重工南街南十西路、南十二西路、南十三西路、长客西站
242	金山小区 5:20－21:00—— 保工街南十四路 6:00－22:00	金山小区、北陵东门、省军区北门、北陵公园、辽宁大厦南、长江街泰山路、辽宁大学、长江街宁山路、长江街北行、碧塘公园、昆山路珠江街、昆山路荆江街、昆山路怒江街、小白楼、中海寰宇天下、昆山路塔湾东、塔湾街昆山路、食品公司、第一粮库、保工街北二路、保工街北三路、市交通技术学校、香江大市场、保工街南八路、保工街南十路、保工街南十二路、保工街南十四路
243	东陵西路 5:10－20:00—— 沈阳站北 6:00－21:00	东陵西路、新东三街、丰城公交公司、黎明文化宫、二〇四、和睦路、珠林桥、天江老龙口、市群众艺术馆、津桥路小什字街、小津桥、大北门、小北门、市信访大厅(太清宫)、清真寺、市中级法院、北三经街、北市场、民族电影院、西塔、市交通医院、沈阳站北
244	东北大学 6:00－21:00—— 沈阳北站 6:00－22:00	东北大学、安全教育学校、文体西路、盛发花园、省体院、市第六医院、南湖公园西门、方型广场、南湖公园、盛京医院南湖院区、展览馆、华润中心、青年公园、彩电塔、大西菜行、市委、一经街、市府广场、市政府、惠工广场、沈阳北站
245	北陵东门 5:10－20:25—— 南塔客运站 6:00－21:30	北陵东门、省军区北门、北陵公园、辽宁中医、黑龙江街、华商晨报、省教育厅、北塔、长客总站、沈阳北方客运公司、市胸科医院、第二十八中学、市骨科医院、工农路、莱茵河畔、珠林桥南、龙之梦衡园、矿山文化宫、世纪联华、滂江市场、汽车装具厂、万莲路、万泉旅社、沈空司令部、南塔电子市场、南塔客运站

线路	起始站点	途经站点
246	方凌路 5:30－21:00——沈阳站 6:00－22:00	方凌路(上木厂)、东陵油库、凌云公司、德氏冷饮、方方园小区、方家栏、东陵加工厂、六〇六所、万莲小区、万莲路、东方宾馆、翠园小区、大南街、五爱市场、五爱市场西区、交通执法支队、彩电塔、鲁迅美术学院、领事馆、南五经街、省水利厅、光荣街、市体育局、中山公园、市文化宫、沈阳站
247	玉屏路 6:00－20:30——家乐福北站店 6:00－21:10	玉屏路、万和花园、河北街二校、南京南街(砂山货运站)、省妇婴医院、市第六医院、南七马路、省委、中山公园东门、马路湾、九纬路、八纬路、市自来水公司、八一公园西门、北三经街、市人大、北京街、家乐福北站店
248	大东门 5:20－21:00——东北玩具城 6:00－21:40	大东门、东中街、小津桥、大北门、小北门、市信访大厅(太清宫)、清真寺、市中级法院、北三经街、北市场、民族电影院、皇寺广场、长江南街、华山路、昆山中路、怒江街、小白楼、东北玩具城
249	万科四季花城 5:15－20:00——砂阳路 6:10－21:00	万科四季花城、皇姑热电厂、西江街、水榭花都、淮河街崇山路、市委党校、怒江广场、昆山中路、珠江街、家具广场、储备局、西塔、铁路局、太原北街、中山路太原街、中山广场、市自来水公司、物资局、沈阳日报社、第七医院、领事馆、南五经街、省水利厅、回民中学、方型广场、南湖公园西门、砂阳路
250	青阳四季园 6:00－19:20——龙江广场 6:15－20:00	青阳四季园、瑞丰嘉园、青阳四季园北门、方明街、中房凌云花园、民航南路江东街、六零六所、万莲小区、万莲路、市盲校万泉街、万泉公园西门、大什字街育才巷、大什字街大东路、大悦城、大什字街草仓路、小什字街中学堂路、枫合万嘉、市第一医院、清泉路八王寺街、沈阳大学南门、小北边门、省高法、敬宾街、沈阳北站北、龙江广场
252	于洪新城管委会 6:00－20:20——沙河子 6:15－21:30	于洪新城管委会、大通湖街(惠泽园小区)、大通湖街、仙女河路、吉力湖街、细河路、东北机电五金城、南滑翔路、万科花园、凌空二街、生日城、滑翔公园、天华医药、诗波特小区、沈辽东路(八一仓库)、兴工街七马路、建设东路、北四东路、北三东路、兴工北街、北二马路、市交通医院、西塔、储备局、家具广场、碧塘公园、北行、宁山路、辽宁大学、市金融学校、实验中学、辽宁大厦、泰山路、沙河子小区、沙河子
253	东方玫瑰园 6:00－19:30——市第六医院 6:00－20:15	东方玫瑰园、和惠家园、梧桐馨园、北大营街上园路、通利汽车公司、九一八历史博物馆、恒驰物流、沈阳大学西门、望花南街临河路、小北关街二〇二巷、省高法、家乐福北站店、惠工广场东、惠工广场南、奉天街市府大路、奉天街小西路、奉天街大西路、大西边门、十一纬路二经街、第七医院、五经街十三纬路、光荣街十四纬路、方型广场北、方型广场南、南湖公园西门、沈阳急救中心、市第六医院
254	保利心语花园 5:20－19:40——龙之梦亚太城 6:20－20:40	保利心语花园(牛心屯五街)、铁西区体育中心、牛心屯三路重工街、美好愿景北门、北三路北启工街、北三路卫工街、北三路圣工街、北三路保工街、北三路齐贤街、北三路景星街、铁西区政府、云峰街北三路、北二路云峰街、北二路兴工街、胜利大街北二马路、胜利大街北四马路、老道口、三洞桥、皇寺广场、哈尔滨路北京街、哈尔滨路华府天地、天后宫路友好街、天后宫路令闻街、天后宫路小北街、天后宫路横街、草仓路大什字街、草仓路小什字街、东边城街珠林路、龙之梦亚太城
255	蒲河大道 6:00－20:30——沈阳站北 6:00－20:30	蒲河大道、瀚博皇家御湾、太湖国际花园、瀚博皇家御院、辽宁大学北校区、沈阳航空航天大学、唐轩公馆、道义大街正良二路、沈阳师范大学、四台子、黄河大街万山路、沈阳医学院、何氏眼科医院、国奥现代城、松山路黄河大街、松山小区、松山路长江街、阳光尚城、青山路怒江街、青山路、依云北郡 A 区、加州花园、大禹蘭庭花园、西江街白山路、万科四季花城、皇姑热电厂、怒江公园西、水榭花都、淮河街崇山路、淮河街昆山路、小白楼、华山路怒江街、华山路珠江街、华山路长江街、储备局、西塔、铁路局、太原街中山路、沈阳站北
256	辽宁美术印刷厂 5:30－19:30——河北街 6:00－21:00	辽宁美术印刷厂、北大营街、上园路、上园小区、有机玻璃厂、辽沈二街、洮昌小区、沈阳大学南门、市物价局、天后宫、太清宫、清真寺、小西路、大西路、房地产大厦、热闹路、顺通路、大西菜行、十三纬路、五经街、省水利厅、回民中学、方型广场、南湖公园西门、市第六医院、市第六医院南、省妇婴医院、南京南街(砂山货运站)、砂山街、万和花园、河北街

线路	起始站点	途 经 站 点
257	于洪新城管委会 5:30－20:00—— 龙之梦亚太城 6:30－21:00	于洪新城管委会、惠泽园社区、临河街大通湖街、临河街宏发华城、宏发三千院、细河路吉力湖街、东北机电五金城、南滑翔路腾飞二街、万科花园、滑翔六小区、南滑翔路凌空二街、凌空二街生日城、滑翔公园东、天华医药、诗波特小区、沈辽路兴工街、东北汽配商贸中心、南五马路胜利大街、南五马路民族街、铁路中学、和平广场、南五马路中兴街、南五马路振兴街、方型广场北、鲁迅儿童公园、文艺路彩塔街、文艺路华润中心、青年公园南、文艺路五爱街、小南边门、省医院、大南边门、第二十七中学、大南街热闹路、大南门、故宫东华门、商业城、大北门、小津桥、津桥路小什字街、市群众艺术馆、龙之梦亚太城
258	洮昌小区 5:30－20:50—— 艳粉新村 5:50－22:00	洮昌小区、联合路辽沈二街、第二十八中学、市骨科医院、大北边门、第五中学、枫合万嘉、横街、小津桥、大北门、小北门、太清宫、小西门、市红十字会医院、一经街、辽宁日报社、沈阳日报社、交通银行、第七医院、领事馆、鲁迅公园、方型广场北、方型广场、南湖公园西门、市第六医院南、省妇婴医院、砂阳桥、生日城、盛京医院滑翔院区、万科花园、南滑翔路、艳粉新村
259	望花新村 5:35－19:40—— 丰乐一街 6:10－20:30	望花新村、上海通用北盛汽车、海鲜市场、北大营街、上园路、华美英语学校(老瓜堡)、第二十八中学、市骨科医院、大北边门、第五中学、枫合万嘉、横街、小津桥、大悦城、小什字街(天龙家园)、大东路、省东方医院、先农坛路、科学家花园、万柳塘公园、南塔电子市场、南塔客运站、东陵区政府、出租汽车公司、富民街、东北大学基础学院、丰乐二街文萃路、丰乐一街
260	中海城北 5:30－19:00—— 南通天街 6:00－20:10	中海城北、中海城、中海城南、白山路西江街、大禹蘭庭花园、加州花园、教师新村、陵西二小区、四十中学、北方医院、第九印刷厂、沙河子小区、泰山路、长江街、辽宁大学、宁山路、北行、碧塘公园、第四医院、皇寺广场、民族电影院、北市场、北三经街、市中级法院、小西路、药王庙路、大西门、沈州路、市环保局、五爱市场、南通天街
260 支线	中海城北 6:30－18:00—— 二四二医院 7:00－18:30	中海城北、八家子小区、绿地老街坊、省武警总队、赤山路怒江街、桃源欣城、长江街赤山路、松山小区、松山路、二四二医院
261	曹后路 5:40－19:00—— 中山公园 6:00－20:00	曹后路、曹家屯、翟家开发区、家宁花园、宁官市场、沈辽路(东方家园)、杨士、鹏程花园、山东堡、三隆碧桂园、大通湖街(郑家)、仙女河北路、仙女河路、路官二街、西部货运中心、南十四路、南十二路、南十中路、保工南街、第五医院、中国家具城、兴华南街、沈辽东路、南七东路、兴工四校、兴工街南七东路、南五马路、沈阳站、太原街、中山公园
261 支线	郎家圣新园 6:00－18:00—— 家宁花园 6:25－18:30	郎家圣新园、大于堡、小于堡、小于村委会、曹后路、曹家屯、翟家开发区、家宁花园
262	砂山 6:00－20:20—— 沈阳北站 6:00－21:00	砂山、砂川街、新华路、南九马路西、东北汽配商贸中心、南六马路、南五马路、沈阳站、沈阳站北、北二马路、市交通医院、老道口、西塔、南京街北市场、皇寺广场、总站路、北京街、沈阳北站
263	御龙逸城 5:30－19:20—— 西塔 5:50－19:20	御龙逸城、方文路、方明街、方方园小区、方家栏、汽车制造厂、东北大学基础学院、富民街、沈阳客运集团、泉园广场、血磁医院、万柳塘公园、大南边门、建设大厦、南关小区、小南街(南关路)、辽宁奉天中医院、五爱市场西区、顺通路、大西菜行、十三纬路、五经街、光荣街、和平大街、中山公园东门、马路湾、中华路、太原街、沈阳站北、北二马路、市交通医院、西塔
264	长客西站 5:40－21:35—— 沈阳北站 5:50－23:00	长客西站、南十三西路、南十二西路、重工南街南十西路、南七西路、肇工南街南七西路、市中心医院、卫工街、保工街(南七中路)、兴顺街、勋望街、铁西百货、铁西区中心医院、云峰街、兴工街、南五马路、市文化宫、中山公园、中华路、医科大学、北六马路、沈医二院、南京街北市场、皇寺广场、总站路、北京街、沈阳北站
265	银山小区 5:50－20:50—— 丰乐二街 6:00－22:00	银山小区、北陵东门、省军区北门、北陵公园、辽宁中医、北陵电影院、宁山路小学、省消防总队、敬宾街、家乐福北站店、惠工广场、市政府、八一公园、辽宁日报社、沈阳日报社、交通银行、第七医院、领事馆、鲁迅美术学院、盛京医院南湖院区、展览馆、陆军总院、沈阳教育学院、宏伟新都、南塔公园、文萃路南塔鞋城、天坛小区、文萃路富民桥、溪林花园、丰乐二街

线路	起始站点	途 经 站 点
266	人大附小沈阳分校 5:50－19:30——泉园一路 6:00－19:30	人大附小沈阳分校、于洪广场、于洪南里、轻工街、重工南街南十西路、南七西路、康利汽车公司、肇工街、启工街、卫工街、保工街、兴顺街、铁西百货、兴华公园、南十东路、沈阳工业大学东门、家乐福铁西店、盛京医院滑翔院区、生日城、滑翔路、砂阳桥、省妇婴医院、南十二马路、南十马路、新华广场、和平广场、省委、中山公园东门、招商银行、交通银行、二经街、大西边门、房地产大厦、五爱市场西区、五爱市场、大南街、先农坛路、翠园小区、东方宾馆、万泉实业公司、泉园一路
267	丁香屯 6:00－19:30——沈阳北站 6:00－21:00	丁香屯、丁香小学、重工街广业路、北一路重工街、北一路肇工街、博宇金属贸易集团、北启工街北二西路、卫工北街北二路、向工街明廉路、飞跃实验中学、向工一校、昆山路前塔湾、中海寰宇天下塔湾西、中海寰宇天下、东北玩具城、小白楼、华山路怒江街、皇姑公安分局、华山路珠江街、华山路长江街、皇寺广场、哈尔滨路北京街、哈尔滨路华府天地、惠工广场、沈阳北站
267 支线 A	薄板厂 6:00－18:00——大兴铸造厂 6:20－18:30	薄板厂、东药宿舍、丁红(丁香建材市场)、红旗台、第五十六中学、创奇游乐公司、双联电子公司、陈孤家子、大兴沙岗子、大兴街道、西桥、大兴学校、新光(新房子)、大兴铸造厂
267 支线 B	薄板厂 6:36－16:00——援工村 7:05－16:30	薄板厂、东药宿舍、丁红(丁香建材市场)、红旗台、第五十六中学、创奇游乐公司、双联电子公司、陈孤家子、大兴沙岗子、大兴街道、西桥、大兴学校、新光(新房子)、大兴铸造厂、援工村
268	中海城北 5:30－18:20——砂山货运站 6:30－19:30	中海城北、中海城、中海城南、西江街白山路、万科四季花城、皇姑热电厂、怒江公园西、水榭花都、淮河街崇山路、淮河街昆山路、小白楼、昆山路怒江街、皇姑公安分局、珠江街天山路、新湖小区、北一东路 65 号、重型文化广场、兴华街小北一路、兴华街北二路、铁西区政府、兴华街北四路、铁西广场、建设东路云峰街、建设东路兴工街、兴工街南七路、兴工街沈辽路、凌空一街沈辽路、凌空一街北滑翔路、凌空一街滑翔路、砂阳桥东(砂山商店)、砂山货运站
268 支线	依云北郡 6:30－18:00——松山路三台子地铁站 7:00－18:30	依云北郡、青山市场、龙首山路、青山路怒江街、北固山路怒江街、七彩阳光、叠彩人家、黑山路、川江小学、川江街、松山路三台子地铁站
269	于洪新城管委会 6:00－19:00——沈阳北站 6:00－20:00	于洪新城管委会、大通湖街(惠泽园小区)、于洪新城供暖公司、细河路、东北机电五金城、南滑翔路、万科花园、盛京医院滑翔院区、生日城、滑翔路、砂阳桥、省妇婴医院、市第六医院南、南湖公园西门、方型广场、方型广场北、回民中学、光荣街、二〇二医院、电业体育馆、七纬路、市自来水公司、中山路、八一公园西门、北三经街、市政府、惠工广场、沈阳北站
271	炮兵学院 5:30－19:50——沈阳站 6:00－21:00	炮兵学院、第三干休所、省行政学院、榆树屯、新立堡、高官台、水暖城、观泉路、东望街、沈阳宝钢(钢花小区)、东建街(化工设备厂)、东站街、康福食品、新颖宾馆、东辽街、北海街、市胸科医院、沈阳北方客运公司、长客总站、北塔、省教育厅、松花江街、宁山路小学、省消防总队、敬宾街、惠工广场、北京街、皇寺广场、华山路东口、储备局、西塔、太原北街、沈阳站
272	前榆新村 6:00－18:40——南十三纬路 6:00－18:50	前榆新村、制控电机厂、前榆村、铸造厂、后榆村、柴油机厂、金地檀郡、沈营路榆树路、融城时代、首创国际城、泛华广场、沈营路浑河堡、三义街浦江苑、营盘北街新华社、五里河公园西、夏宫、五里河茂业中心、青年大街彩电中心、展览馆、盛京医院南湖院区、南湖公园、鲁迅公园、领事馆、南十三纬路
273	沈阳东站 5:40－19:30——市第六医院 6:00－20:00	沈阳东站、东辽街(山川喜悦都)、第一四一中学、北海街(工农路)、工农路、草仓路、东边城街、大东交通分局、大悦城、小什字街(天龙家园)、小什字街、大东车库、大东门、小河沿、大南门、大南街、五爱市场、五爱市场西区、交通执法支队、彩电塔、鲁迅美术学院、鲁迅公园、方型广场北、方型广场、南湖公园西门、市第六医院
274	中房基安花园 6:00－19:10——五爱市场西区 6:00－19:40	中房基安花园、东陵西路、新东安居小区、丰城公交公司、黎明文化宫、二〇四、和睦路、善邻路(地坛街)、矿山机器厂、矿山文化宫、世纪联华、滂江市场、汽车装具厂、万莲路、东方宾馆、翠园小区、大南街、小南街、五爱市场西区
276	沈阳理工大学 6:00－19:00——龙之梦亚太城 6:00－19:00	沈阳理工大学、东方钛业、观象台、罗官屯、中科院计算所(高精数控)、水家北、沈阳出口加工区西区、东亚国际城、浑南东路文华街、沈阳建筑大学、沈音学院南校区、在水一方社区、文萃路长青街、丰乐二街文萃路、摩托车城、东北大学基础学院、文化东路富民街、和美妇产医院、泉园广场、血磁医院、万柳塘公园、万柳塘公园西、科学家花园、热闹路东滨河路、大南街热闹路、大南门、故宫东华门、商业城、大北门、小津桥、津桥路小什字街、市群众艺术馆、龙之梦亚太城

线路	起始站点	途经站点
277	黄河汽车公司5:30－19:00——五爱市场西区6:00－19:10	东药宿舍、重工北街(薄板厂)、薄板厂(北一西路)、肇工北街北一西路、北启工街北一西路、卫工街公铁桥、粮食批发市场、北一中路、保工北街、沈阳国际服装城、北一中路兴华北街、北一东路、新湖小区、光明街、霁虹街、兴工北街、沈阳站北、太原街、医科大学、中山广场、和平北大街、辽宁日报社、一经街、市红十字会医院、大西路、房地产大厦、五爱市场西区
278	黄河汽车公司6:00－18:40——滑翔三小区6:00－19:30	黄河汽车公司、东药宿舍、北一路重工街、长城宾馆、东北制药厂、水泵总厂、北四路重工街、美好愿景、肇工街建设大路、肇工街南七路、肇工街南十路、启工二校、南十路卫工街、劳动公园北、保工街南十二路、南十三路齐贤街、沈阳工业大学东区、艳粉街沈辽路、艳粉新村、艳阳小区、盛京医院滑翔院区、滑翔路腾飞一街、滑翔路生日城、滑翔公园东、滑翔三小区
279	金山北路永安街5:30－20:00——兴华公园6:00－20:50	金山北路永安街、居易青年城、鸭绿江街城建北尚、富丽阳光、中驰汽贸、剑苑小区、梨园剧场、锡山路陵园街、省教育厅、华商晨报、崇山路黑龙江街、北陵电影院、地质局、宁山路黄河大街、黄河大街岐山路、第四医院、皇寺广场、三洞桥、老道口、胜利大街北四马路、胜利大街北二马路、沈阳站北、胜利大街南一马路、胜利大街南五马路、建设大路兴工街、建设大路云峰街、铁西百货、兴华公园北
280	陵东街金山小区5:30－18:40——砂阳路6:10－19:20	陵东街金山小区、陵东街北陵东门、陵东街武功山小区、陵东街省游泳馆、崇山路华商晨报、崇山路黑龙江街、黑龙江街北陵电影院、宁山路地质局、北陵大街省公安厅、北陵大街昆山东路、北京街、三经街市人大、三经街八一公园、三经街辽宁日报社、三经街沈阳日报社、三经街交通银行、三经街第七医院、五经街、光荣街、光荣街回民中学、方型广场、南湖公园西门、砂阳路
281	七二四文化宫6:00－19:00——市交通医院6:00－19:00	七二四文化宫、劳动广场、西门、市殡仪馆、观音屯、北陵开发区、省邮电仓库、上岗子、城建北尚、鸭绿江街、烈士陵园、金山小区、北陵东门、武功山小区、省游泳馆、华商晨报、黑龙江街、北陵电影院、龙江广场、省公安厅、北京街、市人大、北三经街、北市场、民族电影院、西塔、铁路局、太原北街、沈阳站北、北二马路、市交通医院
282	沈阳环科院6:00－18:40——东北玩具城6:00－19:40	沈阳环科院、纺织研究院、宏伟新都、南塔、陆军总院、展览馆、盛京医院南湖院区、南湖公园、方型广场、回民中学、光荣街、和平大街、市体育局、体育广场、中山公园、中华路、医科大学、北六马路、沈医二院、西塔、光明街、霁虹街、霁虹、富云花都、克俭小区、珠江桥、珠江街(新安江街)、皇姑屯火车站、天山路西口、同江街、小白楼、东北玩具城
283	工业大学中央校区6:00－19:00——万科四季花城6:00－19:00	工业大学中央校区(南门)、工业大学中央校区(东门)、沈辽路中央大街、翟家乡政府、翟家开发区、家宁花园、宁官市场、沈辽路大明湖街、沈辽路昆明湖街、鹏程花园、沈辽路燕塞湖街、三隆碧桂园、新型建材厂、鼓风机一分厂、冶金机械公司、沈辽路赞工街、仙女湖公园、西部货运中心、沈辽路齐贤街、沈辽路艳粉街、兴华街万达广场、兴华街南十路、兴华公园东、铁西百货、铁西广场、兴华街北四路、铁西区政府、兴华街北二路、兴华街小北一路、重型文化广场、淮河街天山路、淮河街华山路、淮河街昆山路、淮河街崇山路、水榭花都、怒江公园西、万科四季花城
284	张士开发区7:00－17:10——龙江广场6:40－16:00	张士开发区(金色高尔夫)、四号街、新民高中分校、花海路、云海路、抚仙湖街、沈新路、于洪区委、沈大路、太湖街、洪湖二街(省残中专)、于洪新村、康利汽车公司、肇工街、启工街、卫工北街北二中路、保工北街北二中路、景星街、兴华北街、云峰北街、兴工北街、北二马路、市交通医院、老道口、三洞桥、皇寺广场、第四医院、昆山东路、沈阳有线电视台、龙江广场
286	万科新榆公馆6:00－18:30——龙之梦亚太城6:00－19:00	万科新榆公馆、糖厂子、世纪新城、华园东路沈营路、浑南新区医院、彩霞街公铁桥、彩霞街沈营路、浑河堡南、泛华广场、沈营路浑河堡、三义街浦江苑、营盘北街新华社、五里河公园西、夏宫、五里河茂业中心、文萃路彩电中心、沈阳教育学院、宏伟新都、南塔、省金秋医院、文艺路小南街、省医院、大南边门、万柳塘公园西、科学家花园、荣昌集团、省东方医院、大什字街育才巷、大什字街大东路、大悦城、津桥路小什字街、市群众艺术馆、龙之梦亚太城
287	天河家园6:00－18:30——龙之梦亚太城6:30－19:30	天河家园、南京街下夹河、南京街长白西路、工农桥南、工农桥北、省妇婴医院、市第六医院南、中兴街南八马路、中兴二巷中兴街、省委、中山公园东门、马路湾、十一纬路招商银行、十一纬路交通银行、十一纬路二经街、大西边门、房地产大厦、铁通公司、南顺城路风雨坛街、市环保局、大南门、故宫东华门、商业城、大北门、小津桥、津桥路小什字街、市群众艺术馆、龙之梦会展中心、龙之梦亚太数码、龙之梦亚太城

线路	起始站点	途 经 站 点
288	长客西站 6:00 – 18:30——抚顺路 6:50 – 19:30	南十二路重工街、重工街十三路、长客西站、沈新东路、勋业三路、勋业一路、南十二西路、南十西路、肇工南街、肇工南街南七西路、市中心医院、建设西路、卫工街北四西路、卫工北街（红梅集团）、电池厂、保工北街北二中路、第一粮库、保工北街、沈阳国际服装城、重型文化广场、北一东路、新湖小区、西塔、延边街、抚顺路
289	新华壹品 5:40 – 18:30——华强广场 6:30 – 19:30	新华壹品、上园小区、联合路、东辽街、北海街、辽沈二街、洮昌小区、沈阳大学南门、市物价局、天后宫、广宜街、太清宫、小西门、大西门、天光街、大西边门、二经街、第七医院、领事馆、鲁迅美术学院、盛京医院南湖院区、沈阳音乐学院、百脑汇、华强广场（三好街）
290	包道社区 5:50 – 19:30——小河沿 6:00 – 19:50	包道社区、辉山西路、川江街千山西路、赤山路、川江街、松山小区、黑山路、五彩新村、陵西二小区、四十中学、北方医院、第九印刷厂、沙河子小区、泰山路、辽宁大厦、北陵公园、辽宁中医、北陵电影院、龙江广场、沈阳北站北、敬宾街、省高法、市物价局、天后宫、小北街、小北门、中街、故宫西华门、市环保局、大南门、小河沿
291	天泰翰宇苑 6:00 – 18:40——家乐福北站店 6:00 – 19:30	天泰翰宇苑、沈阳建筑大学、沈音南校区、朗明街、慧缘馨村、朗日街、浑南三路、沈阳乐府艺术学校、河畔新城、富民桥、出租汽车公司、沈阳客运集团、泉园广场、血磁医院、万柳塘公园、大南边门、省医院、小南边门、五爱街、交通执法支队、热闹路、房地产大厦、大西门、小西门、小西路、市政府、惠工广场、家乐福北站店
292	铜山路陵园街 5:30 – 18:40——方文路御龙逸城 6:30 – 19:40	铜山路陵园街、陵园街铜山路、陵园街锡山路、省教育厅、华商晨报、崇山路黑龙江街、北陵电影院、黑龙江街龙江广场、昆山路沈阳北站北、敬宾街、惠工街省高法、市物价局、小北关街天后宫、小北街白塔路、小北门、正阳街中街、故宫西华门、市环保局、大南门、东顺城街小河沿、四六三医院、小河沿路莲花街、江东街小河沿路、六〇六所、东陵加工区、方家栏、方方园小区、方兴路方明街、方文路、方文路御龙逸城
293	保利上林湾东门 5:30 – 18:20——南通天街 6:30 – 19:20	保利上林湾东门、靓马新村、巴黎香榭、西江街白山路、北陵法庭、万科四季花城北二门、万科四季花城北一门、北苑明珠、红田地产、格林阳光、格林梦夏、怒江北街新开河、市委党校、怒江广场、宁山路金沙江街、宁山路北行、宁山路嫩江街、北陵大街宁山路、省公安厅、北陵大街昆山路、北京街、市政府、市府广场南、清真南寺、奉天街小西路、奉天街房地产大厦、奉天街热闹路、热闹路五爱西区、五爱市场、小南街五爱服装城、南通天街
294	三台子 5:30 – 19:20——五爱市场（南乐郊路）6:10 – 20:20	三台子、沈飞四中（第 110 中学）、松山路、松山小区、黑山路、白山路（五彩新村）、陵西二小区、四十中学、北方医院、香炉山路、新乐宿舍、新乐遗址、辽宁大厦、实验中学、宁山中路、岐山路、第四医院、皇寺广场、北京街、哈尔滨路、友好街、令闻街、小北街、小北门、中街、故宫西华门、市环保局、五爱市场（南乐郊路）
295	家乐福北站店 5:40 – 19:00——西部货运中心 6:10 – 19:50	家乐福北站店、惠工广场、市政府、北三经街、北市场、民族电影院、西塔、西塔（太原北街）、铁路局、太原北街、沈阳站北、兴工北街、云峰北街、兴华北街、铁西区政府、兴华北街北四东路、铁西广场、铁西百货、勋望街、兴顺街、南六中路、南八中路、南十中路、南十二路、西部货运中心
296	滑翔三小区 6:00 – 20:00——龙之梦亚太城 5:50 – 21:00	滑翔三小区、滑翔公园东、滑翔路凌空二街、砂阳路砂山街、省妇婴医院、南京街南十二马路、南京街南十马路、新华广场、铁路中学、体育广场、市体育局、中山公园东门、马路湾、十一纬路招商银行、十一纬路交通银行、十一纬路二经街、大西边门、房地产大厦、铁通公司、南顺城路风雨坛街、市环保局、大南门、故宫东华门、商业城、大北门、小津桥、津桥路小什字街、市群众艺术馆、龙之梦会展中心、龙之梦亚太数码、龙之梦亚太城
297	市工人文化宫 5:30 – 20:00——万柳塘公园北门 6:00 – 21:00	市工人文化宫、南八中路、香江大市场、新北方装饰建材城、陶林居、贵和街、北四路兴华街、北四路云峰街、兴工街北四路、兴工街建设东路、胜利南大街、民族街、铁路中学、和平广场、中兴街、振兴街、方型广场、回民中学、省水利厅、南五经街、领事馆、十三纬路、大西菜行、第七中学、五爱市场西区、五爱市场、大南街、翠园小区、万柳塘公园北门
298	东机正门 5:30 – 20:30——大东路 6:00 – 21:00	东机正门、文官街、文体中心、劳动广场、西门、望花新村木材市场、东方欧博城、望花立交桥、圣淘沙家园、紫竹茗郡、通利汽车公司、九一八历史博物馆、沈阳北方客运公司、市胸科医院、第二十八中学、市骨科医院、大北边门、第五中学、枫合万嘉、横街、小津桥、东中街、大东门、大东路

线路	起始站点	途经站点
299	卫士家园 6:00 - 19:00——沈阳国际服装城 6:00 - 19:20	卫士家园、联合路、上园小区、上园路、通利汽车公司、九一八历史博物馆、长客总站、北塔、省教育厅、华商晨报、黑龙江街、辽宁中医、市金融学校、辽宁大学、百鸟公园、市委党校、汾河街、昆山西路、淮河南街(东北玩具城)、重型文化广场、沈阳国际服装城
324	苏家屯 5:20 - 20:40——龙江广场 5:30 - 21:00	苏家屯、新石代石材城、省血栓医院、迎春街、苏家屯区政府、中顺汽车、苏白路市场、辽宁中医职技学院、湖畔绿洲、吉水暖气公司、满融村、苏家屯区委党校、下河湾、民族开发区、浑河站、三山集团、马总屯、万科城、格林生活坊、远洋天地、特种电缆分厂、南十二马路、南十马路、新华广场、铁路中学、沈阳站、沈阳站北、太原北街、铁路局、西塔、储备局、家具广场、第四医院、昆山东路、龙江广场
325	虎石台 5:30 - 19:30——沈阳北站 5:30 - 21:00	虎石台(辽宁交通高等专科学校)、兴盛街、虎石台邮局、虎石台第一小学、老市场、市益民医院、矿务局中学、欧盟工业园(黄楼)、虎石台开发区、辽宁金融职业学院、詹屯、三〇一、朱尔屯、朱尔屯道口、西三家子、文官屯、西门、望花新村木材市场、东方欧博城、望花立交桥、圣淘沙家园、紫竹茗郡、通利汽车公司、九一八历史博物馆、长客总站、北塔、省教育厅、松花江街、宁山路小学、省消防总队、沈阳北站
326	五爱市场西区 6:00 - 16:40——新城子 6:00 - 17:00	五爱市场西区、风雨坛街热闹路、大西门、小西门、市信访大厅、市中级人民法院、北市场、市检察院、皇寺广场、第四医院、黄河大街岐山路、黄河大街宁山路、省实验中学、辽宁大厦、新乐宿舍、省中医二院、二四二医院、黄河大街松山路、国奥现代城、何氏眼科医院、沈阳医学院、黄河大街万山路、四台子、沈阳师范大学、唐轩公馆、沈阳航空航天大学、辽宁大学北校区、瀚博皇家御院、太湖国际花园、俪景小区、弓匠村、自来水五厂、道义大街大三线、依生制药厂、三家子、三家子检查站、全胜西、全胜北、大辛二村、姚家西、姚家东、财落市场、财落一村、七家子西、七家子东、道树子西、道树子东、五五村口、红楼小区、新城子大市场、新城子邮局、新城子火车站
327	苏家屯 5:20 - 20:20——沈阳站 5:20 - 21:20	碧桂园凤凰城、苏家屯工商局、枫杨路青年桥、苏家屯客运站、香杨路玫瑰街、苏家屯火车站、玫瑰街北九路、十里锦城、木材防腐厂、大官房、可济药业、银杏路雪莲街(原加工厂)、沈阳市工业技术学校、华府丹郡、恒大名都、上河湾、王士村、榆树台、上夹河、沙岗子、中海国际社区、下夹河、工农桥南、工农桥北、南京街砂阳路、南京街南十马路、新华广场、铁路中学、沈阳站
328	马路湾 6:00 - 18:00——新城子 5:30 - 18:00	马路湾、中华路、沈阳站、沈阳站北、太原北街、西塔、南京街北市场、皇寺广场、北京街、惠工广场、沈阳北站、市建委、省消防总队、宁山路小学、松花江街、省教育厅、北塔、长客总站、九一八历史博物馆、紫竹茗郡、圣淘沙家园、望花立交桥、东方欧博城、望花新村木材市场、西门、文官屯、新楼、西三家子、朱尔屯、三〇一、詹屯、辽宁金融职业学院、虎石台开发区(黄楼)、虎石台、大古城子、吴三家子、小望、大望、孟家屯、崔公堡、西五旗、王驿屯、新星广场、沈北新区政府、新城子中心大市场、沈北客运站、新城子
329	北市百货大楼 7:00 - 18:00——马三家子 6:00 - 18:00	北市百货大楼、沈铁分局、第四医院、岐山路北行、市委党校、太平庄、中海寰宇天下塔湾西、昆山路前塔湾、元江街大芳士、小转弯桥、大转弯桥、刘家窝棚、朝鲜小学、永安桥、小三家、兰屯、马三家
329 支线	塔湾 7:00 - 18:00——闸上 6:30 - 17:30	塔湾、前塔湾、大芳士屯、小转湾桥、大转湾桥、造化监狱、高力屯、闸上
333	苏家屯 5:00 - 20:00——沈阳北站 6:00 - 21:00	苏家屯客运站、苏家屯老客运站、青年桥、公园商场、铁路医院、雪松路牡丹街、北国奥林匹克花园、交通驾校考试场、南京街银杏路、体育学院北门、新沈阳南站(在建)、小羊安、城建学院、白塔堡、白塔市场、阳光新嘉园、沈营路新秀街、交警白塔一中队、万科新榆公馆、糖厂子、世纪新城、沈营路榆树路、融城时代、首创国际城、泛华广场、沈营路浑河堡、三义街浦江苑、营盘北街新华社、夏宫、五里河茂业中心、青年大街彩电中心、陆军总院、五爱街地王国际花园、风雨坛街西滨河路、风雨坛街五爱西区、风雨坛街热闹路、大西门、小西门、太清宫、天后宫、房产超市、惠工广场、沈阳北站
334	白塔堡 5:50 - 17:40——沈阳北站 6:00 - 18:00	白塔堡、白塔市场、阳光新嘉园、理想新城、三环辅道、下深、双 E 港、上深路口、上深村、宝岩花卉、大甸子村、大甸子、教场、文澜苑、坤泰新界、奥体中心、会展中心、新华公寓、科普公园、文萃路、陆军总院、地王国际花园、交通执法支队、五爱市场西区、风雨坛、大西门、小西门、太清宫、天后宫、房产超市、惠工广场、沈阳北站

线路	起始站点	途 经 站 点
335	金宝台二手车市场5:50－17:30——21世纪广场6:40－18:40	金宝台二手车市场、金宝台村、金宝花园、三十中学、桂花街北青松路、省血栓医院、公园商场、铁路医院、雪松路牡丹街、北国奥林匹克花园、雪莲街山榆路、华润雪花啤酒厂、大羊安村、毡匠村、毡匠路口、火石桥、东北花卉大世界、小羊安村、城建学院、白塔堡、白塔市场、阳光新嘉园、沈营路新秀街、东大软件园、变压器研究所、高科路世纪路、高科路新明街、下深工业园、21世纪广场
381	石佛寺5:10－16:10——大渡河街6:40－18:10	石佛寺、孟家、立新、张家、鲁家、中心台、兴鲜村、兴隆台、救兵台、永丰村(粮库)、尹家(世家沈北新城)、纸板厂、下坎子、全胜、三家子(沈北)、道义工业新区、弓匠屯、瀚博小区、道义镇政府、道义中学、道义开发区、正良村、沈阳师范大学、四台子、沈阳医学院、国奥现代城、松山路、二四二医院、省中医二院、新乐宿舍、新乐遗址、辽宁大厦、实验中学、辽宁大学、宁山路、北行、大渡河街
382	新城子5:45－17:00——大渡河街5:45－18:30	新城子、五五村、道树子、七家子、德胜台、财落、七十五中学、姚家、大辛屯二村、全胜、三家子(沈北)、道义工业新区、弓匠屯、瀚博小区、道义镇政府、道义中学、道义开发区、正良村、沈阳师范大学、四台子、沈阳医学院、国奥现代城、松山路、二四二医院、省中医二院、新乐宿舍、辽宁大厦、实验中学、辽宁大学、宁山路、北行、大渡河街
383	依路5:00－17:30——市骨科医院6:20－19:00	依路、拥屯、怪坡风景区、阎家沟、万米、后腰堡、前腰堡、清水台、泥沟堡、二井、孙家洼子、蒿甸子、马家堡子、蒲河镇、邵家河子、黄泥河子、香雪面粉(沈北路转盘/百事可乐)、聚农路、宏业街(千禧鹤/雨润食品)、辉山畜牧场(阳光洛可可/沈北路)、冯道社区、翔宇中学、闽南石材城、奥森环境公司、赵家沟(中南陶瓷城)、王家沟、上王家沟、八棵树、罗家沟、南赵家沟、祥和汽校、山水文园(花园新城)、东山嘴子、陶瓷城、东陶路、观泉路、中铁物资集团、建筑机械厂、沈阳东站北、明堂街、新生二街、市骨科医院
384	棋盘山5:20－17:28——白塔路6:50－18:45	棋盘山、宋家、清韵百园、中木、下木、小东沟、上满堂、碧桂园、上水泉、中水泉、老年公寓、下水泉、英达桥头、英达、御湖开发区、后陵、东方御景、炮校东门、金家屯、农科院(马官桥)、辽宁省农业技术学校、榆树屯、东北汽贸、良城美景、辽宁奥通、二〇一、一汽惠华、沈海热电厂、珠林桥、天江老龙口、市群众艺术馆、小津桥、白塔路
385	下洼子6:50－16:50——白塔路8:08－16:10	下洼子村、大夫村、皇家极地海洋世界、晓仁镜村、砖瓦村、大仁镜村、化工厂、旧站、高坎镇桥头、三家子村、上马村、世博园南门、万科兰乔圣菲、烟台村、七间房、工人医院、司法干校、东陵公园、少林武校、前陵堡、东陵路(绕城高速)、沈阳农业大学、农科院(马官桥)、辽宁省农业技术学校、榆树屯、东北汽贸、良城美景、辽宁奥通、二〇一、一汽惠华、沈海热电厂、珠林桥、天江老龙口、市群众艺术馆、小津桥、白塔路
385区间	皇家极地海洋世界5:00－17:48——白塔路6:03－18:55	皇家极地海洋世界、晓仁镜村、砖瓦村、大仁镜村、化工厂、旧站、高坎镇桥头、三家子村、上马村、世博园南门、万科兰乔圣菲、烟台村、七间房、工人医院、司法干校、东陵公园、少林武校、前陵堡、东陵路(绕城高速)、沈阳农业大学、农科院(马官桥)、辽宁省农业技术学校、榆树屯、东北汽贸、良城美景、辽宁奥通、二〇一、一汽惠华、沈海热电厂、珠林桥、天江老龙口、市群众艺术馆、小津桥、白塔路
386	深井子5:00－17:15——白塔路6:35－18:50	深井子、大甸子村、小甸子、上伯、下伯、后汪家、前汪家、石庙子、东陵路(绕城高速)、沈阳农业大学、农科院(马官桥)、辽宁省农业技术学校、榆树屯、东北汽贸、良城美景、辽宁奥通、二〇一、一汽惠华、沈海热电厂、珠林桥、天江老龙口、市群众艺术馆、小津桥、白塔路
387	白清寨6:30－16:00——南塔客运站7:35－17:05	沈阳水洞、白清寨、顺山子、太平山、山城子、老瓜洼、上高士、下高士、祝家、常王寨、小常王寨、常家湾、红旗岭、畜牧场、李相、古城子、麦子屯、沈阳出口加工区、沈阳建筑大学、沈音南校区、在水一方社区、和泰东方园、万科花园新城、东北大学基础学院、出租汽车公司、南塔客运站
387区间	祝家5:30－16:12——南塔客运站6:40－17:50	祝家、常王寨、小常王寨、常家湾、红旗岭、畜牧场、李相、古城子、麦子屯、沈阳出口加工区、沈阳建筑大学、沈音南校区、在水一方社区、和泰东方园、万科花园新城、东北大学基础学院、出租汽车公司、南塔客运站
388	老塘峪5:20－16:20——南塔客运站7:00－18:00	老塘峪、石官屯、杏树村、馒首山、李相、邦士台、得胜屯、高八寨、永安道口、保和、施加寨、元科蜡厂、东陵殡仪馆、下家道口、孙家寨、新大地公司、营城子、后桑林子、大甸子、教场、文澜苑、奥体中心、河畔花园、文萃路、陆军总院、南塔、南塔客运站

线路	起始站点	途 经 站 点
389	陈相4:30－17:30—— 南塔客运站6:07－18:47	陈相、公墓、皮家湾、下庙子、电池厂、刘后地、佟沟、佳地园、胜利、绿岛、信盟花园、荒山子、舞蹈学校、桃仙镇、万家岭、美地庄园、班家寨、前桑林子、营城子、后桑林子、大甸子、教场、文澜苑、奥体中心、河畔花园、文萃路、陆军总院、南塔、南塔客运站
390	桃仙6:30－16:15—— 南塔客运站7:10－17:21	桃仙、富家屯、荒山子、舞蹈学校、桃仙镇、万家岭、美地庄园、班家寨、前桑林子、营城子、后桑林子、大甸子、教场、文澜苑、奥体中心、河畔花园、文萃路、陆军总院、南塔、南塔客运站
392	瓦子峪6:00－14:30—— 南塔客运站7:45－16:30	莫子山、班家寨、荒山子、瓦子峪、阎家沟、上泉、下泉、南岭、营城子、后桑林子、上深沟建材市场、大甸子、教场、文澜苑、坤泰新界、营盘、奥体中心、河畔花园、科普公园、文萃路、陆军总院东门、陆军总院、南塔、南塔鞋城、南塔客运站
393	光荣6:30－15:00—— 北陵公园8:00－16:30	光荣、茨榆、曙光、马家、穆家、新农村、全胜、三家子检查站、沟子沿、平罗、上蒲河、黄土坎、道义中学、道义开发区、正良村、沈阳师范大学、四台子、沈阳医学院、国奥现代城、松山路、二四二医院、省中医二院、新乐宿舍、辽宁大厦、北陵公园
394	陈相5:25－16:25—— 南塔客运站6:40－17:50	陈相、柳匠屯、胡老屯、小东沟、前三道岗子、后长岭子、沙河堡佟古家子、于家道口、沙河堡、沙河桥北、后桑栏子、鲍家、毡匠路口、火石桥、东北花卉大世界、大羊安村、小羊安村、白塔市场、阳光新嘉园、浑南开发区、万科新榆公馆、糖厂子、昊诚集团、榆树路、豪华拉闸门厂、浑河堡、五里河公园、河畔花园、文萃路、陆军总院、南塔、南塔客运站
395	姚千5:00－16:20—— 南塔客运站6:15－17:50	姚千、上瓦房、朱家庄、刘千户、小堡屯、奉集、刘后地、佟沟、佳地园、胜利、绿岛、信盟花园、荒山子、舞蹈学校、桃仙镇、万家岭、美地庄园、班家寨、前桑林子、营城子、后桑林子、大甸子、教场、文澜苑、奥体中心、河畔花园、文萃路、陆军总院、南塔、南塔客运站
396	光辉农场5:40－16:40—— 薄板厂7:30－19:00	光辉农场、三台子市场、光辉乡政府、三台子养鸡场、高台子、门台加油站、集体、西大林子、东大林子、曹台、范家屯、大兴、新兴村、西桥、大兴乡政府、大兴沙岗子、陈孤家子、第五十六中学、红旗台、丁红、丁香屯、丁香小学、薄板厂
397	解放6:00－16:30—— 大渡河街6:50－15:20	解放、解放市场、于金台、万金台、大尚义、小尚义、达连屯、周家、陆家、青堆子、马家甸、监狱城、白辛台、北刘家、东二台子、西二台子、平罗镇政府、平罗市场、广告学院、关家、旺牛屯、白家、造化、中海城(北)、中海城、加州花园、教师新村、陵西二小区、四十中学、北方医院、第九印刷厂、沙河子小区、泰山路、长江街、辽宁大学、宁山路、北行、大渡河街
397区间	监狱城5:35－17:20—— 大渡河街6:40－18:30	监狱城、白辛台、北刘家、东二台子、西二台子、平罗镇政府、平罗市场、广告学院、关家、旺牛屯、白家、造化、中海城(北)、中海城、加州花园、教师新村、陵西二小区、四十中学、北方医院、第九印刷厂、沙河子小区、泰山路、长江街、辽宁大学、宁山路、北行、大渡河街
398	新城子5:30－18:00—— 北陵公园5:30－18:00	新城子、福州路、高力屯、郎家寺、大桥村、佟古家子、前坟村、新华村、鸭子场、虎石台综合大市场、乾弘超市、虎石台镇政府、省金融学校、省交通学校、辽宁经济管理干部学院、小桥子村、万和汽校、消防训练基地、观音屯(沈阳德孚润滑油)、北陵开发区、省邮电仓库、上岗子、城建北尚、烈士陵园、金山小区、北陵公园
399	虎石台4:40－18:40—— 沈阳站北6:00－20:20	虎石台、老市场、矿务局中学、虎石台开发区、辽宁金融职业学院、詹屯、三〇一、朱尔屯、西三家子、新楼、西门、望花新村木材市场、东方欧博城、望花立交桥、圣淘沙家园、紫竹茗郡、通利汽车公司、九一八历史博物馆、长客总站、北塔、省教育厅、松花江街、宁山路小学、省消防总队、市建委、北京街、总站路、皇寺广场、南京街北市场、沈医二院、西塔、铁路局、太原北街、沈阳站北
501	沙岭客运站5:40－18:00—— 五爱市场西区6:00－18:10	沙岭客运站、大成公司、永森木业、家具园管委会、俪锦城、沙岭小区、沙岭街道、粮旺集团、兰胜台、金威橡胶公司、高明台、共和社区、连云塔机、沈新路七号街、天津汽贸、张士屯、沈新路松花湖街、沈新路巢湖街、巢湖街渤海路、于洪区委、于洪广场、于洪南里、南十路轻工街、南十路重工街、南十路肇工街、启工机械学校、南九路卫工街、南七路保工街、南七路兴顺街、南七路勋望街、铁西百货、铁西广场、建设东路兴工街、胜利南街南五马路、胜利南街南一马路、中华路太原街、中华路南京街、二〇二医院、十三纬路光荣街、十三纬路五经街、十三纬路三经街、十三纬路大西莱行、热闹路顺通路、第七中学、五爱市场西区

线路	起始站点	途 经 站 点
503	五爱市场 5:00－16:00——沈阳北站 4:40－15:30	五爱市场(小南街)、五爱市场、风雨坛、沈州路、大西门、小西门、太清宫、天后宫、天后宫北、房产超市、惠工广场、沈阳北站
523	南一马路 6:00－19:00——东方威尼斯 6:00－19:00	南一马路、沈阳站、太原街、体育广场、和平大街、光荣街、五经街、十三纬路、大西菜行、顺通路、第七中学、五爱市场西区、五爱市场西区公交总站、辽宁奉天中医院、小南街(南关路)、南关小区、建设大厦、大南边门、省医院东门、南塔鞋城、东陵区政府、出租汽车公司、富民街、东北大学基础学院、摩托车城、丰乐二街文萃路、东方威尼斯
721	东湖市场 6:00－18:45——前进 6:30－19:00	东湖市场、于洪广场、太湖街、于洪区委、巢湖街、北李官、东平湖北街、和泰馨城、沈胡公路、环城高速、东民、后民屯、兴盛、西爱线、爱国、繁荣、沙陀子、前进
721 支线 1	东湖市场 6:45－17:15——静安 7:00－17:00	东湖市场、于洪广场、太湖街、于洪区委、巢湖街、北李官、东平湖北街、和泰馨城、沈胡公路、环城高速、东民、后民屯、兴盛、西爱线、爱国、繁荣、曹台、岔路、皮台、边台、静安
721 支线 2	东湖市场 6:30－16:50——曹台 7:30－17:50	东湖市场、于洪广场、黄海路、于洪区委、巢湖街、北李官、东平湖北街、和泰馨城、沈胡公路、环东物流、宏发小学、东民、后民屯、兴盛、爱国家园、光辉、大兴、全胜、曹台
722	熊家岗路 6:30－18:45——和泰馨城尚东区/海逸诗阁 6:20－18:10	熊家岗路、于洪机场、东大智慧森邻北门、东大智慧森邻南门、舒丽雅、于洪建材市场、迎宾路北、迎宾路南、洪湖社区、东湖市场、于洪广场、于洪家乐福、渤海路、漾日华庭、沈新园、开发大路、巢湖街(沈新路)、海逸综合市场、海逸诗阁、海逸诗阁三期、和谐广场、于洪区委、沈大路、和泰尚东区正门、和泰尚东区
800	陵园西街 5:00－19:00——三好桥 6:00－20:00	陵园西街、金山路 91 号、金山小区、北陵东门、省军区北门、北陵公园、辽宁中医、北陵大街宁山路、省公安厅、北陵大街昆山东路、北站路北京街、友好街沈阳北站、惠工广场南、奉天街市府大路、奉天街小西路、奉天街大西路、房地产大厦、风雨坛街沈州路、风雨坛街热闹路、风雨坛街五爱西区、风雨坛街西滨河路、地王国际花园、陆军总院东门、五爱街文萃路、文萃路彩电中心、五里河茂业中心、世贸百货、市交通局、新世界花园、三好桥
铁西新区 1 线	张士灯具城 5:20－19:00——西塔 6:15－20:00	张士灯具城、张士开发区管委会、燕塞湖街、水产市场、洪湖二街、洪湖小区、长客西站、南十三西路、南十二西路、重工南街南十西路、南七西路、肇工南街南七西路、肇工街、启工街、卫工街、保工街、兴顺街、铁西广场、云峰街、兴工街、南五马路、沈阳站、沈阳站北、太原北街、铁路局、西塔
铁西新区 2 线	久利建材 5:30－19:00——南湖公园西门 6:15－20:00	久利公司、七号街、六号街、五号街、四号街、开发大路、十一号路、十四号路、家宁花园、宁官市场、沈辽路(东方家园)、杨士、鹏程花园、山东堡、三隆碧桂园、新型建材厂、鼓风机一分厂、冶金机械公司、老年病院、仙女湖公园、西部货运中心、齐贤街、艳粉街、沈辽路万达广场、云峰南街、沈后招待所、兴工南街、东北汽配商贸中心、太原南街、新华广场、沈阳急救中心、南湖公园西门
铁西新区产业一线	六合苑 8:00－17:30——长客西站 7:00－16:30	曹后路六合苑、曹后路大青村、浑河二十街积水房屋、细河四北街沈西燃气、细河四北街日本工业园、细河四北街中床物流、细河四北街橡胶四(厂)公司、开发大道安川电机、开发大道申克动力、开发大道特变电工、开发大道兴华电器、开发大道北车集团、开发大道地铁大厦、十三号街、十三号街远大集团、十一号路机床集团 3 号门、十一号路丽都新城、十一号路机床集团、十一号路高中压阀门、开发大道沈鼓集团、开发大路(中央大街)、开发大道施道克电力公司、七号街、久利公司、七号路、六号街、五号街、四号街、一号街、松花湖街、云海路(东北制药)、昆明湖街普力司通、昆明湖街(张士开发区管委会)、昆明湖街星海路、星海路、星海路澳海西湖印象、洪湖一街、沈新路(洪湖小区)、长客西站
浑南新区一线	理想新城 6:20－18:00——方荣路 6:30－18:00	理想新城、高远路东大软件园、变压器研究所、东海电子、海外学子园、亚泰花园、区政府、报业印务中心、21 世纪广场、辽宁移动通信、彩霞街公铁桥、彩霞街、泛华广场、浑河堡、浦江苑、新华社、新华公寓、艺术家园、河畔新城、沈音乐府艺术学校、浑南三路、金海园、长青桥、南堤东路、文汇街、沈音学院南校区、在水一方社区、和泰东方园、万科花园新城、方青北路、青阳四季园、方荣路
浑南一线区间 A	理想新城 10:3011:3012:3013:3014:30——浑河堡 11:0012:0013:0014:0015:00 周末:理想新城 9:3010:3011:3012:3013:3014:30——浑河堡 10:0011:0012:0013:0014:0015:00	理想新城、高远路东大软件园、变压器研究所、东海电子、海外学子园、亚泰花园、区政府、报业印务中心、21 世纪广场、辽宁移动通信、彩霞街公铁桥、彩霞街、泛华广场、浑河堡

线路	起始站点	途 经 站 点
浑南一线区间B	理想新城 18:3019:12—— 21 世纪广场 19:00—19:30	理想新城、高远路东大软件园、变压器研究所、东海电子、海外学子园、亚泰花园、区政府、报业印务中心、21 世纪广场
沈抚一号线	沈阳站 5:50 – 22:20—— 抚顺南站 5:40 – 20:00	沈阳站、市交通医院、三洞桥、皇寺广场、珠林桥、二〇一、二〇五、保利花园、榆树屯、马官桥、沈阳农业大学、李石开发区、三宝屯、抚顺八纬路、石化大学、七百商店、石油研究院、海城街、大官屯、三道街、抚顺南站
沈抚二号线	沈阳站 6:20 – 18:00—— 抚顺长客总站 6:20 – 17:00	沈阳站、市交通医院、西塔、北市场、市中级法院、小津桥、珠林桥、二〇一、二〇五、保利花园、榆树屯、马官桥、沈阳农业大学、东陵公园、奥林匹克花园、世博园南门、皇家极地海洋世界、高湾区政府、紫龙商场、石化大学、七百商店、石油研究院、海城街、大官屯、三道街、抚顺南站
沈抚三号线	沈阳北站 5:50 – 20:30—— 抚顺南站 5:35 – 18:00	沈阳北站、惠工广场、珠林桥、二〇一、二〇五、保利花园、榆树屯、马官桥、沈阳农业大学、东陵公园、奥林匹克花园、世博园南门、皇家极地海洋世界、高湾区政府、紫龙商场、石化大学、七百商店、石油研究院、海城街、大官屯、三道街、抚顺南站
沈抚四号线	沈阳五爱市场 7:20 – 16:20 —— 抚顺白云商场 6:00 – 13:30	沈阳五爱市场、鸿翔宾馆、莲花街、珠林桥、二〇一、二〇五、保利花园、榆树屯、马官桥、沈阳农业大学、李石开发区、三宝屯、抚顺八纬路、石化大学、七百商店、石油研究院、海城街、大官屯、三道街、抚顺白云商场
苏家屯东西环	新兴 首车 5:40 末车 19:00	新兴、新兴绿色家园、大淑市场、锦绣家园、富民小区、种子公司(林校)、香柏路、苏家屯消防中队、雪松开发区管委会、省血栓医院、公园商场、金色月光、朝鲜小学、铁路医院、苏家屯区教委、劳动公园、科圣花园、铁路俱乐部、沈阳南站、老圈楼(文化馆)、商业大厦、青年桥、广特超市、维康药房、丁香小区、苏家屯工商局、种子公司(林校)、富民小区、锦绣家园、大淑市场、新兴绿色家园、新兴
苏家屯南北环	花苑新村 首车 6:00 末车 18:00	花苑新村、圣为供热分公司、苏家屯客运站、苏家屯妇婴医院(民主市场)、598 部队、老圈楼(文化馆)、沈阳南站、铁中铁小、苏白路、六库(人民路)、高楼子、湖畔绿洲、窑地、敬老院、金宝台道口、金宝花园、彩虹桥、路灯管理所、巡警大队、桂花市场、省血栓医院、公园商场、轻工市场东门、青年桥、广特超市、维康药房、176 中学、工人村市场、花苑新村
苏家屯中环	苏家屯金山小区 首车 6:10 末车 19:00	苏家屯金山小区、路灯管理所、巡警大队、桂花市场、省血栓医院、苏家屯交通局、苏家屯公安局、苏家屯消防中队、苏家屯工商局、丁香小区、维康药房、枫杨路市场、青年桥、苏家屯客运站、海棠街、苏家屯妇婴医院(民主市场)、商业大厦、玫瑰街电业局、沈阳南站、军人招待所、铁中铁小、苏白路、六库(人民路)、带锯厂、苏白路市场西门、中顺汽车、苏家屯区教委、朝鲜小学、北青松路、苏家屯金山小区
苏家屯新环城	华天汽配维修中心 夏季 6:00 – 19:30 冬季 6:30 – 18:00	华天汽配维修中心、金昌石业、雪松开发区管委会、苏家屯消防中队、苏家屯工商局、河畔花城、苏家屯区房屋开发公司、圣为供热分公司、花苑新村、合力德电气设备厂、文成堡、沈阳通用航空公司、圣东波纹管制造公司、新生活实业有限公司、建材市场、富城国际花园西门、富城国际花园北门、598 部队、民主派出所、沈阳南站、老圈楼(文化馆)、好乐多超市、华苑商场、苏家屯区医院、朝鲜小学、朝二中学、电业小区、苏家屯金山小区、青松中学、金宝花园、金宝花园北门、大川玻璃钢、隆康医疗器械、金宝台村、沈阳二手车交易市场、金宝台村、隆康医疗器械、大川玻璃钢、鹏达电气、华天汽配维修中心
地铁一号线	十三号街 5:34 – 21:00—— 黎明广场 6:00 – 21:30	十三号街、中央大街、七号街、四号街、张士、开发大道、于洪广场、迎宾路、重工街、启工街、保工街、铁西广场、云峰北街、沈阳站、太原街、南市场、青年大街、怀远门、中街、东中街、滂江街、黎明广场
地铁二号线	全运路 5:30 – 21:00—— 三台子 6:00 – 21:30	全运路、白塔河路、世纪大厦、营盘街、奥体中心、五里河、市图书馆、工业展览馆、青年公园、青年大街、市府广场、金融中心、沈阳北站、岐山路、中医药大学、北陵公园、新乐遗址、陵西、三台子

索　　引

一、本索引采用分析索引方法，按英语26个字母的顺序排列。

二、本索引依据编目、分目及主要条目所在的列序位置，分别注明页码（其中黑体字为编目），其后“a、b、c”表示所在栏目，供读者在检索时查阅。

E

F

G

H

J

K

L